ADMIS CONCOURS ET EXAMENS

2022 2023

3e édition

5 000 QCM DE CULTURE GÉNÉRALE

Sous la coordination de Sophie Mattern

Christiane Artous
Professeure de sciences physiques

Frédéric Bélonie
Professeur de design graphique

Antoine Blandin
Supply chain manager

Gérard Blandin
Directeur des rédactions et du web d'un groupe de presse

Marie-Laure Boursat
Responsable de la prépa Ecopole, juré de concours

Rémi Chaillet
Professeur de sciences physiques

Dominique Dumas
Enseignante de français

Annie Étienne
Avocate au Barreau de Paris

Élodie Grémaud
Professeure des écoles

René Guimet
Professeur d'économie et d'histoire économique en classes préparatoires

Marion Le Calvez
Professeure d'histoire-géographie

Margaux Lecanu
Étudiante en médecine, double cursus médecine et sciences

Dr Sylvie Lecanu-Kornfeld
Dermatologue et chef de service en dermatologie

Magali Marguin
Géographe-cartographe

Sophie Mattern
Professeure de sciences économiques et sociales, juré de concours

Marie Perez
Professeure de philosophie

Mathieu Petresco
Avocat au Barreau de Paris

Vuibert

Ressources numériques

Téléchargez gratuitement
2 sujets blancs interactifs
et l'actualité mois par mois sur
www.Vuibert.fr/site/209815

Remerciements

Je tiens à remercier Élocia Vermeulin, à l'origine de ce projet, pour sa lumineuse idée de livre, Hélène Jean-Bernard, responsable éditoriale, Kevin Lacroix, Michel Ringeisen, nos éditeurs pour leur travail remarquable et Béatrice Pelletier pour son implication dans le projet.

Merci également à toute l'équipe d'auteurs, heureux et valeureux, et à ceux qui nous ont interrogés sur « tout ce qu'ils ont toujours voulu savoir (sans jamais oser le demander) » (à vous de trouver la référence cinématographique !), dont Jean Boursat pour son aide précieuse en bricolage-jardinage.

Sophie Mattern, coordinatrice

ISBN : 978-2-311-20981-5

Conception de la couverture et de l'intérieur : Séverine Tanguy
Composition : So'Graph

Site Internet : www.vuibert.fr

Sommaire
pour se repérer

THÈME 2 Géopolitique

THÈME 3 Économie et entreprises

THÈME 4 Droit et société

THÈME 5 Géographie

THÈME 6 Sciences

THÈME 7 Mythologies, religions, philosophies et traditions

THÈME 8 Arts et littérature

THÈME 9 Sports, loisirs et vie pratique

THÈME 10 Connaissance de la langue française

THÈME 11 Actualité

5 concours blancs corrigés

Mode d'emploi

Chers lectrices et lecteurs,

Bravo pour votre choix !

Nous avons conçu cet ouvrage spécialement pour vous grâce à nos connaissances et notre expertise !
Nous sommes heureux de partager le fruit de notre travail.
Notre objectif est de vous donner envie de chercher, essayer, comprendre, rechercher et progresser, tout en prenant plaisir, bien sûr !

1. À qui est destiné cet ouvrage ?

En culture générale, le champ est immense. Une vie, aussi curieuse soit-elle, ne peut suffire à tout maîtriser, dans tous les domaines.
À défaut de tout connaître, nous pouvons élargir notre vision du monde et vivre chaque jour un peu plus instruits.
Ce livre est avant tout destiné à tous les candidats aux concours des écoles de commerce, de management, d'ingénieurs, d'instituts d'études politiques, d'École normale supérieure, entre autres.
Mais tous les curieux d'apprendre, de se cultiver et de se tester y trouveront également matière à s'enrichir.

2. Comment travailler sa culture générale ?

En définitive, la culture générale est comme une exploration sur Google Earth. Lorsque nous commençons un voyage, nous nous satisfaisons d'abord d'une vue d'ensemble, de celle du globe en somme.
Puis, doucement, nous progressons vers un peu plus de savoir, en zoomant petit à petit vers un continent, puis un pays, puis une ville.
Si nous avons la chance d'en apprendre plus encore, nous percevons les rues, puis les maisons, jusqu'aux détails du toit, voire de sa composition, et devenons experts.

Pour préparer vos concours, il faut opter pour le même raisonnement. Ne vous noyez pas dans les menus détails avant d'avoir une idée générale sur le sujet. Les membres des jurys de concours commencent généralement par vous poser des questions relativement larges sur un sujet donné. Si vous savez répondre, ils attendront de vous plus de précisions, soit par votre intervention spontanée, soit en vous questionnant davantage.
Autrement dit, avant de connaître le nombre d'habitants des capitales de chaque État américain, mieux vaut savoir combien il existe d'États, le nom de leur capitale et savoir les situer.

3. Comment utiliser cet ouvrage ?

Nous vous proposons, avec cet ouvrage, un voyage dans le monde immense de la culture générale à travers des questions des plus abordables jusqu'aux plus techniques. À chacun selon ses sensibilités, sa vitesse et ses aspirations. Soyez serein(e), faites à votre rythme. Et, le jour du concours, faites confiance à votre mémoire et à vos connaissances ! Depuis que vous êtes né(e), vous en accumulez bien plus que vous ne pouvez l'imaginer !

Zoomer trop vite sur Google Earth ne servirait à rien car votre cerveau ne pourrait intégrer si rapidement tant de données. Il en est de même avec ce livre, prenez le temps de le consulter, vous le fermerez plus cultivé(e) ! Laissez le temps à votre cerveau d'intégrer ce que vous lui servez, notez, commentez, répétez, récitez si cela peut vous aider car « *rien ne sert de courir, il faut partir à point !* »

Cela vous rappelle-t-il quelque chose ?

4. Testons la puissance de votre zoom en culture G !

Cachez la partie grisée du tableau et voyez jusqu'où vous pouvez avancer !

« *Rien ne sert de courir, il faut partir à point !* »	
Comment s'appelle ce type de maxime ?	Une morale (de fable)
Qui en est l'auteur ?	Jean de La Fontaine
Dans quelle fable ?	*Le Lièvre et la Tortue*
De quelle époque ?	XVIIe siècle (1621-1695)
Quel est le nom de son activité professionnelle ?	Fabuliste
Sous quel souverain travaillait-il ?	Louis XIV
Pourriez-vous citer 4 autres fables ?	1) *La Cigale et la Fourmi* 2) *Le Corbeau et le Renard* 3) *Le Cochet, le Chat et le Souriceau* 4) *Le Loup et le Chien*

Et leur morale respective ?	1) « Vous chantiez ? J'en suis fort aise. Eh bien ! Dansez maintenant. » 2) « Apprenez que tout flatteur vit aux dépens de celui qui l'écoute. » 3) « Garde-toi, tant que tu vivras, de juger des gens sur la mine. » 4) « Il importe si bien que, de tous vos repas, je ne veux en aucune sorte et ne voudrais pas même à ce prix un trésor. »
Connaissez-vous d'autres artistes contemporains de celui-ci ?	Molière, Jean Racine, Pierre Corneille, Baruch Spinoza, Charles Perrault, Jan Vermeer, Rembrandt Harmenszoon van Rijn, Antonio Vivaldi, Jean-Sébastien Bach...

Si vous n'avez pas su répondre, pas de panique ! Vous avez maintenant les réponses, et bien plus encore grâce au livre que vous tenez entre les mains !

Bon courage à vous,
Et surtout, *enjoy!* Car, plus on apprend avec joie, plus on retient !

Sophie Mattern

Nos conseils pour développer sa culture générale

Conseil 1 Profitez

Alimentez votre curiosité en lisant ou écoutant pendant les temps d'attente, de transport, de pause ou les vacances

Conseil 2 Écoutez

Nous avons beaucoup à apprendre les uns des autres : de nos amis, de nos collègues, de notre famille mais aussi des personnes que nous côtoyons en dehors de nos cercles de sociabilité comme notre docteur, notre coiffeur ou notre gardien, ainsi que de personnes qui croisent notre chemin de façon fortuite.

Conseil 3 Recherchez

Lorsque vous avez accès à une information que vous ne connaissez pas, utilisez votre smartphone, rendez-vous à la bibliothèque ou demandez à des connaisseurs pour comprendre. Notez ce que vous avez appris et relisez-vous pour intégrer.

Les pièges à éviter

Piège 1 — Zoomer immédiatement

Vous aurez une connaissance technique sans le recul nécessaire à la vision d'ensemble, pourtant indispensable.

Piège 2 — Jouer les savants

N'affirmez rien dont vous ne soyez certain. Soyez sûr de bien comprendre ce que vous dites.

Piège 3 — Se perdre dans les détails

Retenez surtout les grandes lignes, comprenez la logique derrière la connaissance et les problématiques soulevées.

Auto-évaluation

➜ **Réalisez ce test de 55 questions pour connaître vos points forts et vos axes d'amélioration. Corrigé page 20.**

1. Histoire

1 Je suis un général et homme politique romain du Ier siècle avant J.-C. Je suis un fidèle de César que j'accompagne militairement et que je soutiens surtout politiquement pendant la guerre civile. Après la mort de César, je suis le grand artisan de la victoire de Philippe en 42 avant J.-C. Face aux Républicains. J'entretiens une liaison avec Cléopâtre. Acculé militairement, je me suicide en 30 avant J.-C. Je suis :

- ○ **A.** Brutus
- ○ **B.** Marc Antoine
- ○ **C.** Sylla
- ○ **D.** Pompée

2 Quel roi a construit la première forteresse du Louvre?

- ○ **A.** Clovis
- ○ **B.** Charlemagne
- ○ **C.** Philippe Auguste
- ○ **D.** Saint Louis

3 En quelle année Henri IV est-il assassiné?

- ○ **A.** En 1572
- ○ **B.** En 1589
- ○ **C.** En 1600
- ○ **D.** En 1610

4 Quelle guerre se déroule de 1964 à 1975?

- ○ **A.** La guerre froide
- ○ **B.** La guerre d'Algérie
- ○ **C.** La guerre de Corée
- ○ **D.** La guerre du Vietnam

5 Déshérité par mon père en 1420, je finis par reconquérir le trône de France, avec l'aide de Jeanne d'Arc. Surnommé le Victorieux, je parviens en effet à restaurer mon autorité face aux Bourguignons et aux Anglais. Je chasse ces derniers du royaume de France grâce à la victoire de Castillon, en 1453, qui met fin à la guerre de Cent Ans. Je suis :

- ○ **A.** Charles VI
- ○ **B.** Charles VII
- ○ **C.** Charles VIII
- ○ **D.** Philippe Auguste

2. Géopolitique

6 Le traité de l'Antarctique :

- ○ **A.** A été adopté en 1946, juste après la fin de la Seconde Guerre mondiale, à Washington
- ○ **B.** Fait de l'Antarctique un continent réservé à la paix et consacre le « gel » des prétentions territoriales
- ○ **C.** A été signé, à l'origine, par cinq pays (États-Unis, Union soviétique, Royaume-Uni, Argentine et France)
- ○ **D.** N'interdit pas le stockage de déchets, dont les déchets radioactifs

7 En 1842, la France, avec François Guizot ministre français des Affaires étrangères, propose de réaliser une union douanière avec :

- ○ **A.** Le Royaume-Uni
- ○ **B.** L'Espagne
- ○ **C.** La Belgique
- ○ **D.** Les Pays-Bas

8 **La crise agricole irlandaise qui a sévi à partir de 1845 est à l'origine d'un phénomène géostratégique important :**

- ○ **A.** L'aide massive de la Grande-Bretagne
- ○ **B.** L'industrialisation de l'Irlande
- ○ **C.** L'immigration de beaucoup d'Irlandais, notamment outre-Atlantique
- ○ **D.** Le soutien important de la France

9 **La convention internationale portant statut des réfugiés est :**

- ○ **A.** La convention de Genève de 1951
- ○ **B.** La convention de New York de 1954
- ○ **C.** La convention de Vienne de 1961
- ○ **D.** La convention de Montego Bay de 1982

10 **Deux guerres se sont déroulées en Tchétchénie contre les forces armées de la Fédération de Russie :**

- ○ **A.** En 1990-1991 et en 1999-2002
- ○ **B.** En 1993-1994 et en 1996-1997
- ○ **C.** En 1994-1996 et en 1999-2000
- ○ **D.** En 1995-1998 et en 2002-2008

3. Économie et entreprises

11 **Qui dirige la Banque centrale européenne ?**

- ○ **A.** Mario Draghi
- ○ **B.** Christine Lagarde
- ○ **C.** Jean-Claude Trichet
- ○ **D.** Kristalina Gueorguieva

12 **Le droit de l'Union européenne a cessé ou cessera de s'appliquer au Royaume-Uni à l'issue d'une période de transition prévue au départ jusqu'au :**

- ○ **A.** 31 décembre 2020
- ○ **B.** 31 décembre 2021
- ○ **C.** 31 décembre 2022
- ○ **D.** 31 décembre 2023

13 **En France, la consommation des ménages représente environ :**

- ○ **A.** Un quart du PIB
- ○ **B.** Un tiers du PIB
- ○ **C.** La moitié du PIB
- ○ **D.** Les deux tiers du PIB

14 **Quelle est la première entreprise pharmaceutique française ?**

- ○ **A.** BioMérieux
- ○ **B.** Ipsen
- ○ **C.** Pierre Fabre
- ○ **D.** Sanofi

15 **En 2020, le franc CFA est appelé à être remplacé par :**

- ○ **A.** L'eco
- ○ **B.** L'ecu
- ○ **C.** L'euro
- ○ **D.** Le dinar

4. Droit et société

16 **De quand date la Déclaration des droits de l'homme et du citoyen (DDHC) ?**

- ○ **A.** Du 20 juin 1789
- ○ **B.** Du 14 juillet 1789
- ○ **C.** Du 4 août 1789
- ○ **D.** Du 26 août 1789

17 **Qui a écrit *La Marseillaise*?**

- ○ **A.** Maximilien Robespierre
- ○ **B.** Claude Joseph Rouget de Lisle
- ○ **C.** Hector Berlioz
- ○ **D.** Alexandre Dumas

18 **Quelle est la juridiction suprême dans l'ordre administratif?**

- ○ **A.** Le Conseil constitutionnel
- ○ **B.** Le Conseil d'État
- ○ **C.** La Cour de cassation
- ○ **D.** Le Tribunal des conflits

19 **Devant quelle juridiction sont résolus les conflits du travail dans l'emploi privé?**

- ○ **A.** Le tribunal judiciaire
- ○ **B.** Le conseil de prud'hommes
- ○ **C.** Le tribunal administratif
- ○ **D.** Le Conseil d'État

20 **Qui préside la Commission européenne au 1er janvier 2022?**

- ○ **A.** Ursula Von Der Leyen
- ○ **B.** Mario Draghi
- ○ **C.** Valéry Giscard d'Estaing
- ○ **D.** José Manuel Barroso

5. Géographie

21 **À quel domaine appartient la géographie?**

- ○ **A.** La géographie appartient aux sciences exactes.
- ○ **B.** La géographie n'appartient pas au domaine scientifique.
- ○ **C.** La géographie fait partie des sciences humaines.
- ○ **D.** La géographie est une branche de l'histoire.

22 **Qu'est-ce qu'une échelle en cartographie?**

- ○ **A.** L'échelle en cartographique renvoie au niveau de zoom d'une carte, entre la «grande échelle» qui désigne la carte d'une localité particulière, et la «petite échelle» qui désigne la carte d'une région ou d'un pays.
- ○ **B.** Une échelle en cartographie est le rapport entre une longueur mesurée entre deux points sur une carte, et la distance entre ces mêmes points mesurée sur le terrain.
- ○ **C.** L'échelle est la définition de la projection utilisée pour établir la carte.
- ○ **D.** Une échelle est un petit abri portuaire désigné de la sorte pour faire référence à l'objet que l'on sortait du bateau pour débarquer sur le rivage.

23 **De quand datent les premières cartes?**

- ○ **A.** Époque sumérienne (2600 av. J.-C.)
- ○ **B.** Antiquité grecque (600 av. J.-C.)
- ○ **C.** Civilisation hispano-arabe (Moyen Âge)
- ○ **D.** Période des grands explorateurs (xve siècle après J.-C.)

24 **Qu'est-ce qu'un atlas?**

- ○ **A.** Un atlas est une chaîne montagneuse au milieu d'un désert comme l'Atlas au Maroc et en Algérie.
- ○ **B.** Un atlas est un repli rocheux créé lors d'une surrection tectonique durant laquelle la roche prend des formes de bourrelets.
- ○ **C.** Un atlas est le volume d'une encyclopédie dédiée à la géographie et à l'astronomie.
- ○ **D.** Un atlas est un recueil de cartes topographiques ou thématiques sur un espace donné.

25 **Comment qualifier l'échelle d'une carte à 1/5 000e ?**

- ○ **A.** La carte est dite à « grande échelle » car 1 ÷ 5 000 = 0,0002 ce qui est supérieur à une échelle de type 1/50 000 par exemple (1 ÷ 50 000 = 0,00002).
- ○ **B.** La carte est dite à « petite échelle » car la zone cartographiée est toute petite.
- ○ **C.** La carte est dite à « échelle standard » car l'échelle 1/5 000° est la plus courante des échelles urbaines.
- ○ **D.** La carte est dite à « échelle normalisée » car elle se présente sous la forme d'un rapport distance mesurée sur distance réelle.

6. Sciences

26 **Lequel de ces os n'est pas un os crânien ?**

○ **A.** Le frontal ○ **B.** Le pariétal ○ **C.** L'occipital ○ **D.** Le dorsal

27 **Une métastase :**

- ○ **A.** Est une extension d'un cancer dans un autre organe que celui dans lequel il s'est développé initialement
- ○ **B.** Ne peut pas faire aujourd'hui l'objet d'un traitement curatif
- ○ **C.** Ne touche que les ganglions lymphatiques
- ○ **D.** Peut potentiellement compliquer toutes les formes de cancer

28 **Quel est l'effet qui a fait envisager que la lumière pouvait être de nature corpusculaire ?**

- ○ **A.** L'effet Compton
- ○ **B.** L'effet photoélectrique
- ○ **C.** L'effet piézoélectrique
- ○ **D.** L'effet Larsen

29 **On classe parfois les énergies en deux catégories : renouvelables et non renouvelables. Laquelle des ressources énergétiques suivantes est renouvelable ?**

- ○ **A.** Le pétrole
- ○ **B.** L'uranium
- ○ **C.** L'énergie solaire
- ○ **D.** Le charbon

30 **Un atome est constitué des particules suivantes :**

- ○ **A.** Les protons et les électrons qui se trouvent dans le noyau et les gravitons qui tournent autour
- ○ **B.** Les molécules et les cellules
- ○ **C.** Les électrons en périphérie et un noyau constitué de nucléons
- ○ **D.** Un noyau de fer et une enveloppe gazeuse

7. Mythologies, religions, philosophies et traditions

31 **Combien y-a-t-il de sacrements dans la religion catholique ?**

○ **A.** 5 ○ **B.** 6 ○ **C.** 7 ○ **D.** 8

32 **En quelle année Mahomet est-il né ?**

○ **A.** Vers 420 ○ **B.** Vers 500 ○ **C.** Vers 570 ○ **D.** Vers 620

33 **Que signifie philosophie en grec ?**

- ○ **A.** Recherche de la vérité
- ○ **B.** Amour de la sagesse
- ○ **C.** Recherche du bien
- ○ **D.** Amour de la beauté

34 **Lequel de ces auteurs n'est pas philosophe ?**

- ○ **A.** Karl Marx
- ○ **B.** Romain Rolland
- ○ **C.** Pierre Bourdieu
- ○ **D.** Hannah Arendt

35 **Laquelle de ces divinités n'est pas grecque ?**

- ○ **A.** Perséphone
- ○ **B.** Hermès
- ○ **C.** Proserpine
- ○ **D.** Gaïa

8. Arts et littérature

36 **Quels artistes intenses et révoltés étaient réunis à la Fondation Louis Vuitton en 2018 ?**

- ○ **A.** Jean-Michel Basquiat et Edvard Munch
- ○ **B.** Edvard Munch et Keith Haring
- ○ **C.** Egon Schiele et Jean-Michel Basquiat
- ○ **D.** Keith Haring et Egon Schiele

37 **Qui a écrit *Mémoires d'une jeune fille rangée* en 1958 ?**

- ○ **A.** Elsa Triolet
- ○ **B.** Simone de Beauvoir
- ○ **C.** Françoise Sagan
- ○ **D.** Marguerite Duras

38 **Quel poète a été régulièrement chanté par Léo Ferré et Jean Ferrat ?**

- ○ **A.** Jacques Prévert
- ○ **B.** Yves Bonnefoy
- ○ **C.** René Char
- ○ **D.** Louis Aragon

39 **Quel anniversaire de la tour Eiffel a-t-on célébré en 2019 ?**

- ○ **A.** 110 ans
- ○ **B.** 120 ans
- ○ **C.** 130 ans
- ○ **D.** 140 ans

40 **Lequel de ces films n'est pas de Wes Anderson ?**

- ○ **A.** *Eternal Sunshine of the Spotless Mind*
- ○ **B.** *La Famille Tenenbaum*
- ○ **C.** *Fantastic Mr. Fox*
- ○ **D.** *The Grand Budapest Hotel*

9. Sports, loisirs et vie pratique

41 **Quelle est la part des Français qui souhaiterait quitter la ville pour vivre à la campagne ?**

- ○ **A.** Moins de 20 %
- ○ **B.** Environ 30 %
- ○ **C.** Environ 50 %
- ○ **D.** Plus de 60 %

42 **Quelle chaîne télévisée n'était pas une des chaînes hertziennes traditionnelles ?**

- ○ **A.** TF1
- ○ **B.** France 3
- ○ **C.** BFM TV
- ○ **D.** M6

43 **Combien de trous compte un parcours de golf officiel ?**

- ○ **A.** 12
- ○ **B.** 18
- ○ **C.** 24
- ○ **D.** 32

44 **À quoi sert un « niveau » de bricoleur ?**

- ○ **A.** Faire des angles droits
- ○ **B.** Vérifier l'horizontalité
- ○ **C.** Aplatir une surface à poncer
- ○ **D.** Perforer une poutre

45 **Qu'est-ce qu'un *software* ?**

- ○ **A.** Un logiciel
- ○ **B.** Un matériel informatique respectueux de l'environnement
- ○ **C.** Un matériau doux pour les touches d'ordinateur
- ○ **D.** Un système de réseau sans onde

10. Connaissance de la langue française

46 **Quelle est la phrase correcte ?**

- ○ **A.** Elle nous a belle et bien contrariés.
- ○ **B.** Ce vieil homme a toujours les yeux mis-clos.
- ○ **C.** Le nom *harem* éveille bien des fantasmes.
- ○ **D.** La cuisine turcque est savoureuse.

47 **Que est le synonyme de l'adjectif *aléatoire* ?**

- ○ **A.** Hasardeux
- ○ **B.** Dangereux
- ○ **C.** Provincial
- ○ **D.** Escarpé

48 **Qu'est-ce qu'un *baroud d'honneur* ?**

- ○ **A.** Un combat dont on sait qu'on sortira vainqueur, mais qu'on livre pour l'honneur
- ○ **B.** Un combat court, mais acharné
- ○ **C.** Un combat entre le mensonge et la vérité
- ○ **D.** Un combat dont on sait qu'on sortira vaincu, mais qu'on livre pour l'honneur

49 **Quelle est la phrase incorrecte ?**

- ○ **A.** Ces conférences sont intéressantes, quels que soient les sujets abordés.
- ○ **B.** Ils souriaient durant l'opération de sauvetage, quelque inquiets qu'ils fussent.
- ○ **C.** Elles pourront ainsi passer quelques jours à l'abri.
- ○ **D.** Il livre chaque jour quelques quatre cents repas.

50 **Dans laquelle de ces phrases le mot souligné n'est pas un pronom ?**

- ○ **A.** Ces bénévoles <u>la</u> nettoient depuis plusieurs mois.
- ○ **B.** Elle ne veut visiblement <u>rien</u> savoir.
- ○ **C.** <u>Où</u> vas-tu de ce pas décidé ?
- ○ **D.** Il <u>se</u> croit visiblement plus malin que les autres.

11. Actualité

51 **Le projet MOSE :**

- ○ **A.** Est un ouvrage en cours de réalisation qui prévoit un système intégré de défense formé de rangées de vannes mobiles escamotables permettant d'isoler la lagune de Venise
- ○ **B** Est un projet de construction d'un train à grande vitesse entre Los Angeles et San Francisco

- ○ **C.** Est un ouvrage en cours de réalisation visant à protéger les Pays-Bas contre une éventuelle forte montée des eaux
- ○ **D.** Est un projet de construction d'un canal reliant la mer de Chine méridionale et l'océan Indien à travers la Thaïlande

52 **Qui sont les présidents américains pour lesquels la Chambre des représentants a voté la mise en place d'une procédure d'*impeachment* ?**

- ○ **A.** Andrew Johnson, Richard Nixon, Bill Clinton et Donald Trump
- ○ **B.** Andrew Johnson, Bill Clinton et Donald Trump
- ○ **C.** Herbert Hoover, Richard Nixon et Donald Trump
- ○ **D.** Harry Truman, Gerald Ford et Donald Trump

53 **Quel est l'âge médian des médecins en France ?**

○ **A.** 46 ans ○ **B.** 51 ans ○ **C.** 59 ans ○ **D.** 63 ans

54 **Quel est le nom de la monnaie que souhaite lancer Facebook ?**

- ○ **A.** Le Libra
- ○ **B.** Le Moneybook
- ○ **C.** Le Coinface
- ○ **D.** Le Free

55 **Quelle est l'origine de la contestation des habitants de Hong Kong contre la République populaire de Chine ?**

- ○ **A.** L'arrestation d'un opposant
- ○ **B.** L'adoption d'une loi d'extradition
- ○ **C.** L'interdiction d'élections qui devaient se tenir en juin 2019
- ○ **D.** La commémoration du Printemps de Pékin le 4 juin 1989

Corrigés

Histoire

1 Je suis un général et homme politique romain du Ier siècle avant J.-C. Je suis un fidèle de César que j'accompagne militairement et que je soutiens surtout politiquement pendant la guerre civile. Après la mort de César, je suis le grand artisan de la victoire de Philippe en 42 avant J.-C. Face aux Républicains. J'entretiens une liaison avec Cléopâtre. Acculé militairement, je me suicide en 30 avant J.-C. Je suis : **Marc Antoine**

2 Quel roi a construit la première forteresse du Louvre ? **Philippe Auguste**

3 En quelle année Henri IV est-il assassiné ? **En 1610**

4 Quelle guerre se déroule de 1964 à 1975 ? **La guerre du Vietnam**

5 Déshérité par mon père en 1420, je finis par reconquérir le trône de France, avec l'aide de Jeanne d'Arc. Surnommé le Victorieux, je parviens en effet à restaurer mon autorité face aux Bourguignons et aux Anglais. Je chasse ces derniers du royaume de France grâce à la victoire de Castillon, en 1453, qui met fin à la guerre de Cent Ans. Je suis : **Charles VII**

Géopolitique

6 Le traité de l'Antarctique… **Fait de l'Antarctique un continent réservé à la paix et consacre le « gel » des prétentions territoriales**

7 En 1842, la France, avec François Guizot ministre français des Affaires étrangères, propose de réaliser une union douanière avec… **La Belgique**

8 La crise agricole irlandaise qui a sévi à partir de 1845 est à l'origine d'un phénomène géostratégique important. **L'immigration de beaucoup d'Irlandais, notamment outre-Atlantique**

9 La convention internationale portant statut des réfugiés est… **La convention de Genève de 1951**

10 Deux guerres se sont déroulées en Tchétchénie contre les forces armées de la Fédération de Russie. **En 1994-1996 et en 1999-2000**

Économie et entreprises

11 Qui dirige la Banque centrale européenne ? **Christine Lagarde**

12 Le droit de l'Union européenne a cessé de s'appliquer au Royaume-Uni à l'issue d'une période de transition prévue au départ jusqu'au **31 décembre 2020**

13 En France, la consommation des ménages représente environ **la moitié du PIB**

14 Quelle est la première entreprise pharmaceutique française ? **Sanofi**

15 Le franc CFA est appelé à être remplacé par **l'eco**

Droit et société

16 De quand date la Déclaration des droits de l'homme et du citoyen (DDHC) ? **Du 26 août 1789**

17 Qui a écrit *La Marseillaise* ? **Claude Joseph Rouget de Lisle**

18 Quelle est la juridiction suprême dans l'ordre administratif? **Le Conseil d'État**

19 Devant quelle juridiction sont résolus les conflits du travail dans l'emploi privé? **Le conseil de prud'hommes**

20 Qui préside la Commission européenne au 1er janvier 2020? **Ursula Von Der Leyen**

Géographie

21 À quel domaine appartient la géographie? **La géographie fait partie des sciences humaines.**

22 Qu'est-ce qu'une échelle en cartographie? **Une échelle en cartographie est le rapport entre une longueur mesurée entre deux points sur une carte, et la distance entre ces mêmes points mesurée sur le terrain.**

23 De quand datent les premières cartes? **Époque sumérienne (2600 av. J.-C.)**

24 Qu'est-ce qu'un atlas? **Un atlas est un recueil de cartes topographiques ou thématiques sur un espace donné.**

25 Comment qualifier l'échelle d'une carte à 1/5 000e? **La carte est dite à « grande échelle » car 1 ÷ 5 000 = 0,0002 ce qui est supérieur à une échelle de type 1/50 000 par exemple (1 ÷ 50 000 = 0,00002).**

Sciences

26 Lequel de ces os n'est pas un os crânien? **Le dorsal**

27 Une métastase **est une extension d'un cancer dans un autre organe que celui dans lequel il s'est développé initialement.**

28 Quel est l'effet qui a fait envisager que la lumière pouvait être de nature corpusculaire? **L'effet photoélectrique.**

29 Laquelle des ressources énergétiques suivantes est renouvelable? **L'énergie solaire**

30 Un atome est constitué des particules suivantes : **les électrons en périphérie et un noyau constitué de nucléons**

Mythologies, religions, philosophies et traditions

31 Combien y-a-t-il de sacrements dans la religion catholique? **7**

32 En quelle année Mahomet est-il né? **Vers 570**

33 Que signifie philosophie en grec? **Amour de la sagesse**

34 Lequel de ces auteurs n'est pas philosophe? **Romain Rolland**

35 Laquelle de ces divinités n'est pas grecque? **Proserpine**

Arts et littérature

36 Quels artistes intenses et révoltés étaient réunis à la Fondation Louis Vuitton en 2018? **Egon Schiele et Jean-Michel Basquiat.**

37 Qui a écrit *Mémoires d'une jeune fille rangée* en 1958? **Simone de Beauvoir**

38 Quel poète a été régulièrement chanté par Léo Ferré et Jean Ferrat? **Louis Aragon**.

39 Quel anniversaire de la tour Eiffel célèbre-t-on en 2019? **130 ans**.

40 Lequel de ces films n'est pas de Wes Anderson? ***Eternal Sunshine of the Spotless Mind***

Sports, loisirs et vie pratique

41 Quelle est la part des Français qui souhaiterait quitter la ville pour vivre à la campagne? **Plus de 60 %**

42 Quelle chaîne télévisée n'était pas une des chaînes hertziennes traditionnelles? **BFM TV**

43 Combien de trous compte un parcours de golf officiel? **18**

44 À quoi sert un «niveau» de bricoleur? **Vérifier l'horizontalité**

45 Qu'est-ce qu'un *software*? **Un logiciel**

Connaissance de la langue française

46 Quelle est la phrase correcte? **Le nom *harem* éveille bien des fantasmes.**

47 Que est le synonyme de l'adjectif *aléatoire*? **Hasardeux**

48 Qu'est-ce qu'un *baroud d'honneur*? **Un combat dont on sait qu'on sortira vaincu, mais qu'on livre pour l'honneur**

49 Quelle est la phrase incorrecte? **Il livre chaque jour quelques quatre cents repas.**

50 Dans laquelle de ces phrases le mot souligné n'est pas un pronom? **Où vas-tu de ce pas décidé?**

Actualité

51 Le projet MOSE... **Est un ouvrage en cours de réalisation qui prévoit un système intégré de défense formé de rangées de vannes mobiles escamotables permettant d'isoler la lagune de Venise**

52 Qui sont les présidents américains pour lesquels la Chambre des représentants a voté la mise en place d'une procédure d'*impeachment*? **Andrew Johnson, Bill Clinton et Donald Trump**

53 Quel est l'âge médian des médecins en France ? **51 ans**

54 Quel est le nom de la monnaie que souhaite lancer Facebook ? **Le Libra**

55 Quelle est l'origine de la contestation des habitants de Hong Kong contre la République populaire de Chine ? **L'adoption d'une loi d'extradition**

THÈME 1

Histoire

Préhistoire

➜ **Retrouvez le corrigé de cette série page 100.**

1 Depuis quand a-t-on commencé à étudier les premiers hommes ?

- ○ **A.** XVIIe siècle
- ○ **B.** XVIIIe siècle
- ○ **C.** XIXe siècle
- ○ **D.** XXe siècle

2 Qu'étudient les paléontologues ?

- ○ **A.** Les fossiles
- ○ **B.** Les vestiges
- ○ **C.** Les climats
- ○ **D.** Les sols

3 Au-delà de combien d'années la méthode du carbone 14 devient-elle trop imprécise, car il n'en reste plus assez ?

- ○ **A.** Au-delà de 1 million d'années
- ○ **B.** Au-delà de 400 000 années
- ○ **C.** Au-delà de 100 000 années
- ○ **D.** Au-delà de 40 000 années

4 Comment s'appelle le plus ancien crâne d'hominidé retrouvé et âgé de 7 millions d'années ?

- ○ **A.** Lucy
- ○ **B.** Cro-Magnon
- ○ **C.** Le garçon de Turkana
- ○ **D.** Toumaï

5 Combien mesurait environ l'australopithèque Lucy ?

- ○ **A.** 90 cm
- ○ **B.** 1,10 m
- ○ **C.** 1,30 m
- ○ **D.** 1,50 m

6 Les plus anciens outils datent d'environ 3 millions d'années, ce sont des galets aménagés. Quel est leur autre nom ?

- ○ **A.** Des silex
- ○ **B.** Des choppers
- ○ **C.** Des bifaces
- ○ **D.** Des pebbles

7 Il y a 2 millions d'années, laquelle de ces espèces n'aurait-on pas pu rencontrer ?

- ○ **A.** L'australopithèque
- ○ **B.** L'*Homo habilis*
- ○ **C.** L'*Homo erectus*
- ○ **D.** L'homme de Neandertal

8 Comment s'appelle la première espèce humaine ?

- ○ **A.** L'*Homo sapiens*, l'homme sage
- ○ **B.** L'*Homo erectus*, l'homme debout
- ○ **C.** L'*Homo habilis*, l'homme habile
- ○ **D.** *L'Homo ergaster*, l'homme artisan

9 Où les premiers hommes sont-ils apparus ?

- ○ **A.** En Afrique
- ○ **B.** En Europe
- ○ **C.** En Amérique
- ○ **D.** En Asie

10 Que signifie le mot paléolithique, première période de la préhistoire ?

- ○ **A.** Âge de la pierre polie
- ○ **B.** Âge de la chasse
- ○ **C.** Âge du feu
- ○ **D.** Âge de la pierre taillée

11 D'où vient le nom Cro-Magnon ?

- ○ **A.** Du nom d'une grotte
- ○ **B.** Du latin Carus-Magnus
- ○ **C.** Du nom d'un fleuve
- ○ **D.** C'est un nom complètement inventé

12 Depuis quand l'homme moderne est-il installé en Europe ?

- ○ **A.** Environ 400 000 ans
- ○ **B.** Environ 100 000 ans
- ○ **C.** Environ 40 000 ans
- ○ **D.** Environ 20 000 ans

13 **Classez ces évènements dans l'ordre chronologique**

- ○ **A.** Maîtrise du feu / Premières sculptures / Sédentarisation / Apparition de l'écriture
- ○ **B.** Premières sculptures / Maîtrise du feu / Apparition de l'écriture / Sédentarisation
- ○ **C.** Maîtrise du feu / Sédentarisation / Premières sculptures / Apparition de l'écriture
- ○ **D.** Sédentarisation / Maîtrise du feu / Premières sculptures / Apparition de l'écriture

14 **Que s'est-il passé en 400 000 av. J.-C. ?**

- ○ **A.** Les hommes enterrent leurs morts
- ○ **B.** Les hommes quittent leur berceau africain
- ○ **C.** Les hommes sculptent leurs premières statues
- ○ **D.** Les hommes maîtrisent le feu

15 **Il y a 30 000 ans, quel animal était le principal gibier en Europe ?**

- ○ **A.** Le cheval
- ○ **B.** L'auroch
- ○ **C.** Le mammouth
- ○ **D.** Le renne

16 **De quand date la grotte de Lascaux ?**

- ○ **A.** 150 000 av. J.-C.
- ○ **B.** 100 000 av. J.-C.
- ○ **C.** 50 000 av. J.-C.
- ○ **D.** 15 000 av. J.-C.

17 **Comment s'appelle la grande salle à l'entrée de la grotte de Lascaux ?**

- ○ **A.** La salle des rennes
- ○ **B.** La salle des mammouths
- ○ **C.** La salle des animaux
- ○ **D.** La salle des taureaux

18 **Quels sont les deux pigments utilisés dans l'art pariétal ?**

- ○ **A.** Le noir et le blanc
- ○ **B.** Le noir et l'ocre
- ○ **C.** L'ocre et le blanc
- ○ **D.** Le blanc et le vert

19 **Qu'est-ce qu'un auroch ?**

- ○ **A.** Un pigment naturel utilisé pour les peintures rupestres
- ○ **B.** Une espèce disparue d'équidé
- ○ **C.** Une espèce disparue de bovidé
- ○ **D.** Une sorte de lance

20 **Quel site préhistorique est situé à Carnac ?**

- ○ **A.** Une grotte
- ○ **B.** Un site mégalithique
- ○ **C.** Des tumuli
- ○ **D.** Des sépultures

21 **Que signifie « néolithique » ?**

- ○ **A.** Âge du bronze
- ○ **B.** Âge du feu
- ○ **C.** Âge du fer
- ○ **D.** Âge de la pierre polie

22 **Qu'appelle-t-on la « révolution néolithique » ?**

- ○ **A.** Le passage d'une économie de « chasse et cueillette » à une économie agricole
- ○ **B.** Le passage à l'écriture
- ○ **C.** Le passage des outils en pierre aux outils en métaux
- ○ **D.** Le passage à une économie d'artisans

23 **Parmi ces grottes, laquelle est une grotte sous-marine ?**

- ○ **A.** La grotte Chauvet
- ○ **B.** La grotte de Lascaux
- ○ **C.** La grotte Cosquer
- ○ **D.** La grotte du Pech-Merle

24 **Comment s'appelle l'art préhistorique des œuvres dessinées dans les grottes?**

- ○ **A.** L'art pariétal
- ○ **B.** L'art grottal
- ○ **C.** L'art muriétal
- ○ **D.** L'art naïf

25 **Qu'est-ce qu'une sagaie?**

- ○ **A.** Un outil pour la pêche
- ○ **B.** Un pigment pour peindre
- ○ **C.** Une arme de jet
- ○ **D.** Un bijou

26 **Dans quel matériau a été sculptée la « Dame de Brassempouy »?**

- ○ **A.** Du bois
- ○ **B.** De l'ivoire
- ○ **C.** Du marbre
- ○ **D.** De la pierre

27 **Classez ces périodes dans l'ordre chronologique :**

- ○ **A.** Âge de bronze / Âge de cuivre / Âge de fer
- ○ **B.** Âge de cuivre / Âge de fer / Âge de bronze
- ○ **C.** Âge de cuivre / Âge de bronze / Âge de fer
- ○ **D.** Âge de bronze / Âge de fer / Âge de cuivre

28 **Au cinquième millénaire av. J.-C. de grandes haches circulent en Europe. En quelle matière sont-elles fabriquées?**

- ○ **A.** En quartz
- ○ **B.** En onyx
- ○ **C.** En ambre
- ○ **D.** En jade

29 **Où se trouve le plus ancien foyer de domestication des plantes et des animaux?**

- ○ **A.** Au Moyen-Orient
- ○ **B.** En Europe
- ○ **C.** En Asie
- ○ **D.** En Amérique

30 **Comment appelle-t-on la période où se côtoient des peuples sans écriture et les premières civilisations historiques?**

- ○ **A.** La mésohistoire
- ○ **B.** La métahistoire
- ○ **C.** La protohistoire
- ○ **D.** La paléohistoire

Antiquité

➜ **Retrouvez le corrigé de cette série page 101.**

31 **Dans quelles régions l'écriture est-elle apparue ?**

- ○ **A.** L'Inde et la Chine
- ○ **B.** L'Afrique et l'Europe
- ○ **C.** L'Égypte et la Mésopotamie
- ○ **D.** La Grèce et Rome

32 **Comment s'appelle l'écriture utilisée en Mésopotamie ?**

- ○ **A.** Cunéiforme
- ○ **B.** Les hiéroglyphes
- ○ **C.** Cyrillique
- ○ **D.** Les kanji

33 **Que sont Uruk, Ur, et Mari ?**

- ○ **A.** Les noms de pyramides d'Égypte
- ○ **B.** Les noms de dieux égyptiens
- ○ **C.** Les noms de fleuves de Mésopotamie
- ○ **D.** Les noms de cités-États de Mésopotamie

34 ***L'épopée de Gilgamesh* est l'un des plus vieux récits littéraires. Qui était Gilgamesh ?**

- ○ **A.** Un pharaon égyptien
- ○ **B.** Un personnage légendaire romain
- ○ **C.** Un roi mésopotamien
- ○ **D.** Une reine de Mésopotamie

35 **Au VIIIe siècle av. J.-C., les Hébreux sont organisés en deux royaumes. Comment s'appellent-ils ?**

- ○ **A.** Royaume d'Israël et royaume de Juda
- ○ **B.** Royaume de Jérusalem et royaume de Canaan
- ○ **C.** Royaume de Babylone et royaume d'Israël
- ○ **D.** Royaume d'Israël et royaume de Canaan

36 **Comment appelle-t-on également en Europe la civilisation du premier âge du fer ?**

- ○ **A.** Civilisation de la Tène
- ○ **B.** Civilisation de Hallstatt
- ○ **C.** Civilisation mycénienne
- ○ **D.** Civilisation préromaine

37 **Combien de temps a duré la civilisation de l'Égypte antique ?**

- ○ **A.** 10 000 ans
- ○ **B.** 5 000 ans
- ○ **C.** 3 000 ans
- ○ **D.** 1 000 ans

38 **Quel est le pouvoir du pharaon ?**

- ○ **A.** Un pouvoir religieux
- ○ **B.** Un pouvoir politique
- ○ **C.** Un pouvoir militaire
- ○ **D.** Un pouvoir absolu

39 **Comment s'appelle la plus ancienne capitale de l'Égypte antique ?**

- ○ **A.** Alexandrie
- ○ **B.** Memphis
- ○ **C.** Louxor
- ○ **D.** Pi-Ramsès

40 **Comment les historiens appellent-ils le plus haut magistrat de l'Égypte antique ?**

- ○ **A.** Le ministre
- ○ **B.** Le scribe
- ○ **C.** Le vizir
- ○ **D.** Le prince

41 **Le pschent est le nom grec donné à la double couronne du pharaon, que représentent ces deux couronnes ?**

- ○ **A.** La Haute Égypte et la Basse Égypte
- ○ **B.** Le féminin et le masculin
- ○ **C.** Le Nil et le désert
- ○ **D.** Le pouvoir religieux et le pouvoir politique

42 **Parmi ces écritures, laquelle ne concerne pas l'Égypte ?**

- ○ **A.** Les hiéroglyphes
- ○ **B.** L'écriture hiératique
- ○ **C.** L'écriture runique
- ○ **D.** L'écriture démotique

43 **De quel pharaon célèbre a-t-on retrouvé la tombe pratiquement intacte dans la Vallée des Rois en 1922 ?**

- ○ **A.** Ramsès II
- ○ **B.** Akhenaton
- ○ **C.** Toutankhamon
- ○ **D.** Thoutmosis III

44 **Dans l'Égypte antique, combien de temps faut-il pour réaliser une momification ?**

- ○ **A.** 7 jours
- ○ **B.** 28 jours
- ○ **C.** 50 jours
- ○ **D.** 70 jours

45 **Qui appelle-t-on les pharaons noirs ?**

- ○ **A.** Une dynastie de pharaons qui a mené de nombreuses guerres
- ○ **B.** La dernière dynastie
- ○ **C.** Une dynastie de pharaons d'origine nubienne
- ○ **D.** Une dynastie de pharaons qui a subi de nombreuses invasions

46 **Comment s'appelle la civilisation installée en Grèce, et qui a disparu vers 1 100 av. J.-C. ?**

- ○ **A.** Les Mycéniens
- ○ **B.** Les Crétois
- ○ **C.** Les Doriens
- ○ **D.** Les Minoens

47 **Où habitaient les Étrusques ?**

- ○ **A.** Au nord de l'Espagne
- ○ **B.** En Grèce
- ○ **C.** Au centre de l'Italie
- ○ **D.** En Mésopotamie

48 **Selon la légende de la création de Rome, quel animal a allaité Romulus et Remus ?**

- ○ **A.** Une louve
- ○ **B.** Une ourse
- ○ **C.** Une vache
- ○ **D.** Une chèvre

49 **Qui est enterré dans la tombe de Vix, en Bourgogne (VIe siècle av. J.-C.) ?**

- ○ **A.** Un guerrier celte
- ○ **B.** Un druide
- ○ **C.** Une princesse celte
- ○ **D.** Un roi celte

50 **D'où vient le vase de bronze trouvé dans la tombe de Vix, située en Bourgogne ?**

- ○ **A.** De Grèce
- ○ **B.** De Rome
- ○ **C.** De Bourgogne
- ○ **D.** Du Moyen-Orient

51 **Dans l'*Iliade* d'Homère, quel personnage a enlevé Hélène ?**

- ○ **A.** Ulysse
- ○ **B.** Priam
- ○ **C.** Ménélas
- ○ **D.** Pâris

52 **Qu'est-ce que l'agogé ?**

- ○ **A.** La monnaie à Athènes
- ○ **B.** L'éducation à Spartes
- ○ **C.** Le soldat à Spartes
- ○ **D.** La place publique à Athènes

53 **Quel est le pourcentage de citoyens dans la démocratie athénienne ?**

- ○ **A.** 10 %
- ○ **B.** 20 %
- ○ **C.** 30 %
- ○ **D.** 40 %

54 **Comment s'appelle la colline sacrée d'Athènes ?**

- ○ **A.** Le Parthénon
- ○ **B.** Le Capitole
- ○ **C.** L'Acropole
- ○ **D.** Le Palatin

55 **Qu'est-ce qu'un métèque dans la démocratie athénienne ?**

- ○ **A.** Un magistrat
- ○ **B.** Un esclave affranchi
- ○ **C.** Un homme libre étranger
- ○ **D.** Un citoyen ostracisé

56 **Qu'est-ce que l'ostracisme en Grèce ?**

- ○ **A.** Une procédure qui permet de bannir un homme de la cité
- ○ **B.** Une procédure qui permet de devenir citoyen
- ○ **C.** Une procédure qui permet de voter les lois
- ○ **D.** Une procédure qui permet de tirer au sort les citoyens qui participeront au conseil de la boulê

57 **Quel savant grec est considéré comme le premier historien ?**

- ○ **A.** Platon
- ○ **B.** Homère
- ○ **C.** Hérodote
- ○ **D.** Socrate

58 **Le pentathlon est l'épreuve reine des Jeux olympiques antiques, quelle discipline n'en fait pas partie ?**

- ○ **A.** Le saut en longueur
- ○ **B.** Le lancer du disque
- ○ **C.** Le saut en hauteur
- ○ **D.** La lutte

59 **Au début du ve siècle av. J.-C, contre qui les Grecs se battent-ils lors des guerres médiques ?**

- ○ **A.** Rome
- ○ **B.** L'Égypte
- ○ **C.** La Perse
- ○ **D.** Carthage

60 **Quel homme politique grec a renforcé la démocratie athénienne au ve siècle av. J.-C ?**

- ○ **A.** Homère
- ○ **B.** Clisthène
- ○ **C.** Aristote
- ○ **D.** Périclès

61 **Comment s'appelle la guerre qui a opposé Sparte et Athènes entre 431 et 404 av. J.-C. ?**

- ○ **A.** La guerre du Péloponnèse
- ○ **B.** La guerre médique
- ○ **C.** La guerre spartiate
- ○ **D.** La guerre de Corinthe

62 **À Athènes, comment s'appelle l'assemblée du peuple, composée des citoyens âgés de plus de 20 ans ?**

- ○ **A.** La Boulê
- ○ **B.** L'Héliée
- ○ **C.** L'Agora
- ○ **D.** L'Ecclésia

63 **Lequel de ces auteurs grecs est connu pour ses comédies ?**

- ○ **A.** Euripide
- ○ **B.** Eschyle
- ○ **C.** Aristophane
- ○ **D.** Sophocle

64 **À qui est dédié le temple du Parthénon ?**

- ○ **A.** La déesse Athéna
- ○ **B.** Le dieu Zeus
- ○ **C.** Le dieu Apollon
- ○ **D.** La déesse Gaïa

65 **Quel est le nom du service militaire à Athènes effectué par les jeunes citoyens âgés de 18 à 20 ans ?**

- ○ **A.** L'éphébie
- ○ **B.** Le dème
- ○ **C.** Le peltaste
- ○ **D.** La liturgie

66 **Parmi ces ordres architecturaux, lequel ne fait pas partie des ordres grecs?**

- ○ **A.** Le dorique
- ○ **B.** Le composite
- ○ **C.** Le ionique
- ○ **D.** Le corinthien

67 **Quel dieu représentait le colosse de Rhodes, statue en bronze de 30 m de haut?**

- ○ **A.** Zeus
- ○ **B.** Apollon
- ○ **C.** Arès
- ○ **D.** Hélios

68 **Qui sont les rameurs dans la flotte athénienne?**

- ○ **A.** Les citoyens les plus riches
- ○ **B.** Les esclaves
- ○ **C.** Les citoyens les plus pauvres
- ○ **D.** Les métèques

69 **Quel roi de Macédoine a imposé sa domination à la Grèce en 338 av. J.-C.?**

- ○ **A.** Alexandre le Grand
- ○ **B.** Philippe II
- ○ **C.** Philippe III
- ○ **D.** Darius III

70 **Comment s'appelle le cheval d'Alexandre le Grand?**

- ○ **A.** Bucéphale
- ○ **B.** Albe
- ○ **C.** Comanche
- ○ **D.** Marengo

71 **Selon la légende, quels animaux ont prévenu les Romains de l'attaque des Gaulois en 390 av. J.-C.?**

- ○ **A.** Des chiens
- ○ **B.** Des ânes
- ○ **C.** Des poules
- ○ **D.** Des oies

72 **Qui a prononcé la célèbre phrase « *vae victis* » (malheur aux vaincus)?**

- ○ **A.** Brennus
- ○ **B.** Vercingétorix
- ○ **C.** Jules César
- ○ **D.** Pompée

73 **Dans quel pays actuel se situait le site de l'antique Carthage?**

- ○ **A.** La Libye
- ○ **B.** Le Maroc
- ○ **C.** La Tunisie
- ○ **D.** L'Égypte

74 **De combien de soldats est formée une légion romaine?**

- ○ **A.** 1 000 à 2 000
- ○ **B.** 3 000 à 4 000
- ○ **C.** 5 000 à 6 000
- ○ **D.** 8 000 à 9 000

75 **Comment appelle-t-on les guerres entre l'Empire romain et le royaume de Carthage aux IIIe et IIe siècles av. J.-C.?**

- ○ **A.** Les guerres carthaginoises
- ○ **B.** Les guerres africaines
- ○ **C.** Les guerres médiques
- ○ **D.** Les guerres puniques

76 **Quel général carthaginois s'incline devant Rome en 202 av. J.-C?**

- ○ **A.** Hamilcar
- ○ **B.** Hannibal
- ○ **C.** Giscon
- ○ **D.** Magon

77 **Qui sont les Gracques?**

- ○ **A.** Deux frères philosophes romains
- ○ **B.** Deux frères généraux romains, conquérants de Carthage
- ○ **C.** Deux frères hommes politiques réformateurs de Rome
- ○ **D.** Deux frères, auteurs de tragédies

78 **Pourquoi les Gaulois n'ont-ils pas laissé d'écrits?**

- ○ **A.** Ils ne connaissaient pas l'écriture
- ○ **B.** Tous leurs écrits ont disparu
- ○ **C.** Les chefs gaulois avaient interdit l'écriture
- ○ **D.** Les druides avaient interdit l'écriture

79 **Sous la République romaine, quel titre décerne-t-on aux généraux victorieux?**

- ○ **A.** Princeps
- ○ **B.** Augustus
- ○ **C.** Consul
- ○ **D.** Imperator

80 **En juin 52 av. J.-C., quelle bataille les Gaulois gagnent-ils contre Jules César?**

- ○ **A.** Alésia
- ○ **B.** Bibracte
- ○ **C.** Uxellodunum
- ○ **D.** Gergovie

81 **Que sont le *cardo* et le *decumanus*?**

- ○ **A.** Les noms de monnaies romaines
- ○ **B.** Les noms d'avenues principales d'une ville romaine
- ○ **C.** Les noms de vêtements romains
- ○ **D.** Les noms de tactiques militaires romaines

82 **Que sont les *insulae* sous l'Empire romain?**

- ○ **A.** Des immeubles d'habitation
- ○ **B.** Des chaussures
- ○ **C.** Des épingles pour tenir les toges
- ○ **D.** Des canalisations pour transporter l'eau

83 **Dans la Rome antique, qui pouvait aller aux thermes?**

- ○ **A.** Seulement les hommes
- ○ **B.** Seulement les riches romains
- ○ **C.** Seulement les femmes
- ○ **D.** Tout le monde

84 **Comment appelle-t-on dans l'Empire romain, les hommes libres étrangers qui habitent les provinces conquises par Rome et qui n'ont pas le statut de citoyens?**

- ○ **A.** Des métèques
- ○ **B.** Des provinciaux
- ○ **C.** Des pérégrins
- ○ **D.** Des sujets

85 **À la veille de la conquête romaine, de combien de peuples la Gaule est-elle composée?**

- ○ **A.** Environ 30
- ○ **B.** Environ 60
- ○ **C.** Environ 90
- ○ **D.** Environ 120

86 **Qu'est-ce qu'un *oppidum*?**

- ○ **A.** Une ville fortifiée
- ○ **B.** Un cimetière
- ○ **C.** Un grade militaire
- ○ **D.** Une jarre

87 **De quelle tribu gauloise, Vercingétorix est-il le chef?**

- ○ **A.** Des Éduens
- ○ **B.** Des Carnutes
- ○ **C.** Des Arvernes
- ○ **D.** Des Allobroges

88 **Quel ouvrage a été écrit par Jules César?**

- ○ **A.** *De la République*
- ○ **B.** *La guerre des Gaules*
- ○ **C.** *Histoire romaine*
- ○ **D.** *Économie rurale*

89 **Qu'est-ce qu'un torque?**

- ○ **A.** C'est une épée celte
- ○ **B.** C'est un vase celte
- ○ **C.** C'est un collier celte
- ○ **D.** C'est un bracelet celte

90 **Comment appelle-t-on la période de prospérité qu'a connue l'Empire romain lors des deux premiers siècles?**

- ○ **A.** La stabilité romaine
- ○ **B.** La prospérité romaine
- ○ **C.** Le calme romain
- ○ **D.** La paix romaine

91 **Comment s'appelle le système de fortifications établi le long de la frontière de l'Empire romain ?**

- ○ **A.** Le limes
- ○ **B.** La grande muraille
- ○ **C.** La ligne impériale
- ○ **D.** Le fides

92 **Qui devient le premier empereur romain en 27 av. J.-C. ?**

- ○ **A.** Jules César
- ○ **B.** Tibère
- ○ **C.** Auguste
- ○ **D.** Néron

93 **Quel historien romain a mentionné Jésus dans ses écrits ?**

- ○ **A.** Pline le Jeune
- ○ **B.** Eusèbe de Césarée
- ○ **C.** Tacite
- ○ **D.** Flavius Josèphe

94 **Qu'obtient l'élite gauloise en 48 ?**

- ○ **A.** D'entrer au Sénat
- ○ **B.** Que tous les Gaulois deviennent citoyens romains
- ○ **C.** De prendre un nom romain
- ○ **D.** D'épouser une citoyenne romaine

95 **Remettez dans l'ordre chronologique ces empereurs romains**

- ○ **A.** Caligula / Néron / Hadrien / Marc Aurèle
- ○ **B.** Néron / Caligula / Marc Aurèle / Hadrien
- ○ **C.** Caligula / Hadrien / Néron / Marc Aurèle
- ○ **D.** Néron / Marc-Aurèle / Hadrien / Caligula

96 **Que contient l'édit de Caracalla de 212 ?**

- ○ **A.** Il fait de la religion chrétienne la religion de l'Empire romain
- ○ **B.** Il accorde la citoyenneté romaine à tous les habitants libres de l'Empire
- ○ **C.** Il instaure un pouvoir héréditaire pour la succession impériale
- ○ **D.** Il supprime l'impôt direct pour les citoyens

97 **Dans la Rome antique qu'est-ce le *cursus honorum* ?**

- ○ **A.** L'ordre d'accès aux échelons militaires
- ○ **B.** L'ordre d'accès aux magistratures publiques
- ○ **C.** L'ordre d'accès aux fonctions religieuses
- ○ **D.** L'ordre d'accès aux étapes pour devenir citoyen

98 **Quelle est la capitale des trois Gaules ?**

- ○ **A.** Lutèce (Paris)
- ○ **B.** Nemausus (Nîmes)
- ○ **C.** Lugdunum (Lyon)
- ○ **D.** Arelate (Arles)

99 **Quelle province ne fait pas partie des trois Gaules ?**

- ○ **A.** La Gaule narbonnaise
- ○ **B.** La Gaule belgique
- ○ **C.** La Gaule lyonnaise
- ○ **D.** La Gaule aquitaine

100 **Le pont du Gard est le vestige d'un aqueduc romain. Quelle était la longueur de cet aqueduc ?**

- ○ **A.** 10 km
- ○ **B.** 30 km
- ○ **C.** 50 km
- ○ **D.** 80 km

101 **Que fait l'empereur Constantin en 312 après Jésus Christ ?**

- ○ **A.** Il se convertit au christianisme
- ○ **B.** Il accorde la citoyenneté à tous les habitants de l'Empire romain
- ○ **C.** Il renonce à son titre d'empereur
- ○ **D.** Il se marie avec une chrétienne

102 **Quel évêque mort en 397 aurait fondé le premier monastère de Gaule à Ligugé et évangélisé de nombreuses campagnes?**

- ○ **A.** Saint Martin
- ○ **B.** Saint Rémi
- ○ **C.** Saint Grégoire
- ○ **D.** Saint Augustin

103 **De quel pays Alexandre le Grand est-il le roi?**

- ○ **A.** Perse
- ○ **B.** Thessalie
- ○ **C.** Macédoine
- ○ **D.** Phénicie

104 **Pourquoi les Francs ont-ils reçu le titre de «fédérés» dans l'Empire romain?**

- ○ **A.** Ils ont prêté allégeance à Rome
- ○ **B.** Ils ont acheté leur territoire à Rome
- ○ **C.** Ils ont signé un traité avec Rome
- ○ **D.** Ils ont gagné une victoire contre un général romain

105 **En 418, quel peuple est autorisé à s'installer en Aquitaine comme «fédéré» ?**

- ○ **A.** Les Ostrogoths
- ○ **B.** Les Vandales
- ○ **C.** Les Francs saliens
- ○ **D.** Les Wisigoths

106 **Avec quel général romain Cléopâtre a-t-elle eu des enfants?**

- ○ **A.** Jules César
- ○ **B.** Octave
- ○ **C.** Pompée
- ○ **D.** Marc Antoine

107 **Comment s'appelle l'important code de droit romain promulgué vers 438?**

- ○ **A.** Code romain
- ○ **B.** Code Théodosien
- ○ **C.** Code de César
- ○ **D.** Code impérial

108 **De quel peuple Attila est-il le chef?**

- ○ **A.** Des Vandales
- ○ **B.** Des Huns
- ○ **C.** Des Mongols
- ○ **D.** Des Suèves

109 **En 451, lors de l'attaque d'Attila, qui a convaincu les Parisiens de ne pas quitter leur ville?**

- ○ **A.** Mérovée
- ○ **B.** Sainte Geneviève
- ○ **C.** Aetius
- ○ **D.** Saint Denis

110 **Quel courant chrétien, condamné au concile de Nicée, affirmait que Jésus n'était pas de même nature que Dieu?**

- ○ **A.** Le gnosticisme
- ○ **B.** Le monophysisme
- ○ **C.** Le nestorianisme
- ○ **D.** L'arianisme

Moyen Âge

→ **Retrouvez le corrigé de cette série page 104.**

111 **Vers 450 trois royaumes barbares s'implantent en Gaule. Lequel n'en fait pas partie?**

- ○ **A.** Royaume des Burgondes
- ○ **B.** Royaume des Wisigoths
- ○ **C.** Royaume des Normands
- ○ **D.** Royaume des Francs

112 **Quel roi des Francs est baptisé en 496 à Reims?**

- ○ **A.** Dagobert
- ○ **B.** Childéric Ier
- ○ **C.** Clovis
- ○ **D.** Mérovée

113 **Que se passe-t-il pour le royaume des Francs à la mort de Clovis en 511?**

- ○ **A.** Son épouse la princesse Clotilde devient régente du royaume
- ○ **B.** Son fils aîné, Thierry Ier, hérite de la totalité du royaume
- ○ **C.** Le royaume est envahi par les Wisigoths
- ○ **D.** Le royaume est partagé entre les quatre fils de Clovis

114 **Au VIe siècle, quelle reine franque a été la rivale de la reine Brunehaut?**

- ○ **A.** Frédégonde
- ○ **B.** Bertrude
- ○ **C.** Théodechilde
- ○ **D.** Arégonde

115 **Comment s'appelle la «Grande Église» de Constantinople inaugurée en 537?**

- ○ **A.** Sainte-Blandine
- ○ **B.** Sainte-Geneviève
- ○ **C.** Sainte-Madeleine
- ○ **D.** Sainte-Sophie

116 **Pour quelle raison Grégoire de Tours est-il célèbre?**

- ○ **A.** Il est devenu pape
- ○ **B.** Il a baptisé Clovis
- ○ **C.** Il a écrit l'ouvrage *Histoire des Francs*
- ○ **D.** Il est le vainqueur d'Attila

117 **Quel personnage a le pouvoir le plus élevé dans une cité mérovingienne?**

- ○ **A.** Le comte
- ○ **B.** Le maire
- ○ **C.** Le bourgeois
- ○ **D.** L'évêque

118 **Comment s'appelle l'assemblée des hommes libres convoquée au moins une fois par an par le roi mérovingien?**

- ○ **A.** Le plaid
- ○ **B.** La truste
- ○ **C.** L'ecclésia
- ○ **D.** Le sénat

119 **Comment nomme-t-on la vengeance privée entre deux familles à l'époque mérovingienne?**

- ○ **A.** La vendetta
- ○ **B.** La rétorsion
- ○ **C.** La faide
- ○ **D.** La joute

120 **Au VIIe siècle, que sont l'Austrasie, la Neustrie et la Burgondie?**

- ○ **A.** Les noms des trois royaumes francs
- ○ **B.** Les noms de trois rois francs
- ○ **C.** Les noms des trois capitales franques
- ○ **D.** Les noms des royaumes frontaliers du royaume franc

121 **Sous les Mérovingiens, qu'appelait-on le maire du palais?**

- ○ **A.** Le plus haut responsable d'une ville
- ○ **B.** Le plus haut responsable de l'armée
- ○ **C.** Le plus haut dignitaire après le roi
- ○ **D.** Le collecteur d'impôt

122 **Qui était Charles Martel ?**

- A. Le premier roi carolingien
- B. Un maire du palais
- C. Un évêque
- D. Un duc d'Aquitaine

123 **Qui est devenu roi à la place de Childéric III en 751 ?**

- A. Charles Martel
- B. Charlemagne
- C. Pépin le Bref
- D. Childéric IV

124 **Qui a soutenu l'avènement de la dynastie carolingienne ?**

- A. L'empereur de Byzance Constantin V
- B. Le pape Étienne II
- C. Le calife abbasside Al-Mansur
- D. La noblesse

125 **Où Charlemagne a-t-il fait construire son palais ?**

- A. Paris
- B. Rome
- C. Aix-la-Chapelle
- D. Versailles

126 **Qui sont les *missi dominici* de Charlemagne ?**

- A. Les médecins royaux
- B. Les professeurs d'université qui enseignent l'histoire du royaume
- C. Les gardes rapprochés du roi qui l'entourent jour et nuit
- D. Les inspecteurs royaux qui visitent les provinces

127 **Sous Charlemagne, les comtes reçoivent un « bénéfice », qu'est-ce que c'est ?**

- A. Une rente financière
- B. Un équipement pour la guerre
- C. Un lot de terres
- D. Un droit de justice

128 **Comment s'appelle le calife, contemporain de Charlemagne, et mis en scène dans *Les Mille et Une Nuits* ?**

- A. Abou Bakr As-Siddiq
- B. Al Mansur
- C. Haroun ar-Rachid
- D. Umar

129 **Sous Charlemagne, quelle règle monastique est imposée à tous les monastères ?**

- A. Celle de saint Augustin
- B. Celle de saint Bernard
- C. Celle de saint François
- D. Celle de saint Benoît

130 **Qui est Louis le Pieux ?**

- A. Le père de Charlemagne
- B. Le frère de Charlemagne
- C. Le fils de Charlemagne
- D. Le petit-fils de Charlemagne

131 **Quelle invention a permis à la cavalerie de se développer à partir du VIIe siècle ?**

- A. Les étriers
- B. La selle
- C. Le mors
- D. La barde

132 **En 750, quelle dynastie prend le pouvoir de l'Empire islamique ?**

- A. Les Omeyades
- B. Les Abbassides
- C. Les Fatimides
- D. Les Ottomans

133 **Quel texte a été le premier à être écrit en langue romane qui deviendra le français ?**

- A. *L'Ordinatio Imperii* rédigé par Louis le Pieux en 823
- B. Le serment de Strasbourg entre Charles le Chauve et Louis le Germanique en 842
- C. Le traité de Verdun en 843
- D. *De Universo* de Raban Maur, moine bénédictin

134 **Quel est l'objectif du traité de Verdun (843)?**

- ○ **A.** Le partage en deux royaumes de l'Empire: la *Francia* et la *Lotharingie*
- ○ **B.** Le partage en trois royaumes de l'Empire: la *Francia occidentalis*, la *Francia orientalis*, et la *Lotharingie*
- ○ **C.** Le maintien de l'Empire et le choix de Lothaire comme empereur
- ○ **D.** Le partage en quatre royaumes de l'Empire: la *Francia occidentalis*, la *Francia orientalis*, la *Lotharingie occidentalis* et la *Lotharingie orientalis*

135 **Le capitulaire de Quierzy en 877 fait entrer la Francie de l'Ouest dans le monde féodal, pour quelle raison?**

- ○ **A.** Les bénéfices comme les comtés deviennent héréditaires
- ○ **B.** Les trois ordres sont définis
- ○ **C.** Les paysans doivent dépendre d'un seigneur
- ○ **D.** Le roi de la Francie obtient le titre d'empereur

136 **Qu'est-ce que le tonlieu?**

- ○ **A.** Un impôt sur les marchandises
- ○ **B.** Une unité de longueur
- ○ **C.** Une monnaie
- ○ **D.** Un code de lois

137 **Qu'est-ce qu'un codex?**

- ○ **A.** Une personne qui copie les textes des manuscrits
- ○ **B.** L'ancêtre du livre formé de feuilles pliées, assemblées en cahiers et couvert d'une reliure
- ○ **C.** Un local dans les monastères où se pratique la copie des livres
- ○ **D.** Un rouleau en papyrus ou parchemin où le texte est écrit perpendiculairement au sens du déroulement

138 **Quelle abbaye est fondée en 909?**

- ○ **A.** Cîteaux
- ○ **B.** Clairvaux
- ○ **C.** Cluny
- ○ **D.** Fontenay

139 **Qui sont les convers?**

- ○ **A.** Des moines copistes
- ○ **B.** Des moines de l'abbaye de Conque
- ○ **C.** Des moines qui s'occupent des travaux manuels de l'abbaye
- ○ **D.** Des moines qui sont en formation

140 **Qu'obtiennent les Vikings de la part du roi des Francs en 911?**

- ○ **A.** Le comté de Rouen
- ○ **B.** Le comté d'Aquitaine
- ○ **C.** Le droit de naviguer sur la Seine
- ○ **D.** Le droit d'établir des places fortifiées le long de la Manche

141 **En quelle année Hugues Capet a-t-il été élu roi?**

- ○ **A.** 985
- ○ **B.** 986
- ○ **C.** 987
- ○ **D.** 988

142 **Qu'a fait Hugues Capet pour éviter les guerres de succession?**

- ○ **A.** Il a fait sacrer son fils aîné de son vivant
- ○ **B.** Il a promulgué une loi indiquant que seul le fils aîné pouvait succéder à son père
- ○ **C.** Il a désigné son successeur dans un testament
- ○ **D.** Il a partagé son royaume entre ses fils

143 **Que représente la tapisserie de Bayeux?**

- ○ **A.** La première croisade
- ○ **B.** La bataille de Hastings
- ○ **C.** Le sacre d'Hugues Capet
- ○ **D.** La Passion du Christ

144 **Qui était Guillaume « le Conquérant » avant de devenir roi d'Angleterre ?**

- ○ **A.** Un roi de France
- ○ **B.** Un duc de Normandie
- ○ **C.** Un comte d'Anjou
- ○ **D.** Un roi d'Écosse

145 **Quel pourcentage de la population du Moyen Âge les paysans représentent-ils ?**

- ○ **A.** 60 %
- ○ **B.** 70 %
- ○ **C.** 80 %
- ○ **D.** 90 %

146 **Comment appelle-t-on la partie de la seigneurie exploitée directement pour le maître ?**

- ○ **A.** La réserve
- ○ **B.** La tenure
- ○ **C.** La banalité
- ○ **D.** La franchise

147 **Qu'est-ce qu'un vassal ?**

- ○ **A.** Un seigneur placé tout en haut de la hiérarchie
- ○ **B.** Un paysan qui dépend étroitement de son seigneur, il peut être vendu, échangé ou donné
- ○ **C.** Un paysan aisé
- ○ **D.** Un homme du seigneur qui s'engage à le servir en échange d'une protection

148 **Qu'est-ce que la trêve de Dieu au XIe siècle ?**

- ○ **A.** Un mouvement qui cherche à construire des abbayes
- ○ **B.** Un mouvement qui cherche à limiter l'activité militaire des aristocrates
- ○ **C.** Un mouvement qui cherche à limiter les pillages
- ○ **D.** Un mouvement qui cherche à convertir les hérétiques

149 **Quelle était l'arme redoutable utilisée par la marine byzantine ?**

- ○ **A.** Le canon
- ○ **B.** L'arbalète
- ○ **C.** Le feu grégeois
- ○ **D.** Le lance-pierre

150 **Quel pape a lancé l'appel pour la première croisade au concile de Clermont ?**

- ○ **A.** Grégoire VII
- ○ **B.** Eugène III
- ○ **C.** Clément III
- ○ **D.** Urbain II

151 **Qu'est-ce qu'un vilain ?**

- ○ **A.** Un mendiant
- ○ **B.** Un lépreux
- ○ **C.** Un paysan rattaché à une terre
- ○ **D.** Un paysan libre

152 **En quelle année débute la construction de la cathédrale Notre-Dame de Paris ?**

- ○ **A.** 1063
- ○ **B.** 1163
- ○ **C.** 1263
- ○ **D.** 1363

153 **Comment s'appelle la grande réforme de l'Église au XIe siècle qui a conduit à séparer nettement le clergé des laïcs ?**

- ○ **A.** La réforme orthodoxe
- ○ **B.** La réforme clunisienne
- ○ **C.** La réforme grégorienne
- ○ **D.** La réforme féodale

154 **Qui était Gengis Khan (vers 1155-1227) ?**

- ○ **A.** Un empereur mongol
- ○ **B.** Un explorateur mongol
- ○ **C.** Un poète mongol
- ○ **D.** Un missionnaire catholique en Mongolie

155 **Quel est le nom du célèbre rabbin, commentateur de la Bible qui a vécu à Troyes au début du XIIe siècle ?**

- ○ **A.** Zohar
- ○ **B.** Rachi
- ○ **C.** Elior
- ○ **D.** Gaone

156 **Qu'appelle-t-on le « mouvement communal » au XIIe siècle ?**

- ○ **A.** L'émancipation des villes par rapport à un seigneur
- ○ **B.** La création de villes
- ○ **C.** Le mouvement de fortifications des villes
- ○ **D.** Le regroupement de communes selon leurs métiers

157 **Comment appelle-t-on le pouvoir des rois de France qui sont censés guérir les écrouelles avec la formule : « le roi te touche, Dieu te guérit » ?**

- ○ **A.** Le pouvoir miraculeux
- ○ **B.** Le pouvoir de guérison
- ○ **C.** Le pouvoir thaumaturgique
- ○ **D.** Le pouvoir catalaunique

158 **Comment s'appelle la période où l'on attend les premières récoltes de céréales alors que les grains de la récolte précédente viennent à manquer ?**

- ○ **A.** La jointure
- ○ **B.** La liaison
- ○ **C.** La famine
- ○ **D.** La soudure

159 **Dans l'Empire byzantin, qu'est-ce qu'un *basileus* ?**

- ○ **A.** Le nom donné aux évêques
- ○ **B.** Le nom donné au général, chef de l'armée
- ○ **C.** Le nom donné à l'empereur
- ○ **D.** Le nom donné aux hommes de loi chargés de la gestion de l'Empire

160 **Comment s'appelle le premier souverain du royaume de Jérusalem, ayant pour titre « avoué du Saint-Sépulcre » ?**

- ○ **A.** Robert de Flandre
- ○ **B.** Tancrède de Hauteville
- ○ **C.** Raymond de Saint-Gilles
- ○ **D.** Godefroy de Bouillon

161 **Comment s'appellent les territoires conquis par les croisés ?**

- ○ **A.** Les États latins d'Orient
- ○ **B.** Les États croisés
- ○ **C.** Les États francs d'Orient
- ○ **D.** Les États coloniaux d'Orient

162 **Quel poète français est le fondateur de la littérature arthurienne ?**

- ○ **A.** Pierre de Blois
- ○ **B.** Chrétien de Troyes
- ○ **C.** Gui de Cambrai
- ○ **D.** Jean Renart

163 **Les troubadours sont des poètes de langue d'oc, comment appelle-t-on ceux de langue d'oïl ?**

- ○ **A.** Les trouvères
- ○ **B.** Les ménestrels
- ○ **C.** Les bardes
- ○ **D.** Les chansonniers

164 **Laquelle de ces villes n'est pas l'un des quatre centres de départ pour le pèlerinage de Saint-Jacques-de-Compostelle ?**

- ○ **A.** Paris
- ○ **B.** Vézelay
- ○ **C.** Lyon
- ○ **D.** Arles

165 **Qu'est-ce qu'un heaume ?**

- ○ **A.** La lance du chevalier
- ○ **B.** Le casque intégral du chevalier
- ○ **C.** Le bouclier du chevalier
- ○ **D.** La cotte de mailles du chevalier

166 **Quel célèbre abbé a rénové la basilique de Saint-Denis dans le style gothique au XIIe siècle ?**

- ○ **A.** L'abbé Bernard de Clairvaux
- ○ **B.** L'abbé Robert de Sorbon
- ○ **C.** L'abbé Suger
- ○ **D.** L'abbé Robert de Molesme

167 **Quel personnage est à l'origine de l'effervescence intellectuelle du XIIe siècle ?**

- ○ **A.** Anselme de Cantorbéry
- ○ **B.** Thomas d'Aquin
- ○ **C.** Aymon de Varennes
- ○ **D.** Pierre Abélard

168 **Qui reconquiert Jérusalem en 1187 ?**

- ○ **A.** Philippe Auguste, le roi de France
- ○ **B.** Richard Cœur de Lion, le roi d'Angleterre
- ○ **C.** Frédéric Ier Barberousse, empereur germanique
- ○ **D.** Saladin, sultan d'Égypte et de Syrie

169 **Quels rois Aliénor d'Aquitaine a-t-elle épousés ?**

- ○ **A.** Louis VII et Henri II Plantagenêt
- ○ **B.** Louis VII et Louis VIII
- ○ **C.** Louis IX et Henri II de Plantagenêt
- ○ **D.** Philippe Auguste et Richard Cœur de Lion

170 **Qu'est-ce qu'un ducat ?**

- ○ **A.** Une mesure de longueur
- ○ **B.** Une monnaie
- ○ **C.** Une mesure de masse
- ○ **D.** Le fils d'un duc

171 **Dans quelle région les foires commerciales prennent-elles leur essor à la fin du XIIe siècle ?**

- ○ **A.** En région parisienne
- ○ **B.** En Normandie
- ○ **C.** En Bourgogne
- ○ **D.** En Champagne

172 **Qu'est-ce que l'Inquisition ?**

- ○ **A.** Un tribunal de l'Église créé pour punir les hérétiques
- ○ **B.** Un tribunal de l'Église créé pour punir les juifs
- ○ **C.** Un tribunal de l'Église créé pour punir les chevaliers
- ○ **D.** Un tribunal de l'Église créé pour punir la sorcellerie

173 **Qui sont les albigeois ?**

- ○ **A.** Les juifs
- ○ **B.** Les protestants
- ○ **C.** Les cathares
- ○ **D.** Les bogomiles

174 **Laquelle de ces universités n'est pas une grande université du XIIIe siècle ?**

- ○ **A.** Paris
- ○ **B.** Oxford
- ○ **C.** Bologne
- ○ **D.** Prague

175 **Quelle bataille, qui a eu lieu en 1214, permet à Philippe Auguste de consolider son territoire ?**

- ○ **A.** Roncevaux
- ○ **B.** Crécy
- ○ **C.** Poitiers
- ○ **D.** Bouvines

176 **Qui était Marco Polo ?**

- ○ **A.** Un moine vénitien
- ○ **B.** Un marchand vénitien
- ○ **C.** Un ambassadeur de Venise
- ○ **D.** Un prince vénitien

177 **Quels sont les deux rois de France du XIIIe siècle qui ont renforcé le pouvoir royal ?**

- ○ **A.** Philippe Auguste et Louis VIII
- ○ **B.** Louis VIII et Louis IX
- ○ **C.** Louis VII et Louis VIII
- ○ **D.** Philippe Auguste et Louis IX

178 **Quelle fleur devient le symbole de la royauté française ?**

- ○ **A.** Le lys
- ○ **B.** La rose
- ○ **C.** Le trèfle
- ○ **D.** La tulipe

179 **Quelle est la particularité du sacre de Louis VIII?**

- ○ **A.** Louis VIII est mort avant d'avoir eu le temps d'être sacré
- ○ **B.** Louis VIII est le premier Capétien à ne pas avoir été sacré du vivant de son père
- ○ **C.** Louis VIII est sacré dans la basilique de Saint-Denis et non à Reims
- ○ **D.** Louis VIII est le premier roi à être sacré en même temps que la reine

180 **Qu'est-ce qu'un portulan?**

- ○ **A.** Une boussole
- ○ **B.** Un bateau marchand
- ○ **C.** Une carte marine
- ○ **D.** Une voile de bateau

181 **Où se trouvent les villes drapantes?**

- ○ **A.** En Flandre et en Italie
- ○ **B.** En Flandre et en Normandie
- ○ **C.** En Flandre et en Provence
- ○ **D.** En Flandre et en Aquitaine

182 **En quelle année Pierre le Vénérable, abbé de Cluny, fit-il traduire le Coran en latin, afin de mieux lutter contre l'Islam?**

- ○ **A.** 1043
- ○ **B.** 1143
- ○ **C.** 1243
- ○ **D.** 1343

183 **Qui est Blanche de Castille?**

- ○ **A.** La femme de Louis IX
- ○ **B.** La mère de Louis IX
- ○ **C.** La maîtresse de Louis IX
- ○ **D.** La sœur de Louis IX

184 **En quelle année Robert de Sorbon a-t-il fondé son collège qui deviendra la Sorbonne?**

- ○ **A.** 1057
- ○ **B.** 1157
- ○ **C.** 1257
- ○ **D.** 1357

185 **Quel souverain a été canonisé vingt-sept ans après sa mort?**

- ○ **A.** Hugues Capet
- ○ **B.** Philippe Auguste
- ○ **C.** Philippe le Bel
- ○ **D.** Louis IX

186 **Qui est Averroès (1126-1198)?**

- ○ **A.** Un philosophe et médecin andalou
- ○ **B.** Un sultan abbasside
- ○ **C.** Un poète andalou
- ○ **D.** Un ambassadeur abbasside en France

187 **Lequel de ces ordres n'est pas un ordre mendiant?**

- ○ **A.** Les cisterciens
- ○ **B.** Les franciscains
- ○ **C.** Les dominicains
- ○ **D.** Les carmes

188 **Lequel de ces souverains n'a pas participé à la troisième croisade?**

- ○ **A.** Philippe Auguste
- ○ **B.** Frédéric Barberousse
- ○ **C.** Richard Cœur de Lion
- ○ **D.** Jean sans Terre

189 **La taille du royaume de France a augmenté sous Philippe Auguste, mais de combien?**

- ○ **A.** Le royaume a doublé
- ○ **B.** Le royaume a triplé
- ○ **C.** Le royaume a quadruplé
- ○ **D.** Le royaume a quintuplé

190 **Quels banquiers et marchands ont financé la quatrième croisade?**

- ○ **A.** Les Vénitiens
- ○ **B.** Les Byzantins
- ○ **C.** Les Champenois
- ○ **D.** Les Lombards

191 **Quelle est la période des grands défrichements?**

- ○ **A.** Vers 400-700
- ○ **B.** Vers 700-1000
- ○ **C.** Vers 1000-1300
- ○ **D.** Vers 1300-1700

192 **Laquelle de ces ordonnances n'a pas été définie par Louis IX ?**

- ○ **A.** L'ordonnance qui définit le cadre de l'administration royale
- ○ **B.** L'ordonnance qui réforme les mœurs en interdisant le blasphème, la prostitution, l'usure...
- ○ **C.** L'ordonnance qui réglemente la chasse dans le domaine royal
- ○ **D.** L'ordonnance qui réforme la monnaie avec la création d'une pièce d'or

193 **Comment est mort Louis IX ?**

- ○ **A.** Blessé lors d'un tournoi
- ○ **B.** Assassiné dans la rue
- ○ **C.** De maladie lors de la huitième croisade
- ○ **D.** De vieillesse

194 **Quel ordre militaire est dissous par le pape Clément V en 1312 ?**

- ○ **A.** L'ordre de l'Hôpital
- ○ **B.** L'ordre de Saint-Lazare
- ○ **C.** L'ordre du Temple
- ○ **D.** L'ordre Teutonique

195 **Quel homme est considéré comme le premier humaniste ?**

- ○ **A.** Thomas More
- ○ **B.** Érasme
- ○ **C.** Pétrarque
- ○ **D.** Pic de La Mirandole

196 **Dans quelle ville résident les papes entre 1309 et 1377 ?**

- ○ **A.** Avignon
- ○ **B.** Lyon
- ○ **C.** Bordeaux
- ○ **D.** Strasbourg

197 **En quelle année le servage est-il aboli ?**

- ○ **A.** 1115
- ○ **B.** 1215
- ○ **C.** 1315
- ○ **D.** 1415

198 **Pour quelle raison au XIVe siècle le roi d'Angleterre est-il le vassal du roi de France ?**

- ○ **A.** Il possède le comté de Bourgogne
- ○ **B.** Il possède le duché d'Aquitaine
- ○ **C.** Il possède le comté de Provence
- ○ **D.** Il possède le comté de Toulouse

199 **Contre quel royaume la France se bat-elle pendant la guerre de Cent Ans ?**

- ○ **A.** L'Espagne
- ○ **B.** L'Italie
- ○ **C.** L'Angleterre
- ○ **D.** Le Saint Empire romain germanique

200 **Comment s'appelle le roi d'Angleterre prétendant au trône de France face à Philippe VI ?**

- ○ **A.** Édouard III
- ○ **B.** Édouard Ier
- ○ **C.** Richard II
- ○ **D.** Henri IV

201 **En 1360, le traité de Calais est passé entre la France est l'Angleterre, quelle proposition n'est pas dans ce traité ?**

- ○ **A.** Le roi de France est libéré contre une rançon
- ○ **B.** Les Anglais obtiennent la Guyenne en toute souveraineté
- ○ **C.** Le roi d'Angleterre renonce à la couronne de France
- ○ **D.** Les Anglais obtiennent la Normandie en toute souveraineté

202 **Parmi ces personnages historiques, lequel n'a pas participé à la guerre de Cent Ans ?**

- ○ **A.** Bertrand Du Guesclin
- ○ **B.** Jacques de Molay
- ○ **C.** Jeanne d'Arc
- ○ **D.** Charles V

203 **Comment s'appelle la cérémonie au cours de laquelle un jeune noble devient chevalier ?**

- ○ **A.** L'adoubement
- ○ **B.** L'hommage
- ○ **C.** La chevalerie
- ○ **D.** La confirmation

204 **Qu'est-ce qu'un connétable?**

- ○ **A.** Le confesseur du roi
- ○ **B.** La personne qui s'occupe de la chambre du roi
- ○ **C.** Le premier officier du roi qui assure le commandement des armées
- ○ **D.** Un officier public ayant des fonctions judiciaires

205 **Quel roi a été couronné grâce à l'aide de Jeanne d'Arc en 1422 ?**

- ○ **A.** Charles VI
- ○ **B.** Charles VII
- ○ **C.** Louis X
- ○ **D.** Louis XI

206 **Qu'est-ce que l'ost royal?**

- ○ **A.** L'impôt royal
- ○ **B.** Le sacre du roi
- ○ **C.** L'armée du roi
- ○ **D.** Le conseiller principal du roi

207 **Remettez dans l'ordre chronologique les quatre dynasties qui se sont succédé à la tête du royaume de France**

- ○ **A.** Les Valois / Les Capétiens / Les Mérovingiens / Les Carolingiens
- ○ **B.** Les Mérovingiens / Les Carolingiens / Les Valois / Les Capétiens
- ○ **C.** Les Carolingiens / Les Mérovingiens / Les Valois / Les Capétiens
- ○ **D.** Les Mérovingiens / Les Carolingiens / Les Capétiens / Les Valois

208 **Pourquoi la population européenne perd-elle un grand nombre de ses habitants (de 25 à 50 %) entre 1347 et 1352?**

- ○ **A.** À cause de la guerre de Cent Ans
- ○ **B.** À cause de la peste noire
- ○ **C.** À cause de la famine
- ○ **D.** À cause du choléra

209 **Comment appelle-t-on des terres royales attribuées à un prince qui reviennent à la royauté à la mort du dernier descendant?**

- ○ **A.** Un dauphiné
- ○ **B.** Un duché
- ○ **C.** Un apanage
- ○ **D.** Une principauté

210 **Qui était Étienne Marcel?**

- ○ **A.** Un évêque
- ○ **B.** Le chef des Templiers
- ○ **C.** Le prévôt des marchands de Paris
- ○ **D.** Le banquier dur roi

211 **Pourquoi le roi Charles VI est-il devenu incapable de gouverner en 1393?**

- ○ **A.** Il devient aveugle
- ○ **B.** Il devient sourd
- ○ **C.** Il devient fou
- ○ **D.** Il devient paraplégique

212 **Pour quelle raison les Français sont-ils vaincus à Azincourt en 1415?**

- ○ **A.** Les Anglais sont plus nombreux
- ○ **B.** Les Anglais ont empoisonné l'armée française
- ○ **C.** Les Anglais ont aligné des archers plus mobiles que des cavaliers en armure
- ○ **D.** Les Anglais ont attaqué la nuit par surprise

213 **Qui est Robert de Baudricourt?**

- ○ **A.** Un conseiller de Charles VII
- ○ **B.** Un compagnon d'armes de Jeanne d'Arc
- ○ **C.** Un allié du duc de Bourgogne
- ○ **D.** Un allié du comte d'Armagnac

214 **En quelle année Jeanne d'Arc délivre-t-elle Orléans des Anglais?**

- ○ **A.** 1422
- ○ **B.** 1429
- ○ **C.** 1431
- ○ **D.** 1453

215 **Qui était Charles le Téméraire ?**

- ○ **A.** Le frère de Louis XI
- ○ **B.** Un puissant duc de Bourgogne
- ○ **C.** Un puissant duc de Bretagne
- ○ **D.** Le conseiller de Louis XI

216 **La première danse macabre est celle du cimetière des Innocents à Paris, de quand date-t-elle ?**

- ○ **A.** 1324
- ○ **B.** 1374
- ○ **C.** 1424
- ○ **D.** 1474

217 **Comment s'appelle l'impôt sur le sel ?**

- ○ **A.** La dîme
- ○ **B.** La taille
- ○ **C.** Le champart
- ○ **D.** La gabelle

218 **Au XIVe siècle apparaissent les ordres de la chevalerie, parmi ces noms lequel n'en est pas un ?**

- ○ **A.** L'ordre de l'Écu d'or
- ○ **B.** L'ordre de l'Hermine
- ○ **C.** L'ordre du Porc-Épic
- ○ **D.** L'ordre de l'Épée d'argent

219 **Entre 1407 et 1435, deux familles de la dynastie des Valois entrent en conflit et provoquent une guerre civile. Comment s'appellent-elles ?**

- ○ **A.** Les Armagnacs et les Bourguignons
- ○ **B.** Les Armagnacs et les Bretons
- ○ **C.** Les Bourguignons et les Orléans
- ○ **D.** Les Orléans et les Bretons

220 **En 1420, après le traité de Troyes, la France est partagée en trois. Quel territoire n'existe pas ?**

- ○ **A.** Les possessions anglaises, dont Paris
- ○ **B.** Les provinces restées fidèles au roi
- ○ **C.** Les possessions des Flandres
- ○ **D.** Les possessions bourguignonnes

221 **Quelle est la caractéristique de l'art roman ?**

- ○ **A.** La voûte en berceau
- ○ **B.** La voûte en croisée d'ogives
- ○ **C.** L'arc-boutant
- ○ **D.** Les arcs brisés

222 **Qui était Jacques Cœur ?**

- ○ **A.** L'argentier de Charles VII
- ○ **B.** Le grand chambellan de Charles VII
- ○ **C.** Le grand maître de l'artillerie de Charles VII
- ○ **D.** Le conseiller privé de Charles VII

223 **En 1445, sont créées les compagnies d'ordonnance, à quoi correspondent-elles ?**

- ○ **A.** Aux créations d'unités militaires permanentes
- ○ **B.** Aux créations de parlements en Province
- ○ **C.** Aux créations de corps de médecins pour les hôpitaux
- ○ **D.** Aux créations de corps de collecteurs d'impôts pour récupérer la taille

224 **Lequel de ces évènements n'a pas eu lieu en 1492 ?**

- ○ **A.** La Reconquista espagnole est terminée
- ○ **B.** Christophe Colomb atteint les Amériques
- ○ **C.** Vasco de Gama arrive en Inde
- ○ **D.** Les juifs sont expulsés d'Espagne

225 **L'Empire inca a connu son apogée au XVe siècle, quelle est sa capitale ?**

- ○ **A.** Palenque
- ○ **B.** Chichén Itzá
- ○ **C.** Cuzco
- ○ **D.** Tenochtilan

Temps modernes

→ **Retrouvez le corrigé de cette série page 108.**

226 À quels siècles correspond la Renaissance ?

- A. XIVe et XVe siècles
- B. XVe et XVIe siècles
- C. XVIe et XVIIe siècles
- D. XVIIe et XVIIIe siècles

227 Quelle culture est remise à l'honneur à la Renaissance?

- A. La culture égyptienne
- B. La culture antique gréco-romaine
- C. La culture gauloise
- D. La culture byzantine

228 Quel pays est à l'origine de la Renaissance?

- A. L'Angleterre
- B. L'Espagne
- C. La France
- D. L'Italie

229 Comment s'appelle le navire très maniable mis au point par les Portugais au xve siècle et utilisé pour les voyages d'exploration?

- A. La caravelle
- B. Le galion
- C. La corvette
- D. La galère

230 À compter de 1494, vers quel pays, le roi de France dirige-t-il ses conquêtes?

- A. L'Espagne
- B. L'Italie
- C. L'Angleterre
- D. L'Amérique

231 En 1500, qui a découvert le Brésil?

- A. Christophe Colomb
- B. Vasco de Gama
- C. Pedro Alvares Cabral
- D. Bartolomeu Dias

232 En quelle année François Ier remporte-t-il la bataille de Marignan?

- A. 1512
- B. 1513
- C. 1514
- D. 1515

233 Qu'accorde le concordat de Bologne au roi de France en 1516?

- A. Le roi de France participe à l'élection du pape
- B. Le roi de France nomme les évêques, archevêques et abbés
- C. Le roi de France obtient des territoires au Vatican
- D. Le roi de France nomme le pape

234 Où François Ier installe-t-il Léonard de Vinci?

- A. Au Louvre
- B. À Chambord
- C. À Amboise
- D. À Fontainebleau

235 Avant l'arrivée des conquistadors en 1519 au Mexique central, quelle civilisation dominait cette partie du monde?

- A. Les Mayas
- B. Les Aztèques
- C. Les Incas
- D. Les Olmèques

236 Qu'arrive-t-il à François Ier à la bataille de Pavie?

- A. Il est tué
- B. Il est fait prisonnier
- C. Il gagne la bataille en une heure
- D. Il est blessé et fuit le champ de bataille en abandonnant son armée

237 **Qu'est-ce qu'un lansquenet aux XVe et XVIe siècles?**

- ○ **A.** Un mercenaire allemand
- ○ **B.** Un banquier vénitien
- ○ **C.** Un marin espagnol
- ○ **D.** Un garde suisse du Pape

238 **Que fonde François Ier en 1530 pour concurrencer l'université de la Sorbonne?**

- ○ **A.** Le Collège royal
- ○ **B.** L'Académie française
- ○ **C.** L'université de Reims
- ○ **D.** Le Conservatoire national des arts et métiers

239 **Quelle profession François Rabelais n'a-t-il pas occupée?**

- ○ **A.** Médecin
- ○ **B.** Moine
- ○ **C.** Écrivain
- ○ **D.** Magistrat

240 **Que dénonce Martin Luther dans ses 95 thèses?**

- ○ **A.** La richesse de l'Église
- ○ **B.** La vente des indulgences
- ○ **C.** L'adoration des saints
- ○ **D.** L'Ancien Testament

241 **Avec quel humaniste Luther s'est-il opposé?**

- ○ **A.** Guillaume Budé
- ○ **B.** Érasme
- ○ **C.** Thomas More
- ○ **D.** François Rabelais

242 **En 1522, quel explorateur rentre d'un tour du monde, confirmant ainsi que la terre est ronde?**

- ○ **A.** Christophe Colomb
- ○ **B.** Vasco de Gama
- ○ **C.** Bartolomeu Dias
- ○ **D.** Fernand de Magellan

243 **En 1534-1535 a lieu l'affaire des Placards, quelle est cette affaire?**

- ○ **A.** Des affiches ont été placardées contre la messe catholique
- ○ **B.** Des affiches ont été placardées contre l'influence italienne
- ○ **C.** Des affiches ont été placardées contre le roi
- ○ **D.** Des affiches ont été placardées contre Luther

244 **Qui devient empereur du Saint Empire aux dépens de François Ier?**

- ○ **A.** Henri VIII
- ○ **B.** Gustav Ier
- ○ **C.** Charles Quint
- ○ **D.** Marie Stuart

245 **Avec quel souverain François Ier a-t-il conclu une « alliance impie »?**

- ○ **A.** Ivan le Terrible
- ○ **B.** Henri VIII d'Angleterre
- ○ **C.** Guillaume d'Orange
- ○ **D.** Soliman le Magnifique

246 **Quelle est la date de l'ordonnance de Villers-Cotterêts qui fait de la langue française, la langue officielle du royaume?**

- ○ **A.** 10 août 1529
- ○ **B.** 10 août 1534
- ○ **C.** 10 août 1537
- ○ **D.** 10 août 1539

247 **Où se situent la majorité des châteaux de la Renaissance?**

- ○ **A.** En région parisienne
- ○ **B.** En Bretagne
- ○ **C.** Dans le Val de Loire
- ○ **D.** En Bourgogne

248 **De combien de personnes se compose la cour itinérante de François Ier?**

- ○ **A.** 100 à 200
- ○ **B.** 1 000 à 2 000
- ○ **C.** 5 000 à 10 000
- ○ **D.** 15 000 à 20 000

249 **Qui a fondé la Compagnie de Jésus en 1540?**

- ○ **A.** Juan de Vega
- ○ **B.** François d'Assise
- ○ **C.** François de Sales
- ○ **D.** Ignace de Loyola

250 **Quelle était la question du débat de la controverse de Valladolid (1550-1551)?**

- ○ **A.** Savoir si les protestants étaient des hérétiques
- ○ **B.** Savoir si les prêtres devaient se marier
- ○ **C.** Savoir si les Indiens avaient une âme
- ○ **D.** Savoir si l'esclavage pouvait être autorisé

251 **Qui était Ambroise Paré?**

- ○ **A.** Un chirurgien
- ○ **B.** Un astronome
- ○ **C.** Un écrivain
- ○ **D.** Un peintre

252 **Au milieu du XVIe siècle, quel pourcentage de Français ont été convertis par Calvin et ont rejoint son église condamnée par le roi?**

- ○ **A.** 2%
- ○ **B.** 5%
- ○ **C.** 10%
- ○ **D.** 20%

253 **Comment s'appelle le mouvement de l'Église catholique pour lutter contre le mouvement protestant?**

- ○ **A.** La Reconquête
- ○ **B.** La Révision
- ○ **C.** La Rénovation
- ○ **D.** La Contre-Réforme

254 **À quel pays appartient «l'Invincible Armada»?**

- ○ **A.** L'Espagne
- ○ **B.** La France
- ○ **C.** L'Angleterre
- ○ **D.** L'Italie

255 **Qui a rapporté le premier des fèves de cacao en Europe?**

- ○ **A.** Christophe Colomb
- ○ **B.** Vasco de Gama
- ○ **C.** Hernan Cortés
- ○ **D.** Fernand de Magellan

256 **Quel savant européen a été le premier penseur moderne à théoriser l'héliocentrisme?**

- ○ **A.** Galilée
- ○ **B.** Copernic
- ○ **C.** Kepler
- ○ **D.** Newton

257 **Que s'est-il passé la nuit du 23 au 24 août 1572?**

- ○ **A.** Le mariage d'Henri de Navarre avec Marguerite de Valois
- ○ **B.** Le massacre de la Saint-Barthélemy
- ○ **C.** La promulgation de l'édit de Nantes
- ○ **D.** La fin des guerres de Religion

258 **Qu'est-ce que « la Ligue », mouvement fondé en 1576, par le duc Henri de Guise ?**

- ○ **A.** Un mouvement protestant
- ○ **B.** Un mouvement nobiliaire
- ○ **C.** Un mouvement catholique
- ○ **D.** Un mouvement littéraire

259 **Dans quel pays avait été fondée l'éphémère colonie de la «France antarctique» de Villegagnon de 1555 à 1560?**

- ○ **A.** Au Mozambique
- ○ **B.** En Inde
- ○ **C.** En Argentine
- ○ **D.** Au Brésil

260 **Parmi ces rois, lequel n'est pas un fils de Catherine de Médicis?**

- ○ **A.** François II
- ○ **B.** Charles IX
- ○ **C.** Henri II
- ○ **D.** Henri III

261 **Combien y a-t-il eu de guerres de Religion entre 1562 et 1598?**

- ○ **A.** 6
- ○ **B.** 7
- ○ **C.** 8
- ○ **D.** 9

262 **Sous quel autre nom Henri III a-t-il régné?**

- ○ **A.** Henri IX d'Angleterre
- ○ **B.** Henri II du Danemark
- ○ **C.** Henri le Cardinal (Portugal)
- ○ **D.** Henri Ier de Pologne

263 **Que s'est-il passé entre le 9 décembre 1582 et le 20 décembre 1582?**

- ○ **A.** Le concile de Trente qui lance la Contre-Réforme
- ○ **B.** Henri III envoie des commissions dans les provinces du Royaume afin de le réformer
- ○ **C.** La «Guerre des Trois Henri»
- ○ **D.** Le passage du calendrier julien au calendrier grégorien

264 **Quelles sont les deux grandes familles qui s'opposent pendant les guerres de Religion?**

- ○ **A.** Les Condés et les Coligny
- ○ **B.** Les Guises et les Médicis
- ○ **C.** Les Guises et les Coligny
- ○ **D.** Les Choiseul et les Rohan

265 **Par qui a été assassiné Henri III?**

- ○ **A.** Un moine dominicain
- ○ **B.** Un partisan de la famille Coligny
- ○ **C.** Un ambassadeur anglais
- ○ **D.** Un brigand

266 **Que fait Henri IV le 25 juillet 1593?**

- ○ **A.** Il épouse Marie de Médicis
- ○ **B.** Il abjure sa foi protestante
- ○ **C.** Il promulgue l'édit de Nantes
- ○ **D.** Il est sacré roi

267 **Comment appelle-t-on les places fortes obtenues par les protestants lors de l'édit de Nantes?**

- ○ **A.** Des places huguenotes
- ○ **B.** Des places protestantes
- ○ **C.** Des places de sûreté
- ○ **D.** Des places de sécurité

268 **Qu'est-ce qu'une jacquerie?**

- ○ **A.** Une révolte des parlements
- ○ **B.** Une révolte des paysans
- ○ **C.** Une révolte des bourgeois
- ○ **D.** Une révolte des protestants

269 **Henri IV crée la manufacture des Gobelins en 1601, que produit-elle?**

- ○ **A.** De la porcelaine
- ○ **B.** Du verre
- ○ **C.** Des tapisseries
- ○ **D.** Des dentelles

270 **Qui a assassiné Henri IV en 1610?**

- ○ **A.** François Ravaillac
- ○ **B.** Gaspard de Coligny
- ○ **C.** Le duc de Sully
- ○ **D.** Le duc de Guise

271 **Quelle est la principale place forte protestante dont Richelieu fait le siège en 1627-1628?**

- ○ **A.** Marseille
- ○ **B.** Le Havre
- ○ **C.** Bordeaux
- ○ **D.** La Rochelle

272 **Comment appelle-t-on le système qui attribue une fonction de l'administration publique contre de l'argent?**

- ○ **A.** La corruption des charges
- ○ **B.** La privatisation des charges
- ○ **C.** La vénalité des charges
- ○ **D.** L'imposition des charges

273 **Que fait construire Louis XIII à Versailles?**

- ○ **A.** Un pavillon de chasse
- ○ **B.** Un couvent
- ○ **C.** Un château
- ○ **D.** Une église

274 **Quelle affirmation sur Marie de Médicis est fausse?**

- ○ **A.** Elle est la mère de Louis XIII
- ○ **B.** Elle a été régente
- ○ **C.** Elle a été exilée par le roi
- ○ **D.** Elle est morte empoisonnée

275 **Quelle institution est créée par Richelieu en 1635?**

- ○ **A.** La Bibliothèque nationale
- ○ **B.** La Comédie française
- ○ **C.** L'Opéra national de Paris
- ○ **D.** L'Académie française

276 **Quelle dynastie a étendu sa domination sur le monde chinois (1368-1644)?**

- ○ **A.** Les Ming
- ○ **B.** Les Qing
- ○ **C.** Les Yuan
- ○ **D.** Les Jin

277 **Quelle autre noblesse existe à côté de la noblesse d'épée?**

- ○ **A.** La noblesse de loi
- ○ **B.** La noblesse de chapeau
- ○ **C.** La noblesse de robe
- ○ **D.** La noblesse d'office

278 **Qui initie le mouvement de révolte de la Fronde en 1648?**

- ○ **A.** Les paysans
- ○ **B.** Les parlementaires
- ○ **C.** Les princes
- ○ **D.** Le clergé

279 **Lors de la « folle journée » du 25 juin 1658, la ville de Dunkerque change trois fois de nationalité, laquelle n'en fait pas partie?**

- ○ **A.** Espagnole
- ○ **B.** Anglaise
- ○ **C.** Allemande
- ○ **D.** Française

280 **Quel architecte de Louis XIV a construit de nombreuses fortifications?**

- ○ **A.** Vauban
- ○ **B.** Mansart
- ○ **C.** Le Vau
- ○ **D.** Blondel

281 **Louis XIV a eu le règne le plus long de l'histoire de France. Combien de temps a-t-il duré?**

- ○ **A.** 62 ans
- ○ **B.** 68 ans
- ○ **C.** 72 ans
- ○ **D.** 75 ans

282 **Qui a assuré la formation politique de Louis XIV?**

- ○ **A.** Anne d'Autriche
- ○ **B.** Richelieu
- ○ **C.** Mazarin
- ○ **D.** Fouquet

283 **Que décide Louis XIV à la mort de Mazarin?**

- ○ **A.** De s'installer à Versailles
- ○ **B.** De révoquer l'édit de Nantes
- ○ **C.** De se passer d'un principal ministre
- ○ **D.** De nommer Colbert comme principal ministre

284 **En 1664, quel pays domine le commerce maritime mondial?**

- ○ **A.** L'Angleterre
- ○ **B.** La France
- ○ **C.** La Hollande
- ○ **D.** L'Espagne

285 **Qu'est-ce qu'une compagnie des Indes?**

- ○ **A.** Une exploitation de thé
- ○ **B.** Un comptoir commercial colonial
- ○ **C.** Une compagnie qui gère le commerce entre une métropole et ses colonies
- ○ **D.** Une entreprise installée en Inde

286 **Quel poste occupait Louvois sous le règne de Louis XIV?**

- ○ **A.** Secrétaire d'État à la Guerre
- ○ **B.** Secrétaire d'État de la Maison du roi
- ○ **C.** Surintendant des Finances
- ○ **D.** Secrétaire d'État de la Marine

287 **Louis XIV épouse Marie-Thérèse d'Autriche, qui est-elle ?**
- ○ **A.** La fille de Ferdinand III empereur et archiduc d'Autriche
- ○ **B.** La fille de Charles II roi d'Angleterre
- ○ **C.** La fille de Frédéric III, roi du Danemark et de Norvège
- ○ **D.** La fille de Philippe IV, roi d'Espagne

288 **Qui est emprisonné par Louis XIV après avoir donné une fête somptueuse ?**
- ○ **A.** Fouquet
- ○ **B.** Colbert
- ○ **C.** Mazarin
- ○ **D.** La Fontaine

289 **Qui est l'architecte de la galerie des Glaces du château de Versailles ?**
- ○ **A.** Louis Le Vau
- ○ **B.** André Le Nôtre
- ○ **C.** Charles Le Brun
- ○ **D.** Jules Hardouin-Mansart

290 **De combien de pièces est composé le château de Versailles ?**
- ○ **A.** 1 300
- ○ **B.** 1 800
- ○ **C.** 2 300
- ○ **D.** 2 800

291 **Quel personnage occupe une place majeure dans les jardins du château de Versailles ?**
- ○ **A.** Zeus
- ○ **B.** Apollon
- ○ **C.** Arès
- ○ **D.** Dionysos

292 **Qui était André Le Nôtre ?**
- ○ **A.** Le pâtissier de Versailles
- ○ **B.** L'architecte principal du palais de Versailles
- ○ **C.** Le peintre principal du palais de Versailles
- ○ **D.** Le concepteur des jardins de Versailles

293 **En quelle année Louis XIV installe-t-il la cour et le gouvernement à Versailles ?**
- ○ **A.** 1682
- ○ **B.** 1683
- ○ **C.** 1684
- ○ **D.** 1685

294 **Quel écrivain n'a pas vécu sous le règne de Louis XIV ?**
- ○ **A.** Molière
- ○ **B.** La Fontaine
- ○ **C.** Racine
- ○ **D.** Montaigne

295 **Comment appelle-t-on les persécutions contre les protestants qui ont eu lieu entre 1681 et 1685 ?**
- ○ **A.** Un pogrom
- ○ **B.** Une inquisition
- ○ **C.** Des huguenotes
- ○ **D.** Des dragonnades

296 **Qui est Jean Bart ?**
- ○ **A.** Un corsaire
- ○ **B.** Un évêque
- ○ **C.** Un architecte
- ○ **D.** Un écrivain

297 **De quelle année date le *Code noir* qui réglemente l'exploitation des esclaves dans les colonies ?**
- ○ **A.** 1665
- ○ **B.** 1675
- ○ **C.** 1685
- ○ **D.** 1695

298 **Quel souverain a commencé à mettre en place un système de cour avec une hiérarchie d'accès au souverain, afin de discipliner la noblesse ?**
- ○ **A.** Henri III
- ○ **B.** Henri IV
- ○ **C.** Louis XIII
- ○ **D.** Louis XIV

299 **En 1689, les rois anglais s'engagent à respecter la *Bill of Rights*, qu'est-ce que cela signifie ?**
- ○ **A.** La monarchie devient absolue
- ○ **B.** La monarchie devient parlementaire
- ○ **C.** Les arrestations arbitraires sont interdites
- ○ **D.** La liberté religieuse est totale

300 **Qui était Jean-Baptiste Lully (1632-1687)?**

- A. Un musicien
- B. Un auteur de théâtre
- C. Un peintre
- D. Un astronome

301 **Laquelle de ces guerres n'a-t-elle pas été menée sous Louis XIV?**

- A. La guerre de Dévolution
- B. La guerre de Hollande
- C. La guerre de la Succession de l'Autriche
- D. La guerre de la Succession d'Espagne

302 **Quelle maîtresse Louis XIV a-t-il épousée en secret en 1683?**

- A. Marie Mancini
- B. Louise de La Vallière
- C. Madame de Montespan
- D. Madame de Maintenon

303 **Comment s'appelle l'édit qui révoque l'édit de Nantes en 1685?**

- A. L'édit de Versailles
- B. L'édit de Fontainebleau
- C. L'édit de Chambord
- D. L'édit de Vincennes

304 **Comment s'appelait la favorite la plus célèbre du règne de Louis XV ?**

- A. Madame de Maintenon
- B. La marquise de Pompadour
- C. Madame de Montespan
- D. Madame de Lamballe

305 **En quelle année a eu lieu le « Grand hiver »?**

- A. 1709
- B. 1710
- C. 1711
- D. 1712

306 **De quel courant économique se rapproche le colbertisme?**

- A. Le capitalisme
- B. Le mercantilisme
- C. La physiocratie
- D. Le marxisme

307 **Quelle ville a été décimée par la peste en 1720?**

- A. Paris
- B. Bordeaux
- C. Marseille
- D. Nantes

308 **Qui est Louis XV par rapport à Louis XIV?**

- A. Son fils
- B. Son petit-fils
- C. Son arrière-petit-fils
- D. Son arrière-petit-neveu

309 **À quoi est destinée la corvée royale, généralisée en 1738?**

- A. À l'entretien des routes
- B. À l'entretien des églises
- C. À l'entretien des écoles
- D. À l'entretien des hôpitaux

310 **Qui est le régent en attendant que Louis XV devienne majeur?**

- A. Le Louis Auguste de Bourbon, duc du Maine
- B. Le cardinal Dubois
- C. Le Philippe, duc d'Orléans
- D. Le duc Philippe d'Anjou

311 **Comment s'appelle le système de gouvernement par conseil mis en place au début de la Régence?**

- A. Le directoire
- B. Le triumvirat
- C. La monarchie constitutionnelle
- D. La polysynodie

312 **Qui a dirigé *l'Encyclopédie ou Dictionnaire raisonné des sciences, des arts et des métiers*?**

- A. Diderot et Voltaire
- B. Diderot et Rousseau
- C. Diderot et d'Alembert
- D. Diderot

313 **À partir de quelle année l'*Encyclopédie* a-t-elle commencé à être éditée?**

- ○ **A.** 1751
- ○ **B.** 1761
- ○ **C.** 1763
- ○ **D.** 1771

314 **Comment s'appelle le commerce fondé sur la traite des Noirs?**

- ○ **A.** Le commerce triangulaire
- ○ **B.** Le commerce colonial
- ○ **C.** Le commerce noir
- ○ **D.** Le commerce atlantique

315 **Quelle tribu indienne était alliée des Français en Amérique du Nord?**

- ○ **A.** Les Iroquois
- ○ **B.** Les Mohicans
- ○ **C.** Les Sioux
- ○ **D.** Les Hurons

316 **Laquelle de ces catégories n'est pas un ordre de l'Ancien Régime?**

- ○ **A.** Le tiers état
- ○ **B.** La noblesse
- ○ **C.** La chevalerie
- ○ **D.** Le clergé

317 **Qu'a mis en place l'Écossais John Law en 1716?**

- ○ **A.** Le chèque
- ○ **B.** Le papier-monnaie
- ○ **C.** La vente à crédit
- ○ **D.** La Banque de France

318 **Quel auteur est intervenu dans l'affaire Calas?**

- ○ **A.** Diderot
- ○ **B.** Rousseau
- ○ **C.** Voltaire
- ○ **D.** Marivaux

319 **Qui est l'auteur de l'ouvrage politique *De l'esprit des lois*, publié à Genève en 1748?**

- ○ **A.** Voltaire
- ○ **B.** Locke
- ○ **C.** Montesquieu
- ○ **D.** Diderot

320 **Comment appelle-t-on le droit des parlements de contester un édit royal?**

- ○ **A.** Le droit de protestation
- ○ **B.** Le droit de contestation
- ○ **C.** Le droit de controverse
- ○ **D.** Le droit de remontrance

321 **Quel ordre religieux est banni de la France en 1763?**

- ○ **A.** Les dominicains
- ○ **B.** Les franciscains
- ○ **C.** Les jésuites
- ○ **D.** Les lazaristes

322 **Parmi ces territoires, lequel n'est pas perdu lors du traité de Paris de 1763?**

- ○ **A.** Le Canada
- ○ **B.** La Louisiane
- ○ **C.** Minorque
- ○ **D.** Saint-Domingue

323 **Quel explorateur et navigateur français rentre d'un tour du monde en 1769?**

- ○ **A.** Jean-François de La Pérouse
- ○ **B.** Antoine Bruny d'Entrecasteaux
- ○ **C.** René-Robert Cavelier de la Salle
- ○ **D.** Louis Antoine de Bougainville

324 **Pour quelle invention, l'écossais James Watt a-t-il déposé de nombreux brevets d'amélioration en 1769?**

- ○ **A.** Le métier à tisser
- ○ **B.** La montgolfière
- ○ **C.** La machine à vapeur
- ○ **D.** Le paratonnerre

325 **Quand la «guerre des farines» a-t-elle eu lieu?**

- ○ **A.** En avril et mai 1773
- ○ **B.** En avril et mai 1775
- ○ **C.** En avril et mai 1778
- ○ **D.** En avril et mai 1781

326 **Qui remplace Turgot au poste de contrôleur général des finances en 1 776?**

- ○ **A.** La Fayette
- ○ **B.** Condorcet
- ○ **C.** Necker
- ○ **D.** Brienne

327 **Comment s'appelle la frégate qui a conduit le marquis de La Fayette aux États-Unis en 1780 ?**

- ○ **A.** *L'Hermione*
- ○ **B.** *Le Redoutable*
- ○ **C.** *La Belle Poule*
- ○ **D.** *Le Belem*

328 **Le XVIIIe siècle a connu une explosion démographique. La population française est passée de 20 millions d'habitants à...**

- ○ **A.** 25 millions
- ○ **B.** 28 millions
- ○ **C.** 30 millions
- ○ **D.** 32 millions

329 **Comment appelle-t-on au XVIIIe siècle les paysans qui possèdent leur terre et leur train de charrue ?**

- ○ **A.** Les engraisseurs
- ○ **B.** Les exploitants
- ○ **C.** Les fermiers
- ○ **D.** Les laboureurs

330 **En 1781, qu'impose l'édit de Ségur pour les postes de commandement de l'armée ?**

- ○ **A.** Avoir moins plus de 30 ans
- ○ **B.** Avoir quatre degrés de noblesse
- ○ **C.** Avoir un père militaire
- ○ **D.** Avoir fait l'école de Saint-Cyr

331 **Comment s'appelle la taxe perçue par les villes à l'entrée de certaines denrées (vin, huile, café, sucre...) ?**

- ○ **A.** L'octroi
- ○ **B.** La franchise
- ○ **C.** Le charriage
- ○ **D.** La douane

332 **De quelle école économique du XVIIIe siècle François Quesnay est-il le fondateur ?**

- ○ **A.** Le mercantilisme
- ○ **B.** Le marxisme
- ○ **C.** La physiocratie
- ○ **D.** L'école libérale française

333 **Pourquoi Louis XVI convoque-t-il les états généraux ?**

- ○ **A.** Il veut donner une constitution aux Français
- ○ **B.** L'État est ruiné
- ○ **C.** Les bourgeois les ont demandés
- ○ **D.** Il ne veut plus être roi

334 **Quand les états généraux sont convoqués en 1789, depuis quand n'avaient-ils pas été réunis ?**

- ○ **A.** 1614
- ○ **B.** 1674
- ○ **C.** 1714
- ○ **D.** 1774

335 **Qui devient le premier président des États-Unis en 1789 ?**

- ○ **A.** Thomas Jefferson
- ○ **B.** John Adams
- ○ **C.** George Washington
- ○ **D.** James Monroe

336 **Sous quel roi, l'absolutisme en France a-t-il connu son apogée ?**

- ○ **A.** Sous François Ier
- ○ **B.** Sous Henri IV
- ○ **C.** Sous Louis XIV
- ○ **D.** Sous Louis XVI

337 **En 1789, quel pourcentage de la population fait partie du tiers état ?**

- ○ **A.** 80 %
- ○ **B.** 88 %
- ○ **C.** 92 %
- ○ **D.** 98 %

338 **Quel jour les états généraux de 1789 ouvrent-ils ?**

- ○ **A.** Le 5 mai
- ○ **B.** Le 17 juin
- ○ **C.** Le 14 juillet
- ○ **D.** Le 4 août

339 **Sur les 1 165 députés des états généraux, combien appartiennent au tiers état?**

○ **A.** 270 ○ **B.** 291 ○ **C.** 578 ○ **D.** 875

340 **Où se réunissait l'élite littéraire au XVIIIe siècle?**

○ **A.** Dans les restaurants
○ **B.** Dans les bibliothèques
○ **C.** Dans les académies
○ **D.** Dans les salons

Époque contemporaine : France

➔ **Retrouvez le corrigé de cette série page 112.**

341 Le serment du Jeu de paume date :

- ○ **A.** Du 5 juin 1789
- ○ **B.** Du 20 juin 1789
- ○ **C.** Du 5 juin 1788
- ○ **D.** Du 20 mai 1787

342 Sous l'Ancien Régime, la Bastille était :

- ○ **A.** Le siège du Conseil du roi
- ○ **B.** Le bâtiment du conseil communal
- ○ **C.** Le bâtiment de la Chambre des comptes
- ○ **D.** Une prison royale

343 Les états généraux sont constitués :

- ○ **A.** De représentants de la noblesse
- ○ **B.** De représentants des ordres privilégiés
- ○ **C.** Des représentants des nobles et des bourgeois
- ○ **D.** Des représentants des trois ordres

344 Le 26 août 1789 est adopté(e) :

- ○ **A.** La Déclaration des droits de l'homme et du citoyen
- ○ **B.** Le décret abolissant les privilèges et les droits féodaux
- ○ **C.** La constitution établissant une monarchie constitutionnelle
- ○ **D.** La condamnation à mort de Louis XVI

345 Le 21 juin 1789, alors qu'il tente de fuir le royaume de France, Louis XVI et sa famille sont arrêtés :

- ○ **A.** À Varennes
- ○ **B.** À Garenne
- ○ **C.** À Laon
- ○ **D.** À Montblainville

346 Le 14 juillet 1789, les Parisiens :

- ○ **A.** Prêtent serment de ne pas se séparer jusqu'à ce qu'ils aient rédigé une constitution
- ○ **B.** Appellent à exécuter le roi Louis XVI pour abolir la monarchie
- ○ **C.** Portent leurs cahiers de doléances au roi
- ○ **D.** Prennent la Bastille

347 Le 10 août 1792 marque la chute de la monarchie car :

- ○ **A.** Louis XVI est exécuté
- ○ **B.** Louis XVI quitte le royaume de France
- ○ **C.** C'est la prise des Tuileries
- ○ **D.** Les députés du tiers état se proclament Assemblée nationale

348 En septembre 1792, la bataille de Valmy oppose :

- ○ **A.** La France au royaume de Prusse, au Saint-Empire et à une armée d'émigrés
- ○ **B.** La France à la Grande-Bretagne
- ○ **C.** La France et la Grande-Bretagne aux Prussiens
- ○ **D.** La France et le Saint-Empire aux Prussiens et aux Britanniques

349 Durant les guerres de la Révolution qui ont suivi le renversement de la monarchie, la bataille de Valmy constitue :

- ○ **A.** La première défaite décisive de l'armée française
- ○ **B.** La première victoire décisive de l'armée française
- ○ **C.** La première bataille de l'armée française
- ○ **D.** L'ultime bataille de l'armée française

350 **La Marseillaise a été composée par un officier français en 1792 et entonnée pour la première fois par les fédérés marseillais en chemin pour participer à la défense de la patrie. Le nom de son compositeur est :**

- ○ **A.** Claude Joseph Rouget de Lisle
- ○ **B.** Frédéric Duvernoy
- ○ **C.** Lazare Carnot
- ○ **D.** Roger de Lille

351 **Louis XVI appartient à la dynastie :**

- ○ **A.** Des Bourdonnais
- ○ **B.** Des Valois
- ○ **C.** Des Bourbons
- ○ **D.** Des Barbant

352 **Louis XVI est décapité le :**

- ○ **A.** 21 janvier 1793
- ○ **B.** 21 juin 1792
- ○ **C.** 20 janvier 1794
- ○ **D.** 15 juin 1783

353 **La nuit du 4 août 1789 :**

- ○ **A.** Les députés abolissent les privilèges
- ○ **B.** Les députés abolissent la monarchie absolue
- ○ **C.** Les députés se proclament Assemblée nationale
- ○ **D.** Les députés abolissent l'esclavage

354 **Lequel de ces personnages n'est pas une figure clé de la Révolution française :**

- ○ **A.** Mirabeau
- ○ **B.** La Fayette
- ○ **C.** Bailly
- ○ **D.** Waldeck-Rousseau

355 **Durant l'été 1789, la Grande Peur désigne :**

- ○ **A.** Un mouvement de révoltes antiseigneuriales qui se répand dans tout le royaume
- ○ **B.** L'inquiétude de la noblesse française face aux revendications du tiers état
- ○ **C.** L'angoisse suscitée par la coalition des forces étrangères contre-révolutionnaires
- ○ **D.** Un mouvement contre-révolutionnaire qui gagne l'ouest du royaume de France

356 **Les 5 et 6 octobre 1789, une foule composée majoritairement de femmes se rend à Versailles :**

- ○ **A.** Pour réclamer au roi du pain, la ratification des décrets relatifs à la Constitution de la déclaration des droits, le port de la cocarde nationale par le roi
- ○ **B.** Pour trouver refuge auprès du roi après l'embrasement de la capitale
- ○ **C.** Pour réclamer au roi du pain, la réunion des états généraux et le retour de Necker
- ○ **D.** Pour réclamer la fin de la monarchie

357 **En mai 1789, les états généraux sont réunis :**

- ○ **A.** À Paris
- ○ **B.** À Saint-Cloud
- ○ **C.** À Saint-Germain-en-Laye
- ○ **D.** À Versailles

358 **Le 10 août 1792 :**

- ○ **A.** Louis XVI est exécuté
- ○ **B.** Robespierre prend la tête du Comité de salut public
- ○ **C.** Robespierre est exécuté
- ○ **D.** La monarchie est abolie (Prise des Tuileries).

359 **La Terreur prend fin en :**

- ○ **A.** Juin 1792
- ○ **B.** Juillet 1794
- ○ **C.** Mars 1793
- ○ **D.** Juillet 1795

360 **L'insurrection vendéenne débute en 1793 :**

- ○ **A.** Après la levée en masse obligatoire décidée pour soutenir l'effort de guerre
- ○ **B.** Après la fuite du roi à Varennes
- ○ **C.** Après l'abolition des privilèges
- ○ **D.** Après la réunion des états généraux

361 **Le 9 novembre 1799 marque la fin de la période révolutionnaire. À cette date :**

- ○ **A.** Robespierre est exécuté. C'est la fin de la Terreur
- ○ **B.** La république est remplacée par un empire
- ○ **C.** Le coup d'État de Napoléon Bonaparte met fin au Directoire et inaugure le Consulat
- ○ **D.** La monarchie est rétablie en France

362 **Le sacre de Napoléon Ier puis son couronnement eurent lieu le :**

- ○ **A.** 2 décembre 1800
- ○ **B.** 2 décembre 1801
- ○ **C.** 2 décembre 1804
- ○ **D.** 2 décembre 1805

363 **L'Empire napoléonien, ou Premier Empire, a duré du 18 mai 1804, date de proclamation de l'Empire, au 7 juillet... :**

- ○ **A.** 1810
- ○ **B.** 1812
- ○ **C.** 1813
- ○ **D.** 1815

364 **Quelle bataille décisive opposant les armées napoléoniennes aux Alliés (Britanniques, Prussiens, Néerlandais) s'est achevée par la défaite de la France et a précipité la chute de Napoléon Ier ?**

- ○ **A.** La bataille de Roncevaux
- ○ **B.** La bataille de Waterloo
- ○ **C.** La bataille de Crécy
- ○ **D.** La bataille de Sedan

365 **Quel peintre français a représenté le sacre de Napoléon Ier ?**

- ○ **A.** Jean-Baptiste Deshays
- ○ **B.** Antoine Watteau
- ○ **C.** Jacques-Louis David
- ○ **D.** François Boucher

366 **De 1814 à 1830, la Restauration désigne :**

- ○ **A.** Le retour de la monarchie en France
- ○ **B.** Le retour de Napoléon
- ○ **C.** Le rétablissement de la république
- ○ **D.** Le rétablissement des privilèges

367 **Quels rois ont régné en France au XIXe siècle ?**

- ○ **A.** Louis XVIII - Charles X - Louis-Philippe Ier
- ○ **B.** Louis XVIII - Charles VIII - Louis XI
- ○ **C.** Charles VII - Louis-Philippe Ier - Henri IX
- ○ **D.** Lothaire III - Charles X - Louis-Philippe II

368 **Les Trois Glorieuses désignent :**

- ○ **A.** Les trois lois constitutionnelles qui installent la monarchie constitutionnelle en France en 1830
- ○ **B.** Une révolution qui dure du 27 au 29 juillet 1830 et qui aboutit au renversement de Charles X et au début de la monarchie de Juillet
- ○ **C.** Les trois maîtresses de Charles X aussi connues pour le conseiller politiquement et encourager ses aspirations à rétablir la monarchie absolue
- ○ **D.** Les libertés fondamentales accordées par Louis XVIII au début de la Restauration

369 **Sous la monarchie de Juillet, le suffrage est :**

- ○ **A.** Censitaire masculin
- ○ **B.** Universel masculin
- ○ **C.** Universel masculin et féminin
- ○ **D.** Il n'y a pas d'élection

370 **En 1848, une révolution renverse la monarchie de Juillet, qui est remplacée par :**

- ○ **A.** Une nouvelle monarchie constitutionnelle
- ○ **B.** Le Second Empire
- ○ **C.** La Première République
- ○ **D.** La Deuxième République

371 **Quelle réforme n'est pas adoptée en 1848 ?**

- ○ **A.** L'abolition de l'esclavage
- ○ **B.** L'abrogation du Code noir
- ○ **C.** La proclamation du suffrage universel masculin
- ○ **D.** L'abolition de la peine de mort en matière pénale

372 **Louis-Napoléon Bonaparte est :**

- ○ **A.** Le fils de Napoléon Ier
- ○ **B.** Le frère de Napoléon Ier
- ○ **C.** Le neveu de Napoléon Ier
- ○ **D.** N'a pas de lien de filiation avec Napoléon Ier

373 **Avant d'être couronné empereur du Second Empire, Louis Napoléon Bonaparte est :**

- ○ **A.** Président de la République
- ○ **B.** Premier ministre
- ○ **C.** Ministre des Armées
- ○ **D.** Vice-président du Conseil d'État

374 **Quel homme politique n'est pas une personnalité clé de la Deuxième République ?**

- ○ **A.** Lamartine
- ○ **B.** Louis Blanc
- ○ **C.** Arago
- ○ **D.** Aristide Briand

375 **Quel préfet de la Seine transforma Paris en réalisant notamment de grandes percées (boulevards et avenues) et en embellissant les immeubles ?**

- ○ **A.** Félix Pereire
- ○ **B.** Le duc de Morny
- ○ **C.** Le baron Hausmann
- ○ **D.** Pierre André

376 **Quelle bataille précipite la chute de Napoléon III en 1870 ?**

- ○ **A.** La bataille de Waterloo
- ○ **B.** La bataille du Crécy
- ○ **C.** La bataille de Sedan
- ○ **D.** La bataille de Crimée

377 **À quelle date est proclamée la Troisième République en France ?**

- ○ **A.** Le 4 septembre 1870
- ○ **B.** Le 2 janvier 1870
- ○ **C.** Le 4 septembre 1871
- ○ **D.** Le 4 janvier 1871

378 **Quelles sont les dates de la Commune de Paris ?**

- ○ **A.** 18 mars-28 mai 1871
- ○ **B.** 10 juin-24 septembre 1871
- ○ **C.** 12 mars-25 mai 1870
- ○ **D.** 15 septembre-25 novembre 1871

379 **Qui est le premier président de la IIIe République ?**

- ○ **A.** Patrice de Mac Mahon
- ○ **B.** Adolphe Thiers
- ○ **C.** Jules Grévy
- ○ **D.** Sadi Carnot

380 **À quelles dates les lois Jules Ferry rendant l'école primaire obligatoire, laïque et gratuite sont-elles adoptées ?**

- ○ **A.** 1888-1889
- ○ **B.** 1879-1880
- ○ **C.** 1880-1881
- ○ **D.** 1881-1882

381 **Dans quel ordre chronologique la Troisième République affronte-t-elle les crises suivantes :**

- ○ **A.** Boulangisme - émeute antiparlementaire du 6 février - crise de Mac Mahon - affaire Dreyfus
- ○ **B.** Boulangisme - affaire Dreyfus - crise de Mac Mahon - émeute antiparlementaire du 6 février
- ○ **C.** Affaire Dreyfus - émeute antiparlementaire du 6 février - crise de Mac Mahon - boulangisme
- ○ **D.** Crise de Mac Mahon - boulangisme - affaire Dreyfus - émeute antiparlementaire du 6 février

382 **La loi de séparation des Églises et de l'État date de :**

○ **A.** 1905 ○ **B.** 1906 ○ **C.** 1908 ○ **D.** 1909

383 **À quelle date a eu lieu le congrès du Globe à l'occasion duquel est fondée la SFIO (Section française de l'Internationale ouvrière) :**

○ **A.** En 1899 ○ **B.** En 1901 ○ **C.** En 1905 ○ **D.** En 1910

384 **Alfred Dreyfus était :**

- ○ **A.** Un officier français d'origine alsacienne et de confession juive
- ○ **B.** Le ministre de la Guerre sous le gouvernement Émile Combes, d'origine alsacienne et de confession juive
- ○ **C.** Un journaliste d'origine polonaise et de confession juive
- ○ **D.** Un homme d'affaires et banquier d'origine allemande et de confession juive

385 **Qui est l'auteur du célèbre article «*J'accuse!*» publié en 1898 pour soutenir Alfred Dreyfus?**

- ○ **A.** Léon Gambetta
- ○ **B.** Georges Clemenceau
- ○ **C.** Émile Zola
- ○ **D.** Anatole France

386 **L'Allemagne déclare la guerre à la France le :**

- ○ **A.** 1er août 1914
- ○ **B.** 2 août 1914
- ○ **C.** 3 août 1914
- ○ **D.** 4 août 1914

387 **Quel socialiste pacifiste est assassiné le 31 juillet 1914 par un étudiant ultranationaliste?**

- ○ **A.** Léon Blum
- ○ **B.** Jean Jaurès
- ○ **C.** Raoul Villain
- ○ **D.** Louis Blanc

388 **Durant la Première Guerre mondiale, la France a mobilisé près de :**

- ○ **A.** 2 millions de soldats
- ○ **B.** 4 millions de soldats
- ○ **C.** 8 millions de soldats
- ○ **D.** 15 millions de soldats

389 **Durant la Première Guerre mondiale, la France est membre de l'Entente. L'Entente comprend :**

- ○ **A.** La France - la Grande-Bretagne - la Russie
- ○ **B.** La France - la Russie - l'Autriche-Hongrie
- ○ **C.** La France - la Grande-Bretagne - l'Empire ottoman
- ○ **D.** La France - l'Italie - la Russie

390 **Pourquoi le congrès de Tours de 1920 est-il décisif?**

- ○ **A.** C'est à cette occasion qu'est créé le Parti communiste français, d'une scission de la SFIO?
- ○ **B.** C'est à cette occasion qu'est créée la SFIO
- ○ **C.** C'est à cette occasion que la SFIO devient le Parti socialiste
- ○ **D.** C'est à cette occasion que le Parti communiste française adhère au Komintern

391 **Quel territoire n'est pas une colonie française au début des années 1930?**

- ○ **A.** Le Sénégal
- ○ **B.** La Nouvelle-Calédonie
- ○ **C.** Le Maroc
- ○ **D.** L'Égypte

392 **L'Exposition coloniale internationale de Vincennes a lieu en :**

- ○ **A.** 1931
- ○ **B.** 1928
- ○ **C.** 1937
- ○ **D.** 1938

393 **À quelle date a lieu l'émeute antiparlementaire organisée à Paris par des ligues d'extrême droite devant la Chambre des députés?**

- ○ **A.** le 6 février 1934
- ○ **B.** Le 3 février 1935
- ○ **C.** Le 12 décembre 1935
- ○ **D.** Le 12 novembre 1936

394 **Le Front populaire accède au gouvernement en :**

- ○ **A.** Janvier 1935
- ○ **B.** Janvier 1936
- ○ **C.** Avril 1936
- ○ **D.** Juin 1936

395 **Quelle réforme n'est pas initiée sous le Front populaire?**

- ○ **A.** La semaine de 40 heures
- ○ **B.** Les congés payés (15 jours)
- ○ **C.** Une hausse des salaires
- ○ **D.** La scolarisation obligatoire jusqu'à 16 ans

396 **La IIIe République disparaît en :**

- ○ **A.** Juin 1939
- ○ **B.** Septembre 1939
- ○ **C.** Juin 1940
- ○ **D.** Juillet 1940

397 **Comment appelle-t-on le régime dictatorial que connaît la France durant la Seconde Guerre mondiale?**

- ○ **A.** Le régime de Pétain
- ○ **B.** Le régime de Vichy
- ○ **C.** La République de juillet
- ○ **D.** La Restauration

398 **Quel était le pseudonyme de Jean Moulin durant la Résistance?**

- ○ **A.** Médéric
- ○ **B.** Rex
- ○ **C.** Hardy
- ○ **D.** Merlin

399 **De 1940 à 1944, la politique antisémite menée en France avec la collaboration de l'État français entraîne la mort de :**

- ○ **A.** 46 000 personnes juives
- ○ **B.** 56 000 personnes juives
- ○ **C.** 66 000 personnes juives
- ○ **D.** 76 000 personnes juives

400 **La «drôle de guerre» désigne :**

- ○ **A.** Une comédie de boulevard très populaire jouée au théâtre de l'Œuvre durant la Seconde Guerre mondiale et mettant en scène la comédienne Paulette Pax
- ○ **B.** Le titre d'un ouvrage de Lénine paru en 1922 et prédisant la Seconde Guerre mondiale
- ○ **C.** Une stratégie militaire élaborée par le général Werner von Blomberg, commandant en chef de la Wehrmacht
- ○ **D.** La période du début de la Seconde Guerre mondiale (septembre 1939-mai 1940) durant laquelle les hostilités se réduisent à quelques escarmouches

401 **D'où le Général de Gaulle prononce-t-il son célèbre appel du 18 juin 1940?**

- ○ **A.** De Washington
- ○ **B.** De Toulouse
- ○ **C.** De Londres
- ○ **D.** D'Alger

402 **Où le maréchal Pétain rencontre-t-il Hitler pour sceller la collaboration entre la France de Vichy et l'Allemagne nazie ?**

- ○ **A.** À Montoire
- ○ **B.** À Vichy
- ○ **C.** À Rethondes
- ○ **D.** À Verdun

403 **Quelle personne n'est pas un résistant durant la Seconde Guerre mondiale ?**

- ○ **A.** Jean Moulin
- ○ **B.** Jacques Bingen
- ○ **C.** Henri Frenay
- ○ **D.** Marcel Déat

404 **Quelle personne n'est pas une résistante durant la Seconde Guerre mondiale ?**

- ○ **A.** Charlotte Delbo
- ○ **B.** Germaine Tillion
- ○ **C.** Geneviève de Gaulle
- ○ **D.** Louise Michel

405 **Qu'est-ce que le CNR, fondé en 1943 ?**

- ○ **A.** Le Conseil national du renseignement
- ○ **B.** Le Conseil national de la Résistance
- ○ **C.** Le Collectif national des Résistants
- ○ **D.** La Compagnie nationale du Rhin

406 **À quelle date est adoptée la constitution de la IVe République ?**

- ○ **A.** Le 23 juillet 1946
- ○ **B.** Le 20 janvier 1947
- ○ **C.** Le 20 novembre 1947
- ○ **D.** Le 27 octobre 1946

407 **Qui était président de la IVe République en 1947 ?**

- ○ **A.** Maurice Thorez
- ○ **B.** René Coty
- ○ **C.** Vincent Auriol
- ○ **D.** Robert Schuman

408 **Au début de l'année 1946, de Gaulle démissionne de son poste de chef du gouvernement provisoire. Il formule son opposition au nouveau régime qu'est la future IVe République dans un discours célèbre :**

- ○ **A.** Le discours de Bayeux de juin 1946
- ○ **B.** Le discours de Bagnolet de mars 1946
- ○ **C.** Le discours du Mans de février 1946
- ○ **D.** Le discours de Lille d'avril 1946

409 **La création de la Sécurité sociale date de :**

- ○ **A.** 1944
- ○ **B.** 1945
- ○ **C.** 1946
- ○ **D.** 1947

410 **Les femmes françaises se voient accorder le droit de vote en :**

- ○ **A.** 1944
- ○ **B.** 1945
- ○ **C.** 1946
- ○ **D.** 1950

411 **Quelle colonie française obtient son indépendance en 1954 ?**

- ○ **A.** L'Algérie
- ○ **B.** Le Niger
- ○ **C.** Le Cameroun
- ○ **D.** L'Indochine

412 **La guerre d'Algérie démarre le 1er novembre 1954. C'est la date :**

- ○ **A.** Des massacres du Constantinois
- ○ **B.** De la bataille d'Alger
- ○ **C.** De la Toussaint rouge
- ○ **D.** Des massacres de Sétif et de Guelma

413 **En 1957, un militant communiste français favorable à l'indépendance de l'Algérie est arrêté à Alger par l'armée française. Son corps n'a jamais été retrouvé. En septembre 2018, le président Emmanuel Macron reconnaît officiellement la responsabilité de l'État et de l'armée française dans cet assassinat. Comment s'appelle ce militant?**

- ○ **A.** Célestin François
- ○ **B.** Ernest Duclos
- ○ **C.** Marcel Odoin
- ○ **D.** Maurice Audin

414 **La constitution de la Vᵉ République date du :**

- ○ **A.** 4 octobre 1958
- ○ **B.** 4 novembre 1958
- ○ **C.** 24 janvier 1959
- ○ **D.** 4 octobre 1960

415 **Le préambule de la constitution de la Vᵉ République renvoie à deux textes fondamentaux :**

- ○ **A.** La Déclaration des droits de l'homme et du citoyen et la Déclaration universelle des droits de l'homme
- ○ **B.** La Déclaration des droits de l'homme et du citoyen et le préambule de la Constitution de 1793
- ○ **C.** La Déclaration des droits de l'homme et du citoyen et le préambule de la Constitution de 1848
- ○ **D.** La Déclaration des droits de l'homme et du citoyen et le préambule de la Constitution de 1946

416 **Lequel de ces pouvoirs n'est pas conféré au président de la République par la Constitution de la Vᵉ République ?**

- ○ **A.** Nommer le Premier ministre
- ○ **B.** Consulter les citoyens par la voie du référendum
- ○ **C.** Dissoudre l'Assemblée nationale
- ○ **D.** Présider le Conseil constitutionnel

417 **En 1961, les partisans les plus radicaux de l'Algérie française fondent une organisation terroriste chargée de lutter contre l'indépendance de l'Algérie par tous les moyens. Le nom de cette organisation est :**

- ○ **A.** L'OAS pour office antisocialiste
- ○ **B.** L'OAS pour organisation de l'armée secrète
- ○ **C.** Le FLN pour Front de lutte nationaliste
- ○ **D.** Les FLN pour Français en lutte pour la nation

418 **Lequel de ces hommes est impliqué en tant que préfet de police de Paris dans la répression sanglante de la manifestation du 17 octobre 1961, organisée par le FLN, et dans celle du 8 février 1962, organisée par le PCF ?**

- ○ **A.** Camille Marchand
- ○ **B.** Maurice Papon
- ○ **C.** Jean Paolini
- ○ **D.** Maurice Grimaud

419 **Quel est le nom des accords qui mettent fin à la guerre d'Algérie le 18 mars 1962 ?**

- ○ **A.** Les accords d'Évian
- ○ **B.** Les accords de Paris
- ○ **C.** Les accords d'Alger
- ○ **D.** Les accords de Genève

420 **Quel homme occupe le premier poste de ministre de la Culture en 1959 ?**

- ○ **A.** Edmond Michelet
- ○ **B.** Maurice Druon
- ○ **C.** André Malraux
- ○ **D.** Alain Peyrefitte

421 **Quelle réforme constitutionnelle est adoptée en 1962 par référendum, sous l'impulsion de de Gaulle ?**

- ○ **A.** Le passage du septennat au quinquennat
- ○ **B.** L'élargissement des prérogatives du Conseil constitutionnel
- ○ **C.** L'élection du président de la République au suffrage universel direct
- ○ **D.** La régionalisation (les régions deviennent des collectivités territoriales)

422 **Quel ordre chronologique des présidents de la Ve République est le bon?**

- ○ **A.** De Gaulle - Pompidou - Valéry Giscard d'Estaing - Mitterrand - Chirac
- ○ **B.** De Gaulle - Valéry Giscard d'Estaing - Pompidou - Mitterrand - Chirac
- ○ **C.** De Gaulle - Valéry Giscard d'Estaing - Pompidou - Chirac - Mitterrand
- ○ **D.** De Gaulle - Pompidou - Mitterrand - Valéry Giscard d'Estaing - Chirac

423 **Au sein de quelle organisation internationale de Gaulle pratique-t-il la politique de la chaise vide en 1965-1966?**

○ **A.** L'OTAN ○ **B.** La CEE ○ **C.** Le G7 ○ **D.** L'OCDE

424 **Qui est président de la République française en 1968?**

- ○ **A.** Georges Pompidou
- ○ **B.** Charles de Gaulle
- ○ **C.** Valéry Giscard d'Estaing
- ○ **D.** François Mitterrand

425 **Le mouvement social de mai 68 démarre à Nanterre le :**

- ○ **A.** 12 février 1968
- ○ **B.** 22 mars 1968
- ○ **C.** 20 avril 1968
- ○ **D.** 2 mai 1968

426 **Lequel de ces slogans ne date pas de mai 1968 :**

- ○ **A.** « Sous les pavés, la plage »
- ○ **B.** « Il est interdit d'interdire ! »
- ○ **C.** « Jouissez sans entraves »
- ○ **D.** « Gaulois en colère »

427 **À quelle date est adoptée la loi Neuwirth qui autorise la contraception en France?**

○ **A.** 1967 ○ **B.** 1968 ○ **C.** 1969 ○ **D.** 1971

428 **Quel est le nom du congrès de 1971, appelé aussi congrès d'unification des socialistes, durant lequel Français Mitterrand devient premier secrétaire du Parti socialiste?**

- ○ **A.** Congrès de La Rochelle
- ○ **B.** Congrès d'Épinay-sur-Seine
- ○ **C.** Congrès de Tours
- ○ **D.** Congrès de Paris

429 **Le procès de Bobigny en 1972 constitue un tournant décisif vers :**

- ○ **A.** L'abolition de la peine de mort
- ○ **B.** La dépénalisation de l'IVG (interruption volontaire de grossesse)
- ○ **C.** La dépénalisation de la contraception
- ○ **D.** La dépénalisation de l'homosexualité

430 **Quelle ministre a préparé et défendu la loi IVG en 1975?**

- ○ **A.** Édith Cresson
- ○ **B.** Gisèle Halimi
- ○ **C.** Simone Veil
- ○ **D.** Simone de Beauvoir

431 **Qui devient président de la République en 1981?**

- ○ **A.** François Mitterrand
- ○ **B.** Valéry Giscard d'Estaing
- ○ **C.** Lionel Jospin
- ○ **D.** Jacques Chirac

432 **Quel président de la République abolit la peine de mort en France?**

- ○ **A.** Charles de Gaulle
- ○ **B.** François Mitterrand
- ○ **C.** Georges Pompidou
- ○ **D.** Valéry Giscard d'Estaing

433 **À quelles dates la France a-t-elle connu une situation de cohabitation (coexistence d'un président de la République et d'un Premier ministre politiquement antagonistes) ?**

- ○ **A.** 1986-1988 et 1997-2002
- ○ **B.** 1993-1995 et 1997-2002
- ○ **C.** 1986-1988, 1999-2001 et 2005-2007
- ○ **D.** 1986-1988, 1993-1995 et 1997-2002

434 **À quelle date le mandat du président de la République passe-t-il de 7 à 5 ans ?**

○ **A.** 1988 ○ **B.** 1992 ○ **C.** 1999 ○ **D.** 2000

435 **Lequel de ces hommes n'a pas été Premier ministre sous la Ve République ?**

- ○ **A.** Michel Debré
- ○ **B.** François Mitterrand
- ○ **C.** Jean-Pierre Raffarin
- ○ **D.** Jacques Chirac

436 **Lequel de ces présidents de la République n'a pas fait deux mandats successifs sous la Ve République ?**

- ○ **A.** Valéry Giscard d'Estaing
- ○ **B.** Charles de Gaulle
- ○ **C.** Jacques Chirac
- ○ **D.** François Mitterrand

437 **À quelles dates la réforme des 35 heures (lois Aubry I et II) est-elle adoptée en France ?**

- ○ **A.** 1988-1990
- ○ **B.** 1998-2000
- ○ **C.** 1999-2001
- ○ **D.** 2005-2006

438 **En quelle année est adopté le PACS (pacte civil de solidarité) ?**

○ **A.** 1988 ○ **B.** 1990 ○ **C.** 1999 ○ **D.** 2002

439 **Lequel de ces présidents de la République meurt en exercice ?**

- ○ **A.** Georges Pompidou
- ○ **B.** Valéry Giscard d'Estaing
- ○ **C.** Charles de Gaulle
- ○ **D.** François Mitterrand

440 **Quel poste n'a pas occupé Lionel Jospin ?**

- ○ **A.** Premier secrétaire du Parti socialiste
- ○ **B.** Ministre de l'Éducation nationale
- ○ **C.** Premier ministre
- ○ **D.** Sénateur

Époque contemporaine : monde

→ **Retrouvez le corrigé de cette série page 116.**

441 Qui est l'inventeur de la machine à vapeur?

- ○ **A.** Graham Bell
- ○ **B.** James Watt
- ○ **C.** Thomas Edison
- ○ **D.** Nikola Tesla

442 Quel pays européen s'affirme comme la première puissance économique mondiale grâce à l'industrie dès la fin du XVIIIe siècle?

- ○ **A.** L'Allemagne
- ○ **B.** L'Angleterre
- ○ **C.** La France
- ○ **D.** La Russie

443 Sur quels secteurs d'activité repose la première industrialisation (ou Première révolution industrielle)?

- ○ **A.** Automobile et textile
- ○ **B.** Textile et métallurgie
- ○ **C.** Métallurgie et automobile
- ○ **D.** Textile et chimie

444 Quel territoire les États-Unis acquièrent-ils en 1803?

- ○ **A.** La Californie
- ○ **B.** La Louisiane
- ○ **C.** Le Texas
- ○ **D.** Hawaï

445 En quelle année la première locomotive à vapeur construite par Richard Trevithick parvint-elle à tracter un train sur des rails en fer?

- ○ **A.** 1804
- ○ **B.** 1801
- ○ **C.** 1799
- ○ **D.** 1789

446 Quel nom est donné à la conférence diplomatique des grandes puissances européennes vainqueurs de Napoléon Ier en 1814?

- ○ **A.** La conférence de Vienne
- ○ **B.** Le congrès de Vienne
- ○ **C.** Le congrès de Berlin
- ○ **D.** La conférence de Berlin

447 Qu'est-ce que la doctrine Monroe énoncée en 1823 par le président des États-Unis James Monroe?

- ○ **A.** Les principes guidant la politique étrangère des États-Unis, aussi qualifiée de doctrine isolationniste
- ○ **B.** Les principes guidant la politique économique des États-Unis, à savoir le libéralisme
- ○ **C.** Les principes guidant la politique éducative des États-Unis
- ○ **D.** Les principes guidant la politique étrangère des États-Unis aussi qualifiée de doctrine interventionniste

448 En quelle année Karl Marx et Friedrich Engels publient-ils le *Manifeste du Parti communiste*?

- ○ **A.** 1842
- ○ **B.** 1838
- ○ **C.** 1848
- ○ **D.** 1850

449 En 1851, à Londres, quel bâtiment abrite la première exposition universelle?

- ○ **A.** Le Crystal Palace
- ○ **B.** Le Hyde Palace
- ○ **C.** Le Crystal Centre
- ○ **D.** Le Great Palace

450 Autour de quel État italien l'unité italienne est-elle réalisée en 1861?

- ○ **A.** Le royaume de Piémont-Sardaigne
- ○ **B.** Le royaume des Deux-Siciles
- ○ **C.** Les États pontificaux
- ○ **D.** Le royaume Lombard-Vénitien

451 Quel président américain proclame l'émancipation immédiate des esclaves en 1862?

- ○ **A.** Abraham Lincoln
- ○ **B.** Georges Washington
- ○ **C.** John Adams
- ○ **D.** James Monroe

452 **Comment est appelée la guerre civile qui déchire les États-Unis au milieu du XIXe siècle ?**

- ○ **A.** La guerre civile américaine
- ○ **B.** La guerre des gangs
- ○ **C.** La guerre de Quatre ans
- ○ **D.** La guerre de Sécession

453 **Au milieu du XIXe siècle, la guerre civile oppose les États-Unis d'Amérique (« l'Union »), dirigés par Abraham Lincoln, aux États confédérés d'Amérique (« La Confédération »), dirigés par :**

- ○ **A.** William H. Seward
- ○ **B.** Alexander Stephens
- ○ **C.** John B. Floyd
- ○ **D.** Jefferson Davis

454 **Quel pays réalise son unité en 1871 ?**

- ○ **A.** L'Empire allemand
- ○ **B.** L'Autriche-Hongrie
- ○ **C.** La Turquie
- ○ **D.** L'Italie

455 **Comment se nomme le chancelier du roi de Prusse qui impulse l'unité de l'Allemagne ?**

- ○ **A.** Guillaume Ier
- ○ **B.** Klemens von Metternich
- ○ **C.** Otto von Bismarck
- ○ **D.** Frédéric Ier

456 **Dans quel ordre chronologique ces présidents des États-Unis se sont-ils succédés ?**

- ○ **A.** Washington - Jefferson - Madison - Adams
- ○ **B.** Washington - Adams - Jefferson - Madison
- ○ **C.** Adams - Jefferson - Washington - Madison
- ○ **D.** Madison - Washington - Jefferson - Adams

457 **Quelles sont les énergies motrices de la seconde industrialisation (ou seconde révolution industrielle) ?**

- ○ **A.** L'eau et le vent
- ○ **B.** Le charbon et la vapeur
- ○ **C.** L'électricité et le pétrole
- ○ **D.** Le pétrole et la vapeur

458 **Dans le contexte de l'industrialisation, que signifie l'OST ?**

- ○ **A.** L'organisation scientifique du travail
- ○ **B.** L'observatoire des sciences et des techniques
- ○ **C.** L'orchestre symphonique de Talence
- ○ **D.** L'office scientifique des travailleurs

459 **Quelle invention les Allemands Daimler et Benz ont-ils mise au point dans les années 1870-1880 ?**

- ○ **A.** Le cinéma
- ○ **B.** La machine à vapeur
- ○ **C.** Le moteur à explosion
- ○ **D.** La chaîne de montage

460 **D'où démarre le krach boursier responsable de la Grande Dépression de 1873-1896 ?**

- ○ **A.** Berlin
- ○ **B.** New York
- ○ **C.** Londres
- ○ **D.** Vienne

461 **Lequel de ces pays africains n'a pas été colonisé par une puissance européenne ?**

- ○ **A.** Le Burundi
- ○ **B.** Le Bénin
- ○ **C.** L'Éthiopie
- ○ **D.** L'Angola

462 **En quelle année l'Empire est-il remplacé par une République en Chine ?**

- ○ **A.** 1908
- ○ **B.** 1938
- ○ **C.** 1912
- ○ **D.** 1949

463 **Quelle dynastie dirige l'Empire chinois jusqu'à la chute de la Chine impériale ?**

- ○ **A.** La dynastie Qing
- ○ **B.** La dynastie Ming
- ○ **C.** La dynastie Xia
- ○ **D.** La dynastie Shang

464 **Quels pays possèdent les deux empires coloniaux les plus vastes au monde en 1914?**

- ○ **A.** L'Allemagne et le Royaume-Uni
- ○ **B.** La France et l'Allemagne
- ○ **C.** L'Espagne et le Portugal
- ○ **D.** La France et le Royaume-Uni

465 **En 1914, quel pays succède à la Grande-Bretagne comme première puissance économique mondiale?**

- ○ **A.** La France
- ○ **B.** L'Allemagne
- ○ **C.** La Russie
- ○ **D.** Les États-Unis

466 **Quel événement provoque la Première Guerre mondiale?**

- ○ **A.** L'invasion de la Serbie par l'Autriche-Hongrie
- ○ **B.** L'invasion de l'Autriche-Hongrie par la Russie
- ○ **C.** L'assassinat de l'héritier du trône austro-hongrois, François Ferdinand
- ○ **D.** L'assassinat de l'héritier du trône de Serbie, François Ferdinand

467 **La Première Guerre mondiale oppose l'Entente :**

- ○ **A.** À l'Axe
- ○ **B.** À l'Alliance
- ○ **C.** À l'Axe central
- ○ **D.** Aux Empires du centre

468 **Comment se nomme le nationaliste serbe auteur de l'assassinat de François Ferdinand?**

- ○ **A.** Gavrilo Princip
- ○ **B.** Raoul Villain
- ○ **C.** Ygal Amir
- ○ **D.** François Ravaillac

469 **À quelle période la Première Guerre mondiale se mue-t-elle en guerre de position?**

- ○ **A.** Début 1915
- ○ **B.** Début 1916
- ○ **C.** Fin 1914
- ○ **D.** Dès août 1914

470 **Quel est le nom du plan militaire allemand appliqué durant les premières semaines de la Première Guerre mondiale?**

- ○ **A.** Le plan Clausewitz
- ○ **B.** Le plan Waldersee
- ○ **C.** Le plan von Moltke
- ○ **D.** Le plan Schlieffen

471 **Où les armées françaises et allemandes s'affrontent-elles de février à décembre 1916?**

- ○ **A.** À Verdun
- ○ **B.** Au Chemin des Dames
- ○ **C.** Dans la Marne
- ○ **D.** En Champagne

472 **À quelles difficultés l'ensemble des belligérants de la Première Guerre mondiale font-ils face en 1917?**

- ○ **A.** La famine
- ○ **B.** Un hiver glacial
- ○ **C.** La grippe espagnole
- ○ **D.** Des mutineries

473 **Quel régime politique connaît la Russie jusqu'à la révolution de février 1917?**

- ○ **A.** Une monarchie constitutionnelle
- ○ **B.** Une république autoritaire
- ○ **C.** Une république libérale
- ○ **D.** Un empire

474 **Quel événement politique majeur la Russie connaît-elle en octobre 1917?**

- ○ **A.** Une révolution menée par les socialistes mencheviques
- ○ **B.** Une révolution renversant l'Empire tsariste
- ○ **C.** Une révolution menée par les socialistes bolcheviques
- ○ **D.** Une révolution menée par les socialistes spartakistes

475 **Quel pays entre en guerre en 1917 du côté de l'Entente?**

- ○ **A.** L'URSS
- ○ **B.** L'Empire ottoman
- ○ **C.** La Chine
- ○ **D.** Les États-Unis

476 **Quel président américain énonce en janvier 1918 un programme de paix en quatorze points pour mettre fin à la Première Guerre mondiale et reconstruire l'Europe?**

- ○ **A.** Woodrow Wilson
- ○ **B.** Warren G. Harding
- ○ **C.** Herbert C. Hoover
- ○ **D.** Franklin D. Roosevelt

477 **Par quel traité la Russie signe-t-elle une paix séparée avec l'Allemagne en mars 1918?**

- ○ **A.** Le traité de Brest-Litovsk
- ○ **B.** Le traité de Leningrad
- ○ **C.** Le traité de Varsovie
- ○ **D.** Le traité de Bucarest

478 **Où est signé l'armistice du 11 novembre 1918 mettant fin à la Première Guerre mondiale?**

- ○ **A.** À Verdun
- ○ **B.** À Rethondes
- ○ **C.** À Vichy
- ○ **D.** À Belfort

479 **Quel est le bilan de la grippe espagnole (pandémie qui touche la planète entre 1918 et 1921) ?**

- ○ **A.** Entre 50 et 100 millions de victimes dans l'ensemble du monde
- ○ **B.** Entre 10 et 30 millions de victimes dans l'ensemble du monde
- ○ **C.** Entre 30 et 50 millions de victimes dans l'ensemble du monde
- ○ **D.** Entre 100 et 150 millions de victimes dans l'ensemble du monde

480 **Quel est le nom du dernier empereur allemand renversé par la révolution de novembre 1918?**

- ○ **A.** Guillaume II
- ○ **B.** Frédéric-Guillaume IV
- ○ **C.** Frédéric III
- ○ **D.** Oscar II

481 **À quelle date la révolution spartakiste est-elle écrasée par la jeune république de Weimar?**

- ○ **A.** Mars 1919
- ○ **B.** Janvier 1919
- ○ **C.** Décembre 1918
- ○ **D.** Novembre 1918

482 **Quelle militante socialiste est assassinée lors de la répression menée contre la révolution spartakiste?**

- ○ **A.** Rosa Luxemburg
- ○ **B.** Flora Tristan
- ○ **C.** Louise Michel
- ○ **D.** Clara Zetkin

483 **Quel traité est signé en 1919 entre l'Allemagne et les pays vainqueurs à l'issue de la Première Guerre mondiale?**

- ○ **A.** Le traité de Sèvres
- ○ **B.** Le traité de Verdun
- ○ **C.** Le traité de Versailles
- ○ **D.** Le traité de Saint-Germain-en-Laye

484 **Quel pays européen ne naît pas au lendemain de la Première Guerre mondiale?**

- ○ **A.** La Pologne
- ○ **B.** La Tchécoslovaquie
- ○ **C.** La Yougoslavie
- ○ **D.** La Grèce

485 **Quelle organisation internationale est créée en 1920 au cours de la conférence de paix de Paris afin de préserver la paix en Europe?**

- ○ **A.** La Société pour la paix
- ○ **B.** L'Organisation internationale pour la paix
- ○ **C.** L'Organisation des Nations unies
- ○ **D.** La Société des Nations

486 **À l'issue de quel événement Mussolini devient-il Premier ministre en Italie en 1922?**

- ○ **A.** La marche sur Rome
- ○ **B.** Le putsch de la Brasserie
- ○ **C.** La Nuit des longs couteaux
- ○ **D.** La Nuit de cristal

487 **Quel nom porte le PNF (parti national fasciste, fondé par Mussolini) avant 1921?**

- ○ **A.** Le Parti du peuple italien
- ○ **B.** *Avanti*! (En avant!)
- ○ **C.** Les Faisceaux italiens de combat
- ○ **D.** Le Front nationaliste italien

488 **Quelle région allemande la France et la Belgique envahissent-elles en 1923 pour faire pression sur l'Allemagne qui ne parvient pas à payer les réparations de guerre?**

- ○ **A.** La Bavière
- ○ **B.** La Ruhr
- ○ **C.** L'Oder
- ○ **D.** Le Rhin

489 **Quels événements décisifs ont lieu en URSS en 1924?**

- ○ **A.** La mort de Staline et l'avènement de Khrouchtchev
- ○ **B.** Les grandes purges
- ○ **C.** La mort de Lénine et l'avènement de Staline
- ○ **D.** Les premières étapes de la collectivisation forcée

490 **De 1927 à 1950, la Chine est déchirée par la guerre civile. Qui s'oppose durant cette guerre?**

- ○ **A.** Le Kuomintang (KMT, parti nationaliste) et le Parti communiste chinois (PCC)
- ○ **B.** Le Kuomintang et les seigneurs de la guerre du Nord
- ○ **C.** Le PCC et les seigneurs de la guerre
- ○ **D.** Les monarchistes et le PCC

491 **D'où démarre le krach boursier de 1929?**

- ○ **A.** Vienne
- ○ **B.** Londres
- ○ **C.** Paris
- ○ **D.** New York

492 **Quelle photographe est l'auteure d'une célèbre photographie titrée «*Mère migrante*» devenue symbole de la Grande Dépression des années 1930?**

- ○ **A.** Bettina Rheims
- ○ **B.** Dorothea Lange
- ○ **C.** Diane Arbus
- ○ **D.** Annie Leibovitz

493 **Quel pays européen est le plus durement touché par les effets de la crise de 1929?**

- ○ **A.** La France
- ○ **B.** La Grande-Bretagne
- ○ **C.** L'Allemagne
- ○ **D.** L'Espagne

494 **Lequel de ces chefs totalitaires accède au pouvoir en janvier 1933?**

- ○ **A.** Hitler
- ○ **B.** Staline
- ○ **C.** Mussolini
- ○ **D.** Franco

495 **Sur quel parti politique Hitler s'appuie-t-il pour conquérir le pouvoir?**

- ○ **A.** Le Parti socialiste allemand
- ○ **B.** Le Parti nationaliste allemand
- ○ **C.** Le Parti national-socialiste des travailleurs allemands
- ○ **D.** Le Parti nationaliste des travailleurs allemands

496 **Quel pays africain est occupé par l'Italie fasciste dès 1936?**

- ○ **A.** L'Éthiopie
- ○ **B.** Le Libéria
- ○ **C.** L'Angola
- ○ **D.** Le Cameroun

497 **Qu'appelle-t-on l'Anschluss en 1938?**

- ○ **A.** L'annexion des Sudètes par l'Allemagne nazie
- ○ **B.** L'annexion de la Pologne par l'Allemagne nazie
- ○ **C.** L'annexion de l'Italie du Nord par l'Allemagne nazie
- ○ **D.** L'annexion de l'Autriche par l'Allemagne nazie

498 **Quelles forces politiques principales s'affrontent en Espagne durant la guerre civile de 1936-1939?**

- ○ **A.** Le camp républicain contre le camp nationaliste franquiste
- ○ **B.** Le camp socialiste contre le camp monarchiste
- ○ **C.** Le camp soviétique contre le camp catholique
- ○ **D.** Le camp communiste contre le camp monarchiste

499 **Quel est le nom du dictateur qui dirige l'Espagne de 1939 à 1975?**

- ○ **A.** Miguel Cabanellas
- ○ **B.** Alejandro de Valcarcel
- ○ **C.** Juan Carlos
- ○ **D.** Francisco Franco

500 **En Espagne, quel titre porte le général Franco à la tête de la dictature franquiste de 1939 à 1975?**

- ○ **A.** Caudillo
- ○ **B.** Generalissimo
- ○ **C.** Lider
- ○ **D.** Dictator

501 **Quel est le nom actuel de la ville de Stalingrad?**

- ○ **A.** Saint Petersburg
- ○ **B.** Volgograd
- ○ **C.** Moscou
- ○ **D.** Kaliningrad

502 **Quel est le bilan humain de la grande famine ukrainienne?**

- ○ **A.** Entre 500 000 et 1 million de victimes
- ○ **B.** Entre 1 et 2 millions de victimes
- ○ **C.** Entre 2 et 3 millions de victimes
- ○ **D.** Entre 2,5 et 5 millions de victimes

503 **Quels événements majeurs de l'histoire soviétique ont lieu en URSS entre août 1936 et mars 1938?**

- ○ **A.** La perestroïka et le glasnost
- ○ **B.** La fin du communisme de guerre et l'adoption de la NEP (nouvelle politique économique)
- ○ **C.** La déstalinisation et le dégel
- ○ **D.** Les procès de Moscou

504 **Quel ordre chronologique des dirigeants soviétiques est le bon?**

- ○ **A.** Lénine - Gorbatchev - Staline - Khrouchtchev
- ○ **B.** Lénine - Staline - Khrouchtchev - Gorbatchev
- ○ **C.** Gorbatchev - Lénine - Staline - Khrouchtchev
- ○ **D.** Khrouchtchev - Lénine - Staline - Gorbatchev

505 **Quel événement marque le début de la Seconde Guerre mondiale sur le front oriental?**

- ○ **A.** L'invasion de la partie orientale de la Chine par le Japon
- ○ **B.** L'affrontement soviéto-japonais en Mongolie
- ○ **C.** La prise de Shanghai
- ○ **D.** L'invasion japonaise de la Mandchourie

506 **Quel événement entraîne l'entrée en guerre du Royaume-Uni et de la France en 1939?**

- ○ **A.** L'annexion de l'Autriche par l'Allemagne nazie
- ○ **B.** La remilitarisation de l'Allemagne nazie
- ○ **C.** L'annexion de la Tchécoslovaquie par l'Allemagne nazie
- ○ **D.** L'invasion de la Pologne par l'Allemagne nazie

507 **Qu'est-ce que l'opération Barbarossa?**

- ○ **A.** Le nom de code donné au projet de bombardement de Pearl Harbor par les Japonais
- ○ **B.** Le nom de code donné au projet d'invasion de la Grande-Bretagne par les nazis
- ○ **C.** Le nom de code donné au projet d'invasion de l'URSS par le III Reich pendant la Seconde Guerre mondiale.
- ○ **D.** Le nom de code donné au projet d'invasion de l'Éthiopie par l'Italie fasciste

508 **Quel événement entraîne l'entrée en guerre des États-Unis en décembre 1941?**

- ○ **A.** La bataille d'Angleterre
- ○ **B.** L'opération Barbarossa
- ○ **C.** La signature de la charte de l'Atlantique
- ○ **D.** L'attaque de Pearl Harbor

509 **Qu'est-ce que la « solution finale » décidée en janvier 1942 lors de la conférence de Wannsee?**

- ○ **A.** L'étape finale du génocide mené par les nazis contre les Juifs, les Tziganes, les homosexuels et toutes les personnes considérées comme ennemies de la race aryenne et du régime nazi
- ○ **B.** Les assassinats perpétrés par les nazis en Allemagne au sein même du parti nazi
- ○ **C.** Le processus de construction des camps de concentration
- ○ **D.** Un ensemble de lois discriminantes votées par les nazis contre les personnes juives

510 **Quelle bataille célèbre de la Seconde Guerre mondiale constitue un tournant dans la guerre, marquant le début de la contre-offensive russe en direction de l'ouest et de l'Allemagne?**

- ○ **A.** La bataille de Leningrad
- ○ **B.** La bataille de Smolensk
- ○ **C.** La bataille de Kiev
- ○ **D.** La bataille de Stalingrad

511 **Quel est le bilan humain de la Shoah?**

- ○ **A.** Environ 2 millions de personnes juives
- ○ **B.** Environ 3 millions de personnes juives
- ○ **C.** Environ 4 millions de personnes juives
- ○ **D.** Environ 6 millions de personnes juives

512 **Quelles sont les deux villes touchées par les bombardements atomiques américains en août 1945?**

- ○ **A.** Hiroshima et Tokyo
- ○ **B.** Hiroshima et Osaka
- ○ **C.** Hiroshima et Fukushima
- ○ **D.** Hiroshima et Nagasaki

513 **Quel est le bilan humain total de la Seconde Guerre mondiale?**

- ○ **A.** 10 millions de morts
- ○ **B.** 30 millions de morts
- ○ **C.** 40 millions de morts
- ○ **D.** 60 millions de morts

514 **Quels pays possèdent un droit de veto au sein du Conseil de sécurité de l'ONU?**

- ○ **A.** France - États-Unis - Allemagne - Royaume-Uni - Russie
- ○ **B.** Chine - Russie - France - Royaume-Uni - États-Unis
- ○ **C.** Japon - Allemagne - Russie - France - États-Unis
- ○ **D.** États-Unis - Russie - Royaume-Uni - France - Japon

515 **Quel nom est donné par l'économiste français Jean Fourastié aux trente années de forte croissance économique qui démarrent au lendemain de la Seconde Guerre mondiale?**

- A. Les Trente Joyeuses
- B. Les Trente Glorieuses
- C. Les Trois D (pour décennies)
- D. Les Trente Flambantes

516 **Quel est le nom de la conférence internationale à l'issue de laquelle est signée la charte des Nations unies donnant naissance à l'ONU?**

- A. La conférence de San Francisco
- B. La conférence de Yalta
- C. La conférence de Téhéran
- D. La conférence de Washington

517 **Comment s'appelle la période de croissance économique forte connue par le Japon au lendemain de la Seconde Guerre mondiale?**

- A. Le Grand Bond en avant japonais
- B. Le miracle économique japonais
- C. La bulle japonaise
- D. L'essor économique japonais

518 **Lequel de ces dirigeants politiques utilise pour la première fois l'expression « rideau de fer » le 5 mars 1946 dans un célèbre discours prononcé à Fulton?**

- A. Harry Truman
- B. Winston Churchill
- C. Charles de Gaulle
- D. Staline

519 **Quelle stratégie politique et militaire Harry Truman énonce-t-il en 1947 devant le Congrès américain pour faire face à l'URSS?**

- A. L'endiguement
- B. L'isolationnisme
- C. L'interventionnisme
- D. L'impérialisme

520 **Quelle doctrine soviétique répond à la doctrine Truman dès septembre 1947?**

- A. La doctrine Andropov
- B. La doctrine Malenkov
- C. La doctrine socialiste
- D. La doctrine Jdanov

521 **Qu'est-ce que le plan Marshall adopté en 1947?**

- A. Une stratégie militaire des États-Unis face à l'URSS
- B. Un programme d'aide militaire américain proposé aux pays européens
- C. Un programme spatial américain visant à devancer l'URSS dans ce domaine
- D. Un plan économique d'aide à la reconstruction de l'Europe après la Seconde Guerre mondiale

522 **Durant la guerre froide, quels noms sont donnés à l'Allemagne de l'Est et à l'Allemagne de l'Ouest?**

- A. La République socialiste d'Allemagne et la République allemande libérale
- B. La République démocratique allemande et la République fédérale d'Allemagne
- C. L'Allemagne socialiste anti-impérialiste et la République fédérale libérale
- D. L'Allemagne soviétique et l'Allemagne occidentale

523 **Laquelle de ces personnalités n'a pas dirigé Israël depuis sa fondation en 1948?**

- A. Shimon Perez
- B. Yitzhak Rabin
- C. Menahem Begin
- D. Theodor Herzl

524 **Quel nom est donné à la politique de ségrégation raciale conduite en Afrique du Sud par la minorité blanche contre la majorité noire de 1948 à 1991?**

- A. L'apartheid
- B. La ghettoïsation
- C. La balkanisation
- D. Le développement séparé

525 **Que signifie le sigle OTAN ?**

- ○ **A.** L'Organisation du traité de l'Atlantique Nord
- ○ **B.** L'Office du trésor d'Asie du Nord
- ○ **C.** L'Organisation du traité d'Amérique du Nord
- ○ **D.** L'Organisme des tanks nord-américains

526 **Quel nom est donné à la Chine après la victoire des communistes en 1949 ?**

- ○ **A.** La République populaire de Chine
- ○ **B.** La Chine communiste unifiée
- ○ **C.** L'Union soviétique chinoise
- ○ **D.** La République socialiste unifiée chinoise

527 **Quel dirigeant accède au pouvoir en Chine en 1949 ?**

- ○ **A.** Liu Shaoqi
- ○ **B.** Deng Xiaoping
- ○ **C.** Mao Zedong
- ○ **D.** Zhou Enlai

528 **Qu'appelle-t-on la chasse aux sorcières dans les années 1950 ?**

- ○ **A.** Une politique de censure mise en œuvre en Roumanie sous la dictature de Ceausescu
- ○ **B.** Une politique de répression menée en France durant la guerre d'Algérie contre les militants du FLN
- ○ **C.** Une politique de répression mise en œuvre en Allemagne de l'Est contre les tentatives d'évasion à l'Ouest
- ○ **D.** Une politique de répression menée aux États-Unis par le sénateur McCarthy contre d'éventuels agents, militants et sympathisants communistes

529 **Quel événement marque le début du mouvement pour les droits civiques aux États-Unis en 1955 ?**

- ○ **A.** Le vote du Civil Rights Act
- ○ **B.** Le boycott des bus de Montgomery en Alabama
- ○ **C.** La marche sur Washington et le célèbre discours de Martin Luther King « *I have a dream* »
- ○ **D.** L'émergence du mouvement Black Power

530 **Comment se nomme le système d'alliance militaire défensif scellé durant la guerre froide entre l'URSS et ses alliés ?**

- ○ **A.** Le pacte de Moscou
- ○ **B.** Le pacte de Varsovie
- ○ **C.** L'OTASE
- ○ **D.** L'OTAN

531 **Qu'est-ce que le massacre de Sharpeville en 1960 ?**

- ○ **A.** Une violente répression policière menée en Afrique du Sud durant l'apartheid entraînant la mort de 69 manifestants noirs
- ○ **B.** Une violente répression contre des manifestations du Mouvement des droits civiques aux États-Unis entraînant la mort d'une dizaine de manifestants.
- ○ **C.** Une violente répression contre des manifestations antisoviétiques en Tchécoslovaquie entraînant la mort d'une centaine de manifestants.
- ○ **D.** Une émeute aux États-Unis à l'occasion d'un meeting du Parti démocrate entraînant la mort de 3 personnes

532 **Quelle ville est le siège de l'organisation de l'unité africaine depuis sa création en 1963 ?**

- ○ **A.** Bamako au Mali
- ○ **B.** Abuja au Nigéria
- ○ **C.** Le Caire en Égypte
- ○ **D.** Addis-Abeba en Éthiopie

533 **Quel festival de musique organisé en août 1969 marque l'apogée du mouvement hippie ?**

- ○ **A.** Le festival de Woodstock
- ○ **B.** Le festival de San Francisco
- ○ **C.** Le festival de Berkeley
- ○ **D.** Le festival de Monterey

534 **Quel est le premier homme à avoir marché sur la lune en 1969?**

- ○ **A.** Buzz Aldrin
- ○ **B.** Neil Armstrong
- ○ **C.** Youri Gagarine
- ○ **D.** Sergueï Krikaliov

535 **Quel épisode des guerres israélo-arabes participe de la hausse brutale du prix du pétrole en 1973?**

- ○ **A.** La première Intifada
- ○ **B.** La crise de Suez
- ○ **C.** La guerre du Kippour
- ○ **D.** La guerre des Six Jours

536 **Comment appelle-t-on la hausse brutale du prix du pétrole dans les années 1970?**

- ○ **A.** La Grande Dépression
- ○ **B.** Le choc économique
- ○ **C.** La décroissance
- ○ **D.** Le choc pétrolier

537 **Quel pays connaît un coup d'État en 1973 renversant le gouvernement du président démocratiquement élu Salvador Allende?**

- ○ **A.** L'Argentine
- ○ **B.** Le Brésil
- ○ **C.** Le Chili
- ○ **D.** L'Uruguay

538 **Quel général mène le coup d'État militaire de 1973 contre Allende?**

- ○ **A.** António de Oliveira Salazar
- ○ **B.** Juan Velasco Alvarado
- ○ **C.** Augusto Pinochet
- ○ **D.** Alfredo Stroessner

539 **Quel est le nom de l'herbicide employé par les États-Unis durant la Guerre du Vietnam?**

- ○ **A.** Le sarin
- ○ **B.** Le gaz moutarde
- ○ **C.** L'agent orange
- ○ **D.** Le chlore

540 **Lequel de ces présidents des États-Unis n'a pas été assassiné?**

- ○ **A.** Abraham Lincoln
- ○ **B.** James Garfield
- ○ **C.** John Kennedy
- ○ **D.** Richard Nixon

541 **Qu'est-ce que le scandale du Watergate?**

- ○ **A.** Un scandale aux États-Unis liés à la répression menée dans les années 1950 contre des personnalités proches ou supposées proches du Parti communiste
- ○ **B.** Un scandale aux États-Unis lié à une affaire d'espionnage politique qui aboutit en 1974 à la démission de Richard Nixon
- ○ **C.** Un scandale aux États-Unis lié à une aventure extraconjugale entre le Président Bill Clinton et une jeune stagiaire, Monica Lewinsky
- ○ **D.** Un scandale aux États-Unis lié à l'élaboration secrète de la bombe atomique en 1940

542 **En quelle année le Mozambique accède-t-il à l'indépendance?**

- ○ **A.** 1975
- ○ **B.** 1971
- ○ **C.** 1979
- ○ **D.** 1969

543 **Comment s'appelle la politique d'ouverture économique menée par la Chine après la mort de Mao Zedong?**

- ○ **A.** Le Grand Bond en avant
- ○ **B.** Les Quatre modernisations
- ○ **C.** La Révolution culturelle
- ○ **D.** Le tournant libéral

544 **Comment appelle-t-on la période des années 1980 au cours de laquelle des dirigeants hostiles à l'intervention de l'État dans la sphère économique et sociale arrivent au pouvoir?**

- ○ **A.** La révolution conservatrice
- ○ **B.** Le tournant de la rigueur
- ○ **C.** La révolution libérale
- ○ **D.** La réforme néolibérale

545 **Quelle ville connaît un accident nucléaire en 1986?**

- ○ **A.** Tchernobyl
- ○ **B.** Ivankiv
- ○ **C.** Fukushima
- ○ **D.** Budapest

HISTOIRE

546 **Quel événement provoque la guerre du Golfe en 1990 ?**

- ○ **A.** L'invasion et l'annexion du Koweït par l'Irak.
- ○ **B.** L'invasion de l'Afghanistan par l'URSS
- ○ **C.** L'invasion du Koweït par l'URSS
- ○ **D.** Le sabotage de puits de pétrole koweïtiens par les soldats irakiens

547 **Quel groupe de population de la région des Grands Lacs africains est victime d'un génocide mené par les Hutus en 1994 et conduisant à la mort d'au moins 800 000 personnes ?**

- ○ **A.** Les Tutsis
- ○ **B.** Les Bantous
- ○ **C.** Les Sénoufos
- ○ **D.** Les Nilotiques

548 **Quelle ville de Bosnie-Herzégovine a été assiégée par les forces serbes et fut le théâtre en juillet 1995 du massacre d'environ 8 000 Bosniaques ?**

- ○ **A.** Sarajevo
- ○ **B.** Zenica
- ○ **C.** Srebrenica
- ○ **D.** Višegrad

Dates clés de l'histoire mondiale

→ **Retrouvez le corrigé de cette série page 121.**

549 Quand les premiers hommes sont-ils apparus ?

- ○ **A.** Il y a 7 millions d'années
- ○ **B.** Il y a 4 millions d'années
- ○ **C.** Il y a 2,5 millions d'années
- ○ **D.** Il y a 1 million d'années

550 Quand a été sculptée la « Dame de Brassempouy » ?

- ○ **A.** Vers 40 000 av. J.-C.
- ○ **B.** Vers 23 000 av. J.-C.
- ○ **C.** Vers 16 000 av. J.-C.
- ○ **D.** Vers 4 000 av. J.-C.

551 Quand la dernière glaciation s'est-elle terminée ?

- ○ **A.** Vers 100 000 av. J.-C.
- ○ **B.** Vers 60 000 av. J.-C.
- ○ **C.** Vers 45 000 av. J.-C.
- ○ **D.** Vers 10 000 av. J.-C.

552 Quand l'homme de Neandertal a-t-il disparu ?

- ○ **A.** Il y a 100 000 ans environ
- ○ **B.** Il y a 50 000 ans environ
- ○ **C.** Il y a 30 000 ans environ
- ○ **D.** Il y a 10 000 ans environ

553 De quand datent les débuts de l'agriculture ?

- ○ **A.** 100 000 av. J.-C.
- ○ **B.** 50 000 av. J.-C.
- ○ **C.** 10 000 av. J.-C
- ○ **D.** 1 000 av. J.-C.

554 De quand date l'invention de l'écriture ?

- ○ **A.** Vers 12 000 av. J.-C.
- ○ **B.** Vers 6 500 av. J.-C.
- ○ **C.** Vers 3 300 av. J.-C.
- ○ **D.** Vers 2 600 av. J.-C.

555 Quand les pyramides de Gizeh ont-elles été construites ?

- ○ **A.** Vers 5 000 av. J.-C.
- ○ **B.** Vers 3 300 av. J.-C.
- ○ **C.** Vers 2 600 av. J.-C.
- ○ **D.** Vers 1 200 av. J.-C.

556 Quelles sont les dates du règne de Ramsès II ?

- ○ **A.** 1279-1213 av. J.-C.
- ○ **B.** 1259-1233 av. J.-C.
- ○ **C.** 1213-1179 av. J.-C.
- ○ **D.** 1203-1169 av. J.-C.

557 De quand date la fondation de Rome ?

- ○ **A.** ixe siècle av. J.-C.
- ○ **B.** viiie siècle av. J.-C.
- ○ **C.** viie siècle av. J.-C.
- ○ **D.** vie siècle av. J.-C.

558 En quelle année les Phocéens ont-ils fondé Massalia (actuellement Marseille) ?

- ○ **A.** 1600 av. J.-C.
- ○ **B.** 600 av. J.-C.
- ○ **C.** 60 av. J.-C.
- ○ **D.** 60 apr. J.-C.

559 Quand les premiers Jeux olympiques ont-ils eu lieu à Olympie ?

- ○ **A.** 976 av. J.-C.
- ○ **B.** 876 av. J.-C.
- ○ **C.** 776 av. J.-C.
- ○ **D.** 676 av. J.-C.

560 En quelle année le dernier roi de Rome est-il expulsé ?

- ○ **A.** En 609 av. J.-C.
- ○ **B.** En 509 av. J.-C.
- ○ **C.** En 409 av. J.-C.
- ○ **D.** En 309 av. J.-C.

561 **En quelle année les Gaulois ont-ils envahi Rome ?**

- ○ **A.** 460 av. J.-C.
- ○ **B.** 400 av. J.-C.
- ○ **C.** 390 av. J.-C.
- ○ **D.** 300 av. J.-C.

562 **En quelle année débute la construction de la Grande Muraille de Chine ?**

- ○ **A.** En 421 av. J.-C.
- ○ **B.** En 321 av. J.-C.
- ○ **C.** En 221 av. J.-C.
- ○ **D.** En 121 av. J.-C.

563 **Quelles sont les dates de la guerre des Gaules ?**

- ○ **A.** 70 à 52 av. J.-C.
- ○ **B.** 58 à 46 av. J.-C.
- ○ **C.** 52 à 40 av. J.-C.
- ○ **D.** 58 à 51 av. J.-C.

564 **En quelle année Alexandre le Grand part-il en guerre contre les Perses ?**

- ○ **A.** 356 av. J.-C.
- ○ **B.** 334 av. J.-C.
- ○ **C.** 324 av. J.-C.
- ○ **D.** 310 av. J.-C.

565 **En quelle année a été assassiné Jules César ?**

- ○ **A.** 50 av. J.-C.
- ○ **B.** 48 av. J.-C.
- ○ **C.** 44 av. J.-C.
- ○ **D.** 40 av. J.-C.

566 **En quelle année, la ville de Pompéi a-t-elle été détruite par l'éruption du Vésuve ?**

- ○ **A.** En 69 apr. J.-C.
- ○ **B.** En 79 apr. J.-C.
- ○ **C.** En 89 apr. J.-C.
- ○ **D.** En 99 apr. J.-C.

567 **En quelle année l'Empire romain est-il divisé en Empire romain d'Occident et Empire romain d'Orient ?**

- ○ **A.** En 312
- ○ **B.** En 392
- ○ **C.** En 395
- ○ **D.** En 476

568 **Quand Attila est-il défait à la bataille des champs Catalauniques ?**

- ○ **A.** le 20 juin 431
- ○ **B.** le 20 juin 441
- ○ **C.** le 20 juin 451
- ○ **D.** le 20 juin 461

569 **En quelle année Paris devient-elle capitale du royaume des Francs ?**

- ○ **A.** 496
- ○ **B.** 508
- ○ **C.** 549
- ○ **D.** 572

570 **Quelle est l'année de la mort de Mahomet ?**

- ○ **A.** 622
- ○ **B.** 632
- ○ **C.** 636
- ○ **D.** 646

571 **En quelle année Charles Martel arrête-t-il les Sarrasins à Poitiers ?**

- ○ **A.** En 702
- ○ **B.** En 712
- ○ **C.** En 722
- ○ **D.** En 732

572 **En quelle année sont créés les États pontificaux ?**

- ○ **A.** En 752
- ○ **B.** En 852
- ○ **C.** En 952
- ○ **D.** En 1052

573 **En quelle année a lieu le grand schisme d'Orient qui marque la rupture entre Rome et Constantinople ?**

- ○ **A.** En 954
- ○ **B.** En 1004
- ○ **C.** En 1054
- ○ **D.** En 1095

574 **En quelle année, Guillaume le Conquérant devient-il roi d'Angleterre ?**

- ○ **A.** En 1064
- ○ **B.** En 1065
- ○ **C.** En 1066
- ○ **D.** En 1067

575 **Quelle est la date de la prise de Jérusalem lors de la première croisade ?**

- ○ **A.** 27 novembre 1095
- ○ **B.** 28 juin 1098
- ○ **C.** 15 juillet 1099
- ○ **D.** 4 juillet 1187

576 **En quelle année Louis VII épouse-t-il Aliénor d'Aquitaine ?**

○ **A.** 1117 ○ **B.** 1127 ○ **C.** 1137 ○ **D.** 1147

577 **En quelle année Philippe Auguste et Richard Cœur de Lion partent-ils en croisade ?**

○ **A.** En 1190 ○ **B.** En 1192 ○ **C.** En 1195 ○ **D.** En 1199

578 **En quelle année Constantinople est-elle mise à sac par les croisés ?**

○ **A.** 1187 ○ **B.** 1198 ○ **C.** 1204 ○ **D.** 1215

579 **En quelle année Jean sans Terre signe-t-il la Grande Charte, texte fondamental du régime politique d'Angleterre avec les barons anglais ?**

○ **A.** 1213 ○ **B.** 1214 ○ **C.** 1215 ○ **D.** 1216

580 **En quelle année, Bagdad est-elle prise par les Mongols, mettant fin à l'Empire abbasside ?**

○ **A.** 1058 ○ **B.** 1158 ○ **C.** 1258 ○ **D.** 1358

581 **Quand a eu lieu la révolte des « Vêpres siciliennes », marquant la fin de la domination française en Sicile ?**

○ **A.** 1214 ○ **B.** 1262 ○ **C.** 1270 ○ **D.** 1282

582 **En quelle année a eu lieu la chute de Saint-Jean-d'Acre qui marque la fin de la présence franque au Levant ?**

○ **A.** 1191 ○ **B.** 1214 ○ **C.** 1291 ○ **D.** 1314

583 **De quand date l'invention de l'imprimerie par Gutenberg ?**

○ **A.** Vers 1250 ○ **B.** Vers 1350 ○ **C.** Vers 1450 ○ **D.** Vers 1550

584 **Quelles sont les dates de la guerre de Cent Ans ?**

○ **A.** 1300-1415
○ **B.** 1336-1436
○ **C.** 1337-1453
○ **D.** 1353-1453

585 **En quelle année les Anglais ont-ils battu les Français à Azincourt ?**

○ **A.** 1405 ○ **B.** 1415 ○ **C.** 1425 ○ **D.** 1435

586 **Quelle est la date de la prise de Constantinople par les Turcs ?**

○ **A.** 29 mai 1453
○ **B.** 29 mai 1454
○ **C.** 29 mai 1455
○ **D.** 29 mai 1456

587 **Le traité de Tordesillas qui partage le nouveau continent entre l'Espagne et le Portugal date du :**

○ **A.** 7 juin 1484
○ **B.** 7 juin 1492
○ **C.** 7 juin 1494
○ **D.** 7 juin 1500

588 **De quand date le traité de Picquigny entre les Français et les Anglais qui met définitivement fin à la guerre de Cent Ans ?**

○ **A.** 1453 ○ **B.** 1461 ○ **C.** 1475 ○ **D.** 1492

589 **En quelle année les Juifs sont-ils expulsés d'Espagne ?**

○ **A.** 1492 ○ **B.** 1496 ○ **C.** 1515 ○ **D.** 1572

590 **En quelle année Vasco de Gama contourne-t-il l'Afrique pour atteindre les Indes ?**

○ **A.** 1492
○ **B.** 1494
○ **C.** 1496
○ **D.** 1498

591 **En quelle année la Bretagne est-elle rattachée à la France ?**

○ **A.** 1432 ○ **B.** 1492 ○ **C.** 1532 ○ **D.** 1562

592 **En quelle année Jacques Cartier découvre-t-il le Canada ?**

○ **A.** 1492 ○ **B.** 1515 ○ **C.** 1534 ○ **D.** 1536

593 **En quelle année l'édit de Nantes est-il promulgué ?**

○ **A.** 1589 ○ **B.** 1593 ○ **C.** 1598 ○ **D.** 1601

594 **En quelle année le *Mayflower*, qui transportait les *Pilgrim Fathers* est-il arrivé aux États-Unis ?**

○ **A.** 1614 ○ **B.** 1620 ○ **C.** 1623 ○ **D.** 1630

595 **Quelles sont les dates de la guerre de Trente Ans ?**

○ **A.** 1600-1630 ○ **C.** 1610-1640
○ **B.** 1608-1638 ○ **D.** 1618-1648

596 **En quelle année Galilée est-il obligé d'abjurer ses thèses scientifiques ?**

○ **A.** 1612 ○ **B.** 1624 ○ **C.** 1633 ○ **D.** 1646

597 **Quand a été écrit le *Discours de la Méthode* de Descartes ?**

○ **A.** 1627 ○ **B.** 1637 ○ **C.** 1647 ○ **D.** 1657

598 **En quelle année Charles Ier d'Angleterre est-il décapité lors de la première révolution anglaise ?**

○ **A.** 1648 ○ **B.** 1649 ○ **C.** 1650 ○ **D.** 1651

599 **En quelle année a eu lieu le grand incendie de Londres ?**

○ **A.** 1466 ○ **B.** 1566 ○ **C.** 1666 ○ **D.** 1766

600 **De quand date l'*Habeas Corpus Act* qui garantit en Angleterre la liberté individuelle ?**

○ **A.** 1669 ○ **B.** 1679 ○ **C.** 1689 ○ **D.** 1699

601 **En quelle année les Turcs sont-ils défaits à Vienne ?**

○ **A.** 1676 ○ **B.** 1680 ○ **C.** 1683 ○ **D.** 1689

602 **En quelle année Louis XIV a-t-il révoqué l'édit de Nantes ?**

○ **A.** 1683 ○ **B.** 1684 ○ **C.** 1685 ○ **D.** 1686

603 **En quelle année est fondée la première loge maçonnique, la Grande Loge de Londres ?**

○ **A.** 1683 ○ **B.** 1717 ○ **C.** 1738 ○ **D.** 1789

604 **En quelle année Catherine II de Russie prend-elle le pouvoir aux dépens de son mari ?**

○ **A.** En 1752 ○ **B.** En 1762 ○ **C.** En 1772 ○ **D.** En 1782

605 **Quand a eu lieu la *Boston Tea Party*, où des colons américains ont jeté la cargaison de thé des navires anglais ?**

○ **A.** 16 décembre 1753 ○ **C.** 16 décembre 1773
○ **B.** 16 décembre 1763 ○ **D.** 16 décembre 1783

606 **Quelle est la date de l'indépendance des États-Unis d'Amérique ?**

○ **A.** 4 juillet 1676 ○ **C.** 4 juillet 1776
○ **B.** 4 juillet 1770 ○ **D.** 4 juillet 1789

607 **En quelle année les Anglais et les Français signent-ils leur premier traité de libre-échange ?**

- A. 1773
- B. 1778
- C. 1783
- D. 1789

608 **En quelle année les frères Montgolfier ont-ils présenté leur invention, la montgolfière à Versailles ?**

- A. 1776
- B. 1783
- C. 1787
- D. 1789

609 **En quelle année James Watt a-t-il « inventé » (date du dépôt de brevet) la machine à vapeur ?**

- A. 1768
- B. 1769
- C. 1789
- D. 1799

610 **En Angleterre, la révolution industrielle débute :**

- A. À la fin du xviiie siècle
- B. Au début du xixe siècle
- C. Au milieu du xixe siècle
- D. Au début du xviiie siècle

611 **En quelle année débute la Révolution française ?**

- A. 1788
- B. 1789
- C. 1787
- D. 1790

612 **En quelle année la traite est-elle abolie au Royaume-Uni ?**

- A. 1790
- B. 1799
- C. 1807
- D. 1932

613 **Le congrès de Vienne, conférence diplomatique des grandes puissances européennes vainqueurs de Napoléon Ier, a lieu en :**

- A. 1815-1816
- B. 1814-1815
- C. 1816-1817
- D. 1817-1818

614 **En quelle année le Brésil proclame-t-il son indépendance ?**

- A. 1799
- B. 1801
- C. 1822
- D. 1830

615 **En quelle année les Corn Laws (lois protectionnistes sur les céréales) sont-elles abolies au Royaume-Uni, consacrant l'entrée du pays dans une économie de libre-échange ?**

- A. 1807
- B. 1832
- C. 1840
- D. 1846

616 **À quelle date a lieu le Printemps des peuples ?**

- A. 1847
- B. 1848
- C. 1849
- D. 1859

617 **À quelle date est aboli l'esclavage en France ?**

- A. 1852
- B. 1850
- C. 1848
- D. 1846

618 **À quelle date l'unité italienne est-elle réalisée (proclamation du royaume d'Italie) ?**

- A. 1876
- B. 1861
- C. 1866
- D. 1873

619 **Quelles sont les dates de la guerre de Sécession américaine ?**

- A. 1861-1865
- B. 1860-1865
- C. 1864-1868
- D. 1866-1870

620 **À quelle date l'unité allemande est-elle réalisée ?**

- A. 1871
- B. 1861
- C. 1866
- D. 1873

621 **À la fin du xixe siècle, l'économie mondialisée affronte une première grande dépression. À quelle période exactement ?**

- A. 1889-1901
- B. 1869-1889
- C. 1872-1895
- D. 1873-1896

HISTOIRE

622 **Quand a lieu la conférence de Berlin au cours de laquelle les puissances européennes collaborent et s'organisent pour diviser et coloniser l'Afrique ?**

- ○ **A.** 1884-1885
- ○ **B.** 1888-1889
- ○ **C.** 1890-1892
- ○ **D.** 1899-1900

623 **En quelle année a lieu le naufrage du *Titanic* ?**

○ **A.** 1899 ○ **B.** 1901 ○ **C.** 1912 ○ **D.** 1924

624 **À quelle date débute la Première Guerre mondiale ?**

- ○ **A.** Le 28 juin 1914
- ○ **B.** Le 28 juillet 1914
- ○ **C.** Le 1er août 1914
- ○ **D.** Le 2 août 1914

625 **En quelle année a lieu la bataille de Verdun ?**

○ **A.** 1916 ○ **B.** 1917 ○ **C.** 1915 ○ **D.** 1914

626 **Quelle année de la Première Guerre mondiale appelle-t-on l'année des mutineries ?**

○ **A.** 1915 ○ **B.** 1916 ○ **C.** 1917 ○ **D.** 1918

627 **À quelle date les États-Unis entrent-ils en guerre durant la Première Guerre mondiale ?**

- ○ **A.** Janvier 1918
- ○ **B.** Décembre 1917
- ○ **C.** Mars 1917
- ○ **D.** Avril 1917

628 **L'armistice mettant fin à la Première Guerre mondiale date du :**

- ○ **A.** 20 décembre 1918
- ○ **B.** 11 novembre 1918
- ○ **C.** 5 avril 1918
- ○ **D.** 8 mai 1918

629 **À quelle date Staline accède-t-il au pouvoir en URSS ?**

○ **A.** 1917 ○ **B.** 1921 ○ **C.** 1924 ○ **D.** 1932

630 **À quelle date Mussolini accède-t-il au pouvoir en Italie ?**

○ **A.** 1924 ○ **B.** 1936 ○ **C.** 1920 ○ **D.** 1922

631 **Quelle est la date précise du jeudi noir de 1929 ?**

- ○ **A.** 14 octobre 1929
- ○ **B.** 10 décembre 1929
- ○ **C.** 15 mai 1929
- ○ **D.** 24 octobre 1929

632 **À quelle date Hitler devient-il chancelier de l'Allemagne ?**

- ○ **A.** 24 janvier 1933
- ○ **B.** 30 janvier 1933
- ○ **C.** 20 février 1933
- ○ **D.** 15 mars 1933

633 **À quelle période l'Espagne est-elle déchirée par la guerre civile ?**

- ○ **A.** 1936-1939
- ○ **B.** 1936-1937
- ○ **C.** 1937-1938
- ○ **D.** 1937-1939

634 **À quelle date la Seconde Guerre mondiale démarre-t-elle sur le front oriental ?**

○ **A.** 1937 ○ **B.** 1938 ○ **C.** 1934 ○ **D.** 1936

635 **Quelles sont les dates de la Seconde Guerre mondiale en Europe ?**

- ○ **A.** 1931-1945
- ○ **B.** 1937-1945
- ○ **C.** 1939-1945
- ○ **D.** 1939-1946

636 **À quelle date l'Allemagne nazie agresse-t-elle militairement la Pologne entraînant, deux jours plus tard, l'entrée en guerre du Royaume-Uni puis de la France ?**

- ○ **A.** 3 novembre 1939
- ○ **B.** 1er septembre 1939
- ○ **C.** 3 mai 1939
- ○ **D.** 1er juillet 1939

637 **À quelle date l'Allemagne nazie et l'URSS signent-elles le pacte germano-soviétique ?**

- ○ **A.** 1936
- ○ **B.** 1939
- ○ **C.** 1937
- ○ **D.** 1932

638 **À quelle date le Général de Gaulle prononce-t-il son célèbre appel à la résistance sur les ondes de la BBC, depuis Londres ?**

- ○ **A.** Le 10 novembre 1939
- ○ **B.** Le 10 mars 1940
- ○ **C.** Le 18 juin 1940
- ○ **D.** Le 10 juillet 1940

639 **Le régime de Vichy dure :**

- ○ **A.** Du 10 juillet 1940 au 20 août 1944
- ○ **B.** Du 10 mai 1940 au 22 août 1944
- ○ **C.** Du 16 juillet 1940 au 20 septembre 1945
- ○ **D.** Du 24 juillet 1939 au 22 février 1945

640 **À quelle date la Wehrmacht envahit-elle l'URSS (opération Barbarossa) ?**

- ○ **A.** Janvier 1940
- ○ **B.** Décembre 1940
- ○ **C.** Février 1941
- ○ **D.** Juin 1941

641 **À quelle date a lieu l'attaque aérienne de Pearl Harbor entraînant l'entrée en guerre des États-Unis ?**

- ○ **A.** 7 décembre 1941
- ○ **B.** 7 novembre 1941
- ○ **C.** 10 décembre 1942
- ○ **D.** 15 janvier 1942

642 **À quelle date a lieu la conférence de Wannsee qui impulse la « solution finale » ?**

- ○ **A.** En février 1943
- ○ **B.** En mars 1942
- ○ **C.** En janvier 1942
- ○ **D.** En décembre 1943

643 **Durant la Seconde Guerre mondiale, le débarquement des troupes alliées en Normandie a lieu le :**

- ○ **A.** 6 juin 1944
- ○ **B.** 10 juin 1944
- ○ **C.** 16 juin 1944
- ○ **D.** 28 juin 1944

644 **À quelle date a lieu la bataille d'Iwo Jima opposant les armées américaines et japonaises dans le Pacifique ?**

- ○ **A.** Décembre 1944
- ○ **B.** Janvier 1945
- ○ **C.** Février-mars 1945
- ○ **D.** Août-septembre 1945

645 **À quelle date la Seconde Guerre mondiale se termine-t-elle en Europe ?**

- ○ **A.** Le 8 mai 1945
- ○ **B.** Le 12 mai 1945
- ○ **C.** Le 3 juillet 1945
- ○ **D.** Le 2 septembre 1945

646 **En quelle année la conférence de Bretton Woods se réunit-elle pour élaborer un nouveau système monétaire international ?**

- ○ **A.** 1944
- ○ **B.** 1945
- ○ **C.** 1946
- ○ **D.** 1947

647 **En quelle année le FMI (Fond monétaire international) est-il créé ?**

- ○ **A.** 1944
- ○ **B.** 1945
- ○ **C.** 1946
- ○ **D.** 1947

648 **À quelle date a lieu la conférence de Potsdam organisée par les puissances alliées pour fixer le sort des nations ennemies et notamment celui de l'Allemagne ?**

○ **A.** Janvier-février 1945
○ **B.** Mars 1945
○ **C.** Juillet-août 1945
○ **D.** Septembre-octobre 1945

649 **À quelle date est créée l'ONU (Organisation des Nations unies) ?**

○ **A.** 1944 ○ **B.** 1939 ○ **C.** 1945 ○ **D.** 1950

650 **À quelle date ont lieu les procès de Nuremberg intentés par les puissances alliées contre les principaux responsables du Troisième Reich ?**

○ **A.** 1945-1946
○ **B.** 1946-1947
○ **C.** 1947-1949
○ **D.** 1947-1950

651 **En quelle année le congrès de La Haye réunit-il près de 800 représentants des courants favorables à la construction d'une Europe politique ?**

○ **A.** 1945 ○ **B.** 1946 ○ **C.** 1948 ○ **D.** 1951

652 **Quelles sont les dates de la guerre froide ?**

○ **A.** 1949-1981
○ **B.** 1953-1991
○ **C.** 1940-1975
○ **D.** 1947-1991

653 **En quelle année sont énoncées les doctrines Truman puis Jdanov ?**

○ **A.** 1945 ○ **B.** 1946 ○ **C.** 1947 ○ **D.** 1948

654 **En quelle année l'Inde et le Pakistan deviennent-ils indépendants ?**

○ **A.** 1947 ○ **B.** 1950 ○ **C.** 1952 ○ **D.** 1957

655 **À quelle date Mao Zedong accède-t-il au pouvoir en Chine ?**

○ **A.** Le 1er août 1949
○ **B.** Le 1er octobre 1949
○ **C.** Le 5 février 1950
○ **D.** Le 12 mars 1950

656 **En quelle année l'OTAN (Organisation du traité de l'Atlantique nord) est-elle créée ?**

○ **A.** 1949 ○ **B.** 1950 ○ **C.** 1951 ○ **D.** 1953

657 **Quelles sont les dates de la guerre d'Algérie ?**

○ **A.** 1945-1963
○ **B.** 1947-1962
○ **C.** 1954-1962
○ **D.** 1955-1969

658 **En quelle année le traité de Rome instituant la Communauté économique européenne est-il signé par 6 pays européens ?**

○ **A.** 1957 ○ **B.** 1955 ○ **C.** 1958 ○ **D.** 1960

659 **À quelle date la révolution cubaine menée par Fidel Castro aboutit-elle au renversement de la dictature de Batista ?**

○ **A.** 1er janvier 1955
○ **B.** 1er janvier 1956
○ **C.** 1er janvier 1957
○ **D.** 1er janvier 1959

660 **En quelle année le mur de Berlin est-il édifié ?**

○ **A.** 1958 ○ **B.** 1961 ○ **C.** 1962 ○ **D.** 1968

661 **En quelle année la PAC (Politique agricole commune) est-elle mise en œuvre à l'échelle de la Communauté économique européenne afin de moderniser l'agriculture ?**

○ **A.** 1960 ○ **B.** 1961 ○ **C.** 1962 ○ **D.** 1967

662 **À quelle date le Président Kennedy est-il assassiné ?**

○ **A.** 1960 ○ **B.** 1964 ○ **C.** 1963 ○ **D.** 1968

663 **En quelle année Martin Luther King prononce-t-il son célèbre discours *I have a dream* à l'occasion de la marche sur Washington ?**

○ **A.** 1955 ○ **B.** 1960 ○ **C.** 1961 ○ **D.** 1963

664 **En quelle année Martin Luther King est-il assassiné ?**

○ **A.** 1964 ○ **B.** 1965 ○ **C.** 1968 ○ **D.** 1970

665 **À quelle période le Nigéria est-il déchiré par la guerre du Biafra ?**

○ **A.** 1967-1970 ○ **C.** 1973-1976
○ **B.** 1970-1973 ○ **D.** 1976-1980

666 **En quelle année le premier homme marche-t-il sur la Lune ?**

○ **A.** 1959 ○ **B.** 1961 ○ **C.** 1969 ○ **D.** 1972

667 **En quelle année le Forum de Davos, qui réunit chaque année des dirigeants d'entreprise et des responsables politiques du monde entier, est-il fondé ?**

○ **A.** 1971 ○ **B.** 1974 ○ **C.** 1978 ○ **D.** 1979

668 **La Guerre du Vietnam démarre en 1965 (date à laquelle le Président Johnson décide officiellement d'un engagement direct de son pays dans la guerre). À quelle date se termine-t-elle ?**

○ **A.** 1975 ○ **B.** 1969 ○ **C.** 1968 ○ **D.** 1979

669 **En quelle année le dirigeant Mao Zedong décède-t-il ?**

○ **A.** 1966 ○ **B.** 1970 ○ **C.** 1976 ○ **D.** 1979

670 **À quelles dates le monde connaît-il un premier puis un deuxième choc pétrolier ?**

○ **A.** 1969 et 1979 ○ **C.** 1968 et 1971
○ **B.** 1979 et 1992 ○ **D.** 1973 et 1979

671 **En quelle année l'Iran connaît-il une révolution qui renverse l'État impérial dirigé par le Shah d'Iran et institue une République islamique ?**

○ **A.** 1969 ○ **B.** 1970 ○ **C.** 1975 ○ **D.** 1979

672 **À quelle période a lieu la guerre Iran-Irak opposant l'ayatollah Khomeyni à Saddam Hussein ?**

○ **A.** 1979-1982 ○ **C.** 1980-1988
○ **B.** 1980-1985 ○ **D.** 1985-1987

673 **En quelle année la Grèce rejoint-elle la Communauté économique européenne ?**

○ **A.** 1978 ○ **B.** 1980 ○ **C.** 1981 ○ **D.** 1986

674 **En quelle année l'accord de Schengen est-il signé en Europe afin d'encourager la libre circulation des personnes ?**

○ **A.** 1985 ○ **B.** 1986 ○ **C.** 1987 ○ **D.** 1990

675 **En quelle année est rédigé le rapport Brundtland par la Commission mondiale sur l'environnement et le développement de l'ONU, utilisant et définissant pour la première fois l'expression « développement durable » ?**

○ **A.** 1982 ○ **B.** 1987 ○ **C.** 1992 ○ **D.** 1999

676 **En quelle année l'organisation terroriste islamiste Al-Qaïda est-elle fondée ?**

○ **A.** 1987 ○ **B.** 1988 ○ **C.** 1989 ○ **D.** 1994

677 À quelle date le mur de Berlin est-il détruit ?

- A. 1987
- B. 1991
- C. 1990
- D. 1989

678 À quelle période a lieu la première guerre du Golfe ?

- A. 1990-1991
- B. 1991-1992
- C. 1995-1996
- D. 2002-2005

679 En quelle année le traité de Maastricht instituant l'Union européenne est-il signé ?

- A. 1995
- B. 1990
- C. 1992
- D. 1996

680 À quelle période la Somalie connaît-elle une famine responsable de la mort d'au moins 300 000 personnes ?

- A. 1991-1993
- B. 1993-1995
- C. 2002-2003
- D. 2004-2005

681 En quelle année a lieu le génocide rwandais responsable de la mort d'au moins 800 000 Tutsis ?

- A. 1984
- B. 1989
- C. 1991
- D. 1994

682 En quelle année l'OMC (organisation mondiale du commerce) est-elle créée ?

- A. 1990
- B. 1992
- C. 1995
- D. 1998

683 À quelle date sont signés les accords de Dayton mettant fin à la guerre de Bosnie-Herzégovine ?

- A. 14 décembre 1995
- B. 20 janvier 1999
- C. 15 mars 2002
- D. 12 février 2005

684 En quelle année sont signés les accords de Kyoto visant à réduire les émissions de gaz à effet de serre ?

- A. 1987
- B. 1990
- C. 1992
- D. 1997

685 En quelle année le G20 est-il créé ?

- A. 1992
- B. 1995
- C. 1998
- D. 1999

686 À quelle date les pays de l'Union européenne adoptent-ils l'euro comme monnaie unique ?

- A. 1999
- B. 2000
- C. 2002
- D. 2005

687 En quelle année a lieu l'attentat du 11 septembre contre les Twin Towers ?

- A. 2001
- B. 1990
- C. 2000
- D. 2003

688 En quelle année le Forum social mondial s'est-il réuni pour la première fois à Porto Alegre ?

- A. 1998
- B. 2000
- C. 2001
- D. 2003

689 En quelle année les États-Unis envahissent-ils l'Irak afin de renverser Saddam Hussein ?

- A. 2003
- B. 2004
- C. 2005
- D. 2006

690 À quelle date l'Asie du Sud est-elle touchée par un tsunami causant la mort de 250 000 personnes ?

- A. Novembre 2006
- B. Mars 2008
- C. Janvier 2010
- D. Décembre 2004

691 **En quelle année le traité établissant une constitution pour l'Europe est-il rejeté par la voie du référendum en France et aux Pays-Bas ?**

○ **A.** 2002 ○ **B.** 2005 ○ **C.** 2010 ○ **D.** 2012

692 **En quelle année le traité de Lisbonne est-il adopté par les pays de l'Union européenne ?**

○ **A.** 2007 ○ **B.** 2004 ○ **C.** 2003 ○ **D.** 2002

693 **À quelle date a lieu la crise des *subprimes* ?**

○ **A.** 1990 ○ **B.** 2002 ○ **C.** 2007 ○ **D.** 2008

694 **En quelle année a débuté le Printemps arabe ?**

○ **A.** 2002 ○ **B.** 2010 ○ **C.** 2012 ○ **D.** 2015

695 **En quelle année a débuté la guerre en Syrie ?**

○ **A.** 2011 ○ **B.** 2015 ○ **C.** 2000 ○ **D.** 2005

696 **En quelle année le dictateur tunisien Ben Ali est-il renversé par une révolution ?**

○ **A.** 2007 ○ **B.** 2009 ○ **C.** 2011 ○ **D.** 2016

697 **En quelle année a lieu la catastrophe nucléaire de Fukushima ?**

○ **A.** 2011 ○ **B.** 2013 ○ **C.** 2016 ○ **D.** 2017

698 **À quelle date la sortie du Royaume-Uni de l'Union européenne ou Brexit devient-elle effective (suite à l'adoption, par l'Union européenne et par le Parlement britannique, d'un accord fixant les modalités du retrait britannique) ?**

○ **A.** 31 janvier 2020 ○ **C.** 31 décembre 2020

○ **B.** 31 janvier 2019 ○ **D.** 31 décembre 2018

Personnalités historiques incontournables

→ **Retrouvez le corrigé de cette série page 126.**

699 **Je suis un pharaon égyptien du IIIe millénaire av. J.-C. Je suis surtout connu pour mes réalisations architecturales, notamment la grande pyramide de Gizeh qui fut longtemps l'une des constructions humaines les plus hautes et les plus massives du monde. Je suis :**

- ○ **A.** Khéops
- ○ **B.** Rahotep
- ○ **C.** Hémiounou
- ○ **D.** Snéfrou

700 **Je suis un pharaon d'Égypte né vers 1345 av. J.-C. Je suis le fils d'Akhenaton. Je dois surtout ma célébrité à la découverte de ma sépulture, et du trésor qu'elle recelait, par un archéologue britannique en 1922. Je suis :**

- ○ **A.** Ramsès II
- ○ **B.** Nectanébo II
- ○ **C.** Toutânkhamon
- ○ **D.** Kéops

701 **Je suis un pharaon égyptien né vers 1304 av. J.-C. On me surnomme « le Grand » pour l'extrême longévité de mon règne, mais aussi pour mes exploits guerriers. Je suis également surnommé « le Bâtisseur » pour les nombreux monuments et sculptures que je fais réaliser. J'ai tendance à signer des œuvres qui ne sont pas de moi, pour m'en attribuer le mérite. Je suis :**

- ○ **A.** Ramsès II
- ○ **B.** Ramsès Ier
- ○ **C.** Akhenaton
- ○ **D.** Amenhotep III

702 **Je suis un homme politique né à Athènes au ve siècle av. J.-C. Je m'illustre dans le domaine de l'art et de l'architecture, mais aussi dans le domaine militaire notamment pendant la guerre du Péloponnèse. Je suis également connu pour avoir encouragé la démocratie athénienne. Je suis :**

- ○ **A.** Phidias
- ○ **B.** Paralos
- ○ **C.** Éphialtès
- ○ **D.** Périclès

703 **Je suis un roi macédonien du ive siècle av J.-C. Élève d'Aristote, je suis considéré comme l'un des plus grands conquérants de l'histoire. Durant mon règne relativement court (je décède vers l'âge de 30 ans), je conquiers un immense empire. J'aspire également à rapprocher la culture grecque et la culture orientale. Je suis :**

- ○ **A.** Philippe II
- ○ **B.** Darius III
- ○ **C.** Alexandre le Grand
- ○ **D.** Perdiccas III

704 **Considéré comme le plus grand scientifique de l'Antiquité, je suis un mathématicien, physicien et ingénieur grec. Je serais né à Syracuse au iiie siècle av. J.-C. d'un père astronome. J'aurais fréquenté l'université d'Alexandrie et d'importants savants. Entré au service du roi en tant qu'ingénieur, j'invente des machines militaires pour défendre Syracuse telles que la catapulte. Je décède en 212 av. J.-C. lors de la prise de Syracuse par les Romains. On m'attribue le célèbre *« Eurêka! »* Je suis :**

- ○ **A.** Archimède
- ○ **B.** Ératosthène,
- ○ **C.** Ptolémée
- ○ **D.** Pythagore

705 **Je suis un Empereur indien du iiie siècle av. J.-C. À l'instar de mon père, je mène de violentes conquêtes et m'illustre par ma cruauté. Après une énième conquête meurtrière, je me tourne vers des principes non violents. Je promeus dès lors le bouddhisme en Inde et dans l'ensemble de l'Asie. Je suis :**

- ○ **A.** Bindusâra
- ○ **B.** Ashoka
- ○ **C.** Chandragupta
- ○ **D.** Samprati

706 **Je suis un général et homme politique carthaginois du IIe siècle av. J.-C. J'affronte les Romains avec ténacité, notamment lors de la deuxième guerre punique. Je suis finalement défait lors de la bataille de Zama en 202 av. J.-C. Je suis considéré comme l'un des plus grands stratèges militaires de l'histoire. Je suis :**

- ○ **A.** Hasdrubal le Boétharque
- ○ **B.** Giscon
- ○ **C.** Hamilcar
- ○ **D.** Hannibal

707 **Fondateur de la dynastie Qin, j'unifie l'empire de Chine au IIIe siècle av. J.-C. On m'attribue la Grande Muraille de Chine dont j'aurais impulsé la construction pour repousser les attaques menées par des tribus Xiongnu, au nord de mon Empire. Je suis également connu pour mon monumental mausolée édifié à Xi'an et dans lequel, outre mon tombeau, on trouve des milliers de soldats en terre cuite. Je suis :**

- ○ **A.** Kubilai Khan
- ○ **B.** Tang Taizong
- ○ **C.** Han Wudi
- ○ **D.** Qin Shi Huang

708 **Je suis un général romain du Ier siècle av. J.-C. Je remporte des succès militaires importants en Sicile et en Afrique. J'épouse Julia, la fille de Jules César. J'affronte ce dernier dès 49 av. J.-C. lors d'une guerre civile qui déchire la République romaine. Je meurs assassiné en Égypte où j'ai trouvé refuge. Je suis :**

- ○ **A.** Pompée
- ○ **B.** Caton
- ○ **C.** Crassus
- ○ **D.** Octave

709 **Originaire de Thrace (nord de la Grèce), libre de naissance, j'aurais été enrôlé de force dans l'armée romaine dans la première moitié du Ier siècle av. J.-C. Fait prisonnier au cours d'une campagne militaire, je suis conduit à Rome en 74 av. J.-C. où je suis vendu comme esclave. Je suis alors entraîné comme gladiateur avant de prendre la tête de la plus grande révolte d'esclaves luttant pour leur liberté. Je suis vaincu et tué par les légions romaines en 71 av. J.-C. Je suis :**

- ○ **A.** Spartacus
- ○ **B.** Crixus
- ○ **C.** Œnomaüs,
- ○ **D.** Sertorius

710 **Né au Ier siècle av. J.-C., je suis le roi des Arvernes, un peuple gaulois. Durant la guerre des Gaules, je parviens à fédérer une partie des peuples gaulois afin de résister aux Romains. Victorieux lors de la bataille de Gergovie, je suis finalement défait à la bataille d'Alésia. Je suis retenu prisonnier par les Romains avant d'être exécuté. Je suis :**

- ○ **A.** Vercingétorix
- ○ **B.** Astérix
- ○ **C.** Dumnorix
- ○ **D.** Viridovix

711 **Je suis une reine d'Égypte du Ier siècle av. J.-C. C'est sous mon règne que les Romains mènent à bien la conquête de l'Égypte suite à ma défaite lors de la bataille d'Actium en 31 av. J.-C. Je suis également connue pour avoir entretenu une liaison avec César puis avec Marc Antoine. Je suis :**

- ○ **A.** Zénobie
- ○ **B.** Katuna
- ○ **C.** Cléopâtre
- ○ **D.** Hatchepsout

712 **Je suis un général et homme politique romain du Ier siècle av. J.-C. Je repousse les frontières romaines jusqu'au Rhin et conquiers la Gaule. Je meurs assassiné à Rome. Je suis :**

- ○ **A.** César
- ○ **B.** Octave
- ○ **C.** Marc Antoine
- ○ **D.** Pompée

713 **Je suis le fondateur de l'Empire romain en 27 av. J.-C. Je suis :**

- ○ **A.** César
- ○ **B.** Marc Antoine
- ○ **C.** Brutus
- ○ **D.** Octave

714 **Je suis un empereur romain du Ier siècle apr. J.-C. Je succède à l'empereur Claude dont j'empoisonne le fils légitime, Britannicus, en 55, pour écarter toute concurrence. Paranoïaque, j'organise également le meurtre de ma propre mère, Agrippine. Je termine honni de tous et me suicide. Je suis :**

- ○ **A.** Néron
- ○ **B.** Burrus
- ○ **C.** Agrippa
- ○ **D.** Caligula

HISTOIRE

715 Je suis un empereur romain du Iᵉʳ siècle apr. J.-C. J'appartiens à la dynastie des Antonins. Je suis considéré comme l'un des meilleurs dirigeants que l'Empire romain ait connus. C'est en effet sous mon règne que l'Empire atteint son apogée. Je suis également connu pour avoir embelli Rome grâce à un vaste programme architectural. Je suis :

- ○ **A.** Trajan
- ○ **B.** Claude
- ○ **C.** Hadrien
- ○ **D.** Antonin

716 Je suis un empereur romain du IIᵉ siècle apr. J.-C. J'appartiens à la dynastie des Antonins. Durant mon règne, je porte une attention particulière à la philosophie, aux lettres et à l'éducation des femmes. Je suis également reconnu pour mes grandes qualités morales. Je suis :

- ○ **A.** Antonin
- ○ **B.** Marc Aurèle
- ○ **C.** Claude
- ○ **D.** Lucius Verus

717 Je suis un médecin grec du IIᵉ siècle apr. J.-C. J'exerce ma profession à Pergame, où je suis né, mais aussi à Rome, au chevet de l'empereur romain. Je suis considéré, avec Hippocrate, comme l'un des théoriciens ayant contribué à poser les bases de la médecine européenne. Je suis :

- ○ **A.** Hérophile
- ○ **B.** Nicomaque
- ○ **C.** Érasistrate
- ○ **D.** Claude Galien

718 Je suis un philosophe grec du IIIᵉ siècle av. J.-C. À Athènes, je deviens un disciple du philosophe Platon. Auteur prolifique, j'aurais écrit 400 ouvrages de mon vivant, dont seulement un cinquième aurait résisté au temps. Je suis :

- ○ **A.** Aristote
- ○ **B.** Démocrite
- ○ **C.** Homère
- ○ **D.** Héraclite

719 Je suis un empereur romain du IVᵉ siècle apr. J.-C. Converti au christianisme, je suis l'auteur de l'édit de Milan, en 313, qui autorise le christianisme. C'est sur cette religion que je m'appuie pour unifier un Empire romain affaibli et divisé. Je me considère comme le chef de l'Église et convoque ainsi tous les évêques en concile à Nicée en 325. Je suis :

- ○ **A.** Constantin Iᵉʳ
- ○ **B.** Antonin
- ○ **C.** Valentinien Iᵉʳ
- ○ **D.** Théodose

720 Vivant au Vᵉ siècle en Europe de l'Est, je suis le roi des Huns. Ma terrible réputation, liée aux ravages que j'ai causés en Europe occidentale chrétienne, me vaut le surnom de « fléau de Dieu ». J'attaque aussi bien l'Empire romain d'Orient, que l'Italie. Je soumets les Germains et les Slaves. Je m'attaque également à la Gaule, mais je suis finalement repoussé en 451 après ma défaite lors de la bataille des champs Catalauniques. Je suis :

- ○ **A.** Hannibal
- ○ **B.** Attila
- ○ **C.** Bleda
- ○ **D.** Donatus

721 Au pouvoir de 481 à 511, je suis le premier roi du royaume des Francs. Chef militaire reconnu, j'accrois considérablement le territoire du royaume que m'a légué mon père, unifiant ainsi toute la Gaule. Converti au catholicisme, je suis baptisé à Reims. Soutenu par l'Église catholique, je parviens à m'imposer face aux Wisigoths et aux Burgondes. Je suis :

- ○ **A.** Childéric Iᵉʳ
- ○ **B.** Clovis
- ○ **C.** Saint Louis
- ○ **D.** Childebert II

722 Je suis un religieux chrétien du VIᵉ siècle. Membre de la noblesse italienne, je deviens d'abord ermite avant de fonder un monastère au sud de Rome, sur le Mont Cassin. Vers 540, je rédige une règle de vie pour ma communauté : la règle bénédictine. Cette dernière s'impose progressivement dans la majorité des monastères. Sanctifié au VIIᵉ siècle, je suis considéré comme le père du monachisme occidental. Je suis :

- ○ **A.** Saint Benoît de Nursie
- ○ **B.** Saint François d'Assise
- ○ **C.** Saint Dominique
- ○ **D.** Saint Jean-Marie Vianney

723 **Je suis un empereur byzantin du VIe siècle. Soucieux de rétablir la puissance de l'Empire romain d'autrefois, je parviens à reconquérir une partie des territoires perdus au Ve siècle lors des invasions germaniques. Chef de l'armée et de l'État, je suis considéré comme un personnage sacré tenant mon pouvoir de Dieu. Chrétien orthodoxe, je fais bâtir la basilique Sainte-Sophie dans ma capitale, Constantinople. Je suis :**

- ○ **A.** Constantin Ier
- ○ **B.** Alexandre Le Grand
- ○ **C.** Justinien
- ○ **D.** Théodose III

724 **Couronné empereur d'Occident en l'an 800, je suis le fondateur de la dynastie des Carolingiens. M'affirmant comme le successeur des empereurs romains en Occident, je mène d'importantes conquêtes et étends grandement mon territoire. Ces conquêtes me permettent également de diffuser le christianisme, religion officielle de mon Empire. Je suis :**

- ○ **A.** Justinien
- ○ **B.** Charlemagne
- ○ **C.** Clovis
- ○ **D.** Alexandre le Grand

725 **Né au Xe siècle, d'abord duc, je suis finalement couronné et sacré roi des Francs en 987 grâce au soutien des grands seigneurs et de l'Église catholique. Je suis le fondateur d'une nouvelle dynastie qui règne sur la France sans interruption jusqu'à la Révolution française. Je suis :**

- ○ **A.** Clovis
- ○ **B.** Pépin le Bref
- ○ **C.** Hugues Capet
- ○ **D.** Philippe VI

726 **Duc de Normandie au XIe siècle, je m'empare de la couronne d'Angleterre en 1066 après avoir tué le roi en place, Harold II, lors de la bataille d'Hastings. Mon épopée est racontée par la célèbre tapisserie de Bayeux. Je suis :**

- ○ **A.** Guillaume Ier, dit le Conquérant
- ○ **B.** Richard III
- ○ **C.** Édouard III
- ○ **D.** Richard Ier, dit Cœur de Lion

727 **Né au début du XIIe siècle, je suis couronné Empereur du Saint Empire romain germanique en 1155. Je tente de conquérir le nord de l'Italie, ce qui me vaut d'entrer en conflit avec la papauté. Je suis finalement vaincu par la Ligue lombarde. Je prends la tête de la troisième croisade. Je suis :**

- ○ **A.** Otton Ier
- ○ **B.** Charles Quint
- ○ **C.** Henri VI
- ○ **D.** Frédéric Barberousse

728 **Premier dirigeant de la dynastie ayyoubide, je règne sur l'Égypte et la Syrie au XIIe siècle. Je suis le principal adversaire des Francs dans la région et suis ainsi connu pour mes conquêtes contre les États latins d'Orient. À la tête d'une imposante armée, j'affronte les croisés et parviens à reconquérir Jérusalem en 1187, entraînant la chute presque totale du Royaume de Jérusalem. Je suis :**

- ○ **A.** Soliman Le Magnifique
- ○ **B.** Saladin
- ○ **C.** Al-Afdal Muhammad
- ○ **D.** Justinien

729 **Je règne sur le royaume de France de la fin du XIIe siècle au début du XIIIe siècle. Réputé pour mes victoires militaires importantes, je suis également reconnu pour les efforts que j'ai menés pour renforcer le pouvoir royal. Je suis le premier roi à signer sporadiquement mes actes officiels de « roi de France » au lieu de « roi des Francs ». Je suis excommunié par le pape Innocent III pour avoir répudié ma femme. J'agrandis considérablement le domaine royal. Je suis :**

- ○ **A.** Philippe Auguste
- ○ **B.** Louis VIII
- ○ **C.** Philippe IV
- ○ **D.** Charles Le Bel

730 **Je règne sur l'Angleterre au XIIe siècle. Fils d'Henri II Plantagenêt et d'Aliénor d'Aquitaine, je suis également le seigneur de nombreux territoires français, notamment l'Aquitaine et la Normandie. Élevé en France, j'entretiens des relations conflictuelles avec mon père. Devenu Roi, je participe à la troisième croisade aux côtés du roi de France Philippe Auguste. J'entre en conflit avec ce dernier lorsqu'il tente de s'emparer de mes possessions françaises. Je suis :**

- ○ **A.** Jean sans Terre
- ○ **B.** Richard Ier « Cœur de Lion »
- ○ **C.** Henri III
- ○ **D.** Édouard III

731 **Je suis un religieux catholique italien du début du XIIIe siècle. Je suis le fondateur de l'ordre des Frères mineurs, un ordre mendiant fondé sur le dénuement, l'imitation du Christ et la prédication. Je suis canonisé en 1128 par l'Église catholique. Je suis :**

- ○ **A.** Saint Dominique
- ○ **B.** Saint François d'Assise
- ○ **C.** Saint Berthold
- ○ **D.** Saint Bernardin

732 **Issu de la dynastie des Capétiens, je règne sur le royaume de France au XIIIe siècle, durant 43 ans. Pieux comme aucun autre souverain français avant moi, je suis le seul roi de France canonisé par l'Église catholique. Je suis :**

- ○ **A.** Louis IX
- ○ **B.** Louis X
- ○ **C.** Philippe Ier
- ○ **D.** Charles le Bel

733 **Fondateur de l'Empire mongol au XIIIe siècle, considéré comme un conquérant impitoyable et sanguinaire, je contrôle à la fin de mon règne une grande partie de l'Asie. Je suis :**

- ○ **A.** Qin Shi Huang
- ○ **B.** Soliman le Magnifique
- ○ **C.** Mongka Khan
- ○ **D.** Gengis Khan

734 **Née à Venise au XIVe siècle, je suis une philosophe et une poétesse française. Veuve dès l'âge de 22 ans, je choisis de ne pas me remarier et me consacre à l'écriture. Je suis ainsi considérée comme la première femme écrivaine de langue française vivant de sa plume. Je termine ma vie dans un couvent. Je suis :**

- ○ **A.** Madeleine de Scudéry
- ○ **B.** Madame de Lafayette
- ○ **C.** Louis Labé
- ○ **D.** Christine de Pizan

735 **Jeune paysanne née en Lorraine, surnommée la « Pucelle d'Orléans », j'ai à peine 17 ans au début du XVe siècle lorsque je parviens à rencontrer le roi de France puis à conduire avec succès les troupes françaises contre les armées anglaises afin de lever le siège d'Orléans. Je convaincs également le roi de se rendre à Reims pour y être sacré. Capturée par les Bourguignons à Compiègne en 1430, je suis vendue aux Anglais puis condamnée à mourir brûlée vive sur le bûcher à Rouen pour hérésie. Je suis canonisée en 1920. Je suis :**

- ○ **A.** Christine de Pizan
- ○ **B.** Catherine Sforza
- ○ **C.** Blanche de Castille
- ○ **D.** Jeanne d'Arc

736 **Né vers 1400 à Mayence, je suis l'inventeur de l'imprimerie. J'imprime la première Bible en 1455. Je suis :**

- ○ **A.** Pierre d'Ailly
- ○ **B.** Fra Mauro
- ○ **C.** Léonard de Vinci
- ○ **D.** Gutenberg

737 **Je règne sur la Castille dès 1474. Je suis l'épouse du roi Ferdinand II d'Aragon, avec lequel je poursuis la Reconquista et parviens à m'emparer de Grenade, faisant chuter le dernier royaume musulman d'Espagne. Je participe au financement du voyage de Christophe Colomb. Qualifiée de reine catholique, je renforce également le rôle de l'Inquisition pour lutter contre les juifs d'Espagne, les musulmans et les protestants. Je suis :**

- ○ **A.** Isabelle Ire
- ○ **B.** Bérengère Ire
- ○ **C.** Jeanne Ire
- ○ **D.** Anne Ire

738 **Je règne sur la France dans la première moitié du XVe siècle. De très grande taille, je suis reconnu pour mes qualités militaires. Durant mon règne, j'agrandis le domaine royal. Je m'empare également du duché de Milan après ma victoire lors de la bataille de Marignan en 1515. En 1539, je fais du français la langue officielle du royaume grâce à l'ordonnance de Villers-Cotterêts. Grand amateur d'art, je m'entoure d'une cour somptueuse. Je fonde le Collège de France, fais construire de nombreux palais et fais venir Léonard de Vinci d'Italie. Je suis :**

○ **A.** François Ier ○ **B.** Henri IV ○ **C.** Charles IX ○ **D.** Louis XII

739 **Né en 1449, je suis issu d'une célèbre famille bourgeoise florentine. Je dirige la ville de Florence de 1469 à 1492. Grand mécène, j'encourage les lettres, la peinture, l'architecture. Je suis réputé comme incarnant l'idéal de l'homme de la Renaissance. Je suis :**

○ **A.** Laurent de Médicis
○ **B.** Pic de la Mirandole
○ **C.** Michel Ange
○ **D.** Ludovic Sforza

740 **Je suis l'un des plus puissants souverains européens du XVIe siècle. Petit-fils d'Isabelle la Catholique et de Ferdinand d'Aragon, je règne sur l'Espagne, les Pays-Bas, l'Autriche, le royaume de Naples. En 1519, je suis élu empereur du Saint Empire romain germanique. Durant une bonne partie de mon règne, j'affronte le roi de France François Ier. C'est sous mon règne que sont conquises l'Amérique centrale et l'Amérique du Sud. Je suis :**

○ **A.** Ferdinand Ier de Habsbourg
○ **B.** Charles Quint
○ **C.** Philippe II
○ **D.** Maximilien de Habsbourg

741 **Astronome polonais du XVIe siècle, j'ai l'intuition que la Terre tourne autour du soleil. Je m'oppose ainsi à l'idée admise jusque-là que la terre est immobile au centre de l'univers. Je suis :**

○ **A.** Galilée ○ **B.** Copernic ○ **C.** Gutenberg ○ **D.** Aristote

742 **Je suis un puissant sultan ottoman du XVIe siècle. C'est sous mon règne, le plus long de la dynastie ottomane, que l'Empire ottoman atteint son apogée militaire, politique et économique. Je conquiers de vastes territoires au Proche-Orient, en Afrique du Nord et en Europe avant d'être arrêté à Vienne en 1529. Avec ma puissante flotte, j'affronte Charles Quint en Méditerranée. J'améliore grandement l'organisation de l'Empire, ce qui me vaut le surnom de « Législateur », et j'encourage les arts et les lettres. Je suis :**

○ **A.** Ahmet III
○ **B.** Osman Ier, dit le Conquérant
○ **C.** Mehmed II
○ **D.** Soliman Ier, dit le Magnifique

743 **Je suis un conquistador espagnol du XVIe siècle. Je suis connu pour avoir conquis l'Empire aztèque au nom de Charles Quint, alors roi d'Espagne et empereur germanique. Je suis :**

○ **A.** Hernán Cortés
○ **B.** Ferdinand Magellan
○ **C.** Francisco Pizarro
○ **D.** Vasco de Gama

744 **Reine de France au milieu du XVIe siècle, j'assure la régence pour le compte de mon fils Charles IX, dans un royaume déchiré par les guerres de religion. C'est sous le règne de mon fils, que je continue de conseiller de près après sa majorité, qu'a lieu le massacre de la Saint-Barthélemy (1572). Je suis :**

○ **A.** Catherine de Médicis
○ **B.** Blanche de Navarre
○ **C.** Marguerite de Valois
○ **D.** Blanche de Castille

745 **D'abord roi de Navarre, je deviens roi de France en 1589, dans un royaume déchiré par les guerres de religion. Protestant, je dois conquérir mon royaume par la force et abjurer définitivement ma foi protestante. Converti au catholicisme, je mets fin aux guerres de religion en instaurant un régime de tolérance à l'égard des protestants (édit de Nantes). J'affirme mon autorité face à la noblesse. Je suis assassiné en 1610 par un catholique fanatique, Ravaillac. Je suis :**

○ **A.** François Ier ○ **B.** Henri IV ○ **C.** Henri III ○ **D.** Louis IX

746 Âgé de seulement 5 ans à la mort de mon père, c'est ma mère, Anne d'Autriche, qui assure la régence du royaume de France avec le cardinal Mazarin. Je débute mon règne personnel en 1661. Durant plus de 50 ans, je suis guidé par la volonté de porter à son apogée la monarchie absolue de droit divin dont mes prédécesseurs ont déjà posé les bases. Je suis :

○ **A.** Louis XVI ○ **B.** Louis XIV ○ **C.** Louis XV ○ **D.** Louis XIII

747 Je suis un économiste écossais du XVIIIe siècle. Auteur de *La Richesse des nations*, publiée en 1776, je suis considéré comme le fondateur des sciences économiques modernes, mais aussi du libéralisme économique. Je suis :

○ **A.** Frédéric Bastiat
○ **B.** David Ricardo
○ **C.** Adam Smith
○ **D.** John Stuart Mill

748 Je suis un philosophe et écrivain français. En plein siècle des Lumières, mes écrits (pièces de théâtre, essais philosophiques) me valent des démêlés avec la justice, un séjour en prison et même un exil de plusieurs années en Angleterre. J'entretiens une longue relation avec la philosophe et mathématicienne, madame du Châtelet. Je fréquente ensuite la cour du roi de Prusse avant de m'installer en Suisse. Je m'érige contre l'intolérance religieuse et obtiens même la réhabilitation de plusieurs innocents condamnés à tort, tel que Jean Calas. Je participe à l'*Encyclopédie*. Je suis :

○ **A.** Diderot
○ **B.** Rousseau
○ **C.** Voltaire
○ **D.** Montesquieu

749 Je suis un philosophe, économiste et surtout chimiste français du XVIIIe siècle. Considéré comme le père de la chimie moderne, je suis notamment connu du grand public comme l'auteur de la célèbre citation : « Rien ne se perd, rien ne se crée, tout se transforme. » Je suis guillotiné en 1794. Je suis :

○ **A.** Antoine de Lavoisier
○ **B.** Louis Pasteur
○ **C.** Alfred Nobel
○ **D.** Marcellin Berthelot

750 Je suis l'une des principales figures politiques de la Révolution française. Né à Arras, avocat de formation, je suis élu député du tiers état aux états généraux en 1789. J'y défends avec vigueur des positions démocratiques telles que le suffrage universel et l'abolition de l'esclavage ou de la peine de mort. Je suis l'un des membres les plus actifs du club des Jacobins. En 1793, j'entre au Comité de salut public où je participe à l'instauration de la Terreur. Je suis guillotiné en 1794. Je suis :

○ **A.** Maximilien de Robespierre
○ **B.** Jean-Paul Marat
○ **C.** Camille Desmoulins
○ **D.** Georges Jacques Danton

751 Femme de lettres et femme politique française, je suis l'une des pionnières du féminisme. Auteure de *La Déclaration des droits de la femme et de la citoyenne*, j'écris et milite activement pour les droits des femmes, mais aussi pour l'abolition de l'esclavage. À partir de 1793, je critique le durcissement de la République et les atteintes portées aux libertés et à la démocratie. Je suis guillotinée la même année. Je suis :

○ **A.** Olympe de Gouges
○ **B.** Camille Desmoulins
○ **C.** George Sand
○ **D.** Manon Roland

752 Figure clé de la guerre d'Indépendance américaine à la fin du XVIIIe siècle, je suis le premier président des États-Unis. Je suis :

○ **A.** Thomas Jefferson
○ **B.** James Madison
○ **C.** George Washington
○ **D.** le marquis de La Fayette

753 Membre de la noblesse, je suis un officier et homme politique français de la fin du XVIIIe siècle au début du XIXe siècle. Je suis une figure centrale de la guerre d'Indépendance américaine durant laquelle je combats aux côtés de George Washington. Député de la noblesse aux états généraux en 1789, je suis favorable à une monarchie constitutionnelle. Je suis :

○ **A.** Benjamin Franklin
○ **B.** Rochambeau
○ **C.** Benjamin Huger
○ **D.** La Fayette

754 **Né en 1765, je suis un ingénieur français réputé pour avoir inventé la photographie au tout début du XIXe siècle. Je suis :**

- A. François Arago
- B. Nicéphore Niépce
- C. William Talbot
- D. George Eastman

755 **Je suis un biologiste britannique du XIXe siècle. Dans mon ouvrage *De l'origine des espèces* paru en 1859, je révolutionne la biologie en énonçant la théorie de l'évolution des espèces et le principe de la « sélection naturelle ». Je suis :**

- A. Charles Darwin
- B. Georges-Louis Buffon
- C. Thomas Malthus
- D. Robert Chambers

756 **Philosophe allemand du XIXe siècle, je rédige en 1848 avec mon ami Friedrich Engels le *Manifeste du parti communiste*. J'y formule les principes de la doctrine communiste et appelle le prolétariat à renverser le capitalisme par une révolution. Je joue un rôle clé au sein de la Première Internationale. Je suis :**

- A. Karl Marx
- B. Jean Jaurès
- C. Joseph Proudhon
- D. Charles Fourier

757 **Élu en 1860 puis 1864, je suis le seizième président des États-Unis. Je dirige le pays dans le contexte houleux de la guerre de Sécession. En 1865, je fais ratifier le XIIIe amendement de la Constitution des États-Unis qui abolit l'esclavage. Je suis assassiné la même année par un sympathisant sudiste. Je suis :**

- A. Victor Schœlcher
- B. John Quincy Adams
- C. George Washington
- D. Abraham Lincoln

758 **Je suis un chimiste et physicien français, considéré comme l'un des pionniers de la microbiologie. Je démontre l'existence des bactéries en 1861, attestant ainsi de l'importance de l'hygiène. La même année, je découvre le principe de la fermentation. Deux ans plus tard, j'invente un processus, qui porte depuis mon nom, permettant de conserver les aliments. En 1885, je découvre le vaccin contre la rage. Je suis :**

- A. Jacques Monod
- B. Charles Darwin
- C. Louis Pasteur
- D. Alexis Carrel

759 **Je règne sur le Royaume-Uni de 1837 à 1901. C'est sous mon très long règne (le plus long de l'histoire du Royaume-Uni) que mon pays s'affirme comme la première puissance économique et coloniale au monde.**

- A. Anne Stuart
- B. Victoria
- C. Jeanne Grey
- D. Élisabeth II

760 **Né en 1869, originaire de Sibérie, je me présente comme un pèlerin mystique, prophète et guérisseur. En 1907, grâce à mes supposés talents de guérisseur, je parviens à m'imposer à la cour impériale, auprès du jeune prince héritier, Alexis, atteint d'hémophilie. Le soulagement ressenti par l'enfant lorsque je suis à son chevet renforce mon influence à la cour et auprès du couple impérial. Mes détracteurs me présentent comme un charlatan, un débauché sexuel voire même un espion. On m'accuse souvent d'avoir jeté le discrédit sur la famille impériale et d'avoir donc participé à la chute des Romanov. Je suis assassiné en 1916 par des aristocrates. Je suis :**

- A. Youri Gagarine
- B. Léon Tolstoï
- C. Grigori Raspoutine
- D. Igor Stravinsky

761 **Je suis un homme politique français né au milieu du XIXe siècle et mort en 1929. Député dès 1871 sous la IIIe République, je me distingue parmi les républicains par mon opposition à la colonisation. Anticlérical, je milite pour la séparation des Églises et de l'État. Rédacteur en chef du journal *L'Aurore* au moment de l'affaire Dreyfus, j'accepte d'y publier l'article « *J'accuse* » d'Émile Zola en 1898 et joue ainsi un rôle très actif dans le camp des dreyfusards. Je suis :**

- A. Aristide Briand
- B. Léon Gambetta
- C. Jules Ferry
- D. Georges Clemenceau

762 **Je suis une chimiste et physicienne française. Née en Pologne, je quitte mon pays natal en 1891 pour poursuivre mes études à Paris. Étudiante brillante, je suis l'une des rares femmes de la faculté des sciences. Mes travaux sur la radioactivité naturelle me permettent de recevoir les prix Nobel de physique et de chimie, l'un en 1903 et l'autre en 1910. Je suis ainsi la première femme à recevoir le prix Nobel. Je suis également la première femme à enseigner à la Sorbonne. En 1995, je deviens également la première femme panthéonisée pour ses propres travaux. Je suis :**

- ○ **A.** Marie Curie
- ○ **B.** Sophie Berthelot
- ○ **C.** Irène Joliot-Curie
- ○ **D.** Maria Goeppert-Mayer

763 **Je suis une suffragette britannique. À partir de 1906, je milite activement au sein du Women's Social and Political Union (WSPU), une organisation luttant pour le droit de vote des femmes. J'y mène des actions de désobéissance civile qui me conduisent à plusieurs reprises en prison. En 1913, je suis blessée par un cheval de course devant 500 000 spectateurs au derby d'Epsom. Cet accident me coûte la vie quatre jours plus tard. Je suis :**

- ○ **A.** Emily Davison
- ○ **B.** Emmeline Pankhurst
- ○ **C.** Hubertine Auclert
- ○ **D.** Annie Kenney

764 **Je suis un ingénieur et homme d'affaires américain. Au début du xxe siècle, au sein de mes usines automobiles, j'ai amélioré et appliqué les techniques de production théorisées par Taylor dès la fin du xixe siècle. Je suis :**

- ○ **A.** Henry Ford
- ○ **B.** Andrew Carnegie
- ○ **C.** William Randolph Hearst
- ○ **D.** Thomas Edison

765 **Grande figure du socialisme, je suis un homme politique français. Dirigeant de la SFIO (Section française de l'Internationale ouvrière), je deviens en 1936 le chef du gouvernement du Front populaire. Je suis :**

- ○ **A.** Jean Jaurès
- ○ **B.** Léon Blum
- ○ **C.** Jean Zay
- ○ **D.** Léo Lagrange

766 **Né dans l'Empire allemand en 1879, je suis considéré comme l'un des plus grands physiciens de l'histoire. Je suis notamment connu du grand public pour mon équation $E = mc^2$ et pour ma théorie de la relativité. Récompensé par le prix Nobel de physique en 1921, je contribue au développement de la cosmologie et de la mécanique quantique. Proche des idées socialistes et pacifistes, je milite notamment contre la prolifération des armes atomiques et contre la ségrégation raciale subie par les populations noires des États-Unis. Je suis :**

- ○ **A.** Albert Einstein
- ○ **B.** Bertrand Russel
- ○ **C.** Paul Langevin
- ○ **D.** Henri Poincaré

767 **Je suis un neurologue autrichien né en 1856 et décédé en 1939, fondateur de la psychanalyse. Je suis :**

- ○ **A.** Wilhelm Reich
- ○ **B.** Jacques Lacan
- ○ **C.** Jean-Martin Charcot
- ○ **D.** Sigmund Freud

768 **Née aux États-Unis à la fin du xixe siècle, je suis la première femme aviatrice à avoir traversé l'Atlantique en solitaire en 1932. Je décède en 1937 alors que je tentais de réaliser un tour du monde. Je suis :**

- ○ **A.** Amelia Earhart
- ○ **B.** Maryse Bastié
- ○ **C.** Hélène Boucher
- ○ **D.** Adrienne Bolland

769 **Je suis un militant marxiste révolutionnaire de la première moitié du xxe siècle. Je joue un rôle dans la révolution russe de 1905. En 1917, je suis l'une des principales figures de la révolution bolchevique. Membre du gouvernement bolchevique, je fonde l'Armée rouge. Critiquant la bureaucratisation croissante du régime, je prends la tête, à l'arrivée de Staline au pouvoir, de l'opposition de gauche. Chassé d'URSS, je suis finalement assassiné en 1940 au Mexique par un agent du NKVD. Je suis :**

- ○ **A.** Vladimir Lénine
- ○ **B.** Nikolaï Boukharine
- ○ **C.** Léon Trotski
- ○ **D.** Victor Serge

770 **Je suis une militante et théoricienne communiste. Née en Pologne, je m'intéresse aux idées socialistes. À l'âge de 18 ans, je quitte la Pologne pour la Suisse puis l'Allemagne où je m'installe avant d'obtenir la nationalité. Je milite pendant plusieurs années au sein du SPD allemand puis en suis exclue durant la Première Guerre mondiale. Je fonde la Ligue spartakiste qui devient le Parti communiste d'Allemagne en décembre 1918. En janvier 1919, dans une Allemagne gagnée par l'agitation révolutionnaire, je suis arrêtée à l'occasion d'une répression violente et suis assassinée par les forces de l'ordre. Je suis :**

- ○ **A.** Rosa Luxemburg
- ○ **B.** Clara Zetkins
- ○ **C.** Alexandra Kollontai.
- ○ **D.** Angelica Balabanoff

771 **Né en 1881, je suis un célèbre médecin et biologiste britannique. En 1928, je découvre par accident la pénicilline, premier antibiotique créé par l'humain. Je suis :**

- ○ **A.** Alexis Carrel
- ○ **B.** Jean Rostand
- ○ **C.** Louis Pasteur
- ○ **D.** Alexander Fleming

772 **Je suis élu président des États-Unis en 1932, dans un pays en proie à la Grande Dépression. Face à cette dernière, j'applique mon programme intitulé *New Deal*. Seul président américain à être élu à quatre reprises, je suis à la tête des États-Unis durant la Seconde Guerre mondiale. En 1941, je romps avec l'isolationnisme américain et contribue ainsi à la victoire des Alliés. Je suis :**

- ○ **A.** Ronald Reagan
- ○ **B.** Franklin Delano Roosevelt
- ○ **C.** Harry Truman
- ○ **D.** Dwight Eisenhower

773 **Je suis une militante anarchiste et féministe américaine de la première moitié du XXe siècle. Infirmière et sage-femme dans les quartiers pauvres de New York au tout début du XXe siècle, je suis confrontée à de nombreux cas de grossesses non désirées, d'usage illégal de la contraception et d'avortements clandestins. Dès 1914, j'édite un journal systématiquement interdit dans lequel j'affirme que « le corps d'une femme n'appartient qu'à elle seule ». J'invente le terme « contrôle des naissances » et suis également la fondatrice de l'American Birth Control League (ligue américaine pour le contrôle des naissances), plus tard nommé « le planning familial ». Je suis :**

- ○ **A.** Margaret Sanger
- ○ **B.** Katharine McCormick
- ○ **C.** Mary Leigh
- ○ **D.** Jane Addams

774 **Je suis un militant et homme politique indien du XXe siècle. Après des études de droit à Londres, je deviens avocat en Afrique du Sud où je m'engage en faveur des droits des immigrés indiens. Je développe des méthodes de résistance passive, de non-violence et de désobéissance civile que j'applique dès 1915 en Inde pour lutter contre le colonialisme. Assassiné en 1948 par un extrémiste hindouiste, je suis considéré comme le père de l'indépendance de mon pays en 1947. Je suis :**

- ○ **A.** Mohandas Karamchand Gandhi
- ○ **B.** Nelson Mandela
- ○ **C.** Moncef Marzouki
- ○ **D.** Albert Schweitzer

775 **Je suis un homme politique britannique de la première moitié du XXe siècle, membre du Parti conservateur. Dès 1905, j'occupe plusieurs postes de ministre avant de devenir Premier ministre durant la Seconde Guerre mondiale. Battu aux élections de 1945, je reviens au pouvoir de 1951 à 1955. Je suis réputé pour mes talents d'orateur et pour l'énergie avec laquelle j'ai mené mon pays face aux puissances de l'Axe. Je suis :**

- ○ **A.** Franklin Roosevelt
- ○ **B.** Winston Churchill
- ○ **C.** Stanley Baldwin
- ○ **D.** Clement Attlee

776 **Je suis l'un des généraux américains les plus célèbres du XXe siècle. Chef d'état-major de l'armée américaine au milieu des années 1930, je joue un rôle majeur durant la Seconde Guerre mondiale sur le front Pacifique. De 1945 à 1951, je supervise l'occupation du Japon par les États-Unis et impulse dans ce pays vaincu de profonds changements politiques et économiques. Je joue enfin un rôle de premier plan au début de la guerre de Corée. Je suis :**

- ○ **A.** Le général MacArthur
- ○ **B.** Le général Maccarthy
- ○ **C.** Le général Marshall
- ○ **D.** Le général Einsehower

777 **Haut fonctionnaire (je suis préfet d'Eure-et-Loir lorsque débute la Seconde Guerre mondiale), je suis l'un des premiers Français mobilisés contre l'occupation et le régime de Vichy. En 1941, je rejoins la France libre avant d'être envoyé par Charles de Gaulle en France pour unifier la Résistance intérieure et créer une armée secrète. Je m'installe alors à Lyon et prends le pseudonyme de Rex. Une fois ma mission honorée, je prends la tête du Conseil national de la Résistance. Arrêté par la Gestapo en 1943, je suis torturé à mort par la police allemande. Je suis :**

- ○ **A.** Emmanuel d'Astier de la Vigerie
- ○ **B.** Henri Frenay
- ○ **C.** André Malraux
- ○ **D.** Jean Moulin

778 **Je suis un militaire et dirigeant politique né aux États-Unis en 1890. Durant la Seconde Guerre mondiale, je coordonne le débarquement en Afrique du Nord, en Sicile puis en Italie avant d'être nommé commandant en chef de l'ensemble des forces alliées. Membre du Parti républicain, j'accède finalement à la Maison-Blanche en 1953, devenant ainsi le 34e président des États-Unis. Je suis :**

- ○ **A.** Dwight Eisenhower
- ○ **B.** Harry Truman
- ○ **C.** Franklin Roosevelt
- ○ **D.** Winston Churchill

779 **Je suis un homme d'État soviétique. Membre du Parti bolchevique, je joue un rôle secondaire lors de la Révolution d'octobre 1917. Je m'impose comme dirigeant de l'URSS en 1924 en n'hésitant pas à évincer voire éliminer mes rivaux. Jusqu'à ma mort, en 1953, j'impose progressivement un pouvoir absolu, transformant l'URSS en État totalitaire. Je suis :**

- ○ **A.** Vladimir Lénine
- ○ **B.** Joseph Staline
- ○ **C.** Nikita Khrouchtchev
- ○ **D.** Mikhaïl Gorbatchev

780 **Né aux États-Unis en 1929, je suis un pasteur noir, militant de manière non violente contre la ségrégation raciale. J'organise et dirige le mouvement de boycott des bus en Alabama en 1955 après l'arrestation de Rosa Parks. Je m'impose progressivement comme le leader du mouvement des droits civiques. En 1963, je prononce un célèbre discours *I have a dream* à l'occasion de la marche pour l'emploi et la liberté à Washington. J'obtiens le prix Nobel de la paix en 1964. Je suis assassiné en 1968. Je suis :**

- ○ **A.** Lyndon B. Johnson.
- ○ **B.** Malcolm X
- ○ **C.** Martin Luther King
- ○ **D.** William Edward Burghardt Du Bois

781 **Né en 1890, je suis un militant et dirigeant politique vietnamien, fondateur du Parti communiste indochinois en 1930. Favorable à l'indépendance de l'Indochine, alors colonie française, je fonde en 1941 la « Ligue pour l'Indépendance du Viêt Nam » (*Viêt Minh*). En 1945, je proclame l'indépendance de l'Indochine avant d'être précipité dans la longue guerre d'Indépendance de l'Indochine. Après la défaite des Français en 1954, je préside le Vietnam du Nord. Je joue de nouveau un rôle central durant la guerre du Vietnam face aux États-Unis. Je décède en 1969. Je suis :**

- ○ **A.** Tchang Kaï-chek
- ○ **B.** Mao Zedong
- ○ **C.** Hô Chi Minh
- ○ **D.** Ngô Dinh Diêm

782 **Très proche d'Adolf Hitler, je suis l'un des dirigeants politiques les plus puissants du régime nazi. Je suis ministre de la Propagande de 1933 à 1945. Violemment antisémite, je joue un rôle moteur dans la persécution puis l'extermination des Juifs d'Europe. Je me suicide en 1945 dans le même bunker que Hitler pour échapper aux Alliés. Je suis :**

- ○ **A.** Hermann Göring
- ○ **B.** Heinrich Himmler
- ○ **C.** Adolf Eichmann
- ○ **D.** Joseph Paul Goebbels

HISTOIRE

783 **Je suis un militaire et homme politique français de la première moitié du xxe siècle. Durant la Première Guerre mondiale, j'organise la défense de Verdun puis deviens commandant en chef des armées françaises. Nommé président du Conseil le 16 juin 1940, je signe l'armistice avec l'Allemagne le 22 juin avant de renverser la IIIe République. J'instaure alors un régime politique réactionnaire, autoritaire et raciste, le régime de Vichy. En octobre 1940, j'engage la France dans une politique de collaboration avec l'Allemagne nazie. Condamné à la peine capitale en 1945, je suis finalement gracié et meurs en prison. Je suis :**

- ○ **A.** Pierre Laval
- ○ **B.** François Darlan
- ○ **C.** Philippe Pétain
- ○ **D.** Marcel Déat

784 **Je suis un général français, figure clé de la Seconde Guerre mondiale. Suite à la débâcle française de 1940, je rejoins Londres aux côtés du général de Gaulle. Je joue un rôle militaire actif en Afrique pour lutter contre l'Axe. En 1944, je participe au débarquement de Normandie à la tête d'une unité des FFL (Forces françaises libres). C'est à la tête de cette même unité que je libère la capitale en août 1944. Je perds la vie en 1947 dans un accident d'avion. Je suis élevé à la dignité de Maréchal de France après ma mort. Je suis :**

- ○ **A.** Le général Massu
- ○ **B.** Le général Foch
- ○ **C.** Le général Eisenhower
- ○ **D.** Le général Leclerc

785 **Je suis un militaire et homme politique yougoslave. Fondateur du Parti communiste yougoslave en 1919, je dirige mon pays d'une main de fer de 1945 à 1980. Rompant avec l'URSS dès 1948, j'opte durant la guerre froide pour une politique de neutralité et suis ainsi l'un des fondateurs du mouvement des non-alignés. Je suis :**

- ○ **A.** Soekarno
- ○ **B.** Tito
- ○ **C.** Nasser
- ○ **D.** Ben Barka

786 **Je suis un militant nationaliste et homme politique algérien. Je suis l'un des pionniers de la lutte pour l'indépendance de l'Algérie. Après l'interdiction de l'Étoile nord-africaine, je fonde le Parti du peuple algérien en 1937. Puis, dans le contexte de la guerre d'Algérie, je fonde le Mouvement national algérien, à la tête duquel j'entre violemment en conflit avec les militants du FLN (Front de libération nationale). Je suis :**

- ○ **A.** Messali Hadj
- ○ **B.** Ahmed Ben Bella
- ○ **C.** Mostefa Ben Boulaïd
- ○ **D.** Mohamed Boudiaf

787 **Je suis l'une des principales figures de la lutte contre l'apartheid en Afrique du Sud. En 1962, je suis arrêté par la police sud-africaine puis condamné à la prison à perpétuité. Je suis finalement libéré en 1990, après 27 années de détention. En 1993, je reçois le prix Nobel de la paix pour avoir mis fin au régime d'apartheid. En 1994, je deviens président de la République d'Afrique du Sud. Je suis :**

- ○ **A.** Nelson Mandela
- ○ **B.** Frederik De Klerk
- ○ **C.** Albert Lutuli
- ○ **D.** Martin Luther King

788 **Née aux États-Unis en 1906, je suis une artiste et résistante naturalisée française en 1937. Ma mère était une danseuse métisse noire et amérindienne et mon père un musicien de rue d'origine espagnole. Danseuse de music-hall et chanteuse jazz, je me produis à Broadway avant de traverser l'Atlantique et de devenir la coqueluche des Folies Bergères. À la veille de la Seconde Guerre mondiale, je foule les planches du Casino de Paris puis entre dans la Résistance en 1940. Au lendemain de la guerre, je milite en faveur du mouvement des droits civiques et contre la ségrégation et le racisme. Je décède en 1975. Je suis panthéonisée le 30 novembre 2021.**

- ○ **A.** Sophia Loren
- ○ **B.** Joséphine Baker
- ○ **C.** Misty Copeland
- ○ **D.** Michaela DePrince

789 **En 1955, à Montgomery, en Alabama, je deviens un symbole de désobéissance civile et de lutte contre la ségrégation raciale en refusant de céder ma place à un passager blanc dans un bus. Je suis :**

- ○ **A.** Rosa Parks
- ○ **B.** Rosa Pike
- ○ **C.** Rosa Morgan
- ○ **D.** Rosa Parker

790 **Né en Argentine en 1928, je suis un militant révolutionnaire marxiste. Après avoir voyagé dans toute l'Amérique latine, je participe activement à la révolution cubaine auprès de Fidel Castro. Une fois la dictature de Batista renversée, en janvier 1959, je joue un rôle politique majeur au sein du nouveau gouvernement. Capturé en 1967 en Bolivie, je suis exécuté par l'armée bolivienne aidée de la CIA. Je suis :**

- ○ **A.** Hugo Chavez
- ○ **B.** Simón Bolívar
- ○ **C.** Ernesto Guevara de la Serna dit Che Guevara
- ○ **D.** Evo Morales

791 **Née en 1944 en Alabama, je suis une militante communiste luttant pour les droits humains. Profondément féministe et antiraciste, je milite plus précisément pour les droits des femmes, des homosexuels et des Noirs. Mes essais et mes discours font de moi une intellectuelle radicale particulièrement réputée. J'enseigne aujourd'hui à l'université de Californie. Je suis :**

- ○ **A.** Amandine Gay
- ○ **B.** Angela Davis
- ○ **C.** Mary Ann Weathers
- ○ **D.** Barbara Smith

792 **Je suis une femme politique française du XXe siècle. Née en 1927 dans une famille juive, je suis rescapée du camp d'Auschwitz où je perds mon frère et mes parents. Nommée ministre de la Santé en 1974 par Valéry Giscard d'Estaing, je deviens une icône de la lutte pour l'émancipation des femmes en défendant et en faisant voter la loi pour l'IVG. Décédée en 2017, je suis panthéonisée en 2018. Je suis :**

- ○ **A.** Simone Veil
- ○ **B.** Simone de Beauvoir
- ○ **C.** Gisèle Halimi
- ○ **D.** Christine Delphy

793 **Pédiatre et psychanalyste française née au début du XXe siècle, je suis connue pour avoir appliqué les méthodes de la psychanalyse aux enfants et adolescents. Je diffuse mes idées sur la psychanalyse et l'éducation des enfants dès les années 1960, au travers d'écrits, mais surtout au travers d'émissions de radio. Ces dernières rencontrent un succès croissant dans les années 1970 auprès du grand public. Je défends notamment l'idée que l'enfant est un sujet à part entière dès son plus jeune âge. Je suis :**

- ○ **A.** Juliette Favez-Boutonier
- ○ **B.** François Dolto
- ○ **C.** Maud Mannoni
- ○ **D.** Sabina Spielrein

794 **Je suis le plus jeune président élu des États-Unis. Mon bref mandat est marqué par la construction du mur de Berlin, à laquelle je m'oppose vivement, mais également par la crise des missiles de Cuba. En 1961, j'impulse le programme Apollo afin de renforcer le prestige des États-Unis dans le contexte de la course aux étoiles face à l'URSS. Je suis assassiné à Dallas en 1963. Je suis :**

- ○ **A.** Lyndon Johnson
- ○ **B.** Abraham Lincoln
- ○ **C.** John Fitzgerald Kennedy
- ○ **D.** Robert Kennedy

795 **Militant américain des droits civiques, je cofonde, avec Huey Percy Newton, le Black Panther Party en 1966. Je suis :**

- ○ **A.** Malik Rahim
- ○ **B.** Bobby Seale
- ○ **C.** Eldridge Cleaver
- ○ **D.** Sundiata Acoli

796 **Né aux États-Unis en 1925, je milite activement pour la cause des Noirs américains dans un pays marqué par la ségrégation et le racisme. Converti à la religion musulmane, séduit par les idées du Black nationalism, j'adhère en 1952 au mouvement Nation of Islam avant de m'en éloigner au milieu des années 1960. Évoluant vers des idées socialistes et internationalistes, je milite plus largement pour les droits humains. Je suis assassiné en 1965. Je suis :**

- ○ **A.** Malcolm X
- ○ **B.** Elijah Muhammad
- ○ **C.** Martin Luther King
- ○ **D.** Cassius Clay

797 Je suis un athlète américain considéré comme l'un des meilleurs de tous les temps à l'épreuve du 200 mètres. Outre mes qualités sportives, je marque l'histoire du XXe siècle à l'occasion des Jeux olympiques de Mexico en 1968. Perché sur la plus haute marche du podium du 200 m, alors que retentit l'hymne américain, j'incline le menton et lève mon poing ganté de noir en signe de protestation contre les discriminations dont sont victimes les personnes noires aux États-Unis. Imité par mon compatriote présent sur la troisième marche du podium, ce geste politique nous vaut à tous les deux d'être suspendus de l'équipe nationale, exclus du village olympique puis interdits à vie de compétition. Je suis :

- ○ **A.** Otis Davis
- ○ **B.** Larry James
- ○ **C.** Henry Carr
- ○ **D.** Tommie Smith

798 Première femme à diriger le Parti conservateur, je suis également la première femme à occuper le poste de Premier ministre du Royaume-Uni de 1979 à 1990. Surnommée la Dame de fer, je suis réputée pour mon intransigeance face à la mobilisation des militants indépendantistes irlandais et des mineurs grévistes durant les années 1980. Profondément libérale, j'impulse des réformes économiques et sociales d'ampleur (privatisations, baisse des impôts, lutte contre le déficit public, affaiblissement des syndicats). Je suis :

- ○ **A.** Margaret Bondfield
- ○ **B.** Theresa May
- ○ **C.** Margaret Thatcher
- ○ **D.** Ellen Wilkinson

799 Syndicaliste et homme politique polonais, je suis le fondateur de Solidarnosc, une fédération de syndicats polonais née en 1980 pour lutter contre le régime communiste alors en place en Pologne et contre l'influence de l'URSS. Fervent catholique, je bénéficie du soutien de l'Église. En 1990, je suis élu président de la République à l'occasion des premières élections libres que connaît mon pays. Je suis :

- ○ **A.** Lech Walesa
- ○ **B.** Jerzy Janiszewski
- ○ **C.** Jacek Kaczmarski
- ○ **D.** Jerzy Popieluszko

800 Née en 1953, je suis une femme politique pakistanaise. J'exerce à deux reprises la fonction de Premier ministre, en 1988-1990 puis en 1993-1996. Je suis ainsi la première femme élue démocratiquement à diriger un pays dont la population est majoritairement musulmane. Je meurs assassinée en 2007. Je suis :

- ○ **A.** Nawaz Sharif
- ○ **B.** Benazir Bhutto
- ○ **C.** Shaukat Aziz
- ○ **D.** Nurul Amin

801 Informaticien américain, né en 1955 à Seattle, je suis le cofondateur de Microsoft. Je m'impose ainsi, durant des années, comme l'homme le plus riche du monde. Je suis :

- ○ **A.** Mark Zuckerberg
- ○ **B.** Warren Buffet
- ○ **C.** Jeff Bezos
- ○ **D.** Bill Gates

Corrigés

Préhistoire

1 Depuis quand a-t-on commencé à étudier les premiers hommes ? **XIXe siècle**

2 Qu'étudient les paléontologues ? **Les fossiles**

3 Au-delà de combien d'années la méthode du carbone 14 devient-elle trop imprécise, car il n'en reste plus assez ? **Au-delà de 40 000 années**

4 Comment s'appelle le plus ancien crâne d'hominidé retrouvé et âgé de 7 millions d'années ? **Toumaï**

5 Combien mesurait environ l'australopithèque Lucy ? **1,10 m**

6 Les plus anciens outils datent d'environ 3 millions d'années, ce sont des galets aménagés. Quel est leur autre nom ? **Des choppers**

7 Il y a 2 millions d'années, laquelle de ces espèces n'aurait-on pas pu rencontrer ? **L'homme de Neandertal**

8 Comment s'appelle la première espèce humaine ? **L'*Homo habilis***

9 Où les premiers hommes sont-ils apparus ? **En Afrique**

10 Que signifie le mot paléolithique, première période de la préhistoire ? **Âge de la pierre taillée**

11 D'où vient le nom Cro-Magnon ? **Du nom d'une grotte**

12 Depuis quand l'homme moderne est-il installé en Europe ? **Environ 40 000 ans**

13 Classez ces évènements dans l'ordre chronologique. **Maîtrise du feu / Premières sculptures / Sédentarisation / Apparition de l'écriture**

14 Que s'est-il passé en 400 000 av. J.-C. ? **Les hommes maîtrisent le feu**

15 Il y a 30 000 ans, quel animal était le principal gibier en Europe ? **Le renne**

16 De quand date la grotte de Lascaux ? **15 000 av. J.-C**

17 Comment s'appelle la grande salle à l'entrée de la grotte de Lascaux ? **La salle des taureaux**

18 Quels sont les deux pigments utilisés dans l'art pariétal ? **Le noir et l'ocre**

19 Qu'est-ce qu'un auroch ? **Une espèce disparue de bovidé**

20 Quel site préhistorique est situé à Carnac ? **Un site mégalithique**

21 Que signifie « néolithique » ? **Âge de la pierre polie**

22 Qu'appelle-t-on la « révolution néolithique » ? **Le passage d'une économie de « chasse et cueillette » à une économie agricole**

23 Parmi ces grottes, laquelle est une grotte sous-marine ? **La grotte Cosquer**

24 Comment s'appelle l'art préhistorique des œuvres dessinées dans les grottes ? **L'art pariétal**

25 Qu'est-ce qu'une sagaie ? **Une arme de jet**

26 Dans quel matériau a été sculptée la Dame de Brassempouy ? **De l'ivoire**

27 Classez ces périodes dans l'ordre chronologique. **Âge de cuivre / Âge de bronze / Âge de fer**

28 Au cinquième millénaire av. J.-C. de grandes haches circulent en Europe. En quelle matière sont-elles fabriquées ? **En jade**

29 Où se trouve le plus ancien foyer de domestication des plantes et des animaux ? **Au Moyen-Orient**

30 Comment appelle-t-on la période où se côtoient des peuples sans écriture et les premières civilisations historiques ? **La protohistoire**

Antiquité

31 Dans quelles régions l'écriture est-elle apparue ? **L'Égypte et la Mésopotamie**

32 Comment s'appelle l'écriture utilisée en Mésopotamie ? **Cunéiforme**

33 Que sont Uruk, Ur, et Mari ? **Les noms de cités-États de Mésopotamie**

34 *L'épopée de Gilgamesh* est l'un des plus vieux récits littéraires. Qui était Gilgamesh ? **Un roi mésopotamien**

35 Au VIIIe siècle, les Hébreux sont organisés en deux royaumes. Comment s'appellent-ils ? **Royaume d'Israël et royaume de Juda**

36 Comment appelle-t-on également en Europe la civilisation du premier âge du fer ? **Civilisation de l'Hallstatt**

37 Combien de temps a duré la civilisation de l'Égypte antique ? **3 000 ans**

38 Quel est le pouvoir du pharaon ? **Un pouvoir absolu**

39 Comment s'appelle la plus ancienne capitale de l'Égypte antique ? **Memphis**

40 Comment les historiens appellent-ils le plus haut magistrat de l'Égypte antique ? **Le vizir**

41 Le pschent est le nom grec donné à la double couronne du pharaon, que représentent ces deux couronnes ? **La Haute Égypte et la Basse Égypte**

42 Parmi ces écritures, laquelle ne concerne pas l'Égypte ? **L'écriture runique**

43 De quel pharaon célèbre a-t-on retrouvé la tombe pratiquement intacte dans la Vallée des Rois en 1922 ? **Toutankhamon**

44 Dans l'Égypte Antique, combien de temps faut-il pour réaliser une momification ? **70 jours**

45 Qui appelle-t-on les pharaons noirs ? **Une dynastie de pharaons d'origine nubienne**

46 Comment s'appelle la civilisation installée en Grèce, et qui a disparu vers 1 100 av. J.-C. ? **Les Mycéniens**

47 Où habitaient les Étrusques ? **Au centre de l'Italie**

48 Selon la légende de la création de Rome, quel animal a allaité Romulus et Remus ? **Une louve**

49 Qui est enterré dans la tombe de Vix, Bourgogne (VIe siècle av. J.-C.) ? **Une princesse celte**

50 D'où vient le vase de bronze trouvé dans la tombe de Vix, située en Bourgogne ? **De Grèce**

51 Dans l'*Iliade* d'Homère, quel personnage a enlevé Hélène ? **Pâris**

52 Qu'est-ce que l'agogé ? **L'éducation à Spartes**

53 Quel est le pourcentage de citoyens dans la démocratie athénienne ? **10 %**

54 Comment s'appelle la colline sacrée d'Athènes ? **L'Acropole**

55 Qu'est-ce qu'un métèque dans la démocratie athénienne ? **Un homme libre étranger**

56 Qu'est-ce que l'ostracisme en Grèce ? **Une procédure qui permet de bannir un homme de la cité**

57 Quel savant grec est considéré comme le premier historien ? **Hérodote**

58 Le pentathlon est l'épreuve reine des Jeux olympiques antiques, quelle discipline n'en fait pas partie ? **Le saut en hauteur**

59 Au début du Ve siècle av. J.-C, contre qui les Grecs se battent-ils lors des guerres médiques ? **La Perse**

60 Quel homme politique grec a renforcé la démocratie athénienne au Ve siècle av. J.-C ? **Périclès**

61 Comment s'appelle la guerre qui a opposé Sparte et Athènes entre 431 et 404 av. J.-C. ? **La guerre du Péloponnèse**

62 À Athènes, comment s'appelle l'assemblée du peuple, composée des citoyens âgés de plus de 20 ans **? L'Ecclésia**

63 Lequel de ces auteurs grecs est connu pour ses comédies ? **Aristophane**

64 À qui est dédié le temple du Parthénon ? **La déesse Athéna**

65 Quel est le nom du service militaire à Athènes effectué par les jeunes citoyens âgés de 18 à 20 ans ? **L'éphébie**

66 Parmi ces ordres architecturaux, lequel ne fait pas partie des ordres grecs ? **Le composite**

67 Quel dieu représentait le colosse de Rhodes, statue en bronze de 30 m de haut ? **Hélios**

68 Qui sont les rameurs dans la flotte athénienne ? **Les citoyens les plus pauvres**

69 Quel roi de Macédoine a imposé sa domination à la Grèce en 338 av. J.-C. ? **Philippe II**

70 Comment s'appelle le cheval d'Alexandre le Grand ? **Bucéphale**

71 Selon la légende, quels animaux ont prévenu les Romains de l'attaque des Gaulois en 390 av. J.-C. ? **Des oies**

72 Qui a prononcé la célèbre phrase « *vae victis* » (malheur aux vaincus) ? **Brennus**

73 Dans quel pays actuel se situait le site de l'antique Carthage ? **La Tunisie**

74 De combien de soldats est formée une légion romaine ? **5 000 à 6 000**

75 Comment appelle-t-on les guerres entre l'Empire romain et le royaume de Carthage aux IIIe et IIe siècles av. J.-C. ? **Les guerres puniques**

76 Quel général carthaginois s'incline devant Rome en 202 av. J.-C ? **Hannibal**

77 Qui sont les Gracques ? **Deux frères, hommes politiques réformateurs de Rome**

78 Pourquoi les Gaulois n'ont-ils pas laissé d'écrits ? **Les druides avaient interdit l'écriture**

79 Sous la République romaine, quel titre décerne-t-on aux généraux victorieux ? **Imperator**

80 En juin 52 av. J.-C., quelle bataille les Gaulois gagnent-ils contre Jules César ? **Gergovie**

81 Que sont le *cardo* et le *decumanus* ? **Les noms d'avenues principales d'une ville romaine**

82 Que sont les *insulae* sous l'Empire romain ? **Des immeubles d'habitation**

83 Dans la Rome antique, qui pouvait aller aux thermes ? **Tout le monde**

84 Comment appelle-t-on dans l'Empire romain, les hommes libres étrangers qui habitent les provinces conquises par Rome et qui n'ont pas le statut de citoyens? **Des pérégrins**

85 À la veille de la conquête romaine, de combien de peuples la Gaule est-elle composée? **Environ 60**

86 Qu'est-ce qu'un oppidum? **Une ville fortifiée**

87 De quelle tribu gauloise, Vercingétorix est-il le chef? **Des Arvernes**

88 Quel ouvrage a été écrit par Jules César? ***La guerre des Gaules***

89 Qu'est-ce qu'un torque? **C'est un collier celte**

90 Comment appelle-t-on la période de prospérité qu'a connue l'Empire romain lors des deux premiers siècles? **La paix romaine**

91 Comment s'appelle le système de fortifications établi le long de la frontière de l'Empire romain? **Le limes**

92 Qui devient le premier empereur romain en 27 av. J.-C.? **Auguste**

93 Quel historien romain a mentionné Jésus dans ses écrits? **Flavius Josèphe**

94 Qu'obtient l'élite gauloise en 48? **D'entrer au Sénat**

95 Remettez dans l'ordre chronologique ces empereurs romains. **Caligula / Néron / Hadrien / Marc Aurèle**

96 Que contient l'édit de Caracalla de 212? **Il accorde la citoyenneté romaine à tous les habitants libres de l'Empire**

97 Dans la Rome antique qu'est-ce le *cursus honorum*? **L'ordre d'accès aux magistratures publiques**

98 Quelle est la capitale des trois Gaules? **Lugdunum (Lyon)**

99 Quelle province ne fait pas partie des trois Gaules? **La Gaule narbonnaise**

100 Le pont du Gard est le vestige d'un aqueduc romain. Quelle était la longueur de cet aqueduc? **50 km**

101 Que fait l'empereur Constantin en 312 après Jésus Christ? **Il se convertit au christianisme**

102 Quel évêque mort en 397 aurait fondé le premier monastère de Gaule à Ligugé et évangélisé de nombreuses campagnes? **Saint Martin**

103 De quel pays Alexandre le Grand est-il le roi? **Macédoine**

104 Pourquoi les Francs ont-ils reçu le titre de «fédérés» dans l'Empire romain? **Ils ont signé un traité avec Rome**

105 En 418, quel peuple est autorisé à s'installer en Aquitaine comme «fédéré»? **Les Wisigoths**

106 Avec quel général romain Cléopâtre a-t-elle eu des enfants? **Marc Antoine**

107 Comment s'appelle l'important code de droit romain promulgué vers 438? **Code Théodosien**

108 De quel peuple Attila est-il le chef? **Des Huns**

109 En 451, lors de l'attaque d'Attila, qui a convaincu les Parisiens de ne pas quitter leur ville? **Sainte Geneviève**

110 Quel courant chrétien, condamné au concile de Nicée, affirmait que Jésus n'était pas de même nature que Dieu? **L'arianisme**

Moyen Âge

111 Vers 450 trois royaumes barbares s'implantent en Gaule. Lequel n'en fait pas partie? **Le royaume des Normands**

112 Quel roi des Francs est baptisé en 496 à Reims? **Clovis**

113 Que se passe-t-il pour le royaume des Francs à la mort de Clovis en 511 ? **Le royaume est partagé entre les quatre fils de Clovis**

114 Au VIe siècle quelle reine franque a été la rivale de la reine Brunehaut? **Frédégonde**

115 Comment s'appelle la «Grande Église» de Constantinople inaugurée en 537? **Sainte-Sophie**

116 Pour quelle raison Grégoire de Tours est-il célèbre? **Il a écrit l'ouvrage *Histoire des Francs***

117 Quel personnage a le pouvoir le plus élevé dans une cité mérovingienne? **L'évêque**

118 Comment s'appelle l'assemblée des hommes libres convoquée au moins une fois par an par le roi mérovingien? **Le plaid**

119 Comment nomme-t-on la vengeance privée entre deux familles à l'époque mérovingienne? **La faide**

120 Au VIIe siècle, que sont l'Austrasie, la Neustrie et la Burgondie? **Les noms des trois royaumes francs**

121 Sous les Mérovingiens, qu'appelait-on le maire du palais? **Le plus haut dignitaire après le roi**

122 Qui était Charles Martel? **Un maire du palais**

123 Qui est devenu roi à la place de Childéric III en 751 ? **Pépin le Bref**

124 Quel personnage a soutenu l'avènement de la dynastie carolingienne? **Le pape Étienne II**

125 Où Charlemagne a-t-il fait construire son palais? **Aix-la-Chapelle**

126 Qui sont les *missi dominici* de Charlemagne? **Les inspecteurs royaux qui visitent les provinces**

127 Sous Charlemagne, les comtes reçoivent un «bénéfice», qu'est-ce que c'est? **Un lot de terres**

128 Comment s'appelle le calife, contemporain de Charlemagne, et mis en scène dans *Les Mille et Une Nuits*? **Haroun ar-Rachid**

129 Sous Charlemagne, quelle règle monastique est imposée à tous les monastères? **Celle de saint Benoît**

130 Qui est Louis le Pieux? **Le fils de Charlemagne**

131 Quelle invention a permis à la cavalerie de se développer à partir du VIIe siècle? **Les étriers**

132 En 750, quelle dynastie prend le pouvoir de l'Empire islamique? **Les Abbassides**

133 Quel texte a été le premier à être écrit en langue romane qui deviendra le français? **Le serment de Strasbourg entre Charles le Chauve et Louis le Germanique en 842**

134 Quel est l'objectif du traité de Verdun (843)? **Le partage en trois royaumes de l'Empire : la *Francia occidentalis*, la *Francia orientalis*, et la *Lotharingie***

135 Le capitulaire de Quierzy en 877 fait entrer la Francie de l'Ouest dans le monde féodal, pour quelle raison? **Les bénéfices comme les comtés deviennent héréditaires**

136 Qu'est-ce que le tonlieu? **Un impôt sur les marchandises**

137 Qu'est-ce qu'un codex? **L'ancêtre du livre formé de feuilles pliées, assemblées en cahiers et couvert d'une reliure**

138 Quelle abbaye est fondée en 909? **Cluny**

139 Qui sont les convers? **Des moines qui s'occupent des travaux manuels de l'abbaye**

140 Qu'obtiennent les Vikings de la part du roi des Francs en 911? **Le comté de Rouen**

141 En quelle année Hugues Capet a-t-il été élu roi? **987**

142 Qu'a fait Hugues Capet pour éviter les guerres de succession? **Il a fait sacrer son fils aîné de son vivant**

143 Que représente la tapisserie de Bayeux? **La bataille de Hastings**

144 Qui était Guillaume «le conquérant» avant de devenir roi d'Angleterre? **Un duc de Normandie**

145 Quel pourcentage de la population du Moyen Âge les paysans représentent-ils? **90%**

146 Comment appelle-t-on la partie de la seigneurie exploitée directement pour le maître? **La réserve**

147 Qu'est-ce qu'un vassal? **Un homme du seigneur qui s'engage à le servir en échange d'une protection**

148 Qu'est-ce que la trêve de Dieu au XIe siècle? **Un mouvement qui cherche à limiter l'activité militaire des aristocrates**

149 Quelle était l'arme redoutable utilisée par la marine byzantine? **Le feu grégeois**

150 Quel pape a lancé l'appel pour la première croisade au concile de Clermont? **Urbain II**

151 Qu'est-ce qu'un vilain? **Un paysan libre**

152 En quelle année débute la construction de la cathédrale Notre-Dame de Paris? **1163**

153 Comment s'appelle la grande réforme de l'Église au XIe siècle qui a conduit à séparer nettement le clergé des laïcs? **La réforme grégorienne**

154 Qui était Gengis Khan (vers 1155-1227)? **Un empereur mongol**

155 Quel est le nom du célèbre rabbin, commentateur de la Bible qui a vécu à Troyes au début du XIIe siècle? **Rachi**

156 Qu'appelle-t-on le «mouvement communal» au XIIe siècle? **L'émancipation des villes par rapport à un seigneur**

157 Comment appelle-t-on le pouvoir des rois de France qui sont censés guérir les écrouelles avec la formule: «le roi te touche, Dieu te guérit»? **Le pouvoir thaumaturgique**

158 Comment s'appelle la période où l'on attend les premières récoltes de céréales alors que les grains de la récolte précédente viennent à manquer? **La soudure**

159 Dans l'Empire byzantin, qu'est-ce qu'un *basileus*? **Le nom donné à l'empereur**

160 Comment s'appelle le premier souverain du royaume de Jérusalem, ayant pour titre «avoué du Saint-Sépulcre»? **Godefroy de Bouillon**

161 Comment s'appellent les territoires conquis par les croisés? **Les États latins d'Orient**

162 Quel poète français est le fondateur de la littérature arthurienne ? **Chrétien de Troyes**

163 Les troubadours sont des poètes de langue d'oc, comment appelle-t-on ceux de langue d'oïl ? **Les trouvères**

164 Laquelle de ces villes n'est pas l'un des quatre centres de départ pour le pèlerinage de Saint-Jacques-de-Compostelle ? **Lyon**

165 Qu'est-ce qu'un heaume ? **Le casque intégral du chevalier**

166 Quel célèbre abbé a rénové la basilique de Saint-Denis dans le style gothique au XIIe siècle ? **L'abbé Suger**

167 Quel personnage est à l'origine de l'effervescence intellectuelle du XIIe siècle ? **Pierre Abélard**

168 Qui reconquiert Jérusalem en 1187 ? **Saladin, sultan d'Égypte et de Syrie**

169 Quels rois Aliénor d'Aquitaine a-t-elle épousés ? **Louis VII et Henri II de Plantagenêt**

170 Qu'est-ce qu'un ducat ? **Une monnaie**

171 Dans quelle région les foires commerciales prennent-elles leur essor à la fin du XIIe siècle ? **En Champagne**

172 Qu'est-ce que l'Inquisition ? **Un tribunal de l'Église créé pour punir les hérétiques**

173 Contre qui est dirigée la croisade contre les albigeois ? **Les cathares**

174 Laquelle de ces universités n'est pas une grande université du XIIIe siècle ? **Prague**

175 Quelle bataille, qui a eu lieu en 1214, permet à Philippe Auguste de consolider son territoire ? **Bouvines**

176 Qui était Marco Polo ? **Un marchand vénitien**

177 Quels sont les deux grands rois de France du XIIIe siècle ? **Philippe Auguste et Louis IX**

178 Quelle fleur devient le symbole de la royauté française ? **Le lys**

179 Quelle est la particularité du sacre de Louis VIII ? **Louis VIII est le premier Capétien à ne pas avoir été sacré du vivant de son père**

180 Qu'est-ce qu'un portulan ? **Une carte marine**

181 Où se trouvent les villes drapantes ? **En Flandre et en Italie**

182 En quelle année Pierre le Vénérable, abbé de Cluny, fit-il traduire le Coran en latin, afin de mieux lutter contre l'Islam ? **1143**

183 Qui est Blanche de Castille ? **La mère de Louis IX**

184 En quelle année Robert de Sorbon a-t-il fondé son collège qui deviendra la Sorbonne ? **1257**

185 Quel souverain a été canonisé vingt-sept ans après sa mort ? **Louis IX**

186 Qui est Averroès ? **Un philosophe et médecin andalou**

187 Lequel de ces ordres n'est pas un ordre mendiant ? **Les cisterciens**

188 Lequel de ces souverains n'a pas participé à la troisième croisade ? **Jean sans Terre**

189 La taille du royaume de France a augmenté sous Philippe Auguste, mais de combien ? **Le royaume a quadruplé**

190 Quels banquiers et marchands ont financé la quatrième croisade ? **Les Vénitiens**

191 Quelle est la période des grands défrichements ? **Vers 1000-1300**

192 Laquelle de ces ordonnances n'a pas été définie par Louis IX? **L'ordonnance qui réglemente la chasse dans le domaine royal**

193 Comment est mort Louis IX? **De maladie lors de la huitième croisade**

194 Quel ordre militaire est dissous par le pape Clément V en 1312? **L'ordre du Temple**

195 Quel homme est considéré comme le premier humaniste? **Pétrarque**

196 Dans quelle ville résident les papes entre 1309 et 1377? **Avignon**

197 En quelle année le servage est-il aboli? **1315**

198 Pour quelle raison au XIVe siècle le roi d'Angleterre est-il le vassal du roi de France? **Il possède le duché d'Aquitaine**

199 Contre quel royaume la France se bat-elle pendant la guerre de Cent Ans? **L'Angleterre**

200 Comment s'appelle le roi d'Angleterre prétendant au trône de France face à Philippe VI? **Édouard III**

201 En 1360, le traité de Calais est passé entre la France est l'Angleterre, quelle proposition n'est pas dans ce traité? **Les Anglais obtiennent la Normandie en toute souveraineté**

202 Parmi ces personnages historiques, lequel n'a pas participé à la guerre de Cent Ans? **Jacques de Molay**

203 Comment s'appelle la cérémonie au cours de laquelle un jeune noble devient chevalier? **L'adoubement**

204 Qu'est-ce qu'un connétable? **Le premier officier du roi qui assure le commandement des armées**

205 Quel roi a été couronné grâce à l'aide de Jeanne d'Arc en 1422 ? **Charles VII**

206 Qu'est-ce que l'ost royal? **L'armée du roi**

207 Remettez dans l'ordre chronologique les quatre dynasties qui se sont succédé à la tête du royaume de France. **Les Mérovingiens / Les Carolingiens / Les Capétiens / Les Valois**

208 Pourquoi la population européenne perd-elle un grand nombre de ses habitants (de 25 à 50%) entre 1347 et 1352? **À cause de la peste noire**

209 Comment appelle-t-on des terres royales attribuées à un prince qui reviennent à la royauté à la mort du dernier descendant? **Un apanage**

210 Qui était Étienne Marcel? **Le prévôt des marchands de Paris**

211 Pourquoi le roi Charles VI est-il devenu incapable de gouverner en 1393? **Il devient fou**

212 Pour quelle raison les Français sont-ils vaincus à Azincourt en 1415? **Les Anglais ont aligné des archers plus mobiles que des cavaliers en armure**

213 Qui est Robert de Baudricourt? **Un compagnon d'armes de Jeanne d'Arc**

214 En quelle année Jeanne d'Arc délivre-t-elle Orléans des Anglais? **1429**

215 Qui était Charles le Téméraire? **Un puissant duc de Bourgogne**

216 La première danse macabre est celle du cimetière des Innocents à Paris, de quand date-t-elle? **1424**

217 Comment s'appelle l'impôt sur le sel? **La gabelle**

218 Au XIVe siècle apparaissent les ordres de la chevalerie, parmi ces noms lequel n'en est pas un? **L'ordre de l'Épée d'argent**

HISTOIRE

219 Entre 1407 et 1435, deux familles de la dynastie des Valois entrent en conflit et provoquent une guerre civile. Comment s'appellent-elles? **Les Armagnacs et les Bourguignons**

220 En 1420, après le traité de Troyes, la France est partagée en trois. Quel territoire n'existe pas? **Les possessions des Flandres**

221 Quelle est la caractéristique de l'art roman? **La voûte en berceau**

222 Qui était Jacques Cœur? **L'argentier de Charles VII**

223 En 1445, sont créées les compagnies d'ordonnance, à quoi correspondent-elles? **Aux créations d'unités militaires permanentes**

224 Lequel de ces évènements n'a pas eu lieu en 1492? **Vasco de Gama arrive en Inde**

225 L'Empire inca a connu son apogée au xve siècle, quelle est sa capitale? **Cuzco**

Temps modernes

226 À quels siècles correspond la Renaissance ? **xve et xvie siècles**

227 Quelle culture est remise à l'honneur à la Renaissance? **La culture antique gréco-romaine**

228 Quel pays est à l'origine de la Renaissance? **L'Italie**

229 Comment s'appelle le navire très maniable mis au point par les Portugais au xve siècle et utilisé pour les voyages d'exploration? **La caravelle**

230 À compter de 1494, vers quel pays, le roi de France dirige-t-il ses conquêtes? **L'Italie**

231 En 1500, qui a découvert le Brésil? **Pedro Alvares Cabral**

232 En quelle année François Ier remporte-t-il la bataille de Marignan? **1515**

233 Qu'accorde le concordat de Bologne au roi de France? **Le roi de France nomme les évêques, archevêques et abbés**

234 Où François Ier installe-t-il Léonard de Vinci? **À Amboise**

235 Avant l'arrivée des conquistadors en 1519 au Mexique central, quelle civilisation dominait cette partie du monde? **Les Aztèques**

236 Qu'arrive-t-il à François Ier à la bataille de Pavie? **Il est fait prisonnier**

237 Qu'est-ce qu'un lansquenet aux xve et xvie siècles? **Un mercenaire allemand**

238 Que fonde François Ier en 1530 pour concurrencer l'université de la Sorbonne? **Le Collège royal**

239 Quelle profession François Rabelais n'a-t-il pas occupée? **Magistrat**

240 Que dénonce Martin Luther dans ses 95 thèses? **La vente des indulgences**

241 Avec quel humaniste Luther s'est-il opposé? **Érasme**

242 En 1522, quel explorateur rentre d'un tour du monde, confirmant ainsi que la terre est ronde? **Fernand de Magellan**

243 En 1534-1535 a lieu l'affaire des Placards, quelle est cette affaire? **Des affiches ont été placardées contre la messe catholique**

244 Qui devient empereur du Saint Empire aux dépens de François Ier? **Charles Quint**

245 Avec quel souverain François Ier a-t-il conclu une «alliance impie»? **Soliman le Magnifique**

246 Quelle est la date de l'ordonnance de Villers-Cotterêts qui fait de la langue française, la langue officielle du royaume? **10 août 1539**

247 Où se situent la majorité des châteaux de la Renaissance? **Dans le Val de Loire**

248 De combien de personnes se compose la cour itinérante de François Ier? **5 000 à 10 000**

249 Qui a fondé la Compagnie de Jésus en 1540? **Ignace de Loyola**

250 Quelle était la question du débat de la controverse de Valladolid (1550-1551)? **Savoir si les Indiens avaient une âme**

251 Qui était Ambroise Paré? **Un chirurgien**

252 Au milieu du XVIe siècle quel pourcentage de Français ont été convertis par Calvin et ont rejoint son église condamnée par le roi? **10 %**

253 Comment s'appelle le mouvement de l'Église catholique pour lutter contre le mouvement protestant? **La Contre-Réforme**

254 À quel pays appartient « l'Invincible Armada »? **L'Espagne**

255 Qui a rapporté le premier des fèves de cacao en Europe? **Hernan Cortés**

256 Quel savant européen a été le premier penseur moderne à théoriser l'héliocentrisme? **Copernic**

257 Que s'est-il passé la nuit du 23 au 24 août 1572? **Le massacre de la Saint-Barthélemy**

258 Qu'est-ce que « la Ligue », mouvement fondé en 1576, par le duc Henri de Guise ? **Un mouvement catholique**

259 Dans quel pays avait été fondée l'éphémère colonie de la « France antarctique » de Villegagnon de 1555 à 1560? **Au Brésil**

260 Parmi ces rois, lequel n'est pas un fils de Catherine de Médicis? **Henri II**

261 Combien y a-t-il eu de guerres de Religion entre 1562 et 1598? **8**

262 Sous quel autre nom Henri III a-t-il régné? **Henri Ier de Pologne**

263 Que s'est-il passé entre le 9 décembre 1582 et le 20 décembre 1582? **Le passage du calendrier julien au calendrier grégorien**

264 Quelles sont les deux grandes familles qui s'opposent pendant les guerres de Religion? **Les Guises et les Coligny**

265 Par qui a été assassiné Henri III? **Un moine dominicain**

266 Que fait Henri IV le 25 juillet 1593? **Il abjure sa foi protestante**

267 Comment appelle-t-on les places fortes obtenues par les protestants lors de l'édit de Nantes? **Des places de sûreté**

268 Qu'est-ce qu'une jacquerie? **Une révolte des paysans**

269 Henri IV crée la manufacture des Gobelins en 1601, que produit-elle? **Des tapisseries**

270 Qui a assassiné Henri IV en 1610? **François Ravaillac**

271 Quelle est la principale place forte protestante dont Richelieu fait le siège en 1627-1628? **La Rochelle**

272 Comment appelle-t-on le système qui attribue une fonction de l'administration publique contre de l'argent? **La vénalité des charges**

273 Que fait construire Louis XIII à Versailles? **Un pavillon de chasse**

274 Quelle affirmation sur Marie de Médicis est fausse? **Elle est morte empoisonnée**

275 Quelle institution est créée par Richelieu en 1635 ? **L'Académie française**

276 Quelle dynastie a étendu sa domination sur le monde chinois (1368-1644)**? Les Ming**

277 Quelle autre noblesse existe à côté de la noblesse d'épée ? **La noblesse de robe**

278 Qui initie le mouvement de révolte de la Fronde en 1648 ? **Les parlementaires**

279 Lors de la « folle journée » du 25 juin 1658 la ville de Dunkerque change trois fois de nationalité, laquelle n'en fait pas partie ? **Allemande**

280 Quel architecte de Louis XIV a construit de nombreuses fortifications**? Vauban**

281 Louis XIV a eu le règne le plus long de l'histoire de France. Combien de temps a-t-il duré ? **72 ans**

282 Qui a assuré la formation politique de Louis XIV ? **Mazarin**

283 Que décide Louis XIV à la mort de Mazarin ? **De se passer d'un principal ministre**

284 En 1664, quel pays domine le commerce maritime mondial ? **La Hollande**

285 Qu'est-ce qu'une compagnie des Indes ? **Une compagnie qui gère le commerce entre une métropole et ses colonies**

286 Quel poste occupait Louvois sous le règne de Louis XIV ? **Secrétaire d'État à la Guerre**

287 Louis XIV épouse Marie-Thérèse d'Autriche, qui est-elle ? **La fille de Philippe IV, roi d'Espagne**

288 Qui est emprisonné par Louis XIV après avoir donné une fête somptueuse ? **Fouquet**

289 Qui est l'architecte de la galerie des Glaces du château de Versailles ? **Jules Hardouin-Mansart**

290 De combien de pièces est composé le château de Versailles ? **2 300**

291 Quel personnage occupe une place majeure dans les jardins du château de Versailles ? **Apollon**

292 Qui était André Le Nôtre ? **Le concepteur des jardins de Versailles**

293 En quelle année Louis XIV installe-t-il la cour et le gouvernement à Versailles ? **1682**

294 Quel écrivain n'a pas vécu sous le règne de Louis XIV ? **Montaigne**

295 Comment appelle-t-on les persécutions contre les protestants qui ont eu lieu entre 1681 et 1685 ? **Des dragonnades**

296 Qui est Jean Bart ? **Un corsaire**

297 De quelle année date le *Code noir* qui réglemente l'exploitation des esclaves dans les colonies ? **1685**

298 Quel souverain a commencé à mettre en place un système de cour avec une hiérarchie d'accès au souverain, afin de discipliner la noblesse ? **Henri III**

299 En 1689, les rois anglais s'engagent à respecter la *Bill of Rights,* qu'est-ce que cela signifie ? **La monarchie devient parlementaire**

300 Qui était Jean-Baptiste Lully (1632-1687) ? **Un musicien**

301 Laquelle de ces guerres n'a-t-elle pas été menée sous Louis XIV ? **La guerre de la Succession d'Autriche**

302 Quelle maîtresse Louis XIV a-t-il épousée en secret en 1683 ? **Madame de Maintenon**

303 Comment s'appelle l'édit qui révoque l'édit de Nantes en 1685 ? **L'édit de Fontainebleau**

304 Comment s'appelait la favorite la plus célèbre du règne de Louis XV ? **La marquise de Pompadour**

305 En quelle année a eu lieu le « Grand hiver » ? **1709**

306 De quel courant économique se rapproche le colbertisme ? **Le mercantilisme**

307 Quelle ville a été décimée par la peste en 1720 ? **Marseille**

308 Qui est Louis XV par rapport à Louis XIV ? **Son arrière-petit-fils**

309 À quoi est destinée la corvée royale, généralisée en 1738 ? **À l'entretien des routes**

310 Qui est le régent en attendant que Louis XV devienne majeur ? **Philippe, duc d'Orléans**

311 Comment s'appelle le système de gouvernement par conseil mis en place au début de la Régence ? **La polysynodie**

312 Qui a dirigé *l'Encyclopédie ou Dictionnaire raisonné des sciences, des arts et des métiers* ? **Diderot et d'Alembert**

313 À partir de quelle année l'*Encyclopédie* a-t-elle commencé à être éditée ? **1751**

314 Comment s'appelle le commerce fondé sur la traite des Noirs ? **Le commerce triangulaire**

315 Quelle tribu indienne était alliée des Français en Amérique du Nord ? **Les Hurons**

316 Laquelle de ces catégories n'est pas un ordre de l'Ancien Régime ? **La chevalerie**

317 Qu'a mis en place l'Écossais John Law en 1716 ? **Le papier-monnaie**

318 Quel auteur est intervenu dans l'affaire Calas ? **Voltaire**

319 Qui est l'auteur de l'ouvrage politique *De l'esprit des lois*, publié à Genève en 1748 ? **Montesquieu**

320 Comment appelle-t-on le droit des parlements de contester un édit royal ? **Le droit de remontrance**

321 Quel ordre religieux est banni de la France en 1763 ? **Les jésuites**

322 Parmi ces territoires, lequel n'est pas perdu lors du traité de Paris de 1763 ? **Saint-Domingue**

323 Quel explorateur et navigateur français rentre d'un tour du monde en 1769 ? **Louis Antoine de Bougainville**

324 Pour quelle invention, l'écossais James Watt a-t-il déposé de nombreux brevets d'amélioration en 1769 ? **La machine à vapeur**

325 Quand la « guerre des farines » a-t-elle eu lieu ? **En avril et mai 1775**

326 Qui remplace Turgot au poste de contrôleur général des finances en 1776 ? **Necker**

327 Comment s'appelle la frégate qui a conduit le marquis de La Fayette aux États-Unis en 1780 ? ***L'Hermione***

328 Le XVIIIe siècle a connu une explosion démographique. La population française est passée de 20 millions d'habitants à… **28 millions**

329 Comment appelle-t-on au XVIIIe siècle les paysans qui possèdent leur terre et leur train de charrue ? **Les laboureurs**

330 En 1781, qu'impose l'édit de Ségur pour les postes de commandement de l'armée ? **Avoir quatre degrés de noblesse**

331 Comment s'appelle la taxe perçue par les villes à l'entrée de certaines denrées (vin, huile, café, sucre…) ? **L'octroi**

HISTOIRE

332 De quelle école économique du XVIIIe siècle François Quesnay est-il le fondateur ? **La physiocratie**

333 Pourquoi Louis XVI convoque-t-il les états généraux ? **L'État est ruiné**

334 Quand les états généraux sont convoqués en 1789, depuis quand n'avaient-ils pas été réunis ? **1614**

335 Qui devient le premier président des États-Unis en 1789 ? **George Washington**

336 Sous quel roi, l'absolutisme en France a-t-il connu son apogée ? **Sous Louis XIV**

337 En 1789, quel pourcentage de la population fait partie du tiers état ? **98 %**

338 Quel jour les états généraux de 1789 ouvrent-ils ? **Le 5 mai**

339 Sur les 1 165 députés des états généraux, combien appartiennent au tiers état ? **578**

340 Où se réunissait l'élite littéraire au XVIIIe siècle ? **Dans les salons**

Époque contemporaine : France

341 Le serment du Jeu de paume date : **Du 20 juin 1789**

342 Sous l'Ancien Régime, la Bastille était : **Une prison royale**

343 Les états généraux sont constitués : **Des représentants des trois ordres**

344 Le 26 août 1789 est adopté(e) : **La Déclaration des droits de l'homme et du citoyen**

345 Le 21 juin 1789, alors qu'il tente de fuir le royaume de France, Louis XVI et sa famille sont arrêtés : **À Varennes**

346 Le 14 juillet 1789, les Parisiens : **Prennent la Bastille**

347 Le 10 août 1792 marque la chute de la monarchie car : **C'est la prise des Tuileries**

348 La bataille de Valmy oppose : **La France au royaume de Prusse, au Saint-Empire et à une armée d'émigrés**

349 Durant les guerres de la Révolution qui ont suivi le renversement de la monarchie, la bataille de Valmy constitue : **La première victoire décisive de l'armée française**

350 La Marseillaise a été composée par un officier français en 1792 et entonnée pour la première fois par les Fédérés marseillais en chemin pour participer à la défense de la patrie. Le nom de son compositeur est : **Claude Joseph Rouget de Lisle**

351 Louis XVI appartient à la dynastie : **Des Bourbons**

352 Louis XVI est décapité le : **21 janvier 1793**

353 La nuit du 4 août 1789 : **les députés abolissent les privilèges**

354 Lequel de ces personnages n'est pas une figure clé de la Révolution française : **Waldeck-Rousseau**

355 Durant l'été 1789, la Grande Peur désigne : **Un mouvement de révoltes antiseigneuriales qui se répand dans tout le royaume**

356 Les 5 et 6 octobre 1789, une foule composée majoritairement de femmes se rend à Versailles : **Pour réclamer au roi du pain, la ratification des décrets relatifs à la Constitution de la déclaration des droits, le port de la cocarde nationale par le roi**

357 En mai 1789, les états généraux sont réunis : **À Versailles**

358 Le 10 août 1792 : **La monarchie est abolie (Prise des Tuileries).**

359 La Terreur prend fin en : **Juillet 1794**

360 L'insurrection vendéenne débute en 1793 : **Après la levée en masse obligatoire décidée pour soutenir l'effort de guerre**

361 Le 9 novembre 1799 marque la fin de la période révolutionnaire. À cette date : **Le coup d'État de Napoléon Bonaparte met fin au Directoire et inaugure le Consulat**

362 Le sacre de Napoléon Ier puis son couronnement eurent lieu le : **2 décembre 1804**

363 L'Empire napoléonien, ou Premier Empire, a duré du 18 mai 1804, date de proclamation de l'Empire, au 7 juillet... : **1815**

364 Quelle bataille décisive opposant les armées napoléoniennes aux Alliés (Britanniques, Prussiens, Néerlandais) s'est achevée par la défaite de la France et a précipité la chute de Napoléon Ier ? **La bataille de Waterloo**

365 Quel peintre français a représenté le sacre de Napoléon Ier ? **Jacques-Louis David**

366 De 1814 à 1830, la Restauration désigne : **Le retour de la monarchie en France**

367 Quels rois ont régné en France au XIXe siècle ? **Louis XVIII - Charles X - Louis-Philippe Ier**

368 Les Trois Glorieuses désignent : **Une révolution qui dure du 27 au 29 juillet 1830 et qui aboutit au renversement de Charles X et au début de la monarchie de Juillet**

369 Sous la monarchie de Juillet, le suffrage est : **Censitaire masculin**

370 En 1848, une révolution renverse la monarchie de Juillet, qui est remplacée par : **La Deuxième République**

371 Quelle réforme n'est pas adoptée en 1848 ? **L'abolition de la peine de mort en matière pénale**

372 Louis-Napoléon Bonaparte est : **Le neveu de Napoléon Ier**

373 Avant d'être couronné empereur du Second Empire, Louis Napoléon Bonaparte est : **Président de la République**

374 Quel homme politique n'est pas une personnalité clé de la Deuxième République ? **Aristide Briand**

375 Quel préfet de la Seine transforma Paris en réalisant notamment de grandes percées (boulevards et avenues) et en embellissant les immeubles ? **Le baron Hausmann**

376 Quelle bataille précipite la chute de Napoléon III en 1870 ? **La bataille de Sedan**

377 À quelle date est proclamée la IIIe République en France ? **Le 4 septembre 1870**

378 Quelles sont les dates de la Commune de Paris ? **18 mars-28 mai 1871**

379 Qui est le premier président de la IIIe République ? **Adolphe Thiers**

380 À quelles dates les lois Jules Ferry rendant l'école primaire obligatoire, laïque et gratuite furent-elles adoptées ? **1881-1882**

381 Dans quel ordre chronologique la IIIe République affronte-t-elle les crises suivantes : **Crise de Mac Mahon (16 mai 1877) - boulangisme (1885-1889) - affaire Dreyfus (1894-1906) - émeute antiparlementaire du 6 février 1934**

382 La loi de séparation des Églises et de l'État date de : **1905**

383 À quelle date a eu lieu le Congrès du Globe à l'occasion duquel est fondée la SFIO (Section française de l'Internationale ouvrière) : **En 1905**

384 Alfred Dreyfus était : **Un officier français d'origine alsacienne et de confession juive**

385 Qui est l'auteur du célèbre article «*J'accuse!*» publié en 1898 pour soutenir Alfred Dreyfus? **Émile Zola**

386 L'Allemagne déclare la guerre à la France le : **3 août 1914**

387 Quel socialiste pacifiste est assassiné le 31 juillet 1914 par un étudiant ultranationaliste? **Jean Jaurès**

388 Durant la Première Guerre mondiale, la France a mobilisé près de : **8 millions de soldats**

389 Durant la Première Guerre mondiale, la France est membre de l'Entente. L'Entente comprend : **La France – la Grande-Bretagne – la Russie**

390 Pourquoi le congrès de Tours en 1920 fut-il décisif? **C'est à cette occasion qu'est créé le Parti communiste français, d'une scission de la SFIO**

391 Quel territoire n'est pas une colonie française au début des années 1930? **L'Égypte**

392 L'Exposition coloniale internationale de Vincennes fut organisée en : **1931**

393 À quelle date a lieu l'émeute antiparlementaire organisée à Paris par des ligues d'extrême droite devant la Chambre des députés? **Le 6 février 1934**

394 Le Front populaire accède au gouvernement en : **avril 1936**

395 Quelle réforme n'est pas initiée sous le Front populaire? **La scolarisation obligatoire jusqu'à 16 ans**

396 La IIIe République disparaît en : **Juillet 1940**

397 Comment appelle-t-on le régime dictatorial que connaît la France durant la Seconde Guerre mondiale? **Le régime de Vichy**

398 Quel est le pseudonyme de Jean Moulin durant la Résistance? **Rex**

399 De 1940 à 1944, la politique antisémite menée en France avec la collaboration de l'État français entraîne la mort de : **76 000 personnes juives**

400 La «drôle de guerre» désigne : **La période du début de la Seconde Guerre mondiale (septembre 1939-mai 1940) durant laquelle les hostilités se réduisent à quelques escarmouches**

401 D'où le Général de Gaulle prononce-t-il son célèbre appel du 18 juin 1940? **De Londres**

402 Où le maréchal Pétain rencontre-t-il Hitler pour sceller la collaboration entre la France de Vichy et l'Allemagne nazie? **À Montoire**

403 Quelle personne n'est pas un résistant durant la Seconde Guerre mondiale? **Marcel Déat**

404 Quelle personne n'est pas une résistante durant la Seconde Guerre mondiale? **Louise Michel**

405 Qu'est-ce que le CNR, fondé en 1943? **Le Conseil national de la Résistance**

406 À quelle date est adoptée la constitution de la IVe République? **Le 27 octobre 1946**

407 Qui est président de la IVe République en 1947? **Vincent Auriol**

408 Au début de l'année 1946, de Gaulle démissionne de son poste de chef du gouvernement provisoire. Il formule son opposition au nouveau régime qu'est la future IVe République dans un discours : **Le discours de Bayeux de juin 1946**

409 La création de la Sécurité sociale date de : **1945**

410 Les femmes françaises se voient accorder le droit de vote en : **1944**

411 Quelle colonie française obtient son indépendance en 1954? **L'Indochine**

412 La guerre d'Algérie démarre le 1er novembre 1954. C'est la date : **De la Toussaint rouge**

413 En 1957, un militant communiste français favorable à l'indépendance de l'Algérie est arrêté à Alger par l'armée française. Son corps n'a jamais été retrouvé. En septembre 2018, le Président Emmanuel Macron reconnaît officiellement la responsabilité de l'État et de l'armée française dans cet assassinat. Comment s'appelle ce militant? **Maurice Audin**

414 La constitution de la Ve République date du : **4 octobre 1958**

415 En 1958, le préambule de la constitution de la Ve République renvoie à deux textes fondamentaux : **La Déclaration des droits de l'homme et du citoyen et le préambule de la Constitution de 1946**

416 Lequel de ces pouvoirs n'est pas conféré au président de la République par la Constitution de la Ve République? **Présider le Conseil constitutionnel**

417 En 1961, les partisans les plus radicaux de l'Algérie française fondent une organisation terroriste chargée de lutter contre l'indépendance de l'Algérie par tous les moyens. Le nom de cette organisation est : **L'OAS pour Organisation de l'armée secrète**

418 Lequel de ces hommes est impliqué en tant que préfet de police de Paris dans la répression sanglante de la manifestation du 17 octobre 1961, organisée par le FLN, et dans celle du 8 février 1962, organisée par le PCF? **Maurice Papon**

419 Quel est le nom des accords qui mettent fin à la guerre d'Algérie le 18 mars 1962? **Les accords d'Évian**

420 Quel homme occupe le premier poste de ministre de la Culture en 1959? **André Malraux**

421 Quelle réforme constitutionnelle est adoptée en 1962 par référendum, sous l'impulsion de de Gaulle? **L'élection du président au suffrage universel direct**

422 Quel ordre chronologique des présidents de la Ve République est le bon? **De Gaulle - Pompidou - Valéry Giscard d'Estaing - Mitterrand - Chirac**

423 Au sein de quelle organisation internationale de Gaulle pratique-t-il la politique de la chaise vide en 1965-1966? **La CEE**

424 Qui est président de la République française en 1968? **De Gaulle**

425 Le mouvement social de mai 68 démarre à Nanterre le : **22 mars 1968**

426 lequel de ces slogans ne date pas de mai 1968 : **« Gaulois en colère »**

427 À quelle date est adoptée la loi Neuwirth qui autorise la contraception en France? **1967**

428 Quel est le nom du congrès de 1971, appelé aussi congrès d'unification des socialistes, durant lequel Français Mitterrand devient premier secrétaire du Parti socialiste? **Le Congrès d'Épinay-sur-Seine**

429 Le procès de Bobigny en 1972 constitue un tournant décisif vers : **La dépénalisation de l'IVG (interruption volontaire de grossesse)**

430 Quelle ministre a préparé et défendu la loi IVG en 1975? **Simone Veil**

431 Qui devient président de la République en 1981? **François Mitterrand**

432 Quel président de la République abolit la peine de mort en France? **François Mitterrand**

433 À quelles dates la France a-t-elle connu une situation de cohabitation (coexistence d'un président de la République et d'un Premier ministre politiquement antagonistes)? **1986-1988, 1993-1995 et 1997-2002**

434 À quelle date le mandat du président de la République passe-t-il de 7 à 5 ans? **2000**

HISTOIRE

435 Lequel de ces hommes n'a pas été Premier ministre sous la Ve République ? **François Mitterrand**

436 Lequel de ces présidents de la République n'a pas fait deux mandats successifs sous la Ve République ? **Valéry Giscard d'Estaing**

437 À quelles dates la réforme des 35 heures (lois Aubry I et II) est-elle adoptée en France ? **1998-2000**

438 En quelle année est adopté le PACS (pacte civil de solidarité) ? **1999**

439 Lequel de ces présidents de la République meurt en exercice ? **Georges Pompidou**

440 Quel poste n'a pas occupé Lionel Jospin ? **Sénateur**

Époque contemporaine : monde

441 Qui est l'inventeur de la machine à vapeur ? **James Watt**

442 Quel pays européen s'affirme comme la première puissance économique mondiale grâce à l'industrie dès la fin du XVIIIe siècle ? **L'Angleterre**

443 Sur quels secteurs d'activité repose la première industrialisation (ou première révolution industrielle) ? **Textile et métallurgie**

444 Quel territoire les États-Unis acquièrent-ils en 1803 ? **La Louisiane**

445 En quelle année la première locomotive à vapeur construite par Richard Trevithick parvint-elle à tracter un train sur des rails en fer ? **1804.**

446 Quel nom est donné à la conférence diplomatique des grandes puissances européennes vainqueurs de Napoléon Ier en 1814 ? **Le Congrès de Vienne**

447 Qu'est-ce que la doctrine Monroe énoncée en 1823 par le président des États-Unis James Monroe ? **Les principes guidant la politique étrangère des États-Unis, aussi qualifiée de doctrine isolationniste**

448 En quelle année Karl Marx et Friedrich Engels publient-ils le *Manifeste du Parti communiste* ? **1848**

449 En 1851, à Londres, quel bâtiment abrite la première exposition universelle ? **Le Crystal Palace**

450 Autour de quel État italien l'unité italienne est-elle réalisée en 1861 ? **Le royaume de Piémont-Sardaigne**

451 Quel président américain proclame l'émancipation immédiate des esclaves en 1862 ? **Abraham Lincoln**

452 Comment est appelée la guerre civile qui déchire les États-Unis au milieu du XIXe siècle ? **La guerre de Sécession**

453 Au milieu du XIXe siècle, la guerre civile oppose les États-Unis d'Amérique (« l'Union ») dirigés par Abraham Lincoln aux États confédérés d'Amérique (« La Confédération ») dirigés par : **Jefferson Davis**

454 Quel pays réalise son unité en 1871 ? **L'Empire allemand**

455 Comment se nomme le chancelier du roi de Prusse qui impulse l'unité de l'Allemagne ? **Otto von Bismarck**

456 Dans quel ordre chronologique ces présidents **des États-Unis** se sont-ils succédé ? **Washington - Adams - Jefferson - Madison**

457 Quelles sont les énergies motrices de la seconde industrialisation (ou seconde révolution industrielle)? **L'électricité et le pétrole**

458 Dans le contexte de l'industrialisation, que signifie l'OST? **L'organisation scientifique du travail**

459 Quelle invention les Allemands Daimler et Benz ont-ils mise au point dans les années 1870-1880? **Le moteur à explosion**

460 D'où démarre le krach boursier responsable de la Grande Dépression de 1873-1896? **Vienne**

461 Lequel de ces pays africains n'a pas été colonisé par une puissance européenne? **L'Éthiopie (brièvement et partiellement occupée par l'Italie fasciste entre 1936 et 1941).**

462 En quelle année l'Empire est-il remplacé par une république en Chine? **1912**

463 Quelle dynastie dirige l'Empire chinois jusqu'à la chute de la Chine impériale? **La dynastie Qing**

464 Quels pays possèdent les deux empires coloniaux les plus vastes au monde en 1914? **La France et le Royaume-Uni**

465 En 1914, quel pays succède à la Grande-Bretagne comme première puissance économique mondiale? **Les États-Unis**

466 Quel événement provoque la Première Guerre mondiale? **L'assassinat de l'héritier du trône austro-hongrois, François Ferdinand**

467 La Première Guerre mondiale oppose l'Entente : **À l'Alliance**

468 Comment se nomme le nationaliste serbe auteur de l'assassinat de François Ferdinand? **Gavrilo Princip**

469 À quelle période la Première Guerre mondiale se mue-t-elle en guerre de position? **Fin 1914**

470 Quel est le nom du plan militaire allemand appliqué durant les premières semaines de la Première Guerre mondiale? **Le plan Schlieffen**

471 Où les armées françaises et allemandes s'affrontent-elles de février à décembre 1916? **À Verdun**

472 À quelles difficultés l'ensemble des belligérants de la Première Guerre mondiale font-ils face en 1917? **Des mutineries**

473 Quel régime politique connaît la Russie jusqu'à la révolution de février 1917? **Un empire**

474 Quel événement politique majeur la Russie connaît-elle en octobre 1917? **Une révolution menée par les socialistes bolcheviques**

475 Quel pays entre en guerre en 1917 du côté de l'Entente? **Les États-Unis**

476 Quel Président américain énonce en janvier 1918 un programme de paix en quatorze points pour mettre fin à la Première Guerre mondiale et reconstruire l'Europe? **Woodrow Wilson**

477 Par quel traité la Russie signe-t-elle une paix séparée avec l'Allemagne en mars 1918? **Le traité de Brest-Litovsk**

478 Où est signé l'armistice du 11 novembre 1918 mettant fin à la Première Guerre mondiale? **À Rethondes**

479 Quel est le bilan de la grippe espagnole? **Entre 50 et 100 millions de victimes dans l'ensemble du monde**

480 Quel est le nom du dernier empereur allemand renversé par la révolution de novembre 1918? **Guillaume II**

481 À quelle date la révolution spartakiste est-elle écrasée par la jeune république de Weimar? **Janvier 1919**

482 Quelle militante socialiste est assassinée lors de la répression menée contre la révolution spartakiste? **Rosa Luxemburg**

483 Quel traité est signé en 1919 entre l'Allemagne et les pays vainqueurs à l'issue de la Première Guerre mondiale? **Le traité de Versailles**

484 Quel pays européen ne naît pas au lendemain de la Première Guerre mondiale? **La Grèce**

485 Quelle organisation internationale est créée en 1920 au cours de la conférence de paix de Paris afin de préserver la paix en Europe? **La Société des Nations**

486 À l'issue de quel événement Mussolini devient-il Premier ministre en Italie en 1922? **La marche sur Rome**

487 Quel nom porte le PNF (parti national fasciste, fondé par Mussolini) avant 1921? **Les Faisceaux italiens de combat**

488 Quelle région allemande la France et la Belgique envahissent-elles en 1923 pour faire pression sur l'Allemagne qui ne parvient pas à payer les réparations de guerre? **La Ruhr**

489 Quels événements décisifs ont lieu en URSS en 1924? **La mort de Lénine et l'avènement de Staline**

490 De 1927 à 1950, la Chine est déchirée par la guerre civile. Qui s'oppose durant cette guerre? **Le Kuomintang (KMT, parti nationaliste) et le Parti communiste chinois (PCC)**

491 D'où démarre le krach boursier de 1929? **New York**

492 Quelle photographe est l'auteure d'une célèbre photographie titrée « *Mère migrante* » devenue symbole de la Grande Dépression des années 1930? **Dorothea Lange**

493 Quel pays européen est le plus durement touché par les effets de la crise de 1929? **L'Allemagne**

494 Lequel de ces chefs totalitaires accède au pouvoir en janvier 1933? **Hitler**

495 Sur quel parti politique Hitler s'appuie-t-il pour conquérir le pouvoir? **Le Parti national-socialiste des travailleurs allemands**

496 Quel pays africain est occupé par l'Italie fasciste dès 1936? **L'Éthiopie**

497 Qu'appelle-t-on l'Anschluss en 1938? **L'annexion de l'Autriche par l'Allemagne nazie**

498 Quelles forces politiques principales s'affrontent en Espagne durant la guerre civile de 1936-1939? **Le camp républicain contre le camp nationaliste franquiste**

499 Quel est le nom du dictateur qui dirigea l'Espagne de 1939 à 1975? **Francisco Franco**

500 En Espagne, quel titre porte le général Franco à la tête de la dictature franquiste de 1939 à 1975? **Caudillo**

501 Quel est le nom actuel de la ville de Stalingrad? **Volgograd**

502 Quel est le bilan humain de la grande famine ukrainienne de 1932-1933? **Entre 2,5 et 5 millions de victimes**

503 Quel événements majeurs de l'histoire soviétique ont lieu en URSS entre août 1936 et mars 1938? **Les procès de Moscou**

504 Quel ordre chronologique des dirigeants soviétiques est le bon? **Lénine - Staline - Khrouchtchev - Gorbatchev**

505 Quel événement marque le début de la Seconde Guerre mondiale sur le front oriental? **L'invasion de la partie orientale de la Chine par le Japon**

506 Quel événement entraîne l'entrée en guerre du Royaume-Uni et de la France en 1939? **L'invasion de la Pologne par l'Allemagne nazie**

507 Qu'est-ce que l'opération Barbarossa? **Le nom de code donné au projet d'invasion de l'URSS par le IIIe Reich pendant la Seconde Guerre mondiale**

508 Quel événement entraîne l'entrée en guerre des États-Unis en décembre 1941? **L'attaque de Pearl Harbor**

509 Qu'est-ce que la «solution finale» décidée en janvier 1942 lors de la conférence de Wannsee? **L'étape finale du génocide mené par les nazis contre les Juifs, les Tziganes, les homosexuels et toutes les personnes considérées comme ennemies de la race aryenne et du régime nazi**

510 Quelle bataille célèbre de la Seconde Guerre mondiale constitue un tournant dans la guerre, marquant le début de la contre-offensive russe en direction de l'ouest et de l'Allemagne? **La bataille de Stalingrad**

511 Quel est le bilan humain de la Shoah? **Environ 6 millions de personnes juives**

512 Quelles sont les deux villes touchées par les bombardements atomiques américains en août 1945? **Hiroshima et Nagasaki**

513 Quel est le bilan humain total de la Seconde Guerre mondiale? **60 millions de morts**

514 Quels pays possèdent un droit de veto au sein du Conseil de sécurité de l'ONU? **Chine - Russie - France - Royaume-Uni - États-Unis**

515 Quel nom est donné par l'économiste français Jean Fourastié aux trente années de forte croissance économique qui démarrent au lendemain de la Seconde Guerre mondiale? **Les Trente Glorieuses**

516 Quel est le nom de la conférence internationale à l'issue de laquelle est signée la charte des Nations unies donnant naissance à l'ONU? **La conférence de San Francisco**

517 Comment s'appelle la période de croissance économique forte connue par le Japon au lendemain de la Seconde Guerre mondiale? **Le miracle économique japonais**

518 Lequel de ces dirigeants politiques utilise pour la première fois l'expression «rideau de fer» le 5 mars 1946 dans un célèbre discours prononcé à Fulton? **Winston Churchill**

519 Quelle stratégie politique et militaire Harry Truman énonce-t-il en 1947 devant le Congrès américain pour faire face à l'URSS? **L'endiguement**

520 Quelle doctrine soviétique répond à la doctrine Truman dès septembre 1947? **La doctrine Jdanov**

521 Qu'est-ce que le plan Marshall adopté en 1947? **Un plan économique d'aide à la reconstruction de l'Europe après la Seconde Guerre mondiale**

522 Durant la guerre froide, quels noms sont donnés à l'Allemagne de l'Est et à l'Allemagne de l'Ouest? **La République démocratique allemande et la République fédérale d'Allemagne**

523 Laquelle de ces personnalités n'a pas dirigé Israël depuis sa fondation en 1948? **Theodor Herzl**

524 Quel nom est donné à la politique de ségrégation raciale conduite en Afrique du Sud par la minorité blanche contre la majorité noire de 1948 à 1991 ? **L'apartheid**

525 Que signifie le sigle OTAN ? **L'Organisation du traité de l'Atlantique Nord**

526 Quel nom est donné à la Chine après la victoire des communistes en 1949 ? **La République populaire de Chine**

527 Quel dirigeant accède au pouvoir en Chine en 1949 ? **Mao Zedong**

528 Qu'appelle-t-on la chasse aux sorcières dans les années 1950 ? **Une politique de répression menée aux États-Unis par le sénateur McCarthy contre d'éventuels agents, militants et sympathisants communistes**

529 Quel événement marque le début du mouvement pour les droits civiques aux États-Unis en 1955 ? **Le boycott des bus de Montgomery en Alabama**

530 Comment se nomme le système d'alliance militaire défensif scellé durant la guerre froide entre l'URSS et ses alliés ? **Le pacte de Varsovie**

531 Qu'est-ce que le massacre de Sharpeville en 1960 ? **Une violente répression policière menée en Afrique du Sud durant l'apartheid entraînant la mort de 69 manifestants noirs**

532 Quelle ville est le siège de l'organisation de l'unité africaine depuis sa création en 1963 ? **Addis-Abeba en Éthiopie**

533 Quel festival de musique organisé en août 1969 marque l'apogée du mouvement hippie ? **Le festival de Woodstock**

534 Quel est le premier homme à avoir marché sur la lune en 1969 ? **Neil Armstrong**

535 Quel épisode des guerres israélo-arabes participe de la hausse brutale du prix du pétrole en 1973 ? **La guerre du Kippour**

536 Comment appelle-t-on la hausse brutale du prix du pétrole dans les années 1970 ? **Le choc pétrolier**

537 Quel pays connaît un coup d'État en 1973 renversant le gouvernement du président démocratiquement élu Salvador Allende ? **Le Chili**

538 Quel général mène le coup d'État militaire de 1973 contre Allende ? **Augusto Pinochet**

539 Quel est le nom de l'herbicide employé par les États-Unis durant la Guerre du Vietnam ? **L'agent orange**

540 Lequel de ces présidents des États-Unis n'a pas été assassiné ? **Richard Nixon**

541 Qu'est-ce que le scandale du Watergate ? **Un scandale aux États-Unis lié à une affaire d'espionnage politique qui aboutit en 1974 à la démission de Richard Nixon**

542 En quelle année le Mozambique accède-t-il à l'indépendance ? **1975**

543 Comment s'appelle la politique d'ouverture économique menée par la Chine après la mort de Mao Zedong ? **Les Quatre modernisations**

544 Comment appelle-t-on la période des années 1980 au cours de laquelle des dirigeants hostiles à l'intervention de l'État dans la sphère économique et sociale arrivent au pouvoir ? **La révolution conservatrice**

545 Quelle ville connaît un accident nucléaire en 1986 ? **Tchernobyl**

546 Quel événement provoque la guerre du Golfe en 1990 ? **L'invasion et l'annexion du Koweït par l'Irak.**

547 Quel groupe de population de la région des Grands Lacs africains est victime d'un génocide mené par les Hutus en 1994 et conduisant à la mort d'au moins 800 000 personnes? **Les Tutsis**

548 Quelle ville de Bosnie-Herzégovine a été assiégée par les forces serbes et fut le théâtre en juillet 1995 du massacre d'environ 8 000 Bosniaques? **Srebrenica**

Dates clés de l'histoire mondiale

549 Quand les premiers hommes sont-ils apparus ? **Il y a 2,5 millions d'années**

550 Quand a été sculptée la « Dame de Brassempouy » ? **Vers 23 000 av. J.-C.**

551 Quand la dernière glaciation s'est-elle terminée ? **Vers 10 000 av. J.-C.**

552 Quand l'homme de Neandertal a-t-il disparu ? **Il y a 30 000 ans environ**

553 De quand datent les débuts de l'agriculture ? **10 000 av. J.-C.**

554 De quand date l'invention de l'écriture ? **Vers 3 300 av. J.-C.**

555 Quand les pyramides de Gizeh ont-elles été construites ? **Vers 2 600 av. J.-C.**

556 Quelles sont les dates du règne de Ramsès II ? **1279-1213 av. J.-C.**

557 De quand date la fondation de Rome ? **VIIIe siècle av. J.-C.**

558 En quelle année les Phocéens ont-ils fondé Massalia (actuellement Marseille) ? **600** av. J.-C.

559 Quand les premiers Jeux olympiques ont-ils eu lieu à Olympie ? **776 av. J.-C.**

560 En quelle année le dernier roi de Rome est-il expulsé ? **En 509 av. J.-C.**

561 En quelle année les Gaulois ont-ils envahi Rome ? **390 av. J.-C.**

562 En quelle année débute la construction de la Grande Muraille de Chine ? **En 221 av. J.-C.**

563 Quelles sont les dates de la guerre des Gaules ? **58 à 51 av. J.-C.**

564 En quelle année Alexandre le Grand part-il en guerre contre les Perses ? **En 334 av. J.-C.**

565 En quelle année a été assassiné Jules César ? **En 44 av. J.-C.**

566 En quelle année, la ville de Pompéi a-t-elle été détruite par l'éruption du Vésuve ? **En 79**

567 En quelle année l'Empire romain est-il divisé en Empire romain d'Occident et Empire romain d'Orient ? **en 395**

568 Quand Attila est-il défait à la bataille des champs Catalauniques ? **le 20 juin 451**

569 En quelle année Paris devient-elle capitale du royaume des Francs ? **508**

570 Quelle est l'année de la mort de Mahomet ? **632**

571 En quelle année Charles Martel arrête-t-il les Sarrasins à Poitiers ? **En 732**

572 En quelle année sont créés les États pontificaux ? **En 752**

573 En quelle année a lieu le grand schisme d'Orient qui marque la rupture entre Rome et Constantinople ? **En 1054**

574 En quelle année Guillaume le Conquérant devient-il roi d'Angleterre ? **En 1066**

575 Quelle est la date de la prise de Jérusalem lors de la première croisade ? **15 juillet 1099**

576 En quelle année Louis VII épouse-t-il Aliénor d'Aquitaine ? **1137**

577 En quelle année Philippe Auguste et Richard Cœur de Lion partent-ils en croisade ? **En 1190**

578 En quelle année Constantinople est-elle mise à sac par les croisés ? **1204**

579 En quelle année Jean sans Terre signe-t-il la Grande Charte, texte fondamental du régime politique d'Angleterre avec les barons anglais ? **1215**

580 En quelle année, Bagdad est-elle prise par les Mongols, mettant fin à l'Empire abbasside ? **1258**

581 Quand a eu lieu la révolte des « Vêpres siciliennes », marquant la fin de la domination française en Sicile ? **1282**

582 En quelle année a eu lieu la chute de Saint-Jean-d'Acre qui marque la fin de la présence franque au Levant ? **1291**

583 De quand date l'invention de l'imprimerie par Gutenberg ? **Vers 1450**

584 Quelles sont les dates de la guerre de Cent Ans ? **1337-1453**

585 En quelle année les Anglais ont-ils battu les Français à Azincourt ? **1415**

586 Quelle est la date de la prise de Constantinople par les Turcs ? **29 mai 1453**

587 Le traité de Tordesillas qui partage le nouveau continent entre l'Espagne et le Portugal date du : **7 juin 1494**

588 De quand date le traité de Picquigny entre les Français et les Anglais qui met définitivement fin à la guerre de Cent Ans ? **1475**

589 En quelle année les Juifs sont-ils expulsés d'Espagne ? **1492**

590 En quelle année Vasco de Gama contourne-t-il l'Afrique pour atteindre les Indes ? **1498**

591 En quelle année la Bretagne est-elle rattachée à la France ? **1532**

592 En quelle année Jacques Cartier découvre-t-il le Canada ? **1534**

593 En quelle année l'édit de Nantes est-il promulgué ? **1598**

594 En quelle année le *Mayflower*, qui transportait les *Pilgrim Fathers* est-il arrivé aux États-Unis ? **1620**

595 Quelles sont les dates de la guerre de Trente Ans ? **1618-1648**

596 En quelle année Galilée est-il obligé d'abjurer ses thèses scientifiques ? **1633**

597 Quand a été écrit le *Discours de la Méthode* de Descartes ? **1637**

598 En quelle année Charles Ier d'Angleterre est-il décapité lors de la première révolution anglaise ? **1649**

599 En quelle année a eu lieu le grand incendie de Londres ? **1666**

600 De quand date *l'Habeas Corpus Act* qui garantit en Angleterre la liberté individuelle ? **1679**

601 En quelle année les Turcs sont-ils défaits à Vienne ? **1683**

602 En quelle année Louis XIV a-t-il révoqué l'édit de Nantes ? **1685**

603 En quelle année est fondée la première loge maçonnique, la Grande Loge de Londres ? **1717**

604 En quelle année Catherine II de Russie prend-elle le pouvoir aux dépens de son mari ? **En 1762**

605 Quand a eu lieu la *Boston Tea Party*, où des colons américains ont jeté la cargaison de thé des navires anglais ? **16 décembre 1773**

606 Quelle est la date de l'indépendance des États-Unis d'Amérique ? **4 juillet 1776**

607 En quelle année les Anglais et les Français signent-ils leur premier traité de libre-échange ? **1783**

608 En quelle année les frères Montgolfier ont-ils présenté leur invention, la montgolfière à Versailles ? **1783**

609 En quelle année James Watt a-t-il « inventé » (date du dépôt de brevet ») la machine à vapeur ? **1769**

610 En Angleterre, la révolution industrielle débute : **À la fin du xviiie siècle**

611 En quelle année débute la Révolution française ? **1789**

612 En quelle année la traite est-elle abolie au Royaume-Uni ? **1807**

613 Le Congrès de Vienne, conférence diplomatique des grandes puissances européennes vainqueurs de Napoléon Ier, a lieu en : **1814-1815**

614 En quelle année le Brésil proclame-t-il son indépendance ? **1822**

615 En quelle année les Corn Laws (lois protectionnistes sur les céréales) sont-elles abolies au Royaume-Uni, consacrant l'entrée du pays dans une économie de libre-échange ? **En 1846**

616 À quelle date a lieu le Printemps des peuples ? **En 1848**

617 À quelle date est aboli l'esclavage en France ? **En 1848**

618 À quelle date l'unité italienne est-elle réalisée (proclamation du royaume d'Italie) ? **En 1861**

619 Quelles sont les dates de la guerre de Sécession américaine ? **1861-1865**

620 À quelle date l'unité allemande est-elle réalisée ? **1871**

621 À la fin du xixe siècle, l'économie mondialisée affronte une première grande dépression. À quelle période exactement ? **1873-1896**

622 Quand a lieu la conférence de Berlin au cours de laquelle les puissances européennes collaborent et s'organisent pour diviser et coloniser l'Afrique ? **1884-1885**

623 En quelle année a lieu le naufrage du *Titanic* ? **1912**

624 À quelle date débute la Première Guerre mondiale ? **Le 28 juillet 1914**

625 En quelle année a lieu la bataille de Verdun ? **1916**

626 Quelle année de la Première Guerre mondiale appelle-t-on l'année des mutineries ? **1917**

627 À quelle date les États-Unis entrent-ils en guerre durant la Première Guerre mondiale ? **Avril 1917**

628 L'armistice mettant fin à la Première Guerre mondiale date du : **11 novembre 1918**

629 À quelle date Staline accède-t-il au pouvoir en URSS ? **1924**

630 À quelle date Mussolini accède-t-il au pouvoir en Italie ? **1922**

631 Quelle est la date précise du jeudi noir de 1929 ? **24 octobre 1929**

632 À quelle date Hitler devient-il chancelier de l'Allemagne ? **30 janvier 1933**

633 À quelle période l'Espagne est-elle déchirée par la guerre civile ? **1936-1939**

634 À quelle date la Seconde Guerre mondiale démarre-t-elle sur le front oriental ? **1937**

635 Quelles sont les dates de la Seconde Guerre mondiale en Europe ? **1939-1945**

636 À quelle date l'Allemagne nazie agresse-t-elle militairement la Pologne entraînant, deux jours plus tard, l'entrée en guerre du Royaume-Uni puis de la France ? **1er septembre 1939**

637 À quelle date l'Allemagne nazie et l'URSS signent-elles le pacte germano-soviétique ? **1939**

638 À quelle date le Général de Gaulle prononce-t-il son célèbre appel à la résistance sur les ondes de la BBC, depuis Londres ? **Le 18 juin 1940**

639 Le régime de Vichy dure : **du 10 juillet 1940 au 20 août 1944**

640 À quelle date la Wehrmacht envahit-elle l'URSS (opération Barbarossa) ? **Juin 1941**

641 À quelle date a lieu l'attaque aérienne de Pearl Harbor entraînant l'entrée en guerre des États-Unis ? **7 décembre 1941**

642 À quelle date a lieu la conférence de Wannsee qui impulse la « solution finale » ? : **le 20 janvier 1942**

643 Durant la Seconde Guerre mondiale, le débarquement des troupes alliées en Normandie a lieu le : **6 juin 1944**

644 À quelle date a lieu la bataille d'Iwo Jima opposant les armées américaines et japonaises dans le Pacifique ? **Février-mars 1945**

645 À quelle date la Seconde Guerre mondiale se termine-t-elle en Europe ? **Le 8 mai 1945**

646 En quelle année la conférence de Bretton Woods se réunit-elle pour élaborer un nouveau système monétaire international ? **1944**

647 En quelle année le FMI (Fond monétaire international) est-il créé ? **1945**

648 À quelle date a lieu la conférence de Potsdam organisée par les puissances alliées pour fixer le sort des nations ennemies et notamment celui de l'Allemagne ? **du 17 juillet au 2 août 1945**

649 À quelle date est créée l'ONU (Organisation des Nations unies) ? **1945**

650 À quelle date ont lieu les procès de Nuremberg intentés par les puissances alliées contre les principaux responsables du Troisième Reich ? **1945-1946**

651 En quelle année le congrès de La Haye réunit-il près de 800 représentants des courants favorables à la construction d'une Europe politique ? **1948**

652 Quelles sont les dates de la guerre froide ? **1947-1991**

653 En quelle année sont énoncées les doctrines Truman puis Jdanov ? **1947**

654 En quelle année l'Inde et le Pakistan deviennent-ils indépendants ? **1947**

655 À quelle date Mao Zedong accède-t-il au pouvoir en Chine ? **Le 1er octobre 1949**

656 En quelle année l'OTAN (Organisation du traité de l'Atlantique nord) est-elle créée ? **1949**

657 Quelles sont les dates de la guerre d'Algérie ? **1954-1962**

658 En quelle année le traité de Rome instituant la Communauté économique européenne est-il signé par 6 pays européens ? **1957**

659 À quelle date la révolution cubaine menée par Fidel Castro aboutit-elle au renversement de la dictature de Batista ? **1er janvier 1959**

660 En quelle année le mur de Berlin est-il édifié ? **1961**

661 En quelle année la PAC (Politique agricole commune) est-elle mise en œuvre à l'échelle de la Communauté économique européenne afin de moderniser l'agriculture ? **1962**

662 À quelle date le Président Kennedy est-il assassiné ? **1963**

663 En quelle année Martin Luther King prononce-t-il son célèbre discours *I have a dream* à l'occasion de la marche sur Washington ? **1963**

664 En quelle année Martin Luther King est-il assassiné ? **1968**

665 À quelle période le Nigéria est-il déchiré par la guerre du Biafra ? **1967-1970**

666 En quelle année le premier homme marche-t-il sur la Lune ? **1969**

667 En quelle année le Forum de Davos, qui réunit chaque année des dirigeants d'entreprise et des responsables politiques du monde entier, est-il fondé ? **1971**

668 La Guerre du Vietnam démarre en 1965 (date à laquelle le Président Johnson décide officiellement d'un engagement direct de son pays dans la guerre). À quelle date se termine-t-elle ? **A. 1975**

669 En quelle année le dirigeant Mao Zedong décède-t-il ? 1976

670 À quelles dates le monde connaît-il un premier puis un deuxième choc pétrolier ? **1973 et 1979**

671 En quelle année l'Iran connaît-il une révolution qui renverse l'État impérial dirigé par le Shah d'Iran et institue une République islamique ? **1979**

672 À quelle période a lieu la guerre Iran-Irak opposant l'ayatollah Khomeyni à Saddam Hussein ? **1980-1988**

673 En quelle année la Grèce rejoint-elle la Communauté économique européenne ? **1981**

674 En quelle année l'accord de Schengen est-il signé en Europe afin d'encourager la libre circulation des personnes ? **1985**

675 En quelle année est rédigé le rapport Brundtland par la Commission mondiale sur l'environnement et le développement de l'ONU, utilisant et définissant pour la première fois l'expression « développement durable » ? **1987**

676 En quelle année l'organisation terroriste islamiste Al-Qaïda est-elle fondée ? **1987**

677 À quelle date le mur de Berlin est-il détruit ? **1989**

678 À quelle période a lieu la première guerre du Golfe ? **1990-1991**

679 En quelle année le traité de Maastricht instituant l'Union européenne est-il signé ? **1992**

680 À quelle période la Somalie connaît-elle une famine responsable de la mort d'au moins 300 000 personnes ? **1991-1993**

681 En quelle année a lieu le génocide rwandais responsable de la mort d'au moins 800 000 Tutsis ? **1994**

682 En quelle année l'OMC (Organisation mondiale du commerce) est-elle créée ? **1995**

683 À quelle date sont signés les accords de Dayton mettant fin à la guerre de Bosnie-Herzégovine ? **14 décembre 1995**

684 En quelle année sont signés les accords de Kyoto visant à réduire les émissions de gaz à effet de serre ? **1997**

685 En quelle année le G20 est-il créé ? **1999**

686 À quelle date les pays de l'Union européenne adoptent-ils l'euro comme monnaie unique ? **1999**

687 En quelle année a lieu l'attentat du 11 septembre contre les Twin Towers ? **2001**

688 En quelle année le Forum social mondial s'est-il réuni pour la première fois à Porto Alegre ? **2001**

HISTOIRE

689 En quelle année les États-Unis envahissent-ils l'Irak afin de renverser Saddam Hussein ? **2003**

690 À quelle date l'Asie du Sud est-elle touchée par un tsunami causant la mort de 250 000 personnes ? **Décembre 2004**

691 En quelle année le traité établissant une constitution pour l'Europe est-il rejeté par la voie du référendum en France et aux Pays-Bas ? **2005**

692 En quelle année le traité de Lisbonne est-il adopté par les pays de l'Union européenne ? **2007**

693 À quelle date a lieu la crise des *subprimes* ? **2007**

694 En quelle année a débuté le Printemps arabe ? **2010**

695 En quelle année a débuté la Guerre en Syrie ? **2011**

696 En quelle année le dictateur tunisien Ben Ali est-il renversé par une révolution ? **2011**

697 En quelle année a lieu la catastrophe nucléaire de Fukushima ? **2011**

698 En quelle année le Brexit (sortie du Royaume-Uni de l'Union européenne) est-il majoritairement adopté par les Britanniques à l'occasion d'un référendum ? **2016**

Personnalités historiques incontournables

699 Je suis un pharaon égyptien du IIIe millénaire av. J.-C. Je suis surtout connu pour mes réalisations architecturales, notamment la grande pyramide de Gizeh qui fut longtemps l'une des constructions humaines les plus hautes et les plus massives du monde. **Je suis Khéops.**

700 Je suis un pharaon d'Égypte né vers 1345 av. J.-C. Je suis le fils d'Akhenaton. Je dois surtout ma célébrité à la découverte de ma sépulture, et du trésor qu'elle recelait, par un archéologue britannique en 1922. **Je suis Toutânkhamon.**

701 Je suis un pharaon égyptien né vers 1304 av. J.-C. On me surnomme « le Grand » pour l'extrême longévité de mon règne, mais aussi pour mes exploits guerriers. Je suis également surnommé « le Bâtisseur » pour les nombreux monuments et sculptures que je fais réaliser. J'ai tendance à signer des œuvres qui ne sont pas de moi, pour m'en attribuer le mérite. **Je suis Ramsès II.**

702 Je suis un homme politique né à Athènes au Ve siècle av. J.-C. Je m'illustre dans le domaine de l'art et de l'architecture, mais aussi dans le domaine militaire notamment pendant la guerre du Péloponnèse. Je suis également connu pour avoir encouragé la démocratie athénienne. **Je suis Périclès.**

703 Je suis un roi macédonien du IVe siècle av. J.-C. Élève d'Aristote, je suis considéré comme l'un des plus grands conquérants de l'histoire. Durant mon règne relativement court (je décède vers l'âge de 30 ans), je conquiers un immense empire. J'aspire également à rapprocher la culture grecque et la culture orientale. **Je suis Alexandre le Grand.**

704 Considéré comme le plus grand scientifique de l'Antiquité, je suis un mathématicien, physicien et ingénieur grec. Je serais né à Syracuse au IIIe siècle av. J.-C. d'un père astronome. J'aurais fréquenté l'université d'Alexandrie et d'importants savants. Entré au service du roi en tant qu'ingénieur, j'invente des machines militaires pour défendre Syracuse telles que la catapulte. Je décède en 212 av. J.-C. lors de la prise de Syracuse par les Romains. On m'attribue le célèbre « *Eurêka !* » **Je suis Archimède.**

705 Je suis un Empereur indien du IIIe siècle av. J.-C. À l'instar de mon père, je mène de violentes conquêtes et m'illustre par ma cruauté. Après une énième conquête meurtrière, je me tourne vers les principes non violents. Je promeus dès lors le bouddhisme en Inde et dans l'ensemble de l'Asie. **Je suis Ashoka.**

706 Je suis un général et homme politique carthaginois du IIe siècle av. J.-C. J'affronte les Romains avec ténacité, notamment lors de la deuxième guerre punique. Je suis finalement défait lors de la bataille de Zama en 202 av. J.-C. Je suis considéré comme l'un des plus grands stratèges militaires de l'histoire. **Je suis Hannibal.**

707 Fondateur de la dynastie Qin, j'unifie l'empire de Chine au IIIe siècle av. J.-C. On m'attribue la Grande Muraille de Chine dont j'aurais impulsé la construction pour repousser les attaques menées par des tribus Xiongnu, au nord de mon Empire. Je suis également connu pour mon monumental mausolée édifié à Xi'an et dans lequel, outre mon tombeau, on trouve des milliers de soldats en terre cuite. **Je suis Qin Shi Huang.**

708 Je suis un général romain du Ier siècle av. J.-C. Je remporte des succès militaires importants en Sicile et en Afrique. J'épouse Julia, la fille de Jules César. J'affronte ce dernier dès 49 av. J.-C. lors d'une guerre civile qui déchire la République romaine. Je meurs assassiné en Égypte où j'ai trouvé refuge. **Je suis Pompée.**

709 Originaire de Thrace (Nord de la Grèce), libre de naissance, j'aurais été enrôlé de force dans l'armée romaine dans la première moitié du Ier siècle av. J.-C. Fait prisonnier au cours d'une campagne militaire, je suis conduit à Rome en 74 av. J.-C. où je suis vendu comme esclave. Je suis alors entraîné comme gladiateur avant de prendre la tête de la plus grande révolte d'esclaves luttant pour leur liberté. Je suis vaincu et tué par les légions romaines en 71 av. J.-C. **Je suis Spartacus.**

710 Né au Ier siècle av. J.-C., je suis le roi des Arvernes, un peuple gaulois. Durant la guerre des Gaules, je parviens à fédérer une partie des peuples gaulois afin de résister aux Romains. Victorieux lors de la bataille de Gergovie, je suis finalement défait à la bataille d'Alésia. Je suis retenu prisonnier par les Romains avant d'être exécuté. **Je suis Vercingétorix.**

711 Je suis une reine d'Égypte du Ier siècle av. J.-C. C'est sous mon règne que les Romains mènent à bien la conquête de l'Égypte suite à ma défaite lors de la bataille d'Actium en 31 av. J.-C. Je suis également connue pour avoir entretenu une liaison avec César puis avec Marc Antoine. **Je suis Cléopâtre.**

712 Je suis un général et homme politique romain du Ier siècle av. J.-C. Je repousse les frontières romaines jusqu'au Rhin et conquiers la Gaule. Je meurs assassiné à Rome. **Je suis César.**

713 Je suis le fondateur de l'Empire romain en 27 av. J.-C. **Je suis Octave.**

714 Je suis un empereur romain du Ier siècle apr. J.-C. Je succède à l'empereur Claude dont j'empoisonne le fils légitime, Britannicus, en 55, pour écarter toute concurrence. Paranoïaque, j'organise également le meurtre de ma propre mère, Agrippine. Je termine honni de tous et me suicide. **Je suis Néron.**

715 Je suis un empereur romain du Ier siècle apr. J.-C. J'appartiens à la dynastie des Antonins. Je suis considéré comme l'un des meilleurs dirigeants que l'Empire romain ait connus. C'est en effet sous mon règne que l'Empire atteint son apogée. Je suis également connu pour avoir embelli Rome grâce à un vaste programme architectural. **Je suis Trajan.**

716 Je suis un empereur romain du IIe siècle apr. J.-C. J'appartiens à la dynastie des Antonins. Durant mon règne, je porte une attention particulière à la philosophie, aux lettres et à

l'éducation des femmes. Je suis également reconnu pour mes grandes qualités morales. **Je suis Marc Aurèle.**

717 Je suis un médecin grec du IIe siècle apr. J.-C. J'exerce ma profession à Pergame, où je suis né, mais aussi à Rome, au chevet de l'empereur romain. Je suis considéré, avec Hippocrate, comme l'un des théoriciens ayant contribué à poser les bases de la médecine européenne. **Je suis Claude Galien.**

718 Je suis un philosophe grec du IIIe siècle av. J.-C. À Athènes, je deviens un disciple du philosophe Platon. Auteur prolifique, j'aurais écrit 400 ouvrages de mon vivant, dont seulement un cinquième aurait résisté au temps. **Je suis Aristote.**

719 Je suis un empereur romain du IVe siècle apr. J.-C. Converti au christianisme, je suis l'auteur de l'édit de Milan, en 313, qui autorise le christianisme. C'est sur cette religion que je m'appuie pour unifier un Empire romain affaibli et divisé. Je me considère comme le chef de l'Église et convoque ainsi tous les évêques en concile à Nicée en 325. **Je suis Constantin Ier.**

720 Vivant au Ve siècle en Europe de l'Est, je suis le roi des Huns. Ma terrible réputation, liée aux ravages que j'ai causés en Europe occidentale chrétienne, me vaut le surnom de « fléau de Dieu ». J'attaque aussi bien l'Empire romain d'Orient, que l'Italie. Je soumets les Germains et les Slaves. Je m'attaque également à la Gaule, mais je suis finalement repoussé en 451 après ma défaite lors de la bataille des champs Catalauniques. **Je suis Attila.**

721 Au pouvoir de 481 à 511, je suis le premier roi du royaume des Francs. Chef militaire reconnu, j'accrois considérablement le territoire du royaume que m'a légué mon père, unifiant ainsi toute la Gaule. Converti au catholicisme, je suis baptisé à Reims. Soutenu par l'Église catholique, je parviens à m'imposer face aux Wisigoths et aux Burgondes. **Je suis Clovis.**

722 Je suis un religieux chrétien du VIe siècle. Membre de la noblesse italienne, je deviens d'abord ermite avant de fonder un monastère au sud de Rome, sur le Mont Cassin. Vers 540, je rédige une règle de vie pour ma communauté : la règle bénédictine. Cette dernière s'impose progressivement dans la majorité des monastères. Sanctifié au VIIe siècle, je suis considéré comme le père du monachisme occidental. **Je suis saint Benoît de Nursie.**

723 Je suis un empereur byzantin du VIe siècle. Soucieux de rétablir la puissance de l'Empire romain d'autrefois, je parviens à reconquérir une partie des territoires perdus au Ve siècle lors des invasions germaniques. Chef de l'armée et de l'État, je suis considéré comme un personnage sacré tenant mon pouvoir de Dieu. Chrétien orthodoxe, je fais bâtir la basilique Sainte-Sophie dans ma capitale, Constantinople. **Je suis Justinien.**

724 Couronné empereur d'Occident en l'an 800, je suis le fondateur de la dynastie des Carolingiens. M'affirmant comme le successeur des empereurs romains en Occident, je mène d'importantes conquêtes et étends grandement mon territoire. Ces conquêtes me permettent également de diffuser le christianisme, religion officielle de mon Empire. **Je suis Charlemagne.**

725 Né au Xe siècle, d'abord duc, je suis finalement couronné et sacré roi des Francs en 987 grâce au soutien des grands seigneurs et de l'Église catholique. Je suis le fondateur d'une nouvelle dynastie qui règne sur la France sans interruption jusqu'à la Révolution française. **Je suis Hugues Capet.**

726 Duc de Normandie au XIe siècle, je m'empare de la couronne d'Angleterre en 1066 après avoir tué le Roi en place, Harold II, lors de la bataille d'Hastings. Mon épopée est racontée par la célèbre tapisserie de Bayeux. **Je suis Guillaume Ier, dit le Conquérant.**

727 Né au début du XIIe siècle, je suis couronné Empereur du Saint Empire romain germanique en 1155. Je tente de conquérir le nord de l'Italie, ce qui me vaut d'entrer en conflit avec la papauté. Je suis finalement vaincu par la Ligue lombarde. Je prends la tête de la troisième croisade. **Je suis Frédéric Barberousse.**

728 Premier dirigeant de la dynastie ayyoubide, je règne sur l'Égypte et la Syrie au XIIe siècle. Je suis le principal adversaire des Francs dans la région et suis ainsi connu pour mes conquêtes contre les États latins d'Orient. À la tête d'une imposante armée, j'affronte les croisés et parviens à reconquérir Jérusalem en 1187, entraînant la chute presque totale du Royaume de Jérusalem. **Je suis Saladin.**

729 Je règne sur le royaume de France de la fin du XIIe siècle au début du XIIIe siècle. Réputé pour mes victoires militaires importantes, je suis également reconnu pour les efforts que j'ai menés pour renforcer le pouvoir royal. Je suis le premier roi à signer sporadiquement mes actes officiels de « roi de France » au lieu de « roi des Francs ». Je suis excommunié par le pape Innocent III pour avoir répudié ma femme. J'agrandis considérablement le domaine royal. **Je suis Philippe Auguste.**

730 Je règne sur l'Angleterre au XIIe siècle. Fils d'Henri II Plantagenêt et d'Aliénor d'Aquitaine, je suis également le seigneur de nombreux territoires français, notamment l'Aquitaine et la Normandie. Élevé en France, j'entretiens des relations conflictuelles avec mon père. Devenu roi, je participe à la troisième croisade aux côtés du roi de France Philippe Auguste. J'entre en conflit avec ce dernier lorsqu'il tente de s'emparer de mes possessions françaises. **Je suis Richard Ier « Cœur de Lion ».**

731 Je suis un religieux catholique italien du début du XIIIe siècle. Je suis le fondateur de l'ordre des Frères mineurs, un ordre mendiant fondé sur le dénuement, l'imitation du Christ et la prédication. Je suis canonisé en 1128 par l'Église catholique. **Je suis saint François d'Assise.**

732 Issu de la dynastie des Capétiens, je règne sur le royaume de France au XIIIe siècle, durant 43 ans. Pieux comme aucun autre souverain français avant moi, je suis le seul roi de France canonisé par l'Église catholique. **Je suis Louis IX.**

733 Fondateur de l'Empire mongol au XIIIe siècle, considéré comme un conquérant impitoyable et sanguinaire, je contrôle à la fin de mon règne une grande partie de l'Asie. **Je suis Gengis Khan.**

734 Née à Venise au XIVe siècle, je suis une philosophe et une poétesse française. Veuve dès l'âge de 22 ans, je choisis de ne pas me remarier et me consacre à l'écriture. Je suis ainsi considérée comme la première femme écrivaine de langue française vivant de sa plume. Je termine ma vie dans un couvent. **Je suis Christine de Pizan.**

735 Jeune paysanne née en Lorraine, surnommée la « Pucelle d'Orléans », j'ai à peine 17 ans au début du XVe siècle lorsque je parviens à rencontrer le roi de France puis à conduire avec succès les troupes françaises contre les armées anglaises afin de lever le siège d'Orléans. Je convaincs également le roi de se rendre à Reims pour y être sacré. Capturée par les Bourguignons à Compiègne en 1430, je suis vendue aux Anglais puis condamnée à mourir brûlée vive sur le bûcher à Rouen pour hérésie. Je suis canonisée en 1920. Je suis : **Je suis Jeanne d'Arc.**

736 Né vers 1400 à Mayence, je suis l'inventeur de l'imprimerie. J'imprime la première Bible en 1455. **Je suis Gutenberg.**

737 Je règne sur la Castille dès 1474. Je suis l'épouse du roi Ferdinand II d'Aragon, avec lequel je poursuis la Reconquista et parviens à m'emparer de Grenade, faisant chuter le dernier royaume musulman d'Espagne. Je participe au financement du voyage de Christophe Colomb. Qualifiée de Reine catholique, je renforce également le rôle de l'Inquisition pour

lutter contre les juifs d'Espagne, les musulmans et les protestants. **Je suis Isabelle Ire la Catholique.**

738 Je règne sur la France dans la première moitié du XVe siècle. De très grande taille, je suis reconnu pour mes qualités militaires. Durant mon règne, j'agrandis le domaine royal. Je m'empare également du duché de Milan après ma victoire lors de la bataille de Marignan en 1515. En 1539, je fais du français la langue officielle du royaume grâce à l'ordonnance de Villers-Cotterêts. Grand amateur d'art, je m'entoure d'une cour somptueuse. Je fonde le Collège de France, fais construire de nombreux palais et fais venir Léonard de Vinci d'Italie. **Je suis François Ier.**

739 Né en 1449, je suis issu d'une célèbre famille bourgeoise florentine. Je dirige la ville de Florence de 1469 à 1492. Grand mécène, j'encourage les lettres, la peinture, l'architecture. Je suis réputé comme incarnant l'idéal de l'homme de la Renaissance. **Je suis Laurent de Médicis.**

740 Je suis l'un des plus puissants souverains européens du XVIe siècle. Petit-fils d'Isabelle la catholique et de Ferdinand d'Aragon, je règne sur l'Espagne, les Pays-Bas, l'Autriche, le royaume de Naples. En 1519, je suis élu empereur du Saint Empire romain germanique. Durant une bonne partie de mon règne, j'affronte le roi de France François Ier. C'est sous mon règne que sont conquises l'Amérique centrale et l'Amérique du Sud. **Je suis Charles Quint.**

741 Astronome polonais du XVIe siècle, j'ai l'intuition que la Terre tourne autour du soleil. Je m'oppose ainsi à l'idée admise jusque-là que la terre est immobile au centre de l'univers. **Je suis Copernic.**

742 Je suis un puissant sultan ottoman du XVIe siècle. C'est sous mon règne, le plus long de la dynastie ottomane, que l'Empire ottoman atteint son apogée militaire, politique et économique. Je conquiers de vastes territoires au Proche-Orient, en Afrique du Nord et en Europe avant d'être arrêté à Vienne en 1529. Avec ma puissante flotte, j'affronte Charles Quint en Méditerranée. J'améliore grandement l'organisation de l'Empire, ce qui me vaut le surnom de « Législateur », et j'encourage les arts et les lettres. **Je suis Soliman Ier, dit le Magnifique.**

743 Je suis un conquistador espagnol du XVIe siècle. Je suis connu pour avoir conquis l'Empire aztèque au nom de Charles Quint, alors roi d'Espagne et empereur germanique. **Je suis Hernán Cortés.**

744 Reine de France au milieu du XVIe siècle, j'assure la régence pour le compte de mon fils Charles IX, dans un royaume déchiré par les guerres de religion. C'est sous le règne de mon fils que je continue de conseiller de près après sa majorité, qu'a lieu le massacre de la Saint-Barthélemy (1572). **Je suis Catherine de Médicis.**

745 D'abord roi de Navarre, je deviens roi de France en 1589, dans un royaume déchiré par les guerres de religion. Protestant, je dois conquérir mon royaume par la force et abjurer définitivement ma foi protestante. Converti au catholicisme, je mets fin aux guerres de religion en instaurant un régime de tolérance à l'égard des protestants (édit de Nantes). J'affirme mon autorité face à la noblesse. Je suis assassiné en 1610 par un catholique fanatique, Ravaillac. **Je suis Henri IV.**

746 Âgé de seulement 5 ans à la mort de mon père, c'est ma mère, Anne d'Autriche, qui assure la régence du royaume de France avec le cardinal Mazarin. Je débute mon règne personnel en 1661. Durant plus de 50 ans, je suis guidé par la volonté de porter à son apogée la monarchie absolue de droit divin dont mes prédécesseurs ont déjà posé les bases. **Je suis Louis XIV.**

747 Je suis un économiste écossais du XVIIIe siècle. Auteur de *La Richesse des nations*, publiée en 1776, je suis considéré comme le fondateur des sciences économiques modernes, mais aussi du libéralisme économique. **Je suis Adam Smith.**

748 Je suis un philosophe et écrivain français. En plein siècle des Lumières, mes écrits (pièces de théâtre, essais philosophiques) me valent des démêlés avec la justice, un séjour en prison et même un exil de plusieurs années en Angleterre. J'entretiens une longue relation avec la philosophe et mathématicienne, madame du Châtelet. Je fréquente ensuite la cour du roi de Prusse avant de m'installer en Suisse. Je m'érige contre l'intolérance religieuse et obtiens même la réhabilitation de plusieurs innocents condamnés à tort, tel que Jean Calas. Je participe à l'*Encyclopédie*. **Je suis Voltaire.**

749 Je suis un philosophe, économiste et surtout chimiste français du XVIIIe siècle. Considéré comme le père de la chimie moderne, je suis notamment connu du grand public comme l'auteur de la célèbre citation : « Rien ne se perd, rien ne se crée, tout se transforme. » Je suis guillotiné en 1794. **Je suis Antoine de Lavoisier.**

750 Je suis l'une des principales figures politiques de la Révolution française. Né à Arras, avocat de formation, je suis élu député du tiers état aux états généraux en 1789. J'y défends avec vigueur des positions démocratiques telles que le suffrage universel et l'abolition de l'esclavage ou de la peine de mort. Je suis l'un des membres les plus actifs du club des Jacobins. En 1793, j'entre au Comité de salut public où je participe à l'instauration de la Terreur. Je suis guillotiné en 1794. **Je suis Maximilien de Robespierre.**

751 Femme de lettres et femme politique française, je suis l'une des pionnières du féminisme. Auteure de *La Déclaration des droits de la femme et de la citoyenne*, j'écris et milite activement pour les droits des femmes, mais aussi pour l'abolition de l'esclavage. À partir de 1793, je critique le durcissement de la République et les atteintes portées aux libertés et à la démocratie. Je suis guillotinée la même année. **Je suis Olympe de Gouges.**

752 Figure clé de la guerre d'Indépendance américaine à la fin du XVIIIe siècle, je suis le premier président des États-Unis. **Je suis George Washington.**

753 Membre de la noblesse, je suis un officier et homme politique français de la fin du XVIIIe siècle au début du XIXe siècle. Je suis une figure centrale de la guerre d'Indépendance américaine durant laquelle je combats aux côtés de George Washington. Député de la noblesse aux états généraux en 1789, je suis favorable à une monarchie constitutionnelle. **Je suis La Fayette.**

754 Né en 1765, je suis un ingénieur français réputé pour avoir inventé la photographie au tout début du XIXe siècle. **Je suis Nicéphore Niépce.**

755 Je suis un biologiste britannique du XIXe siècle. Dans mon ouvrage *De l'origine des espèces* paru en 1859, je révolutionne la biologie en énonçant la théorie de l'évolution des espèces et le principe de la « sélection naturelle ». **Je suis Charles Darwin.**

756 Philosophe allemand du XIXe siècle, je rédige en 1848 avec mon ami Friedrich Engels le *Manifeste du parti communiste*. J'y formule les principes de la doctrine communiste et appelle le prolétariat à renverser le capitalisme par une révolution. Je joue un rôle clé au sein de la Première Internationale. **Je suis Karl Marx.**

757 Élu en 1860 puis 1864, je suis le seizième président des États-Unis. Je dirige le pays dans le contexte houleux de la guerre de Sécession. En 1865, je fais ratifier le XIIIe amendement de la Constitution des États-Unis qui abolit l'esclavage. Je suis assassiné la même année par un sympathisant sudiste. **Je suis Abraham Lincoln.**

758 Je suis un chimiste et physicien français, considéré comme l'un des pionniers de la microbiologie. Je démontre l'existence des bactéries en 1861, attestant ainsi de l'importance de l'hygiène. La même année, je découvre le principe de la fermentation. Deux ans plus tard, j'invente un processus, qui porte depuis mon nom, permettant de conserver les aliments. En 1885, je découvre le vaccin contre la rage. **Je suis Louis Pasteur.**

759 Je règne sur le Royaume-Uni de 1837 à 1901. C'est sous mon très long règne (le plus long de l'histoire du Royaume-Uni) que mon pays s'affirme comme la première puissance économique et coloniale au monde. **Je suis Victoria.**

760 Né en 1869, originaire de Sibérie, je me présente comme un pèlerin mystique, prophète et guérisseur. En 1907, grâce à mes supposés talents de guérisseur, je parviens à m'imposer à la cour impériale, auprès du jeune prince héritier, Alexis, atteint d'hémophilie. Le soulagement ressenti par l'enfant lorsque je suis à son chevet renforce mon influence à la cour et auprès du couple impérial. Mes détracteurs me présentent comme un charlatan, un débauché sexuel voire même un espion. On m'accuse souvent d'avoir jeté le discrédit sur la famille impériale et d'avoir donc participé à la chute des Romanov. Je suis assassiné en 1916 par des aristocrates. **Je suis Grigori Raspoutine.**

761 Je suis un homme politique français né au milieu du XIXe siècle et mort en 1929. Député dès 1871 sous la IIIe République, je me distingue parmi les républicains par mon opposition à la colonisation. Anticlérical, je milite pour la séparation des Églises et de l'État. Rédacteur en chef du journal *L'Aurore* au moment de l'affaire Dreyfus, j'accepte d'y publier l'article « *J'accuse* » d'Émile Zola en 1898 et joue ainsi un rôle très actif dans le camp des dreyfusards. **Je suis Georges Clemenceau.**

762 Je suis une chimiste et physicienne française. Née en Pologne, je quitte mon pays natal en 1891 pour poursuivre mes études à Paris. Étudiante brillante, je suis l'une des rares femmes de la faculté des sciences. Mes travaux sur la radioactivité naturelle me permettent de recevoir les prix Nobel de physique et de chimie, l'un en 1903 et l'autre en 1910. Je suis ainsi la première femme à recevoir le prix Nobel. Je suis également la première femme à enseigner à la Sorbonne. En 1995, je deviens également la première femme panthéonisée pour ses propres travaux. **Je suis Marie Curie.**

763 Je suis une suffragette britannique. À partir de 1906, je milite activement au sein du Women's Social and Political Union (WSPU), une organisation luttant pour le droit de vote des femmes. J'y mène des actions de désobéissance civile qui me conduisent à plusieurs reprises en prison. En 1913, je suis blessée par un cheval de course devant 500 000 spectateurs au derby d'Epsom. Cet accident me coûte la vie quatre jours plus tard. **Je suis Emily Davison.**

764 Je suis un ingénieur et homme d'affaires américain. Au début du XXe siècle, au sein de mes usines automobiles, j'ai amélioré et appliqué les techniques de production théorisées par Taylor dès la fin du XIXe siècle**. Je suis Henry Ford.**

765 Grande figure du socialisme, je suis un homme politique français. Dirigeant de la SFIO (Section française de l'Internationale ouvrière), je deviens en 1936 le chef du gouvernement du Front populaire. **Je suis Léon Blum.**

766 Né dans l'Empire allemand en 1879, je suis considéré comme l'un des plus grands physiciens de l'histoire. Je suis notamment connu du grand public pour mon équation $E = mc^2$ et pour ma théorie de la relativité. Récompensé par le prix Nobel de physique en 1921, je contribue au développement de la cosmologie et de la mécanique quantique. Proche des idées socialistes et pacifistes, je milite notamment contre la prolifération des armes atomiques et contre la ségrégation raciale subie par les populations noires des États-Unis. **Je suis Albert Einstein.**

767 Je suis un neurologue autrichien né en 1856 et décédé en 1939, fondateur de la psychanalyse. **Je suis Sigmund Freud.**

768 Née aux États-Unis à la fin du XIXe siècle, je suis la première femme aviatrice à avoir traversé l'Atlantique en solitaire en 1932. Je décède en 1937 alors que je tentais de réaliser un tour du monde. **Je suis Amelia Earhart.**

769 Je suis un militant marxiste révolutionnaire de la première moitié du XXe siècle. Je joue un rôle dans la révolution russe de 1905. En 1917, je suis l'une des principales figures de la révolution bolchevique. Membre du gouvernement bolchevique, je fonde l'Armée rouge. Critiquant la bureaucratisation croissante du régime, je prends la tête, à l'arrivée de Staline au pouvoir, de l'opposition de gauche. Chassé d'URSS, je suis finalement assassiné en 1940 au Mexique par un agent du NKVD. **Je suis Léon Trotski.**

770 Je suis une militante et théoricienne communiste. Née en Pologne, je m'intéresse aux idées socialistes. À l'âge de 18 ans, je quitte la Pologne pour la Suisse puis l'Allemagne où je m'installe avant d'obtenir la nationalité. Je milite pendant plusieurs années au sein du SPD allemand puis en suis exclue durant la Première Guerre mondiale. Je fonde la Ligue spartakiste qui devient le Parti communiste d'Allemagne en décembre 1918. En janvier 1919, dans une Allemagne gagnée par l'agitation révolutionnaire, je suis arrêtée à l'occasion d'une répression violente et suis assassinée par les forces de l'ordre. **Je suis Rosa Luxemburg.**

771 Né en 1881, je suis un célèbre médecin et biologiste britannique. En 1928, je découvre par accident la pénicilline, premier antibiotique créé par l'homme. **Je suis Alexander Fleming.**

772 Je suis élu président des États-Unis en 1932, dans un pays en proie à la Grande Dépression. Face à cette dernière, j'applique mon programme intitulé *New Deal*. Seul président américain à être élu à quatre reprises, je suis à la tête des États-Unis durant la Seconde Guerre mondiale. En 1941, je romps avec l'isolationnisme américain et contribue ainsi à la victoire des Alliés. **Je suis Franklin Delano Roosevelt.**

773 Je suis une militante anarchiste et féministe américaine de la première moitié du XXe siècle. Infirmière et sage-femme dans les quartiers pauvres de New York au tout début du XXe siècle, je suis confrontée à de nombreux cas de grossesses non désirées, d'usage illégal de la contraception et d'avortements clandestins. Dès 1914, j'édite un journal systématiquement interdit dans lequel j'affirme que « le corps d'une femme n'appartient qu'à elle seule ». J'invente le terme « contrôle des naissances » et suis également la fondatrice de l'American Birth Control League (ligue américaine pour le contrôle des naissances), plus tard nommé « le planning familial ». **Je suis Margaret Sanger.**

774 Je suis un militant et homme politique indien du XXe siècle. Après des études de droit à Londres, je deviens avocat en Afrique du Sud où je m'engage en faveur des droits des immigrés indiens. Je développe des méthodes de résistance passive, de non-violence et de désobéissance civile que j'applique dès 1915 en Inde pour lutter contre le colonialisme. Assassiné en 1948 par un extrémiste hindouiste, je suis considéré comme le père de l'indépendance de mon pays en 1947. **Je suis Mohandas Karamchand Gandhi.**

775 Je suis un homme politique britannique de la première moitié du XXe siècle, membre du Parti conservateur. Dès 1905, j'occupe plusieurs postes de ministre avant de devenir Premier ministre durant la Seconde Guerre mondiale. Battu aux élections de 1945, je reviens au pouvoir de 1951 à 1955. Je suis réputé pour mes talents d'orateur et pour l'énergie avec laquelle j'ai mené mon pays face aux puissances de l'Axe. **Je suis Winston Churchill.**

776 Je suis l'un des généraux américains les plus célèbres du XXe siècle. Chef d'état-major de l'armée américaine au milieu des années 1930, je joue un rôle majeur durant la Seconde Guerre mondiale sur le front Pacifique. De 1945 à 1951, je supervise l'occupation du Japon par les États-Unis et impulse dans ce pays vaincu de profonds changements politiques et économiques. Je joue enfin un rôle de premier plan au début de la guerre de Corée. **Je suis le général MacArthur.**

777 Haut fonctionnaire (je suis préfet d'Eure-et-Loir lorsque débute la Seconde Guerre mondiale), je suis l'un des premiers Français mobilisés contre l'occupation et le Régime de Vichy. En 1941, je rejoins la France libre avant d'être envoyé par Charles de Gaulle en France pour unifier la Résistance intérieure et créer une armée secrète. Je m'installe alors à Lyon et prends le pseudonyme de Rex. Une fois ma mission honorée, je prends la tête du Conseil national de la Résistance. Arrêté par la Gestapo en 1943, je suis torturé à mort par la police allemande. **Je suis Jean Moulin.**

778 Je suis un militaire et dirigeant politique né aux États-Unis en 1890. Durant la Seconde Guerre mondiale, je coordonne le débarquement en Afrique du Nord, en Sicile puis en Italie avant d'être nommé commandant en chef de l'ensemble des forces alliées. Membre du Parti républicain, j'accède finalement à la Maison-Blanche en 1953, devenant ainsi le 34e président des États-Unis. **Je suis Dwight Eisenhower.**

779 Je suis un homme d'État soviétique. Membre du Parti bolchevique, je joue un rôle secondaire lors de la Révolution d'octobre 1917. Je m'impose comme dirigeant de l'URSS en 1924 en n'hésitant pas à évincer voire éliminer mes rivaux. Jusqu'à ma mort, en 1953, j'impose progressivement un pouvoir absolu, transformant l'URSS en État totalitaire. **Je suis Joseph Staline.**

780 Né aux États-Unis en 1929, je suis un pasteur noir, militant de manière non violente contre la ségrégation raciale. J'organise et dirige le mouvement de boycott des bus en Alabama en 1955 après l'arrestation de Rosa Parks. Je m'impose progressivement comme le leader du mouvement des droits civiques. En 1963, je prononce un célèbre discours *I have a dream* à l'occasion de la marche pour l'emploi et la liberté à Washington. J'obtiens le prix Nobel de la paix en 1964. Je suis assassiné en 1968. **Je suis Martin Luther King.**

781 Né en 1890, je suis un militant et dirigeant politique vietnamien, fondateur du Parti communiste indochinois en 1930. Favorable à l'indépendance de l'Indochine, alors colonie française, je fonde en 1941 la « Ligue pour l'Indépendance du Viêt Nam » (*Viêt Minh*). En 1945, je proclame l'indépendance de l'Indochine avant d'être précipité dans la longue guerre d'Indépendance de l'Indochine. Après la défaite des Français en 1954, je préside le Vietnam du Nord. Je joue de nouveau un rôle central durant la guerre du Vietnam face aux États-Unis. Je décède en 1969. **Je suis Hô Chi Minh.**

782 Très proche d'Adolf Hitler, je suis l'un des dirigeants politiques les plus puissants du régime nazi. Je suis ministre de la Propagande de 1933 à 1945. Violemment antisémite, je joue un rôle moteur dans la persécution puis l'extermination des Juifs d'Europe. Je me suicide en 1945 dans le même bunker que Hitler pour échapper aux Alliés. **Je suis Joseph Paul Goebbels.**

783 Je suis un militaire et homme politique français de la première moitié du XXe siècle. Durant la Première Guerre mondiale, j'organise la défense de Verdun puis deviens commandant en chef des armées françaises. Nommé président du Conseil le 16 juin 1940, je signe l'armistice avec l'Allemagne le 22 juin avant de renverser la IIIe République. J'instaure alors un régime politique réactionnaire, autoritaire et raciste, le régime de Vichy. En octobre 1940, j'engage la France dans une politique de collaboration avec l'Allemagne

nazie. Condamné à la peine capitale en 1945, je suis finalement gracié et meurs en prison. **Je suis Philippe Pétain.**

784 Je suis un général français, figure clé de la Seconde Guerre mondiale. Suite à la débâcle française de 1940, je rejoins Londres aux côtés du général de Gaulle. Je joue un rôle militaire actif en Afrique pour lutter contre l'Axe. En 1944, je participe au débarquement de Normandie à la tête d'une unité des FFL (Forces françaises libres). C'est à la tête de cette même unité que je libère la capitale en août 1944. Je perds la vie en 1947 dans un accident d'avion. Je suis élevé à la dignité de Maréchal de France après ma mort. **Je suis le général Leclerc.**

785 Je suis un militaire et homme politique yougoslave. Fondateur du Parti communiste yougoslave en 1919, je dirige mon pays d'une main de fer de 1945 à 1980. Rompant avec l'URSS dès 1948, j'opte durant la guerre froide pour une politique de neutralité et suis ainsi l'un des fondateurs du mouvement des non-alignés. **Je suis Tito.**

786 Je suis un militant nationaliste et homme politique algérien. Je suis l'un des pionniers de la lutte pour l'indépendance de l'Algérie. Après l'interdiction de l'Étoile nord-africaine, je fonde le Parti du peuple algérien en 1937. Puis, dans le contexte de la guerre d'Algérie, je fonde le Mouvement national algérien, à la tête duquel j'entre violemment en conflit avec les militants du FLN (Front de libération nationale). **Je suis Messali Hadj.**

787 Je suis l'une des principales figures de la lutte contre l'apartheid en Afrique du Sud. En 1962, je suis arrêté par la police sud-africaine puis condamné à la prison à perpétuité. Je suis finalement libéré en 1990, après 27 années de détention. En 1993, je reçois le prix Nobel de la paix pour avoir mis fin au régime d'apartheid. En 1994, je deviens président de la République d'Afrique du Sud. **Je suis Nelson Mandela.**

788 Née aux États-Unis en 1906, je suis une artiste et résistante naturalisée française en 1937. Ma mère était une danseuse métisse noire et amérindienne et mon père un musicien de rue d'origine espagnole. Danseuse de music-hall et chanteuse jazz, je me produis à Broadway avant de traverser l'Atlantique et de devenir la coqueluche des Folies Bergères. À la veille de la Seconde Guerre mondiale, je foule les planches du Casino de Paris puis entre dans la Résistance en 1940. Au lendemain de la guerre, je milite en faveur du mouvement des droits civiques et contre la ségrégation et le racisme. Je décède en 1975. **Je suis Joséphine Baker.**

789 En 1955, à Montgomery, en Alabama, je deviens un symbole de désobéissance civile et de lutte contre la ségrégation raciale en refusant de céder ma place à un passager blanc dans un bus. **Je suis Rosa Parks.**

790 Né en Argentine en 1928, je suis un militant révolutionnaire marxiste. Après avoir voyagé dans toute l'Amérique latine, je participe activement à la révolution cubaine auprès de Fidel Castro. Une fois la dictature de Batista renversée, en janvier 1959, je joue un rôle politique majeur au sein du nouveau gouvernement. Capturé en 1967 en Bolivie, je suis exécuté par l'armée bolivienne aidée de la CIA. **Je suis Ernesto Guevara de la Serna dit Che Guevara.**

791 Née en 1944 en Alabama, je suis une militante communiste luttant pour les droits humains. Profondément féministe et antiraciste, je milite plus précisément pour les droits des femmes, des homosexuels et des Noirs. Mes essais et mes discours font de moi une intellectuelle radicale particulièrement réputée. J'enseigne aujourd'hui à l'université de Californie. **Je suis Angela Davis.**

792 Je suis une femme politique française du XXe siècle. Née en 1927 dans une famille juive, je suis rescapée du camp d'Auschwitz où je perds mon frère et mes parents. Nommée ministre de la Santé en 1974 par Valéry Giscard d'Estaing, je deviens une icône de la

lutte pour l'émancipation des femmes en défendant et en faisant voter la loi pour l'IVG. Décédée en 2017, je suis panthéonisée en 2018. **Je suis Simone Veil.**

793 Pédiatre et psychanalyste française née au début du XXe siècle, je suis connue pour avoir appliqué les méthodes de la psychanalyse aux enfants et adolescents. Je diffuse mes idées sur la psychanalyse et l'éducation des enfants dès les années 1960, au travers d'écrits, mais surtout au travers d'émissions de radio. Ces dernières rencontrent un succès croissant dans les années 1970 auprès du grand public. Je défends notamment l'idée que l'enfant est un sujet à part entière dès son plus jeune âge. **Je suis Françoise Dolto.**

794 Je suis le plus jeune président élu des États-Unis. Mon bref mandat est marqué par la construction du mur de Berlin, à laquelle je m'oppose vivement, mais également par la crise des missiles de Cuba. En 1961, j'impulse le Programme Apollo afin de renforcer le prestige des États-Unis dans le contexte de la course aux étoiles face à l'URSS. Je suis assassiné à Dallas en 1963. **Je suis John Fitzgerald Kennedy.**

795 Militant américain des droits civiques, je cofonde, avec Huey Percy Newton, le Black Panther Party en 1966. **Je suis Bobby Seale.**

796 Né aux États-Unis en 1925, je milite activement pour la cause des Noirs américains dans un pays marqué par la ségrégation et le racisme. Converti à la religion musulmane, séduit par les idées du Black nationalism, j'adhère en 1952 au mouvement Nation of Islam avant de m'en éloigner au milieu des années 1960. Évoluant vers des idées socialistes et internationalistes, je milite plus largement pour les droits humains. Je suis assassiné en 1965. **Je suis Malcolm X.**

797 Je suis un athlète américain considéré comme l'un des meilleurs de tous les temps à l'épreuve du 200 mètres. Outre mes qualités sportives, je marque l'histoire du XXe siècle à l'occasion des Jeux olympiques de Mexico en 1968. Perché sur la plus haute marche du podium du 200 m, alors que retentit l'hymne américain, j'incline le menton et lève mon poing ganté de noir en signe de protestation contre les discriminations dont sont victimes les personnes noires aux États-Unis. Imité par mon compatriote présent sur la troisième marche du podium, ce geste politique nous vaut à tous les deux d'être suspendus de l'équipe nationale, exclus du village olympique puis interdits à vie de compétition. **Je suis Tommie Smith.**

798 Première femme à diriger le Parti conservateur, je suis également la première femme à occuper le poste de Premier ministre du Royaume-Uni de 1979 à 1990. Surnommée la Dame de fer, je suis réputée pour mon intransigeance face à la mobilisation des militants indépendantistes irlandais et des mineurs grévistes durant les années 1980. Profondément libérale, j'impulse des réformes économiques et sociales d'ampleur (privatisations, baisse des impôts, lutte contre le déficit public, affaiblissement des syndicats). **Je suis Margaret Thatcher.**

799 Syndicaliste et homme politique polonais, je suis le fondateur de Solidarnosc, une fédération de syndicats polonais née en 1980 pour lutter contre le régime communiste alors en place en Pologne et contre l'influence de l'URSS. Fervent catholique, je bénéficie du soutien de l'Église. En 1990, je suis élu président de la République à l'occasion des premières élections libres que connaît mon pays. **Je suis Lech Walesa.**

800 Née en 1953, je suis une femme politique pakistanaise. J'exerce à deux reprises la fonction de Premier ministre, en 1988-1990 puis en 1993-1996. Je suis ainsi la première femme élue démocratiquement à diriger un pays dont la population est majoritairement musulmane. Je meurs assassinée en 2007. **Je suis Benazir Bhutto.**

801 Informaticien américain, né en 1955 à Seattle, je suis le cofondateur de Microsoft. Je m'impose ainsi, durant des années, comme l'homme le plus riche du monde. **Je suis Bill Gates.**

THÈME 2

Géopolitique

Généralités

➜ Retrouvez le corrigé de cette série page 178.

1 **L'archipel des Mascareignes se situe :**

- ○ **A.** Dans l'océan Indien
- ○ **B.** Dans l'océan Atlantique
- ○ **C.** Dans l'océan Pacifique Nord
- ○ **D.** Dans l'océan Pacifique Sud

2 **Le Darfour est une région :**

- ○ **A.** Du Yémen
- ○ **B.** D'Éthiopie
- ○ **C.** Du Soudan
- ○ **D.** Du Tchad

3 **Le processus de Kimberley vise à :**

- ○ **A.** Moraliser le commerce international de diamants
- ○ **B.** Interdire le commerce international d'ivoire
- ○ **C.** Interdire les mines antipersonnel
- ○ **D.** Interdire le commerce international de plutonium

4 **Le forum mondial de Davos :**

- ○ **A.** Vise à réguler les marchés financiers
- ○ **B.** Vise à détendre les relations diplomatiques internationales
- ○ **C.** Est une organisation internationale indépendante
- ○ **D.** Est une émanation de l'ONU

5 **Quel est le texte qui régit les relations diplomatiques entre États ?**

- ○ **A.** La convention de New York
- ○ **B.** La convention de Vienne
- ○ **C.** La convention de Paris
- ○ **D.** La convention de Genève

6 **La ville de Mossoul est située en :**

- ○ **A.** Irak
- ○ **B.** Iran
- ○ **C.** Syrie
- ○ **D.** Liban

7 **Le mot Tsahal désigne :**

- ○ **A.** Les services secrets israéliens
- ○ **B.** Une zone revendiquée par le Liban et Israël
- ○ **C.** La zone frontalière entre Israël et l'Égypte
- ○ **D.** L'armée israélienne

8 **En France, qui négocie et ratifie les traités internationaux ?**

- ○ **A.** Le chef de l'État
- ○ **B.** Le ministre des Affaires étrangères
- ○ **C.** Le Premier ministre
- ○ **D.** Le Parlement

9 **Gibraltar est anglais depuis :**

- ○ **A.** 1704
- ○ **B.** 1848
- ○ **C.** 1918
- ○ **D.** 1945

10 **Quelle est la capitale de la Confédération helvétique ?**

- ○ **A.** Berne
- ○ **B.** Zurich
- ○ **C.** Genève
- ○ **D.** Bâle

11 **La Silicon Valley est située près de :**

- ○ **A.** Los Angeles
- ○ **B.** San Francisco
- ○ **C.** Boston
- ○ **D.** Dallas

12 **Le siège de l'Union pour la Méditerranée est à :**

- ○ **A.** Alger
- ○ **B.** Athènes
- ○ **C.** Barcelone
- ○ **D.** Malte

13 **La base de lancement des fusées de Baïkonour est :**

- ○ **A.** En Russie centrale
- ○ **B.** En Ouzbékistan
- ○ **C.** Au Kazakhstan
- ○ **D.** En Sibérie

14 **La « langue de bœuf » désigne :**

- ○ **A.** La « ligne en neuf traits » chinoise
- ○ **B.** Le « collier de perles » qui rejoint des ports stratégiques chinois dans le monde
- ○ **C.** Le Kamtchatka russe
- ○ **D.** La partie du territoire argentin réputé pour l'élevage bovin

15 **Le Yasukuni désigne :**

- ○ **A.** Un type de grandes entreprises japonaises multiactivités
- ○ **B.** Une île stratégique revendiquée par la Chine et le Japon
- ○ **C.** Un sanctuaire construit pour rendre hommage aux Japonais ayant donné leur vie au nom de l'empereur du Japon
- ○ **D.** Le lieu où aurait dû exploser la première bombe atomique américaine

16 **Clausewitz est un théoricien militaire :**

- ○ **A.** Autrichien ayant écrit l'ouvrage « *L'art de la guerre* »
- ○ **B.** Prussien ayant écrit l'ouvrage « *De la guerre* »
- ○ **C.** Polonais ayant écrit l'ouvrage « *De la guerre à la paix* »
- ○ **D.** Belge ayant écrit l'ouvrage « *L'art de la paix* »

17 **L'ouvrage « *Le choc des civilisations* » a été écrit en 1996 par :**

- ○ **A.** Paul Kennedy
- ○ **B.** Samuel Huntington
- ○ **C.** Fernand Braudel
- ○ **D.** Karl Popper

18 **Francis Fukuyama a écrit en 1992 l'ouvrage :**

- ○ **A.** « *La fin de l'histoire et le dernier homme* »
- ○ **B.** « *La fin du communisme* »
- ○ **C.** « *La fin de la civilisation* »
- ○ **D.** « *La fin de la guerre froide et la fin de la paix* »

19 **Le concept d'« économie-monde » a été élaboré par :**

- ○ **A.** Jacques Attali
- ○ **B.** Raymond Aron
- ○ **C.** Fernand Braudel
- ○ **D.** François Furet

20 **Le concept de « *soft power* » a été élaboré par :**

- ○ **A.** Joseph Nye
- ○ **B.** Paul Kennedy
- ○ **C.** Immanuel Wallerstein
- ○ **D.** Samuel Huntington

21 **Le concept de « guerres en chaîne » pour qualifier le xxe siècle est de :**

- ○ **A.** Michel Serres
- ○ **B.** Bernard-Henri Lévy
- ○ **C.** Jean-Paul Sartre
- ○ **D.** Raymond Aron

22 **Gibraltar est un territoire :**

- ○ **A.** Britannique
- ○ **B.** Espagnol
- ○ **C.** Français
- ○ **D.** Marocain

23 **Qui a écrit : « La guerre est la poursuite de la politique par d'autres moyens » ?**

- ○ **A.** Rosa Luxemburg
- ○ **B.** Max Weber
- ○ **C.** Benjamin Disraeli
- ○ **D.** Carl von Clausewitz

24 **Qui a développé la théorie de la dépendance ?**

- ○ **A.** Thomas Hobbes
- ○ **B.** Hans Morgenthau
- ○ **C.** Walt Whitman Rostow
- ○ **D.** Samir Amin

25 **Un laogai est en Chine :**

- ○ **A.** Une zone économique spéciale
- ○ **B.** Un camp de rééducation par le travail
- ○ **C.** Le nom donné aux îles artificielles construites en mer de Chine méridionale
- ○ **D.** Le nom de l'armée populaire chinoise

26 **Henry Kissinger a été secrétaire d'État de :**

- ○ **A.** Lyndon Johnson
- ○ **B.** Richard Nixon
- ○ **C.** Jimmy Carter
- ○ **D.** George Bush (père)

27 **La « ligne en neuf traits » désigne :**

- ○ **A.** La zone de la mer de Chine méridionale que la Chine prétend contrôler
- ○ **B.** La ligne virtuelle qui sépare la Russie de l'Alaska
- ○ **C.** La ligne de changement de date dans l'océan Pacifique
- ○ **D.** La ligne de partage des eaux du Jourdain entre Israël et la Jordanie

28 **Le concept d'« hyperpuissance » a été développé par :**

- ○ **A.** Henry Kissinger
- ○ **B.** Leonid Brejnev
- ○ **C.** Hubert Védrine
- ○ **D.** Willy Brandt

29 **Le wilsonisme désigne :**

- ○ **A.** Une doctrine américaine proposant un nouvel ordre international fondé sur le droit de la sécurité collective
- ○ **B.** Une doctrine de radicalisation des relations diplomatiques entre les États-Unis et ses opposants
- ○ **C.** Une doctrine isolationniste américaine menée à la fin du XIXe siècle
- ○ **D.** Une doctrine hostile à la mise en place d'institutions internationales

30 **Al Jazeera est une chaîne de télévision :**

- ○ **A.** Qatarienne
- ○ **B.** Saoudienne
- ○ **C.** Des Émirats arabes unis
- ○ **D.** Iranienne

31 **L'Antarctique :**

- ○ **A.** Appartient à l'Argentine
- ○ **B.** Appartient à la France, à la Grande-Bretagne et au Chili
- ○ **C.** Est un patrimoine commun de l'humanité
- ○ **D.** Est un pays membre de l'ONU

32 **L'Arabie saoudite est un pays :**

- ○ **A.** Sunnite
- ○ **B.** Chiite
- ○ **C.** Sans religion officielle
- ○ **D.** Où toutes les religions sont libres de s'exercer

33 **La mer de Barents est :**

- ○ **A.** Russe
- ○ **B.** Norvégienne
- ○ **C.** Russe et norvégienne
- ○ **D.** Canadienne

34 L'Arménie est un pays :

- ○ **A.** Indépendant depuis 1991
- ○ **B.** Enclavé au sein de la Turquie
- ○ **C.** Qui appartient aux Balkans
- ○ **D.** De religion essentiellement musulmane

35 Le Patriot Day désigne aux États-Unis le jour où les Américains se recueillent en mémoire :

- ○ **A.** De l'attaque de Pearl Harbour
- ○ **B.** De l'attaque du 11 septembre 2001
- ○ **C.** De l'indépendance américaine
- ○ **D.** De l'entrée en guerre des États-Unis lors de la Première Guerre mondiale

36 La « balkanisation » désigne :

- ○ **A.** Un mouvement d'unité politique des pays des Balkans au courant du XIXe siècle
- ○ **B.** Une politique de rapprochement économique des pays des Balkans au début du XXe siècle
- ○ **C.** Un mouvement d'éclatement d'une région ou d'un pays en de nombreuses entités politiques
- ○ **D.** Un mouvement de vassalisation des pays des Balkans à l'égard des grandes puissances occidentales au XXe siècle

37 Les pays Baltes :

- ○ **A.** Sont majoritairement orthodoxes sur un plan religieux
- ○ **B.** Sont un espace sans frontières intérieures
- ○ **C.** Ont adhéré à l'OTAN et à l'Union européenne en 2004
- ○ **D.** Sont membres du groupe de Visegrád

38 La Belgique :

- ○ **A.** Est composée de plusieurs régions, dont la Flandre et la Wallonie
- ○ **B.** A pour seule langue officielle le français
- ○ **C.** Se compose de Flamands néerlandophones et de Wallons francophones
- ○ **D.** Se compose de Flamands francophones et de Wallons néerlandophones

39 Les Berbères :

- ○ **A.** Ne se sont installés qu'en Algérie
- ○ **B.** Sont principalement musulmans
- ○ **C.** Expriment une revendication territoriale très marquée sur le sol algérien
- ○ **D.** N'ont pas de langue particulière

40 Le goulag désigne en URSS :

- ○ **A.** Une prison politique
- ○ **B.** Un camp de transit de prisonniers
- ○ **C.** Un camp de travail forcé
- ○ **D.** Un camp d'extermination

41 Le Biafra :

- ○ **A.** Est une région de l'Éthiopie
- ○ **B.** A connu une terrible famine à la fin des années 1960
- ○ **C.** Est un pays indépendant depuis 1970
- ○ **D.** Est un pays riche en uranium et en or

42 La Biélorussie :

- ○ **A.** A pour capitale Minsk
- ○ **B.** A pour capitale Kiev
- ○ **C.** Est un État dont une partie revendique son rattachement à la Russie
- ○ **D.** Est majoritairement catholique

43 **La Bolivie :**

- A. A un accès à l'océan Pacifique
- B. A un accès à l'océan Atlantique
- C. Revendique un accès historique à l'océan Pacifique dans une zone appartenant au Chili
- D. Revendique un accès historique à l'océan Atlantique dans une zone appartenant au Brésil

44 **Le Cachemire est riche :**

- A. En ressources hydrauliques
- B. En ressources pétrolières
- C. En ressources aurifères
- D. En uranium

45 **L'île de Chypre est :**

- A. Un pays souverain
- B. Une île coupée en trois entre une partie grecque, une partie turque et une partie britannique
- C. Une île coupée en deux entre une partie grecque et une partie italienne
- D. Membre de l'Union européenne depuis 2000

46 **La CIA est l'acronyme de :**

- A. Conference for Intelligence Artificial
- B. Central Intelligence Agency
- C. Confédération of Intelligence of America
- D. Commission of Intelligence of Americans

47 **La CIA est l'héritière :**

- A. De l'OSS
- B. De l'Intelligence Service
- C. Du FBI
- D. Du Mossad

48 **CNN est l'acronyme de :**

- A. Canal of Neutral News
- B. Cable for News and Networks
- C. Canal Numeric News
- D. Cable News Network

49 **Le Darfour est une région :**

- A. Du Soudan
- B. De l'Éthiopie
- C. Du Tchad
- D. De l'Érythrée

50 **Le détroit des Dardanelles :**

- A. Est en Turquie
- B. Sépare la Grèce de la Turquie
- C. Donne accès à la mer Noire
- D. Sépare la Crimée de la Russie continentale

51 **La doctrine Monroe désigne une politique extérieure américaine :**

- A. Qui met en avant la nécessité d'un rapprochement avec les Européens
- B. Qui se déploie tout au long du XIXe siècle
- C. Qui est mise en place par le président Kennedy
- D. Qui condamne toute intervention des Européens dans les affaires « des Amériques » et *vice versa*

52 **La convention de Montego Bay concerne :**

- A. Le droit des espaces maritimes
- B. Le droit des eaux fluviales
- C. Le droit de l'espace
- D. Le droit du sous-sol

53 **Le détroit de Malacca sépare :**

- ○ **A.** Taiwan de la Chine
- ○ **B.** La Thaïlande de l'Indonésie
- ○ **C.** L'Australie de la Papouasie
- ○ **D.** L'Indonésie de la Malaisie

54 **Le détroit de Lombok sépare des îles :**

- ○ **A.** Japonaises
- ○ **B.** Indonésiennes
- ○ **C.** Chinoises
- ○ **D.** Coréennes

55 **L'Iran :**

- ○ **A.** N'a pas de frontière avec l'Afghanistan
- ○ **B.** A une frontière avec la Syrie
- ○ **C.** Est un allié diplomatique de l'Arabie saoudite
- ○ **D.** Est un pays dont la population est essentiellement chiite

56 **Le Triangle d'or désigne une zone :**

- ○ **A.** S'étendant en Birmanie, en Thaïlande et en Chine
- ○ **B.** Connue pour la culture de la coca
- ○ **C.** Connue pour la culture de la fleur de pavot
- ○ **D.** Sous le contrôle des FARC colombiennes

57 **La Trilatérale :**

- ○ **A.** Est une organisation secrète supranationale
- ○ **B.** Est une ONG en charge des réfugiés climatiques
- ○ **C.** Est une organisation visant à favoriser l'essor d'une triarchie Amérique du Nord, Europe occidentale et Asie orientale
- ○ **D.** Est le nom donné au groupe composé par la Russie, la Chine et le Brésil

58 **Les ZEE sont :**

- ○ **A.** Des zones économiques intérieures aux États qui ont le droit de mettre en place des régimes fiscaux attractifs
- ○ **B.** Des zones maritimes qui offrent un droit exclusif sur la pêche et les ressources minérales
- ○ **C.** Des zones commerciales entre plusieurs États qui bénéficient de dispositifs commerciaux privilégiés
- ○ **D.** Des zones commerciales au sein desquelles une devise particulière est dominante

59 **Tchernobyl est une ville située :**

- ○ **A.** En Biélorussie
- ○ **B.** En Ukraine
- ○ **C.** En Russie
- ○ **D.** En Géorgie

60 **Quel auteur a théorisé l'existence d'un « village global » ?**

- ○ **A.** Marshall McLuhan
- ○ **B.** Joseph Nye
- ○ **C.** Kenichi Omahe
- ○ **D.** Saskia Sassen

61 **De ces quatre pays, lequel ne fait pas partie des membres permanents du Conseil de sécurité de l'ONU ?**

- ○ **A.** La France
- ○ **B.** Les États-Unis
- ○ **C.** La Chine
- ○ **D.** Le Japon

62 **Le Royaume-Uni comprend l'Angleterre, l'Écosse et :**

- ○ **A.** Le pays de Galles et l'Irlande
- ○ **B.** Le pays de Galles et l'Irlande du Nord
- ○ **C.** Le pays de Galles
- ○ **D.** L'Irlande du Nord

63 **Le siège de l'OPEP est à :**

- ○ **A.** La Haye
- ○ **B.** Genève
- ○ **C.** Rome
- ○ **D.** Vienne

64 **Henry Kissinger a obtenu un prix important en 1973 :**

- ○ **A.** Le prix Albert Londres
- ○ **B.** Le prix Politzer
- ○ **C.** Le prix Nobel de la paix
- ○ **D.** Le prix Sakharov

65 **Où siège la Ligue des États arabes ?**

- ○ **A.** À Damas
- ○ **B.** Au Caire
- ○ **C.** À Doha
- ○ **D.** À Téhéran

66 **La France a procédé à son ultime série d'essais nucléaires en :**

- ○ **A.** 1992
- ○ **B.** 1994
- ○ **C.** 1996
- ○ **D.** 1998

67 **Quel mouvement refusant la bipolarisation du monde a émergé à l'occasion de différentes conférences rassemblant des pays du tiers-monde ?**

- ○ **A.** La non-exploitation
- ○ **B.** La non-ingérence
- ○ **C.** La non-intégration
- ○ **D.** Le non-alignement

68 **Quel pays asiatique n'a jamais connu la colonisation européenne ?**

- ○ **A.** La Birmanie
- ○ **B.** L'Indonésie
- ○ **C.** La Thaïlande
- ○ **D.** Le Vietnam

69 **Quel lac constitue la plus grande réserve d'eau douce de la planète ?**

- ○ **A.** Le lac Michigan
- ○ **B.** Le lac Victoria
- ○ **C.** Le lac Titicaca
- ○ **D.** Le lac Baïkal

70 **Le premier vol d'un homme dans l'espace est réalisé par :**

- ○ **A.** Vladimir Vostok en 1957
- ○ **B.** Vladimir Vostok en 1963
- ○ **C.** Youri Gagarine en 1961
- ○ **D.** Youri Gagarine en 1965

71 **Maastricht est une ville qui se trouve :**

- ○ **A.** En Belgique
- ○ **B.** Au Luxembourg
- ○ **C.** En Allemagne
- ○ **D.** Aux Pays-Bas

72 **L'expression « tiers-monde » est due à :**

- ○ **A.** Kennedy
- ○ **B.** Keynes
- ○ **C.** Staline
- ○ **D.** Sauvy

73 **La Cour pénale internationale a été créée en :**

- ○ **A.** 1988
- ○ **B.** 1991
- ○ **C.** 1998
- ○ **D.** 2000

74 **Géographiquement, quel territoire russe est enclavé au sein de l'Union européenne ?**

- ○ **A.** Dantzig
- ○ **B.** Gdansk
- ○ **C.** Kaliningrad
- ○ **D.** Gotland

75 **La mer qui borde la bande de Gaza est :**

- ○ **A.** La mer Rouge
- ○ **B.** La mer Égée
- ○ **C.** La mer Méditerranée
- ○ **D.** La mer Noire

76 **Quel pays de l'Union européenne possède une partie de la forêt amazonienne ?**

- ○ **A.** La France
- ○ **B.** La Belgique
- ○ **C.** L'Espagne
- ○ **D.** Le Portugal

77 **Quel traité international vise la réduction des gaz à effet de serre ?**

- ○ **A.** Le traité de Maastricht
- ○ **B.** Le traité de Lisbonne
- ○ **C.** Le protocole de Kyoto
- ○ **D.** Le protocole de Rio

78 **Qui était nommé « le caudillo » ?**

- ○ **A.** Benito Mussolini
- ○ **B.** Le général Franco
- ○ **C.** Le général Salazar
- ○ **D.** Slobodan Milosevic

79 **Donal Trump est le :**

- ○ **A.** 39e président des États-Unis
- ○ **B.** 41e président des États-Unis
- ○ **C.** 43e président des États-Unis
- ○ **D.** 45e président des États-Unis

80 **Les traités internationaux s'appliquent en France :**

- ○ **A.** Après un référendum
- ○ **B.** Après avoir été ratifiés
- ○ **C.** Après publication au *Journal officiel de la République française*
- ○ **D.** Après avoir été adopté par le l'Assemblée nationale

81 **Le pontificat de Jean-Paul II a duré :**

- ○ **A.** 12 ans
- ○ **B.** 18 ans
- ○ **C.** 23 ans
- ○ **D.** 27 ans

82 **La ville d'Alep se situe en :**

- ○ **A.** Syrie
- ○ **B.** Iran
- ○ **C.** Irak
- ○ **D.** Jordanie

83 **Qui est l'actuel roi du Maroc ?**

- ○ **A.** Hassan II
- ○ **B.** Mohamed V
- ○ **C.** Mohamed VI
- ○ **D.** Hassan III

84 **À l'origine, Internet était :**

- ○ **A.** Arpanet
- ○ **B.** NetLeaks
- ○ **C.** WorldNet
- ○ **D.** NetWorld

85 **Le multilatéralisme est un principe selon lequel :**

- ○ **A.** Plusieurs nations entretiennent des relations commerciales entre elles
- ○ **B.** Plusieurs nations acceptent les mêmes règles du jeu dans les domaines économiques, monétaires et commerciaux
- ○ **C.** Plusieurs nations acceptent de mettre en commun leurs moyens financiers
- ○ **D.** Plusieurs nations acceptent de mettre en commun leurs forces militaires

86 **Yalta se situe en :**

- ○ **A.** Moldavie
- ○ **B.** Géorgie
- ○ **C.** Crimée
- ○ **D.** Russie

87 **Le Groenland est officiellement annexé :**

- ○ **A.** À la Suède en 1814
- ○ **B.** Au Canada en 1918
- ○ **C.** À l'URSS en 1945
- ○ **D.** Au Danemark en 1953

88 **Quelle est la province chinoise qui est principalement peuplée de musulmans ?**

- ○ **A.** Le Tibet
- ○ **B.** La province de Canton
- ○ **C.** Le Xinjiang
- ○ **D.** La province de Xi'an

89 **Les Ouïghours sont :**

- ○ **A.** Un peuple musulman chiite vivant en Ouzbékistan
- ○ **B.** Un peuple musulman sunnite vivant en Chine
- ○ **C.** Une minorité bouddhiste vivant en Indonésie
- ○ **D.** Une minorité chrétienne vivant en Inde

90 **La Communauté européenne de défense (CED) :**

- ○ **A.** Avait l'ambition de créer une armée internationale européenne placée sous un commandement américain au sein de l'OTAN
- ○ **B.** A été mise en place dès 1952 entre la France et l'Allemagne
- ○ **C.** A été mise en place de 1952 à 1978 entre tous les membres de la CEE
- ○ **D.** Avait l'ambition de créer une armée internationale européenne totalement indépendante de l'OTAN

91 **La Mongolie-Intérieure est :**

- ○ **A.** Un pays indépendant ayant pour capitale Hohhot
- ○ **B.** Une région appartenant à la Russie
- ○ **C.** Une région autonome de la République populaire de Chine
- ○ **D.** A pour capitale Oulan-Bator

92 **La Mongolie est :**

- ○ **A.** Un pays indépendant ayant pour capitale Oulan-Bator
- ○ **B.** Une région appartenant à la Russie
- ○ **C.** Une région autonome de la République populaire de Chine
- ○ **D.** A pour capitale Hohhot

93 **La plus ancienne organisation humanitaire internationale est :**

- ○ **A.** Médecins sans frontières
- ○ **B.** Médecins du monde
- ○ **C.** Amnesty International
- ○ **D.** La Croix-Rouge

94 **Le droit des peuples à disposer d'eux-mêmes est inscrit dans :**

- ○ **A.** La Déclaration des droits de l'homme et du citoyen de 1789
- ○ **B.** La charte de l'ONU
- ○ **C.** Le traité de Rome
- ○ **D.** Le préambule de la Constitution française de 1941

95 **Le Comité des droits de l'homme, issu du Pacte international sur les droits civils et politiques, siège à :**

- ○ **A.** Rome
- ○ **B.** San Francisco
- ○ **C.** Genève et New York
- ○ **D.** La Haye

96 **Quelle est la devise de l'Union européenne ?**

- ○ **A.** Unie dans la diversité
- ○ **B.** Unie dans la paix
- ○ **C.** Unie dans la joie
- ○ **D.** Diversité et paix

97 **Qui est Europe dans la mythologie grecque ?**

- ○ **A.** Une princesse phénicienne enlevée par Zeus métamorphosé en taureau
- ○ **B.** La nymphe de la paix, de la croissance et de l'emploi
- ○ **C.** Un héros, cousin d'Hercule, qui a parcouru à pied tout le territoire qui va de l'Atlantique à l'Oural, à la recherche d'un précieux élixir
- ○ **D.** La princesse de la sérénité

XIXe siècle

➜ **Retrouvez le corrigé de cette série page 181.**

98 Durant quelle période s'est déroulée la guerre de Sécession aux États-Unis ?

○ **A.** 1841-1845 ○ **B.** 1851-1855 ○ **C.** 1861-1865 ○ **D.** 1871-1875

99 Le traité Cobden-Chevalier est :

○ **A.** Un traité de libre-échange entre l'Empire français et le Royaume-Uni
○ **B.** Un traité scellant le protectionnisme entre l'Empire français et le Royaume-Uni
○ **C.** Un traité de protection mutuelle en cas de conflit entre l'Empire français et le Royaume-Uni
○ **D.** Un traité de partage des mers dans le monde entre l'Empire français et le Royaume-Uni

100 La révolution Meiji au Japon :

○ **A.** Se déroule en 1822
○ **B.** Est une révolution populaire
○ **C.** Débute en 1868
○ **D.** Ferme le Japon au monde

101 L'homme d'État turc, appelé le « père des Turcs », né en 1881, qui occidentalisa la Turquie moderne fut :

○ **A.** Moustapha Kemal
○ **B.** Bachar al-Assad
○ **C.** Haïlé Sélassié
○ **D.** Moshé Dayan

102 Napoléon va rétablir l'esclavage dans les colonies françaises, aboli en 1794, cependant une ou plusieurs de ces îles des Antilles ne connaîtront pas cette période d'abolition de l'esclavage, car elles seront passées aux mains des Anglais entre-temps; il s'agit :

○ **A.** D'Haïti
○ **B.** De la Martinique
○ **C.** De la Guadeloupe
○ **D.** De la Martinique et de la Guadeloupe

103 Un conflit aura raison du règne de Napoléon III, en 1870, ce sera :

○ **A.** La guerre de Crimée contre les Russes
○ **B.** La bataille de Sedan contre la Prusse
○ **C.** La guerre du Mexique
○ **D.** La guerre dans les colonies françaises

104 En quelle année l'esclavage fut-il aboli en France ?

○ **A.** En 1804 ○ **B.** En 1828 ○ **C.** En 1848 ○ **D.** En 1870

105 De quelle année datent la chute du Second Empire et le début de la guerre franco-allemande ?

○ **A.** 1804 ○ **B.** 1848 ○ **C.** 1851 ○ **D.** 1870

106 La bataille de Waterloo a eu lieu en :

○ **A.** 1803 ○ **B.** 1810 ○ **C.** 1815 ○ **D.** 1819

107 La bataille de Little Bighorn :

○ **A.** Est une bataille qui opposa, en 1876, un bataillon de cavalerie de l'armée américaine à une coalition de Cheyennes et de Sioux
○ **B.** Est une importante bataille opposant, durant la guerre de Sécession en 1864, les armées de l'Union et de la Confédération
○ **C.** Est une bataille qui oppose, en 1835, l'Angleterre à la Prusse dans une partie de l'actuel Danemark
○ **D.** Se déroule, en 1825, sur le sol écossais et met en opposition le roi d'Angleterre et une coalition de princes écossais

108 **L'abolition des Corn Laws en Angleterre date de :**

○ **A.** 1802 ○ **B.** 1816 ○ **C.** 1846 ○ **D.** 1866

109 **Le Zollverein est :**

○ **A.** Une zone de libre-échange
○ **B.** Une union douanière
○ **C.** Une union économique
○ **D.** Une union économique et monétaire

110 **Quelle bataille va entraîner la capitulation de Napoléon 1er et son exil sur l'île d'Elbe ?**

○ **A.** La bataille de Waterloo
○ **B.** La bataille de la Bérézina
○ **C.** La bataille de Leipzig
○ **D.** La bataille de Francfort

111 **L'intégration économique et politique des États allemands est achevée en :**

○ **A.** 1848 ○ **B.** 1871 ○ **C.** 1884 ○ **D.** 1891

112 **Quelle est la décennie d'un pic de l'immigration aux États-Unis ?**

○ **A.** 1850-1860
○ **B.** 1870-1880
○ **C.** 1890-1900
○ **D.** 1900-1910

113 **Le IIe Reich va de :**

○ **A.** 1815 à 1871
○ **B.** 1848 à 1871
○ **C.** 1871 à 1918
○ **D.** 1890 à 1933

114 **Le Blocus continental du Royaume-Uni a duré de :**

○ **A.** 1789 à 1802
○ **B.** 1806 à 1814
○ **C.** 1812 à 1817
○ **D.** 1815 à 1826

115 **Combien d'États regroupait la Confédération germanique après le traité de Vienne du 9 juin 1815 ?**

○ **A.** 5 ○ **B.** 9 ○ **C.** 19 ○ **D.** 39

116 **L'indépendance de la Grèce date de :**

○ **A.** 1800 ○ **B.** 1830 ○ **C.** 1860 ○ **D.** 1900

117 **L'indépendance de la Belgique date de :**

○ **A.** 1801 ○ **B.** 1831 ○ **C.** 1861 ○ **D.** 1891

118 **Les « traités inégaux » sont un ensemble de traités datant du XIXe siècle et imposé à :**

○ **A.** La Chine seule
○ **B.** Le Japon seul
○ **C.** La Corée seule
○ **D.** La Chine, le Japon et la Corée

119 **Le Zollverein s'applique :**

○ **A.** Au royaume de Prusse et à l'Autriche-Hongrie
○ **B.** Au royaume de Prusse et à la France
○ **C.** Aux États allemands
○ **D.** Au royaume de Prusse et à la Russie tsariste

120 **Le traité de Tianjin signé en 1885 est :**

○ **A.** Un traité qui autorise l'intervention de la Grande-Bretagne dans les affaires intérieures chinoises
○ **B.** Un traité de paix, d'amitié et de commerce entre la Chine et la France
○ **C.** Un traité de délimitation de la frontière entre la Chine et « l'Indochine »
○ **D.** Un traité mettant fin à 20 ans de guerre entre la Chine et le Japon

121 **Le premier à avoir aperçu le continent Antarctique est :**

- ○ **A.** Le Britannique, James Cook, en 1773
- ○ **B.** Le Russe, Fabian von Bellingshausen, en 1820
- ○ **C.** L'Américain, John Davis, en 1830
- ○ **D.** Le français, Jules Dumont d'Urville, en 1840

122 **Jules Dumont d'Urville revendique, en 1840, une partie de l'Antarctique orientale :**

- ○ **A.** La base Concordia
- ○ **B.** La terre Adélie
- ○ **C.** La base Orcadas
- ○ **D.** La terre Ross

123 **En 1814, quel pays obtient le contrôle du Groenland ?**

- ○ **A.** Le Canada
- ○ **B.** La Russie
- ○ **C.** Le Danemark
- ○ **D.** La Finlande

124 **Lors de quel conflit naît la IIIe République française ?**

- ○ **A.** La guerre franco-belge de 1870
- ○ **B.** La guerre franco-allemande de 1870-1871
- ○ **C.** La guerre de Crimée de 1853-1856
- ○ **D.** La guerre du Golfe de 1885

125 **En 1894, éclate en France une affaire d'espionnage au profit de l'Allemagne; il s'agit de :**

- ○ **A.** L'affaire des fiches
- ○ **B.** L'affaire du général Boulanger
- ○ **C.** L'affaire Dreyfus
- ○ **D.** L'affaire des poisons

126 **Quel Empire fut opposé à la France pendant la guerre de Crimée entre 1853 et 1856 ?**

- ○ **A.** L'Empire ottoman
- ○ **B.** L'Empire austro-hongrois
- ○ **C.** L'Empire russe
- ○ **D.** L'Empire prussien

127 **Les « traités inégaux » signés par des pays européens et des pays d'Asie dès 1840 :**

- ○ **A.** Limitent leur autonomie douanière et instituent des pratiques d'exterritorialité pour protéger les ressortissants des États européens
- ○ **B.** Autorisent le commerce de l'opium en Asie
- ○ **C.** Mettent fin à la dynastie mandchoue des Qing
- ○ **D.** Permettent à l'empire du Japon d'entrer légalement en Chine

128 **En 1860, Napoléon III intervient dans l'unification italienne. Quels territoires gagne-t-il par conséquent ?**

- ○ **A.** Nice et la Savoie
- ○ **B.** Nice et la Corse
- ○ **C.** La Savoie et la Corse
- ○ **D.** Le nord de l'Italie

129 **De 1861 à 1867, Napoléon III intervient au Mexique. Que se passe-t-il au Mexique le 10 juillet 1863 ?**

- ○ **A.** La mort du président Juárez
- ○ **B.** Le Mexique est colonisé par les États-Unis
- ○ **C.** La proclamation de l'Empire mexicain
- ○ **D.** L'exécution de Maximilien Ier du Mexique

130 **Quelle bataille marque la fin du Second Empire en France ?**

- ○ **A.** La bataille de Berlin
- ○ **B.** La bataille d'Austerlitz
- ○ **C.** La bataille de Waterloo
- ○ **D.** La bataille de Sedan

131 **Quelle est la cause de la guerre franco-prussienne de 1870-1871 ?**

- ○ **A.** L'Allemagne convoite l'Alsace-Lorraine
- ○ **B.** La France s'oppose à la candidature d'un prince allemand au trône d'Autriche
- ○ **C.** La France s'oppose à la candidature d'un prince allemand au trône d'Espagne
- ○ **D.** La France souhaite récupérer des territoires à l'est du Rhin

132 **Où est proclamé l'Empire allemand à l'issue de la guerre de 1870-1871 ?**

- ○ **A.** Dans la cathédrale Notre-Dame de Paris
- ○ **B.** Dans la galerie des Glaces du château de Versailles
- ○ **C.** À Berlin, devant la porte de Brandebourg
- ○ **D.** À Strasbourg, devant la cathédrale

133 **Le Zollverein est lancé en :**

○ **A.** 1816 ○ **B.** 1828 ○ **C.** 1834 ○ **D.** 1846

134 **Quel est, au début de la guerre, le but de la guerre de Sécession pour le Nord ?**

- ○ **A.** Abolir l'esclavage
- ○ **B.** Maintenir l'Union en refusant la sécession des États du Sud
- ○ **C.** Instaurer l'esclavage
- ○ **D.** Reprendre le contrôle de la production du coton

135 **Quel est le président des États confédérés d'Amérique au moment de la guerre de Sécession ?**

- ○ **A.** Edmund Smith
- ○ **B.** Jefferson Davis
- ○ **C.** William Sherman
- ○ **D.** Thomas Jackson

136 **Le 1er janvier 1863, le président Lincoln proclame :**

- ○ **A.** La guerre sans limites contre le Sud
- ○ **B.** Un cessez-le-feu de deux mois pour engager les négociations avec le Sud
- ○ **C.** Le déplacement des populations noires du Sud vers les états de l'Ouest
- ○ **D.** L'émancipation des esclaves

137 **Où a lieu la reddition du général confédéré Robert Lee au général nordiste Ulysses Grant le 9 avril 1865 ?**

- ○ **A.** Atlanta
- ○ **B.** Appomattox
- ○ **C.** Washington DC
- ○ **D.** Norfolk

138 **Comment, durant la guerre de Sécession, appelle-t-on les soldats du Nord ?**

- ○ **A.** Les Sammies
- ○ **B.** Les Goodies
- ○ **C.** Les Yankees
- ○ **D.** Les Bulls

139 **Quel mouvement, fondé en 1865 aux États-Unis, devient politiquement influent malgré son interdiction officielle ?**

- ○ **A.** Le Parti communiste américain
- ○ **B.** Le Ku Klux Klan
- ○ **C.** Le mouvement WASP
- ○ **D.** Le parti yankee

140 **Quel pays européen a vendu la Floride aux États-Unis en 1819 ?**

- ○ **A.** La France
- ○ **B.** Les Pays-Bas
- ○ **C.** L'Espagne
- ○ **D.** Le Portugal

141 **À quel pays appartiennent la Californie, le Texas et le Nouveau-Mexique avant l'invasion par l'Union en 1848 ?**

- ○ **A.** Le Mexique
- ○ **B.** L'Espagne
- ○ **C.** La Grande-Bretagne
- ○ **D.** La France

142 **Quel colonel résista 103 jours à tous les assauts de l'armée allemande à Belfort en 1870-1871 ?**

- ○ **A.** Barbès Rochechouart
- ○ **B.** Bienvenüe
- ○ **C.** Richard-Lenoir
- ○ **D.** Denfert-Rochereau

143 **L'esclavage dans les colonies françaises a été rétabli en :**

- ○ **A.** 1800
- ○ **B.** 1802
- ○ **C.** 1808
- ○ **D.** 1810

144 **Quand a eu lieu le dernier convoi de traite atlantique des Noirs ?**

- ○ **A.** 1841
- ○ **B.** 1853
- ○ **C.** 1862
- ○ **D.** 1870

145 **Le principe des concessions étrangères à Shanghai a été mis en application en :**

- ○ **A.** 1826
- ○ **B.** 1836
- ○ **C.** 1846
- ○ **D.** 1856

146 **La guerre de 1870 oppose :**

- ○ **A.** La France à la Grande-Bretagne
- ○ **B.** La France à l'Autriche-Hongrie
- ○ **C.** La France à la Prusse et l'ensemble des États allemands
- ○ **D.** La France à la Russie

147 **Le Blocus continental du Royaume-Uni imposé par Napoléon 1er a consisté à :**

- ○ **A.** Bloquer les principaux ports britanniques par des navires français
- ○ **B.** Interdire aux pays européens d'exporter au Royaume-Uni
- ○ **C.** Fermer toute l'Europe aux exportations britanniques
- ○ **D.** Augmenter très fortement les droits de douane sur les produits britanniques exportés en Europe

148 **Quel bénéfice l'armée allemande tira de sa victoire en 1871 ?**

- ○ **A.** Elle prit l'Alsace-Lorraine
- ○ **B.** Elle prit l'Alsace-Moselle
- ○ **C.** Elle prit la Savoie
- ○ **D.** Elle prit l'Alsace-Meuse

149 **Les tarifs Méline désignent des tarifs douaniers :**

- ○ **A.** Imposés par la Grande-Bretagne à la France à partir de 1881
- ○ **B.** Mis en place en France à partir de 1860, principalement pour protéger la France en phase de démarrage de l'industrialisation
- ○ **C.** Imposés par la France à la seule Grande-Bretagne, mettant fin au traité de libre-échange de 1860
- ○ **D.** Mis en place en France à partir de 1892, principalement pour protéger les agriculteurs français

150 **La bataille d'Iéna :**

- ○ **A.** S'est déroulée en 1807, et a été une victoire de l'armée prussienne, précipitant la fuite de Napoléon
- ○ **B.** S'est déroulée en 1806, et a été une victoire de Napoléon, précipitant la fuite de l'armée prussienne
- ○ **C.** S'est déroulée en 1810, et a été une victoire d'une coalition dont le Royaume-Uni est à la tête, contre les armées napoléoniennes
- ○ **D.** S'est déroulée en 1812, et a été une victoire prussienne contre l'armée russe

151 **L'installation des Français en Cochinchine débute véritablement en :**

- ○ **A.** 1832
- ○ **B.** 1847
- ○ **C.** 1858
- ○ **D.** 1873

152 **Quand débute la ruée vers l'or en Californie ?**

○ **A.** 1823 ○ **B.** 1836 ○ **C.** 1848 ○ **D.** 1872

153 **La crise économique de 1847 et à l'origine d'un krach; quelle est la cause de ce krach ?**

○ **A.** Une bulle spéculative sur le chemin de fer en France et en Angleterre
○ **B.** Une très forte baisse des prix des produits industriels
○ **C.** Une très forte baisse des prix des produits agricoles
○ **D.** Une forte concurrence des nouveaux pays d'Europe

154 **Le Transsibérien a été construit de :**

○ **A.** 1840 à 1852
○ **B.** 1853 à 1868
○ **C.** 1872 à 1896
○ **D.** 1891 à 1902

155 **Au XIXe siècle, le commerce international :**

○ **A.** Se développe fortement entre les pays colonisés et leur métropole, en raison de la mise en place de la division internationale du travail
○ **B.** Se développe fortement entre les pays industrialisés, au profit surtout de la Grande-Bretagne
○ **C.** Ralentit en raison du protectionnisme qui sévit sur l'ensemble du siècle
○ **D.** Ne se développe véritablement qu'après les années 1880

156 **Entre 1880 et 1914, l'immigration aux États-Unis est :**

○ **A.** Ralentie à cause de la dépression et de la reprise
○ **B.** Importante et d'origine européenne principalement
○ **C.** Limitée par un contrôle strict des émigrants
○ **D.** Importante et essentiellement d'origine d'Amérique centrale et d'Amérique latine

157 **La CNUCED :**

○ **A.** A été créée en 1964 pour promouvoir un nouvel ordre économique international plus favorable aux pays en développement
○ **B.** Est un organisme international réunissant les principaux pays producteurs de produits de base
○ **C.** A été créée en 1967 pour mettre en place un protectionnisme généralisé
○ **D.** A mis en place un système de stabilisation des recettes tirées de la vente des matières premières pour les pays membres

158 **L'objectif du Blocus continental du Royaume-Uni par Napoléon 1er est de :**

○ **A.** Rendre les prix des produits britanniques très élevés
○ **B.** Rendre compétitifs les produits français
○ **C.** Percevoir de très importantes recettes fiscales tirées des exportations britanniques
○ **D.** Ruiner les finances britanniques en créant de la surproduction, des faillites et du chômage et remplacer les produits anglais par ceux manufacturés en France

XXe et XXIe siècles

➜ **Retrouvez le corrigé de cette série page 183.**

159 Suite à quel événement la France déclare-t-elle la guerre à l'Allemagne en 1939 ?

- ○ **A.** L'invasion des Sudètes
- ○ **B.** L'invasion de la Pologne
- ○ **C.** L'invasion de l'Alsace-Lorraine
- ○ **D.** L'invasion de l'Autriche

160 Dans quelle république autonome de l'URSS se trouvait la ville de Yalta ?

- ○ **A.** La Russie
- ○ **B.** L'Ukraine
- ○ **C.** La Biélorussie
- ○ **D.** La Crimée

161 En quelle année débuta la première guerre du Golfe ?

- ○ **A.** 1989
- ○ **B.** 1990
- ○ **C.** 1995
- ○ **D.** 2000

162 En 1995, quelle armée européenne a massacré 8 000 musulmans bosniaques à Srebrenica ?

- ○ **A.** L'armée albanaise
- ○ **B.** L'armée croate
- ○ **C.** L'armée macédonienne
- ○ **D.** L'armée serbe

163 Dans quel pays africain, l'ethnie hutue a-t-elle planifié le génocide de plusieurs centaines de milliers de Tutsis en 1994 ?

- ○ **A.** Au Darfour
- ○ **B.** Au Rwanda
- ○ **C.** En Éthiopie
- ○ **D.** Au Mali

164 Dans quel pays le chef d'Al-Qaïda, Oussama ben Laden, va-t-il se réfugier en 1996 ?

- ○ **A.** Au Pakistan
- ○ **B.** En Iran
- ○ **C.** En Afghanistan
- ○ **D.** En Tchétchénie

165 Quel pays, accusé d'avoir des armes de destruction massive, les Américains vont-ils envahir en 2003 ?

- ○ **A.** L'Iran
- ○ **B.** L'Afghanistan
- ○ **C.** Le Koweït
- ○ **D.** L'Irak

166 Quand l'Allemagne fut-elle divisée en deux États ?

- ○ **A.** 1945
- ○ **B.** 1946
- ○ **C.** 1949
- ○ **D.** 1950

167 Quel est le représentant français à la signature du traité de Versailles en 1919 ?

- ○ **A.** Daladier
- ○ **B.** Clemenceau
- ○ **C.** Poincaré
- ○ **D.** Pétain

168 Qui a dit : « La mort d'un homme est une tragédie. La mort d'un million d'hommes est une statistique » ?

- ○ **A.** Mao Zedong
- ○ **B.** Hitler
- ○ **C.** Pol Pot
- ○ **D.** Staline

169 Le tribunal de Nuremberg est présidé par :

- ○ **A.** Un juge américain
- ○ **B.** Un juge britannique
- ○ **C.** Un juge français
- ○ **D.** Un juge soviétique

170 Quel dirigeant égyptien nationalisa le canal de Suez ?

- ○ **A.** Nasser
- ○ **B.** Sadate
- ○ **C.** Moubarak
- ○ **D.** Morsi

171 **À la conférence de Yalta, qui représentait les États-Unis ?**

- ○ **A.** Eisenhower
- ○ **B.** Truman
- ○ **C.** Roosevelt
- ○ **D.** Marshall

172 **L'attentat de Sarajevo, qui a conduit à déclencher la Première Guerre mondiale, a été perpétré contre :**

- ○ **A.** Le chancelier allemand, Theobald von Bethmann Hollweg
- ○ **B.** L'archiduc héritier d'Autriche-Hongrie, François Ferdinand
- ○ **C.** Le tsar de Russie, Nicolas II
- ○ **D.** L'empereur d'Autriche-Hongrie, François Joseph

173 **Quelles dates marquent le début et la fin de la guerre du Vietnam ?**

- ○ **A.** 1957 et 1971
- ○ **B.** 1963 et 1973
- ○ **C.** 1958 et 1971
- ○ **D.** 1963 et 1975

174 **La « révolution de jasmin » qualifie un mouvement politique et social mené entre décembre 2010 et janvier 2011 :**

- ○ **A.** En Algérie
- ○ **B.** En Libye
- ○ **C.** En Égypte
- ○ **D.** En Tunisie

175 **Avant son indépendance, Israël était sous mandat :**

- ○ **A.** International
- ○ **B.** Britannique
- ○ **C.** Égyptien
- ○ **D.** Français

176 **La Société des Nations a été créée suivant une idée :**

- ○ **A.** Française
- ○ **B.** Américaine
- ○ **C.** Britannique
- ○ **D.** Soviétique

177 **La Ligue arabe a été fondée en :**

- ○ **A.** 1919
- ○ **B.** 1945
- ○ **C.** 1969
- ○ **D.** 1973

178 **La Convention internationale des Nations unies relative aux droits de l'enfant a été adoptée en :**

- ○ **A.** 1948
- ○ **B.** 1969
- ○ **C.** 1989
- ○ **D.** 2000

179 **La Communauté économique européenne se transforme en Union européenne à la faveur du traité :**

- ○ **A.** De Vienne
- ○ **B.** De Berlin
- ○ **C.** D'Oslo
- ○ **D.** De Maastricht

180 **Le massacre de Nankin :**

- ○ **A.** A été perpétré par les Occidentaux durant la guerre de l'Opium
- ○ **B.** Est un événement de la guerre sino-japonaise qui se déroula entre décembre 1937 et février 1938
- ○ **C.** Opposa l'armée de Tchang Kaï-chek à l'armée populaire de Mao Zedong en 1943
- ○ **D.** Se déroule durant la révolution culturelle chinoise

181 **Dans l'article 9 de la Constitution japonaise :**

- ○ **A.** Le Japon n'est plus un Empire
- ○ **B.** Le Japon renonce à la guerre
- ○ **C.** Le Japon reconnaît la défaite de 1945
- ○ **D.** Le Japon accepte l'occupation de son territoire par des forces militaires américaines

182 **L'« axe du mal » est une expression utilisée par :**

- ○ **A.** Les généraux américains pour désigner les pays soutenant l'Allemagne hitlérienne à partir de 1933
- ○ **B.** Churchill pour désigner l'URSS et ses satellites en Europe
- ○ **C.** Le président Reagan pour désigner l'ensemble des pays communistes dans le monde
- ○ **D.** Le président **George W.** Bush pour désigner les pays désireux de disposer d'armes de destruction massive

183 **La guerre russo-japonaise de 1904-1905 :**

- ○ **A.** A conduit à une victoire russe
- ○ **B.** A conduit à une victoire japonaise
- ○ **C.** A conduit le Japon à annexer Taïwan
- ○ **D.** À conduit la Russie à envahir l'île d'Hokkaido

184 **Le litige territorial du Japon avec la Russie porte sur :**

- ○ **A.** Les îles Kouriles
- ○ **B.** Les îles Senkaku
- ○ **C.** Les îles Paracels
- ○ **D.** L'île de Taïwan

185 **La base militaire américaine sur l'île d'Okinawa au Japon est contestée; il est envisagé :**

- ○ **A.** De la transférer sur l'île de Taïwan
- ○ **B.** De la transférer sur l'île de Guam
- ○ **C.** De la transférer en Corée du Sud
- ○ **D.** De la transférer sur l'île d'Hokkaido au nord du Japon

186 **La « marche sur Rome » a été lancée :**

- ○ **A.** Par l'armée française en octobre 1917
- ○ **B.** Par Mussolini en octobre 1922
- ○ **C.** Par le roi Victor-Emmanuel III en octobre 1926
- ○ **D.** Par l'armée nazie en octobre 1933

187 **Le plan Marshall :**

- ○ **A.** Est proposé en juin 1947 aux pays vainqueurs de la Seconde Guerre mondiale
- ○ **B.** Représente 7 % du PIB américain de 1945
- ○ **C.** A la France comme premier pays bénéficiaire
- ○ **D.** Est géré par l'ONU

188 **La doctrine Jdanov :**

- ○ **A.** Reconnaît et entérine la division du monde en deux camps
- ○ **B.** Prône la recherche de la paix entre l'URSS et les États-Unis au lendemain de la Seconde Guerre mondiale
- ○ **C.** Prône l'autodétermination des pays de l'Est européens
- ○ **D.** Cherche le rapprochement avec la Chine communiste

189 **Tchang Kaï-chek dirige :**

- ○ **A.** Le Kominform
- ○ **B.** Le Komintern
- ○ **C.** Le Kuomintang
- ○ **D.** La troisième internationale

190 **Le maccarthysme pourchasse aux États-Unis :**

- ○ **A.** Les membres du Ku Klux Klan
- ○ **B.** Les communistes
- ○ **C.** Les Noirs
- ○ **D.** Les membres des mafias

191 **Le Printemps de Prague désigne une période où :**

- ○ **A.** La Tchécoslovaquie cherche à établir un « socialisme à visage humain »
- ○ **B.** Les troupes soviétiques contrôlent la Tchécoslovaquie
- ○ **C.** Les États-Unis cherchent à implanter sur le territoire de la Tchécoslovaquie une base militaire visant à protéger les pays de l'Est européens
- ○ **D.** La Tchécoslovaquie cherche à se diviser entre la Tchéquie et la Slovaquie

192 **SALT est l'acronyme de :**

- ○ **A.** Systemic Attitude of Limited Targets
- ○ **B.** Soft Arms and Light Targets
- ○ **C.** Strategic Arms Limited Talks
- ○ **D.** Smart Attitude Last Talks

193 **Jean-Paul II était d'origine :**

- ○ **A.** Russe
- ○ **B.** Hongroise
- ○ **C.** Tchèque
- ○ **D.** Polonaise

194 **Le traité de l'Atlantique Nord est signé, lors de sa mise en place, par :**

- ○ **A.** 6 pays
- ○ **B.** 9 pays
- ○ **C.** 12 pays
- ○ **D.** 15 pays

195 **Le Sénégal et la Côte d'Ivoire appartenaient à :**

- ○ **A.** L'Afrique-Équatoriale française (AEF)
- ○ **B.** L'Afrique-Occidentale française (AOF)
- ○ **C.** L'Afrique subsaharienne française (ASF)
- ○ **D.** L'Afrique australe française (AAF)

196 **Un protectorat est :**

- ○ **A.** Un territoire relevant d'un gouvernement central en métropole
- ○ **B.** Un territoire géré par une métropole, mais disposant d'une administration locale
- ○ **C.** Un territoire confié à une institution internationale qui en assure l'administration
- ○ **D.** Un territoire sous contrôle total de la métropole

197 **La « révolution de Velours » a entraîné :**

- ○ **A.** La chute d'Édouard Chevardnadze en Géorgie
- ○ **B.** L'arrivée de Vaclav Havel au pouvoir en République tchèque
- ○ **C.** L'arrivée de Victor Iouchtchenko en Ukraine
- ○ **D.** La fin de la République socialiste tchécoslovaque

198 **Le projet Manhattan désigne :**

- ○ **A.** Un projet de développement de l'île de Manhattan au début du XXe siècle
- ○ **B.** Un plan américain secret de développement des armes chimiques durant la guerre froide
- ○ **C.** Un plan d'invasion de l'île de Cuba au début des années 1960
- ○ **D.** Un projet de recherche américain mené dans les années 1940 afin de produire la bombe atomique

199 **La première bombe atomique américaine a été testée :**

- ○ **A.** À Three Miles Island en Virginie en 1941
- ○ **B.** Sur l'île de Guam en 1943
- ○ **C.** À Alamogordo au Nouveau-Mexique en juillet 1945
- ○ **D.** À Hiroshima en août 1945

200 **Le génocide arménien s'est déroulé en :**

- ○ **A.** 1849-1851
- ○ **B.** 1895-1896
- ○ **C.** 1915-1916
- ○ **D.** 1939-1941

201 **L'AIEA est une organisation en charge de :**

- ○ **A.** Contrôler l'usage de l'énergie atomique
- ○ **B.** Contrôler les stocks d'armes nucléaires
- ○ **C.** Promouvoir les énergies alternatives
- ○ **D.** Développer l'énergie nucléaire dans le monde

202 **L'Albanie :**

- ○ **A.** Est entrée dans l'Union européenne en 2008
- ○ **B.** Est entrée dans l'OTAN en 2009
- ○ **C.** Est séparée de la Yougoslavie depuis 1991
- ○ **D.** Est majoritairement catholique

203 **L'Aramco est :**

- ○ **A.** Un fonds financier souverain saoudien
- ○ **B.** Un fonds financier souverain commun aux pays du Golfe
- ○ **C.** Un fonds financier souverain iranien
- ○ **D.** Une société saoudienne d'hydrocarbures

204 **L'ASEAN :**

- ○ **A.** A, dès l'origine, était conçue comme un accord de libre-échange entre plusieurs pays de l'Asie du Sud-Est
- ○ **B.** A, à l'origine, regroupé des pays d'Asie du Sud-Est alliés des États-Unis
- ○ **C.** A, à l'origine, regroupé des pays communistes d'Asie du Sud-Est
- ○ **D.** Regroupe actuellement les pays d'Asie du Sud-Est, tous hostiles à la Chine

205 **L'AELE est :**

- ○ **A.** L'Association européenne de libre-échange
- ○ **B.** L'Association pour l'énergie et la libre entreprise
- ○ **C.** L'Agence européenne pour la liberté des entreprises
- ○ **D.** L'Agence économique pour le libre-échange

206 **L'Empire austro-hongrois disparaît :**

- ○ **A.** En 1867 après la défaite de Sadowa
- ○ **B.** En 1918, à la fin de la Première Guerre mondiale
- ○ **C.** En 1939, lors de l'invasion des troupes allemandes
- ○ **D.** En 1945, à la fin de la Seconde Guerre mondiale

207 **Le mur de Berlin :**

- ○ **A.** Était long de 160 km
- ○ **B.** A été érigé en 1963
- ○ **C.** A été dénommé le « rideau de fer »
- ○ **D.** A été construit par les Allemands de l'Ouest

208 **Le Commonwealth est :**

- ○ **A.** Une association de libre adhésion
- ○ **B.** Une entité qui rassemble toutes les anciennes colonies britanniques, librement ou pas
- ○ **C.** Une association qui regroupe actuellement 13 pays, dont l'Inde
- ○ **D.** Une entité dont tous les membres reconnaissent la reine d'Angleterre comme souveraine

209 **La CNUCED est :**

- ○ **A.** Une organisation née au sein des Nations unies pour mieux intégrer les pays du Sud à l'économie mondiale
- ○ **B.** En charge d'assurer les transferts de fonds entre pays riches et pays en développement
- ○ **C.** Une ONG en charge de la cause des enfants
- ○ **D.** Une organisation qui rassemble les ex-pays colonisés d'Afrique

210 **La Corée du Nord a été fondée en :**

- ○ **A.** 1936
- ○ **B.** 1945
- ○ **C.** 1948
- ○ **D.** 1957

211 **La guerre de Corée se déroule de :**

- ○ **A.** 1950 à 1953
- ○ **B.** 1951 à 1955
- ○ **C.** 1960 à 1963
- ○ **D.** 1960 à 1968

212 **La Crimée :**

- ○ **A.** A toujours appartenu à l'Ukraine dans son histoire
- ○ **B.** A été offert en cadeau d'anniversaire à l'Ukraine par Nikita Khrouchtchev
- ○ **C.** A été gagné militairement par l'Ukraine à la Russie en 1954
- ○ **D.** A toujours eu une double souveraineté russe et ukrainienne

213 **Le Fatah :**

- ○ **A.** Est un mouvement antipalestinien
- ○ **B.** A été créé, entre autres, par Yasser Arafat
- ○ **C.** Est plutôt hostile à toute discussion avec Israël
- ○ **D.** Est implanté exclusivement dans la bande de Gaza

214 **Gdansk :**

- ○ **A.** Est une ville lituanienne au bord de la Baltique
- ○ **B.** Est une ville dont le nom ancien été Göteborg
- ○ **C.** Est l'emblème de la résistance du syndicat Solidarnosc dans le leader a été Lech Walesa
- ○ **D.** Et la ville de naissance du pape Jean-Paul II

215 **En 2008, la Géorgie a été en conflit armé contre :**

- ○ **A.** La Turquie
- ○ **B.** La Russie
- ○ **C.** Le Kosovo
- ○ **D.** La Tchétchénie

216 **Le plateau du Golan est administré par :**

- ○ **A.** La Syrie
- ○ **B.** La Jordanie
- ○ **C.** Le Liban
- ○ **D.** Israël

217 **Guantanamo est :**

- ○ **A.** Une base américaine sur l'île de Cuba
- ○ **B.** Une base russe sur le sol cubain
- ○ **C.** Une base américaine en Afghanistan
- ○ **D.** Une base russe en Sibérie orientale

218 **L'Afghanistan :**

- ○ **A.** A été occupée en 1979 par les Américains
- ○ **B.** A un accès à la mer
- ○ **C.** A été occupée en 1979 par les Soviétiques
- ○ **D.** N'a plus, à ce jour, de militaires étrangers sur son territoire

219 **On entend par « guerre du Golfe » :**

- ○ **A.** Les opérations menées en 1991 par une coalition internationale sans mandat de l'ONU sur le sol koweïtien
- ○ **B.** Les opérations menées en 1991 par une coalition internationale sous mandat de l'ONU sur le sol irakien
- ○ **C.** La guerre qui oppose l'Iran et l'Irak dans les années 1980
- ○ **D.** La guerre entre l'Arabie saoudite et l'Iran

220 **La guerre du Vietnam se termine par la signature :**

- O **A.** Des accords d'Évian
- O **B.** Des accords de Paris
- O **C.** Des accords de Camp David
- O **D.** Des accords de Yalta

221 **Le Hamas :**

- O **A.** Est financé par l'Arabie saoudite
- O **B.** Est hostile aux accords d'Oslo
- O **C.** A été fondé par Yasser Arafat
- O **D.** Est jugé illégal par Israël

222 **Hong Kong a été rétrocédé à la Chine en :**

- O **A.** 1949
- O **B.** 1989
- O **C.** 1997
- O **D.** 2000

223 **L'État d'Israël a été créé :**

- O **A.** Le 4 mai 1905
- O **B.** Le 10 mai 1945
- O **C.** Le 8 avril 1947
- O **D.** Le 14 mai 1948

224 **Pour l'ensemble des territoires occupés par Israël en 1967, lequel n'en fait pas partie ?**

- O **A.** Le Liban
- O **B.** Le Golan
- O **C.** Le Sinaï
- O **D.** La bande de Gaza

225 **Lequel de ces pays a son ambassade à Jérusalem ?**

- O **A.** La Grande-Bretagne
- O **B.** Les États-Unis
- O **C.** La France
- O **D.** L'Allemagne

226 **Le Kosovo est :**

- O **A.** Un État indépendant depuis la mort du maréchal Tito en 1981
- O **B.** Un État indépendant depuis 2008
- O **C.** Un État membre de l'Union européenne
- O **D.** Un État membre de l'OTAN

227 **Le PKK désigne :**

- O **A.** Le Parti des travailleurs du Kurdistan
- O **B.** Le Pouvoir des Kurdes au Kurdistan
- O **C.** Le Parti pour un Kurdistan indépendant
- O **D.** Le Parlement du Kurdistan en Exil

228 **Le Liban :**

- O **A.** Est une création territoriale anglaise
- O **B.** Est une création territoriale française
- O **C.** Est un État de religion sunnite
- O **D.** À un président de la République toujours chiite

229 **L'explosion en vol d'un avion d'UTA au-dessus du Niger en 1989 est imputée :**

- O **A.** À la Syrie
- O **B.** À la Libye
- O **C.** Aux Palestiniens
- O **D.** À Al-Qaïda

230 **La ligne Oder-Neisse est la frontière orientale de :**

- O **A.** La Pologne
- O **B.** L'Allemagne
- O **C.** L'Autriche
- O **D.** La Hongrie

231 **Macao est une :**

- O **A.** Ville portugaise
- O **B.** Région administrative spéciale chinoise
- O **C.** Ville indépendante
- O **D.** Région sous administration britannique

GÉOPOLITIQUE

232 **À la conférence de Yalta, quelle résolution a été prise en commun pour hâter la fin de la guerre entre les États-Unis et le Japon ?**

- ○ **A.** La possibilité de recourir à la bombe atomique
- ○ **B.** La possibilité de demander à la Chine d'envahir le Japon
- ○ **C.** L'envoi de troupes françaises et britanniques sur le sol japonais
- ○ **D.** La promesse de l'entrée en guerre de l'URSS contre le Japon

233 **La guerre des Malouines a opposé, en 1982 :**

- ○ **A.** Le Chili et l'Argentine
- ○ **B.** L'Argentine et le Royaume-Uni
- ○ **C.** L'Australie et la Nouvelle-Zélande
- ○ **D.** L'Inde et le Sri Lanka

234 **Le Myanmar est le nouveau nom :**

- ○ **A.** De l'île de Ceylan
- ○ **B.** Du Congo belge
- ○ **C.** De l'Indonésie
- ○ **D.** De la Birmanie

235 **Okinawa fait l'objet d'un contentieux avec :**

- ○ **A.** La Chine
- ○ **B.** Les États-Unis
- ○ **C.** La Corée
- ○ **D.** Taiwan

236 **L'Organisation de coopération de Shanghai :**

- ○ **A.** Est une instance exclusivement économique dans la zone de l'Asie du Sud-Est
- ○ **B.** Vise à faciliter les relations économiques et politiques entre la Chine et le Japon
- ○ **C.** Est une organisation dont font partie les États-Unis
- ○ **D.** Regroupe des pays d'Asie de l'Est et d'Asie centrale, dont la Chine et la Russie

237 **L'OLP :**

- ○ **A.** A été créée par Yasser Arafat en 1967
- ○ **B.** Vise à fédérer différents associations et groupes palestiniens dans la lutte contre Israël
- ○ **C.** Est hostile au processus de paix d'Oslo
- ○ **D.** Est hostile à la reconnaissance d'un État israélien

238 **L'OTAN :**

- ○ **A.** A son siège à Paris
- ○ **B.** A été fondée en 1949 par le traité de l'Atlantique Nord
- ○ **C.** Accueille la Russie dans ses instances décisionnelles
- ○ **D.** N'est jamais intervenue militairement depuis sa création

239 **Le détroit d'Ormuz est situé entre :**

- ○ **A.** Israël et l'Égypte
- ○ **B.** L'Iran est le sultanat d'Oman
- ○ **C.** Israël et la Jordanie
- ○ **D.** Abu Dhabi et les Émirats arabes unis

240 **L'Ostpolitik désigne :**

- ○ **A.** La politique extérieure américaine à l'égard de l'URSS durant la guerre froide
- ○ **B.** La politique menée par l'Allemagne de l'Ouest afin de rapprocher les deux Allemagnes
- ○ **C.** La politique de Moscou à l'égard des terres situées à l'est de la Russie
- ○ **D.** La politique extérieure des ex-pays de l'Est à l'égard de l'URSS

241 **Le Pakistan :**

- ○ **A.** Est une république non confessionnelle
- ○ **B.** Est une royauté
- ○ **C.** Est une république islamique
- ○ **D.** Est une république populaire

242 **Le canal de Panama :**

- ○ **A.** Est propriété de l'État du Panama
- ○ **B.** Est propriété des États-Unis
- ○ **C.** Est une zone sous souveraineté internationale
- ○ **D.** Est une zone sous souveraineté partagée entre les États-Unis et le Panama

243 **À partir de 1994, un conflit a opposé, au Rwanda :**

- ○ **A.** Les Hutus et les Tutsis
- ○ **B.** Les Kanaks et les Caldoches
- ○ **C.** Les Hutus et les Hivus
- ○ **D.** Les Touarègues et les Janjawids

244 **Le Sahara occidental est revendiqué par :**

- ○ **A.** Le Maroc
- ○ **B.** Le Front Polisario
- ○ **C.** L'Espagne
- ○ **D.** L'Algérie

245 **La Serbie :**

- ○ **A.** A été l'alliée de l'Allemagne durant la Seconde Guerre mondiale
- ○ **B.** A été une entité dominée au sein de la Yougoslavie dirigée par Tito
- ○ **C.** A été dirigée par Milosevic
- ○ **D.** Ne cherche pas à se rapprocher de l'Union européenne

246 **Le Soudan :**

- ○ **A.** A fait l'objet d'une partition en 1958
- ○ **B.** A fait l'objet d'une partition en 2015
- ○ **C.** Est un pays majoritairement musulman
- ○ **D.** Est un pays majoritairement chrétien

247 **Le Sri Lanka :**

- ○ **A.** Connaît un conflit ethnique entre Tamouls et Cingalais
- ○ **B.** Réserve une place cardinale aux musulmans
- ○ **C.** Est une dépendance de l'Inde
- ○ **D.** A pour capitale Colombus

248 **Les Sudètes constituent une région :**

- ○ **A.** Incorporée à l'Allemagne de Weimar en 1919
- ○ **B.** Annexée par Hitler et envahie en 1939
- ○ **C.** Qui appartient actuellement à l'Allemagne
- ○ **D.** Qui est actuellement indépendante

249 **Le canal de Suez joint la Méditerranée à :**

- ○ **A.** La mer Noire
- ○ **B.** La mer Rouge
- ○ **C.** La mer Égée
- ○ **D.** La mer Morte

250 **Taiwan :**

- ○ **A.** Est le nom actuel de l'ancienne Formose
- ○ **B.** Est une île appartenant à la Chine
- ○ **C.** Dispose d'un siège à l'ONU
- ○ **D.** Est une île revendiquée par le Japon

251 **Les talibans ont formé un mouvement politique né :**

- ○ **A.** En Syrie
- ○ **B.** En Libye
- ○ **C.** En Afghanistan
- ○ **D.** Au Pakistan

252 La Tchétchénie :

- ○ **A.** A été un État indépendant de l'URSS au XXe siècle
- ○ **B.** A une population essentiellement musulmane sunnite
- ○ **C.** Est actuellement un État souverain
- ○ **D.** Est riche en pétrole

253 Le Tibet :

- ○ **A.** Est un État indépendant
- ○ **B.** Est une province chinoise
- ○ **C.** Est une province népalaise
- ○ **D.** Est une province sous souveraineté partagée entre l'Inde et le Népal

254 Le 38e parallèle est une ligne symbolique séparant :

- ○ **A.** La partie « grecque » de la partie « turque » de Chypre
- ○ **B.** Le Canada des États-Unis à l'ouest du continent nord-américain
- ○ **C.** La Corée du Nord de la Corée du Sud
- ○ **D.** La Russie de la Corée du Nord

255 Le traité de Portsmouth de 1905 entérine la victoire :

- ○ **A.** Japonaise sur la Russie
- ○ **B.** Britannique sur le Japon
- ○ **C.** Française sur la Grande-Bretagne en Afrique du Nord
- ○ **D.** Chinoise sur le Japon

256 La dislocation de l'Empire ottoman intervient en :

○ **A.** 1914 ○ **B.** 1918 ○ **C.** 1922 ○ **D.** 1933

257 Le premier dirigeant de la Corée du Nord a été :

- ○ **A.** Kim Il-sung
- ○ **B.** Kim Jong-un
- ○ **C.** Kim Jong-il
- ○ **D.** Kim Young-sic

258 Le Commonwealth est fondé en :

○ **A.** 1850 ○ **B.** 1870 ○ **C.** 1912 ○ **D.** 1931

259 Le Commonwealth a été fondé par le statut de :

- ○ **A.** Buckingham
- ○ **B.** Westminster
- ○ **C.** Portsmouth
- ○ **D.** Londres

260 Le système des réparations allemandes et des dettes interalliées issues de la Première Guerre mondiale prend fin en :

○ **A.** 1929 ○ **B.** 1932 ○ **C.** 1939 ○ **D.** 1945

261 La « Longue Marche » entreprise par Mao Zedong débute en :

○ **A.** 1934 ○ **B.** 1939 ○ **C.** 1945 ○ **D.** 1949

262 L'AIEA a son siège à :

○ **A.** Rome ○ **B.** Kyoto ○ **C.** La Haye ○ **D.** Vienne

263 **L'URSS annexe les pays Baltes en 1939 :**

- ○ **A.** Par la force militaire
- ○ **B.** Par la signature du pacte germano-soviétique
- ○ **C.** Par initiative populaire des pays Baltes
- ○ **D.** En même temps que la partie orientale de la Pologne

264 **L'attaque de Pearl Harbor, qui entraîne l'entrée en guerre des États-Unis dans la Seconde Guerre mondiale, a lieu :**

- ○ **A.** Le 8 septembre 1939
- ○ **B.** Le 14 juin 1940
- ○ **C.** Le 7 décembre 1941
- ○ **D.** Le 9 octobre 1942

265 **L'un de ces quatre hommes d'État n'est pas présent à la conférence de Yalta en février 1945 :**

○ **A.** De Gaulle ○ **B.** Staline ○ **C.** Churchill ○ **D.** Roosevelt

266 **Le Vietnam devient communiste en :**

○ **A.** 1945 ○ **B.** 1948 ○ **C.** 1951 ○ **D.** 1957

267 **Le leader qui proclame l'indépendance du Vietnam est :**

- ○ **A.** Lin Biao
- ○ **B.** Ho Chi Minh
- ○ **C.** Pol Pot
- ○ **D.** Sihanouk

268 **L'État d'Israël est proclamé par le Conseil national juif :**

- ○ **A.** En décembre 1945
- ○ **B.** En février 1947
- ○ **C.** En mai 1948
- ○ **D.** En juin 1951

269 **Le blocus de Berlin est réalisé :**

- ○ **A.** Par les Soviétiques autour de Berlin-Ouest
- ○ **B.** Par les Américains autour de Berlin-Est
- ○ **C.** Par les Français, les Anglais et les Américains autour de Berlin-Est
- ○ **D.** En 1958-1959

270 **Le pacte de l'Atlantique Nord est signé en :**

○ **A.** 1945 ○ **B.** 1949 ○ **C.** 1951 ○ **D.** 1966

271 **Quel pays n'est pas signataire en 1949 du pacte de l'Atlantique Nord ?**

- ○ **A.** La France
- ○ **B.** L'Allemagne
- ○ **C.** La Grande-Bretagne
- ○ **D.** Le Canada

272 **La RFA adopte sa loi fondamentale le :**

- ○ **A.** 8 mai 1945
- ○ **B.** 8 mai 1947
- ○ **C.** 8 mai 1949
- ○ **D.** 8 mai 1951

273 **La République populaire de Chine est proclamée le :**

- ○ **A.** 1er mai 1947
- ○ **B.** 1er octobre 1948
- ○ **C.** 1er octobre 1949
- ○ **D.** 1er mai 1950

274 **Lors de la naissance de la République populaire de Chine, le Président et le Premier ministre sont respectivement :**

- ○ **A.** Tchang Kaï-chek et Mao Zedong
- ○ **B.** Mao Zedong et Zhou Enlai
- ○ **C.** Sun Yat Sen et Mao Zedong
- ○ **D.** Mao Zedong et Liu Shaoqi

275 **Les accords de Genève mettent fin :**

- ○ **A.** À la guerre d'Indochine
- ○ **B.** À la guerre d'Algérie
- ○ **C.** À la guerre en Yougoslavie
- ○ **D.** À la guerre en Libye

276 **La conférence de Bandung :**

- ○ **A.** A pour objectif d'imposer de nouvelles règles dans les relations internationales afin de mieux lutter contre le sous-développement
- ○ **B.** Réunit plusieurs chefs d'État, dont Nasser, Nehru, Soekarno et Mao Zedong
- ○ **C.** Se tient en 1959
- ○ **D.** Est organisée sous les auspices de l'ONU

277 **Après la victoire de Mao Zedong en Chine, Tchang Kaï-chek se réfugie :**

- ○ **A.** Aux États-Unis
- ○ **B.** En Grande-Bretagne
- ○ **C.** À Formose (Taïwan)
- ○ **D.** Au Japon

278 **Le pacte de Varsovie :**

- ○ **A.** Est un accord d'aide économique et militaire entre les pays de l'Europe de l'Est hors URSS
- ○ **B.** Est signé en 1961 à l'occasion de l'occasion de l'érection du mur de Berlin
- ○ **C.** Est un accord militaire signé par l'URSS et les pays de l'Est de l'Europe prévoyant l'assistance automutuelle en cas d'agression
- ○ **D.** Est signé entre la Pologne et l'Allemagne afin de ne pas engager de conflits militaires entre ces deux pays

279 **Le canal de Suez :**

- ○ **A.** Est nationalisé par Nasser en 1956
- ○ **B.** Est nationalisé par Sadate en 1973
- ○ **C.** Est occupé par Israël en 1952
- ○ **D.** Est sous contrôle américain depuis son percement

280 **Fidel Castro entre à La Havane :**

- ○ **A.** En février 1946
- ○ **B.** En janvier 1959
- ○ **C.** En mars 1961
- ○ **D.** En avril 1962

281 **L'acronyme START signifie :**

- ○ **A.** Strategic Arms Reduction Talks
- ○ **B.** Strategic Arms Production Targets
- ○ **C.** Small Arms Renewed Treaty
- ○ **D.** Symbolic Targets on Atomic Research Talks

282 **Mao Zedong meurt le :**

- ○ **A.** 13 février 1974
- ○ **B.** 25 septembre 1975
- ○ **C.** 9 septembre 1976
- ○ **D.** 20 décembre 1977

283 **La création de l'OPEP date de :**

- ○ **A.** 1925
- ○ **B.** 1937
- ○ **C.** 1945
- ○ **D.** 1960

284 **Lors de la conférence de Bagdad, l'OPEP est créée et regroupe :**

- ○ **A.** Trois membres fondateurs (l'Arabie saoudite, l'Iran et l'Irak)
- ○ **B.** Cinq membres fondateurs (l'Arabie saoudite, l'Iran, l'Irak, le Koweït et le Venezuela)
- ○ **C.** Cinq membres fondateurs (l'Arabie saoudite, l'Iran, le Koweït, le Qatar et les Émirats arabes unis)
- ○ **D.** Sept membres fondateurs (l'Arabie saoudite, l'Iran, l'Irak, le Koweït, le Venezuela, le Qatar et les Émirats arabes unis)

285 **Le mur de Berlin est érigé en :**

○ **A.** 1948 ○ **B.** 1952 ○ **C.** 1961 ○ **D.** 1967

286 **En 1965, l'Algérie subit un putsch fomenté par :**

- ○ **A.** Ben Bella
- ○ **B.** Boumediene
- ○ **C.** Hassan I
- ○ **D.** Ben Ali

287 **Le barrage d'Assouan :**

- ○ **A.** Est inauguré en janvier 1969 par Nasser
- ○ **B.** A été construit sous la direction d'experts soviétiques
- ○ **C.** A été construit sous la direction d'experts américains
- ○ **D.** Est inauguré en 1971 par Anouar el-Sadate

288 **La guerre du Kippour :**

- ○ **A.** Oppose Israël et la seule Égypte
- ○ **B.** Oppose Israël et plusieurs États arabes
- ○ **C.** Se déroule en 1971 et conduit à l'occupation par Israël de terres dans le Sinaï
- ○ **D.** Oppose Israël et les Palestiniens sur la revendication de la bande de Gaza

289 **La chute de Saïgon a lieu le :**

- ○ **A.** 6 mai 1969
- ○ **B.** 14 août 1973
- ○ **C.** 30 avril 1975
- ○ **D.** 6 février 1979

290 **Après la mort de Mao Zedong, est arrêtée :**

- ○ **A.** La Bande des Trois dont fait partie la veuve de Lin Biao
- ○ **B.** La Bande des Trois dont fait partie la veuve de Deng Xiaoping
- ○ **C.** La Bande des Quatre dont fait partie la veuve de Zhou Enlai
- ○ **D.** La Bande des Quatre dont fait partie la veuve de Mao Zedong

291 **Lors du départ en exil du Shah d'Iran en 1979 :**

- ○ **A.** L'ayatollah Khomeiny, en exil en France, prend le pouvoir
- ○ **B.** L'ayatollah Khomeiny, en exil en Arabie saoudite, prend le pouvoir
- ○ **C.** L'ayatollah Asrani, en exil en France, prend le pouvoir
- ○ **D.** L'ayatollah Asrani, en exil en Arabie saoudite, prend le pouvoir

292 **En 1989, le premier pays du bloc soviétique à avoir ouvert ses frontières avec les pays occidentaux est :**

- ○ **A.** La Pologne
- ○ **B.** La Tchécoslovaquie
- ○ **C.** L'Allemagne de l'Est
- ○ **D.** La Hongrie

293 **La guerre du Golfe fait suite à l'invasion :**

- ○ **A.** De l'Irak par l'Iran
- ○ **B.** De l'Iran par l'Irak
- ○ **C.** Du Koweït par l'Irak
- ○ **D.** De la Syrie par l'Iran

294 **Le régime d'apartheid en Afrique du Sud est supprimé en :**

- ○ **A.** 1987
- ○ **B.** 1989
- ○ **C.** 1991
- ○ **D.** 1993

295 **L'Organisation mondiale du commerce a été créée :**

- ○ **A.** En 1988 à Tunis
- ○ **B.** En 1991 à Kuala Lumpur
- ○ **C.** En 1993 à Doha
- ○ **D.** En 1995 à Marrakech

296 **Dans quel pays lieu la conférence de Bandung ?**

- ○ **A.** La Chine
- ○ **B.** L'Inde
- ○ **C.** L'Indonésie
- ○ **D.** Les Philippines

297 **Que signifie « Al-Qaïda » ?**

- ○ **A.** La vérité
- ○ **B.** La base
- ○ **C.** La foi
- ○ **D.** La libération

298 **Dans quel pays Oussama Ben Laden, dirigeant principal du réseau djihadiste Al-Qaïda, a-t-il été tué par les forces américaines le 2 mai 2011 ?**

- ○ **A.** L'Afghanistan
- ○ **B.** L'Irak
- ○ **C.** Le Pakistan
- ○ **D.** Le Yémen

299 **Quand l'OTAN est-elle intervenue au Kosovo ?**

- ○ **A.** 1995
- ○ **B.** 1999
- ○ **C.** 2001
- ○ **D.** 2004

300 **Qui sont les « Tigres tamouls » ?**

- ○ **A.** Un peuple séparatiste de l'Iran et de l'Irak
- ○ **B.** Un peuple séparatiste de l'Inde méridionale et du Sri Lanka
- ○ **C.** Un peuple séparatiste du Pakistan
- ○ **D.** Un peuple séparatiste de Birmanie

301 **L'armistice mettant fin à la guerre de Corée a été signé à :**

- ○ **A.** Pyongyang
- ○ **B.** Séoul
- ○ **C.** Pusan
- ○ **D.** Panmunjom

302 **Le pays d'Amérique du Sud dans lequel Che Guevara organisa et dirigea la guérilla est :**

- ○ **A.** La Bolivie
- ○ **B.** Le Chili
- ○ **C.** Le Pérou
- ○ **D.** Le Venezuela

303 **Le mot « taliban » signifie :**

- ○ **A.** Esclave de Dieu
- ○ **B.** Étudiant
- ○ **C.** Guerrier
- ○ **D.** Martyre

304 **La CEI est l'acronyme pour :**

- ○ **A.** La Communauté européenne de l'industrie
- ○ **B.** La Communauté des États indépendants
- ○ **C.** La Commission européenne indépendante
- ○ **D.** La Communauté des États insulaires

305 **Le révolutionnaire argentin qui fut ministre de l'Industrie aux côtés de Fidel Castro était :**

- ○ **A.** Salvador Allende
- ○ **B.** Pancho Villa
- ○ **C.** Che Guevara
- ○ **D.** Juan Perón

306 **En 1963, de Gaulle refuse l'entrée du marché commun à :**

- ○ **A.** La Grande-Bretagne
- ○ **B.** L'Espagne
- ○ **C.** Le Portugal
- ○ **D.** La Grèce

307 **Depuis 1934, la Perse est appelée :**

- ○ **A.** L'Irak
- ○ **B.** L'Iran
- ○ **C.** La Turquie
- ○ **D.** La Syrie

308 **La réintégration de la France dans le commandement intégré de l'OTAN a eu lieu en :**

- ○ **A.** 1966
- ○ **B.** 1981
- ○ **C.** 2000
- ○ **D.** 2009

309 **La principale religion en Indonésie est :**

- ○ **A.** Le confucianisme
- ○ **B.** Le bouddhisme
- ○ **C.** L'islam
- ○ **D.** Le christianisme

310 **L'acronyme PESC désigne :**

- ○ **A.** Politique européenne de sécurité commune
- ○ **B.** Politique environnementale et de sûreté des carburants
- ○ **C.** Politique étrangère et de sécurité commune
- ○ **D.** Politique de l'emploi et de sécurité des contrats

311 **En quelle année est signé le traité d'État garantissant la neutralité de l'Autriche ?**

- ○ **A.** 1945
- ○ **B.** 1955
- ○ **C.** 1965
- ○ **D.** 1975

312 **Le nom de la guérilla maoïste au Pérou s'appelle :**

- ○ **A.** L'Armée rouge
- ○ **B.** Le Sentier lumineux
- ○ **C.** Les sandinistes
- ○ **D.** Le Chiapas

313 **Quel pays est impliqué dans le conflit du Haut-Karabakh ?**

- ○ **A.** L'Arménie
- ○ **B.** La Géorgie
- ○ **C.** La Russie
- ○ **D.** La Turquie

314 **Quel dirigeant politique développe, en 1956, la théorie de la coexistence pacifique ?**

- ○ **A.** Khrouchtchev
- ○ **B.** Kossyguine
- ○ **C.** Brejnev
- ○ **D.** Molotov

315 **La « ligne bleue » désigne la frontière mise en place par l'ONU entre :**

- ○ **A.** La Corée du Nord et la Corée du Sud
- ○ **B.** Soudan du Nord et Soudan du Sud
- ○ **C.** Israël et le Liban
- ○ **D.** L'Inde et le Pakistan

316 **La CEI est :**

- ○ **A.** Le nom des pays non alignés
- ○ **B.** Le nom donné au groupe des États africains devenus indépendants dans les années 1950
- ○ **C.** L'entité regroupant certaines des anciennes républiques soviétiques
- ○ **D.** Une agence de l'ONU

317 **Le gouvernement tibétain en exil siège à :**

- ○ **A.** Zagana
- ○ **B.** Yufu
- ○ **C.** Katmandou
- ○ **D.** Dharamsala

318 **La Chine occupe le Tibet depuis :**

- ○ **A.** 1950
- ○ **B.** 1959
- ○ **C.** 1968
- ○ **D.** 1970

319 **La PESC :**

- ○ **A.** Est une politique communautaire refusée par l'Allemagne
- ○ **B.** Requiert l'unanimité parmi les membres pour les décisions et les situations à adopter en matière de sécurité
- ○ **C.** S'occupe exclusivement des flux migratoires
- ○ **D.** A été définie par le traité de Rome

320 **En quelle occasion la théorie des dominos est-elle développée ?**

- ○ **A.** La guerre de Corée
- ○ **B.** La révolution hongroise
- ○ **C.** La prise de pouvoir en Chine par Mao Zedong
- ○ **D.** La guerre du Vietnam

321 **Les accords de Genève en 1954 reconnaissent l'indépendance :**

- ○ **A.** Du Laos, du Cambodge et du Vietnam
- ○ **B.** Du Laos, de l'Indonésie et du Vietnam
- ○ **C.** Du Laos, de la Malaisie et du Cambodge
- ○ **D.** De l'Indonésie, de la Malaisie et du Cambodge

322 **L'expression de « rideau de fer » a été utilisée pour la première fois par :**

- ○ **A.** Staline
- ○ **B.** Roosevelt
- ○ **C.** Churchill
- ○ **D.** De Gaulle

323 **Quel territoire espagnol fut partagé entre le Maroc et la Mauritanie par les accords de Madrid en 1975 ?**

- ○ **A.** Les îles Canaries
- ○ **B.** Le Sahara espagnol
- ○ **C.** Gibraltar
- ○ **D.** Les Açores

324 **Quels sont les deux plus grands empires coloniaux en 1914 ?**

- ○ **A.** Le Royaume-Uni et l'Espagne
- ○ **B.** La France et le Royaume-Uni
- ○ **C.** La France et l'Allemagne
- ○ **D.** Le Royaume-Uni et le Portugal

325 **Quelle région frontalière, revendiquée par l'Inde et le Pakistan, est à l'origine d'un conflit entre les deux pays ?**

- ○ **A.** Le Tibet
- ○ **B.** Le Cachemire
- ○ **C.** Le Bhoutan
- ○ **D.** Le Myanmar

326 **La ligne de démarcation séparant l'île de Chypre se nomme :**

- ○ **A.** La ligne jaune
- ○ **B.** La ligne verte
- ○ **C.** La ligne rouge
- ○ **D.** La ligne bleue

327 **Avec quel pays le Biafra a-t-il fait sécession en 1967, déclenchant ainsi une terrible guerre civile ?**

- ○ **A.** Le Bénin
- ○ **B.** La Côte d'Ivoire
- ○ **C.** Le Nigéria
- ○ **D.** Le Rwanda

328 **En 1919, la France récupère l'Alsace et la Lorraine perdues en :**

- ○ **A.** 1815
- ○ **B.** 1848
- ○ **C.** 1871
- ○ **D.** 1914

329 **Quelle était la capitale de la RFA ?**

- ○ **A.** Berlin-Ouest
- ○ **B.** Weimar
- ○ **C.** Francfort
- ○ **D.** Bonn

330 **Le traité de Versailles est signé le :**

- ○ **A.** 4 janvier 1919
- ○ **B.** 28 juin 1919
- ○ **C.** 6 février 1920
- ○ **D.** 9 septembre 1920

331 **Diên Biên Phu est tombé le 7 mai :**

○ **A.** 1950 ○ **B.** 1952 ○ **C.** 1954 ○ **D.** 1956

332 **La France est une puissance nucléaire. Elle possède une force de frappe depuis :**

○ **A.** 1945 ○ **B.** 1960 ○ **C.** 1968 ○ **D.** 1974

333 **Les relations sino-soviétiques sont rompues en :**

○ **A.** 1961 ○ **B.** 1963 ○ **C.** 1965 ○ **D.** 1970

334 **En quelle année la Turquie a-t-elle déposé sa première demande officielle d'adhésion à l'Union européenne ?**

○ **A.** 1963 ○ **B.** 1972 ○ **C.** 1987 ○ **D.** 2005

335 **Le Japon signe un traité de paix avec les Américains :**

- ○ **A.** En 1947 à Los Angeles
- ○ **B.** En 1951 à San Francisco
- ○ **C.** En 1954 à Tokyo
- ○ **D.** Aucun traité de paix n'a jusqu'alors été signé

336 **En 1989, se déroulent en Chine des troubles politiques que l'on nomme :**

- ○ **A.** Le Coup de Pékin
- ○ **B.** Le Printemps de Pékin
- ○ **C.** L'Été de Tian'anmen
- ○ **D.** Le Printemps de Tian'anmen

337 **Le traité qui a créé la Société des Nations est :**

- ○ **A.** Le traité de Berlin
- ○ **B.** Le traité de Londres
- ○ **C.** Le traité de Paris
- ○ **D.** Le traité de Versailles

338 **Les accords START concernent :**

- ○ **A.** La diminution des arsenaux nucléaires américains et soviétiques
- ○ **B.** La limitation de la croissance des arsenaux nucléaires
- ○ **C.** Toutes les puissances nucléaires de la planète
- ○ **D.** L'Iran le Pakistan et l'Inde

339 **Le Hezbollah est :**

- ○ **A.** Un parti sunnite syrien
- ○ **B.** Un parti chiite libanais
- ○ **C.** Un parti soutenu par l'Arabie saoudite
- ○ **D.** Une milice de guerre syrienne

340 **L'expression « Casques bleus » a fait sa première apparition en :**

- ○ **A.** 1950 en Corée
- ○ **B.** 1956 à Suez
- ○ **C.** 1960 au Congo
- ○ **D.** 1999 au Kosovo

341 **Le traité de Sèvres, conclu le 10 août 1920 :**

- ○ **A.** Consacre l'éclatement de l'Autriche-Hongrie
- ○ **B.** S'intéresse essentiellement à la question kurde
- ○ **C.** Consacre le rétrécissement de l'Empire ottoman qui ne garde en Europe qu'Istanbul et en Asie que la partie occidentale de l'Anatolie moins la région de Smyrne
- ○ **D.** S'intéresse principalement à la question arménienne

342 **Les accords de Locarno, signés le 16 octobre 1925 :**

- ○ **A.** Le sont par la France et l'Allemagne seulement
- ○ **B.** Permettent d'assurer la sécurité collective en Europe et les frontières de l'Allemagne
- ○ **C.** Pacifient les relations diplomatiques entre la France et la Grande-Bretagne
- ○ **D.** Sont relatifs à la mise en place d'un nouvel ordre monétaire en Europe

343 **Les accords SALT concernent :**

- ○ **A.** Le désarmement des capacités nucléaires
- ○ **B.** La non-prolifération des capacités nucléaires
- ○ **C.** Les États-Unis, l'URSS et la Chine
- ○ **D.** L'Iran

344 **La conférence de Washington tenue entre le 12 novembre 1921 et le 6 février 1922 avait pour objectif :**

- ○ **A.** De réduire le potentiel militaire maritime de ses signataires
- ○ **B.** De mettre en place des relations économiques équilibrées entre les États-Unis et l'Europe
- ○ **C.** De rapprocher diplomatiquement les États-Unis et le Canada
- ○ **D.** De pacifier les relations diplomatiques entre les États-Unis, le Japon et la Chine

345 **Fidel Castro renverse le gouvernement :**

- ○ **A.** Suarez
- ○ **B.** Batista
- ○ **C.** Cortez
- ○ **D.** Cristobal

346 **Deng Xiaoping devient dirigeant de la Chine :**

- ○ **A.** Peu après la mort de Mao Zedong
- ○ **B.** Après la disparition de Zhou Enlai
- ○ **C.** Après avoir évincé la Bande des Quatre
- ○ **D.** Juste après les événements de Tian'anmen en 1989

347 **Au début des événements du Printemps de Pékin, quel homme d'État étranger était en visite officielle à Pékin ?**

- ○ **A.** Gorbatchev
- ○ **B.** Reagan
- ○ **C.** Mitterrand
- ○ **D.** Kohl

348 **La convention de Lomé :**

- ○ **A.** A été signée en 1971, à Lomé, pour mettre fin à la guerre civile en Sierra Leone
- ○ **B.** A pour but de favoriser l'adaptation des pays africains, des Caraïbes et du Pacifique à l'économie de marché
- ○ **C.** Instaure la mise en place du franc CFA dans une partie de l'Afrique
- ○ **D.** Donne une place centrale à la France en Afrique, au point d'évoquer le concept de « Françafrique »

349 **Le Front islamique du salut (FIS) :**

- ○ **A.** Est une formation marocaine visant à lutter contre le pouvoir du roi
- ○ **B.** Est une formation algérienne militant pour la création d'un État islamique
- ○ **C.** N'a jamais cherché à participer à des élections libres dans son pays d'attache
- ○ **D.** A été dissous en 1991

350 **Le canal de Suez :**

- ○ **A.** Permet un libre accès à tous les pavillons, y compris s'il s'agit de pays belligérants
- ○ **B.** Est contrôlé par l'ONU
- ○ **C.** Est sous souveraineté partagée entre l'Égypte et Israël
- ○ **D.** Est sous souveraineté américaine

351 **Le groupe de Visegrád :**

- ○ **A.** Est un groupe informel réunissant quatre pays d'Europe centrale (la Hongrie, la Pologne, la République tchèque et la Slovaquie)
- ○ **B.** A été formé en 1978 en pleine guerre froide par la Pologne, la Hongrie et la Roumanie
- ○ **C.** Cherche à renforcer la dynamique communautaire européenne
- ○ **D.** Cherche à faire un pont entre l'Union européenne et la Russie

352 **Le règlement de Dublin II est un règlement européen :**

- ○ **A.** Qui cherche à mettre en place une Europe sociale au sein de l'Union européenne
- ○ **B.** Chargé de clarifier les responsabilités en matière de défense des frontières européennes
- ○ **C.** Rendant légale la pratique du « *dumping* » fiscal et social
- ○ **D.** Qui détermine l'État membre de l'Union européenne responsable d'examiner une demande d'asile

353 **L'Irish Republican Army est :**

- ○ **A.** La branche armée du Sinn Fein catholique
- ○ **B.** La branche armée du Democratic Unionist Party protestant
- ○ **C.** Une organisation plaidant pour la réconciliation entre protestants et catholiques en Irlande du Nord
- ○ **D.** Totalement hostile à la création d'un gouvernement d'union regroupant catholiques et protestants en Irlande du Nord

354 **Qu'est-ce que « Boko Haram » ?**

- ○ **A.** Une région du Sahel revendiqué par de nombreux États riverains
- ○ **B.** Un mouvement religieux du Nigéria, considéré comme une organisation terroriste
- ○ **C.** Le titre d'un film nigérian sélectionné au Festival de Cannes en 2017
- ○ **D.** Un groupe de musique africain très populaire en Afrique de l'Ouest

355 **Parmi ces hommes politiques britanniques, lequel n'a pas été chef du Parti travailliste ?**

- ○ **A.** Tony Blair
- ○ **B.** Gordon Brown
- ○ **C.** Harold Wilson
- ○ **D.** Winston Churchill

356 **La Triade désigne :**

- ○ **A.** Les trois aires majeures de production de richesses dans le monde
- ○ **B.** Un groupe des trois pays les plus riches qui se réunissent régulièrement
- ○ **C.** Une zone de libre-échange sur trois continents
- ○ **D.** Une partie de l'OCDE qui coopère plus étroitement

357 **Sous la présidence Kennedy, le dirigeant de l'URSS est :**

- ○ **A.** Staline
- ○ **B.** Khrouchtchev
- ○ **C.** Brejnev
- ○ **D.** Kossyguine

358 **Le « Grand Timonier » désigne :**

- ○ **A.** Staline
- ○ **B.** Mao Zedong
- ○ **C.** Fidel Castro
- ○ **D.** Ho Chi Minh

359 **Depuis la chute de l'URSS, la flotte russe de la mer Noire est basée à :**

- ○ **A.** Sébastopol en Crimée
- ○ **B.** Odessa en Ukraine
- ○ **C.** Sotchi en Russie
- ○ **D.** Batoumi en Géorgie

360 **Quel Français continu à participer à l'exploration de l'Antarctique au début du xxe siècle ?**

- ○ **A.** Le commandant Charcot
- ○ **B.** Le commandant Cousteau
- ○ **C.** Le commandant Amélie
- ○ **D.** Le commandant Foch

361 **La France revendique une partie de l'Antarctique, la terre Adélie, en :**

- ○ **A.** 1908
- ○ **B.** 1918
- ○ **C.** 1924
- ○ **D.** 1945

362 **La brigade franco-allemande :**

- ○ **A.** A été créée en 1989 et a son état-major installé en Allemagne
- ○ **B.** A été créée en 1947 et est installée à Strasbourg
- ○ **C.** Totalise 300 hommes sans armement
- ○ **D.** A été dissoute par François Hollande en 2013

363 **L'opération Barkhane est une opération extérieure française menée pour lutter contre les groupes armés salafistes djihadistes :**

- ○ **A.** En Irak et en Syrie
- ○ **B.** En Libye
- ○ **C.** Au Mali
- ○ **D.** Au Mali, au Niger, au Tchad et au Burkina Faso

364 **L'opération extérieure française nommée Chammal est lancée :**

- ○ **A.** En Irak et en Syrie depuis 2014
- ○ **B.** En Irak depuis 2016
- ○ **C.** En Syrie depuis 2018
- ○ **D.** En Libye depuis 2011

365 **Les litiges territoriaux entre la Chine et la Corée du Nord :**

- ○ **A.** N'existent pas
- ○ **B.** Ne portent que sur les frontières maritimes
- ○ **C.** Ne portent que sur les frontières terrestres
- ○ **D.** Portent sur les frontières maritimes et terrestres

366 **Quelle défense fortifiée la France décide-t-elle de créer en 1927 ?**

- ○ **A.** La ligne Maginot
- ○ **B.** La ligne Siegfried
- ○ **C.** La ligne des Ardennes
- ○ **D.** La ligne du Rhin

367 **« Septembre noir » est le nom :**

- ○ **A.** D'un groupe terroriste palestinien
- ○ **B.** Donné à un groupe révolutionnaire péruvien
- ○ **C.** Pris par une branche de la mafia sicilienne dans les années 1970
- ○ **D.** D'une secte indienne

368 **Le raid d'Entebbe :**

- ○ **A.** A été considéré comme un échec par Israël, car plusieurs otages israéliens enfermés dans l'ambassade d'Israël en Ouganda ont été tués
- ○ **B.** A été largement soutenu par le gouvernement ougandais d'Idi Amin Dada
- ○ **C.** S'est déroulé quelques jours après le massacre des Jeux olympiques de Munich
- ○ **D.** S'est déroulé dans la nuit du 3 au 4 juillet 1976 en Ouganda pour libérer les otages d'un avion et a été organisé par Israël contre des preneurs d'otages palestiniens

369 **L'« Intifada » désigne :**

- ○ **A.** Un mouvement algérien salafiste très présent dans les années 1980
- ○ **B.** Un mouvement de contestation de Palestiniens contre les partis palestiniens favorables au rapprochement avec Israël
- ○ **C.** Un mouvement d'opposition de civils palestiniens contre l'armée israélienne
- ○ **D.** Une cyberattaque syrienne, réalisée en 2017, contre des serveurs informatiques implantés aux États-Unis

370 **La guerre des Six-Jours :**

- ○ **A.** Est une guerre entre Israël et le Liban pour la souveraineté du plateau du Golan
- ○ **B.** A été immédiatement suivie de l'embargo des pays arabes sur le pétrole et l'augmentation de son prix en 1973
- ○ **C.** Est une guerre entre Israël et l'Égypte pour la souveraineté de puits de pétrole dans le Sinaï
- ○ **D.** A opposé Israël à ses voisins arabes en juin 1967

371 **Le massacre de Sabra et Chatila, en septembre 1982, a été perpétré :**

- ○ **A.** Par Al-Qaïda en Irak
- ○ **B.** Par des terroristes palestiniens au Liban
- ○ **C.** Par l'armée israélienne dans des camps de réfugiés palestiniens
- ○ **D.** Par l'armée égyptienne sur le territoire d'Israël

372 **La guerre du Kippour, qui se déroule en octobre 1973 :**

- ○ **A.** Est une victoire israélienne qui débouche sur l'occupation du plateau du Golan, de la bande de Gaza et de la Cisjordanie
- ○ **B.** Donne lieu directement et immédiatement à un choc pétrolier
- ○ **C.** A lieu sous le gouvernement israélien de David Ben Gourion
- ○ **D.** A lieu sous la présidence égyptienne de Nasser

373 **En 1978, Anouar el-Sadate et Menahem Begin reçoivent conjointement le prix Nobel de la paix pour leur rôle dans les accords :**

- ○ **A.** D'Oslo
- ○ **B.** De Genève
- ○ **C.** De Camp David
- ○ **D.** D'Évian

374 **Le massacre au cours des Jeux olympiques de Munich a été perpétré le 5 septembre 1972 par :**

- ○ **A.** Un groupe terroriste japonais à l'encontre de la délégation japonaise
- ○ **B.** Les services extérieurs d'Israël à l'encontre de la délégation palestinienne
- ○ **C.** Un groupe palestinien à l'encontre d'athlètes israéliens
- ○ **D.** Un groupe terroriste palestinien à l'encontre d'athlètes américains

375 **Les « Brigades rouges » sont :**

- ○ **A.** Une organisation terroriste d'extrême droite japonaise active dans les années 1970
- ○ **B.** Une organisation terroriste d'extrême gauche italienne, active dans les années 1970-1980
- ○ **C.** Une organisation terroriste allemande pronazie, active dans les années 1970-1980
- ○ **D.** Une organisation militaire présente en Argentine dans les années 1970-1980

376 **Le « péronisme » est :**

- ○ **A.** Un courant politique d'extrême gauche uruguayen actif entre 1960 et 1985
- ○ **B.** Un mouvement de masse argentin, créé dans les années 1960, autour de la figure d'Evita Perón
- ○ **C.** Un courant politique d'extrême droite salvadorien actif entre 1975 et 1990
- ○ **D.** Un mouvement de masse argentin, créé au milieu des années 1940, autour de la figure de Juan Perón

377 **L'« Eurocorps » est un corps d'armée européen :**

- ○ **A.** Concurrent de la structure de l'OTAN
- ○ **B.** Créé en 1989 à l'initiative de l'Allemagne et de la France, et limité à ces deux pays
- ○ **C.** Créé en 1992 à l'initiative de l'Allemagne et de la France et ouvert, après quelques années, à 14 pays
- ○ **D.** Créé en 1975 à l'initiative de la France et du Royaume-Uni

378 **L'Union pour la Méditerranée est une organisation intergouvernementale :**

- ○ **A.** Rassemblant tous les pays qui ont une façade maritime sur la Méditerranée
- ○ **B.** Créée en 1960 pour permettre une stabilisation des pays du Maghreb après la décolonisation
- ○ **C.** Rassemblant Israël et tous les pays voisins ayant un accès à la Méditerranée afin de développer les échanges entre eux
- ○ **D.** Rassemblant 43 pays d'Europe et du bassin méditerranéen, est visant à renforcer le partenariat euro-méditerranéen

379 **Le Shah d'Iran :**

- ○ **A.** A été exécuté à Téhéran par des partisans de l'ayatollah Khomeiny
- ○ **B.** A été hostile à l'augmentation du prix du pétrole à l'issue de la guerre du Kippour
- ○ **C.** A accédé au trône de la monarchie iranienne en 1941 et est contraint à l'exil en 1979
- ○ **D.** Était de religion sunnite

380 **Les accords d'Oslo, signés en septembre 1993, visent à :**

- ○ **A.** Un cessez-le-feu entre l'Inde et le Pakistan
- ○ **B.** Promouvoir le respect des droits de l'homme dans le monde
- ○ **C.** Résoudre le conflit israélo-palestinien
- ○ **D.** Réduire les tensions entre les États-Unis et la Russie

381 **Le Bangladesh acquiert son indépendance en :**

○ **A.** 1947 ○ **B.** 1951 ○ **C.** 1966 ○ **D.** 1971

382 **La principale religion de la population du Bangladesh est :**

- ○ **A.** L'hindouisme
- ○ **B.** L'islam sunnite
- ○ **C.** L'islam chiite
- ○ **D.** Le bouddhisme

383 **Qu'appelle-t-on les « femmes de réconfort » ?**

- ○ **A.** Des femmes japonaises que l'armée chinoise a prostituées de force entre 1937 et 1945
- ○ **B.** Des femmes, principalement coréennes, que l'armée japonaise a prostituées de force au cours de la Seconde Guerre mondiale
- ○ **C.** Des femmes asiatiques que l'armée américaine a prostituées de force au cours de la guerre du Vietnam
- ○ **D.** Des femmes laotiennes que l'armée cambodgienne du régime de Pol Pot a prostituées de force entre 1963 et 1975

384 **La bande à Baader est :**

- ○ **A.** Une organisation terroriste allemande d'extrême gauche qui a opéré en Allemagne de l'Ouest de 1968 à 1998
- ○ **B.** Une organisation pronazie, très présente en Allemagne dans les années 1970-1980
- ○ **C.** Une organisation basque, en relation avec l'ETA, et qui a opéré principalement en Espagne dans les années 1970-1980
- ○ **D.** Une organisation d'opposition au pouvoir communiste en Allemagne de l'Est dans les années 1970-1980

385 **Quand a eu lieu le premier essai français d'une bombe « A » ?**

○ **A.** 1948 ○ **B.** 1954 ○ **C.** 1960 ○ **D.** 1967

386 **Quand et où s'est tenu le premier sommet de la Francophonie ?**

- ○ **A.** À Bruxelles le 8 mars 1953
- ○ **B.** À Paris le 7 août 1969
- ○ **C.** À Paris et à Versailles du 17 au 19 février 1986
- ○ **D.** À Dakar le 5 octobre 1991

387 **Quand a été créée la chaîne internationale francophone TV5 Monde ?**

○ **A.** 1952 ○ **B.** 1968 ○ **C.** 1984 ○ **D.** 1991

388 **Le traité de l'Élysée a été signé :**

- ○ **A.** Le 14 avril 1961 entre la France et le Royaume-Uni
- ○ **B.** Le 28 octobre 1962 entre la France et l'URSS
- ○ **C.** Le 3 mai 1963 entre la France et les États-Unis
- ○ **D.** Le 22 janvier 1963 entre la France et l'Allemagne

389 **La déclaration d'Ottawa du 19 juin 1974 :**

- ○ **A.** Interdit à l'Allemagne de se doter de l'arme nucléaire
- ○ **B.** Reconnaît la contribution des forces nucléaires britanniques et françaises à la dissuasion globale de l'OTAN
- ○ **C.** Stipule que les États-Unis protègent militairement tous les pays européens, y compris ceux qui ne sont pas membres de l'OTAN
- ○ **D.** Demande la fin de la guerre froide

390 **L'« affaire du Rainbow Warrior » désigne :**

- ○ **A.** Le coulage d'un navire appartenant à Greenpeace par les services secrets français le 10 juillet 1985
- ○ **B.** Une attaque des forces maritimes néo-zélandaises contre un navire militaire français entré dans leurs eaux territoriales
- ○ **C.** L'attaque par les forces maritimes argentines d'un navire britannique près des Malouines en 1982
- ○ **D.** Une importante fuite de secrets relatifs à la Défense nationale américaine au profit de l'URSS en 1987

391 **Sur le modèle de la brigade franco-allemande :**

- ○ **A.** Il existe une brigade franco-espagnole
- ○ **B.** Il existe une brigade franco-belge
- ○ **C.** Il existe une brigade franco-italienne
- ○ **D.** Aucune autre brigade n'a été créée

392 **Le G5 est un groupe de cinq pays lancé :**

○ **A.** En 1970 ○ **B.** En 1974 ○ **C.** En 1977 ○ **D.** En 1981

393 **Le dignitaire religieux chiite qui a renversé le Shah d'Iran en 1979 est l'ayatollah :**

○ **A.** Rouhani ○ **B.** Kashari ○ **C.** Khomeiny ○ **D.** Khamenei

394 **Le chemin de fer Berlin-Bagdad a été construit entre :**

- ○ **A.** 1870 et 1880
- ○ **B.** 1876 et 1884
- ○ **C.** 1886 et 1904
- ○ **D.** 1903 et 1940

395 **En 1960, la France se dota de l'arme atomique, appelée :**

- ○ **A.** La force de frappe
- ○ **B.** L'arme dissuasive
- ○ **C.** La protection rapprochée
- ○ **D.** La protection sentinelle

396 **L'expression « Nations unies » est due à :**

- ○ **A.** Franklin D. Roosevelt
- ○ **B.** Winston Churchill
- ○ **C.** Joseph Staline
- ○ **D.** Clément Attlee

397 **Qu'est-ce que la Conférence 2 + 4 ?**

- ○ **A.** La conférence qui rassemble en 1953 les représentants des deux « futures » Corée, ainsi que les quatre puissances engagées dans le conflit
- ○ **B.** La conférence qui rassemble en 1960 les représentants de l'URSS et de la Chine, ainsi que deux puissances alliées de chacun des pays pour mettre fin aux tensions diplomatiques
- ○ **C.** La conférence qui rassemble en 1990 les représentants des deux Allemagne (Allemagne de l'Ouest et Allemagne de l'Est), ainsi que les quatre puissances alliées de la Seconde Guerre mondiale
- ○ **D.** La conférence qui rassemble en 2016 les représentants de la France et de l'Espagne ainsi que les quatre principaux partis basques afin de sortir du conflit avec Madrid

398 **Que signifie l'acronyme PEGIDA, mouvement allemand populiste ?**

- ○ **A.** Patriotes européens contre l'islamisation de l'Occident
- ○ **B.** Parti des citoyens contre l'islamisation de l'Allemagne
- ○ **C.** Patrie et fierté contre l'ennemi intérieur
- ○ **D.** Parti européen germaniste anti-islamiste

399 **La France est l'un des deux pays européens à posséder l'arme nucléaire; l'autre est :**

- ○ **A.** L'Allemagne
- ○ **B.** L'Italie
- ○ **C.** Le Royaume-Uni
- ○ **D.** L'Espagne

400 **En 2011, d'importantes manifestations se déroulent sur une place du Caire dans la mouvance de la révolution tunisienne. Quelle est cette place ?**

- ○ **A.** La place Tahrir
- ○ **B.** La place Taksin
- ○ **C.** La place Sainte-Sophie
- ○ **D.** La place Jemaa el-Fna

401 **En 2013, un projet d'aménagement urbain à Istanbul provoque une vague de protestations; il s'agit :**

- ○ **A.** De la place Al-Aqsa
- ○ **B.** Du parc du Prophète
- ○ **C.** Du parc Gezi près de la place Taksin
- ○ **D.** De la place Tahrir

402 **L'ouverture officielle des négociations d'adhésion de la Turquie à l'Union européenne date de :**

○ **A.** 1996 ○ **B.** 2000 ○ **C.** 2005 ○ **D.** 2012

403 **Quand a eu lieu le premier essai français d'une bombe « H » ?**

○ **A.** 1954 ○ **B.** 1960 ○ **C.** 1968 ○ **D.** 1973

404 **En Espagne, après des mois de bataille judiciaire, la dépouille d'une personnalité importante a été exhumée pour être transférée dans un endroit moins symbolique. Quelle est cette personnalité ?**

- ○ **A.** Le général Franco
- ○ **B.** Picasso
- ○ **C.** Goya
- ○ **D.** Christophe Colomb

405 **Pourquoi le président américain Donald Trump a-t-il été menacé d'*impeachment* (procédure de destitution) aux États-Unis ?**

- ○ **A.** Il était accusé d'avoir usé de son pouvoir en demandant à l'Ukraine d'enquêter sur la famille de l'ancien vice-président démocrate Joe Biden
- ○ **B.** Il était accusé d'agressions sexuelles et de viols par plusieurs femmes
- ○ **C.** Il était accusé d'avoir acheté un portrait de lui-même pour 20 000 dollars (17 800 euros) avec des fonds initialement dévolus à des fins caritatives
- ○ **D.** Il était accusé d'avoir utilisé des informations secrètes détenues par le Kremlin

406 **En novembre 2019, sont révélés les « *China Cables* », des directives internes au gouvernement chinois. De quoi traitent-elles ?**

- ○ **A.** De l'emprisonnement de dizaines de milliers d'intellectuels chinois
- ○ **B.** Du fichage systématique des opposants au régime chinois
- ○ **C.** Du nombre de condamnations à mort réalisées entre 2010 et 2019
- ○ **D.** De la répression et la détention de masse du peuple ouïgour

407 **Quel événement a poussé les Libanais dans la rue pour dénoncer la corruption du pays et le manque de services publics en 2019 ?**

- ○ **A.** La mise en examen du ministre de la Justice pour une affaire de corruption
- ○ **B.** L'impossibilité de trouver un gouvernement stable au Liban
- ○ **C.** L'instauration d'une taxe sur les communications WhatsApp
- ○ **D.** La découverte d'un conflit d'intérêts entre le Premier ministre et des entreprises de BTP

Corrigés

Généralités

1 L'archipel des Mascareignes se situe… **Dans l'océan Indien**

2 Le Darfour est une région… **Du Soudan**

3 Le processus de Kimberley vise à… **Moraliser le commerce international de diamants**

4 Le forum mondial de Davos… **Est une organisation internationale indépendante**

5 Quel est le texte qui régit les relations diplomatiques entre États ? **La convention de Vienne**

6 La ville de Mossoul est située en… **Irak**

7 Le mot Tsahal désigne… **L'armée israélienne**

8 En France, qui négocie et ratifie les traités internationaux ? **Le chef de l'État**

9 Gibraltar est anglais depuis… **1704**

10 Quelle est la capitale de la Confédération helvétique ? **Berne**

11 La Silicon Valley est située près de… **San Francisco**

12 Le siège de l'Union pour la Méditerranée est à… **Barcelone**

13 La base de lancement des fusées de Baïkonour est… **Au Kazakhstan**

14 La « langue de bœuf » désigne… **La « ligne en neuf traits » chinoise**

15 Le Yasukuni désigne… **Un sanctuaire construit pour rendre hommage aux Japonais ayant donné leur vie au nom de l'empereur du Japon**

16 Clausewitz est un théoricien militaire… **Prussien ayant écrit l'ouvrage « *De la guerre* »**

17 L'ouvrage « *Le choc des civilisations* » a été écrit en 1996 par… **Samuel Huntington**

18 Francis Fukuyama a écrit en 1992 l'ouvrage… ***« La fin de l'histoire et le dernier homme »***

19 Le concept d'« économie-monde » a été élaboré par… **Fernand Braudel**

20 Le concept de « *soft power* » a été élaboré par… **Joseph Nye**

21 Le concept de « guerres en chaîne » pour qualifier le xxe siècle est de… **Raymond Aron**

22 Gibraltar est un territoire… **Britannique**

23 Qui a écrit : « *La guerre est la poursuite de la politique par d'autres moyens* » ? **Carl von Clausewitz**

24 Qui a développé la théorie de la dépendance ? **Samir Amin**

25 Un laogai est en Chine… **Un camp de rééducation par le travail**

26 Henry Kissinger a été secrétaire d'État de… **Richard Nixon**

27 La « ligne en neuf traits » désigne… **La zone de la mer de Chine méridionale que la Chine prétend contrôler**

28 Le concept d'« hyperpuissance » a été développé par… **Hubert Védrine**

29 Le wilsonisme désigne… **Une doctrine américaine proposant un nouvel ordre international fondé sur le droit de la sécurité collective**

30 Al Jazeera est une chaîne de télévision... **Qatarienne**

31 L'Antarctique... **Est un patrimoine commun de l'humanité**

32 L'Arabie saoudite est un pays... **Sunnite**

33 La mer de Barents est... **Russe et norvégienne**

34 L'Arménie est un pays... **Indépendant depuis 1991**

35 Le Patriot Day désigne aux États-Unis le jour où les Américains se recueillent en mémoire... **De l'attaque du 11 septembre 2001**

36 La « balkanisation » désigne... **Un mouvement d'éclatement d'une région ou d'un pays en de nombreuses entités politiques**

37 Les pays Baltes... **Ont adhéré à l'OTAN et à l'Union européenne en 2004**

38 La Belgique... **Se compose de Flamands néerlandophones et de Wallons francophones**

39 Les Berbères... **Sont principalement musulmans**

40 Le goulag désigne en URSS... **Un camp de travail forcé**

41 Le Biafra... **A connu une terrible famine à la fin des années 1960**

42 La Biélorussie... **A pour capitale Minsk**

43 La Bolivie... **Revendique un accès historique à l'océan Pacifique dans une zone appartenant au Chili**

44 Le Cachemire est riche... **En ressources hydrauliques**

45 L'île de Chypre est... **Une île coupée en trois entre une partie grecque, une partie turque et une partie britannique**

46 La CIA est l'acronyme de... **Central Intelligence Agency**

47 La CIA est l'héritière... **De l'OSS**

48 CNN est l'acronyme de... **Cable News Network**

49 Le Darfour est une région... **Du Soudan**

50 Le détroit des Dardanelles... **Est en Turquie**

51 La doctrine Monroe désigne une politique extérieure américaine... **Qui condamne toute intervention des Européens dans les affaires « des Amériques »** et *vice versa*

52 La convention de Montego Bay concerne... **Le droit des espaces maritimes**

53 Le détroit de Malacca sépare... **L'Indonésie de la Malaisie**

54 Le détroit de Lombok sépare des îles... **Indonésiennes**

55 L'Iran... **Est un pays dont la population est essentiellement chiite**

56 Le Triangle d'or désigne une zone... **Connue pour la culture de la fleur de pavot**

57 La Trilatérale... **Est une organisation visant à favoriser l'essor d'une triarchie Amérique du Nord, Europe occidentale et Asie orientale**

58 Les ZEE sont... **Des zones maritimes qui offrent un droit exclusif sur la pêche et les ressources minérales**

59 Tchernobyl est une ville située... **En Ukraine**

60 Quel auteur a théorisé l'existence d'un « village global » ? **Marshall McLuhan**

61 De ces quatre pays, lequel ne fait pas partie des membres permanents du Conseil de sécurité de l'ONU ? **Le Japon**

62 Le Royaume-Uni comprend l'Angleterre, l'Écosse et... **Le pays de Galles et l'Irlande du Nord**

63 Le siège de l'OPEP est à... **Vienne**

64 Henry Kissinger a obtenu un prix important en 1973... **Le prix Nobel de la paix**

65 Où siège la Ligue des États arabes ? **Au Caire**

66 La France a procédé à son ultime série d'essais nucléaires en... **1996**

67 Quel mouvement refusant la bipolarisation du monde a émergé à l'occasion de différentes conférences rassemblant des pays du tiers-monde ? **Le non-alignement**

68 Quel pays asiatique n'a jamais connu la colonisation européenne ? **La Thaïlande**

69 Quel lac constitue la plus grande réserve d'eau douce de la planète ? **Le lac Baïkal**

70 Le premier vol d'un homme dans l'espace est réalisé par... **Youri Gagarine en 1961**

71 Maastricht est une ville qui se trouve... **Aux Pays-Bas**

72 L'expression « tiers-monde » est due à... **Sauvy**

73 La Cour pénale internationale a été créée en... **1998**

74 Géographiquement, quel territoire russe est enclavé au sein de l'Union européenne ? **Kaliningrad**

75 La mer qui borde la bande de Gaza est... **La mer Méditerranée**

76 Quel pays de l'Union européenne possède une partie de la forêt amazonienne ? **La France**

77 Quel traité international vise la réduction des gaz à effet de serre ? **Le protocole de Kyoto**

78 Qui était nommé « le caudillo » ? **Le général Franco**

79 Donal Trump est le... **45e président des États-Unis**

80 Les traités internationaux s'appliquent en France... **Après avoir été ratifiés**

81 Le pontificat de Jean-Paul II a duré... **27 ans**

82 La ville d'Alep se situe en... **Syrie**

83 Qui est l'actuel roi du Maroc ? **Mohamed VI**

84 À l'origine, Internet était... **Arpanet**

85 Le multilatéralisme est un principe selon lequel... **Plusieurs nations acceptent les mêmes règles du jeu dans les domaines économiques, monétaires et commerciaux**

86 Yalta se situe en... **Crimée**

87 Le Groenland est officiellement annexé... **Au Danemark en 1953**

88 Quelle est la province chinoise qui est principalement peuplée de musulmans ? **Le Xinjiang**

89 Les Ouïghours sont... **Un peuple musulman sunnite vivant en Chine**

90 La Communauté européenne de défense (CED)... **Avait l'ambition de créer une armée internationale européenne placée sous un commandement américain au sein de l'OTAN**

91 La Mongolie-Intérieure est… **Une région autonome de la République populaire de Chine**

92 La Mongolie est… **Un pays indépendant ayant pour capitale Oulan-Bator**

93 La plus ancienne organisation humanitaire internationale est… **La Croix-Rouge**

94 Le droit des peuples à disposer d'eux-mêmes est inscrit dans… **La charte de l'ONU**

95 Le Comité des droits de l'homme, issu du Pacte international sur les droits civils et politiques, siège à…**Genève et New York**

96 Quelle est la devise de l'Union européenne ? **Unie dans la diversité**

97 Qui est Europe dans la mythologie grecque ? **Une princesse phénicienne enlevée par Zeus métamorphosé en taureau**

XIXe siècle

98 Durant quelle période s'est déroulée la guerre de Sécession aux États-Unis ? **1861-1865**

99 Le traité Cobden-Chevalier est… **Un traité de libre-échange entre l'Empire français et le Royaume-Uni**

100 La révolution Meiji au Japon… **A lieu en 1868**

101 L'homme d'État turc, appelé le « père des Turcs », né en 1881, qui occidentalisa la Turquie moderne fut… **Moustapha Kemal**

102 Napoléon va rétablir l'esclavage dans les colonies françaises, aboli en 1794, cependant une ou plusieurs de ces îles des Antilles ne connaîtront pas cette période d'abolition de l'esclavage, car elles seront passées aux mains des Anglais entre-temps ; il s'agit… **De la Martinique**

103 Un conflit aura raison du règne de Napoléon III, en 1870, ce sera… **La bataille de Sedan contre la Prusse**

104 En quelle année l'esclavage fut-il aboli en France ? **En 1848**

105 De quelle année datent la chute du Second Empire et le début de la guerre franco-allemande ? **1870**

106 La bataille de Waterloo eu lieu en… **1815**

107 La bataille de Little Bighorn… **Est une bataille qui oppose, en 1876, un bataillon de cavalerie de l'armée américaine à une coalition de Cheyennes et de Sioux**

108 L'abolition des Corn Laws en Angleterre date de… **1846**

109 Le Zollverein est… **Une union douanière**

110 Quelle bataille va entraîner la capitulation de Napoléon 1er et son exil sur l'île d'Elbe ? **La bataille de Leipzig**

111 L'intégration économique et politique des États allemands est achevée en… **1871**

112 Quelle est la décennie d'un pic de l'immigration aux États-Unis ? **1900-1910**

113 Le IIe Reich va de… **1871 à 1918**

114 Le Blocus continental du Royaume-Uni a duré de… **1806 à 1814**

115 Combien d'États regroupait la Confédération germanique après le traité de Vienne du 9 juin 1815 ? **39**

116 L'indépendance de la Grèce date de... **1830**

117 L'indépendance de la Belgique date de... **1831**

118 Les « traités inégaux » sont un ensemble de traités datant du XIXe siècle et imposé à... **La Chine, le Japon et la Corée**

119 Le Zollverein s'applique... **Aux États allemands**

120 Le traité de Tianjin signé en 1885 est... **Un traité de paix, d'amitié et de commerce entre la Chine et la France**

121 Le premier à avoir aperçu le continent Antarctique est... **Le Russe, Fabian von Bellingshausen, en 1820**

122 Jules Dumont d'Urville revendique, en 1840, une partie de l'Antarctique orientale... **La terre Adélie**

123 En 1814, quel pays obtient le contrôle du Groenland ? **Le Danemark**

124 Lors de quel conflit naît la IIIe République française ? **La guerre franco-allemande de 1870-1871**

125 En 1894, éclate en France une affaire d'espionnage au profit de l'Allemagne ; il s'agit de... **L'affaire Dreyfus**

126 Quel Empire fut opposé à la France pendant la guerre de Crimée entre 1853 et 1856 ? **L'Empire russe**

127 Les « traités inégaux » signés par des pays européens et des pays d'Asie dès 1840... **Limitent leur autonomie douanière et institue des pratiques d'exterritorialité pour protéger les ressortissants des États européens**

128 En 1860, Napoléon III intervient dans l'unification italienne. Quels territoires gagne-t-il par conséquent ? **Nice et la Savoie**

129 De 1861 à 1867, Napoléon III intervient au Mexique. Que se passe-t-il au Mexique le 10 juillet 1863 ? **La proclamation de l'Empire mexicain**

130 Quelle bataille marque la fin du Second Empire en France ? **La bataille de Sedan**

131 Quelle est la cause de la guerre franco-prussienne de 1870-1871 ? **La France s'oppose à la candidature d'un prince allemand au trône d'Espagne**

132 Où est proclamé l'Empire allemand à l'issue de la guerre de 1870-1871 ? **Dans la galerie des Glaces du château de Versailles**

133 Le Zollverein est lancé en... **1834**

134 Quel est, au début de la guerre, le but de la guerre de Sécession pour le Nord ? **Maintenir l'Union en refusant la sécession des États du Sud**

135 Quel est le Président des États confédérés d'Amérique au moment de la guerre de Sécession ? **Jefferson Davis**

136 Le 1er janvier 1863, le Président Lincoln proclame... **L'émancipation des esclaves**

137 Où a lieu la reddition du général confédéré Robert Lee au général nordiste Ulysses Grant le 9 avril 1865 ? **Appomattox**

138 Comment, durant la guerre de Sécession, appelle-t-on les soldats du Nord ? **Les Yankees**

139 Quel mouvement, fondé en 1865 aux États-Unis, devient politiquement influent malgré son interdiction officielle ? **Le Ku Klux Klan**

140 Quel pays européen a vendu la Floride aux États-Unis en 1819 ? **L'Espagne**

141 À quel pays appartiennent la Californie, le Texas et le Nouveau-Mexique avant l'invasion par l'Union en 1848 ? **Le Mexique**

142 Quel colonel résista 103 jours à tous les assauts de l'armée allemande à Belfort en 1870-1871 ? **Denfert-Rochereau**

143 L'esclavage dans les colonies françaises a été rétabli en… **1802**

144 Quand a eu lieu le dernier convoi de traite atlantique des Noirs ? **1862**

145 Le principe des concessions étrangères à Shanghai a été mis en application en… **1846**

146 La guerre de 1870 oppose… **La France à la Prusse et l'ensemble des États allemands**

147 Le Blocus continental du Royaume-Uni imposé par Napoléon 1er a consisté à… **Fermer toute l'Europe aux exportations britanniques**

148 Quel bénéfice l'armée allemande tira de sa victoire en 1871 ? **Elle prit l'Alsace-Lorraine**

149 Les tarifs Méline désignent des tarifs douaniers… **Mis en place en France à partir de 1892, principalement pour protéger les agriculteurs français**

150 La bataille d'Iéna… **S'est déroulée en 1806, et a été une victoire de Napoléon, précipitant la fuite de l'armée prussienne**

151 L'installation des Français en Cochinchine débute véritablement en… **1858**

152 Quand débute la ruée vers l'or en Californie ? **1848**

153 La crise économique de 1847 et à l'origine d'un krach; quelle est la cause de ce krach ? **Une bulle spéculative sur le chemin de fer en France et en Angleterre**

154 Le Transsibérien a été construit de… **1891 à 1902**

155 Au XIXe siècle, le commerce international… **Se développe fortement entre les pays industrialisés, au profit surtout de la Grande-Bretagne**

156 Entre 1880 et 1914, l'immigration aux États-Unis est… **Importante et d'origine européenne principalement**

157 La CNUCED… **A été créée en 1964 pour promouvoir un nouvel ordre économique international plus favorable aux pays en développement**

158 L'objectif du Blocus continental du Royaume-Uni par Napoléon 1er est de… **Ruiner les finances britanniques en créant de la surproduction, des faillites et du chômage et remplacer les produits anglais par ceux manufacturés en France**

XXe et XXIe siècles

159 Suite à quel événement la France déclare-t-elle la guerre à l'Allemagne en 1939 ? **L'invasion de la Pologne**

160 Dans quelle république autonome de l'URSS se trouvait la ville de Yalta ? **La Crimée**

161 En quelle année débuta la première guerre du Golfe ? **1990**

162 En 1995, quelle armée européenne a massacré 8 000 musulmans bosniaques à Srebrenica ? **L'armée serbe**

163 Dans quel pays africain, l'ethnie hutue a-t-elle planifié le génocide de 800 000 Tutsis en 1994 ? **Au Rwanda**

164 Dans quel pays le chef d'Al-Qaïda, Oussama ben Laden, va-t-il se réfugier en 1996 ? **En Afghanistan**

165 Quel pays, accusé d'avoir des armes de destruction massive, les Américains vont-ils envahir en 2003 ? **L'Irak**

166 Quand l'Allemagne fut-elle divisée en deux États ? **1949**

167 Quel est le représentant français à la signature du traité de Versailles en 1919 ? **Clemenceau**

168 Qui a dit : « La mort d'un homme est une tragédie. La mort d'un million d'hommes est une statistique » ? **Staline**

169 Le tribunal de Nuremberg est présidé par... **Un juge soviétique**

170 Quel dirigeant égyptien nationalisa le canal de Suez ? **Nasser**

171 À la conférence de Yalta, qui représentait les États-Unis ? **Roosevelt**

172 L'attentat de Sarajevo, qui a conduit à déclencher la Première Guerre mondiale, a été perpétré contre... **L'archiduc héritier d'Autriche Hongrie, François Ferdinand**

173 Quelles dates marquent le début et la fin de la guerre du Vietnam ? **1963 et 1975**

174 La « révolution de jasmin » qualifie un mouvement politique et social mené entre décembre 2010 et janvier 2011... **En Tunisie**

175 Avant son indépendance, Israël était sous mandat... **Britannique**

176 La Société des Nations a été créée suivant une idée... **Américaine**

177 La Ligue arabe a été fondée en... **1945**

178 La Convention internationale des Nations unies relative aux droits de l'enfant a été adoptée en... **1989**

179 La Communauté économique européenne se transforme en Union européenne à la faveur du traité... **De Maastricht**

180 Le massacre de Nankin... **Est un événement de la guerre sino-japonaise qui se déroula entre décembre 1937 et février 1938**

181 Dans l'article 9 de la Constitution japonaise... **Le Japon renonce à la guerre**

182 L'« axe du mal » est une expression utilisée par... **Le président George W. Bush pour désigner les pays désireux de disposer d'armes de destruction massive**

183 La guerre russo-japonaise de 1904-1905... **A conduit à une victoire japonaise**

184 Le litige territorial du Japon avec la Russie porte sur... **Les îles Kouriles**

185 La base militaire américaine sur l'île d'Okinawa au Japon est contestée ; il est envisagé... **De la transférer sur l'île de Guam**

186 La « marche sur Rome » a été lancée... **Par Mussolini en octobre 1922**

187 Le plan Marshall... **Représente 7 % du PIB américain de 1945**

188 La doctrine Jdanov... **Reconnaît et entérine la division du monde en deux camps**

189 Tchang Kaï-chek dirige... **Le Kuomintang**

190 Le maccarthysme pourchasse aux États-Unis...**Les communistes**

191 Le Printemps de Prague désigne une période où... **La Tchécoslovaquie cherche à établir un « socialisme à visage humain »**

192 SALT est l'acronyme de... **Strategic Arms Limited Talks**

193 Jean-Paul II était d'origine... **Polonaise**

194 Le traité de l'Atlantique Nord est signé, lors de sa mise en place, par... **12 pays**

195 Le Sénégal et la Côte d'Ivoire appartenaient à... **L'Afrique-Occidentale française (AOF)**

196 Un protectorat est... **Un territoire géré par une métropole, mais disposant d'une administration locale**

197 La « révolution de Velours » a entraîné... **La fin de la République socialiste tchécoslovaque**

198 Le projet Manhattan désigne... **Un projet de recherche américain mené dans les années 1940 afin de produire la bombe atomique**

199 La première bombe atomique américaine a été testée... **À Alamogordo au Nouveau-Mexique en juillet 1945**

200 Le génocide arménien s'est déroulé en...**1915-1916**

201 L'AIEA est une organisation en charge de... **Contrôler l'usage de l'énergie atomique**

202 L'Albanie... **Est entrée dans l'OTAN en 2009**

203 L'Aramco est... **Une société saoudienne d'hydrocarbures**

204 L'ASEAN... **A, à l'origine, regroupé des pays d'Asie du Sud-Est alliés des États-Unis**

205 L'AELE est... **L'Association européenne de libre-échange**

206 L'Empire austro-hongrois disparaît... **En 1939, lors de l'invasion des troupes allemandes**

207 Le mur de Berlin... **Était long de 160 km**

208 Le Commonwealth est... **Une association de libre adhésion**

209 La CNUCED est... **Une organisation née au sein des Nations unies pour mieux intégrer les pays du Sud à l'économie mondiale**

210 La Corée du Nord a été fondée en... **1948**

211 La guerre de Corée se déroule de... **1950 à 1953**

212 La Crimée... **A été offert en cadeau d'anniversaire à l'Ukraine par Nikita Khrouchtchev**

213 Le Fatah... **A été créé, entre autres, par Yasser Arafat**

214 Gdansk... **Est l'emblème de la résistance du syndicat Solidarnosc dans le leader a été Lech Walesa**

215 En 2008, la Géorgie a été en conflit armé contre... **La Russie**

216 Le plateau du Golan est administré par... **Israël**

217 Guantanamo est... **Une base américaine sur l'île de Cuba**

218 L'Afghanistan... **A été occupée en 1979 par les Soviétiques**

219 On entend par « guerre du Golfe »... **Les opérations menées en 1991 par une coalition internationale sous mandat de l'ONU sur le sol koweïtien**

220 La guerre du Vietnam se termine par la signature... **Des accords de Paris**

221 Le Hamas... **Est hostile aux accords d'Oslo**

222 Hong Kong a été rétrocédé à la Chine en... **1997**

223 L'État d'Israël a été créé... **Le 14 mai 1948**

224 Pour l'ensemble des territoires occupés par Israël en 1967, lequel n'en fait pas partie ? **Le Liban**

225 Lequel de ces pays a son ambassade à Jérusalem ? **Les États-Unis**

226 Le Kosovo est... **Un État indépendant depuis 2008**

227 Le PKK désigne... **Le Parti des travailleurs du Kurdistan**

228 Le Liban... **Est une création territoriale française**

229 L'explosion en vol d'un avion d'UTA au-dessus du Niger en 1989 est imputée... **À la Libye**

230 La ligne Oder-Neisse est la frontière orientale de... **L'Allemagne**

231 Macao est une : **Région administrative spéciale chinoise**

232 À la conférence de Yalta, quelle résolution a été prise en commun pour hâter la fin de la guerre entre les États-Unis et le Japon ? **La promesse de l'entrée en guerre de l'URSS contre le Japon**

233 La guerre des Malouines a opposé, en 1982... **L'Argentine et le Royaume-Uni**

234 Le Myanmar est le nouveau nom... **De la Birmanie**

235 Okinawa fait l'objet d'un contentieux avec... **Les États-Unis**

236 L'Organisation de coopération de Shanghai... **Regroupe des pays d'Asie de l'Est et d'Asie centrale, dont la Chine et la Russie**

237 L'OLP... **Vise à fédérer différentes associations et groupes palestiniens dans la lutte contre Israël**

238 L'OTAN... **A été fondée en 1949 par le traité de l'Atlantique Nord**

239 Le détroit d'Ormuz est situé entre... **L'Iran est le sultanat d'Oman**

240 L'Ostpolitik désigne... **La politique menée par l'Allemagne de l'Ouest afin de rapprocher les deux Allemagnes**

241 Le Pakistan... **Est une république islamique**

242 Le canal de Panama... **Est propriété de l'État du Panama**

243 À partir de 1994, un conflit a opposé, au Rwanda... **Les Hutus et les Tutsis**

244 Le Sahara occidental est revendiqué par... **Le Front Polisario**

245 La Serbie... **A été dirigée par Milosevic**

246 Le Soudan... **Est un pays majoritairement musulman**

247 Le Sri Lanka... **Connaît un conflit ethnique entre Tamouls et Cingalais**

248 Les Sudètes constituent une région... **Annexée par Hitler et envahie en 1939**

249 Le canal de Suez joint la Méditerranée à... **La mer Rouge**

250 Taiwan... **Est le nom actuel de l'ancienne Formose**

251 Les talibans ont formé un mouvement politique né... **En Afghanistan**

252 La Tchétchénie... **A une population essentiellement musulmane sunnite**

253 Le Tibet... **Est une province chinoise**

254 Le 38e parallèle est une ligne symbolique séparant... **La Corée du Nord de la Corée du Sud**

255 Le traité de Portsmouth de 1905 entérine la victoire... **Japonaise sur la Russie**

256 La dislocation de l'Empire ottoman intervient en... **1922**

257 Le premier dirigeant de la Corée du Nord a été... **Kim Il-sung**

258 Le Commonwealth est fondé en... **1931**

259 Le Commonwealth a été fondé par le statut de… **Westminster**

260 Le système des réparations allemandes et des dettes interalliées issues de la Première Guerre mondiale prend fin en… **1932**

261 La « Longue Marche » entreprise par Mao Zedong débute en… **1934**

262 L'AIEA a son siège à… **Vienne**

263 L'URSS annexe les pays Baltes en 1939… **Par la signature du pacte germano-soviétique**

264 L'attaque de Pearl Harbor, qui entraîne l'entrée en guerre des États-Unis dans la Seconde Guerre mondiale, a lieu… **Le 7 décembre 1941**

265 L'un de ces quatre hommes d'État n'est pas présent à la conférence de Yalta en février 1945… **De Gaulle**

266 Le Vietnam devient communiste en… **1945**

267 Le leader qui proclame l'indépendance du Vietnam est… **Ho Chi Minh**

268 L'État d'Israël est proclamé par le Conseil national juif… **En mai 1948**

269 Le blocus de Berlin est réalisé… **Par les Soviétiques autour de Berlin-Ouest**

270 Le pacte de l'Atlantique Nord est signé en… **1949**

271 Quel pays n'est pas signataire en 1949 du pacte de l'Atlantique Nord ? **L'Allemagne**

272 La RFA adopte sa loi fondamentale le… **8 mai 1949**

273 La République populaire de Chine est proclamée le… **1er octobre 1949**

274 Lors de la naissance de la République populaire de Chine, le Président et le Premier ministre sont respectivement… **Mao Zedong et Zhou Enlai**

275 Les accords de Genève mettent fin… **À la guerre d'Indochine**

276 La conférence de Bandung… **A pour objectif d'imposer de nouvelles règles dans les relations internationales afin de mieux lutter contre le sous-développement**

277 Après la victoire de Mao Zedong en Chine, Tchang Kaï-chek se réfugie… **À Formose (Taïwan)**

278 Le Pacte de Varsovie… **Est un accord militaire signé par l'URSS et les pays de l'Est de l'Europe prévoyant l'assistance automutuelle en cas d'agression**

279 Le canal de Suez… **Est nationalisé par Nasser en 1956**

280 Fidel Castro entre à La Havane… **En janvier 1959**

281 L'acronyme START signifie… **Strategic Arms Reduction Talks**

282 Mao Zedong meurt le… **9 septembre 1976**

283 La création de l'OPEP date de… **1960**

284 Lors de la conférence de Bagdad, l'OPEP est créée et regroupe… **Cinq membres fondateurs (l'Arabie saoudite, l'Iran, l'Irak, le Koweït et le Venezuela)**

285 Le mur de Berlin est érigé en… **1961**

286 En 1965, l'Algérie subit un putsch fomenté par… **Boumediene**

287 Le barrage d'Assouan… **A été construit sous la direction d'experts soviétiques**

288 La guerre du Kippour… **Oppose Israël et plusieurs États arabes**

289 La chute de Saïgon a lieu le… **30 avril 1975**

290 Après la mort de Mao Zedong, est arrêtée...**La Bande des Quatre dont fait partie la veuve de Mao Zedong**

291 Lors du départ en exil du Shah d'Iran en 1979... **L'ayatollah Khomeiny, en exil en France, prend le pouvoir**

292 En 1989, le premier pays du bloc soviétique à avoir ouvert ses frontières avec les pays occidentaux est... **La Hongrie**

293 La guerre du Golfe fait suite à l'invasion... **Du Koweït par l'Irak**

294 Le régime d'apartheid en Afrique du Sud est supprimé en... **1991**

295 L'Organisation mondiale du commerce a été créée... **En 1995 à Marrakech**

296 Dans quel pays lieu la conférence de Bandung ? **L'Indonésie**

297 Que signifie « Al-Qaïda » ? **La base**

298 Dans quel pays Oussama Ben Laden, dirigeant principal du réseau djihadiste Al-Qaïda, a-t-il été tué par les forces américaines le 2 mai 2011 ? **Le Pakistan**

299 Quand l'OTAN est-elle intervenue au Kosovo ? **1999**

300 Qui sont les « Tigres tamouls » ? **Un peuple séparatiste de l'Inde méridionale et du Sri Lanka**

301 L'armistice mettant fin à la guerre de Corée a été signé à... **Panmunjom**

302 Le pays d'Amérique du Sud dans lequel Che Guevara organisa et dirigea la guérilla est... **La Bolivie**

303 Le mot « taliban » signifie... **Étudiant**

304 La CEI est l'acronyme pour... **La Communauté des États indépendants**

305 Le révolutionnaire argentin qui fut ministre de l'Industrie aux côtés de Fidel Castro était... **Che Guevara**

306 En 1963, de Gaulle refuse l'entrée du marché commun à... **La Grande-Bretagne**

307 Depuis 1934, la Perse est appelée... **L'Iran**

308 La réintégration de la France dans le commandement intégré de l'OTAN a eu lieu en... **2009**

309 La principale religion en Indonésie est... **L'islam**

310 L'acronyme PESC désigne...**Politique étrangère et de sécurité commune**

311 En quelle année est signé le traité d'État garantissant la neutralité de l'Autriche ? **1955**

312 Le nom de la guérilla maoïste au Pérou s'appelle... **Le Sentier lumineux**

313 Quel pays est impliqué dans le conflit du Haut-Karabakh ? **L'Arménie**

314 Quel dirigeant politique développe, en 1956, la théorie de la coexistence pacifique ? **Khrouchtchev**

315 La « ligne bleue » désigne la frontière mise en place par l'ONU entre... **Israël et le Liban**

316 La CEI est... **L'entité regroupant certaines des anciennes républiques soviétiques**

317 Le gouvernement tibétain en exil siège à... **Dharamsala**

318 La Chine occupe le Tibet depuis... **1950**

319 La PESC... **Requiert l'unanimité parmi les membres pour les décisions et les situations à adopter en matière de sécurité**

320 En quelle occasion la théorie des dominos est-elle développée ? **La guerre du Vietnam**

321 Les accords de Genève en 1954 reconnaissent l'indépendance... **Du Laos, du Cambodge et du Vietnam**

322 L'expression de « rideau de fer » a été utilisée pour la première fois par... **Churchill**

323 Quel territoire espagnol fut partagé entre le Maroc et la Mauritanie par accords de Madrid en 1975 ? **Le Sahara espagnol**

324 Quels sont les deux plus grands empires coloniaux en 1914 ? **La France et le Royaume-Uni**

325 Quelle région frontalière, revendiquée par l'Inde et le Pakistan, est à l'origine d'un conflit entre les deux pays ? **Le Cachemire**

326 La ligne de démarcation séparant l'île de Chypre se nomme... **La ligne verte**

327 Avec quel pays le Biafra a-t-il fait sécession en 1967, déclenchant ainsi une terrible guerre civile ? **Le Nigéria**

328 En 1919, la France récupère l'Alsace et la Lorraine perdues en... **1871**

329 Quelle était la capitale de la RFA ? **Bonn**

330 Le traité de Versailles est signé le... **28 juin 1919**

331 Diên Biên Phu est tombé le 7 mai... **1954**

332 La France est une puissance nucléaire. Elle possède une force de frappe depuis... **1960**

333 Les relations sino-soviétiques sont rompues en... **1963**

334 En quelle année la Turquie a-t-elle déposé sa première demande officielle d'adhésion à l'Union européenne ? **1987**

335 Le Japon signe un traité de paix avec les Américains... **En 1951 à San Francisco**

336 En 1989, se déroulent en Chine des troubles politiques que l'on nomme... **Le Printemps de Pékin**

337 Le traité qui a créé la Société des Nations est... **Le traité de Versailles**

338 Les accords START concernent... **La diminution des arsenaux nucléaires américains et soviétiques**

339 Le Hezbollah est... **Un parti chiite libanais**

340 L'expression « Casques bleus » a fait sa première apparition en... **1956 à Suez**

341 Le traité de Sèvres, conclu le 10 août 1920... **Consacre le rétrécissement de l'Empire ottoman qui ne garde en Europe qu'Istanbul et en Asie que la partie occidentale de l'Anatolie moins la région de Smyrne**

342 Les accords de Locarno, signés le 16 octobre 1925... **Permettent d'assurer la sécurité collective en Europe et les frontières de l'Allemagne**

343 Les accords SALT concernent... **La non-prolifération des capacités nucléaires**

344 La conférence de Washington tenue entre le 12 novembre 1921 et le 6 février 1922 avait pour objectif... **De réduire le potentiel militaire maritime de ses signataires**

345 Fidel Castro renverse le gouvernement... **Batista**

346 Deng Xiaoping devient dirigeant de la Chine... **Peu après la mort de Mao Zedong**

347 Au début des événements du Printemps de Pékin, quel homme d'État étranger était en visite officielle à Pékin ? **Gorbatchev**

348 La convention de Lomé... **A pour but de favoriser l'adaptation des pays africains, des Caraïbes et du Pacifique à l'économie de marché**

349 Le Front islamique du salut (FIS)... **Est une formation algérienne militant pour la création d'un État islamique**

350 Le canal de Suez... **Permet un libre accès à tous les pavillons, y compris s'il s'agit de pays belligérants**

351 Le groupe de Visegrád... **Est un groupe informel réunissant quatre pays d'Europe centrale (la Hongrie, la Pologne, la République tchèque et la Slovaquie)**

352 Le règlement de Dublin II est un règlement européen... **Qui détermine l'État membre de l'Union européenne responsable d'examiner une demande d'asile**

353 L'Irish Republican Army est... **La branche armée du Sinn Fein catholique**

354 Qu'est-ce que « Boko Haram » ? **Un mouvement religieux du Nigéria, considéré comme une organisation terroriste**

355 Parmi ces hommes politiques britanniques, lequel n'a pas été chef du Parti travailliste ? **Winston Churchill**

356 La Triade désigne... **Les trois aires majeures de production de richesses dans le monde**

357 Sous la présidence Kennedy, le dirigeant de l'URSS est... **Khrouchtchev**

358 Le « Grand Timonier » désigne... **Mao Zedong**

359 Depuis la chute de l'URSS, la flotte russe de la mer Noire est basée à... **Sébastopol en Crimée**

360 Quel Français continu à participer à l'exploration de l'Antarctique au début du xxe siècle ? **Le commandant Charcot**

361 La France revendique une partie de l'Antarctique, la terre Adélie, en... **1924**

362 La brigade franco-allemande... **A été créée en 1989 et a son état-major installé en Allemagne**

363 L'opération Barkhane est une opération extérieure française menée pour lutter contre les groupes armés salafistes djihadistes... **Au Mali, au Niger, au Tchad et au Burkina Faso**

364 L'opération extérieure française nommée Chammal est lancée... **En Irak et en Syrie depuis 2014**

365 Les litiges territoriaux entre la Chine et la Corée du Nord... **Portent sur les frontières maritimes et terrestres**

366 Quelle défense fortifiée la France décide-t-elle de créer en 1927 ? **La ligne Maginot**

367 « Septembre noir » est le nom... **D'un groupe terroriste palestinien**

368 Le raid d'Entebbe... **S'est déroulé dans la nuit du 3 au 4 juillet 1976 en Ouganda pour libérer les otages d'un avion et a été organisé par Israël contre des preneurs d'otages palestiniens**

369 L'« Intifada » désigne... **Un mouvement d'opposition de civils palestiniens contre l'armée israélienne**

370 La guerre des Six-Jours... **A opposé Israël à ses voisins arabes en juin 1967**

371 Le massacre de Sabra et Chatila en septembre 1982 a été perpétré... **Par l'armée israélienne dans des camps de réfugiés palestiniens**

372 La guerre du Kippour, qui se déroule en octobre 1973... **Donne lieu directement et immédiatement à un choc pétrolier**

373 En 1978, Anouar el-Sadate et Menahem Begin reçoivent conjointement le Prix Nobel de la Paix pour leur rôle dans les accords... **De Camp David**

374 Le massacre au cours des Jeux olympiques de Munich a été perpétré le 5 septembre 1972 par... **Un groupe palestinien à l'encontre d'athlètes israéliens**

375 Les « Brigades rouges » sont... **Une organisation terroriste d'extrême gauche italienne, active dans les années 1970-1980**

376 Le « péronisme » est... **Un mouvement de masse argentin, créé au milieu des années 1940, autour de la figure de Juan Perón**

377 L'« Eurocorps » est un corps d'armée européen... **Créé en 1992 à l'initiative de l'Allemagne et de la France et ouvert, après quelques années, à 14 pays**

378 L'Union pour la Méditerranée est une organisation intergouvernementale... **Rassemblant 43 pays d'Europe et du bassin méditerranéen, est visant à renforcer le partenariat euro-méditerranéen**

379 Le Shah d'Iran... **A accédé au trône de la monarchie iranienne en 1941 et est contraint à l'exil en 1979**

380 Les accords d'Oslo, signés en septembre 1993, visent à... **Résoudre le conflit israélo-palestinien**

381 Le Bangladesh acquiert son indépendance en... **1971**

382 La principale religion de la population du Bangladesh est... **L'islam sunnite**

383 Qu'appelle-t-on les « femmes de réconfort » ? **Des femmes, principalement coréennes, que l'armée japonaise a prostituées de force au cours de la Seconde Guerre mondiale**

384 La bande à Baader est... **Une organisation terroriste allemande d'extrême gauche qui a opéré en Allemagne de l'Ouest de 1968 à 1998**

385 Quand a eu lieu le premier essai français d'une bombe « A » ? **1960**

386 Quand et où s'est tenu le premier sommet de la Francophonie ? **À Paris et à Versailles du 17 au 19 février 1986**

387 Quand a été créée la chaîne internationale francophone TV5 Monde ? **1984**

388 Le traité de l'Élysée a été signé... **Le 22 janvier 1963 entre la France et l'Allemagne**

389 La déclaration d'Ottawa du 19 juin 1974... **Reconnaît la contribution des forces nucléaires britanniques et françaises à la dissuasion globale de l'OTAN**

390 L'« affaire du Rainbow Warrior » désigne... **Le coulage d'un navire appartenant à Greenpeace par les services secrets français le 10 juillet 1985**

391 Sur le modèle de la brigade franco-allemande... **Aucune autre brigade n'a été créée**

392 Le G5 est un groupe de cinq pays lancé... **En 1974**

393 Le dignitaire religieux chiite qui a renversé le Shah d'Iran en 1979 est l'ayatollah... **Khomeiny**

394 Le chemin de fer Berlin-Bagdad a été construit entre... **1903 et 1940**

395 En 1960, la France se dota de l'arme atomique, appelée... **La force de frappe**

396 L'expression « Nations unies » est due à... **Franklin D. Roosevelt**

397 Qu'est-ce que la Conférence 2 + 4 ? La conférence qui rassemble en 1990 les représentants des deux Allemagne (**Allemagne de l'Ouest** et **Allemagne de l'Est**), ainsi que les quatre puissances alliées de la **Seconde Guerre mondiale**

398 Que signifie l'acronyme PEGIDA, mouvement allemand populiste ? **Patriotes européens contre l'islamisation de l'Occident**

399 La France est l'un des deux pays européens à posséder l'arme nucléaire ; l'autre est… **Le Royaume-Uni**

400 En 2011, d'importantes manifestations se déroulent sur une place du Caire dans la mouvance de la révolution tunisienne. Quelle est cette place ? **La place Tahrir**

401 En 2013, un projet d'aménagement urbain à Istanbul provoque une vague de protestations ; il s'agit… **Du parc Gezi près de la place Taksin**

402 L'ouverture officielle des négociations d'adhésion de la Turquie à l'Union européenne date de… **2005**

403 Quand a eu lieu le premier essai français d'une bombe « H » ? **1968**

404 En Espagne, après des mois de bataille judiciaire, la dépouille d'une personnalité importante a été exhumée pour être transférée dans un endroit moins symbolique. Quelle est cette personnalité ? **Le général Franco**

405 Pourquoi le président américain Donald Trump a-t-il été menacé d'*impeachment* (procédure de destitution) aux États-Unis ? **Il était accusé d'avoir usé de son pouvoir en demandant à l'Ukraine d'enquêter sur la famille de l'ancien vice-président démocrate Joe Biden.**

406 En novembre 2019, sont révélés les « *China Cables* », des directives internes au gouvernement chinois. De quoi traitent-elles ? **De la répression et la détention de masse du peuple ouïgour**

407 Quel événement a poussé les Libanais dans la rue pour dénoncer la corruption du pays et le manque de services publics en 2019 ? **L'instauration d'une taxe sur les communications WhatsApp**

THÈME 3

Économie et entreprises

Les indicateurs économiques

→ **Retrouvez le corrigé de cette série page 230.**

1 De manière simplifiée, le produit intérieur brut (PIB) est égal à la somme :
- ○ **A.** Des produits d'exploitation
- ○ **B.** Des chiffres d'affaires
- ○ **C.** Des marges commerciales
- ○ **D.** Des valeurs ajoutées

2 Quelle est l'expression qui ne correspond pas au PIB en volume?
- ○ **A.** PIB réel
- ○ **B.** PIB en euros courants
- ○ **C.** PIB en euros constants
- ○ **D.** PIB ajusté de l'inflation

3 Le PIB de la France intègre désormais :
- ○ **A.** La consommation de stupéfiants
- ○ **B.** Les revenus de la prostitution
- ○ **C.** Le racket organisé
- ○ **D.** Aucune de ces activités

4 En 2021, le PIB de la France est de l'ordre de :
- ○ **A.** 25 milliards d'euros
- ○ **B.** 250 milliards d'euros
- ○ **C.** 2 500 milliards d'euros
- ○ **D.** 25 000 milliards d'euros

5 À qui doit-on l'expression : « Quand le bâtiment va, tout va » ?
- ○ **A.** Le baron Haussmann
- ○ **B.** Martin Nadaud
- ○ **C.** Pierre Sudreau
- ○ **D.** Francis Bouygues

6 Selon le critère du PIB, quelle est la première puissance économique mondiale?
- ○ **A.** La Chine
- ○ **B.** Les États-Unis
- ○ **C.** Le Japon
- ○ **D.** L'Allemagne

7 Le PIB de l'Union européenne représente :
- ○ **A.** Moins d'un quart du PIB mondial
- ○ **B.** Un tiers du PIB mondial
- ○ **C.** La moitié du PIB mondial
- ○ **D.** Les deux tiers du PIB mondial

8 Toujours selon le critère du PIB, à quel rang mondial se situe la France?
- ○ **A.** Au 4e rang
- ○ **B.** Au 5e rang
- ○ **C.** Au 6e rang
- ○ **D.** Au 7e rang

9 Les Trente Glorieuses désignent la période de forte croissance qu'a connue la majorité des pays développés :
- ○ **A.** Durant la seconde moitié du XIXe siècle
- ○ **B.** Dans l'entre-deux-guerres
- ○ **C.** Entre 1945 et 1973
- ○ **D.** Entre 1978 et 2008

10 Qui est à l'origine de l'expression les Trente Glorieuses?
- ○ **A.** Jean Monnet
- ○ **B.** Jean Fourastié
- ○ **C.** Jean Boissonnat
- ○ **D.** Jean-Marc Sylvestre

11 Le cycle Kondratiev est un cycle économique de l'ordre de :
- ○ **A.** 3 à 4 ans
- ○ **B.** 8 à 10 ans
- ○ **C.** 15 à 25 ans
- ○ **D.** 40 à 60 ans

12 Quel rapport est à l'origine du concept de « croissance zéro » ?
- ○ **A.** Rapport Attali
- ○ **B.** Rapport Stiglitz
- ○ **C.** Rapport Meadows
- ○ **D.** Rapport Nora-Minc

13 **Selon l'Insee, un pays entre en récession quand son PIB se replie pendant au moins :**

- ○ **A.** Un trimestre
- ○ **B.** Deux trimestres consécutifs
- ○ **C.** Trois trimestres consécutifs
- ○ **D.** Quatre trimestres consécutifs

14 **En France, depuis l'après-guerre, la plus forte récession a eu lieu en :**

- ○ **A.** 1975
- ○ **B.** 1993
- ○ **C.** 2009
- ○ **D.** 2020

15 **Un déséquilibre du commerce extérieur :**

- ○ **A.** A un impact positif sur le PIB
- ○ **B.** A un impact négatif sur le PIB
- ○ **C.** N'a aucun impact sur le PIB
- ○ **D.** A uniquement un impact sur le PIB des partenaires commerciaux

16 **La France réalise la majorité de ses exportations avec :**

- ○ **A.** L'Asie
- ○ **B.** L'Afrique
- ○ **C.** L'Amérique
- ○ **D.** L'Union européenne

17 **Quel est le principal partenaire commercial de la France ?**

- ○ **A.** L'Allemagne
- ○ **B.** La Belgique
- ○ **C.** L'Italie
- ○ **D.** La Chine

18 **Depuis 2007, le solde commercial de la France est :**

- ○ **A.** Déficitaire
- ○ **B.** À l'équilibre
- ○ **C.** Excédentaire
- ○ **D.** Excédentaire (hors énergie)

19 **Pour la France, une hausse des livraisons d'Airbus à l'étranger :**

- ○ **A.** Stabilise le solde commercial
- ○ **B.** Est favorable à la balance commerciale
- ○ **C.** Est défavorable à la balance commerciale
- ○ **D.** Est sans impact sur la balance commerciale

20 **Les importations de pétrole de la France proviennent en premier lieu :**

- ○ **A.** De la mer du Nord
- ○ **B.** Du Moyen-Orient
- ○ **C.** De l'Afrique
- ○ **D.** Des pays de l'ex-URSS

21 **L'indice de développement humain, qui mesure le bien-être, repose sur trois critères. Lequel n'en fait pas partie ?**

- ○ **A.** L'espérance de vie à la naissance
- ○ **B.** Le produit intérieur brut par habitant
- ○ **C.** L'indice de pollution de l'air à court terme
- ○ **D.** Les durées moyennes et attendues de scolarisation

22 **Quel pays utilise un indicateur de bonheur - le bonheur national brut - depuis 1972 ?**

- ○ **A.** Le Bhoutan
- ○ **B.** Le Burundi
- ○ **C.** La Thaïlande
- ○ **D.** Les Pays-Bas

23 **En comptabilité nationale, la FBCF est l'agrégat qui mesure :**

- ○ **A.** L'épargne
- ○ **B.** L'investissement
- ○ **C.** Les importations
- ○ **D.** Les exportations

24 **En France, la consommation des ménages représente :**

- ○ **A.** Un tiers du PIB
- ○ **B.** La moitié du PIB
- ○ **C.** Les deux tiers du PIB
- ○ **D.** Les trois quarts du PIB

25 **Comment appelle-t-on le salaire minimum légal?**

- ○ **A.** Le SMIG
- ○ **B.** Le SMIC
- ○ **C.** Le SHBO
- ○ **D.** Il n'y a pas de minimum légal

26 **À quel niveau se situe le montant brut du salaire horaire minimum?**

- ○ **A.** 7,57 euros
- ○ **B.** 8,57 euros
- ○ **C.** 9,57 euros
- ○ **D.** 10,85 euros

27 **Pour les salariés de 17 ans, le salaire minimum légal est égal à :**

- ○ **A.** 60 % du SMIC
- ○ **B.** 70 % du SMIC
- ○ **C.** 80 % du SMIC
- ○ **D.** 90 % du SMIC

28 **En France, quelle est la durée légale du travail pour un temps complet?**

- ○ **A.** 35 heures par semaine
- ○ **B.** 39 heures par semaine
- ○ **C.** 39,9 heures par semaine
- ○ **D.** 40 heures par semaine

29 **En France, sauf dérogation, la durée de travail effectif ne peut excéder :**

- ○ **A.** 7 heures par jour
- ○ **B.** 8 heures par jour
- ○ **C.** 9 heures par jour
- ○ **D.** 10 heures par jour

30 **Chaque année, le SMIC est indexé sur :**

- ○ **A.** L'inflation
- ○ **B.** La croissance du PIB
- ○ **C.** L'évolution du taux de chômage
- ○ **D.** L'évolution des salaires des cadres

31 **En France, combien y a-t-il de salariés du privé payés au SMIC?**

- ○ **A.** 250 000
- ○ **B.** 500 000
- ○ **C.** Plus de 1 million
- ○ **D.** Plus de 2 millions

32 **L'inflation se définit comme :**

- ○ **A.** L'augmentation du coût de la vie
- ○ **B.** L'augmentation générale du niveau des prix
- ○ **C.** L'augmentation de l'indice des prix à la consommation
- ○ **D.** La perte de pouvoir d'achat de la monnaie

33 **Qui calcule en France l'indice des prix à la consommation?**

- ○ **A.** L'Insee
- ○ **B.** La Banque de France
- ○ **C.** La Caisse des dépôts et consignations
- ○ **D.** Le ministère de l'Économie et des Finances

34 **En France, l'indice des prix à la consommation (hors tabac) sert à indexer de nombreux contrats. Lequel est étranger à cette indexation?**

- ○ **A.** Les loyers
- ○ **B.** Les rentes viagères
- ○ **C.** Le tarif du gaz naturel
- ○ **D.** Les pensions alimentaires

35 **L'inflation est favorable :**

- ○ **A.** Aux emprunteurs
- ○ **B.** Aux créanciers
- ○ **C.** Aux bailleurs
- ○ **D.** Aux rentiers

36 **En France, de 1973 à 1983, l'inflation, en moyenne annuelle, était supérieure à :**

- ○ **A.** 6 %
- ○ **B.** 7 %
- ○ **C.** 8 %
- ○ **D.** 9 %

37 **En France, depuis l'après-guerre, quelle est l'année où l'inflation a été égale à 0 % ?**

○ **A.** 2014 ○ **B.** 2015 ○ **C.** 2016 ○ **D.** 2017

38 **Pour comparer le pouvoir d'achat entre plusieurs pays, le magazine *The Economist* a créé :**

○ **A.** L'indice Donut
○ **B.** L'indice Pizza
○ **C.** L'indice Nugget
○ **D.** L'indice Big Mac

39 **La déflation se traduit par :**

○ **A.** Une baisse durable du niveau général des prix
○ **B.** Une hausse durable du niveau général des prix
○ **C.** Une stabilité du niveau général des prix
○ **D.** Une croissance sans inflation

40 **En 1923, la république de Weimar (Allemagne) a été marquée par :**

○ **A.** Une déflation
○ **B.** Une inflation nulle
○ **C.** Une forte inflation
○ **D.** Une hyperinflation

41 **La stagflation combine une croissance faible ou nulle et :**

○ **A.** Une déflation
○ **B.** Une inflation nulle
○ **C.** Une faible inflation
○ **D.** Une forte inflation

42 **En France, la population active est évaluée à environ :**

○ **A.** 30 millions de personnes
○ **B.** 40 millions de personnes
○ **C.** 50 millions de personnes
○ **D.** 60 millions de personnes

43 **Quelle catégorie de personnes n'entre pas dans la population active ?**

○ **A.** Les demandeurs d'emploi
○ **B.** Les salariés à temps partiel
○ **C.** Les femmes en congé de maternité
○ **D.** Les retraités

44 **Un CDI est :**

○ **A.** Un contrat de travail d'un an
○ **B.** Un contrat de travail renouvelable
○ **C.** Un contrat de travail sans limitation de durée
○ **D.** Les CDI n'existent plus

45 **Dans quel cas, un CDD est-il interdit ?**

○ **A.** Remplacer un salarié en CDI
○ **B.** Remplacer un salarié en grève
○ **C.** Pourvoir un emploi saisonnier
○ **D.** Faire face à un accroissement temporaire d'activité

46 **Pour le remplacement d'un salarié absent, un contrat d'intérim ne peut dépasser :**

○ **A.** 9 mois ○ **B.** 18 mois ○ **C.** 24 mois ○ **D.** 36 mois

47 **Un emploi aidé est un contrat pour lequel l'État verse une aide financière :**

○ **A.** À l'employeur
○ **B.** À la personne en CDI
○ **C.** À la personne en CDD
○ **D.** À l'intérimaire

48 **Pour être considéré comme chômeur au sens du Bureau international du travail, la personne doit remplir trois conditions. Laquelle n'en fait pas partie ?**

○ **A.** Être majeur
○ **B.** Être sans emploi
○ **C.** Rechercher activement un emploi
○ **D.** Être disponible pour travailler

49 **En France, l'Insee publie le taux de chômage :**

○ **A.** Chaque mois
○ **B.** Chaque trimestre
○ **C.** Chaque semestre
○ **D.** Chaque année

50 **Les demandeurs d'emploi sont inscrits à Pôle Emploi selon :**

○ **A.** Trois catégories
○ **B.** Quatre catégories
○ **C.** Cinq catégories
○ **D.** Six catégories

51 **Le chômage concerne les demandeurs d'emploi âgés de :**

○ **A.** 15 ans ou plus
○ **B.** 16 ans ou plus
○ **C.** 17 ans ou plus
○ **D.** 18 ans ou plus

52 **Le taux de chômage est le pourcentage de chômeurs par rapport à :**

○ **A.** La population
○ **B.** La population active
○ **C.** La population diminuée du nombre de chômeurs
○ **D.** La population active diminuée du nombre de chômeurs

53 **Un chômeur de très longue durée est un actif au chômage depuis :**

○ **A.** Plus de six mois
○ **B.** Plus d'un an
○ **C.** Plus de dix-huit mois
○ **D.** Plus de deux ans

54 **En France, le chômage s'est fortement accru à partir :**

○ **A.** De l'après-guerre
○ **B.** Du milieu des années 1970
○ **C.** Du milieu des années 1980
○ **D.** Du milieu des années 1990

55 **Fin 2021, le taux de chômage en France est tombé à :**

○ **A.** 7,4 %
○ **B.** 8,4 %
○ **C.** 9,4 %
○ **D.** 10,4 %

56 **Selon l'Insee, un chômeur de longue durée est un actif au chômage depuis :**

○ **A.** Plus de 3 mois
○ **B.** Plus de 6 mois
○ **C.** Plus de 9 mois
○ **D.** Plus d'un an

57 **En France, quelle est la durée maximale d'indemnisation pour les moins de 53 ans?**

○ **A.** 12 mois
○ **B.** 18 mois
○ **C.** 24 mois
○ **D.** 30 mois

58 **Au sens de l'Organisation internationale du travail, une situation de plein-emploi correspond à un taux de chômage :**

○ **A.** Égal à 0
○ **B.** Inférieur à 1 %
○ **C.** Inférieur à 3 %
○ **D.** Inférieur à 5 %

59 **Qui a dit : « Les profits d'aujourd'hui sont les investissements de demain et les emplois d'après-demain » ?**

○ **A.** Raymond Barre
○ **B.** Valéry Giscard d'Estaing
○ **C.** Willy Brandt
○ **D.** Helmut Schmidt

60 **Pour la plupart des pays occidentaux, le *baby-boom* a démarré :**

○ **A.** Durant la Première Guerre mondiale
○ **B.** Durant la Seconde Guerre mondiale
○ **C.** Après la fin de la Seconde Guerre mondiale
○ **D.** Entre les deux chocs pétroliers

61 **Les *baby-boomers* sont devenus aujourd'hui :**

- ○ **A.** Des *papy-boomers*
- ○ **B.** La génération X
- ○ **C.** La génération Y
- ○ **D.** Des Millennials

62 **Après la Chine, quel est le pays le plus peuplé du monde ?**

- ○ **A.** Les États-Unis
- ○ **B.** Le Brésil
- ○ **C.** L'Inde
- ○ **D.** L'Indonésie

63 **La population française est estimée à :**

- ○ **A.** 57 millions d'habitants
- ○ **B.** 67 millions d'habitants
- ○ **C.** 77 millions d'habitants
- ○ **D.** 87 millions d'habitants

64 **La région Île-de-France compte :**

- ○ **A.** 2 millions d'habitants
- ○ **B.** 6 millions d'habitants
- ○ **C.** 12 millions d'habitants
- ○ **D.** 18 millions d'habitants

65 **Le taux de fécondité peut se définir comme le nombre moyen d'enfants :**

- ○ **A.** Par foyer
- ○ **B.** Par habitant
- ○ **C.** Par femme
- ○ **D.** Par femme en âge de procréer

66 **À quel niveau se situe le taux de fécondité en France ?**

- ○ **A.** 1,87 enfant
- ○ **B.** 2,87 enfants
- ○ **C.** 3,87 enfants
- ○ **D.** 4,87 enfants

67 **Quelle est l'espérance de vie à la naissance pour les hommes en France ?**

- ○ **A.** 69 ans
- ○ **B.** 79 ans
- ○ **C.** 89 ans
- ○ **D.** 99 ans

68 **En France, l'espérance de vie des femmes :**

- ○ **A.** Est inférieure à celle des hommes
- ○ **B.** Est identique à celle des hommes
- ○ **C.** Dépasse de près de 3 ans celle des hommes
- ○ **D.** Dépasse de près de 6 ans celle des hommes

69 **De manière simplifiée, la démographie est l'étude :**

- ○ **A.** Des graphes
- ○ **B.** De l'être humain
- ○ **C.** Des démocraties
- ○ **D.** Des populations

Les grands économistes

→ **Retrouvez le corrigé de cette série page 232.**

70 **Que signifie le terme « économie » qui voit le jour avec Xénophon?**

- ○ **A.** La gestion de la sécheresse
- ○ **B.** La gestion des deniers publics
- ○ **C.** L'administration de la maison
- ○ **D.** L'administration des monnaies

71 **L'*Éthique à Nicomaque*, qui a inspiré la pensée économique médiévale et les classiques, est un ouvrage écrit par :**

○ **A.** Platon ○ **B.** Aristote ○ **C.** Héraclite ○ **D.** Épictète

72 **Pour saint Thomas d'Aquin (1225-1274), les marchandises doivent s'échanger :**

- ○ **A.** À leur juste prix
- ○ **B.** Avec une plus-value
- ○ **C.** Au prix d'acceptabilité
- ○ **D.** Avec une marge commerciale

73 **Qui est le premier théologien à accepter le prêt à intérêt?**

- ○ **A.** Érasme
- ○ **B.** Jean Calvin
- ○ **C.** Ignace de Loyola
- ○ **D.** Charles Borromée

74 **Le mercantilisme est un courant de la pensée économique qui démarre :**

- ○ **A.** Au XIVe siècle
- ○ **B.** Au XVe siècle
- ○ **C.** Au XVIe siècle
- ○ **D.** Au XVIIe siècle

75 **Qui a dit : « Il n'y a richesse, ni force que d'hommes »?**

- ○ **A.** Jean Bodin
- ○ **B.** Antoine de Montchrestien
- ○ **C.** Jean-Baptiste Colbert
- ○ **D.** John Law

76 **Pour les mercantilistes espagnols, l'enrichissement de l'État passe par :**

- ○ **A.** Le commerce maritime
- ○ **B.** Le développement commercial
- ○ **C.** Le développement industriel
- ○ **D.** L'accumulation d'or et d'argent

77 **L'équivalent du mercantilisme espagnol est :**

- ○ **A.** Le bullisme
- ○ **B.** Le boulisme
- ○ **C.** Le bullionisme
- ○ **D.** Le béhaviorisme

78 **Comment s'énonce la loi de Gresham?**

- ○ **A.** « La bonne monnaie chasse la mauvaise »
- ○ **B.** « La mauvaise monnaie chasse la bonne »
- ○ **C.** « La grosse monnaie chasse la petite »
- ○ **D.** « La petite monnaie chasse la grosse »

79 **En France, qui est à l'origine du développement des manufactures d'État?**

- ○ **A.** Le cardinal Richelieu
- ○ **B.** Le cardinal Mazarin
- ○ **C.** Nicolas Fouquet
- ○ **D.** Jean-Baptiste Colbert

80 **Pour les physiocrates, la seule classe productive est celle :**

- ○ **A.** Des agriculteurs
- ○ **B.** Des marchands
- ○ **C.** Des industriels
- ○ **D.** Des propriétaires

81 **Qui est l'auteur de la première représentation du fonctionnement de l'économie?**

- A. L'abbé Roubaud
- B. Nicolas Baudeau
- C. François Quesnay
- D. Pierre Samuel Du Pont de Nemours

82 **L'école classique regroupe des économistes :**

- A. Du XVIe siècle et du XVIIe siècle
- B. Du XVIIe siècle et du XVIIIe siècle
- C. Du XVIIIe siècle et du XIXe siècle
- D. Du XIXe siècle et du XXe siècle

83 **Les économistes classiques ont théorisé les grands principes :**

- A. Du colonialisme
- B. Du protectionnisme
- C. Du libéralisme économique
- D. De l'interventionnisme étatique

84 **Complétez la célèbre formule de l'école libérale : « Laissez faire… »**

- A. Laissez passer
- B. Laissez tomber
- C. Laissez cultiver
- D. Laissez dépasser

85 **Qui a formulé la métaphore de la « main invisible » ?**

- A. Adam Smith
- B. David Ricardo
- C. Jean-Baptiste Say
- D. Thomas Malthus

86 **Pour Adam Smith, l'origine de la richesse est :**

- A. L'entreprise
- B. Le travail des hommes
- C. La production agricole
- D. La possession de métaux précieux

87 **De manière concise, comment s'appelle l'ouvrage phare d'Adam Smith?**

- A. *La richesse des nations*
- B. *La richesse des pauvres*
- C. *La richesse des échanges*
- D. *La richesse des territoires*

88 **La théorie de l'avantage comparatif, développée par David Ricardo, montre que les pays ont intérêt à :**

- A. Fermer leurs frontières
- B. Ériger des barrières douanières
- C. S'ouvrir au commerce international
- D. Commercer avec des pays comparables

89 **Qui a énoncé la loi des débouchés?**

- A. Richard Cantillon
- B. David Hume
- C. William Petty
- D. Jean-Baptiste Say

90 **Lequel de ces économistes a prôné la restriction démographique?**

- A. Frédéric Bastiat
- B. David Ricardo
- C. Thomas Malthus
- D. John Stuart Mill

91 **En 1819, Jean-Baptiste Say a participé à la création de la première école de commerce au monde. Comment s'appelle-t-elle aujourd'hui?**

- A. ESCE
- B. ESCP Europe
- C. ESSEC
- D. HEC

92 **Qui est l'auteur de l'ouvrage *Le Capital*, publié le 14 septembre 1867?**

- A. Karl Marx
- B. Friedrich Engels
- C. Max Weber
- D. Pierre-Joseph Proudhon

93 **Dans le cadre de l'analyse marxiste, la lutte des classes oppose le prolétariat :**

- A. Au clergé
- B. À l'aristocratie
- C. À la bourgeoisie
- D. Aux grands propriétaires terriens

94 **Pour Marx, l'une des contradictions du capitalisme est la baisse tendancielle :**

- ○ **A.** Du taux d'activité
- ○ **B.** Du taux de profit
- ○ **C.** Du taux de fécondité
- ○ **D.** Du taux de rémunération

95 **Qui a dit : « Les prolétaires n'ont rien à perdre que leurs chaînes. Ils ont le monde à gagner. Prolétaires de tous les pays, unissez-vous ! »**

- ○ **A.** Lénine
- ○ **B.** Léon Trotski
- ○ **C.** Karl Marx
- ○ **D.** Rosa Luxemburg

96 **La pensée néoclassique est apparue :**

- ○ **A.** Dans la première moitié du XVIIIe siècle
- ○ **B.** Dans la seconde moitié du XVIIIe siècle
- ○ **C.** Dans la première moitié du XIXe siècle
- ○ **D.** Dans la seconde moitié du XIXe siècle

97 **Pour les néoclassiques, l'*homo œconomicus* est :**

- ○ **A.** Un être rationnel
- ○ **B.** Un être de désir
- ○ **C.** Un être métaphysique
- ○ **D.** Un loup pour l'homme

98 **Léon Walras est un économiste :**

- ○ **A.** Classique
- ○ **B.** Néoclassique
- ○ **C.** Keynésien
- ○ **D.** Néokeynésien

99 **Léon Walras a conçu sa théorie de l'équilibre général en prenant le modèle :**

- ○ **A.** D'un duopole
- ○ **B.** D'un oligopole
- ○ **C.** D'une concurrence imparfaite
- ○ **D.** D'une libre concurrence

100 **Selon Walras, l'utilité marginale :**

- ○ **A.** Croît avec la quantité de biens déjà consommée
- ○ **B.** Décroît avec la quantité de biens déjà consommée
- ○ **D.** S'équilibre avec la quantité de biens déjà consommée
- ○ **C.** Est sans rapport avec la quantité de biens déjà consommée

101 **Le principe de Pareto, du nom de l'économiste italien, est aussi appelé :**

- ○ **A.** Principe des 50-50
- ○ **B.** Principe des 80-20
- ○ **C.** Principe des 90-10
- ○ **D.** Principe des vases communicants

102 **Dans son œuvre, Joseph Schumpeter insiste sur le rôle de :**

- ○ **A.** L'innovation
- ○ **B.** La production
- ○ **C.** La consommation
- ○ **D.** La déréglementation

103 **Pour Joseph Schumpeter, l'une des caractéristiques du système capitaliste est :**

- ○ **A.** La mobilité du capital
- ○ **B.** L'avantage comparatif
- ○ **C.** La destruction créatrice
- ○ **D.** La mobilité des travailleurs

104 **Friedrich Hayek est un économiste de :**

- ○ **A.** L'école suisse
- ○ **B.** L'école autrichienne
- ○ **C.** L'école mexicaine
- ○ **D.** L'école de la régulation

105 **Arthur Cecil Pigou a jeté les bases du :**

- ○ **A.** Principe d'entropie
- ○ **B.** Principe de précaution
- ○ **C.** Principe de rationalité
- ○ **D.** Principe pollueur-payeur

106 **Pour résorber le chômage conjoncturel, John Maynard Keynes est favorable à :**

- ○ **A.** Une politique de l'offre
- ○ **B.** Une politique de la demande
- ○ **C.** Une politique de rigueur
- ○ **D.** Une politique de l'innovation

107 **Quel est l'ouvrage majeur de Keynes paru en 1936 ?**

- ○ **A.** *Théorie générale de l'emploi, de l'intérêt et de la monnaie*
- ○ **B.** *Les conséquences économiques de la paix*
- ○ **C.** *Les conséquences économiques de M. Churchill*
- ○ **D.** *Traité sur la monnaie*

108 **Pour stimuler la demande, Keynes préconise trois politiques. Laquelle n'en fait pas partie ?**

- ○ **A.** Une politique de grands travaux
- ○ **B.** Une politique de crédit
- ○ **C.** Une politique de redistribution des revenus
- ○ **D.** Une politique de « laissez-faire »

109 **Pour Keynes, en deçà d'un taux d'intérêt minimum, les investisseurs ont une préférence pour :**

- ○ **A.** La liquidité
- ○ **B.** L'immobilier
- ○ **C.** La consommation
- ○ **D.** Les marchés financiers

110 **L'analyse keynésienne est une approche :**

- ○ **A.** Microéconomique
- ○ **B.** Macroéconomique
- ○ **C.** Microfinancière
- ○ **D.** Macrofinancière

111 **Nicholas Kaldor a représenté la santé économique d'un pays par un graphique. Quel nom porte-t-il ?**

- ○ **A.** Le triangle des Bermudes
- ○ **B.** Le polygone de Willis
- ○ **C.** La diagonale du fou
- ○ **D.** Le carré magique

112 **À partir d'un certain seuil d'imposition, la courbe de Laffer tend à montrer que les recettes fiscales :**

- ○ **A.** Quadruplent
- ○ **B.** Augmentent
- ○ **C.** Diminuent
- ○ **D.** Stagnent

113 **Arthur Laffer influença la politique fiscale du président :**

- ○ **A.** Mao Zedong
- ○ **B.** Ronald Reagan
- ○ **C.** Fidel Castro
- ○ **D.** François Mitterrand

114 **La courbe de Phillips, dévoilée en 1958, a montré à l'époque une relation inverse entre :**

- ○ **A.** L'inflation et le taux de chômage
- ○ **B.** L'inflation et le taux de croissance
- ○ **C.** La croissance et le taux de chômage
- ○ **D.** La croissance et les salaires nominaux

115 **Selon la loi d'Okun (1962), la croissance du PIB, si elle dépasse un seuil critique, fait :**

- ○ **A.** Augmenter l'inflation
- ○ **B.** Diminuer l'inflation
- ○ **C.** Augmenter le taux de chômage
- ○ **D.** Diminuer le taux de chômage

116 **À partir des années 1970, le courant libéral s'est constitué en plusieurs écoles. Laquelle n'en fait pas partie ?**

- ○ **A.** L'École de Chicago
- ○ **B.** L'école néokeynésienne
- ○ **C.** La nouvelle école classique
- ○ **D.** L'école de l'économie de l'offre

117 **Le nom de Milton Friedman est associé au :**

- ○ **A.** Marxisme
- ○ **B.** Monétarisme
- ○ **C.** Keynésianisme
- ○ **D.** Néokeynésianisme

118 **Les idées de Milton Friedman ont inspiré plusieurs dirigeant(e)s. Trouvez l'intrus(e).**

- ○ **A.** Ronald Reagan
- ○ **B.** Margaret Thatcher
- ○ **C.** Augusto Pinochet
- ○ **D.** John Fitzgerald Kennedy

119 **Les monétaristes donnent la priorité à la lutte contre :**

- ○ **A.** L'inflation
- ○ **B.** Les dévaluations
- ○ **C.** La hausse des salaires nominaux
- ○ **D.** Le déficit de la balance commerciale

120 **Pour les monétaristes, il est souhaitable que la banque centrale soit :**

- ○ **A.** Permissive
- ○ **B.** Indépendante
- ○ **C.** Détenue par des groupes privés
- ○ **D.** Sous le contrôle du gouvernement

121 **Avec John Hicks, Paul Samuelson est considéré comme le père de :**

- ○ **A.** La microéconomie
- ○ **B.** La macroéconomie
- ○ **C.** L'économie de l'immatériel
- ○ **D.** L'économie de l'environnement

122 **Qui avait été surnommé « le meilleur économiste de France » ?**

- ○ **A.** René Monory
- ○ **B.** Raymond Barre
- ○ **C.** Jacques Delors
- ○ **D.** Valéry Giscard d'Estaing

123 **Le prix Nobel d'économie a été décerné pour la première fois en :**

- ○ **A.** En 1949
- ○ **B.** En 1959
- ○ **C.** En 1969
- ○ **D.** En 1979

124 **Quel est le véritable libellé du prix Nobel d'économie ?**

- ○ **A.** Médaille Fields en mémoire d'Alfred Nobel
- ○ **B.** Prix « Breakthrough » d'économie fondamentale
- ○ **C.** Prix « Aux confins du savoir économique » de la fondation Nobel
- ○ **D.** Prix de la Banque de Suède en sciences économiques en mémoire d'Alfred Nobel

125 **Lequel de ces économistes français n'a pas eu le prix Nobel ?**

- ○ **A.** Gérard Debreu
- ○ **B.** Alfred Sauvy
- ○ **C.** Maurice Allais
- ○ **D.** Jean Tirole

126 **Quelle économiste franco-américaine a reçu le prix Nobel d'économie en 2019 ?**

- ○ **A.** Christine Lagarde
- ○ **B.** Cécile Duflot
- ○ **C.** Esther Duflo
- ○ **D.** Olga Tokarczuk

127 **Quel économiste français a publié un best-seller vendu à plus de 2,5 millions d'exemplaires ?**

- ○ **A.** Patrick Artus
- ○ **B.** Thomas Piketty
- ○ **C.** Daniel Cohen
- ○ **D.** Jean Pisani-Ferry

Les politiques économiques

➜ **Retrouvez le corrigé de cette série page 234.**

128 **Aux États-Unis, la Grande Dépression a commencé en :**

- ○ **A.** 1909
- ○ **B.** 1919
- ○ **C.** 1929
- ○ **D.** 1939

129 **Pour lutter contre les effets de la Grande Dépression, le président Roosevelt a mené une politique interventionniste sous le nom de?**

- ○ **A.** Big Stick
- ○ **B.** New Deal
- ○ **C.** Victory Program
- ○ **D.** Plan Marshall

130 **Quel film tiré d'un roman de John Steinbeck évoque les ravages de la Grande Dépression?**

- ○ **A.** *À l'est d'Éden*
- ○ **B.** *Des souris et des hommes*
- ○ **C.** *Les Raisins de la colère*
- ○ **D.** *Rue de la sardine*

131 **Lors de la conférence de Bretton Woods, John Maynard Keynes s'est opposé à?**

- ○ **A.** Guido Carli
- ○ **B.** Leslie Melville
- ○ **C.** Pierre Mendès France
- ○ **D.** Harry Dexter White

132 **Les accords de Bretton Woods, signés le 22 juillet 1944, ont donné naissance :**

- ○ **A.** Au Fonds monétaire international (FMI)
- ○ **B.** À l'Organisation mondiale du commerce (OMC)
- ○ **C.** À la Banque européenne d'investissement (BEI)
- ○ **D.** À l'Organisation de coopération et de développement économiques (OCDE)

133 **Où se situe Bretton Woods?**

- ○ **A.** En Irlande
- ○ **B.** En Angleterre
- ○ **C.** Au Canada
- ○ **D.** Aux États-Unis

134 **Le plan Marshall était un programme américain de prêts destiné à :**

- ○ **A.** Financer l'effort de guerre
- ○ **B.** Financer la guerre froide
- ○ **C.** Aider à la reconstruction de l'Europe
- ○ **D.** Financer la politique nucléaire

135 **Quel pays a le plus bénéficié du plan Marshall?**

- ○ **A.** Le Royaume-Uni
- ○ **B.** La France
- ○ **C.** L'Allemagne
- ○ **D.** Les Pays-Bas

136 **Laquelle de ces expressions est fausse?**

- ○ **A.** Le siège du FMI se situe à New York
- ○ **B.** Le FMI accorde des prêts aux États membres confrontés à des difficultés
- ○ **C.** Les concours du FMI sont subordonnés à la mise en place de mesures contraignantes
- ○ **D.** Le droit de tirage spécial, créé par le FMI, est un instrument de réserve international

137 **Le 15 août 1971, le président Nixon a mis fin à la convertibilité du dollar :**

- ○ **A.** En deutsche mark
- ○ **B.** En livre sterling
- ○ **C.** En écu
- ○ **D.** En or

138 **En 1976, les accords de la Jamaïque mettent un terme définitif :**

- ○ **A.** Au système des taux de change flottants
- ○ **B.** Au système des taux de change fixes
- ○ **C.** Au système des taux d'intérêt variables
- ○ **D.** Au système des taux d'intérêt fixes

139 **Quel traité a donné naissance au marché commun ?**

- ○ **A.** Le traité de Paris
- ○ **B.** Le traité de Rome
- ○ **C.** Le traité d'Amsterdam
- ○ **D.** Le traité de Lisbonne

140 **Le traité de Rome, signé le 25 mars 1957, institue :**

- ○ **A.** L'Association européenne de libre-échange (AELE)
- ○ **B.** La Communauté économique européenne (CEE)
- ○ **C.** La Communauté européenne du charbon et de l'acier (CECA)
- ○ **D.** La Banque européenne pour la reconstruction et le développement (BERD)

141 **Le traité de Rome a été signé par :**

- ○ **A.** Quatre pays
- ○ **B.** Cinq pays
- ○ **C.** Six pays
- ○ **D.** Sept pays

142 **Qui a dit : « L'Europe se fera par la monnaie ou ne se fera pas » ?**

- ○ **A.** Jacques Rueff
- ○ **B.** Jacques Delors
- ○ **C.** Jacques Attali
- ○ **D.** Jacques Julliard

143 **Le système monétaire européen (SME), créé en 1979, a pris fin :**

- ○ **A.** En 1981, avec l'élection de François Mitterrand
- ○ **B.** En 1987, avec le krach des marchés financiers
- ○ **C.** En 1990, avec la période de ralentissement économique
- ○ **D.** En 1993, avec les attaques spéculatives contre les monnaies

144 **La ville où a été signé le traité de Maastricht se situe :**

- ○ **A.** En Allemagne
- ○ **B.** En Belgique
- ○ **C.** Au Luxembourg
- ○ **D.** Aux Pays-Bas

145 **L'Union européenne (UE) compte :**

- ○ **A.** 12 États membres
- ○ **B.** 15 États membres
- ○ **C.** 27 États membres
- ○ **D.** 31 États membres

146 **Le marché intérieur de l'UE repose sur quatre libertés. Laquelle n'en fait pas partie ?**

- ○ **A.** La libre circulation des biens
- ○ **B.** La libre circulation des capitaux
- ○ **C.** La libre circulation des religions
- ○ **D.** La libre circulation des personnes

147 **L'Espace économique européen (EEE) rassemble les États membres de l'UE et trois des quatre États membres de l'AELE. Lequel n'en fait pas partie ?**

- ○ **A.** L'Islande
- ○ **B.** La Norvège
- ○ **C.** Le Liechtenstein
- ○ **D.** La Suisse

148 **Quel est le nombre de pays qui ont adopté l'euro comme monnaie nationale ?**

- ○ **A.** 15
- ○ **B.** 19
- ○ **C.** 25
- ○ **D.** 28

149 **Lequel de ces pays scandinaves fait partie de la zone euro ?**

- ○ **A.** Le Danemark
- ○ **B.** La Finlande
- ○ **C.** La Norvège
- ○ **D.** La Suède

150 **Quel est le dernier pays à avoir adopté l'euro?**

- ○ **A.** La Slovaquie
- ○ **B.** L'Estonie
- ○ **C.** La Lettonie
- ○ **D.** La Lituanie

151 **L'euro, dans sa forme fiduciaire, a fêté ses 20 ans le :**

- ○ **A.** 1er janvier 2019
- ○ **B.** 1er janvier 2020
- ○ **C.** 1er janvier 2021
- ○ **D.** 1er janvier 2022

152 **Dans le cadre des critères de convergence ou critères de Maastricht, le déficit public doit être inférieur à :**

- ○ **A.** 3 % du PIB
- ○ **B.** 4 % du PIB
- ○ **C.** 5 % du PIB
- ○ **D.** les déficits publics sont interdits

153 **À quand remonte le dernier budget excédentaire de la France?**

- ○ **A.** 1974
- ○ **B.** 1980
- ○ **C.** 2000
- ○ **D.** 2007

154 **Dans le budget de l'État français, quelle est la mission la plus dotée?**

- ○ **A.** La défense
- ○ **B.** L'enseignement scolaire
- ○ **C.** La recherche et l'enseignement supérieur
- ○ **D.** La solidarité, l'insertion et l'égalité des chances

155 **En France, le budget de l'État est adopté au plus tard :**

- ○ **A.** Le 1er décembre de chaque année
- ○ **B.** Le 15 décembre de chaque année
- ○ **C.** Le 25 décembre de chaque année
- ○ **D.** Le 31 décembre de chaque année

156 **Dans un sens restreint, l'État-providence désigne l'intervention de l'État dans le domaine de :**

- ○ **A.** La sécurité
- ○ **B.** La protection sociale
- ○ **C.** Le fonctionnement des administrations
- ○ **D.** La prise en charge des infrastructures non rentables

157 **Quel pays s'est vu refuser son projet de budget par la Commission européenne?**

- ○ **A.** L'Italie
- ○ **B.** La Grèce
- ○ **C.** La France
- ○ **D.** Le Portugal

158 **En France, le ministère de l'Économie et des Finances se situe :**

- ○ **A.** Rue de Bercy
- ○ **B.** Rue de Rivoli
- ○ **C.** Rue de Grenelle
- ○ **D.** Rue de Varenne

159 **Toujours selon les critères de Maastricht, la dette publique d'un pays membre de la zone euro ne doit pas dépasser :**

- ○ **A.** 50 % du PIB
- ○ **B.** 60 % du PIB
- ○ **C.** 100 % du PIB
- ○ **D.** 120 % du PIB

160 **À quel niveau se situe la dette de la France par rapport à son PIB?**

- ○ **A.** 85 %
- ○ **B.** 95 %
- ○ **C.** 105 %
- ○ **D.** 113 %

161 **En France, le système de Sécurité sociale a été créé en :**

- ○ **A.** 1918
- ○ **B.** 1945
- ○ **C.** 1954
- ○ **D.** 1962

162 **En France, les allocations familiales sont versées aux personnes ayant au moins :**

- ○ **A.** Un enfant à charge
- ○ **B.** Deux enfants à charge
- ○ **C.** Trois enfants à charge
- ○ **D.** Quatre enfants à charge

163 **Pour l'impôt sur le revenu, un couple avec trois enfants dispose de :**

- ○ **A.** Deux parts de quotient familial
- ○ **B.** Trois parts de quotient familial
- ○ **C.** Quatre parts de quotient familial
- ○ **D.** Cinq parts de quotient familial

164 **À la Libération, laquelle de ces entreprises n'a pas été nationalisée?**

- ○ **A.** Renault
- ○ **B.** Les Charbonnages de France
- ○ **C.** La Banque de France
- ○ **D.** La Banque de Paris et des Pays-Bas (devenue Paribas)

165 **La loi de nationalisation du 13 février 1982 a été votée sous le gouvernement de :**

- ○ **A.** Pierre Mauroy
- ○ **B.** Laurent Fabius
- ○ **C.** Michel Rocard
- ○ **D.** Édith Cresson

166 **La première vague de privatisations (1986-1988) a commencé sous le gouvernement de :**

- ○ **A.** Raymond Barre
- ○ **B.** Jacques Chirac
- ○ **C.** Édouard Balladur
- ○ **D.** Alain Juppé

167 **Lors d'une privatisation, qui fixe la valeur des entreprises?**

- ○ **A.** Le ministère de l'Économie et des Finances
- ○ **B.** La Caisse des dépôts et consignations
- ○ **C.** La Commission des participations et des transferts
- ○ **D.** L'Autorité des marchés financiers

168 **En France, qui détient les participations de l'État jugées stratégiques?**

- ○ **A.** La Banque de France
- ○ **B.** L'Agence des participations de l'État
- ○ **C.** Bpifrance
- ○ **D.** La Caisse des dépôts et consignations

169 **Quel est l'objectif visé par une dévaluation?**

- ○ **A.** Restaurer la compétitivité économique
- ○ **B.** Baisser les charges des entreprises
- ○ **C.** Réduire les dépenses publiques
- ○ **D.** Restreindre l'immigration

170 **En France, la politique de désinflation compétitive a commencé à partir de :**

- ○ **A.** 1973
- ○ **B.** 1979
- ○ **C.** 1981
- ○ **D.** 1983

171 **En France, qui décide de la politique monétaire?**

- ○ **A.** La Banque de France
- ○ **B.** La Caisse des dépôts et consignations
- ○ **C.** Le ministère de l'Économie et des Finances
- ○ **D.** La Banque centrale européenne

172 **Qui est le gouverneur de la Banque de France?**

- ○ **A.** François Villeroy de Galhau
- ○ **B.** Christian Noyer
- ○ **C.** Jean-Claude Trichet
- ○ **D.** Jacques de Larosière

173 **L'anglicisme *policy mix* désigne une politique qui combine :**

- ○ **A.** Socialisme et capitalisme
- ○ **B.** Conservatisme et progressisme
- ○ **C.** Politique budgétaire et politique monétaire
- ○ **D.** Approche micro-économique et approche macro-économique

174 **En menant une politique de rigueur ou d'austérité, le risque est de :**

- ○ **A.** Relancer l'inflation
- ○ **B.** Développer les déficits publics
- ○ **C.** Créer une surchauffe de l'économie
- ○ **D.** Ralentir la croissance et augmenter le chômage

175 **Pour assurer la stabilité des prix au sein de la zone euro, la Banque centrale européenne vise un taux annuel d'inflation de :**

- ○ **A.** 1 % à moyen terme
- ○ **B.** 1,50 % à moyen terme
- ○ **C.** 2 % à moyen terme
- ○ **D.** 2,50 % à moyen terme

176 **L'un de ces taux ne fait pas partie des taux directeurs de la BCE. Lequel ?**

- ○ **A.** Taux de refinancement
- ○ **B.** Taux de prêt marginal
- ○ **C.** Taux de dépôt
- ○ **D.** Taux du Livret A

177 **Où se situe le siège de la Banque centrale européenne ?**

- ○ **A.** À Bruxelles
- ○ **B.** À Strasbourg
- ○ **C.** À Luxembourg
- ○ **D.** À Francfort-sur-le-Main

178 **La Réserve fédérale américaine est responsable de la politique monétaire aux États-Unis avec trois objectifs. Lequel n'en fait pas partie ?**

- ○ **A.** Le plein-emploi
- ○ **B.** La stabilité des prix
- ○ **C.** La modération des taux d'intérêt à long terme
- ○ **D.** L'équilibre extérieur de la balance commerciale

179 **Quelle est l'institution financière la plus récente ?**

- ○ **A.** La Banque européenne pour la reconstruction et le développement
- ○ **B.** La Banque européenne d'investissement
- ○ **C.** Le Fonds monétaire international
- ○ **D.** La Banque mondiale

180 **Pour les pays occidentaux, la fin de l'énergie à bon marché date de :**

- ○ **A.** 1958
- ○ **B.** 1973
- ○ **C.** 1978
- ○ **D.** 2008

181 **L'Organisation des pays exportateurs de pétrole (OPEP) a été créée en :**

- ○ **A.** 1960
- ○ **B.** 1969
- ○ **C.** 1973
- ○ **D.** 1979

182 **Quel pays ne fait pas partie de l'OPEP ?**

- ○ **A.** L'Arabie saoudite
- ○ **B.** L'Iran
- ○ **C.** L'Algérie
- ○ **D.** La Russie

183 **Laquelle de ces expressions est fausse ?**

- ○ **A.** Le G20 est formé de 20 pays
- ○ **B.** Les membres du G20 représentent 85 % du PIB mondial
- ○ **C.** Le G20 repose sur un système de présidence tournante
- ○ **D.** Le G20 est un forum informel de gouvernance économique mondiale

184 **Le G20 a été créé en :**

- ○ **A.** 1958
- ○ **B.** 1990
- ○ **C.** 1999
- ○ **D.** 2009

185 **BRICS désigne cinq pays : Brésil, Russie, Inde, Chine et :**

- ○ **A.** Suisse
- ○ **B.** Sri Lanka
- ○ **C.** Singapour
- ○ **D.** Afrique du Sud (*South Africa*)

186 **Quel est le premier pays producteur d'or ?**

- ○ **A.** La Chine
- ○ **B.** L'Australie
- ○ **C.** La Russie
- ○ **D.** Les États-Unis

187 **La crise dite des *subprimes* est à l'origine :**

- ○ **A.** De l'éclatement de la bulle Internet en 2000
- ○ **B.** Des attentats du 11 septembre 2001
- ○ **C.** De la crise financière mondiale 2007-2008
- ○ **D.** De la crise de la dette publique grecque en 2010

188 **Le terme *subprime* désigne :**

- ○ **A.** Un crédit-relais
- ○ **B.** Un crédit renouvelable
- ○ **C.** Un crédit à la consommation
- ○ **D.** Un crédit immobilier à risque

189 **Pour faire face à la crise financière de 2007-2008, la BCE et la Réserve fédérale américaine :**

- ○ **A.** Ont baissé légèrement leurs taux d'intérêt
- ○ **B.** Ont relevé légèrement leurs taux d'intérêt
- ○ **C.** Ont baissé fortement leurs taux d'intérêt
- ○ **D.** Ont relevé fortement leurs taux d'intérêt

190 **Pour une banque centrale, l'assouplissement quantitatif (*Quantitative easing*) consiste à :**

- ○ **A.** Prêter sans limitation de montant aux banques commerciales
- ○ **B.** Racheter massivement des dettes publiques sur le marché
- ○ **C.** Faciliter les émissions des grandes entreprises
- ○ **D.** Faciliter l'octroi de crédit aux particuliers

191 **Quelle a été la conséquence de l'assouplissement quantitatif ?**

- ○ **A.** Les taux d'intérêt à court terme se sont tendus
- ○ **B.** Les taux d'intérêt à court terme sont restés stables
- ○ **C.** Les taux d'intérêt à court terme sont devenus négatifs
- ○ **D.** Il n'y a eu aucune conséquence sur les taux d'intérêt

192 **La théorie dite du ruissellement repose sur l'idée qu'il faut légiférer pour :**

- ○ **A.** Laisser prospérer les plus riches
- ○ **B.** Imposer les revenus des plus riches
- ○ **A.** Laisser prospérer les plus pauvres
- ○ **C.** Imposer les revenus des plus pauvres

193 **Quel dispositif ne fait pas partie du traitement social du chômage ?**

- ○ **A.** Les emplois aidés
- ○ **B.** La réduction du temps de travail
- ○ **C.** La formation tout au long de la vie
- ○ **D.** L'abaissement de l'âge de la retraite

194 **Pour lutter contre les conséquences de la crise sanitaire, la France a lancé la stratégie du :**

○ **A.** « Quoi qu'il en soit »
○ **B.** « Quoi qu'il advienne »
○ **C.** « Quoi qu'il en coûte »
○ **D.** « Quoi qu'il se passe »

195 **Le référendum britannique à l'origine du Brexit a été tenu en :**

○ **A.** 2015
○ **B.** 2016
○ **C.** 2017
○ **D.** 2018

196 **Le Royaume-Uni a quitté officiellement l'Union européenne le :**

○ **A.** 23 juin 2016
○ **B.** 1er janvier 2020
○ **C.** 31 janvier 2020
○ **D.** 31 décembre 2020

L'économie au quotidien

→ **Retrouvez le corrigé de cette série page 237.**

197 **Quelle est la plus grosse coupure en euros en circulation?**

- ○ **A.** Le billet de 100 euros
- ○ **B.** Le billet de 200 euros
- ○ **C.** Le billet de 500 euros
- ○ **D.** Le billet de 1 000 euros

198 **Les banques de la zone euro ont cessé d'émettre :**

- ○ **A.** Des billets de 50 euros
- ○ **B.** Des billets de 100 euros
- ○ **C.** Des billets de 200 euros
- ○ **D.** Des billets de 500 euros

199 **Quelle est la valeur de l'euro en francs français?**

- ○ **A.** 4,55957 francs
- ○ **B.** 5,55957 francs
- ○ **C.** 6,55957 francs
- ○ **D.** 7,55957 francs

200 **Le franc français a cessé d'avoir un cours légal le :**

- ○ **A.** 17 février 1999 à minuit
- ○ **B.** 17 février 2000 à minuit
- ○ **C.** 17 février 2001 à minuit
- ○ **D.** 17 février 2002 à minuit

201 **Le paiement en espèces d'un particulier à un professionnel est autorisé jusqu'à :**

- ○ **A.** 1 000 euros
- ○ **B.** 3 000 euros
- ○ **C.** 15 000 euros
- ○ **D.** Il n'y a pas de limite

202 **Un mineur peut avoir un compte bancaire à son nom :**

- ○ **A.** Dès sa naissance
- ○ **B.** À l'âge de 12 ans
- ○ **C.** À l'âge de 14 ans
- ○ **D.** À l'âge de 16 ans

203 **Une banque peut, à tout moment, fermer votre compte bancaire en respectant un préavis minimal de :**

- ○ **A.** 48 heures
- ○ **B.** 14 jours
- ○ **C.** 30 jours
- ○ **D.** 2 mois

204 **En France métropolitaine, quelle est la durée de validité d'un chèque?**

- ○ **A.** 6 mois
- ○ **B.** 1 an
- ○ **C.** 1 an et 8 jours
- ○ **D.** 2 ans

205 **Sur un relevé d'identité bancaire, le code BIC est :**

- ○ **A.** L'identifiant national de la banque
- ○ **B.** L'identifiant international de la banque
- ○ **C.** L'identifiant national de l'agence bancaire
- ○ **D.** L'identifiant international de l'agence bancaire

206 **Sur un relevé d'identité bancaire, le code IBAN est :**

- ○ **A.** L'identifiant national du titulaire du compte
- ○ **B.** L'identifiant international du titulaire du compte
- ○ **C.** L'identifiant national du compte bancaire
- ○ **D.** L'identifiant international du compte bancaire

207 **En France, avec la crise sanitaire, le taux d'épargne des ménages est monté à :**

- ○ **A.** 5 %
- ○ **B.** 15 %
- ○ **C.** 20 %
- ○ **D.** 25 %

208 **Le Livret A a été créé le 22 mai :**

- ○ **A.** 1818
- ○ **B.** 1868
- ○ **C.** 1918
- ○ **D.** 1968

209 **À partir de quel âge un mineur peut-il détenir un Livret A?**

- ○ **A.** Dès sa naissance
- ○ **B.** À l'âge de 12 ans
- ○ **C.** À l'âge de 14 ans
- ○ **D.** À l'âge de 16 ans

210 **Quel est le taux du Livret A?**

- ○ **A.** 0,25 %
- ○ **B.** 0,50 %
- ○ **C.** 0,75 %
- ○ **D.** 1 %

211 **Les fonds déposés sur le Livret A servent pour l'essentiel à :**

- ○ **A.** Financer le déficit budgétaire
- ○ **B.** Financer le déficit de la Sécurité sociale
- ○ **C.** Offrir des prêts aux petites et moyennes entreprises
- ○ **D.** Financer la construction et la rénovation de logements sociaux

212 **Quel est le nombre de Livrets A détenus par les personnes physiques?**

- ○ **A.** 5 millions
- ○ **B.** 15 millions
- ○ **C.** 35 millions
- ○ **D.** 55 millions

213 **Le plafond de versement du Livret A pour les particuliers est fixé à :**

- ○ **A.** 7 700 euros
- ○ **B.** 12 000 euros
- ○ **C.** 22 950 euros
- ○ **D.** 61 200 euros

214 **Quel est le plafond du Livret A pour les associations à but non lucratif?**

- ○ **A.** 12 000 euros
- ○ **B.** 22 950 euros
- ○ **C.** 61 200 euros
- ○ **D.** 76 500 euros

215 **Quel est l'encours total des Livrets A, tous guichets confondus?**

- ○ **A.** 3 milliards d'euros
- ○ **B.** 35 milliards d'euros
- ○ **C.** 350 milliards d'euros
- ○ **D.** 3 500 milliards d'euros

216 **Par rapport au Livret A, le taux du Livret d'épargne populaire (LEP) est supérieur :**

- ○ **A.** De 0,25 %
- ○ **B.** De 0,50 %
- ○ **C.** De 1,20 %
- ○ **D.** De 2 %

217 **Les sommes versées sur les livrets réglementés (Livret A, LDDS, LEP) portent intérêt :**

- ○ **A.** Immédiatement
- ○ **B.** À compter du premier jour de la semaine suivant la date de versement
- ○ **C.** À compter du premier jour de la quinzaine suivant la date de versement
- ○ **D.** À compter du premier jour du mois suivant la date de versement

218 **Les fonds déposés sur les livrets réglementés sont garantis par l'État à :**

- ○ **A.** 50 %
- ○ **B.** 75 %
- ○ **C.** 100 %
- ○ **D.** Ils ne sont pas garantis

219 **Les autres dépôts bancaires sont garantis par le Fonds de garantie des dépôts et de résolution (FGDR) jusqu'à :**

- ○ **A.** 10 000 euros par personne et par établissement
- ○ **B.** 50 000 euros par personne et par établissement
- ○ **C.** 75 000 euros par personne et par établissement
- ○ **D.** 100 000 euros par personne et par établissement

220 **En cas de faillite d'un établissement, le FGDR est chargé de l'indemnisation des déposants dans un délai de :**

- ○ **A.** 7 jours ouvrables
- ○ **B.** 15 jours ouvrables
- ○ **C.** 30 jours ouvrables
- ○ **D.** 12 mois calendaires

221 **Pour un plan d'épargne logement (PEL), le plafond versement est fixé à :**

- ○ **A.** 15 300 euros
- ○ **B.** 22 950 euros
- ○ **C.** 61 200 euros
- ○ **D.** 76 500 euros

222 **Pour les PEL ouverts depuis le 1er août 2016, le taux de rémunération est fixé à :**

- ○ **A.** 0,75 %
- ○ **B.** 1 %
- ○ **C.** 1,5 %
- ○ **D.** 2 %

223 **Qu'est-ce qu'un contrat d'assurance vie?**

- ○ **A.** Un placement financier
- ○ **B.** Une assurance en cas de maladie
- ○ **C.** Une assurance en cas de décès
- ○ **D.** Une garantie des accidents de la vie

224 **Un contrat d'assurance vie en euros est composé pour l'essentiel :**

- ○ **A.** De produits monétaires
- ○ **B.** D'actions
- ○ **C.** D'obligations
- ○ **D.** D'immobilier

225 **En France, l'encours des contrats d'assurance-vie est d'environ :**

- ○ **A.** 1,8 milliard d'euros
- ○ **B.** 18 milliards d'euros
- ○ **C.** 180 milliards d'euros
- ○ **D.** 1 800 milliards d'euros

226 **L'assurance vie participe au financement :**

- ○ **A.** De l'État
- ○ **B.** Des écoles
- ○ **C.** De la recherche
- ○ **D.** Des nouvelles technologies

227 **Pour louer un logement, la surface habitable doit être au moins égale à :**

- ○ **A.** 7 m²
- ○ **B.** 8 m²
- ○ **C.** 9 m²
- ○ **D.** 10 m²

228 **La surface « loi Carrez » ne prend en compte que les pièces dont la hauteur sous plafond est au moins égale à :**

- ○ **A.** 1,60 m
- ○ **B.** 1,70 m
- ○ **C.** 1,80 m
- ○ **D.** 1,90 m

229 **Pour un appartement non meublé, la durée du bail est de :**

- ○ **A.** 9 mois
- ○ **B.** 1 an
- ○ **C.** 2 ans
- ○ **D.** 3 ans

230 **En France, en règle générale, aucune expulsion de locataire ne peut intervenir entre :**

- ○ **A.** Le 1er novembre et le 1er janvier
- ○ **B.** Le 1er novembre et le 31 janvier
- ○ **C.** Le 1er novembre et le 31 mars
- ○ **D.** Le 1er novembre et le 1er juillet

231 **Un appartement de type T1 est :**

- ○ **A.** Une chambre de service
- ○ **B.** Une studette
- ○ **C.** Un studio
- ○ **D.** Composé d'une pièce principale, d'une cuisine séparée et d'un cabinet de toilette

232 **À la signature du compromis de vente, l'acheteur d'un bien immobilier doit verser, en règle générale, un dépôt de garantie de :**

- ○ **A.** 10 %
- ○ **B.** 15 %
- ○ **C.** 20 %
- ○ **D.** 25 %

233 **Pour l'achat d'un bien immobilier, l'acheteur dispose d'un délai de rétraction de :**

- ○ **A.** 7 jours
- ○ **B.** 10 jours
- ○ **C.** 14 jours
- ○ **D.** 21 jours

234 **Les frais d'achat d'un logement ancien sont majoritairement composés :**

- ○ **A.** De débours (états hypothécaires, cadastre, géomètre, etc.)
- ○ **B.** De frais de publication
- ○ **C.** D'émoluments du notaire
- ○ **D.** De droits d'enregistrement

235 **Début 2022, le taux moyen des prêts immobiliers (hors assurances) se situait à :**

- ○ **A.** 1,1 %
- ○ **B.** 2,1 %
- ○ **C.** 3,1 %
- ○ **D.** 4,1 %

236 **Depuis 1637, le Crédit Municipal est connu pour pratiquer :**

- ○ **A.** Le prêt-relais
- ○ **B.** Le prêt sur gage
- ○ **C.** Le prêt municipal
- ○ **D.** Le prêt sans intérêt

237 **Le taux de l'usure est :**

- ○ **A.** Un taux abusif
- ○ **B.** Un taux plancher
- ○ **C.** Un taux plafond
- ○ **D.** Un taux d'intérêt recommandé

238 **Le taux de l'usure est calculé par la Banque de France :**

- ○ **A.** Tous les mois
- ○ **B.** Tous les trois mois
- ○ **C.** Tous les six mois
- ○ **D.** Tous les ans

239 **Pour être auto-entrepreneur, il faut un capital minimal de :**

- ○ **A.** 1 euro
- ○ **B.** 7 500 euros
- ○ **C.** 37 000 euros
- ○ **D.** Aucun capital minimal n'est exigé

240 **Le nombre d'auto-entrepreneurs en France est d'environ :**

- ○ **A.** 15 000
- ○ **B.** 150 000
- ○ **C.** 1 500 000
- ○ **D.** 15 000 000

241 **La durée de vie d'une société, fixée dans les statuts, ne peut excéder :**

- ○ **A.** 50 ans
- ○ **B.** 75 ans
- ○ **C.** 99 ans
- ○ **D.** Il n'y a aucune limitation de durée

242 **Que signifie le sigle EURL ?**

- ○ **A.** Entité unique reprise en location-gérance
- ○ **B.** Entreprise universelle réglementée en ligne
- ○ **C.** Entreprise d'utilité et de responsabilité locale
- ○ **D.** Entreprise unipersonnelle à responsabilité limitée

243 **Pour créer une société anonyme non cotée, il faut réunir au moins :**

- ○ **A.** Deux actionnaires
- ○ **B.** Trois actionnaires
- ○ **C.** Cinq actionnaires
- ○ **D.** Sept actionnaires

244 **L'assemblée générale ordinaire, qui approuve les comptes de chaque exercice d'une société, doit se tenir :**

- ○ **A.** Dans les trois mois qui suivent la clôture de l'exercice
- ○ **B.** Dans les six mois qui suivent la clôture de l'exercice
- ○ **C.** Dans les neuf mois qui suivent la clôture de l'exercice
- ○ **D.** Dans les douze mois qui suivent la clôture de l'exercice

245 **Qu'est-ce qui n'alimente pas l'épargne salariale?**

- ○ **A.** L'abondement de l'entreprise
- ○ **B.** L'intéressement et la participation
- ○ **C.** Les versements volontaires des salariés
- ○ **D.** Les gains de productivité

246 **Qui a voulu et mis en œuvre la participation des salariés aux résultats de l'entreprise?**

- ○ **A.** Vincent Auriol
- ○ **B.** René Coty
- ○ **C.** Charles de Gaulle
- ○ **D.** Georges Pompidou

247 **La participation est obligatoire dans les entreprises d'au moins :**

- ○ **A.** 10 salariés
- ○ **B.** 50 salariés
- ○ **C.** 100 salariés
- ○ **D.** 1 000 salariés

248 **Sauf exceptions, l'âge minimal de départ à la retraite (pour les personnes nées à partir de 1955) est de :**

- ○ **A.** 60 ans
- ○ **B.** 62 ans
- ○ **C.** 65 ans
- ○ **D.** 67 ans

249 **Pour les personnes nées à partir de 1955, la retraite à taux plein est automatique à partir de :**

- ○ **A.** 64 ans
- ○ **B.** 65 ans
- ○ **C.** 66 ans
- ○ **D.** 67 ans

250 **L'employeur peut mettre d'office un salarié à la retraite à partir de :**

- ○ **A.** 64 ans
- ○ **B.** 66 ans
- ○ **C.** 68 ans
- ○ **D.** 70 ans

251 **La TVA est une invention :**

- ○ **A.** Belge
- ○ **B.** Française
- ○ **C.** Néerlandaise
- ○ **D.** Luxembourgeoise

252 **Quel est le taux normal de la TVA?**

- ○ **A.** 5,5 %
- ○ **B.** 10 %
- ○ **C.** 19,6 %
- ○ **D.** 20 %

253 **Quel(s) produit(s) ou service(s) ne bénéficie(nt) pas de la TVA au taux réduit de 2,1 %?**

- ○ **A.** Les publications de presse disposant d'un numéro de commission paritaire
- ○ **B.** Les médicaments remboursables par la Sécurité sociale
- ○ **C.** La contribution à l'audiovisuel public
- ○ **D.** Les centres équestres

254 **En France continentale, quel est le taux de TVA qui s'applique aux livres?**

- ○ **A.** 2,1 %
- ○ **B.** 5,5 %
- ○ **C.** 10 %
- ○ **D.** 20 %

255 **La loi Lang a instauré le prix unique du livre, avec un rabais plafonné à :**

- ○ **A.** 5 % du prix public
- ○ **B.** 10 % du prix public
- ○ **C.** 15 % du prix public
- ○ **D.** Aucun rabais n'est autorisé

256 **En France, quel est l'impôt qui rapporte le plus?**

- ○ **A.** La taxe sur la valeur ajoutée (TVA)
- ○ **B.** L'impôt sur le revenu (IR)
- ○ **C.** L'impôt sur les sociétés (IS)
- ○ **D.** La taxe intérieure de consommation sur les produits énergétiques (TICPE)

257 **Le barème de l'impôt sur le revenu comporte cinq tranches. Quel est le taux marginal d'imposition de la plus haute tranche ?**

- ○ **A.** 30 %
- ○ **B.** 41 %
- ○ **C.** 45 %
- ○ **D.** 75 %

258 **Quelle est la proportion de foyers fiscaux qui acquittent l'impôt sur le revenu ?**

- ○ **A.** Moins d'un sur deux
- ○ **B.** Les deux tiers
- ○ **C.** Les trois quarts
- ○ **D.** 90 %

259 **La CSG a été créée à l'initiative du gouvernement de ?**

- ○ **A.** Jacques Chirac
- ○ **B.** Michel Rocard
- ○ **C.** Édith Cresson
- ○ **D.** Pierre Bérégovoy

260 **L'impôt de solidarité sur la fortune (ISF) a été remplacé par :**

- ○ **A.** L'impôt français sur la fortune
- ○ **B.** L'impôt foncier sur la fortune
- ○ **C.** L'impôt sur la fortune immobilière
- ○ **D.** L'impôt forfaitaire sur l'immobilier

261 **Le seuil d'imposition du nouvel impôt sur la fortune est fixé à :**

- ○ **A.** 800 000 euros
- ○ **B.** 1 300 000 euros
- ○ **C.** 2 570 000 euros
- ○ **D.** 5 000 000 euros

262 **En France, le prélèvement à la source de l'impôt sur le revenu est entré en vigueur :**

- ○ **A.** Le 1er janvier 2017
- ○ **B.** Le 1er janvier 2018
- ○ **C.** Le 1er janvier 2019
- ○ **D.** Le prélèvement à la source a été abandonné

263 **En France, le taux de prélèvements obligatoires s'élève à :**

- ○ **A.** 30 %
- ○ **B.** 35 %
- ○ **C.** 40 %
- ○ **D.** 45 %

264 **Qui a dit : « La France est un pays extrêmement fertile : on y plante des fonctionnaires et il y pousse des impôts » ?**

- ○ **A.** Edgar Faure
- ○ **B.** Alphonse Allais
- ○ **C.** Michel Audiard
- ○ **D.** George Clemenceau

Les grandes entreprises, hommes et femmes d'affaires

→ **Retrouvez le corrigé de cette série page 239.**

265 Quelle est la société communément admise comme la première multinationale?

- ○ **A.** Singer
- ○ **B.** Siemens
- ○ **C.** Rothschild Frères
- ○ **D.** La Compagnie néerlandaise des Indes orientales

266 La première multinationale issue du monde pétrolier est :

- ○ **A.** Standard Oil
- ○ **B.** Chevron Texaco
- ○ **C.** Royal Dutch Shell
- ○ **D.** Ente Nazionale Idrocarburi (ENI)

267 Parmi les grandes entreprises françaises, quelle est la plus ancienne?

- ○ **A.** Suez
- ○ **B.** Wendel
- ○ **C.** Peugeot
- ○ **D.** Saint-Gobain

268 Le taylorisme désigne :

- ○ **A.** Le travail à la chaîne
- ○ **B.** Une forme de stakhanovisme
- ○ **C.** Une forme d'organisation scientifique du travail
- ○ **D.** La gestion des relations avec le client (CRM)

269 Quel est l'objectif du taylorisme?

- ○ **A.** Responsabiliser les ouvriers
- ○ **B.** Valoriser la dimension humaine
- ○ **C.** Enrichir les tâches de chacun
- ○ **D.** Améliorer la productivité du travail

270 Qui a appliqué en premier les méthodes de Taylor dans la construction automobile?

- ○ **A.** Louis Renault
- ○ **B.** André Citroën
- ○ **C.** Henry Ford
- ○ **D.** Walter Chrysler

271 Quel film de Charlie Chaplin est une satire du travail à la chaîne?

- ○ **A.** *La Ruée vers l'or*
- ○ **B.** *Les Temps modernes*
- ○ **C.** *Les Lumières de la ville*
- ○ **D.** *Le Dictateur*

272 Le fordisme a été mis en œuvre à l'occasion de la production d'un nouveau modèle. Lequel?

- ○ **A.** La Ford T
- ○ **B.** La Ford GP
- ○ **C.** La Ford GT
- ○ **D.** La Ford Mustang

273 Le toyotisme a été appliqué au Japon à partir :

- ○ **A.** De l'entre-deux-guerres
- ○ **B.** De la Seconde Guerre mondiale
- ○ **C.** Des années 1950
- ○ **D.** Des années 1960

274 Quelle est l'expression qui n'est pas équivalente au juste-à-temps?

- ○ **A.** Flux tendu
- ○ **B.** Flux poussé
- ○ **C.** Zéro délai
- ○ **D.** Cinq zéros

275 **Qui a lancé la formule : « Deux cents familles sont maîtresses de l'économie française et, en fait, de la politique française » ?**

- ○ **A.** Albert Lebrun
- ○ **B.** Édouard Daladier
- ○ **C.** Édouard Herriot
- ○ **D.** Aristide Briand

276 **D'où vient le mythe politique des deux cents familles ?**

- ○ **A.** Des deux cents membres du Comité des forges
- ○ **B.** Des deux cents plus grands propriétaires terriens
- ○ **C.** Des deux cents grandes familles de la noblesse française
- ○ **D.** Des deux cents premiers actionnaires de la Banque de France

277 **Une entreprise n'appartient plus à la catégorie des PME, lorsque son effectif atteint :**

- ○ **A.** 100 salariés
- ○ **B.** 150 salariés
- ○ **C.** 200 salariés
- ○ **D.** 250 salariés

278 **Une entreprise de taille intermédiaire ou ETI devient une grande entreprise lorsque son effectif atteint :**

- ○ **A.** 2 000 salariés
- ○ **B.** 3 000 salariés
- ○ **C.** 4 000 salariés
- ○ **D.** 5 000 salariés

279 **Combien y a-t-il de grandes entreprises en France ?**

- ○ **A.** Une dizaine
- ○ **B.** Une quarantaine
- ○ **C.** Près de trois cents
- ○ **D.** Plus de mille

280 **Selon le critère du chiffre d'affaires, quelle est la première entreprise française ?**

- ○ **A.** Axa
- ○ **B.** Total Energies
- ○ **C.** Engie
- ○ **D.** Carrefour

281 **Dans quel État des États-Unis se situe la Silicon Valley, région célèbre pour la densité et la qualité de ses entreprises de pointe ?**

- ○ **A.** La Floride
- ○ **B.** La Californie
- ○ **C.** L'État de New York
- ○ **D.** L'État de Washington

282 **Quel sigle désigne les géants américains du *Web* ?**

- ○ **A.** FAGA
- ○ **B.** GAMA
- ○ **C.** GAFA
- ○ **D.** MAGA

283 **Amazon, Apple, Google et Disney ont en commun d'avoir commencé leurs activités :**

- ○ **A.** Dans une cave
- ○ **B.** Dans un garage
- ○ **C.** Dans une chambre de bonne
- ○ **D.** Au sein d'un incubateur d'entreprises

284 **La phrase « *Time is money* » (le temps, c'est de l'argent) est attribuée à :**

- ○ **A.** Benjamin Franklin
- ○ **B.** Henry Ford
- ○ **C.** Théodore Roosevelt
- ○ **D.** Bill Gates

285 **En 2021, Alphabet, maison mère de Google, a réalisé un bénéfice net de :**

- ○ **A.** 76 millions de dollars
- ○ **B.** 760 millions de dollars
- ○ **C.** 7,6 milliards de dollars
- ○ **D.** 76 milliards de dollars

286 **Calico, filiale de Google, est un laboratoire qui a pour objectif de :**

- ○ **A.** Rallonger l'espérance de vie humaine
- ○ **B.** Développer une voiture sans conducteur
- ○ **C.** Financer des *start-up* dans les nouvelles technologies
- ○ **D.** Cartographier les endroits les plus reculés de la planète

287 **Quel est le nom du « Google chinois » ?**

○ **A.** Baidu ○ **B.** Alibaba ○ **C.** Tencent ○ **D.** Xiaomi

288 **Quelle est la capitale économique de la Chine ?**

- ○ **A.** Shenzhen
- ○ **B.** Tianjin
- ○ **C.** Shanghai
- ○ **D.** Beijing (Pékin)

289 **Qui sont les cofondateurs de Microsoft ?**

- ○ **A.** Bill Gates et Paul Allen
- ○ **B.** David Filo et Jerry Yang
- ○ **C.** Larry Page et Sergueï Brin
- ○ **D.** Charles Dow et Edward Jones

290 **Laquelle de ces sociétés n'a pas été créée par Elon Musk ?**

○ **A.** SpaceX ○ **B.** Airbnb ○ **C.** Hyperloop ○ **D.** Tesla

291 **Quel est le nom de l'entreprise fondée par Jeff Bezos ?**

○ **A.** eBay ○ **B.** Apple ○ **C.** Amazon ○ **D.** Netflix

292 **Lequel de ces constructeurs automobiles ne porte pas le nom de son fondateur ?**

- ○ **A.** Ford
- ○ **B.** Peugeot
- ○ **C.** Renault
- ○ **D.** Volkswagen

293 **Samsung est un groupe :**

- ○ **A.** Chinois
- ○ **B.** Japonais
- ○ **C.** Sud-coréen
- ○ **D.** Indonésien

294 **Ikea est une entreprise :**

- ○ **A.** Danoise
- ○ **B.** Finlandaise
- ○ **C.** Norvégienne
- ○ **D.** Suédoise

295 **En France, qui a construit les premiers TGV ?**

- ○ **A.** Alstom
- ○ **B.** Bombardier
- ○ **C.** Hitachi
- ○ **D.** Siemens

296 **Qui a ouvert en 1963 le premier hypermarché en France ?**

○ **A.** Auchan ○ **B.** Carrefour ○ **C.** Casino ○ **D.** E. Leclerc

297 **Dans le monde des affaires, qu'appelle-t-on une licorne ?**

- ○ **A.** Une entreprise mono-activité
- ○ **B.** Une entreprise spécialisée dans le commerce des animaux rares
- ○ **C.** Une *start-up* de moins d'un an d'activité
- ○ **D.** Une *start-up* non cotée valorisée à plus d'un milliard de dollars

298 **Dans quel département se situe Sophia Antipolis, la plus importante technopole de France ?**

- ○ **A.** Les Alpes-de-Haute-Provence (04)
- ○ **B.** Les Alpes-Maritimes (06)
- ○ **C.** Les Bouches-du-Rhône (13)
- ○ **D.** Le Var (83)

299 **Quelle est la plus grande banque française?**

- A. BNP Paribas
- B. Crédit Agricole
- C. Société Générale
- D. Groupe BPCE

300 **LCL (Le Crédit Lyonnais) est contrôlé par :**

- A. BNP Paribas
- B. Le Crédit Agricole
- C. Société Générale
- D. L'État français

301 **Quel indicateur mesure l'activité d'une banque?**

- A. Le chiffre d'affaires
- B. Les dépôts à vue
- C. Les encours de crédit
- D. Le produit net bancaire

302 **Pour prendre le contrôle d'un concurrent coté en Bourse, une société doit lancer :**

- A. Une OPA
- B. Une OPR
- C. Une OPRA
- D. Une OBSA

303 **En 1969, BSN (devenu Danone) lança l'une des premières offres hostiles sur :**

- A. Bénédictine
- B. Lesieur
- C. Martell
- D. Saint-Gobain

304 **En France, sur un marché réglementé, une offre publique doit être déposée au franchissement du seuil de :**

- A. 25 % du capital
- B. 30 % du capital
- C. Un tiers du capital
- D. 50 % du capital

305 **Avant sa réalisation, une opération de concentration (OPA, fusion…) doit être notifiée à :**

- A. L'Insee
- B. La Banque de France
- C. L'Autorité de la concurrence
- D. La Caisse des dépôts et consignations

306 **Le *dumping* consiste à vendre à l'étranger à un prix :**

- A. Égal à celui pratiqué sur le marché national
- B. Inférieur à celui pratiqué sur le marché national
- C. Supérieur à celui pratiqué sur le marché national
- D. Très supérieur à celui pratiqué sur le marché national

307 **Quel est l'objectif du *dumping*?**

- A. Améliorer ses marges
- B. Expatrier des salariés
- C. Éliminer la concurrence
- D. Se mettre en conformité avec le droit européen

308 **Les grandes entreprises utilisent fréquemment l'EBITDA. À quoi correspond ce sigle?**

- A. La valeur ajoutée
- B. L'excédent brut d'exploitation
- C. Le résultat d'exploitation
- D. Le résultat courant

309 **Quel est le taux de l'impôt sur les sociétés en France pour les grandes entreprises publiant un bénéfice supérieur à 500 000 euros?**

- A. 25 %
- B. 26,5 %
- C. 28 %
- D. 31 %

310 **En 2021, les sociétés du CAC 40 ont distribué des dividendes pour environ :**

- ○ **A.** 45 millions d'euros
- ○ **B.** 450 millions d'euros
- ○ **C.** 4,5 milliards d'euros
- ○ **D.** 45 milliards d'euros

311 **Qui symbolise en France la première femme d'affaires à succès?**

- ○ **A.** La Veuve Clicquot
- ○ **B.** La Veuve Pommery
- ○ **C.** La Veuve Bollinger
- ○ **D.** La Veuve Couderc

312 **Qui a été la première femme ministre de l'Économie, des Finances et de l'Industrie en France?**

- ○ **A.** Simone Veil
- ○ **B.** Martine Aubry
- ○ **C.** Christine Lagarde
- ○ **D.** Michèle Alliot-Marie

313 **Qui a été la première femme à diriger une confédération syndicale en France?**

- ○ **A.** Nicole Notat
- ○ **B.** Sophie Bellon
- ○ **C.** Anne-Marie Idrac
- ○ **D.** Christiane Lambert

314 **Quelle est la plus importante entreprise pétrolière française?**

- ○ **A.** BP
- ○ **B.** Esso
- ○ **C.** Total Energies
- ○ **D.** Elf Aquitaine

315 **Quel est le nom du groupe coté qui exploite l'infrastructure du tunnel sous la Manche?**

- ○ **A.** Getlink
- ○ **B.** Le Shuttle
- ○ **C.** Eurotunnel
- ○ **D.** MyFerryLink

316 **Le groupe Airbus est contrôlé par :**

- ○ **A.** L'État français
- ○ **B.** L'État allemand
- ○ **C.** L'État espagnol
- ○ **D.** Il n'est contrôlé par aucun État

317 **Quel est le prix catalogue d'un A320, le best-seller d'Airbus?**

- ○ **A.** 1 million de dollars
- ○ **B.** 10 millions de dollars
- ○ **C.** 100 millions de dollars
- ○ **D.** 1 milliard de dollars

318 **Qui a créé le premier groupe mondial du luxe?**

- ○ **A.** Axel Dumas
- ○ **B.** Karl Lagerfeld
- ○ **C.** François Pinault
- ○ **D.** Bernard Arnault

319 **Quelle marque n'appartient pas à LVMH?**

- ○ **A.** Christian Dior
- ○ **B.** Hermès
- ○ **C.** Kenzo
- ○ **D.** Givenchy

320 **Qui est le premier opérateur mobile en France?**

- ○ **A.** Orange
- ○ **B.** SFR
- ○ **C.** Bouygues Telecom
- ○ **D.** Free

321 **Les terres rares désignent :**

- ○ **A.** Des terres que les industriels n'ont pas encore exploitées
- ○ **B.** Des îles paradisiaques menacées par le réchauffement climatique
- ○ **C.** Un groupe de dix-sept métaux utilisés dans les produits de haute technologie
- ○ **D.** Des planètes proches de la terre riches en métaux et en roches silicatées

322 **À la fin du XIXe, le banquier J. P. Morgan estimait raisonnable, au sein d'une entreprise, un écart de salaires de :**

- O **A.** 1 à 10
- O **B.** 1 à 20
- O **C.** 1 à 40
- O **D.** 1 à 80

323 **En France, les femmes salariées du secteur privé gagnent en moyenne :**

- O **A.** Comme les hommes
- O **B.** 16,8 % de moins que les hommes
- O **C.** 16,8 % de plus que les hommes
- O **D.** Il n'y a pas de statistiques précises

324 **La mise en place d'un comité social et économique (CSE) est obligatoire dans les entreprises d'au moins :**

- O **A.** 11 salariés
- O **B.** 50 salariés
- O **C.** 250 salariés
- O **D.** 5 000 salariés

325 **Le bilan social, état des lieux de la situation du personnel, est obligatoire :**

- O **A.** À partir de 300 salariés
- O **B.** À partir de 1 500 salariés
- O **C.** À partir de 3 000 salariés
- O **D.** Le bilan social n'est plus obligatoire

326 **Qu'est-ce qu'une retraite chapeau ?**

- O **A.** Une retraite complémentaire pour les cadres dirigeants
- O **B.** Une retraite non imposable pour les bénéficiaires
- O **C.** Une retraite qui s'applique à tout le personnel
- O **D.** Une retraite obligatoire

327 **Comment s'appelle l'organisation syndicale représentant les entreprises françaises ?**

- O **A.** Le Comité des forges
- O **B.** La Confédération générale du patronat français
- O **C.** Le Conseil national du patronat français
- O **D.** Le Mouvement des entreprises de France

328 **Qui préside le Medef ?**

- O **A.** Yvon Gattaz
- O **B.** Pierre Gattaz
- O **C.** Laurence Parisot
- O **D.** Geoffroy Roux de Bézieux

329 **En France, quel est le nom du quotidien de l'économie ?**

- O **A.** *La Croix*
- O **B.** *Le Figaro*
- O **C.** *Les Échos*
- O **D.** *Le Monde*

330 **Le Forum économique mondial se tient chaque année à :**

- O **A.** Davos
- O **B.** Maastricht
- O **C.** Bretton Woods
- O **D.** L'hôtel Bilderberg

331 **Dans une économie ubérisée, les emplois salariés sont remplacés par :**

- O **A.** Des apprentis
- O **B.** Des intérimaires
- O **C.** Des indépendants payés à la tâche
- O **D.** Des contrats à durée déterminée (CDD)

332 **Uber est aux transports ce qu'Airbnb est :**

- O **A.** Au covoiturage
- O **B.** À l'hébergement
- O **C.** Aux agences de voyages
- O **D.** Au financement participatif

Les marchés financiers et boursiers

→ **Retrouvez le corrigé de cette série page 242.**

333 Quelle est la fonction première d'un marché financier?

○ **A.** Assurer la liquidité des titres cotés
○ **B.** Accroître la notoriété des entreprises cotées
○ **C.** Permettre aux sociétés d'émettre des emprunts
○ **D.** Permettre aux sociétés d'augmenter leur capital

334 Où se déroulent les séances de la Bourse de Paris?

○ **A.** Au palais Brongniart, dans le 2e arrondissement de Paris
○ **B.** Dans le quartier de La Défense, au siège d'Euronext Paris
○ **C.** Place de la Bourse, au siège de l'Autorité de régulation
○ **D.** Il n'y a plus de lieu physique avec la cotation électronique

335 Qui commanda la construction du palais Brongniart?

○ **A.** Napoléon 1er
○ **B.** Louis XVIII
○ **C.** Charles X
○ **D.** Louis-Philippe 1er

336 L'accès à la Bourse de Paris était interdit aux femmes jusqu'en :

○ **A.** 1947
○ **B.** 1957
○ **C.** 1967
○ **D.** L'accès ne leur a jamais été interdit

337 Qui a dit : « La politique de la France ne se fait pas à la corbeille » ?

○ **A.** Léon Blum
○ **B.** Pierre Mendès France
○ **C.** Charles de Gaulle
○ **D.** François Mitterrand

338 À la Bourse de Paris, la séance de cotation ouvre à :

○ **A.** 9 heures
○ **B.** 10 heures
○ **C.** 11 heures
○ **D.** 12 heures

339 À la Bourse de Paris, la séance de cotation se termine à :

○ **A.** 17 h 30 ○ **B.** 18 h 30 ○ **C.** 19 h 30 ○ **D.** 22 h 30

340 La suppression du monopole des agents de change a pris effet le :

○ **A.** 1er janvier 1968
○ **B.** 1er janvier 1978
○ **C.** 1er janvier 1988
○ **D.** 1er janvier 1998

341 Laquelle de ces expressions est fausse?

○ **A.** Une action est une valeur mobilière
○ **B.** Une action est une valeur à revenu fixe
○ **C.** Une action est une valeur à revenu variable
○ **D.** Une action représente une part du capital de la société émettrice

342 En France, la dématérialisation des titres est intervenue le 3 novembre :

○ **A.** 1974 ○ **B.** 1984 ○ **C.** 1994 ○ **D.** 2004

343 **Le dividende est :**

- ○ **A.** La part du chiffre d'affaires distribuée aux actionnaires
- ○ **B.** La part du résultat d'exploitation distribuée aux actionnaires
- ○ **C.** La part du résultat courant distribuée aux actionnaires
- ○ **D.** La part du bénéfice net distribuée aux actionnaires

344 **Le paiement des dividendes doit avoir lieu dans un délai maximal de :**

- ○ **A.** Trois mois après la clôture de l'exercice
- ○ **B.** Six mois après la clôture de l'exercice
- ○ **C.** Neuf mois après la clôture de l'exercice
- ○ **D.** Douze mois après la clôture de l'exercice

345 **Pour percevoir le dividende :**

- ○ **A.** Il faut détenir la valeur au moins six mois
- ○ **B.** Il faut détenir la valeur au moins neuf mois
- ○ **C.** Il faut détenir la valeur au moins un an
- ○ **D.** Il faut être propriétaire des actions la veille du détachement du coupon

346 **Le rendement d'une action s'obtient en divisant le dividende par :**

- ○ **A.** Le résultat net
- ○ **B.** Les fonds propres
- ○ **C.** Le cours de Bourse
- ○ **D.** Le chiffre d'affaires

347 **Une obligation est un titre de créance représentant :**

- ○ **A.** Une part du capital
- ○ **B.** Une part d'un emprunt
- ○ **C.** Une part des capitaux propres
- ○ **D.** Une part des capitaux permanents

348 **Une obligation de 1 000 euros de nominal au taux de 4 % distribuera un coupon annuel de :**

- ○ **A.** 0,40 euro
- ○ **B.** 4 euros
- ○ **C.** 40 euros
- ○ **D.** 400 euros

349 **Quand les taux baissent, les cours d'une obligation à taux fixe :**

- ○ **A.** S'apprécient
- ○ **B.** Se déprécient
- ○ **C.** Ne varient pas
- ○ **D.** Sont suspendus

350 **En France, les emprunts d'État ont une durée de vie de 2 ans à :**

- ○ **A.** 10 ans
- ○ **B.** 20 ans
- ○ **C.** 30 ans
- ○ **D.** 50 ans

351 **Quel sigle désigne les emprunts d'État français ?**

- ○ **A.** OAT
- ○ **B.** BSA
- ○ **C.** BTF
- ○ **D.** DTS

352 **Qui gère la dette et la trésorerie de l'État français ?**

- ○ **A.** La Banque de France
- ○ **B.** L'Agence France Trésor
- ○ **C.** La Banque centrale européenne
- ○ **D.** L'Autorité des marchés financiers

353 **Quelle est la durée de vie moyenne de la dette négociable de l'État français ?**

- ○ **A.** Environ 2 ans
- ○ **B.** Environ 5 ans
- ○ **C.** Environ 8 ans
- ○ **D.** Environ 12 ans

354 **Parmi ces quatre agences, quelle est l'intruse ?**

- ○ **A.** Fitch
- ○ **B.** Reuters
- ○ **C.** Moody's
- ○ **D.** Standard & Poor's

355 **Pour s'introduire en Bourse, la procédure la plus utilisée est :**

- ○ **A.** L'offre à prix ouvert (OPO)
- ○ **B.** L'offre à prix ferme (OPF)
- ○ **C.** L'offre à prix minimal (OPM)
- ○ **D.** L'offre publique de vente (OPV)

356 **La décision d'augmenter le capital revient :**

- ○ **A.** Au conseil d'administration de la société
- ○ **B.** À l'assemblée générale ordinaire des actionnaires
- ○ **C.** À l'assemblée générale extraordinaire des actionnaires
- ○ **D.** Au comité social et économique (ou comité d'entreprise)

357 **Pour être réalisée, une augmentation de capital doit recueillir au moins :**

- ○ **A.** 25 % du montant de l'émission
- ○ **B.** 50 % du montant de l'émission
- ○ **C.** 75 % du montant de l'émission
- ○ **D.** 100 % du montant de l'émission

358 **Que signifie le sigle Sicav ?**

- ○ **A.** Société d'investissement à capital variable
- ○ **B.** Société d'intérêt collectif agricole et végétale
- ○ **C.** Société d'investissement commune en assurance vie
- ○ **D.** Société industrielle et commerciale d'actionnariat variable

359 **Pour une Sicav actions, la durée d'investissement recommandée est d'au moins :**

- ○ **A.** 1 an
- ○ **B.** 3 ans
- ○ **C.** 5 ans
- ○ **D.** 10 ans

360 **Laquelle de ces expressions est fausse ?**

- ○ **A.** À long terme, une Sicav actions ne présente aucun risque
- ○ **B.** Une Sicav actions est plus risquée qu'une Sicav obligations
- ○ **C.** Une Sicav obligations est plus risquée qu'une Sicav monétaire
- ○ **D.** Une Sicav peu risquée présente un potentiel de rendement plus faible

361 **Le rendement des Sicav et fonds communs de placement monétaires suit :**

- ○ **A.** Le rendement des actions
- ○ **B.** Les taux des marchés monétaires
- ○ **C.** Les taux des marchés obligataires
- ○ **D.** Le taux du Livret A majoré d'un quart de point (0,25 %)

362 **Pour une société cotée, la capitalisation boursière correspond :**

- ○ **A.** Au montant de son capital social
- ○ **B.** Au montant de ses fonds propres
- ○ **C.** Au montant de ses fonds propres augmenté des plus-values latentes
- ○ **D.** Au produit du nombre d'actions composant le capital par le cours de Bourse

363 **À la Bourse de Paris, le compartiment A accueille les sociétés dont la capitalisation est :**

- ○ **A.** proche de 0
- ○ **B.** inférieure à 150 millions d'euros
- ○ **C.** comprise entre 150 millions et 1 milliard d'euros
- ○ **D.** supérieure à 1 milliard d'euros

364 **Début 2022, pour la première fois de l'histoire, quelle société cotée a franchi le seuil des 3 000 milliards de dollars de capitalisation ?**

- ○ **A.** Google
- ○ **B.** Apple
- ○ **C.** Facebook
- ○ **D.** Amazon

365 **L'indice CAC 40 a été lancé le 15 juin :**

- ○ **A.** 1968
- ○ **B.** 1978
- ○ **C.** 1988
- ○ **D.** 1998

366 **Que signifie le sigle CAC ?**

- ○ **A.** Cotation assistée en continu
- ○ **B.** Compagnie des agents de change
- ○ **C.** Cotation automatique et centralisée
- ○ **D.** Commercial Associated Companies

367 **La meilleure performance annuelle de l'indice CAC 40 (+ 57,4 %) a été enregistrée sous la présidence de :**

- ○ **A.** François Mitterrand
- ○ **B.** Jacques Chirac
- ○ **C.** Nicolas Sarkozy
- ○ **D.** François Hollande

368 **La plus mauvaise performance annuelle de l'indice CAC 40 (- 42,7 %) a été enregistrée sous la présidence de :**

- ○ **A.** François Mitterrand
- ○ **B.** Jacques Chirac
- ○ **C.** Nicolas Sarkozy
- ○ **D.** François Hollande

369 **Laquelle de ces sociétés ne fait pas partie de l'indice CAC 40 ?**

- ○ **A.** Air France-KLM
- ○ **B.** L'Oréal
- ○ **C.** LVMH
- ○ **D.** Total Energies

370 **Qui décide des changements dans la composition de l'indice CAC 40 ?**

- ○ **A.** Euronext Paris
- ○ **B.** Le Conseil scientifique des indices
- ○ **C.** La Banque de France
- ○ **D.** L'Autorité des marchés financiers

371 **La célèbre façade néoclassique de la Bourse de New York surplombe :**

- ○ **A.** New Street
- ○ **B.** Nassau Street
- ○ **C.** Broad Street
- ○ **D.** Wall Street

372 **Quel est le principal indice boursier allemand ?**

- ○ **A.** L'indice DAX
- ○ **B.** L'indice FAX
- ○ **C.** L'indice SAX
- ○ **D.** L'indice VAX

373 **L'indice Nikkei 225 est le principal indice de la Bourse de :**

- ○ **A.** Tokyo
- ○ **B.** Shanghai
- ○ **C.** Shenzhen
- ○ **D.** Hong Kong

374 **Peu de temps avant le krach d'octobre 1929, qui a écrit : « Le prix des actions a atteint ce qui paraît être un haut plateau permanent » ?**

- ○ **A.** Herbert C. Hoover
- ○ **B.** Irving Fisher
- ○ **C.** Frank Knight
- ○ **D.** Max O. Lorenz

375 **Lors du krach boursier du 19 octobre 1987, la Bourse de New York a baissé de :**

- ○ **A.** 2,6 %
- ○ **B.** 12,6 %
- ○ **C.** 17,6 %
- ○ **D.** 22,6 %

376 **Quel est le nom du réalisateur du film *Wall Street*, sorti en 1987 ?**

- ○ **A.** Oliver Stone
- ○ **B.** Michael Douglas
- ○ **C.** Martin Scorsese
- ○ **D.** Gordon Gekko

377 **Quel est le plus grand marché financier au monde ?**

- ○ **A.** Le marché des actions
- ○ **B.** Le marché des changes
- ○ **C.** Le marché des obligations
- ○ **D.** Le marché des options négociables

378 **L'un de ces dollars n'existe pas. Lequel?**

- ○ **A.** Le dollar canadien
- ○ **B.** Le dollar australien
- ○ **C.** Le dollar vénézuélien
- ○ **D.** Le dollar singapourien

379 **Quel est l'autre nom du yuan, la devise nationale de la Chine?**

- ○ **A.** Wushu
- ○ **B.** Yin yang
- ○ **C.** Renminbi
- ○ **D.** Feng shui

380 **Sur les marchés, quel animal symbolise la hausse?**

- ○ **A.** Le coq
- ○ **B.** Le tigre
- ○ **C.** L'écureuil
- ○ **D.** Le taureau

381 **Quel animal symbolise la baisse?**

- ○ **A.** Le rat
- ○ **B.** L'ours
- ○ **C.** Le singe
- ○ **D.** Le dragon

382 **Un proverbe célèbre dit qu'il faut acheter au son du canon et vendre :**

- ○ **A.** Au son du clairon
- ○ **B.** Au son du piston
- ○ **C.** Au son du violon
- ○ **D.** Au temps des bourgeons

383 **Pour acheter ou vendre une valeur en Bourse, il faut préciser son code :**

- ○ **A.** PIN
- ○ **B.** ISIN
- ○ **C.** WiFi
- ○ **D.** Sicovam

384 **En France, l'autorité de tutelle, qui veille à la protection de l'épargne, à l'information des investisseurs et au bon fonctionnement des marchés, s'appelle :**

- ○ **A.** Le Conseil des marchés financiers (CMF)
- ○ **B.** La Commission des opérations de Bourse (COB)
- ○ **C.** Le Conseil de discipline de la gestion financière (CDGF)
- ○ **D.** L'Autorité des marchés financiers (AMF)

385 **Les revenus de capitaux mobiliers font l'objet d'un prélèvement forfaitaire unique au taux de :**

- ○ **A.** 25 %
- ○ **B.** 30 %
- ○ **C.** 33,33 %
- ○ **D.** 35 %

386 **Pour gérer un portefeuille d'actions en franchise d'impôt, il faut ouvrir :**

- ○ **A.** Un compte d'épargne logement
- ○ **B.** Un plan d'épargne logement
- ○ **C.** Un plan d'épargne en actions
- ○ **D.** Un compte titres ordinaire

387 **Dans un PEA classique, il est possible de verser jusqu'à :**

- ○ **A.** 120 000 euros
- ○ **B.** 132 000 euros
- ○ **C.** 150 000 euros
- ○ **D.** 225 000 euros

388 **Laquelle de ces propositions est fausse?**

- ○ **A.** Un PEA classique peut se cumuler avec un PEA-PME
- ○ **B.** Des actions de sociétés non cotées peuvent figurer dans un PEA
- ○ **C.** Avec un PEA, il est possible d'acquérir des actions de sociétés européennes
- ○ **D.** Les actions de sociétés d'investissement immobilier cotées sont éligibles au PEA

389 **Quelle est l'unité de mesure de l'or?**

- ○ **A.** L'once
- ○ **B.** Le lingot
- ○ **C.** La barre
- ○ **D.** Le napoléon

390 **En numismatique, le napoléon est une pièce de monnaie d'or française de :**

- ○ **A.** 10 francs
- ○ **B.** 20 francs
- ○ **C.** 30 francs
- ○ **D.** 40 francs

391 **Les réserves d'or de l'État français sont stockées dans les sous-sols de :**

- ○ **A.** La Banque de France
- ○ **B.** La Banque centrale européenne
- ○ **C.** La Réserve fédérale américaine
- ○ **D.** La Caisse des dépôts et consignations

392 **Le stock d'or de la France s'élève à :**

- ○ **A.** 2 tonnes
- ○ **B.** 24 tonnes
- ○ **C.** 243 tonnes
- ○ **D.** 2 436 tonnes

393 **Le Brent est une variété de pétrole brut extrait des gisements :**

- ○ **A.** Du Texas
- ○ **B.** De la mer du Nord
- ○ **C.** Du Venezuela
- ○ **D.** De l'Arabie saoudite

394 **La contenance d'un baril de pétrole équivaut à environ :**

- ○ **A.** 68 litres
- ○ **B.** 100 litres
- ○ **C.** 159 litres
- ○ **D.** 1 000 litres

395 **Quelle est la référence du marché pétrolier américain ?**

- ○ **A.** Le BTI
- ○ **B.** Le PTI
- ○ **C.** Le VTI
- ○ **D.** Le WTI

396 **Lequel de ces produits n'est pas une cryptomonnaie?**

- ○ **A.** Le Bitcoin
- ○ **B.** L'Imodium
- ○ **C.** Le Ripple
- ○ **D.** L'Etherum

397 **Quelle est l'année de création du Bitcoin?**

- ○ **A.** 2008
- ○ **B.** 2012
- ○ **C.** 2014
- ○ **D.** 2018

398 **Qui est l'inventeur supposé du Bitcoin?**

- ○ **A.** Mark Zuckerberg
- ○ **B.** Steve Jobs
- ○ **C.** Satoshi Nakamoto
- ○ **D.** Elon Musk

399 **À son plus haut niveau, en novembre 2021, le cours du Bitcoin a atteint les :**

- ○ **A.** 38 000 dollars
- ○ **B.** 48 000 dollars
- ○ **C.** 58 000 dollars
- ○ **D.** 68 000 dollars

400 **Sur les marchés, les « zinzins » sont :**

- ○ **A.** Des fonds d'arbitrage
- ○ **B.** Des investisseurs institutionnels
- ○ **C.** Des spéculateurs peu scrupuleux
- ○ **D.** Des traders ayant subi une lourde perte

Corrigés

Les indicateurs économiques

1. De manière simplifiée, le produit intérieur brut (PIB) est égal à la somme **des valeurs ajoutées**.
2. Quelle est l'expression qui ne correspond pas au PIB en volume ? **PIB en euros courants**
3. Depuis 2018, le PIB de la France intègre **la consommation de stupéfiants**.
4. En 2021, le PIB de la France est de l'ordre de **2 500 milliards d'euros**.
5. À qui doit-on l'expression : « Quand le bâtiment va, tout va » ? **Martin Nadaud**
6. Selon le critère du PIB, quelle est la première puissance économique mondiale ? **Les États-Unis**
7. Le PIB de l'Union européenne représente **moins d'un quart du PIB mondial**.
8. Toujours selon le critère du PIB, à quel rang mondial se situe la France ? **Au 7e rang**
9. Les Trente Glorieuses désignent la période de forte croissance qu'a connue la majorité des pays développés **entre 1945 et 1973**.
10. Qui est à l'origine de l'expression les Trente Glorieuses ? **Jean Fourastié (1907-1990)**
11. Le cycle Kondratiev est un cycle économique de l'ordre de **40 à 60 ans**.
12. Quel rapport est à l'origine du concept de « croissance zéro » ? **Rapport Meadows (1972)**
13. Selon l'Insee, un pays entre en récession quand son PIB se replie pendant au moins **deux trimestres consécutifs**.
14. En France, depuis l'après-guerre, la plus forte récession a eu lieu en **2020 (- 7,9 %)**.
15. Un déséquilibre du commerce extérieur **a un impact négatif sur le PIB**.
16. La France réalise la majorité de ses exportations avec **l'Union européenne**.
17. Quel est le principal partenaire commercial de la France ? **L'Allemagne**
18. Depuis 2007, le solde commercial de la France est **déficitaire**.
19. Pour la France, une hausse des livraisons d'Airbus à l'étranger **est favorable à la balance commerciale**.
20. Les importations de pétrole de la France proviennent en premier lieu **des pays de l'ex-URSS**.
21. L'indice de développement humain, qui mesure le bien-être, repose sur trois critères. Lequel n'en fait pas partie ? **L'indice de pollution de l'air à court terme**.
22. Quel pays utilise un indicateur de bonheur - le bonheur national brut - depuis 1972 ? **Le Bhoutan**
23. En comptabilité nationale, la FBCF est l'agrégat qui mesure **l'investissement**.
24. En France, la consommation des ménages représente **la moitié du PIB**.
25. Comment appelle-t-on le salaire minimum légal ? **Le SMIC (salaire minimum interprofessionnel de croissance)**
26. À quel niveau se situe le montant brut du salaire horaire minimum ? **10,85 euros (soit 1 645,58 brut euros par mois en mai 2022)**

27 Pour les salariés de 17 ans, le salaire minimum légal est égal à **90 % du SMIC**.

28 En France, quelle est la durée légale du travail pour un temps complet? **35 heures par semaine**

29 En France, sauf dérogation, la durée de travail effectif ne peut excéder **10 heures par jour**.

30 Chaque année, le SMIC est indexé sur **l'inflation**.

31 En France, combien y a-t-il de salariés du privé payés au SMIC? **2,3 millions**

32 L'inflation se définit comme **la perte de pouvoir d'achat de la monnaie**.

33 Qui calcule en France l'indice des prix à la consommation? **L'Insee**

34 En France, l'indice des prix à la consommation (hors tabac) sert à indexer de nombreux contrats. Lequel est étranger à cette indexation? **Le tarif du gaz naturel**

35 L'inflation est favorable **aux emprunteurs**.

36 En France, de 1973 à 1983, l'inflation, en moyenne annuelle, était supérieure à **9 %**.

37 En France, depuis l'après-guerre, quelle est l'année où l'inflation a été égale à 0 %? **2015**

38 Pour comparer le pouvoir d'achat entre plusieurs pays, le magazine *The Economist* a créé **l'indice Big Mac**.

39 La déflation se traduit par **une baisse durable du niveau général des prix**.

40 En 1923, la république de Weimar a été marquée par **une hyperinflation**.

41 La stagflation combine une croissance faible ou nulle et **une forte inflation**.

42 En France, la population active est évaluée à environ **30 millions de personnes**.

43 Quelle catégorie de personnes n'entre pas dans la population active? **Les retraités**

44 Un CDI est **un contrat de travail sans limitation de durée**.

45 Dans quel cas, un CDD est-il interdit? **Remplacer un salarié en grève**

46 Pour le remplacement d'un salarié absent, un contrat d'intérim ne peut dépasser **18 mois**.

47 Un emploi aidé est un contrat pour lequel l'État verse une aide financière **à l'employeur**.

48 Pour être considéré comme chômeur au sens du Bureau international du travail, la personne doit remplir trois conditions. Laquelle n'en fait pas partie? **Être majeur**

49 En France, l'Insee publie le taux de chômage **chaque trimestre**.

50 Les demandeurs d'emploi sont inscrits à Pôle Emploi selon **cinq catégories (A, B, C, D et E)**.

51 Le chômage concerne les demandeurs d'emploi âgés de **15 ans ou plus**.

52 Le taux de chômage est le pourcentage de chômeurs par rapport à **la population active (c'est-à-dire les actifs occupés et les chômeurs)**.

53 Un chômeur de très longue durée est un actif au chômage depuis plus **de deux ans**.

54 En France, le chômage s'est fortement accru à partir **du milieu des années 1970**.

55 Fin 2021, le taux de chômage en France est tombé à **7,4 %**.

56 Selon l'Insee, un chômeur de longue durée est un actif au chômage depuis **plus d'un an**.

57 En France, quelle est la durée maximale d'indemnisation pour les moins de 53 ans? **24 mois (730 jours)**

58 Au sens de l'Organisation internationale du travail, une situation de plein-emploi correspond à un taux de chômage **inférieur à 5 %**.

59 Qui a dit : « Les profits d'aujourd'hui sont les investissements de demain et les emplois d'après-demain » ? **Helmut Schmidt (le 3 novembre 1974)**

60 Pour la plupart des pays occidentaux, le *baby-boom* a démarré **après la fin de la Seconde Guerre mondiale**.

61 Les *baby-boomers* sont devenus aujourd'hui **des *papy-boomers***.

62 Après la Chine, quel est le pays le plus peuplé du monde ? **L'Inde**

63 La population française est estimée à **67 millions d'habitants**.

64 La région Île-de-France compte **12 millions d'habitants**.

65 Le taux de fécondité peut se définir comme le nombre moyen d'enfants **par femme en âge de procréer**.

66 À quel niveau se situe le taux de fécondité en France ? **1,87 enfant**

67 Quelle est l'espérance de vie à la naissance pour les hommes en France ? **79 ans**

68 En France, l'espérance de vie des femmes **dépasse de près de 6 ans celle des hommes**.

69 De manière simplifiée, la démographie est l'étude **des populations**.

Les grands économistes

70 Que signifie le terme « économie » qui voit le jour avec Xénophon ? **L'administration de la maison**

71 L'*Éthique à Nicomaque*, qui a inspiré la pensée économique médiévale et les classiques, est un ouvrage écrit par **Aristote**.

72 Pour Saint Thomas d'Aquin (1225-1274), les marchandises doivent s'échanger **à leur juste prix**.

73 Qui est le premier théologien à accepter le prêt à intérêt ? **Jean Calvin (lettre sur l'usure, datée du 7 novembre 1545)**

74 Le mercantilisme est un courant de la pensée économique qui démarre **au XVIe siècle**.

75 Qui a dit : « Il n'y a richesse, ni force que d'hommes » ? **Jean Bodin (1529-1596)**

76 Pour les mercantilistes espagnols, l'enrichissement de l'État passe par **l'accumulation d'or et d'argent**.

77 L'équivalent du mercantilisme espagnol est **le bullionisme**.

78 Comment s'énonce la loi de Gresham ? « **La mauvaise monnaie chasse la bonne** »

79 En France, qui est à l'origine du développement des manufactures d'État ? **Jean-Baptiste Colbert (1619-1683)**

80 Pour les physiocrates, la seule classe productive est celle **des agriculteurs**.

81 Qui est l'auteur de la première représentation du fonctionnement de l'économie ? **François Quesnay dans le *Tableau économique*, publié en 1758**

82 L'école classique regroupe des économistes **du XVIIIe siècle et du XIXe siècle**.

83 Les économistes classiques ont théorisé les grands principes **du libéralisme économique**.

84 Complétez la célèbre formule de l'école libérale : « Laissez faire, **laissez passer** ».

85 Qui a formulé la métaphore de la « main invisible » ? **Adam Smith (1723-1790)**

86 Pour Adam Smith, l'origine de la richesse est **le travail des hommes**.

87 De manière concise, comment s'appelle l'ouvrage phare d'Adam Smith ? ***La richesse des nations* (1776)**

88 La théorie de l'avantage comparatif, développée par David Ricardo, montre que les pays ont intérêt à **s'ouvrir au commerce international**.

89 Qui a énoncé la loi des débouchés ? **Jean-Baptiste Say (1767-1832)**

90 Lequel de ces économistes a prôné la restriction démographique ? **Thomas Malthus (1766-1834)**

91 En 1819, Jean-Baptiste Say a participé à la création de la première école de commerce au monde. Comment s'appelle-t-elle aujourd'hui ? **ESCP Europe**

92 Qui est l'auteur de l'ouvrage *Le Capital*, publié le 14 septembre 1867 ? **Karl Marx (1818-1883)**

93 Dans le cadre de l'analyse marxiste, la lutte des classes oppose le prolétariat **à la bourgeoisie**.

94 Pour Marx, l'une des contradictions du capitalisme est la baisse tendancielle **du taux de profit**.

95 Qui a dit : « Les prolétaires n'ont rien à perdre que leurs chaînes. Ils ont le monde à gagner. Prolétaires de tous les pays, unissez-vous ! » **Karl Marx**

96 La pensée néoclassique est apparue **dans la seconde moitié du XIXe siècle**.

97 Pour les néoclassiques, l'*homo œconomicus* est **un être rationnel**.

98 Léon Walras est un économiste **néoclassique**.

99 Léon Walras a conçu sa théorie de l'équilibre général en prenant le modèle **d'une libre concurrence**.

100 Selon Walras, l'utilité marginale **décroît avec la quantité de biens déjà consommée**.

101 Le principe de Pareto, du nom de l'économiste italien, est aussi appelé **principe des 80-20**.

102 Dans son œuvre, Joseph Schumpeter insiste sur le rôle de **l'innovation**.

103 Pour Joseph Schumpeter, l'une des caractéristiques du système capitaliste est **la destruction créatrice**.

104 Friedrich Hayek est un économiste de **l'école autrichienne**.

105 Arthur Cecil Pigou a jeté les bases du **principe pollueur-payeur**.

106 Pour résorber le chômage conjoncturel, John Maynard Keynes est favorable à **une politique de la demande**.

107 Quel est l'ouvrage majeur de Keynes paru en 1936 ? ***Théorie générale de l'emploi, de l'intérêt et de la monnaie***.

108 Pour stimuler la demande, Keynes préconise trois politiques. Laquelle n'en fait pas partie ? **Une politique de « laissez-faire »**

109 Pour Keynes, en deçà d'un taux d'intérêt minimum, les investisseurs ont une préférence pour **la liquidité**.

110 L'analyse keynésienne est une approche **macroéconomique**.

111 Nicholas Kaldor a représenté la santé économique d'un pays par un graphique. Quel nom porte-t-il ? **Le carré magique**

112 À partir d'un certain seuil d'imposition, la courbe de Laffer tend à montrer que les recettes fiscales **diminuent**.

113 Arthur Laffer influença la politique fiscale du président **Ronald Reagan**.

114 La courbe de Phillips, dévoilée en 1958, a montré à l'époque une relation inverse **entre l'inflation et le taux de chômage**.

115 Selon la loi d'Okun (1962), la croissance du PIB, si elle dépasse un seuil critique, fait **diminuer le taux de chômage**.

116 À partir des années 1970, le courant libéral s'est constitué en plusieurs écoles. Laquelle n'en fait pas partie ? **L'école néokeynésienne**

117 Le nom de Milton Friedman est associé au **monétarisme**.

118 Les idées de Milton Friedman ont inspiré plusieurs dirigeant(e)s. Trouvez l'intrus(e). **John Fitzgerald Kennedy**

119 Les monétaristes donnent la priorité à la lutte contre **l'inflation**.

120 Pour les monétaristes, il est souhaitable que la banque centrale soit **indépendante**.

121 Avec John Hicks, Paul Samuelson est considéré comme le père de **la microéconomie**.

122 Qui avait été surnommé « le meilleur économiste de France » ? **Raymond Barre**

123 Le prix Nobel d'économie a été décerné pour la première fois en **1969**.

124 Quel est le véritable libellé du prix Nobel d'économie ? **Prix de la Banque de Suède en sciences économiques en mémoire d'Alfred Nobel**

125 Lequel de ces économistes français n'a pas eu le prix Nobel ? **Alfred Sauvy (1898-1990)**

126 Quelle économiste franco-américaine a reçu le prix Nobel d'économie en 2019 ? **Esther Duflo (conjointement avec Abhijit Banerjee et Michael Kremer)**

127 Quel économiste français a publié un best-seller vendu à plus de 2,5 millions d'exemplaires ? **Thomas Piketty (« *Le Capital au* XXIe *siècle* »)**

Les politiques économiques

128 Aux États-Unis, la Grande Dépression a commencé en **1929, à la suite du krach d'octobre**

129 Pour lutter contre les effets de la Grande Dépression, le président Roosevelt a mené une politique interventionniste sous le nom de **New Deal (Nouvelle donne)**.

130 Quel film tiré d'un roman de John Steinbeck évoque les ravages de la Grande Dépression ? ***Les Raisins de la colère* (1940), de John Ford, avec Henry Fonda**

131 Lors de la conférence de Bretton Woods, John Maynard Keynes s'est opposé à **Harry Dexter White, négociateur pour les États-Unis**.

132 Les accords de Bretton Woods, signés le 22 juillet 1944, ont donné naissance **au Fonds monétaire international (FMI)**.

133 Où se situe Bretton Woods ? **Aux États-Unis, dans l'État du New Hampshire**

134 Le plan Marshall était un programme américain de prêts destiné à **aider à la reconstruction de l'Europe.**

135 Quel pays a le plus bénéficié du plan Marshall? **Le Royaume-Uni**

136 Laquelle de ces expressions est fausse? **Le siège du FMI se situe à Washington et non à New York**

137 Le 15 août 1971, le président Nixon a mis fin à la convertibilité du dollar **en or**.

138 En 1976, les accords de la Jamaïque mettent un terme définitif **au système des taux de change fixes**.

139 Quel traité a donné naissance au marché commun? **Le traité de Rome**

140 Le traité de Rome, signé le 25 mars 1957, institue **la Communauté économique européenne (CEE)**.

141 Le traité de Rome a été signé par **six pays (Belgique, France, Italie, Luxembourg, Pays-Bas et République fédérale d'Allemagne)**.

142 Qui a dit : « L'Europe se fera par la monnaie ou ne se fera pas » ? **Jacques Rueff**

143 Le système monétaire européen (SME), créé en 1979, a pris fin **en 1993, avec les attaques spéculatives contre les monnaies**.

144 La ville où a été signé le traité de Maastricht se situe **aux Pays-Bas**.

145 L'Union européenne (UE) compte **27 États membres (depuis la sortie du Royaume-Uni)**.

146 Le marché intérieur de l'UE repose sur quatre libertés. Laquelle n'en fait pas partie? **La libre circulation des religions**

147 L'Espace économique européen (EEE) rassemble les États membres de l'UE et trois des quatre États membres de l'AELE. Lequel n'en fait pas partie? **La Suisse**

148 Quel est le nombre de pays qui ont adopté l'euro comme monnaie nationale? **19**

149 Lequel de ces pays scandinaves fait partie de la zone euro? **La Finlande**

150 Quel est le dernier pays à avoir adopté l'euro? **La Lituanie, le 1er janvier 2015**

151 L'euro, dans sa forme fiduciaire, a fêté ses 20 ans le **1er janvier 2022** (il a été mis en circulation sous sa forme scripturale, le 1er janvier 1999).

152 Dans le cadre des critères de convergence ou critères de Maastricht, le déficit public doit être inférieur à **3 % du PIB**.

153 À quand remonte le dernier budget excédentaire de la France? **1974**

154 Dans le budget de l'État français, quelle est la mission la plus dotée? **L'enseignement scolaire**

155 En France, le budget de l'État est adopté au plus tard **le 31 décembre de chaque année**.

156 Dans un sens restreint, l'État-providence désigne l'intervention de l'État dans le domaine de **la protection sociale**.

157 Quel pays s'est vu refuser son projet de budget par la Commission européenne? **L'Italie**

158 En France, le ministère de l'Économie et des Finances se situe **rue de Bercy**.

159 Toujours selon les critères de Maastricht, la dette publique d'un pays membre de la zone euro ne doit pas dépasser **60 % du PIB**.

160 À quel niveau se situe la dette de la France par rapport à son PIB? **113 %**

161 En France, le système de Sécurité sociale a été créé en **1945**.

162 En France, les allocations familiales sont versées aux personnes ayant au moins **deux enfants à charge (de moins de 20 ans)**.

163 Pour l'impôt sur le revenu, un couple avec trois enfants dispose de **quatre parts de quotient familial**.

164 À la Libération, laquelle de ces entreprises n'a pas été nationalisée ? **La Banque de Paris et des Pays-Bas (devenue Paribas)**

165 La loi de nationalisation du 13 février 1982 a été votée sous le gouvernement de **Pierre Mauroy**.

166 La première vague de privatisations (1986-1988) a commencé sous le gouvernement de **Jacques Chirac**.

167 Lors d'une privatisation, qui fixe la valeur des entreprises ? **La Commission des participations et des transferts**

168 En France, qui détient les participations de l'État jugées stratégiques ? **L'Agence des participations de l'État**

169 Quel est l'objectif visé par une dévaluation ? **Restaurer la compétitivité économique**

170 En France, la politique de désinflation compétitive a commencé à partir de **1983**.

171 En France, qui décide de la politique monétaire ? **La Banque centrale européenne**

172 Qui est le gouverneur de la Banque de France ? **François Villeroy de Galhau**

173 L'anglicisme *policy mix* désigne une politique qui combine **politique budgétaire et politique monétaire**.

174 En menant une politique de rigueur ou d'austérité, le risque est de **ralentir la croissance et augmenter le chômage**.

175 Pour assurer la stabilité des prix au sein de la zone euro, la Banque centrale européenne vise un taux annuel d'inflation de **2 %** à moyen terme.

176 L'un de ces taux ne fait pas partie des taux directeurs de la BCE. Lequel ? **Taux du Livret A**

177 Où se situe le siège de la Banque centrale européenne ? **À Francfort-sur-le-Main (Allemagne)**

178 La Réserve fédérale américaine est responsable de la politique monétaire aux États-Unis avec trois objectifs. Lequel n'en fait pas partie ? **L'équilibre extérieur de la balance commerciale**

179 Quelle est l'institution financière la plus récente ? **La Banque européenne pour la reconstruction et le développement (1991)**

180 Pour les pays occidentaux, la fin de l'énergie à bon marché date de **1973, avec le premier choc pétrolier**.

181 L'Organisation des pays exportateurs de pétrole (OPEP) a été créée en **1960, lors de la conférence de Bagdad (Irak)**.

182 Quel pays ne fait pas partie de l'OPEP ? **La Russie**

183 Laquelle de ces expressions est fausse ? **Le G20 est formé de 20 pays (le G20 est formé de 19 pays et de l'Union Européenne)**

184 Le G20 a été créé en **1999**.

185 BRICS désigne cinq pays : Brésil, Russie, Inde, Chine et **Afrique du Sud (*South Africa*)**.

186 Quel est le premier pays producteur d'or ? **La Chine**

187 La crise dite des *subprimes* est à l'origine **de la crise financière mondiale 2007-2008**.

188 Le terme *subprime* désigne **un crédit immobilier à risque**.

189 Pour faire face à la crise financière de 2007-2008, la BCE et la Réserve fédérale américaine **ont baissé fortement leurs taux d'intérêt**.

190 Pour une banque centrale, l'assouplissement quantitatif (*Quantitative easing*) consiste à **racheter massivement des dettes publiques sur le marché**.

191 Quelle a été la conséquence de l'assouplissement quantitatif ? **Les taux d'intérêt à court terme sont devenus négatifs**

192 La théorie dite du ruissellement repose sur l'idée qu'il faut légiférer pour **laisser prospérer les plus riches**.

193 Quel dispositif ne fait pas partie du traitement social du chômage ? **La formation tout au long de la vie**

194 Pour lutter contre les conséquences de la crise sanitaire, la France a lancé la stratégie du **« Quoi qu'il en coûte »**.

195 Le référendum britannique à l'origine du Brexit a été tenu en **2016** (le 23 juin).

196 Le Royaume-Uni a quitté officiellement l'Union européenne le **31 janvier 2020**.

L'économie au quotidien

197 Quelle est la plus grosse coupure en euros en circulation ? **Le billet de 500 euros**.

198 Depuis la fin avril 2019, toutes les banques de la zone euro ont cessé d'émettre **des billets de 500 euros**.

199 Quelle est la valeur de l'euro en francs français ? **6,55957 francs**

200 Le franc français a cessé d'avoir un cours légal le **17 février 2002 à minuit**.

201 Le paiement en espèces d'un particulier à un professionnel est autorisé jusqu'à **1 000 euros**.

202 Un mineur peut avoir un compte bancaire à son nom **dès sa naissance (il pourra en disposer dès qu'il aura 12 ans)**.

203 Une banque peut, à tout moment, fermer votre compte bancaire en respectant un préavis minimal de **2 mois**.

204 En France métropolitaine, quelle est la durée de validité d'un chèque ? **1 an et 8 jours**

205 Sur un relevé d'identité bancaire, le code BIC est **l'identifiant international de la banque (*Bank Identifier Code*)**.

206 Sur un relevé d'identité bancaire, le code IBAN est **l'identifiant international du compte bancaire (*International Bank Account Number*)**.

207 En France, avec la crise sanitaire, le taux d'épargne des ménages est monté à **20 %**.

208 Le Livret A a été créé le 22 mai **1818. Il s'appelait à l'origine Livret d'épargne**

209 À partir de quel âge un mineur peut-il détenir un Livret A ? **Dès sa naissance**

210 Quel est le taux du Livret A ? **1 %** (au 1er février 2022)

211 Les fonds déposés sur le Livret A servent pour l'essentiel à **financer la construction et la rénovation de logements sociaux**.

212 Quel est le nombre de Livrets A détenus par les personnes physiques ? **55 millions**

213 Le plafond de versement du Livret A pour les particuliers est fixé à **22 950 euros**.

214 Quel est le plafond du Livret A pour les associations à but non lucratif? **76 500 euros**

215 Quel est l'encours total des Livrets A, tous guichets confondus? **350 milliards d'euros**

216 Par rapport au Livret A, le taux du Livret d'épargne populaire (LEP) est supérieur **de 1,20 %**.

217 Les sommes versées sur les livrets réglementés (Livret A, LDDS, LEP) portent intérêt **à compter du premier jour de la quinzaine suivant la date de versement**.

218 Les fonds déposés sur les livrets réglementés sont garantis par l'État à **100 %**.

219 Les autres dépôts bancaires sont garantis par le Fonds de garantie des dépôts et de résolution (FGDR) jusqu'à **100 000 euros par personne et par établissement**.

220 En cas de faillite d'un établissement, le FGDR est chargé de l'indemnisation des déposants dans un délai de **7 jours ouvrables**.

221 Pour un plan d'épargne logement (PEL), le plafond de versement est fixé à **61 200 euros**.

222 Pour les PEL ouverts depuis le 1er août 2016, le taux de rémunération est fixé à **1 %**.

223 Qu'est-ce qu'un contrat d'assurance vie? **Un placement financier**

224 Un contrat d'assurance vie en euros est composé pour l'essentiel **d'obligations**.

225 En France, l'encours des contrats d'assurance-vie est d'environ **1 800 milliards d'euros**.

226 L'assurance vie participe au financement **de l'État**.

227 Pour louer un logement, la surface habitable doit être au moins égale à **9 m²**.

228 La surface « loi Carrez » ne prend en compte que les pièces dont la hauteur sous plafond est au moins égale à **1,80 m**.

229 Pour un appartement non meublé, la durée du bail est de **3 ans**.

230 En France, en règle générale, aucune expulsion de locataire ne peut intervenir entre **le 1er novembre et le 31 mars**.

231 Un appartement de type T1 est **composé d'une pièce principale, d'une cuisine séparée et d'un cabinet de toilette**.

232 À la signature du compromis de vente, l'acheteur d'un bien immobilier doit verser, en règle générale, un dépôt de garantie de **10 %**.

233 Pour l'achat d'un bien immobilier, l'acheteur dispose d'un délai de rétraction de **10 jours**.

234 Les frais d'achat d'un logement ancien sont majoritairement composés **de droits d'enregistrement**.

235 Début 2022, le taux moyen des prêts immobiliers (hors assurances) se situait à **1,1 %**.

236 Depuis 1637, le Crédit Municipal est connu pour pratiquer **le prêt sur gage**.

237 Le taux de l'usure est **un taux plafond**.

238 Le taux de l'usure est calculé par la Banque de France **tous les trois mois**.

239 Pour être auto-entrepreneur, **aucun capital minimal n'est exigé**.

240 Le nombre d'autoentrepreneurs en France est d'environ **1 500 000**.

241 La durée de vie d'une société, fixée dans les statuts, ne peut excéder **99 ans**.

242 Que signifie le sigle EURL? **Entreprise unipersonnelle à responsabilité limitée**

243 Pour créer une société anonyme non cotée, il faut réunir au moins **deux actionnaires**.

244 L'assemblée générale ordinaire, qui approuve les comptes de chaque exercice d'une société, doit se tenir **dans les six mois qui suivent la clôture de l'exercice**.

245 Qu'est-ce qui n'alimente pas l'épargne salariale? **Les gains de productivité**

246 Qui a voulu et mis en œuvre la participation des salariés aux résultats de l'entreprise? **Charles de Gaulle**

247 La participation est obligatoire dans les entreprises d'au moins **50 salariés**.

248 Sauf exceptions, l'âge minimal de départ à la retraite (pour les personnes nées à partir de 1955) est de **62 ans**

249 Pour les personnes nées à partir de 1955, la retraite à taux plein est automatique à partir de **67 ans**.

250 L'employeur peut mettre d'office un salarié à la retraite à partir de **70 ans**.

251 La TVA est une invention **française (Maurice Lauré en est à l'origine)**.

252 Quel est le taux normal de la TVA? **20 %**

253 Quel(s) produit(s) ou service(s) ne bénéficie(nt) pas de la TVA au taux réduit de 2,1 %? **Les centres équestres**

254 En France continentale, quel est le taux de TVA qui s'applique au livre? **5,5 %**

255 La loi Lang a instauré le prix unique du livre, avec un rabais plafonné à **5 % du prix public**.

256 En France, quel est l'impôt qui rapporte le plus? **La taxe sur la valeur ajoutée (TVA)**

257 Le barème de l'impôt sur le revenu comporte cinq tranches. Quel est le taux marginal d'imposition de la plus haute tranche? **45 %**

258 Quelle est la proportion de foyers fiscaux qui acquittent l'impôt sur le revenu? **Moins d'un sur deux**

259 La CSG a été créée à l'initiative du gouvernement de **Michel Rocard**.

260 En 2018, l'impôt de solidarité sur la fortune (ISF) a été remplacé par **l'impôt sur la fortune immobilière (IFI)**.

261 Le seuil d'imposition du nouvel impôt sur la fortune est fixé à **1 300 000 euros**.

262 En France, le prélèvement à la source de l'impôt sur le revenu est entré en vigueur **le 1er janvier 2019**.

263 En France, le taux de prélèvements obligatoires s'élève à **45 %**.

264 Qui a dit : « La France est un pays extrêmement fertile : on y plante des fonctionnaires et il y pousse des impôts »? **George Clemenceau (1841-1929)**

Les grandes entreprises, hommes et femmes d'affaires

265 Quelle est la société communément admise comme la première multinationale? **La Compagnie néerlandaise des Indes orientales, créée en 1602**

266 La première multinationale issue du monde pétrolier est **Standard Oil, fondée par John D. Rockefeller et ses associés en 1870**.

267 Parmi les grandes entreprises françaises, quelle est la plus ancienne ? **Saint-Gobain, fondée en 1665 sous le nom de Manufacture royale des glaces**

268 Le taylorisme désigne **une forme d'organisation scientifique du travail**.

269 Quel est l'objectif du taylorisme ? **Améliorer la productivité du travail**

270 Qui a appliqué en premier les méthodes de Taylor dans la construction automobile ? **Henry Ford**

271 Quel film de Charlie Chaplin est une satire du travail à la chaîne ? ***Les Temps modernes* (1936)**

272 Le fordisme a été mis en œuvre à l'occasion de la production d'un nouveau modèle. Lequel ? **La Ford T**

273 Le toyotisme a été appliqué au Japon à partir **des années 1960**.

274 Quelle est l'expression qui n'est pas équivalente au juste-à-temps ? **Flux poussé**

275 Qui a lancé la formule : « Deux cents familles sont maîtresses de l'économie française et, en fait, de la politique française » ? **Édouard Daladier, le 28 octobre 1934**

276 D'où vient le mythe politique des deux cents familles ? **Des deux cents premiers actionnaires de la Banque de France**

277 Une entreprise n'appartient plus à la catégorie des PME, lorsque son effectif atteint **250 salariés. Les PME ont un effectif compris entre 10 et 249 salariés**.

278 Une entreprise de taille intermédiaire ou ETI devient une grande entreprise lorsque son effectif atteint **5 000 salariés**. **Les ETI ont un effectif compris entre 250 et 4 999 salariés**.

279 Combien y a-t-il de grandes entreprises en France ? **Près de trois cents**

280 Selon le critère du chiffre d'affaires, quelle est la première entreprise française ? **Total Energies**

281 Dans quel État des États-Unis se situe la Silicon Valley, région célèbre pour la densité et la qualité de ses entreprises de pointe ? **La Californie**

282 Quel sigle désigne les géants américains du Web ? **GAFA (Google, Apple, Facebook, Amazon)**

283 Amazon, Apple, Google et Disney ont en commun d'avoir commencé leurs activités **dans un garage**.

284 La phrase « *Time is money* » (le temps, c'est de l'argent) est attribuée à **Benjamin Franklin (1706-1790)**.

285 En 2021, Alphabet, maison mère de Google, a réalisé un bénéfice net de **76 milliards de dollars**.

286 Calico, filiale de Google, est un laboratoire qui a pour objectif de **rallonger l'espérance de vie humaine**.

287 Quel est le nom du « Google chinois » ? **Baidu**

288 Quelle est la capitale économique de la Chine ? **Shanghai**

289 Qui sont les cofondateurs de Microsoft ? **Bill Gates et Paul Allen**

290 Laquelle de ces sociétés n'a pas été créée par Elon Musk ? **Airbnb**

291 Quel est le nom de l'entreprise fondée par Jeff Bezos ? **Amazon**

292 Lequel de ces constructeurs automobiles ne porte pas le nom de son fondateur ? **Volkswagen**

293 Samsung est un groupe **sud-coréen**.

294 Ikea est une entreprise **suédoise**.

295 En France, qui a construit les premiers TGV? **Alstom**

296 Qui a ouvert en 1963 le premier hypermarché en France? **Carrefour**

297 Dans le monde des affaires, qu'appelle-t-on une licorne? **Une *start-up* non cotée valorisée à plus d'un milliard de dollars**

298 Dans quel département se situe Sophia Antipolis, la plus importante technopole de France? **Les Alpes-Maritimes (à 9 km d'Antibes)**

299 Quelle est la plus grande banque française? **BNP Paribas**

300 LCL (le Crédit Lyonnais) est contrôlé par le **Crédit Agricole**

301 Quel indicateur mesure l'activité d'une banque? **Le produit net bancaire**

302 Pour prendre le contrôle d'un concurrent coté en Bourse, une société doit lancer **une OPA (offre publique d'achat) ou une OPE (offre publique d'échange)**.

303 En 1969, BSN (devenu Danone) lança l'une des premières offres hostiles sur **Saint-Gobain**.

304 En France, sur un marché réglementé, une offre publique doit être déposée au franchissement du seuil de **30 % du capital**.

305 Avant sa réalisation, une opération de concentration (OPA, fusion...) doit être notifiée à **l'Autorité de la concurrence**.

306 Le *dumping* consiste à vendre à l'étranger à un prix **inférieur à celui pratiqué sur le marché national**.

307 Quel est l'objectif du dumping? **Éliminer la concurrence**

308 Les grandes entreprises utilisent fréquemment l'EBITDA. À quoi correspond ce sigle? **L'excédent brut d'exploitation (EBE)**

309 Quel est le taux de l'impôt sur les sociétés en France pour les grandes entreprises publiant un bénéfice supérieur à 500 000 euros? **25 % (en 2022)**

310 En 2021, les sociétés du CAC 40 ont distribué des dividendes pour environ **45 milliards d'euros**.

311 Qui symbolise en France la première femme d'affaires à succès? **La Veuve Clicquot, de son vrai nom Barbe-Nicole Clicquot-Ponsardin (1777-1866)**

312 Qui a été la première femme ministre de l'Économie, des Finances et de l'Industrie en France? **Christine Lagarde (de 2007 à 2011)**

313 Qui a été la première femme à diriger une confédération syndicale en France? **Nicole Notat (secrétaire générale de la CFDT, de 1992 à 2002)**

314 Quelle est la plus importante entreprise pétrolière française? **Total Energies**

315 Quel est le nom du groupe qui exploite l'infrastructure du tunnel sous la Manche? **Getlink**

316 Le groupe Airbus **n'est contrôlé par aucun État**.

317 Quel est le prix catalogue d'un A320, le best-seller d'Airbus? **100 millions de dollars**

318 Qui a créé le premier groupe mondial du luxe? **Bernard Arnault (à la tête de LVMH)**

319 Quelle marque n'appartient pas à LVMH? **Hermès**

320 Qui est le premier opérateur mobile en France? **Orange**

321 Les terres rares désignent **un groupe de dix-sept métaux utilisés dans les produits de haute technologie**.

322 À la fin du XIXe, le banquier J. P. Morgan estimait raisonnable, au sein d'une même entreprise, un écart de salaires de **1 à 20**.

323 En France, les femmes salariées du secteur privé gagnent en moyenne **16,8 % de moins que les hommes**.

324 La mise en place d'un comité social et économique (CSE) est obligatoire dans les entreprises d'au moins **11 salariés**.

325 Le bilan social, état des lieux de la situation du personnel, est obligatoire **à partir de 300 salariés**.

326 Qu'est-ce qu'une retraite chapeau? **Une retraite complémentaire pour les cadres dirigeants**.

327 Comment s'appelle l'organisation syndicale représentant les entreprises françaises? **Le Mouvement des entreprises de France (Medef)**

328 Qui préside le Medef? **Geoffroy Roux de Bézieux (depuis le 3 juillet 2018)**

329 En France, quel est le nom du quotidien de l'économie? ***Les Échos***

330 Le Forum économique mondial se tient chaque année à **Davos**.

331 Dans une économie ubérisée, les emplois salariés sont remplacés par **des indépendants payés à la tâche**.

332 Uber est aux transports ce qu'Airbnb est à **l'hébergement**.

Les marchés financiers et boursiers

333 Quelle est la fonction première d'un marché financier? **Assurer la liquidité des titres cotés**

334 Où se déroulent les séances de la Bourse de Paris? **Il n'y a plus de lieu physique avec la cotation électronique**

335 Qui commanda la construction du palais Brongniart? **Napoléon 1er (en 1807)**

336 L'accès à la Bourse de Paris était interdit aux femmes jusqu'en **1967**.

337 Qui a dit : « La politique de la France ne se fait pas à la corbeille »? **Charles de Gaulle (le 28 octobre 1966)**

338 À la Bourse de Paris, la séance de cotation ouvre à **9 heures**.

339 À la Bourse de Paris, la séance de cotation se termine à **17 h 30**.

340 La suppression du monopole des agents de change a pris effet le **1er janvier 1988**.

341 Laquelle de ces expressions est fausse? **Une action est une valeur à revenu fixe**

342 En France, la dématérialisation des titres est intervenue le 3 novembre **1984**.

343 Le dividende est **la part du bénéfice net distribuée aux actionnaires**.

344 Le paiement des dividendes doit avoir lieu dans un délai maximal de **neuf mois après la clôture de l'exercice**.

345 Pour percevoir le dividende, **il faut être propriétaire des actions la veille du détachement du coupon**.

346 Le rendement d'une action s'obtient en divisant le dividende par **le cours de Bourse**.

347 Une obligation est un titre de créance représentant **une part d'un emprunt**.

348 Une obligation de 1 000 euros de nominal au taux de 4 % distribuera un coupon annuel de **40 euros**.

349 Quand les taux baissent, les cours d'une obligation à taux fixe **s'apprécient**.

350 En France, les emprunts d'État ont une durée de vie de 2 ans à **50 ans**.

351 Quel sigle désigne les emprunts d'État français? **OAT (obligation assimilable du Trésor)**

352 Qui gère la dette et la trésorerie de l'État français? **L'Agence France Trésor (AFT)**

353 Quelle est la durée de vie moyenne de la dette négociable de l'État français? **Environ 8 ans**

354 Parmi ces quatre agences, quelle est l'intruse? **Reuters n'est pas une agence de notation, mais une agence de presse**

355 Pour s'introduire en Bourse, la procédure la plus utilisée est **l'offre à prix ouvert (OPO)**.

356 La décision d'augmenter le capital revient à **l'assemblée générale extraordinaire des actionnaires**.

357 Pour être réalisée, une augmentation de capital doit recueillir au moins **75 % du montant de l'émission**.

358 Que signifie le sigle Sicav? **Société d'investissement à capital variable**

359 Pour une Sicav actions, la durée d'investissement recommandée est d'au moins **5 ans**.

360 Laquelle de ces expressions est fausse? **À long terme, une Sicav actions ne présente aucun risque**

361 Le rendement des Sicav et fonds communs de placement monétaires suit **les taux des marchés monétaires**.

362 Pour une société cotée, la capitalisation boursière correspond **au produit du nombre d'actions composant le capital par le cours de Bourse**.

363 À la Bourse de Paris, le compartiment A accueille les sociétés dont la capitalisation est **supérieure à 1 milliard d'euros**.

364 Début 2022, pour la première fois de l'histoire, quelle société cotée a franchi en clôture le seuil des 3 000 milliards de dollars de capitalisation? **Apple**

365 L'indice CAC 40 a été lancé le 15 juin **1988. Sa base de départ (1 000 points) a été fixée au 31 décembre 1987.**

366 Que signifie le sigle CAC? **Cotation assistée en continu, qui est la règle depuis la disparition de la criée**

367 La meilleure performance annuelle de l'indice CAC 40 (+ 57,4 %) a été enregistrée sous la présidence de **François Mitterrand (en 1988)**.

368 La plus mauvaise performance annuelle de l'indice CAC 40 (- 42,7 %) a été enregistrée sous la présidence de **Nicolas Sarkozy (en 2008)**.

369 Laquelle de ces sociétés ne fait pas partie de l'indice CAC 40? **Air France-KLM**

370 Qui décide des changements dans la composition de l'indice CAC 40? **Le Conseil scientifique des indices**

371 La célèbre façade néoclassique de la Bourse de New York surplombe **Broad Street**.

372 Quel est le principal indice boursier allemand? **L'indice DAX**

373 L'indice Nikkei 225 est le principal indice de la Bourse de **Tokyo**.

374 Peu de temps avant le krach d'octobre 1929, qui a écrit : « Le prix des actions a atteint ce qui paraît être un haut plateau permanent » ? **Irving Fischer (1867-1947)**

375 Lors du krach boursier du 19 octobre 1987, la Bourse de New York a baissé de **22,6 %**.

376 Quel est le nom du réalisateur du film *Wall Street*, sorti en 1987 ? **Oliver Stone**

377 Quel est le plus grand marché financier au monde ? **Le marché des changes**

378 L'un de ces dollars n'existe pas. Lequel ? **Le dollar vénézuélien**

379 Quel est l'autre nom du yuan, la devise nationale de la Chine ? **Renminbi (« monnaie du peuple »)**

380 Sur les marchés, quel animal symbolise la hausse ? **Le taureau**

381 Quel animal symbolise la baisse ? **L'ours**

382 Un proverbe célèbre dit qu'il faut acheter au son du canon et vendre **au son du violon**.

383 Pour acheter ou vendre une valeur en Bourse, il faut préciser son code **ISIN (*International Securities Identification Number*)**.

384 En France, l'autorité de tutelle, qui veille à la protection de l'épargne, à l'information des investisseurs et au bon fonctionnement des marchés, s'appelle **l'Autorité des marchés financiers (AMF)**.

385 Depuis le 1er janvier 2018, les revenus de capitaux mobiliers font l'objet d'un prélèvement forfaitaire unique au taux de **30 %**.

386 Pour gérer un portefeuille d'actions en franchise d'impôt, il faut ouvrir **un plan d'épargne en actions (PEA)**.

387 Dans un PEA classique, il est possible de verser jusqu'à **150 000 euros**.

388 Laquelle de ces expressions est fausse ? **Les actions de sociétés d'investissement immobilier cotées sont éligibles au PEA**

389 Quelle est l'unité de mesure de l'or ? **L'once**

390 En numismatique, le napoléon est une pièce de monnaie d'or française de **20 francs**.

391 Les réserves d'or de l'État français sont stockées dans les sous-sols de **la Banque de France**.

392 Le stock d'or de la France s'élève à **2 436 tonnes**.

393 Le Brent est une variété de pétrole brut extrait des gisements **de la mer du Nord**.

394 La contenance d'un baril de pétrole équivaut à environ **159 litres**.

395 Quelle est la référence du marché pétrolier américain ? **Le WTI (West Texas Intermediate)**

396 Lequel de ces produits n'est pas une cryptomonnaie ? **L'Imodium**

397 Quelle est l'année de création du Bitcoin ? **2008**

398 Qui est l'inventeur supposé du Bitcoin ? **Satoshi Nakamoto**

399 À son plus haut niveau, en novembre 2021, le cours du Bitcoin a atteint les **68 000 dollars**.

400 Sur les marchés, les « zinzins » sont **des investisseurs institutionnels**.

THÈME 4

Droit et société

Histoire du droit

→ **Retrouvez le corrigé de cette série page 288.**

1 Qui a participé à la rédaction du Code civil?

- ○ **A.** Bichat
- ○ **B.** Portalis
- ○ **C.** Fouché
- ○ **D.** Robespierre

2 Qu'est-ce qui ne caractérise pas la Constitution de l'an I?

- ○ **A.** La confusion des pouvoirs
- ○ **B.** La souveraineté populaire
- ○ **C.** Le suffrage censitaire
- ○ **D.** Le référendum

3 En quelle année a été promulgué le Code civil :

- ○ **A.** En 1804
- ○ **B.** En 1994
- ○ **C.** En 1790
- ○ **D.** En 1850

4 Que votait la plèbe à Rome?

- ○ **A.** Des plébiscites
- ○ **B.** Des plébéiens
- ○ **C.** Des publicistes
- ○ **D.** Des édiles

5 Qui a permis la légalisation de l'interruption volontaire de grossesse?

- ○ **A.** Simone de Beauvoir
- ○ **B.** George Sand
- ○ **C.** Simone Veil
- ○ **D.** Françoise Giroud

6 Quel est l'objet de la loi Le Chapelier de 1791?

- ○ **A.** Imposer le port d'un couvre-chef aux femmes
- ○ **B.** Établir un nouvel impôt foncier royal
- ○ **C.** Autoriser les groupements professionnels
- ○ **D.** Interdire les groupements professionnels

7 Où est née la démocratie?

- ○ **A.** À Rome
- ○ **B.** À Athènes
- ○ **C.** À Sparte
- ○ **D.** En Égypte

8 Par quelle procédure l'accusé ne peut-il pas prouver son innocence devant le tribunal mérovingien?

- ○ **A.** Le serment purgatoire
- ○ **B.** L'ordalie
- ○ **C.** Le duel judiciaire
- ○ **D.** La présomption d'innocence

9 Comment s'appellent les personnes vivant sous la dominance romaine sans être citoyens?

- ○ **A.** Les pérégrins
- ○ **B.** Les servus
- ○ **C.** Les cives
- ○ **D.** Les métèques

10 De quand date la séparation de l'Église et de l'État en France?

- ○ **A.** Du 1er juillet 1901
- ○ **B.** Du 20 août 1945
- ○ **C.** Du 18 juillet 1912
- ○ **D.** Du 9 décembre 1905

11 Quel est le dernier roi à avoir eu pour résidence le palais de la Cité (Paris 1er arrondissement)?

- ○ **A.** Louis XIV
- ○ **B.** Charles V
- ○ **C.** Philippe Auguste
- ○ **D.** François 1er

12 **Quel est l'objet de l'édit de Nantes de 1598 ?**

- ○ **A.** Accorder la liberté de conscience et de culte aux protestants
- ○ **B.** Imposer le français comme langue officielle
- ○ **C.** Créer un procureur du roi
- ○ **D.** Établir un nouvel impôt royal

13 **Que sont les institutions de la IIe République ?**

- ○ **A.** Une assemblée élue au suffrage universel et un président de la République élu par le peuple pour 4 ans
- ○ **B.** Deux assemblées élues au suffrage universel et un président de la République élu par les assemblées pour 4 ans
- ○ **C.** Une assemblée élue au suffrage censitaire et un président du Conseil élu par le peuple pour 5 ans
- ○ **D.** Deux assemblées l'une élue au suffrage universel, l'autre au suffrage censitaire, et un président du Conseil élu directement par le peuple pour 5 ans

14 **À quel siècle l'*habeas corpus* a-t-il été adopté au Royaume-Uni ?**

- ○ **A.** XVIe siècle
- ○ **B.** XVIIe siècle
- ○ **C.** XVIIIe siècle
- ○ **D.** XIXe siècle

15 **Quelle est la devise de la République romaine ?**

- ○ **A.** Babylone
- ○ **B.** Le sénat et le peuple romain
- ○ **C.** Constantin Auguste, le plus grand, invaincu
- ○ **D.** À nul autre pareil

16 **Qui était Maximilien Robespierre ?**

- ○ **A.** Un révolutionnaire
- ○ **B.** Un écrivain
- ○ **C.** Un ministre
- ○ **D.** Un maire

17 **À quelle date prend fin la IIIe République ?**

- ○ **A.** 1939
- ○ **B.** 1940
- ○ **C.** 1941
- ○ **D.** 1942

18 **Quel est l'objet de l'ordonnance de Villers-Cotterêts de 1539 ?**

- ○ **A.** Réglementer le droit commercial
- ○ **B.** Réformer la justice civile et militaire
- ○ **C.** Créer un procureur du roi
- ○ **D.** Imposer le français comme langue officielle

19 **Qui a écrit « *J'accuse !* » ?**

- ○ **A.** Voltaire
- ○ **B.** Honoré de Balzac
- ○ **C.** Guy de Maupassant
- ○ **D.** Émile Zola

20 **De quand date la Ire République ?**

- ○ **A.** 14 septembre 1791
- ○ **B.** 21 septembre 1792
- ○ **C.** 22 août 1795
- ○ **D.** 13 décembre 1799

21 **Quel est l'objet de la loi Naquet de 1792 ?**

- ○ **A.** Ériger plusieurs cultes en service public
- ○ **B.** Réformer les universités françaises
- ○ **C.** Rétablir le divorce
- ○ **D.** Autoriser les groupements professionnels

22 **Au Moyen Âge, les serfs ne pouvaient pas :**

- ○ **A.** Se déplacer du domaine de leur seigneur
- ○ **B.** Se marier
- ○ **C.** Gagner de l'argent
- ○ **D.** Avoir des enfants

23 **Qui était l'ordonnateur du procès de Jeanne d'Arc ?**

- ○ **A.** Henri François d'Aguesseau
- ○ **B.** Jean-Jacques-Régis de Cambacérès
- ○ **C.** Pierre Cauchon
- ○ **D.** Charles VII

24 **Quel personnage célèbre a dirigé la cité d'Athènes ?**

- ○ **A.** Périclès
- ○ **B.** Solon
- ○ **C.** Dracon
- ○ **D.** Clisthène

25 **Quel roi des Francs a institutionnalisé le sacre royal ?**

- ○ **A.** Childeric III
- ○ **B.** Thierry IV
- ○ **C.** Pépin le Bref
- ○ **D.** Dagobert III

26 **À quelle date fut adoptée la Charte constitutionnelle sous la Restauration ?**

- ○ **A.** 18 mai 1804
- ○ **B.** 4 juin 1814
- ○ **C.** 22 avril 1815
- ○ **D.** 14 août 1830

27 **Qu'est-ce qui ne caractérise pas le régime de la IIe République ?**

- ○ **A.** Le suffrage universel masculin
- ○ **B.** La séparation des pouvoirs
- ○ **C.** L'élection populaire du président de la République
- ○ **D.** L'esclavage

28 **Quel ordre n'appartient pas à l'Ancien Régime ?**

- ○ **A.** Le clergé
- ○ **B.** La noblesse
- ○ **C.** Le tiers état
- ○ **D.** La bourgeoisie

29 **Quel est l'objet du Concordat de 1801 ?**

- ○ **A.** Ériger plusieurs cultes en service public
- ○ **B.** Réformer la justice civile et militaire
- ○ **C.** Porter la séparation de l'Église et de l'État
- ○ **D.** Imposer le français comme langue officielle

30 **Comment s'appelle l'assemblée de la plèbe à Rome ?**

- ○ **A.** Le sénat
- ○ **B.** L'édile
- ○ **C.** Le concile
- ○ **D.** La triade capitoline

31 **De quand date le quinquennat sous la Ve République ?**

- ○ **A.** 2000
- ○ **B.** 2005
- ○ **C.** 1995
- ○ **D.** 1990

32 **Qui est à l'initiative de l'abolition de l'esclavage dans les possessions françaises au XIXe siècle ?**

- ○ **A.** Louis Blanc
- ○ **B.** Victor Schœlcher
- ○ **C.** Garnier-Pagès
- ○ **D.** Arago

33 **Quel est l'objet de l'*habeas corpus* ?**

- ○ **A.** Garantir la liberté d'opinion
- ○ **B.** Garantir la liberté sexuelle
- ○ **C.** Garantir la liberté individuelle et prévenir la détention arbitraire
- ○ **D.** Autoriser les groupements professionnels

34 Que signifie « *Le roi est mort, vive le roi!* »?

- A. La continuité de la couronne
- B. La disponibilité de la couronne
- C. L'aliénabilité de la couronne
- D. L'alternance de la couronne

35 Comment s'appelle le premier corpus des lois romaines écrites?

- A. Le code des Douze Tables
- B. Le code romain
- C. La loi des Douze Tables
- D. Les tables romaines

36 Qu'est-ce qu'un capitulaire?

- A. Un acte législatif émanant du pape
- B. Un acte législatif émanant d'un roi carolingien
- C. Un acte législatif émanant d'un sénateur romain
- D. Un acte législatif émanant d'un empereur romain

37 Le Code de procédure civile a été inspiré par les travaux de :

- A. Gérard Cornu
- B. Jean Carbonnier
- C. Henri Motulsky
- D. George Wilhelm Friedrich Hegel

38 Qui est l'un des fondateurs de la Société des amis des Noirs en 1788?

- A. L'abbé Henri Grégoire
- B. Mirabeau
- C. La Fayette
- D. Condorcet

39 Quel est l'objet de l'édit de Constantin en 313 apr. J.-C.?

- A. Compiler tous les édits rendus par les prêteurs
- B. Faire du christianisme l'unique religion licite de l'Empire romain
- C. Donner la citoyenneté romaine à tous les sujets de l'Empire romain
- D. Accorder la liberté de culte à toutes les religions

40 De quand date la Ve République?

- A. 4 octobre 1958
- B. 4 octobre 1959
- C. 4 octobre 1960
- D. 4 octobre 1961

41 Qu'est-ce que le démos à Athènes sous l'Antiquité?

- A. La loi
- B. La justice
- C. Le roi
- D. Le peuple

42 Que sont les lois fondamentales du royaume de France sous l'Ancien Régime?

- A. Des lois divines
- B. Des lois ordinaires
- C. Des lois impératives consacrées par l'usage
- D. Des lois du roi

43 Le droit français est d'inspiration :

- A. Anglo-saxonne
- B. Romano-germanique
- C. Helvétique
- D. Hispanique

44 En quelle année a été créée la Cour de cassation?

- A. 1804
- B. 1810
- C. 1950
- D. 1600

45 Qui a écrit le premier corpus de droit civil romain en 528 apr. J.-C.?

- A. Jules César
- B. Justinien
- C. Auguste
- D. Néron

46 **De quel système est issue la *common law*?**

- ○ **A.** Du droit français
- ○ **B.** Du droit indien
- ○ **C.** Du droit anglais
- ○ **D.** Du droit africain

47 **Quel jour est la journée internationale de la femme?**

- ○ **A.** Le 8 mars
- ○ **B.** Le 1er juillet
- ○ **C.** Le 10 décembre
- ○ **D.** Le 14 février

48 **Quel ouvrage est écrit en 1764 par Cesare Beccaria?**

- ○ **A.** *L'abolition*
- ○ **B.** *Surveiller et punir*
- ○ **C.** *Des délits et des peines*
- ○ **D.** *L'exécution*

49 **Qu'est-ce que le parlement de Paris sous l'Ancien Régime?**

- ○ **A.** Une cour souveraine
- ○ **B.** Un organe législatif
- ○ **C.** Un organe exécutif
- ○ **D.** Une assemblée du peuple

50 **De quand date le droit de vote des femmes en France?**

- ○ **A.** 1942
- ○ **B.** 1943
- ○ **C.** 1944
- ○ **D.** 1945

51 **Comment s'appelle le grand législateur de Sparte?**

- ○ **A.** Alexandre le Grand
- ○ **B.** Cimon
- ○ **C.** Léonidas
- ○ **D.** Lycurgue

52 **Qu'est-ce qui caractérise la IVe République?**

- ○ **A.** Le président de la République est désigné par le Conseil de la République
- ○ **B.** L'Assemblée nationale est élue au suffrage universel direct
- ○ **C.** Le Conseil de la République est élu au suffrage universel direct
- ○ **D.** Le président de la République est le chef de l'exécutif

53 **Comment se nomme la compensation monétaire qui rétribuait les citoyens les plus pauvres occupant une fonction publique à Athènes sous l'Antiquité?**

- ○ **A.** Le denier
- ○ **B.** Le lupin
- ○ **C.** Le misthos
- ○ **D.** L'obole

54 **Quand a été créé le Conseil constitutionnel?**

- ○ **A.** Le 31 août 1945
- ○ **B.** Le 10 février 1980
- ○ **C.** Le 15 avril 1965
- ○ **D.** Le 4 octobre 1958

55 **Qu'est-ce que l'ecclésia à Athènes sous l'Antiquité?**

- ○ **A.** Un ordre religieux
- ○ **B.** Une juridiction
- ○ **C.** Une armée
- ○ **D.** Une assemblée du peuple composée de tous les citoyens

56 **D'où vient le Code d'Hammurabi?**

- ○ **A.** Babylone
- ○ **B.** Rome
- ○ **C.** Athènes
- ○ **D.** Vallée de l'Indus

57 **De quand date l'empire d'Alexandre le Grand?**

- ○ **A.** IIIe siècle av. J.-C.
- ○ **B.** IVe siècle av. J.-C.
- ○ **C.** Ve siècle av. J.-C.
- ○ **D.** VIe siècle av. J.-C.

58 **Qui sont les fondateurs de Rome?**

- ○ **A.** Romus et Remulus
- ○ **B.** Rubus et Rumulus
- ○ **C.** Rebus et Romulus
- ○ **D.** Remus et Romulus

59 **Depuis quand les Françaises n'ont plus besoin du consentement de leur époux pour choisir une profession et ouvrir un compte en banque?**

- ○ **A.** 1er février 1946
- ○ **B.** 1er février 1966
- ○ **C.** 1er février 1976
- ○ **D.** 1er février 1956

60 **Quelle institution ne fait pas partie de la République romaine?**

- ○ **A.** Le roi
- ○ **B.** Le sénat
- ○ **C.** L'assemblée populaire
- ○ **D.** Le gouvernement ministériel

61 **Quel ouvrage Montesquieu a-t-il écrit en 1748?**

- ○ **A.** *La République et les lois*
- ○ **B.** *Essai sur l'entendement humain*
- ○ **C.** *De l'esprit des lois*
- ○ **D.** *Discours de la méthode*

62 **En quelle année Jules César est-il assassiné?**

- ○ **A.** 44 apr. J.-C.
- ○ **B.** 24 apr. J.-C.
- ○ **C.** 44 av. J.-C.
- ○ **D.** 24 av. J.-C.

63 **Que sont les lettres patentes?**

- ○ **A.** Les ordres du roi qui ont un destinataire unique
- ○ **B.** Les ordres du roi rendant opposable à tous un droit, un état, un statut ou un privilège
- ○ **C.** La correspondance privée du roi
- ○ **D.** Les ordres du roi destinés à ses secrétaires d'État

64 **Que réunit le conseil des trois Gaules mis en place par Auguste?**

- ○ **A.** La Gaule narbonnaise, la Gaule bourguignonne, la Gaule lyonnaise
- ○ **B.** La Gaule burgonde, la Gaule chevelue, la Gaule cisalpine
- ○ **C.** La Gaule lyonnaise, la Gaule aquitaine et la Gaule belge
- ○ **D.** La Gaule bagaudes, la Gaule de Soissons, la Gaule allobroge

65 **Quelle déesse grecque représente traditionnellement la justice ?**

- ○ **A.** Thémis
- ○ **B.** Athéna
- ○ **C.** Aphrodite
- ○ **D.** Até

66 **Quel est l'objet de l'édit de Caracalla en 212 apr. J.-C.?**

- ○ **A.** Compiler tous les édits rendus par les prêteurs
- ○ **B.** Faire du christianisme l'unique religion licite de l'Empire romain
- ○ **C.** Donner la citoyenneté romaine à tous les sujets de l'Empire romain
- ○ **D.** Accorder la liberté de culte à toutes les religions

67 **Par qui a été écrite la *Déclaration des droits de la femme et de la citoyenne* de 1791?**

- ○ **A.** Olympe de Gouges
- ○ **B.** Sophie de Condorcet
- ○ **C.** Madame de Montesson
- ○ **D.** La princesse de Lamballe

68 **Au nom de qui la Justice est-elle rendue en France ?**

- ○ **A.** Du Garde des Sceaux
- ○ **B.** Du président de la République
- ○ **C.** De la Nation
- ○ **D.** Du peuple

69 **Qui sont les *missi dominici*?**

- ○ **A.** Des envoyés du pouvoir romain qui contrôlent les chefs byzantins
- ○ **B.** Des envoyés du pouvoir athénien qui contrôlent les chefs macédoniens
- ○ **C.** Des envoyés du pouvoir romain qui contrôlent les chefs gaulois
- ○ **D.** Des envoyés du pouvoir carolingien qui contrôlent les représentants locaux du pouvoir royal

70 **Qu'est-ce que le droit canonique?**

- ○ **A.** Des lois adoptées ou acceptées par les autorités catholiques
- ○ **B.** Des lois adoptées ou acceptées dans l'armée
- ○ **C.** Des lois adoptées ou acceptées dans l'Empire romain
- ○ **D.** Des lois adoptées ou acceptées à Athènes

71 **Qu'est-ce que la *common law*?**

- ○ **A.** La loi comme principale source du droit
- ○ **B.** La jurisprudence comme principale source du droit
- ○ **C.** La coutume comme principale source du droit
- ○ **D.** La doctrine comme principale source du droit

72 **Qui n'était pas affranchi du paiement de la taille sous l'Ancien Régime?**

- ○ **A.** Les bourgeois
- ○ **B.** Les roturiers
- ○ **C.** Le clergé
- ○ **D.** La noblesse

73 **En quelle année est sacré Charlemagne?**

- ○ **A.** En 800
- ○ **B.** En 1000
- ○ **C.** En 900
- ○ **D.** En 750

74 **Quel ordre ne faisait pas partie de la société médiévale?**

- ○ **A.** Les oratores
- ○ **B.** Les corinthiens
- ○ **C.** Les bellatores
- ○ **D.** Les laboratores

75 **Sur quel ordre était prélevé le décime?**

- ○ **A.** Le clergé
- ○ **B.** Le tiers état
- ○ **C.** La noblesse
- ○ **D.** Les barbares

76 **Par quelle religion l'Inquisition a-t-elle été créée au XIIIe siècle?**

- ○ **A.** Le judaïsme
- ○ **B.** Le catholicisme
- ○ **C.** Le catharisme
- ○ **D.** L'islam

77 **Qu'est-ce qu'une charte de franchise à la période médiévale?**

- ○ **A.** Un acte juridique par lequel un seigneur devient vassal d'un autre seigneur
- ○ **B.** Un acte juridique par lequel un seigneur se lie avec un vassal
- ○ **C.** Un acte juridique par lequel un seigneur concède des droits et des privilèges aux habitants d'un bourg
- ○ **D.** Un acte juridique par lequel un serf s'engage à payer une redevance à son seigneur

78 **Quelle condition n'était pas requise pour accéder à la couronne du Royaume de France?**

- ○ **A.** L'hérédité
- ○ **B.** La primogéniture
- ○ **C.** La masculinité
- ○ **D.** La majorité

79 **Quel droit ne figure pas parmi les droits naturels et imprescriptibles de l'article 2 de la Déclaration des droits de l'homme et du citoyen de 1789?**

- ○ **A.** La résistance à l'oppression
- ○ **B.** La propriété
- ○ **C.** La religion
- ○ **D.** La sûreté

80 **Quand a été abolie la peine de mort en France?**

- ○ **A.** Le 28 novembre 1972
- ○ **B.** Le 9 octobre 1981
- ○ **C.** Le 10 septembre 1977
- ○ **D.** Le 28 juillet 1976

Constitution et institutions de la Ve République

→ **Retrouvez le corrigé de cette série page 290.**

81 Qu'est-ce que la « navette » parlementaire ?

- ○ **A.** Un bateau affrétant devant l'Assemblée nationale
- ○ **B.** Le mouvement de va-et-vient d'un texte en discussion entre l'Assemblée nationale et le Sénat
- ○ **C.** L'examen d'un projet ou d'une proposition de loi par le Conseil constitutionnel
- ○ **D.** La transmission d'un texte à la commission mixte paritaire

82 Qu'est-ce que le « 49.3 » ?

- ○ **A.** Une procédure permettant d'adopter une loi sans le vote des députés
- ○ **B.** Une procédure permettant d'instaurer un État d'urgence
- ○ **C.** Une procédure permettant de mettre en jeu la responsabilité de l'État
- ○ **D.** Une procédure permettant de mettre en place un référendum

83 Qui peut destituer le président de la République française ?

- ○ **A.** Le Conseil constitutionnel
- ○ **B.** Le gouvernement
- ○ **C.** Le Parlement
- ○ **D.** Le Conseil d'État

84 Quel président de la République française est décédé avant le terme de son mandat ?

- ○ **A.** Le général de Gaulle
- ○ **B.** George Pompidou
- ○ **C.** François Mitterrand
- ○ **D.** Alain Poher

85 Quelle personne physique a été désignée Défenseur des droits en 2020 ?

- ○ **A.** Jacques Toubon
- ○ **B.** Claire Hédon
- ○ **C.** François Molins
- ○ **D.** Jean-Pierre Raffarin

86 Qui peut dissoudre l'Assemblée nationale ?

- ○ **A.** Les présidents du Sénat et de l'Assemblée nationale
- ○ **B.** Le Premier ministre
- ○ **C.** Le président de la République
- ○ **D.** Le Conseil constitutionnel

87 Quelle est la première phrase de l'article 1er de la Constitution de la Ve République ?

- ○ **A.** La France est une République indivisible, laïque, démocratique et sociale
- ○ **B.** La devise de la République française est « *Liberté, Égalité, Fraternité* »
- ○ **C.** La langue de la République est le français
- ○ **D.** L'emblème national de la France est *La Marseillaise*

88 Quelle majorité est nécessaire pour proposer la destitution du président de la République ?

- ○ **A.** La majorité des députés et des sénateurs
- ○ **B.** Les deux tiers des députés et des sénateurs
- ○ **C.** Les trois quarts des députés et des sénateurs
- ○ **D.** Les quatre cinquièmes des députés et des sénateurs

89 Qui vote la loi ?

- ○ **A.** Le Parlement
- ○ **B.** Le gouvernement
- ○ **C.** Le Conseil d'État
- ○ **D.** Le peuple

90 **Le pouvoir de dissolution du président de la République :**

- ○ **A.** Peut intervenir à tout moment
- ○ **B.** Est subordonné à sa validation par le Conseil constitutionnel
- ○ **C.** Est précédé de l'avis du Premier ministre et des présidents de l'Assemblée nationale et du Sénat
- ○ **D.** Peut s'appliquer au Sénat

91 **De quand date le quinquennat présidentiel en France ?**

- ○ **A.** 2 octobre 2000
- ○ **B.** 2 octobre 2001
- ○ **C.** 2 octobre 2002
- ○ **D.** 2 octobre 2003

92 **Qu'est-ce que le Défenseur des droits ?**

- ○ **A.** Une association
- ○ **B.** Une autorité administrative qui dépend du ministère de la Justice
- ○ **C.** Une autorité administrative indépendante
- ○ **D.** Une juridiction

93 **En droit interne, laquelle de ces normes se situe en haut de la hiérarchie des normes ?**

- ○ **A.** Le traité
- ○ **B.** La Constitution
- ○ **C.** La loi
- ○ **D.** Le règlement

94 **La commission mixte paritaire est saisie après :**

- ○ **A.** Un désaccord entre les deux assemblées après deux lectures
- ○ **B.** Un désaccord entre les deux assemblées après trois lectures
- ○ **C.** Un refus de vote par le Sénat
- ○ **D.** Un refus de vote par l'Assemblée nationale

95 **Quelle condition n'est pas requise pour être candidat(e) à l'élection présidentielle ?**

- ○ **A.** Avoir 18 ans révolus
- ○ **B.** Remporter la primaire de son parti politique
- ○ **C.** Obtenir 500 parrainages d'élus d'au moins 30 départements avec 50 signatures au maximum par département
- ○ **D.** Faire preuve de dignité morale

96 **Quel domaine ne relève pas de la loi ?**

- ○ **A.** La détermination des crimes et délits ainsi que les peines qui leur sont applicables
- ○ **B.** L'assiette, le taux et les modalités de recouvrement des impositions de toutes natures
- ○ **C.** La procédure civile
- ○ **D.** La nationalité, l'état et la capacité des personnes, les régimes matrimoniaux, les successions et libéralités

97 **Qui nomme le Premier ministre ?**

- ○ **A.** Le président de la République
- ○ **B.** L'Assemblée nationale
- ○ **C.** Le Sénat
- ○ **D.** Le Parlement

98 **Comment est élu le président de la République française ?**

- ○ **A.** Au suffrage universel direct pour 7 ans
- ○ **B.** Au suffrage universel direct pour 5 ans
- ○ **C.** Au suffrage universel indirect pour 5 ans
- ○ **D.** Au suffrage censitaire pour 5 ans

99 **Combien de sénateurs siègent au Sénat depuis la réforme constitutionnelle du 23 juillet 2008 ?**

- ○ **A.** 274
- ○ **B.** 295
- ○ **C.** 322
- ○ **D.** 348

100 **Quelles sont les missions du Conseil d'État?**

- ○ **A.** Juger la constitutionnalité des lois et la régularité des élections présidentielles, législatives et référendaires
- ○ **B.** Juger la régularité des élections présidentielles, législatives et référendaires
- ○ **C.** Juger les comptes des comptables publics et certifier les comptes de l'État et du régime général de la Sécurité sociale
- ○ **D.** Conseiller le Gouvernement pour la préparation des projets de loi ou décret et trancher les litiges relatifs aux actes des administrations

101 **Qu'est-ce qu'un cavalier législatif?**

- ○ **A.** Un amendement dépourvu de lien avec le projet ou la proposition de loi
- ○ **B.** Un droit de veto sur une proposition de loi
- ○ **C.** Un article de loi déclaré inconstitutionnel
- ○ **D.** Un amendement destiné à modifier un projet de loi de financement de la Sécurité sociale

102 **La procédure de vote bloqué d'un texte permet au Gouvernement de :**

- ○ **A.** Bloquer le processus législatif
- ○ **B.** Interdire à la majorité parlementaire de voter contre un texte
- ○ **C.** Faire obstacle à la discussion de tous les articles et amendements qui se rapportent au texte en discussion
- ○ **D.** Demander à l'une ou l'autre assemblée de se prononcer par un seul vote sur tout ou partie du texte en discussion, en ne retenant que les amendements proposés ou acceptés par lui

103 **Qu'est-ce qu'un projet de loi?**

- ○ **A.** Un texte dont l'objet est de préciser les conditions d'application de la Constitution
- ○ **B.** Un texte législatif déposé au Parlement à l'initiative du Gouvernement
- ○ **C.** Un texte législatif déposé au Parlement à l'initiative d'un ou plusieurs parlementaire(s)
- ○ **D.** Un texte qui détermine la nature, le montant et l'affectation des ressources et des charges de l'État

104 **La question prioritaire de constitutionnalité (QPC) :**

- ○ **A.** Permet à un justiciable de contester une disposition législative à l'occasion d'un procès
- ○ **B.** Est systématiquement transmise au Conseil constitutionnel
- ○ **C.** Peut être posée à l'occasion d'un procès se tenant devant la cour d'assises
- ○ **D.** Est adressée au Conseil constitutionnel en dehors de tout contentieux

105 **Qu'est-ce qu'une proposition de loi?**

- ○ **A.** Un texte dont l'objet est de préciser les conditions d'application de la Constitution
- ○ **B.** Un texte législatif déposé au Parlement à l'initiative du Gouvernement
- ○ **C.** Un texte législatif déposé au Parlement à l'initiative d'un ou plusieurs parlementaire(s)
- ○ **D.** Un texte qui détermine la nature, le montant et l'affectation des ressources et des charges de l'État

106 **Dans quel cas le Premier ministre doit-il remettre sa démission au président de la République française ?**

- ○ **A.** S'il est mis en examen
- ○ **B.** Si le président de la République utilise son pouvoir de dissolution
- ○ **C.** Le premier jour de sa prise de fonction
- ○ **D.** Si la confiance ne lui a pas été accordée par l'Assemblée nationale

107 **Combien de mandats successifs le président de la République française peut-il exécuter ?**

- ○ **A.** 1
- ○ **B.** 2
- ○ **C.** 3
- ○ **D.** Aucune règle n'est fixée

108 **Qui compose le Conseil supérieur de la magistrature (CSM) ?**

- ○ **A.** Le président de la République
- ○ **B.** Uniquement des justiciables
- ○ **C.** Une formation pour les magistrats du siège et une formation pour les magistrats du parquet, toutes deux présidées par le président de la République
- ○ **D.** Une formation pour les magistrats du siège présidée par le premier président de la Cour de cassation et une formation pour les magistrats du parquet présidée par le procureur général de la Cour de cassation

109 **En quelle année le Parlement a-t-il voté l'inversion du calendrier électoral afin que l'élection présidentielle se tienne avant les élections législatives ?**

- ○ **A.** 1995
- ○ **B.** 2001
- ○ **C.** 2002
- ○ **D.** 2007

110 **Quelle institution « *détermine et conduit la politique de la Nation* » (article 20 de la Constitution Ve République) ?**

- ○ **A.** Le président de la République
- ○ **B.** Le Premier ministre
- ○ **C.** Le Gouvernement
- ○ **D.** Le Parlement

111 **Qui assure l'intérim en cas de vacance de la présidence de la République française ?**

- ○ **A.** Le président du Sénat
- ○ **B.** Le Premier ministre
- ○ **C.** Le président de l'Assemblée nationale
- ○ **D.** Le président du Conseil constitutionnel

112 **Depuis quelle année le président de la République française peut-il prendre la parole devant le Parlement réuni en Congrès ?**

- ○ **A.** 1958
- ○ **B.** 1962
- ○ **C.** 2003
- ○ **D.** 2008

113 **Quelle est la durée du mandat des membres du Conseil constitutionnel ?**

- ○ **A.** 5 ans
- ○ **B.** 7 ans
- ○ **C.** 9 ans
- ○ **D.** 12 ans

114 **Comment sont élus les députés ?**

- ○ **A.** Au suffrage universel direct pour 6 ans
- ○ **B.** Au suffrage universel direct pour 5 ans
- ○ **C.** Au suffrage universel indirect pour 5 ans
- ○ **D.** Au suffrage censitaire pour 5 ans

115 **Dans quelle hypothèse le président de la République française peut-il être destitué ?**

- ○ **A.** En cas de manquement à ses devoirs manifestement incompatible avec l'exercice de son mandat
- ○ **B.** Pour les actes commis dans l'exercice de ses fonctions
- ○ **C.** S'il est mis en examen
- ○ **D.** S'il refuse de promulguer une loi

116 **Quelle juridiction est compétente pour destituer le président de la République française ?**

- ○ **A.** La Cour de cassation
- ○ **B.** Le Conseil constitutionnel
- ○ **C.** La Haute Cour
- ○ **D.** La Cour de justice de la République

117 **Quelle juridiction est compétente pour juger les membres du Gouvernement?**

- ○ **A.** La Cour de cassation
- ○ **B.** Le Conseil constitutionnel
- ○ **C.** La Haute Cour de justice
- ○ **D.** La Cour de justice de la République

118 **Pour quels faits les membres du Gouvernement relèvent-ils de la compétence des juridictions de droit commun?**

- ○ **A.** Les actes délictuels ou criminels commis dans l'exercice de leur fonction
- ○ **B.** Les actes délictuels ou criminels commis à l'occasion de l'exercice de leur fonction et qui n'ont aucun lien direct avec la conduite de la politique de la nation
- ○ **C.** Tous les actes délictuels ou criminels
- ○ **D.** Aucun acte délictuel ou criminel

119 **Qui composent la Cour de justice de la République?**

- ○ **A.** Six députés, six sénateurs et trois magistrats du Conseil d'état
- ○ **B.** Six députés, six sénateurs et trois magistrats de la Cour de cassation
- ○ **C.** Six députés, six sénateurs et trois membres du Conseil constitutionnel
- ○ **D.** Trois magistrats de la Cour de cassation, trois magistrats du Conseil d'état, trois membres du Conseil constitutionnel

120 **Quel est le rôle du président de la République?**

- ○ **A.** Contrôler la conformité des lois au bloc de constitutionnalité et veiller à la régularité des consultations électorales
- ○ **B.** Veiller au respect de la Constitution, assurer le fonctionnement régulier des pouvoirs publics et garantir l'indépendance nationale et l'intégrité territoriale
- ○ **C.** Déterminer et conduire la politique de la nation
- ○ **D.** Voter la loi, contrôler l'action du Gouvernement et évaluer les politiques publiques

121 **Lequel de ces régimes d'exception n'est pas prévu par la Constitution de la Ve République?**

- ○ **A.** Les pleins pouvoirs
- ○ **B.** L'état d'urgence
- ○ **C.** L'état de guerre
- ○ **D.** L'état de siège

122 **Le système parlementaire français se compose de :**

- ○ **A.** Une assemblée représentative
- ○ **B.** Deux assemblées représentatives
- ○ **C.** Trois assemblées représentatives
- ○ **D.** Aucune assemblée représentative

123 **L'article 6 de la Déclaration des droits de l'homme et du citoyen dispose que? :**

- ○ **A.** « *La loi est l'expression de la volonté populaire* »
- ○ **B.** « *La loi est l'expression de la volonté nationale* »
- ○ **C.** « *La loi est l'expression de la volonté générale* »
- ○ **D.** « *La loi est l'expression de la volonté majoritaire* »

124 **Combien de députés siègent à l'Assemblée nationale depuis la réforme constitutionnelle du 23 juillet 2008?**

- ○ **A.** 482
- ○ **B.** 491
- ○ **C.** 577
- ○ **D.** 579

125 **Parmi les personnalités suivantes, qui a été nommé au Conseil constitutionnel en 2019?**

- ○ **A.** Lionel Jospin
- ○ **B.** Nicole Maestracci
- ○ **C.** Jean-Jacques Hyest
- ○ **D.** Alain Juppé

126 **Quel était notamment l'objet du référendum du 27 avril 1969?**

- ○ **A.** La fusion du Sénat et du Conseil économique et social
- ○ **B.** La fixation du mandat présidentiel à cinq années
- ○ **C.** La ratification du traité de Maastricht
- ○ **D.** L'élection du chef de l'État au suffrage universel direct

127 **Par principe, une loi est définitivement adoptée :**

- ○ **A.** Après un vote par l'Assemblée nationale
- ○ **B.** Après un vote par le Sénat
- ○ **C.** Après un vote par la commission mixte paritaire
- ○ **D.** Après un vote dans les mêmes termes par l'Assemblée nationale et le Sénat

128 **La commission mixte paritaire est composée de :**

- ○ **A.** Quatre députés et trois sénateurs
- ○ **B.** Cinq députés et cinq sénateurs
- ○ **C.** Sept députés et sept sénateurs
- ○ **D.** Neuf députés et neuf sénateurs

129 **Où se situe le Conseil constitutionnel ?**

- ○ **A.** Rue de Montpensier dans le 1er arrondissement de Paris
- ○ **B.** Quai de l'Horloge dans le 1er arrondissement de Paris
- ○ **C.** Place du Palais-Royal dans le 1er arrondissement de Paris
- ○ **D.** Rue du Faubourg-Saint-Honoré dans le 8e arrondissement de Paris

130 **En quoi consiste la procédure accélérée de vote d'un texte ?**

- ○ **A.** Le Gouvernement choisi de ne soumettre le texte qu'à l'Assemblée nationale
- ○ **B.** Le Gouvernement choisi de ne soumettre le texte qu'au Sénat
- ○ **C.** Le Gouvernement saisi la commission mixte paritaire en cas de désaccord après une seule lecture par l'Assemblée nationale et le Sénat
- ○ **D.** Le Gouvernement saisi la commission mixte paritaire en cas de désaccord après deux lectures par l'Assemblée nationale et le Sénat

131 **Que se passe-t-il si la commission mixte paritaire ne parvient pas à adopter un texte commun ?**

- ○ **A.** Le Gouvernement peut demander, après une nouvelle lecture dans chaque assemblée, à l'Assemblée nationale de statuer définitivement
- ○ **B.** Le Gouvernement peut demander, après deux nouvelles lectures dans chaque assemblée, à l'Assemblée nationale de statuer définitivement
- ○ **C.** Le Gouvernement peut demander, après une nouvelle lecture dans chaque assemblée, au Sénat de statuer définitivement
- ○ **D.** Le Gouvernement peut demander, sans nouvelle lecture dans chaque assemblée, à l'Assemblée nationale de statuer définitivement

132 **La loi est promulguée par qui ?**

- ○ **A.** Le Parlement
- ○ **B.** Le Premier ministre
- ○ **C.** Le président de la République
- ○ **D.** Le ministre concerné

133 **En quoi consiste l'engagement de responsabilité du Gouvernement sur le vote d'un texte ?**

- ○ **A.** Le Premier ministre peut engager la responsabilité du Gouvernement sur le vote d'un texte devant le Sénat, si une motion de censure est déposée et rejetée, le texte est considéré comme adopté
- ○ **B.** Le Premier ministre peut engager la responsabilité du Gouvernement sur le vote d'un texte devant l'Assemblée nationale, si une motion de censure est déposée et rejetée, le texte est considéré comme adopté
- ○ **C.** Le Premier ministre peut engager la responsabilité du Gouvernement sur le vote de deux projets ou propositions de loi par session
- ○ **D.** Le Premier ministre ne peut engager la responsabilité du Gouvernement sur le vote d'un projet de loi de finances ou d'un projet de financement de la Sécurité sociale

134 **La motion de censure déposée sur le vote d'un texte est adoptée si :**

- ○ **A.** Elle recueille la majorité des voix des membres composant l'Assemblée nationale
- ○ **B.** Elle recueille les deux tiers des voix des membres composant l'Assemblée nationale
- ○ **C.** Elle recueille la majorité des voix des membres composant le Sénat
- ○ **D.** Elle recueille les deux tiers des voix des membres composant le Sénat

135 **L'engagement de la responsabilité du Gouvernement lors de son entrée en fonction est :**

- ○ **A.** Obligatoire
- ○ **B.** Facultatif
- ○ **C.** Impossible
- ○ **D.** Systématique depuis 1958

136 **Où sont publiées les lois ?**

- ○ **A.** Dans le journal d'annonces légales
- ○ **B.** Dans le *Bulletin officiel des annonces civiles et commerciales*
- ○ **C.** Dans le registre des lois
- ○ **D.** Dans le *Journal officiel*

137 **Aux termes de l'article 38 de la Constitution de la Ve République, le Gouvernement peut légiférer par voie d'ordonnance à condition de bénéficier :**

- ○ **A.** D'une habilitation spéciale et temporaire du Parlement, la ratification de l'ordonnance par le Parlement doit être expresse
- ○ **B.** D'une habilitation spéciale et temporaire du Parlement, la ratification de l'ordonnance par le Parlement peut être implicite
- ○ **C.** D'une habilitation spéciale et permanente du Parlement, la ratification de l'ordonnance par le Parlement peut être implicite
- ○ **D.** D'une habilitation générale et temporaire du Parlement, la ratification de l'ordonnance par le Parlement doit être expresse

138 **Les ordonnances de l'article 38 de la Constitution :**

- ○ **A.** Doivent uniquement être signées par le Premier ministre et le cas échéant des ministres responsables
- ○ **B.** Doivent porter le contreseing du Premier ministre et le cas échéant des ministres responsables ainsi que la signature du président de la République
- ○ **C.** Ne doivent pas faire l'objet d'une délibération en Conseil des ministres
- ○ **D.** Ne doivent pas faire l'objet d'un avis du Conseil d'État

139 **Comment sont élus les sénateurs ?**

- ○ **A.** Au suffrage universel direct pour 6 ans
- ○ **B.** Au suffrage universel indirect pour 5 ans
- ○ **C.** Au suffrage universel indirect pour 6 ans
- ○ **D.** Au suffrage censitaire pour 5 ans

140 **Quel est le rôle du Parlement ?**

- ○ **A.** Contrôler la conformité des lois au bloc de constitutionnalité, veiller à la régularité des consultations électorales
- ○ **B.** Veiller au respect de la Constitution, assurer le fonctionnement régulier des pouvoirs publics, garantir l'indépendance nationale et l'intégrité territoriale
- ○ **C.** Déterminer et conduire la politique de la nation
- ○ **D.** Voter la loi, contrôler l'action du Gouvernement et évaluer les politiques publiques

141 **Dans un régime parlementaire :**

- ○ **A.** Il y a un déséquilibre des pouvoirs législatif et exécutif dans la discussion de la loi
- ○ **B.** Le Parlement peut renverser le Gouvernement
- ○ **C.** Le Gouvernement ne peut pas renverser le Parlement
- ○ **D.** Le Parlement est le pouvoir le plus puissant

142 **Comment se déroule la procédure de nomination des magistrats du siège?**

- ○ **A.** Le CSM propose la nomination des magistrats du siège à la Cour de cassation, des premiers présidents des cours d'appel et des présidents de tribunaux judiciaires
- ○ **B.** Le garde des Sceaux propose la nomination des magistrats du siège à la Cour de cassation, des premiers présidents des cours d'appel et des présidents de tribunaux judiciaires
- ○ **C.** Le président de la République propose la nomination des magistrats du siège à la Cour de cassation, des premiers présidents des cours d'appel et des présidents de tribunaux judiciaires
- ○ **D.** Le Parlement propose la nomination des magistrats du siège à la Cour de cassation, des premiers présidents des cours d'appel et des présidents de tribunaux judiciaires

143 **Qui sont de droit les membres du Conseil constitutionnel?**

- ○ **A.** Le président du Sénat
- ○ **B.** Le président de l'Assemblée nationale
- ○ **C.** Le président du Conseil d'État
- ○ **D.** Les anciens présidents de la République

144 **Qui est «*garant de l'indépendance de l'autorité judiciaire*» (article 64 de la Constitution de la Ve République)?**

- ○ **A.** La Cour de cassation
- ○ **B.** Le Conseil constitutionnel
- ○ **C.** Le président de la République
- ○ **D.** Le Premier ministre

145 **Qu'est-ce qu'une question prioritaire de constitutionnalité (QPC)?**

- ○ **A.** Une procédure de contrôle de la constitutionnalité d'une loi avant promulgation
- ○ **B.** Une procédure de contrôle de la constitutionnalité d'une loi déjà promulguée
- ○ **C.** Une procédure de contrôle de la conventionalité d'une loi par rapport à la Convention européenne des droits de l'homme
- ○ **D.** Une procédure de contrôle de la conventionalité d'une loi par rapport au traité de l'Union européenne

146 **Par qui sont transmises les questions prioritaires de constitutionnalité (QPC) au Conseil constitutionnel?**

- ○ **A.** Le juge de première instance
- ○ **B.** La cour d'appel
- ○ **C.** La Cour de cassation et le Conseil d'État
- ○ **D.** Toutes les juridictions

147 **Le Conseil constitutionnel est compétent pour :**

- ○ **A.** Juger de la constitutionnalité des lois et de la régularité des élections présidentielle, législative et référendaire
- ○ **B.** Juger de la conventionalité des lois et de la régularité des élections présidentielle, législative et référendaire
- ○ **C.** Juger les comptes des comptables publics et certifier les comptes de l'État et du régime général de la Sécurité sociale
- ○ **D.** Résoudre les conflits de compétence entre les juridictions de l'ordre judiciaire et les juridictions de l'ordre administratif et prévenir un déni de justice

148 **Quel est le rôle du Gouvernement?**

- ○ **A.** Contrôler la conformité des lois au bloc de constitutionnalité et veiller à la régularité des consultations électorales
- ○ **B.** Veiller au respect de la Constitution, assurer le fonctionnement régulier des pouvoirs publics et garantir l'indépendance nationale et l'intégrité territoriale
- ○ **C.** Déterminer et conduire la politique de la nation
- ○ **D.** Voter la loi, contrôler l'action du Gouvernement et évaluer les politiques publiques

149 **Parmi les personnalités suivantes qui est membre du Conseil constitutionnel?**

- ○ **A.** Robert Badinter
- ○ **B.** Nicole Belloubet
- ○ **C.** Laurent Fabius
- ○ **D.** Jean-Louis Debré

150 **Quelles sont les conditions du référendum d'initiative partagée?**

- ○ **A.** Ce type de référendum n'est pas prévu par la Constitution française
- ○ **B.** La proposition de référendum doit réunir la signature de deux millions de Français
- ○ **C.** La proposition de référendum doit réunir la signature de trois millions de Français
- ○ **D.** La proposition doit être déposée par un cinquième des membres du Parlement et être soutenue par un dixième des électeurs inscrits sur les listes électorales

151 **Dans quelle hypothèse le référendum est-il exclu?**

- ○ **A.** La ratification d'un traité
- ○ **B.** La révision de la Constitution
- ○ **C.** La révision de la forme républicaine du Gouvernement
- ○ **D.** La mise en œuvre d'un projet local ou régional

152 **Un parlementaire peut être pénalement poursuivi en raison de :**

- ○ **A.** Ses propos en séance ou en commission
- ○ **B.** Ses actes accomplis en mission
- ○ **C.** Ses crimes ou délits flagrants ou non
- ○ **D.** Ses opinions et votes

153 **Quel principe interdit le placement en garde à vue ou en détention provisoire d'un parlementaire?**

- ○ **A.** L'irresponsabilité
- ○ **B.** L'inviolabilité
- ○ **C.** Le privilège de juridiction
- ○ **D.** L'incompatibilité

154 **Qui est compétent pour lever l'immunité parlementaire?**

- ○ **A.** Le bureau de chaque Assemblée
- ○ **B.** Le garde des Sceaux
- ○ **C.** Le procureur général de la cour d'appel de Paris
- ○ **D.** Le procureur général de la cour d'appel compétente

155 **Il est possible d'être en même temps, député et :**

- ○ **A.** Conseiller régional
- ○ **B.** Maire
- ○ **C.** Profession libérale (avocat, médecin, etc.)
- ○ **D.** Membre du conseil économique, social et environnemental

156 **Saisi d'une question prioritaire de constitutionnalité (QPC), le 7 janvier 2022, le Conseil constitutionnel a :**

- ○ **A.** Défini les « stupéfiants » comme des substances psychotropes qui se caractérisent par un risque de dépendance et des effets nocifs pour la santé.
- ○ **B.** Abrogé le mot « stupéfiants » dans l'article L. 5132-7 du Code de la santé publique.
- ○ **C.** Déclaré le pouvoir réglementaire incompétent pour classer les stupéfiants.
- ○ **D.** Autorisé la vente de cannabidiol (CBD).

157 **En quelle année a été créée la Haute Autorité pour la transparence de la vie publique, autorité administrative indépendante ayant pour objet de promouvoir la probité et l'exemplarité des responsables publics?**

- ○ **A.** 2008
- ○ **B.** 2013
- ○ **C.** 2015
- ○ **D.** 2017

158 **Dans quelle affaire, aucune commission d'enquête parlementaire n'a-t-elle été ouverte ?**

- ○ **A.** L'affaire Benalla
- ○ **B.** L'affaire du Crédit lyonnais
- ○ **C.** L'affaire de l'amiante
- ○ **D.** L'affaire Outreau

159 **Le droit d'amendement appartient :**

- ○ **A.** Uniquement aux membres du Gouvernement
- ○ **B.** Uniquement aux membres du Parlement
- ○ **C.** Aux membres du Gouvernement et du Parlement
- ○ **D.** Au président de la République

160 **Combien de membres composent le Conseil constitutionnel ?**

- ○ **A.** Sept membres
- ○ **B.** Neuf membres
- ○ **C.** Douze membres
- ○ **D.** Quinze membres

Fonctions publiques, collectivités territoriales et service public

→ **Retrouvez le corrigé de cette série page 294.**

161 Quelles sont les trois fonctions publiques?

- ○ **A.** Les fonctions publiques de l'État, territoriale et hospitalière
- ○ **B.** Les fonctions publiques de l'enseignement, militaire et judiciaire
- ○ **C.** Les fonctions publiques des échelons, grades et catégories
- ○ **D.** Les fonctions publiques des titulaires, contractuelles et stagiaires

162 Dans quel cas l'administration engage-t-elle sa responsabilité?

- ○ **A.** La responsabilité est présumée
- ○ **B.** Par principe une faute simple suffit mais par exception une faute lourde est nécessaire
- ○ **C.** Par une faute simple uniquement
- ○ **D.** Par une faute lourde uniquement

163 Sur quel fondement les tiers sont-ils autorisés à agir à l'encontre d'un contrat administratif?

- ○ **A.** Le recours de plein contentieux
- ○ **B.** Le recours en excès de pouvoir
- ○ **C.** Ils ne disposent d'aucun recours
- ○ **D.** Le recours en interprétation

164 Par l'arrêt Blanco du 8 février 1873, le Tribunal des conflits :

- ○ **A.** Abandonne la théorie dite du mobile politique pour définir l'acte de gouvernement
- ○ **B.** Consacre la responsabilité de l'État à raison des dommages causés par des services publics et la compétence de la juridiction administrative pour en connaître
- ○ **C.** Abandonne la théorie dite du ministre-juge
- ○ **D.** Consacre la possibilité pour l'administration de recourir à des mesures d'exécution forcée de ses décisions

165 La faute personnelle d'un fonctionnaire :

- ○ **A.** Interdit à l'administration d'engager une action récursoire contre son agent
- ○ **B.** Engage la responsabilité de l'agent et de l'administration lorsqu'elle est commise dans le service, à l'occasion du service et avec les moyens du service
- ○ **C.** Donne lieu à une protection fonctionnelle (assistance juridique et réparation des préjudices subis) lorsqu'elle est détachable de l'exercice des fonctions
- ○ **D.** Engage uniquement la responsabilité de l'agent

166 Par l'arrêt Nicolo du 20 octobre 1989, le Conseil d'État :

- ○ **A.** Contrôle la constitutionnalité d'une loi avec la Constitution
- ○ **B.** Refuse de faire prévaloir les dispositions d'un traité sur celles de la loi
- ○ **C.** Contrôle la compatibilité d'une loi avec les stipulations d'un traité, même lorsque la loi est postérieure au traité
- ○ **D.** Contrôle la compatibilité d'une loi avec les stipulations d'un traité, même lorsque la loi est antérieure au traité

167 **Dans quel domaine la responsabilité sans faute pour rupture de l'égalité devant les charges publiques ne trouve-t-elle pas à s'appliquer?**

- ○ **A.** Les dommages causés par le refus de recourir à des mesures d'ordre public pour faire exécuter un jugement
- ○ **B.** Les dommages causés du fait de la loi ou des conventions internationales
- ○ **C.** Les dommages causés par un agent avec les moyens mis en place par le service, que la personne avait à disposition pour son activité
- ○ **D.** Les dommages causés par une décision ou une opération administrative

168 **Quelles autorités nationales détiennent le pouvoir réglementaire général?**

- ○ **A.** Les directeurs de cabinet
- ○ **B.** Les ministres
- ○ **C.** Le président de la République et le Premier ministre
- ○ **D.** Les secrétaires d'État

169 **Par l'arrêt Benjamin du 19 mai 1933, le Conseil d'État :**

- ○ **A.** Exerce un contrôle restreint sur les mesures de police administrative
- ○ **B.** Exerce un contrôle de proportionnalité sur les mesures de police administrative
- ○ **C.** Exerce un contrôle normal
- ○ **D.** N'exerce aucun contrôle

170 **Comment se nomme la cessation définitive des fonctions suite à la sanction disciplinaire d'un fonctionnaire?**

- ○ **A.** Le licenciement
- ○ **B.** La retraite
- ○ **C.** La révocation
- ○ **D.** L'abandon

171 **Qu'est-ce qu'un principe fondamental reconnu par les lois de la République (PFRLR)?**

- ○ **A.** Une règle générale disposant d'une base textuelle dans une ou plusieurs lois intervenues sous un régime républicain antérieur à 1946 et ayant fait l'objet d'une application continue
- ○ **B.** Un principe qui ne fait pas partie du bloc de constitutionnalité
- ○ **C.** Un principe qui trouve uniquement sa source dans la Déclaration des Droits de l'Homme et du Citoyen de 1789
- ○ **D.** Un principe permettant aux pouvoirs exécutif et législatif d'enjoindre le juge de censurer sa décision et d'y substituer son appréciation

172 **Qu'est-ce qu'un principe général du droit?**

- ○ **A.** Des règles non écrites, dégagées par le juge administratif
- ○ **B.** Des principes fondamentaux mentionnés par l'article 34 de la Constitution
- ○ **C.** Des règles générales disposant d'une base textuelle dans une ou plusieurs lois intervenues sous un régime républicain antérieur à 1946 et ayant fait l'objet d'une application continue
- ○ **D.** Des principes qui ont uniquement vocation à assurer le bon fonctionnement de l'ordre juridique interne et la sécurité juridique

173 **Où se situe le principe général du droit dans la hiérarchie des normes?**

- ○ **A.** Sous le règlement
- ○ **B.** Au-dessus de la Constitution
- ○ **C.** Au-dessus de la loi
- ○ **D.** Sous la loi

174 **Quel principe n'est pas reconnu comme étant un principe fondamental reconnu par les lois de la République (PFRLR)?**

- ○ **A.** La recherche du relèvement éducatif et moral des enfants délinquants par des mesures adaptées
- ○ **B.** Le respect des droits de la défense
- ○ **C.** L'indépendance de la juridiction administrative
- ○ **D.** L'imposition sur des bases nettes

175 **Le pantouflage consiste pour un fonctionnaire à :**

- ○ **A.** Entraver le bon fonctionnement du service public
- ○ **B.** Adopter un comportement trop pointilleux lors de l'exécution du service public
- ○ **C.** Rejoindre le secteur privé en se mettant en disponibilité de la fonction publique
- ○ **D.** Ne pas respecter les heures d'ouverture annoncées du service public (ouverture tardive, fermeture hâtive)

176 **Qu'est-ce que permet le référé-liberté ?**

- ○ **A.** Obtenir la suspension de l'exécution d'une décision administrative
- ○ **B.** Obtenir des mesures nécessaires à la sauvegarde d'une liberté fondamentale à laquelle il est porté atteinte de manière grave et manifestement illégale
- ○ **C.** Demander au juge des mesures utiles avant même que l'administration ait pris une décision
- ○ **D.** Attaquer le refus opposé par l'administration à une demande de sursis de paiement en matière d'imposition

177 **Qu'est-ce que le recours pour excès de pouvoir ?**

- ○ **A.** Un recours par lequel le requérant demande au juge administratif de sanctionner un comportement répréhensible et de prononcer une amende
- ○ **B.** Un recours par lequel le requérant demande au juge administratif d'indiquer la portée ou la légalité d'un acte administratif
- ○ **C.** Un recours par lequel le requérant demande au juge administratif de réformer un acte administratif, voire de lui en substituer un nouveau
- ○ **D.** Un recours par lequel le requérant demande au juge administratif de contrôler la légalité d'un acte administratif et d'en prononcer l'annulation s'il y a lieu

178 **Le recours gracieux consiste à :**

- ○ **A.** Saisir le supérieur hiérarchique de l'autorité administrative qui a pris la décision contestée
- ○ **B.** Saisir le Conseil d'État pour contester une décision du juge administratif
- ○ **C.** Saisir le tribunal administratif pour contester une décision administrative
- ○ **D.** Saisir l'autorité administrative qui a pris la décision contestée

179 **Quel est le rôle du rapporteur public lors d'une audience devant le juge administratif ?**

- ○ **A.** Il représente le ministre dans les affaires administratives contentieuses relevant de ses attributions
- ○ **B.** Il fait partie de la formation de jugement et participe à la prise de décision
- ○ **C.** Il expose publiquement, et en indépendance, son opinion et propose une solution
- ○ **D.** Il représente le ministère public, déclenche l'action publique et poursuit les auteurs devant les tribunaux administratifs

180 **Le recours hiérarchique consiste à :**

- ○ **A.** Saisir le supérieur hiérarchique de l'autorité administrative qui a pris la décision contestée
- ○ **B.** Saisir le tribunal administratif pour contester une décision administrative
- ○ **C.** Saisir le Conseil d'État pour contester une décision du juge administratif
- ○ **D.** Saisir l'autorité administrative qui a pris la décision contestée

181 **Quel est l'ancien nom du rapporteur public devant le Conseil d'État ?**

- ○ **A.** Le commissaire à la loi
- ○ **B.** Le commissaire du gouvernement
- ○ **C.** Le commissaire de la République
- ○ **D.** Le commissaire du droit

182 **Qu'est-ce que la décentralisation?**

- ○ **A.** L'organisation consistant à implanter dans les circonscriptions administratives locales des autorités administratives représentant l'État
- ○ **B.** L'organisation consistant à transférer des compétences administratives de l'État vers des entités locales distinctes
- ○ **C.** L'organisation administrative érigeant l'État comme seule et unique autorité
- ○ **D.** L'organisation dans laquelle chacun des membres dispose d'une large autonomie et délègue certains de ses pouvoirs à un organisme central, dit fédéral

183 **À quand remontent les premières lois de décentralisation en France?**

○ **A.** 1958 ○ **B.** 1962 ○ **C.** 1982 ○ **D.** 2003

184 **Qu'est-ce qu'un préfet de département?**

- ○ **A.** L'organe exécutif du conseil départemental
- ○ **B.** Le dépositaire de l'autorité de l'État dans le département
- ○ **C.** Le président du conseil départemental
- ○ **D.** Le représentant de l'État en mer

185 **À partir de quelle année le principe de libre administration des collectivités locales est-il inscrit dans la Constitution?**

○ **A.** 1958 ○ **B.** 1962 ○ **C.** 1982 ○ **D.** 2003

186 **Quelles sont les composantes de l'ordre public?**

- ○ **A.** Liberté, égalité et fraternité
- ○ **B.** Gratuité, impartialité et transparence
- ○ **C.** Continuité, égalité et mutabilité
- ○ **D.** Sécurité, tranquillité, salubrité, moralité et dignité

187 **Quelle autorité dirige l'administration de l'État?**

- ○ **A.** Le ministre
- ○ **B.** Le Premier ministre
- ○ **C.** Le président de la République
- ○ **D.** Les directeurs de cabinet

188 **Qu'est-ce que la Commission d'accès aux documents administratifs (CADA)?**

- ○ **A.** Un recueil regroupant les dispositions légales ou réglementaires applicables à l'entrée sur le territoire, au séjour des étrangers et au droit d'asile
- ○ **B.** Une juridiction administrative spécialisée, statuant en premier et dernier ressort sur les recours formés contre les décisions de l'Office français de protection des réfugiés et apatrides
- ○ **C.** Une autorité administrative indépendante chargée de la régulation de l'audiovisuel et de l'attribution des fréquences hertziennes
- ○ **D.** Une autorité administrative indépendante chargée de veiller à la liberté d'accès aux documents administratifs et aux archives publiques

189 **Quelle est la différence entre une autorité administrative indépendante et une autorité publique indépendante?**

- ○ **A.** La personnalité morale
- ○ **B.** L'autorité ministérielle
- ○ **C.** Le contrôle parlementaire
- ○ **D.** La possibilité d'émettre des recommandations, décisions, réglementations et sanctions

190 **À partir de quelle année les régions sont-elles devenues des collectivités territoriales à part entière?**

○ **A.** 1958 ○ **B.** 1962 ○ **C.** 1982 ○ **D.** 2003

191 Laquelle de ces autorités n'est pas une autorité publique indépendante ?

- ○ **A.** L'Autorité des marchés financiers
- ○ **B.** Le Conseil supérieur de l'audiovisuel
- ○ **C.** La Haute Autorité pour la diffusion des œuvres et la protection des droits sur Internet
- ○ **D.** Le Conseil supérieur des tribunaux administratifs et cours administratives d'appel

192 Quel principe ne fait pas partie des lois du service public ou « lois de Rolland » ?

- ○ **A.** La continuité
- ○ **B.** La mutabilité
- ○ **C.** L'égalité
- ○ **D.** La mobilité

193 Qu'est-ce que le principe de mutabilité du service public ?

- ○ **A.** La possibilité pour un fonctionnaire de changer d'administration
- ○ **B.** La possibilité de modifier un service public en fonction de l'évolution de la société, des besoins des usagers ou des évolutions techniques
- ○ **C.** Le fonctionnement continu et régulier du service public sans autres interruptions que celles prévues par la réglementation
- ○ **D.** La possibilité de refuser l'accès à un service public en fonction des charges financières de ce service

194 En quoi consiste le retrait d'un acte administratif ?

- ○ **A.** La disparition de l'acte administratif pour l'avenir
- ○ **B.** Le remplacement d'un acte administratif
- ○ **C.** La disparition de l'acte administratif pour l'avenir comme pour le passé
- ○ **D.** La suppression des mesures de publicité d'un acte administratif

195 Quelle entité n'est pas une collectivité territoriale ?

- ○ **A.** La commune
- ○ **B.** Le département
- ○ **C.** La région
- ○ **D.** L'arrondissement

196 Par qui sont élus le maire et les adjoints au maire d'une commune ?

- ○ **A.** Par les électeurs au suffrage universel direct
- ○ **B.** Par le conseil municipal
- ○ **C.** Par le conseil départemental
- ○ **D.** Par le conseil régional

197 Combien de temps dure le mandat des conseillers municipaux, départementaux et régionaux ?

- ○ **A.** 4 ans
- ○ **B.** 5 ans
- ○ **C.** 6 ans
- ○ **D.** 7 ans

198 Qu'est-ce qu'un canton en France ?

- ○ **A.** La circonscription d'élection des conseillers régionaux
- ○ **B.** La circonscription d'élection des conseillers départementaux
- ○ **C.** La circonscription d'élection des conseillers municipaux
- ○ **D.** La circonscription d'élection d'un territoire d'outre-mer du conseil territorial

199 À quel âge peut-on devenir maire ?

- ○ **A.** 18 ans
- ○ **B.** 20 ans
- ○ **C.** 21 ans
- ○ **D.** 23 ans

200 Par qui sont élus les conseillers régionaux ?

- ○ **A.** Par les conseillers municipaux
- ○ **B.** Par les conseillers départementaux
- ○ **C.** Par les conseillers généraux
- ○ **D.** Par les électeurs de la région au suffrage universel direct

201 **La décentralisation permet un transfert des compétences et des ressources de l'État?**

- ○ **A.** Aux arrondissements
- ○ **B.** Aux cantons
- ○ **C.** Aux collectivités territoriales
- ○ **D.** Aux circonscriptions

202 **Quelle collectivité territoriale française est une collectivité à statut particulier ou *sui generis*?**

- ○ **A.** La Nouvelle-Calédonie
- ○ **B.** Saint-Pierre-et-Miquelon
- ○ **C.** Saint-Barthélemy
- ○ **D.** La Guyane

203 **Qu'est-ce qu'un établissement public à caractère industriel et commercial (EPIC)?**

- ○ **A.** Une personne morale de droit privé ayant pour but la gestion d'un service public administratif
- ○ **B.** Une personne morale de droit public ayant pour but la gestion d'un service public administratif
- ○ **C.** Une personne morale de droit privé ayant pour but la gestion d'un service public industriel et commercial
- ○ **D.** Une personne morale de droit public ayant pour but la gestion d'un service public industriel et commercial

204 **Quel établissement n'est pas un établissement public à caractère administratif?**

- ○ **A.** La Caisse nationale de la Sécurité sociale
- ○ **B.** Pôle emploi
- ○ **C.** La RATP
- ○ **D.** Le château de Versailles

205 **Quelle entité n'est pas un organe exécutif local?**

- ○ **A.** Le maire
- ○ **B.** Le député
- ○ **C.** Le président du conseil départemental
- ○ **D.** Le président du conseil régional

206 **Au 1er janvier 2017, combien la France comptait-t-elle de communes?**

- ○ **A.** 33 416 communes
- ○ **B.** 34 416 communes
- ○ **C.** 35 416 communes
- ○ **D.** 36 416 communes

207 **Quel territoire ultramarin n'est pas un département ou une région d'outre-mer (DOM-ROM)?**

- ○ **A.** Mayotte
- ○ **B.** La Guadeloupe
- ○ **C.** La Guyane
- ○ **D.** La Polynésie française

208 **Qu'est-ce qu'un établissement public de coopération intercommunale (EPCI)?**

- ○ **A.** Une structure administrative regroupant plusieurs communes afin d'exercer leurs compétences en commun
- ○ **B.** Une structure administrative ne disposant que de la compétence de la collecte et du traitement des ordures ménagères
- ○ **C.** Une structure administrative disposant de plusieurs compétences mais pas d'une fiscalité propre
- ○ **D.** Une structure administrative de coopération regroupant des intercommunalités à fiscalité propre

209 **Quelle structure n'est pas un établissement public de coopération intercommunale (EPCI) à fiscalité propre?**

- ○ **A.** La communauté de communes
- ○ **B.** La communauté d'agglomération
- ○ **C.** La communauté urbaine
- ○ **D.** Le syndicat intercommunal à vocation multiple

210 Qu'est-ce que le droit administratif ?

- ○ **A.** L'ensemble des règles de droit relatives aux rapports entre personnes physiques ou morales de droit privé
- ○ **B.** L'ensemble des règles régissant l'activité administrative des personnes publiques et les rapports entre personnes morales de droit public et administrés et entre les personnes morales de droit public
- ○ **C.** L'ensemble des règles imposées par la société aux citoyens et qui déterminent les actes qui constituent les infractions et définissent la peine en cas de manquement
- ○ **D.** L'ensemble des règles qui régissent les relations entre les États ou entre les personnes privées dans un cadre international

211 Quelle est la durée maximale d'un CDD conclu avec un agent de l'État ?

- ○ **A.** Six mois au maximum renouvelables une fois pour une durée de six mois au maximum
- ○ **B.** Un an au maximum renouvelable une fois pour une durée d'un an au maximum
- ○ **C.** Deux ans au maximum renouvelables une fois pour une durée de deux ans au maximum
- ○ **D.** Trois ans au maximum renouvelables une fois pour une durée de trois ans au maximum

212 Comment s'appelle la décision prise par l'administration de conserver un stagiaire qui a fait preuve des aptitudes professionnelles requises ?

- ○ **A.** La titularisation
- ○ **B.** L'admission
- ○ **C.** Le certificat d'aptitude
- ○ **D.** La nomination

213 Combien la France compte-t-elle de régions ?

- ○ **A.** 15
- ○ **B.** 18
- ○ **C.** 22
- ○ **D.** 25

214 Quelle catégorie n'appartient pas aux corps ou cadres d'emploi ?

- ○ **A.** Catégorie A
- ○ **B.** Catégorie B
- ○ **C.** Catégorie C
- ○ **D.** Catégorie D

215 Comment s'appelle la rémunération d'un fonctionnaire ?

- ○ **A.** Un salaire
- ○ **B.** Un honoraire
- ○ **C.** Un traitement
- ○ **D.** Une redevance

216 Comment se nomme l'avancement d'un fonctionnaire dans un même grade ?

- ○ **A.** L'avancement d'échelon
- ○ **B.** L'avancement de grade
- ○ **C.** L'avancement de corps
- ○ **D.** La modulation indemnitaire

217 Combien la France compte-t-elle de départements ?

- ○ **A.** 97
- ○ **B.** 99
- ○ **C.** 100
- ○ **D.** 101

218 Quel territoire ultramarin n'est pas une collectivité d'outre-mer (COM) ?

- ○ **A.** Saint-Pierre-et-Miquelon
- ○ **B.** Wallis-et-Futuna
- ○ **C.** La Réunion
- ○ **D.** Saint-Barthélemy

219 Quelle mission ne relève pas de la compétence du maire ?

- ○ **A.** Maintenir l'ordre public
- ○ **B.** Exécuter les décisions du conseil municipal
- ○ **C.** Légiférer
- ○ **D.** Représenter la commune en justice

220 Quelle est la durée d'un préavis de grève dans la fonction publique ?

- ○ **A.** Trois jours
- ○ **B.** Cinq jours
- ○ **C.** Sept jours
- ○ **D.** Dix jours

221 **Quelle procédure permet à une personne publique de contraindre une personne privée à céder la propriété de son bien moyennant le paiement d'une indemnité?**

- ○ **A.** L'emphytéose
- ○ **B.** La préemption
- ○ **C.** L'expulsion
- ○ **D.** L'expropriation

222 **Quelle caractéristique ne gouverne pas le contentieux administratif?**

- ○ **A.** La procédure est accusatoire
- ○ **B.** La procédure est écrite
- ○ **C.** La procédure est inquisitoriale
- ○ **D.** La procédure est contradictoire

223 **Sur quel domaine public les contraventions de grande voirie ne trouvent-elles pas à s'appliquer?**

- ○ **A.** Le domaine public militaire
- ○ **B.** Le domaine public fluvial
- ○ **C.** Le domaine public maritime
- ○ **D.** Le domaine public routier

224 **Quel juge est compétent pour se prononcer sur la contestation des contraventions de grande voirie?**

- ○ **A.** Le juge civil
- ○ **B.** Le juge pénal
- ○ **C.** Le juge administratif
- ○ **D.** Le Tribunal des conflits

225 **Quel principe ne gouverne pas l'utilisation collective du domaine public?**

- ○ **A.** La courtoisie
- ○ **B.** La liberté de circulation et de stationnement
- ○ **C.** L'égalité
- ○ **D.** La gratuité

226 **Quel principe ne gouverne pas l'utilisation privative du domaine public?**

- ○ **A.** La subordination à une autorisation administrative
- ○ **B.** L'exigence de paiement d'une redevance
- ○ **C.** La précarité de l'autorisation administrative
- ○ **D.** Le refus d'autorisation discrétionnaire

227 **En matière d'expropriation, le juge administratif est incompétent pour :**

- ○ **A.** Contrôler la validité de l'arrêté de cessibilité
- ○ **B.** Contrôler la validité de la déclaration d'utilité publique
- ○ **C.** Contrôler le montant de l'offre d'indemnisation
- ○ **D.** Contrôler l'enquête parcellaire

228 **Qu'est-ce que n'est pas un fonctionnaire?**

- ○ **A.** Un agent participant de manière permanente au service public de l'État
- ○ **B.** Un agent nommé dans un emploi
- ○ **C.** Un agent titularisé dans un grade
- ○ **D.** Un agent apportant occasionnellement son concours à l'exécution d'un service public

229 **Quel principe ne gouverne pas le prononcé d'une sanction disciplinaire d'un fonctionnaire?**

- ○ **A.** La sanction peut être rétroactive
- ○ **B.** Un même fait ne peut faire l'objet de plusieurs sanctions
- ○ **C.** La sanction doit être motivée
- ○ **D.** La sanction doit être proportionnée à la faute commise

230 **Quelle obligation interdit au fonctionnaire d'éviter pendant et hors du temps de service les comportements portant atteinte à la considération du service public par les usagers?**

- ○ **A.** La protection fonctionnelle
- ○ **B.** La discrétion professionnelle
- ○ **C.** L'obéissance hiérarchique
- ○ **D.** Le devoir de réserve

231 **Comment se nomme la situation du fonctionnaire placé temporairement, hors de son administration ou service d'origine et qui cesse de bénéficier, durant cette période, de sa rémunération et de ses droits à l'avancement et à la retraite ?**

- ○ **A.** La mise à disposition
- ○ **B.** La disponibilité
- ○ **C.** Le détachement
- ○ **D.** La retraite

232 **En droit de la fonction publique, le fonctionnaire est titulaire de son :**

- ○ **A.** Emploi
- ○ **B.** Poste de travail
- ○ **C.** Grade
- ○ **D.** Catégorie

233 **Quel instrument juridique permet à l'État ou à un établissement public de l'État de confier à un tiers pour une période déterminée, une mission globale ayant pour objet la construction ou la transformation, l'entretien, la maintenance, l'exploitation ou la gestion d'ouvrages, d'équipements ou de biens immatériels nécessaires au service public ?**

- ○ **A.** Le bail emphytéotique administratif
- ○ **B.** Le partenariat public privé
- ○ **C.** L'affermage
- ○ **D.** La délégation de service public

234 **Quels agents sont titulaires de la fonction publique ?**

- ○ **A.** Les statutaires
- ○ **B.** Les vacataires
- ○ **C.** Les auxiliaires
- ○ **D.** Les contractuels

235 **Quels agents de la fonction publique peuvent faire grève ?**

- ○ **A.** Les fonctionnaires actifs de la police nationale
- ○ **B.** Les personnels de l'administration pénitentiaire
- ○ **C.** Les magistrats judiciaires
- ○ **D.** Les agents des services de la navigation aérienne

236 **Par l'arrêt Dehaene du 7 juillet 1950, le Conseil d'État :**

- ○ **A.** Reconnaît le droit de grève des fonctionnaires en l'absence de loi applicable
- ○ **B.** Juge que le droit de grève est incompatible avec les nécessités du service public, la sauvegarde de l'ordre public et de l'autorité de l'État
- ○ **C.** Reconnaît la liberté des opinions politiques des fonctionnaires
- ○ **D.** Admet la possibilité pour l'administration de se retourner contre son agent lorsqu'elle a été condamnée au versement de dommages et intérêts à raison de la faute commise par lui

237 **Quel fait constitue une faute passible de sanction disciplinaire pour un fonctionnaire ?**

- ○ **A.** L'insuffisance professionnelle
- ○ **B.** L'entrave au bon fonctionnement du service
- ○ **C.** Un fait couvert par l'amnistie
- ○ **D.** Un fait commis alors que son discernement était aboli

238 **Quelle forme ne peut pas prendre le « démembrement de l'administration » ?**

- ○ **A.** Un syndicat
- ○ **B.** Une fondation
- ○ **C.** Un groupement d'intérêt économique
- ○ **D.** Une association

239 **Quel instrument juridique a été utilisé pour la construction du tribunal judiciaire de Paris ?**

- ○ **A.** Un bail emphytéotique
- ○ **B.** Un partenariat public privé
- ○ **C.** Un affermage
- ○ **D.** Une délégation de service public

240 **Sur quoi ne porte pas l'interdiction des droits civiques, civils et de famille d'une personne condamnée pénalement ?**

- ○ **A.** Le droit d'intenter une action en justice
- ○ **B.** Le droit de vote
- ○ **C.** Le droit d'exercer une fonction juridictionnelle
- ○ **D.** Le droit d'être tuteur ou curateur

Droit du travail et syndicalisme

→ **Retrouvez le corrigé de cette série page 298.**

241 Le règlement intérieur est obligatoire dans les entreprises dont l'effectif est supérieur ou égal à :

- ○ **A.** Vingt salariés
- ○ **B.** Trente salariés
- ○ **C.** Quarante salariés
- ○ **D.** Cinquante salariés

242 Le comité social et économique regroupe :

- ○ **A.** Le représentant de la section syndicale et les délégués du personnel
- ○ **B.** Les délégués du personnel, le comité d'entreprise et les délégués syndicaux
- ○ **C.** Les délégués syndicaux, le comité d'hygiène de sécurité et des conditions de travail
- ○ **D.** Le comité d'hygiène de sécurité et des conditions de travail, les délégués du personnel et le comité d'entreprise

243 Depuis quand le droit de grève a-t-il valeur constitutionnelle?

- ○ **A.** 18 août 1980
- ○ **B.** 16 juillet 1971
- ○ **C.** 15 janvier 1968
- ○ **D.** 22 mars 1975

244 À partir de combien de salariés dont le licenciement est envisagé, un plan de sauvegarde de l'emploi est obligatoire dans les entreprises de plus de 50 salariés?

- ○ **A.** Au moins 30 salariés sur une période de 30 jours
- ○ **B.** Au moins 5 salariés sur une période de 30 jours
- ○ **C.** Au moins 15 salariés sur une période de 30 jours
- ○ **D.** Au moins 10 salariés sur une période de 30 jours

245 Par qui peut être assisté un salarié lors d'un entretien préalable à sanction?

- ○ **A.** Un conseiller du salarié
- ○ **B.** Un avocat
- ○ **C.** Un membre de sa famille
- ○ **D.** Un ami

246 À quelle date a été créé le code du travail?

- ○ **A.** 20 février 1945
- ○ **B.** 18 juin 1936
- ○ **C.** 28 décembre 1910
- ○ **D.** 15 janvier 1915

247 Quelle cause ne permet pas de rompre un contrat à durée déterminée de manière anticipée?

- ○ **A.** L'inaptitude
- ○ **B.** La faute simple
- ○ **C.** La faute grave
- ○ **D.** La conclusion d'un contrat à durée indéterminée

248 Qu'est-ce qu'un juge départiteur?

- ○ **A.** Un magistrat professionnel qui intervient quand les conseillers prud'hommes ne parviennent pas à se mettre d'accord
- ○ **B.** Un magistrat professionnel qui traite les contentieux des élections professionnelles
- ○ **C.** Un magistrat professionnel qui intervient à l'audience de conciliation et d'orientation
- ○ **D.** Un magistrat professionnel qui statue sur les affaires en appel

249 Qu'est-ce que le « barème Macron »?

- ○ **A.** Un barème de congés payés dans les entreprises de plus de 50 salariés
- ○ **B.** Un barème de prime d'ancienneté
- ○ **C.** Un barème d'indemnités kilométriques
- ○ **D.** Un barème d'indemnités prud'homales en cas de licenciement sans cause réelle et sérieuse

250 Quel motif n'est pas un motif discriminatoire?

- ○ **A.** La tenue vestimentaire
- ○ **B.** Le lieu de résidence
- ○ **C.** La précarité de la situation économique
- ○ **D.** Les opinions politiques

251 En principe, quelle est la composition du bureau de jugement du conseil de prud'hommes?

- ○ **A.** Un magistrat professionnel et deux assesseurs
- ○ **B.** Un conseiller prud'hommes salarié et un conseiller prud'hommes employeur
- ○ **C.** Deux conseillers prud'hommes salariés et deux conseillers prud'hommes employeurs
- ○ **D.** Un magistrat professionnel, deux conseillers prud'hommes salariés et deux conseillers prud'hommes employeurs

252 Qu'est-ce qu'une clause de dédit-formation dans un contrat de travail?

- ○ **A.** Une clause par laquelle le salarié s'engage à rembourser les frais de formation engagés par l'employeur s'il démissionne avant un certain délai
- ○ **B.** Une clause par laquelle le salarié paye directement le coût de sa formation à l'employeur
- ○ **C.** Une clause par laquelle le salarié démissionnaire doit former le salarié qui le remplace
- ○ **D.** Une clause par laquelle le salarié doit faire un certain nombre de formations dans l'année

253 Dans quel cas l'employeur ne peut-il pas recourir à un contrat à durée déterminée?

- ○ **A.** Le remplacement d'un salarié absent
- ○ **B.** Le remplacement d'un salarié qui part à la retraite
- ○ **C.** Le surcroît temporaire d'activité
- ○ **D.** L'attente de la prise de fonction d'un nouveau salarié

254 Sauf dérogation, quelle est la durée légale maximale quotidienne de travail?

- ○ **A.** 12 heures
- ○ **B.** 10 heures
- ○ **C.** 7 heures
- ○ **D.** 9 heures

255 Où se situe l'Organisation internationale du travail?

- ○ **A.** Genève
- ○ **B.** Paris
- ○ **C.** Berlin
- ○ **D.** Moscou

256 Laquelle de ces conditions n'est pas une condition de validité d'un contrat à durée déterminée?

- ○ **A.** Un écrit
- ○ **B.** Un motif de recours
- ○ **C.** Une période d'essai
- ○ **D.** Le nom du salarié absent en cas de remplacement

257 Qu'est-ce qui n'est pas une condition de l'usage d'entreprise?

- ○ **A.** Généralité
- ○ **B.** Égalité
- ○ **C.** Constance
- ○ **D.** Fixité

258 Dans quel cas s'applique la priorité de réembauchage?

- ○ **A.** Un licenciement pour motif économique
- ○ **B.** Une prise d'acte de la rupture du contrat de travail aux torts de l'employeur
- ○ **C.** Une démission
- ○ **D.** Un licenciement pour inaptitude

259 Quel critère n'est pas nécessaire pour qu'une organisation syndicale soit considérée comme représentative?

- ○ **A.** Avoir une audience électorale
- ○ **B.** Avoir une influence
- ○ **C.** Être une confédération
- ○ **D.** Respecter les valeurs républicaines

260 Quelle sanction est illicite?

- ○ **A.** La rétrogradation
- ○ **B.** La diminution de salaire
- ○ **C.** La mise à pied disciplinaire
- ○ **D.** La mutation

261 **Quelle condition n'est pas une condition de validité de la clause de non-concurrence ?**

- ○ **A.** La limitation dans le temps
- ○ **B.** La contrepartie financière
- ○ **C.** La limitation géographique
- ○ **D.** Le nom des sociétés concurrentes

262 **Que signifie le principe « *non bis in idem* » ?**

- ○ **A.** Il n'est pas possible de sanctionner différemment deux salariés qui ont commis le même fait
- ○ **B.** Nul ne peut se prévaloir de sa propre turpitude
- ○ **C.** Il n'est pas possible de sanctionner deux fois le même fait commis par un même salarié
- ○ **D.** Il est possible de sanctionner plusieurs fois le même fait commis par un même salarié

263 **Les membres du comité économique et social sont élus pour combien d'années ?**

- ○ **A.** 5 ans
- ○ **B.** 4 ans
- ○ **C.** 2 ans
- ○ **D.** 6 ans

264 **Par qui doit être constatée l'inaptitude professionnelle d'un salarié ?**

- ○ **A.** L'employeur
- ○ **B.** Le médecin traitant
- ○ **C.** Le médecin du travail
- ○ **D.** L'inspecteur du travail

265 **Un contrat à durée déterminée peut être renouvelé :**

- ○ **A.** Une fois
- ○ **B.** Deux fois
- ○ **C.** Trois fois
- ○ **D.** Aucune fois

266 **Quelle condition n'est pas nécessaire pour remettre en cause un usage d'entreprise ?**

- ○ **A.** Informer le comité social et économique
- ○ **B.** Informer individuellement chaque salarié concerné
- ○ **C.** Respecter un délai de prévenance suffisant
- ○ **D.** Demander l'accord des salariés

267 **En quelle année les Assedic et l'ANPE sont devenues Pôle emploi ?**

- ○ **A.** 2008
- ○ **B.** 2010
- ○ **C.** 2005
- ○ **D.** 2007

268 **Quelles sont les formalités pour rompre une période d'essai ?**

- ○ **A.** Aucune
- ○ **B.** Un entretien préalable à la rupture
- ○ **C.** Une lettre notifiée au salarié lui expliquant les motifs de la rupture
- ○ **D.** Le respect d'un délai de prévenance

269 **Quel est le montant légal de la prime de précarité à la suite d'un contrat à durée déterminée ?**

- ○ **A.** 10 % de la rémunération brute totale perçue pendant le contrat
- ○ **B.** 12 % de la rémunération brute totale perçue pendant le contrat
- ○ **C.** 15 % de la rémunération brute totale perçue pendant le contrat
- ○ **D.** 8 % de la rémunération brute totale perçue pendant le contrat

270 **En principe, quel mode de rupture du contrat de travail n'ouvre pas droit aux allocations chômage ?**

- ○ **A.** Le licenciement pour faute grave
- ○ **B.** La rupture conventionnelle
- ○ **C.** La démission
- ○ **D.** Le licenciement pour faute lourde

271 **Combien de temps dure un congé maternité ?**

- ○ **A.** 14 semaines
- ○ **B.** 16 semaines
- ○ **C.** 10 semaines
- ○ **D.** 20 semaines

272 **Quelle est la durée maximale hebdomadaire de travail prévue par le code du travail?**

- ○ **A.** 48 heures sur une même semaine et 44 heures par semaine en moyenne sur une période de 12 semaines consécutives
- ○ **B.** 50 heures sur une même semaine et 46 heures par semaine en moyenne sur une période de 12 semaines consécutives
- ○ **C.** 52 heures sur une même semaine et 48 heures par semaine en moyenne sur une période de 12 semaines consécutives
- ○ **D.** 46 heures sur une même semaine et 42 heures par semaine en moyenne sur une période de 12 semaines consécutives

273 **Quelle organisation syndicale ne faisait pas partie du «club des cinq» avant la loi du 20 août 2008 sur la représentativité syndicale?**

○ **A.** FO ○ **B.** SUD ○ **C.** CGT ○ **D.** CFDT

274 **Dans quel cas la conclusion d'un contrat de travail écrit n'est-elle pas obligatoire?**

- ○ **A.** Un contrat à durée indéterminée
- ○ **B.** Un contrat à durée déterminée
- ○ **C.** Un contrat d'apprentissage
- ○ **D.** Un contrat d'intérim

275 **Quel est le délai de prescription pour contester un licenciement pour motif personnel?**

○ **A.** 5 ans ○ **B.** 2 ans ○ **C.** 1 an ○ **D.** 3 ans

276 **Quel organe doit autoriser le licenciement d'un salarié protégé?**

- ○ **A.** Le conseil de prud'hommes
- ○ **B.** Le tribunal judiciaire
- ○ **C.** La DIRECCTE
- ○ **D.** Le CHSCT

277 **Quel est le délai minimal entre un entretien préalable au licenciement et la notification du licenciement?**

- ○ **A.** 5 jours ouvrables
- ○ **B.** 2 jours ouvrables
- ○ **C.** 1 jour ouvrable
- ○ **D.** 3 jours ouvrables

278 **En quoi peut être requalifiée la résiliation judiciaire d'un contrat de travail aux torts de l'employeur?**

- ○ **A.** Une démission
- ○ **B.** Un licenciement sans cause réelle et sérieuse
- ○ **C.** Une prise d'acte de la rupture du contrat de travail aux torts de l'employeur
- ○ **D.** Un licenciement pour cause réelle et sérieuse

279 **À quel âge un salarié né après 1973 peut-il partir à la retraite?**

○ **A.** 60 ans ○ **B.** 62 ans ○ **C.** 63 ans ○ **D.** 65 ans

280 **Par qui doit être homologué un plan de sauvegarde de l'emploi?**

- ○ **A.** Le tribunal d'instance
- ○ **B.** Le ministre de l'Économie
- ○ **C.** La DIRECCTE
- ○ **D.** Pôle emploi

281 **Qu'est-ce qu'un syndicat «maison»?**

- ○ **A.** Un syndicat qui n'est pas représentatif
- ○ **B.** Un syndicat qui ne bénéficie pas de locaux dans l'entreprise
- ○ **C.** Un syndicat regroupant des membres de la même famille
- ○ **D.** Un syndicat de connivence avec l'employeur

282 **Dans quel lieu peut-on trouver la liste des conseillers du salarié?**

- ○ **A.** La médecine du travail
- ○ **B.** La mairie
- ○ **C.** Les locaux de l'entreprise
- ○ **D.** Le commissariat

283 **Qu'est-ce qu'une grève perlée?**

- ○ **A.** Un arrêt de l'activité un jour sur deux
- ○ **B.** Plusieurs coupures de travail dans la journée
- ○ **C.** Un ralentissement de la cadence
- ○ **D.** Un arrêt total de l'activité sur plusieurs jours

284 **Par qui l'employeur ne peut-il pas remplacer un salarié gréviste?**

- ○ **A.** Un intérimaire
- ○ **B.** Un bénévole
- ○ **C.** Un salarié non gréviste
- ○ **D.** Un sous-traitant

285 **Qu'est-ce que le contrat de sécurisation professionnelle?**

- ○ **A.** Un dispositif garantissant une sécurité de l'emploi pendant une certaine durée
- ○ **B.** Un dispositif permettant d'avoir accès à plusieurs formations sur l'année
- ○ **C.** Un dispositif d'accompagnement renforcé en cas de licenciement pour motif économique
- ○ **D.** Un dispositif de professionnalisation en alternance

286 **Dans quel cas la prime de précarité d'un contrat à durée déterminée est-elle due?**

- ○ **A.** Au terme d'un contrat à durée déterminée pour surcroît temporaire d'activité
- ○ **B.** Au terme d'un contrat à durée déterminée saisonnier
- ○ **C.** Après une rupture anticipée du contrat à durée déterminée à l'initiative du salarié
- ○ **D.** Après un refus à une proposition d'embauche en contrat à durée indéterminée par l'entreprise

287 **Quelle est la durée légale de la période d'essai pour un ouvrier en contrat à durée indéterminée?**

- ○ **A.** 1 mois
- ○ **B.** 2 mois
- ○ **C.** 3 mois
- ○ **D.** 4 mois

288 **Par quelle juridiction a été remplacé le tribunal des affaires de la Sécurité sociale?**

- ○ **A.** Le pôle social du tribunal administratif
- ○ **B.** Le pôle social de la CNITAT
- ○ **C.** Le pôle social du tribunal d'instance
- ○ **D.** Le pôle social du tribunal judiciaire

289 **Qu'est-ce qu'un préjudice d'anxiété?**

- ○ **A.** Un préjudice moral résultant d'un risque de développer une maladie
- ○ **B.** Un préjudice moral résultant d'un stress au travail
- ○ **C.** Un préjudice moral résultant d'un harcèlement moral
- ○ **D.** Un préjudice moral résultant d'un accident du travail

290 **Que signifie le mot « travail » en latin?**

- ○ **A.** La concentration
- ○ **B.** La torture
- ○ **C.** L'esclavage
- ○ **D.** La sécurité

291 **Qu'est-ce qu'un forfait annuel en jours?**

- ○ **A.** Un dispositif qui permet à l'employeur d'être exonéré de cotisations patronales
- ○ **B.** Un dispositif qui permet au salarié de ne travailler qu'un certain nombre d'heures par jour
- ○ **C.** Un dispositif qui permet au salarié de travailler un certain nombre de jours dans l'année
- ○ **D.** Un dispositif qui permet au salarié de bénéficier d'un aménagement de son poste de travail

292 **Quelle condition n'est pas une condition de validité de la promesse d'embauche?**

- ○ **A.** La rémunération
- ○ **B.** Les horaires de travail
- ○ **C.** Le poste de travail et la qualification
- ○ **D.** La date d'entrée en fonction

293 Quels sont les salariés qui peuvent être soumis à un forfait annuel en jours ?

- A. Tous les salariés
- B. Seulement les cadres
- C. Les salariés ayant un certain nombre d'années d'ancienneté dans l'entreprise
- D. Les salariés qui disposent d'une autonomie dans l'organisation de leur emploi du temps et qui ont des fonctions dont la nature ne les conduit pas à suivre l'horaire collectif

294 Combien de temps à l'employeur pour déclarer un accident du travail ?

- A. 12 heures
- B. 24 heures
- C. 48 heures
- D. 72 heures

295 Quelle est l'une des obligations de l'employeur avant de licencier un salarié pour motif économique ?

- A. Demander l'accord du salarié
- B. Proposer un poste de reclassement
- C. Rechercher un poste de reclassement
- D. Négocier une indemnité de départ

296 La rupture conventionnelle du contrat de travail permet :

- A. De rompre le contrat de travail d'un commun accord
- B. De transiger sur l'exécution et la rupture du contrat de travail
- C. D'avoir une priorité de réembauchage pendant un an
- D. De rompre le contrat de travail à moindre coût pour l'employeur

297 Un accord collectif d'entreprise ne peut pas être négocié par :

- A. Un représentant de la section syndicale
- B. Un délégué syndical
- C. Un salarié mandaté par une organisation syndicale
- D. Un membre du comité économique et social mandaté par une organisation syndicale

298 À partir de quel âge peut-on travailler sans autorisation parentale ?

- A. 14 ans
- B. 16 ans
- C. 17 ans
- D. 18 ans

299 Quel est l'impact d'un stage sur la période d'essai ?

- A. Le stage est intégralement déduit de la période d'essai
- B. Le stage n'est pas déduit de la période d'essai
- C. Le stage est déduit de deux tiers de la période d'essai
- D. Le stage est déduit d'un tiers de la période d'essai

300 Quelle est la durée légale des congés payés ?

- A. 4 semaines pour une année complète de travail
- B. 5 semaines pour une année complète de travail
- C. 6 semaines pour une année complète de travail
- D. 7 semaines pour une année complète de travail

301 Qu'est-ce que la contrepartie obligatoire en repos ?

- A. Des jours de repos accordés à des salariés qui exécutent des astreintes
- B. Des jours de repos accordés à des salariés en remplacement du paiement majoré des heures supplémentaires
- C. Des jours de repos accordés à des salariés seniors
- D. Des jours de repos accordés à des salariés qui exécutent des heures supplémentaires au-delà du contingent annuel

302 À quel taux sont majorées les 8 premières heures supplémentaires ?

- A. 10 %
- B. 15 %
- C. 25 %
- D. 50 %

303 **Quel document ne doit pas être obligatoirement remis au salarié à la fin de son contrat de travail?**

- ○ **A.** Une attestation Pôle emploi
- ○ **B.** Un solde de tout compte
- ○ **C.** Un certificat de travail
- ○ **D.** La liste des formations réalisées

304 **Qu'est-ce qu'une faute lourde?**

- ○ **A.** Une faute commise dans l'intention de nuire à son employeur
- ○ **B.** Une faute constitutive d'une infraction pénale
- ○ **C.** Une faute caractérisée par le non-respect des règles de sécurité
- ○ **D.** Une faute privative de l'indemnité compensatrice de congés payés

305 **Quel critère n'est pas constitutif du contrat de travail?**

- ○ **A.** Le lien de subordination
- ○ **B.** La rémunération
- ○ **C.** La durée du travail
- ○ **D.** La prestation de travail

306 **Quelle condition n'est pas requise pour bénéficier des allocations chômage?**

- ○ **A.** Avoir été privé involontairement de son emploi
- ○ **B.** Ne pas avoir atteint l'âge minimum légal de départ à la retraite
- ○ **C.** Être physiquement apte à l'exercice d'un emploi
- ○ **D.** S'inscrire à Pôle Emploi dans un délai de 2 mois suivant la perte de l'emploi

307 **Qu'est-ce qu'une section syndicale?**

- ○ **A.** Une section animée par un délégué syndical lorsqu'un syndicat n'est pas représentatif dans l'entreprise
- ○ **B.** Une section animée par un représentant de la section syndicale lorsqu'un syndicat n'est pas représentatif dans l'entreprise
- ○ **C.** Une section animée par un délégué syndical lorsqu'un syndicat est représentatif dans l'entreprise
- ○ **D.** Une section animée par un représentant de la section syndicale lorsqu'un syndicat est représentatif dans l'entreprise

308 **À partir de combien de salariés dans l'entreprise ou l'établissement une commission santé, sécurité et conditions de travail (CSSCT) est-elle obligatoire ?**

- ○ **A.** 50 salariés
- ○ **B.** 100 salariés
- ○ **C.** 200 salariés
- ○ **D.** 300 salariés

309 **Quelle est la sanction d'un contrat à durée déterminée illicite?**

- ○ **A.** Une majoration de la prime de précarité
- ○ **B.** Une amende
- ○ **C.** Des dommages et intérêts pour exécution déloyale du contrat
- ○ **D.** Une indemnité de requalification d'un contrat à durée déterminée en contrat à durée indéterminée qui ne peut pas être inférieure à un mois de salaire

310 **Qu'est-ce qu'un droit de retrait?**

- ○ **A.** La possibilité pour un salarié de ne pas travailler en cas de situation dangereuse sans l'accord de l'employeur
- ○ **B.** La possibilité pour un salarié de ne pas travailler en cas de situation dangereuse avec l'accord de l'employeur
- ○ **C.** La possibilité pour un salarié de ne pas travailler en vue d'appuyer des revendications professionnelles
- ○ **D.** La possibilité pour un salarié de ne pas travailler en vue d'appuyer des réclamations professionnelles

311 **Quelle condition ne rentre pas dans la définition de la grève?**

- ○ **A.** Un arrêt total du travail
- ○ **B.** Une concertation des salariés
- ○ **C.** Des revendications professionnelles
- ○ **D.** Un piquet de grève

312 **Quel est le seuil de la représentativité syndicale au niveau national et interprofessionnel?**

- O **A.** 8 %
- O **B.** 10 %
- O **C.** 15 %
- O **D.** 20 %

313 **Quel est le montant du SMIC horaire brut en mai 2022 ?**

- O **A.** 10,85 euros
- O **B.** 10,03 euros
- O **C.** 9,88 euros
- O **D.** 10,15 euros

314 **Quelle est la proportion de travailleurs handicapés qu'une entreprise doit embaucher pour ne pas avoir de pénalité?**

- O **A.** 3 % de l'effectif total
- O **B.** 6 % de l'effectif total
- O **C.** 8 % de l'effectif total
- O **D.** 12 % de l'effectif total

315 **En principe, quelle clause dans un contrat de travail est illicite?**

- O **A.** Une clause de non-concurrence
- O **B.** Une clause de mobilité
- O **C.** Une clause de résidence
- O **D.** Une clause d'exclusivité

316 **Quelle modification ne nécessite pas l'accord des salariés ?**

- O **A.** La rémunération
- O **B.** La durée du travail
- O **C.** Le poste de travail
- O **D.** Les horaires de travail

317 **Quelle condition n'est pas nécessaire pour la validité d'une clause de mobilité dans un contrat de travail?**

- O **A.** Être indispensable à la protection des intérêts légitimes de l'entreprise
- O **B.** Ne pas laisser à l'employeur le pouvoir d'en étendre unilatéralement la portée
- O **C.** Définir de façon précise sa zone géographique d'application
- O **D.** Définir la durée pendant laquelle la clause de mobilité pourra être mise en œuvre

318 **Quel jour férié est légalement chômé et rémunéré?**

- O **A.** Le 1er janvier
- O **B.** Le 1er mai
- O **C.** Le 15 août
- O **D.** Le 11 novembre

319 **Dans quel cas un licenciement ne peut-il pas être déclaré nul?**

- O **A.** Un licenciement lié à harcèlement moral ou une discrimination
- O **B.** Un licenciement lié à la violation d'une liberté fondamentale
- O **C.** Un licenciement lié à l'exercice du droit de grève
- O **D.** Un licenciement lié à l'insuffisance professionnelle du salarié

320 **De quand date le revenu de solidarité active?**

- O **A.** 1er décembre 2007
- O **B.** 1er décembre 2008
- O **C.** 1er décembre 2009
- O **D.** 1er décembre 2010

Droit européen et international

→ **Retrouvez le corrigé de cette série page 301.**

321 **Qui est l'un des pères fondateurs de l'Union européenne ?**

- ○ **A.** Pierre Mendès France
- ○ **B.** Jean Monnet
- ○ **C.** Raymond Barre
- ○ **D.** Pierre Laval

322 **Sous quel président de la République a eu lieu un référendum pour la création d'une constitution européenne ?**

- ○ **A.** François Hollande
- ○ **B.** Frédéric Mitterrand
- ○ **C.** Nicolas Sarkozy
- ○ **D.** Jacques Chirac

323 **Quand a été signé le traité de Maastricht ?**

- ○ **A.** 1991
- ○ **B.** 1992
- ○ **C.** 1993
- ○ **D.** 1994

324 **Pour quels crimes la Cour pénale internationale (CPI) est-elle compétente ?**

- ○ **A.** Les crimes commis avant 1950
- ○ **B.** Les crimes commis par les États
- ○ **C.** Les crimes de terrorisme
- ○ **D.** Les crimes d'agression

325 **Où se trouve le siège de l'UNESCO ?**

- ○ **A.** Paris (France)
- ○ **B.** La Haye (Pays-Bas)
- ○ **C.** New York (États-Unis)
- ○ **D.** Bruxelles (Belgique)

326 **La Cour internationale de justice est intégrée à quelle organisation ?**

- ○ **A.** L'OTAN
- ○ **B.** L'UNESCO
- ○ **C.** L'OIT
- ○ **D.** L'ONU

327 **Qui préside le Parlement européen depuis janvier 2022 ?**

- ○ **A.** Jean-Claude Juncker
- ○ **B.** Mario Draghi
- ○ **C.** David Sassoli
- ○ **D.** Roberta Metsola

328 **Où siège l'ONU ?**

- ○ **A.** Paris (France)
- ○ **B.** La Haye (Pays-Bas)
- ○ **C.** New York (États-Unis)
- ○ **D.** Bruxelles (Belgique)

329 **La Cour de justice de l'Union européenne :**

- ○ **A.** Est une juridiction internationale compétente pour statuer sur des requêtes individuelles ou étatiques alléguant des violations des droits civils et politiques
- ○ **B.** Est l'organe judiciaire des Nations unies
- ○ **C.** Est chargée de faire respecter le droit communautaire, l'interprétation et l'application des traités instituant l'Union européenne
- ○ **D.** Trouve son origine dans la Déclaration universelle des droits de l'homme de 1948

330 **Quand a été signé le traité de Lisbonne ?**

- ○ **A.** 2005
- ○ **B.** 2006
- ○ **C.** 2007
- ○ **D.** 2008

331 **À l'origine, quels sont les membres permanents du Conseil de sécurité de l'ONU ?**

- ○ **A.** Les États-Unis, la Russie, la Chine, la France, le Royaume-Uni
- ○ **B.** Les États-Unis, la Russie, l'Allemagne, la Chine, la France, le Royaume-Uni
- ○ **C.** Les États-Unis, la Russie, l'Allemagne, la Chine, la France, le Royaume-Uni, l'Allemagne, le Japon
- ○ **D.** Les États-Unis, la Russie, l'Allemagne, la Chine, la France, le Royaume-Uni, le Japon, l'Inde

332 **De quand date l'UNESCO ?**

○ **A.** 1945 ○ **B.** 1950 ○ **C.** 1955 ○ **D.** 1960

333 **Le Conseil de l'Europe :**

○ **A.** Regroupe les chefs d'État et de gouvernement de l'Union européenne
○ **B.** Est une organisation intergouvernementale instituée par le traité de Londres, le 5 mai 1949
○ **C.** Est une institution sur laquelle est fondée l'Union européenne
○ **D.** A son siège à Bruxelles

334 **Dans quel cadre la Convention européenne des droits de l'homme du 4 novembre 1950 a-t-elle été adoptée ?**

○ **A.** Dans le cadre du Conseil de l'Europe
○ **B.** Dans le cadre de l'Union européenne
○ **C.** Dans le cadre de l'Organisation des Nations unies
○ **D.** Dans le cadre de l'Organisation de coopération et de développement économiques (OCDE)

335 **Quel est le nombre des États fondateurs de l'Union européenne ?**

○ **A.** 6 ○ **B.** 9 ○ **C.** 10 ○ **D.** 12

336 **Jean Monnet a été ?**

○ **A.** Le premier président de la Commission européenne
○ **B.** Le premier président du Parlement européen
○ **C.** Le premier président de la Haute Autorité de la CECA
○ **D.** Le premier président du Conseil européen

337 **En quelle année le Royaume-Uni est-il devenu membre de l'Union européenne ?**

○ **A.** 1967 ○ **B.** 1969 ○ **C.** 1973 ○ **D.** 1975

338 **Combien d'États sont membres de la zone euro ?**

○ **A.** 16 ○ **B.** 19 ○ **C.** 20 ○ **D.** 26

339 **Où siège la Cour de justice de l'Union européenne ?**

○ **A.** Strasbourg (France)
○ **B.** Bruxelles (Belgique)
○ **C.** Luxembourg (Luxembourg)
○ **D.** La Haye (Pays-Bas)

340 **La Convention de Vienne du 23 mai 1969 :**

○ **A.** S'applique aux organisations internationales
○ **B.** S'applique à l'acte constitutif d'une organisation internationale
○ **C.** Concerne les traités entre États
○ **D.** Fixe des règles impératives

341 **L'article 10 du pacte de la Société des Nations de 1919 garantit :**

○ **A.** La mise en place d'une procédure d'arbitrage en cas de menace de guerre
○ **B.** La convocation du Conseil en cas de menace de guerre
○ **C.** L'interdiction de recourir à la guerre moins de trois mois avant la sentence des arbitres ou la réunion du Conseil
○ **D.** L'inviolabilité du territoire et l'indépendance politique

342 **En droit interne français, quelle norme prévaut dans la hiérarchie des normes ?**

○ **A.** La Constitution
○ **B.** Le traité
○ **C.** La loi
○ **D.** Le règlement

343 **Où se trouve le siège de la Cour pénale internationale (CPI) ?**

- ○ **A.** Genève (Suisse)
- ○ **B.** Bruxelles (Belgique)
- ○ **C.** La Haye (Pays-Bas)
- ○ **D.** New York (États-Unis)

344 **Quel État n'est pas partie à la Cour pénale internationale (CPI) ?**

- ○ **A.** Venezuela
- ○ **B.** États-Unis
- ○ **C.** France
- ○ **D.** Gabon

345 **Quelle est la durée du mandat de la Commission européenne ?**

- ○ **A.** 4 ans
- ○ **B.** 5 ans
- ○ **C.** 6 ans
- ○ **D.** 7 ans

346 **Une réserve exprimée à un traité :**

- ○ **A.** Permet d'interpréter ou de modifier ce traité
- ○ **B.** N'est pas possible
- ○ **C.** Est possible si les autres parties n'émettent pas d'objection
- ○ **D.** N'est pas possible pour les actes constitutifs des organisations internationales

347 **Dans quel cadre la Charte sur les droits fondamentaux du 7 décembre 2000 a-t-elle été adoptée ?**

- ○ **A.** Dans le cadre du Conseil de l'Europe
- ○ **B.** Dans le cadre de l'Union européenne
- ○ **C.** Dans le cadre de l'Organisation des Nations unies
- ○ **D.** Dans le cadre de l'Organisation de coopération et de développement économiques (OCDE)

348 **Le règlement UE n° 1215/2012 du 12 décembre 2012 dit « Bruxelles 1 bis » réglemente :**

- ○ **A.** La compétence judiciaire, la reconnaissance et l'exécution des décisions en matière civile et commerciale
- ○ **B.** La coopération renforcée dans le domaine de la loi applicable au divorce et à la séparation de corps
- ○ **C.** La coopération renforcée dans le domaine de la compétence, de la loi applicable, de la reconnaissance et de l'exécution des décisions en matière de régimes matrimoniaux
- ○ **D.** La compétence, la reconnaissance et l'exécution des décisions en matière matrimoniale et en matière de responsabilité parentale

349 **L'État est engagé par un traité après :**

- ○ **A.** Sa signature
- ○ **B.** Sa ratification
- ○ **C.** Son adoption
- ○ **D.** Sa confirmation

350 **Dans quel texte est inscrit le droit des peuples à disposer d'eux-mêmes ?**

- ○ **A.** Le pacte de la Société des Nations
- ○ **B.** Le pacte international relatif aux droits civils et politiques de New York
- ○ **C.** Le préambule de la Constitution
- ○ **D.** La convention de Genève

351 **Quelle est l'une des conditions d'adhésion à l'Union européenne ?**

- ○ **A.** Obtenir la majorité des votes au Conseil
- ○ **B.** Garantir la croissance économique, un marché hautement compétitif, et des progrès scientifiques et techniques
- ○ **C.** Respecter les principes de dignité humaine, de liberté, de démocratie, d'égalité et de l'État de droit
- ○ **D.** S'interdire de faire la guerre

352 **Quelles sont les modalités de retrait d'un État de l'Union européenne?**

- ○ **A.** Le retrait n'est pas prévu par les traités
- ○ **B.** Un accord de retrait est conclu au nom de l'Union européenne par la Commission européenne
- ○ **C.** L'État demandant le retrait notifie son intention à la Commission européenne
- ○ **D.** Faute d'accord de retrait, le droit de l'Union européenne cesse de s'appliquer à l'État concerné deux ans après qu'il ait notifié son intention de se retirer, sauf prorogation à l'unanimité

353 **À quelle date la Cour européenne des droits de l'homme a-t-elle été instituée?**

- ○ **A.** 1948
- ○ **B.** 1950
- ○ **C.** 1953
- ○ **D.** 1959

354 **Le président de la Commission européenne est élu :**

- ○ **A.** À la majorité des membres du Parlement européen
- ○ **B.** À l'unanimité des membres du Parlement européen
- ○ **C.** À l'unanimité des membres du Conseil européen
- ○ **D.** À la majorité qualifiée des membres du Conseil européen

355 **Le droit primaire de l'Union européenne comprend :**

- ○ **A.** Le traité sur l'Union européenne et le traité sur le fonctionnement de l'Union européenne
- ○ **B.** Les règlements, directives, décisions, avis et recommandations
- ○ **C.** Les accords internationaux signés entre l'Union européenne et un pays ou une organisation tiers
- ○ **D.** Les accords interinstitutionnels

356 **Le principe d'effet direct :**

- ○ **A.** Permet de sanctionner la Commission européenne ou un État membre qui ne respecte pas les traités
- ○ **B.** Permet aux particuliers d'invoquer directement une norme européenne devant une juridiction nationale ou européenne
- ○ **C.** Signifie que le droit européen a une valeur supérieure aux droits nationaux des États membres
- ○ **D.** Permet de consulter la Cour de justice de l'Union européenne sur l'interprétation du droit de l'Union européenne

357 **Par quel arrêt de la Cour de justice des Communautés européennes le principe d'effet direct a-t-il été consacré?**

- ○ **A.** Arrêt Costa contre ENEL du 15 juillet 1964
- ○ **B.** Arrêt Simmenthal du 9 mars 1978
- ○ **C.** Arrêt van Gend en Loos du 5 février 1963
- ○ **D.** Arrêt Francovich du 19 novembre 1991

358 **Où siège la Commission européenne?**

- ○ **A.** Strasbourg (France)
- ○ **B.** Bruxelles (Belgique)
- ○ **C.** Luxembourg (Luxembourg)
- ○ **D.** La Haye (Pays-Bas)

359 **Quelle norme de l'Union européenne dispose par principe d'un effet direct?**

- ○ **A.** Le règlement
- ○ **B.** La directive
- ○ **C.** L'avis
- ○ **D.** La recommandation

360 **La procédure de recours en manquement permet de :**

- ○ **A.** Sanctionner un État membre qui ne respecte pas le droit de l'Union européenne
- ○ **B.** Sanctionner l'abstention d'une institution de l'Union européenne
- ○ **C.** Sanctionner l'illégalité d'un règlement ou d'une directive
- ○ **D.** Consulter la Cour de justice de l'Union européenne sur l'interprétation du droit de l'Union européenne

361 **La procédure de question préjudicielle permet de :**

- ○ **A.** Sanctionner un État membre qui ne respecte pas le droit de l'Union européenne
- ○ **B.** Sanctionner l'abstention d'une institution de l'Union européenne
- ○ **C.** Sanctionner l'illégalité d'un règlement ou d'une directive
- ○ **D.** Consulter la Cour de justice de l'Union européenne sur l'interprétation du droit de l'Union européenne

362 **Dans quel domaine l'Union européenne dispose-t-elle d'une compétence exclusive?**

- ○ **A.** L'union douanière
- ○ **B.** L'agriculture et la pêche, à l'exclusion de la conservation des ressources biologiques de la mer
- ○ **C.** La protection des consommateurs
- ○ **D.** L'espace de liberté, de sécurité et de justice

363 **Le Conseil européen :**

- ○ **A.** Adopte les décisions obligatoires de l'Union européenne
- ○ **B.** Rassemble uniquement les ministres des Affaires étrangères de l'Union européenne
- ○ **C.** Est une organisation intergouvernementale instituée par le traité de Londres le 5 mai 1949
- ○ **D.** Réunit les chefs d'État et de gouvernement de l'Union européenne

364 **Quelle(s) disposition(s) de la Convention européenne des droits de l'homme du 4 novembre 1950 pose(nt) le principe de l'interdiction de la peine de mort?**

- ○ **A.** Les protocoles additionnels n° 6 et n° 13
- ○ **B.** Le protocole additionnel n° 1
- ○ **C.** L'article 1er
- ○ **D.** L'article 2

365 **À quoi sert la procédure d'exequatur?**

- ○ **A.** Faire rejuger en France une affaire déjà jugée à l'étranger
- ○ **B.** Rendre exécutoire un jugement étranger sur le territoire français
- ○ **C.** Pratiquer des mesures d'exécution forcée sur le patrimoine d'une personne condamnée
- ○ **D.** Rendre exécutoire un jugement français sur le territoire français

366 **Quel est l'objet du règlement UE n° 1259/2010 du 20 décembre 2010 dit « Rome III » ?**

- ○ **A.** La compétence judiciaire, la reconnaissance et l'exécution des décisions en matière civile et commerciale
- ○ **B.** La coopération renforcée dans le domaine de la loi applicable au divorce et à la séparation de corps
- ○ **C.** La coopération renforcée dans le domaine de la compétence, de la loi applicable, de la reconnaissance et de l'exécution des décisions en matière de régimes matrimoniaux
- ○ **D.** La compétence, la reconnaissance et l'exécution des décisions en matière matrimoniale et en matière de responsabilité parentale

367 **Dans la mythologie grecque Europe est :**

- ○ **A.** La femme d'Astérion
- ○ **B.** La fille de Zeus
- ○ **C.** La fille de Gaia
- ○ **D.** La femme d'Apollon

368 **Dans quel texte est inscrit le principe de l'interdiction du recours à la force armée dans les relations internationales?**

- ○ **A.** Le pacte de la Société des Nations de 1919
- ○ **B.** La Charte des Nations unies de 1945
- ○ **C.** La Charte des droits fondamentaux
- ○ **D.** La Convention européenne des droits de l'homme

369 **Combien de juges composent la Cour de justice de l'Union européenne (CJUE) ?**

- ○ **A.** 11
- ○ **B.** 27
- ○ **C.** 47
- ○ **D.** 56

370 Quel texte affirme à son article 1er que « tous les êtres humains naissent libres et égaux en dignité et en droits » ?

- ○ **A.** La Déclaration universelle des droits de l'homme
- ○ **B.** La Déclaration des droits de l'homme
- ○ **C.** La Convention européenne des droits de l'homme
- ○ **D.** La Charte des droits fondamentaux de l'Union européenne

371 En quelle année a été créée la Cour internationale de justice ?

○ **A.** 1945 ○ **B.** 1950 ○ **C.** 1966 ○ **D.** 1998

372 Où se trouve le siège de la Cour internationale de justice ?

- ○ **A.** Paris (France)
- ○ **B.** La Haye (Pays-Bas)
- ○ **C.** New York (États-Unis)
- ○ **D.** Bruxelles (Belgique)

373 Le droit dérivé de l'Union européenne comprend :

- ○ **A.** Le traité sur l'Union européenne et le traité sur le fonctionnement de l'Union européenne
- ○ **B.** Les règlements, directives, décisions, avis et recommandations
- ○ **C.** Les accords internationaux signés entre l'UE et un pays ou une organisation tiers
- ○ **D.** Les accords interinstitutionnels

374 En quelle année a été adoptée la Déclaration universelle des droits de l'homme ?

○ **A.** 1945 ○ **B.** 1950 ○ **C.** 1948 ○ **D.** 1966

375 Quelle norme de l'Union européenne dispose d'un effet direct si elle est claire, précise, inconditionnelle et si elle n'a pas été transposée dans les délais ?

- ○ **A.** Le règlement
- ○ **B.** La directive
- ○ **C.** L'avis
- ○ **D.** La recommandation

376 Quel est le rôle du Conseil de l'Union européenne ?

- ○ **A.** Proposer les textes législatifs au Parlement Européen
- ○ **B.** Rassembler les ministres des Affaires étrangères de l'Union européenne
- ○ **C.** Rassembler les commissaires européens
- ○ **D.** Réunir les chefs d'État et de gouvernement de l'Union européenne

377 La ratification des traités :

- ○ **A.** Permet de réécrire le texte d'un traité
- ○ **B.** Permet de soumettre un traité au Conseil constitutionnel
- ○ **C.** Permet de formuler des réserves sur un traité
- ○ **D.** Permet l'entrée en vigueur d'un traité en droit interne

378 L'*opinio juris* est :

- ○ **A.** L'avis donné par la Cour internationale de justice
- ○ **B.** L'opinion dissidente d'un juge de la Cour internationale de justice
- ○ **C.** L'opinion dissidente d'un juge de la Cour européenne des droits de l'homme
- ○ **D.** Le sentiment d'être lié par une obligation juridique

379 Combien d'étoiles contient le drapeau européen ?

○ **A.** 12 étoiles ○ **B.** 15 étoiles ○ **C.** 20 étoiles ○ **D.** 27 étoiles

380 En quelle année a été adopté le Pacte international relatif aux droits civils et politiques (PIDCP) ?

○ **A.** 1950 ○ **B.** 1966 ○ **C.** 1976 ○ **D.** 1980

381 **Quel est l'hymne européen?**

- ○ **A.** Le *Printemps* de Vivaldi
- ○ **B.** L'*Ave Maria* de Bocelli
- ○ **C.** Le *Boléro* de Ravel
- ○ **D.** L'*Ode à la joie* de Beethoven

382 **En quelle année a été adopté le Pacte international relatif aux droits économiques, sociaux et culturels (PIDESC)?**

- ○ **A.** 1950
- ○ **B.** 1966
- ○ **C.** 1976
- ○ **D.** 2008

383 **Quelle est la devise de l'Union européenne?**

- ○ **A.** Dans l'union et la liberté
- ○ **B.** Unie dans la diversité
- ○ **C.** L'unité dans la diversité
- ○ **D.** La force est dans l'unité

384 **Quelle langue n'est pas une langue de travail de la Commission et du Conseil de l'Union européenne?**

- ○ **A.** L'anglais
- ○ **B.** Le français
- ○ **C.** L'allemand
- ○ **D.** L'italien

385 **Quel État membre de l'Union européenne ne fait pas partie de l'espace Schengen?**

- ○ **A.** La République tchèque
- ○ **B.** La Roumanie
- ○ **C.** La Lettonie
- ○ **D.** Malte

386 **Quel programme permet de faire ses études dans un autre État membre que le sien?**

- ○ **A.** Lévi-Strauss
- ○ **B.** Hermès
- ○ **C.** Christophe Colomb
- ○ **D.** Erasmus

387 **Combien de temps un État membre assure-t-il la présidence du Conseil de l'Union européenne ?**

- ○ **A.** 3 mois
- ○ **B.** 6 mois
- ○ **C.** 1 an
- ○ **D.** 2 ans

388 **Dans quel domaine l'Union européenne dispose-t-elle d'une compétence partagée avec les États membres?**

- ○ **A.** L'union douanière
- ○ **B.** La politique monétaire pour les États membres dont la monnaie est l'euro
- ○ **C.** L'établissement des règles de concurrence nécessaires au fonctionnement du marché intérieur
- ○ **D.** L'espace de liberté, de sécurité et de justice

389 **En quelle année l'euro a-t-il été mis en circulation?**

- ○ **A.** 1999
- ○ **B.** 2000
- ○ **C.** 2001
- ○ **D.** 2002

390 **Les commissaires européens sont nommés :**

- ○ **A.** À la majorité des membres du Parlement européen après approbation du Conseil européen
- ○ **B.** À l'unanimité des membres du Parlement européen après approbation du Conseil européen
- ○ **C.** À l'unanimité des membres du Conseil européen après approbation du Parlement européen
- ○ **D.** À la majorité qualifiée des membres du Conseil européen après approbation du Parlement européen

391 **En quelle année a été créée l'OTAN?**

- ○ **A.** 1945
- ○ **B.** 1949
- ○ **C.** 1966
- ○ **D.** 1991

392 **Quelle intervention militaire n'a pas été autorisée par le Conseil de sécurité de l'ONU ?**

- ○ **A.** *Force alliée* (opération en Serbie en 1999)
- ○ **B.** KFOR (opération au Kosovo en 1999)
- ○ **C.** *Unified Protector* (opération en Libye en 2011)
- ○ **D.** FIAS (opération en Afghanistan en 2003)

393 **Comment se nomme le secrétaire général de l'ONU ?**

- ○ **A.** Boutros Boutros-Ghali
- ○ **B.** Kofi Annan
- ○ **C.** Antonio Guterres
- ○ **D.** Ban Ki-moon

394 **Quels sont les critères d'obtention de l'exequatur en l'absence de convention internationale ?**

- ○ **A.** La compétence du juge étranger et la conformité de la décision à l'ordre public international
- ○ **B.** La compétence du juge étranger et l'absence de fraude à la loi
- ○ **C.** La compétence du juge étranger, la conformité de la décision à l'ordre public international et l'absence de fraude à la loi
- ○ **D.** La compétence du juge étranger, la régularité de la procédure étrangère, la conformité de la décision à l'ordre public international et l'absence de fraude à la loi

395 **En quelle année a été adoptée la Convention-cadre des Nations unies sur les changements climatiques ?**

- ○ **A.** En 1992 à Rio de Janeiro
- ○ **B.** En 2009 à Copenhague
- ○ **C.** En 2015 à Paris
- ○ **D.** En 2018 à Katowice

396 **Comment se nomme l'unité européenne de coopération judiciaire ?**

- ○ **A.** EUROJUST
- ○ **B.** INTERPOL
- ○ **C.** EUROPOL
- ○ **D.** GAFI

397 **Quelle condition n'est pas requise pour saisir la Cour européenne des droits de l'homme ?**

- ○ **A.** Avoir épuisé les voies de recours internes
- ○ **B.** Avoir la nationalité d'un État membre
- ○ **C.** Être directement et personnellement victime d'une violation de la Convention
- ○ **D.** Être une personne physique ou morale

398 **Quel pays est la première puissance économique européenne ?**

- ○ **A.** La France
- ○ **B.** L'Italie
- ○ **C.** L'Espagne
- ○ **D.** L'Allemagne

399 **En présence d'une violation de la Convention européenne des droits de l'homme, la Cour européenne des droits de l'homme peut :**

- ○ **A.** Accorder une satisfaction équitable (réparation financière)
- ○ **B.** Annuler la loi nationale
- ○ **C.** Exécuter les arrêts qu'elle rend
- ○ **D.** Annuler, modifier ou réviser la décision de la juridiction nationale

400 **Quel traité a institué la citoyenneté européenne ?**

- ○ **A.** Le traité de fonctionnement de l'Union européenne
- ○ **B.** Le traité de Lisbonne
- ○ **C.** L'Acte unique européen
- ○ **D.** Le traité de Maastricht

Corrigés

Histoire du droit

1 Qui a participé à la rédaction du Code civil ? **Portalis**

2 Qu'est-ce qui ne caractérise pas la Constitution de l'an I ? **Le suffrage censitaire**

3 En quelle année a été promulgué le Code civil ? **En 1804**

4 Que votait la plèbe à Rome ? **Des plébiscites**

5 Qui a permis la légalisation de l'interruption volontaire de grossesse ? **Simone Veil**

6 Quel est l'objet de la loi Le Chapelier de 1791 ? **Interdire les groupements professionnels**

7 Où est née la démocratie ? **À Athènes**

8 Par quelle procédure l'accusé ne peut-il pas prouver son innocence devant le tribunal mérovingien ? **La présomption d'innocence**

9 Comment s'appellent les personnes vivant sous la dominance romaine sans être citoyens ? **Les pérégrins**

10 De quand date la séparation de l'Église et de l'État en France ? **Du 9 décembre 1905**

11 Quel est le dernier roi à avoir eu pour résidence le palais de la Cité (Paris 1er arrondissement) ? **Charles V**

12 Quel est l'objet de l'édit de Nantes de 1598 ? **Accorder la liberté de conscience et de culte aux protestants**

13 Que sont les institutions de la IIe République ? **Une assemblée élue au suffrage universel et un président de la République élu par le peuple pour 4 ans**

14 À quel siècle l'*habeas corpus* a-t-il été adopté au Royaume-Uni ? **XVIIe siècle**

15 Quelle est la devise de la République romaine ? **Le sénat et le peuple romain**

16 Qui était Maximilien Robespierre ? **Un révolutionnaire**

17 À quelle date prend fin la IIIe République ? **1940**

18 Quel est l'objet de l'ordonnance de Villers-Cotterêts de 1539 ? **Imposer le français comme langue officielle**

19 Qui a écrit « *J'accuse !* » ? **Émile Zola**

20 De quand date la Ire République ? **21 septembre 1792**

21 Quel est l'objet de la loi Naquet de 1792 ? **Rétablir le divorce**

22 Au Moyen Âge, les serfs ne pouvaient pas ? **Se déplacer du domaine de leur seigneur**

23 Qui était l'ordonnateur du procès de Jeanne d'Arc ? **Pierre Cauchon**

24 Quel personnage célèbre a dirigé la cité d'Athènes ? **Périclès**

25 Quel roi des Francs a institutionnalisé le sacre royal ? **Pépin le Bref**

26 À quelle date fut adoptée la Charte constitutionnelle sous la Restauration ? **4 juin 1814**

27 Qu'est-ce qui ne caractérise pas le régime de la IIe République ? **L'esclavage**

28 Quel ordre n'appartient pas à l'Ancien Régime ? **La bourgeoisie**

29 Quel est l'objet du Concordat de 1801 ? **Porter la séparation de l'Église et de l'État**

30 Comment s'appelle l'assemblée de la plèbe à Rome ? **Le concile**

31 De quand date le quinquennat sous la Vᵉ République ? **2000**

32 Qui est à l'initiative de l'abolition de l'esclavage dans les possessions françaises au XIXᵉ siècle ? **Victor Schœlcher**

33 Quel est l'objet de l'*habeas corpus* ? **Garantir la liberté individuelle et prévenir la détention arbitraire**

34 Que signifie « *Le roi est mort, vive le roi !* » ? **La continuité de la couronne**

35 Comment s'appelle le premier corpus des lois romaines écrites ? **La loi des Douze Tables**

36 Qu'est-ce qu'un capitulaire ? **Un acte législatif émanant d'un roi carolingien**

37 Le Code de procédure civile a été inspiré par les travaux de : **Henri Motulsky**

38 Qui est l'un des fondateurs de la Société des amis des Noirs en 1788 ? **L'abbé Henri Grégoire**

39 Quel est l'objet de l'édit de Constantin en 313 apr. J.-C. ? **Accorder la liberté de culte à toutes les religions**

40 De quand date la Vᵉ République ? **4 octobre 1958**

41 Qu'est-ce que le démos à Athènes sous l'Antiquité ? **Le peuple**

42 Que sont les lois fondamentales du royaume de France sous l'Ancien Régime ? **Des lois impératives consacrées par l'usage**

43 Le droit français est d'inspiration : **Romano-germanique**

44 En quelle année a été créée la Cour de cassation ? **1804**

45 Qui a écrit le premier corpus de droit civil romain en 528 apr. J.-C. ? **Justinien**

46 De quel système est issue la *common law* ? **Du droit anglais**

47 Quel jour est la journée internationale de la femme ? **Le 8 mars**

48 Quel ouvrage est écrit en 1764 par Cesare Beccaria ? ***Des délits et des peines***

49 Qu'est-ce que le parlement de Paris sous l'Ancien Régime ? **Une cour souveraine**

50 De quand date le droit de vote des femmes en France ? **1944**

51 Comment s'appelle le grand législateur de Sparte ? **Lycurgue**

52 Qu'est-ce qui caractérise la IVᵉ République ? **L'Assemblée nationale est élue au suffrage universel direct**

53 Comment s'appelle la monnaie qui rétribuait les citoyens les plus pauvres occupant une fonction publique à Athènes sous l'Antiquité ? **Le misthos**

54 Quand a été créé le Conseil constitutionnel ? **Le 4 octobre 1958**

55 Qu'est-ce que l'ecclésia à Athènes sous l'Antiquité ? **Une assemblée du peuple composée de tous les citoyens**

56 D'où vient le Code d'Hammurabi ? **Babylone**

57 De quand date l'empire d'Alexandre le Grand ? IVᵉ **siècle av. J.-C.**

58 Qui sont les fondateurs de Rome ? **Remus et Romulus**

59 Depuis quand les Françaises n'ont plus besoin du consentement de leur époux pour choisir une profession et ouvrir un compte en banque ? **1ᵉʳ février 1966**

60 Quelle institution ne fait pas partie de la République romaine ? **Le gouvernement ministériel**

61 Quel ouvrage Montesquieu a-t-il écrit en 1748? ***De l'esprit des lois***

62 En quelle année Jules César est-il assassiné? **44 av. J.-C.**

63 Que sont les lettres patentes? **Les ordres du roi rendant opposable à tous un droit, un état, un statut ou un privilège**

64 Que réunit le conseil des trois Gaules mis en place par Auguste? **La Gaule lyonnaise, la Gaule aquitaine et la Gaule belge**

65 Quelle déesse grecque représente la justice ? **Thémis**

66 Quel est l'objet de l'édit de Caracalla en 212 apr. J.-C.? **Donner la citoyenneté romaine à tous les sujets de l'Empire romain**

67 Par qui a été écrite la *Déclaration des droits de la femme et de la citoyenne* de 1791? **Olympe de Gouges**

68 Au nom de qui la justice est-elle rendue en France ? **Du peuple**

69 Qui sont les missi dominici? **Des envoyés du pouvoir carolingien qui contrôlent les représentants locaux du pouvoir royal**

70 Qu'est-ce que le droit canonique? **Des lois adoptées ou acceptées par les autorités catholiques**

71 Qu'est-ce que la *common law*? **La jurisprudence comme principale source du droit**

72 Qui n'était pas affranchi du paiement de la taille sous l'Ancien Régime? **Les roturiers**

73 En quelle année est sacré Charlemagne? **En 800**

74 Quel ordre ne faisait pas partie de la société médiévale? **Les corinthiens**

75 Sur quel ordre était prélevé le décime? **Le clergé**

76 Par quelle religion l'Inquisition a-t-elle été créée au XIIIe siècle? **Le catholicisme**

77 Qu'est-ce qu'une charte de franchise à la période médiévale? **Un acte juridique par lequel un seigneur concède des droits et des privilèges aux habitants d'un bourg**

78 Quelle condition n'était pas requise pour accéder à la couronne du Royaume de France? **La majorité**

79 Quel droit ne figure pas parmi les droits naturels et imprescriptibles de l'article 2 de la Déclaration des droits de l'homme et du citoyen de 1789? **La religion**

80 Quand a été abolie la peine de mort en France? **Le 9 octobre 1981**

Constitution et institutions de la Ve République

81 Qu'est-ce que la « navette » parlementaire? **Le mouvement de va-et-vient d'un texte en discussion entre l'Assemblée nationale et le Sénat**

82 Qu'est-ce que le « 49.3 »? **Une procédure permettant d'adopter une loi sans le vote des députés**

83 Qui peut destituer le président de la République française ? **Le Parlement**

84 Quel président de la République française est décédé avant le terme de son mandat? **George Pompidou**

85 Quelle personne physique a été désignée Défenseur des droits en 2020? **Claire Hédon**

86 Qui peut dissoudre l'Assemblée nationale? **Le président de la République**

87 Quelle est la première phrase de l'article 1er de la Constitution de la Ve République? **La France est une République indivisible, laïque, démocratique et sociale**

88 Quelle majorité est nécessaire pour proposer la destitution du président de la République? **Les deux tiers des députés et des sénateurs**

89 Qui vote la loi? **Le Parlement**

90 Le pouvoir de dissolution du président de la République : **Est précédé de l'avis du Premier ministre et des présidents de l'Assemblée nationale et du Sénat**

91 De quand date le quinquennat présidentiel en France ? **2 octobre 2000**

92 Qu'est-ce que le Défenseur des droits? **Une autorité administrative indépendante**

93 En droit interne, laquelle de ces normes se situe en haut de la hiérarchie des normes? **La Constitution**

94 La commission mixte paritaire est saisie après : **Un désaccord entre les deux assemblées après deux lectures**

95 Quelle condition n'est pas requise pour être candidat(e) à l'élection présidentielle? **Remporter la primaire de son parti politique**

96 Quel domaine ne relève pas de la loi? **La procédure civile**

97 Qui nomme le Premier ministre? **Le président de la République**

98 Comment est élu le président de la République française? **Au suffrage universel direct pour 5 ans**

99 Combien de sénateurs siègent au Sénat depuis la réforme constitutionnelle du 23 juillet 2008? **348**

100 Quelles sont les missions du Conseil d'État? **Conseiller le Gouvernement pour la préparation des projets de loi ou décret et trancher les litiges relatifs aux actes des administrations**

101 Qu'est-ce qu'un cavalier législatif? **Un amendement dépourvu de lien avec le projet ou la proposition de loi**

102 La procédure de vote bloqué d'un texte permet au Gouvernement de : **Demander à l'une ou l'autre assemblée de se prononcer par un seul vote sur tout ou partie du texte en discussion, en ne retenant que les amendements proposés ou acceptés par lui**

103 Qu'est-ce qu'un projet de loi? **Un texte législatif déposé au Parlement à l'initiative du Gouvernement**

104 La question prioritaire de constitutionnalité (QPC) : **Permet à un justiciable de contester une disposition législative à l'occasion d'un procès**

105 Qu'est-ce qu'une proposition de loi? **Un texte législatif déposé au Parlement à l'initiative d'un ou plusieurs parlementaire(s)**

106 Dans quel cas le Premier ministre doit-il remettre sa démission au président de la République française? **Si la confiance ne lui a pas été accordée par l'Assemblée nationale**

107 Combien de mandats successifs le président de la République française peut-il exécuter? **2**

108 Qui compose le Conseil supérieur de la magistrature (CSM)? **Une formation pour les magistrats du siège présidée par le premier président de la Cour de cassation et une formation pour les magistrats du parquet présidée par le procureur général de la Cour de cassation**

109 En quelle année le Parlement a-t-il voté l'inversion du calendrier électoral afin que l'élection présidentielle se tienne avant les élections législatives ? **2001**

110 Quelle institution « *détermine et conduit la politique de la Nation* » (article 20 de la Constitution Ve République) ? **Le Gouvernement**

111 Qui assure l'intérim en cas de vacance de la présidence de la République française ? **Le président du Sénat**

112 Depuis quelle année le président de la République française peut-il prendre la parole devant le Parlement réuni en Congrès ? **2008**

113 Quelle est la durée du mandat des membres du Conseil constitutionnel ? **9 ans**

114 Comment sont élus les députés ? **Au suffrage universel direct pour 5 ans**

115 Dans quelle hypothèse le président de la République française peut-il être destitué ? **En cas de manquement à ses devoirs manifestement incompatible avec l'exercice de son mandat**

116 Quelle juridiction est compétente pour destituer le président de la République française ? **La Haute Cour**

117 Quelle juridiction est compétente pour juger les membres du Gouvernement ? **La Cour de justice de la République**

118 Pour quels faits les membres du Gouvernement relèvent-ils de la compétence des juridictions de droit commun ? **Les actes délictuels ou criminels commis à l'occasion de l'exercice de leur fonction et qui n'ont aucun lien direct avec la conduite de la politique de la nation**

119 Qui composent la Cour de justice de la République ? **Six députés, six sénateurs et trois magistrats de la Cour de cassation**

120 Quel est le rôle du président de la République française ? **Veiller au respect de la Constitution, assurer le fonctionnement régulier des pouvoirs publics et garantir l'indépendance nationale et l'intégrité territoriale**

121 Lequel de ces régimes d'exception n'est pas prévu par la Constitution de la Ve République ? **L'état d'urgence**

122 Le système parlementaire français se compose de : **Deux assemblées représentatives**

123 L'article 6 de la Déclaration des droits de l'homme et du citoyen dispose que ? : ***« La loi est l'expression de la volonté générale »***

124 Combien de députés siègent à l'Assemblée nationale depuis la réforme constitutionnelle du 23 juillet 2008 ? **577**

125 Parmi les personnalités suivantes qui a été nommé au Conseil constitutionnel en 2019 ? **Alain Juppé**

126 Quel était notamment l'objet du référendum du 27 avril 1969 ? **La fusion du Sénat et du Conseil économique et social**

127 Par principe, une loi est définitivement adoptée : **Après un vote dans les mêmes termes par l'Assemblée nationale et le Sénat**

128 La commission mixte paritaire est composée de : **Sept députés et sept sénateurs**

129 Où se situe le Conseil constitutionnel ? **Rue de Montpensier dans le 1er arrondissement de Paris**

130 En quoi consiste la procédure accélérée de vote d'un texte ? **Le Gouvernement saisit la commission mixte paritaire en cas de désaccord après une seule lecture par les l'Assemblée nationale et le Sénat**

131 Que se passe-t-il si la commission mixte paritaire ne parvient pas à adopter un texte commun? **Le Gouvernement peut demander, après une nouvelle lecture dans chaque assemblée, à l'Assemblée nationale de statuer définitivement**

132 La loi est promulguée par qui? **Le président de la République**

133 En quoi consiste l'engagement de responsabilité du Gouvernement sur le vote d'un texte? **Le Premier ministre peut engager la responsabilité du Gouvernement sur le vote d'un texte devant l'Assemblée nationale, si une motion de censure est déposée et rejetée, le texte est considéré comme adopté**

134 La motion de censure déposée sur le vote d'un texte est adoptée si : **Elle recueille la majorité des voix des membres composant l'Assemblée nationale**

135 L'engagement de la responsabilité du Gouvernement lors de son entrée en fonction est : **Facultatif**

136 Où sont publiées les lois? **Dans le *Journal officiel***

137 Aux termes de l'article 38 de la Constitution de la Ve République, le Gouvernement peut légiférer par voie d'ordonnance à condition de bénéficier : **D'une habilitation spéciale et temporaire du Parlement, la ratification de l'ordonnance par le Parlement doit être expresse**

138 Les ordonnances de l'article 38 de la Constitution : **Doivent porter le contreseing du Premier ministre et le cas échéant des ministres responsables ainsi que la signature du président de la République**

139 Comment sont élus les sénateurs? **Au suffrage universel indirect pour 6 ans**

140 Quel est le rôle du Parlement? **Voter la loi, contrôler l'action du Gouvernement et évaluer les politiques publiques**

141 Dans un régime parlementaire : **Le Parlement peut renverser le Gouvernement**

142 Comment se déroule la procédure de nomination des magistrats du siège? **Le CSM propose la nomination des magistrats du siège à la Cour de cassation, des premiers présidents des cours d'appel et des présidents de tribunaux judiciaires**

143 Qui sont de droit les membres du Conseil constitutionnel? **Les anciens présidents de la République**

144 Qui est « *garant de l'indépendance de l'autorité judiciaire* » (article 64 de la Constitution de la Ve République)? **Le président de la République**

145 Qu'est-ce qu'une question prioritaire de constitutionnalité (QPC)? **Une procédure de contrôle de la constitutionnalité d'une loi déjà promulguée**

146 Par qui sont transmises les questions prioritaires de constitutionnalité (QPC) au Conseil constitutionnel? **La Cour de cassation et le Conseil d'État**

147 Le Conseil constitutionnel est compétent pour : **Juger de la constitutionnalité des lois et de la régularité des élections présidentielle, législative et référendaire**

148 Quel est le rôle du Gouvernement? **Déterminer et conduire la politique de la nation**

149 Parmi les personnalités suivantes qui est membre du Conseil constitutionnel? **Laurent Fabius**

150 Quelles sont les conditions du référendum d'initiative partagée? **La proposition doit être déposée par un cinquième des membres du Parlement et être soutenue par un dixième des électeurs inscrits sur les listes électorales**

151 Dans quelle hypothèse le référendum est-il exclu? **La révision de la forme républicaine du Gouvernement**

152 Un parlementaire peut être pénalement poursuivi en raison de : **Ses crimes ou délits flagrants ou non**

153 Quel principe interdit le placement en garde à vue ou en détention provisoire d'un parlementaire? **L'inviolabilité**

154 Qui est compétent pour lever l'immunité parlementaire? **Le bureau de chaque Assemblée**

155 Il est possible d'être en même temps, député et : **Profession libérale (avocat, médecin, etc.)**

156 Saisi d'une question prioritaire de constitutionnalité (QPC), le 7 janvier 2022, le Conseil constitutionnel a : **Défini les « stupéfiants » comme des substances psychotropes qui se caractérisent par un risque de dépendance et des effets nocifs pour la santé**

157 En quelle année a été créée la Haute Autorité pour la transparence de la vie publique, autorité administrative indépendante ayant pour objet de promouvoir la probité et l'exemplarité des responsables publics? **2013**

158 Dans quelle affaire, aucune commission d'enquête parlementaire n'a-t-elle été ouverte ? **L'affaire de l'amiante**

159 Le droit d'amendement appartient : Aux membres du Gouvernement et du Parlement

160 Combien de membres composent le Conseil constitutionnel? **Neuf membres**

Fonctions publiques, collectivités territoriales et service public

161 Quelles sont les trois fonctions publiques? **Les fonctions publiques de l'État, territoriale et hospitalière**

162 Dans quel cas l'administration engage-t-elle sa responsabilité? **Par principe une faute simple suffit mais par exception une faute lourde est nécessaire**

163 Sur quel fondement les tiers sont-ils autorisés à agir à l'encontre d'un contrat administratif? **Le recours de plein contentieux**

164 Par l'arrêt Blanco du 8 février 1873, le Tribunal des conflits? **Consacre la responsabilité de l'État à raison des dommages causés par des services publics et la compétence de la juridiction administrative pour en connaître**

165 La faute personnelle d'un fonctionnaire : **Engage la responsabilité de l'agent et de l'administration lorsqu'elle est commise dans le service, à l'occasion du service et avec les moyens du service**

166 Par l'arrêt Nicolo du 20 octobre 1989, le Conseil d'État : **Contrôle la compatibilité d'une loi avec les stipulations d'un traité, même lorsque la loi est postérieure au traité**

167 Dans quel domaine la responsabilité sans faute pour rupture de l'égalité devant les charges publiques ne trouve-t-elle pas à s'appliquer? **Les dommages causés par un agent avec les moyens mis en place par le service, que la personne avait à disposition pour son activité**

168 Quelles autorités nationales détiennent le pouvoir réglementaire général? **Le président de la République et le Premier ministre**

169 Par l'arrêt Benjamin du 19 mai 1933, le Conseil d'État : **Exerce un contrôle de proportionnalité sur les mesures de police administrative**

170 Comment se nomme la cessation définitive des fonctions suite à la sanction disciplinaire d'un fonctionnaire? **La révocation**

171 Qu'est-ce qu'un principe fondamental reconnu par les lois de la République (PFRLR)? **Une règle générale disposant d'une base textuelle dans une ou plusieurs lois intervenues sous un régime républicain antérieur à 1946 et ayant fait l'objet d'une application continue**

172 Qu'est-ce qu'un principe général du droit? **Des règles non écrites, dégagées par le juge administratif**

173 Où se situe le principe général du droit dans la hiérarchie des normes? **Sous la loi**

174 Quel principe n'est pas reconnu comme étant un principe fondamental reconnu par les lois de la République (PRFLR)? **L'imposition sur des bases nettes**

175 Le pantouflage consiste pour un fonctionnaire à : **Rejoindre le secteur privé en se mettant en disponibilité de la fonction publique**

176 Qu'est-ce que permet le référé-liberté? **Obtenir des mesures nécessaires à la sauvegarde d'une liberté fondamentale à laquelle il est porté atteinte de manière grave et manifestement illégale**

177 Qu'est-ce que le recours pour excès de pouvoir? **Un recours par lequel le requérant demande au juge administratif de contrôler la légalité d'un acte administratif et d'en prononcer l'annulation s'il y a lieu**

178 Le recours gracieux consiste à : **Saisir l'autorité administrative qui a pris la décision contestée**

179 Quel est le rôle du rapporteur public lors d'une audience devant le juge administratif? **Il expose publiquement, et en indépendance, son opinion et propose une solution**

180 Le recours hiérarchique consiste à : **Saisir le supérieur hiérarchique de l'autorité administrative qui a pris la décision contestée**

181 Quel est l'ancien nom du rapporteur public devant le Conseil d'État? **Le commissaire du gouvernement**

182 Qu'est-ce que la décentralisation? **L'organisation consistant à transférer des compétences administratives de l'État vers des entités locales distinctes**

183 À quand remontent les premières lois de décentralisation en France? **1982**

184 Qu'est-ce qu'un préfet de département? **Le dépositaire de l'autorité de l'État dans le département**

185 À partir de quelle année le principe de libre administration des collectivités locales est-il inscrit dans la Constitution? **2003**

186 Quelles sont les composantes de l'ordre public? **Sécurité, tranquillité, salubrité, moralité et dignité**

187 Quelle autorité dirige l'administration de l'État? **Le Premier ministre**

188 Qu'est-ce que la Commission d'accès aux documents administratifs (CADA)? **Une autorité administrative indépendante chargée de veiller à la liberté d'accès aux documents administratifs et aux archives publiques**

189 Quelle est la différence entre une autorité administrative indépendante et une autorité publique indépendante? **La personnalité morale**

190 À partir de quelle année les régions sont-elles devenues des collectivités territoriales à part entière? **1982**

191 Laquelle de ces autorités n'est pas une autorité publique indépendante? **Le Conseil supérieur des tribunaux administratifs et cours administratives d'appel**

192 Quel principe ne fait pas partie des lois du service public ou « lois de Rolland » ? **La mobilité**

193 Qu'est-ce que le principe de mutabilité du service public? **La possibilité de modifier un service public en fonction de l'évolution de la société, des besoins des usagers ou des évolutions techniques**

194 En quoi consiste le retrait d'un acte administratif? **La disparition de l'acte administratif pour l'avenir comme pour le passé**

195 Quelle entité n'est pas une collectivité territoriale? **L'arrondissement**

196 Par qui sont élus le maire et les adjoints au maire d'une commune? **Par le conseil municipal**

197 Combien de temps dure le mandat des conseillers municipaux, départementaux et régionaux? **6 ans**

198 Qu'est-ce qu'un canton en France ? **La circonscription d'élection des conseillers départementaux**

199 À quel âge peut-on devenir maire? **18 ans**

200 Par qui sont élus les conseillers régionaux? **Par les électeurs de la région au suffrage universel direct**

201 La décentralisation permet un transfert des compétences et des ressources de l'État? **Aux collectivités territoriales**

202 Quelle collectivité territoriale française est une collectivité à statut particulier ou *sui generis*? **La Nouvelle-Calédonie**

203 Qu'est-ce qu'un établissement public à caractère industriel et commercial (EPIC)? **Une personne morale de droit public ayant pour but la gestion d'un service public industriel et commercial**

204 Quel établissement n'est pas un établissement public à caractère administratif? **La RATP**

205 Quelle entité n'est pas un organe exécutif local? **Le député**

206 Au 1er janvier 2017, combien la France comptait-t-elle de communes? **35 416 communes**

207 Quel territoire ultramarin n'est pas un département ou une région d'outre-mer (DOM-ROM)? **La Polynésie française**

208 Qu'est-ce qu'un établissement public de coopération intercommunale (EPCI)? **Une structure administrative regroupant plusieurs communes afin d'exercer leurs compétences en commun**

209 Quelle structure n'est pas un établissement public de coopération intercommunale (EPCI) à fiscalité propre? **Le syndicat intercommunal à vocation multiple**

210 Qu'est-ce que le droit administratif? **L'ensemble des règles régissant l'activité administrative des personnes publiques et les rapports entre personnes morales de droit public et administrés et entre les personnes morales de droit public**

211 Quelle est la durée maximale d'un CDD conclu avec un agent de l'État? **Trois ans au maximum renouvelables une fois pour une durée de trois ans maximum**

212 Comment s'appelle la décision prise par l'administration de conserver un stagiaire qui a fait preuve des aptitudes professionnelles requises? **La titularisation**

213 Combien la France compte-t-elle de régions? **18**

214 Quelle catégorie n'appartient pas aux corps ou cadres d'emploi? **Catégorie D**

215 Comment s'appelle la rémunération d'un fonctionnaire? **Un traitement**

216 Comment se nomme l'avancement d'un fonctionnaire dans un même grade? **L'avancement d'échelon**

217 Combien la France compte-t-elle de départements? **101**

218 Quel territoire ultramarin n'est pas une collectivité d'outre-mer (COM)? **La Réunion**

219 Quelle mission ne relève pas de la compétence du maire? **Légiférer**

220 Quelle est la durée d'un préavis de grève dans la fonction publique? **Cinq jours**

221 Quelle procédure permet à une personne publique de contraindre une personne privée à céder la propriété de son bien moyennant le paiement d'une indemnité? **L'expropriation**

222 Quelle caractéristique ne gouverne pas le contentieux administratif? **La procédure est accusatoire**

223 Sur quel domaine public les contraventions de grande voirie ne trouvent-elles pas à s'appliquer? **Le domaine public routier**

224 Quel juge est compétent pour se prononcer sur la contestation des contraventions de grande voirie? **Le juge administratif**

225 Quel principe ne gouverne pas l'utilisation collective du domaine public? **La courtoisie**

226 Quel principe ne gouverne pas l'utilisation privative du domaine public? **Le refus d'autorisation discrétionnaire**

227 En matière d'expropriation, le juge administratif est incompétent pour : **Contrôler le montant de l'offre d'indemnisation**

228 Qu'est-ce que n'est pas un fonctionnaire? **Un agent apportant occasionnellement son concours à l'exécution d'un service public**

229 Quel principe ne gouverne pas le prononcé d'une sanction disciplinaire d'un fonctionnaire? **La sanction peut être rétroactive**

230 Quelle obligation interdit au fonctionnaire d'éviter pendant et hors du temps de service les comportements portant atteinte à la considération du service public par les usagers? **Le devoir de réserve**

231 Comment se nomme la situation du fonctionnaire placé temporairement, hors de son administration ou service d'origine et qui cesse de bénéficier, durant cette période, de sa rémunération et de ses droits à l'avancement et à la retraite? **La disponibilité**

232 En droit de la fonction publique, le fonctionnaire est titulaire de son : **Grade**

233 Quel instrument juridique permet à l'État ou un établissement public de l'État de confier à un tiers pour une période déterminée, une mission globale ayant pour objet la construction ou la transformation, l'entretien, la maintenance, l'exploitation ou la gestion d'ouvrages, d'équipements ou de biens immatériels nécessaires au service public? **Le partenariat public privé**

234 Quels agents sont titulaires de la fonction publique? **Les statutaires**

235 Quels agents de la fonction publique peuvent faire grève? **Les agents des services de la navigation aérienne**

236 Par l'arrêt Dehaene du 7 juillet 1950, le Conseil d'État : **Reconnaît le droit de grève des fonctionnaires en l'absence de loi applicable**

237 Quel fait constitue une faute passible de sanction disciplinaire pour un fonctionnaire? **L'entrave au bon fonctionnement du service**

238 Quelle forme ne peut pas prendre le « démembrement de l'administration »? **Un syndicat**

239 Quel instrument juridique a été utilisé pour la construction du tribunal judiciaire de Paris ? **Un partenariat public privé**

240 Sur quoi ne porte pas l'interdiction des droits civiques, civils et de famille d'une personne condamnée pénalement? **Le droit d'intenter une action en justice**

Droit du travail et syndicalisme

241 Le règlement intérieur est obligatoire dans les entreprises dont l'effectif est supérieur ou égal à : **Vingt salariés**

242 Le comité social et économique regroupe : **Le comité d'hygiène de sécurité et des conditions de travail, les délégués du personnel et le comité d'entreprise**

243 Depuis quand le droit de grève a-t-il valeur constitutionnelle? **16 juillet 1971**

244 À partir de combien de salariés dont le licenciement est envisagé, un plan de sauvegarde de l'emploi est obligatoire dans les entreprises de plus de 50 salariés? **Au moins 10 salariés sur une période de 30 jours**

245 Par qui peut être assisté un salarié lors d'un entretien préalable à sanction? **Un conseiller du salarié**

246 À quelle date a été créé le code du travail? **28 décembre 1910**

247 Quelle cause ne permet pas de rompre un contrat à durée déterminée de manière anticipée? **La faute simple**

248 Qu'est-ce qu'un juge départiteur? **Un magistrat professionnel qui intervient quand les conseillers prud'hommes ne parviennent pas à se mettre d'accord**

249 Qu'est-ce que le « barème Macron »? **Un barème d'indemnités prud'homales en cas de licenciement sans cause réelle et sérieuse**

250 Quel motif n'est pas un motif discriminatoire? **La tenue vestimentaire**

251 En principe, quelle est la composition du bureau de jugement du conseil de prud'hommes? **Deux conseillers prud'hommes salariés et deux conseillers prud'hommes employeurs**

252 Qu'est-ce qu'une clause de dédit-formation dans un contrat de travail? **Une clause par laquelle le salarié s'engage à rembourser les frais de formation engagés par l'employeur s'il démissionne avant un certain délai**

253 Dans quel cas l'employeur ne peut-il pas recourir à un contrat à durée déterminée? **Le remplacement d'un salarié qui part à la retraite**

254 Sauf dérogation, quelle est la durée légale maximale quotidienne de travail? **10 heures**

255 Où se situe l'Organisation internationale du travail? **Genève**

256 Laquelle de ces conditions n'est pas une condition de validité d'un contrat à durée déterminée? **Une période d'essai**

257 Qu'est-ce qui n'est pas une condition de l'usage d'entreprise? **Égalité**

258 Dans quel cas s'applique la priorité de réembauchage? **Un licenciement pour motif économique**

259 Quel critère n'est pas nécessaire pour qu'une organisation syndicale soit considérée comme représentative? **Être une confédération**

260 Quelle sanction est illicite? **La diminution de salaire**

261 Quelle condition n'est pas une condition de validité de la clause de non-concurrence? **Le nom des sociétés concurrentes**

262 Que signifie le principe « *non bis in idem* » ? **Il n'est pas possible de sanctionner deux fois le même fait commis par un même salarié**

263 Les membres du comité économique et social sont élus pour combien d'années? **4 ans**

264 Par qui doit être constatée l'inaptitude professionnelle d'un salarié? **Le médecin du travail**

265 Un contrat à durée déterminée peut être renouvelé? **Deux fois**

266 Quelle condition n'est pas nécessaire pour remettre en cause un usage d'entreprise? **Demander l'accord des salariés**

267 En quelle année les Assedic et l'ANPE sont devenues Pôle emploi? **2008**

268 Quelles sont les formalités pour rompre une période d'essai? **Le respect d'un délai de prévenance**

269 Quel est le montant légal de la prime de précarité à la suite d'un contrat à durée déterminée? **10 % de la rémunération brute totale perçue pendant le contrat**

270 En principe, quel mode de rupture du contrat de travail n'ouvre pas droit aux allocations chômage? **La démission**

271 Combien de temps dure un congé maternité? **16 semaines**

272 Quelle est la durée maximale hebdomadaire de travail prévue par le code du travail? **48 heures sur une même semaine et 44 heures par semaine en moyenne sur une période de 12 semaines consécutives**

273 Quelle organisation syndicale ne faisait pas partie du « club des cinq » avant la loi du 20 août 2008 sur la représentativité syndicale? **SUD**

274 Dans quel cas la conclusion d'un contrat de travail écrit n'est-elle pas obligatoire? **Un contrat à durée indéterminée**

275 Quel est le délai de prescription pour contester un licenciement pour motif personnel? **1 an**

276 Quel organe doit autoriser le licenciement d'un salarié protégé? **La DIRECCTE**

277 Quel est le délai minimal entre un entretien préalable au licenciement et la notification du licenciement? **2 jours ouvrables**

278 En quoi peut être requalifiée la résiliation judiciaire d'un contrat de travail aux torts de l'employeur? **Un licenciement sans cause réelle et sérieuse**

279 À quel âge un salarié né après 1973 peut-il partir à la retraite? **62 ans**

280 Par qui doit être homologué un plan de sauvegarde de l'emploi? **La DIRECCTE**

281 Qu'est-ce qu'un syndicat « maison » ? **Un syndicat de connivence avec l'employeur**

282 Dans quel lieu peut-on trouver la liste des conseillers du salarié ? **La mairie**

283 Qu'est-ce qu'une grève perlée ? **Un ralentissement de la cadence**

284 Par qui l'employeur ne peut-il pas remplacer un salarié gréviste ? **Un intérimaire**

285 Qu'est-ce que le contrat de sécurisation professionnelle ? **Un dispositif d'accompagnement renforcé en cas de licenciement pour motif économique**

286 Dans quel cas la prime de précarité d'un contrat à durée déterminée est-elle due ? **Au terme d'un contrat à durée déterminée pour surcroît temporaire d'activité**

287 Quelle est la durée légale de la période d'essai pour un ouvrier en contrat à durée indéterminée ? **2 mois**

288 Par quelle juridiction a été remplacé le tribunal des affaires de la Sécurité sociale ? **Le pôle social du tribunal judiciaire**

289 Qu'est-ce qu'un préjudice d'anxiété ? **Un préjudice moral résultant d'un risque de développer une maladie**

290 Que signifie le mot « travail » en latin ? **La torture**

291 Qu'est-ce qu'un forfait annuel en jours ? **Un dispositif qui permet au salarié de travailler un certain nombre de jours dans l'année**

292 Quelle condition n'est pas une condition de validité de la promesse d'embauche ? **Les horaires de travail**

293 Quels sont les salariés qui peuvent être soumis à un forfait annuel en jours ? **Les salariés qui disposent d'une autonomie dans l'organisation de leur emploi du temps et qui ont des fonctions dont la nature ne les conduit pas à suivre l'horaire collectif**

294 Combien de temps à l'employeur pour déclarer un accident du travail ? **48 heures**

295 Quelle est l'une des obligations de l'employeur avant de licencier un salarié pour motif économique ? **Rechercher un poste de reclassement**

296 La rupture conventionnelle du contrat de travail permet : **De rompre le contrat de travail d'un commun accord**

297 Un accord collectif d'entreprise ne peut pas être négocié par : **Un représentant de la section syndicale**

298 À partir de quel âge peut-on travailler sans autorisation parentale ? **18 ans**

299 Quel est l'impact d'un stage sur la période d'essai ? **Le stage est intégralement déduit de la période d'essai**

300 Quelle est la durée légale des congés payés ? **5 semaines pour une année complète de travail**

301 Qu'est-ce que la contrepartie obligatoire en repos ? **Des jours de repos accordés à des salariés qui exécutent des heures supplémentaires au-delà du contingent annuel**

302 À quel taux sont majorées les 8 premières heures supplémentaires ? **25 %**

303 Quel document ne doit pas être obligatoirement remis au salarié à la fin de son contrat de travail ? **La liste des formations réalisées**

304 Qu'est-ce qu'une faute lourde ? **Une faute commise dans l'intention de nuire à son employeur**

305 Quel critère n'est pas constitutif du contrat de travail ? **La durée du travail**

306 Quelle condition n'est pas nécessaire pour bénéficier des allocations chômage? **S'inscrire à Pôle Emploi dans un délai de 2 mois suivant la perte de l'emploi**

307 Qu'est-ce qu'une section syndicale? **Une section animée par un représentant de la section syndicale lorsqu'un syndicat n'est pas représentatif dans l'entreprise**

308 À partir de combien de salariés dans l'entreprise ou l'établissement une commission santé, sécurité et conditions de travail (CSSCT) est-elle obligatoire ? **300 salariés**

309 Quelle est la sanction d'un contrat à durée déterminée illicite? **Une indemnité de requalification d'un contrat à durée déterminée en contrat à durée indéterminée qui ne peut pas être inférieure à un mois de salaire**

310 Qu'est-ce qu'un droit de retrait? **La possibilité pour un salarié de ne pas travailler en cas de situation dangereuse sans l'accord de l'employeur**

311 Quelle condition ne rentre pas dans la définition de la grève? **Un piquet de grève**

312 Quel est le seuil de la représentativité syndicale au niveau national et interprofessionnel? **8 %**

313 Quel est le montant du SMIC horaire brut en mai 2022 ? **10,85 euros**

314 Quelle est la proportion de travailleurs handicapés qu'une entreprise doit embaucher pour ne pas avoir de pénalité? **6 % de l'effectif total**

315 En principe, quelle clause dans un contrat de travail est illicite? **Une clause de résidence**

316 Quelle modification ne nécessite pas l'accord des salariés? **Les horaires de travail**

317 Quelle condition n'est pas nécessaire pour la validité d'une clause de mobilité dans un contrat de travail? **Définir la durée pendant laquelle la clause de mobilité pourra être mise en œuvre**

318 Quel jour férié est légalement chômé et rémunéré? **Le 1er mai**

319 Dans quel cas un licenciement ne peut-il pas être déclaré nul? **Un licenciement lié à l'insuffisance professionnelle du salarié**

320 De quand date le revenu de solidarité active? **1er décembre 2008**

Droit européen et international

321 Qui est l'un des pères fondateurs de l'Union européenne? **Jean Monnet**

322 Sous quel président de la République a eu lieu un référendum pour la création d'une constitution européenne? **Jacques Chirac**

323 Quand a été signé le traité de Maastricht? **1992**

324 Pour quels crimes la Cour pénale internationale (CPI) est-elle compétente? **Les crimes d'agression**

325 Où se trouve le siège de l'UNESCO? **Paris (France)**

326 La Cour internationale de justice est intégrée à quelle organisation? **L'ONU**

327 Qui préside le Parlement européen au 1er janvier 2022 ? **Roberta Metsola**

328 Où siège l'ONU? **New York (États-Unis)**

329 La Cour de justice de l'Union européenne : **Est chargée de faire respecter le droit communautaire, l'interprétation et l'application des traités instituant l'Union européenne**

330 Quand a été signé le traité de Lisbonne ? **2007**

331 À l'origine, quels sont les membres permanents du Conseil de sécurité de l'ONU ? **Les États-Unis, la Russie, la Chine, la France, le Royaume-Uni**

332 De quand date l'UNESCO ? **1945**

333 Le Conseil de l'Europe : **Est une organisation intergouvernementale instituée par le traité de Londres le 5 mai 1949**

334 Dans quel cadre la Convention européenne des droits de l'homme du 4 novembre 1950 a-t-elle été adoptée ? **Dans le cadre du Conseil de l'Europe**

335 Quel est le nombre des États fondateurs de l'Union européenne ? **6**

336 Jean Monnet a été ? **Le premier président de la Haute Autorité de la CECA**

337 En quelle année le Royaume-Uni est-il devenu membre de l'Union européenne ? **1973**

338 Combien d'États sont membres de la zone euro ? **19**

339 Où siège la Cour de justice de l'Union européenne ? **Luxembourg (Luxembourg)**

340 La Convention de Vienne du 23 mai 1969 : **Concerne les traités entre États**

341 L'article 10 du pacte de la Société des Nations de 1919 garantit : **L'inviolabilité du territoire et l'indépendance politique**

342 En droit interne français, quelle norme prévaut dans la hiérarchie des normes ? **La Constitution**

343 Où se trouve le siège de la Cour pénale internationale (CPI) ? **La Haye (Pays-Bas)**

344 Quel État n'est pas partie à la Cour pénale internationale (CPI) ? **États-Unis**

345 Quelle est la durée du mandat de la Commission européenne ? **5 ans**

346 Une réserve exprimée à un traité : **Permet d'interpréter ou de modifier ce traité**

347 Dans quel cadre la Charte sur les droits fondamentaux du 7 décembre 2000 a-t-elle été adoptée ? **Dans le cadre de l'Union européenne**

348 Le règlement UE n° 1215/2012 du 12 décembre 2012 dit « Bruxelles 1 bis » réglemente : **La compétence judiciaire, la reconnaissance et l'exécution des décisions en matière civile et commerciale**

349 L'État est engagé par un traité après : **Sa ratification**

350 Dans quel texte est inscrit le droit des peuples à disposer d'eux-mêmes ? **Le pacte international relatif aux droits civils et politiques de New York**

351 Quelle est l'une des conditions d'adhésion à l'Union européenne ? **Respecter les principes de dignité humaine, de liberté, de démocratie, d'égalité et de l'État de droit**

352 Quelles sont les modalités de retrait d'un État de l'Union européenne ? **Faute d'accord de retrait, le droit de l'Union européenne cesse de s'appliquer à l'État concerné deux ans après qu'il ait notifié son intention de se retirer, sauf prorogation à l'unanimité**

353 À quelle date la Cour européenne des droits de l'Homme a-t-elle été instituée ? **1959**

354 Le président de la Commission européenne est élu : **À la majorité des membres du Parlement européen**

355 Le droit primaire de l'Union européenne comprend : **Le traité sur l'Union européenne et le traité sur le fonctionnement de l'Union européenne**

356 Le principe d'effet direct : **Permet aux particuliers d'invoquer directement une norme européenne devant une juridiction nationale ou européenne**

357 Par quel arrêt de la Cour de justice des Communautés européennes le principe d'effet direct a-t-il été consacré ? **Arrêt van Gend en Loos du 5 février 1963**

358 Où siège la Commission européenne ? **Bruxelles (Belgique)**

359 Quelle norme de l'Union européenne dispose par principe d'un effet direct ? **Le règlement**

360 La procédure de recours en manquement permet de : **Sanctionner un État membre qui ne respecte pas le droit de l'Union européenne**

361 La procédure de question préjudicielle permet de : **Consulter la Cour de justice de l'Union européenne sur l'interprétation du droit de l'Union européenne**

362 Dans quel domaine l'Union européenne dispose-t-elle d'une compétence exclusive ? **L'union douanière**

363 Le Conseil européen : **Réunit les chefs d'État et de gouvernement de l'Union européenne**

364 Quel(s) article(s) de la Convention européenne des droits de l'homme du 4 novembre 1950 pose(nt) le principe de l'interdiction de la peine de mort ? **Les protocoles additionnels n° 6 et n° 13**

365 À quoi sert la procédure d'exequatur ? **Rendre exécutoire un jugement étranger sur le territoire français**

366 Quel est l'objet du règlement UE n° 1259/2010 du 20 décembre 2010 dit « *Rome III* » ? **La coopération renforcée dans le domaine de la loi applicable au divorce et à la séparation de corps**

367 Dans la mythologie grecque Europe est : **La femme de d'Asterion**

368 Dans quel texte est inscrit le principe de l'interdiction du recours à la force armée dans les relations internationales ? **La Charte des Nations unies de 1945**

369 Combien de juges composent la Cour de justice de l'Union européenne (CJUE) ? **27**

370 Quel texte affirme à son article 1er que « tous les êtres humains naissent libres et égaux en dignité et en droits » ? **La Déclaration universelle des droits de l'homme**

371 En quelle année a été créée la Cour internationale de justice ? **1945**

372 Où se trouve le siège de la Cour internationale de justice ? **La Haye (Pays-Bas)**

373 Le droit dérivé de l'Union européenne comprend : **Les règlements, directives, décisions, avis et recommandations**

374 En quelle année a été adoptée la Déclaration universelle des droits de l'homme ? **1948**

375 Quelle norme de l'Union européenne dispose d'un effet direct si elle est claire, précise, inconditionnelle et si elle n'a pas été transposée dans les délais ? **La directive**

376 Quel est le rôle du Conseil de l'Union européenne ? **Réunir les chefs d'État et de gouvernement de l'Union européenne**

377 La ratification des traités : **Permet l'entrée en vigueur d'un traité en droit interne**

378 L'*opinio juris* est : **Le sentiment d'être lié par une obligation juridique**

379 Combien d'étoiles contient le drapeau européen? **12 étoiles**

380 En quelle année a été adopté le Pacte international relatif aux droits civils et politiques (PIDCP)? **1966**

381 Quel est l'hymne européen? **L'*Ode à la joie* de Beethoven**

382 En quelle année a été adopté le Pacte international relatif aux droits économiques, sociaux et culturels (PIDESC)? **1966**

383 Quelle est la devise de l'Union européenne? **Unie dans la diversité**

384 Quelle langue n'est pas une langue de travail de la Commission et du Conseil de l'Union européenne? **L'italien**

385 Quel État membre de l'Union européenne ne fait pas partie de l'espace Schengen? **La Roumanie**

386 Quel programme permet de faire ses études dans un autre État membre que le sien? **Erasmus**

387 Combien de temps un État membre assure-t-il la présidence du Conseil de l'Union européenne ? **6 mois**

388 Dans quel domaine l'Union européenne dispose-t-elle d'une compétence partagée avec les États membres? **L'espace de liberté, de sécurité et de justice**

389 En quelle année l'euro a-t-il été mis en circulation? **2002**

390 Les commissaires européens sont nommés : **À la majorité qualifiée des membres du Conseil européen après approbation du Parlement européen**

391 En quelle année a été créée l'OTAN? **1949**

392 Quelle intervention militaire n'a pas été autorisée par le Conseil de sécurité de l'ONU? ***Force alliée* (opération en Serbie en 1999)**

393 Comment se nomme le secrétaire général de l'ONU? **Antonio Guterres**

394 Quels sont les critères d'obtention de l'exequatur en l'absence de convention internationale? **La compétence du juge étranger, la conformité de la décision à l'ordre public international et l'absence de fraude à la loi**

395 En quelle année a été adoptée la Convention-cadre des Nations unies sur les changements climatiques? **En 1992 à Rio de Janeiro**

396 Comment se nomme l'unité européenne de coopération judiciaire? **EUROJUST**

397 Quelle condition n'est pas requise pour saisir la Cour européenne des droits de l'homme? **Avoir la nationalité d'un État membre**

398 Quel pays est la première puissance économique européenne? **L'Allemagne**

399 En présence d'une violation de la Convention européenne des droits de l'homme, la Cour européenne des droits de l'homme peut : **Accorder une satisfaction équitable (réparation financière)**

400 Quel traité a institué la citoyenneté européenne? **Le traité de Maastricht**

THÈME 5

Géographie

Géographie physique

→ **Retrouvez le corrigé de cette série page 378.**

1 Qu'est-ce que la mousson?

- ○ **A.** La mousson désigne une pluie tropicale chaude.
- ○ **B.** La mousson désigne la période de récolte du riz en Inde.
- ○ **C.** La mousson désigne les inondations annuelles du mois d'octobre en Inde.
- ○ **D.** La mousson désigne les vents saisonniers alternés de l'océan Indien : mousson d'été humide venant du sud-ouest, mousson d'hiver plus sèche portée par l'alizé du nord-est.

2 Une ancienne vallée glaciaire est reconnaissable à sa forme particulière. Laquelle?

- ○ **A.** Une ancienne vallée glaciaire a une forme en U.
- ○ **B.** Une ancienne vallée glaciaire a une forme en V.
- ○ **C.** Une ancienne vallée glaciaire a une forme en M.
- ○ **D.** Une ancienne vallée glaciaire a une forme en L.

3 Quelle est la différence entre un ouragan (*hurricane* en anglais) et un typhon?

- ○ **A.** Un ouragan est marqué par un centre (dit « œil ») sans vent, alors que le typhon est uniforme (sans « œil »).
- ○ **B.** Les vents d'un ouragan sont moins violents que ceux d'un typhon.
- ○ **C.** Un typhon est identique à un ouragan, mais le terme utilisé dépend de l'endroit où se produit le phénomène.
- ○ **D.** Un typhon se produit exclusivement sur l'eau tandis qu'un ouragan peut avoir lieu dans les terres.

4 Qu'est-ce qu'une dépression en météorologie?

- ○ **A.** Une dépression est une zone de trou dans la couverture nuageuse.
- ○ **B.** Une dépression est une zone où la pression atmosphérique est supérieure à 1 020 hPa.
- ○ **C.** Une dépression est un phénomène météorologique qui rend les gens déprimés.
- ○ **D.** Une dépression est une zone où la pression atmosphérique est inférieure à 1 010 hPa.

5 Qu'est-ce qu'un détroit?

- ○ **A.** C'est un bras de mer bordé par des côtes, qui relie deux étendues marines ou lacustres.
- ○ **B.** C'est l'embouchure d'un fleuve dans la mer.
- ○ **C.** C'est un canal creusé par l'homme entre deux mers.
- ○ **D.** C'est un bras de mer qui entre dans les terres et qui finit en cul-de-sac.

6 Pourquoi la mer Morte s'appelle-t-elle ainsi?

- ○ **A.** La mer Morte s'appelle ainsi car elle est située au cœur de pays en guerre depuis des décennies (Israël, Cisjordanie, Jordanie).
- ○ **B.** La mer Morte s'appelle ainsi car il s'agit en fait d'un lac dont les fleuves qui l'alimentent ont été détournés pour l'agriculture : sans arrivée d'eau autre que la pluie, la superficie du lac diminue d'année en année. On s'attend donc à une disparition certaine du lac sans redirection des fleuves détournés.
- ○ **C.** La mer Morte est ainsi désignée parce que le taux de salinité de son eau (environ 10 fois supérieur à celui des océans) est si élevé qu'il empêche la vie aquatique (poissons, algues macroscopiques...) de s'y développer.
- ○ **D.** La mer Morte est ainsi baptisée depuis Moïse. Selon le récit biblique, le prophète aurait traversé la mer grâce à une brèche faite dans l'eau pour laisser passer le peuple élu fuyant l'Égypte.

7 **À quoi est dû le phénomène de marée ?**

- ○ **A.** Le phénomène des marées est dû à la forme des fonds marins : des fonds très plats n'engendrent pas de marée, comme en mer Méditerranée.
- ○ **B.** Le phénomène des marées est engendré par la rotation de la Terre et la force de Coriolis.
- ○ **C.** L'origine des marées est essentiellement astronomique du fait de la force d'attraction de la Lune et un peu du Soleil.
- ○ **D.** L'origine des marées est liée aux mouvements de l'eau impulsés par les différences de températures.

8 **Comment se créent les vagues ?**

- ○ **A.** Les vagues sont créées lors des changements de marées (marée haute et marée basse).
- ○ **B.** Les vagues sont engendrées par les vents constants et/ou puissants qui soufflent à la surface des océans.
- ○ **C.** Les vagues sont engendrées par les oscillations de l'eau. Lorsqu'elles rencontrent un obstacle, il y a un déferlement, on parle d'une vague.
- ○ **D.** Les vagues sont créées par les différences de salinité de l'eau qui mettent en œuvre des courants pélagiques semi-verticaux à l'origine des mouvements de l'eau en surface.

9 **Qu'est-ce que le *fetch* ?**

- ○ **A.** Le *fetch* est le nom donné aux vents côtiers qui entraînent la création d'une forte houle, mais localisée.
- ○ **B.** Le *fetch* est le nom donné aux vagues de marée.
- ○ **C.** Le *fetch* est la distance sur laquelle un vent marin souffle sans rencontrer d'obstacles.
- ○ **D.** Le *fetch* est l'instrument permettant de mesurer la période et l'intensité des ondulations d'une houle.

10 **Qu'est-ce qu'un alizé ?**

- ○ **A.** Un alizé est un vent régulier de secteur est (nord-est ou sud-est selon l'hémisphère), présent en zone tropicale.
- ○ **B.** Un alizé est un vent régulier, sans rafale, qui peut être présent partout dans le monde, sur terre et sur mer : on l'appelle aussi vent dominant (comme le vent d'ouest en France).
- ○ **C.** Un alizé est un vent polaire régulier de secteur est (nord-est ou sud-est selon l'hémisphère), présent au niveau des pôles.
- ○ **D.** Un alizé est un courant d'air de haute atmosphère, situé entre la troposphère et la stratosphère.

11 **Que sont l'harmattan, le mistral, la tramontane ?**

- ○ **A.** Des courants marins
- ○ **B.** Des massifs montagneux
- ○ **C.** Des vents
- ○ **D.** Des fleuves

12 **Qu'est-ce qu'une falaise vive ?**

- ○ **A.** Une falaise vive est une falaise sous-marine, lieu en général de grande biodiversité du fait de la présence de différentes salinités, luminosité et températures convenant à une grande variété d'espèces.
- ○ **B.** Une falaise vive est une falaise créée artificiellement par l'homme, par exemple dans les mines et carrières à ciel ouvert, ou le long des routes qui traversent une montagne.
- ○ **C.** Une falaise vive est une falaise en bordure de cratère de volcan, contrairement aux falaises en bordure de mer.
- ○ **D.** Une falaise vive est une falaise en contact avec la mer, donc qui s'érode rapidement et dont le profil change rapidement dans le temps.

13 **Qu'est-ce qu'un anticlinal?**

- ○ **A.** Un anticlinal est une zone de haute pression atmosphérique, avec peu de vent, autour de laquelle tournent les nuages (sans pouvoir y pénétrer).
- ○ **B.** Un anticlinal est un pli dans l'empilement des strates géologiques : c'est un mont (les strates forment une arche).
- ○ **C.** Un anticlinal est un affaissement dans l'empilement des strates géologiques : c'est une cuvette (les strates forment un creux).
- ○ **D.** Un anticlinal est une zone de basse pression atmosphérique, sillonnée par les vents, les nuages et les précipitations.

14 **Qu'est-ce qu'un bassin-versant?**

- ○ **A.** Un bassin-versant est un bassin ou un lac légèrement en pente.
- ○ **B.** Un bassin-versant est la ligne de partage des eaux entre deux fleuves : d'un côté, toutes les eaux coulent vers un fleuve, de l'autre côté toutes les eaux s'écoulent vers un autre fleuve.
- ○ **C.** Un bassin-versant est l'espace géographique recevant les eaux qui circulent naturellement vers un même cours d'eau (ou vers une même nappe d'eau souterraine).
- ○ **D.** Un bassin-versant est un massif montagneux, géologiquement homogène, au sein d'une chaîne montagneuse. Ex. : la Chartreuse dans les Alpes.

15 **Qu'est-ce qu'une perte en paysage karstique?**

- ○ **A.** Une perte est le lieu dans lequel un cours d'eau disparaît partiellement ou totalement dans le substratum, en général par engouffrement (rarement par infiltration en paysage karstique).
- ○ **B.** Un paysage karstique est défini par la présence de calcaire, roche poreuse ne retenant pas l'eau. La perte est la partie de l'eau de pluie qui est perdue pour la végétation car non retenue dans le sol par le calcaire.
- ○ **C.** Une perte en paysage karstique est le lieu où ressort une rivière souterraine, issue d'un engouffrement d'un cours d'eau superficiel ou issue de l'infiltration des eaux de pluie jusqu'à une couche géologique imperméable.
- ○ **D.** Une perte en paysage karstique décrit l'ensemble des formes topographiques en creux, grottes, gouffres, etc., créées par l'érosion hydrochimique et hydraulique du calcaire.

16 **Qu'est-ce qu'un méandre?**

- ○ **A.** Un méandre est un affluent mort d'un cours d'eau.
- ○ **B.** Un méandre est une sinuosité régulière décrite par le lit d'un cours d'eau, au sein de roches tendres (érodées par le cours d'eau) et plus dures, d'où la dissymétrie du chenal.
- ○ **C.** Un méandre est le nom donné à un bras de rivière autour d'une île.
- ○ **D.** Un méandre est la forme prise par le lit d'un cours d'eau en présence de fortes pentes : généralement, le lit est creusé en V et le profil en long se présente en « marches d'escalier » ponctuées de cascades.

17 **Quelle est la différence entre un fleuve et une rivière?**

- ○ **A.** Un fleuve est plus large qu'une rivière.
- ○ **B.** Un fleuve se jette dans la mer, pas une rivière.
- ○ **C.** Un fleuve possède des îles, pas une rivière.
- ○ **D.** Une rivière est encaissée, pas un fleuve.

18 **Que sont les roches basaltiques ?**

- ○ **A.** Les roches basaltiques sont des roches noires, issues du magma de la Terre (dites magmatiques), qui *via* le processus volcanique, sont remontées et ont refroidi rapidement.
- ○ **B.** Les roches basaltiques sont des roches sédimentaires, tendres.
- ○ **C.** Les roches basaltiques sont des roches métamorphiques durcies mais par la suite cristallisées et feuilletées sous l'effet de pressions et/ou de températures fortes.
- ○ **D.** Les roches basaltiques sont des roches fragmentées par l'érosion de l'eau (mer ou cascades) et se présentant sous forme de tubes à section hexagonale (orgues basaltiques).

19 **Que sont les roches granitiques ?**

- ○ **A.** Les roches granitiques sont des roches basaltiques mais qui ne sont pas noires.
- ○ **B.** Les roches granitiques sont des roches issues d'un compactage de divers cristaux, notamment quartziques et feldspathiques.
- ○ **C.** Les roches granitiques sont des roches issues de la fossilisation d'oléorésine sécrétée par des conifères du début de l'ère tertiaire.
- ○ **D.** Les roches granitiques sont des roches issues du magma de la Terre (dites magmatiques) et qui remontent lentement dans la croûte terrestre pour se refroidir très progressivement.

20 **Quels sont les grands composants de la Terre ?**

- ○ **A.** Noyau interne, noyau externe, manteau, croûte
- ○ **B.** Magma, plaques continentales
- ○ **C.** Magma, croûte
- ○ **D.** Noyau, plaques continentales

21 **Qu'est-ce que l'effet de fœhn ?**

- ○ **A.** L'effet de fœhn désigne le phénomène tectonique par lequel un fossé est créé entre des failles normales.
- ○ **B.** L'effet de fœhn désigne le vent catabatique sec redescendant le long du versant d'une montagne élevée, le rendant aride, au contraire de l'autre versant dit « au vent » sur lequel se déversent les précipitations orographiques.
- ○ **C.** L'effet de fœhn désigne le phénomène par lequel un geyser est soudainement déconnecté du champ volcanique souterrain qui l'alimente en eau vaporisée.
- ○ **D.** L'effet de fœhn désigne le mouvement tectonique translationnel qui est à l'origine des failles décrochantes.

22 **Qu'est-ce une zone d'accrétion ?**

- ○ **A.** C'est un secteur dans lequel deux plaques tectoniques s'écartent l'une de l'autre.
- ○ **B.** C'est un secteur dans lequel des sédiments s'accumulent.
- ○ **C.** C'est un secteur dans lequel deux plaques tectoniques se rapprochent et entrent en collision.
- ○ **D.** C'est un secteur d'éboulement rocheux.

23 **Quelle est la différence entre le courant et le débit d'un cours d'eau?**

- ○ **A.** Le courant et le débit d'un cours d'eau définissent la même réalité, mais le premier terme est spécifique à l'hydrologie tandis que le second est un terme d'hydrométrie.
- ○ **B.** Le courant se rapporte à l'eau et à ce qu'elle charrie (sédiments, morceaux d'arbre, etc.) tandis que le débit ne porte que sur la vitesse de l'eau.
- ○ **C.** Le débit correspond au volume d'eau (ex. En m^3) écoulé en une seconde par un cours d'eau en un point donné, tandis que le courant porte sur le déplacement lui-même de la masse d'eau (on en mesure la vitesse en m/s).
- ○ **D.** Le courant est la vitesse de l'eau en un point tandis que le débit est la vitesse de l'eau en un point, rapporté à la largeur du cours d'eau en ce point.

24 **Comment nomme-t-on la force d'un séisme?**

- ○ **A.** La magnétitude
- ○ **B.** La maniture
- ○ **C.** La magnitude
- ○ **D.** La magnétude

25 **Quel est le nom de l'échelle permettant de mesurer la force d'un séisme?**

- ○ **A.** L'échelle de Richmont
- ○ **B.** L'échelle de Richter
- ○ **C.** L'échelle de Lichter
- ○ **D.** L'échelle de Beaufort

26 **Qu'est-ce qu'une roche sédimentaire?**

- ○ **A.** Une roche recouverte de sédiments.
- ○ **B.** Une roche issue de la compression des particules rocheuses ou organiques tombées au fond de la mer.
- ○ **C.** Une roche issue de la compression des coulées de lave d'un volcan.
- ○ **D.** Une roche composée de très peu de minéraux.

27 **Quelle est la différence entre une roche métamorphique et une roche magmatique?**

- ○ **A.** La roche métamorphique n'existe que dans le noyau de la Terre alors qu'une roche magmatique n'existe que dans les volcans.
- ○ **B.** La roche métamorphique est dure tandis que la roche magmatique est liquide.
- ○ **C.** La roche métamorphique provient de la modification de roches dures existantes sous l'action de fortes pressions et chaleurs, alors que la roche magmatique provient du refroidissement du magma en fusion.
- ○ **D.** Il n'y a pas de différence entre roche métamorphique et roche magmatique.

28 **Qu'est-ce qu'une caldeira?**

- ○ **A.** Une baie sur une île volcanique
- ○ **B.** Un bassin d'eau froide au pied d'un volcan marin
- ○ **C.** Un cratère de volcan effondré
- ○ **D.** Une poche magmatique à ciel ouvert

29 **Qu'est-ce qu'une sebkha?**

- ○ **A.** Une dune de pierres
- ○ **B.** Une dépression salée
- ○ **C.** Une oasis
- ○ **D.** Une rivière souterraine

30 **Qu'est-ce qu'une dune fossile?**

- ○ **A.** Un amas de sable rempli de fossiles.
- ○ **B.** Un amas de sable compressé, dur.
- ○ **C.** Un amas de sable végétalisé qui n'avance plus.
- ○ **D.** Un amas de sable sur des lieux ayant abrité des hommes préhistoriques.

31 **Quel est le point culminant de l'Afrique?**

- ○ **A.** Le mont Kenya au Kenya
- ○ **B.** Le Kilimandjaro au Kenya et en Tanzanie
- ○ **C.** Le Toubkal au Maroc
- ○ **D.** Le Ruwenzori Ouganda

32 **La Terre est surtout recouverte d'eau (mers, océans, lacs) : quelle est la part de l'eau dans la superficie totale de la Terre?**

- ○ **A.** 54%
- ○ **B.** 65%
- ○ **C.** 71%
- ○ **D.** 86%

33 **D'où provient le vent que l'on ressent au sol?**

- ○ **A.** Le vent vient de coulées d'air provenant des hautes couches de l'atmosphère.
- ○ **B.** Le vent naît de la présence d'obstacles (montagnes, forêts...).
- ○ **C.** Le vent vient de la vitesse de circulation des nuages.
- ○ **D.** Le vent naît des mouvements des masses d'air chauffées par le soleil.

34 **Quel est le nom de l'échelle permettant de mesurer la vitesse du vent?**

- ○ **A.** L'échelle d'Abondance
- ○ **B.** L'échelle de Savoie
- ○ **C.** L'échelle de Beaufort
- ○ **D.** L'échelle de Richter

35 **Quelle est la force maximale d'un vent sur l'échelle permettant de mesurer la vitesse du vent?**

- ○ **A.** 5
- ○ **B.** 8
- ○ **C.** 12
- ○ **D.** 19

36 **Quelle est la vitesse maximale d'un vent mesurée sur Terre, lors d'un cyclone?**

- ○ **A.** 284 km/h
- ○ **B.** 384 km/h
- ○ **C.** 484 km/h
- ○ **D.** 184 km/h

37 **De quoi est composé l'air que nous respirons?**

- ○ **A.** 78,08% d'azote + 20,95% de dioxygène + 0,93% d'argon + 0,038% de dioxyde de carbone + le reste en vapeur d'eau
- ○ **B.** 78,08% d'oxygène + 20,95% d'azote + 0,93% de dioxyde de carbone + 0,038% d'argon + le reste en vapeur d'eau
- ○ **C.** 78,08% d'oxygène + 20,95% de dioxyde de carbone + 0,93% d'azote + 0,038% d'argon + le reste en vapeur d'eau
- ○ **D.** 78,08% d'oxygène + 20,95% de dioxyde de carbone + 0,93% de vapeur d'eau + 0,038% d'argon + le reste en azote

38 **Qu'est-ce qu'une dorsale océanique?**

- ○ **A.** Une chaîne montagneuse émergée qui longe un océan.
- ○ **B.** Une chaîne montagneuse immergée au milieu d'un océan.
- ○ **C.** Un cimetière de baleines remarquable par la quantité de vertèbres présentes.
- ○ **D.** Un atoll isolé au milieu de l'océan.

39 **Qu'est-ce qu'un atoll?**

- ○ **A.** Piscine naturelle d'eau chaude et poissonneuse dans le Pacifique.
- ○ **B.** Île très escarpée, sur un volcan actif et isolée au milieu de l'océan.
- ○ **C.** Nom tahitien désignant une barrière de corail.
- ○ **D.** Île ou ensemble d'îles résultant de l'effondrement d'un volcan, ceinturées d'une barrière de corail autour d'un lagon.

40 **Quelles sont les quatre strates constituant l'atmosphère (en partant de la plus proche du sol jusqu'à 100 km d'altitude)?**

- ○ **A.** Troposphère - Stratosphère - Mésosphère - Thermosphère
- ○ **B.** Stratosphère - Mésosphère - Thermosphère - Ultrasphère
- ○ **C.** Troposphère - Stratosphère - Ultrasphère - Mésosphère
- ○ **D.** Stratosphère - Mésosphère - Cryosphère - Thermosphère

41 **Parmi les noms suivants, lequel ne correspond pas à un nom de nuage?**

- ○ **A.** Nimbostratus
- ○ **B.** Cirrocumulus
- ○ **C.** Altocumulus
- ○ **D.** Cirrus

42 **Quelle est la particularité du nuage cumulonimbus ?**

- ○ **A.** C'est un nuage de forme petite et très compacte.
- ○ **B.** C'est un nuage englobant, très proche du sol, type brouillard.
- ○ **C.** C'est un nuage de cendres au-dessus d'un volcan.
- ○ **D.** C'est un nuage d'orage, de très grande dimension.

43 **Quel est le diamètre équatorial de la Terre ?**

○ **A.** 12 756 km ○ **B.** 13 305 km ○ **C.** 14 849 km ○ **D.** 15 011 km

44 **Comment se forme le pétrole ?**

- ○ **A.** Le pétrole est un dérivé carbonaté, comme le charbon et le gaz naturel : il est obtenu par fusion du charbon.
- ○ **B.** Le pétrole se crée sur des millions d'années, par transformation, sous fortes pressions et températures, de la matière organique emprisonnée dans des roches et accumulée en milieu marin anaérobie.
- ○ **C.** Le pétrole est issu de poches magmatiques fondues anaérobies et enfouies profondément dans la croûte terrestre.
- ○ **D.** Le pétrole provient des déchets émis par la faune de l'ère secondaire dont la très lente décomposition par les bactéries a abouti à la formation des molécules d'hydrocarbures.

45 **Sur toute l'eau disponible sur Terre, quelle est la proportion d'eau douce ?**

○ **A.** 1 % ○ **B.** 2,5 % ○ **C.** 8,3 % ○ **D.** 25 %

46 **Qu'est-ce que la zone photique d'un océan ?**

- ○ **A.** C'est la partie en eau non gelée des océans polaires.
- ○ **B.** C'est la partie qui désigne le centre des océans c'est-à-dire la partie plus éloignée des côtes.
- ○ **C.** C'est la partie sous-marine n'abritant plus aucun poisson du fait des fortes profondeurs.
- ○ **D.** C'est la partie sous-marine atteinte par les rayons solaires.

47 **Quelle est l'altitude du mont Everest, plus haut sommet du monde ?**

○ **A.** 8 708 m ○ **B.** 8 848 m ○ **C.** 8 918 m ○ **D.** 8 998 m

48 **Quelle est la profondeur (ordre de grandeur) de la plus grande fosse sous-marine, Challenger Deep, mesurée à ce jour ?**

○ **A.** 1 500 m ○ **B.** 5 000m ○ **C.** 8 000 m ○ **D.** 11 000 m

49 **Quelle est la différence entre une hauteur et une altitude ?**

- ○ **A.** Une hauteur mesure une élévation à partir du sol tandis qu'une altitude mesure une élévation à partir du niveau de la mer.
- ○ **B.** Les deux termes sont synonymes et peuvent être interchangés.
- ○ **C.** Une hauteur ne peut servir à mesurer que des élévations émergées et non pas immergées dans un lac, une mer...
- ○ **D.** Une altitude est toujours mesurée en mètres, tandis qu'une hauteur peut être mesurée en décimètres, centimètres, millimètres.

50 **Qu'est-ce qu'un dyke?**

- ○ **A.** Un dyke est un récif corallien ancien, formé autour d'une l'île volcanique, totalement immergée par affaissement ou érosion : émerge seulement la couronne récifale.
- ○ **B.** Un dyke est un pont naturel créé par l'érosion d'un anticlinal, au-dessus et en dessous d'une strate géologique plus résistante que son environnement direct.
- ○ **C.** Un dyke est un filon de roche magmatique, plus résistant que les formations voisines, donc qui s'érode moins vite que son environnement direct, donnant naissance à un paysage de murets naturels.
- ○ **D.** Un dyke est un système d'écluses sur un cours d'eau permettant de réguler son débit.

51 **Qu'est-ce que le permafrost?**

- ○ **A.** Le permafrost désigne la banquise en hydrogéologie.
- ○ **B.** Le permafrost est la tranche profonde du sol gelée en permanence dans les régions proches du cercle polaire.
- ○ **C.** Le permafrost désigne la couche de sol superficielle qui subit un dégel périodique dans les terres proches du cercle polaire.
- ○ **D.** Le permafrost renvoie au paysage de prairies tourbeuses, sans arbre, présent au-delà du cercle polaire.

52 **Qu'est-ce qu'un récif frangeant?**

- ○ **A.** Un récif frangeant est un platier c'est-à-dire un haut-fond rocheux, pouvant supporter une plage, le long d'une côte elle-même rocheuse.
- ○ **B.** Un récif frangeant est une zone de développement des coraux autour d'un relief non corallien (îles, caps...) dont il peut être légèrement séparé par un chenal dit d'embarcation.
- ○ **C.** Un récif frangeant est une zone de développement des coraux au large des terres émergées non coralliennes sur le prolongement sous-marin où il est installé. Le récif est séparé de la terre ferme par un lagon.
- ○ **D.** Un récif frangeant est un récif corallien ancien sillonné de nombreuses et larges passes lui donnant un aspect de râteau.

53 **Quelle est la différence entre un erg et un reg?**

- ○ **A.** Un erg est un vaste champ de dunes permanent et structuré, tandis qu'un reg est un désert de pierres.
- ○ **B.** Un reg est un vaste champ de dunes permanent et structuré, tandis qu'un erg est un désert de pierres.
- ○ **C.** Un erg est une nappe d'eau fossile dans le désert tandis qu'un reg est une nappe d'eau affleurant dans le désert permettant le développement d'oasis.
- ○ **D.** Un reg est une nappe d'eau fossile dans le désert tandis qu'un erg est une nappe d'eau affleurant dans le désert permettant le développement d'oasis.

54 **Qu'est-ce que la pédologie?**

- ○ **A.** La pédologie est l'étude des racines des plantes.
- ○ **B.** La pédologie est l'étude du sol (hors substrat rocheux qui entre dans la géologie).
- ○ **C.** La pédologie est une branche de la botanique qui analyse les pédoncules.
- ○ **D.** La pédologie est l'étude des pendages c'est-à-dire des pentes que prennent les couches géologiques sous l'effet de mouvements de subsidence ou de surrection.

55 Comment se crée la latérite, sol rouge et pauvre, très présent en Afrique ?

- ○ **A.** La latérite est issue du lessivage des sols tropicaux ferrallitiques (riches en hydroxydes de fer) sous l'action de la chaleur et de l'humidité.
- ○ **B.** La latérite se crée à partir des sables rouges du désert transportés par le sirocco et accumulés depuis la fin de l'ère tertiaire.
- ○ **C.** La latérite est un sol issu de la décomposition des feuilles acides des palmiers dattiers.
- ○ **D.** La latérite est un sol de couleur rouge, situé dans les zones tropicales du fait du développement de micro-organismes (algues) vivant de l'humidité, de la chaleur et de l'ionisation de ce sol.

56 Que sont les terres rares ?

- ○ **A.** Les terres rares désignent dix-sept métaux non ferreux, utilisés dans l'industrie électronique, dont leur séparation d'avec leur minerai est difficile : leur extraction et recyclage posent des problèmes industriels et environnementaux.
- ○ **B.** Les terres rares désignent toutes les pierres précieuses.
- ○ **C.** Les terres rares sont les quelques zones du globe vierges de toute occupation humaine, encore à l'état naturel complet.
- ○ **D.** Les terres rares désignent les sols riches en or et argent.

57 Quel est le fleuve le plus long du monde ?

- ○ **A.** Mississippi
- ○ **B.** Fleuve Jaune
- ○ **C.** Yangzi Jiang
- ○ **D.** Amazone

58 Où se jette le fleuve le plus long du monde ?

- ○ **A.** Dans l'océan Pacifique
- ○ **B.** Dans le golfe du Mexique
- ○ **C.** Dans l'océan Atlantique
- ○ **D.** Dans la mer de Chine

59 Quelle est la longueur du fleuve le plus long du monde (ordre de grandeur) ?

- ○ **A.** 1 000 km
- ○ **B.** 2 500 km
- ○ **C.** 7 000 km
- ○ **D.** 10 000 km

60 Comment se nomme l'endroit où un fleuve se jette dans la mer ou l'océan ?

- ○ **A.** L'aboutissement
- ○ **B.** L'embouchure
- ○ **C.** La jetée
- ○ **D.** La sortie

61 Qu'est-ce qu'un estuaire ?

- ○ **A.** Un estuaire est la zone terminale d'un fleuve dans laquelle les eaux douces et les eaux salées se mélangent.
- ○ **B.** Un estuaire est un marécage dans lequel les eaux douces et salées se mélangent.
- ○ **C.** Un estuaire est une zone portuaire abritée.
- ○ **D.** Un estuaire est une zone de marais salants.

62 Comment s'appelle la vague qui est créée par l'onde de marée montante dans un fleuve ?

- ○ **A.** Le minaret
- ○ **B.** Le mascaret
- ○ **C.** Le massacret
- ○ **D.** Le miscaret

63 **Quelle est la différence entre un affluent et un confluent?**

- ○ **A.** Un affluent est un cours d'eau qui se jette dans un autre cours d'eau plus important que lui, et leur point de jonction est le confluent.
- ○ **B.** Un confluent est un cours d'eau qui se jette dans un autre cours d'eau plus important que lui, et leur point de jonction est l'affluent.
- ○ **C.** L'affluent est la partie avale d'un cours d'eau (position basse) tandis que le confluent est la partie amont d'un cours d'eau (position haute) : l'affluent et le confluent se distinguent donc par leur altitude.
- ○ **D.** Le confluent est la partie en aval d'un cours d'eau (position basse) tandis que l'affluent est la partie amont d'un cours d'eau (position haute) : l'affluent et le confluent se distinguent donc par leur altitude.

64 **Quel est le taux de salinité de l'eau au niveau du détroit de Gibraltar?**

○ **A.** 17 g/l ○ **B.** 28 g/l ○ **C.** 36 g/l ○ **D.** 44 g/l

65 **Qu'est-ce qu'une lagune?**

- ○ **A.** Une lagune est une étendue d'eau de mer, chaude et peu profonde, au centre d'un atoll, ou entre un récif-barrière et le littoral.
- ○ **B.** Une lagune est une zone marécageuse saumâtre, souvent lieu de putréfaction des plantes et de reproduction des moustiques.
- ○ **C.** Une lagune est une langue de terre qui s'avance en mer.
- ○ **D.** Une lagune est une étendue d'eau salée isolée de la mer par une langue de terre. Des communications peuvent se faire entre lagune et mer, *via* des passes ou lors de tempêtes ou de crues au niveau de la lagune.

66 **Qu'est-ce qu'un isthme?**

- ○ **A.** Un isthme est une grande jetée naturelle.
- ○ **B.** Un isthme est une source d'eau douce sur une île volcanique.
- ○ **C.** Un isthme est un talus, au niveau d'un col, reliant deux sommets et retenant un lac glaciaire.
- ○ **D.** Un isthme est une bande de terre reliant soit une presqu'île à la terre continentale, soit deux îles entre elles.

67 **Qu'est-ce que la circulation thermohaline des eaux océaniques?**

- ○ **A.** C'est l'ensemble des courants marins de surface dus aux différents vents.
- ○ **B.** C'est la circulation des eaux engendrée par la variation de leur densité, induite par des écarts de température et de salinité.
- ○ **C.** C'est la circulation des eaux abyssales à proximité des foyers chauds (*hot spots*) que sont les volcans sous-marins.
- ○ **D.** C'est l'ensemble des courants marins sous la banquise, dans les océans froids.

68 **À quoi faire référence le lœss?**

- ○ **A.** Le lœss est le nom islandais pour désigner les glaciers immenses recouvrant le pays.
- ○ **B.** Le lœss est la trace laissée par une avalanche.
- ○ **C.** Le lœss est un glissement de terrain engendré par de fortes pluies sur des versants de montagnes argileux.
- ○ **D.** Le lœss est un dépôt de fines particules de quartz, d'argiles et de calcaires, transportées par le vent, et source de fertilisation des sols. Le lœss a été déposé en périphérie des grands glaciers du quaternaire.

69 **Qu'est-ce que l'eustatisme?**

- ○ **A.** L'eustatisme est la variation lente du niveau moyen des mers et océans, d'origine tectonique ou climatique.
- ○ **B.** L'eustatisme désigne une mer ou un océan parfaitement calme lors d'une absence de vent, par exemple dans l'œil d'un cyclone.
- ○ **C.** L'eustatisme désigne la position des plaques continentales entre elles et leurs mouvements relatifs.
- ○ **D.** L'eustatisme est l'ensemble des mouvements d'une faille.

70 **Qu'est-ce qu'une faille?**

- ○ **A.** Une faille est un trou dans le sol (terre) et le sous-sol (roches).
- ○ **B.** Une faille est une cassure en deux blocs d'un substrat rocheux, accompagnée d'un mouvement entre ces deux blocs.
- ○ **C.** Une faille est une profonde rigole, sur un versant de montagne en roches tendres, créée par ravinement des eaux de ruissellement.
- ○ **D.** Une faille est une zone dans laquelle les remontées magmatiques sont à l'origine de la formation des plaques tectoniques.

71 **Qu'est-ce qu'un fjord?**

- ○ **A.** Un fjord est une zone de géothermie active dans laquelle on peut observer des geysers, des fumerolles, des sources chaudes, des mofettes...
- ○ **B.** Un fjord est une calotte glaciaire ou un glacier de plateau dans les zones subpolaires.
- ○ **C.** Un fjord est une vallée glaciaire, profonde, aux versants abrupts, datant du quaternaire et envahie par la mer.
- ○ **D.** Un fjord est un immense glacier couvrant de vastes étendues terrestres : seuls le fjord de l'Antarctique et celui du Groenland subsistent aujourd'hui.

72 **Qu'est-ce que la banquise?**

- ○ **A.** La banquise désigne toute surface en eau qui est gelée.
- ○ **B.** La banquise désigne les terres proches du cercle polaire dont la température au sol est inférieure à 0 °C dix mois dans l'année.
- ○ **C.** La banquise est un bloc de glace d'eau douce détaché d'un glacier polaire et qui dérive dans l'océan jusqu'à sa fonte.
- ○ **D.** La banquise est une couche d'eau de mer gelée formée à la surface des mers et océans en-dessous de -1,9 °C.

73 **Que sont les mortes-eaux?**

- ○ **A.** Les mortes-eaux sont des eaux retenues dans une cuvette qui n'est alimentée par aucune arrivée d'eau (source, cours d'eau, mer...).
- ○ **B.** Les mortes-eaux sont des eaux contenant du soufre faisant obstacle à tout développement de vie : on les trouve en général dans les secteurs d'activité paravolcanique.
- ○ **C.** Les mortes-eaux (ou marée de morte-eau) sont les marées dont la différence de hauteur entre pleine mer et basse mer est la plus forte.
- ○ **D.** Les mortes-eaux (ou marée de morte-eau) sont les marées dont la différence de hauteur entre pleine mer et basse mer est la plus faible.

74 **Où trouve-t-on des séracs?**

- ○ **A.** Les séracs se trouvent dans la Monument Valley aux États-Unis, émergeant au milieu du glacis d'érosion.
- ○ **B.** Les séracs se trouvent sur les glaciers, entre des crevasses.
- ○ **C.** Les séracs se trouvent dans les paysages de gorges encaissées.
- ○ **D.** Les séracs se trouvent en zone littorale, à l'endroit où les vagues se brisent.

75 **Qu'est-ce qu'une barkhane?**

- ○ **A.** C'est une mer asséchée au milieu du désert.
- ○ **B.** C'est une zone d'accumulation des rochers détachés par un glacier.
- ○ **C.** C'est une petite cheminée volcanique secondaire, sur les pentes d'un grand volcan.
- ○ **D.** C'est une dune en forme de croissant, qui avance dans le sens du vent.

76 **Pourquoi les zones d'*upwelling* sont-elles recherchées par les pêcheurs?**

- ○ **A.** Dans les zones d'*upwelling*, les eaux profondes et froides de l'océan remontent, emportant une quantité importante de phytoplanctons qui attirent les poissons.
- ○ **B.** Les zones d'*upwelling* sont des secteurs ayant des fonds marins plats et peu profonds, permettant une pêche à la traîne hauturière facile et rentable.
- ○ **C.** Dans les zones d'*upwelling*, les eaux de surface plongent en profondeur sous l'effet de courants littoraux : elles assurent ainsi l'oxygénation des eaux de fond qui permet le développement d'une grande variété de poissons sur toute la colonne d'eau.
- ○ **D.** Les zones d'*upwelling* sont les secteurs de reproduction des poissons : ils garantissent une pêche certaine et constante.

77 **Quelle est la différence entre météorologie et climat?**

- ○ **A.** La météorologie s'intéresse aux seuls phénomènes venus du ciel, tandis que le climat prend en compte les impacts sur la végétation.
- ○ **B.** La météorologie concerne les trois paramètres de précipitations, d'ensoleillement et de la température, tandis que le climat ne s'attache qu'aux précipitations.
- ○ **C.** La météorologie fournit des prévisions de précipitations, d'ensoleillement et de la température en un lieu donné, tandis que le climat fournit ces mêmes prévisions à l'échelle d'un continent.
- ○ **D.** La météorologie fournit des prévisions de précipitations, d'ensoleillement et de température dans un futur court, tandis que le climat est la moyenne des précipitations, de l'ensoleillement et des températures constatés depuis que des mesures existent.

78 **Quelles sont les caractéristiques du climat continental?**

- ○ **A.** Le climat continental est humide et doux (~10 °C) toute l'année.
- ○ **B.** Le climat continental est marqué par des étés orageux chauds (~30 °C) et des hivers secs froids (~- 15 °C).
- ○ **C.** Le climat continental est chaud et sec toute l'année, marqué par une aridité de la végétation.
- ○ **D.** Le climat continental est humide et chaud (~25 °C) toute l'année.

79 **Qu'est-ce que la topographie?**

- ○ **A.** La topographie est la branche de la géographie dédiée à l'établissement des plans cadastraux, et qui calcule avec précision les superficies, en fonction des pentes, à des fins fiscales.
- ○ **B.** La topographie est la science qui consiste à faire des plans-reliefs (maquettes réelles ou 3D) de zones montagneuses.
- ○ **C.** La topographie est la science qui mesure puis représente des portions d'espaces terrestres naturels et/ou artificiels, en déterminant position et altitude de tout point.
- ○ **D.** La topographie est la science des reliefs sous-marins, utilisant les sonars pour établir une cartographie précise des fonds.

80 **Quelle est la particularité des schistes?**

- ○ **A.** Les schistes sont des roches particulièrement dures et résistantes à l'érosion.
- ○ **B.** Les schistes sont les roches les plus anciennes présentes sur Terre.
- ○ **C.** Les schistes sont les seules roches sédimentaires ayant un pouvoir d'adsorption.
- ○ **D.** Les schistes ont un aspect feuilleté, ils peuvent se débiter en plaques fines et être imprégnés d'eau ou d'hydrocarbures entre leurs feuillets.

81 **Pourquoi les baïnes sont-elles dangereuses ?**

- ○ **A.** Les baïnes sont dangereuses car même si leurs eaux sont calmes en amont, elles sont souvent associées à des chutes d'eau en aval.
- ○ **B.** Les baïnes sont dangereuses car les randonneurs, même aguerris, peuvent tomber dans ces « failles » de glace et se retrouver prisonniers sous le glacier.
- ○ **C.** Les baïnes sont dangereuses car les nageurs n'arrivent plus à sortir de cette dépression, entre un banc de sable et la côte, ouverte vers le large par un chenal qui concentre les courants lors du changement de marée.
- ○ **D.** Les baïnes sont dangereuses car ces falaises sont constituées de roches très friables qui peuvent s'effondrer sous le poids d'un promeneur.

82 **Un iceberg est-il formé de glace d'eau douce ou de glace d'eau salée ?**

- ○ **A.** Un iceberg est inhomogène : il est constitué de glace, renfermant des poches d'air, de saumure et de sel.
- ○ **B.** Un iceberg est un morceau de glace d'eau douce issu d'un glacier, lui-même formé par les chutes de neige au-dessus des terres.
- ○ **C.** Un iceberg est un morceau d'eau de mer gelée : il est donc constitué de glace d'eau salée.
- ○ **D.** Un iceberg n'est pas un bloc de glace, mais un bloc de neige.

83 **Qu'est-ce qu'un inselberg ?**

- ○ **A.** Un inselberg est une île volcanique très jeune.
- ○ **B.** Un inselberg est un iceberg dont la partie émergée est très importante (> 20 % du volume total de l'iceberg).
- ○ **C.** Un inselberg est un relief isolé, aux versants abrupts, dont la roche plus dure n'a pas été érodée autant que celle de la plaine environnante.
- ○ **D.** Un inselberg est un monticule surélevé au milieu d'un delta humide et marécageux, restant émergé même lors de la montée des eaux.

84 **Quels noms donne-t-on aux versants d'une montagne selon leur exposition au soleil ?**

- ○ **A.** L'ubac pour le versant ensoleillé, l'adret pour le versant ombragé.
- ○ **B.** L'adret pour le versant ensoleillé, l'ubac pour le versant ombragé.
- ○ **C.** Le graben pour le versant ensoleillé, le horst pour le versant ombragé.
- ○ **D.** Le horst pour le versant ensoleillé, le graben pour le versant ombragé.

85 **Que mesure la bathymétrie ?**

- ○ **A.** La bathymétrie mesure la quantité de lumière dans tout lieu sombre (cavités souterraines, fonds abyssaux...).
- ○ **B.** La bathymétrie mesure la turbidité des cours d'eau.
- ○ **C.** La bathymétrie mesure les profondeurs marines.
- ○ **D.** La bathymétrie mesure la vitesse des courants aquatiques.

86 **Qu'est-ce que l'estran ?**

- ○ **A.** L'estran est la ligne de laisse des marées sur la plage ou le platier, constitué généralement d'algues arrachées, de coquillages, de mues de crustacés, de bois morts...
- ○ **B.** L'estran est l'estuaire d'une petite rivière dont la taille ne permet pas la navigation.
- ○ **C.** L'estran est la partie du littoral balayée par les marées et située entre le niveau des plus hautes mers et celui des plus basses mers.
- ○ **D.** L'estran est un haut-fond sous-marin, au large du littoral, jouant le rôle de brise-lames.

87 **Qu'est-ce que l'orogenèse ?**

- ○ **A.** L'orogenèse est le processus de formation de l'or.
- ○ **B.** L'orogenèse est le processus de création des « pains de sucre ».
- ○ **C.** L'orogenèse est le processus de formation des montagnes.
- ○ **D.** L'orogenèse est le processus de création de pluies en présence d'un fort relief.

Faune et flore

➜ **Retrouvez le corrigé de cette série page 382.**

88 Dans un désert chaud et aride, qu'est-ce qu'une plante xérophile ?

- ○ **A.** Une plante xérophile est une plante qui vit sous le sable.
- ○ **B.** Une plante xérophile est une plante adaptée à la sécheresse.
- ○ **C.** Une plante xérophile est une plante sans feuilles.
- ○ **D.** Une plante xérophile est une plante qui naît, vit et meurt à chaque pluie.

89 Dans un marais de bord de mer, qu'est-ce qu'une plante halophile ?

- ○ **A.** Une plante halophile est une plante aux propriétés spongieuses utilisées dans l'industrie.
- ○ **B.** Une plante halophile est une plante tourbeuse utilisée comme combustible.
- ○ **C.** Une plante halophile est une plante qui peut pousser dans un environnement salé.
- ○ **D.** Une plante halophile est une plante qui peut vivre dans un halo d'eau, même petit.

90 Qu'est-ce que la mangrove ?

- ○ **A.** Une mangrove est un ensemble de rizières sur les littoraux lagunaires de la zone intertropicale.
- ○ **B.** Une mangrove est une formation végétale de plantes aquatiques (roseaux...) le long des estuaires aux eaux turbides de la zone intertropicale.
- ○ **C.** Une mangrove est un marais en retrait du littoral, en zone intertropicale, dont l'eau stagnante constitue un habitat de choix pour les moustiques (paludisme) et les amibes.
- ○ **D.** Une mangrove est une formation arbustive vivant sur les littoraux lagunaires de la zone intertropicale.

91 Que montre une carte phytogéographique ?

- ○ **A.** Une carte phytogéographique montre la répartition de l'utilisation des produits phytosanitaires dans l'agriculture ; elle permet de faire des corrélations avec les propagations de maladies chez les végétaux.
- ○ **B.** Une carte phytogéographique montre l'évolution de la déforestation et, plus globalement, la destruction des formations végétales sous l'influence des activités humaines.
- ○ **C.** Une carte phytogéographique montre les pratiques culturales adoptées par les différents groupes humains.
- ○ **D.** Une carte phytogéographique montre la répartition de la végétation sur la Terre en mettant en évidence des zones homogènes de végétaux et en permettant des corrélations avec le climat, les types de sol, sous-sol, etc.

92 Où trouve-t-on des edelweiss, plantes aujourd'hui protégées ?

- ○ **A.** L'edelweiss pousse dans les eaux froides des lacs glaciaires : on le surnomme le nénuphar des montagnes.
- ○ **B.** L'edelweiss pousse dans l'Himalaya où il est cultivé traditionnellement par les Népalais qui en ont fait une spécialité culinaire.
- ○ **C.** L'edelweiss pousse en haute montagne, à une altitude comprise entre 2 000 et 3 000 m, dans les Alpes, les Pyrénées, les Carpates et les Balkans.
- ○ **D.** L'edelweiss pousse dans les neiges éternelles des montagnes Rocheuses aux États-Unis et au Canada.

93 Sur un versant montagneux, la végétation est étagée en fonction de l'altitude. Comment s'appelle l'étage des pelouses rases, au-dessus de la forêt ?

- ○ **A.** Étage alpin
- ○ **B.** Étage nival
- ○ **C.** Étage montagnard
- ○ **D.** Toundra alpine

94 **Que mangent les pucerons ?**

- ○ **A.** De l'oïdium (champignons)
- ○ **B.** La sève des feuilles
- ○ **C.** Des acariens
- ○ **D.** Des tenthrèdes (larves de guêpe)

95 **Qui mange les pucerons ?**

- ○ **A.** Les fourmis
- ○ **B.** Les coccinelles
- ○ **C.** Les abeilles
- ○ **D.** Les pics-verts

96 **Qu'est-ce qu'un écosystème ?**

- ○ **A.** Un écosystème est un objet complexe, dont toutes les étapes de fabrication sont étudiées pour être écologiques.
- ○ **B.** Un écosystème est un paysage : on aura ainsi l'écosystème de la campagne, celui de la ville, celui de la plage...
- ○ **C.** Un écosystème est un espace dans lequel toutes les activités humaines sont écologiques, c'est-à-dire pensées pour ne pas avoir un impact sur l'environnement.
- ○ **D.** Un écosystème est un ensemble dynamique d'organismes vivants (plantes, animaux et micro-organismes) qui interagissent entre eux et avec le milieu (sol, climat, eau, lumière) dans lequel ils vivent.

97 **Qu'est-ce qu'un prédateur ?**

- ○ **A.** Un prédateur est un animal qui veut du mal à un autre animal pour se nourrir, se venger, s'amuser, se protéger.
- ○ **B.** Un prédateur est un animal qui consomme des proies.
- ○ **C.** Un prédateur est un animal qui se nourrit d'un autre animal sans que ce dernier soit mort : on parle aussi de parasitisme.
- ○ **D.** Un prédateur est un animal qui se nourrit d'autres animaux, déjà morts.

98 **Qu'est-ce que l'humus ?**

- ○ **A.** L'humus désigne le lit de feuilles tombées qui recouvre le sol.
- ○ **B.** L'humus est la partie supérieure du sol, constituée de matières organiques décomposées et transformées.
- ○ **C.** L'humus est un sol obtenu artificiellement pour être vendu en sacs de terreau.
- ○ **D.** L'humus désigne le résidu d'un composteur.

99 **Que font les décomposeurs ?**

- ○ **A.** Les décomposeurs prennent en charge les restes des proies, une fois celles-ci mangées par les prédateurs : ils « nettoient » les os et se chargent des bas morceaux délaissés.
- ○ **B.** Les décomposeurs purifient l'eau : ils absorbent les nitrates et les phosphates.
- ○ **C.** Les décomposeurs recyclent l'air : ils absorbent les particules fines de pollution ainsi que le dioxyde de carbone (CO_2) et rejettent du dioxygène (O_2).
- ○ **D.** Les décomposeurs font du compost en décomposant la matière organique jusqu'à l'obtention de minéraux (oxyde de soufre, oxyde de carbone...).

100 **Quelles sont les matières premières que la biosphère fournit à l'homme comme richesses pour ses activités (agriculture, industries...) ?**

- ○ **A.** L'air et l'eau
- ○ **B.** L'eau, les matières minérales et les matières organiques
- ○ **C.** La lumière et les matières organiques
- ○ **D.** Les matières minérales et les matières organiques

101 **Qu'est-ce qu'une espèce coprophage?**

- ○ **A.** Une espèce coprophage (mouches, bousiers...) s'alimente à partir des matières fécales des autres animaux, permettant de la sorte le recyclage de la matière organique.
- ○ **B.** Une espèce coprophage (chacals...) s'alimente à partir du cadavre des autres animaux.
- ○ **C.** Une espèce coprophage (chiens...) est une espèce dont la femelle peut manger sa progéniture par instinct de survie.
- ○ **D.** Une espèce coprophage (papillons...) désigne une espèce qui s'alimente uniquement de liquides.

102 **Que désigne le houppier en sylviculture?**

- ○ **A.** Le houppier désigne l'ensemble des branchages et du feuillage d'un arbre, placés au-dessus du fût.
- ○ **B.** Le houppier désigne l'ensemble racinaire, aérien ou souterrain, d'un arbre.
- ○ **C.** Le houppier désigne la personne qui élague un arbre de manière à éclaircir le feuillage pour accélérer la croissance de cet arbre.
- ○ **D.** Le houppier désigne la méthode de calcul de l'âge d'un arbre par mesure de la circonférence du tronc (en cm) à 1,40 m du sol, divisée par π et multipliée par un coefficient lié à la vitesse de croissance de l'espèce (entre 1,5 croissance rapide et 3 croissance lente).

GÉOGRAPHIE

103 **Chaque plante comporte des composés aromatiques variés qui peuvent être extraits de différentes manières et concentrés dans les huiles essentielles (H.E.). Parmi les molécules suivantes, lesquelles ne retrouve-t-on pas dans les H.E.?**

- ○ **A.** Les terpènes
- ○ **B.** Les esters
- ○ **C.** Les acides
- ○ **D.** Les enzymes

104 **Qu'est-ce que le débourrement?**

- ○ **A.** Le débourrement est la méthode par laquelle on amène un cheval à accepter une selle, un cavalier ou un attelage.
- ○ **B.** Le débourrement désigne le phénomène par lequel les bourgeons commencent à se couvrir de duvet, puis gonflent et éclosent.
- ○ **C.** Le débourrement consiste à couper toutes les branches d'un arbre abattu pour n'en conserver que le tronc.
- ○ **D.** Le débourrement désigne une saillie entre deux mammifères, qui ne donnera naissance à aucun petit (saillie non fertile).

105 **Qu'est-ce que l'aubier?**

- ○ **A.** L'aubier désigne les petites branches d'un arbre avec lesquelles on fait des petits objets comme les flûtes, les manches de couteaux, etc.
- ○ **B.** L'aubier désigne la partie de l'écore du chêne-liège utilisée pour faire les bouchons (en liège naturel).
- ○ **C.** L'aubier désigne la partie du bois la plus jeune et la plus tendre, située entre l'écorce qui le protège, et le bois de cœur.
- ○ **D.** L'aubier désigne la partie la plus âgée et la plus dure du bois, au cœur du tronc, dont l'utilisation traditionnelle était destinée à la fabrication des roues à aubes.

106 **Qu'est-ce que l'évapotranspiration?**

- ○ **A.** L'évapotranspiration est le phénomène de transpiration chez les poissons.
- ○ **B.** L'évapotranspiration (exprimée en mm) résulte de l'évaporation de l'eau du sol (en vapeur d'eau) et de la transpiration des plantes.
- ○ **C.** L'évapotranspiration (exprimée en mm) est l'évaluation de l'eau contenue dans une roche : on mesure la hauteur d'eau liquide restante après réchauffement brusque des eaux gelées dans les fissurations d'une roche.
- ○ **D.** L'évapotranspiration est le phénomène de sublimation de la neige sur la fourrure des animaux polaires (ours, phoques...).

107 **Quelle est la différence entre la toundra et la taïga ?**

- ○ **A.** La taïga est une zone boréale en friche, non cultivée tandis que la toundra est exploitée, notamment comme pâturages.
- ○ **B.** La taïga est une zone boréale cultivée tandis que la toundra est en friche, non cultivée.
- ○ **C.** La toundra est constituée d'une végétation herbeuse et buissonnante tandis que la taïga est constituée d'une forêt de conifères.
- ○ **D.** La toundra est constituée d'une forêt de conifères tandis que la taïga est constituée d'une végétation herbeuse et buissonnante.

108 **Selon les espèces, les poissons ont une profondeur privilégiée pour vivre, se reproduire, capter leur nourriture. Parmi les étages suivants de vie des poissons, lequel n'existe pas ?**

- ○ **A.** Profondeur pélagique (proche de la surface ou entre la surface et le fond).
- ○ **B.** Profondeur abyssale (dans les couches inférieures très profondes de la colonne d'eau).
- ○ **C.** Profondeur démersale (un peu au-dessus du fond).
- ○ **D.** Profondeur benthique (au fond ou se déplaçant en rasant le fond).

109 **Qu'est-ce que le phénomène d'eutrophisation ?**

- ○ **A.** C'est le tarissement du processus de ponte chez une poule.
- ○ **B.** C'est la prédominance d'une espèce sur toutes les autres (en l'occurrence, l'espèce humaine).
- ○ **C.** C'est l'extinction de la vie aquatique dans une pièce d'eau par manque de dioxyde de carbone.
- ○ **D.** C'est une prolifération excessive de la végétation aquatique sous l'effet des rejets abondants d'azote et de phosphore.

110 **Parmi les espèces suivantes, lequel de ces conifères perd ses aiguilles une fois par an ?**

- ○ **A.** Douglas
- ○ **B.** Sapin
- ○ **C.** Mélèze
- ○ **D.** Cèdre

111 **Qu'indique la présence d'un acacia ou d'un tamaris en plein désert ?**

- ○ **A.** Ce type d'arbres est le vestige d'anciennes plantations datant d'une époque où le désert était vert et peuplé.
- ○ **B.** Ce type d'arbres indique la présence d'une nappe phréatique souterraine.
- ○ **C.** Ce type d'arbres se trouve exclusivement à côté d'une source à l'air libre.
- ○ **D.** Ce type d'arbres à croissance rapide est planté pour marquer l'entrée des campements touaregs.

112 **En terrain nu, sans végétation, quels sont les premiers organismes végétaux colonisateurs ?**

- ○ **A.** Les mousses, algues et champignons
- ○ **B.** Les bactéries
- ○ **C.** Les herbes
- ○ **D.** Les graines

113 **Parmi ces arbres, lequel est un arbre dit « pionnier » participant à la colonisation de terrains nus ?**

- ○ **A.** Le chêne vert
- ○ **B.** La fougère arborescente
- ○ **C.** Le séquoia
- ○ **D.** Le bouleau

114 **Qu'est-ce que le biotope d'une plante?**

- ○ **A.** C'est l'espace vital (de taille variée) le plus adapté pour une plante, à savoir les conditions idéales de luminosité, humidité, température, type de sol, pente.
- ○ **B.** C'est l'ensemble des caractéristiques d'une plante : taille, couleur, nutrition, reproduction, résistance...
- ○ **C.** C'est le développement racinaire d'une plante en fonction des caractéristiques physicochimiques du sol et de la roche-mère.
- ○ **D.** C'est la capacité d'une plante à pouvoir être cultivée dans le cadre d'une agriculture biologique.

115 **Qu'est-ce qu'une forêt primaire?**

- ○ **A.** Une forêt primaire est une forêt apparue d'abord en plaine, puis qui a colonisé peu à peu les versants des reliefs montagneux.
- ○ **B.** Une forêt primaire est une forêt climacique, sans intervention humaine.
- ○ **C.** Une forêt primaire est une forêt équatoriale, au contraire par exemple des forêts de pins, sapins et bouleaux du Grand Nord.
- ○ **D.** Une forêt primaire est une forêt plantée par l'homme pour pratiquer la sylviculture : elle ne possède généralement qu'une seule essence d'arbres.

116 **Comment les antilopes et les gazelles s'adaptent-elles à la sécheresse?**

- ○ **A.** Les antilopes et les gazelles s'adaptent à la sécheresse grâce à leurs cornes qui sont spongieuses et constituent une réserve d'eau.
- ○ **B.** Les antilopes et les gazelles s'adaptent à la sécheresse en dormant le jour et en étant actives la nuit.
- ○ **C.** Les antilopes et les gazelles s'adaptent à la sécheresse en supportant des périodes de jeûne prolongées et en mangeant de la nourriture sèche.
- ○ **D.** Les antilopes et les gazelles s'adaptent à la sécheresse en ne broutant que les acacias dont les feuilles sont extrêmement énergétiques et gorgées d'eau.

117 **Comment les dromadaires s'adaptent-ils à la sécheresse?**

- ○ **A.** Le dromadaire s'adapte à la sécheresse en faisant une grande réserve d'eau dans sa bosse dorsale : c'est le seul mammifère pouvant boire autant d'eau aussi rapidement (15 l/minute).
- ○ **B.** Le dromadaire s'adapte à la sécheresse en faisant une réserve de graisse dans sa bosse dorsale : la graisse est peu à peu transformée en eau par oxydation, en fonction de la température corporelle de l'animal (qui varie entre 34° et 42 °C).
- ○ **C.** Le dromadaire s'adapte à la sécheresse par une pilosité spécifique : les poils sont courts et nombreux, ils jouent le rôle de barrière pour limiter la transpiration, donc conserver l'eau dans le corps de l'animal.
- ○ **D.** Le dromadaire n'a pas de capacité spécifique d'adaptation à la sécheresse : il doit régulièrement boire aux puits qui jalonnent les parcours des caravanes chamelières.

118 **Quelle est la différence entre l'hibernation et l'hivernation?**

- ○ **A.** L'hibernation est la mise en sommeil des animaux à une période défavorable pour leur survie, tandis que l'hivernation est la mise en sommeil hivernale uniquement.
- ○ **B.** Le rythme cardiaque et la respiration diminuent dans les deux cas, mais la température corporelle diminue beaucoup plus lors de l'hibernation que de l'hivernation.
- ○ **C.** L'hibernation ne concerne que les ours et les marmottes, tandis que l'hivernation concerne tous les autres mammifères.
- ○ **D.** L'hibernation concerne les animaux du cercle polaire tandis que l'hivernation concerne les animaux des zones tempérées.

119 **Quelle est la superficie moyenne du territoire d'une meute de loups sédentarisés en France ?**

○ **A.** 70 km² ○ **B.** 200 km² ○ **C.** 800 km² ○ **D.** 1 000 km²

120 **La sterne arctique est un oiseau migrateur qu'on retrouve au pôle Sud et au pôle Nord. Elle effectue, lors de sa migration annuelle, le plus long déplacement connu de tout le règne animal soit :**

○ **A.** 3 000 km ○ **B.** 20 000 km ○ **C.** 50 000 km ○ **D.** 80 000 km

121 **Parmi les animaux suivants, lequel n'est pas un mammifère ?**

○ **A.** Cachalot ○ **B.** Dauphin ○ **C.** Rorqual ○ **D.** Requin

122 **Parmi les animaux suivants, lequel n'a pas de dent ?**

○ **A.** Orque ○ **B.** Baleine ○ **C.** Béluga ○ **D.** Marsouin

123 **Qu'est-ce qui caractérise les invertébrés ?**

○ **A.** Les invertébrés ne respirent pas.
○ **B.** Les invertébrés ont plusieurs cœurs.
○ **C.** Les invertébrés vivent uniquement dans l'eau ou dans des milieux dont le taux d'humidité dépasse 80 %.
○ **D.** Les invertébrés n'ont ni os ni colonne vertébrale.

124 **Quelle est la spécificité de l'ornithorynque, espèce endémique d'Australie ?**

○ **A.** C'est un mammifère qui, à la fois, pond des œufs et allaite ses petits.
○ **B.** C'est un mammifère qui, à la fois, vit dans l'eau et hors de l'eau.
○ **C.** C'est un mammifère qui a des plumes.
○ **D.** C'est le seul mammifère dont la température corporelle varie beaucoup selon son environnement (dans l'eau ou hors de l'eau).

125 **Comment la chenille processionnaire fait-elle pour « piquer » les êtres humains ?**

○ **A.** La chenille processionnaire relâche un gaz, lorsqu'elle est stressée, qui rentre dans les poumons humains avec des risques sévères d'allergie voire d'asphyxie.
○ **B.** La chenille processionnaire ouvre, lorsqu'elle est stressée, des poches remplies de poils urticants qui, en contact avec la peau ou les voies respiratoires, entraînent des risques sévères d'allergie.
○ **C.** La chenille processionnaire possède, sous son abdomen, une espèce de dard qu'elle utilise comme défense en cas d'agression. Ce dard, au contact de la peau, crée de sévères allergies.
○ **D.** La chenille processionnaire est inoffensive.

126 **Qu'est-ce qu'un arbre sempervirent ?**

○ **A.** Un arbre sempervirent est un arbre qui ne perd pas ses feuilles.
○ **B.** Un arbre sempervirent est un arbre qui perd ses feuilles au moins une fois dans l'année.
○ **C.** Un arbre sempervirent est un arbre dont les feuilles sont vertes.
○ **D.** Un arbre sempervirent est un arbre sans feuille.

127 **Quelle est la différence principale entre les animaux et les végétaux ?**

○ **A.** Les animaux respirent et se déplacent, tandis que les végétaux ne respirent pas et ne se déplacent pas.
○ **B.** Les animaux communiquent entre eux alors que les végétaux ne peuvent pas communiquer entre eux.
○ **C.** Les animaux doivent manger d'autres êtres vivants pour survivre, alors que les végétaux sont capables de produire leur propre nourriture avec la lumière.
○ **D.** Les animaux vivent en groupe, tandis que les végétaux vivent isolés.

128 **Qu'est-ce qu'un essaim?**

- ○ **A.** Un essaim est le nom d'un jeune daim mâle.
- ○ **B.** Un essaim est le nom donné à l'abeille mâle d'une ruche qui seul féconde la reine.
- ○ **C.** Un essaim est un regroupement dense d'insectes d'une même espèce (souvent des abeilles).
- ○ **D.** Un essaim désigne l'ensemble des larves d'une colonie d'insectes de même espèce.

129 **Que faut-il pour que la photosynthèse se réalise?**

- ○ **A.** De la chaleur et de la lumière.
- ○ **B.** De la chaleur, du dioxygène (O_2), de l'eau avec ses sels minéraux et des capteurs lumineux sur la plante (appelés chloroplastes).
- ○ **C.** De la lumière, du dioxygène (O_2) et de l'eau avec ses sels minéraux.
- ○ **D.** De la lumière, du dioxyde de carbone (CO_2), de l'eau avec ses sels minéraux et des capteurs lumineux sur la plante (appelés chloroplastes).

130 **Qu'est-ce qu'un charognard?**

- ○ **A.** Un charognard est un animal mort.
- ○ **B.** Un charognard est un animal qui se nourrit d'animaux morts qu'il n'a pas tués lui-même.
- ○ **C.** Un charognard est un animal qui se nourrit exclusivement de viande rouge.
- ○ **D.** Un charognard est un animal qui déchiquette sa proie avant de la tuer.

131 **Qu'est-ce qu'un consommateur «primaire» dans la chaîne alimentaire?**

- ○ **A.** Le consommateur primaire désigne l'homme, qui est au sommet de la chaîne alimentaire.
- ○ **B.** Le consommateur primaire désigne le prédateur, c'est-à-dire l'animal qui mange un autre animal.
- ○ **C.** Le consommateur primaire désigne un animal qui se nourrit uniquement de végétaux.
- ○ **D.** Le consommateur primaire désigne les bactéries qui se nourrissent uniquement de CO_2 ou d'oxygène.

132 **Comment s'appelle une jeune vache qui n'a pas encore eu de veau?**

○ **A.** La vache ○ **B.** Le veau ○ **C.** La bovidée ○ **D.** La génisse

133 **Combien de temps la vache peut-elle produire naturellement du lait, après le vêlage?**

○ **A.** 30 jours ○ **B.** 100 jours ○ **C.** 305 jours ○ **D.** 545 jours

134 **Quel est le plus gros lézard du monde, en taille?**

- ○ **A.** Le dragon de Komodo
- ○ **B.** Le varan
- ○ **C.** Le caméléon
- ○ **D.** L'iguane

135 **Parmi les animaux suivants, lequel ne fait pas partie de la famille des amphibiens?**

- ○ **A.** La salamandre
- ○ **B.** Le triton
- ○ **C.** La rainette
- ○ **D.** Le gecko

136 **Quels animaux font partie de la famille des arthropodes?**

- ○ **A.** Les insectes et les araignées
- ○ **B.** Les serpents
- ○ **C.** Les animaux à pattes ventousées
- ○ **D.** Les poissons acclimatés aux eaux profondes

137 **Qu'est-ce qu'une espèce endémique?**

- ○ **A.** Une espèce endémique est une espèce d'animaux ou de plantes en voie de disparition.
- ○ **B.** Une espèce endémique est une espèce d'animaux ou de plantes propre à un lieu donné et qui ne se trouve pas en dehors de ce territoire.
- ○ **C.** Une espèce endémique est une espèce de plantes qui domine les autres espèces dans un lieu donné de sorte que la biodiversité y est menacée.
- ○ **D.** Une espèce endémique est une espèce d'animaux qui se nourrit des représentants de sa propre famille.

138 **Les crustacés sont caractérisés par la possession d'un exosquelette. Qu'est-ce qu'un exosquelette?**

- ○ **A.** Un exosquelette est un squelette qui n'est constitué que d'une colonne vertébrale.
- ○ **B.** Un exosquelette est, chez les invertébrés, une enveloppe extérieure dure qui protège l'animal.
- ○ **C.** Un exosquelette désigne un être vivant sans squelette.
- ○ **D.** Un exosquelette désigne un squelette mal formé, dont certaines parties ressortent anormalement de la peau.

139 **Quelle est la résistance à la traction d'une toile d'araignée (force nécessaire pour rompre un fil tissé par une araignée)?**

- ○ **A.** Aucune résistance, le fil se casse dès qu'on tire dessus.
- ○ **B.** 500 mégapascals comme l'acier trempé
- ○ **C.** 1 000 mégapascals comme la fibre de verre
- ○ **D.** 3 000 mégapascals comme le kevlar

140 **Qu'est-ce que le concombre de mer?**

- ○ **A.** Une algue des mers chaudes.
- ○ **B.** Un animal marin de la famille des échinodermes comme les étoiles de mer.
- ○ **C.** Un coquillage à forme allongée.
- ○ **D.** Le fruit des herbiers marins de posidonies.

141 **Les prairies sous-marines de posidonies jouent un rôle crucial en Méditerranée, lequel?**

- ○ **A.** Les posidonies donnent sa couleur turquoise à l'eau de la mer Méditerranée.
- ○ **B.** Les posidonies créent une résistance aux courants marins participant à freiner la houle en Méditerranée.
- ○ **C.** Les posidonies sont en expansion rapide en Méditerranée, étouffant les lieux de vie des poissons et entravant les accès aux petites anses.
- ○ **D.** Les posidonies rendent des services à l'écosystème (piège à carbone, protection des plages contre l'érosion, lieu de vie et de ponte des poissons...).

142 **Il existe de grands élevages de cochenilles, mais à quoi servent ces petits insectes surnommés les «poux des plantes»?**

- ○ **A.** Les cochenilles sont les prédateurs naturels des pucerons : une colonie de 1 000 cochenilles peut détruire un groupe de 2 000 pucerons.
- ○ **B.** Les cochenilles sont utilisées pour produire un colorant naturel rouge carmin que l'on retrouve dans la teinture des tissus, dans les colorants alimentaires, les médicaments...
- ○ **C.** Les cochenilles luttent efficacement contre le développement excessif des plantes grasses : en effet, elles peuvent sucer la sève de ces plantes jusqu'à épuisement et mort de la plante.
- ○ **D.** Les cochenilles sont utilisées dans les laboratoires de recherche car, d'une taille similaire aux acariens, elles permettent de tester les médicaments antiallergiques.

143 **Qu'est-ce que le corail ?**

- ○ **A.** Le corail est une roche calcaire colorée que l'on retrouve dans les mers chaudes des atolls.
- ○ **B.** Le corail est une plante pouvant prendre des couleurs variées en fonction des oligo-éléments présents dans l'eau de mer.
- ○ **C.** Le corail constitue la partie intérieure irisée des coquillages, parfois utilisée en joaillerie.
- ○ **D.** Le corail est un animal des mers chaudes qui vit en eau peu profonde pour profiter de la lumière.

144 **Parmi les plantes suivantes, une seule est un arbre (d'après l'acceptation de l'Inventaire forestier national), laquelle ?**

- ○ **A.** Le bambou
- ○ **B.** Le bananier
- ○ **C.** Le palmier
- ○ **D.** L'arbre à pain

145 **Qu'est-ce que le pollen ?**

- ○ **A.** Les grains de pollen dans une fleur constituent la semence mâle du système reproducteur d'une plante.
- ○ **B.** Le pollen est la partie sucrée du miel fabriqué par les abeilles.
- ○ **C.** Les grains de pollen dans une fleur constituent l'ovule femelle du système reproducteur d'une plante.
- ○ **D.** Le pollen constitue la partie olfactive d'une fleur, celle qui attire les abeilles dans leur recherche de nourriture.

146 **Quelle est la particularité des tortues serpentines d'Australie ?**

- ○ **A.** Ces tortues peuvent rester dix jours sans dormir.
- ○ **B.** Tout comme les tortues marines, ces tortues d'eau douce peuvent vivre jusqu'à deux cent cinquante ans.
- ○ **C.** Tout comme d'autres tortues en période d'hibernation, ces tortues mettent en œuvre une respiration cloacale, c'est-à-dire qu'elles filtrent l'oxygène de l'eau par l'anus.
- ○ **D.** Ces tortues pondent des œufs dont la période d'incubation est de deux ans et demi.

147 **Le paresseux est un mammifère arboricole : il est généralement suspendu à l'envers sur une branche. Comment fait-il pour faire ses besoins ?**

- ○ **A.** Le paresseux fait ses besoins depuis sa branche, lors de ses courtes périodes d'éveil.
- ○ **B.** Le paresseux descend de son arbre une fois par semaine pour déféquer, au prix d'une grande dépense d'énergie et au risque de se faire prendre par des prédateurs (jaguar, ocelot, aigle harpie).
- ○ **C.** Le paresseux est un mammifère à mastication longue, qui se nourrit exclusivement de feuilles et de baies : son système digestif permet d'éliminer les toxines *via* les urines, tous les autres composants étant entièrement utilisés par le corps.
- ○ **D.** Le paresseux est un animal très propre, qui descend quotidiennement de son habitat pour faire ses besoins.

148 **Comment la végétation s'adapte-t-elle au milieu désertique chaud ?**

- ○ **A.** Les rares plantes des déserts chauds peuvent se trouver disséminées partout : elles présentent de longues racines pour capter la moindre goutte de pluie, elles ont des graines qui peuvent rester en sommeil pendant des années avant de germer à la moindre averse.
- ○ **B.** Il n'y a pas de plante dans les déserts chauds.
- ○ **C.** Les rares plantes des déserts chauds se situent au niveau des affleurements de nappes phréatiques : les plantes s'y concentrent, permettant d'augmenter l'hygrométrie avec leur évapotranspiration. On parle alors d'oasis.
- ○ **D.** Les rares plantes des déserts chauds appartiennent uniquement à la famille des cactées : pour limiter l'évapotranspiration, les feuilles sont petites et s'enroulent sur elles-mêmes (on parle de piquants).

149 **Parmi les plantes et arbustes suivants, lequel ne contient pas de poison dans ses feuilles ?**

- ○ **A.** L'if.
- ○ **B.** Le muguet.
- ○ **C.** Le laurier-rose.
- ○ **D.** Le camélia.

150 **Que désigne-t-on par « formation végétale » ?**

- ○ **A.** Lorsque les plantes sont regroupées en collectivité d'aspect uniforme, on parle de formation végétale.
- ○ **B.** Lorsque les plantes présentent des feuilles de même forme, alors on parle de famille ou formation végétale identique.
- ○ **C.** Une formation végétale est un îlot de verdure dans un désert.
- ○ **D.** Une formation végétale désigne les premières étapes de colonisation des plantes sur un sol minéral. Par exemple, les lichens puis les mousses apparaissent les premiers sur les terres volcaniques islandaises et constituent, de la sorte, les étapes de la formation végétale dans le milieu islandais.

151 **Que signifie la notion de recouvrement d'une formation végétale ?**

- ○ **A.** Le recouvrement d'une formation végétale est sa capacité à se régénérer après un incendie.
- ○ **B.** Le recouvrement d'une formation végétale désigne les propriétés envahissantes d'une plante dans un milieu, son caractère dominateur sur les autres formations végétales.
- ○ **C.** Le recouvrement est un taux de densité permettant de savoir si les plantes d'une même formation végétale sont très proches ou isolées.
- ○ **D.** Le recouvrement est le volume pris par une formation végétale pour estimer la quantité de lumière que cette plante laissera filtrer jusqu'au sol ; le recouvrement est utile en pédologie pour connaître les caractéristiques d'un sol en fonction des formations végétales.

152 **Qu'est-ce que la stratification dans un paysage végétal ?**

- ○ **A.** La stratification est l'organisation de la végétation proposée par les biogéographes pour classer les différentes espèces de plantes en fonction de leur taux de chlorophylle, donc en fonction de l'intensité de la couleur verte.
- ○ **B.** La stratification est l'organisation de la végétation faite en phytogéographie, entre les espèces sempervirentes (qui gardent leurs feuilles toute l'année) et les espèces caducifoliées (qui perdent leurs feuilles une fois dans l'année).
- ○ **C.** La stratification est l'organisation de la végétation en fonction de l'altitude, chaque espèce étant adaptée à certaines conditions de température, lumière, humidité.
- ○ **D.** La stratification correspond à l'organisation verticale des plantes, en fonction des tailles les plus fréquentes.

153 **Qu'est-ce que la biomasse d'un milieu naturel ?**

- ○ **A.** C'est un indicateur de densité de végétation : plus il y a de végétation, plus la masse estimée des plantes est importante.
- ○ **B.** C'est la masse de matières organiques vivantes (végétaux et animaux) par unité de surface ou de volume.
- ○ **C.** C'est un indicateur d'humidité d'un milieu naturel : plus il y a d'eau, plus la masse estimée de la végétation est importante.
- ○ **D.** C'est le rapport entre la masse de végétation strictement biologique et la masse totale des plantes d'un espace donné.

154 **Qu'est-ce qu'une espèce relictuelle ?**

- ○ **A.** C'est une espèce qui s'est maintenue dans des régions où le microclimat le permet, même après une modification des climats au cours des temps géologiques.
- ○ **B.** C'est une espèce qui porte encore les caractéristiques de ses ancêtres préhistoriques.
- ○ **C.** C'est une espèce éteinte, qui n'existe plus sur Terre aujourd'hui.
- ○ **D.** C'est une espèce adaptée à son milieu, mais qui se fait étouffer par une espèce nouvellement importée aux capacités d'adaptation très développées comme le frelon européen face à l'invasion du frelon asiatique.

155 **Que désigne-t-on lorsque l'on parle de « litière » dans un paysage naturel ?**

- ○ **A.** La litière désigne le milieu très actif d'un lit de cours d'eau comprenant les poissons, les algues et autres végétaux, ainsi que les dépôts sédimentaires et les bactéries.
- ○ **B.** La litière est l'équivalent, chez les mammifères, du nid chez les oiseaux : c'est l'endroit que les animaux arrangent pour dormir et accueillir leurs portées.
- ○ **C.** La litière est l'endroit que choisit chaque espèce animale pour faire ses besoins.
- ○ **D.** La litière désigne l'ensemble de feuilles mortes et débris végétaux en décomposition qui recouvrent le sol. Cette matière organique constitue le premier horizon du sol.

156 **Quelle est la principale différence entre maquis et garrigue, en région méditerranéenne ?**

- ○ **A.** Le maquis, arbustif, est une formation végétale plus haute que la garrigue broussailleuse, formation végétale basse.
- ○ **B.** Le maquis se développe sur des sols siliceux tandis que la garrigue se développe sur des sols calcaires.
- ○ **C.** Le maquis fait partie du matorral, pas la garrigue.
- ○ **D.** La garrigue est une formation très fermée, difficilement pénétrable, tandis que le maquis est une formation ouverte, plus éparse.

157 **Quelle particularité concernant la reproduction distinguent les anguilles des saumons ?**

- ○ **A.** Les saumons pondent des œufs tandis que les anguilles donnent naissance à des larves.
- ○ **B.** Les anguilles descendent les cours d'eau pour aller pondre en mer tandis que les saumons quittent leur milieu maritime et remontent les cours d'eau pour aller pondre en eaux vives.
- ○ **C.** Les saumons descendent les cours d'eau pour aller pondre en mer tandis que les anguilles quittent leur milieu maritime et remontent les cours d'eau pour aller pondre en eaux vives.
- ○ **D.** Les saumons sont hermaphrodites, produisant spermatozoïdes et ovules, ils peuvent donc s'accoupler avec n'importe quel autre congénère, tandis que l'anguille distingue les mâles et les femelles.

158 **Les arbres communiquent-ils entre eux ?**

- ○ **A.** Les arbres ne peuvent pas communiquer entre eux car ils n'ont pas d'organe émetteur de son.
- ○ **B.** Il a été prouvé récemment que les arbres sous stress émettent des phéromones pour alerter leurs congénères.
- ○ **C.** Il a été prouvé récemment que les arbres communiquent entre eux par leurs racines, celles-ci exerçant une pression plus ou moins forte sur les racines d'arbres adjacents en dilatant le bois par un excès de sève.
- ○ **D.** Les arbres ne peuvent pas communiquer entre eux car ils n'ont pas de neurones.

159 **De quoi vit-on dans les zones steppiques ?**

- ○ **A.** Les steppes herbeuses constituent de grandes réserves de chasse au chevreuil et à la marmotte.
- ○ **B.** Les steppes herbeuses présentent des températures tellement extrêmes et sont balayées par des vents si violents que personne n'y vit.
- ○ **C.** Les steppes herbeuses présentent de grands pâturages adaptés à l'élevage extensif de moutons et de chèvres.
- ○ **D.** Les steppes herbeuses sont utilisées pour leur grande variété de plantes du genre *Salix*, à l'origine de petites industries de vannerie.

160 **De quoi parle-t-on lorsque l'on mentionne le « bush australien » ?**

- ○ **A.** Le « bush australien » renvoie au milieu naturel originel des aborigènes, désertique, composé de roches ocres et rouges.
- ○ **B.** Le « bush australien » désigne une formation végétale typique du continent, constituée d'arbrisseaux épineux et à feuilles dures, ponctuée de quelques arbres épars.
- ○ **C.** Le « bush australien » désigne le parc national créé autour de la grande montagne rouge et isolée, l'Uluru, symbole de l'Australie et lieu sacré aborigène.
- ○ **D.** Le « bush australien » est un type de sol formé au paléolithique, très peu érodé, et contenant les vestiges préhistoriques humains les plus anciens au monde.

161 **Qu'est-ce que l'avifaune ?**

- ○ **A.** L'avifaune désigne l'ensemble des oiseaux, en un lieu donné.
- ○ **B.** L'avifaune renvoie à la filière d'élevage des poules, oies et canards.
- ○ **C.** L'avifaune est l'ensemble des oiseaux migrateurs.
- ○ **D.** L'avifaune est un terme chez les vétérinaires pour désigner les oiseaux domestiques pouvant vivre en cage.

162 **Quel animal fabrique la laine mohair ?**

- ○ **A.** Le lapin angora.
- ○ **B.** La chèvre angora.
- ○ **C.** Le lama.
- ○ **D.** La chèvre cachemire.

163 **Quel animal fabrique la soie ?**

- ○ **A.** Les vers de surface dits les épigés.
- ○ **B.** Les chenilles processionnaires qui proviennent des papillons Notodontidae.
- ○ **C.** Les chenilles qui proviennent des papillons *bombyx mori* (bombyx du mûrier).
- ○ **D.** Les vers dans la terre dits les endogés.

164 **Qu'est-ce que la symbiose mutualiste (ou mutualisme) chez les animaux ?**

- ○ **A.** Le mutualisme chez les animaux fait référence à une forme avancée de conscience collective par laquelle le groupe effectue une parade cérémonielle lors de la mort d'un de leurs membres.
- ○ **B.** Le mutualisme chez les animaux fait référence à la collecte commune de nourriture, chaque élément du groupe allant chercher de la nourriture pour la mettre dans « un pot commun ».
- ○ **C.** Le mutualisme est une forme de vie collective chez les grands singes, comprenant l'entraide alimentaire, la protection des petits orphelins et l'empathie dans la souffrance.
- ○ **D.** Le mutualisme est une interaction biologique dans laquelle les deux partenaires, de la même espèce ou non, trouvent un avantage, comme la protection, l'alimentation, la pollinisation, le nettoyage, etc.

165 **Parmi les plantes suivantes, laquelle n'est pas une plante parasite qui vit et se développe au détriment d'une autre plante hôte en « suçant » les nutriments de sa sève ?**

- ○ **A.** Le lierre
- ○ **B.** Le gui
- ○ **C.** Le santal
- ○ **D.** La cuscute

166 **Le soja est une légumineuse utilisée pour sa forte teneur en protéines, en lipides et en lécithines. Lequel, parmi les produits suivants, n'utilise pas de soja dans sa fabrication ?**

- ○ **A.** Les tourteaux destinés au fourrage des animaux (principalement porcs et volailles).
- ○ **B.** L'huile et la lécithine pour les pâtisseries, margarine, chocolat, etc.
- ○ **C.** La graine pour les vernis, peintures et encres d'imprimerie.
- ○ **D.** La fibre pour la fabrication du papier.

167 **Quelle est la différence entre une clémentine et une mandarine ?**

- ○ **A.** Une clémentine n'a en général pas ou peu de pépins tandis que la mandarine en a beaucoup.
- ○ **B.** Une mandarine n'a en général pas ou peu de pépins tandis que la clémentine en a beaucoup.
- ○ **C.** Une mandarine est une petite orange, très acide, tandis que la clémentine est très sucrée.
- ○ **D.** Une clémentine est un fruit ancien, dont la présence est attestée au deuxième millénaire av. J.-C., tandis que la mandarine est née d'une hybridation récente (xxe siècle).

168 **La forte radioactivité autour de Tchernobyl a-t-elle une incidence sur la faune et la flore ?**

- ○ **A.** La faune (mammifères, poissons, oiseaux) et la flore sont aussi variées et nombreuses qu'avant l'accident de la centrale nucléaire, sans signe apparent de malformations ou de difficultés de reproduction.
- ○ **B.** La faune a subi le plus lourd impact de la présence d'isotopes radioactifs (césium-137 dont la structure est proche de celle du potassium et strontium-90 qui imite le calcium des êtres vivants) : le nombre de grands animaux a diminué de moitié depuis 1986.
- ○ **C.** Des mutations (malformations, nanisme, gigantisme, excroissances, phosphorescence) ont été observées en nombre, sur les plantes uniquement.
- ○ **D.** Il n'y a plus de faune ni de flore autour de Tchernobyl.

169 **Dans le contexte des crises sanitaires de la « vache folle » ou de la grippe aviaire, qu'est-ce que la biosécurité ?**

- ○ **A.** La biosécurité consiste à protéger la biodiversité en limitant la déforestation et l'expansion urbaine.
- ○ **B.** La biosécurité consiste à limiter le déplacement des espèces invasives d'un continent à un autre en contrôlant les véhicules, bateaux, avions et conteneurs, et en mettant en place des mesures de quarantaine.
- ○ **C.** La biosécurité consiste à mettre dans des zoos un couple de chaque espèce animale présente sur Terre de manière à constituer (et conserver) un catalogue de la diversité faunistique.
- ○ **D.** La biosécurité est un concept futuriste de création de « bulles » dans lesquelles les hommes et la nature vivraient de façon harmonieuse et équilibrée, dans le but ultime de préserver la vie sur Terre.

170 **Quelle est la principale différence entre les rennes et les caribous?**

- ○ **A.** Qu'il soit appelé caribou ou renne, c'est le même cervidé vivant dans les régions arctiques ou subarctiques d'Europe, d'Asie ou d'Amérique du Nord.
- ○ **B.** Chez les rennes, seul le mâle porte des bois tandis que chez le caribou, mâles et femelles portent des bois qui tombent annuellement.
- ○ **C.** Le caribou a été domestiqué et on trouve de grands élevages de caribous au Canada. Le renne lui reste un animal sauvage, très présent dans les forêts finlandaises.
- ○ **D.** Le caribou est plus petit en taille que le renne.

171 **Les capacités cognitives des animaux ont fait l'objet de nombreux travaux et il est prouvé que certains animaux ont acquis «la conscience de soi». Parmi les animaux suivants, lequel pense que c'est un autre congénère qu'il voit dans un miroir posé devant lui?**

- ○ **A.** L'éléphant
- ○ **B.** Le chimpanzé
- ○ **C.** Le corbeau
- ○ **D.** Le chat

Géographie humaine

➜ **Retrouvez le corrigé de cette série page 387.**

172 En démographie, qu'est-ce que le solde naturel ?

- ○ **A.** Le solde naturel est la différence entre le nombre de naissances et le nombre de décès.
- ○ **B.** Le solde naturel est ce qui reste de nature après une catastrophe climatique.
- ○ **C.** Le solde naturel est la différence entre le nombre de naissances et le nombre d'immigrants.
- ○ **D.** Le solde naturel est la proportion d'une population atteinte d'une maladie.

173 Quels sont les pays qui bordent la mer Caspienne ?

- ○ **A.** Kazakhstan, Turkménistan, Iran, Azerbaïdjan, Géorgie
- ○ **B.** Kazakhstan, Turkménistan, Iran, Azerbaïdjan, Russie
- ○ **C.** Ouzbékistan, Afghanistan, Kazakhstan, Turkménistan
- ○ **D.** Turkménistan, Iran, Azerbaïdjan, Russie, Ouzbékistan, Géorgie

174 Quelle est la différence entre un paysage de bocage et un paysage d'*openfield* ?

- ○ **A.** Un paysage de bocage est adapté à l'agriculture intensive et mécanisée, tandis qu'un paysage d'openfield est souvent associé à un relief accidenté, adapté à l'agriculture familiale à faibles rendements.
- ○ **B.** Le paysage d'*openfield* se situe sur des terres pauvres, plutôt sèches, qui doivent être fortement amendées, tandis que le bocage est généralement associé aux terres lourdes et riches, où l'apport d'amendement n'est pas nécessaire et dans lequel l'agriculture biologique domine.
- ○ **C.** En paysage d'*openfield*, les parcelles irrégulières sont ceinturées de haies et l'habitat est dispersé, tandis qu'en paysage de bocage, les parcelles géométriques sont en lanières, sans haie et l'habitat est concentré en villages.
- ○ **D.** En paysage de bocage, les parcelles irrégulières sont ceinturées de haies et l'habitat est dispersé, tandis qu'en paysage d'*openfield*, les parcelles géométriques sont en lanières, sans haie et l'habitat est concentré en villages.

175 Quelles opérations sont effectuées lors d'un remembrement ?

- ○ **A.** Lors d'un remembrement, on effectue une révision du PLU (plan local d'urbanisme) pour changer soit la densité maximale de constructibilité, soit les règles de construction, soit la fonction d'un quartier.
- ○ **B.** Lors d'un remembrement, on met en commun les biens d'une même famille sous une seule entité juridique de manière à éviter les partages multiples lors de la succession.
- ○ **C.** Lors d'un remembrement, on redistribue les parcelles agricoles entre les agriculteurs pour constituer des parcelles plus grandes et si possible plus proches des exploitations agricoles de chacun.
- ○ **D.** Lors d'un remembrement, le vétérinaire remet en place les membres déplacés d'un animal, sous anesthésie locale.

176 Qu'est-ce qu'une forêt domaniale en France ?

- ○ **A.** Une forêt domaniale appartient à l'État.
- ○ **B.** Une forêt domaniale est une forêt qui entoure un château.
- ○ **C.** Une forêt domaniale est une forêt qui appartient à un domaine privé.
- ○ **D.** Une forêt domaniale est une forêt dédiée à l'exploitation des sapins de Noël. Les forêts domaniales se situent essentiellement dans le Morvan.

177 Quel est le pays, parmi les pays Baltes, celui qui est le plus au nord ?

○ **A.** Estonie ○ **B.** Lituanie ○ **C.** Finlande ○ **D.** Lettonie

178 **Quels sont les territoires constituant la Palestine ?**

- ○ **A.** La Cisjordanie, la bande de Gaza et le plateau du Golan
- ○ **B.** La Cisjordanie, la bande de Gaza et Jérusalem-Est
- ○ **C.** La bande de Gaza et Jérusalem
- ○ **D.** La Cisjordanie, la bande de Gaza et Bethléem

179 **Sur quel territoire est situé Nouméa ?**

- ○ **A.** Nouméa est la capitale de la Papouasie-Nouvelle-Guinée, état indépendant sur l'est de l'île de la Nouvelle-Guinée (la moitié occidentale appartient à l'Indonésie).
- ○ **B.** Nouméa est le chef-lieu de Mayotte, département avec les compétences d'un département et d'une région (collectivité territoriale unique).
- ○ **C.** Nouméa est le chef-lieu de la Polynésie française, collectivité française d'outre-mer à autonomie administrative (mais pas politique).
- ○ **D.** Nouméa est le chef-lieu de la Nouvelle-Calédonie, collectivité française d'outre-mer semi-autonome.

180 **Quelle est la capitale du Malawi ?**

○ **A.** Harare ○ **B.** Lilongwe ○ **C.** Maputo ○ **D.** Mbabane

181 **Quelle est la définition d'une ville en France ?**

- ○ **A.** Une ville est définie en France comme étant le regroupement de 2 000 personnes ou plus, en un lieu de vie dont l'espace bâti est continu.
- ○ **B.** Une ville est définie en France comme étant le regroupement de 10 000 personnes ou plus, en un lieu de vie dont l'espace bâti est continu.
- ○ **C.** Une ville est définie en France comme étant le regroupement de 500 personnes ou plus, en un lieu de vie dont l'espace bâti est continu.
- ○ **D.** Une ville est définie en France comme étant le regroupement de 5 000 personnes ou plus, en un lieu de vie dont l'espace bâti est continu.

182 **Quelle est l'agglomération du monde ayant le plus grand nombre d'habitants, fin 2021 ?**

○ **A.** Tokyo ○ **B.** Delhi ○ **C.** Shanghaï ○ **D.** Mexico

183 **Les mots suivants décrivent l'habitat urbain précaire des villes informelles, par ségrégation sociale. Lequel de ces termes renvoie également à une ségrégation raciale ?**

- ○ **A.** *Township*
- ○ **B.** *Favela*
- ○ **C.** Bidonville
- ○ **D.** *Barrio*

184 **L'insularité, caractères propres à une île, peut avoir des avantages et des inconvénients. Parmi les caractères suivants, lequel n'est pas spécifique à une situation insulaire ?**

- ○ **A.** Manque d'espace et de ressources
- ○ **B.** Éloignement et isolement
- ○ **C.** Conservation d'une identité forte par faible brassage de populations
- ○ **D.** Enjeu territorial pour les eaux associées

185 **Quels sont les freins majeurs à l'installation humaine ?**

- ○ **A.** La sécheresse et le manque de lumière au cours de l'année.
- ○ **B.** Les températures extrêmes et le manque de lumière au cours de l'année.
- ○ **C.** Les températures extrêmes, les fortes pentes et la sécheresse.
- ○ **D.** La sécheresse et l'isolement (terres reculées, îles...).

186 **Qu'est-ce que le phénomène de « gentrification » ?**

- ○ **A.** C'est un processus de renouvellement de la composition sociale et démographique d'un quartier au profit de ménages plus aisés.
- ○ **B.** C'est un processus d'appauvrissement de la population d'un quartier suite à une crise industrielle ou plus généralement, une crise économique. Ex. : Detroit.
- ○ **C.** Le phénomène de « gentrification » renvoie à la surpopulation d'une ville c'est-à-dire à l'accroissement incontrôlé de la population d'une ville par rapport à ses infrastructures de logements, d'assainissement et de services primaires (école, santé).
- ○ **D.** Le phénomène de « gentrification » renvoie à l'architecture nord-américaine de densification urbaine verticale : pour accueillir plus de gens, les architectes ont misé sur la construction de tours et gratte-ciel.

187 **À quoi sert l'indice (ou coefficient) de Gini ?**

- ○ **A.** L'indice de Gini est un indicateur d'agrégation permettant d'estimer l'urbanité d'un pays (0 : population complètement urbaine, sans lien avec la nature autre que récréatif ; 1 : population complètement rurale composée uniquement d'agriculteurs).
- ○ **B.** L'indice de Gini est un indicateur de dispersion permettant d'estimer les inégalités de distribution de richesse dans un pays (0 : chacun dispose de la même richesse ; 1 : énormes inégalités entre les rares plus riches et les nombreux très pauvres).
- ○ **C.** L'indice de Gini évalue les différences de situation des hommes et des femmes en fonction de comparaisons par sexe sur l'espérance de vie, le taux d'alphabétisation, les revenus.
- ○ **D.** L'indice de Gini évalue la pauvreté pour un pays à partir de la probabilité de décéder avant 60 ans, du taux d'illettrisme des adultes de 16 à 65 ans et du pourcentage de chômeurs de longue durée.

188 **À quoi sert l'indice de développement humain (IDH) ?**

- ○ **A.** L'IDH sert à mesurer l'état de santé d'une population en analysant différents facteurs tels que le taux de vaccination, le nombre d'hôpitaux, la facilité d'accès aux médecins et aux médicaments.
- ○ **B.** L'IDH sert à mesurer le niveau éducatif d'une population en analysant différents facteurs tels que le taux de scolarisation à 6 ans, le nombre de professeurs formés, la répartition des universités sur le territoire.
- ○ **C.** L'IDH sert à mesurer et comparer les conditions de vie dans les différents pays du monde : il évalue la capacité de vivre décemment, en bonne santé, et le niveau d'éducation.
- ○ **D.** L'IDH sert à estimer l'accroissement de la population mondiale sur la base des taux de natalité, mortalité et morbidité.

189 **Quel est le pays dans lequel l'espagnol est la langue parlée par le plus de monde (premier pays hispanophone) ?**

○ **A.** Espagne ○ **B.** États-Unis ○ **C.** Brésil ○ **D.** Mexique

190 **Quel est le département ayant la plus grande superficie en France métropolitaine ?**

- ○ **A.** Aveyron (12)
- ○ **B.** Gironde (33)
- ○ **C.** Marne (51)
- ○ **D.** Landes (40)

191 **En descendant l'Atlantique du nord vers le sud, quel est l'ordre des archipels rencontrés ?**

- ○ **A.** Açores, Madère, Canaries, Cap-Vert
- ○ **B.** Canaries, Açores, Madère, Cap-Vert
- ○ **C.** Madère, Açores, Cap-Vert, Canaries
- ○ **D.** Madère, Cap-Vert, Canaries, Açores

192 **En Algérie, un certain type d'agriculture est pratiqué dans la région d'El Oued : ce sont les ghouts. Qu'est-ce ?**

○ **A.** Les ghouts sont des champs irrigués dont le procédé d'irrigation est traditionnel, utilisant des puits à balancier pour remonter l'eau des nappes phréatiques superficielles et des foggara (galeries souterraines) pour diriger les eaux vers les dattiers.

○ **B.** Les ghouts sont des palmeraies de dattiers, en entonnoir, entourées de dunes de sable artificielles : la technique agricole ancestrale, unique au monde, consiste à creuser une cuvette dans le sable pour s'approcher de la nappe phréatique (~ à 1 m de la nappe) de manière à ce que le palmier allonge ses racines pour puiser son eau.

○ **C.** Les ghouts font partie d'un système ancestral d'assainissement des oasis : les zones cultivées et habitées sont surélevées artificiellement, et entourées par une ceinture de dépressions circulaires récoltant les eaux usées par simple gravité.

○ **D.** Les ghouts utilisent des pompes pour forer l'eau des nappes profondes et bénéficient d'un système d'arrosage à bras circulaire : les ghouts constituent donc un paysage de ronds herbeux cultivés au milieu du désert.

193 **Que sont les géoglyphes, comme ceux visibles à Nazca au Pérou ?**

○ **A.** Les géoglyphes sont des amas de pierres issues de météorites formant des dessins que certains pensent être des messages venus d'extra-terrestres.

○ **B.** Les géoglyphes sont des formes géométriques naturelles situées au niveau des changements de strates rocheuses, et visibles notamment sur les falaises.

○ **C.** Les géoglyphes sont les caractères utilisés par les hommes préhistoriques pour écrire, avant l'invention des tablettes en cire : il s'agit des premières écritures gravées dans le sol et encore visibles aujourd'hui en Mésopotamie.

○ **D.** Les géoglyphes sont de grandes figures stylisées d'animaux, visibles depuis le ciel et l'espace, représentant des dieux du premier millénaire av. J.-C., et réalisés par déplacement de pierres sombres laissant apparaître un sol clair.

194 **Combien y a-t-il de départements en France ?**

○ **A.** 80 ○ **B.** 97 ○ **C.** 100 ○ **D.** 101

195 **Quels sont les pays composant l'Amérique centrale ?**

○ **A.** Mexique, Guatemala, Honduras, Nicaragua, Costa Rica, Panamá, Venezuela, Colombie.

○ **B.** Guatemala, Belize, Le Salvador, Honduras, Nicaragua, Costa Rica, Panamá.

○ **C.** Belize, Honduras, Nicaragua, Costa Rica, Panamá, Venezuela.

○ **D.** Nicaragua, Costa Rica, Panamá, Venezuela, Jamaïque.

196 **Quel pays a été créé officiellement le plus récemment (2011) ?**

○ **A.** Soudan du Sud ○ **C.** Monténégro

○ **B.** Kosovo ○ **D.** Timor oriental

197 **Quel est le pays d'Amérique latine dont la capitale est Asunción ?**

○ **A.** Paraguay ○ **B.** Bolivie ○ **C.** Uruguay ○ **D.** Équateur

198 **Quels pays recouvrent l'appellation géographique des Balkans (mot turc signifiant « montagne boisée ») ?**

○ **A.** Albanie, Bulgarie, Grèce, Slovénie, Serbie, Croatie, Bosnie-Herzégovine, Monténégro, Kosovo, République de Macédoine du Nord, Turquie (partie européenne), Roumanie

○ **B.** Monténégro, Serbie, République de Macédoine du Nord, Albanie, Bosnie-Herzégovine, Kosovo

○ **C.** Monténégro, Serbie, République de Macédoine du Nord, Albanie, Bosnie-Herzégovine, Kosovo, Grèce, Moldavie, Yougoslavie

○ **D.** Albanie, Bulgarie, Slovénie, Serbie, Croatie, Bosnie-Herzégovine, Monténégro, Kosovo, République de Macédoine du Nord, Moldavie

199 **Parmi les pays suivants, quels sont les pays non membres de l'Union européenne ayant adopté l'euro comme monnaie nationale ?**

- ○ **A.** Suède, Hongrie, Roumanie, Croatie, Bulgarie, République tchèque
- ○ **B.** Suède, Hongrie, Roumanie, Croatie, Bulgarie, République tchèque, Islande, Norvège
- ○ **C.** Andorre, Monaco, Saint-Marin, Vatican
- ○ **D.** Andorre, Monaco, Saint-Marin, Vatican, Monténégro, Kosovo

200 **Quel milieu (ou lieu) est le plus propice à l'installation humaine dans le monde ?**

- ○ **A.** Les zones tropicales chaudes et humides d'Asie du Sud-Est, dans lesquelles la riziculture est aisée (source alimentaire riche), sont les plus propices à l'installation humaine : le quart de la population mondiale s'y concentre.
- ○ **B.** Le littoral exerce une forte attractivité puisque la moitié de la population mondiale habite sur une bande côtière d'environ 50 km de large.
- ○ **C.** L'Europe présente les caractéristiques les plus propices à l'installation humaine avec un climat tempéré, un relief varié et des sols riches : le quart de la population mondiale s'y concentre.
- ○ **D.** Les bassins fluviaux exercent une forte attractivité parce que le cours d'eau est un moyen de communication et d'apport en eau, et que les sédiments accumulés enrichissent les terres à proximité du cours d'eau.

201 **Quelles sont les conséquences de l'artificialisation des sols ?**

- ○ **A.** L'artificialisation des sols limite l'érosion des terres, donc contribue à diminuer les phénomènes de coulées de boue, éboulements de terrain.
- ○ **B.** L'artificialisation des sols facilite les mobilités, quel que soit le mode de déplacement (et pas uniquement avec des engins spécialisés comme les tracteurs ou les 4×4).
- ○ **C.** L'artificialisation des sols entraîne une meilleure maîtrise du réseau hydrographique (canalisation, couverture, endiguement, bassins de rétention), donc une meilleure gestion des ressources en eau.
- ○ **D.** L'artificialisation des sols entraîne un réchauffement local de l'air en période chaude et un ruissellement plus important en période de pluie, écoulements souvent chargés de polluants et vecteurs d'amplification des inondations.

202 **Que signifie une pyramide des âges en forme de champignon comme au Japon ?**

- ○ **A.** Une pyramide des âges en forme de champignon signifie que la population est jeune, donc dynamique.
- ○ **B.** Une pyramide des âges en forme de champignon signifie que la population est âgée et qu'il n'y a pas renouvellement de la population.
- ○ **C.** Une pyramide des âges en forme de champignon reflète un évènement particulier, par exemple une guerre, dont certaines générations ont subi les conséquences.
- ○ **D.** Une pyramide des âges en forme de champignon reflète une politique familiale de l'enfant unique.

203 **Quelle est la différence d'espérance de vie à la naissance entre un Français et une Française (en 2017) ?**

- ○ **A.** 5 ans (80 ans pour les hommes, 85 ans pour les femmes).
- ○ **B.** 5 ans (80 ans pour les femmes, 85 ans pour les hommes).
- ○ **C.** 10 ans (74 ans pour les femmes, 84 ans pour les hommes).
- ○ **D.** 10 ans (74 ans pour les hommes, 84 ans pour les femmes).

204 **Quel pays possède l'espérance de vie à la naissance la plus faible (début 2020) ?**

- ○ **A.** Inde
- ○ **B.** Afrique du Sud
- ○ **C.** République centrafricaine
- ○ **D.** Afghanistan

205 **Qu'est-ce que le taux de morbidité d'une population?**

- ○ **A.** C'est le pourcentage d'individus décédés dans une population, à un temps donné, quelle que soit la cause de la mort.
- ○ **B.** C'est le pourcentage d'enfants décédés dans leur première année, quelle que soit la cause de la mort.
- ○ **C.** C'est le pourcentage de personnes âgées décédées dans l'année, dont la mort est naturelle.
- ○ **D.** C'est le pourcentage des individus malades dans une population, à un temps donné.

206 **Quel pourcentage de la population mondiale vit en zone urbanisée en 2020 (ordre de grandeur)?**

○ **A.** 15 % ○ **B.** 40 % ○ **C.** 55 % ○ **D.** 90 %

207 **Qu'est précisément le taux de fécondité?**

- ○ **A.** C'est le nombre d'enfants nés vivant dans l'année par rapport au nombre de femmes en âge de procréer (15 à 50 ans).
- ○ **B.** C'est le nombre moyen d'enfants qu'une femme met au monde, dans une population donnée.
- ○ **C.** C'est le nombre de naissances dans l'année, rapporté au nombre de décès.
- ○ **D.** C'est le nombre de naissances dans l'année par rapport à la population totale.

208 **Quels sont, dans l'ordre décroissant, les cinq pays les plus peuplés du monde début 2020 ?**

- ○ **A.** Chine, Inde, Bangladesh, Nigeria, Pakistan
- ○ **B.** Chine, Inde, États-Unis, Indonésie, Pakistan
- ○ **C.** Chine, Inde, Russie, Brésil, Mexique
- ○ **D.** Chine, Inde, Nigeria, Philippines, Bangladesh

209 **Avec une estimation d'un tiers de la population mondiale en 2020, quelle est la religion la plus représentée dans le monde?**

- ○ **A.** L'islam.
- ○ **B.** Le christianisme.
- ○ **C.** L'hindouisme.
- ○ **D.** Le bouddhisme.

210 **Quelle part de la population mondiale se déclare sans religion (en 2020)?**

○ **A.** 15 % ○ **B.** 25 % ○ **C.** 40 % ○ **D.** 55 %

211 **Que fournit comme information une carte isochrone?**

- ○ **A.** Une carte isochrone fournit des informations d'altitude, avec des courbes de niveau espacées d'une équidistance donnée.
- ○ **B.** Une carte isochrone fournit tous les lieux accessibles depuis un point de départ, pour une certaine durée de transport.
- ○ **C.** Une carte isochrone indique tous les lieux à une certaine distance d'un point de départ.
- ○ **D.** Une carte isochrone fournit toutes les lignes de transport disponibles, tout mode de transport confondu, depuis un point de départ.

212 **Qu'est-ce que le solde migratoire?**

- ○ **A.** Le solde migratoire est la différence entre le nombre de personnes qui sont entrées sur le territoire (immigrés) et le nombre de personnes qui en sont sorties (émigrés) au cours de l'année.
- ○ **B.** Le solde migratoire est la différence entre le nombre de naissances et le nombre de décès enregistrés au cours d'une période, dans la population immigrée d'un territoire.
- ○ **C.** Le solde migratoire est la différence entre le nombre de naissances et le nombre de décès enregistrés au cours d'une période, dans la population émigrée d'un territoire.
- ○ **D.** Le solde migratoire est la part de population immigrée rapportée à la population totale du territoire, pour une année donnée.

213 **Quelle est la principale différence entre une ville des États-Unis et une ville européenne ?**

- ○ **A.** La ville américaine possède un réseau de voirie quadrillé, tandis que le réseau routier urbain en Europe est plus ou moins structuré en toile d'araignée.
- ○ **B.** La ville américaine est plus étalée que la ville européenne.
- ○ **C.** Le centre-ville aux États-Unis est un quartier d'affaires, déserté en soirée tandis que les centres-villes européens sont historiques, multifonctionnels et vivants le soir.
- ○ **D.** La ville américaine est plus verte, laissant de la place aux grands parcs, que la ville en Europe qui est plus minérale.

214 **On voit sortir de terre des écoquartiers partout en France, mais qu'est-ce qu'un écoquartier ?**

- ○ **A.** Un écoquartier est un nouveau quartier qui réunit les militants écologistes d'une ville.
- ○ **B.** Un écoquartier est un bassin de vie répondant aux besoins actuels des populations, tout en respectant l'environnement : moins de consommation d'énergie et d'espace, lutte contre la pollution de l'air, préservation d'espaces verts, limitation des déchets.
- ○ **C.** Un écoquartier est un quartier où seules les habitations en bois sont admises.
- ○ **D.** Un écoquartier est un quartier défavorisé, réhabilité pour faire du logement économique respectueux des modes de vie modernes (proximité des transports en commun, mixité des fonctions travail, habitat et écoles).

215 **Certaines villes ont des quartiers dont la population change selon les revenus. Ainsi, à Paris, les foyers à plus hauts revenus se situent à l'ouest. Pourquoi ?**

- ○ **A.** L'Ouest parisien est socialement plus aisé que l'Est parce que ce sont ces quartiers qui ont le plus d'ambassades, de magasins de luxe, et autres lieux attractifs pour les hauts salaires.
- ○ **B.** L'Ouest parisien est socialement plus aisé que l'Est car les travaux du baron Haussmann y ont construit des appartements plus grands.
- ○ **C.** L'Ouest parisien est socialement plus aisé que l'Est car, les vents dominants venant de l'ouest, ces quartiers n'étaient pas pris dans les fumées de la ville lors de son expansion au XIXe siècle.
- ○ **D.** L'Ouest parisien est socialement plus aisé que l'Est parce qu'il y a davantage d'espaces verts.

216 **Qu'est-ce qu'une mégalopole ?**

- ○ **A.** Une mégalopole désigne la capitale d'un pays ultra-centralisé, autour de laquelle ne gravite aucune autre grande ville.
- ○ **B.** Une mégalopole regroupe des ensembles urbains reliés par des réseaux de transport et de communication, incluant des espaces ruraux et naturels, et ayant une taille et un poids démographiques qui en font une entité supranationale.
- ○ **C.** Une mégalopole constitue une conurbation de deux villes, capitales de leur pays, proches géographiquement.
- ○ **D.** Une mégalopole désigne une énorme ville, agglomérée à des villes banlieues, qui concentre des fonctions économiques et de transport, sans avoir aucune administration publique ni statut de chef-lieu.

217 **Qu'est-ce que le phénomène de « rurbanisation » ?**

- ○ **A.** La rurbanisation se rapporte au déménagement de citadins dans des bourgs ruraux, loin des villes où le prix des logements et le manque d'espace font fuir certaines catégories de population.
- ○ **B.** La rurbanisation est la propagation de l'urbanisation autour d'une ville : la zone bâtie gagne peu à peu sur la campagne jouxtant directement la ville.
- ○ **C.** La rurbanisation est le développement de banlieues exclusivement constituées de lotissements pavillonnaires : cet étalement urbain empiète sur la zone agricole et est décrié car très consommateur d'espace.
- ○ **D.** La rurbanisation est le phénomène de réhabilitation des vieux centres urbains historiques, délaissés car mal desservis par les axes des transports modernes.

218 **Qu'est-ce qu'un *hinterland*?**

- ○ **A.** L'*hinterland* (haut pays) correspond aux bassins de vie des vallées encaissées des massifs montagneux.
- ○ **B.** L'*hinterland* (pays caché) correspond à l'aire d'influence des anciennes puissances coloniales qui continuent d'entretenir des relations commerciales et diplomatiques avec les pays anciennement colonisés.
- ○ **C.** L'hinterland désigne l'île principale, portant la capitale, des pays constitués en archipel.
- ○ **D.** L'hinterland (arrière-pays) est l'aire d'attraction et de desserte continentale d'un port.

219 **Début 2020, la France compte 67 millions d'habitants. Combien d'immigrés sont arrivés dans le pays cette même année ?**

- ○ **A.** 61 000 personnes (0,09 %)
- ○ **B.** 272 000 personnes (0,4 %)
- ○ **C.** 825 000 personnes (1,23 %)
- ○ **D.** 1,2 million de personnes (1,79 %)

220 **Quelle est la part des étrangers (personnes qui résident en France et ne possèdent pas la nationalité française) dans la population totale française en 2020 ?**

- ○ **A.** 7,5 %
- ○ **B.** 16 %
- ○ **C.** 25 %
- ○ **D.** 48,5 %

221 **Quelle différence y a-t-il entre assimilation et intégration des populations étrangères dans un pays ?**

- ○ **A.** L'intégration désigne le processus d'acquisition de la nationalité tandis que l'assimilation ne nécessite pas de prise de la nationalité du pays d'accueil.
- ○ **B.** L'intégration et l'assimilation désignent le même processus d'accueil des étrangers dans un pays, mais le mot « assimilation » vient du français et « intégration » de l'anglais.
- ○ **C.** L'assimilation désigne les personnes nées dans le pays d'accueil mais de parents étrangers, tandis que l'intégration concerne les personnes immigrées accueillies dans un pays.
- ○ **D.** L'assimilation exige que l'étranger se fonde complètement dans la culture du pays d'accueil, tandis que l'intégration requiert le respect de la culture d'accueil mais avec conservation des traditions d'origine.

222 **Qu'est-ce que l'armature urbaine ?**

- ○ **A.** L'armature urbaine est l'ensemble des réseaux routiers et de transports publics permettant de structurer l'espace urbain.
- ○ **B.** L'armature urbaine désigne la modélisation des villes par l'identification d'un ou plusieurs noyaux polarisants, d'une organisation concentrique ou sectorisée.
- ○ **C.** L'armature urbaine désigne le réseau des villes hiérarchisées et de leurs aires d'influence sur un territoire donné.
- ○ **D.** L'armature urbaine renvoie aux différents types d'architectures présents dans une ville, avec un habitat concentré vertical ou au contraire étalé et horizontal.

223 **Qu'est-ce qu'une diaspora ?**

- ○ **A.** Une diaspora est une communauté ethnique qui vit recluse sur elle-même, souvent dans des quartiers périphériques de ville sans mixité avec d'autres groupes socioculturels.
- ○ **B.** Une diaspora est un outil d'aménagement du territoire permettant de créer de la mixité sociale et communautaire *via* la création de lieux de rencontre publics (salles de soutien scolaire, potagers communs...).
- ○ **C.** Une diaspora désigne un réseau d'hypermarchés en périphérie de ville ayant pour impact de détruire le commerce de centre-ville.
- ○ **D.** Une diaspora désigne la partie d'une communauté qui vit de par le monde, en dehors de son territoire originel.

224 **Qu'est-ce que l'œkoumène (ou écoumène) ?**

- ○ **A.** C'est l'espace humanisé, la partie terrestre habitée par l'homme à l'époque où toutes les régions du globe n'avaient pas été découvertes.
- ○ **B.** C'est le phénomène de réverbération du son dans les vallées (écho) qui peut être à l'origine d'avalanches ou d'éboulis pierreux.
- ○ **C.** C'est l'espace délaissé par les hommes du fait d'un nombre de contraintes trop important (isolement, pauvreté du sol, climat rude...).
- ○ **D.** C'est le fait de vivre avec ses ancêtres : des cérémonies rituelles ont lieu régulièrement pour retourner les morts, manger avec eux, etc. Comme la *famadihana* à Madagascar, le *día de los Muertos* au Mexique.

225 **Début 2021, quelle proportion de la population française vit dans une zone soumise à un risque climatique (inondation, éboulement, incendie...) ?**

- ○ **A.** 6 personnes sur 10
- ○ **B.** 1 personne sur 4
- ○ **C.** 1 personne sur 125
- ○ **D.** 120 personnes sur 850

226 **Qu'est-ce qu'un duc-d'Albe ?**

- ○ **A.** Un duc-d'Albe est le terme historique pour désigner un duché, territoire d'un duc ; un de ses synonymes est « grand duché » employé pour le Luxembourg, par exemple.
- ○ **B.** Un duc-d'Albe est un puits artésien couplé à une fontaine publique, en ville.
- ○ **C.** Un duc-d'Albe est un type de pont, dont la structure à haubans est suspendue.
- ○ **D.** Un duc-d'Albe est un plot ou poteau (en béton, ferraille ou bois) sur lequel un navire peut s'amarrer ou s'appuyer, soit en complément d'un quai ou ponton, soit pour attendre une place.

227 **Qu'est-ce qu'une darse ?**

- ○ **A.** Une darse est un bassin rectangulaire, aménagé dans un port pour le déchargement des bateaux.
- ○ **B.** Une darse désigne, en ville, un lieu de prostitution en extérieur (au contraire des maisons closes).
- ○ **C.** Une darse est une usine de traitement des déchets.
- ○ **D.** Une darse désigne un port minéralier.

228 **Que sont les qanats ?**

- ○ **A.** Un qanat est un port naturel en eaux profondes, souvent peu utilisé du fait de forts courants.
- ○ **B.** Un qanat est un réseau de pipelines entre les différents puits d'un champ de pétrole, réseau ponctué de stations d'injection et de compression ou pompage pour maintenir la pression, de postes de sectionnement et de livraison comme en Irak.
- ○ **C.** Un qanat est, dans un pays désertique, une galerie souterraine de drainage, légèrement en pente, qui achemine l'eau depuis une nappe aquifère en montagne vers des citernes, le tout ponctué de puits verticaux (accès, aération) comme en Iran.
- ○ **D.** Un qanat est, en pays tropical, une rivière intermittente canalisée, servant d'égout en saison sèche et de canal de drainage en saison des pluies.

229 Qu'est-ce qu'un port sec (ou port avancé) ?

- ○ **A.** C'est un port qui était autrefois sur le littoral, mais qui, avec le changement climatique ou l'influence humaine directe (remblai, dispositif anti-érosion, etc.), se retrouve à l'intérieur des terres (Sharafkhaneh en Iran).
- ○ **B.** C'est un port qui n'est pas situé sur une façade maritime, mais qui est situé sur un fleuve (port de Gennevilliers en région parisienne).
- ○ **C.** C'est un terminal destiné au transport des matières sèches uniquement (céréales, ciment, granulats, etc.).
- ○ **D.** C'est un terminal à l'intérieur des terres, directement connecté par route, rail, canal ou fleuve, à un port maritime, et servant de zone de transbordement des cargaisons maritimes vers des destinations continentales.

230 Qu'est-ce qu'une forme de radoub ?

- ○ **A.** Une forme de radoub est un bateau destiné aux dragages des fonds pour extraire des matériaux, ou pour lutter contre l'ensablement et l'envasement de manière à maintenir une certaine profondeur (tirant d'eau des bateaux).
- ○ **B.** Une forme de radoub est un bassin qui accueille des navires et permet leur mise à sec pour entretien, réparation, construction, voire parfois démantèlement.
- ○ **C.** Une forme de radoub est un équipement portuaire permettant la sortie des bateaux hors de l'eau pour les mettre sur le quai à des fins de réparation : il s'agit d'une plage bétonnée en pente douce équipée de rails et d'un treuil pour tracter le bateau.
- ○ **D.** Une forme de radoub est un quai flottant pouvant être déplacé selon les besoins.

231 Quelle est la différence entre un bassin à flot et un bassin de marée ?

- ○ **A.** Un bassin de marée est un bassin dont le niveau d'eau est maintenu constant (proche de celui de la pleine mer) grâce à une écluse à double porte comportant un sas, alors que le bassin à flot a un niveau d'eau qui suit celui du plan d'eau extérieur.
- ○ **B.** Un bassin à flot est un bassin dont le niveau d'eau est maintenu constant (proche de celui de la pleine mer) grâce à une écluse à double porte comportant un sas, alors que le bassin de marée a un niveau d'eau qui suit celui du plan d'eau extérieur.
- ○ **C.** Un bassin de marée est situé dans les ports maritimes tandis que le bassin à flot est situé dans les ports fluviaux.
- ○ **D.** Un bassin de marée et un bassin à flot désignent la même cale, mais dans un cas elle est sèche (à marée), et dans l'autre cas elle est remplie (à flot).

232 À quoi servaient (et servent encore localement) les moulins à vent en Hollande ?

- ○ **A.** Les moulins à vent utilisent la force du vent pour faire tourner une meule qui écrase les grains de blé : ils servent à faire de la farine.
- ○ **B.** Les moulins à vent utilisent l'énergie cinétique du vent pour actionner un générateur qui transforme l'énergie mécanique en électricité.
- ○ **C.** Les moulins à vent actionnent une pompe qui remonte l'eau des terres agricoles et habitées vers des bassins de drainage reliés à la mer par un système de canaux, d'écluses et de digues.
- ○ **D.** Les moulins à vent actionnent un système de rouages qui permet d'ouvrir ou de fermer les écluses présentes sur tous les canaux de drainage.

233 **Qu'est-ce qu'un polder?**

- ○ **A.** Un polder est un port aménagé en mer, sur une plate-forme artificielle, ayant l'intérêt d'être en eau profonde pour permettre l'accès aux plus gros bateaux ayant un fort tirant d'eau.
- ○ **B.** Un polder est une terre gagnée sur la mer, des lacs ou des marais par endiguement, assèchement des terres et drainage.
- ○ **C.** Un polder désigne une ville, en Belgique ou en Hollande, sillonnée par des canaux, par exemple Bruges et Amsterdam.
- ○ **D.** Un polder est une digue aménagée pour pouvoir circuler, en voiture ou à vélo, au milieu de terres inondables.

234 **Qu'est-ce qu'un étier dans un marais salant?**

- ○ **A.** L'étier est le réseau de canaux étroits servant à l'alimentation en eau de mer du marais salant, au gré des marées.
- ○ **B.** L'étier est le nom donné à l'agriculteur ou l'agricultrice qui exploite un marais salant.
- ○ **C.** L'étier est le bassin de décantation de l'eau de mer dans lequel la vase et les autres sédiments se déposent.
- ○ **D.** L'étier est un oiseau qui vit exclusivement dans les marais salants car il se nourrit des algues qui sont extraites de l'eau de mer par filtration.

235 **Que sont les œillets dans un marais salant?**

- ○ **A.** Les œillets sont les bassins très peu profonds au cœur du marais salant dans lesquels on récolte le sel cristallisé par évaporation.
- ○ **B.** Les œillets sont les plantes en pourtour du marais salant qui contribuent à la filtration naturelle de l'eau de mer afin d'obtenir un sel exempt d'impuretés.
- ○ **C.** Les œillets sont les grands râteaux sans dents utilisés par le paludier (ou saunier) pour soit récolter le sel, soit repousser la vase.
- ○ **D.** Les œillets sont les petits tas de sel mis à sécher sur les pourtours des bassins avant commercialisation.

236 **Quelle est la différence entre la mytiliculture et la myciculture?**

- ○ **A.** La mytiliculture est la culture des huîtres tandis que la myciculture est la culture des moules marines.
- ○ **B.** La mytiliculture est la culture des myrtilles tandis que la myciculture est la culture des champignons.
- ○ **C.** La mytiliculture est la culture des moules marines tandis que la myciculture est la culture des huîtres.
- ○ **D.** La mytiliculture est la culture des moules marines tandis que la myciculture est la culture des champignons.

237 **Quelle est la différence entre une ferme aquacole et une ferme piscicole?**

- ○ **A.** Une ferme aquacole évolue dans n'importe quel paysage humide naturel (bord de mer, grand large, cours d'eau...) tandis qu'une ferme piscicole n'utilise que des bassins artificiels, d'eau douce (piscines).
- ○ **B.** Une ferme aquacole multiplie et élève aussi bien des végétaux que des animaux aquatiques, tandis qu'une ferme piscicole est spécialisée dans la (re)production de poissons.
- ○ **C.** On désigne par fermes aquacoles les élevages d'animaux marins sur les littoraux, à la différence des fermes piscicoles qui concernent les élevages d'espèces aquatiques dans les lacs de montagne, près des sources d'eau pure dans lesquelles certains poissons viennent frayer.
- ○ **D.** On désigne par fermes aquacoles les élevages dits « associés » dans lesquels les bassins contiennent à la fois des poissons et des plantes (riz, salicornes, algues...), tandis que les fermes piscicoles sont exclusivement consacrées aux poissons et aux coquillages (pas de culture).

238 **Pourquoi distinguer l'aquaculture fermée de l'aquaculture ouverte ?**

○ **A.** L'aquaculture fermée se pratique dans des bassins avec toit, permettant de mieux contrôler la température d'élevage. L'aquaculture ouverte se pratique à l'air libre, soumise aux aléas climatiques.

○ **B.** L'aquaculture fermée (ou *permanent watering*) se pratique dans des bassins en eau toute l'année, sans période de vidange tandis que l'agriculture ouverte (ou *semi-watering*) utilise des bassins qui sont vidangés et laissés à la libre oxygénation au moins un mois dans l'année.

○ **C.** L'aquaculture ouverte (extensive) utilise les ressources du milieu naturel pour l'alimentation des végétaux et animaux tandis que l'aquaculture fermée (intensive) se pratique dans des lieux totalement artificialisés où tout est contrôlé et maîtrisé.

○ **D.** L'aquaculture ouverte utilise des alevins récoltés dans le milieu naturel tandis que l'aquaculture fermée utilise des « chambres » de reproduction pour générer ses propres œufs et larves.

239 **Qu'est-ce que le laminage (dans une aciérie, une usine de pâte à papier ou de plastique, etc.) ?**

○ **A.** Le laminage est le processus de mélange des composants dans une chaîne industrielle (alliage métallique, eau et fibres de bois, dérivés pétroliers).

○ **B.** Le laminage est un procédé de fabrication de plaques et de barres par déformation plastique : il utilise un laminoir qui comprime à chaud un matériau pour en réduire l'épaisseur.

○ **C.** Le laminage est un processus de refroidissement rapide, par eau pressurisée, d'un matériau en fusion de manière à obtenir une résistance très élevée de ce matériau refroidi.

○ **D.** Le laminage désigne la partie d'une usine destinée à chauffer la chaîne de fabrication (stockage des comburants ou arrivée directe depuis des pipelines ou des voies ferrées privées, fours, évacuation des gaz par cheminée).

240 **Que désigne-t-on par « reconversion industrielle » ?**

○ **A.** La reconversion industrielle est le remplacement d'une activité industrielle disparue, par une autre activité (industrielle ou non).

○ **B.** La reconversion industrielle désigne la modernisation nécessaire de vieilles usines pour s'adapter au contexte économique international (concurrence des pays en développement avec bas coût de la main-d'œuvre).

○ **C.** La reconversion industrielle fait référence au changement de localisation des industries lourdes et polluantes : la délocalisation les envoie en général dans les pays asiatiques.

○ **D.** La reconversion industrielle est le passage d'une économie tournée vers l'agriculture, à une économie industrielle de transformation des matières premières à plus forte valeur ajoutée.

241 **Où localise-t-on préférentiellement l'industrie papetière ?**

○ **A.** Une papeterie est préférentiellement installée près des villes pour bénéficier de la proximité des lieux de consommation (imprimeries, éditions…) afin d'éviter le transport des matières produites (papier, carton).

○ **B.** Une papeterie est préférentiellement installée près des sources de bois et près de sources d'énergie pour actionner les défibreurs (barrages hydroélectriques, cours d'eau…).

○ **C.** Une papeterie n'a pas de localisation préférentielle et fait partie des industries pouvant s'installer partout.

○ **D.** Les papeteries sont toutes localisées dans les pays scandinaves pour bénéficier du label FSC (forêts gérées durablement).

242 **Où localise-t-on préférentiellement les complexes sidérurgiques?**

- ○ **A.** Les complexes sidérurgiques sont situés préférentiellement en bord de mer, près d'un port en eau profonde, pour recevoir minerai (fer) et coke (combustible) importés.
- ○ **B.** Les complexes sidérurgiques sont situés préférentiellement près des mines de charbon et/ou de fer pour bénéficier de la proximité des matières premières.
- ○ **C.** Les complexes sidérurgiques sont situés préférentiellement près des villes pour acheminer l'acier près des lieux de consommation.
- ○ **D.** Les complexes sidérurgiques sont localisés exclusivement en Chine, les pays occidentaux refusant désormais d'héberger des industries polluantes sur leur territoire.

243 **Parmi les installations suivantes, laquelle ne trouve-t-on pas toujours dans un complexe sidérurgique?**

- ○ **A.** Les hauts-fourneaux pour produire la fonte (alliage de fer et de carbone à hauteur de 2 % du mélange).
- ○ **B.** L'aciérie qui fabrique, à partir de la fonte, l'acier (alliage de fer et de carbone < 2 % du mélange).
- ○ **C.** La cokerie qui est un ensemble de fours en batterie permettant la « distillation sèche » du charbon pour fabriquer du coke (combustible).
- ○ **D.** Les laminoirs et les tréfileries qui fabriquent les plaques et les profilés d'acier.

244 **La France est le premier producteur mondial de betteraves à sucre. Parmi les produits suivants, lequel n'utilise pas les betteraves à sucre?**

- ○ **A.** L'éthanol (carburant)
- ○ **B.** Le champagne lors de la chaptalisation
- ○ **C.** La cassonade
- ○ **D.** La levure de boulangerie à partir de la mélasse

245 **La vigne pousse mieux sur les pentes qu'en plaine, pour profiter du drainage naturel et augmenter l'angle d'incidence des rayons solaires. Mais quelle est, en général, la meilleure exposition pour les plants de vigne, en Europe?**

- ○ **A.** Vers le nord pour éviter de brûler les feuilles de vigne au soleil estival.
- ○ **B.** Vers le sud pour bénéficier d'un ensoleillement fort.
- ○ **C.** Vers l'ouest pour profiter d'un temps d'ensoleillement maximal (jusqu'au coucher du soleil).
- ○ **D.** Vers l'est pour faire fondre rapidement les gelées matinales.

246 **Qu'est-ce que l'AOP (appellation d'origine protégée), aussi appelée AOC (appellation d'origine contrôlée) en France?**

- ○ **A.** L'AOP est un label garantissant qu'un aliment est issu de l'agriculture biologique?
- ○ **B.** L'AOP est un concept géographique définissant la notion de terroir, composée de facteurs naturels (sol, sous-sol, climat, relief) et de facteurs anthropiques (pratiques culturales, variétés de plantes...).
- ○ **C.** L'AOP correspond aux différents crus de vin, par exemple l'Auxerrois ou le Beaujolais.
- ○ **D.** L'AOP désigne un produit dont toutes les étapes de production sont réalisées selon un savoir-faire reconnu, dans une même aire géographique, qui donne ses caractéristiques au produit.

247 **À quoi servent les modèles spatiaux en géographie humaine?**

- ○ **A.** La modélisation spatiale permet d'identifier des schémas génériques d'organisation, dans l'espace, de phénomènes divers (répartition des accidents de la route...) et de déterminer les causes de ces phénomènes.
- ○ **B.** La modélisation spatiale, encore balbutiante en géographie, permet de cartographier des statistiques sur la population (répartition, mobilité...).
- ○ **C.** Les modèles spatiaux, utilisés dans les années 1970 en géographie, servaient à décrire les différents types d'organisation urbaine dans le monde. Ils sont aujourd'hui obsolètes car chaque ville apparaît comme un cas particulier, déviant du modèle générique.
- ○ **D.** Les modèles spatiaux sont utilisés par les pouvoirs publics pour aménager le territoire de façon équilibrée.

248 **Comment construire des îles artificielles telles que Palm Islands à Dubaï?**

- ○ **A.** Les îles de Dubaï ont un soubassement naturel de roches, présentes à cet endroit depuis des millions d'années, simplement réagencées pour prendre la forme de palmiers (vue du ciel).
- ○ **B.** Les îles de Dubaï sont faites à partir d'une structure en acier en forme de palmier, nécessitant soixante fois le poids en acier de la tour Eiffel, remblayée par des milliers de mètres cubes de béton.
- ○ **C.** Les îles de Dubaï sont créées *ex nihilo* par pompage au large de millions de mètres cubes de sable, déversés ensuite sur la zone de construction, entre des digues construites par immersion de milliers de tonnes de roches.
- ○ **D.** Les îles de Dubaï ne sont pas des îles proprement dites car elles ne vont pas jusqu'au fond de la mer : il s'agit de structures flottantes ancrées solidement à des blocs de béton sous-marins.

249 **Quel est le plus grand pont routier du monde?**

- ○ **A.** Le pont de la Bang Na Expressway à Bangkok, en Thaïlande.
- ○ **B.** Le pont de Qingdao, en Chine.
- ○ **C.** La chaussée du lac Pontchartrain en Louisiane, aux États-Unis.
- ○ **D.** Le pont entre Hong Kong et Macao, en Chine.

250 **Comment peut-on transporter de l'électricité?**

- ○ **A.** L'électricité passe dans des câbles conducteurs, depuis la centrale électrique jusqu'au réseau de distribution aux particuliers, sans transformation ni stockage possibles.
- ○ **B.** À la sortie de la centrale électrique, l'électricité passe par un transformateur qui augmente sa tension (entre 225 000 et 400 000 volts) pour réduire les pertes d'énergie pendant le transport dans des câbles dits à haute tension. Avant d'atteindre les lieux de consommation, elle est à nouveau transformée et sa tension réduite à 230 volts.
- ○ **C.** L'électricité est stockée dans des batteries qui sont transportées par conteneurs jusqu'aux lieux de consommation.
- ○ **D.** À la sortie de la centrale électrique, l'électricité passe par un transformateur qui diminue sa tension éviter l'échauffement des câbles pendant le transport. Avant d'atteindre les lieux de consommation, elle est à nouveau transformée et sa tension augmentée à 230 volts.

251 **Parmi les différentes tensions présentes dans le réseau électrique, quel type n'existe pas?**

- ○ **A.** Très haute tension contrôlée (électricité utilisée dans les *Data centers* pour l'alimentation de tous les serveurs et pour leur refroidissement).
- ○ **B.** Haute tension (électricité utilisée dans la sidérurgie et par la SNCF).
- ○ **C.** Moyenne tension (électricité utilisée dans la grande industrie).
- ○ **D.** Basse tension (électricité utilisée dans la petite industrie et dans les foyers).

252 **Les autoroutes et les lignes de train à grande vitesse sont des transports rapides avec peu d'arrêts : ils ont un « effet tunnel » sur les territoires traversés. Parmi les impacts suivants, lequel n'est pas lié à « l'effet tunnel » ?**

- ○ **A.** Les petites villes non desservies perdent en attractivité économique et voient leur population décroître (déprise démographique).
- ○ **B.** Les territoires traversés par une infrastructure de transport rapide ont leur circulation locale entravée par cette infrastructure car on ne peut la traverser qu'aux endroits prévus à cet effet.
- ○ **C.** Les territoires traversés par une infrastructure de transport rapide ont leur écosystème modifié : détournement du réseau hydrographique, lieux de vie des animaux coupés...
- ○ **D.** Les transports en commun se développent pour relier les territoires non desservis aux nœuds du réseau express.

253 **Qu'est-ce que l'hétérotopie en géographie ?**

- ○ **A.** L'hétérotopie est l'analyse spatiale des comportements sexuels d'une population donnée.
- ○ **B.** L'hétérotopie désigne la différenciation des espaces, souvent clos ou enclavés, caractérisés par une discontinuité avec ce qui les entoure ; les espaces clos sont souvent d'entrée restreinte (aéroport, discothèque, parc d'attractions, quartier résidentiel fermé...).
- ○ **C.** L'hétérotopie renvoie à la grande variété d'habitats dans le monde, en fonction de la topographie. Elle décrit les adaptations techniques mises en œuvre notamment dans les paysages contraignants (forte pente, aridité...).
- ○ **D.** L'hétérotopie est l'analyse des cas particuliers (de lieux, villes, activités...) qui ne répondent pas aux modélisations spatiales classiques.

254 **Sur les 600 plateformes pétrolières/gazières offshore présentes en mer du Nord, combien devront être démantelées dans les 3 prochaines décennies ?**

○ **A.** 470 ○ **B.** 35 ○ **C.** 600 ○ **D.** 0

255 **Que produit une raffinerie de pétrole (ou usine pétrochimique) ?**

- ○ **A.** Une raffinerie est l'usine dans laquelle on fabrique des objets plastiques à partir du pétrole.
- ○ **B.** Dans une raffinerie, on distille du pétrole pour obtenir du bitume, de l'essence, du kérosène, du naphta et des gaz. À partir du naphta, on produit des hydrocarbures plus légers dont on dérive les solvants et les poudres ou granulats de plastique.
- ○ **C.** Une raffinerie est l'usine qui produit uniquement les différents types d'essence (gazole, essence sans plomb, fioul, kérosène...).
- ○ **D.** Dans une raffinerie, on recueille uniquement les gaz liquéfiés qui passent par un « gaz plant » permettant de séparer le propane du butane et du fuel gaz (fractionnateur).

256 **Dans quels pays se trouvent les cinq plus grandes raffineries du monde ?**

- ○ **A.** États-Unis, Chine
- ○ **B.** États-Unis, Chine, Inde, Irak
- ○ **C.** Inde, Venezuela, Corée du Sud
- ○ **D.** Chine, Inde, Iran

Écologie et enjeux environnementaux

→ **Retrouvez le corrigé de cette série page 392.**

257 Au rythme actuel de notre consommation et de nos déchets, quand y aura-t-il plus de plastiques dans les mers que de poissons (en termes de poids)?

- ○ **A.** Il y aura davantage de plastiques que de poissons dans les mers en 2045 si les êtres humains continuent de polluer au même rythme.
- ○ **B.** Il y aura davantage de plastiques que de poissons dans les mers en 2100 si les êtres humains continuent de polluer au même rythme.
- ○ **C.** Il n'y aura jamais plus de plastiques que de poissons dans les mers, même si les êtres humains continuent de polluer au même rythme.
- ○ **D.** Il y aura davantage de plastiques que de poissons dans les mers en 2022 si les êtres humains continuent de polluer au même rythme.

258 Au rythme de la pêche actuel, en quelle année n'y aura-t-il plus de poissons dans la mer?

- ○ **A.** 2030
- ○ **B.** 2050
- ○ **C.** 2075
- ○ **D.** 2080

259 Sur quel principe s'appuie l'écotaxe?

- ○ **A.** L'écotaxe est une taxe sur les matériaux de construction non écologiques et énergivores.
- ○ **B.** L'écotaxe est destinée uniquement aux véhicules de transport de marchandises (> 3,5 t) circulant sur les routes nationales et départementales françaises : la taxe a pour but de faire contribuer ces usagers, français ou étrangers, à l'entretien du réseau routier et à financer le développement du transport fluvial et ferroviaire.
- ○ **C.** L'écotaxe est régie par le principe de « pollueur payeur » pour inciter les pollueurs à limiter et réparer leurs dégradations sur l'environnement.
- ○ **D.** L'écotaxe est une taxe additionnelle à la taxe sur les certificats d'immatriculation, destinée à éliminer les véhicules polluants du parc automobile : on parle aussi de « malus écologique » qui s'applique à tous les véhicules particuliers sur la base du taux de CO_2 émis.

260 Qu'est-ce que le biogaz?

- ○ **A.** Le biogaz est du gaz naturel extrait de façon respectueuse de l'environnement : cela exclut les gaz de schistes.
- ○ **B.** Le biogaz est une énergie obtenue à partir de la fermentation de matières organiques dans un environnement privé d'oxygène (méthanisation).
- ○ **C.** Le biogaz est une énergie récupérée des émanations de CO_2 (flatulences) des bovins : ces émanations sont essentiellement produites lors du sommeil des animaux, elles sont donc récupérées la nuit par des systèmes aspirants installés dans les étables.
- ○ **D.** Le biogaz est issu du filtrage de l'air urbain pollué pour en récupérer les particules de CO_2 en surnombre : ce biogaz présente un intérêt double, celui de dépolluer l'air des villes et celui d'être récupéré comme énergie calorifique. Le système de filtrage est encore à l'état de prototype.

261 **Qu'est-ce que la permaculture?**

- ○ **A.** La permaculture est une philosophie de vie où animaux, insectes, êtres humains, plantes et micro-organismes vivent ensemble dans un environnement sain et autosuffisant (écosystème), en utilisant à la fois des techniques traditionnelles d'aménagement et de culture, mais aussi des techniques modernes.
- ○ **B.** La permaculture est une agriculture raisonnée, dont le but est le respect de l'équilibre environnemental et non pas la recherche de productivité. Elle autorise néanmoins certains intrants chimiques si leur usage est limité.
- ○ **C.** La permaculture est la culture permanente des mêmes produits tout au long de l'année : la baisse de lumière et de température est compensée en saison froide par l'utilisation de serres chauffées et éclairées, tandis que la baisse hydrométrique est compensée en saison chaude par des arrosages intensifs.
- ○ **D.** La permaculture est la culture des pernambboucs ou bois-brésil, très utilisés en industrie textile pour ses propriétés tinctoriales (teinte brun rouge).

262 **Sur quel type de technologie, les politiques et les grands groupes industriels de l'automobile misent-ils pour construire une voiture moins polluante horizon 2025?**

- ○ **A.** Sur la voiture électrique à batterie dont les batteries doivent être encore améliorées pour avoir une plus grande autonomie. La recherche porte aussi sur la production d'une énergie électrique « verte ».
- ○ **B.** Sur la voiture à moteur à explosion classique : les recherches portent sur les pots d'échappement « filtrants », permettant de retenir toutes les particules et les rejets gazeux.
- ○ **C.** Sur la voiture à hydrogène ou, plus exactement, sur le véhicule électrique à pile à combustible : la recherche porte sur le remplacement du platine, très onéreux, utilisé comme catalyseur, ainsi que sur la production d'hydrogène qui est encore très polluante et énergivore.
- ○ **D.** Sur la voiture Flex-Fuel qui peut rouler avec toutes les essences (dont le Bioéthanol E85, SP95-E10, SP98 et SP95) en toute proportion dans un seul et même réservoir.

263 **Parmi les éléments suivants, lequel ne constitue pas un obstacle au développement des panneaux solaires photovoltaïques?**

- ○ **A.** La production des panneaux solaires photovoltaïques est très énergivore.
- ○ **B.** La production d'électricité *via* des panneaux solaires photovoltaïques ne fonctionne pas la nuit et dépend de l'ensoleillement le jour.
- ○ **C.** Le réseau de distribution électrique n'est pas adapté : il faut un réseau à l'échelle nationale pour pallier les manques d'ensoleillement locaux et pour prévoir des zones de stockage électrique.
- ○ **D.** La durée de vie des modules photovoltaïques n'est que d'une vingtaine d'années.

264 **Quelle est la différence entre un produit « écologique » et un produit « biologique »?**

- ○ **A.** Il n'y a pas de différence entre un produit écologique et un produit biologique : ils sont tous les deux fabriqués dans le respect de l'environnement.
- ○ **B.** La différence entre un produit biologique et un produit écologique porte sur le recyclage : le premier peut être jeté dans la nature sans impact environnemental puisqu'il provient d'une agriculture sans produit chimique, tandis que le second ne peut pas être recyclé.
- ○ **C.** Un produit biologique porte une certification, différente selon les pays, prouvant qu'il est issu de l'agriculture biologique : son transport peut être polluant. Le produit écologique est un produit qui va être pensé, conçu, emballé, distribué et recyclé de manière à minimiser son impact sur l'environnement.
- ○ **D.** Un produit biologique peut comporter jusqu'à 5 % de produits chimiques tandis qu'un produit écologique doit être composé à 100 % d'ingrédients naturels ou d'origine naturelle.

265 **Qu'est-ce que la biodynamie?**

○ **A.** La biodynamie, aussi appelée biocinétique, désigne toute énergie biologique permettant de mettre en mouvement une machine (la vapeur d'eau).

○ **B.** La biodynamie est une branche des médecines douces utilisant les plantes comme base médicinale.

○ **C.** La biodynamie est une agriculture qui recherche la santé du sol et de la plante : utilisation exclusive de préparations naturelles (purin d'ortie), travail du sol à l'aide de la traction animale, cycle de compostage et réemploi du fumier, suivi des calendriers solaires et lunaires pour aider à l'enracinement des plantes.

○ **D.** La biodynamie est une méthode de recentrage des activités sur le rythme biologique, sur le respect des temps naturels de sommeil et d'éveil aussi bien chez les plantes, les animaux que les humains.

266 **Quelle est la différence entre l'agriculture raisonnée et l'agriculture biologique?**

○ **A.** L'agriculture biologique exige une production qui exclue la plupart des produits chimiques de synthèse et en renouant avec des pratiques traditionnelles comme la jachère, tandis que l'agriculture raisonnée cherche à produire en optimisant les coûts, par exemple en maîtrisant les quantités d'intrants, notamment chimiques par respect environnemental.

○ **B.** L'agriculture raisonnée est très stricte sur les graines et semences à utiliser (libre de droits de propriété intellectuelle) tandis que l'agriculture biologique s'attache surtout à l'aspect naturel (sans produit chimique) des semences.

○ **C.** L'agriculture biologique s'attache à cultiver des plantes sans aucun intrant chimique, tandis que l'agriculture raisonnée limite les utilisations d'intrants chimiques à la fois au stade de la culture des matières premières, mais aussi tout au long de la transformation dans la filière agro-industrielle.

○ **D.** L'agriculture biologique s'attache à cultiver des plantes sans aucun intrant chimique, en revanche les matières premières récoltées peuvent être traitées, même chimiquement, pour leur conservation ce qui n'est pas le cas en agriculture raisonnée.

267 **Parmi les caractéristiques suivantes de l'énergie nucléaire, laquelle pourrait faire tendre à croire que c'est une énergie écologique?**

○ **A.** Les centrales génération IV à réacteur à sels fondus, associé au cycle thorium (métal lourd radioactif, non fissible à l'état naturel, et abondant sur Terre), seront des centrales nucléaires à impact environnemental très limité : réacteur à combustible liquide très stable, cœur vidangeable automatiquement en cas d'accident, recyclage possible des déchets de centrales à uranium.

○ **B.** Les centrales nucléaires à fission d'atomes d'uranium produisent des déchets radioactifs qui restent dangereux pendant des milliers d'années.

○ **C.** L'extraction d'uranium dans les mines est source d'émission de gaz à effet de serre (engins d'extraction, transports, transformation de l'uranium) et souvent de contamination radioactive des populations locales (l'eau, les poussières...).

○ **D.** Les risques sur les centrales nucléaires à fission d'atomes d'uranium sont tels que cette énergie est très peu utilisée à l'échelle planétaire (11,5 % de l'électricité mondiale en 2014) : l'énergie nucléaire ne peut donc pas apparaître comme une solution écologique viable.

268 **Quelle est l'utilisation possible de la géothermie?**

- ○ **A.** La géothermie utilise la chaleur du soleil pour faire fonctionner des panneaux solaires thermiques, qui réchauffent un fluide caloporteur lui-même connecté à un ballon d'eau : le but est d'approvisionner les bâtiments en eau chaude sanitaire.
- ○ **B.** La géothermie est l'utilisation de sources chaudes pour chauffer des piscines comme en Islande.
- ○ **C.** La géothermie utilise la chaleur présente dans le sous-sol : on distingue la géothermie basse température (< 150 °C) utilisée avec des pompes à chaleur pour le chauffage ou la climatisation, et la géothermie haute température (> 150 °C) utilisée pour produire de l'électricité ou pour chauffer.
- ○ **D.** La géothermie est l'utilisation de la chaleur renvoyée par le sol en cas de canicule pour fabriquer de l'électricité. Cette énergie renouvelable est peu répandue car elle a deux contraintes : limitation dans le temps (périodes chaudes) et dans l'espace (fonctionne sur des zones minéralisées sans végétation, telles que les villes ou les déserts).

269 **Qu'est-ce que l'hydroponie?**

- ○ **A.** L'hydroponie est la culture de végétaux hors sol, mais dans une solution aqueuse nutritive ou dans un substrat inerte (cailloux, billes d'argile) irrigué par cette solution nutritive.
- ○ **B.** L'hydroponie est la culture de végétaux sans eau : différentes espèces de végétaux sont coplantées et leur association permet de fournir à une plante ce que l'autre plante rejette. Cette complémentarité permet de se passer d'eau.
- ○ **C.** L'hydroponie est la culture de végétaux dans des sols gelés (entre - 2 °C et 0 °C) par utilisation de lampes à infrarouge thermique qui à la fois éclairent et réchauffent le système chlorophyllien des plantes.
- ○ **D.** L'hydroponie est la production combinée de poissons et de plantes : les déchets azotés produits dans des bassins contenant des poissons (ou écrevisses) sont transférés dans des bacs à substrat inerte comme engrais pour les plantes. En fin de cycle, l'eau vidée de ses minéraux par les plantes, retourne dans les bassins à poisson.

270 **Que sont les ressources halieutiques?**

- ○ **A.** Les ressources halieutiques désignent les ressources d'un lieu qu'on ne peut retrouver nulle part ailleurs (l'olive de Nyons...).
- ○ **B.** Les ressources halieutiques désignent les ressources vivantes aquatiques.
- ○ **C.** Les ressources halieutiques désignent les ressources en poissons de la mer.
- ○ **D.** Les ressources halieutiques désignent les ressources en minerais, utiles pour les industries.

271 **Qu'est-ce que la jachère?**

- ○ **A.** La jachère est l'association sur une même parcelle d'arbres et de cultures dans le but d'augmenter la productivité globale (celle-ci est supérieure à la productivité de deux parcelles, une en arbres et une en cultures).
- ○ **B.** La jachère est la technique agricole de rotation des cultures différentes, entre plusieurs parcelles, dans le but de ne pas épuiser les ressources du sol.
- ○ **C.** La jachère est une pratique agricole consistant à laisser un champ au repos, inutilisé pendant une certaine période, pour lui permettre de reconstituer ses réserves en eau et en sels minéraux.
- ○ **D.** La jachère est l'organisation géométrique des parcelles, et des cultures dans les parcelles, dans le but de rendre la production mécanisable.

272 **Quelle est l'énergie consommée lors de l'envoi d'un courriel avec une pièce jointe de 1 Mo à un seul destinataire (électricité des terminaux, des réseaux et des centres de données)?**

- ○ **A.** L'énergie consommée équivaut à celle d'une ampoule de 60 W allumée pendant 25 min.
- ○ **B.** L'énergie consommée équivaut à celle d'une ampoule de 25 W allumée pendant 60 min.
- ○ **C.** L'énergie consommée équivaut à celle d'une ampoule de 40 W allumée pendant 10 min.
- ○ **D.** L'énergie consommée équivaut à celle d'une ampoule de 10 W allumée pendant 40 min.

273 **Que désigne-t-on par «climax» en écologie?**

- ○ **A.** Le climax désigne un environnement complètement abandonné par l'homme, revenu à l'état naturel.
- ○ **B.** Le climax désigne un environnement intérieur sain, dans un bâtiment, sans émission de COV (composés organiques volatils) ni de présence de particules fines ni d'autres polluants de l'air.
- ○ **C.** Le climax est le climat que l'on aurait s'il n'y avait pas de dérèglement climatique (dû à l'action humaine).
- ○ **D.** Le climax est un écosystème stable, en équilibre constant, préservé de toute action humaine avec un type de végétation dominant car adapté au sol et au climat.

274 **Pourquoi parle-t-on de plus en plus des algues sargasses aux Antilles?**

- ○ **A.** Parce que les algues sargasses s'avèrent être une solution miracle pour l'enrichissement des terres agricoles et la lutte contre l'érosion des sols.
- ○ **B.** Parce que les algues sargasses permettent le développement d'un nouveau tourisme orienté sur les cures thermales à base d'onguents d'algues.
- ○ **C.** Parce que les algues sargasses échouent par tonnes sur les plages (marée brune) en piégeant la faune aquatique et en libérant du sulfure d'hydrogène.
- ○ **D.** Parce que les algues sargasses sont une espèce en voie de disparition, que l'on ne trouve plus qu'aux Antilles.

275 **Pourquoi la mer d'Aral a-t-elle failli disparaître?**

- ○ **A.** À cause d'une algue chinoise, introduite par accident, extrêmement gourmande en eau et qui a peu à peu asséché les rivages.
- ○ **B.** À cause du rejet de produits phytosanitaires qui ont augmenté le taux de salinité de la mer, précipitant le sel et évaporant l'eau.
- ○ **C.** À cause du pic de réchauffement climatique connu dans les années 1980.
- ○ **D.** À cause du détournement, dans les années 1960, des deux grands fleuves qui alimentaient ce lac salé, dans le but de produire en masse du coton.

276 **Qu'est-ce que l'empreinte écologique?**

- ○ **A.** L'empreinte écologique est la quantification des conséquences des activités humaines sur la planète.,
- ○ **B.** L'empreinte écologique est l'estimation de l'impact des mesures de protection de l'environnement : on compare ce qu'aurait été un espace sans action écologique avec ce qu'il est réellement.
- ○ **C.** L'empreinte écologique désigne toutes les mesures compensatoires de l'émission de gaz à effet de serre, notamment la compensation carbone.
- ○ **D.** L'empreinte écologique comptabilise toutes les extinctions d'espèces végétales ou animales directement dues à l'activité humaine.

277 **Les ressources naturelles de la Terre se renouvellent-elles suffisamment pour répondre à tous les besoins des êtres humains aujourd'hui ?**

- ○ **A.** Actuellement, il faut une partie seulement des ressources de la Terre pour répondre aux besoins des hommes.
- ○ **B.** Actuellement, il faut toutes les ressources de la Terre pour répondre aux besoins des hommes.
- ○ **C.** Actuellement, il faudrait les ressources d'une Terre et demie pour répondre aux besoins des hommes.
- ○ **D.** Actuellement, il faudrait les ressources de deux Terres pour répondre aux besoins des hommes.

278 **Quels sont actuellement les 10 pays ayant la plus forte empreinte écologique ?**

- ○ **A.** Singapour, Bermudes, France (La Réunion), Barbade, îles Caïman, Israël, Bahreïn, Émirats arabes unis, Arabie saoudite, Koweït.
- ○ **B.** États-Unis, Qatar, Émirats arabes unis, Chine, Belgique, Allemagne, Singapour, Brésil, Japon, Ouzbékistan.
- ○ **C.** États-Unis, Qatar, Émirats arabes unis, Chine, Venezuela, Allemagne, Nigeria, Brésil, Japon, Russie.
- ○ **D.** Chine, Qatar, Émirats arabes unis, États-Unis, France, Malaisie, Inde, Brésil, Japon, Russie.

GÉOGRAPHIE

279 **Le nombre d'espèces marines a diminué entre 1970 et 2010, mais de combien ?**

- ○ **A.** 8 % d'espèces marines en moins entre 1970 et 2010.
- ○ **B.** 14 % d'espèces marines en moins entre 1970 et 2010.
- ○ **C.** 26 % d'espèces marines en moins entre 1970 et 2010.
- ○ **D.** 39 % d'espèces marines en moins entre 1970 et 2010.

280 **Quels sont les 10 pays les plus concernés par les espèces en voie d'extinction ?**

- ○ **A.** États-Unis, Mexique, Brésil, Australie, Madagascar, Colombie, Congo, Costa Rica, Birmanie, Chine.
- ○ **B.** Chine, Brésil, Sri Lanka, Australie, Madagascar, Colombie, Congo, Costa Rica, Birmanie, Tanzanie.
- ○ **C.** Chine, Brésil, Sri Lanka, Australie, Russie, Colombie, Congo, Costa Rica, Birmanie, Tanzanie.
- ○ **D.** États-Unis, Mexique, Tanzanie, Australie, Madagascar, Colombie, Équateur, Indonésie, Seychelles, Chine.

281 **La chasse commerciale à la baleine a été interdite en 1986 par la Commission baleinière internationale. Quel(s) pays autorise(nt) malgré tout cette activité ?**

- ○ **A.** Le Japon.
- ○ **B.** Le Japon et la Chine.
- ○ **C.** Le Japon, la Norvège et l'Islande.
- ○ **D.** Le Japon, la Chine et le Chili.

282 **Les rhinocéros sont chassés pour leur corne, mais à quoi sert-elle ?**

- ○ **A.** La corne de rhinocéros sert à faire des instruments de musique précieux : les cornes de chasse.
- ○ **B.** La corne de rhinocéros sert à fabriquer des médicaments anticancéreux.
- ○ **C.** La corne de rhinocéros réduite en poudre aurait des vertus aphrodisiaques recherchées dans les pays asiatiques, prêts à payer 70 000 euros/kg (2011).
- ○ **D.** La corne de rhinocéros est le seul produit dérivé de kératine (comme les ongles, les sabots, les cheveux) permettant de remplacer les plaquettes sanguines et de soigner les hémorragies.

283 **Quelle est la part des aliments jetés dans toute la nourriture produite à l'échelle du monde ?**

- ○ **A.** La moitié des aliments produits est jetée sans avoir été consommée.
- ○ **B.** Le tiers des aliments produits est jeté sans avoir été consommé.
- ○ **C.** Le quart des aliments produits est jeté sans avoir été consommé.
- ○ **D.** Le huitième des aliments produits est jeté sans avoir été consommé.

284 **Avec ce que l'Europe jette chaque année comme aliments, combien de personnes pourraient être nourries ?**

- ○ **A.** 1 million de personnes
- ○ **B.** 100 millions de personnes
- ○ **C.** 1 milliard de personnes
- ○ **D.** 3 milliards de personnes

285 **En France, qui produit le plus de déchet alimentaire, de type restes de repas (y compris os et épluchures), fruits et légumes non consommés, aliments non déballés ?**

- ○ **A.** La distribution et le réseau commercial
- ○ **B.** Les producteurs agricoles et l'industrie agro-alimentaire
- ○ **C.** La restauration collective et commerciale
- ○ **D.** Les particuliers

286 **Un habitant des États-Unis consomme beaucoup d'eau potable dans sa vie quotidienne, mais combien de fois plus qu'un Malien ?**

- ○ **A.** 2 fois plus
- ○ **B.** 10 fois plus
- ○ **C.** 60 fois plus
- ○ **D.** 100 fois plus

287 **Pour fabriquer une puce électronique, combien faut-il de minéraux différents ?**

○ **A.** 2 ○ **B.** 10 ○ **C.** 60 ○ **D.** 100

288 **Quel est le pays le plus grand exploitant d'hydrocarbures de schiste (gaz et pétrole) ?**

- ○ **A.** La Chine
- ○ **B.** L'Argentine
- ○ **C.** Le Canada
- ○ **D.** Les États-Unis

289 **Pourquoi les hydrocarbures de schiste (gaz et pétrole) sont-ils controversés ?**

- ○ **A.** Les hydrocarbures de schiste sont controversés car les Pays du Golfe y voient une concurrence déloyale des États-Unis à leur exploitation de pétrole.
- ○ **B.** L'extraction des hydrocarbures de schiste est nuisible pour l'environnement : elle utilise des forages profonds, dans lesquels est injecté un mélange d'eau, de sable et de détergents sous pression pour fracturer la roche et libérer le gaz ou le pétrole, causant parfois des secousses sismiques.
- ○ **C.** La qualité des hydrocarbures de schiste est bien moindre que celle des hydrocarbures classiques ce qui risque d'endommager les infrastructures des usines pétrochimiques non adaptées à ce type de produit.
- ○ **D.** Les réserves d'hydrocarbures de gaz de schiste sont pauvres et elles permettent de rallonger uniquement de quelques années, la production mondiale pétrolière.

290 **Que produit une centrale marémotrice ?**

- ○ **A.** Une centrale marémotrice est une centrale nouvelle génération conçue pour raffiner les hydrocarbures de schiste.
- ○ **B.** Une centrale marémotrice est une centrale électrique qui utilise les courants de marée pour actionner sa turbine.
- ○ **C.** Une centrale marémotrice est une centrale qui désalinise l'eau de mer.
- ○ **D.** Une centrale marémotrice est une centrale qui fabrique des moteurs pour les bateaux.

291 **Parmi les utilisations suivantes, laquelle ne peut être faite par une éolienne?**

- ○ **A.** Pomper de l'eau.
- ○ **B.** Écraser le blé pour faire de la farine.
- ○ **C.** Produire de l'électricité.
- ○ **D.** Créer du vent.

292 **Qu'est-ce que l'énergie hydrolienne?**

- ○ **A.** C'est l'énergie qui est récupérée lors de la chute de l'eau depuis un barrage artificiel.
- ○ **B.** C'est l'énergie qui est récupérée lors de la chute de l'eau dans des cascades naturelles.
- ○ **C.** C'est l'énergie qui provient des vents côtiers.
- ○ **D.** C'est l'énergie qui provient des courants marins ou fluviaux.

293 **Comment fonctionne une centrale électrique osmotique?**

- ○ **A.** Une centrale électrique osmotique utilise l'osmose qui crée un courant et une élévation de pression lorsque deux cuves d'eau (une d'eau salée et une d'eau douce) sont mises en contact à travers une membrane poreuse.
- ○ **B.** Une centrale électrique osmotique est une centrale nucléaire qui n'utilise pas de l'uranium comme combustible, mais du radium.
- ○ **C.** Une centrale électrique osmotique utilise l'énergie issue de la sublimation de la glace en vapeur d'eau pour faire tourner des turbines.
- ○ **D.** Une centrale électrique osmotique est une centrale thermique qui utilise la combustion des os d'animaux issus des abattoirs.

GÉOGRAPHIE

294 **Pourquoi l'amiante est-il dangereux pour la santé?**

- ○ **A.** L'amiante est une roche radioactive.
- ○ **B.** L'amiante perturbe le système immunitaire du corps humain et peut créer de graves allergies.
- ○ **C.** Seules les fibres d'amiante sont dangereuses; de par leur petite taille, elles se logent au fond des poumons (création d'inflammation, de perturbation de divisions cellulaires conduisant à des cancers).
- ○ **D.** C'est l'extraction de l'amiante qui est néfaste car les mines d'amiante, toujours souterraines, génèrent une quantité de poussière très importante pouvant conduire à l'asphyxie des mineurs si le système de ventilation de la mine n'est pas efficace.

295 **Pourquoi la couche d'ozone, dans la stratosphère, qui protège la vie sur Terre des rayonnements UV du Soleil, est-elle sous surveillance?**

- ○ **A.** La couche d'ozone est surveillée car elle présente des propriétés thermiques spécifiques qui pourraient servir, en cas de réchauffement climatique important, pour refroidir les grandes agglomérations.
- ○ **B.** La couche d'ozone est surveillée depuis les années 80 car un trou s'y est formé et ne cesse de s'accroître sous l'effet des gaz présents dans les aérosols, climatiseurs et autres réfrigérateurs.
- ○ **C.** La couche d'ozone est surveillée depuis les années 80 car un trou s'y est formé, mais est en cours de résorption grâce à l'interdiction des gaz présents dans les aérosols, climatiseurs et autres réfrigérateurs.
- ○ **D.** La couche d'ozone est surveillée car, avec le réchauffement climatique, elle s'épaissit et laisse passer de moins en moins de lumière.

296 **De 1970 à 2014, le nombre de vertébrés sauvages s'est effondré de 60 %, selon une étude WWF. Quelle est la principale cause de cette extinction?**

- ○ **A.** La chasse excessive des animaux sauvages par les êtres humains.
- ○ **B.** La destruction des lieux d'habitat des animaux sauvages par les êtres humains.
- ○ **C.** La pollution de l'air et des eaux par les êtres humains.
- ○ **D.** Les maladies des êtres humains transmises aux animaux.

297 **À quoi sert le glyphosate, produit chimique controversé?**

- ○ **A.** Le glyphosate sert à éliminer les insectes qui s'attaquent aux plantes.
- ○ **B.** Le glyphosate est un engrais chimique puissant permettant de faire pousser des plantes avec une couche de sol infime (1 cm).
- ○ **C.** Le glyphosate est un puissant herbicide empêchant les mauvaises herbes d'étouffer la croissance des plantes que l'on souhaite cultiver.
- ○ **D.** Le glyphosate est un antibiotique utilisé pour soigner les porcs et volailles de batterie, qui se retrouve dans le lisier et peut contaminer les sols.

298 **Qu'est-ce que la phytoépuration (on parle aussi de lagunage)?**

- ○ **A.** La phytoépuration ou lagunage consiste à réoxygéner l'air à l'aide de plantes chlorophylliennes caducifoliées fortes pourvoyeuses en O_2 lorsqu'elles sont en présence de lumière intense.
- ○ **B.** La phytoépuration ou lagunage est un système de nettoyage des eaux par des plantes aquatiques naturellement purifiantes, dans une zone humide artificielle.
- ○ **C.** La phytoépuration ou lagunage est un système de grilles plus ou moins larges permettant d'enlever les gros déchets et particules en suspension dans l'eau, avant le rejet dans les cours d'eau et la mer.
- ○ **D.** La phytoépuration ou lagunage consiste à purifier l'eau par passage dans des conduits transparents, soumis à des rayonnements ultraviolets importants, destructeurs des particules de phosphates.

299 **Quelles sont les conséquences environnementales des grandes mines d'uranium françaises au Niger?**

- ○ **A.** Orano (ex-Areva) s'est engagé à préserver l'environnement autour des mines qu'il exploite : des centaines d'arbres ont été plantés en plein désert, repoussant l'avancée du sable.
- ○ **B.** Il n'y a pas d'impact environnemental étant donné que les mines sont souterraines.
- ○ **C.** L'eau et l'air sont pollués créant des cas de malformations congénitales et de cancers chez les mineurs et les populations locales, impacts non traités par Orano (ex-Areva).
- ○ **D.** L'attraction des mines d'uranium en termes d'emplois fait que l'expansion urbaine est massive, avec un développement très rapide des transports motorisés (pick-up, avions...) entraînant une pollution incontrôlée de l'air.

300 **La présence trop forte de nitrates et de phosphates dans les eaux continentales européennes rend parfois l'eau impropre à la consommation. D'où vient majoritairement cet excès de nitrates et de phosphates?**

- ○ **A.** Cet excès provient des rejets de particules lourdes par les véhicules sur l'asphalte des routes; les pluies lessivent le revêtement et l'eau s'écoule dans les cours d'eau en les polluant.
- ○ **B.** Cet excès provient surtout des rejets industriels dans les cours d'eau.
- ○ **C.** Cet excès est dû exclusivement aux eaux usées des ménages, au même titre que l'on retrouve des antibiotiques et de l'aspirine dans les cours d'eau.
- ○ **D.** Cet excès provient essentiellement de l'agriculture, suite à l'épandage de doses massives d'engrais azoté et de lisier (effluents d'élevage).

301 **Quels sont les effets de la monoculture?**

- ○ **A.** La monoculture présente l'avantage d'augmenter considérablement les rendements pour pouvoir nourrir la planète.
- ○ **B.** La monoculture permet d'enraciner une plante dans un milieu de manière durable : la plante s'adapte petit à petit au sol et *vice versa*, créant un écosystème équilibré.
- ○ **C.** La monoculture déséquilibre complètement l'écosystème en cassant la biodiversité : pour compenser les déséquilibres, il faut ajouter engrais, pesticides et herbicides qui augmentent le coût de production global.
- ○ **D.** La monoculture appauvrit le régime alimentaire des animaux et des êtres humains en ne produisant que quelques variétés de fruits et légumes.

302 **Quel est le milieu naturel ayant la plus grande biodiversité, mais étant également un des plus fragiles?**

- ○ **A.** Les zones humides
- ○ **B.** Les récifs coralliens
- ○ **C.** Les littoraux
- ○ **D.** Les glaciers

303 **Qu'est-ce que le changement climatique?**

- ○ **A.** Le changement climatique définit une inversion des saisons. Par exemple, en hémisphère nord, l'hiver devient doux et l'été frais.
- ○ **B.** Un changement climatique, ou dérèglement climatique, correspond à une modification durable du climat global de la Terre ou de ses divers climats régionaux, à cause de facteurs astronomiques (position Terre, énergie solaire...) ou de facteurs anthropiques.
- ○ **C.** Un changement climatique fait référence à un climat différent entre deux ères géologiques, par exemple entre les chaleurs du crétacé et les périodes glaciaires de la fin du pléistocène.
- ○ **D.** Le changement climatique définit les changements météorologiques (pluviométrie, hygrométrie, température...) d'un jour à l'autre, d'une saison à l'autre, d'une année à l'autre.

304 **Qu'est-ce que la transition écologique?**

- ○ **A.** La transition écologique est le fait de développer l'agriculture biologique pour arrêter, à terme, l'agriculture intensive et source de pollution.
- ○ **B.** La transition écologique porte sur les recherches en cours pour créer des véhicules non polluants, n'utilisant plus de dérivés du pétrole comme carburant.
- ○ **C.** La transition écologique est une évolution vers un nouveau modèle économique et social, fondé sur le développement durable : le but est de revoir les façons de consommer, produire, travailler pour répondre aux grands enjeux environnementaux (changement climatique, rareté des ressources, perte accélérée de la biodiversité, multiplication des risques sanitaires environnementaux).
- ○ **D.** La transition écologique désigne le système par lequel les pays riches financent le développement économique des pays moins avancés pour que ces économies soient respectueuses de leur environnement qui pour l'instant, est moins pollué que celui des pays développés. L'idée est de préserver les milieux encore épargnés au détriment des milieux déjà pollués.

305 **Combien faut-il approximativement de canettes en aluminium pour faire un cadre de vélo adulte ?**

- ○ **A.** 700
- ○ **B.** 2 000
- ○ **C.** 5 500
- ○ **D.** 10 100

306 **Combien faut-il approximativement de bouteilles plastiques de 1,5 l pour faire un pull en laine polaire de grammage 300 g ?**

- ○ **A.** 10
- ○ **B.** 25
- ○ **C.** 50
- ○ **D.** 100

307 **Le recyclage du verre ne présente que des avantages, il a néanmoins un effet induit, lequel ?**

- ○ **A.** Le recyclage du verre évite de consommer davantage de ressources naturelles.
- ○ **B.** Le recyclage du verre crée des emplois, pour le tri du verre et pour la refonte.
- ○ **C.** Le recyclage du verre reçoit des subventions publiques pour maintenir la filière, mais au détriment de la consignation des bouteilles (filière encore moins onéreuse mais jugée archaïque en France).
- ○ **D.** Le recyclage du verre économise de l'énergie puisque la température de fusion lors du recyclage est de 500 °C contre 1 700 °C pour la création du verre à partir de sable.

308 **Pour préserver les ressources de la planète et nourrir l'humanité, quel changement pratiquer dans le régime alimentaire occidental ?**

- ○ **A.** Revenir à des plats basés uniquement sur les féculents, comme en Asie et en Afrique (riz, pommes de terre, galettes de blé...) dont la production est peu énergivore et la culture est adaptée au milieu.
- ○ **B.** Ne plus produire de plats transformés et ultra-transformés qui sont à l'origine de graves dysfonctionnements dans le métabolisme humain et qui nécessitent des industries consommatrices d'espace et d'eau.
- ○ **C.** Introduire la consommation quotidienne d'insectes grillés ou déshydratés car ils sont source de protéines et leur élevage est faiblement consommateur en intrants et en espace.
- ○ **D.** Limiter drastiquement la consommation de viande rouge et de produits laitiers car l'élevage est responsable d'une bonne part de la pollution des eaux, et de 14 % des émissions mondiales de gaz à effet de serre (autant que les transports) ; les pâturages et cultures destinées à l'alimentation animale utilisent des terres au détriment des forêts et autres cultures comestibles.

309 **Quel est le principe de fonctionnement des toilettes sèches ?**

- ○ **A.** On creuse un trou dans le sol et les déjections vont directement dans la terre.
- ○ **B.** On creuse un trou dans le sol rempli de cailloux qui évitent aux déjections d'être en contact direct avec la terre, pour limiter les propagations de maladies.
- ○ **C.** On utilise un bac (ou on creuse un trou) dans lequel, après chaque déjection, on met des copeaux de bois.
- ○ **D.** On utilise une cuve en béton, sans eau, avec un couvercle rétractable, que l'on retire une fois par mois pour laisser agir le rayonnement solaire sur les déjections (effet de désinfection).

310 **Une maison ossature bois et isolée en laine de bois brûle-t-elle plus vite qu'une maison en béton isolée en laine de verre ?**

- ○ **A.** Une maison en béton est plus solide qu'une maison en bois puisque le bois est le combustible préférentiel des feux. Une maison en béton résistera donc mieux à un incendie qu'une maison en bois.
- ○ **B.** En cas d'incendie, le bois transmet dix fois moins vite la chaleur que le béton, il n'explose pas mais brûle en se consumant lentement, et il conserve plus longtemps que les autres matériaux ses capacités mécaniques et de portance. Donc les pompiers sont autorisés à intervenir plus longtemps sous une charpente bois qu'une structure en béton ou acier.
- ○ **C.** Lors d'un incendie, l'alimentation du feu est essentiellement faite par le mobilier de l'habitation (fortement combustible) plutôt que par les matériaux de construction. Donc bois ou béton, l'incendie sera le même, la maison tiendra.
- ○ **D.** Lors d'un incendie, ce sont l'air et les flammes qui véhiculent la chaleur. Donc bois ou béton, l'incendie sera le même, la maison ne tiendra pas.

311 **Qu'est-ce que l'indice de réparabilité mis en place en France depuis le 1er janvier 2020 ?**

- ○ **A.** C'est l'indice qui permet de connaître le niveau d'isolation d'une habitation.
- ○ **B.** C'est l'indice qui permet de savoir si un objet ou un contenant est complètement ou seulement en partie recyclable.
- ○ **C.** C'est l'indice qui permet de connaître la durée de vie des vêtements en utilisation normale (au regard de la vocation de l'habit : habits de sport, habits techniques...).
- ○ **D.** C'est l'indice qui permet de savoir si les produits électriques et électroniques sont réparables ou non.

312 **Pourquoi la tannerie des cuirs de chaussures n'est-elle quasiment plus faite en Europe, mais en Chine et au Bangladesh ?**

- ○ **A.** Parce que les cuirs asiatiques issus des races « chittagong rouge » et « grise du nord Bengale » (familles du zébu) sont beaucoup plus fins et souples.
- ○ **B.** Parce qu'en Europe, les réglementations en matière de protection environnementale et des ouvriers sont contraignantes et coûteuses, alors qu'en Asie, l'utilisation de sels de chrome (cancérigènes), de substances organiques chlorées, de métaux lourds (aluminium, nickel, plomb, mercure voire cyanure) n'est pas légiférée.
- ○ **C.** Parce que la demande en cuirs tannés est devenue bien supérieure en Asie qu'en Europe, d'où une délocalisation au plus près des marchés consommateurs.
- ○ **D.** Parce que les tanneries européennes n'arrivent plus à recruter du personnel formé et que le savoir-faire de la tannerie s'est peu à peu déplacé de l'Europe vers l'Asie.

313 **Le coton biologique est-il le textile écologique par excellence ?**

- ○ **A.** Oui, car le coton est une culture qui peut se faire sur tous les continents avec peu de moyens.
- ○ **B.** Non, car il existe d'autres textiles issus de matériaux naturels (lin, soie, bambou, Lyocell, Modal...) qui présentent des qualités d'élasticité, de douceur, de brillance bien plus intéressantes que le coton.
- ○ **C.** Non, car la culture du coton peut être biologique (sans produits chimiques), mais elle n'est pas écologique du tout (grande consommation d'eau pour l'irrigation).
- ○ **D.** Non, car le tissu en coton biologique est teint avec des produits chimiques très nocifs interdits dans les usines européennes (colorants azoïques, colorants chlorés, métaux lourds pour la brillance), en concentration d'autant plus élevée que la couleur est foncée.

314 **Quel est l'inconvénient des biocarburants?**

- ○ **A.** Les biocarburants ne participent pas à l'équilibre futur de la planète : les terres arables sont utilisées pour les engins motorisés et non pour nourrir les êtres vivants.
- ○ **B.** Les biocarburants sont à l'origine d'une forte expansion des champs de colza qui sont la source d'une augmentation exponentielle des allergies en période de floraison.
- ○ **C.** Les plantes utilisées pour les fabriquer (colza, huile de palme...) nécessitent de nouveaux espaces acquis par défrichements : ce sont donc des cultures qui se développent au détriment des forêts (recycleurs naturels de l'air).
- ○ **D.** Les biocarburants encrassent beaucoup plus vite les moteurs à explosion et limitent la durée de vie des véhicules.

315 **Quelle conséquence inattendue ont eu les transports, notamment sur les milieux naturels?**

- ○ **A.** Le développement des routes et des voies ferrées ont créé des trouées dans les forêts ce qui a eu pour conséquence d'amener la lumière au cœur des massifs forestiers, donc de permettre une plus grande biodiversité (pousse des strates inférieures de végétation jusqu'alors privées de lumière, d'où attraction de la faune qui se nourrit de ces végétaux) le long de ces percées.
- ○ **B.** Les transports ont permis de créer des liens culturels entre des populations éloignées (parfois juste séparées par un estuaire ou un fleuve). Ce brassage aboutit à une plus grande diversité génétique luttant ainsi contre les maladies dégénérescentes.
- ○ **C.** Le développement de la mobilité des hommes a entraîné le transport de passagers involontaires (frelon asiatique tueur d'abeilles, bactérie *Xylella fastidiosa* tueuse d'oliviers...) qui ont une action invasive sur les écosystèmes endémiques.
- ○ **D.** L'aménagement des territoires induit par les transports (création de talus, défrichement...) a amené un cloisonnement des espaces limitant la diversité biologique.

316 **Parmi les modes de transport suivants, lequel est le plus écologique?**

- ○ **A.** L'autopartage (système dans lequel un groupe de personnes possèdent un ou plusieurs véhicules, chacun utilisant le véhicule seulement lorsqu'il en a besoin).
- ○ **B.** Le covoiturage (système de location gratuite ou payante de places dans sa voiture pour effectuer un trajet commun).
- ○ **C.** Le vélo en libre-service dans une ville.
- ○ **D.** Le transport combiné, type voiture déposée dans des parkings en périphérie de villes et proches des lignes de transport en commun (parking Relais-Tram à Strasbourg).

317 **L'isolation est une des clefs de l'habitat écologique. Parmi les isolants suivants, lequel n'est pas écologique (c'est-à-dire qu'il épuise les ressources, qu'il se recycle ou s'élimine mal ou pas en fin de vie, qu'il est toxique ou qu'il provient de loin...)?**

- ○ **A.** La fibre de bois
- ○ **B.** La laine de roche
- ○ **C.** Le bloc de paille
- ○ **D.** La ouate de cellulose floquée

318 **Quels sont les deux grands avantages des légumineuses (lentilles, petits pois, pois chiches...)?**

- ○ **A.** Les légumineuses fertilisent le sol en l'enrichissant en azote et apportent aux consommateurs une forte quantité de protéines.
- ○ **B.** Les légumineuses poussent très vite et en grande quantité pouvant ainsi nourrir une bonne partie de l'humanité si on en plantait davantage.
- ○ **C.** La culture des légumineuses nécessite très peu d'eau et leur consommation active le système digestif humain, limitant le risque de cancer du côlon.
- ○ **D.** Les légumineuses peuvent servir à la fois d'aliment pour les humains et pour les animaux, mais elles peuvent également servir de biocarburant.

319 **Comment cuire ou réchauffer les aliments de manière écologique?**

- ○ **A.** En utilisant un four micro-ondes car il chauffe beaucoup plus vite les aliments qu'un four traditionnel, donc il est en fonctionnement beaucoup moins longtemps (pas de préchauffage, par exemple).
- ○ **B.** En faisant un feu de bois ou de charbon.
- ○ **C.** En utilisant des plaques à induction car elles consomment très peu d'électricité.
- ○ **D.** En utilisant un four solaire qui capte les rayonnements lumineux émis par le soleil (soit par effet de serre derrière une vitre, soit par concentration en un point grâce à des réflecteurs) et les transforme en chaleur.

320 **En quoi la pêche en France n'est-elle pas toujours respectueuse de l'environnement?**

- ○ **A.** Certains pêcheurs utilisent des filets à impulsions électriques.
- ○ **B.** Les méthodes de pêches destructrices comme celle utilisant le chalut de fond, ne sont pas interdites, voire sont encouragées par des subventions.
- ○ **C.** Aucune espèce de poissons n'est protégée dans les eaux territoriales françaises car aucune n'est en danger d'extinction.
- ○ **D.** La pêche aux alevins est autorisée, compromettant le nombre futur de poissons adultes.

321 **Comment les technologies spatiales peuvent-elles contribuer à augmenter les rendements agricoles?**

- ○ **A.** Les satellites météorologiques permettent de prévoir au mieux les précipitations et les sécheresses.
- ○ **B.** Les satellites de surveillance de l'environnement peuvent estimer les dégâts d'un incendie ou d'une invasion de criquets pèlerins.
- ○ **C.** Les satellites permettent, à des stades clés de la croissance des cultures, de connaître leur état et de savoir quels intrants apporter, si nécessaire.
- ○ **D.** Les satellites permettent d'établir des prévisions de rendement pour mieux anticiper les grandes tendances de la production et les cours des matières premières agricoles.

322 **Pourquoi les perturbateurs endocriniens (bisphénol A ou certains phtalates contenus dans les plastiques, pesticides, aliments, tickets de caisses...) sont-ils néfastes pour la santé?**

- ○ **A.** Parce qu'ils génèrent des substances proches des hormones que les glandes telles que la thyroïde prennent pour des hormones, ce qui a pour conséquence des malformations et des maladies (comme l'autisme) chez les enfants des sujets contaminés.
- ○ **B.** Parce qu'ils sont faits à base de plastiques et une fois dans le corps, ces perturbateurs vont boucher peu à peu les artères et les veines, créant des infarctus, phlébites, accidents vasculaires cérébraux.
- ○ **C.** Parce qu'ils contiennent des sels d'aluminium qui sont des neurotoxiques selon de nombreuses études scientifiques.
- ○ **D.** Parce qu'ils interfèrent dans le système oculaire et rendent aveugles.

323 **Les nanoparticules (un milliardième de mètre) de dioxyde de titane (E171), qui permettent de blanchir et de rendre les produits brillants (bonbons, dentifrice...) sont-elles toxiques ?**

- ○ **A.** Les nanoparticules de titane se concentrent dans les reins et les paralysent petit à petit. Le nombre d'insuffisances rénales et de dialyses a considérablement accru ses vingt dernières années dans les pays occidentaux, incitant à faire une corrélation avec le dioxyde de titane [NANO] présent partout (seule nanoparticule aussi répandue).
- ○ **B.** Les nanoparticules de titane doivent être effectivement manipulées avec quelques précautions, mais elles ont des propriétés spéciales de par leur rapport surface/volume et leur forte réactivité. Elles permettent d'avoir des médicaments beaucoup plus efficaces, notamment en cancérologie.
- ○ **C.** On ne sait pas : les nanoparticules de titane peuvent aller dans le corps là où les grosses particules ne vont pas, et comme elles possèdent une réactivité accrue et des propriétés physicochimiques potentiellement très différentes de celles des grosses particules, il faut analyser leur toxicité : un matériau X peut être non toxique sous sa forme « normale », mais il peut ne pas être inoffensif sous forme de nanoparticules.
- ○ **D.** Les nanoparticules de titane sont toxiques car elles peuvent traverser les membranes corporelles (cerveau, intestin, reins...) et provoquer une baisse du système immunitaire.

324 **Quel rôle jouent les milieux humides (marais, marécages, tourbières, mangroves...) dans l'environnement global ?**

- ○ **A.** Les milieux humides sont essentiellement des zones non aménageables du fait d'un sol mou non constructible et inondable, et de la présence de moustiques (vecteurs de maladies graves) : ils jouent un rôle de repoussoir.
- ○ **B.** Les milieux humides permettent de filtrer naturellement les eaux de surface.
- ○ **C.** Les milieux humides emmagasinent le CO_2 et jouent un rôle de bassin de rétention des eaux de surface (réduction des crues et inondations, mais aussi réserve d'eau pendant les sécheresses et rafraîchisseur d'air); près des côtes, ils sont une barrière naturelle, qui freine l'énergie des vagues et du vent (limitation de l'érosion du littoral).
- ○ **D.** Les milieux humides jouent un rôle de réserve d'espaces. Ils ne sont pour l'instant pas habités, mais avec l'augmentation de la population mondiale, les milieux humides peuvent être utilisés car ils disposent de l'eau, élément indispensable à la vie humaine.

325 **Qu'est-ce qu'un « locavore » ?**

- ○ **A.** Un locavore est une personne qui mange exclusivement de la viande. Ce régime alimentaire n'est néanmoins pas adapté aux êtres humains et n'est pas compatible d'un développement durable de la planète.
- ○ **B.** Un locavore est une personne qui souhaite manger des produits de sa région (dans un rayon de 250 km au maximum) et de saison, pour diminuer la pollution due aux transports.
- ○ **C.** Un locavore est une personne qui souhaite manger uniquement des produits de la mer. Or du fait de la pollution croissante des mers, les poissons concentrent dans leur chair des doses anormalement élevées de mercure qui ont un impact sur la santé des locavores.
- ○ **D.** Un locavore est une personne qui mange exclusivement des aliments biologiques.

326 **Quel rôle joue une toiture végétalisée?**

- ○ **A.** Une toiture végétalisée a un rôle essentiellement esthétique, pour ramener de la verdure en ville malgré le manque d'espace.
- ○ **B.** Une toiture végétalisée permet la fixation des poussières atmosphériques et des pollens (purification de l'air et des eaux de pluie, contribution à la biodiversité), fixation faite grâce à l'évapotranspiration des plantes. Cette humidité permet de rafraîchir l'air urbain en période chaude.
- ○ **C.** Un toit végétalisé permet d'éviter le ruissellement de l'eau de pluie, l'eau étant captée par les plantes. De la sorte, le risque d'inondation est réduit, notamment dans les zones très artificialisées.
- ○ **D.** Une toiture végétale a pour seul objectif d'isoler une habitation.

327 **Quelle technique permet de refroidir l'air sans polluer?**

- ○ **A.** Le système des pompes à chaleur réversible permet de refroidir l'air sans polluer, sauf que l'ensemble consomme de l'électricité pour être actionné : il n'y a donc pas complète neutralité pour l'environnement.
- ○ **B.** Les climatiseurs utilisent des fluides frigorigènes polluants (chlorofluorocarbures, ammoniac...) et rejettent de l'air chaud dans la nature. Ils ne permettent pas de refroidir l'air sans impact environnemental.
- ○ **C.** Certaines techniques traditionnelles permettent de refroidir l'eau, et cette eau fraîche pourrait, en quantité suffisante, refroidir l'air. Par exemple, les poteries africaines en terre cuite contenant de l'eau (canari) utilise le principe d'évaporation de l'eau pour refroidir l'intérieur de la poterie.
- ○ **D.** Le système traditionnel perse des tours à vent (Bâdgir) permet de refroidir l'air : une tour ajourée, très haute, capte le moindre souffle d'air. La différence de hauteur crée une faible différence de pression entre la base et le sommet de la tour qui aide l'air chaud à remonter et l'air frais à descendre vers le bas où il entre en contact avec l'eau d'un bassin, situé en dessous, d'où évaporation de l'eau. Cet échange de chaleur se traduit par une baisse considérable de la température de l'air.

328 **Comment fonctionne une pompe à chaleur?**

- ○ **A.** Une pompe à chaleur permet de chauffer un logement grâce aux calories contenues dans la terre, l'eau d'une nappe phréatique ou l'air. Un fluide frigorifique capte les calories de la source et passe d'un état liquide à un état d'ébullition (en moyenne, cette étape de chauffe utilise 1 kWh sur 3 kWh récupérés de la source calorifique). La vapeur ainsi créée est compressée et envoyée vers un condenseur qui restitue les calories au logement.
- ○ **B.** Une pompe à chaleur a besoin d'une source d'énergie chaude (géothermie, air chaud) pour chauffer un circuit calorifique qui restitue la chaleur dans un logement *via* des tuyaux posés sous tous les planchers.
- ○ **C.** Une pompe à chaleur est une pompe actionnée par électricité, vapeur ou fuel, dont le mouvement crée un échauffement qui est utilisé pour chauffer l'eau d'un circuit de chauffage.
- ○ **D.** Une pompe à chaleur est en fait une chaudière à condensation, mais dont les condensats sont expulsés par une pompe plutôt que par une ventouse.

329 **Qu'est-ce que le bilan carbone?**

- ○ **A.** Le bilan carbone est la quantité de CO_2 que peut absorber une forêt de feuillus en moyenne sur l'année. Une estimation est faite sur l'ensemble des forêts du monde pour voir si cette absorption compense les émissions mondiales de CO_2.
- ○ **B.** Le bilan carbone est une démarche qui comptabilise l'ensemble des émissions de gaz à effet de serre liées à un produit ou une entité humaine (individu, groupe, collectivité...). Il vise à calculer les émissions directes (par exemple, les émissions d'une voiture lorsqu'elle roule) mais aussi les émissions indirectes, également dites «cachées» (par exemple, les émissions liées à la construction des différents matériaux d'une voiture).
- ○ **C.** Le bilan carbone est la quantité d'oxydes d'azote et de dioxyde de carbone qui est émise par une voiture à moteur à explosion : légalement, ces émissions ne peuvent dépasser un certain seuil pour que le modèle de voiture soit homologué, mais certains constructeurs ont falsifié les tests en réduisant faussement les émissions polluantes (*dieselgate*).
- ○ **D.** Le bilan carbone consiste à établir une corrélation mathématique entre le changement climatique et les émissions de gaz à effet de serre. Les modélisations établies par le GIEC (Groupe d'experts intergouvernemental sur l'évolution du climat) sont affinées chaque année, pour bâtir les scénarios prospectifs les plus justes.

330 **Quel est le principe de la compensation carbone?**

- ○ **A.** Le principe de la compensation carbone est celui des pollueurs payeurs : ceux qui polluent (comme les industries, les transports routiers de marchandises, etc.) payent une taxe pour l'environnement.
- ○ **B.** Le principe de la compensation carbone est d'essayer de réduire au maximum les émissions de gaz à effet de serre pour compenser toutes les pollutions déjà faites par le passé. C'est l'objectif des différentes COP (Conferences of the Parties, organisées par les Nations unies sur les changements climatiques) d'essayer de trouver un consensus mondial sur les manières de réduire les émissions polluantes.
- ○ **C.** Le principe de la compensation carbone est de montrer que les impacts d'une tonne de carbone émise quelque part (par les transports, le chauffage, l'industrie...) peuvent être neutralisés par la séquestration (CO_2 capturé par les arbres par exemple) ou la réduction d'une autre tonne de carbone ailleurs.
- ○ **D.** Le principe de la compensation carbone est que chaque pays doit planter autant d'arbres que de nombre d'habitants pour compenser la pollution que fait chaque citoyen.

331 **L'industrie du tourisme peut-elle être néfaste pour l'environnement?**

- ○ **A.** Non, l'industrie du tourisme n'a pas d'impact environnemental puisqu'elle utilise des infrastructures déjà présentes pour les personnes vivant localement.
- ○ **B.** Non, l'industrie du tourisme n'est pas néfaste pour l'environnement puisque c'est précisément la nature qui attire les touristes. Donc au contraire, l'industrie touristique aura tendance à préserver les espaces naturels pour continuer à fonctionner.
- ○ **C.** Oui, l'industrie du tourisme est à l'origine de 8% des émissions mondiales des gaz à effet de serre (CO_2, méthane, oxydes d'azote...). Elle contribue à mettre les milieux naturels «sous cloche» en créant des espaces artificiellement naturels, mais en fait complètement maîtrisés par l'homme. Elle est source de transmission de maladies et de contamination par le transport involontaire de virus, germes, moustiques, insectes...
- ○ **D.** Oui, l'industrie du tourisme est néfaste pour l'environnement car les villages-vacances, souvent grands, nécessitent une déforestation préalable.

332 **Le méthane est un gaz contributeur à l'effet de serre. Pourtant, il peut être utile, pourquoi ?**

- ○ **A.** Le méthane contribue à l'effet de serre, mais il bloque les molécules de dioxygène, en les empêchant de remonter dans l'atmosphère.
- ○ **B.** Le méthane n'est pas toxique pour les humains : il est utilisé, à petites doses, en bloc opératoire pour endormir les patients.
- ○ **C.** Le méthane est à l'origine d'une technique intéressante pour la gestion des déchets organiques : la méthanisation, qui présente le double avantage d'une valorisation organique et énergétique. Par exemple, la mise en place d'un circuit de méthanisation dans une exploitation agricole à partir du lisier ou de fumier peut lui assurer d'abord une autosuffisance énergique, également une revente d'énergie (biogaz), aussi une production d'engrais et enfin une absence de rejet polluant dans l'environnement.
- ○ **D.** Le méthane est utilisé comme gaz propulseur dans les aérosols, en remplacement des halocarbures à l'origine du trou dans la couche d'ozone.

333 **Que retrouve-t-on dans les océans en dehors des poissons à cause de l'activité humaine ?**

- ○ **A.** Dans tous les océans du globe, on retrouve des objets emportés par les cours d'eau terrestres jusqu'à la mer, de la taille d'une fourchette jusqu'à celle d'une voiture. Ces déchets sont de plus en plus nombreux et mettent des siècles à se décomposer.
- ○ **B.** Dans les océans du globe se trouvent cinq grandes « plaques » de déchets plastiques (en fait, une multitude de microplastiques, d'un diamètre inférieur à 5 mm, en suspension à la surface ou jusqu'à 30 m de profondeur). Les courants marins les maintiennent dans une spirale dite gyre océanique ; la force centripète aspire alors lentement, en plusieurs années, tous les détritus qui flottent sur l'eau vers le centre de la spirale, où ils s'amalgament et d'où ils ne sortent jamais.
- ○ **C.** Les océans du globe sont constellés d'un nombre toujours plus important d'épaves, certaines d'entre elles sont radioactives car il s'agit d'épaves de sous-marins ou frégates nucléaires datant de la Seconde Guerre mondiale ou de la guerre froide. Certains chercheurs avancent des taux de radioactivité inquiétants, notamment aux Antilles et dans le golfe Persique où les fonds sont à faible profondeur.
- ○ **D.** Les ONG dénoncent depuis quelques années la pratique illégale de rejet en mer, par les pêcheurs, de leurs filets de pêche abîmés. Le coût des filets ayant beaucoup chuté avec l'arrivée en masse de filets chinois sur le marché, les pêcheurs ne prennent plus la peine de réparer leurs filets : ils les rejettent à la mer comme dans une poubelle, on parle de « septième continent de nylon ».

334 **Pourquoi l'ONU s'intéresse-t-elle aux 16 000 usines de dessalement d'eau de mer qui permettent d'avoir de l'eau douce partout dans le monde ?**

- ○ **A.** Parce que pour 1 litre d'eau douce produite, l'usine rejette en moyenne 1,5 litre de « saumure » (boue ultra-saline) et de produits chimiques à base de chlore et de cuivre, dans la mer et les rivières, ce qui bouleverse l'écosystème et augmente la température.
- ○ **B.** Parce que la désalinisation de l'eau de mer est l'avenir de la planète pour avoir de l'eau douce en cas de réchauffement climatique important.
- ○ **C.** Parce que les usines de dessalement d'eau de mer pourraient apporter de l'eau douce dans tous les pays désertiques côtiers et permettre de la sorte le développement de l'agriculture. La quantité de nourriture mondiale serait alors assez importante pour sustenter toute l'humanité.
- ○ **D.** Parce que les usines de dessalement d'eau de mer sont toutes situées dans des pays à haute tension politique et elles deviennent des sites sensibles, enjeux de négociation, chantage, cibles d'attaque…

335 **Le réchauffement climatique accéléré par les activités humaines, a pour conséquence l'évaporation des mers, mais aussi la fonte des glaciers et des glaces polaires. Des estimations prévoient une augmentation de 1 m du niveau global de la mer en 2100. Quel serait l'impact en Europe?**

- ○ **A.** En Europe, il n'y aurait aucun impact car toutes les terres émergées ont une altitude supérieure à 1 m.
- ○ **B.** En Europe, Paris et Londres deviendraient des villes côtières.
- ○ **C.** En Europe, la moitié des Pays-Bas, une partie de la Belgique, du Danemark, du Pas-de-Calais et de la Camargue, ainsi que toute la région de Venise seraient sous les eaux.
- ○ **D.** En Europe, toutes les plaines seraient inondées : les Pays-Bas, la Belgique et le Danemark n'existeraient plus ou presque, la Bretagne serait une île, l'Italie de Venise à Milan serait immergée de même que toute la Camargue et l'Ouest de la France, sans compter le Nord de l'Allemagne avec Berlin en pleine mer.

336 **Que sont les OGM?**

- ○ **A.** Des organisations géographiques mondiales
- ○ **B.** Des organismes génétiquement modifiés
- ○ **C.** Des organismes de gestion monétaire
- ○ **D.** Des organismes graisseux mutés

337 **Le réchauffement climatique a de nombreuses conséquences, mais laquelle touche le plus de monde en même temps?**

- ○ **A.** Le réchauffement climatique engendre davantage de catastrophes naturelles (tempêtes, inondations, incendies, sécheresses...).
- ○ **B.** Un réchauffement de 2 °C entraîne la fonte des glaces et la dilation des océans de sorte que le niveau des mers augmente de ~1 m. Or actuellement, 634 millions de personnes (un huitième de la population mondiale) vivent en zone côtière à moins de 10 m au-dessus du niveau de la mer.
- ○ **C.** Le réchauffement climatique augmente le trou dans la couche d'ozone.
- ○ **D.** À chaque degré supplémentaire de réchauffement, un demi-milliard de personnes perd 20 % de son eau douce.

338 **Qu'est-ce que le biomimétisme?**

- ○ **A.** Le biomimétisme est une matière biologique innovante qui reproduit la soie naturelle et permet de servir d'isolant à la fois pour les habits et les habitations.
- ○ **B.** Le biomimétisme est utilisé dans certaines médecines douces, y compris le yoga, pour reproduire les positions de repos des animaux et permettre ainsi de retrouver calme et sérénité.
- ○ **C.** Le biomimétisme est une démarche alimentaire visant à se nourrir uniquement d'aliments biologiques, frais et de saison, avec une part en protéines animales réduite au dixième des apports globaux et une large place faite au jeûne.
- ○ **D.** Le biomimétisme est une ingénierie qui cherche à concevoir des choses ou des organisations en s'inspirant du vivant, ce qui permet de les rendre plus écologiques et durables.

339 **Pourquoi l'huile de palme est-elle tant décriée ?**

- ○ **A.** L'huile de palme (issue du fruit du palmier à huile et non du noyau comme l'huile de palmiste) est massivement produite dans les pays asiatiques (Indonésie, Malaisie) et crée une concurrence redoutable aux producteurs d'oléagineux en Europe.
- ○ **B.** Comme l'huile de palme est extrêmement rentable, les pays tropicaux développent la culture du palmier à huile en défrichant des millions d'hectares de forêt primaire : la disparition de ces forêts entraîne une perte de biodiversité (animaux sauvages décimés par perte de leur habitat) et une diminution de l'absorption du CO_2.
- ○ **C.** L'huile de palme est décriée en Europe car elle va à l'encontre des régimes alimentaires traditionnels adaptés aux différents milieux : huile d'olive en Méditerranée, beurre en Europe de l'Ouest, etc.
- ○ **D.** L'huile de palme est décriée car elle serait mauvaise pour la santé et source de maladies cardiovasculaires.

Astronomie

→ **Retrouvez le corrigé de cette série page 399.**

340 Qu'est-ce qu'une supernova?

- ○ **A.** Une supernova est une très grosse étoile.
- ○ **B.** Une supernova est un corps céleste gigantesque composé de deux galaxies très proches dont l'attraction gravitationnelle les maintient assemblées.
- ○ **C.** Une supernova est l'explosion cataclysmique d'une étoile libérant une quantité énorme d'énergie et rendant la supernova particulièrement brillante.
- ○ **D.** Une supernova est une collision cataclysmique de deux étoiles géantes.

341 Qu'est-ce qu'un trou noir?

- ○ **A.** Un trou noir est une zone vide complète.
- ○ **B.** Un trou noir est une concentration très localisée de masse-énergie qui s'est effondrée sous sa propre force d'attraction et qui est devenue si compacte que même les photons de la lumière y sont attirés et ne peuvent en sortir.
- ○ **C.** Un trou noir désigne le centre d'une galaxie.
- ○ **D.** Un trou noir est un modèle cosmologique essayant de déterminer la fin de l'Univers.

342 Qu'est-ce qu'une galaxie?

- ○ **A.** Une galaxie est un ensemble d'étoiles liées par la gravité et qui gravitent autour d'un même centre.
- ○ **B.** Une galaxie est une étoile en formation.
- ○ **C.** Une galaxie est le terme désignant l'axe de rotation d'une planète par rapport à son étoile.
- ○ **D.** Une galaxie est un système composé d'une étoile et de planètes gravitant autour.

343 Quelles sont les planètes de notre système solaire?

- ○ **A.** Notre système solaire est composé de neuf planètes : Mercure, Vénus, Terre, Mars, Jupiter, Saturne, Uranus, Neptune, Pluton.
- ○ **B.** Notre système solaire est composé de huit planètes : Mercure, Vénus, Terre, Mars, Jupiter, Saturne, Uranus, Neptune.
- ○ **C.** Notre système solaire est composé de huit planètes : Mercure, Vénus, Terre, Mars, Jupiter, Saturne, Uranus, Pluton.
- ○ **D.** Notre système solaire est composé de huit planètes : Mercure, Vénus, Terre, Mars, Jupiter, Saturne, Neptune, Pluton.

344 Qu'est-ce qu'une exoplanète?

- ○ **A.** Une exoplanète est une planète qui arrive à sortir du champ gravitationnel de son étoile et part dans l'espace.
- ○ **B.** Une exoplanète est une planète très lointaine dont on devine la présence sans pouvoir la certifier.
- ○ **C.** Une exoplanète est une planète n'appartenant à aucune galaxie.
- ○ **D.** Une exoplanète est une planète située en dehors du système solaire.

345 Qu'est-ce qu'une constellation?

- ○ **A.** Une constellation est un groupe d'étoiles que les astronomes de l'Antiquité ont reliées entre elles pour se repérer dans le ciel.
- ○ **B.** Une constellation est un groupe de planètes, par exemple le système solaire.
- ○ **C.** Une constellation est un groupe de satellites naturels, par exemple les anneaux de Saturne forment une constellation.
- ○ **D.** Une constellation est un groupe de galaxies, chacun portant le nom d'un dieu grec.

346 **Pourquoi les étoiles brillent-elles ?**

- ○ **A.** Une étoile n'émet pas de lumière, mais réfléchit la lumière car elle est constituée de milliards de poussières rocheuses qui renvoient les photons des autres étoiles, créant ainsi de la lumière.
- ○ **B.** Une étoile est un amas de gaz chauds qui émet de la lumière.
- ○ **C.** Une étoile scintille car elle est constituée d'éléments radioactifs naturels, tels que le bohrium ou le radium, qui émettent des rayonnements gamma c'est-à-dire des ondes électromagnétiques beaucoup plus énergétiques que la lumière.
- ○ **D.** Une étoile est une boule de feu : elle émet donc de la lumière.

347 **Qu'est-ce qu'une comète ?**

- ○ **A.** Une comète est un satellite naturel sortant de l'attraction gravitationnelle d'une planète pour être attiré par une autre planète.
- ○ **B.** Une comète est un amas de particules solaires, détachées du Soleil lors de grandes éruptions et qui circulent dans le système solaire avec une célérité importante laissant voir une traîne derrière elles.
- ○ **C.** Une comète est un corps céleste, au maximum d'une dizaine de kilomètres de diamètre, constitué de poussières et de glaces qui se subliment lorsqu'elles s'approchent du Soleil et créent une « queue ».
- ○ **D.** Une comète est une petite étoile filante.

348 **Qu'est-ce qu'une étoile filante ?**

- ○ **A.** Une étoile filante est une étoile qui se déplace très vite.
- ○ **B.** Une étoile filante est un morceau de comète microscopique qui brûle en entrant dans l'atmosphère terrestre.
- ○ **C.** Une étoile filante est une planète en création.
- ○ **D.** Une étoile filante est une supernova en fin de vie.

349 **Combien d'humains ont marché sur la Lune à ce jour ?**

- ○ **A.** 2 astronautes ont marché sur la Lune à ce jour.
- ○ **B.** 7 astronautes ont marché sur la Lune à ce jour.
- ○ **C.** 12 astronautes ont marché sur la Lune à ce jour.
- ○ **D.** 17 astronautes ont marché sur la Lune à ce jour.

350 **Que deviennent les empreintes de pas des astronautes sur la Lune ?**

- ○ **A.** Les traces de pas sur la Lune ne s'effacent pas car il n'y a ni vent ni pluie.
- ○ **B.** Les traces de pas sur la Lune s'effacent à cause du vent interstellaire.
- ○ **C.** Du fait de l'absence de gravité sur la Lune, les astronautes n'ont pas laissé d'empreintes.
- ○ **D.** La retombée de météorites régulière sur la Lune effacera peu à peu les empreintes.

351 **Qu'est-ce qu'une météorite ?**

- ○ **A.** Une météorite est une comète qui s'est totalement désagrégée dans l'atmosphère terrestre.
- ○ **B.** Une météorite est un corps rocheux d'origine extraterrestre et que l'on retrouve sur le sol terrestre.
- ○ **C.** Une météorite est un corps céleste très rapide qui est brusquement freiné en entrant dans l'atmosphère terrestre ce qui l'échauffe fortement, diminue sa masse par évaporation et fait fondre sa surface sur quelques millimètres en une croûte de fusion.
- ○ **D.** Une météorite est la queue lumineuse d'un météoroïde qui entre dans l'atmosphère terrestre et s'échauffe fortement en perdant glaces et poussières derrière lui.

352 **Le tourisme dans l'espace est déjà lancé. Parmi les projets suivants, lequel proposera les places les moins chères?**

- ○ **A.** Dès 2022, la société Virgin Galactic pense pouvoir proposer des vols de quelques minutes en apesanteur dans l'espace.
- ○ **B.** La société SpaceX prévoit un vol touristique vers l'ISS dès 2022 et, prochainement, autour de la Lune.
- ○ **C.** La société Blue Origin propose des réservations en ligne pour des vols suborbitaux, où on précise sa date de décollage souhaitée.
- ○ **D.** La société russe Glavkosmos proposera un vol commercial en 2023 vers l'ISS à bord de *Soyouz*.

353 **À quelle vitesse la Terre tourne-t-elle autour du Soleil?**

- ○ **A.** La Terre tourne à plus de 50 000 km/h autour du Soleil.
- ○ **B.** La Terre tourne à plus de 100 000 km/h autour du Soleil.
- ○ **C.** La Terre tourne à plus de 150 000 km/h autour du Soleil.
- ○ **D.** La Terre tourne à plus de 200 000 km/h autour du Soleil.

354 **Quel est le rayon de la Terre à l'Équateur (la Terre étant un peu aplatie aux pôles, le rayon y est légèrement inférieur)?**

○ **A.** 5 398 km ○ **B.** 6 378 km ○ **C.** 7 843 km ○ **D.** 8 024 km

355 **Pourquoi la Terre est-elle aussi appelée «Planète bleue»?**

- ○ **A.** La Terre est aussi appelée «Planète bleue» parce que chaque planète du système solaire est associée à une couleur.
- ○ **B.** La Terre est aussi appelée «Planète bleue» parce que tout est bleu dans l'espace.
- ○ **C.** La Terre est aussi appelée «Planète bleue» parce que les astronomes de l'Antiquité trouvaient cette expression poétique.
- ○ **D.** La Terre est aussi appelée «Planète bleue» parce que depuis l'espace, on voit surtout les océans qui occupent plus de la moitié de la surface terrestre.

356 **Quand s'est formée la Terre?**

- ○ **A.** La Terre s'est formée il y a 13,2 milliards d'années.
- ○ **B.** La Terre s'est formée il y a 9,8 milliards d'années.
- ○ **C.** La Terre s'est formée il y a 4,55 milliards d'années.
- ○ **D.** La Terre s'est formée il y a 1,3 milliard d'années.

357 **Qu'est-ce que le big bang?**

- ○ **A.** Le big bang correspond à l'explosion concomitante des étoiles d'une galaxie.
- ○ **B.** Le big bang correspond à la naissance de l'Univers c'est-à-dire à l'inflation cosmique qui fait passer l'espace de la taille d'une tête d'épingle à celle de plusieurs milliards d'années-lumière en une fraction de seconde.
- ○ **C.** Le big bang est le nom générique d'une fanfare de jazz.
- ○ **D.** Le big bang est le nom que l'on donne à la fin de l'Univers lorsque celui-ci se rétrécira soudainement sur lui-même.

358 **Quand la vie est-elle apparue sur Terre?**

- ○ **A.** Les premières traces de vie unicellulaire sont apparues il y a 4 milliards d'années, dans les océans.
- ○ **B.** Les premières traces de vie unicellulaire sont apparues il y a 5,3 milliards d'années, dans les océans.
- ○ **C.** Les premières traces de vie unicellulaire sont apparues il y a 900 millions d'années, dans les océans.
- ○ **D.** Les premières traces de vie unicellulaire sont apparues il y a 3,85 milliards d'années, dans les océans.

359 **L'histoire géologique de la Terre est marquée par des différentes périodes dites « ères ». Combien y en a-t-il ?**

- ○ **A.** Il y a eu deux ères géologiques.
- ○ **B.** Il y a eu trois ères géologiques.
- ○ **C.** Il y a eu quatre ères géologiques.
- ○ **D.** Il y a eu 5 ères géologiques.

360 **Quels continents existaient sur Terre il y a 250 millions d'années ?**

- ○ **A.** Il y a 250 millions d'années, un seul continent existait : la Pangée.
- ○ **B.** Il y a 250 millions d'années, tous les continents actuels étaient constitués.
- ○ **C.** Il y a 250 millions d'années, les deux continents qui existaient étaient : le Gondwana et la Laurasie.
- ○ **D.** Il y a 250 millions d'années, les trois continents qui existaient étaient : le Gondwana, la Laurasie et la Sibérie.

361 **La dérive des continents faisant bouger les continents de quelques centimètres par an, quel sera le nouveau visage du monde dans 50 millions d'années ?**

- ○ **A.** Suite à la dérive des continents, dans 50 millions d'années, la mer Méditerranée n'existera plus car elle sera ouverte sur la mer Rouge et l'Afrique de l'Est sera une île.
- ○ **B.** Suite à la dérive des continents, dans 50 millions d'années, l'Amérique du Sud sera rattachée à l'Antarctique.
- ○ **C.** Suite à la dérive des continents, dans 50 millions d'années, la Chine sera rattachée à l'Amérique du Nord.
- ○ **D.** Suite à la dérive des continents, dans 50 millions d'années, l'Inde sera une île.

362 **Quelle est la taille du Soleil par rapport à la Terre ?**

- ○ **A.** Le Soleil est 100 fois plus grand que la Terre.
- ○ **B.** Le Soleil est 1 000 fois plus grand que la Terre.
- ○ **C.** Le Soleil est 100 000 fois plus grand que la Terre.
- ○ **D.** Le Soleil est 1 000 000 fois plus grand que la Terre.

363 **Quels sont les systèmes concurrents au GPS américain pour se positionner avec exactitude partout dans le monde, que l'on soit un civil ou un militaire (système de navigation satellitaire) ?**

- ○ **A.** Galileo (européen), Beidou-2 (chinois), GLONASS (russe)
- ○ **B.** Galileo (européen), IRNSS (indien)
- ○ **C.** QZSS (japonais), Beidou-1 (chinois)
- ○ **D.** TRANSIT (américain), IRNSS (indien)

364 **Combien de satellites aura Galileo lors de sa mise en service complète ?**

○ **A.** 8 ○ **B.** 15 ○ **C.** 30 ○ **D.** 49

365 **Qu'est-ce qu'un satellite héliosynchrone ?**

- ○ **A.** Un satellite héliosynchrone est un satellite artificiel qui tourne autour du Soleil à des fins scientifiques.
- ○ **B.** Un satellite héliosynchrone possède une orbite qui forme toujours le même angle avec l'axe Terre-Soleil, tout au long de l'année, autrement dit, il passe toujours à la même heure solaire locale au-dessus d'un même point de la Terre.
- ○ **C.** Un satellite héliosynchrone tourne autour de la Terre, à la même vitesse que la Terre sur elle-même, de manière à pouvoir observer toujours la même zone au sol.
- ○ **D.** Un satellite héliosynchrone est un satellite artificiel qui capte l'énergie solaire pour fonctionner.

366 **À quelle distance de la Terre tourne un satellite géostationnaire (satellite artificiel se déplaçant à la même vitesse que la Terre, donc restant constamment au-dessus du même point) ?**

○ **A.** 1 500 km ○ **B.** 10 000 km ○ **C.** 23 000 km ○ **D.** 36 000 km

367 **Qu'appelle-t-on « l'étoile du Berger » ?**

- ○ **A.** Le Soleil
- ○ **B.** La première étoile à être vue au coucher du soleil
- ○ **C.** La planète Vénus
- ○ **D.** Une constellation

368 **Pourquoi la planète Mars est-elle surnommée la « planète rouge » ?**

- ○ **A.** Car on ne la voit qu'au coucher du soleil, d'où une teinte rougeâtre.
- ○ **B.** Car son sol rocheux est rouge du fait d'une forte concentration en oxydes de fer.
- ○ **C.** Car la surface de Mars est majoritairement constituée de volcans en éruption.
- ○ **D.** Car la température de sa surface est très élevée.

369 **Quels sont les deux satellites naturels de Mars ?**

- ○ **A.** Ganymède et Callisto
- ○ **B.** Phobos et Europe
- ○ **C.** Io et Deimos
- ○ **D.** Phobos et Déimos

370 **Qu'est-ce qu'une éclipse de Soleil ?**

- ○ **A.** Lorsque le Soleil est entre la Lune et la Terre.
- ○ **B.** Lorsque la Lune est entre le Soleil et la Terre.
- ○ **C.** Lorsque la Terre est entre la Lune et le Soleil.
- ○ **D.** Lorsque Mars est entre la Terre et le Soleil.

371 **Qu'est-ce que le vent solaire ?**

- ○ **A.** Le vent solaire est le courant d'air venu du Soleil.
- ○ **B.** Le vent solaire correspond aux déplacements de masses d'air de températures différentes à la surface du Soleil.
- ○ **C.** Le vent solaire est un vent créé à la surface de la Terre par réchauffement important du sol sous l'effet du rayonnement solaire.
- ○ **D.** Le vent solaire est l'émission, en grande quantité, de particules chargées électriquement lors d'une éruption solaire.

372 **Qu'est-ce qu'une aurore polaire (boréale au pôle Nord, australe au pôle Sud) ?**

- ○ **A.** Une aurore polaire est le premier lever de soleil, au Nord du cercle polaire (idem au pôle Sud), après les mois d'hiver passés dans la nuit complète.
- ○ **B.** Une aurore polaire est le phénomène de collision de vent solaire (non dévié par le champ magnétique de la Terre au niveau des pôles) avec des atomes d'oxygène et d'azote présents en haute atmosphère.
- ○ **C.** Une aurore polaire est un nuage de poussières brûlant dans la haute atmosphère et visible uniquement l'hiver aux pôles du fait de l'absence de lumière parasite.
- ○ **D.** Une aurore polaire est un phénomène lié aux éruptions volcaniques et à l'activité humaine nucléaire puisqu'il s'agit de particules radioactives en suspension dans l'atmosphère.

373 **Combien de satellites naturels Jupiter a-t-elle (nombre reconnu en 2018) ?**

○ **A.** 4 ○ **B.** 79 ○ **C.** 126 ○ **D.** 437

374 **Quelle est la taille de l'Univers ?**

- ○ **A.** 13 milliards années-lumière
- ○ **B.** Environ 45 milliards années-lumière
- ○ **C.** Pas de taille mesurable car on ne connaît pas les limites de l'Univers
- ○ **D.** Pas de taille mesurable car ce n'est pas une entité physique mesurable

375 **Qu'est-ce qu'un quasar (« quasi-stellar » en anglais) ?**

- ○ **A.** Un quasar est un astre émettant une grande énergie, situé au centre d'une galaxie massive, très lointaine.
- ○ **B.** Un quasar est une comète possédant une grande énergie qui lui confère une telle luminosité qu'il peut être confondu avec le Soleil s'il passe près de la Terre.
- ○ **C.** Un quasar est une étoile non encore identifiée.
- ○ **D.** Un quasar est une explosion lointaine dans l'espace, qui libère une énergie colossale correspondant à la naissance d'une étoile.

376 **On distingue les étoiles naines et les étoiles géantes, une même étoile pouvant passer d'une typologie à une autre selon le stade de sa vie. Mais sur quel(s) critère(s) classe-t-on les étoiles ?**

- ○ **A.** Le critère de la taille
- ○ **B.** Le critère de la durée de vie déjà écoulée
- ○ **C.** Le critère de la température et celui de la luminosité.
- ○ **D.** Le critère de la luminosité et celui de la proximité à la Terre.

377 **Qu'est-ce qu'une nébuleuse ?**

- ○ **A.** Une nébuleuse est un nuage de gaz et de poussières répandu dans l'espace interstellaire.
- ○ **B.** Une nébuleuse est une branche d'une galaxie en spirale.
- ○ **C.** Une nébuleuse est une naine noire très peu brillante.
- ○ **D.** Une nébuleuse est un champ de comètes.

378 **À combien évalue-t-on le nombre d'étoiles dans la Voie Lactée ?**

- ○ **A.** Environ 50 milliards
- ○ **B.** Environ 100 milliards
- ○ **C.** Environ 150 milliards
- ○ **D.** Environ 250 milliards

379 **Qu'est-ce que l'unité « année-lumière » ?**

- ○ **A.** C'est l'unité utilisée en astronomie correspondant au temps qu'il faut pour un homme pour aller sur le Soleil, soit 1 al = 1 000 000 milliards de km.
- ○ **B.** C'est l'unité utilisée en astronomie, avec 1 année-lumière = 1 million de kilomètres.
- ○ **C.** C'est l'unité utilisée en astronomie correspondant à la distance parcourue dans le vide en une année par un rayon lumineux (de célérité 300 000 km/s).
- ○ **D.** C'est l'unité utilisée en astronomie pour mesurer la durée de vie d'une étoile.

380 **Qu'est-ce que le vide intersidéral ?**

- ○ **A.** Le vide intersidéral est le milieu cosmique entre les étoiles constitué de particules émises par les étoiles, de poussières et de nuages de gaz.
- ○ **B.** Le vide intersidéral est le milieu cosmique autour d'un trou noir, sans aucune particule, ni lumière.
- ○ **C.** Le vide intersidéral est la partie la plus éloignée de l'espace, située sur sa bordure.
- ○ **D.** Le vide intersidéral est ce qu'il y avait avant le big bang.

381 **De quoi sont constitués les anneaux de Saturne ?**

- ○ **A.** Les anneaux de Saturne sont constitués de milliards de blocs de glace.
- ○ **B.** Les anneaux de Saturne sont constitués de résidus rocheux datant de la création de la planète.
- ○ **C.** Les anneaux de Saturne correspondent à la trace de lumière laissée par les morceaux de roche fondue en gravitation autour de la planète.
- ○ **D.** Les anneaux de Saturne sont constitués de gaz comprimés à des pressions différentes leur donnant un aspect varié.

382 **La distance entre la Terre et le Soleil est-elle immuable?**

- ○ **A.** La Terre reste à la même position vis-à-vis du Soleil.
- ○ **B.** La Terre se rapproche du Soleil.
- ○ **C.** On ne sait pas calculer la distance Terre-Soleil.
- ○ **D.** La Terre s'éloigne du Soleil.

383 **Quel effet induit la force de Coriolis sur la Terre?**

- ○ **A.** La force de Coriolis correspond à la force gravitaire qui fait que la Lune est attirée par la Terre.
- ○ **B.** La force de Coriolis dévie la trajectoire de tous les corps qui se déplacent sur Terre (vers leur droite dans l'hémisphère Nord, vers leur gauche dans l'hémisphère Sud).
- ○ **C.** La force de Coriolis est à l'origine de la rotation de la Terre autour du Soleil, rotation pas tout à fait circulaire qui engendre une déformation ellipsoïdale de la Terre.
- ○ **D.** La force de Coriolis, créée par l'attraction lunaire, est à l'origine des marées sur Terre.

384 **Qu'est-ce qu'une planète tellurique?**

- ○ **A.** Une planète tellurique est une planète qui ressemble à la Terre, avec une forte présence d'eau en surface et une atmosphère gazeuse.
- ○ **B.** Une planète tellurique est une planète gazeuse.
- ○ **C.** Une planète tellurique est une planète composée essentiellement de roches et de métaux, sur trois niveaux (noyau, manteau et croûte).
- ○ **D.** Une planète tellurique est une planète de glace.

385 **Qu'est-ce qu'une orbite en astronomie?**

- ○ **A.** Une orbite est la cavité osseuse dans laquelle repose l'œil.
- ○ **B.** Une orbite est la trajectoire suivie par un satellite artificiel lors de son lancement.
- ○ **C.** Une orbite est le plan dans lequel gravitent l'ensemble des planètes autour de leur soleil.
- ○ **D.** Une orbite est la trajectoire (circulaire, elliptique, parabolique) décrite périodiquement par un corps céleste autour d'un autre corps céleste, sous l'effet de la gravitation.

386 **Sans compter les nombreux petits débris spatiaux, combien de satellites artificiels (opérationnels ou non) tournent autour de la Terre depuis le début des lancements en 1957?**

- ○ **A.** ~ 5 000
- ○ **B.** ~ 150 000
- ○ **C.** ~ 800 000
- ○ **D.** ~ 1 000 000

387 **Qu'est-ce qu'un satellite géostationnaire autour de la Terre?**

- ○ **A.** Un satellite géostationnaire est un satellite qui sert aux sciences géographiques, pour cartographier le relief.
- ○ **B.** Un satellite géostationnaire est un satellite naturel (Lune) sur lequel on a placé des instruments de mesure permettant d'étudier les interactions avec la Terre (attraction, rayonnement...).
- ○ **C.** Un satellite géostationnaire est localisé dans le plan équatorial de la Terre, à 36 000 km d'altitude et il reste constamment au-dessus du même point de la surface (pour les télécommunications ou la météo).
- ○ **D.** Un satellite géostationnaire est un élément faisant partie d'une constellation de satellites travaillant ensemble dans une même finalité (comme le GPS).

388 **Que sont les « CubeSats » ?**

- ○ **A.** Un CubeSat est un satellite « éboueur » chargé de récupérer les débris spatiaux pour éviter leur retombée sur Terre : il peut transporter jusqu'à 100 tonnes de débris.
- ○ **B.** Un CubeSat est un satellite dernière génération dont la vitesse de satellisation est doublée par rapport à un satellite classique, soit 56 880 km/h.
- ○ **C.** Un CubeSat est un satellite encore à l'état de recherche, qui se veut « intelligent » c'est-à-dire qu'il peut choisir et modifier son orbite, notamment en décrivant une trajectoire cubique autour d'un corps céleste.
- ○ **D.** Un CubeSat est un microsatellite, rapide à fabriquer et dont le lancement est peu coûteux ; il pèse moins de 1,33 kg, pour un volume de 10^3 cm, selon la norme développée par des universitaires américains en 1999.

389 **Combien y a-t-il de constellations (étoiles regroupées en motif) dans le ciel ?**

○ **A.** 16 ○ **B.** 88 ○ **C.** 253 ○ **D.** 1 009

390 **Quelle est la grande galaxie la plus proche de la nôtre (la Voie lactée) et qui entrera en collision (avec fusion) avec elle dans 4 milliards d'années ?**

- ○ **A.** Andromède
- ○ **B.** Grand Nuage de Magellan
- ○ **C.** Galaxie du Sombrero
- ○ **D.** M81

391 **Comment nomme-t-on les planètes ?**

- ○ **A.** L'Union astronomique internationale valide les noms des planètes, pris dans la mythologie mondiale, ou repris du nom du découvreur ou par numérotation incrémentale.
- ○ **B.** L'Union astronomique internationale a opté récemment pour le choix du nom des planètes comme celui des tempêtes tropicales, en partant de la lettre A et en incrémentant la première lettre du nom au fur et à mesure des découvertes.
- ○ **C.** Aucune institution internationale n'est habilitée à fixer le nom des planètes : c'est le pays du découvreur qui baptise officiellement la planète ou l'exoplanète.
- ○ **D.** Aucune institution internationale officielle n'enregistre le nom des nouvelles planètes et exoplanètes : tout citoyen peut baptiser un corps céleste dès lors qu'il le découvre ou participe à sa découverte.

392 **Que sont les neutrinos ?**

- ○ **A.** Les neutrinos sont des particules élémentaires ultralégères provenant du Soleil et de l'espace interstellaire suite à des cataclysmes cosmiques (trous noirs, big bang...) ; ils se déplacent en ligne droite, traversant tout sur le passage, à une vitesse proche de la lumière, sans s'arrêter.
- ○ **B.** Les neutrinos sont des constituants de la lumière : l'analyse de leur vitesse et de la fréquence de leurs longueurs d'onde permet de mieux connaître leurs origines.
- ○ **C.** Les neutrinos sont des particules élémentaires lourdes, radioactives, issues du big bang, qui sont à l'origine de la création de la Terre ; notre planète s'est construite autour d'un amas de neutrinos.
- ○ **D.** Les neutrinos sont des éléments neutres, n'attirant aucun corps céleste, n'émettant ou ne renvoyant aucune lumière, que les scientifiques pensent être les constituants principaux des trous noirs.

393 **Sur Terre, quel est le critère majeur pour une bonne implantation d'observatoire astronomique ?**

- ○ **A.** Proche d'une grande ville pour bénéficier de toutes les commodités (électricité, présence d'universités...) et technologies.
- ○ **B.** Proche de l'équateur pour bénéficier d'un angle de vue maximal.
- ○ **C.** Dans une zone désertique (désert chaud, désert froid, désert dû à l'altitude).
- ○ **D.** Sur une plate-forme dans la mer.

394 **Quelles sont les stations spatiales fonctionnelles encore en orbite autour de la Terre ?**

- ○ **A.** ISS (international) et Skylab (américaine)
- ○ **B.** Mir (russe) et Skylab (américaine)
- ○ **C.** ISS (internationale) et Mir (russe)
- ○ **D.** ISS (internationale) et Tiangong (chinoise)

395 **Qu'est-ce qu'une sonde spatiale ?**

- ○ **A.** Une sonde spatiale est un satellite artificiel sur une orbite haute, pouvant faire des mesures directement dans l'espace, sans perturbations dues à la présence terrestre (gravité, atmosphère...)
- ○ **B.** Une sonde spatiale est un vaisseau non habité envoyé par l'homme pour explorer de plus près, dans des conditions meilleures que sur Terre, des objets du système solaire ou au-delà.
- ○ **C.** Une sonde spatiale est l'élément en charge de la gestion des températures dans une station spatiale.
- ○ **D.** Une sonde spatiale est une fusée qui met en orbite des satellites artificiels.

396 **Quels pays possèdent une base active de lancement de fusées ?**

- ○ **A.** États-Unis, Russie (Kazakhstan), France, Chine
- ○ **B.** Chine, Corée du Nord, Corée du Sud, États-Unis, France, Arabie saoudite, Australie, Japon, Russie (Kazakhstan)
- ○ **C.** États-Unis, France, Russie (Kazakhstan), Chine, Corée du Nord, Corée du Sud
- ○ **D.** Brésil, Chine, Corée du Nord, Corée du Sud, États-Unis, France, Inde, Iran, Israël, Japon, Russie (Kazakhstan)

397 **Comment évoluent les anneaux d'une planète comme Saturne ?**

- ○ **A.** Les anneaux, formés essentiellement de morceaux de glace d'eau, deviennent de plus en plus épais avec le froid intersidéral.
- ○ **B.** Les anneaux disparaissent, comme autour de Jupiter.
- ○ **C.** Les anneaux s'étalent et s'écartent par l'effet de « classement » induit par la gravité de la planète : les morceaux les plus lourds restent proches de la planète tandis que les morceaux les plus légers vont se stabiliser sur des orbites plus lointaines.
- ○ **D.** Les anneaux ne changent pas.

398 **L'espace est-il une zone où tout est permis et où la guerre pourrait avoir lieu ?**

- ○ **A.** Il n'existe à ce jour aucun traité international empêchant d'éventuelles guerres dans l'espace, mais des experts du monde entier (australiens, canadiens, américains, russes, chinois) se penchent sur la question.
- ○ **B.** Il existe à ce jour cinq traités dont le guide de droit international MILAMOS, applicable à l'usage militaire de l'espace extra-atmosphérique en cas de tensions ou d'hostilités, pour renforcer la transparence et la confiance entre les puissances spatiales.
- ○ **C.** Il existe à ce jour uniquement le traité de 1967 sur l'espace extra-atmosphérique dont seule une disposition mentionne directement l'activité militaire, en interdisant de disposer des armes de destruction massive dans l'espace.
- ○ **D.** Personne ne désire légiférer sur l'espace, notamment avec l'opposition ferme de la Russie de se voir imposer des contraintes en matière de conquête spatiale.

399 **Pourquoi sommes-nous très dépendants aujourd'hui de l'espace ?**

- ○ **A.** L'espace est notre réserve de surface en cas de surpopulation ou de surpollution.
- ○ **B.** Les installations spatiales font fonctionner notre économie, ainsi environ 7 % du PIB des pays riches dépendent du GPS (agriculture, navigation, communication...).
- ○ **C.** Les probabilités de collision avec d'autres astres augmentent, entraînant un risque fort de changement brutal sur la Terre, type extinction des dinosaures.
- ○ **D.** Notre dépendance vis-à-vis de l'espace augmente aujourd'hui car de nombreux satellites artificiels ont été envoyés autour de la Terre et il faut les maintenir en état de fonctionnement.

400 **Quel est le principal risque généré par les débris spatiaux?**

- ○ **A.** Le risque est celui de la réaction en chaîne : les morceaux de fusées, vieux satellites, outils perdus par des astronautes... se percutent et créent de nouveaux débris, qui eux aussi se percutent, etc.
- ○ **B.** Le risque est celui de la chute des débris sur la Terre, sous forme de pluies.
- ○ **C.** Le risque est de ne plus pouvoir lancer des sondes, fusées, capsules habitées car elles seraient aussitôt endommagées.
- ○ **D.** Les débris spatiaux ne génèrent pas plus de risques que les météores naturellement présents dans l'espace.

Corrigés

Géographie physique

1 Qu'est-ce que la mousson? **La mousson désigne les vents saisonniers alternés de l'océan Indien : mousson d'été humide venant du sud-ouest, mousson d'hiver plus sèche portée par l'alizé du nord-est.**

2 Une ancienne vallée glaciaire est reconnaissable à sa forme particulière. Laquelle? **Une ancienne vallée glaciaire a une forme en U.**

3 Quelle est la différence entre un ouragan (*hurricane* en anglais) et un typhon? **Un typhon est identique à un ouragan, mais le terme utilisé dépend de l'endroit où se produit le phénomène.**

4 Qu'est-ce qu'une dépression en météorologie? **Une dépression est une zone où la pression atmosphérique est inférieure à 1 010 hPa.**

5 Qu'est-ce qu'un détroit? **C'est un bras de mer bordé par des côtes, qui relie deux étendues marines ou lacustres.**

6 Pourquoi la mer Morte s'appelle-t-elle ainsi? **La mer Morte est ainsi désignée parce que le taux de salinité de son eau (environ 10 fois supérieur à celui des océans) est si élevé qu'il empêche la vie aquatique (poissons, algues macroscopiques...) de s'y développer.**

7 À quoi est dû le phénomène de marée? **L'origine des marées est essentiellement astronomique, du fait de la force d'attraction de la Lune et un peu du Soleil.**

8 Comment se créent les vagues? **Les vagues sont engendrées par les vents constants et/ou puissants qui soufflent à la surface des océans.**

9 Qu'est-ce que le *fetch*? **Le *fetch* est la distance sur laquelle un vent marin souffle sans rencontrer d'obstacles.**

10 Qu'est-ce qu'un alizé? **Un alizé est un vent régulier de secteur est (nord-est ou sud-est selon l'hémisphère), présent en zone tropicale.**

11 Que sont l'harmattan, le mistral, la tramontane? **Des vents**

12 Qu'est-ce qu'une falaise vive? **Une falaise vive est une falaise en contact avec la mer, donc qui s'érode rapidement et dont le profil change rapidement dans le temps.**

13 Qu'est-ce qu'un anticlinal? **Un anticlinal est un pli dans l'empilement des strates géologiques : c'est un mont (les strates forment une arche).**

14 Qu'est-ce qu'un bassin-versant? **Un bassin-versant est l'espace géographique recevant les eaux qui circulent naturellement vers un même cours d'eau (ou vers une même nappe d'eau souterraine).**

15 Qu'est-ce qu'une perte en paysage karstique? **Une perte est le lieu dans lequel un cours d'eau disparaît partiellement ou totalement dans le substratum, en général par engouffrement (rarement par infiltration en paysage karstique).**

16 Qu'est-ce qu'un méandre? **Un méandre est une sinuosité régulière décrite par le lit d'un cours d'eau, au sein de roches tendres (érodées par le cours d'eau) et plus dures, d'où la dissymétrie du chenal.**

17 Quelle est la différence entre un fleuve et une rivière? **Un fleuve se jette dans la mer, pas une rivière.**

18 Que sont les roches basaltiques? **Les roches basaltiques sont des roches noires, issues du magma de la Terre (dites magmatiques), qui *via* le processus volcanique, sont remontées et ont refroidi rapidement.**

19 Que sont les roches granitiques? **Les roches granitiques sont des roches issues du magma de la Terre (dites magmatiques) et qui remontent lentement dans la croûte terrestre pour se refroidir très progressivement.**

20 Quels sont les grands composants de la Terre? **Noyau interne, noyau externe, manteau, croûte**

21 Qu'est-ce que l'effet de fœhn? **L'effet de fœhn désigne le vent catabatique sec redescendant le long du versant d'une montagne élevée, le rendant aride, au contraire de l'autre versant dit «au vent» sur lequel se déversent les précipitations orographiques.**

22 Qu'est-ce une zone d'accrétion? **C'est un secteur dans lequel deux plaques tectoniques s'écartent l'une de l'autre.**

23 Quelle est la différence entre le courant et le débit d'un cours d'eau? **Le débit correspond au volume d'eau (ex. En m³) écoulé en une seconde par un cours d'eau en un point donné, tandis que le courant porte sur le déplacement lui-même de la masse d'eau (on en mesure la vitesse en m/s).**

24 Comment nomme-t-on la force d'un séisme? **La magnitude**

25 Quel est le nom de l'échelle permettant de mesurer la force d'un séisme? **L'échelle de Richter**

26 Qu'est-ce qu'une roche sédimentaire? **Une roche issue de la compression des particules rocheuses ou organiques tombées au fond de la mer.**

27 Quelle est la différence entre une roche métamorphique et une roche magmatique? **La roche métamorphique provient de la modification de roches dures existantes sous l'action de fortes pressions et chaleurs, alors que la roche magmatique provient du refroidissement du magma en fusion.**

28 Qu'est-ce qu'une caldeira? **Un cratère de volcan effondré**

29 Qu'est-ce qu'une sebkha? **Une dépression salée**

30 Qu'est-ce qu'une dune fossile? **Un amas de sable végétalisé qui n'avance plus.**

31 Quel est le point culminant de l'Afrique? **Le Kilimandjaro au Kenya et en Tanzanie**

32 La Terre est surtout recouverte d'eau (mers, océans, lacs) : quelle est la part de l'eau dans la superficie totale de la Terre? **71%**

33 D'où provient le vent que l'on ressent au sol? **Le vent naît des mouvements des masses d'air chauffées par le soleil.**

34 Quel est le nom de l'échelle permettant de mesurer la vitesse du vent? **L'échelle de Beaufort**

35 Quelle est la force maximale d'un vent sur l'échelle permettant de mesurer la vitesse du vent? **12**

36 Quelle est la vitesse maximale d'un vent mesurée sur Terre, lors d'un cyclone? **484 km/h**

37 De quoi est composé l'air que nous respirons? **78,08% d'azote + 20,95% de dioxygène + 0,93% d'argon + 0,038% de dioxyde de carbone + le reste en vapeur d'eau**

38 Qu'est-ce qu'une dorsale océanique? **Une chaîne montagneuse immergée au milieu d'un océan**

39 Qu'est-ce qu'un atoll ? **Île ou ensemble d'îles résultant de l'effondrement d'un volcan, ceinturées d'une barrière de corail autour d'un lagon.**

40 Quelles sont les quatre couches constituant l'atmosphère (en partant de la plus proche du sol) ? **Troposphère - Stratosphère - Mésosphère - Thermosphère**

41 Parmi les noms suivants, lequel ne correspond pas à un nom de nuage ? **Cirrocumulus**

42 Quelle est la particularité du nuage cumulonimbus ? **C'est un nuage d'orage, de très grande dimension.**

43 Quel est le diamètre équatorial de la Terre ? **12 756 km**

44 Comment se forme le pétrole ? **Le pétrole se crée sur des millions d'années, par transformation, sous fortes pressions et températures, de la matière organique emprisonnée dans des roches et accumulée en milieu marin anaérobie.**

45 Sur toute l'eau disponible sur Terre, quelle est la proportion d'eau douce ? **2,5 %**

46 Qu'est-ce que la zone photique d'un océan ? **C'est la partie sous-marine atteinte par les rayons solaires.**

47 Quelle est l'altitude du mont Everest, plus haut sommet du monde ? **8 848 m**

48 Quelle est la profondeur de la plus grande fosse sous-marine, Challenger Deep, mesurée à ce jour ? **11 000 m**

49 Quelle est la différence entre une hauteur et une altitude ? **Une hauteur mesure une élévation à partir du sol tandis qu'une altitude mesure une élévation à partir du niveau de la mer.**

50 Qu'est-ce qu'un dyke ? **Un dyke est un filon de roche magmatique, plus résistant que les formations voisines, donc qui s'érode moins vite que son environnement direct, donnant naissance à un paysage de murets naturels.**

51 Qu'est-ce que le permafrost ? **Le permafrost est la tranche profonde du sol gelée en permanence dans les régions proches du cercle polaire.**

52 Qu'est-ce qu'un récif frangeant ? **Un récif frangeant est une zone de développement des coraux autour d'un relief non corallien (îles, caps…) dont il peut être légèrement séparé par un chenal dit d'embarcation.**

53 Quelle est la différence entre un erg et un reg ? **Un erg est un vaste champ de dunes permanent et structuré, tandis qu'un reg est un désert de pierres.**

54 Qu'est-ce que la pédologie ? **La pédologie est l'étude du sol (hors substrat rocheux qui entre dans la géologie).**

55 Comment se crée la latérite, sol rouge, pauvre, très présent en Afrique ? **La latérite est issue du lessivage des sols tropicaux ferrallitiques (riches en hydroxydes de fer) sous l'action de la chaleur et de l'humidité.**

56 Que sont les terres rares ? **Les terres rares désignent dix-sept métaux non ferreux, utilisés dans l'industrie électronique, dont leur séparation d'avec leur minerai est difficile : leur extraction et recyclage posent des problèmes industriels et environnementaux.**

57 Quel est le fleuve le plus long du monde ? **Amazone**

58 Où se jette le fleuve le plus long du monde ? **Dans l'océan Atlantique**

59 Quelle est la longueur du fleuve le plus long du monde ? **7 000 km**

60 Comment se nomme l'endroit où un fleuve se jette dans la mer ou l'océan ? **L'embouchure**

61 Qu'est-ce qu'un estuaire? **Un estuaire est la zone terminale d'un fleuve dans laquelle les eaux douces et les eaux salées se mélangent.**

62 Comment s'appelle la vague qui est créée par l'onde de marée montante dans un fleuve? **Le mascaret**

63 Quelle est la différence entre un affluent et un confluent? **Un affluent est un cours d'eau qui se jette dans un autre cours d'eau plus important que lui, et leur point de jonction est le confluent.**

64 Quel est le taux de salinité de l'eau au niveau du détroit de Gibraltar? **36 g/l**

65 Qu'est-ce qu'une lagune? **Une lagune est une étendue d'eau salée isolée de la mer par une langue de terre. Des communications peuvent se faire entre lagune et mer, *via* des passes ou lors de tempêtes ou de crues au niveau de la lagune.**

66 Qu'est-ce qu'un isthme? **Un isthme est une bande de terre reliant soit une presqu'île à la terre continentale, soit deux îles entre elles.**

67 Qu'est-ce que la circulation thermohaline des eaux océaniques? **C'est la circulation des eaux engendrée par la variation de leur densité, induite par des écarts de température et de salinité.**

68 À quoi faire référence le lœss? **Le lœss est un dépôt de fines particules de quartz, d'argiles et de calcaires, transportées par le vent, et source de fertilisation des sols. Le lœss a été déposé en périphérie des grands glaciers du quaternaire.**

69 Qu'est-ce que l'eustatisme? **L'eustatisme est la variation lente du niveau moyen des mers et océans, d'origine tectonique ou climatique.**

70 Qu'est-ce qu'une faille? **Une faille est une cassure en deux blocs d'un substrat rocheux, accompagnée d'un mouvement entre ces deux blocs.**

71 Qu'est-ce qu'un fjord? **Un fjord est une vallée glaciaire, profonde, aux versants abrupts, datant du quaternaire et envahie par la mer.**

72 Qu'est-ce que la banquise? **La banquise est une couche d'eau de mer gelée formée à la surface des mers et océans en-dessous de -1,9 °C.**

73 Que sont les mortes-eaux? **Les mortes-eaux (ou marée de morte-eau) sont les marées dont la différence de hauteur entre pleine mer et basse mer est la plus faible.**

74 Où trouve-t-on des séracs? **Les séracs se trouvent sur les glaciers, entre des crevasses.**

75 Qu'est-ce qu'une barkhane? **C'est une dune en forme de croissant, qui avance dans le sens du vent.**

76 Pourquoi les zones d'*upwelling* sont-elles recherchées par les pêcheurs? **Dans les zones d'*upwelling*, les eaux profondes et froides de l'océan remontent, emportant une quantité importante de phytoplanctons qui attirent les poissons.**

77 Quelle est la différence entre météo et climat? **La météo fournit des prévisions de précipitations, d'ensoleillement et de température dans un futur court, tandis que le climat est la moyenne des précipitations, de l'ensoleillement et des températures constatés depuis que des mesures existent.**

78 Quelles sont les caractéristiques du climat continental? **Le climat continental est marqué par des étés orageux chauds (~30 °C) et des hivers secs froids (~- 15 °C).**

79 Qu'est-ce que la topographie? **La topographie est la science qui mesure puis représente des portions d'espaces terrestres naturels et/ou artificiels, en déterminant position et altitude de tout point.**

80 Quelle est la particularité des schistes? **Les schistes ont un aspect feuilleté, ils peuvent se débiter en plaques fines et être imprégnés d'eau ou d'hydrocarbures entre leurs feuillets.**

81 Pourquoi les baïnes sont-elles dangereuses? **Les baïnes sont dangereuses car les nageurs n'arrivent plus à sortir de cette dépression, entre un banc de sable et la côte, ouverte vers le large par un chenal qui concentre les courants lors du changement de marée.**

82 Un iceberg est-il formé de glace d'eau douce ou de glace d'eau salée? **Un iceberg est un morceau de glace d'eau douce issu d'un glacier, lui-même formé par les chutes de neige au-dessus des terres.**

83 Qu'est-ce qu'un inselberg? **Un inselberg est un relief isolé, aux versants abrupts, dont la roche plus dure n'a pas été érodée autant que celle de la plaine environnante.**

84 Quels noms donne-t-on aux versants d'une montagne selon leur exposition au soleil? **L'adret pour le versant ensoleillé, l'ubac pour le versant ombragé.**

85 Que mesure la bathymétrie? **La bathymétrie mesure les profondeurs marines.**

86 Qu'est-ce que l'estran? **L'estran est la partie du littoral balayée par les marées et située entre le niveau des plus hautes mers et celui des plus basses mers.**

87 Qu'est-ce que l'orogenèse? **L'orogenèse est le processus de formation des montagnes.**

Faune et flore

88 Dans un désert chaud et aride, qu'est-ce qu'une plante xérophyte? **Une plante xérophile est une plante adaptée à la sécheresse.**

89 Dans un marais de bord de mer, qu'est-ce qu'une plante halophile? **Une plante halophile est une plante qui peut pousser dans un environnement salé.**

90 Qu'est-ce que la mangrove? **Une mangrove est une formation arbustive vivant sur les littoraux lagunaires de la zone intertropicale.**

91 Que montre une carte phytogéographique? **Une carte phytogéographique montre la répartition de la végétation sur la Terre en mettant en évidence des zones homogènes de végétaux et en permettant des corrélations avec le climat, les types de sol, sous-sol, etc.**

92 Où trouve-t-on des edelweiss, plantes aujourd'hui protégées? **L'edelweiss pousse en haute montagne, à une altitude comprise entre 2 000 et 3 000 m, dans les Alpes, les Pyrénées, les Carpates et les Balkans.**

93 **Sur un versant montagneux, la végétation est étagée en fonction de l'altitude. Comment s'appelle l'étage des pelouses rases, au-dessus de la forêt? Étage alpin**

94 Que mangent les pucerons? **La sève des feuilles**

95 Qui mange les pucerons? **Les coccinelles**

96 Qu'est-ce qu'un écosystème? **Un écosystème est un ensemble dynamique d'organismes vivants (plantes, animaux et micro-organismes) qui interagissent entre eux et avec le milieu (sol, climat, eau, lumière) dans lequel ils vivent.**

97 Qu'est-ce qu'un prédateur? **Un prédateur est un animal qui consomme des proies.**

98 Qu'est-ce que l'humus? **L'humus est la partie supérieure du sol, constituée de matières organiques décomposées et transformées.**

99 Que font les décomposeurs? **Les décomposeurs font du compost en décomposant la matière organique jusqu'à l'obtention de minéraux (oxyde de soufre, oxyde de carbone...).**

100 Quelles sont les matières premières que la biosphère fournit à l'homme comme richesses pour ses activités (agriculture, industries...)? **L'eau, les matières minérales et les matières organiques**

101 Qu'est-ce qu'une espèce coprophage? **Une espèce coprophage (mouches, bousiers) s'alimente à partir des matières fécales des autres animaux, permettant de la sorte le recyclage de la matière organique.**

102 Que désigne le houppier en sylviculture? **Le houppier désigne l'ensemble des branchages et du feuillage d'un arbre, placés au-dessus du fût.**

103 Chaque plante comporte des composés aromatiques variés qui peuvent être extraits de différentes manières et concentrés dans les huiles essentielles (H.E.). Parmi les molécules suivantes, lesquelles ne retrouve-t-on pas dans les H.E.? **Les enzymes**

104 Qu'est-ce que le débourrement? **Le débourrement désigne le phénomène par lequel les bourgeons commencent à se couvrir de duvet, puis gonflent et éclosent.**

105 Qu'est-ce que l'aubier? **L'aubier désigne la partie du bois la plus jeune et la plus tendre, située entre l'écorce qui le protège, et le bois de cœur.**

106 Qu'est-ce que l'évapotranspiration? **L'évapotranspiration (exprimée en mm) résulte de l'évaporation de l'eau du sol (en vapeur d'eau) et de la transpiration des plantes.**

107 Quelle est la différence entre la toundra et la taïga? **La toundra est constituée d'une végétation herbeuse et buissonnante tandis que la taïga est constituée d'une forêt de conifères.**

108 Selon les espèces, les poissons ont une profondeur privilégiée pour vivre, se reproduire, capter leur nourriture. Parmi les étages suivants de vie des poissons, lequel n'existe pas? **Profondeur abyssale (dans les couches inférieures très profondes de la colonne d'eau).**

109 Qu'est-ce que le phénomène d'eutrophisation? **C'est une prolifération excessive de la végétation aquatique sous l'effet des rejets abondants d'azote et de phosphore.**

110 Parmi les espèces suivantes, lequel de ces conifères perd ses aiguilles une fois par an? **Mélèze**

111 Qu'indique la présence d'un acacia ou d'un tamaris en plein désert? **Ce type d'arbres indique la présence d'une nappe phréatique souterraine.**

112 En terrain nu, sans végétation, quels sont les premiers organismes végétaux colonisateurs? **Les mousses, algues et champignons**

113 Parmi ces arbres, lequel est un arbre dit « pionnier » participant à la colonisation de terrains nus? **Le bouleau**

114 Qu'est-ce que le biotope d'une plante? **C'est l'espace vital (de taille variée) le plus adapté pour une plante, à savoir les conditions idéales de luminosité, humidité, température, type de sol, pente...**

115 Qu'est-ce qu'une forêt primaire? **Une forêt primaire est une forêt climacique, sans intervention humaine.**

116 Comment les antilopes et les gazelles s'adaptent-elles à la sécheresse? **Les antilopes et les gazelles s'adaptent à la sécheresse en supportant des périodes de jeûne prolongées et en mangeant de la nourriture sèche.**

117 Comment les dromadaires s'adaptent-ils à la sécheresse? **Le dromadaire s'adapte à la sécheresse en faisant une réserve de graisse dans sa bosse dorsale : la graisse est peu à peu transformée en eau par oxydation, en fonction de la température corporelle de l'animal (qui varie entre 34° et 42 °C).**

118 Quelle est la différence entre l'hibernation et l'hivernation? **Le rythme cardiaque et la respiration diminuent dans les deux cas, mais la température corporelle diminue beaucoup plus lors de l'hibernation que de l'hivernation.**

119 Quelle est la superficie du territoire d'une meute de loups en France? **200 km²**

120 La sterne arctique est un oiseau migrateur qu'on retrouve au pôle Sud et au pôle Nord. Elle effectue, lors de sa migration annuelle, le plus long déplacement connu de tout le règne animal soit : **80 000 km.**

121 Parmi les animaux suivants, lequel n'est pas un mammifère? **Requin**

122 Parmi les animaux suivants, lequel n'a pas de dent? **Baleine**

123 Qu'est-ce qui caractérise les invertébrés? **Les invertébrés n'ont ni os ni colonne vertébrale.**

124 Quelle est la spécificité de l'ornithorynque, espèce endémique d'Australie? **C'est un mammifère qui, à la fois, pond des œufs et allaite ses petits.**

125 Comment la chenille processionnaire fait-elle pour «piquer» les êtres humains? **La chenille processionnaire ouvre, lorsqu'elle est stressée, des poches remplies de poils urticants qui, en contact avec la peau ou les voies respiratoires, entraînent des risques sévères d'allergie.**

126 Qu'est-ce qu'un arbre «sempervirent»? **Un arbre sempervirent est un arbre qui ne perd pas ses feuilles.**

127 Quelle est la différence principale entre les animaux et les végétaux? **Les animaux doivent manger d'autres êtres vivants pour survivre, alors que les végétaux sont capables de produire leur propre nourriture avec la lumière.**

128 Qu'est-ce qu'un essaim? **Un essaim est un regroupement dense d'insectes d'une même espèce (souvent des abeilles).**

129 Que faut-il pour que la photosynthèse se réalise? **De la lumière, du dioxyde de carbone (CO_2), de l'eau avec ses sels minéraux et des capteurs lumineux sur la plante (appelés chloroplastes).**

130 Qu'est-ce qu'un charognard? **Un charognard est un animal qui se nourrit d'animaux morts qu'il n'a pas tués lui-même.**

131 Qu'est-ce qu'un consommateur «primaire» dans la chaîne alimentaire? **Le consommateur primaire désigne un animal qui se nourrit uniquement de végétaux.**

132 Comment s'appelle une jeune vache qui n'a pas encore eu de veau? **La génisse**

133 Combien de temps la vache peut-elle produire naturellement du lait, après le vêlage? **305 jours**

134 Quel est le plus gros lézard du monde, en taille? **Le dragon de Komodo**

135 Parmi les animaux suivants, lequel ne fait pas partie de la famille des amphibiens? **Le gecko**

136 Quels animaux font partie de la famille des arthropodes? **Les insectes et les araignées**

137 Qu'est-ce qu'une espèce endémique? **Une espèce endémique est une espèce d'animaux ou de plantes propre à un lieu donné et qui ne se trouve pas en dehors de ce territoire.**

138 Les crustacés sont caractérisés par la possession d'un exosquelette. Qu'est-ce qu'un exosquelette? **Un exosquelette est, chez les invertébrés, une enveloppe extérieure dure qui protège l'animal.**

139 Quelle est la résistance à la traction d'une toile d'araignée (force nécessaire pour rompre un fil tissé par une araignée)? **1 000 mégapascals comme la fibre de verre**

140 Qu'est-ce que le concombre de mer? **Un animal marin de la famille des échinodermes comme les étoiles de mer.**

141 Les prairies sous-marines de posidonies jouent un rôle crucial en Méditerranée, lequel? **Les posidonies rendent des services à l'écosystème (piège à carbone, protection des plages contre l'érosion, lieu de vie et de ponte des poissons...).**

142 Il existe de grands élevages de cochenilles, mais à quoi servent ces petits insectes surnommés les « poux des plantes »? **Les cochenilles sont utilisées pour produire un colorant naturel rouge carmin que l'on retrouve dans la teinture des tissus, dans les colorants alimentaires, les médicaments...**

143 Qu'est-ce que le corail? **Le corail est un animal des mers chaudes qui vit en eau peu profonde pour profiter de la lumière.**

144 Parmi les plantes suivantes, une seule est un arbre (d'après l'acceptation de l'Inventaire forestier national), laquelle? **L'arbre à pain**

145 Qu'est-ce que le pollen? **Les grains de pollen dans une fleur constituent la semence mâle du système reproducteur d'une plante.**

146 Quelle est la particularité des tortues serpentines d'Australie? **Tout comme d'autres tortues en période d'hibernation, ces tortues mettent en œuvre une respiration cloacale, c'est-à-dire qu'elles filtrent l'oxygène de l'eau par l'anus.**

147 Le paresseux est un mammifère arboricole : il est généralement suspendu à l'envers sur une branche. Comment fait-il pour faire ses besoins? **Le paresseux descend de son arbre une fois par semaine pour déféquer, au prix d'une grande dépense d'énergie et au risque de se faire prendre par des prédateurs (jaguar, ocelot, aigle harpie).**

148 Comment la végétation s'adapte-t-elle au milieu désertique chaud? **Les rares plantes des déserts chauds peuvent se trouver disséminées partout : elles présentent de longues racines pour capter la moindre goutte de pluie, elles ont des graines qui peuvent rester en sommeil pendant des années avant de germer à la moindre averse.**

149 Parmi les plantes et arbustes suivants, lequel ne contient pas de poison dans ses feuilles? **Le camélia.**

150 Que désigne-t-on par « formation végétale »? **Lorsque les plantes sont regroupées en collectivité d'aspect uniforme, on parle de formation végétale.**

151 Que signifie la notion de recouvrement d'une formation végétale? **Le recouvrement est un taux de densité permettant de savoir si les plantes d'une même formation végétale sont très proches ou isolées.**

152 Qu'est-ce que la stratification dans un paysage végétal? **La stratification correspond à l'organisation verticale des plantes, en fonction des tailles les plus fréquentes.**

153 Qu'est-ce que la biomasse d'un milieu naturel? **C'est la masse de matières organiques vivantes (végétales et animales) par unité de surface ou de volume.**

154 Qu'est-ce qu'une espèce relictuelle? **C'est une espèce qui s'est maintenue dans des régions où le microclimat le permet, même après une modification des climats au cours des temps géologiques.**

155 Que désigne-t-on lorsque l'on parle de « litière » dans un paysage naturel ? **La litière désigne l'ensemble de feuilles mortes et débris végétaux en décomposition qui recouvrent le sol. Cette matière organique constitue le premier horizon du sol.**

156 Quelle est la principale différence entre maquis et garrigue, en région méditerranéenne ? **Le maquis se développe sur des sols siliceux tandis que la garrigue se développe sur des sols calcaires.**

157 Quelle particularité concernant la reproduction distinguent les anguilles des saumons ? **Les anguilles descendent les cours d'eau pour aller pondre en mer tandis que les saumons quittent leur milieu maritime et remontent les cours d'eau pour aller pondre en eaux vives.**

158 Les arbres communiquent-ils entre eux ? **Il a été prouvé récemment que les Il a été prouvé récemment que les arbres sous stress émettent des phéromones pour alerter leurs congénères.**

159 De quoi vit-on dans les zones steppiques ? **Les steppes herbeuses présentent de grands pâturages adaptés à l'élevage extensif de moutons et de chèvres.**

160 De quoi parle-t-on lorsque l'on mentionne le « bush australien » ? **Le « bush australien » désigne une formation végétale typique du continent, constituée d'arbrisseaux épineux et à feuilles dures, ponctuée de quelques arbres épars.**

161 Qu'est-ce que l'avifaune ? **L'avifaune désigne l'ensemble des oiseaux, en un lieu donné.**

162 Quel animal fabrique la laine mohair ? **La chèvre angora.**

163 Quel animal fabrique la soie ? **Les chenilles qui proviennent des papillons *bombyx mori* (bombyx du mûrier).**

164 Qu'est-ce que la symbiose mutualiste (ou mutualisme) chez les animaux ? **Le mutualisme est une interaction biologique dans laquelle les deux partenaires, de la même espèce ou non, trouvent un avantage, comme la protection, l'alimentation, la pollinisation, le nettoyage, etc.**

165 Parmi les plantes suivantes, laquelle n'est pas une plante parasite qui vit et se développe au détriment d'une autre plante hôte en « suçant » les nutriments de sa sève ? **Le lierre**

166 Le soja est une légumineuse utilisée pour sa forte teneur en protéines, en lipides et en lécithines. Lequel, parmi les produits suivants, n'utilise pas de soja dans sa fabrication ? **La fibre pour la fabrication du papier.**

167 Quelle est la différence entre une clémentine et une mandarine ? **Une clémentine n'a en général pas ou peu de pépins tandis que la mandarine en a beaucoup.**

168 La forte radioactivité autour de Tchernobyl a-t-elle une incidence sur la faune et la flore ? **Des mutations (malformations, nanisme, gigantisme, excroissances, phosphorescence) ont été observées en nombre, sur les plantes uniquement.**

169 Qu'est-ce que la biosécurité ? **La biosécurité consiste à limiter le déplacement des espèces invasives d'un continent à un autre en contrôlant les véhicules, bateaux, avions et conteneurs, et en mettant en place des mesures de quarantaine.**

170 Quelle est la principale différence entre les rennes et les caribous ? **Qu'il soit appelé caribou ou renne, c'est le même cervidé vivant dans les régions arctiques ou subarctiques d'Europe, d'Asie ou d'Amérique du Nord.**

171 Les capacités cognitives des animaux ont fait l'objet de nombreux travaux et il est prouvé que certains animaux ont acquis « la conscience de soi ». Parmi les animaux suivants, lequel pense que c'est un autre congénère qu'il voit dans un miroir posé devant lui ? **Le chat**

Géographie humaine

172 En démographie, qu'est-ce que le solde naturel ? **Le solde naturel est la différence entre le nombre de naissances et le nombre de décès.**

173 Quels sont les pays qui bordent la mer Caspienne ? **Kazakhstan, Turkménistan, Iran, Azerbaïdjan, Russie**

174 Quelle est la différence entre un paysage de bocage et un paysage d'*openfield* ? **En paysage de bocage, les parcelles irrégulières sont ceinturées de haies et l'habitat est dispersé, tandis qu'en paysage d'*openfield*, les parcelles géométriques sont en lanières, sans haie et l'habitat est concentré en villages.**

175 Quelles opérations sont effectuées lors d'un remembrement ? **Lors d'un remembrement, on redistribue les parcelles agricoles entre les agriculteurs pour constituer des parcelles plus grandes et si possible plus proches des exploitations agricoles de chacun.**

176 Qu'est-ce qu'une forêt domaniale en France ? **Une forêt domaniale appartient à l'État.**

177 Quel est le pays, parmi les pays Baltes, celui qui est le plus au nord ? **Estonie**

178 Quels sont les territoires constituant la Palestine ? **La Cisjordanie, la bande de Gaza et Jérusalem-Est**

179 Sur quel territoire est situé Nouméa ? **Nouméa est le chef-lieu de la Nouvelle-Calédonie, collectivité française d'outre-mer semi-autonome.**

180 Quelle est la capitale du Malawi ? **Lilongwe**

181 Quelle est la définition d'une ville en France ? **Une ville est définie en France comme étant le regroupement de 2 000 personnes ou plus, en un lieu de vie dont l'espace bâti est continu.**

182 Quelle est l'agglomération du monde ayant le plus grand nombre d'habitants, fin 2021 ? **Tokyo**

183 Les mots suivants décrivent l'habitat urbain précaire des villes informelles, par ségrégation sociale. Lequel de ces termes renvoie également à une ségrégation raciale ? ***Township***

184 L'insularité, caractères propres à une île, peut avoir des avantages et des inconvénients. Parmi les caractères suivants, lequel n'est pas spécifique à une situation insulaire ? **Éloignement et isolement**

185 Quels sont les freins majeurs à l'installation humaine ? **Les températures extrêmes, les fortes pentes et la sécheresse.**

186 Qu'est-ce que le phénomène de « gentrification » ? **C'est un processus de renouvellement de la composition sociale et démographique d'un quartier au profit de ménages plus aisés.**

187 À quoi sert l'indice (ou coefficient) de Gini ? **L'indice de Gini est un indicateur de dispersion permettant d'estimer les inégalités de distribution de richesse dans un pays (0 : chacun dispose de la même richesse; 1 : énormes inégalités entre les rares plus riches et les nombreux très pauvres).**

188 À quoi sert l'indice de développement humain (IDH) ? **L'IDH sert à mesurer et comparer les conditions de vie dans les différents pays du monde : il évalue la capacité de vivre décemment, en bonne santé, et le niveau d'éducation.**

189 Quel est le pays dans lequel l'espagnol est la langue parlée par le plus de monde (premier pays hispanophone) ? **Mexique**

190 Quel est le département ayant la plus grande superficie en France métropolitaine? **Gironde (33)**

191 En descendant l'Atlantique du nord vers le sud, quel est l'ordre des archipels rencontrés? **Açores, Madère, Canaries, Cap-Vert**

192 En Algérie, un certain type d'agriculture est pratiqué dans la région d'El Oued : ce sont les ghouts. Qu'est-ce? **Les ghouts sont des palmeraies de dattiers, en entonnoir, entourées de dunes de sable artificielles : la technique agricole ancestrale, unique au monde, consiste à creuser une cuvette dans le sable pour s'approcher de la nappe phréatique (~ à 1 m de la nappe) de manière à ce que le palmier allonge ses racines pour puiser son eau.**

193 Que sont les géoglyphes, comme ceux visibles à Nazca au Pérou? **Les géoglyphes sont de grandes figures stylisées d'animaux, visibles depuis le ciel et l'espace, représentant des dieux du premier millénaire av. J.-C., et réalisés par déplacement de pierres sombres laissant apparaître un sol clair.**

194 Combien y a-t-il de départements en France? **101**

195 Quels sont les pays composant l'Amérique centrale? **Guatemala, Belize, Le Salvador, Honduras, Nicaragua, Costa Rica, Panamá.**

196 Quel pays a été créé officiellement le plus récemment (2011)? **Sud Soudan**

197 Quel est le pays d'Amérique latine dont la capitale est Asunción? **Paraguay**

198 Quels pays recouvrent l'appellation géographique des Balkans (mot turc signifiant « montagne boisée »)? **Albanie, Bulgarie, Grèce, Slovénie, Serbie, Croatie, Bosnie-Herzégovine, Monténégro, Kosovo, République de Macédoine du Nord, Turquie (partie européenne), Roumanie**

199 Parmi les pays suivants, quels sont les pays non membres de l'Union européenne ayant adopté l'euro comme monnaie nationale? **Andorre, Monaco, Saint-Marin, Vatican, Monténégro, Kosovo**

200 Quel milieu (ou lieu) est le plus propice à l'installation humaine dans le monde? **Le littoral exerce une forte attractivité puisque la moitié de la population mondiale habite sur une bande côtière d'environ 50 km de large.**

201 Quelles sont les conséquences de l'artificialisation des sols? **L'artificialisation des sols entraîne un réchauffement local de l'air en période chaude et un ruissellement plus important en période de pluie, écoulements souvent chargés de polluants et vecteurs d'amplification des inondations.**

202 Que signifie une pyramide des âges en forme de champignon comme au Japon? **Une pyramide des âges en forme de champignon signifie que la population est âgée et qu'il n'y a pas renouvellement de la population.**

203 Quelle est la différence d'espérance de vie à la naissance entre un Français et une Française (en 2017)? **5 ans (80 ans pour les hommes, 85 ans pour les femmes)**

204 Quel pays possède l'espérance de vie à la naissance la plus faible (début 2020)? **République centrafricaine**

205 Qu'est-ce que le taux de morbidité d'une population? **C'est le pourcentage des individus malades dans une population, à un temps donné.**

206 Quel pourcentage de la population mondiale vit en zone urbanisée en 2020? **55 %**

207 Qu'est précisément le taux de fécondité? **C'est le nombre d'enfants nés vivant dans l'année par rapport au nombre de femmes en âge de procréer (15 à 50 ans).**

208 Quels sont, dans l'ordre décroissant, les cinq pays les plus peuplés du monde début 2020? **Chine, Inde, États-Unis, Indonésie, Pakistan**

209 Avec une estimation d'un tiers de la population mondiale en 2020, quelle est la religion la plus représentée dans le monde? **Le christianisme.**

210 Quelle part de la population mondiale se déclare athée, sans religion (en 2020)? **15 %**

211 Que fournit comme information une carte isochrone? **Une carte isochrone fournit tous les lieux accessibles depuis un point de départ, pour une certaine durée de transport.**

212 Qu'est-ce que le solde migratoire? **Le solde migratoire est la différence entre le nombre de personnes qui sont entrées sur le territoire (immigrés) et le nombre de personnes qui en sont sorties (émigrés) au cours de l'année.**

213 Quelle est la principale différence entre une ville des États-Unis et une ville européenne? **Le centre-ville aux États-Unis est un quartier d'affaires, déserté en soirée tandis que les centres-villes européens sont historiques, multifonctionnels et vivants le soir.**

214 On voit sortir de terre des écoquartiers partout en France, mais qu'est-ce qu'un écoquartier? **Un écoquartier est un bassin de vie répondant aux besoins actuels des populations, tout en respectant l'environnement : moins de consommation d'énergie et d'espace, lutte contre la pollution de l'air, préservation d'espaces verts, limitation des déchets.**

215 Certaines villes ont des quartiers dont la population change selon les revenus. Ainsi, à Paris, les foyers à plus hauts revenus se situent à l'ouest. Pourquoi? **L'Ouest parisien est socialement plus aisé que l'Est car, les vents dominants venant de l'ouest, ces quartiers n'étaient pas pris dans les fumées de la ville lors de son expansion au XIXe siècle.**

216 Qu'est-ce qu'une mégalopole? **Une mégalopole regroupe des ensembles urbains reliés par des réseaux de transport et de communication, incluant des espaces ruraux et naturels, et ayant une taille et un poids démographiques qui en font une entité supranationale.**

217 Qu'est-ce que le phénomène de « rurbanisation »? **La rurbanisation se rapporte au déménagement de citadins dans des bourgs ruraux, loin des villes où le prix des logements et le manque d'espace font fuir certaines catégories de population.**

218 Qu'est-ce qu'un *hinterland*? ***L'hinterland* (arrière-pays) est l'aire d'attraction et de desserte continentale d'un port.**

219 Début 2020, la France compte 67 millions d'habitants. Combien d'immigrés sont arrivés dans le pays cette même année ? **272 000 personnes (0,4 % de la population)**

220 Quelle est la part des étrangers (personnes qui résident en France et ne possèdent pas la nationalité française) dans la population totale française en 2020 ? **7,5 %**

221 Quelle différence y a-t-il entre assimilation et intégration des populations étrangères dans un pays? **L'assimilation exige que l'étranger se fonde complètement dans la culture du pays d'accueil, tandis que l'intégration requiert le respect de la culture d'accueil mais avec conservation des traditions d'origine.**

222 Qu'est-ce que l'armature urbaine? **L'armature urbaine désigne le réseau des villes hiérarchisées et de leurs aires d'influence sur un territoire donné.**

223 Qu'est-ce qu'une diaspora? **Une diaspora désigne la partie d'une communauté qui vit de par le monde, en dehors de son territoire originel.**

224 Qu'est-ce que l'œkoumène (ou écoumène)? **C'est l'espace humanisé, la partie terrestre habitée par l'homme à l'époque où toutes les régions du globe n'avaient pas été découvertes.**

225 Début 2021, quelle proportion de la population française vit dans une zone soumise à un risque climatique (inondation, éboulement, incendie…)? **6 personnes sur 10**

226 Qu'est-ce qu'un duc-d'Albe? **Un duc-d'Albe est un plot ou poteau (en béton, ferraille ou bois) sur lequel un navire peut s'amarrer ou s'appuyer, soit en complément d'un quai ou ponton, soit pour attendre une place.**

227 Qu'est-ce qu'une darse? **Une darse est un bassin rectangulaire, aménagé dans un port pour le déchargement des bateaux.**

228 Que sont les qanats? **Un qanat est, dans un pays désertique, une galerie souterraine de drainage, légèrement en pente, qui achemine l'eau depuis une nappe aquifère en montagne vers des citernes, le tout ponctué de puits verticaux (accès, aération) comme en Iran.**

229 Qu'est-ce qu'un port sec (ou port avancé)? **C'est un terminal à l'intérieur des terres, directement connecté par route, rail, canal ou fleuve, à un port maritime, et servant de zone de transbordement des cargaisons maritimes vers des destinations continentales.**

230 Qu'est-ce qu'une forme de radoub? **Une forme de radoub est un bassin qui accueille des navires et permet leur mise à sec pour entretien, réparation, construction, voire parfois démantèlement.**

231 Quelle est la différence entre un bassin à flot et un bassin de marée? **Un bassin à flot est un bassin dont le niveau d'eau est maintenu constant (proche de celui de la pleine mer) grâce à une écluse à double porte comportant un sas, alors que le bassin de marée a un niveau d'eau qui suit celui du plan d'eau extérieur.**

232 À quoi servaient (et servent encore localement) les moulins à vent en Hollande? **Les moulins à vent actionnent une pompe qui remonte l'eau des terres agricoles et habitées vers des bassins de drainage reliés à la mer par un système de canaux, d'écluses et de digues.**

233 Qu'est-ce qu'un polder? **Un polder est une terre gagnée sur la mer, des lacs ou des marais par endiguement, assèchement des terres et drainage.**

234 Qu'est-ce qu'un étier dans un marais salant? **L'étier est le réseau de canaux étroits servant à l'alimentation en eau de mer du marais salant, au gré des marées.**

235 Que sont les œillets dans un marais salant? **Les œillets sont les bassins très peu profonds au cœur du marais salant dans lesquels on récolte le sel cristallisé par évaporation.**

236 Quelle est la différence entre la mytiliculture et la myciculture? **La mytiliculture est la culture des moules marines tandis que la myciculture est la culture des champignons.**

237 Quelle est la différence entre une ferme aquacole et une ferme piscicole? **Une ferme aquacole multiplie et élève aussi bien des végétaux que des animaux aquatiques, tandis qu'une ferme piscicole est spécialisée dans la (re)production de poissons.**

238 Pourquoi distinguer l'aquaculture fermée de l'aquaculture ouverte? **L'aquaculture ouverte (extensive) utilise les ressources du milieu naturel pour l'alimentation des végétaux et animaux tandis que l'aquaculture fermée (intensive) se pratique dans des lieux totalement artificialisés où tout est contrôlé et maîtrisé.**

239 Qu'est-ce que le laminage (dans une aciérie, une usine de pâte à papier ou de plastique, etc.)? **Le laminage est un procédé de fabrication de plaques et de barres par déformation plastique : il utilise un laminoir qui comprime à chaud un matériau pour en réduire l'épaisseur.**

240 Que désigne-t-on par « reconversion industrielle » ? **La reconversion industrielle est le remplacement d'une activité industrielle disparue, par une autre activité (industrielle ou non).**

241 Où localise-t-on préférentiellement l'industrie papetière? **Une papeterie est préférentiellement installée près des sources de bois et près de sources d'énergie pour actionner les défibreurs (barrages hydroélectriques, cours d'eau…).**

242 Où localise-t-on préférentiellement les complexes sidérurgiques? **Les complexes sidérurgiques sont situés préférentiellement en bord de mer, près d'un port en eau profonde, pour recevoir minerai (fer) et coke (combustible) importés.**

243 Parmi les installations suivantes, laquelle ne trouve-t-on pas toujours dans un complexe sidérurgique? **La cokerie qui est un ensemble de fours en batterie permettant la « distillation sèche » du charbon pour fabriquer du coke (combustible).**

244 La France est le premier producteur mondial de betteraves à sucre. Parmi les produits suivants, lequel n'utilise pas les betteraves à sucre? **La cassonade**

245 La vigne pousse mieux sur les pentes qu'en plaine, pour profiter du drainage naturel et augmenter l'angle d'incidence des rayons solaires. Mais quelle est, en général, la meilleure exposition pour les plants de vigne, en Europe? **Vers l'est pour faire fondre rapidement les gelées matinales.**

246 Qu'est-ce que l'AOP (appellation d'origine protégée), aussi appelée AOC (appellation d'origine contrôlée) en France? **L'AOP désigne un produit dont toutes les étapes de production sont réalisées selon un savoir-faire reconnu, dans une même aire géographique, qui donne ses caractéristiques au produit.**

247 À quoi servent les modèles spatiaux en géographie humaine? **La modélisation spatiale permet d'identifier des schémas génériques d'organisation, dans l'espace, de phénomènes divers (répartition des accidents de la route…) et de déterminer les causes de ces phénomènes.**

248 Comment construire des îles artificielles telles que Palm Islands à Dubaï? **Les îles de Dubaï sont créées *ex nihilo* par pompage au large de millions de mètres cubes de sable, déversés ensuite sur la zone de construction, entre des digues construites par immersion de milliers de tonnes de roches.**

249 Quel est le plus grand pont routier du monde? **Le pont entre Hong Kong et Macao, en Chine.**

250 Comment peut-on transporter de l'électricité? **À la sortie de la centrale électrique, l'électricité passe par un transformateur qui augmente sa tension (entre 225 000 et 400 000 volts) pour réduire les pertes d'énergie pendant le transport dans des câbles dits à haute tension. Avant d'atteindre les lieux de consommation, elle est à nouveau transformée et sa tension réduite à 230 volts.**

251 Parmi les différentes tensions présentes dans le réseau électrique, quel type n'existe pas? **Très haute tension contrôlée (électricité utilisée dans les *Data centers* pour l'alimentation de tous les serveurs et pour leur refroidissement).**

252 Les autoroutes et les lignes de train à grande vitesse sont des transports rapides avec peu d'arrêts : ils ont un « effet tunnel » sur les territoires traversés. Parmi les impacts suivants, lequel n'est pas lié à « l'effet tunnel » ? **Les transports en commun se développent pour relier les territoires non desservis aux nœuds du réseau express.**

253 Qu'est-ce que l'hétérotopie en géographie ? **L'hétérotopie désigne la différenciation des espaces, souvent clos ou enclavés, caractérisés par une discontinuité avec ce qui les entoure; les espaces clos sont souvent d'entrée restreinte (aéroport, discothèque, parc d'attractions, quartier résidentiel fermé...).**

254 Sur les 600 plateformes pétrolières/gazières *offshore* présentes en mer du Nord, combien devront être démantelées dans les 3 prochaines décennies ? **470**

255 Que produit une raffinerie de pétrole (ou usine pétrochimique) ? **Dans une raffinerie, on distille du pétrole pour obtenir du bitume, de l'essence, du kérosène, du naphta et des gaz. À partir du naphta, on produit des hydrocarbures plus légers dont on dérive les solvants et les poudres ou granulats de plastique.**

256 Dans quels pays se trouvent les cinq plus grandes raffineries du monde ? **Inde, Venezuela, Corée du Sud**

Écologie et enjeux environnementaux

257 Au rythme actuel de notre consommation et de nos déchets, quand y aura-t-il plus de plastiques dans les mers que de poissons (en termes de poids) ? **Il y aura davantage de plastiques que de poissons dans les mers en 2045 si les êtres humains continuent de polluer au même rythme.**

258 Au rythme de la pêche actuel, en quelle année n'y aura-t-il plus de poissons dans la mer ? **2050**

259 Sur quel principe s'appuie l'écotaxe ? **L'écotaxe est régie par le principe de « pollueur payeur » pour inciter les pollueurs à limiter et réparer leurs dégradations sur l'environnement.**

260 Qu'est-ce que le biogaz ? **Le biogaz est une énergie obtenue à partir de la fermentation de matières organiques dans un environnement privé d'oxygène (méthanisation).**

261 Qu'est-ce que la permaculture ? **La permaculture est une philosophie de vie où animaux, insectes, êtres humains, plantes et micro-organismes vivent ensemble dans un environnement sain et autosuffisant (écosystème), en utilisant à la fois des techniques traditionnelles d'aménagement et de culture, mais aussi des techniques modernes.**

262 Sur quel type de technologie, les politiques et les grands groupes industriels de l'automobile misent-ils pour construire une voiture moins polluante horizon 2025 ? **Sur la voiture à hydrogène ou, plus exactement, sur le véhicule électrique à pile à combustible : la recherche porte sur le remplacement du platine, très onéreux, utilisé comme catalyseur, ainsi que sur la production d'hydrogène qui est encore très polluante et énergivore.**

263 Parmi les éléments suivants, lequel ne constitue pas un obstacle au développement des panneaux solaires photovoltaïques ? **La durée de vie des modules photovoltaïques n'est que d'une vingtaine d'années.**

264 Quelle est la différence entre un produit « écologique » et un produit « biologique » ? **Un produit biologique porte une certification, différente selon les pays, prouvant qu'il est issu de l'agriculture biologique : son transport peut être polluant. Le produit écologique est un produit qui va être pensé, conçu, emballé, distribué et recyclé de manière à minimiser son impact sur l'environnement.**

265 Qu'est-ce que la biodynamie ? **La biodynamie est une agriculture qui recherche la santé du sol et de la plante : utilisation exclusive de préparations naturelles (purin d'ortie), travail du sol à l'aide de la traction animale, cycle de compostage et réemploi du fumier, suivi des calendriers solaires et lunaires pour aider à l'enracinement des plantes.**

266 Quelle est la différence entre l'agriculture raisonnée et l'agriculture biologique ? **L'agriculture biologique exige une production qui exclue la plupart des produits chimiques de synthèse et en renouant avec des pratiques traditionnelles comme la jachère, tandis que l'agriculture raisonnée cherche à produire en optimisant les coûts, par exemple en maîtrisant les quantités d'intrants, notamment chimiques par respect environnemental.**

267 Parmi les caractéristiques suivantes de l'énergie nucléaire, laquelle pourrait faire tendre à croire que c'est une énergie écologique ? **Les centrales génération IV à réacteur à sels fondus, associé au cycle thorium (métal lourd radioactif, non fissible à l'état naturel, et abondant sur Terre), seront des centrales nucléaires à impact environnemental très limité : réacteur à combustible liquide très stable, cœur vidangeable automatiquement en cas d'accident, recyclage possible des déchets de centrales à uranium.**

268 Quelle est l'utilisation possible de la géothermie ? **La géothermie utilise la chaleur présente dans le sous-sol : on distingue la géothermie basse température (< 150 °C) utilisée avec des pompes à chaleur pour le chauffage ou la climatisation, et la géothermie haute température (> 150 °C) utilisée pour produire de l'électricité ou pour chauffer.**

269 Qu'est-ce que l'hydroponie ? **L'hydroponie est la culture de végétaux hors sol, mais dans une solution aqueuse nutritive ou dans un substrat inerte (cailloux, billes d'argile) irrigué par cette solution nutritive.**

270 Que sont les ressources halieutiques ? **Les ressources halieutiques désignent les ressources vivantes aquatiques.**

271 Qu'est-ce que la jachère ? **La jachère est une pratique agricole consistant à laisser un champ au repos, inutilisé pendant une certaine période, pour lui permettre de reconstituer ses réserves en eau et en sels minéraux.**

272 Quelle est l'énergie consommée lors de l'envoi d'un courriel avec une pièce jointe de 1 Mo à un seul destinataire (électricité des terminaux, des réseaux et des centres de données) ? **L'énergie consommée équivaut à celle d'une ampoule de 60 W allumée pendant 25 min.**

273 Que désigne-t-on par « climax » en écologie ? **Le climax est un écosystème stable, en équilibre constant, préservé de toute action humaine avec un type de végétation dominant car adapté au sol et au climat.**

274 Pourquoi parle-t-on de plus en plus des algues sargasses aux Antilles ? **Parce que les algues sargasses échouent par tonnes sur les plages (marée brune) en piégeant la faune aquatique et en libérant du sulfure d'hydrogène.**

275 Pourquoi la mer d'Aral a-t-elle failli disparaître ? **À cause du détournement, dans les années 1960, des deux grands fleuves qui alimentaient ce lac salé, dans le but de produire en masse du coton.**

276 Qu'est-ce que l'empreinte écologique ? **L'empreinte écologique est la quantification des conséquences des activités humaines sur la planète.**

277 Les ressources naturelles de la Terre se renouvellent-elles suffisamment pour répondre à tous les besoins des êtres humains aujourd'hui ? **Actuellement, il faudrait les ressources d'une Terre et demie pour répondre aux besoins des hommes.**

278 Quels sont actuellement les 10 pays ayant la plus forte empreinte écologique ? **Singapour, Bermudes, France (La Réunion), Barbade, îles Caïman, Israël, Bahreïn, Émirats arabes unis, Arabie saoudite, Koweït.**

279 Le nombre d'espèces marines a diminué entre 1970 et 2010, mais de combien ? **39 % d'espèces marines en moins entre 1970 et 2010.**

280 Quels sont les 10 pays les plus concernés par les espèces en voie d'extinction ? **États-Unis, Mexique, Tanzanie, Australie, Madagascar, Colombie, Équateur, Indonésie, Seychelles, Chine.**

281 La chasse commerciale à la baleine a été interdite en 1986 par la Commission baleinière internationale. Quel(s)s pays autorise(nt) malgré tout cette activité ? **Le Japon, la Norvège et l'Islande.**

282 Les rhinocéros sont chassés pour leur corne, mais à quoi sert-elle ? **La corne de rhinocéros réduite en poudre aurait des vertus aphrodisiaques recherchées dans les pays asiatiques, prêts à payer 70 000 euros/kg (2011).**

283 Quelle est la part des aliments jetés dans toute la nourriture produite à l'échelle du monde ? **Le tiers des aliments produits est jeté sans avoir été consommé.**

284 Avec ce que l'Europe jette chaque année comme aliments, combien de personnes pourraient être nourries ? **1 milliard de personnes**

285 En France, qui produit le plus de déchet alimentaire, de type restes de repas (y compris os et épluchures), fruits et légumes non consommés, aliments non déballés ? **Les particuliers**

286 Un habitant des États-Unis consomme beaucoup d'eau potable dans sa vie quotidienne, mais combien de fois plus qu'un Malien ? **60 fois plus**

287 Pour fabriquer une puce électronique, combien faut-il de minéraux différents ? **60**

288 Quel est le pays le plus grand exploitant d'hydrocarbures de schiste (gaz et pétrole) ? **Les États-Unis**

289 Pourquoi les hydrocarbures de schiste (gaz et pétrole) sont-ils controversés ? **L'extraction des hydrocarbures de schiste est nuisible pour l'environnement : elle utilise des forages profonds, dans lesquels est injecté un mélange d'eau, de sable et de détergents sous pression pour fracturer la roche et libérer le gaz ou le pétrole, causant parfois des secousses sismiques.**

290 Que produit une centrale marémotrice ? **Une centrale marémotrice est une centrale électrique qui utilise les courants de marée pour actionner sa turbine.**

291 Parmi les utilisations suivantes, laquelle ne peut être faite par une éolienne ? **Créer du vent.**

292 Qu'est-ce que l'énergie hydrolienne ? **C'est l'énergie qui provient des courants marins ou fluviaux.**

293 Comment fonctionne une centrale électrique osmotique? **Une centrale électrique osmotique utilise l'osmose qui crée un courant et une élévation de pression lorsque deux cuves d'eau (une d'eau salée et une d'eau douce) sont mises en contact à travers une membrane poreuse.**

294 Pourquoi l'amiante est-il dangereux pour la santé? **Seules les fibres d'amiante sont dangereuses; de par leur petite taille, elles se logent au fond des poumons (création d'inflammation, de perturbation de divisions cellulaires conduisant à des cancers).**

295 Pourquoi la couche d'ozone, dans la stratosphère, qui protège la vie sur Terre des rayonnements UV du Soleil, est-elle sous surveillance? **La couche d'ozone est surveillée depuis les années 80 car un trou s'y est formé, mais est en cours de résorption grâce à l'interdiction des gaz présents dans les aérosols, climatiseurs et autres réfrigérateurs.**

296 De 1970 à 2014, le nombre de vertébrés sauvages s'est effondré de 60 %, selon une étude WWF. Quelle est la principale cause de cette extinction? **La destruction des lieux d'habitat des animaux sauvages par les êtres humains.**

297 À quoi sert le glyphosate, produit chimique controversé? **Le glyphosate est un puissant herbicide empêchant les mauvaises herbes d'étouffer la croissance des plantes que l'on souhaite cultiver.**

298 Qu'est-ce que la phytoépuration ou lagunage? **La phytoépuration ou lagunage est un système de nettoyage des eaux par des plantes aquatiques naturellement purifiantes, dans une zone humide artificielle.**

299 Quelles sont les conséquences environnementales des grandes mines d'uranium françaises au Niger? **L'eau et l'air sont pollués créant des cas de malformations congénitales et de cancers chez les mineurs et les populations locales, impacts non traités par Orano (ex-Areva).**

300 La présence trop forte de nitrates et de phosphates dans les eaux continentales européennes, rend parfois l'eau impropre à la consommation. D'où vient majoritairement cet excès de nitrates et de phosphates? **Cet excès provient essentiellement de l'agriculture, suite à l'épandage de doses massives d'engrais azoté et de lisier (effluents d'élevage).**

301 Quels sont les effets de la monoculture? **La monoculture déséquilibre complètement l'écosystème en cassant la biodiversité : pour compenser les déséquilibres, il faut ajouter engrais, pesticides et herbicides qui augmentent le coût de production global.**

302 Quel est le milieu naturel ayant la plus grande biodiversité, mais étant également un des plus fragiles? **Les zones humides**

303 Qu'est-ce que le changement climatique? **Un changement climatique, ou dérèglement climatique, correspond à une modification durable du climat global de la Terre ou de ses divers climats régionaux, à cause de facteurs astronomiques (position Terre, énergie solaire…) ou de facteurs anthropiques.**

304 Qu'est-ce que la transition écologique? **La transition écologique est une évolution vers un nouveau modèle économique et social, fondé sur le développement durable : le but est de revoir les façons de consommer, produire, travailler pour répondre aux grands enjeux environnementaux (changement climatique, rareté des ressources, perte accélérée de la biodiversité, multiplication des risques sanitaires environnementaux).**

GÉOGRAPHIE

305 Combien faut-il approximativement de canettes en aluminium pour faire un cadre de vélo adulte ? **700**

306 Combien faut-il approximativement de bouteilles plastiques de 1,5 l pour faire un pull en laine polaire de grammage 300 g ? **50**

307 Le recyclage du verre ne présente que des avantages, il a néanmoins un effet induit, lequel ? **Le recyclage du verre reçoit des subventions publiques pour maintenir la filière, mais au détriment de la consignation des bouteilles (filière encore moins onéreuse mais jugée archaïque en France).**

308 Pour préserver les ressources de la planète et nourrir l'humanité, quel changement pratiquer dans le régime alimentaire occidental ? **Limiter drastiquement la consommation de viande rouge et de produits laitiers car l'élevage est responsable d'une bonne part de la pollution des eaux, et de 14 % des émissions mondiales de gaz à effet de serre (autant que les transports) ; les pâturages et cultures destinées à l'alimentation animale utilisent des terres au détriment des forêts et autres cultures comestibles.**

309 Quel est le principe de fonctionnement des toilettes sèches ? **On utilise un bac (ou on creuse un trou) dans lequel, après chaque déjection, on met des copeaux de bois.**

310 Une maison ossature bois et isolée en laine de bois brûle-t-elle plus vite qu'une maison en béton isolée en laine de verre ? **En cas d'incendie, le bois transmet dix fois moins vite la chaleur que le béton, il n'explose pas mais brûle en se consumant lentement, et il conserve plus longtemps que les autres matériaux ses capacités mécaniques et de portance. Donc les pompiers sont autorisés à intervenir plus longtemps sous une charpente bois qu'une structure en béton ou acier.**

311 Qu'est-ce que l'indice de réparabilité mis en place en France depuis le 1er janvier 2020 ? **C'est l'indice qui permet de savoir si les produits électriques et électroniques sont réparables ou non.**

312 Pourquoi la tannerie des cuirs de chaussures n'est-elle quasiment plus faite en Europe, mais en Chine et au Bangladesh ? **Parce qu'en Europe, les réglementations en matière de protection environnementale et des ouvriers sont contraignantes et coûteuses, alors qu'en Asie, l'utilisation de sels de chrome (cancérigènes), de substances organiques chlorées, de métaux lourds (aluminium, nickel, plomb, mercure voire cyanure) n'est pas légiférée.**

313 Le coton biologique est-il le textile écologique par excellence ? **Non, car le tissu en coton biologique est teint avec des produits chimiques très nocifs interdits dans les usines européennes (colorants azoïques, colorants chlorés, métaux lourds pour la brillance), en concentration d'autant plus élevée que la couleur est foncée.**

314 Les biocarburants sont-ils écologiques ? **Les biocarburants ne participent pas à l'équilibre futur de la planète : les terres arables sont utilisées pour les engins motorisés et non pour nourrir les êtres vivants.**

315 Quelle conséquence inattendue ont eu les transports, notamment sur les milieux naturels ? **Le développement de la mobilité des hommes a entraîné le transport de passagers involontaires (frelon asiatique tueur d'abeilles, bactérie *Xylella fastidiosa* tueuse d'oliviers…) qui ont une action invasive sur les écosystèmes endémiques.**

316 Parmi les modes de transport suivants, lequel est le plus écologique ? **Le vélo en libre-service dans une ville.**

317 L'isolation est une des clefs de l'habitat écologique. Parmi les isolants suivants, lequel n'est pas écologique (c'est-à-dire qu'il épuise les ressources, qu'il se recycle ou s'élimine mal ou pas en fin de vie, qu'il est toxique ou qu'il provient de loin...)? **La laine de roche**

318 Quels sont les deux grands avantages des légumineuses (lentilles, petits pois, pois chiches...)? **Les légumineuses fertilisent le sol en l'enrichissant en azote et apportent aux consommateurs une forte quantité de protéines.**

319 Comment les technologies spatiales peuvent-elles contribuer à augmenter les rendements agricoles? **Les satellites permettent, à des stades clés de la croissance des cultures, de connaître leur état et de savoir quels intrants apporter, si nécessaire.**

320 Pourquoi les perturbateurs endocriniens (bisphénol A ou certains phtalates contenus dans les plastiques, pesticides, aliments, tickets de caisses...) sont-ils néfastes pour la santé? **Parce qu'ils génèrent des substances proches des hormones, que les glandes telles que la thyroïde prennent pour des hormones, ce qui a pour conséquence des malformations et des maladies (comme l'autisme) chez les enfants des sujets contaminés.**

321 Comment cuire ou réchauffer les aliments de manière écologique? **En utilisant un four solaire qui capte les rayonnements lumineux émis par le soleil (soit par effet de serre derrière une vitre, soit par concentration en un point grâce à des réflecteurs) et les transforme en chaleur.**

322 En quoi la pêche en France n'est-elle pas toujours respectueuse de l'environnement? **Les méthodes de pêches destructrices comme celle utilisant le chalut de fond, ne sont pas interdites, voire sont encouragées par des subventions.**

323 Les nanoparticules (un milliardième de mètre) de dioxyde de titane (E171), qui permettent de blanchir et de rendre les produits brillants (bonbons, dentifrice...) sont-elles toxiques? **Les nanoparticules de titane sont toxiques car elles peuvent traverser les membranes corporelles (cerveau, intestin, reins...) et provoquer une baisse du système immunitaire.**

324 Quel rôle jouent les milieux humides (marais, marécages, tourbières, mangroves...) dans l'environnement global? **Les milieux humides emmagasinent le CO_2 et jouent un rôle de bassin de rétention des eaux de surface (réduction des crues et inondations, mais aussi réserve d'eau pendant les sécheresses et rafraîchisseur d'air); près des côtes, ils sont une barrière naturelle, qui freine l'énergie des vagues et du vent (limitation de l'érosion du littoral).**

325 Qu'est-ce qu'un «locavore»? **Un locavore est une personne qui souhaite manger des produits de sa région (dans un rayon de 250 km au maximum) et de saison, pour diminuer la pollution due aux transports.**

326 Quel rôle joue une toiture végétalisée? **Une toiture végétalisée permet la fixation des poussières atmosphériques et des pollens (purification de l'air et des eaux de pluie, contribution à la biodiversité), fixation faite grâce à l'évapotranspiration des plantes. Cette humidité permet de rafraîchir l'air urbain en période chaude.**

327 Quelle technique permet de refroidir l'air sans polluer? **Le système traditionnel perse des tours à vent (Bâdgir) permet de refroidir l'air : une tour ajourée, très haute, capte le moindre souffle d'air. La différence de hauteur crée une faible différence de pression entre la base et le sommet de la tour qui aide l'air chaud à remonter et l'air frais à descendre vers le bas où il entre en contact avec l'eau d'un bassin, situé en dessous, d'où évaporation de l'eau. Cet échange de chaleur se traduit par une baisse considérable de la température de l'air.**

328 Comment fonctionne une pompe à chaleur? **Une pompe à chaleur permet de chauffer un logement grâce aux calories contenues dans la terre, l'eau de la nappe phréatique ou l'air. Un fluide frigorifique capte les calories de la source et passe d'un état liquide à un état d'ébullition (en moyenne, cette étape de chauffe utilise 1 kWh sur 3 kWh récupérés de la source calorifique). La vapeur ainsi créée est compressée et envoyée vers un condenseur qui restitue les calories au logement.**

329 Qu'est-ce que le bilan carbone? **Le bilan carbone est une démarche qui comptabilise l'ensemble des émissions de gaz à effet de serre liées à un produit ou une entité humaine (individu, groupe, collectivité…). Il vise à calculer les émissions directes (par exemple, les émissions d'une voiture lorsqu'elle roule) mais aussi les émissions indirectes, également dites «cachées» (par exemple, les émissions liées à la construction des différents matériaux d'une voiture).**

330 Quel est le principe de la compensation carbone? **Le principe de la compensation carbone est de montrer que les impacts d'une tonne de carbone émise quelque part (par les transports, le chauffage, l'industrie…) peuvent être neutralisés par la séquestration (CO_2 capturé par les arbres par exemple) ou la réduction d'une autre tonne de carbone ailleurs.**

331 L'industrie du tourisme peut-elle être néfaste pour l'environnement? **Oui, l'industrie du tourisme est à l'origine de 8 % des émissions mondiales des gaz à effet de serre (CO_2, méthane, oxydes d'azote…). Elle contribue à mettre les milieux naturels «sous cloche» en créant des espaces artificiellement naturels, mais en fait complètement maîtrisés par l'homme. Elle est source de transmission de maladies et de contamination par le transport involontaire de virus, germes, moustiques, insectes…**

332 Le méthane est un gaz contributeur à l'effet de serre. Pourtant, il peut être utile, pourquoi? **Le méthane est à l'origine d'une technique intéressante pour la gestion des déchets organiques : la méthanisation, qui présente le double avantage d'une valorisation organique et énergétique. Par exemple, la mise en place d'un circuit de méthanisation dans une exploitation agricole à partir du lisier ou de fumier peut lui assurer d'abord une autosuffisance énergique, également une revente d'énergie (biogaz), aussi une production d'engrais et enfin une absence de rejet polluant dans l'environnement.**

333 Que retrouve-t-on dans les océans en dehors des poissons à cause de l'activité humaine? **Dans les océans du globe se trouvent cinq grandes «plaques» de déchets plastiques (en fait, une multitude de microplastiques, d'un diamètre inférieur à 5 mm, en suspension à la surface ou jusqu'à 30 m de profondeur). Les courants marins les maintiennent dans une spirale, dite gyre océanique; la force centripète aspire alors lentement, en plusieurs années, tous les détritus qui flottent sur l'eau vers le centre de la spirale, où ils s'amalgament et d'où ils ne sortent jamais.**

334 Pourquoi l'ONU s'intéresse-t-elle aux 16 000 usines de dessalement d'eau de mer qui permettent d'avoir de l'eau douce partout dans le monde? **Parce que pour 1 litre d'eau douce produite, l'usine rejette en moyenne 1,5 litre de «saumure» (boue ultra-saline) et de produits chimiques à base de chlore et de cuivre, dans la mer et les rivières, ce qui bouleverse l'écosystème et augmente la température.**

335 Le réchauffement climatique accéléré par les activités humaines, a pour conséquence l'évaporation des mers, mais aussi la fonte des glaciers et des glaces polaires. Des estimations prévoient une augmentation de 1 m du niveau global de la mer en 2100.

Quel serait l'impact en Europe ? **En Europe, la moitié des Pays-Bas, une partie de la Belgique, du Danemark, du Pas-de-Calais et de la Camargue, ainsi que toute la région de Venise seraient sous les eaux.**

336 Que sont les OGM ? **Des organismes génétiquement modifiés**

337 Le réchauffement climatique a de nombreuses conséquences, mais laquelle touche le plus de monde en même temps ? **À chaque degré supplémentaire de réchauffement, un demi-milliard de personnes perd 20 % de son eau douce.**

338 Qu'est-ce que le biomimétisme ? **Le biomimétisme est une ingénierie qui cherche à concevoir des choses ou des organisations en s'inspirant du vivant, ce qui permet de les rendre plus écologiques et durables.**

339 Pourquoi l'huile de palme est-elle tant décriée ? **Comme l'huile de palme est extrêmement rentable, les pays tropicaux développent la culture du palmier à huile en défrichant des millions d'hectares de forêt primaire : la disparition de ces forêts entraîne une perte de biodiversité (animaux sauvages décimés par perte de leur habitat) et une diminution de l'absorption du CO_2.**

GÉOGRAPHIE

Astronomie

340 Qu'est-ce qu'une supernova ? **Une supernova est l'explosion cataclysmique d'une étoile libérant une quantité énorme d'énergie et rendant la supernova particulièrement brillante.**

341 Qu'est-ce qu'un trou noir ? **Un trou noir est une concentration très localisée de masse-énergie qui s'est effondrée sous sa propre force d'attraction et qui est devenue si compacte que même les photons de la lumière y sont attirés et ne peuvent en sortir.**

342 Qu'est-ce qu'une galaxie ? **Une galaxie est un ensemble d'étoiles liées par la gravité et qui gravitent autour d'un même centre.**

343 Quelles sont les planètes de notre système solaire ? **Notre système solaire est composé de huit planètes : Mercure, Vénus, Terre, Mars, Jupiter, Saturne, Uranus, Neptune.**

344 Qu'est-ce qu'une exoplanète ? **Une exoplanète est une planète située en dehors du système solaire.**

345 Qu'est-ce qu'une constellation ? **Une constellation est un groupe d'étoiles que les astronomes de l'Antiquité ont reliées entre elles pour se repérer dans le ciel.**

346 Pourquoi les étoiles brillent-elles ? **Une étoile est un amas de gaz chauds qui émet de la lumière.**

347 Qu'est-ce qu'une comète ? **Une comète est un corps céleste, au maximum d'une dizaine de kilomètres de diamètre, constitué de poussières et de glaces qui se subliment lorsqu'elles s'approchent du Soleil et créent une « queue ».**

348 Qu'est-ce qu'une étoile filante ? **Une étoile filante est un morceau de comète microscopique qui brûle en entrant dans l'atmosphère terrestre.**

349 Combien d'humains ont marché sur la Lune à ce jour ? **12 astronautes ont marché sur la Lune à ce jour.**

350 Que deviennent les empreintes de pas des astronautes sur la Lune? **Les traces de pas sur la Lune ne s'effacent pas car il n'y a ni vent ni pluie.**

351 Qu'est-ce qu'une météorite? **Une météorite est un corps rocheux d'origine extraterrestre et que l'on retrouve sur le sol terrestre.**

352 Le tourisme dans l'espace est déjà lancé. Parmi les projets suivants, lequel proposera les places les moins chères? **Dès 2022, la société Virgin Galactic pense pouvoir proposer des vols de quelques minutes en apesanteur dans l'espace.**

353 À quelle vitesse la Terre tourne-t-elle autour du Soleil? **La Terre tourne à plus de 100 000 km/h autour du Soleil.**

354 Quel est le rayon de la Terre à l'Équateur (la Terre étant un peu aplatie aux pôles, le rayon y est légèrement inférieur)? **6 378 km**

355 Pourquoi la Terre est-elle aussi appelée «Planète bleue»? **La Terre est aussi appelée «Planète bleue» parce que depuis l'espace, on voit surtout les océans qui occupent plus de la moitié de la surface terrestre.**

356 Quand a été créée la Terre? **La Terre s'est formée il y a 4,55 milliards d'années.**

357 Qu'est-ce que le big bang? **Le big bang correspond à la naissance de l'Univers c'est-à-dire à l'inflation cosmique qui fait passer l'espace de la taille d'une tête d'épingle à celle de plusieurs milliards d'années-lumière en une fraction de seconde.**

358 Quand la vie est-elle apparue sur Terre? **Les premières traces de vie unicellulaire sont apparues il y a 3,85 milliards d'années, dans les océans.**

359 L'histoire géologique de la Terre est marquée par des différentes périodes dites «ères». Combien y en a-t-il? **Il y a eu quatre ères géologiques.**

360 Quels continents existaient sur Terre il y a 250 millions d'années? **Il y a 250 millions d'années, un seul continent existait : la Pangée.**

361 La dérive des continents faisant bouger les continents de quelques centimètres par an, quel sera le nouveau visage du monde dans 50 millions d'années? **Suite à la dérive des continents, dans 50 millions d'années, la mer Méditerranée n'existera plus car elle sera ouverte sur la mer Rouge et la Corne de l'Afrique sera une île.**

362 Quelle est la taille du Soleil par rapport à la Terre? **Le Soleil est 1 000 000 fois plus grand que la Terre.**

363 Quels sont les systèmes concurrents au GPS américain pour se positionner avec exactitude partout dans le monde, que l'on soit un civil ou un militaire (système de navigation satellitaire)? **Galileo (européen), Beidou-2 (chinois), GLONASS (russe)**

364 Combien de satellites aura Galileo lors de sa mise en service complète? **30**

365 Qu'est-ce qu'un satellite héliosynchrone? **Un satellite héliosynchrone possède une orbite qui forme toujours le même angle avec l'axe Terre-Soleil, tout au long de l'année, autrement dit, il passe toujours à la même heure solaire locale au-dessus d'un même point de la Terre.**

366 À quelle distance de la Terre tourne un satellite géostationnaire (satellite artificiel se déplaçant à la même vitesse que la Terre, donc restant constamment au-dessus du même point)? **36 000 km**

367 Qu'appelle-t-on «l'étoile du Berger»? **La planète Vénus**

368 Pourquoi la planète Mars est-elle surnommée la « planète rouge » ? **Car son sol rocheux est rouge du fait d'une forte concentration en oxydes de fer.**

369 Quels sont les deux satellites naturels de Mars ? **Phobos et Déimos**

370 Qu'est-ce qu'une éclipse de Soleil ? **Lorsque la Lune est entre le Soleil et la Terre.**

371 Qu'est-ce que le vent solaire ? **Le vent solaire est l'émission, en grande quantité, de particules chargées électriquement lors d'une éruption solaire.**

372 Qu'est-ce qu'une aurore polaire (boréale au pôle Nord, australe au pôle Sud) ? **Une aurore polaire est le phénomène de collision de vent solaire (non dévié par le champ magnétique de la Terre au niveau des pôles) avec des atomes d'oxygène et d'azote présents en haute atmosphère.**

373 Combien de satellites naturels Jupiter a-t-il (nombre reconnu en 2018) ? **79**

374 Quelle est la taille de l'Univers ? **Pas de taille mesurable car on ne connaît pas les limites de l'Univers**

375 Qu'est-ce qu'un quasar (« quasi-stellar » en anglais) ? **Un quasar est un astre émettant une grande énergie, situé au centre d'une galaxie massive, très lointaine.**

376 On distingue les étoiles naines et les étoiles géantes, une même étoile pouvant passer d'une typologie à une autre selon le stade de sa vie. Mais sur quel(s) critère(s) classe-t-on les étoiles ? **Le critère de la température et celui de la luminosité.**

377 Qu'est-ce qu'une nébuleuse ? **Une nébuleuse est un nuage de gaz et de poussières répandu dans l'espace interstellaire.**

378 À combien évalue-t-on le nombre d'étoiles dans la Voie Lactée ? **Environ 250 milliards**

379 Qu'est-ce que l'unité « année-lumière » ? **C'est l'unité utilisée en astronomie correspondant à la distance parcourue dans le vide en une année (de célérité 300 000 km/s).**

380 Qu'est-ce que le vide intersidéral ? **Le vide intersidéral est le milieu cosmique entre les étoiles constitué de particules émises par les étoiles, de poussières et de nuages de gaz.**

381 De quoi sont constitués les anneaux de Saturne ? **Les anneaux de Saturne sont constitués de milliards de blocs de glace.**

382 La distance entre la Terre et le Soleil est-elle immuable ? **La Terre s'éloigne du Soleil.**

383 Quel effet induit la force de Coriolis sur la Terre ? **La force de Coriolis dévie la trajectoire de tous les corps qui se déplacent sur Terre (vers leur droite dans l'hémisphère Nord, vers leur gauche dans l'hémisphère Sud).**

384 Qu'est-ce qu'une planète tellurique ? **Une planète tellurique est une planète composée essentiellement de roches et de métaux, sur trois niveaux (noyau, manteau et croûte).**

385 Qu'est-ce qu'une orbite en astronomie ? **Une orbite est la trajectoire (circulaire, elliptique, parabolique) décrite périodiquement par un corps céleste autour d'un autre corps céleste, sous l'effet de la gravitation.**

386 Sans compter les nombreux petits débris spatiaux, combien de satellites artificiels (opérationnels ou non) tournent autour de la Terre depuis le début des lancements en 1957 ? **~ 5 000**

387 Qu'est-ce qu'un satellite géostationnaire autour de la Terre ? **Un satellite géostationnaire est localisé dans le plan équatorial de la Terre, à 36 000 km**

d'altitude et il reste constamment au-dessus du même point de la surface (pour les télécommunications ou la météo).

388 Que sont les « CubeSats » ? **Un CubeSat est un microsatellite, rapide à fabriquer et dont le lancement est peu coûteux ; il pèse moins de 1,33 kg, pour un volume de 10^3 cm, selon la norme développée par des universitaires américains en 1999.**

389 Combien y a-t-il de constellations (étoiles regroupées en motif) dans le ciel ? **88**

390 Quelle est la grande galaxie la plus proche de la nôtre (la Voie lactée) et qui entrera en collision (avec fusion) avec elle dans 4 milliards d'années ? **Andromède**

391 Comment nomme-t-on les planètes ? **L'Union astronomique internationale valide les noms des planètes, pris dans la mythologie mondiale ou repris du nom du découvreur ou par numérotation incrémentale.**

392 Que sont les neutrinos ? **Les neutrinos sont des particules élémentaires ultralégères provenant du Soleil et de l'espace interstellaire suite à des cataclysmes cosmiques (trous noirs, big bang...) ; ils se déplacent en ligne droite, traversant tout sur le passage, à une vitesse proche de la lumière, sans s'arrêter.**

393 Sur Terre, quel est le critère majeur pour une bonne implantation d'observatoire astronomique ? **Dans une zone désertique (désert chaud, désert froid, désert dû à l'altitude).**

394 Quelles sont les stations spatiales fonctionnelles encore en orbite autour de la Terre ? **ISS (internationale) et Tiangong (chinoise)**

395 Qu'est-ce qu'une sonde spatiale ? **Une sonde spatiale est un vaisseau non habité envoyé par l'homme pour explorer de plus près, dans des conditions meilleures que sur Terre, des objets du système solaire ou au-delà.**

396 Quels pays possèdent une base active de lancement de fusées ? **Brésil, Chine, Corée du Nord, Corée du Sud, États-Unis, France, Inde, Iran, Israël, Japon, Russie (Kazakhstan)**

397 Comment évoluent les anneaux d'une planète comme Saturne ? **Les anneaux disparaissent, comme autour de Jupiter.**

398 L'espace est-il une zone où tout est permis et où la guerre pourrait avoir lieu ? **Il existe à ce jour cinq traités dont le guide de droit international MILAMOS, applicable à l'usage militaire de l'espace extra-atmosphérique en cas de tensions ou d'hostilités, pour renforcer la transparence et la confiance entre les puissances spatiales.**

399 Pourquoi sommes-nous très dépendants aujourd'hui de l'espace ? **Les installations spatiales font fonctionner notre économie, ainsi environ 7 % du PIB des pays riches dépendent du GPS (agriculture, navigation, communication...).**

400 Quel est le principal risque généré par les débris spatiaux ? **Le risque est celui de la réaction en chaîne : les morceaux de fusées, vieux satellites, outils perdus par des astronautes... se percutent et créent de nouveaux débris, qui eux aussi se percutent, etc.**

THÈME 6

Sciences

Les scientifiques et découvertes scientifiques

→ **Retrouvez le corrigé de cette série page 443.**

1 Quel scientifique a énoncé la loi de gravitation ?

- A. Johannes Kepler
- B. Isaac Newton
- C. Nikola Tesla
- D. Christian Huygens

2 Qui a eu le prix Nobel de chimie en 1911 ?

- A. Johannes Bronsted
- B. Marie Curie
- C. Peter Debye
- D. Henry Le Chatelier

3 On attribue la phrase : « Rien ne se perd, tout se transforme » à :

- A. Antoine Lavoisier
- B. Robert Boyle
- C. Amadéo Avogadro
- D. Albert Einstein

4 Qui est le physicien et philosophe à qui l'on doit la célèbre pensée « Je pense donc je suis » ?

- A. Pierre de Fermat
- B. René Descartes
- C. Isaac Newton
- D. Simon Stevin

5 De qui sont les quatre équations qui décrivent le comportement et les relations du champ électromagnétique ainsi que son interaction avec la matière ?

- A. Maxwell
- B. Fabre
- C. Fresnel
- D. Becquerel

6 On lui doit la classification des éléments :

- A. Johann Döbereiner
- B. Dimitri Mendeleïev
- C. William Ramsay
- D. Robert Bunsen

7 Il a amélioré l'ampoule électrique :

- A. James Watt
- B. Thomas Edison
- C. Nikola Tesla
- D. George Westinghouse

8 Suédois, il a laissé son nom à des prix que l'on remet tous les ans dans différentes disciplines, mais il est aussi l'inventeur de la dynamite :

- A. Alfred Nobel
- B. Wolfgang Pauli
- C. Gilbert Lewis
- D. Søren Sørensen

9 Son invention est nommée la « Pascaline », c'est :

- A. Un métier à tisser
- B. Une machine à calculer
- C. Une sauce béchamel
- D. Une baïonnette

10 On doit l'invention de la première pile à :

- A. Alessandro Volta
- B. Edme Mariotte
- C. Heinrich Hertz
- D. Enrico Fermi

11 Son invention, la machine à vapeur, a révolutionné les transports. Qui est-ce ?

- A. Denis Papin
- B. Léonard de Vinci
- C. Pierre Simon de Laplace
- D. Carl Friedrich Gauss

12 **Il a inventé le thermomètre à mercure en 1742.Qui est-ce?**

- ○ **A.** Anders Celsius
- ○ **B.** Daniel Fahrenheit
- ○ **C.** Galilée
- ○ **D.** Isaac Newton

13 **Qui a inventé le moteur à essence?**

- ○ **A.** Gottlieb Daimler
- ○ **B.** Rudolf Diesel
- ○ **C.** Nikolaus Otto
- ○ **D.** Étienne Lenoir

14 **Il est célèbre autant pour son chat que pour son équation. Qui est-ce?**

- ○ **A.** Stephen Hawking
- ○ **B.** Albert Einstein
- ○ **C.** Max Planck
- ○ **D.** Erwin Schrödinger

15 **Il eut le prix Nobel de physique, en 1929, pour avoir découvert la nature ondulatoire des électrons. Qui est-ce?**

- ○ **A.** Albert Einstein
- ○ **B.** Richard Feynman
- ○ **C.** Louis de Broglie
- ○ **D.** Paul Dirac

16 **On lui doit le principe d'incertitude. Qui est-ce?**

- ○ **A.** Werner Heisenberg
- ○ **B.** Max Planck
- ○ **C.** Niels Bohr
- ○ **D.** Max Born

17 **Il mit en évidence le noyau atomique. Qui est-ce?**

- ○ **A.** Johannes Bronsted
- ○ **B.** Gilbert Lewis
- ○ **C.** Enrico Fermi
- ○ **D.** Ernest Rutherford

18 **Qui découvrit le neutron et pour cela reçut le prix Nobel de physique en 1935?**

- ○ **A.** James Chadwick
- ○ **B.** Niels Bohr
- ○ **C.** Ernest Rutherford
- ○ **D.** Friedrich Hund

19 **Michael Faraday découvrit :**

- ○ **A.** L'interaction faible
- ○ **B.** L'interaction gravitationnelle
- ○ **C.** L'interaction électromagnétique
- ○ **D.** L'interaction forte

20 **Qui a découvert la structure de l'ADN?**

- ○ **A.** Watson et Crick
- ○ **B.** Snell et Descartes
- ○ **C.** Boyle et Mariotte
- ○ **D.** Beer et Lambert

21 **Hubble a découvert que :**

- ○ **A.** Les galaxies s'éloignent les unes des autres à une vitesse proportionnelle à leur distance.
- ○ **B.** L'intensité de la pesanteur varie avec l'altitude
- ○ **C.** Les planètes décrivent des ellipses autour du Soleil
- ○ **D.** La valeur de la vitesse de la lumière

22 **Christian Huygens est connu entre autres pour :**

- ○ **A.** La théorie sur la nature ondulatoire de la lumière
- ○ **B.** La théorie sur le modèle atomique
- ○ **C.** La théorie sur la gravitation
- ○ **D.** La théorie sur les interférences

23 **Quel est le scientifique qui a découvert les rayons X en 1895?**

- ○ **A.** Ernest Rutherford
- ○ **B.** Wilhelm Röntgen
- ○ **C.** Robert Millikan
- ○ **D.** Henri Becquerel

24 **Qui inventa le spectroscope?**

- ○ **A.** Joseph von Fraunhofer
- ○ **B.** Augustin Fresnel
- ○ **C.** Thomas Young
- ○ **D.** François Arago

25 **Il est célèbre pour avoir découvert des ondes électromagnétiques non visibles qui portent son nom. Qui est-ce?**

- ○ **A.** Georg Ohm
- ○ **B.** Heinrich Hertz
- ○ **C.** Gustav Kirchhoff
- ○ **D.** Karl Koenig

26 **Qui a révolutionné la biologie avec son ouvrage «*L'origine des espèces*»?**

- ○ **A.** Linné
- ○ **B.** Buffon
- ○ **C.** Lamarck
- ○ **D.** Charles Darwin

27 **Je fus le premier à déchiffrer les hiéroglyphes. Qui suis-je?**

- ○ **A.** Heinrich Schliemann
- ○ **B.** Jean-François Champollion
- ○ **C.** Howard Carter
- ○ **D.** Jacob Roggeveen

28 **Découverte en 1974 sur le site d'Hadar, en Éthiopie, j'ai longtemps été considérée comme la représentante d'une espèce à l'origine de la lignée humaine, je suis :**

- ○ **A.** Mary
- ○ **B.** Abbie
- ○ **C.** Lucy
- ○ **D.** Kylie

29 **Qui est le père fondateur des lois de la génétique?**

- ○ **A.** Hugo de Vries
- ○ **B.** Louis Pasteur
- ○ **C.** Alexander Fleming
- ○ **D.** Johann Gregor Mendel

30 **On lui doit un théorème très célèbre utilisé dans un triangle rectangle. Qui est-ce?**

- ○ **A.** Euclide
- ○ **B.** Pythagore
- ○ **C.** Leucippe
- ○ **D.** Ptolémée

31 **Pendant longtemps sa géométrie fut la seule qui existait. Comment se nomme-t-il?**

- ○ **A.** Archimède
- ○ **B.** Euclide
- ○ **C.** Platon
- ○ **D.** Aristote

32 **Célèbre par ses «pensées», il l'est aussi par son triangle. Qui est-il?**

- ○ **A.** Blaise Pascal
- ○ **B.** Pierre de Fermat
- ○ **C.** René Descartes
- ○ **D.** Montesquieu

33 **Mort très jeune, je suis un précurseur de la théorie des groupes. Qui suis-je?**

- ○ **A.** Évariste Galois
- ○ **B.** Adrien Marie Legendre
- ○ **C.** Joseph-Louis Lagrange
- ○ **D.** Augustin Louis Cauchy

34 **Le prix Nobel de chimie 2019 a été attribué à John Goodenough, Stanley Whittingham et Akira Yoshino pour :**

- ○ **A.** Le développement de la batterie au lithium-ion
- ○ **B.** La création d'un anneau de carbone pur
- ○ **C.** Le graphène
- ○ **D.** La cryomicroscopie électronique

35 **Qui est célèbre pour sa courbe en cloche?**

- ○ **A.** Carl Friedrich Gauss
- ○ **B.** Nikola Tesla
- ○ **C.** Gustav Kirchhoff
- ○ **D.** Sadi Carnot

36 **Qui est célèbre pour sa force qi dévie tout corps en mouvement dans l'hémisphère Nord vers sa droite, et vers sa gauche dans l'hémisphère Sud?**

- ○ **A.** Coriolis
- ○ **B.** Cauchy
- ○ **C.** Newton
- ○ **D.** Copernic

37 **Qui a vérifié et rendu manifeste la rotation quotidienne de la Terre en utilisant la rotation libre du plan d'oscillation d'un pendule?**

- ○ **A.** Léon Foucault
- ○ **B.** Umberto Eco
- ○ **C.** François Arago
- ○ **D.** Augustin Fresnel

38 **J'ai construit le premier télégraphe. Qui suis-je?**

- ○ **A.** Samuel Morse
- ○ **B.** Thomas Edison
- ○ **C.** Charles Wheatstone
- ○ **D.** William Cooke

39 **À qui doit-on le premier pneu démontable?**

- ○ **A.** John Boyd Dunlop
- ○ **B.** Édouard et André Michelin
- ○ **C.** Charles Goodyear
- ○ **D.** Thomas Hancock

40 **Qui fut le premier à déposer le brevet du téléphone?**

- ○ **A.** Alexander Graham Bell
- ○ **B.** Charles Bourseul
- ○ **C.** Elisha Gray
- ○ **D.** Thomas Edison

41 **J'ai pris la première photographie. Qui suis-je?**

- ○ **A.** Nicéphore Niepce
- ○ **B.** George Eastman
- ○ **C.** Fox Calo
- ○ **D.** Oskar Barnack

42 **Sans eux, il n'y aurait pas de cinéma. Qui sont-ils?**

- ○ **A.** Les frères Lumières
- ○ **B.** Les frères Karamazov
- ○ **C.** Les frères Piccard
- ○ **D.** Les frères Kelly

43 **Qui est l'inventeur de la carte à mémoire ou carte à puce?**

- ○ **A.** Louis Lépine
- ○ **B.** Roland Moreno
- ○ **C.** Jean Vasseur
- ○ **D.** Gilles Ebersolt

44 **Un microscope à effet tunnel sert à :**

- ○ **A.** Observer des cellules végétales
- ○ **B.** Étudier la matière au niveau atomique
- ○ **C.** Creuser un tunnel
- ○ **D.** Observer les étoiles

45 **Qui a reçu le prix Nobel de physique, en 1991, pour ses travaux sur les cristaux liquides et les polymères?**

- ○ **A.** Georges Charpak
- ○ **B.** Pierre-Gilles de Gennes
- ○ **C.** Yves Rocard
- ○ **D.** Alfred Kastler

46 **Qui aétabli les lois de rotation de la polarisation de la lumière?**

- ○ **A.** Jean-Baptiste Biot
- ○ **B.** Claude-Louis Mathieu
- ○ **C.** Jean Chaptal
- ○ **D.** Louis Joseph Gay-Lussac

47 **Quia découvert les lois du rayonnement de la chaleur?**

- ○ **A.** Étienne Malus
- ○ **B.** Wilhelm Wien
- ○ **C.** James Joule
- ○ **D.** Christian Huygens

48 **C'est le premier qui a remarqué que la baleine n'était pas un poisson. Qui est-ce?**

- ○ **A.** Bernard de Jussieu
- ○ **B.** Jacques-Henri Bernardin de Saint-Pierre
- ○ **C.** Philibert Commerson
- ○ **D.** John Ray

49 **Qui est connu pour sa théorie de la « dérive des continents » ?**

- ○ **A.** Alfred Wegener
- ○ **B.** Fritz Loewe
- ○ **C.** RasmusVillumsen
- ○ **D.** Émile Argand

50 **Une photo de l'espace a fait sensation en 2019 ; c'est la photo :**

- ○ **A.** D'un trou noir
- ○ **B.** De la nébuleuse du Crabe
- ○ **C.** De la ceinture d'astéroïdes
- ○ **D.** De la Lune

51 **Souvent associé à Boyle, il a découvert la tache aveugle de l'œil. Qui est-il?**

- ○ **A.** Edme Mariotte
- ○ **B.** Gilles Personne de Roberval
- ○ **C.** Philippe de La Hire
- ○ **D.** Denis Papin

52 **À qui doit-on la réplication de l'ADN?**

- ○ **A.** Jacques Monod et André Lwoff
- ○ **B.** Matthew Meselson et Franklin Stahl
- ○ **C.** Théodore Monod et Konrad Lorenz
- ○ **D.** Andrée Tétry et Henri Laborit

53 **Qui a découvert la relation entre l'électricité et le magnétisme?**

- ○ **A.** Gustav Robert Kirchhoff
- ○ **B.** Hans Christian Ørsted
- ○ **C.** Joseph John Thomson
- ○ **D.** Ernest Rutherford

54 **Leur expérience était de déterminer la vitesse de la lumière dans son support supposé, l'éther. Qui sont-ils?**

- ○ **A.** Beer et Lambert
- ○ **B.** Boyle et Mariotte
- ○ **C.** Michelson et Morley
- ○ **D.** Snell et Descartes

55 **Qui a décrit correctement les effets des ondes de choc observés lors du déplacement supersonique d'un projectile?**

- ○ **A.** Ernst Mach
- ○ **B.** Hippolyte Fizeau
- ○ **C.** Augustin Fresnel
- ○ **D.** Max Planck

56 **Qui est le père de la physique statistique?**

- ○ **A.** Ludwig Boltzmann
- ○ **B.** Jozef Stefan
- ○ **C.** Jean Perrin
- ○ **D.** Josef Loschmidt

57 **Qui émet l'hypothèse que les protons, neutrons et autres hadrons sont composés de plus petites particules, les quarks?**

- ○ **A.** James Bjorken
- ○ **B.** Victor Weisskopf
- ○ **C.** Murray Gell-Mann
- ○ **D.** Richard Feynman.

58 **Je suis le père de la bombe atomique. Qui suis-je?**

- ○ **A.** Albert Einstein
- ○ **B.** J. Robert Oppenheimer
- ○ **C.** Enrico Fermi
- ○ **D.** Percy Bridgman

59 **Je suis connu, entre autres, pour mon principe d'exclusion. Qui suis-je?**

- ○ **A.** Friedrich Hund
- ○ **B.** Vsevolod Klechkowski
- ○ **C.** Wolfgang Pauli
- ○ **D.** Paul Dirac

60 **Mon effet porte mon nom et est aussi utilisé en médecine. Qui suis-je ?**

- ○ **A.** Doppler
- ○ **B.** Papillon
- ○ **C.** Magnus
- ○ **D.** Serre

61 **Qui inventa le concept d'entropie ?**

- ○ **A.** Rudolf Clausius
- ○ **B.** Émile Clapeyron
- ○ **C.** Willard Gibbs
- ○ **D.** Sadi Carnot

62 **Grand voyageur et scientifique, j'ai fait connaître entre autre à l'Amérique du Nord et à l'Europe les propriétés fertilisantes du guano. Qui suis-je ?**

- ○ **A.** Aimé Bonpland
- ○ **B.** Alexander von Humboldt
- ○ **C.** François Arago
- ○ **D.** Louis Joseph Gay-Lussac

63 **J'ai reçu le prix Nobel de physique, en 1997, pour avoir refroidi et confiné des atomes avec un laser. Qui suis-je ?**

- ○ **A.** Alfred Kastler
- ○ **B.** Claude Cohen-Tannoudji
- ○ **C.** Bernard Diu
- ○ **D.** Louis Leprince-Ringuet

64 **Qui a contribué à la mise au point et à la production d'explosifs sans fumée, qui seront très utilisés durant la Première Guerre mondiale ?**

- ○ **A.** Marcellin Berthelot
- ○ **B.** Jean-Baptiste Dumas
- ○ **C.** Paul Sabatier
- ○ **D.** Amedeo Avogadro

65 **Ses séries et la transformation qui porte son nom sont incontournables dans la théorie du signal, imagerie numérique, compression de données, dans l'exploitation des systèmes 3G, 4G. Qui est-il ?**

- ○ **A.** Pierre-Simon de Laplace
- ○ **B.** Joseph-Louis Lagrange
- ○ **C.** Gaspard Monge
- ○ **D.** Joseph Fourier

66 **Une marque de soupe porte son nom, car il est l'inventeur de l'agriculture industrielle. Qui est-ce ?**

- ○ **A.** Justus von Liebig
- ○ **B.** Friedrich Wöhler
- ○ **C.** Carl August von Steinheil
- ○ **D.** Adolf Eugene Fick

67 **Grand scientifique de la période napoléonienne, une force, une transformation et une équation portent au moins son nom. Qui est-ce ?**

- ○ **A.** Joseph-Louis Lagrange
- ○ **B.** Pierre Simon de Laplace
- ○ **C.** Adrien-Marie Legendre
- ○ **D.** Abraham de Moivre

68 **Je reçois le prix Nobel de physique en 1992 pour, entre autres, la chambre proportionnelle « multifils ». Qui suis-je ?**

- ○ **A.** Pierre Léna
- ○ **B.** Yves Quéré
- ○ **C.** Georges Charpak
- ○ **D.** Claude Hennion

69 **L'effet qui porte mon nom est un phénomène de la dynamique des fluides. Qui suis-je ?**

- ○ **A.** Venturi
- ○ **B.** Doppler
- ○ **C.** Magnus
- ○ **D.** Serre

70 **J'ai découvert les villes de Troie et de Mycènes. Qui suis-je ?**

- ○ **A.** Heinrich Schliemann
- ○ **B.** Carl Blegen
- ○ **C.** Wilhelm Dörpfeld
- ○ **D.** Richard Böhm

71 **Qui est connu pour avoir inventé le baromètre?**

- ○ **A.** Evangelista Torricelli
- ○ **B.** Bonaventura Cavalieri
- ○ **C.** Raffaello Magiotti
- ○ **D.** Antonio Nardi

72 **Le 4 novembre 1922, je découvre dans la Vallée des Rois la tombe de Toutankhamon. Qui suis-je?**

- ○ **A.** Howard Carter
- ○ **B.** Gaston Maspero
- ○ **C.** Henri Naville
- ○ **D.** Arnold Schaefer

73 **Je n'ai aucun lien de parenté avec Joe, William, Jack et Averell et suis aussi connu pour mes recherches sur une anomalie des yeux dont le nom dérive du mien. Qui suis-je?**

- ○ **A.** Louis Joseph Gay-Lussac
- ○ **B.** John Dalton
- ○ **C.** Joseph Louis Proust
- ○ **D.** Jöns Berzelius

74 **Mon nom est associé à un effet qui peut donner le tournis au gardien de but au football. Je suis :**

- ○ **A.** Gustav Magnus
- ○ **B.** Walther Meissner
- ○ **C.** Rudolf Mössbauer
- ○ **D.** Søren Larsen

75 **Il est à l'origine de l 'invention du paratonnerre. Qui est-ce?**

- ○ **A.** Franz Mesmer
- ○ **B.** George Washington
- ○ **C.** Benjamin Franklin
- ○ **D.** Gilbert du Motier marquis de La Fayette

76 **On lui doit la mesure de la vitesse de la lumière avec une roue dentée tournant à vitesse constante. Qui est-ce?**

- ○ **A.** Hippolyte Fizeau
- ○ **B.** Albert Einstein
- ○ **C.** Max Planck
- ○ **D.** François Arago

77 **Qui a trouvé une relation entre la tension électrique, l'intensité du courant et la résistance électrique?**

- ○ **A.** Gustav Kirchhoff
- ○ **B.** Georg Ohm
- ○ **C.** Edward Norton
- ○ **D.** Charles Wheatstone

78 **Qui a synthétisé l'acide acétylsalicylique plus connu sous le nom aspirine?**

- ○ **A.** Ernst Beckmann
- ○ **B.** Félix Hoffmann
- ○ **C.** Friedrich Bayer
- ○ **D.** Hans Fisher

79 **J'ai imaginé un moyen de transport à grande vitesse appelé Hyperloop. Qui suis-je?**

- ○ **A.** Bill Gates
- ○ **B.** Elon Musk
- ○ **C.** Steve Jobs
- ○ **D.** Warren Buffet

80 **À 26 ans j'ai fait décoller un engin sans élan, précurseur de l'hélicoptère. Qui suis-je?**

- ○ **A.** Paul Cornu
- ○ **B.** Louis Blériot
- ○ **C.** Louis Paulhan
- ○ **D.** Roland Garros

Le corps humain

→ **Retrouvez le corrigé de cette série page 446.**

81 Le centre de contrôle hormonal humain est :

- ○ **A.** Le foie
- ○ **B.** Le cœur
- ○ **C.** L'épiphyse
- ○ **D.** L'hypothalamus

82 Les cellules sensorielles de l'œil sont situées :

- ○ **A.** Sur la cornée
- ○ **B.** Sur l'iris
- ○ **C.** Sur la rétine
- ○ **D.** Sur la pupille

83 Le plus petit os du corps est :

- ○ **A.** Le marteau
- ○ **B.** L'enclume
- ○ **C.** L'étrier
- ○ **D.** Le palatin

84 La patella est un os appartenant :

- ○ **A.** Au membre inférieur
- ○ **B.** Au membre supérieur
- ○ **C.** Au tronc
- ○ **D.** Au crâne

85 Le côlon mesure :

- ○ **A.** 50 cm
- ○ **B.** 1 m
- ○ **C.** 1,5 m
- ○ **D.** 3 m

86 Les îlots de Langerhans sont des cellules hormonales sécrétantes issues :

- ○ **A.** Du foie
- ○ **B.** Du rein
- ○ **C.** Du pancréas
- ○ **D.** Du cœur

87 L'insuline est une hormone impliquée dans le transport :

- ○ **A.** Du glucose
- ○ **B.** De l'hémoglobine
- ○ **C.** Des protéines
- ○ **D.** Des vitamines

88 La fécondation a lieu dans :

- ○ **A.** L'utérus
- ○ **B.** La trompe
- ○ **C.** Le vagin
- ○ **D.** L'ovaire

89 L'ovulation est due au pic hormonal de :

- ○ **A.** LH
- ○ **B.** Estrogène
- ○ **C.** Progestérone
- ○ **D.** Testostérone

90 Combien de dents possède un être humain ?

- ○ **A.** 18
- ○ **B.** 24
- ○ **C.** 32
- ○ **D.** 40

91 Les os sont essentiellement composés de :

- ○ **A.** Magnésium
- ○ **B.** Iode
- ○ **C.** Calcium
- ○ **D.** Lithium

92 Combien de paires de chromosomes possède un homme ?

- ○ **A.** 20
- ○ **B.** 21
- ○ **C.** 23
- ○ **D.** 46

93 L'énergie des cellules est produite par :

- ○ **A.** Le noyau
- ○ **B.** Les mitochondries
- ○ **C.** Les lysosomes
- ○ **D.** La membrane

94 **L'information génétique est contenue dans :**

- ○ **A.** Le noyau
- ○ **B.** La membrane plasmique
- ○ **C.** Les mitochondries
- ○ **D.** Les lysosomes

95 **Laquelle de ces cellules est composée d'un noyau?**

- ○ **A.** Les procaryotes
- ○ **B.** Les eucaryotes
- ○ **C.** Les virus
- ○ **D.** Aucune des trois

96 **La surface de la peau sur le corps est en moyenne de :**

- ○ **A.** 0,5 m^2
- ○ **B.** 2 m^2
- ○ **C.** 5 m^2
- ○ **D.** 10 m^2

97 **Le diaphragme est :**

- ○ **A.** Un os
- ○ **B.** Une artère
- ○ **C.** Une articulation
- ○ **D.** Un muscle

98 **Le diaphragme joue un rôle dans :**

- ○ **A.** La respiration
- ○ **B.** La digestion
- ○ **C.** La circulation sanguine
- ○ **D.** La mémoire

99 **Les spermatozoïdes sont constitués au niveau :**

- ○ **A.** De la prostate
- ○ **B.** Des testicules
- ○ **C.** Du pénis
- ○ **D.** De la vessie

100 **L'hormone impliquée dans le sommeil est :**

- ○ **A.** La cortisone
- ○ **B.** La progestérone
- ○ **C.** La testostérone
- ○ **D.** La mélatonine

101 **L'insuline est une hormone sécrétée par :**

- ○ **A.** Le pancréas
- ○ **B.** La thyroïde
- ○ **C.** Le cœur
- ○ **D.** La vessie

102 **Les os de l'avant-bras sont :**

- ○ **A.** Le tibia et la fibula
- ○ **B.** L'ulna et le radius
- ○ **C.** Le tibia et le radius
- ○ **D.** Humérus et l'ulna

103 **Le fémur est l'os :**

- ○ **A.** De la cuisse
- ○ **B.** De la jambe
- ○ **C.** Du bras
- ○ **D.** De l'avant-bras

104 **Le sphénoïde est un os :**

- ○ **A.** De la hanche
- ○ **B.** Du coude
- ○ **C.** De la tête
- ○ **D.** Du pied

105 **Le deltoïde est un muscle :**

- ○ **A.** Du torse
- ○ **B.** De la fesse
- ○ **C.** Du cou
- ○ **D.** De l'épaule

106 **L'œil est composé successivement de :**

- ○ **A.** Cornée / iris / cristallin / rétine
- ○ **B.** Cristallin / cornée / iris / rétine
- ○ **C.** Cornée / cristallin / iris / rétine
- ○ **D.** Iris / rétine / cristallin / cornée

107 **La couleur des yeux est due à une coloration de :**

- ○ **A.** La rétine
- ○ **B.** La pupille
- ○ **C.** De l'iris
- ○ **D.** Du cristallin

108 **Une trachéotomie est une opération qui consiste à ouvrir :**

- ○ **A.** La trachée
- ○ **B.** Le larynx
- ○ **C.** L'œsophage
- ○ **D.** Le pharynx

109 **Le pharynx est composé successivement de :**

- ○ **A.** Oropharynx / Nasopharynx / Laryngopharynx
- ○ **B.** Nasopharynx / Oropharynx / Laryngopharynx
- ○ **C.** Oropharynx / Laryngopharynx / Nasopharynx
- ○ **D.** Nasopharynx / Laryngopharynx / Oropharynx

110 **La carotide est :**

- ○ **A.** Une artère entre le cœur et la tête
- ○ **B.** Un os de l'oreille
- ○ **C.** Une veine entre le cœur et la tête
- ○ **D.** Un pigment naturel de la peau

111 **Laquelle de ces propositions est fausse à propos des globules rouges ?**

- ○ **A.** Ils sont aussi appelés érythrocytes
- ○ **B.** Ils sont à l'origine du transport d'oxygène dans l'organisme
- ○ **C.** On parle d'anémie en cas de diminution de leurs nombres
- ○ **D.** C'est une cellule qui possède un gros noyau sphérique

112 **Laquelle de ces propositions à propos des globules blancs est exacte ?**

- ○ **A.** Ils sont à l'origine du transport d'oxygène dans l'organisme
- ○ **B.** Ils jouent un rôle clé dans le système immunitaire
- ○ **C.** Ils sont blancs à cause de l'importante quantité de calcium qu'ils transportent
- ○ **D.** Ils sont fabriqués dans le foie

113 **Les cellules sanguines sont synthétisées dans :**

- ○ **A.** La moelle osseuse
- ○ **B.** Le cœur
- ○ **C.** Le foie
- ○ **D.** Le rein

114 **La couleur de la peau est due :**

- ○ **A.** Aux cellules sanguines
- ○ **B.** Aux estrogènes
- ○ **C.** À la mélanine
- ○ **D.** À la cellulose

115 **À propos du système immunitaire, laquelle de ces propositions est juste ?**

- ○ **A.** Les cellules de celui-ci sont créées dans le cerveau
- ○ **B.** Il est principalement composé des hématies
- ○ **C.** Il permet de défendre l'organisme contre les agressions
- ○ **D.** Il permet de réaliser l'hémostase (oxygénation du sang)

116 **Combien l'homme possède-t-il de muscles ?**

- ○ **A.** 200
- ○ **B.** 350
- ○ **C.** Plus de 600
- ○ **D.** 40

117 **Combien l'homme possède-t-il de paires de côtes ?**

- ○ **A.** 12
- ○ **B.** 10
- ○ **C.** 14
- ○ **D.** 6

118 **Quel est le muscle de l'inspiration ?**

- ○ **A.** Le muscle droit
- ○ **B.** Le diaphragme
- ○ **C.** Les obliques
- ○ **D.** Les intercostaux

119 **Combien de litres d'eau l'homme doit-il boire par jour ?**

- ○ **A.** 0,5 l
- ○ **B.** 1 l
- ○ **C.** 1,5 l
- ○ **D.** 3 l

120 **Laquelle de cette proposition est juste quant au caecum?**

- ○ **A.** Il s'agit de la première partie du côlon
- ○ **B.** Il s'agit de l'os principal du bassin
- ○ **C.** Il s'agit d'une aire cérébrale
- ○ **D.** Il s'agit de la partie inférieure de l'œsophage

121 **Lequel de ces systèmes n'appartient pas à l'appareil locomoteur?**

- ○ **A.** Le système nerveux
- ○ **B.** Le système musculaire
- ○ **C.** Le système articulaire
- ○ **D.** Le système osseux

122 **La citerne du Chyle appartient :**

- ○ **A.** À la circulation artérielle
- ○ **B.** À la circulation veineuse
- ○ **C.** À la circulation lymphatique
- ○ **D.** À la circulation endocrinienne

123 **L'appendice est relié :**

- ○ **A.** Au rectum
- ○ **B.** À l'œsophage
- ○ **C.** À l'intestin
- ○ **D.** Au côlon

124 **Laquelle de ces cellules ne se renouvelle pas?**

- ○ **A.** Les neurones
- ○ **B.** Les entérocytes
- ○ **C.** Les globules rouges
- ○ **D.** Les plaquettes

125 **Laquelle de ces substances est responsable du bronzage de la peau?**

- ○ **A.** L'insuline
- ○ **B.** L'estrogène
- ○ **C.** La sérotonine
- ○ **D.** La mélanine

126 **Lequel de ces éléments n'appartient pas au cœur?**

- ○ **A.** Les atriums
- ○ **B.** Les ventricules
- ○ **C.** La valve mitrale
- ○ **D.** La citerne du chyle

127 **Le tissu nodal correspond :**

- ○ **A.** À une aire cérébrale impliquée dans le mouvement
- ○ **B.** Au tissu nerveux à l'origine de l'automaticité cardiaque
- ○ **C.** Au tissu intestinal responsable de l'absorption des aliments
- ○ **D.** Au tissu pulmonaire responsable de l'hémostase

128 **À quel niveau du tube digestif se fait l'absorption?**

- ○ **A.** Estomac
- ○ **B.** Intestin
- ○ **C.** Côlon
- ○ **D.** Rectum

129 **Qu'est-ce qu'un caryotype?**

- ○ **A.** Classement ordonné des chromosomes d'un individu
- ○ **B.** Classement ordonné de tous les types cellulaires d'un individu
- ○ **C.** Classement ordonné des gènes d'un individu
- ○ **D.** Ensemble des maladies d'un individu

130 **Que signifie ADN?**

- ○ **A.** Acide désoxyribonucléique
- ○ **B.** Amine denitrite
- ○ **C.** Acide de nucléique
- ○ **D.** Adénopathie

131 **À quelle température est le corps humain?**

- ○ **A.** 32 °C
- ○ **B.** 35 °C
- ○ **C.** 37 °C
- ○ **D.** 40 °C

132 **Où ne trouvons-nous pas de poils sur notre corps?**

- A. Sur la paume de la main et la plante des pieds
- B. Sur les joues
- C. Sur le dos
- D. Sur le nez

133 **Que ne protègent pas les côtes?**

- A. Le cœur
- B. Les poumons
- C. Le foie
- D. L'intestin

134 **Quel est le nom anatomique de l'omoplate?**

- A. Le pelvis
- B. L'ulna
- C. La scapula
- D. La fibula

135 **Combien l'homme possède-t-il de vertèbres cervicales?**

- A. 4
- B. 5
- C. 7
- D. 12

136 **Combien l'homme possède-t-il de vertèbres thoraciques?**

- A. 4
- B. 5
- C. 7
- D. 12

137 **Combien l'homme possède-t-il de côtes flottantes?**

- A. 4
- B. 5
- C. 7
- D. 2

138 **Où sont produits les spermatozoïdes?**

- A. Dans les tubes séminifères
- B. Dans le canal déférent
- C. Dans la vésicule séminale
- D. Dans le gland

139 **À quoi sert la prostate?**

- A. À produire l'urine
- B. À créer le sperme
- C. À créer les spermatozoïdes
- D. À fabriquer la testostérone

140 **Où est produite l'urine?**

- A. Dans les reins
- B. Dans la vessie
- C. Dans l'urètre
- D. Dans la vésicule biliaire

141 **Le cycle menstruel dure en moyenne :**

- A. 25 jours
- B. 28 jours
- C. 35 jours
- D. 42 jours

142 **Combien de chromosomes possède un spermatozoïde humain?**

- A. 46
- B. 23
- C. 32
- D. 12

143 **Quel est l'ion responsable de la fixation de l'O_2 sur l'hémoglobine?**

- A. Le calcium
- B. Le sodium
- C. Le fer
- D. Le chlore

144 **De combien de litres de sang un humain adulte est-il constitué en moyenne?**

- A. 3 litres
- B. 5 litres
- C. 10 litres
- D. 20 litres

145 **Dans quelle artère passe le sang du ventricule gauche?**

- A. Artère pulmonaire
- B. Artère fémorale
- C. Aorte
- D. Artère cave

146 **Comment s'appellent les muscles que l'on contracte par la volonté?**

- A. Les muscles lisses
- B. Les muscles ronds
- C. Les muscles striés
- D. Les muscles volontaires

147 **Comment s'appelle l'enveloppe séreuse des poumons ?**

- ○ **A.** La plèvre
- ○ **B.** Le péritoine
- ○ **C.** La muqueuse
- ○ **D.** La méninge

148 **Le centre de contrôle de l'équilibre est :**

- ○ **A.** Le cerveau
- ○ **B.** L'oreille interne
- ○ **C.** L'œil
- ○ **D.** L'estomac

149 **Les trois osselets de l'oreille sont :**

- ○ **A.** Marteau, enclume et étrier
- ○ **B.** Marteau, clou, étrier
- ○ **C.** Enclume, clou, vis
- ○ **D.** Marteau, enclume, fibula

150 **La thyroïde est une glande située :**

- ○ **A.** Dans l'estomac
- ○ **B.** Dans le cerveau
- ○ **C.** À la face antérieure du cou
- ○ **D.** À la face postérieure du pelvis

151 **Une hormone stéroïdienne est constituée à partir :**

- ○ **A.** De calcium
- ○ **B.** De cholestérol
- ○ **C.** De testostérone
- ○ **D.** De glucose

152 **Laquelle de ces hormones n'est pas une hormone sexuelle ?**

- ○ **A.** Estrogène
- ○ **B.** Testostérone
- ○ **C.** Prolactine
- ○ **D.** Surrénalienne

153 **Laquelle de ces propositions est fausse ?**

- ○ **A.** Le cervelet est situé à la partie inférieure du cerveau
- ○ **B.** Le cervelet est impliqué dans les fonctions cognitives
- ○ **C.** Le cervelet joue un rôle dans la régulation de l'émotion
- ○ **D.** Le cervelet peut être retiré sans conséquence physique sur l'individu

154 **Une grossesse humaine normale dure :**

- ○ **A.** Entre 35 et 37 semaines d'aménorrhée (SA)
- ○ **B.** Entre 37 et 41 SA
- ○ **C.** Entre 41 et 45 SA
- ○ **D.** Entre 60 et 65 SA

155 **Aménorrhée signifie :**

- ○ **A.** Absence de règles ou de menstruations
- ○ **B.** Cycle menstruel long
- ○ **C.** Règles douloureuses
- ○ **D.** Fin de la période reproductive de la femme

156 **Dans le cerveau, l'aire de la vision est située :**

- ○ **A.** Dans le lobe occipital
- ○ **B.** Dans le lobe frontal
- ○ **C.** Dans le lobe temporal
- ○ **D.** Dans le lobe pariétal

157 **Lequel de ces lobes ne fait pas partie du cerveau ?**

- ○ **A.** Le lobe frontal
- ○ **B.** Le lobe pariétal
- ○ **C.** Le lobe occipital
- ○ **D.** Le lobe central

158 **Les cellules sanguines sont produites :**

- ○ **A.** Dans le foie
- ○ **B.** Dans la moelle osseuse
- ○ **C.** Dans le cerveau
- ○ **D.** Dans le cœur

159 **L'unité fonctionnelle des êtres vivants est :**

- ○ **A.** L'atome
- ○ **B.** La cellule
- ○ **C.** Le tissu
- ○ **D.** L'organe

160 **Que comprend le système immunitaire ?**

- ○ **A.** La rate, le thymus, les ganglions lymphatiques
- ○ **B.** La moelle épinière, les nerfs périphériques
- ○ **C.** L'hypothalamus, la thyroïde
- ○ **D.** La moelle osseuse, les globules rouges

161 **Lequel de ces organes ne fait pas partir du système endocrinien ?**

- ○ **A.** Le testicule
- ○ **B.** Le pancréas
- ○ **C.** L'ovaire
- ○ **D.** La vésicule biliaire

162 **Comment s'appelle l'ensemble des gènes d'une cellule ?**

- ○ **A.** Le caryotype
- ○ **B.** Le génome
- ○ **C.** Le phénotype
- ○ **D.** Le cytoplasme

Maladies et santé dans le monde

→ **Retrouvez le corrigé de cette série page 448.**

163 Pour laquelle de ces maladies aucun vaccin n'est-il disponible ?

- ○ **A.** Varicelle
- ○ **B.** Grippe
- ○ **C.** VIH
- ○ **D.** Rougeole

164 Une infection nosocomiale est :

- ○ **A.** Une infection alimentaire
- ○ **B.** Une infection qui survient suite à une hospitalisation
- ○ **C.** Une infection avec une mortalité > 50 %
- ○ **D.** Une infection due à la baignade en eau stagnante

165 Une endocardite est :

- ○ **A.** Une infection du cœur
- ○ **B.** Une infection du poumon
- ○ **C.** Une infection du cerveau
- ○ **D.** Une infection du foie

166 À propos de l'épidémie COVID-19, laquelle de ces informations est exacte :

- ○ **A.** Il s'agit d'une infection bactérienne
- ○ **B.** Elle s'est propagée depuis la Corée
- ○ **C.** Le coronavirus se transmet par les gouttelettes (sécrétions projetées invisibles lors d'éternuements ou de toux)
- ○ **D.** Le coronavirus se transmet aussi par les piqûres de moustiques en Asie

167 Lequel de ces vaccins n'est pas obligatoire ?

- ○ **A.** Tétanos
- ○ **B.** Diphtérie
- ○ **C.** Pneumocoque
- ○ **D.** Papillomavirus humain

168 Les diurétiques sont des médicaments :

- ○ **A.** Augmentant les selles
- ○ **B.** Augmentant les urines
- ○ **C.** Augmentant la pression artérielle
- ○ **D.** Augmentant la pression veineuse

169 Laquelle de ces maladies n'est pas sexuellement transmissible?

- ○ **A.** Le sida
- ○ **B.** La syphilis
- ○ **C.** L'hépatite B
- ○ **D.** Le cancer des testicules

170 Les barbituriques sont des médicaments :

- ○ **A.** Antidépresseur
- ○ **B.** Anti-inflammatoire
- ○ **C.** Anesthésiant
- ○ **D.** Anticancéreux

171 Les antibiotiques ont été découverts par :

- ○ **A.** Pasteur
- ○ **B.** Hippocrate
- ○ **C.** Jenner
- ○ **D.** Fleming

172 Un antalgique est un médicament dont le but est :

- ○ **A.** De réguler la tension
- ○ **B.** De limiter l'inflammation
- ○ **C.** D'apaiser la douleur
- ○ **D.** De lutter contre le cancer

173 **Le vaccin contre la rage a été inventé par :**

- ○ **A.** Fleming
- ○ **B.** Pasteur
- ○ **C.** Carpentier
- ○ **D.** Hippocrate

174 **La pénicilline est :**

- ○ **A.** Un antibiotique
- ○ **B.** Un vaccin
- ○ **C.** Une artère entre le cœur et la tête
- ○ **D.** Un anti-inflammatoire

175 **Lequel de ces traitements n'agit en aucun cas contre les virus ?**

- ○ **A.** Les antibiotiques
- ○ **B.** Les vaccins
- ○ **C.** Le paracétamol
- ○ **D.** Les trois

176 **La chirurgie esthétique la plus effectuée dans le monde est :**

- ○ **A.** La liposuccion
- ○ **B.** L'augmentation mammaire
- ○ **C.** La rhinoplastie
- ○ **D.** L'augmentation des fesses

177 **Un chirurgien ORL est spécialiste :**

- ○ **A.** Du ventre
- ○ **B.** De la face est du cou
- ○ **C.** Des os
- ○ **D.** Du cerveau

178 **La dermatologie est une spécialité qui s'occupe :**

- ○ **A.** De la peau
- ○ **B.** Du poumon
- ○ **C.** Du cerveau
- ○ **D.** Du ventre

179 **L'aspirine provient :**

- ○ **A.** Du pavot
- ○ **B.** De l'écorce du saule
- ○ **C.** Des pétales de pissenlits
- ○ **D.** De la verveine

180 **Le taux de natalité le plus élevé du monde est :**

- ○ **A.** En Afrique subsaharienne
- ○ **B.** Au Moyen-Orient
- ○ **C.** En Asie du Sud-Est
- ○ **D.** En Équateur

181 **La région la plus touchée par le sida est :**

- ○ **A.** L'Afrique subsaharienne
- ○ **B.** Le Moyen-Orient
- ○ **C.** L'Asie du Sud-Est
- ○ **D.** L'Équateur

182 **Le sida est un virus apparu dans les années :**

- ○ **A.** 1970
- ○ **B.** 1980
- ○ **C.** 1990
- ○ **D.** 2000

183 **Le pays avec le taux de natalité le plus important dans le monde est :**

- ○ **A.** L'Inde
- ○ **B.** Le Mali
- ○ **C.** L'Angola
- ○ **D.** La Chine

184 **Le pourcentage de la population mondiale n'ayant pas accès à l'eau potable est de :**

- ○ **A.** 6 %
- ○ **B.** 11 %
- ○ **C.** 21 %
- ○ **D.** 42 %

185 **Quelle maladie se caractérise par un défaut de coagulation ?**

- ○ **A.** L'hémostase
- ○ **B.** L'anémie
- ○ **C.** L'hémophilie
- ○ **D.** L'hémophobie

186 **Quelle maladie se caractérise par un défaut d'insuline ?**

- ○ **A.** Le cholestérol
- ○ **B.** L'anémie
- ○ **C.** L'insulinome
- ○ **D.** Le diabète

187 **Le saturnisme est une intoxication :**

- ○ **A.** Au mercure
- ○ **B.** Au plomb
- ○ **C.** À l'argent
- ○ **D.** Au soufre

188 **En 2010, Haïti a été touché par une épidémie :**

- ○ **A.** De peste
- ○ **B.** Une famine
- ○ **C.** De choléra
- ○ **D.** Du typhus

189 **Laquelle de ces propositions est fausse à propos du sida ?**

- ○ **A.** Il provient du singe
- ○ **B.** Ce virus a été isolé en 1984
- ○ **C.** Il signifie « syndrome d'immunodéficience acquise »
- ○ **D.** Il se transmet essentiellement par la salive

190 **Laquelle de ces techniques n'est pas irradiante ?**

- ○ **A.** IRM
- ○ **B.** Scanner
- ○ **C.** Radiographie
- ○ **D.** Mammographie

191 **Qu'est-ce qu'un infarctus ?**

- ○ **A.** Un arrêt de la circulation dans tout l'organisme
- ○ **B.** Une fibrillation du cœur
- ○ **C.** Une perte de connaissance
- ○ **D.** Un arrêt brutal de la vascularisation d'une zone (cœur ou autres)

192 **Laquelle de ces maladies n'est pas contagieuse ?**

- ○ **A.** La varicelle
- ○ **B.** La gastro-entérite
- ○ **C.** La grippe
- ○ **D.** Le cancer

193 **Quel médicament favorise une hémorragie digestive ?**

- ○ **A.** L'aspirine
- ○ **B.** Le paracétamol
- ○ **C.** Le SMECTA
- ○ **D.** Le Lysopaïne

194 **À propos de l'homéopathie, laquelle de ces propositions est fausse ?**

- ○ **A.** Ces médicaments ne sont pas pris en charge par la Sécurité sociale
- ○ **B.** Ces médicaments nécessitent une ordonnance pour être délivrés
- ○ **C.** Ces médicaments sont faits à partir de souches de plantes
- ○ **D.** Ces médicaments peuvent faire l'objet d'une automédication

195 **Une maladie autosomique récessive se transmet :**

- ○ **A.** Si la descendance reçoit les deux allèles mutés
- ○ **B.** Si la descendance reçoit au moins un allèle muté
- ○ **C.** Si la descendance reçoit la mutation par la mère
- ○ **D.** Elle ne se transmet pas

196 **En 2014, l'Afrique de l'Ouest a été touchée par une épidémie :**

- ○ **A.** Du virus Zika
- ○ **B.** Du choléra
- ○ **C.** Du virus Ebola
- ○ **D.** Du typhus

197 **Laquelle de ces propositions est fausse ?**

- ○ **A.** Le cancer se définit par une prolifération cellulaire anormale
- ○ **B.** Le cancer peut toucher tous les organes
- ○ **C.** Le cancer se met en place en plusieurs années
- ○ **D.** Le cancer est incurable

198 **Laquelle de ces maladies est la cause première de démence chez l'être humain?**

- ○ **A.** La maladie de Parkinson
- ○ **B.** La schizophrénie
- ○ **C.** La maladie d'Alzheimer
- ○ **D.** La bipolarité

199 **La bipolarité est une maladie qui se définit par :**

- ○ **A.** Un trouble d'humeur fluctuant entre les deux pôles maniaque et dépressif
- ○ **B.** Un dédoublement de la personnalité
- ○ **C.** Un problème d'équilibre
- ○ **D.** Une asymétrie des membres

200 **En France laquelle de ces maladies n'est pas dépistée à la naissance?**

- ○ **A.** La mucoviscidose
- ○ **B.** La tuberculose
- ○ **C.** La drépanocytose
- ○ **D.** Hypothyroïdie

201 **La cirrhose est une atteinte :**

- ○ **A.** Du foie
- ○ **B.** De l'intestin
- ○ **C.** De la vésicule biliaire
- ○ **D.** Du cervelet

202 **Laquelle de ces propositions est fausse?**

- ○ **A.** La maladie de Crohn est une maladie inflammatoire chronique
- ○ **B.** La maladie de Crohn touche le tube digestif
- ○ **C.** Fumer est un facteur aggravant la maladie de Crohn
- ○ **D.** La maladie de Crohn ne touche que les hommes

203 **Lequel de ces éléments n'est pas une réponse allergique?**

- ○ **A.** Gonflement
- ○ **B.** Urticaire
- ○ **C.** Vomissement
- ○ **D.** Choc anaphylactique

204 **Laquelle de ces propositions est fausse?**

- ○ **A.** La conjonctivite est une inflammation de l'œil
- ○ **B.** La conjonctivite est le plus souvent d'origine infectieuse
- ○ **C.** La conjonctivite n'est pas contagieuse
- ○ **D.** La conjonctivite se traite parfois avec une pommade antibiotique

205 **La maladie de Charcot :**

- ○ **A.** Est une maladie neurodégénérative des motoneurones
- ○ **B.** Est une maladie neurodégénérative des neurones sensitifs
- ○ **C.** Est une maladie cardiaque
- ○ **D.** Est une maladie intestinale déclenchant des diarrhées fréquentes

206 **Depuis 2015, L'Amérique centrale et l'Amérique du Sud sont touchées par une épidémie du virus :**

- ○ **A.** Listeria
- ○ **B.** Zika
- ○ **C.** Salmonelles
- ○ **D.** Choléra

207 **Une infection d'origine fongique est transmise par :**

- ○ **A.** Une bactérie
- ○ **B.** Un champignon
- ○ **C.** Un virus
- ○ **D.** Une micelle

208 **Laquelle de ces propositions est juste?**

- ○ **A.** Le virus Ebola se transmet par les piqûres de moustique
- ○ **B.** Il existe un vaccin contre le virus Ebola

- ○ **C.** Le virus Ebola provoque de fortes fièvres
- ○ **D.** Le virus Ebola entraîne la mort plus d'un an après l'incubation

209 **Laquelle de ces propositions est fausse?**

- ○ **A.** Le paludisme se transmet par le moustique
- ○ **B.** Le paludisme a pour synonyme malaria
- ○ **C.** 90 % des cas de paludisme sont répertoriés en Afrique
- ○ **D.** Le paludisme a un vaccin fiable disponible

210 **La tachycardie correspond à :**

- ○ **A.** Un rythme cardiaque plus rapide que la normale
- ○ **B.** Un rythme cardiaque plus lent que la normale
- ○ **C.** Un arrêt du cœur
- ○ **D.** Une malformation des valves cardiaques

211 **Le scorbut est une maladie due à une carence :**

- ○ **A.** De fer
- ○ **B.** De vitamine C
- ○ **C.** De calcium
- ○ **D.** De vitamine A

212 **Les végétariens en ne consommant pas de viande risquent de manquer de vitamines :**

- ○ **A.** A
- ○ **B.** C
- ○ **C.** B12
- ○ **D.** 13

213 **Une alimentation végane se définit par :**

- ○ **A.** Ne plus consommer de viande
- ○ **B.** Ne plus consommer de produits d'origine animale
- ○ **C.** Ne plus consommer de viande, mais encore du poisson
- ○ **D.** Ne consommer que des produits bio

214 **Quel est le nom courant de la maladie influenza?**

- ○ **A.** La migraine
- ○ **B.** L'angine
- ○ **C.** La grippe
- ○ **D.** La gastro-entérite

215 **La tuberculose a été découverte par :**

- ○ **A.** Robert Koch
- ○ **B.** Louis Pasteur
- ○ **C.** Hippocrate
- ○ **D.** Marie Curie

216 **La myopathie est une maladie qui touche :**

- ○ **A.** La peau
- ○ **B.** Les neurones
- ○ **C.** Les muscles
- ○ **D.** Le cœur

217 **Quel est le groupe sanguin universel?**

- ○ **A.** A
- ○ **B.** B-
- ○ **C.** O
- ○ **D.** AB

218 **Une crampe est :**

- ○ **A.** Le déplacement d'une articulation
- ○ **B.** La rupture d'un muscle
- ○ **C.** L'atrophie d'un muscle
- ○ **D.** La contraction involontaire d'un muscle

219 **La phytothérapie utilise pour guérir l'action :**

- ○ **A.** Des plantes
- ○ **B.** De la méditation
- ○ **C.** De la chaleur
- ○ **D.** Des aiguilles

220 **L'alopécie désigne :**

- ○ **A.** La chute des cheveux
- ○ **B.** Une technique de méditation
- ○ **C.** L'atrophie des muscles
- ○ **D.** La décoloration de la peau

221 **Un médicament générique correspond à :**

- ○ **A.** Un médicament rare
- ○ **B.** Un médicament destiné à la thérapie génique
- ○ **C.** Un médicament tombé dans le domaine public
- ○ **D.** Un médicament d'automédication

222 **Qui est le fondateur de Médecins du monde?**

- ○ **A.** Louis Pasteur
- ○ **B.** Bernard Kouchner
- ○ **C.** François Mitterrand
- ○ **D.** Robert Koch

223 **Laquelle de ces propositions est fausse?**

- ○ **A.** La résistance aux antibiotiques est un problème de santé publique majeur
- ○ **B.** La résistance aux antibiotiques est due en partie à la surprescription d'antibiotiques par les généralistes
- ○ **C.** La résistance aux antibiotiques est un problème économique, mais n'est pas un problème pour la santé
- ○ **D.** La résistance aux antibiotiques entraîne une inefficacité contre les bactéries

224 **Les EFR sont des examens qui explorent :**

- ○ **A.** Les capacités pulmonaires
- ○ **B.** Les capacités cardiaques
- ○ **C.** Les capacités digestives
- ○ **D.** Les capacités motrices

225 **La maladie de Lyme se transmet :**

- ○ **A.** Par une morsure de tique
- ○ **B.** Par une morsure de chien
- ○ **C.** Par voie sexuelle
- ○ **D.** Par une morsure de rat

226 **L'homosexualité a été considérée comme une pathologie psychiatrique en France jusqu'en :**

- ○ **A.** 1992
- ○ **B.** 1960
- ○ **C.** 1985
- ○ **D.** 2015

227 **L'albinisme est une maladie :**

- ○ **A.** Génétique qui se caractérise par un défaut de pigmentation
- ○ **B.** Psychologique de trouble de la personnalité
- ○ **C.** Provoquée par une réaction cutanée allergique par rapport au soleil
- ○ **D.** Cutanée se traduisant par la présence de taches blanches sur la peau

228 **Laquelle de ces propositions est exacte?**

- ○ **A.** La lèpre est une maladie génétique
- ○ **B.** La lèpre est très contagieuse
- ○ **C.** La lèpre est incurable
- ○ **D.** La lèpre est encore endémique dans certains pays en développement

229 **Quel est le principal risque de la diarrhée?**

- ○ **A.** Fissure anale
- ○ **B.** Déshydratation
- ○ **C.** Hémorragie digestive
- ○ **D.** Occlusion intestinale

230 **Que signifie l'acronyme AVC?**

- ○ **A.** Anomalie des vaisseaux cérébraux
- ○ **B.** Accident vasculaire cérébral
- ○ **C.** Atypie des valves cardiaques
- ○ **D.** Anomalie des vaisseaux coronaires

231 **Une varice correspond à :**

- ○ **A.** Une dilatation veineuse
- ○ **B.** Une coloration bleutée de l'os
- ○ **C.** Une dilatation artérielle
- ○ **D.** Une pustule rénale

232 **Laquelle de ces disciplines n'est pas utilisée dans la médecine traditionnelle chinoise?**

- ○ **A.** L'acupuncture
- ○ **B.** La moxibustion
- ○ **C.** La méditation
- ○ **D.** La chimiothérapie

233 **Quel est le principal effet secondaire des anti-inflammatoires?**

- ○ **A.** Ulcère gastrique
- ○ **B.** Maux de tête
- ○ **C.** Vomissements
- ○ **D.** Allergies

234 **Laquelle de ces propositions est fausse?**

- ○ **A.** La SLA (sclérose latérale amyotrophique) se nomme aussi : maladie de Charcot
- ○ **B.** La SLA est une maladie neurologique
- ○ **C.** La SLA peut être évitée grâce à un vaccin
- ○ **D.** La SLA a comme porteur le plus célèbre Stephen Hawking

235 **Laquelle de ces propositions est juste?**

- ○ **A.** La cataracte touche surtout les jeunes
- ○ **B.** La cataracte est une atteinte cardiaque
- ○ **C.** La cataracte est incurable
- ○ **D.** La cataracte cause un trouble de la vision

236 **La tuberculose :**

- ○ **A.** Est une infection pulmonaire
- ○ **B.** Est une infection cardiaque
- ○ **C.** Est une maladie génétique pulmonaire
- ○ **D.** Est une maladie neurologique

237 **L'endométriose est une maladie qui touche**

- ○ **A.** Le cœur
- ○ **B.** Le rein
- ○ **C.** Les seins
- ○ **D.** L'appareil génital féminin

238 **Laquelle de ces propositions est juste?**

- ○ **A.** La grippe espagnole est une épidémie qui a eu lieu au XIXe siècle
- ○ **B.** La grippe espagnole a décimé 30 % de la population mondiale
- ○ **C.** La grippe espagnole est une épidémie qui provenait d'Espagne
- ○ **D.** La grippe espagnole fit entre 50 et 100 millions de victimes

239 **Laquelle de ces propositions est juste?**

- ○ **A.** Une maladie chronique n'évolue pas
- ○ **B.** Une maladie chronique n'est jamais curable
- ○ **C.** Le diabète est une maladie chronique
- ○ **D.** Une maladie chronique ne touche que les enfants

240 **Laquelle de ces propositions est juste?**

- ○ **A.** L'autisme se caractérise toujours par un QI supérieur à la moyenne
- ○ **B.** L'autisme est une maladie facilement diagnosticable
- ○ **C.** Le syndrome d'Asperger est une forme d'autisme
- ○ **D.** L'autisme est toujours associé à des capacités mathématiques surélevées

241 **Laquelle de ces maladies n'est pas une maladie chronique?**

- ○ **A.** Le diabète
- ○ **B.** L'hypertension artérielle
- ○ **C.** La tuberculose
- ○ **D.** La maladie de Crohn

Santé publique et systèmes de santé

→ **Retrouvez le corrigé de cette série page 451.**

242 Le système d'assurance maladie de type beveridgien a pour pays d'origine :

- ○ **A.** Le Royaume-Uni
- ○ **B.** L'Allemagne
- ○ **C.** Les Pays-Bas
- ○ **D.** La France

243 En France, le pourcentage d'adultes en surpoids est de :

- ○ **A.** 15 %
- ○ **B.** 30 %
- ○ **C.** 50 %
- ○ **D.** 75 %

244 La création de la Sécurité sociale en France date de :

- ○ **A.** 1875
- ○ **B.** 1945
- ○ **C.** 1952
- ○ **D.** 1968

245 Le système d'assurance maladie de type bismarckien a pour pays d'origine :

- ○ **A.** La France
- ○ **B.** L'Allemagne
- ○ **C.** Le Royaume-Uni
- ○ **D.** Les États-Unis

246 La première cause de mortalité en France est :

- ○ **A.** Les maladies cardiovasculaires
- ○ **B.** Le cancer
- ○ **C.** Le suicide
- ○ **D.** Les accidents

247 Le premier lieu de décès en France est :

- ○ **A.** Le domicile
- ○ **B.** L'hôpital ou la clinique
- ○ **C.** La maison de retraite
- ○ **D.** L'espace public

248 Lequel de ces facteurs n'est pas un facteur de risque pour le cancer du poumon ?

- ○ **A.** La fumée de cigarette
- ○ **B.** L'exposition à l'amiante
- ○ **C.** La pollution de l'air extérieur
- ○ **D.** La consommation de sucre

249 Le pourcentage de la population mondiale n'ayant pas accès à l'eau potable est de :

- ○ **A.** 6 %
- ○ **B.** 21 %
- ○ **C.** 30 %
- ○ **D.** 42 %

250 Laquelle de ces maladies n'est pas prise en charge à 100 % par la Sécurité sociale ?

- ○ **A.** Le cancer
- ○ **B.** Le sida
- ○ **C.** Le diabète
- ○ **D.** la grippe

251 Laquelle de ces professions n'est pas soumise au secret médical ?

- ○ **A.** Médecine
- ○ **B.** Pharmacie
- ○ **C.** Dentiste
- ○ **D.** Aucune

252 Le secret médical est né avec :

- ○ **A.** Bichat
- ○ **B.** Jenner
- ○ **C.** Pasteur
- ○ **D.** Hippocrate

253 Au niveau mondial, l'espérance de vie en bonne santé est de :

- ○ **A.** 75 ans
- ○ **B.** 68 ans
- ○ **C.** 64 ans
- ○ **D.** 52 ans

254 Laquelle de ces ressources ne participe pas au financement de la protection sociale ?

- ○ **A.** Les cotisations effectives prélevées sur les salaires
- ○ **B.** La CSG
- ○ **C.** L'ISF
- ○ **D.** La CRDS

255 **18-Les dépenses de santé représentent :**

- ○ **A.** 35 % des prestations sociales
- ○ **B.** 40 % des prestations sociales
- ○ **C.** 45 % des prestations sociales
- ○ **D.** 50 % des prestations sociales

256 **Qu'est-ce qu'un établissement de santé ESPIC?**

- ○ **A.** Une clinique
- ○ **B.** Un établissement privé participant au service public
- ○ **C.** Un hôpital public
- ○ **D.** Un établissement de santé à but lucratif

257 **Qu'est-ce qu'une chirurgie ambulatoire?**

- ○ **A.** Un patient amené en ambulance
- ○ **B.** Une hospitalisation programmée avec sortie du patient le jour même de son intervention
- ○ **C.** Une chirurgie sans anesthésie
- ○ **D.** Une chirurgie sous anesthésie locale

258 **Qu'est-ce que la télémédecine?**

- ○ **A.** Une médecine pratiquée à distance à l'aide des technologies de l'information et de la communication
- ○ **B.** Une médecine pratiquée *via* la télévision
- ○ **C.** Une médecine en tête à tête avec le patient
- ○ **D.** Une médecine pratiquée dans un autre pays que la France.

259 **La définition de la santé selon l'OMS est la suivante :**

- ○ **A.** L'absence de maladie
- ○ **B.** L'absence d'infirmité
- ○ **C.** Un bien-être social
- ○ **D.** Un état complet de bien-être physique, mental et social

260 **La natalité en France :**

- ○ **A.** Est stable
- ○ **B.** Est en diminution
- ○ **C.** Est en augmentation
- ○ **D.** Fluctue en permanence

261 **Quelle pathologie ne fait pas partie des quatre premières causes d'ALD (affections longue durée)?**

- ○ **A.** Le diabète
- ○ **B.** L'épilepsie
- ○ **C.** Les maladies cardiovasculaires
- ○ **D.** Les tumeurs

262 **Concernant l'épidémie d'obésité en France quelle proposition est fausse?**

- ○ **A.** Le rôle de la publicité est démontré
- ○ **B.** Le rôle de la baisse d'activité sportive est démontré
- ○ **C.** La différence de coût entre la nourriture saine et à risque est démontrée
- ○ **D.** La génétique ne joue aucun rôle.

263 **L'obésité est définie par un indice de masse corporelle (IMC) :**

- ○ **A.** Supérieur à 20
- ○ **B.** Supérieur à 25
- ○ **C.** Supérieur à 30
- ○ **D.** Supérieur à 35

264 **Les EPHAD sont :**

- ○ **A.** Des maisons de retraite pour personnes âgées
- ○ **B.** Des maisons de retraite médicalisées
- ○ **C.** Des crèches collectives
- ○ **D.** Des crèches familiales

265 **Parmi les professions suivantes, lesquelles ne font pas partie des personnels médicaux?**

- ○ **A.** Les pharmaciens
- ○ **B.** Les médecins
- ○ **C.** Les sages-femmes
- ○ **D.** Les orthophonistes

266 **Concernant la configuration de la Sécurité sociale actuelle en France quelle proposition est fausse?**

- ○ **A.** Les agents SNCF bénéficient d'un régime spécial
- ○ **B.** Le régime général est étendu aux chômeurs
- ○ **C.** Les agriculteurs bénéficient d'un régime agricole.
- ○ **D.** La branche maladie est gérée par la Caisse nationale des allocations familiales.

267 **Lequel de ces régimes a disparu en 2019?**

- ○ **A.** Régime social des indépendants
- ○ **B.** Régimes spéciaux
- ○ **C.** Mutuelle santé agricole
- ○ **D.** Régime général

268 **La couverture maladie universelle (CMU) a été mise en œuvre :**

○ **A.** En 2000 ○ **B.** En 1996 ○ **C.** En 2003 ○ **D.** En 2016

269 **Laquelle de ces propositions est fausse?**

- ○ **A.** Le dioxyde de carbone est un gaz mortel
- ○ **B.** Les allergènes d'acariens, d'animaux domestiques et les moisissures sont associés à des manifestations allergiques
- ○ **C.** Les expositions à l'amiante, au radon, à la fumée de tabac peuvent être à l'origine d'un cancer du poumon
- ○ **D.** Le monoxyde de carbone a une affinité avec l'hémoglobine

270 **Parmi les propositions suivantes, laquelle est exacte?**

- ○ **A.** Le radon est une variété de rats vecteurs de maladies
- ○ **B.** Le radon est un gaz radioactif émis par les roches granitiques du sol et du sous-sol
- ○ **C.** Le radon est un gaz inactif
- ○ **D.** Le radon est présent dans les habitats

271 **Parmi les sources de pollution suivantes, laquelle n'est pas une source majeure pour les nappes phréatiques?**

- ○ **A.** Les rejets domestiques
- ○ **B.** Les rejets agricoles
- ○ **C.** Les rejets industriels
- ○ **D.** Les excréments d'animaux sauvages

272 **Quel pourcentage de son PIB la France consacre-t-elle à la santé?**

○ **A.** 1/2 ○ **B.** 1/3 ○ **C.** 1/4 ○ **D.** 1/10

273 **Parmi les propositions suivantes, laquelle est vraie?**

- ○ **A.** Le risque chimique lié à l'eau est prépondérant dans le monde
- ○ **B.** La consommation croissante de l'eau est surtout liée aux usages domestiques à l'échelle planétaire
- ○ **C.** Les réservoirs d'eau potable ne peuvent pas être contaminés.
- ○ **D.** Les points de contrôle industriels de l'eau présentent très souvent des concentrations moyennes à élevées de métaux

274 **Parmi les propositions suivantes, laquelle est fausse?**

- ○ **A.** Les besoins en eau pour l'irrigation varient selon les cultures
- ○ **B.** Le secteur agricole est le plus fort consommateur d'eau
- ○ **C.** Les eaux usées industrielles sont souvent chargées en métaux
- ○ **D.** Les eaux usées agricoles sont fortement chargées en hydrocarbures polycycliques.

275 **Espace numérique de santé (ENS), laquelle est fausse :**

- ○ **A.** Mon espace numérique de santé est disponible depuis janvier 2022.
- ○ **B.** Chaque assuré doit créer son espace numérique de santé.
- ○ **C.** Il contiendra une version améliorée de l'ancien DMP.
- ○ **D.** Il comprend une messagerie sécurisée entre les professionnels de santé et les patients pour les échanges.

276 **À propos de l'*Evidence-Based Medicine*, quelle proposition est fausse?**

- ○ **A.** Le concept ne concerne que les médecins
- ○ **B.** Elle privilégie la prise en charge personnalisée des patients
- ○ **C.** Les revues systématiques et les méta-analyses ont un niveau de preuve élevée.
- ○ **D.** C'est une aide à la décision en pratique clinique

277 **L'ARS est une agence qui s'occupe :**

- ○ **A.** Du système de santé à l'échelle régionale
- ○ **B.** Du système de santé à l'échelle nationale
- ○ **C.** De la distribution des allocations
- ○ **D.** De l'organisation des hôpitaux

278 **Concernant le NIR, quelle proposition est fausse?**

- ○ **A.** C'est le numéro d'inscription au répertoire national d'identification des personnes physiques
- ○ **B.** C'est le numéro de Sécurité sociale
- ○ **C.** C'est l'identifiant national de santé
- ○ **D.** Il est accessible à tous

279 **Que signifie l'acronyme CMU?**

- ○ **A.** Couverture maladie universelle
- ○ **B.** Cotisation maladie universelle
- ○ **C.** Collaboration médecin université
- ○ **D.** Cotisation modérée universelle

280 **Le médicament le plus prescrit en France est :**

- ○ **A.** L'aspirine
- ○ **B.** Le Doliprane
- ○ **C.** Le Tramadol
- ○ **D.** La morphine

281 **L'acronyme ALD signifie :**

- ○ **A.** Affection longue durée
- ○ **B.** Association lombalgie du dos
- ○ **C.** Amicale des leucémiques diagnostiqués
- ○ **D.** Affection lombaire diagnostiquée

282 **Quelle est la définition exacte de la mortalité infantile?**

- ○ **A.** Rapport entre le nombre d'enfants morts à la naissance sur le nombre total d'enfants nés vivants
- ○ **B.** Rapport entre le nombre d'enfants morts dans les six premiers mois de leur vie sur le nombre total d'enfants nés vivants
- ○ **C.** Rapport entre le nombre d'enfants morts avant l'âge d'un an sur le nombre total d'enfants nés vivants
- ○ **D.** Rapport entre le nombre d'enfants morts avant l'âge de onze ans sur le nombre total d'enfants nés vivants

283 **L'acronyme IMC signifie :**

- ○ **A.** Indice médical collaboratif
- ○ **B.** Indicateur de masse calculé
- ○ **C.** Indice de masse corporelle
- ○ **D.** Incidence maladie cardiaque

284 **La formule pour calculer l'IMC est :**

- ○ **A.** Taille (m) / poids (kg)
- ○ **B.** Poids (kg) / taille (m)
- ○ **C.** Poids (kg) / taille (m^2)
- ○ **D.** Poids (kg) × taille (m)

285 **Quelle expression correspond à cette définition : « différence entre le taux de natalité et le taux de mortalité de la même année »?**

- ○ **A.** Taux de mortalité
- ○ **B.** Accroissement naturel
- ○ **C.** Taux de natalité
- ○ **D.** Gradient de naissances

286 **Qu'est-ce que la morbidité?**

- ○ **A.** Taux de mortalité
- ○ **B.** Caractère relatif à une maladie
- ○ **C.** Nombre de morts accidentelles par an
- ○ **D.** Signes cliniques de la cataracte

287 **Que signifie l'acronyme SAMU?**

- ○ **A.** Société anonyme des médecins urgentistes
- ○ **B.** Service d'aide matérielle d'urgence
- ○ **C.** Service d'aide médicale d'urgence
- ○ **D.** Service d'ambulances médicales d'urgence

288 **La mortalité prématurée, en France, se définit par une mort avant l'âge de :**

- ○ **A.** 50 ans
- ○ **B.** 60 ans
- ○ **C.** 65 ans
- ○ **D.** 75 ans

289 **Laquelle de ces spécialités n'est pas médicale?**

- ○ **A.** Psychologue
- ○ **B.** Néphrologue
- ○ **C.** Proctologue
- ○ **D.** Psychiatre

290 **Quel est le nom du domaine scientifique étudiant la répartition spatiotemporelle des maladies?**

- ○ **A.** La pestologie
- ○ **B.** L'épidémiologie
- ○ **C.** L'épistémologie
- ○ **D.** L'endocrinologie

291 **La première loi sociale en France concerne :**

- ○ **A.** Les retraites
- ○ **B.** La réglementation du travail des enfants
- ○ **C.** L'assistance médicale gratuite
- ○ **D.** Les maladies professionnelles

292 **L'accroissement naturel en France :**

- ○ **A.** Est majoritairement dû à l'émigration
- ○ **B.** Est majoritairement dû à l'immigration
- ○ **C.** Est surtout dû au taux de natalité positif
- ○ **D.** Est autant dû à l'immigration qu'au taux de natalité

293 **Le baby-boom qualifie :**

- ○ **A.** La forte augmentation des naissances à la fin de la Seconde Guerre mondiale
- ○ **B.** La forte diminution des naissances durant la Seconde Guerre mondiale
- ○ **C.** Le nombre de bébés morts à la naissance chaque année
- ○ **D.** Un phénomène en constante augmentation depuis les années 2000

294 **Concernant les cancers, laquelle de ces propositions est fausse?**

- ○ **A.** Actuellement un cancer sur deux est curable
- ○ **B.** Le taux de survie est fonction du type de cancer et du stade de développement lors du diagnostic
- ○ **C.** Tous les cancers sont des maladies chroniques
- ○ **D.** En France, il existe encore des inégalités sociales d'accès dans le traitement du cancer

295 **Concernant l'obésité en France laquelle de ces propositions est juste?**

- ○ **A.** Les hommes sont plus touchés par l'obésité
- ○ **B.** Plus le niveau d'éducation est élevé plus la proportion d'obèses augmente
- ○ **C.** La prévalence de l'obésité est en augmentation en France
- ○ **D.** Le traitement de l'obésité est avant tout médicamenteux

296 **Concernant les inégalités sociales de santé en France, laquelle de ces propositions est juste?**

- ○ **A.** Les soins dentaires sont pris en charge à 100 %
- ○ **B.** Les lunettes sont remboursées à 100 %
- ○ **C.** On considère qu'aujourd'hui en France il n'y a plus d'inégalité d'accès à la santé
- ○ **D.** Les personnes avec un faible niveau d'études sont les plus touchées

297 **Qu'est-ce que le réseau Sentinelles?**

- ○ **A.** Un réseau de surveillance militaire
- ○ **B.** Un réseau de médecins généralistes chargés de surveiller la venue des épidémies
- ○ **C.** Un réseau scientifique de recherche sur les ganglions sentinelles
- ○ **D.** Un réseau de médecins du travail

298 **Lequel de ces éléments n'est pas un facteur de risque pour le cancer du poumon?**

- ○ **A.** L'amiante
- ○ **B.** Les gaz d'échappement moteur diesel
- ○ **C.** Le cholestérol
- ○ **D.** Le tabac

299 **Qu'est-ce que le ticket modérateur?**

- ○ **A.** Partie des dépenses de santé non remboursée par la Sécurité sociale
- ○ **B.** Partie prise en charge par la Sécurité sociale
- ○ **C.** Nombre maximal de consultations prises par un assuré
- ○ **D.** Nombre moyen d'heures attendues dans un cabinet médical

300 **Lequel de ces éléments n'est pas un des avantages de la CMU (couverture maladie universelle)?**

- ○ **A.** Remboursement du ticket modérateur
- ○ **B.** Forfait hospitalier sans limitation de durée
- ○ **C.** Remboursement à 100 % des frais dentaires
- ○ **D.** Remboursement en partie des lunettes

301 **Le régime général de la Sécurité sociale est divisé en quatre branches, laquelle n'en est pas une?**

- ○ **A.** Maladie
- ○ **B.** Accident du travail
- ○ **C.** Cancer
- ○ **D.** Famille

302 **En France, le pourcentage de personnes ayant une assurance maladie complémentaire est de :**

- ○ **A.** 50 %
- ○ **B.** 75 %
- ○ **C.** 80 %
- ○ **D.** 95 %

303 **En France, le pourcentage des dépenses de santé prises en charge par la Sécurité sociale est de :**

- ○ **A.** 50 %
- ○ **B.** 75 %
- ○ **C.** 95 %
- ○ **D.** 100 %

304 **Laquelle de ces régions est particulièrement touchée par les déserts médicaux?**

- ○ **A.** L'Île-de-France
- ○ **B.** Le Centre-Val de Loire
- ○ **C.** La Côte d'Azur
- ○ **D.** L'Aquitaine

305 **Laquelle de ces maladies sexuellement transmissibles est encore endémique en France?**

- ○ **A.** La peste
- ○ **B.** La syphilis
- ○ **C.** La variole
- ○ **D.** Le tétanos

306 **Lequel de ces éléments n'est pas un facteur de risque cardiovasculaire?**

- ○ **A.** Le tabac
- ○ **B.** Le cholestérol
- ○ **C.** L'alcool
- ○ **D.** L'hypertension

307 **Laquelle de ces maladies contagieuses est en recrudescence en France à cause du manque de vaccination?**

- ○ **A.** La varicelle
- ○ **B.** La rougeole
- ○ **C.** La mononucléose
- ○ **D.** La tuberculose

308 **Laquelle de ces propositions est juste?**

- ○ **A.** Le vaccin a été découvert par Jenner
- ○ **B.** Le vaccin a toujours des effets secondaires
- ○ **C.** Le vaccin n'est jamais obligatoire
- ○ **D.** Le vaccin est obligatoire contre le sida

309 **Laquelle de ces propositions est juste?**

- ○ **A.** Le sida ne touche que les populations homosexuelles
- ○ **B.** Le sida est curable dans 20 % des cas
- ○ **C.** Le sida peut se transmettre par voie respiratoire
- ○ **D.** Le sida est pris en charge par la Sécurité sociale

310 **Laquelle de ces propositions est juste ?**

- ○ **A.** Avoir un médecin traitant est obligatoire en France pour bénéficier de la prise en charge par la Sécurité sociale
- ○ **B.** Le médecin traitant est le seul à pouvoir délivrer des ordonnances
- ○ **C.** Le médecin traitant est forcément un généraliste
- ○ **D.** Le médecin traitant est attribué à vie

311 **Quel est le numéro d'appel du SAMU ?**

○ **A.** 15 ○ **B.** 16 ○ **C.** 17 ○ **D.** 18

312 **Laquelle de ces propositions est juste ?**

- ○ **A.** Les infirmiers n'ont jamais le droit de faire une prescription médicale
- ○ **B.** Les infirmiers ne peuvent pas effectuer de prélèvements
- ○ **C.** Les infirmiers ne se déplacent jamais à domicile
- ○ **D.** Les infirmiers doivent obtenir un diplôme d'État

313 **Laquelle de ces populations consulte le plus de médecins ?**

- ○ **A.** Les enfants
- ○ **B.** Les adolescents
- ○ **C.** Les actifs
- ○ **D.** Les retraités

314 **Qui est, en 2022, le ministre de la Santé sous la présidence d'Emmanuel Macron ?**

- ○ **A.** Bernard Kouchner
- ○ **B.** Bertrand Delanoé
- ○ **C.** Olivier Véran
- ○ **D.** Philippe Douste-Blazy

315 **Comment définir une maladie professionnelle ?**

- ○ **A.** Elle résulte de l'exposition à un risque à son poste de travail
- ○ **B.** Elle résulte de la durée du poste de travail
- ○ **C.** Elle empêche de réaliser le travail
- ○ **D.** Elle ne touche que certaines professions

Phénomènes physiques et chimiques

→ **Retrouvez le corrigé de cette série page 453.**

316 Les molécules sont constituées :

- ○ **A.** D'atomes qui s'attirent grâce à des forces gravitationnelles
- ○ **B.** De protons qui se maintiennent ensemble grâce à des particules appelées gluons
- ○ **C.** D'atomes dont il existe plus de 100 000 « modèles »
- ○ **D.** D'atomes et leur cohésion est assurée par des forces électromagnétiques

317 Une réaction chimique est :

- ○ **A.** La transformation de produits en réactifs
- ○ **B.** La création de nouveaux atomes
- ○ **C.** Le réarrangement des atomes des réactifs afin de former des produits
- ○ **D.** La disparition de certains atomes afin d'en créer de nouveaux

318 Une espèce chimique qui accélère une réaction chimique s'appelle :

- ○ **A.** Un booster
- ○ **B.** Un accélérateur
- ○ **C.** Un catalyseur
- ○ **D.** Un électrolyseur

319 Dans un circuit électrique, on peut associer les dipôles :

- ○ **A.** En série ou en dérivation
- ○ **B.** En alternatif ou en continu
- ○ **C.** En résistance ou en conductance
- ○ **D.** En triphasé ou en monophasé

320 La loi des nœuds concerne :

- ○ **A.** Les tensions dans un circuit en dérivation
- ○ **B.** Les intensités dans un circuit en série
- ○ **C.** Les tensions dans un circuit en série
- ○ **D.** Les intensités dans un circuit en dérivation

321 Lorsque deux dipôles sont montés en série :

- ○ **A.** La tension aux bornes de l'ensemble est la somme des tensions aux bornes de chaque dipôle
- ○ **B.** L'intensité du courant qui traverse le premier dipôle est plus faible que celle qui traverse le deuxième
- ○ **C.** L'intensité du courant qui traverse le premier dipôle est plus forte que celle qui traverse le deuxième
- ○ **D.** La tension aux bornes de chacun des deux dipôles est la même

322 La tension et l'intensité sont deux grandeurs très utiles en électricité.

- ○ **A.** La tension se note T et s'exprime en volts
- ○ **B.** L'intensité se note I et s'exprime en coulombs
- ○ **C.** La tension se note U et s'exprime en volts
- ○ **D.** L'intensité se note Q et s'exprime en ampères

323 L'intensité du courant qui circule dans un fil correspond :

- ○ **A.** À la vitesse moyenne des particules qui se déplacent dans le conducteur
- ○ **B.** À la force avec laquelle les particules se déplacent
- ○ **C.** Au nombre de particules qui se déplacent
- ○ **D.** Au débit des charges qui traversent une section droite du fil

324 **Dans un fil électrique parcouru par un courant continu, on dit que le courant :**

- ○ **A.** « remonte les intensités »
- ○ **B.** « descend les potentiels »
- ○ **C.** « gravit les résistances »
- ○ **D.** « escalade les dipôles »

325 **La tension aux bornes d'un dipôle se mesure à l'aide :**

- ○ **A.** D'un ampèremètre monté en série après le dipôle
- ○ **B.** D'un voltmètre monté en série avant le dipôle
- ○ **C.** D'un voltmètre placé en dérivation aux bornes du dipôle
- ○ **D.** D'un ampèremètre placé en dérivation aux bornes du dipôle

326 **L'intensité du courant qui circule dans une portion de circuit se mesure à l'aide :**

- ○ **A.** D'un voltmètre placé en série
- ○ **B.** D'un ampèremètre placé en dérivation
- ○ **C.** D'un ampèremètre placé en série
- ○ **D.** D'un voltmètre placé en dérivation

327 **Dans un fil métallique parcouru par un courant continu :**

- ○ **A.** Des charges positives se déplacent de la borne moins (-) vers la borne plus (+)
- ○ **B.** Des atomes circulent dans les deux sens
- ○ **C.** Des protons circulent de la borne plus (+) vers la borne moins (-)
- ○ **D.** Des électrons libres circulent de la borne moins (-) vers la borne (+)

328 **La loi d'Ohm concerne une relation de proportionnalité entre :**

- ○ **A.** La puissance d'éclairage d'une lampe et l'intensité du courant qui la traverse
- ○ **B.** La vitesse de rotation d'un moteur et la tension à ses bornes
- ○ **C.** La charge d'un condensateur et sa surface
- ○ **D.** La tension aux bornes d'une résistance et l'intensité du courant qui la traverse

329 **Lorsque le courant est alternatif, un voltmètre mesure :**

- ○ **A.** La valeur maximale de la tension
- ○ **B.** La valeur efficace de l'intensité du courant
- ○ **C.** La valeur efficace de la tension
- ○ **D.** La valeur maximale de l'intensité du courant

330 **La valeur efficace de l'intensité pour un courant périodique sinusoïdal est donnée par :**

- ○ **A.** $I_{eff} = 2.I_{max}$
- ○ **B.** $I_{eff} = I_{max}/2$
- ○ **C.** $I_{eff} = 1/I_{max}$
- ○ **D.** $I_{eff} = I_{max}/\sqrt{2}$

331 **Une tension périodique est une tension variable qui comporte :**

- ○ **A.** Des interruptions régulières et de durées identiques.
- ○ **B.** Un motif élémentaire qui se reproduit à l'identique pour constituer le signal.
- ○ **C.** Des valeurs maximales et minimales opposées.
- ○ **D.** Des variations sinusoïdales.

332 **La période d'un signal correspond :**

- ○ **A.** À la durée pendant laquelle il est émis
- ○ **B.** Au rythme de ses variations
- ○ **C.** À la différence entre u_{max} et u_{min}
- ○ **D.** À la durée du motif élémentaire

333 **La fréquence d'un signal s'exprime en :**

- ○ **A.** Mètre par seconde (m/s)
- ○ **B.** Seconde (s)
- ○ **C.** Joule (J)
- ○ **D.** Hertz (Hz)

334 **La fréquence d'un signal notée f, N ou ν est définie comme :**

- ○ **A.** La durée d'un motif élémentaire
- ○ **B.** La durée de dix motifs élémentaires
- ○ **C.** Le nombre de motifs élémentaires qui se déroulent en une seconde
- ○ **D.** L'inverse de la tension efficace

335 **Un oscilloscope est un appareil qui permet :**

- ○ **A.** De mesurer la tension efficace
- ○ **B.** De visualiser une tension variable
- ○ **C.** D'amplifier des oscillations électriques
- ○ **D.** De rendre continue une tension alternative

336 **Sur l'écran d'un oscilloscope, on observe :**

- ○ **A.** Verticalement une intensité du courant et horizontalement une durée.
- ○ **B.** Horizontalement une durée et verticalement une tension.
- ○ **C.** Verticalement une tension et horizontalement une intensité du courant.
- ○ **D.** Horizontalement une intensité du courant et verticalement une tension.

337 **Pour fonctionner de façon optimale, un moteur électrique doit avoir à ses bornes :**

- ○ **A.** Une tension sinusoïdale
- ○ **B.** Une tension continue
- ○ **C.** Une tension alternative
- ○ **D.** Une tension périodique

338 **Dans un moteur électrique, on trouve :**

- ○ **A.** Un résistor et un condensateur
- ○ **B.** Un stator et un rotor
- ○ **C.** Un stabilisateur et un compensateur
- ○ **D.** Un transistor et un amplificateur opérationnel

339 **Dans un moteur électrique basique, on trouve :**

- ○ **A.** Une bobine et un aimant
- ○ **B.** Un plot et un culot
- ○ **C.** Un filament et du vide
- ○ **D.** Un sélecteur et un transformateur

340 **La caractéristique d'un dipôle électrique représente :**

- ○ **A.** Les variations de sa résistance en fonction de l'intensité du courant qui le traverse
- ○ **B.** Les variations de l'intensité du courant qui le traverse en fonction de sa résistance
- ○ **C.** Les variations de son flux magnétique en fonction de la tension à ses bornes
- ○ **D.** Les variations de la tension à ses bornes en fonction de l'intensité du courant qui le traverse

341 **Dans une installation domestique, les prises de courant et autres dispositifs électriques sont branchés :**

- ○ **A.** En série
- ○ **B.** En alternatif
- ○ **C.** En cycle court
- ○ **D.** En dérivation

342 **La tension aux bornes des prises domestiques en France est :**

- ○ **A.** Continue et de valeur maximale 220 V
- ○ **B.** Continue et de valeur de tension efficace comprise entre 220 V et 230 V
- ○ **C.** Alternative et de fréquence 100 Hz
- ○ **D.** Alternative et de fréquence 50 Hz

343 **Une aurore polaire (boréale ou australe) ne peut se dérouler qu'aux pôles de la Terre, car :**

- ○ **A.** La température doit être négative (en °C) pour que le phénomène ait lieu
- ○ **B.** L'absence de la couche d'ozone de haute altitude est nécessaire
- ○ **C.** L'air doit être d'une pureté qui n'existe qu'aux pôles
- ○ **D.** Le champ magnétique terrestre y est le plus intense

344 **Les phénomènes lumineux colorés observés lors d'une aurore polaire (boréale ou australe) sont dus :**

- ○ **A.** À la réfraction de la lumière du Soleil par de fines particules de glace
- ○ **B.** À la décomposition de la lumière grâce aux couches froides en haute altitude de l'atmosphère terrestre
- ○ **C.** À l'émission de lumière par des particules de la haute atmosphère suite à leur ionisation par des rayonnements solaires
- ○ **D.** À l'émission de lumière par des particules solaires chargées lors de leur accélération par le champ magnétique terrestre

345 **Dans un arc-en-ciel, les couleurs proviennent :**

- ○ **A.** Du scintillement de microparticules présentes dans la troposphère
- ○ **B.** De la formation d'une gigantesque bulle assimilable à une bulle de savon
- ○ **C.** De la décomposition de la lumière du Soleil par des gouttelettes d'eau
- ○ **D.** De la coloration de la pluie par les différentes substances contenues dans les strates de l'atmosphère

346 **Le phénomène physique à l'origine de la formation d'un arc-en-ciel est :**

- ○ **A.** La diffraction
- ○ **B.** La réfraction
- ○ **C.** L'imprégnation
- ○ **D.** La saponification

347 **Dans un arc-en-ciel, la couleur rouge :**

- ○ **A.** Étant celle ayant la plus courte longueur d'onde, se trouve dans la partie supérieure
- ○ **B.** Étant celle ayant la plus grande fréquence, se trouve dans la partie inférieure
- ○ **C.** Étant celle ayant la plus petite fréquence, se trouve dans la partie inférieure
- ○ **D.** Étant celle ayant la plus grande longueur d'onde, se trouve dans la partie supérieure

348 **La forme de l'arc-en-ciel est due :**

- ○ **A.** À la rotondité de la Terre
- ○ **B.** À la rotondité de l'atmosphère
- ○ **C.** À la rotondité du Soleil
- ○ **D.** À la rotondité des gouttes d'eau

349 **Sur la rétine, au fond de l'œil, l'image d'un arc-en-ciel est :**

- ○ **A.** Réelle et droite
- ○ **B.** Virtuelle et droite
- ○ **C.** Virtuelle et renversée
- ○ **D.** Réelle et renversée

350 **Lorsqu'un rayon lumineux traverse une lentille, à chaque traversée de dioptre, le phénomène ayant lieu est :**

- ○ **A.** La diffraction
- ○ **B.** La propagation rectiligne
- ○ **C.** La réfraction
- ○ **D.** La convergence

351 **Un petit trou pratiqué dans un support opaque se comporte :**

- ○ **A.** Comme une lentille divergente
- ○ **B.** Comme une lentille convergente
- ○ **C.** Comme un prisme (décomposition de la lumière)
- ○ **D.** Comme un générateur de faisceau laser

352 **À l'aide d'une lentille convergente, on peut former :**

- ○ **A.** Une image d'un objet lumineux sur un écran
- ○ **B.** Une image virtuelle qui n'existe que dans notre œil
- ○ **C.** Une image dont les couleurs seront les complémentaires de celles de l'objet
- ○ **D.** Une image inversée comme dans un miroir

353 **La loi de Snell-Descartes sur la réfraction, reliant les indices de réfraction n_1 et n_2 des milieux concernés et les angles d'incidence et de réfraction i_1 et i_2 est donnée par :**

- ○ **A.** $n_1.i_1 = n_2.i_2$
- ○ **B.** $n_1.i_2 = n_2.i_1$
- ○ **C.** $n_1.\cos i_1 = n_2.\cos i_2$
- ○ **D.** $n_1.\sin i_1 = n_2.\sin i_2$

354 **La réflexion totale est un phénomène permettant :**

- ○ **A.** La dispersion de la lumière dans un prisme
- ○ **B.** La vision nocturne
- ○ **C.** La propagation de la lumière dans une fibre optique à saut d'indice
- ○ **D.** Le passage de la lumière à travers un dioptre

355 **La dispersion est :**

- ○ **A.** La décomposition de la lumière grâce à un filtre coloré
- ○ **B.** La décomposition de la lumière grâce au phénomène de réfraction
- ○ **C.** La modification des longueurs d'onde
- ○ **D.** Le décalage des fréquences, grâce à l'utilisation, par exemple, d'un prisme

356 **La superposition de lumières complémentaires donne une lumière :**

○ **A.** Magenta ○ **B.** Cyan ○ **C.** Blanche ○ **D.** Noire

357 **Le mélange de substances pigmentaires de couleurs complémentaires donne une substance :**

○ **A.** Jaunâtre ○ **B.** Blanche ○ **C.** Noire ○ **D.** Verdâtre

358 **Une imprimante qui fonctionne en quadrichromie (encres cyan, magenta, jaune et noire) synthétise du rouge en mélangeant :**

- ○ **A.** Du noir et du magenta
- ○ **B.** Du bleu et du noir
- ○ **C.** Du cyan et du jaune
- ○ **D.** Du jaune et du magenta

359 **Les écrans (d'ordinateur, de téléphone, de tablette, etc.) sont composés de petits éléments d'image appelés pixels (contraction de l'anglais «*pictures element*»). Ces pixels comportent trois sous-pixels qui peuvent laisser passer de la lumière rouge pour l'un, de la lumière verte pour le deuxième et de la lumière bleue pour le dernier. En jouant sur les intensités respectives de ces trois lumières colorées, on peut établir environ 16 millions de couleurs différentes. Pour établir un pixel qui diffuse de la lumière orange quelle est la combinaison des trois sous-pixels envisageable?**

- ○ **A.** Rouge (100 %) - Vert (0 %) - Bleu (100 %)
- ○ **B.** Rouge (100 %) - Vert (100 %) - Bleu (100 %)
- ○ **C.** Rouge (50 %) - Vert (100 %) - Bleu (0 %)
- ○ **D.** Rouge (100 %) - Vert (50 %) - Bleu (0 %)

360 **Lorsque de la lumière cohérente se diffracte sur un objet de petite dimension (fil fin), on observe une tache centrale :**

- ○ **A.** D'autant plus grande que l'objet est de grande dimension
- ○ **B.** D'autant plus petite que l'objet est de grande dimension
- ○ **C.** D'autant plus intense que l'objet est petit
- ○ **D.** Dans laquelle apparaît l'ombre de l'objet

361 **Lorsque la diffraction est réalisée par un trou circulaire la figure (dite d'Airy) obtenue est :**

- ○ **A.** Constituée de taches circulaires qui sont alignées
- ○ **B.** Constituée de taches elliptiques qui sont alignées
- ○ **C.** Constituée de taches circulaires concentriques
- ○ **D.** Constituée de taches elliptiques dont les foyers sont communs

362 **L'expérience des fentes de Young met en évidence :**

- ○ **A.** L'aspect corpusculaire de la lumière
- ○ **B.** L'aspect ondulatoire de la lumière
- ○ **C.** L'existence de la masse du photon
- ○ **D.** La dispersion de la lumière

363 **Pour interférer, deux ondes sinusoïdales doivent nécessairement :**

- ○ **A.** Avoir la même fréquence
- ○ **B.** Avoir la même intensité
- ○ **C.** Avoir des périodes différentes
- ○ **D.** Avoir des longueurs d'onde différentes

364 **La foudre est la manifestation lumineuse :**

- ○ **A.** D'une brusque vaporisation des microgouttelettes constituant les nuages
- ○ **B.** De la combustion brutale d'une poche de méthane
- ○ **C.** D'une violente décharge électrique
- ○ **D.** De la chute d'une pluie de météorites qui s'enflamment en traversant l'atmosphère

365 **Le tonnerre est le phénomène sonore qui accompagne l'émission d'une lumière vive lors d'un orage. Ce son se propage :**

- ○ **A.** À la même vitesse que le phénomène lumineux
- ○ **B.** À 300 000 km/s
- ○ **C.** Environ 900 000 fois moins vite que la lumière
- ○ **D.** Environ 1 000 fois plus vite que la lumière

366 **La décharge électrique lors d'un éclair implique une différence de potentiel de l'ordre de :**

- ○ **A.** 100 000 A
- ○ **B.** 1 000 000 V.
- ○ **C.** 1 000 A.
- ○ **D.** 10 à 100 000 000 V

367 **Sous l'action de la décharge dans l'air, sur son parcours il se forme :**

- ○ **A.** Un vide
- ○ **B.** Un plasma
- ○ **C.** Une surpression de l'ordre de 10 MPa
- ○ **D.** Un trou noir

368 **Pour déterminer approximativement la distance en kilomètres à laquelle est « tombée » la foudre, on considère que la lumière nous parvient quasi instantanément (v ≈ 300 000 km/s). On peut donc chronométrer en secondes le temps Δt que met le tonnerre pour nous parvenir et alors, puisque la vitesse du son dans l'air est de l'ordre de 333 m/s (soit 1/3 de km/s) :**

- ○ **A.** $d \approx \Delta t$
- ○ **B.** $d \approx 3.\Delta t$
- ○ **C.** $d \approx \Delta t + 3$
- ○ **D.** $d \approx \frac{\Delta t}{3}$

369 **Les deux types de charges électriques ont tout d'abord été appelés (XVIIIe siècle) :**

- ○ **A.** Aqueuse et gazeuse
- ○ **B.** Esprit et concret
- ○ **C.** Vitreuse et résineuse
- ○ **D.** Blanche et noire

370 **Lorsque l'on frotte un matériau sur la peau d'un chat pour l'électriser :**

- ○ **A.** On arrache des protons à l'un pour les transférer vers l'autre
- ○ **B.** On transforme des électrons en protons
- ○ **C.** On transforme des protons en électrons
- ○ **D.** On arrache des électrons à l'un pour les transférer vers l'autre

371 **Lorsque l'on approche, sans contact, un objet chargé négativement d'un matériau isolant :**

- ○ **A.** Des électrons traversent l'air et viennent s'implanter sur l'isolant
- ○ **B.** Les électrons libres de l'isolant s'accumulent à l'opposé de l'objet chargé
- ○ **C.** Les nuages électroniques des atomes de l'isolant se déforment
- ○ **D.** Des protons traversent l'air et viennent s'implanter sur l'objet chargé

372 **Si l'on approche un objet chargé négativement d'une petite boule neutre de polystyrène recouverte de papier d'aluminium et suspendue à un fil (pendule électrostatique).**

- ○ **A.** La petite boule est repoussée par l'objet chargé
- ○ **B.** La petite boule se colle à l'objet et y reste fixée
- ○ **C.** La petite boule ne bouge pas puisqu'elle est neutre
- ○ **D.** La petite boule est attirée par l'objet, elle s'y colle puis ensuite elle est repoussée

373 **Si on approche d'un fin filet d'eau, qui tombe verticalement, un objet chargé positivement ou négativement :**

- ○ **A.** Le filet d'eau ne subira aucune influence, car l'eau est une molécule neutre
- ○ **B.** Le filet d'eau sera repoussé si l'objet est chargé positivement et attiré si l'objet est chargé négativement, car la molécule d'eau est globalement chargée positivement
- ○ **C.** Le filet d'eau sera repoussé si l'objet est chargé négativement et attiré si l'objet est chargé positivement, car la molécule d'eau est globalement chargée négativement
- ○ **D.** Le filet d'eau sera attiré dans les deux cas, car la molécule d'eau est polaire

374 **Le champ magnétique terrestre est dû :**

- ○ **A.** À la présence de magnétite, roche magnétique, dans l'écorce terrestre
- ○ **B.** À la présence d'ozone dans les hautes couches de l'atmosphère de la Terre
- ○ **C.** À la présence de mouvements de convexion dans la partie externe du noyau de la Terre essentiellement composé de fer et de nickel
- ○ **D.** À des réactions de fusions thermonucléaires qui ont lieu dans le manteau terrestre, qui produisent des noyaux relativistes et qui, en accélérant, génèrent un champ magnétique

375 **Le champ magnétique terrestre est :**

- ○ **A.** De même intensité en tous points de la surface de la Terre
- ○ **B.** Plus intense aux pôles magnétiques
- ○ **C.** Plus intense à l'équateur
- ○ **D.** Plus intense dans l'hémisphère Nord que dans l'hémisphère Sud

376 **Le champ magnétique terrestre correspond à celui qui serait créé par un aimant droit placé sur un axe légèrement incliné par rapport à l'axe de rotation de la Terre. Il est alors :**

- ○ **A.** Toujours parallèle à la surface de la Terre
- ○ **B.** Perpendiculaire à la surface de la Terre au niveau de l'équateur
- ○ **C.** Perpendiculaire à la surface de la Terre au niveau des pôles magnétiques
- ○ **D.** Nul sous terre

377 **L'unité légale de l'intensité d'un champ magnétique est :**

- ○ **A.** Le siemens
- ○ **B.** Le faraday
- ○ **C.** Le magnéton
- ○ **D.** Le tesla

378 **Le champ magnétique terrestre est :**

- ○ **A.** Constant depuis son apparition
- ○ **B.** Responsable des orages sur la Terre
- ○ **C.** À l'origine des éruptions volcaniques, car il est responsable de la fracturation de l'écorce terrestre et donc de la tectonique des plaques
- ○ **D.** Une protection pour l'atmosphère vis-à-vis des vents solaires

379 **Une onde mécanique progressive correspond à la propagation d'une perturbation initiale lorsque cette dernière est la variation d'une grandeur physique liée à un milieu matériel. Exemple : variation de pression, variation de position, variation de température... Ainsi :**

- ○ **A.** Une onde électromagnétique est une onde mécanique
- ○ **B.** Un faisceau laser est une onde mécanique
- ○ **C.** Un son est une onde mécanique
- ○ **D.** Une onde radio est une onde mécanique

380 **Contrairement à une onde électromagnétique, une onde mécanique ne peut pas se propager :**

- ○ **A.** Dans un solide.
- ○ **B.** Dans un gaz.
- ○ **C.** Dans le vide.
- ○ **D.** Dans un milieu matériel

381 **Une onde mécanique peut être qualifiée de transversale ou de longitudinale.**

- ○ **A.** Pour une onde transversale, la direction de propagation est parallèle à la direction de la perturbation initiale
- ○ **B.** Pour une onde longitudinale, la direction de la perturbation initiale est perpendiculaire à sa direction de propagation
- ○ **C.** Pour une onde longitudinale, la direction de propagation est perpendiculaire à la direction de la perturbation initiale
- ○ **D.** Pour une onde transversale, la direction de propagation est perpendiculaire à la direction de la perturbation initiale

382 **Lors de la propagation d'une onde mécanique progressive :**

- ○ **A.** De la matière est transportée d'un bout à l'autre du parcours de l'onde
- ○ **B.** De l'énergie est transportée le long du parcours
- ○ **C.** Le champ électrique local est modifié
- ○ **D.** La fréquence s'atténue systématiquement au fur et à mesure de la propagation

383 **Une onde mécanique possède une période temporelle notée T qui correspond à la durée de la déformation du milieu en un point. L'onde mécanique est également caractérisée par une période spatiale appelée longueur d'onde et notée λ. La relation entre λ, T et *v*, la vitesse de propagation de l'onde dans le milieu considéré est donnée par :**

- ○ **A.** $T = \frac{v}{\lambda}$
- ○ **B.** $v = \lambda . T$
- ○ **C.** $\lambda = v . T$
- ○ **D.** $T = \lambda . v$

384 **Lors d'un tsunami, la perturbation initiale déplace un grand volume d'eau sur une période assez longue. Lorsque l'onde se rapproche de la côte et que la profondeur diminue alors :**

- ○ **A.** La fréquence de l'onde diminue
- ○ **B.** La période temporelle T de l'onde augmente
- ○ **C.** La période temporelle T de l'onde diminue
- ○ **D.** La fréquence de l'onde reste constante

385 **La hauteur d'un son varie avec :**

- ○ **A.** Son intensité sonore exprimée en décibels
- ○ **B.** Sa pureté, c'est-à-dire le nombre de sons fondamentaux qu'il contient
- ○ **C.** Sa fréquence exprimée en hertz
- ○ **D.** Son timbre

386 **Un son audible par l'oreille humaine :**

- ○ **A.** Possède une période inférieure à 10 μs
- ○ **B.** Possède une fréquence comprise entre 20 Hz et 20 kHz
- ○ **C.** Possède une intensité sonore supérieure à 50 dB
- ○ **D.** S'appelle un ultrason

387 **La vitesse d'un son est :**

- ○ **A.** La même dans l'eau et dans l'air
- ○ **B.** Plus rapide dans l'air que dans l'eau
- ○ **C.** Supérieure à celle de la lumière
- ○ **D.** Plus rapide dans l'eau que dans l'air

388 **Cette technique médicale utilise la propagation des ultrasons :**

- ○ **A.** La radioscopie
- ○ **B.** La fibre optique
- ○ **C.** L'imagerie par résonnance magnétique
- ○ **D.** L'échographie

389 **La radioactivité naturelle c'est la désintégration d'un noyau d'atome, car sa constitution n'est pas stable. Lors de cette désintégration, un nouveau noyau est créé (appelé noyau fils) ainsi qu'une petite particule qui ne peut pas être :**

- ○ **A.** Un noyau d'hélium (appelé particule α)
- ○ **B.** Un électron (appelé particule β^-)
- ○ **C.** Un antiélectron ou positron (appelé particule β^+)
- ○ **D.** Un proton (appelé particule ϕ)

390 **Lors d'une désintégration, le noyau fils emporte une partie de l'énergie libérée sous forme d'excitation et la relaxe quasiment instantanément sous forme d'un rayonnement γ (gamma). Ce rayonnement possède une longueur d'onde λ telle que :**

- ○ **A.** λ appartient au domaine du visible
- ○ **B.** λ est de l'ordre du millimètre
- ○ **C.** $1\,000 \text{ nm} < \lambda < 5\,000 \text{ nm}$
- ○ **D.** λ < longueurs d'onde des rayons X

391 **Si on appelle N_0 le nombre de noyaux radioactifs à la date t = 0 s d'un échantillon, alors le nombre de noyaux radioactifs N(t) d'un échantillon à la date t est donné par :**

- ○ **A.** $N(t) = N_0.t$
- ○ **B.** $N(t) = N_0/t$
- ○ **C.** $N(t) = N_0.e^{-kt}$ (N(t) décroît de manière exponentielle, car k est positif)
- ○ **D.** $N(t) = N_0.e^{+kt}$ (N(t) croît de manière exponentielle, car k est positif)

392 **La demi-vie, ou période radioactive d'un élément, est la durée au bout de laquelle :**

- ○ **A.** Le nombre de noyaux radioactifs a été multiplié par 2
- ○ **B.** Le nombre de noyaux radioactifs est devenu nul
- ○ **C.** Le nombre de noyaux radioactifs a baissé de moitié
- ○ **D.** Le nombre de noyaux radioactifs est égal à N_0

393 **L'énergie est une grandeur qui peut être manipulée dans plusieurs domaines comme les apports énergétiques alimentaires, les capacités des centrales électriques... L'unité utilisée sera spécifique pour chacun de ces secteurs. L'unité dans le système international pour l'énergie est le joule, mais parmi les unités suivantes, quelle est celle qui n'est pas une unité d'énergie ?**

○ **A.** La calorie (cal)
○ **B.** L'électronvolt (eV)
○ **C.** Le watt (W)
○ **D.** Le kilowattheure (kWh)

394 **Les tensioactifs sont des molécules présentes dans les savons. Elles servent à lier entre elles des molécules qui habituellement se repoussent (eau et corps gras). Elles sont constituées :**

○ **A.** D'une queue polaire et d'une tête hydrophile
○ **B.** D'une queue apolaire et d'une tête hydrophobe
○ **C.** D'une tête apolaire et d'une queue lipophobe
○ **D.** D'une tête hydrophile et d'une queue apolaire

395 **Le complexe argilo humique est une association d'éléments d'origines minérale et organique.**

○ **A.** Il permet le stockage des cations dans les sols
○ **B.** Il est présent sous la couche arable des sols
○ **C.** Il permet la fixation des ions nitrate nécessaires à la croissance de la plante
○ **D.** Il permet la rétention d'eau dans les sols

Corrigés

Les scientifiques et découvertes scientifiques

1 Quel scientifique a énoncé la loi de gravitation ? **Isaac Newton**

2 Qui a eu le prix Nobel de chimie en 1911 ? **Marie Curie (1867-1934)**

3 On attribue la phrase : « Rien ne se perd, tout se transforme » à : **Antoine Lavoisier**

4 Qui est le physicien et philosophe à qui l'on doit la célèbre pensée « Je pense donc je suis » ? **René Descartes (1596-1650)**

5 De qui sont les quatre équations qui décrivent le comportement et les relations du champ électromagnétique ainsi que son interaction avec la matière ? **Maxwell**

6 On lui doit la classification des éléments : **Dimitri Mendeleïev**

7 Il a amélioré l'ampoule électrique : **Thomas Edison**

8 Suédois, il a laissé son nom à des prix que l'on remet tous les ans dans différentes disciplines, mais il est aussi l'inventeur de la dynamite : **Alfred Nobel**

9 Son invention est nommée la « Pascaline », c'est : **une machine à calculer**

10 On doit l'invention de la première pile à : **Alessandro Volta**

11 Son invention a révolutionné les transports. Qui est-ce ? **Denis Papin**

12 Il a inventé le thermomètre à mercure en 1742. Qui est-ce ? Daniel **Fahrenheit**

13 Qui a inventé le moteur à essence ? **Nikolaus Otto**

14 Il est célèbre autant pour son chat que pour son équation. Qui est-ce ? **Ernest Schrödinger**

15 Il eut le prix Nobel de physique, en 1929, pour avoir découvert la nature ondulatoire des électrons. Qui est-ce ? **Louis de Broglie**

16 On lui doit le principe d'incertitude. Qui est-ce ? **Werner Heisenberg**

17 Il mit en évidence le noyau atomique. Qui est-ce ? **Ernest Rutherford**

18 Qui découvrit le neutron et pour cela reçut le prix Nobel de physique en 1935 ? **James Chadwick**

19 Michael Faraday découvrit : **l'interaction électromagnétique**

20 Qui a découvert la structure de l'ADN ? **Watson et Crick**

21 Hubble a découvert que : **les galaxies s'éloignent les unes des autres à une vitesse proportionnelle à leur distance.**

22 Christian Huygens est connu entre autres pour : **sa théorie sur la nature ondulatoire de la lumière**

23 Quel est le scientifique qui a découvert les rayons X en 1895 ? **Wilhelm Röntgen**

24 Qui inventa le spectroscope ? **Joseph von Fraunhofer**

25 Il est célèbre pour avoir découvert des ondes électromagnétiques non visibles qui portent son nom. Qui est-ce ? **Heinrich Hertz(les ondes hertziennes)**

26 Qui a révolutionné la biologie avec son ouvrage « *L'origine des espèces* » ? **Charles Darwin**

27 Je fus le premier à déchiffrer les hiéroglyphes. Qui suis-je ? **Jean-François Champollion**

28 Découverte en 1974 sur le site d'Hadar, en Éthiopie, j'ai longtemps été considérée comme la représentante d'une espèce à l'origine de la lignée humaine, je suis : **Lucy**

29 Qui est le père fondateur des lois de la génétique ? **Johann Gregor Mendel**

30 On lui doit un théorème très célèbre utilisé dans un triangle rectangle. Qui est-ce ? **Pythagore**

31 Pendant longtemps sa géométrie fut la seule qui existait. Comment se nomme-t-il ? **Euclide**

32 Célèbre par ses « pensées », il l'est aussi par son triangle. Qui est-il ? **Blaise Pascal**

33 Mort très jeune, je suis un précurseur de la théorie des groupes. Qui suis-je ? **Évariste Galois**

34 Le prix Nobel de chimie 2019 a été attribué à John Goodenough, Stanley Whittingham et Akira Yoshino pour **le développement de la batterie au lithium-ion**.

35 Qui est célèbre pour sa courbe en cloche ? **Carl Friedrich Gauss**

36 Qui est célèbre pour sa force qui dévie tout corps en mouvement dans l'hémisphère Nord vers sa droite, et vers sa gauche dans l'hémisphère Sud ? **Coriolis**

37 Qui a vérifié et rendu manifeste la rotation quotidienne de la Terre en utilisant la rotation libre du plan d'oscillation d'un pendule ? **Léon Foucault**

38 J'ai construit le premier télégraphe. Qui suis-je ? **Charles Wheatstone**

39 À qui doit-on le premier pneu démontable ? **Édouard et André Michelin**

40 Qui fut le premier à déposer le brevet du téléphone ? **Alexander Graham Bell**

41 J'ai pris la première photographie. Qui suis-je ? **Nicéphore Niepce**

42 Sans eux, il n'y aurait pas de cinéma. Qui sont-ils ? **Les frères Lumières**

43 Qui est l'inventeur de la carte à mémoire ou carte à puce ? **Roland Moreno**

44 Un microscope à effet tunnel permet d'**étudier la matière au niveau atomique**.

45 Qui a reçu le prix Nobel de physique, en 1991, pour ses travaux sur les cristaux liquides et les polymères ? **Pierre-Gilles de Gennes**

46 Qui a établi les lois de rotation de la polarisation de la lumière ? **Jean-Baptiste Biot**

47 Qui a découvert les lois du rayonnement de la chaleur ? Wilhelm Wien

48 C'est le premier à avoir séparé la baleine des poissons. Qui est-ce ? **Bernard de Jussieu**

49 Qui est connu pour sa théorie de la « dérive des continents » ? **Alfred Wegener**

50 Une photo de l'espace a fait sensation en 2019 ; c'est la photo d'**un trou noir**.

51 Souvent associé à Boyle, il a découvert la tache aveugle de l'œil. Qui est-il ? **Edme Mariotte**

52 À qui doit-on la réplication de l'ADN ? **Matthew Meselson et Franklin Stahl**

53 Qui a découvert la relation entre l'électricité et le magnétisme ? Hans Christian Ø**rsted**

54 Leur expérience était de déterminer la vitesse de la lumière dans son support supposé, l'éther. Qui sont-ils ? **Michelson et Morley**

55 Qui a décrit correctement les effets des ondes de choc observés lors du déplacement supersonique d'un projectile ? **Ernst Mach**

56 Qui est le père de la physique statistique ? **Ludwig Boltzmann**

57 Qui émet l'hypothèse que les protons, neutrons et autres hadrons sont composés de plus petites particules, les quarks? **Murray Gell-Mann**

58 Je suis le père de la bombe atomique. Qui suis-je? **J. Robert Oppenheimer**

59 Je suis connu, entre autres, pour mon principe d'exclusion. Qui suis-je? **Wolfgang Pauli**

60 Mon effet porte mon nom et est aussi utilisé en médecine. Qui suis-je? **Doppler**

61 Qui inventa le concept d'entropie? **Rudolf Clausius**

62 Grand voyageur et scientifique, j'ai fait connaître entre autres à l'Amérique du Nord et à l'Europe les propriétés fertilisantes du guano. Qui suis-je? **Alexander von Humboldt**

63 J'ai reçu le prix Nobel de physique, en 1997, pour avoir refroidi et confiné des atomes avec un laser. Qui suis-je? **Claude Cohen-Tannoudji**

64 Qui a contribué à la mise au point et à la production d'explosifs sans fumée, qui seront très utilisés durant la Première Guerre mondiale? **Marcellin Berthelot**

65 Ses séries et la transformation qui porte son nom sont incontournables dans la théorie du signal, imagerie numérique, compression de données, dans l'exploitation des systèmes 3G, 4G. Qui est-il? **Joseph Fourier**

66 Une marque de soupe porte son nom, car il est l'inventeur de l'agriculture industrielle. Qui est-ce? **Justus von Liebig**

67 Grand scientifique de la période napoléonienne, une force, une transformation et une équation portent au moins son nom. Qui est-ce? **Pierre Simon de Laplace**

68 Je reçois le prix Nobel de physique en 1992 pour, entre autres, la chambre proportionnelle « multifils ». Qui suis-je? **Georges Charpak**

69 L'effet qui porte mon nom est un phénomène de la dynamique des fluides. Qui suis-je?**Venturi**.

70 J'ai découvert les villes de Troie et de Mycènes. Qui suis-je? **Heinrich Schliemann**

71 Qui est connu pour avoir inventé le baromètre? **Evangelista Torricelli**

72 Le 4 novembre 1922, je découvre dans la Vallée des Rois la tombe de Toutankhamon. Qui suis-je? **Howard Carter**

73 Je n'ai aucun lien de parenté avec Joe, William, Jack et Averell et suis aussi connu pour mes recherches sur une anomalie des yeux dont le nom dérive du mien. Qui suis-je? **John Dalton**

74 Mon nom est associé à un effet qui peut donner le tournis au gardien de but au football. Je suis : **Gustav Magnus**

75 Il a inventé le paratonnerre. Qui est-ce? **Benjamin Franklin**

76 On lui doit la mesure de la vitesse de la lumière avec une roue dentée tournant à vitesse constante. Qui est-ce? **Hippolyte Fizeau**

77 Qui a trouvé une relation entre la tension électrique, l'intensité du courant et la résistance électrique? **Georg Ohm**

78 Qui a synthétisé l'acide acétylsalicylique plus connu sous le nom aspirine? **Félix Hoffmann**

79 J'ai imaginé un moyen de transport à grande vitesse appelé Hyperloop. Qui suis-je? **Elon Musk**

80 À 26 ans j'ai fait décoller un engin sans élan, précurseur de l'hélicoptère. Qui suis-je? **Paul Cornu**

Le corps humain

81 Le centre de contrôle hormonal humain est **l'hypothalamus**.

82 Les cellules sensorielles de l'œil sont situées **sur la rétine**.

83 Le plus petit os du corps est **l'étrier**.

84 La patella est un os appartenant **au membre inférieur**.

85 Le côlon mesure **1,5 m**.

86 Les îlots de Langerhans sont des cellules hormonales sécrétantes issues **du pancréas**.

87 L'insuline est une hormone impliquée dans le transport **du glucose**.

88 La fécondation a lieu dans **la trompe**.

89 L'ovulation est due au pic hormonal de **LH**.

90 Combien de dents possède un être humain ? **32.**

91 Les os sont essentiellement composés de **calcium**.

92 Combien de paires de chromosomes possède un homme ? **23.**

93 L'énergie de la cellule est produite par **les mitochondries**.

94 L'information génétique est contenue dans **le noyau**.

95 Laquelle de ces cellules est composée d'un noyau ? **Les eucaryotes.**

96 La surface de la peau sur le corps est en moyenne de **2 m²**.

97 Le diaphragme est **un muscle**.

98 Le diaphragme joue un rôle dans **la respiration**.

99 Les spermatozoïdes sont constitués au niveau **des testicules**.

100 L'hormone impliquée dans le sommeil est **la mélatonine**.

101 L'insuline est une hormone sécrétée par **le pancréas**.

102 Les os de l'avant-bras sont **l'ulna et le radius**.

103 Le fémur est l'os **de la cuisse**.

104 Le sphénoïde est un os **de la tête**.

105 Le deltoïde est un muscle **de l'épaule.**

106 L'œil est composé successivement de **cornée / iris / cristallin / rétine**.

107 La couleur des yeux est due à une coloration de **l'iris**.

108 Une trachéotomie est une opération qui consiste à ouvrir **la trachée**.

109 Le pharynx est composé successivement de **Nasopharynx / Oropharynx / Laryngopharynx.**

110 La carotide est **une artère entre le cœur et la tête**.

111 Laquelle de ces propositions est fausse à propos des globules rouges ? **C'est une cellule qui possède un gros noyau sphérique.**

112 Laquelle de ces propositions à propos des globules blancs est exacte ? **Ils jouent un rôle clé dans le système immunitaire.**

113 Les cellules sanguines sont synthétisées **dans la moelle osseuse**.

114 La couleur de la peau est due **à la mélanine**.

115 À propos du système immunitaire, laquelle de ces propositions est juste ? **Il permet de défendre l'organisme contre les agressions.**

116 Combien l'homme possède-t-il de muscles ? **Plus de 600**

117 Combien l'homme possède-t-il de paires de côtes ? **12**

118 Le muscle de l'inspiration est **le diaphragme**.

119 Combien de litres d'eau l'homme doit-il boire par jour ? **1,5**

120 Laquelle de cette proposition est juste quant au caecum ? **Il s'agit de la première partie du côlon.**

121 Lequel de ces systèmes n'appartient pas à l'appareil locomoteur ? **Le système nerveux**

122 La citerne du chyle appartient **à la circulation lymphatique**.

123 L'appendice est relié **au côlon**.

124 Laquelle de ces cellules ne se renouvelle pas ? **Les neurones**

125 Laquelle de ces substances est responsable du bronzage de la peau ? **La mélanine**

126 Lequel de ces éléments n'appartient pas au cœur ? **La citerne du chyle**

127 Le tissu nodal correspond **au tissu nerveux à l'origine de l'automaticité cardiaque**.

128 Les aliments sont absorbés au niveau de **l'intestin**.

129 Qu'est-ce qu'un caryotype ? **Classement ordonné des chromosomes d'un individu.**

130 Que signifie ADN ? **Acide désoxyribonucléique**

131 À quelle température est le corps humain ? **37 °C**

132 Où ne trouvons-nous pas de poils sur notre corps ? **Sur la paume de la main et la plante des pieds.**

133 Que ne protègent pas les côtes ? **L'intestin**

134 Quel est le nom anatomique de l'omoplate ? **La scapula**

135 Combien l'homme possède-t-il de vertèbres cervicales ? **7**

136 Combien l'homme possède-t-il de vertèbres thoraciques ? **12**

137 Combien l'homme possède-t-il de côtes flottantes ? **2**

138 Où sont produits les spermatozoïdes ? **Dans les tubes séminifères**

139 À quoi sert la prostate ? **À créer le sperme**

140 Où est produite l'urine ? **Dans les reins**

141 Le cycle menstruel dure en moyenne : **28 jours**

142 Combien de chromosomes possède un spermatozoïde humain ? **23**

143 Quel est l'ion responsable de la fixation de l'O_2 sur l'hémoglobine ? **Le fer**

144 De combien de litres de sang un humain adulte est-il constitué en moyenne ? **5 litres**

145 Dans quelle artère passe le sang du ventricule gauche ? **Aorte**

146 Comment s'appellent les muscles que l'on contracte par la volonté ? **Les muscles lisses**

147 Comment s'appelle l'enveloppe séreuse des poumons ? **La plèvre**

148 Le centre de contrôle de l'équilibre est **l'oreille interne.**

149 Les trois osselets de l'oreille sont **marteau, enclume et étrier.**

150 La thyroïde est une glande située **à la face antérieure du cou.**

151 Une hormone stéroïdienne est constituée **à partir de cholestérol.**

152 Laquelle de ces hormones n'est pas une hormone sexuelle ? **L'hormone surrénalienne**

153 Laquelle de ces propositions est fausse ? **Le cervelet peut être retiré sans conséquence physique sur l'individu.**

154 Une grossesse humaine normale dure **entre 37 et 41 SA**.

155 Aménorrhée signifie **absence de règles ou de menstruations**.

156 Dans le cerveau, l'aire de la vision est située **dans le lobe occipital**.

157 Lequel de ces lobes ne fait pas partie du cerveau ? **Le lobe central**

158 Les cellules sanguines sont produites **dans la moelle osseuse**.

159 L'unité fonctionnelle des êtres vivants est **la cellule**.

160 Que comprend le système immunitaire ? **La rate, le thymus, les ganglions lymphatiques**

161 Lequel de ces organes ne fait pas partir du système endocrinien ? **La vésicule biliaire**

162 Comment s'appelle l'ensemble des gènes d'une cellule ? **Le génome**

Maladies et santé dans le monde

163 Aucun vaccin n'est disponible contre le **VIH**.

164 Une infection nosocomiale est **une infection qui survient suite à une hospitalisation**.

165 Une endocardite est **une infection du cœur**.

166 L'épidémie COVID-19 se transmet par **les gouttelettes (sécrétions projetées invisibles lors d'éternuements ou de toux)**.

167 **Le papillomavirus humain** n'est pas obligatoire.

168 Les diurétiques sont des médicaments augmentant **les urines**

169 Laquelle de ces maladies n'est pas sexuellement transmissible ? **Le cancer des testicules**

170 Les barbituriques sont des médicaments **anesthésiants**.

171 Les antibiotiques ont été découverts par **Fleming**.

172 Un antalgique est un médicament dont le but est **d'apaiser la douleur**.

173 Le vaccin contre la rage a été inventé par **Pasteur**.

174 La pénicilline est **un antibiotique**.

175 Lequel de ces traitements n'agit en aucun cas contre les virus ? **Les antibiotiques**

176 La chirurgie esthétique la plus effectuée dans le monde est **l'augmentation mammaire**.

177 Un chirurgien ORL est spécialiste **de la face est du cou**.

178 La dermatologie est une spécialité qui s'occupe **de la peau**.

179 L'aspirine provient **de l'écorce du saule**.

180 Le taux de natalité le plus élevé du monde est **en Afrique subsaharienne**.

181 La région la plus touchée par le sida est **l'Afrique subsaharienne**.

182 Le sida est un virus apparu dans les années **1980**.

183 Le pays avec le taux de natalité le plus important dans le monde est **l'Angola**.

184 Le pourcentage de la population mondiale n'ayant pas accès à l'eau potable est de : **11 %**

185 Quelle maladie se caractérise par un défaut de coagulation ? **L'hémophilie**

186 Quelle maladie se caractérise par un défaut d'insuline ? **Le diabète**

187 Le saturnisme est une intoxication **au plomb**.

188 En 2010 Haïti a été touché par une épidémie **de choléra**.

189 Laquelle de ces propositions est fausse à propos du sida ? **Il se transmet essentiellement par la salive.**

190 Laquelle de ces techniques n'est pas irradiante ? **IRM**

191 Qu'est-ce qu'un infarctus ? **Un arrêt brutal de la vascularisation d'une zone (cœur ou autres)**

192 Laquelle de ces maladies n'est pas contagieuse ? **Le cancer**

193 Quel médicament favorise une hémorragie digestive ? **L'aspirine**

194 À propos de l'homéopathie laquelle ce ces propositions est fausse ? **Ces médicaments nécessitent une ordonnance pour être délivrés.**

195 Une maladie autosomique récessive se transmet **si la descendance reçoit les deux allèles mutés**.

196 En 2014, l'Afrique de l'Ouest a été touchée par une épidémie **du virus Ebola**.

197 Laquelle de ces propositions est fausse ? **Le cancer est incurable.**

198 Laquelle de ces maladies est la cause première cause de démence chez l'être humain ? **La maladie d'Alzheimer**

199 La bipolarité est une maladie qui se définit par **un trouble d'humeur fluctuant entre les deux pôles maniaque et dépressif**.

200 En France laquelle de ces maladies n'est pas dépistée à la naissance ? **La tuberculose**

201 La cirrhose est une atteinte **du foie**.

202 Laquelle de ces propositions est fausse ? **La maladie de Crohn ne touche que les hommes.**

203 Lequel de ces éléments n'est pas une réponse allergique ? **Vomissement**

204 Laquelle de ces propositions est fausse ? **La conjonctivite n'est pas contagieuse.**

205 La maladie de Charcot **est une maladie neurodégénérative des motoneurones**.

206 Depuis 2015, l'Amérique centrale et l'Amérique du Sud sont touchées par une épidémie du virus **Zika**.

207 Une infection d'origine fongique est transmise par **un champignon**.

208 Laquelle de ces propositions est juste ? **Le virus Ebola provoque de fortes fièvres.**

209 Laquelle de ces propositions est fausse ? **Le paludisme a un vaccin fiable disponible.**

210 La tachycardie correspond à **un rythme cardiaque plus rapide que la normale**.

211 Le scorbut est une maladie due à une carence **de vitamine C**.

212 Les végétariens en ne consommant pas de viande risquent de manquer de vitamine **B12**.

213 Une alimentation végane se définit par **ne plus consommer de produits d'origine animale**.

214 Le nom courant de la maladie influenza est **la grippe**.

215 La tuberculose a été découverte par **Robert Koch**.

216 La myopathie est une maladie qui touche **les muscles**.

217 Quel est le groupe sanguin universel? **O**

218 Une crampe est **la contraction involontaire d'un muscle**.

219 La phytothérapie utilise pour guérir l'action **des plantes**.

220 L'alopécie désigne **la chute des cheveux**.

221 Un médicament générique correspond à **un médicament tombé dans le domaine public**.

222 Qui est le fondateur de Médecins du monde? **Bernard Kouchner**

223 Laquelle de ces propositions est fausse? **La résistance aux antibiotiques est un problème économique, mais n'est pas un problème de santé.**

224 Les EFR sont des examens qui explorent **les capacités pulmonaires**.

225 La maladie de Lyme se transmet **par une morsure de tique**.

226 L'homosexualité a été considérée comme une pathologie psychiatrique en France jusqu'en **1992**.

227 L'albinisme est une maladie **génétique qui se caractérise par un défaut de pigmentation**.

228 Laquelle de ces propositions est exacte? **La lèpre est encore endémique dans certains pays en développement.**

229 Quel est le principal risque de la diarrhée? **Déshydratation**

230 Que signifie l'acronyme AVC? **Accident vasculaire cérébral**

231 Une varice correspond à **une dilatation veineuse**.

232 Laquelle de ces disciplines n'est pas utilisée dans la médecine traditionnelle chinoise? **La chimiothérapie**

233 Quel est le principal effet secondaire des anti-inflammatoires? **Ulcère gastrique**

234 Laquelle de ces propositions est fausse? **La SLA peut être évitée grâce à un vaccin.**

235 Laquelle de ces propositions est juste? **La cataracte cause un trouble de la vision.**

236 La tuberculose **est une infection pulmonaire**.

237 L'endométriose est une maladie qui touche **l'appareil génital féminin**.

238 Laquelle de ces propositions est juste? **La grippe espagnole fit entre 50 et 100 millions de victimes.**

239 Laquelle de ces propositions est juste? **Le diabète est une maladie chronique.**

240 Laquelle de ces propositions est juste? **Le syndrome d'Asperger est une forme d'autisme.**

241 Laquelle de ces maladies n'est pas une maladie chronique? **La tuberculose**

Santé publique et systèmes de santé

242 Le système d'assurance maladie de type beveridgien a pour pays d'origine **le Royaume-Uni**.

243 En France le pourcentage d'adultes en surpoids est de **50 %**.

244 La création de la Sécurité sociale en France date de **1945**.

245 10 - Le système d'assurance maladie de type bismarckien a pour pays d'origine **l'Allemagne**.

246 La première cause de mortalité en France est **le cancer**.

247 Le premier lieu de décès en France est **l'hôpital ou la clinique**.

248 Lequel de ces facteurs n'est pas un facteur de risque pour le cancer du poumon? **La consommation de sucre**

249 Le pourcentage de la population mondiale n'ayant pas accès à l'eau potable est de **30 %**.

250 Laquelle de ces maladies n'est pas prise en charge à 100 % par la Sécurité sociale? **Une fracture**

251 Laquelle de ces professions n'est pas soumise au secret médical? **Aucune**

252 Le secret médical est né avec **Hippocrate**.

253 Au niveau mondial, l'espérance de vie en bonne santé (en 2015) est de **64 ans**.

254 Laquelle de ces ressources ne participe pas au financement de la protection sociale? **L'ISF**

255 Les dépenses de santé représentent **35 % des prestations sociales**.

256 Qu'est-ce qu'un établissement de santé ESPIC? **Un établissement privé participant au service public.**

257 Qu'est-ce qu'une chirurgie ambulatoire? **Une hospitalisation programmée avec sortie du patient le jour même de son intervention.**

258 Qu'est-ce que la télémédecine? **Une médecine pratiquée à distance à l'aide des technologies de l'information et de la communication.**

259 La définition de la santé selon l'OMS est la suivante : **un état complet de bien-être physique, mental et social**.

260 La natalité en France **est stable**.

261 Quelle pathologie ne fait pas partie des quatre premières causes d'ALD (affections longue durée)? **L'épilepsie**

262 Concernant l'épidémie d'obésité en France quelle proposition est fausse**? La génétique ne joue aucun rôle**

263 L'obésité est définie par un IMC **supérieur à 30**.

264 Les EPHAD sont **des maisons de retraite médicalisées**.

265 Parmi les professions suivantes, lesquelles ne font pas partie des personnels médicaux? **Les orthophonistes**

266 Concernant la configuration de la Sécurité sociale actuelle en France quelle proposition est fausse? **La branche maladie est gérée par la Caisse nationale des allocations familiales.**

267 Lequel de ces régimes a disparu en 2019? **Régime social des indépendants**

268 La couverture maladie universelle (CMU) a été mise en œuvre **en 2000**.

269 Laquelle de ces propositions est fausse ? **Le dioxyde de carbone est un gaz mortel.**

270 Parmi les propositions suivantes, laquelle est exacte ? **Le radon est un gaz radioactif émis par les roches granitiques du sol et du sous-sol.**

271 Parmi les sources de pollution suivantes, laquelle n'est pas une source majeure pour les nappes phréatiques ? **Les excréments d'animaux**

272 Quel pourcentage de son PIB la France consacre-t-elle à la santé ? **1/10**

273 Parmi les propositions suivantes, laquelle est vraie ? **Les points de contrôle industriels de l'eau présentent très souvent des concentrations moyennes à élevées de métaux.**

274 Parmi les propositions suivantes, laquelle est fausse ? **Les eaux usées agricoles sont fortement chargées en hydrocarbures polycycliques.**

275 Espace numérique de santé (ENS) laquelle est fausse ? **Chaque assuré doit créer son espace numérique de santé (faux : il va être créé automatiquement par l'assurance maladie, sauf refus notifié par l'assuré.)**

276 À propos de l'*Evidence-Based Medicine*, quelle proposition est fausse ? **Le concept ne concerne que les médecins.**

277 L'ARS est une agence qui s'occupe **du système de santé à l'échelle régionale**.

278 Concernant le NIR, quelle proposition est fausse ? **Il est accessible à tous.**

279 Que signifie l'acronyme CMU ? **Couverture maladie universelle**

280 Le médicament le plus prescrit en France est **le Doliprane**.

281 L'acronyme ADL signifie **affection longue durée**.

282 Quelle est la définition exacte de la mortalité infantile ? **Rapport entre le nombre d'enfants morts avant l'âge d'un an sur le nombre total d'enfants nés vivants.**

283 L'acronyme IMC signifie **indice de masse corporelle**.

284 La formule pour calculer l'IMC est **poids (kg) / taille (m²)**.

285 Quelle expression correspond à cette définition « différence entre le taux de natalité et le taux de mortalité de la même année » ? **L'accroissement naturel**

286 Qu'est-ce que la morbidité ? **Caractère relatif à une maladie**

287 Que signifie l'acronyme SAMU ? **Service d'aide médicale d'urgence**

288 La mortalité prématurée, en France, se définit par une mort avant l'âge de **65 ans**.

289 Laquelle de ces spécialités n'est pas médicale ? **Psychologue**

290 Quel est le nom du domaine scientifique étudiant la répartition spatiotemporelle des maladies ? **L'épidémiologie**

291 La première loi sociale en France concerne **la réglementation du travail des enfants**.

292 L'accroissement naturel en France **est surtout dû au taux de natalité positif**.

293 Le baby-boom qualifie **l'augmentation des naissances à la fin de la Seconde Guerre mondiale**.

294 Concernant les cancers, laquelle de ces propositions est fausse ? **Tous les cancers sont des maladies chroniques.**

295 Concernant l'obésité en France laquelle de ces propositions est juste ? **La prévalence de l'obésité est en augmentation en France.**

296 Concernant les inégalités sociales de santé en France, laquelle de ces propositions est juste ? **Les personnes avec un faible niveau d'études sont les plus touchées.**

297 Qu'est-ce que le réseau Sentinelles ? **Un réseau de médecins généralistes chargés de surveiller la venue d'épidémi**

298 Lequel de ces éléments n'est pas un facteur de risque pour le cancer du poumon ? **Le cholestérol**

299 Qu'est-ce que le ticket modérateur ? **Partie des dépenses de santé non remboursée par la Sécurité sociale**

300 Lequel de ces éléments n'est pas un des avantages de la CMU (couverture maladie universelle) ? **Remboursement à 100 % des frais dentaires**

301 Le régime général de la Sécurité sociale est divisé en quatre branches, laquelle n'en est pas une ? **Cancer**

302 En France, le pourcentage de personnes ayant une assurance maladie complémentaire est de **95 %.**

303 En France, le pourcentage des dépenses de santé prises en charge par la Sécurité sociale est de **75 % environ**.

304 Laquelle de ces régions est particulièrement touchée par les déserts médicaux ? **Le Centre-Val de Loire**

305 Laquelle de ces maladies sexuellement transmissibles est encore endémique en France ? **La syphilis**

306 Lequel de ces éléments n'est pas un facteur de risque cardiovasculaire ? **L'alcool**

307 Laquelle de ces maladies contagieuses est en recrudescence en France à cause du manque de vaccination ? **La rougeole**

308 Laquelle de ces propositions est juste ? **Le vaccin a été découvert par Jenner.**

309 Laquelle de ces propositions est juste ? **Le sida est pris en charge par la Sécurité sociale.**

310 Laquelle de ces propositions est juste ? **Avoir un médecin traitant est obligatoire en France pour bénéficier de la prise en charge par la Sécurité sociale.**

311 Quel est le numéro d'appel du SAMU ? **15**

312 Laquelle de ces propositions est juste ? **Les infirmiers doivent obtenir un diplôme d'État.**

313 Laquelle de ces populations consulte le plus de médecins ? **Les retraités**

314 Qui est, en 2022, le ministre de la Santé sous la présidence d'Emmanuel Macron ? **Olivier Véran**

315 Comment définir une maladie professionnelle ? **Elle résulte de l'exposition à un risque à son poste de travail.**

Phénomènes physiques et chimiques

316 Les molécules sont constituées **d'atomes et leur cohésion est assurée par des forces électromagnétiques.**

317 Une réaction chimique est **le réarrangement des atomes des réactifs afin de former des produits.**

318 Une espèce chimique qui accélère une réaction chimique s'appelle **un catalyseur.**

319 Dans un circuit électrique, on peut associer les dipôles **en série ou en dérivation.**

320 La loi des nœuds concerne **les intensités dans un circuit en dérivation.**

321 Lorsque deux dipôles sont montés en série **la tension aux bornes de l'ensemble est la somme des tensions aux bornes de chaque dipôle.**

322 La tension et l'intensité sont deux grandeurs très utiles en électricité **La tension se note U et s'exprime en volts.**

323 L'intensité du courant qui circule dans un fil correspond **au débit des charges qui traversent une section droite du fil.**

324 Dans un fil électrique parcouru par un courant continu, on dit que le courant **« descend les potentiels ».**

325 La tension aux bornes d'un dipôle se mesure à l'aide **d'un voltmètre placé en dérivation aux bornes du dipôle.**

326 L'intensité du courant qui circule dans une portion de circuit se mesure à l'aide **d'un ampèremètre placé en série.**

327 Dans un fil métallique parcouru par un courant continu **des électrons libres circulent de la borne moins (-) vers la borne (+).**

328 La loi d'Ohm concerne une relation de proportionnalité entre **la tension aux bornes d'une résistance et l'intensité du courant qui la traverse.**

329 Lorsque le courant est alternatif, un voltmètre mesure **la valeur efficace de la tension.**

330 La valeur efficace de l'intensité pour un courant périodique sinusoïdale est donnée par $\mathbf{I_{eff} = I_{max}/\sqrt{2}}$

331 Une tension périodique est une tension variable qui comporte **un motif élémentaire qui se reproduit à l'identique pour constituer le signal.**

332 La période d'un signal correspond **à la durée du motif élémentaire.**

333 La fréquence d'un signal s'exprime en... **hertz (Hz).**

334 La fréquence d'un signal notée f, N ou ν est définie comme **le nombre de motifs élémentaires qui se déroulent en une seconde.**

335 Un oscilloscope est un appareil qui permet **de visualiser une tension variable.**

336 Sur l'écran d'un oscilloscope, on observe **horizontalement une durée et verticalement une tension.**

337 Pour fonctionner de façon optimale, un moteur électrique doit avoir à ses bornes **une tension continue.**

338 Dans un moteur électrique, on trouve **un stator et un rotor.**

339 Dans un moteur électrique basique, on trouve **une bobine et un aimant.**

340 La caractéristique d'un dipôle électrique représente **les variations de la tension à ses bornes en fonction de l'intensité du courant qui le traverse.**

341 Dans une installation domestique, les prises de courant et autres dispositifs électriques sont branchés **en dérivation.**

342 La tension aux bornes des prises en France est **alternative et de fréquence 50 Hz.**

343 Une aurore polaire (boréale ou australe) ne peut se dérouler qu'aux pôles de la Terre, car **le champ magnétique terrestre y est le plus intense.**

344 Les phénomènes lumineux colorés observés lors d'une aurore polaire (boréale ou australe) sont dus **à l'émission de lumière par des particules de la haute atmosphère suite à leur ionisation par des rayonnements solaires.**

345 Dans un arc-en-ciel, les couleurs proviennent **de la décomposition de la lumière du Soleil par des gouttelettes d'eau.**

346 Le phénomène physique à l'origine de la formation d'un arc-en-ciel est **la réfraction.**

347 Dans un arc-en-ciel, la couleur rouge **étant celle ayant la plus grande longueur d'onde, se trouve dans la partie supérieure.**

348 La forme de l'arc-en-ciel est due **à la rotondité des gouttes d'eau.**

349 Sur la rétine, au fond de l'œil, l'image d'un arc-en-ciel est **réelle et renversée.**

350 Lorsqu'un rayon lumineux traverse une lentille, à chaque traversée de dioptre, le phénomène ayant lieu est **la réfraction.**

351 Un petit trou pratiqué dans un support opaque se comporte **comme une lentille convergente.**

352 À l'aide d'une lentille convergente, on peut former **une image d'un objet lumineux sur un écran.**

353 La loi de Snell-Descartes sur la réfraction, reliant les indices de réfraction n_1 et n_2 des milieux concernés et les angles d'incidence et de réfraction i_1 et i_2 est donnée par **$n_1.\sin i_1 = n_2.\sin i_2$.**

354 La réflexion totale est un phénomène permettant **la propagation de la lumière dans une fibre optique à saut d'indice.**

355 La dispersion est **la décomposition de la lumière grâce au phénomène de réfraction.**

356 La superposition de lumières complémentaires donne une lumière **blanche.**

357 Le mélange de substances pigmentaires de couleurs complémentaires donne une substance **noire.**

358 Une imprimante qui fonctionne en quadrichromie (encres cyan, magenta, jaune et noire) synthétise du rouge en mélangeant d**u jaune et du magenta.**

359 Pour établir un pixel qui diffuse de la lumière orange quelle est la combinaison des trois sous-pixels envisageable? **Rouge (100 %) - Vert (50 %) - Bleu (0 %)**

360 Lorsque de la lumière cohérente se diffracte sur un objet de petite dimension (fil fin), on observe une tache centrale **d'autant plus petite que l'objet est de grande dimension.**

361 Lorsque la diffraction est réalisée par un trou circulaire la figure (dite d'Airy) obtenue est **constituée de taches circulaires concentriques.**

362 L'expérience des fentes de Young met en évidence **l'aspect ondulatoire de la lumière.**

363 Pour interférer, deux ondes sinusoïdales doivent nécessairement **avoir la même fréquence.**

364 La foudre est la manifestation lumineuse **d'une violente décharge électrique.**

365 Le tonnerre est le phénomène sonore qui accompagne l'émission d'une lumière vive lors d'un orage. Ce son se propage **environ 900 000 fois moins vite que la lumière.**

366 La décharge électrique lors d'un éclair implique une différence de potentiel de l'ordre de **10 à 100 000 000 V.**

367 Sous l'action de la décharge dans l'air, sur son parcours il se forme **un plasma.**

368 Pour déterminer approximativement la distance en kilomètres à laquelle est « tombée » la foudre, on considère que la lumière nous parvient quasi instantanément ($v \approx 300\,000$ km/s). On peut donc chronométrer en secondes le temps Δt que met le tonnerre pour nous parvenir et alors, puisque la vitesse du son dans l'air est de l'ordre de 333 m/s (soit 1/3 de km/s) :

$$d \approx \frac{\Delta t}{3}$$

369 Les deux types de charges électriques ont tout d'abord été appelés (XVIIIe siècle) **vitreuse et résineuse.**

370 Lorsque l'on frotte un matériau sur la peau d'un chat pour l'électriser, **on arrache des électrons à l'un pour les transférer vers l'autre.**

371 Lorsque l'on approche, sans contact, un objet chargé négativement d'un matériau isolant, **les nuages électroniques des atomes de l'isolant se déforment.**

372 Si l'on approche un objet chargé négativement d'une petite boule neutre de polystyrène recouverte de papier d'aluminium et suspendue à un fil (pendule électrostatique), **la petite boule est attirée par l'objet, elle s'y colle puis ensuite elle est repoussée.**

373 Si on approche d'un fin filet d'eau, qui tombe verticalement, un objet chargé positivement ou négativement, **le filet d'eau sera attiré dans les deux cas, car la molécule d'eau est polaire.**

374 Le champ magnétique terrestre est dû **à la présence de mouvements de convexion dans la partie externe du noyau de la Terre essentiellement composé de fer et de nickel.**

375 Le champ magnétique terrestre est **plus intense aux pôles magnétiques.**

376 Le champ magnétique terrestre correspond à celui qui serait créé par un aimant droit placé sur un axe légèrement incliné par rapport à l'axe de rotation de la Terre. Il est alors **perpendiculaire à la surface de la Terre au niveau des pôles magnétiques.**

377 L'unité légale de l'intensité d'un champ magnétique est **le tesla.**

378 Le champ magnétique terrestre est **une protection pour l'atmosphère vis-à-vis des vents solaires.**

379 Une onde mécanique progressive correspond à la propagation d'une perturbation initiale lorsque cette dernière est la variation d'une grandeur physique liée à un milieu matériel. Exemple : variation de pression, variation de position, variation de température... Ainsi **un son est une onde mécanique.**

380 Contrairement à une onde électromagnétique, une onde mécanique ne peut pas se propager **dans le vide.**

381 Une onde mécanique peut être qualifiée de transversale ou de longitudinale. **Pour une onde transversale, la direction de propagation est perpendiculaire à la direction de la perturbation initiale.**

382 Lors de la propagation d'une onde mécanique progressive, **de l'énergie est transportée le long du parcours.**

383 Une onde mécanique possède une période temporelle notée T qui correspond à la durée de la déformation du milieu en un point. L'onde mécanique est également caractérisée par une période spatiale appelée longueur d'onde et notée λ. La relation entre λ, T et v, la vitesse de propagation de l'onde dans le milieu considéré est donnée par : $\boldsymbol{\lambda = v . T}$

384 Lors d'un tsunami, la perturbation initiale déplace un grand volume d'eau sur une période assez longue. Lorsque l'onde se rapproche de la côte et que la profondeur diminue alors **la période temporelle T de l'onde diminue.**

385 La hauteur d'un son varie avec **sa fréquence exprimée en hertz.**

386 Un son audible par l'oreille humaine **possède une fréquence comprise entre 20 Hz et 20 kHz.**

387 La vitesse d'un son est **plus rapide dans l'eau que dans l'air.**

388 Cette technique médicale utilise la propagation des ultrasons : **l'échographie.**

389 La radioactivité naturelle c'est la désintégration d'un noyau d'atome, car sa constitution n'est pas stable. Lors de cette désintégration, un nouveau noyau est créé (appelé noyau fils) ainsi qu'une petite particule qui ne peut pas être **un proton (appelé particule ϕ).**

390 Lors d'une désintégration, le noyau fils emporte une partie de l'énergie libérée sous forme d'excitation et la relaxe quasiment instantanément sous forme d'un rayonnement γ (gamma). Ce rayonnement possède une longueur d'onde λ telle que **$\lambda <$ longueurs d'onde des rayons X.**

391 Si on appelle N_0 le nombre de noyaux radioactifs à la date t = 0 s d'un échantillon, alors le nombre de noyaux radioactifs N(t) d'un échantillon à la date t est donné par **$N(t) = N_0.e^{-kt}$ (N(t) décroît de manière exponentielle, car k est positif).**

392 La demi-vie, ou période radioactive d'un élément, est la durée au bout de laquelle **le nombre de noyaux radioactifs a baissé de moitié.**

393 L'énergie est une grandeur qui peut être manipulée dans plusieurs domaines comme les apports énergétiques alimentaires, les capacités des centrales électriques... L'unité utilisée sera spécifique pour chacun de ces secteurs. L'unité dans le système international pour l'énergie est le joule, mais parmi les unités suivantes, quelle est celle qui n'est pas une unité d'énergie ? **Le kilowattheure (kWh).**

394 Les tensioactifs sont des molécules présentes dans les savons. Elles servent à lier entre elles des molécules qui habituellement se repoussent (eau et corps gras). Elles sont constituées **d'une tête hydrophile et d'une queue apolaire.**

395 Le complexe argilo humique est une association d'éléments d'origines minérale et organique. **Il permet le stockage des cations dans les sols.**

THÈME 7

Mythologies, religions, philosophies et traditions

Mythologies

→ **Retrouvez le corrigé de cette série page 493.**

1 Quelle plante est le symbole d'Athènes?

○ **A.** La vigne ○ **B.** L'olivier ○ **C.** Le laurier ○ **D.** Le thym

2 Comment s'appelle la sorcière qui transforme les compagnons d'Ulysse en cochons?

○ **A.** Alecto ○ **B.** Calypso ○ **C.** Méduse ○ **D.** Circé

3 Qui le héros Jason épouse-t-il avant qu'elle n'assassine leurs enfants?

○ **A.** Médée ○ **B.** Psyché ○ **C.** Andromède ○ **D.** Téthys

4 Lequel de ces travaux n'est pas accompli par Hercule?

○ **A.** Cueillir les pommes d'or du jardin des Hespérides
○ **B.** Tuer le lion de Némée
○ **C.** Nettoyer les écuries d'Augias
○ **D.** Vaincre la Chimère

5 De quelle mortelle le dieu Éros tombe-t-il amoureux?

○ **A.** Europe ○ **B.** Psyché ○ **C.** Danaé ○ **D.** Andromède

6 Le berger Pâris doit choisir la plus belle déesse parmi :

○ **A.** Héra, Artémis et Aphrodite
○ **B.** Athéna, Aphrodite et Héra
○ **C.** Athéna, Artémis et Héra
○ **D.** Athéna, Artémis et Aphrodite

7 Quelle divinité jaillit de la tête de Zeus?

○ **A.** Arès ○ **B.** Métis ○ **C.** Athéna ○ **D.** Daphné

8 Qui est le père de Zeus?

○ **A.** Cronos ○ **B.** Atlas ○ **C.** Ouranos ○ **D.** Prométhée

9 Qui sont les Bacchantes?

○ **A.** Des divinités punitives
○ **B.** Des divinités protectrices du foyer
○ **C.** Les nymphes accompagnant Dionysos
○ **D.** Les nymphes habitant les Enfers

10 Comment se nomme la déesse de la fertilité, sœur de Zeus et mère de Perséphone?

○ **A.** Déméter
○ **B.** Érythrée
○ **C.** Hermaphrodite
○ **D.** Hébé

11 Dans la mythologie romaine, Hermès devient :

○ **A.** Pluton ○ **B.** Mercure ○ **C.** Janus ○ **D.** Saturne

12 Étymologiquement, le terme « mythologie » signifie discours sur les :

○ **A.** Dieux ○ **B.** Origines ○ **C.** Passions ○ **D.** Légendes

13 Dans la mythologie latine, Athéna devient :

○ **A.** Minerve ○ **B.** Eurydice ○ **C.** Hippomène ○ **D.** Diane

14 **L'expression « lit de Procuste » fait référence au héros Thésée qui tua Procuste, meurtrier dont la fâcheuse habitude était d'accueillir chez lui des étrangers avant de les... :**

- ○ **A.** Ajuster à la taille du lit, en leur déboîtant les membres ou en les tranchant
- ○ **B.** Découper pour en faire un lit
- ○ **C.** Décapiter afin d'orner la tête du lit
- ○ **D.** Étouffer sous un excès de couvertures

15 **Qui parvient à décapiter Méduse?**

- ○ **A.** Hercule
- ○ **B.** Persée
- ○ **C.** Bellérophon
- ○ **D.** Jason

16 **Dans la mythologie latine, Artémis devient :**

- ○ **A.** Médée
- ○ **B.** Thémis
- ○ **C.** Diane
- ○ **D.** Silvia

17 **Quels dieux sont nés jumeaux?**

- ○ **A.** Zeus et Poséidon
- ○ **B.** Apollon et Artémis
- ○ **C.** Aphrodite et Cupidon
- ○ **D.** Arès et Héphaïstos

18 **Où se trouve le temple consacré à Apollon?**

- ○ **A.** Delphes
- ○ **B.** Alexandrie
- ○ **C.** Éphèse
- ○ **D.** Sparte

19 **Qui sont les parents de Dionysos?**

- ○ **A.** Zeus et Héra
- ○ **B.** Zeus et Sémélé
- ○ **C.** Zeus et Déméter
- ○ **D.** Zeus et Rhéa

20 **Zeus se transforme en taureau afin de séduire une mortelle. Laquelle?**

- ○ **A.** Europe
- ○ **B.** Psyché
- ○ **C.** Hébé
- ○ **D.** Io

21 **Comment se nomme l'épouse d'Ulysse?**

- ○ **A.** Nausicaa
- ○ **B.** Calypso
- ○ **C.** Hélène
- ○ **D.** Pénélope

22 **Lequel de ces héros n'a pas fait la guerre de Troie?**

- ○ **A.** Persée
- ○ **B.** Ulysse
- ○ **C.** Achille
- ○ **D.** Ajax

23 **Qui parvient à tuer la Chimère?**

- ○ **A.** Jason
- ○ **B.** Ganymède
- ○ **C.** Bellérophon
- ○ **D.** Adonis

24 **Quelle déesse naît de l'écume des eaux?**

- ○ **A.** Téthys
- ○ **B.** Aphrodite
- ○ **C.** Perséphone
- ○ **D.** Amphitrite

25 **Qui est le roi de Troie?**

- ○ **A.** Laïos
- ○ **B.** Ménélas
- ○ **C.** Pyrrhus
- ○ **D.** Priam

26 **Qui Aphrodite épouse-t-elle?**

- ○ **A.** Éros
- ○ **B.** Héphaïstos
- ○ **C.** Arès
- ○ **D.** Apollon

27 **Qui Hadès enlève-t-il pour en faire son épouse?**

- ○ **A.** Déméter
- ○ **B.** Eurydice
- ○ **C.** Hermione
- ○ **D.** Perséphone

28 **Que cherchent Jason et les Argonautes ?**

- ○ **A.** La Toison d'or
- ○ **B.** Les pommes d'or
- ○ **C.** Le bateau de Thésée
- ○ **D.** Le sphinx

29 **Comment se nomme le cyclope que rencontre Ulysse ?**

- ○ **A.** Personne
- ○ **B.** Polyphème
- ○ **C.** Néoptolème
- ○ **D.** Pylade

30 **Comment s'appelle le fils d'Ulysse ?**

- ○ **A.** Nestor
- ○ **B.** Laërte
- ○ **C.** Arcésios
- ○ **D.** Télémaque

31 **Aux Enfers, que doivent accomplir les Danaïdes ?**

- ○ **A.** Remplir un tonneau percé
- ○ **B.** Cueillir des raisins sans jamais parvenir à les atteindre
- ○ **C.** Construire un tonneau qui s'embrase aussitôt terminé
- ○ **D.** Sortir d'un tonneau sans fond

32 **Que fait Sisyphe dans le Tartare ?**

- ○ **A.** Conduire la barque sur les fleuves des Enfers
- ○ **B.** Apprivoiser Cerbère en jouant de la lyre
- ○ **C.** Pousser un rocher sur la pente d'une montagne et qui retombe avant d'avoir atteint le sommet
- ○ **D.** Compter les grains de sable d'une colline

33 **Quel supplice inflige-t-on à Prométhée ?**

- ○ **A.** Il doit voler le feu pour le rendre à Zeus
- ○ **B.** Attaché à un rocher, son foie est dévoré par un aigle chaque jour et se régénère chaque nuit
- ○ **C.** Il doit affronter chaque jour un taureau
- ○ **D.** Il doit manger de la chair humaine

34 **Qui parvient à sortir Cerbère des Enfers ?**

- ○ **A.** Orphée
- ○ **B.** Perséphone
- ○ **C.** Sémélé
- ○ **D.** Hercule

35 **Comment se nomme le paradis dans la mythologie grecque ?**

- ○ **A.** Le Tartare
- ○ **B.** Les Champs-Élysées
- ○ **C.** Le mont Parnasse
- ○ **D.** L'Atrée

36 **Quelle mortelle défie Athéna en prétendant mieux tisser que la déesse ?**

- ○ **A.** Io
- ○ **B.** Arachné
- ○ **C.** Andromaque
- ○ **D.** Hélène

37 **Quelle forme revêt Zeus pour séduire Danaé ?**

- ○ **A.** Une pluie d'or
- ○ **B.** Un cygne
- ○ **C.** Un oisillon
- ○ **D.** Une brume

38 **Qui sont les parents du héros Persée ?**

- ○ **A.** Héra et Héphaïstos
- ○ **B.** Zeus et Danaé
- ○ **C.** Danaé et Héphaïstos
- ○ **D.** Zeus et Gaïa

39 **Dans la mythologie latine, Hadès devient :**

- ○ **A.** Mercure
- ○ **B.** Saturne
- ○ **C.** Pluton
- ○ **D.** Uranus

40 **Avant de s'enfuir avec Pâris, de qui Hélène était-elle l'épouse ?**

- ○ **A.** Ménélas
- ○ **B.** Agamemnon
- ○ **C.** Priam
- ○ **D.** Hector

41 **Les Moires, les trois femmes qui tissent le fil symbolisant la destinée humaine, se nomment aussi :**

- ○ **A.** Les Parques
- ○ **B.** Les Mégères
- ○ **C.** Les Harpies
- ○ **D.** Les Furies

42 **Lequel de ces dieux n'est pas un Titan?**

- ○ **A.** Prométhée
- ○ **B.** Cronos
- ○ **C.** Hadès
- ○ **D.** Épiméthée

43 **Quel dieu tente sans succès de séduire puis de violer Athéna?**

- ○ **A.** Zeus
- ○ **B.** Héphaïstos
- ○ **C.** Arès
- ○ **D.** Poséidon

44 **À qui appartient le cheval ailé Pégase?**

- ○ **A.** Hercule
- ○ **B.** Thésée
- ○ **C.** Jason
- ○ **D.** Bellérophon

45 **Comment se nomme celle qui aide Thésée à sortir du labyrinthe?**

- ○ **A.** Phèdre
- ○ **B.** Ariane
- ○ **C.** Électre
- ○ **D.** Sapho

46 **Qui construit le labyrinthe où se cache le Minotaure?**

- ○ **A.** Dédale
- ○ **B.** Icare
- ○ **C.** Minos
- ○ **D.** Thésée

47 **Comment se prénomme le fils de Dédale, enfermé avec lui dans le labyrinthe?**

- ○ **A.** Calchas
- ○ **B.** Créon
- ○ **C.** Icare
- ○ **D.** Phébus

48 **Lequel de ces fleuves ne coule pas dans les Enfers?**

- ○ **A.** Le Styx
- ○ **B.** Le Pactole
- ○ **C.** Le Léthé
- ○ **D.** L'Achéron

49 **Qui vole le feu sacré pour l'offrir aux hommes?**

- ○ **A.** Prométhée
- ○ **B.** Zeus
- ○ **C.** Hermès
- ○ **D.** Épiméthée

50 **Comment se nomme le dieu du soleil chez les Incas?**

- ○ **A.** Raymi
- ○ **B.** Wiracocha
- ○ **C.** Apu
- ○ **D.** Inti

51 **Comment se nomme le dieu solaire dans la mythologie égyptienne?**

- ○ **A.** Sekhmet
- ○ **B.** Japhet
- ○ **C.** Râ
- ○ **D.** Hélios

52 **Comment est représenté le dieu solaire Râ?**

- ○ **A.** Une tête d'homme sur un corps de faucon
- ○ **B.** Une tête de faucon sur un corps d'homme
- ○ **C.** Une tête de chacal sur un corps d'homme
- ○ **D.** Une tête d'homme sur un corps de chacal

53 **Comment se nomme la déesse égyptienne épouse et sœur du roi Osiris?**

- ○ **A.** Isis
- ○ **B.** Apis
- ○ **C.** Sérapis
- ○ **D.** Iris

54 **Qui complote contre Osiris pour le tuer?**

- ○ **A.** Nemet
- ○ **B.** Seth
- ○ **C.** Amon
- ○ **D.** Anubis

55 **Qui ressuscite Osiris en récupérant chaque morceau de son corps et en le momifiant?**

- ○ **A.** Nout
- ○ **B.** Seth
- ○ **C.** Nephtys
- ○ **D.** Isis

56 **Qui est le fils qu'Isis conçoit avec la momie d'Osiris?**

- ○ **A.** Horus
- ○ **B.** Rê
- ○ **C.** Tefnout
- ○ **D.** Khnoum

57 **Quel dieu grec guérit les malades?**

- ○ **A.** Naxos
- ○ **B.** Asclépios
- ○ **C.** Andros
- ○ **D.** Folegandros

58 **Quel dieu égyptien est un taureau sacré?**

- ○ **A.** Toth
- ○ **B.** Nout
- ○ **C.** Apis
- ○ **D.** Geb

59 **Qui est le dieu créateur dans la mythologie égyptienne?**

- ○ **A.** Ptolémée
- ○ **B.** Ptah
- ○ **C.** Neith
- ○ **D.** Noun

60 **À quel animal est associé le dieu Amon?**

- ○ **A.** Le taureau
- ○ **B.** Le chat
- ○ **C.** Le chacal
- ○ **D.** L'oie

61 **Lequel de ces dieux n'est pas créateur du monde ou de la vie?**

- ○ **A.** Odin
- ○ **B.** Amon
- ○ **C.** Gaïa
- ○ **D.** Frigg

62 **Dans la mythologie égyptienne, de quoi Seth est-il le maître?**

- ○ **A.** Du tonnerre et de la foudre
- ○ **B.** Du royaume des morts
- ○ **C.** Des arts et de la guerre
- ○ **D.** Des fleuves et des océans

63 **Pour venger son père Osiris, qui Horus combat-il?**

- ○ **A.** Isis
- ○ **B.** Seth
- ○ **C.** Anubis
- ○ **D.** Noun

64 **Lequel de ces dieux n'appartient pas à la mythologie celtique?**

- ○ **A.** Toutatis
- ○ **B.** Taranis
- ○ **C.** Ésus
- ○ **D.** Épones

65 **Le dieu Anubis possède un corps d'homme avec une tête de :**

- ○ **A.** Singe
- ○ **B.** Souris
- ○ **C.** Rapace
- ○ **D.** Chacal

66 **Dans la mythologie nordique, comment se nomme le royaume des hommes?**

- ○ **A.** Vanes
- ○ **B.** Midgard
- ○ **C.** Asgard
- ○ **D.** Bildgard

67 **Dans la mythologie nordique, où résident les dieux?**

- ○ **A.** Midgard
- ○ **B.** Ásgard
- ○ **C.** Idavoll
- ○ **D.** Smior

68 **Qui est le dieu créateur dans la mythologie nordique?**

- ○ **A.** Fenrir
- ○ **B.** Modi
- ○ **C.** Odin
- ○ **D.** Thrudheim

69 **Comment se nomme l'épouse du dieu Odin?**

- ○ **A.** Frigg
- ○ **B.** Frida
- ○ **C.** Freyja
- ○ **D.** Forseti

70 **De quoi Thor est-il le dieu?**

- ○ **A.** Du royaume des dieux
- ○ **B.** Du royaume des hommes
- ○ **C.** Du tonnerre
- ○ **D.** Des océans

71 **Qui est le dieu de la discorde dans la mythologie nordique?**

- ○ **A.** Loki
- ○ **B.** Eris
- ○ **C.** Chaos
- ○ **D.** Fenrir

72 **Qu'est-ce que le Ragnarök?**

- ○ **A.** L'enfer
- ○ **B.** La fin du monde
- ○ **C.** Les confins de l'univers
- ○ **D.** Les profondeurs de la Terre

73 **Qui est le dieu de la lumière et de la beauté dans la mythologie nordique ?**

- ○ **A.** Baldr
- ○ **B.** Holdr
- ○ **C.** Thor
- ○ **D.** Sör

74 **Qui sont les Ases dans la mythologie nordique ?**

- ○ **A.** Des divinités intermédiaires entre les dieux et les hommes
- ○ **B.** Les principaux dieux
- ○ **C.** Les déesses
- ○ **D.** Les mortels

75 **Quel est l'attribut du dieu Thor ?**

- ○ **A.** L'éclair
- ○ **B.** Le char
- ○ **C.** Le marteau
- ○ **D.** Le trident

76 **Dans la mythologie latine, de quoi Uranus est-il le dieu ?**

- ○ **A.** Du ciel
- ○ **B.** Des océans
- ○ **C.** Du foyer
- ○ **D.** De la guerre

77 **Qui assassine le roi Agamemnon ?**

- ○ **A.** Priam
- ○ **B.** Patrocle
- ○ **C.** Achille
- ○ **D.** Égisthe

78 **Dans la mythologie grecque, quelle mortelle voit l'avenir sans jamais être crue ?**

- ○ **A.** Sybille
- ○ **B.** Cassandre
- ○ **C.** Hélène
- ○ **D.** Amalthée

79 **Pour partir faire la guerre de Troie, Artémis demande le sacrifice d'un enfant d'Agamemnon. Qui est-ce ?**

- ○ **A.** Oreste
- ○ **B.** Électre
- ○ **C.** Iphigénie
- ○ **D.** Ismène

80 **Combien y a-t-il de Muses ?**

- ○ **A.** 6
- ○ **B.** 7
- ○ **C.** 8
- ○ **D.** 9

81 **Quelle famille grecque est maudite, condamnée au meurtre et à l'inceste ?**

- ○ **A.** Les Caryatides
- ○ **B.** Les Atrides
- ○ **C.** Les Euménides
- ○ **D.** Les Placides

82 **Atalante a promis d'épouser l'homme qui :**

- ○ **A.** La battrait à la course
- ○ **B.** Accomplirait trois épreuves de son choix
- ○ **C.** Volerait la ceinture de la reine des Amazones
- ○ **D.** Tuerait son père

83 **Chez les Incas, comment se nomme la Terre Mère ?**

- ○ **A.** Aymara
- ○ **B.** Quechua
- ○ **C.** Pachamama
- ○ **D.** Acsumama

84 **Lequel de ces dieux ne maîtrise pas la foudre ?**

- ○ **A.** Zeus
- ○ **B.** Thor
- ○ **C.** Taranis
- ○ **D.** Anubis

85 **Dans la mythologie latine, comment appelle-t-on les Bienveillantes, ces divinités vengeresses ?**

- ○ **A.** Les Furies
- ○ **B.** Les Sirènes
- ○ **C.** Les Bacchantes
- ○ **D.** Les Mégères

86 **Qui est l'éducateur d'Achille ?**

- ○ **A.** Pan
- ○ **B.** Philoctète
- ○ **C.** Phénix
- ○ **D.** Chiron

87 **Les Harpies sont :**

- ○ **A.** Des femmes au chant envoûtant et mortel
- ○ **B.** Des femmes poussant des hurlements stridents
- ○ **C.** Des femmes aux cheveux de serpents
- ○ **D.** Des divinités représentées avec une tête de femme sur un corps d'oiseau

88 **Qui n'appartient pas à la famille maudite des Labdacides ?**

○ **A.** Œdipe ○ **B.** Labdacos ○ **C.** Antigone ○ **D.** Narcisse

89 **Comment se nomment les véritables parents d'Œdipe ?**

- ○ **A.** Jocaste et Laïos
- ○ **B.** Jocaste et Polype
- ○ **C.** Laïos et Mérope
- ○ **D.** Polype et Mérope

90 **Qui sont les deux frères qui se disputent le trône de Thèbes ?**

- ○ **A.** Remus et Romulus
- ○ **B.** Abel et Caïn
- ○ **C.** Étéocle et Polynice
- ○ **D.** Œdipe et Créon

91 **Qui reprend le trône de Thèbes après l'exil d'Œdipe ?**

○ **A.** Le sphinx ○ **B.** Antigone ○ **C.** Laomédon ○ **D.** Créon

92 **Quelle fille d'Œdipe s'oppose à Créon ?**

○ **A.** Ismène ○ **B.** Antinomia ○ **C.** Polymène ○ **D.** Antigone

93 **Comment se nomme l'oracle de Delphes ?**

- ○ **A.** La Pythie
- ○ **B.** Le Python
- ○ **C.** La Sibylle
- ○ **D.** Le Delphique

94 **Comment Romulus et ses compagnons ont-ils peuplé Rome ?**

- ○ **A.** En demandant à des prostituées de venir habiter la ville
- ○ **B.** En capturant les femmes de l'île de Lesbos
- ○ **C.** En capturant les femmes d'un peuple voisin, les Sabines
- ○ **D.** En demandant aux dieux de transformer des hommes en femmes

95 **Qui sont les deux frères élevés par une louve ?**

- ○ **A.** Castor et Pollux
- ○ **B.** Remus et Romulus
- ○ **C.** Hypnos et Thanatos
- ○ **D.** Ploutos et Philoménos

96 **Laquelle de ces quatre divinités ne vit pas dans l'océan ?**

○ **A.** Poséidon ○ **B.** Amphitrite ○ **C.** Triton ○ **D.** Métis

97 **Qui insuffle à Pasiphaé un amour pour un taureau, engendrant ainsi le Minotaure ?**

○ **A.** Éros ○ **B.** Aphrodite ○ **C.** Poséidon ○ **D.** Héra

98 **Quel titan porte le monde sur ses épaules ?**

○ **A.** Albos ○ **B.** Atlas ○ **C.** Atlante ○ **D.** Atalante

99 **Laquelle de ces femmes n'est pas une Amazone ?**

- ○ **A.** Hippolyte
- ○ **B.** Antiope
- ○ **C.** Penthésilée
- ○ **D.** Hermione

100 **Dans la mythologie grecque qui sont les divinités peuplant les forêts ?**

- ○ **A.** Les Nymphes
- ○ **B.** Les Muses
- ○ **C.** Les Sibylles
- ○ **D.** Les Néréides

Religions

→ **Retrouvez le corrigé de cette série page 496.**

101 Quel pourcentage de la population mondiale se déclare membre de l'une des cinq grandes religions selon une étude de 2015 ?

- ○ **A.** 64 %
- ○ **B.** 74 %
- ○ **C.** 84 %
- ○ **D.** 94 %

102 Comment appelle-t-on un principe incontestable d'une religion ?

- ○ **A.** Une croyance
- ○ **B.** La foi
- ○ **C.** Un dogme
- ○ **D.** Un rite

103 Selon la Bible, quand l'histoire du peuple hébreux commence-t-elle ?

- ○ **A.** En 1 800 avant J.-C.
- ○ **B.** En 1 200 avant J.-C.
- ○ **C.** En 800 avant J.-C.
- ○ **D.** En 500 avant J.-C.

104 Qui sont Caïn et Abel ?

- ○ **A.** Les enfants d'Adam et Ève
- ○ **B.** Les enfants de Noé
- ○ **C.** Les enfants de Moïse
- ○ **D.** Les deux premiers rois d'Israël

105 Qui sont les deux fils d'Abraham ?

- ○ **A.** Moïse et Isaac
- ○ **B.** Moïse et Ismaël
- ○ **C.** Ismaël et Isaac
- ○ **D.** David et Salomon

106 Par qui est élevé Moïse ?

- ○ **A.** Un berger
- ○ **B.** Un roi d'Israël
- ○ **C.** Une fille du pharaon
- ○ **D.** Une louve

107 Sur quel mont, Moïse reçut-il, de Dieu, les dix commandements ?

- ○ **A.** Le mont Ararat
- ○ **B.** Le mont Sinaï
- ○ **C.** Le mont Blanc
- ○ **D.** Le mont Olympe

108 Combien de temps les Hébreux ont-ils erré dans le désert après leur fuite d'Égypte ?

- ○ **A.** 1 an
- ○ **B.** 14 ans
- ○ **C.** 40 ans
- ○ **D.** 60 ans

109 Quel est le châtiment divin infligé aux hommes pour avoir construit la tour de Babel ?

- ○ **A.** Le déluge
- ○ **B.** La multiplication des langues
- ○ **C.** Un tremblement de terre
- ○ **D.** La peste

110 En 587 av. J.-C., où les Juifs sont-ils exilés ?

- ○ **A.** En Égypte
- ○ **B.** À Babylone
- ○ **C.** En Perse
- ○ **D.** À Sumer

111 Qui est le « père » des trois grandes religions monothéistes ?

- ○ **A.** Abraham
- ○ **B.** Moïse
- ○ **C.** David
- ○ **D.** Jésus

112 De combien de livres la Torah se compose-t-elle ?

- ○ **A.** 4
- ○ **B.** 5
- ○ **C.** 6
- ○ **D.** 7

113 Quel est le nom du *Livre de la splendeur*, recueil de commentaires de la Torah ?

- ○ **A.** Le Zohar
- ○ **B.** La Kabbale
- ○ **C.** Le Kiddouch
- ○ **D.** La Téfila

114 **De quel pays Moïse a-t-il fait sortir les Hébreux?**

- ○ **A.** De Mésopotamie
- ○ **B.** D'Égypte
- ○ **C.** D'Assyrie
- ○ **D.** De Grèce

115 **Qu'a fait Dalila à Samson?**

- ○ **A.** Elle l'a étranglé dans son sommeil
- ○ **B.** Elle l'a épousé
- ○ **C.** Elle lui a coupé les cheveux
- ○ **D.** Elle l'a empoisonné

116 **Remettez dans l'ordre chronologique ces grandes figures du judaïsme :**

- ○ **A.** Abraham / Moïse / Salomon / David
- ○ **B.** Abraham / Moïse / David / Salomon
- ○ **C.** Moïse / Abraham / Salomon / David
- ○ **D.** Moïse / Abraham / David / Salomon

117 **Qui sont Isaïe, Jérémie et Ézéchiel?**

- ○ **A.** Des prophètes
- ○ **B.** Des disciples de Jésus
- ○ **C.** Des rois d'Israël
- ○ **D.** Les premiers papes

118 **En quelle année le Second Temple de Jérusalem a-t-il été détruit?**

- ○ **A.** En 70 av. J.-C
- ○ **B.** En 52 av. J.-C
- ○ **C.** En 33
- ○ **D.** En 70

119 **Lequel de ces saints n'a pas écrit d'Évangile?**

- ○ **A.** Saint Matthieu
- ○ **B.** Saint Luc
- ○ **C.** Saint Marc
- ○ **D.** Saint Paul

120 **Dans la Bible, qu'est-ce qu'une parabole?**

- ○ **A.** Un récit allégorique
- ○ **B.** Un épisode de la vie de Jésus
- ○ **C.** Un texte poétique
- ○ **D.** Une lettre écrite par les apôtres

121 **À quel moment les évangiles ont-ils été rédigés?**

- ○ **A.** Entre 30 et 33
- ○ **B.** Entre 70 et 100
- ○ **C.** Entre 100 et 150
- ○ **D.** Entre 150 et 200

122 **Que signifie le mot « Islam »?**

- ○ **A.** Soumission
- ○ **B.** Obligation
- ○ **C.** Prière
- ○ **D.** Amour

123 **Laquelle de ces obligations n'est pas un pilier de l'islam?**

- ○ **A.** Prier cinq fois par jour en se tournant vers la Mecque
- ○ **B.** Jeûner pendant le mois du ramadan
- ○ **C.** Aller à la mosquée le vendredi
- ○ **D.** Faire l'aumône

124 **Dans le monde musulman, qui peut lancer une fatwa (avis religieux pouvant porter sur l'ensemble de la vie quotidienne) ?**

- ○ **A.** Le muezzin
- ○ **B.** Le calife
- ○ **C.** L'imam
- ○ **D.** Le mufti

125 **Quel évènement marque le début du calendrier musulman?**

- ○ **A.** La naissance de Mahomet en 570
- ○ **B.** La révélation que reçoit Mohamet en 611
- ○ **C.** L'hégire, le départ vers la Mecque en 622
- ○ **D.** La mort de Mahomet en 630

126 **Qui a révélé la parole de Dieu à Mahomet?**

- ○ **A.** L'ange Raphaël
- ○ **B.** L'ange Michel
- ○ **C.** L'ange Uriel
- ○ **D.** L'ange Gabriel

127 **En 750, où les califes abbassides installent-ils leur capitale ?**

○ **A.** La Mecque ○ **B.** Damas ○ **C.** Bagdad ○ **D.** Cordoue

128 **Qui est à l'initiative de la réforme protestante ?**

○ **A.** Jean Calvin
○ **B.** Charles Quint
○ **C.** Martin Luther
○ **D.** Thomas Cromwell

129 **Classer les religions selon leur nombre de pratiquants dans le monde :**

○ **A.** 1. Christianisme. 2. Islam. 3. Hindouisme. 4. Bouddhisme
○ **B.** 1. Islam. 2. Christianisme. 3. Hindouisme. 4. Bouddhisme
○ **C.** 1. Islam. 2. Hindouisme. 3. Christianisme. 4. Bouddhisme
○ **D.** 1. Christianisme. 2. Islam. 3. Bouddhisme. 4. Hindouisme

130 **Combien de noms trouve-t-on dans le Coran pour désigner Allah ?**

○ **A.** 1 ○ **B.** 50 ○ **C.** 99 ○ **D.** 100

131 **Quel est le pourcentage de sunnites dans la religion musulmane ?**

○ **A.** 60 % ○ **B.** 70 % ○ **C.** 80 % ○ **D.** 90 %

132 **Dans une mosquée comment s'appelle la niche qui indique la direction de la Mecque ?**

○ **A.** Le minbar ○ **B.** Le minaret ○ **C.** Le mihrab ○ **D.** La koubba

133 **Qu'est-ce qu'une madrasa ?**

○ **A.** Un établissement qui enseigne la théologie musulmane
○ **B.** La salle des prières dans une mosquée
○ **C.** Une librairie musulmane
○ **D.** Un camp militaire musulman

134 **Pour les musulmans, qu'est-ce que la charia ?**

○ **A.** Le pèlerinage à la Mecque
○ **B.** La loi islamique
○ **C.** La salle de prière de la mosquée
○ **D.** Les cinq piliers de l'islam

135 **En quelle année a été inaugurée la Grande Mosquée de Paris ?**

○ **A.** 1756 ○ **B.** 1802 ○ **C.** 1905 ○ **D.** 1926

136 **Quel animal représente le dieu Ganesh ?**

○ **A.** Une vache
○ **B.** Un singe
○ **C.** Un éléphant
○ **D.** Un lion

137 **Quelle est la signification du mot Bouddha ?**

○ **A.** Pur et parfait
○ **B.** Éveillé
○ **C.** Celui qui atteint son objectif
○ **D.** Sage et serein

138 **Quand le Bouddha historique a-t-il vécu ?**

○ **A.** Au VIe siècle av. J.-C
○ **B.** Au IIe siècle av. J.-C
○ **C.** Au IIe siècle apr. J.-C
○ **D.** Au VIe siècle apr. J.-C

139 **Quel est le postulat du bouddhisme ?**

○ **A.** Le monde est bonheur
○ **B.** Le monde est injuste
○ **C.** Le monde est souffrance
○ **D.** Le monde est violence

140 **Dans le bouddhisme comment s'appelle le chemin qui mène au nirvana (libération) ?**

○ **A.** L'octuple sentier
○ **B.** Le sentier libérateur
○ **C.** La voie sacrée
○ **D.** La voie de l'ascèse

141 **Qu'est-ce qu'un mantra?**

- ○ **A.** Un costume religieux
- ○ **B.** Un livre sacré
- ○ **C.** Une formule orale sacrée
- ○ **D.** Un bijou religieux

142 **Combien d'avatars le dieu hindou Vishnou a-t-il adoptés?**

- ○ **A.** 10
- ○ **B.** 12
- ○ **C.** 15
- ○ **D.** 20

143 **Quelles sont les deux principales possessions d'un moine bouddhiste?**

- ○ **A.** Une tunique et un bol
- ○ **B.** Un cahier et un crayon
- ○ **C.** Un savon et une assiette
- ○ **D.** Des sandales et un bâton

144 **Dans quelle ville du Sri Lanka, un temple abrite-t-il une dent du Bouddha?**

- ○ **A.** Galle
- ○ **B.** Dambulla
- ○ **C.** Colombo
- ○ **D.** Kandy

145 **Quelle religion ne fait pas partie des religions du Livre?**

- ○ **A.** Le judaïsme
- ○ **B.** Le bouddhisme
- ○ **C.** Le christianisme
- ○ **D.** L'islam

146 **Dans quelle ville Jean Calvin a-t-il terminé sa vie?**

- ○ **A.** Paris
- ○ **B.** Strasbourg
- ○ **C.** Genève
- ○ **D.** Lyon

147 **Comment s'appelle le livre écrit par Jean Calvin?**

- ○ **A.** *Le petit catéchisme*
- ○ **B.** *95 thèses*
- ○ **C.** *Institution de la religion chrétienne*
- ○ **D.** *De la vraie et fausse religion*

148 **Qui a baptisé Jésus?**

- ○ **A.** Judas Iscariote
- ○ **B.** Pierre
- ○ **C.** Jean le Baptiste
- ○ **D.** Thomas

149 **Pendant combien d'années Jésus a-t-il prêché?**

- ○ **A.** 1 année
- ○ **B.** 3 années
- ○ **C.** 5 années
- ○ **D.** 10 années

150 **Qu'est-ce que la cène?**

- ○ **A.** Le dernier repas de Jésus
- ○ **B.** Le procès de Jésus
- ○ **C.** La crucifixion de Jésus
- ○ **D.** La résurrection de Jésus

151 **Combien de disciples, les apôtres, Jésus avait-il?**

- ○ **A.** 12
- ○ **B.** 13
- ○ **C.** 14
- ○ **D.** 15

152 **Sous quel gouverneur romain, Jésus a-t-il été crucifié?**

- ○ **A.** Barabbas
- ○ **B.** Hérode
- ○ **C.** Ponce Pilate
- ○ **D.** Agrippa Ier

153 **De quoi est composé le symbole chrétien du chrisme?**

- ○ **A.** D'un poisson et d'une grappe de raisin
- ○ **B.** D'une croix et d'une couronne
- ○ **C.** Des deux lettres grecques X (*khi*) et P (*rhô*)
- ○ **D.** D'une colombe et d'un brin d'olivier

154 **Qu'est-ce que le carême?**

- ○ **A.** Une période de quatre semaines de préparation avant la fête de Noël
- ○ **B.** Une période de quarante jours de méditation et de jeûne avant la fête de Pâques
- ○ **C.** Une période de préparation avant la célébration du mariage
- ○ **D.** Une période de recueillement après un deuil

155 **Quelle fête chrétienne rappelle l'arrivée triomphale de Jésus à Jérusalem?**

- ○ **A.** Les Rameaux
- ○ **B.** Le Mardi gras
- ○ **C.** L'Assomption
- ○ **D.** L'Épiphanie

156 **Dans le Coran, qu'est-ce qu'une sourate?**

- ○ **A.** Un verset du Coran
- ○ **B.** Un livre du Coran
- ○ **C.** Un chapitre du Coran
- ○ **D.** Une illustration du Coran

157 **Quel roi anglais s'est séparé de Rome pour fonder l'Église anglicane?**

- ○ **A.** Guillaume le Conquérant
- ○ **B.** Richard Cœur de Lion
- ○ **C.** Henri V
- ○ **D.** Henri VIII

158 **Quels sont les deux sacrements reconnus par les calvinistes?**

- ○ **A.** Le baptême et le sacrement de réconciliation
- ○ **B.** Le baptême et la communion
- ○ **C.** Le baptême et l'onction des malades
- ○ **D.** Le baptême et le mariage

159 **Comme s'appelle dans la religion catholique, le sacrement des malades?**

- ○ **A.** L'extrême onction
- ○ **B.** L'extrême maladie
- ○ **C.** La confirmation
- ○ **D.** L'état de grâce

160 **En quelle année a débuté le concile de Vatican II?**

- ○ **A.** 1789
- ○ **B.** 1905
- ○ **C.** 1962
- ○ **D.** 2000

161 **Comment s'appelle le lieu de culte des juifs?**

- ○ **A.** Une mosquée
- ○ **B.** Une synagogue
- ○ **C.** Une église
- ○ **D.** Un temple

162 **Comment s'appelle le maître spirituel dans la religion hindoue?**

- ○ **A.** Un chamane
- ○ **B.** Un brahmane
- ○ **C.** Un prêtre
- ○ **D.** Un gourou

163 **Que sont les Veda?**

- ○ **A.** Des divinités hindoues
- ○ **B.** Les castes indiennes
- ○ **C.** Les textes sacrés de l'hindouisme
- ○ **D.** Les obligations de l'hindouisme

164 **Quel mot désigne dans l'hindouisme la totalité des actions antérieures, bonnes ou mauvaises, de tout être vivant?**

- ○ **A.** Le mantra
- ○ **B.** Le nirvana
- ○ **C.** L'avatara
- ○ **D.** Le karma

165 **Quel est le fleuve le plus sacré pour les hindous?**

- ○ **A.** La Krishna
- ○ **B.** L'Indus
- ○ **C.** Le Gange
- ○ **D.** La Narmada

166 **Que signifie le mot « *varna* » qui désigne la caste dans l'hindouisme?**

- ○ **A.** Forme
- ○ **B.** Profession
- ○ **C.** Couleur
- ○ **D.** Origine

167 **Qui a fondé le taoïsme?**

- ○ **A.** Confucius
- ○ **B.** Mencius
- ○ **C.** Tchouang-Tseu
- ○ **D.** Lao-Tseu

168 **Que signifie le mot « *tao* »?**

- ○ **A.** La paix
- ○ **B.** L'amour
- ○ **C.** Le silence
- ○ **D.** La voie

169 **Combien y a-t-il d'immortels dans le taoïsme ?**

- ○ **A.** 8
- ○ **B.** 10
- ○ **C.** 15
- ○ **D.** 20

170 **Dans quel pays pratique-t-on le shintoïsme ?**

- ○ **A.** En Chine
- ○ **B.** Au Cambodge
- ○ **C.** Au Vietnam
- ○ **D.** Au Japon

171 **Quelle religion a aussi pour nom *sanatana dharma* ?**

- ○ **A.** Le bouddhisme
- ○ **B.** Le taoïsme
- ○ **C.** Le shintoïsme
- ○ **D.** L'hindouisme

172 **Que fêtent les juifs à Pessah ?**

- ○ **A.** La création du monde par Dieu
- ○ **B.** La remise des Tables à Moïse
- ○ **C.** L'errance des Hébreux dans le désert du Sinaï
- ○ **D.** L'exode, la sortie d'Égypte

173 **Comment dans la religion juive s'appelle la fête des Lumières qui célèbre une victoire des Hébreux contre les Grecs ?**

- ○ **A.** Roch Hachana
- ○ **B.** Yom Kippour
- ○ **C.** Hanoukka
- ○ **D.** Pourim

174 **Comment s'appelle le chandelier à sept branches, symbole du judaïsme ?**

- ○ **A.** La kidouch
- ○ **B.** Le shofar
- ○ **C.** Le téfiline
- ○ **D.** La ménorah

175 **Dans la religion juive, à quel âge, les garçons fêtent-ils leur « bar-mitsva » qui célèbre leur majorité religieuse ?**

- ○ **A.** 13 ans
- ○ **B.** 14 ans
- ○ **C.** 15 ans
- ○ **D.** 16 ans

176 **Qu'est-ce que le Mur des lamentations ?**

- ○ **A.** Un vestige du second Temple de Jérusalem
- ○ **B.** Un vestige du tombeau de Jésus
- ○ **C.** Un vestige la première église de Rome
- ○ **D.** Un vestige de la première mosquée de Jérusalem

177 **De quel pays les jésuites sont-ils expulsés en 1587, et la religion catholique interdite en 1614 ?**

- ○ **A.** La Chine
- ○ **B.** Les Philippines
- ○ **C.** Le Japon
- ○ **D.** L'Inde

178 **Quel évènement important se passe pour les chrétiens en 1054 ?**

- ○ **A.** C'est le départ pour la première croisade
- ○ **B.** C'est le schisme entre l'église d'Orient et l'église d'Occident
- ○ **C.** C'est l'installation d'un pape à Avignon
- ○ **D.** C'est le début de l'Inquisition

179 **Quel pape exerçait son pontificat pendant la Seconde Guerre mondiale ?**

- ○ **A.** Jean XXIII
- ○ **B.** Benoît XVI
- ○ **C.** Paul VI
- ○ **D.** Pie XII

180 **Où se trouve la pierre noire ?**

- ○ **A.** La Mecque
- ○ **B.** Jérusalem
- ○ **C.** Rome
- ○ **D.** Bénarès

181 **Que célèbre-t-on à la Pentecôte ?**

- ○ **A.** La résurrection du Christ
- ○ **B.** La montée du Christ au ciel
- ○ **C.** La naissance du Christ
- ○ **D.** La descente du Saint-Esprit sur les apôtres

182 **Qui est le premier martyr chrétien, lapidé par des Juifs de Jérusalem ?**

- ○ **A.** Saint Étienne
- ○ **B.** Saint Pierre
- ○ **C.** Saint Paul
- ○ **D.** Saint Augustin

183 **Quelle est la plus grande église au monde ?**

- ○ **A.** Basilique Notre-Dame d'Aparecida au Brésil
- ○ **B.** Notre-Dame de Paris en France
- ○ **C.** Basilique Saint-Pierre du Vatican
- ○ **D.** Basilique de la Sainte-Trinité à Fátima au Portugal

184 **Quelle est la croyance principale de l'animisme ?**

- ○ **A.** La réincarnation
- ○ **B.** La résurrection
- ○ **C.** La présence d'une âme dans tous les êtres vivants
- ○ **D.** Avoir une vie simple pour atteindre la félicité

185 **De quand date la séparation des Églises et de l'État en France ?**

- ○ **A.** 1804
- ○ **B.** 1881
- ○ **C.** 1905
- ○ **D.** 1936

186 **De quand date la création de l'État d'Israël ?**

- ○ **A.** 1945
- ○ **B.** 1946
- ○ **C.** 1947
- ○ **D.** 1948

187 **Parmi ces mots, lequel n'indique pas une partie d'une église ?**

- ○ **A.** La nef
- ○ **B.** Le transept
- ○ **C.** La bretèche
- ○ **D.** Le chevet

188 **Quel architecte a construit la cathédrale de Brasilia ?**

- ○ **A.** Oscar Niemeyer
- ○ **B.** Le Corbusier
- ○ **C.** Renzo Piano
- ○ **D.** Jean Nouvel

189 **Qu'est-ce que le Mahâbhârata ?**

- ○ **A.** Le plus long poème de l'islam
- ○ **B.** Le plus long poème du bouddhisme
- ○ **C.** Le plus long poème de l'hindouisme
- ○ **D.** Le plus long poème du judaïsme

190 **En quelle année l'État de la cité du Vatican est-il créé ?**

- ○ **A.** 1309
- ○ **B.** 1870
- ○ **C.** 1900
- ○ **D.** 1929

191 **Qui est Edir Macedo ?**

- ○ **A.** Le nom du pape François
- ○ **B.** Le fondateur de l'Église universelle du Royaume de Dieu
- ○ **C.** Le missionnaire qui a évangélisé le Brésil
- ○ **D.** Le plus célèbre enfant prêcheur du Brésil

192 **Comment s'appelle le mouvement interconfessionnel qui tend à promouvoir l'unité entre les différents courants chrétiens?**

- ○ **A.** L'œcuménisme
- ○ **B.** Le pentecôtisme
- ○ **C.** L'adventisme
- ○ **D.** L'unification chrétienne

193 **Qui est Matthieu Ricard?**

- ○ **A.** Un moine bouddhiste tibétain
- ○ **B.** L'iman de la Grande Mosquée de Paris
- ○ **C.** Le cardinal de Paris
- ○ **D.** Le grand rabbin de Paris

194 **En quelle année le 14e dalaï-lama, Tenzin Gyatso, s'est-il exilé en Inde?**

- ○ **A.** 1948
- ○ **B.** 1959
- ○ **C.** 1962
- ○ **D.** 1968

195 **En quelle année le 14e dalaï-lama, Tenzin Gyatso, a-t-il reçu le prix Nobel de la paix?**

- ○ **A.** 1989
- ○ **B.** 1990
- ○ **C.** 1991
- ○ **D.** 1992

196 **De quelle ville du Brésil est originaire le candomblé (religion afro-brésilienne)?**

- ○ **A.** Rio de Janeiro
- ○ **B.** Recife
- ○ **C.** Manaus
- ○ **D.** Salvador de Bahia

197 **Dans quelle religion les icônes sont-elles vénérées?**

- ○ **A.** Chez les protestants
- ○ **B.** Chez les orthodoxes
- ○ **C.** Chez les catholiques
- ○ **D.** Chez les juifs

198 **En France, combien de personnes se considèrent sans aucune religion en 2020 ?**

- ○ **A.** 40,8 millions
- ○ **B.** 35,8 millions
- ○ **C.** 28,8 millions
- ○ **D.** 20,8 millions

199 **Quel pays a pour régime politique un « régime théocratique islamique » ?**

- ○ **A.** La Turquie
- ○ **B.** L'Iran
- ○ **C.** L'Irak
- ○ **D.** L'Indonésie

200 **Comment s'appelle le rapport rendu en octobre 2021 sur les abus sexuels dans l'Église catholique de France ?**

- ○ **A.** Le rapport Épargné
- ○ **B.** Le rapport Tenté
- ○ **C.** Le rapport Sauvé
- ○ **D.** Le rapport Soigné

Philosophies

→ **Retrouvez le corrigé de cette série page 499.**

201 Qui est le disciple de Socrate?

○ **A.** Platon ○ **B.** Aristote ○ **C.** Épicure ○ **D.** Chrysippe

202 Quel philosophe vivait nu dans un tonneau?

○ **A.** Épictète ○ **B.** Sénèque ○ **C.** Diogène ○ **D.** Démocrite

203 Dans quelle œuvre de Descartes apparaît le fameux «Je pense donc je suis»?

○ **A.** *Méditations métaphysiques*
○ **B.** *Discours de la méthode*
○ **C.** *Correspondance avec Christine de Suède*
○ **D.** *Principes de la philosophie*

204 L'un de ces empereurs romains a écrit ses *Pensées*, traité de philosophie stoïcienne. Lequel?

○ **A.** Marc Aurèle. ○ **C.** Hadrien
○ **B.** Néron ○ **D.** Commode

205 Qui a écrit «Dieu est mort»?

○ **A.** Max Weber ○ **C.** Jean-Paul Sartre
○ **B.** Emmanuel Kant ○ **D.** Friedrich Nietzsche

206 Comment Marx nommait-il la phase transitoire entre capitalisme et communisme ?

○ **A.** Socialisme ○ **C.** Tyrannie
○ **B.** Anarchie ○ **D.** Oligarchie populaire

207 Quel philosophe considère le devoir moral comme «un impératif catégorique»?

○ **A.** Kant ○ **C.** Platon
○ **B.** Schopenhauer ○ **D.** Jankélévitch

208 Quelle est la nationalité du philosophe Søren Kierkegaard?

○ **A.** Suisse ○ **B.** Norvégien ○ **C.** Suédois ○ **D.** Danois

209 Quel philosophe a écrit en 1516 pour Laurent II de Médicis?

○ **A.** Spinoza ○ **B.** Descartes ○ **C.** Machiavel ○ **D.** Leibniz

210 Lequel de ces livres n'a pas été écrit par Platon?

○ **A.** *Les Politiques* ○ **C.** *Gorgias*
○ **B.** *L'Apologie de Socrate* ○ **D.** *La République*

211 À quel courant philosophique appartient Sartre?

○ **A.** L'essentialisme ○ **C.** L'existentialisme
○ **B.** Le naturalisme ○ **D.** L'humanisme

212 Quel philosophe a appelé son école le Lycée?

○ **A.** Montaigne ○ **B.** Aristote ○ **C.** Carnéade ○ **D.** Pyrrhon

213 Quel est le contraire de transcendant?

○ **A.** Inférieur ○ **B.** Légal ○ **C.** Immanent ○ **D.** Absurde

214 **Qui a assisté au procès du nazi Eichmann pour en faire un traité de philosophie, *Eichmann à Jérusalem*?**

- ○ **A.** Hannah Arendt
- ○ **B.** Albert Camus
- ○ **C.** Emmanuel Levinas
- ○ **D.** Martin Heidegger

215 **Quel philosophe affirme que le bonheur réside dans l'assouvissement des désirs naturels et nécessaires?**

- ○ **A.** Spinoza
- ○ **B.** Épicure
- ○ **C.** Cicéron
- ○ **D.** Voltaire

216 **Quel philosophe appartient au courant du néoplatonisme?**

- ○ **A.** Aristote
- ○ **B.** Anaxagore
- ○ **C.** Plotin
- ○ **D.** Sénèque

217 **Avant d'être un philosophe, Épictète était :**

- ○ **A.** Sculpteur
- ○ **B.** Esclave
- ○ **C.** Empereur
- ○ **D.** Sage-femme

218 **« La religion est l'opium du peuple » selon :**

- ○ **A.** Nietzsche
- ○ **B.** Diderot
- ○ **C.** Marx
- ○ **D.** Simone de Beauvoir

219 **Qui enseigne dans une école appelée l'Académie?**

- ○ **A.** Leibniz
- ○ **B.** Épicure
- ○ **C.** Socrate
- ○ **D.** Platon

220 **Les pyrrhoniens sont des philosophes :**

- ○ **A.** Sceptiques
- ○ **B.** Stoïciens
- ○ **C.** Épicuriens
- ○ **D.** Néoplatoniciens

221 **À propos de son grand ami, Montaigne affirme « Parce que c'était lui, parce que c'était moi ». De qui s'agit-il?**

- ○ **A.** Pascal
- ○ **B.** La Boétie
- ○ **C.** Rabelais
- ○ **D.** Érasme

222 **Que désigne le mot « dialectique »?**

- ○ **A.** L'interaction dynamique et féconde entre éléments opposés
- ○ **B.** L'art de bien parler
- ○ **C.** L'art de bien enseigner
- ○ **D.** L'essence d'une chose

223 **Qu'est-ce que l'état de nature en philosophie?**

- ○ **A.** Situation dans laquelle les hommes vivaient durant la préhistoire
- ○ **B.** Situation hypothétique des hommes avant toute organisation sociale
- ○ **C.** Situation des hommes ayant mis en place une organisation politique
- ○ **D.** Situation des hommes avant l'avènement de la démocratie

224 **Qu'est-ce que l'ethnocentrisme?**

- ○ **A.** Étude des différentes formes de sociétés
- ○ **B.** Idéologie politique consistant à exalter la supériorité d'une race
- ○ **C.** Tendance d'un peuple à considérer sa culture comme supérieure aux autres
- ○ **D.** Tendance à ne s'intéresser qu'à soi-même et à sa famille

225 **En philosophie, quel est le contraire de nécessaire?**

- ○ **A.** Superflu
- ○ **B.** Facultatif
- ○ **C.** Illogique
- ○ **D.** Contingent

226 **Qui a écrit « Le cœur a ses raisons que la raison ignore » ?**

- ○ **A.** Pascal
- ○ **B.** Rousseau
- ○ **C.** Montesquieu
- ○ **D.** Malebranche

227 **Que signifie le fait d'être « stoïque » ?**

- ○ **A.** Rester calme en toute situation
- ○ **B.** Rester indifférent à ce qui se produit
- ○ **C.** Endurer avec courage une situation douloureuse
- ○ **D.** Ne pas se laisser émouvoir par la douleur des autres

228 **Quel philosophe fait de la pitié un sentiment inné et naturel en l'homme ?**

- ○ **A.** Épicure
- ○ **B.** Rousseau
- ○ **C.** Hegel
- ○ **D.** Fichte

229 **Dans quel livre Platon explique-t-il son allégorie de la caverne ?**

- ○ **A.** *La République*
- ○ **B.** *Ménon*
- ○ **C.** *Les Lois*
- ○ **D.** *Lachès*

230 **Quel philosophe développe une œuvre appelée « cycle de l'absurde » ?**

- ○ **A.** Raymond Aron
- ○ **B.** Camus
- ○ **C.** Sartre
- ○ **D.** Schopenhauer

231 **Le stoïcisme tient son nom du grec *stoa* qui signifie :**

- ○ **A.** Portique
- ○ **B.** Courage
- ○ **C.** Jardin
- ○ **D.** Métal

232 **Lequel de ces philosophes n'est pas un scientifique ?**

- ○ **A.** Pascal
- ○ **B.** Descartes
- ○ **C.** Spinoza
- ○ **D.** Condorcet

233 **En philosophie, que signifie le mot sensible ?**

- ○ **A.** Ce qui peut être perçu par les sens
- ○ **B.** Capacité d'éprouver des sentiments subtils
- ○ **C.** Tendance à éprouver fortement la douleur
- ○ **D.** Capacité à être raisonnable et sensé

234 **Qu'est-ce que le positivisme ?**

- ○ **A.** Philosophie qui affirme que le bonheur est toujours accessible
- ○ **B.** Philosophie qui privilégie la connaissance scientifique aux autres disciplines
- ○ **C.** Philosophie qui affirme le progrès constant des sociétés
- ○ **D.** Philosophie qui affirme l'inexistence du malheur et de la douleur

235 **Quel philosophe affirme que les animaux sont comme des machines ?**

- ○ **A.** Démocrite
- ○ **B.** Descartes
- ○ **C.** Gassendi
- ○ **D.** Comte

236 **Dans sa troisième topique, comment Freud décrit-il l'esprit humain ?**

- ○ **A.** Ça, moi, surmoi
- ○ **B.** Préconscient, inconscient, subconscient
- ○ **C.** Périconscient, conscient, inconscient
- ○ **D.** Ça, sous-moi, surmoi

237 **Qu'est-ce que la catharsis ?**

- ○ **A.** Un courant philosophique médiéval du sud-ouest de la France
- ○ **B.** La purgation des passions et des émotions
- ○ **C.** Un courant philosophique qui considère le théâtre comme essentiel au bonheur
- ○ **D.** La tendance hypocrite à toujours simuler et feindre

238 **Qui affirme que « l'existence précède l'essence » ?**

- ○ **A.** Sartre
- ○ **B.** Socrate
- ○ **C.** Alain
- ○ **D.** Saint Augustin

239 **Quel philosophe distingue l'amour de soi (souci de sa propre conservation) de l'amour-propre (égoïsme) ?**

- ○ **A.** Rousseau
- ○ **B.** Diderot
- ○ **C.** Voltaire
- ○ **D.** Condillac

240 **Quel philosophe encourage à faire le pari de l'existence de Dieu ?**

- ○ **A.** D'Alembert
- ○ **B.** Pascal
- ○ **C.** Kierkegaard
- ○ **D.** Thomas d'Aquin

241 **Qu'est-ce que le pragmatisme ?**

- ○ **A.** Théorie selon laquelle le vrai est ce qui permet la réussite de l'action
- ○ **B.** Théorie qui nie l'existence des concepts et idées abstraites
- ○ **C.** Théorie qui incite à ne plus rechercher la vérité
- ○ **D.** Théorie économique qui pousse à recherche davantage d'efficacité

242 **Qui appelait-on les « philosophes du jardin » ?**

- ○ **A.** Les stoïciens
- ○ **B.** Les aristotéliciens
- ○ **C.** Les platoniciens
- ○ **D.** Les épicuriens

243 **Qui est le fondateur du positivisme ?**

- ○ **A.** Auguste Comte
- ○ **B.** Freud
- ○ **C.** Feuerbach
- ○ **D.** Paul Ricœur

244 **Selon Freud, les pulsions sont de deux natures en l'homme. Lesquelles ?**

- ○ **A.** Éros et Philia
- ○ **B.** Éros et Thanatos
- ○ **C.** Philia et Thanatos
- ○ **D.** Éros et Agapè

245 **Qu'est-ce que l'épistémologie ?**

- ○ **A.** Étude philosophique de l'histoire des sciences
- ○ **B.** Étude des lettres et correspondances philosophiques
- ○ **C.** Phase du développement psychique
- ○ **D.** Genre de traité philosophique très court

246 **Quelles sont les quatre vertus cardinales selon Platon ?**

- ○ **A.** Sagesse, prudence, justice et amour
- ○ **B.** Sagesse, prudence, tempérance et amour
- ○ **C.** Sagesse, prudence, tempérance et justice
- ○ **D.** Sagesse, prudence, justice et amitié

247 **La loi définit ce qui est :**

- ○ **A.** Juste
- ○ **B.** Légal
- ○ **C.** Légitime
- ○ **D.** Équitable

248 **Quel philosophe a rencontré Albert Einstein en 1922 pour essayer de théoriser sa notion de relativité du temps ?**

- ○ **A.** Michel Foucault
- ○ **B.** Henri Bergson
- ○ **C.** Émile Durkheim
- ○ **D.** Victor Cousin

249 **Le philosophe Sénèque a été le précepteur d'un empereur. Lequel ?**

- ○ **A.** Hadrien
- ○ **B.** Auguste
- ○ **C.** Néron
- ○ **D.** César

250 **Quel philosophe affirme que « l'homme est un loup pour l'homme » ?**

- ○ **A.** Locke
- ○ **B.** Hobbes
- ○ **C.** Machiavel
- ○ **D.** Hume

251 **Qu'est-ce que l'ataraxie ?**

- ○ **A.** L'indifférence envers autrui
- ○ **B.** L'incapacité à ressentir une émotion
- ○ **C.** Le bonheur comme absence de souffrance
- ○ **D.** La difficulté à prendre des décisions

252 **l'âne de Buridan, ayant faim et soif, hésite entre une botte de foin et un seau d'eau. Que lui arrive-t-il ?**

- ○ **A.** Incapable de choisir entre les deux, il se laisse mourir
- ○ **B.** Il attend que son maître décide pour lui
- ○ **C.** Il change sans cesse de décision
- ○ **D.** Il essaie d'avoir l'un et l'autre

253 **Que désigne le terme « aporie » ?**

- ○ **A.** Un genre de texte philosophique
- ○ **B.** L'absence de droit écrit
- ○ **C.** Un bonheur inconditionnel
- ○ **D.** Une contradiction insoluble

254 **Comment appelle-t-on le processus psychique par lequel une pulsion est rejetée dans l'inconscient ?**

- ○ **A.** Le refus
- ○ **B.** La renonciation
- ○ **C.** Le refoulement
- ○ **D.** L'amnésie

255 **Comment Socrate meurt-il ?**

- ○ **A.** Condamné par Athènes au suicide
- ○ **B.** Assassiné par l'un de ses disciples
- ○ **C.** D'un accident lors d'un banquet
- ○ **D.** Sur le chemin de Sparte, lors son exil

256 **Le scepticisme recommande :**

- ○ **A.** De douter de tout avant d'affirmer quelque chose
- ○ **B.** De ne pas douter pour être heureux
- ○ **C.** De douter constamment et de ne jamais affirmer quelque chose
- ○ **D.** De ne jamais faire confiance aux autres

257 **En philosophie, qu'est-ce qu'un phénomène ?**

- ○ **A.** Une chose improbable
- ○ **B.** Une chose telle que nous la percevons
- ○ **C.** Une chose inexplicable
- ○ **D.** Un mirage, une perception déformée du réel

258 **Lequel de ces mots ne désigne pas un processus logique ?**

- ○ **A.** L'abduction
- ○ **B.** L'induction
- ○ **C.** L'injonction
- ○ **D.** La déduction

259 **Lequel de ces philosophes n'appartient pas au courant des Lumières ?**

- ○ **A.** Kant
- ○ **B.** Rousseau
- ○ **C.** Diderot
- ○ **D.** Montaigne

260 **À quel courant philosophique se rattache Lucrèce ?**

- ○ **A.** Stoïcisme
- ○ **B.** Néoplatonisme
- ○ **C.** Épicurisme
- ○ **D.** Scepticisme

261 **Selon Schopenhauer, « La vie oscille, tel un pendule, de... » :**

- ○ **A.** La souffrance à l'ennui
- ○ **B.** La solitude à la souffrance
- ○ **C.** La tristesse à la joie
- ○ **D.** L'ennui à la souffrance

262 **La conscience de soi, selon Pascal, fait de l'homme un :**

- ○ **A.** Chêne pensant
- ○ **B.** Roseau pensant
- ○ **C.** Animal politique
- ○ **D.** Animal métaphysique

263 **Quel philosophe n'a pas eu de prix Nobel de littérature ?**

- ○ **A.** Bergson
- ○ **B.** Alain
- ○ **C.** Bertrand Russell
- ○ **D.** Camus

264 **Quel philosophe n'a pas essayé de démontrer l'existence d'un dieu ?**

- ○ **A.** Saint Anselme
- ○ **B.** Descartes
- ○ **C.** Kant
- ○ **D.** Leibniz

265 **Pour quels motifs Socrate est-il condamné à mort ?**

- ○ **A.** Trouble à l'ordre public et impiété
- ○ **B.** Impiété et corruption de la jeunesse
- ○ **C.** Corruption de la jeunesse et trouble à l'ordre public
- ○ **D.** Impiété et corruption des mœurs

266 **Qui est le premier philosophe à supposer l'existence des atomes ?**

- ○ **A.** Démocrite
- ○ **B.** Anaximène
- ○ **C.** Thalès
- ○ **D.** Pythagore

267 **Qu'est-ce qu'un diallèle ?**

- ○ **A.** Une analogie
- ○ **B.** Un cercle vicieux
- ○ **C.** Une discussion philosophique
- ○ **D.** Une longue démonstration

268 **Lequel de ces philosophes n'est pas anarchiste ?**

- ○ **A.** Proudhon
- ○ **B.** Stirner
- ○ **C.** Bakounine
- ○ **D.** Hobbes

269 **Quel philosophe prophétise le « désenchantement du monde » ?**

- ○ **A.** Weber
- ○ **B.** Camus
- ○ **C.** Althusser
- ○ **D.** Marx

270 **Selon Sartre, qu'engendre la conscience de notre liberté totale ?**

- ○ **A.** La joie
- ○ **B.** L'angoisse
- ○ **C.** La peur
- ○ **D.** L'hystérie

271 **En philosophie, que désigne le mot « apathie » ?**

- ○ **A.** L'insensibilité
- ○ **B.** L'incapacité à comprendre l'autre
- ○ **C.** Le refoulement de ses émotions
- ○ **D.** L'incapacité à prendre une décision

272 **Qu'est-ce que l'anomie ?**

- ○ **A.** La différence
- ○ **B.** L'absence de loi
- ○ **C.** L'anormalité
- ○ **D.** La banalité

273 **Il y a le mot (cheval) et la chose en elle-même (l'animal). Qui est quoi ?**

- ○ **A.** Le mot est le signifiant, la chose est le signifié
- ○ **B.** Le mot est le signifié, la chose est le signifiant
- ○ **C.** Le mot est conceptuel, la chose est conçue
- ○ **D.** Le mot est conçu, la chose est conceptuelle

274 **Que signifie « en puissance » ?**

- ○ **A.** Ayant développé pleinement ses capacités
- ○ **B.** Possédant légalement l'autorité
- ○ **C.** Ce qui est possible, mais pas encore réalisé
- ○ **D.** Possédant un grand nombre de responsabilités

275 **Qu'est-ce qui caractérise une science selon Karl Popper ?**

- ○ **A.** Le fait d'être démontré
- ○ **B.** Le fait d'être réfutable
- ○ **C.** Le fait d'être quantifiable
- ○ **D.** Le fait d'être irréfutable

276 **Quel philosophe théorise la séparation des trois pouvoirs ?**

- ○ **A.** Rousseau
- ○ **B.** Hobbes
- ○ **C.** Locke
- ○ **D.** Montesquieu

277 **Lequel de ces hommes d'Église n'est pas philosophe ?**

- ○ **A.** Thomas d'Aquin
- ○ **B.** Augustin d'Hippone
- ○ **C.** Anselme de Cantorbéry
- ○ **D.** Ignace de Loyola

278 **Selon Freud, les rêves sont :**

- ○ **A.** Des fantasmagories incohérentes
- ○ **B.** La voie royale vers l'inconscient
- ○ **C.** Le reflet de notre imaginaire
- ○ **D.** Des fantasmes sans consistance

279 **Que signifie subsumer ?**

- ○ **A.** Ranger un cas particulier sous un concept plus général
- ○ **B.** Affirmer sans démontrer
- ○ **C.** Chercher la vérité
- ○ **D.** Connaître ce qui est autour de nous

280 **Quel philosophe affirme que la volonté de Dieu est « l'asile de l'ignorance » ?**

- ○ **A.** Heidegger
- ○ **B.** Voltaire
- ○ **C.** Spinoza
- ○ **D.** Thomas d'Aquin

281 **Qui se présente comme « le philosophe au marteau » ?**

- ○ **A.** Nietzsche
- ○ **B.** Marx
- ○ **C.** Max Weber
- ○ **D.** Alain

282 **Quelle religion se rapproche le plus de la philosophie de Schopenhauer ?**

- ○ **A.** Le christianisme
- ○ **B.** Le shintoïsme
- ○ **C.** Le bouddhisme
- ○ **D.** Le polythéisme grec

283 **Quel auteur publie *L'Utopie* où il décrit une cité idéale pour mieux critiquer la société existante ?**

- ○ **A.** More
- ○ **B.** Austin
- ○ **C.** Hume
- ○ **D.** Bergson

284 **Qu'est-ce que l'hédonisme ?**

- ○ **A.** Le refus d'obéir aux règles sociales
- ○ **B.** Faire du plaisir l'essence du bonheur
- ○ **C.** Vivre à l'état de nature
- ○ **D.** La recherche de la beauté

285 **Dans *Discours de la servitude volontaire*, La Boétie affirme que « pour avoir la liberté, il ne faut que... » :**

- ○ **A.** Protester
- ○ **B.** La construire par les lois
- ○ **C.** La désirer
- ○ **D.** Détruire l'État

286 **Comment se nomme la relation de deux consciences entre elles?**

- ○ **A.** L'intersubjectivité
- ○ **B.** L'interaction psychique
- ○ **C.** L'échange cognitif
- ○ **D.** La dialectique

287 **Quel philosophe affirme que «rien de grand dans le monde ne s'est fait sans passion»?**

- ○ **A.** Aristote
- ○ **B.** Pascal
- ○ **C.** Hegel
- ○ **D.** Kierkegaard

288 **Qu'est-ce que l'herméneutique?**

- ○ **A.** Théorie générale de l'interprétation
- ○ **B.** La traduction des textes philosophiques
- ○ **C.** Une technique divinatoire antique
- ○ **D.** Philosophie de la communication

289 **Comment se nomme l'important traité sur l'éducation écrit par Rousseau?**

- ○ **A.** *Julie ou La nouvelle Héloïse*
- ○ **B.** *Émile ou De l'éducation*
- ○ **C.** *Éléments pour une pédagogie moderne*
- ○ **D.** *Rêveries du promeneur solitaire*

290 **Que signifie la phrase du philosophe Héraclite : «On ne se baigne jamais deux fois dans le même fleuve»?**

- ○ **A.** Aucune réalité n'est stable
- ○ **B.** L'histoire ne se répète jamais
- ○ **C.** Nous ne sommes jamais certains que nos actes sont réels
- ○ **D.** L'oubli est nécessaire à la vie

291 **Quel philosophe annonce les possibles dérives despotiques de la démocratie?**

- ○ **A.** Bakounine
- ○ **B.** Tocqueville
- ○ **C.** Proudhon
- ○ **D.** D'Alembert

292 **Quelle phrase définit le mieux la philosophie utilitariste?**

- ○ **A.** L'individu doit rechercher ce qui lui est avantageux
- ○ **B.** La société doit favoriser le plus grand bonheur du plus grand nombre
- ○ **C.** La société doit favoriser le bonheur d'une élite au détriment des autres
- ○ **D.** L'individu doit se sacrifier pour le plus grand nombre

293 **Lequel de ces philosophes n'est pas né au xxe siècle?**

- ○ **A.** Sartre
- ○ **B.** Lévi-Strauss
- ○ **C.** Wittgenstein
- ○ **D.** Levinas

294 **En quoi consiste la phénoménologie?**

- ○ **A.** Décrire le monde tel qu'il apparaît à la conscience humaine
- ○ **B.** Comprendre le monde tel qu'il est en soi, indépendamment de toute conscience
- ○ **C.** C'est l'étude de ce qui apparaît comme anormal ou improbable
- ○ **D.** C'est une branche de la psychologie qui étudie les différentes réactions humaines face à un même événement

295 **Quel philosophe emploie fréquemment le concept de «monade»?**

- ○ **A.** Thomas d'Aquin
- ○ **B.** Saint Augustin
- ○ **C.** Leibniz
- ○ **D.** Levinas

296 **Comment appelle-t-on le moment où l'enfant est amoureux de son parent de sexe opposé?**

- ○ **A.** L'érotisme infantile
- ○ **B.** Le complexe d'Œdipe
- ○ **C.** Le désir transgressif
- ○ **D.** Le syndrome de Stockholm

297 **Qui est l'un des premiers théoriciens du droit naturel?**

- ○ **A.** Cicéron
- ○ **B.** Hobbes
- ○ **C.** Rousseau
- ○ **D.** Hegel

298 **Affirmer que l'on peut atteindre des vérités certaines et absolues dans tous les domaines, c'est être :**

- ○ **A.** Sceptique
- ○ **B.** Dogmatique
- ○ **C.** Fanatique
- ○ **D.** Cynique

299 **Socrate discute le plus souvent avec des :**

- ○ **A.** Physiciens
- ○ **B.** Mathématiciens
- ○ **C.** Sophistes
- ○ **D.** Religieux

300 **Comment se nomme le traité fondateur de la démocratie en Europe écrit par Rousseau ?**

- ○ **A.** *Discours sur l'origine des inégalités entre les hommes*
- ○ **B.** *De l'esprit des lois*
- ○ **C.** *Du contrat social*
- ○ **D.** *De la démocratie en Amérique*

Cultures locales et traditions régionales

→ **Retrouvez le corrigé de cette série page 502.**

301 Que représentent les treize desserts de Noël en Provence?

- ○ **A.** Les treize cantons de la Provence
- ○ **B.** Jésus et ses douze disciples lors de la Cène
- ○ **C.** Le numéro du département des Bouches-du-Rhône
- ○ **D.** La chance

302 Qu'est-ce qu'un fest-noz en Bretagne?

- ○ **A.** Un pèlerinage
- ○ **B.** Une kermesse
- ○ **C.** Un bal
- ○ **D.** Un repas villageois

303 Que mange-t-on traditionnellement le jour de la Saint-Nicolas en Alsace?

- ○ **A.** Un baeckeoffe
- ○ **B.** Une choucroute
- ○ **C.** Un bretzel
- ○ **D.** Un mannele

304 Quel personnage accompagne saint Nicolas et distribue des coups de martinets aux enfants?

- ○ **A.** La mère Maléfique
- ○ **B.** Le Père des coups
- ○ **C.** Le père Fouettard
- ○ **D.** Pierre Fou

305 Comment s'appelle l'animal sauvage imaginaire qui se cache dans les montagnes de Savoie?

- ○ **A.** Un dahu
- ○ **B.** Un yeti
- ○ **C.** Un isard
- ○ **D.** Un gypaète

306 Que célèbre à l'origine la fête des Lumières de Lyon le 8 décembre?

- ○ **A.** Sainte Blandine
- ○ **B.** La Vierge Marie
- ○ **C.** Les philosophes des Lumières
- ○ **D.** Saint Nicolas

307 Que sont des krampouezh, des vautes, des tantimolles, des chialades, des sanciaux?

- ○ **A.** Des crêpes
- ○ **B.** Des tartes
- ○ **C.** Des brioches
- ○ **D.** Des beignets

308 De quand date le carnaval de Dunkerque?

- ○ **A.** Du XVIe siècle
- ○ **B.** Du XVIIe siècle
- ○ **C.** Du XVIIIe siècle
- ○ **D.** Du XIXe siècle

309 Que lance le maire de Dunkerque depuis sa mairie pendant le Carnaval?

- ○ **A.** Des frites
- ○ **B.** De la farine
- ○ **C.** Des confettis
- ○ **D.** Des harengs

310 En Bretagne, que désigne l'Ankou?

- ○ **A.** La pluie
- ○ **B.** La pierre
- ○ **C.** La mort
- ○ **D.** La maladie

311 Comment s'appellent à Paris les colonnes où sont affichés les programmes des théâtres?

- ○ **A.** Meurice
- ○ **B.** Maurice
- ○ **C.** Mourris
- ○ **D.** Morris

312 **Qu'est-ce qu'une échoppe à Bordeaux?**

- ○ **A.** Un bar à vin
- ○ **B.** Un bar à huîtres
- ○ **C.** Une petite maison de ville
- ○ **D.** Un château

313 **À partir de quelle farine est composée la socca niçoise?**

- ○ **A.** Blé
- ○ **B.** Sarrasin
- ○ **C.** Châtaigne
- ○ **D.** Pois chiches

314 **Dans quelle région les bergers utilisaient-ils des échasses?**

- ○ **A.** Dans les Landes
- ○ **B.** En Auvergne
- ○ **C.** Dans les Cévennes
- ○ **D.** En Bretagne

315 **Que sont les joutes sétoises?**

- ○ **A.** Des joutes équestres
- ○ **B.** Des joutes oratoires
- ○ **C.** Des joutes nautiques
- ○ **D.** Des joutes musicales

316 **Comment sont appelées par l'Unesco les traditions?**

- ○ **A.** Le patrimoine traditionnel
- ○ **B.** Le patrimoine culturel immatériel
- ○ **C.** Le patrimoine folklorique
- ○ **D.** Le patrimoine régional

317 **Qu'est-ce que le gwoka?**

- ○ **A.** Un genre musical de la Martinique
- ○ **B.** Un genre musical de la Réunion
- ○ **C.** Un genre musical de la Guadeloupe
- ○ **D.** Un genre musical de Tahiti

318 **Autrefois, que fêtait-on le 1er mai?**

- ○ **A.** Les mères
- ○ **B.** Les amoureux
- ○ **C.** Le printemps
- ○ **D.** Les nouveau-nés

319 **Dans quel quartier de Lyon, les ouvriers de la soie étaient-ils installés?**

- ○ **A.** Saint-Georges
- ○ **B.** La Croix-Rousse
- ○ **C.** Fourvière
- ○ **D.** Gerland

320 **Comment s'appelle le compagnon de Guignol?**

- ○ **A.** Gnafron
- ○ **B.** Pantalon
- ○ **C.** Fripon
- ○ **D.** Griffon

321 **Qu'est-ce qu'une école Diwan?**

- ○ **A.** Une école bilingue français-alsacien
- ○ **B.** Une école bilingue français-provençal
- ○ **C.** Une école en langue basque
- ○ **D.** Une école en langue bretonne

322 **Quelle ville basque est célèbre pour son piment?**

- ○ **A.** Bayonne
- ○ **B.** Espelette
- ○ **C.** Hendaye
- ○ **D.** Biarritz

323 **Quelle tradition de la Fête-Dieu est encore maintenue dans quelques villes comme Ouessant?**

- ○ **A.** Un chemin de fleurs
- ○ **B.** Un feu de joie
- ○ **C.** Un défilé déguisé
- ○ **D.** Un banquet villageois

324 **Dans la pelote basque, qu'est-ce que le chistera?**

- ○ **A.** Une tactique de jeu
- ○ **B.** Le nom de l'aire de jeu
- ○ **C.** Le panier en osier qui sert à récupérer la pelote
- ○ **D.** L'ancien nom de la pelote basque

325 **Dans quelle ville la fête du citron a-t-elle lieu ?**

- ○ **A.** Nice
- ○ **B.** Cannes
- ○ **C.** Menton
- ○ **D.** Saint-Raphaël

326 **Quel groupe d'artistes s'est installé à Barbizon au XIXᵉ siècle ?**

- ○ **A.** Des acteurs
- ○ **B.** Des sculpteurs
- ○ **C.** Des peintres
- ○ **D.** Des écrivains

327 **Quel est le nom du bonbon à la menthe originaire de Cambrai ?**

- ○ **A.** La sornette
- ○ **B.** La bêtise
- ○ **C.** La broutille
- ○ **D.** La sottise

328 **Où les Gitans font-ils un pèlerinage ?**

- ○ **A.** Lourdes
- ○ **B.** Saintes-Maries-de-la-Mer
- ○ **C.** Toulouse
- ○ **D.** Brest

329 **Dans quel sport régional trouve-t-on des écarteurs et des sauteurs ?**

- ○ **A.** La course landaise
- ○ **B.** La pétanque
- ○ **C.** La joute languedocienne
- ○ **D.** La corrida

330 **Quelle est la région d'origine des santons de la crèche de Noël ?**

- ○ **A.** La Provence
- ○ **B.** L'Aquitaine
- ○ **C.** L'Alsace
- ○ **D.** La Bretagne

331 **En Bretagne comment s'appelle l'appareil qui permet de cuire les galettes ?**

- ○ **A.** Un ker
- ○ **B.** Un holen
- ○ **C.** Un bara
- ○ **D.** Un bilig

332 **Quelle région a subi les attaques d'une bête monstrueuse et mystérieuse entre 1764 et 1767 ?**

- ○ **A.** La Touraine
- ○ **B.** Les Pyrénées
- ○ **C.** Le Gévaudan
- ○ **D.** Le Perche

333 **Jusqu'au début du XXᵉ siècle que faisaient les jeunes garçons alsaciens le jour de Pentecôte ?**

- ○ **A.** Ils quémandaient de la nourriture à chaque maison
- ○ **B.** Ils organisaient un pèlerinage
- ○ **C.** Ils chantaient sur la place du village
- ○ **D.** Ils organisaient un bal

334 **De quand date la braderie de Lille ?**

- ○ **A.** Du XIIᵉ siècle
- ○ **B.** Du XVIᵉ siècle
- ○ **C.** Du XIXᵉ siècle
- ○ **D.** Du XXᵉ siècle

335 **Quel animal sculpté dans un contrefort de l'église Notre-Dame de Dijon porte bonheur depuis le XVIIᵉ siècle ?**

- ○ **A.** Une chouette
- ○ **B.** Un chat
- ○ **C.** Un chien
- ○ **D.** Une coccinelle

336 **Quel est le plat traditionnel de la braderie de Lille ?**

- ○ **A.** La tarte au maroilles
- ○ **B.** Les moules-frites
- ○ **C.** La fricadelle
- ○ **D.** La carbonade flamande

337 **Qu'appelle-t-on le Messti ou la Kilbe en Alsace?**

- ○ **A.** La fête du village
- ○ **B.** La messe
- ○ **C.** Le costume traditionnel
- ○ **D.** Le centre du village

338 **Comment appelait-on la fête des appelés au service militaire?**

- ○ **A.** La fête des appelés
- ○ **B.** La fête du service
- ○ **C.** La fête des conscrits
- ○ **D.** La fête des jeunes militaires

339 **À quoi correspond la fête du père Cent?**

- ○ **A.** Une fête cent jours avant les premières épreuves du bac
- ○ **B.** Une fête cent jours avant la fin du service militaire
- ○ **C.** Une fête cent jours avant son mariage
- ○ **D.** Une fête cent jours après avoir obtenu son bac

340 **Quel est le gâteau traditionnel des rois en Provence?**

- ○ **A.** Une galette de pâte feuilletée et de frangipane
- ○ **B.** Une galette à base de pâte à chou, caramélisée sur le dessus
- ○ **C.** Une galette au beurre toute plate
- ○ **D.** Une brioche décorée de grains de sucre et de fruits confits

341 **Que rappelle la fête de la Chandeleur?**

- ○ **A.** La présentation de l'Enfant Jésus au Temple
- ○ **B.** Les chandelles allumées pendant l'hiver
- ○ **C.** Le début du carême
- ○ **D.** Le premier miracle de Jésus

342 **À l'origine de quelle couleur était décoré l'œuf de Pâques?**

- ○ **A.** Bleu
- ○ **B.** Vert
- ○ **C.** Rouge
- ○ **D.** Jaune

343 **Qui a créé en 1947 le Festival de théâtre à Avignon?**

- ○ **A.** Jean Anouilh
- ○ **B.** Henry de Montherlant
- ○ **C.** Antoine Vitez
- ○ **D.** Jean Vilar

344 **Comment s'appelle le drapeau breton?**

- ○ **A.** Gwenn ha Du
- ○ **B.** Yec' Hed Mat
- ○ **C.** Penn Ar Bed
- ○ **D.** Tadig ha Mammig

345 **Autrefois, les trois jours avant la fête de l'Ascension étaient consacrés à des prières pour que les récoltes soient abondantes, comment les appelait-on?**

- ○ **A.** Les suppliques
- ○ **B.** Les bénédictines
- ○ **C.** Les rogations
- ○ **D.** Les implorations

346 **Parmi ces ingrédients, lequel ne fait pas partie de la composition du pastis?**

- ○ **A.** L'anis vert
- ○ **B.** Le fenouil
- ○ **C.** Le citron
- ○ **D.** Le réglisse

347 **Comment appelle-t-on, à Lyon ces passages qui traversent les cours d'immeubles pour se rendre d'une rue à une rue parallèle?**

- ○ **A.** Les gognandises
- ○ **B.** Les ficelles
- ○ **C.** Les traboules
- ○ **D.** Les canuts

348 **De quelle région la danse la bourrée serait-elle originaire?**

- ○ **A.** D'Alsace
- ○ **B.** Du Périgord
- ○ **C.** De Provence
- ○ **D.** D'Auvergne

349 **De quelle langue le savoyard est-il un dérivé ?**

- ○ **A.** Du franco-provençal
- ○ **B.** Du romanche
- ○ **C.** De l'occitan
- ○ **D.** De l'allemand

350 **Dans le Nord de la France qu'appelait-on les corons ?**

- ○ **A.** Les mines
- ○ **B.** Les mineurs
- ○ **C.** Les habitations des mineurs
- ○ **D.** Les patrons

351 **Quel animal participe à la course camarguaise ?**

- ○ **A.** Le cheval
- ○ **B.** Le chien
- ○ **C.** Le taureau
- ○ **D.** La vache

352 **Quel oiseau migrateur est chassé dans le Sud-Ouest, donnant lieu à des festivités ?**

- ○ **A.** La palombe
- ○ **B.** Le canard colvert
- ○ **C.** La grive
- ○ **D.** L'oie blanche

353 **De quelle région est originaire le jeu de la pétanque ?**

- ○ **A.** La région lyonnaise
- ○ **B.** Le Nord
- ○ **C.** La Provence
- ○ **D.** La Bretagne

354 **Quel est le statut de la corrida en France ?**

- ○ **A.** Elle est interdite depuis 2012
- ○ **B.** Elle est autorisée dans toute la France
- ○ **C.** Elle est autorisée dans certaines régions où il y a une tradition locale
- ○ **D.** Elle est autorisée dans toute la France, mais sans mise à mort

355 **Parmi ces mots régionaux, lequel ne désigne pas un enfant ?**

- ○ **A.** Un gône
- ○ **B.** Un drôle
- ○ **C.** Un miron
- ○ **D.** Un titi

356 **De quand date le premier marché de Noël de Strasbourg ?**

- ○ **A.** 1570
- ○ **B.** 1648
- ○ **C.** 1770
- ○ **D.** 1830

357 **Quel est le nom du chocolat lyonnais, créé à la fin du XVIIIe, par un commis qui aurait enveloppé sa confiserie d'un mot doux pour sa fiancée ?**

- ○ **A.** Le berlingot
- ○ **B.** Le coussin
- ○ **C.** La papillote
- ○ **D.** La praline

358 **De quelle ville Bayonne s'est-elle inspirée pour ses fêtes ?**

- ○ **A.** Dax
- ○ **B.** Pampelune
- ○ **C.** Séville
- ○ **D.** Nîmes

359 **De quelle région est originaire l'espadrille ?**

- ○ **A.** Du Pays basque
- ○ **B.** Des Landes
- ○ **C.** De la Camargue
- ○ **D.** De la Provence

360 **Dans quelle région trouve-t-on Tante Arie qui remplace le père Noël ?**

- ○ **A.** En Champagne
- ○ **B.** En Bourgogne
- ○ **C.** En Franche-Comté
- ○ **D.** En Lorraine

361 **Quel Périgord n'existe pas ?**

- ○ **A.** Le Périgord noir
- ○ **B.** Le Périgord vert
- ○ **C.** Le Périgord jaune
- ○ **D.** Le Périgord blanc

362 **Quand peut-on voir le rayon vert de la cathédrale de Strasbourg ?**

- ○ **A.** Aux équinoxes
- ○ **B.** Au solstice d'été
- ○ **C.** Au solstice d'hiver
- ○ **D.** Tous les jours

363 **Qui appelait-on les ploucs à la fin du XIXe siècle à Paris ?**

- ○ **A.** Les paysans auvergnats
- ○ **B.** Les paysans polonais
- ○ **C.** Les paysans bretons
- ○ **D.** Les paysans alsaciens

364 **De quelle année date la classification des grands crus du Médoc ?**

- ○ **A.** 1815
- ○ **B.** 1835
- ○ **C.** 1855
- ○ **D.** 1870

365 **Comment appelle-t-on la personne qui récolte le sel des marais salants de Guérande ?**

- ○ **A.** Un paludier
- ○ **B.** Un salinier
- ○ **C.** Un extracteur
- ○ **D.** Un maraîcher

366 **Les Anglais ont leur fête nationale le 23 avril, jour de la Saint-Georges, que raconte la légende ?**

- ○ **A.** Saint Georges a sauvé une jeune fille des griffes d'un dragon
- ○ **B.** Saint Georges a donné la moitié de son manteau à un pauvre
- ○ **C.** Saint Georges a guéri de nombreux malades
- ○ **D.** Saint Georges a vécu en ermite vénéré par de nombreuses personnes

367 **À Barcelone, le jour de la *Sant-Jordi* (Saint-Georges) que s'échangent les couples ?**

- ○ **A.** Une cravate et une bague
- ○ **B.** Une carte et un chocolat
- ○ **C.** Un livre et une rose
- ○ **D.** Un stylo et une pomme

368 **En Allemagne, qui reçoit une *Schultüte* ?**

- ○ **A.** La mariée la veille de son mariage
- ○ **B.** L'écolier, le jour de sa première rentrée
- ○ **C.** L'étudiant, le jour de son diplôme
- ○ **D.** Les parents, à la naissance de leur premier enfant

369 **Laquelle de ces affirmations sur la fête de Thanksgiving aux États-Unis est fausse ?**

- ○ **A.** La fête a lieu le troisième jeudi du mois de novembre
- ○ **B.** La fête célèbre la fin de l'esclavage aux États-Unis
- ○ **C.** Le jour de Thanksgiving, le président des États-Unis gracie une dinde
- ○ **D.** De grandes parades sont organisées dans les villes américaines

370 **Au Mexique, qu'appelle-t-on les mariachis ?**

- ○ **A.** Un groupe de danseurs
- ○ **B.** Une équipe de football
- ○ **C.** Un groupe de musique
- ○ **D.** Les vendeurs ambulants

371 **Quelle activité sportive a été reconnue patrimoine immatériel de l'UNESCO en décembre 2019 ?**

- ○ **A.** La marche nordique
- ○ **B.** L'alpinisme
- ○ **C.** Le ski de randonnée
- ○ **D.** Les courses de chiens de traîneaux

372 **Comment s'appelle la forme épique du théâtre traditionnel japonais ?**

- ○ **A.** Le kabuki
- ○ **B.** L'onsen
- ○ **C.** Le wagato
- ○ **D.** Le kamishibai

373 **De quelle couleur est la robe de mariée traditionnelle en Chine ?**

- ○ **A.** Blanche
- ○ **B.** Rose
- ○ **C.** Rouge
- ○ **D.** Bleue

374 **Dans quel pays la Befana, la veille de l'Épiphanie, va remplir les chaussettes des enfants de bonbons ou de charbon ?**

- ○ **A.** En Espagne
- ○ **B.** Au Portugal
- ○ **C.** En Italie
- ○ **D.** En Grèce

375 **De quand date le kilt?**

- ○ **A.** XIIe siècle
- ○ **B.** XIVe siècle
- ○ **C.** XVIe siècle
- ○ **D.** XVIIIe siècle

376 **Fêtée le 31 décembre à Rio et le 2 janvier à Bahia, comment s'appelle cette déesse de la mer?**

- ○ **A.** Iemanja
- ○ **B.** Exu
- ○ **C.** Iansã
- ○ **D.** Nanã

377 **En Argentine qu'est-ce qu'un gaucho?**

- ○ **A.** Un homme politique de gauche
- ○ **B.** Un thé
- ○ **C.** Un cow-boy
- ○ **D.** Un endroit où l'on danse le tango

378 **Comment appelle-t-on à Cuba la poésie chantée et improvisée?**

- ○ **A.** Le poético
- ○ **B.** Le verso
- ○ **C.** La palabra
- ○ **D.** Le punto

379 **Dans quel pays trouve-t-on les «églises en bois debout», appelées ainsi, car des mâts ou des poteaux sont utilisés pour soutenir le toit?**

- ○ **A.** En Allemagne
- ○ **B.** En Suisse
- ○ **C.** En Norvège
- ○ **D.** En Pologne

380 **Comment s'appelle le tissu de laine imperméable typique du Tyrol qui sert principalement à la confection de vestes et de manteaux?**

- ○ **A.** La gabardine
- ○ **B.** Le mohair
- ○ **C.** Le kelsch
- ○ **D.** Le loden

381 **Comment s'appellent les personnages qui envahissent les rues de Binche, en Belgique, le jour du Carnaval?**

- ○ **A.** Les Gilles
- ○ **B.** Les Pierrots
- ○ **C.** Les Farfadets
- ○ **D.** Les Polichinelles

382 **En Afrique de l'Ouest, comment appelle-t-on le poète, musicien et dépositaire de la tradition orale?**

- ○ **A.** Le mobi
- ○ **B.** Le griot
- ○ **C.** Le baba
- ○ **D.** Le mtoto

383 **De quelle fête, la fête celtique de Samain est-elle l'ancêtre?**

- ○ **A.** La Saint-Valentin
- ○ **B.** Noël
- ○ **C.** Halloween
- ○ **D.** La Saint-Jean

384 **À quoi correspond la fête de l'eau dans les pays du Sud-Est asiatique?**

- ○ **A.** Au Nouvel An bouddhiste
- ○ **B.** À la fête du Travail
- ○ **C.** Au solstice d'été
- ○ **D.** Au jour de l'indépendance

385 **Comment s'appelle la vieille femme, bonne ou méchante, figure traditionnelle des contes slaves?**

- ○ **A.** Matriochka
- ○ **B.** Babouchka
- ○ **C.** Starouchka
- ○ **D.** Baba Yaga

386 **L'Afrique du Sud est le pays qui reconnaît le plus de langues officielles dans sa Constitution. Combien en reconnaît-il?**

- ○ **A.** 8
- ○ **B.** 11
- ○ **C.** 13
- ○ **D.** 18

387 **Quelle tradition a été interdite par le Japon en 1870 qui marquait le passage des femmes à l'âge adulte?**

- ○ **A.** Se noircir les dents
- ○ **B.** Se raser les cheveux
- ○ **C.** Porter des talons hauts
- ○ **D.** Se poudrer les cheveux

388 **En quelle année, la tradition millénaire des pieds bandés est-elle définitivement interdite en Chine?**

- ○ **A.** En 1912
- ○ **B.** En 1949
- ○ **C.** En 1968
- ○ **D.** En 1976

389 **Que se lancent les habitants de Buñol, province de Valence en Espagne le dernier mercredi du mois d'août depuis 1945?**

- ○ **A.** Des fraises
- ○ **B.** De la bière
- ○ **C.** Des tomates
- ○ **D.** Des olives

390 **Parmi ces noms, lequel ne désigne pas la grande pipe à eau d'origine persane qui permet de fumer le tabac?**

- ○ **A.** Le narguilé
- ○ **B.** La chicha
- ○ **C.** La chéchia
- ○ **D.** Le ghelyan

391 **Quel sport traditionnel afghan, trame du roman *Les cavaliers* de Joseph Kessel, regroupe des cavaliers autour d'une carcasse de chèvre?**

- ○ **A.** Le bouzkashi
- ○ **B.** Le tchopendoz
- ○ **C.** Le tchaikhana
- ○ **D.** Le zémindar

392 **Quelle est l'origine de l'Oktoberfest de Munich?**

- ○ **A.** La victoire de l'Allemagne sur la France en 1870
- ○ **B.** La fin de moissons depuis le Moyen Âge
- ○ **C.** Une idée de la corporation des brasseurs depuis 1848
- ○ **D.** Les festivités du mariage du futur Louis Ier de Bavière en 1810

393 **Comment s'appelle la danse chantée des Maoris?**

- ○ **A.** Le tamouré
- ○ **B.** Le soa mako
- ○ **C.** Le lakalaka
- ○ **D.** Le kaka

394 **Traditionnellement, quand les Anglais préparent-ils leur *Christmas pudding*?**

- ○ **A.** Le lendemain du dimanche de Pâques
- ○ **B.** Le 21 juin, jour de l'été
- ○ **C.** Le dimanche, cinq semaines avant Noël
- ○ **D.** Une semaine avant Noël

395 **Qu'est-ce que le Palio de Sienne?**

- ○ **A.** Une course de taureaux
- ○ **B.** Une course de chevaux
- ○ **C.** Une course à pied
- ○ **D.** Une course de chars

396 **Comment s'appelle la fête des couleurs, célébrée au printemps en Inde?**

- ○ **A.** Holi
- ○ **B.** Diwali
- ○ **C.** Onam
- ○ **D.** Ganesh Chaturti

397 **Qu'est-ce que le fado?**

- ○ **A.** Un plat portugais à base de morue
- ○ **B.** Un dessert portugais
- ○ **C.** Un chant mélancolique portugais
- ○ **D.** Un porto vieilli

398 **Quelle ville française a été classée au patrimoine de l'Unesco en 2021 ?**

- ○ **A.** Nice
- ○ **B.** Cannes
- ○ **C.** Marseille
- ○ **D.** Montpellier

399 **Sur quel rite l'ethnologue Claude Lévi-Strauss a-t-il livré une analyse en 1952 ?**

- ○ **A.** Halloween
- ○ **B.** Le carnaval
- ○ **C.** La fête d'anniversaire
- ○ **D.** Noël

400 **Quel groupe a rénové le musée des Arts et Traditions populaires de Paris (fermé en 2005) et dont l'ouverture est prévue en 2022 ?**

- ○ **A.** Total
- ○ **B.** Orange
- ○ **C.** L'Oréal
- ○ **D.** LVMH

Corrigés

Mythologies

1 Quelle plante est le symbole d'Athènes ? **L'olivier**

2 Comment s'appelle la sorcière qui transforme les compagnons d'Ulysse en cochons ? **Circé**

3 Qui le héros Jason épouse-t-il avant qu'elle n'assassine leurs enfants ? **Médée**

4 Lequel de ces travaux n'est pas accompli par Hercule ? **Vaincre la Chimère**

5 De quelle mortelle le dieu Éros tombe-t-il amoureux ? **Psyché**

6 Le berger Pâris doit choisir la plus belle déesse parmi **Athéna, Aphrodite et Héra**

7 Quelle déesse jaillit de la tête de Zeus ? **Athéna**

8 Qui est le père de Zeus ? **Cronos**

9 Qui sont les Bacchantes ? **Les nymphes accompagnant Dionysos**

10 Comment se nomme la déesse de la fertilité sœur de Zeus et mère de Perséphone ? **Déméter**

11 Dans la mythologie romaine, Hermès devient **Mercure**

12 Étymologiquement, le terme « mythologie » signifie discours sur les **légendes**

13 Dans la mythologie latine, Athéna devient **Minerve**

14 L'expression « lit de Procuste » fait référence au meurtrier qui accueillait des étrangers avant de les **ajuster à la taille du lit, en leur déboîtant les membres ou en les tranchant**.

15 Qui parvient à décapiter Méduse ? **Persée**

16 Dans la mythologie latine, Artémis devient **Diane**

17 Quels dieux sont jumeaux ? **Apollon et Artémis**

18 Où se trouve le temple consacré à Apollon ? **Delphes**

19 Qui sont les parents de Dionysos ? **Zeus et Sémélé**

20 Zeus se transforme en taureau afin de séduire une mortelle. Laquelle ? **Europe**

21 Comment se nomme l'épouse d'Ulysse ? **Pénélope**

22 Lequel de ces héros n'a pas fait la guerre de Troie ? **Persée**

23 Qui parvient à tuer la Chimère ? **Bellérophon**

24 Quelle déesse naît de l'écume des eaux ? **Aphrodite**

25 Qui est le roi de Troie ? **Priam**

26 Qui Aphrodite épouse-t-elle ? **Héphaïstos**

27 Qui Hadès enlève-t-il pour en faire son épouse ? **Perséphone**

28 Que cherchent Jason et les Argonautes ? **La Toison d'or**

29 Comment se nomme le cyclope que rencontre Ulysse ? **Polyphème**

30 Comment s'appelle le fils d'Ulysse ? **Télémaque**

31 Aux Enfers, que doivent accomplir les Danaïdes ? **Remplir un tonneau percé**

32 Que fait Sisyphe dans le Tartare? **Pousser un rocher sur la pente d'une montagne et qui retombe avant d'avoir atteint le sommet**

33 Quel supplice inflige-t-on à Prométhée? **Attaché à un rocher, son foie est dévoré par un aigle chaque jour et se régénère chaque nuit**

34 Quel héros parvient à sortir Cerbère des Enfers? **Hercule**

35 Comment se nomme le paradis dans la mythologie grecque? **Les Champs-Élysées**

36 Quelle mortelle défie Athéna en prétendant mieux tisser que la déesse? **Arachné**

37 Quelle forme revêt Zeus pour séduire Danaé? **Une pluie d'or**

38 Qui sont les parents de Persée? **Zeus et Danaé**

39 Dans la mythologie latine, Hadès devient **Pluton.**

40 Avant de s'enfuir avec Pâris, de qui Hélène était-elle l'épouse? **Ménélas**

41 Les Moires, les trois femmes qui tissent le fil symbolisant la destinée humaine, se nomment aussi les **Parques.**

42 Lequel de ces dieux n'est pas un Titan? **Hadès**

43 Quel dieu tente sans succès de séduire puis de violer Athéna? **Héphaïstos**

44 À qui appartient le cheval ailé Pégase? **Bellérophon**

45 Comment se nomme celle qui aide Thésée à sortir du labyrinthe? **Ariane**

46 Qui construit le labyrinthe où se cache le Minotaure? **Dédale**

47 Comment se prénomme le fils de Dédale, enfermé avec lui dans le labyrinthe? **Icare**

48 Lequel de ces fleuves ne coule pas dans les Enfers? **Le Pactole**

49 Qui vole le feu aux Dieux pour l'offrir aux hommes? **Prométhée**

50 Comment se nomme le dieu du soleil chez les Incas? **Inti**

51 Comment se nomme le dieu solaire dans la mythologie égyptienne? **Râ**

52 Comment est représenté le dieu solaire Râ? **Une tête de faucon sur un corps d'homme**

53 Comment se nomme la déesse égyptienne épouse du roi Osiris? **Isis**

54 Qui complote contre Osiris pour le tuer? **Seth**

55 Qui ressuscite Osiris en récupérant chaque morceau de son corps et en le momifiant? **Isis**

56 Qui est le fils qu'Isis conçoit avec la momie d'Osiris? **Horus**

57 Quel dieu grec guérit les malades? **Asclépios**

58 Quel dieu égyptien est un taureau sacré? **Apis**

59 Qui est le dieu créateur dans la mythologie égyptienne? **Ptah**

60 À quel animal est associé le dieu Amon? **L'oie**

61 Lequel de ces dieux n'est pas créateur du monde ou de la vie? **Frigg**

62 Dans la mythologie égyptienne, de quoi Seth est-il le maître? **Du tonnerre et de la foudre**

63 Pour venger son père Osiris, qui Horus combat-il? **Seth**

64 Lequel de ces dieux n'appartient pas à la mythologie celtique? **Épones**

65 Le dieu Anubis possède un corps d'homme avec une tête de **chacal.**

66 Dans la mythologie nordique, comment se nomme le royaume des hommes? **Midgard**

67 Dans la mythologie nordique, où résident les dieux? **Ásgard**

68 Qui est le dieu créateur dans la mythologie nordique? **Odin**

69 Comment se nomme l'épouse du dieu Odin? **Frigg**

70 De quoi Thor est-il le dieu? **Du tonnerre**

71 Qui est le dieu de la discorde dans la mythologie nordique? **Loki**

72 Qu'est-ce que le Ragnarök? **La fin du monde**

73 Qui est le dieu de la lumière et de la beauté dans la mythologie nordique? **Baldr**

74 Qui sont les Ases dans la mythologie nordique? **Les principaux dieux**

75 Quel est l'attribut du dieu Thor? **Le marteau**

76 Dans la mythologie latine, de quoi Uranus est-il le dieu? **Du ciel**

77 Qui assassine le roi Agamemnon? **Égisthe**

78 Dans la mythologie grecque, quelle mortelle voit l'avenir sans jamais être crue? **Cassandre**

79 Pour partir faire la guerre de Troie, Artémis demande le sacrifice d'un enfant d'Agamemnon. Qui est-ce? **Iphigénie**

80 Combien y a-t-il de Muses? **9**

81 Quelle famille grecque est maudite, condamnée au meurtre et à l'inceste? **Les Atrides**

82 Atalante a promis d'épouser l'homme qui **la battrait à la course**

83 Chez les Incas, comment se nomme la Terre Mère? **Pachamama**

84 Lequel de ces dieux ne maîtrise pas la foudre? **Anubis**

85 Dans la mythologie latine, comment appellent les Bienveillantes, ces divinités vengeresses? **Les Furies**

86 Qui est l'éducateur d'Achille? **Phénix**

87 Les Harpies sont des divinités représentées avec une **tête de femme sur un corps d'oiseau.**

88 Qui n'appartient pas à la famille maudite des Labdacides? **Narcisse**

89 Comment se nomment les véritables parents d'Œdipe? **Jocaste et Laïos**

90 Qui sont les deux frères qui se disputent le trône de Thèbes? **Étéocle et Polynice**

91 Qui reprend le trône de Thèbes après l'exil d'Œdipe? **Créon**

92 Quelle fille d'Œdipe s'oppose à Créon? **Antigone**

93 Comment se nomme l'oracle de Delphes? **La Pythie**

94 Comment Romulus et ses compagnons ont-ils peuplé Rome? **En capturant les femmes du peuple voisin, les Sabines**

95 Qui sont les deux frères élevés par une louve? **Remus et Romulus**

96 Laquelle de ces quatre divinités ne vit pas dans l'océan? **Métis**

97 Qui insuffle à Pasiphaé un amour pour un taureau, engendrant ainsi le Minotaure? **Poséidon**

98 Quel titan porte le monde sur ses épaules? **Atlas**

99 Laquelle de ces femmes n'est pas une Amazone? **Hermione**

100 Dans la mythologie grecque qui sont les divinités peuplant les forêts? **Les Nymphes**

Religions

101 Quel pourcentage de la population mondiale se déclare membre de l'une des cinq grandes religions selon une étude de 2010? **84 %**

102 Comment appelle-t-on un principe incontestable d'une religion? **Un dogme**

103 Selon la Bible, quand l'histoire du peuple hébreux commence-t-elle? **En 1800 avant J.-C.**

104 Qui sont Caïn et Abel? **Les enfants d'Adam et Ève**

105 Qui sont les deux fils d'Abraham? **Ismaël et Isaac**

106 Par qui est élevé Moïse? **Par une fille du pharaon**

107 Sur quel Mont, Moïse reçut-il, de Dieu, les dix commandements? **Le mont Sinaï**

108 Combien de temps les Hébreux ont-ils erré dans le désert après leur fuite d'Égypte? **40 ans**

109 Quel est le châtiment divin infligé aux hommes pour avoir construit la tour de Babel? **La multiplication des langues**

110 En 587 av. J.-C., où les Juifs sont-ils exilés? **À Babylone**

111 Qui est le « père » des trois grandes religions monothéistes? **Abraham**

112 De combien de livres la Torah se compose-t-elle? **5**

113 Quel est le nom du *Livre de la splendeur*, recueil de commentaires de la Torah? **Le Zohar**

114 De quel pays Moïse a-t-il fait sortir les Hébreux? **D'Égypte**

115 Qu'a fait Dalila à Samson? **Elle lui a coupé les cheveux**

116 Remettez dans l'ordre chronologique ces grandes figures du judaïsme : **Abraham / Moïse / David / Salomon**

117 Qui sont Isaïe, Jérémie et Ézéchiel? **Des prophètes**

118 En quelle année le Second Temple de Jérusalem a-t-il été détruit? **En 70**

119 Lequel de ces saints n'a pas écrit d'Évangile? **Saint Paul**

120 Dans la Bible, qu'est-ce qu'une parabole? **Un récit allégorique**

121 À quel moment les Évangiles ont-ils été rédigés? **Entre 70 et 100**

122 Que signifie le mot « Islam »? **Soumission**

123 Laquelle de ces obligations n'est pas un pilier de l'islam? **Aller à la mosquée le vendredi**

124 Dans le monde musulman, qui peut lancer une fatwa (avis religieux pouvant porter sur l'ensemble de la vie quotidienne) ? **Le mufti**

125 Quel évènement marque le début du calendrier musulman? **L'hégire, le départ vers la Mecque en 622**

126 Qui a révélé la parole de Dieu à Mahomet? **L'ange Gabriel**

127 En 750, où les califes abbassides installent-ils leur capitale? **Bagdad**

128 Qui est à l'initiative de la réforme protestante ? **Martin Luther**

129 Classer les religions selon leur nombre de pratiquants dans le monde : **1. Christianisme ; 2. Islam ; 3. Hindouisme ; 4. Bouddhisme**

130 Combien de noms trouve-t-on dans le Coran pour désigner Allah ? **99**

131 Quel est le pourcentage de sunnites dans la religion musulmane ? **90 %**

132 Dans une mosquée comme s'appelle la niche qui indique la direction de la Mecque ? **Le mihrab**

133 Qu'est-ce qu'une madrasa ? **Un établissement qui enseigne la théologie musulmane**

134 Pour les musulmans, qu'est-ce que la charia ? **La loi islamique**

135 En quelle année a été inaugurée la Grande Mosquée de Paris ? **1926**

136 Quel animal représente le dieu Ganesh ? **Un éléphant**

137 Quelle est la signification du mot Bouddha ? **Éveillé**

138 Quand le Bouddha historique a-t-il vécu ? **Au VIe siècle av. J.-C**

139 Quel est le postulat du bouddhisme ? **Le monde est souffrance**

140 Dans le bouddhisme comment s'appelle le chemin qui mène au nirvana (libération) ? **L'octuple sentier**

141 Qu'est-ce qu'un mantra ? **Une formule orale sacrée**

142 Combien d'avatars le dieu hindou Vishnou a-t-il adoptés ? **10**

143 Quelles sont les deux principales possessions d'un moine bouddhiste ? **Une tunique et un bol**

144 Dans quelle ville du Sri Lanka, un temple abrite-t-il une dent du Bouddha ? **Kandy**

145 Quelle religion ne fait pas partie des religions du Livre ? **Le bouddhisme**

146 Dans quelle ville Jean Calvin a-t-il terminé sa vie ? **Genève**

147 Comment s'appelle le livre écrit par Jean Calvin ? ***Institution de la religion chrétienne***

148 Qui a baptisé Jésus ? **Jean le Baptiste**

149 Pendant combien d'années Jésus a-t-il prêché ? **3 années**

150 Qu'est-ce que la cène ? **Le dernier repas de Jésus**

151 Combien de disciples, les apôtres, Jésus avait-il ? **12**

152 Sous quel gouverneur romain, Jésus a-t-il été crucifié ? **Ponce Pilate**

153 De quoi est composé le symbole chrétien du chrisme ? **Des deux lettres grecques X (*khi*) et P (*rhô*)**

154 Qu'est-ce que le carême ? **Une période de quarante jours de méditation et de jeûne avant la fête de Pâques**

155 Quelle fête chrétienne rappelle l'arrivée triomphale de Jésus à Jérusalem ? **Les Rameaux**

156 Dans le Coran, qu'est-ce qu'une sourate ? **Un chapitre du Coran**

157 Quel roi anglais s'est séparé de Rome pour fonder l'Église anglicane ? **Henri VIII**

158 Quels sont les deux sacrements reconnus par les calvinistes ? **Le baptême et la communion**

159 Comment s'appelle dans la religion catholique, le sacrement des malades ? **L'extrême-onction**

160 En quelle année a débuté le concile de Vatican II ? **1962**

161 Comment s'appelle le lieu de culte des juifs ? **Une synagogue**

162 Comment s'appelle le maître spirituel dans la religion hindoue **? Le gourou**

163 Que sont les Veda ? **Les textes sacrés de l'hindouisme**

164 Quel mot désigne dans l'hindouisme la totalité des actions antérieures, bonnes ou mauvaises, de tout être vivant ? **Le karma**

165 Quel est le fleuve le plus sacré pour les hindous ? **Le Gange**

166 Que signifie le mot « *varna* » qui désigne la caste dans l'hindouisme ? **Couleur**

167 Qui a fondé le taoïsme ? **Lao-Tseu**

168 Que signifie le mot « *tao* » ? **La voie**

169 Combien y a-t-il d'immortels dans le taoïsme ? **8**

170 Dans quel pays pratique-t-on le shintoïsme ? **Au Japon**

171 Quelle religion a aussi pour nom *sanatana dharma* ? **L'hindouisme**

172 Que fêtent les juifs à Pessah ? **L'Exode, la sortie d'Égypte**

173 Comment dans la religion juive s'appelle la fête des Lumières qui célèbre une victoire des Hébreux contre les Grecs ? **Hanoukka**

174 Comment s'appelle le chandelier à sept branches, symbole du judaïsme ? **La ménorah**

175 Dans la religion juive, à quel âge, les garçons fêtent-ils leur « bar-mitsva » qui célèbre leur majorité religieuse ? **13 ans**

176 Qu'est-ce que le Mur des lamentations ? **Un vestige du second Temple de Jérusalem**

177 De quel pays les jésuites sont-ils expulsés en 1587, et la religion catholique interdite en 1614 ? **Le Japon**

178 Quel évènement important se passe pour les chrétiens en 1054 ? **C'est le schisme entre l'église d'Orient et l'église d'Occident**

179 Quel pape exerçait son pontificat pendant le Seconde Guerre mondiale ? **Pie XII**

180 Où se trouve la pierre noire ? **La Mecque**

181 Que célèbre-t-on à la Pentecôte ? **La descente du Saint-Esprit sur les apôtres**

182 Qui est le premier martyr chrétien, lapidé par des Juifs de Jérusalem ? **Saint Étienne**

183 Quelle est la plus grande église au monde ? **Basilique Saint-Pierre du Vatican**

184 Quelle est la croyance principale de l'animisme ? **La présence d'une âme dans tous les êtres vivants**

185 De quand date la séparation des Églises et de l'État en France ? **1905**

186 De quand date la création de l'État d'Israël ? **1948**

187 Parmi ces mots, lequel n'indique pas une partie d'une église ? **La bretèche**

188 Quel architecte a construit la cathédrale de Brasilia ? **Oscar Niemeyer**

189 Qu'est-ce que le Mahâbhârata ? **Le plus long poème de l'hindouisme**

190 En quelle année l'État de la cité du Vatican est-il créé ? **1929**

191 Qui est Edir Macedo ? **Le fondateur de l'Église universelle du Royaume de Dieu**

192 Comment s'appelle le mouvement interconfessionnel qui tend à promouvoir l'unité entre les différents courants chrétiens ? **L'œcuménisme**

193 Qui est Matthieu Ricard ? **Un moine bouddhiste tibétain**

194 En quelle année le 14e dalaï-lama, Tenzin Gyatso, s'est-il exilé en Inde ? **1959**

195 En quelle année le 14e dalaï-lama, Tenzin Gyatso, a-t-il reçu le prix Nobel de la paix ? **1989**

196 De quelle ville du Brésil est originaire le candomblé ? **Salvador de Bahia**

197 Dans quelle religion les icônes sont-elles vénérées ? **Chez les orthodoxes**

198 En France, combien de personnes se considèrent sans aucune religion en 2020 ? **20,8 millions**

199 Quel pays a pour régime politique un « régime théocratique islamique » ? **L'Iran**

200 Comment s'appelle le rapport rendu en octobre 2021 sur les abus sexuels dans l'Église catholique de France ? **Le rapport Sauvé**

Philosophies

201 Qui est le disciple de Socrate ? **Platon**

202 Quel philosophe vivait nu dans un tonneau ? **Diogène**

203 Dans quelle œuvre de Descartes apparaît le fameux « Je pense donc je suis » ? ***Discours de la méthode***

204 l'un de ces empereurs romains a écrit ses *Pensées*, traité de philosophie stoïcienne. Lequel ? **Marc Aurèle**

205 Qui a écrit « Dieu est mort » ? **Friedrich Nietzsche**

206 Marx nomme la phase transitoire **socialisme**

207 Quel philosophe considère le devoir moral comme « un impératif catégorique » ? **Kant**

208 Quelle est la nationalité du philosophe Søren Kierkegaard ? **Danois**

209 Quel philosophe a écrit en 1516 pour Laurent II de Médicis ? **Machiavel**

210 Lequel de ces livres n'a pas été écrit par Platon ? ***Les Politiques***

211 À quel courant philosophique appartient Sartre ? **L'existentialisme**

212 Quel philosophe a appelé son école le Lycée ? **Aristote**

213 Quel est le contraire de transcendant ? **Immanent**

214 Qui a assisté au procès du nazi Eichmann pour en faire un traité de philosophie, *Eichmann à Jérusalem* ? **Hannah Arendt**

215 Quel philosophe affirme que le bonheur réside dans l'assouvissement des désirs naturels et nécessaires ? **Épicure**

216 Quel philosophe appartient au courant du néoplatonisme ? **Plotin**

217 Avant d'être un philosophe, Épictète était **esclave**

218 « La religion est l'opium du peuple » selon **Marx**

219 Qui enseigne dans une école appelée l'Académie ? **Platon**

220 Les pyrrhoniens sont des philosophes **sceptiques**

221 À propos de son grand ami, Montaigne affirme « Parce que c'était lui, parce que c'était moi ». De qui s'agit-il ? **La Boétie**

222 Que désigne le mot « dialectique » ? **L'interaction dynamique et féconde entre éléments opposés**

223 Qu'est-ce que l'état de nature en philosophie ? **Situation hypothétique des hommes avant toute organisation sociale**

224 Qu'est-ce que l'ethnocentrisme ? **Tendance d'un peuple à considérer sa culture comme supérieure aux autres**

225 En philosophie, quel est le contraire de nécessaire ? **Contingent**

226 Qui a écrit « Le cœur a ses raisons que la raison ignore » ? **Pascal**

227 Que signifie le fait d'être « stoïque » ? **Endurer avec courage une situation douloureuse**

228 Quel philosophe fait de la pitié un sentiment inné et naturel en l'homme ? **Rousseau**

229 Dans quel livre Platon explique-t-il son allégorie de la caverne ? ***La République***

230 Quel philosophe développe une œuvre appelée « cycle de l'absurde » ? **Camus**

231 Le stoïcisme tient son nom du grec *stoa* qui signifie **portique.**

232 Lequel de ces philosophes n'est pas un scientifique ? **Spinoza**

233 En philosophie, que signifie le mot sensible ? **Ce qui peut être perçu par les sens**

234 Qu'est-ce que le positivisme ? **Philosophie qui privilégie la connaissance scientifique aux autres disciplines**

235 Quel philosophe affirme que les animaux sont comme des machines ? **Descartes**

236 Dans sa troisième topique, comment Freud décrit-il l'esprit humain ? **Ça, moi, surmoi**

237 Qu'est-ce que la catharsis ? **La purgation des passions et des émotions**

238 Qui affirme que « l'existence précède l'essence » ? **Sartre**

239 Quel philosophe distingue l'amour de soi (souci de sa propre conservation) de l'amour-propre (égoïsme) ? **Rousseau**

240 Quel philosophe encourage à faire le pari de l'existence de Dieu ? **Pascal**

241 Qu'est-ce que le pragmatisme ? **Théorie selon laquelle le vrai est ce qui permet la réussite de l'action**

242 En philosophie, qu'est-ce que l'essence d'une chose ? **Sa nature**

243 Qui est le fondateur du positivisme ? **Auguste Comte**

244 Selon Freud, les pulsions sont de deux natures en l'homme. Lesquelles ? **Éros et Thanatos**

245 Qu'est-ce que l'épistémologie ? **Étude philosophique de l'histoire des sciences**

246 Quelles sont les quatre vertus cardinales selon Platon ? **Sagesse, prudence, tempérance et justice**

247 La loi définit ce qui est **légal**

248 Quel philosophe a rencontré Albert Einstein en 1922 pour essayer de théoriser sa notion de relativité du temps ? **Henri Bergson**

249 Le philosophe Sénèque a été le précepteur d'un empereur. Lequel ? **Néron**

250 Quel philosophe affirme que « l'homme est un loup pour l'homme » ? **Hobbes**

251 Qu'est-ce que l'ataraxie ? **Le bonheur comme absence de souffrance**

252 l'âne de Buridan, ayant faim et soif, hésite entre une botte de foin et un seau d'eau. Que lui arrive-t-il ? **Incapable de choisir entre les deux, il se laisse mourir**

253 Que désigne le terme « aporie » ? **Une contradiction insoluble**

254 Comment appelle-t-on le processus psychique par lequel une pulsion est rejetée dans l'inconscient ? **Le refoulement**

255 Comment Socrate meurt-il ? **Condamné par Athènes au suicide**

256 Le scepticisme recommande **de douter constamment et de ne jamais affirmer quelque chose**

257 En philosophie, qu'est-ce qu'un phénomène ? **Une chose telle que nous la percevons**

258 Lequel de ces mots ne désigne pas un processus logique ? **L'injonction**

259 Lequel de ces philosophes n'appartient pas au courant des Lumières ? **Montaigne**

260 À quel courant philosophique se rattache Lucrèce ? **Épicurisme**

261 Selon Schopenhauer, « La vie oscille, tel un pendule, de... » : **la souffrance à la souffrance »**

262 La conscience de soi, selon Pascal, fait de l'homme un **roseau pensant**

263 Quel philosophe n'a pas eu de prix Nobel de littérature ? **Alain**

264 Quel philosophe n'a pas essayé de démontrer l'existence d'un dieu ? **Kant**

265 Pour quels motifs Socrate est-il condamné à mort ? **Impiété et corruption de la jeunesse**

266 Qui est le premier philosophe à supposer l'existence des atomes ? **Démocrite**

267 Qu'est-ce qu'un diallèle ? **Un cercle vicieux**

268 Lequel de ces philosophes n'est pas anarchiste ? **Hobbes**

269 Quel philosophe prophétise le « désenchantement du monde » ? **Max Weber**

270 Selon Sartre, qu'engendre la conscience de notre liberté totale ? **L'angoisse**

271 En philosophie, que désigne le mot « apathie » ? **L'insensibilité**

272 Qu'est-ce que l'anomie ? **L'absence de loi**

273 Il y a le mot (cheval) et la chose en elle-même (l'animal). Qui est quoi ? **Le mot est le signifiant, la chose est le signifié**

274 Que signifie « en puissance » ? **Ce qui est possible, mais pas encore réalisé**

275 Qu'est-ce qui caractérise une science selon Karl Popper ? **Le fait d'être réfutable**

276 Quel philosophe théorise la séparation des trois pouvoirs ? **Montesquieu**

277 En philosophie, lequel de ces termes n'est pas synonyme de pitié ? **Le désintéressement**

278 Selon Freud, les rêves sont **la voie royale vers l'inconscient**

279 Que signifie subsumer ? **Ranger un cas particulier sous un concept plus général**

280 Quel philosophe affirme que la volonté de Dieu est « l'asile de l'ignorance » ? **Spinoza**

281 Qui se présente comme « le philosophe au marteau » ? **Nietzsche**

282 Quelle religion se rapproche le plus de la philosophie de Schopenhauer ? **Le bouddhisme**

283 Quel auteur publie *L'Utopie* où il décrit une cité idéale pour mieux critiquer la société existante ? **More**

284 Qu'est-ce que l'hédonisme ? **Faire du plaisir l'essence du bonheur**

285 Dans *Discours de la servitude volontaire*, La Boétie affirme que « Pour avoir la liberté, il ne faut que **la désirer »**

286 Comment se nomme la relation de deux consciences entre elles ? **L'intersubjectivité**

287 Quel philosophe affirme que « Rien de grand dans le monde ne s'est fait sans passion » ? **Hegel**

288 Qu'est-ce que l'herméneutique ? **Théorie générale de l'interprétation**

289 Comment se nomme l'important traité sur l'éducation écrit par Rousseau ? ***Émile ou De l'Éducation***

290 Que signifie la phrase du philosophe Héraclite : « On ne se baigne jamais deux fois dans le même fleuve » ? **Aucune réalité n'est stable**

291 Quel philosophe annonce les possibles dérives despotiques de la démocratie ? **Tocqueville**

292 Quelle phrase définit le mieux la philosophie utilitariste ? **La société doit favoriser le plus grand bonheur du plus grand nombre**

293 Lequel de ces philosophes n'est pas né au XXe siècle ? **Wittgenstein**

294 En quoi consiste la phénoménologie ? **Décrire le monde tel qu'il apparaît à la conscience humaine**

295 Quel philosophe emploie fréquemment le concept de « monade » ? **Leibniz**

296 Comment appelle-t-on le moment où l'enfant est amoureux de son parent de sexe opposé ? **Le complexe d'Œdipe**

297 Qui est l'un des premiers théoriciens du droit naturel ? **Cicéron**

298 Affirmer que l'on peut atteindre des vérités certaines et absolues dans tous les domaines, c'est être **dogmatique**

299 Socrate discute le plus souvent avec des **sophistes**

300 Rousseau écrit ***Du contrat social*, traité fondateur de la démocratie**

Cultures locales et traditions régionales

301 Que représentent les 13 desserts de Noël en Provence ? **Jésus et ses 12 disciples lors de la Cène**

302 Qu'est-ce qu'un *fest-noz* en Bretagne ? **Un bal**

303 Que mange-t-on traditionnellement le jour de la Saint-Nicolas en Alsace ? **Un mannele**

304 Quel personnage accompagne saint Nicolas et distribue des coups de martinets aux enfants ? **Le Père Fouettard**

305 Comment s'appelle l'animal sauvage imaginaire qui se cache dans les montagnes de Savoie ? **Un dahu**

306 Que célèbre à l'origine la fête des Lumières de Lyon le 8 décembre ? **La Vierge Marie**

307 Que sont des krampouezh, des vautes, des tantimolles, des chialades, des sanciaux ? Des **crêpes**

308 De quand date le carnaval de Dunkerque? **Du XVIIe siècle**

309 Que lance le maire de Dunkerque depuis sa mairie pendant le Carnaval? **Des harengs**

310 En Bretagne, que désigne l'Ankou? **La mort**

311 Comment s'appellent à Paris les colonnes où sont affichés les programmes des théâtres? **Morris**

312 Qu'est-ce qu'une «échoppe» à Bordeaux? **Une petite maison de ville**

313 À partir de quelle farine est composée la socca niçoise? **Pois chiches**

314 Dans quelle région les bergers utilisaient-ils des échasses? **Dans les Landes**

315 Que sont les joutes sétoises? **Des joutes nautiques**

316 Comment sont appelées par l'Unesco les traditions? **Le patrimoine culturel immatériel**

317 Qu'est-ce que le gwoka? **Un genre musical de la Guadeloupe**

318 Autrefois, que fêtait-on le 1er mai? **Les amoureux**

319 Dans quel quartier de Lyon, les ouvriers de la soie étaient-ils installés? **La Croix-Rousse**

320 Comment s'appelle le compagnon de Guignol? **Gnafron**

321 Qu'est-ce qu'une école Diwan? **Une école en langue bretonne**

322 Quelle ville basque est célèbre pour son piment? **Espelette**

323 Quelle tradition de la Fête-Dieu est encore maintenue dans quelques villes comme Ouessant? **Un chemin de fleurs**

324 Dans la pelote basque, qu'est-ce que le chistera? **Le panier en osier qui sert à récupérer la pelote**

325 Dans quelle ville la fête du citron a-t-elle lieu? **Menton**

326 Quel groupe d'artistes s'est installé à Barbizon au XIXe siècle? **Des peintres**

327 Quel est le nom du bonbon à la menthe originaire de Cambrai? **La bêtise**

328 Où les Gitans font-ils un pèlerinage? **Saintes-Maries-de-la-Mer**

329 Dans quel sport régional trouve-t-on des écarteurs et des sauteurs? **La course landaise**

330 Quelle est la région d'origine des santons de la crèche de Noël? **La Provence**

331 En Bretagne comment s'appelle l'appareil qui permet de cuire les galettes? **Un bilig**

332 Quelle région a subi les attaques d'une bête monstrueuse et mystérieuse entre 1764 et 1767? **Le Gévaudan**

333 Jusqu'au début du XXe siècle que faisaient les jeunes garçons alsaciens le jour de Pentecôte? **Ils quémandaient de la nourriture à chaque maison**

334 De quand date la braderie de Lille? **Du XIIe siècle**

335 Quel animal sculpté dans un contrefort de l'église Notre-Dame de Dijon porte bonheur depuis le XVIIe siècle? **Une chouette**

336 Quel est le plat traditionnel de la braderie de Lille? **Les moules-frites**

337 Qu'appelle-t-on le Messti ou la Kilbe en Alsace? **La fête du village**

338 Comment appelait-on la fête des appelés au service militaire? **La fête des conscrits**

339 À quoi correspond la fête du père Cent? **Une fête cent jours avant la fin du service militaire**

340 Quel est le gâteau traditionnel des rois en Provence? **Une brioche décorée de grains de sucre et de fruits confits**

341 Que rappelle la fête de la Chandeleur? **La présentation de l'Enfant Jésus au Temple**

342 À l'origine de quelle couleur était décoré l'œuf de Pâques? **Rouge**

343 Qui a créé en 1947 le Festival de théâtre à Avignon? **Jean Vilar**

344 Comment s'appelle le drapeau breton? **Gwenn ha Du**

345 Autrefois, les trois jours avant la fête de l'Ascension étaient consacrés à des prières pour que les récoltes soient abondantes, comment les appelait-on? **Les rogations**

346 Parmi ces ingrédients, lequel ne fait pas partie de la composition du pastis? **Le citron**

347 Comment appelle-t-on, à Lyon ces passages qui traversent les cours d'immeubles pour se rendre d'une rue à une rue parallèle? **Les traboules**

348 De quelle région la danse la bourrée serait-elle originaire? **D'Auvergne**

349 De quelle langue le savoyard est-il un dérivé**? Du franco-provençal**

350 Dans le Nord de la France qu'appelait-on les corons? **Les habitations des mineurs**

351 Quel animal participe à la course camarguaise? **Le taureau**

352 Quel oiseau migrateur est chassé dans le Sud-Ouest, donnant lieu à des festivités? **La palombe**

353 De quelle région est originaire le jeu de la pétanque? **La Provence**

354 Quel est le statut de la corrida en France? **Elle est autorisée dans certaines régions où il y a une tradition locale**

355 Parmi ces mots régionaux, lequel ne désigne pas un enfant? Un **miron**

356 De quand date le premier marché de Noël de Strasbourg? **1570**

357 Quel est le nom du chocolat lyonnais, créé à la fin du XVIIIe, par un commis qui aurait enveloppé sa confiserie d'un mot doux pour sa fiancée? **La papillote**

358 De quelle ville Bayonne s'est-elle inspirée pour ses fêtes? **Pampelune**

359 De quelle région est originaire l'espadrille? **Du Pays basque**

360 Dans quelle région trouve-t-on Tante Arie qui remplace le Père-Noël? **En Franche-Comté**

361 Quel Périgord n'existe pas? **Le Périgord jaune**

362 Quand peut-on voir le rayon vert de la cathédrale de Strasbourg? **Aux équinoxes**

363 Qui appelait-on les « ploucs » à la fin du XIXe siècle à Paris? **Les paysans bretons**

364 De quelle année date la classification des grands crus du Médoc? **1855**

365 Comment appelle-t-on la personne qui récolte le sel des marais salants de Guérande? **Un paludier**

366 Les Anglais ont leur fête nationale le 23 avril, jour de la Saint-Georges, que raconte la légende? **Saint Georges a sauvé une jeune fille des griffes d'un dragon**

367 À Barcelone, le jour de la *Sant Jordi* (Saint-Georges) que s'échangent les couples? **Un livre et une rose**

368 En Allemagne, qui reçoit une *Schultüte*? **L'écolier, le jour de sa première rentrée (il s'agit d'un cornet rempli de bonbons et de fournitures scolaires)**

369 Laquelle de ces affirmations sur la fête de Thanksgiving aux États-Unis est fausse? **La fête célèbre la fin de l'esclavage aux États-Unis**

370 Au Mexique, qu'appelle-t-on les mariachis? **Un groupe de musique**

371 Quelle activité sportive a été reconnue patrimoine immatériel de l'UNESCO en décembre 2019 ? **L'alpinisme**

372 Comment s'appelle la forme épique du théâtre traditionnel japonais? **Le kabuki**

373 De quelle couleur est la robe de mariée traditionnelle en Chine? **Rouge**

374 Dans quel pays la Befana, la veille de l'Épiphanie, va remplir les chaussettes des enfants de bonbons ou de charbon? **En Italie**

375 De quand date le kilt? **XVIIIe siècle**

376 Fêtée le 31 décembre à Rio et le 2 janvier à Bahia, comment s'appelle cette déesse de la mer? **Iemanja**

377 En Argentine qu'est-ce qu'un gaucho? **Un cow-boy**

378 Comment appelle-t-on à Cuba la poésie chantée et improvisée? **Le punto**

379 Dans quel pays trouve-t-on les « églises en bois debout », appelées ainsi, car des mâts ou des poteaux sont utilisés pour soutenir le toit? **En Norvège**

380 Comment s'appelle le tissu de laine imperméable typique du Tyrol qui sert principalement à la confection de vestes et de manteaux? **Le loden**

381 Comment s'appellent les personnages qui envahissent les rues de Binche, en Belgique, le jour du Carnaval? **Les Gilles**

382 En Afrique de l'Ouest, comment appelle-t-on le poète, musicien et dépositaire de la tradition orale? **Le griot**

383 De quelle fête, la fête celtique de Samain est-elle l'ancêtre? **Halloween**

384 À quoi correspond la fête de l'eau dans les pays du Sud-Est asiatique**? Au Nouvel An bouddhiste**

385 Comment s'appelle la vieille femme, bonne ou méchante, figure traditionnelle des contes slaves? **Baba Yaga**

386 L'Afrique du Sud est le pays qui reconnaît le plus de langues officielles dans sa Constitution. Combien en reconnaît-il? **11**

387 Quelle tradition a été interdite par le Japon en 1870 qui marquait le passage des femmes à l'âge adulte? **Se noircir les dents**

388 En quelle année, la tradition millénaire des pieds bandés est-elle interdite en Chine? **En 1949**

389 Que se lancent les habitants de Buñol, province de Valence en Espagne le dernier mercredi du mois d'août depuis 1945? **Des tomates**

390 Parmi ces noms, lequel ne désigne pas la grande pipe à eau d'origine persane qui permet de fumer le tabac? **La chéchia**

391 Quel sport traditionnel afghan, trame du roman *Les cavaliers* de Joseph Kessel, regroupe des cavaliers autour d'une carcasse de chèvre? **Le bouzkashi**

392 Quelle est l'origine de l'Oktoberfest de Munich? **Les festivités du mariage du futur Louis Ier de Bavière en 1810**

393 Comment s'appelle la danse chantée des Maoris? **Le haka**

394 Traditionnellement, quand les Anglais préparent-ils leur *Christmas pudding*? **Le dimanche, cinq semaines avant Noël**

395 Qu'est-ce que le Palio de Sienne ? **Une course de chevaux**

396 Comment s'appelle la fête des couleurs, célébrée au printemps en Inde ? **Holi**

397 Qu'est-ce que le fado ? **Un chant mélancolique portugais**

398 Quelle ville française a été classée au patrimoine de l'Unesco en 2021 ? **Nice**

399 Sur quel rite l'ethnologue Claude Lévi-Strauss a-t-il livré une analyse en 1952 ? **Noël**

400 Quel groupe a rénové le musée des Arts et Traditions populaires de Paris (fermé en 2005) et dont l'ouverture est prévue en 2022 ? **LVMH**

THÈME 8

Arts et littérature

Littérature

→ **Retrouvez le corrigé de cette série page 542.**

1 Qui a écrit le recueil de poèmes *Une saison en enfer* en 1873?

- ○ **A.** Charles Baudelaire
- ○ **B.** Arthur Rimbaud
- ○ **C.** Paul Verlaine
- ○ **D.** Gérard de Nerval

2 Sous quel titre les nouvelles d'Edgar Poe ont-elles été recueillies en 1856?

- ○ **A.** *Histoires surnaturelles*
- ○ **B.** *Histoires fantastiques*
- ○ **C.** *Histoires incroyables*
- ○ **D.** *Histoires extraordinaires*

3 Quel est le nom du roman de Raymond Queneau paru en 1959?

- ○ **A.** *Zazie au casino*
- ○ **B.** *Zazie dans le métro*
- ○ **C.** *Zazie en bateau*
- ○ **D.** *Zazie en savait trop*

4 Classez ces différents tomes de *À la recherche du temps perdu* de Marcel Proust par ordre chronologique :

- ○ **A.** *À l'ombre des jeunes filles en fleurs*
- ○ **B.** *Le Temps retrouvé*
- ○ **C.** *Le Côté de Guermantes*
- ○ **D.** *Du côté de chez Swann*

5 Quel est le nom du roman épistolaire de Pierre Choderlos de Laclos publié en 1782?

- ○ **A.** *Les Liaisons passionnées*
- ○ **B.** *Les Liaisons sulfureuses*
- ○ **C.** *Les Liaisons dangereuses*
- ○ **D.** *Les Liaisons amoureuses*

6 Quel roman subversif du marquis de Sade a été publié en 1795?

- ○ **A.** *La Philosophie dans le boudoir*
- ○ **B.** *La Philosophie dans le terroir*
- ○ **C.** *La Philosophie dans le couloir*
- ○ **D.** *La Philosophie dans le noir*

7 Dans quel roman Marguerite Duras raconte-t-elle sa jeunesse en Indochine?

- ○ **A.** *L'Innocence*
- ○ **B.** *La Douleur*
- ○ **C.** *L'Adolescente*
- ○ **D.** *L'Amant*

8 Quelle invention farfelue trouve-t-on dans *L'Écume des jours* de Boris Vian?

- ○ **A.** Le violon-vaisselle
- ○ **B.** L'harmonicafé
- ○ **C.** Le pianocktail
- ○ **D.** L'amuse-trompette

9 Lequel de ces romans d'Agatha Christie n'est pas une enquête d'Hercule Poirot?

- ○ **A.** *Le Crime de l'Orient-Express*
- ○ **B.** *Le Meurtre de Roger Ackroyd*
- ○ **C.** *Mort sur le Nil*
- ○ **D.** *Un meurtre sera commis le...*

10 Comment s'appelle l'assistant de Sherlock Holmes?

- ○ **A.** Jeeves
- ○ **B.** Hastings
- ○ **C.** Watson
- ○ **D.** Paddington

11 Quelle est la particularité du roman de Georges Perec *La Disparition* paru en 1969?

- ○ **A.** Il n'a pas de ponctuation
- ○ **B.** Il est rédigé en alexandrins
- ○ **C.** C'est un palindrome
- ○ **D.** La lettre e est absente

12 Quel animal devient l'ami du Petit Prince dans le roman d'Antoine de Saint-Exupéry?

- ○ **A.** Un lion
- ○ **B.** Un boa
- ○ **C.** Un renard
- ○ **D.** Un éléphant

13 **Comment s'appelle le célèbre roman de Jane Austen paru en 1813 ?**

- ○ **A.** *Passion et Préjudices*
- ○ **B.** *Amour et Conséquences*
- ○ **C.** *Splendeur et Apparences*
- ○ **D.** *Orgueil et Préjugés*

14 **Quel est le nom du recueil de poèmes de Jacques Prévert paru en 1946 ?**

- ○ **A.** *Ritournelles*
- ○ **B.** *Enfance*
- ○ **C.** *Paroles*
- ○ **D.** *Romances*

15 **De qui Goethe raconte-t-il les souffrances dans son premier roman ?**

- ○ **A.** Du jeune Werther
- ○ **B.** Du jeune Clotaire
- ○ **C.** Du jeune Allistair
- ○ **D.** Du jeune Albert

16 **Lequel de ces romans n'est pas de John Steinbeck ?**

- ○ **A.** *Des souris et des hommes*
- ○ **B.** *Les Raisins de la colère*
- ○ **C.** *Le Bruit et la Fureur*
- ○ **D.** *À l'est d'Éden*

17 **Quel est le prénom de la muse d'André Breton ?**

- ○ **A.** Nadja
- ○ **B.** Zelda
- ○ **C.** Kiki
- ○ **D.** Nusch

18 **Quel auteur ne fait pas partie du recueil naturaliste *Les Soirées de Médan* ?**

- ○ **A.** Émile Zola
- ○ **B.** Guy de Maupassant
- ○ **C.** Joris-Karl Huysmans
- ○ **D.** Stendhal

19 **Laquelle ne fait pas partie des sœurs Brontë, auteures anglaises du XIXe siècle ?**

- ○ **A.** Charlotte
- ○ **B.** Emma
- ○ **C.** Anne
- ○ **D.** Emily

20 **Qui est l'auteur du *Livre de la jungle* paru en 1894 ?**

- ○ **A.** Rudyard Kipling
- ○ **B.** Mark Twain
- ○ **C.** Charles Dickens
- ○ **D.** Arthur Conan Doyle

21 **Quel est le titre du roman culte de J. D. Salinger paru en 1951 ?**

- ○ **A.** *L'Arrache-cœurs*
- ○ **B.** *Le Cœur solitaire*
- ○ **C.** *Un cœur en hiver*
- ○ **D.** *L'Attrape-cœurs*

22 **Quel livre de la Beat generation a été écrit en trois semaines (du 2 au 22 avril 1951) sur un rouleau de papier de 36,50 mètres de long ?**

- ○ **A.** *Sur la route* de Jack Kerouac
- ○ **B.** *Le Festin nu* de William Burroughs
- ○ **C.** *Howl* d'Allen Ginsberg
- ○ **D.** *Journal d'un vieux dégueulasse* de Charles Bukowski

23 **Lequel de ces romans a été écrit par H. G. Wells ?**

- ○ **A.** *Sa Majesté des mouches*
- ○ **B.** *Fahrenheit 451*
- ○ **C.** *La Ferme des animaux*
- ○ **D.** *L'Île du docteur Moreau*

24 **Quelle année donne son titre à un roman de George Orwell en 1949 ?**

- ○ **A.** 1492
- ○ **B.** 1984
- ○ **C.** 1999
- ○ **D.** 2001

25 **Dans laquelle de ces rues Pierre Gripari fait-il vivre une sorcière ?**

- ○ **A.** Broca
- ○ **B.** Mouffetard
- ○ **C.** Belleville
- ○ **D.** Hautefeuille

26 **À quel mouvement appartiennent les auteurs Jack Kerouac, Allen Ginsberg et William Burroughs?**

- ○ **A.** Les hippies
- ○ **B.** Les Young Americans
- ○ **C.** La Beat generation
- ○ **D.** Les Crossovers

27 **Quel mouvement poétique a pour devise : « l'art pour l'art »?**

- ○ **A.** Le lyrisme
- ○ **B.** Le romantisme
- ○ **C.** Le Parnasse
- ○ **D.** L'école de Fontainebleau

28 **De quel mouvement littéraire André Breton a-t-il écrit le manifeste?**

- ○ **A.** Le naturalisme
- ○ **B.** Le surréalisme
- ○ **C.** Le lettrisme
- ○ **D.** Le futurisme

29 **Quel mouvement littéraire réunit Nathalie Sarraute, Alain Robbe-Grillet et Michel Butor?**

- ○ **A.** Le nouveau roman
- ○ **B.** L'autofiction
- ○ **C.** Le réalisme
- ○ **D.** Le grand jeu

30 **Quel mouvement littéraire du XVIe siècle réunit Érasme, Rabelais et Montaigne?**

- ○ **A.** Le baroque
- ○ **B.** L'humanisme
- ○ **C.** Le formalisme
- ○ **D.** La Renaissance

31 **Lequel de ces personnages n'est pas un héros de Charles Dickens?**

- ○ **A.** Huckleberry Finn
- ○ **B.** Oliver Twist
- ○ **C.** David Copperfield
- ○ **D.** Barnaby Rudge

32 **Lequel de ces romans n'est pas de Fiodor Dostoïevski?**

- ○ **A.** *Le Joueur*
- ○ **B.** *L'Idiot*
- ○ **C.** *L'Adolescent*
- ○ **D.** *L'Enfant*

33 **Quels poètes ont eu une liaison amoureuse?**

- ○ **A.** Rimbaud et Mallarmé
- ○ **B.** Verlaine et Apollinaire
- ○ **C.** Rimbaud et Verlaine
- ○ **D.** Baudelaire et Mallarmé

34 **Lequel de ces recueils de poèmes n'est pas de Victor Hugo?**

- ○ **A.** *Les Orientales*
- ○ **B.** *Les Coryphées*
- ○ **C.** *Les Châtiments*
- ○ **D.** *Les Contemplations*

35 **Où débute l'action de *Salammbô* de Gustave Flaubert?**

- ○ **A.** À Mégara, faubourg de Carthage
- ○ **B.** À Sainte-Catherine, faubourg de Bruxelles
- ○ **C.** À Héliopolis, faubourg du Caire
- ○ **D.** À la Butte-aux-Cailles, faubourg de Paris

36 **Laquelle de ces œuvres n'est pas de Voltaire?**

- ○ **A.** *Zadig*
- ○ **B.** *Candide*
- ○ **C.** *Mithridate*
- ○ **D.** *Micromégas*

37 **Lequel de ces écrivains ne peut-on pas rattacher au réalisme?**

- ○ **A.** Gustave Flaubert
- ○ **B.** Honoré de Balzac
- ○ **C.** Guy de Maupassant
- ○ **D.** Villiers de L'Isle-Adam

38 **Lequel de ces romans de Laurent Gaudé a reçu le prix Goncourt en 2004?**

- ○ **A.** *Cris*
- ○ **B.** *Le Soleil des Scorta*
- ○ **C.** *Eldorado*
- ○ **D.** *La Mort du roi Tsongor*

39 **Quel roman de Georges Bataille est paru en 1957 ?**

- ○ **A.** *Le Bleu du ciel*
- ○ **B.** *Le Noir de la terre*
- ○ **C.** *Le Rouge du Soleil*
- ○ **D.** *Le Blanc de la Lune*

40 **Sous quel pseudonyme Romain Gary a-t-il gagné une seconde fois le prix Goncourt en 1975 ?**

- ○ **A.** Émile Raja
- ○ **B.** Émile Béjart
- ○ **C.** Émile Ajar
- ○ **D.** Émile Nadar

41 **Quel est le titre du roman de François Mauriac paru en 1932 ?**

- ○ **A.** *Vipère au poing*
- ○ **B.** *Langue de vipère*
- ○ **C.** *Le Nœud de vipères*
- ○ **D.** *Le Chant de la vipère*

42 **Quel est le point commun entre Homère et James Joyce ?**

- ○ **A.** L'Iliade
- ○ **B.** L'Odyssée
- ○ **C.** Ulysse
- ○ **D.** L'Énéide

43 **Quelle est la particularité du portrait de Dorian Gray dans le livre d'Oscar Wilde paru en 1890 ?**

- ○ **A.** Le portrait change de couleur
- ○ **B.** Le portrait vieillit
- ○ **C.** Le portrait parle
- ○ **D.** Le portrait a les yeux qui bougent

44 **De qui Marguerite Yourcenar écrit-elle les *Mémoires* en 1951 ?**

- ○ **A.** Hadrien
- ○ **B.** Caligula
- ○ **C.** Néron
- ○ **D.** César

45 **Lequel de ces titres ne fait pas partie de la trilogie *Nos ancêtres* d'Italo Calvino ?**

- ○ **A.** *Le Baron perché*
- ○ **B.** *Le Chevalier inexistant*
- ○ **C.** *Le Duc invisible*
- ○ **D.** *Le Vicomte pourfendu*

46 **Qu'est-ce que l'OuLiPo ?**

- ○ **A.** L'Ouvroir de littérature politique
- ○ **B.** L'Ouvroir de littérature possible
- ○ **C.** L'Ouvroir de littérature potable
- ○ **D.** L'Ouvroir de littérature potentielle

47 **Pour qui « La Terre est bleue comme une orange » ?**

- ○ **A.** Louis Aragon
- ○ **B.** Guillaume Apollinaire
- ○ **C.** Paul Éluard
- ○ **D.** Stéphane Mallarmé

48 **Laquelle de ces œuvres n'est pas de Lewis Carroll ?**

- ○ **A.** *La Chasse au Snark*
- ○ **B.** *Sylvie et Bruno*
- ○ **C.** *De l'autre côté du miroir*
- ○ **D.** *La Chute de la maison Usher*

49 **Quel est le nom du roman policier de James Ellroy paru en 1987 ?**

- ○ **A.** *Le Dahlia noir*
- ○ **B.** *La Tulipe noire*
- ○ **C.** *Le Narcisse noir*
- ○ **D.** *La Rose noire*

50 **Quel livre commence par ces mots : « Je forme une entreprise qui n'eut jamais d'exemple » ?**

- ○ **A.** *Les Confessions* de Diderot
- ○ **B.** *Les Confessions* de Rousseau
- ○ **C.** *Les Confessions* de saint Augustin
- ○ **D.** *Les Confessions* de Mirabeau

51 **Sous quel pseudonyme Isidore Ducasse a-t-il écrit *Les Chants de Maldoror* en 1869 ?**

- ○ **A.** Le vicomte de Bragelonne
- ○ **B.** Le marquis de Sade
- ○ **C.** Le vicomte de Valmont
- ○ **D.** Le comte de Lautréamont

52 **De quel animal Marcel Aymé a-t-il fait un roman en 1933 ?**

- ○ **A.** Une jument verte
- ○ **B.** Un mouton rouge
- ○ **C.** Une brebis bleue
- ○ **D.** Un chien jaune

53 **Qui est l'auteure du roman *Rebecca* paru en 1938 ?**

- ○ **A.** Virginia Woolf
- ○ **B.** Daphne du Maurier
- ○ **C.** Jane Austen
- ○ **D.** Charlotte Brontë

54 **Sous quel titre ont été réunies les histoires écrites par Geoffrey Chaucer ?**

- ○ **A.** *Les Contes de Salem*
- ○ **B.** *Les Contes de Norfolk*
- ○ **C.** *Les Contes de Stonehenge*
- ○ **D.** *Les Contes de Canterbury*

55 **Quelles Mémoires François-René de Chateaubriand a-t-il écrites au XIXe siècle ?**

- ○ **A.** *Les Mémoires d'outre-tombe*
- ○ **B.** *Les Mémoires de l'au-delà*
- ○ **C.** *Les Mémoires d'ici-bas*
- ○ **D.** *Les Mémoires d'entre les morts*

56 **Quelle œuvre d'Albert Camus commence par ces mots : « Aujourd'hui maman est morte » ?**

- ○ **A.** *L'Étranger*
- ○ **B.** *La Peste*
- ○ **C.** *La Chute*
- ○ **D.** *Les Justes*

57 **Lequel de ces romans n'est pas de Jules Verne ?**

- ○ **A.** *Michel Strogoff*
- ○ **B.** *Voyage au centre de la Terre*
- ○ **C.** *L'Île au trésor*
- ○ **D.** *Le Tour du monde en quatre-vingts jours*

58 **Où nous mène le « voyage » de Louis-Ferdinand Céline publié en 1932 ?**

- ○ **A.** Au bout de la nuit
- ○ **B.** Au bout du jour
- ○ **C.** Au bout de la vie
- ○ **D.** Au bout de la mort

59 **Comment s'appelle le recueil de nouvelles de Dino Buzzati publié en 1966 ?**

- ○ **A.** *W ou le souvenir d'enfance*
- ○ **B.** *Epsilon*
- ○ **C.** *Le K*
- ○ **D.** *Z*

60 **Pour qui « une rose est une rose est une rose » ?**

- ○ **A.** Alice Toklas
- ○ **B.** Enid Blyton
- ○ **C.** Françoise Sagan
- ○ **D.** Gertrude Stein

61 **Quel est le titre de la bande dessinée autobiographique de Marjane Satrapi adaptée au cinéma en 2007 ?**

- ○ **A.** *Metropolis*
- ○ **B.** *Persepolis*
- ○ **C.** *Heliopolis*
- ○ **D.** *Antipolis*

62 **Qui est l'auteur de la saga autobiographique *L'Arabe du futur* ?**

- ○ **A.** Riad Sattouf
- ○ **B.** Baru
- ○ **C.** David B.
- ○ **D.** Joann Sfar

63 **Qui est l'ennemi de Tintin, le héros d'Hergé ?**

- ○ **A.** Le capitaine Haddock
- ○ **B.** Séraphin Lampion
- ○ **C.** Le professeur Tournesol
- ○ **D.** Roberto Rastapopoulos

64 **Comment s'appelle le marin aventurier créé par Hugo Pratt en 1967 ?**

- ○ **A.** Le sergent Kirk
- ○ **B.** Jesuit Joe
- ○ **C.** Corto Maltese
- ○ **D.** Ernie Pike

65 **Quel musicien américain a reçu le prix Nobel de littérature en 2016?**

- ○ **A.** Neil Young
- ○ **B.** Bob Dylan
- ○ **C.** Arto Lindsay
- ○ **D.** Johnny Cash

66 **Pour quelle bande dessinée sur la Shoah Art Spiegelman a-t-il reçu le prix Pulitzer en 1992?**

- ○ **A.** *Prisonnier sur la planète Enfer*
- ○ **B.** *Breakdown*
- ○ **C.** *À l'ombre des tours mortes*
- ○ **D.** *Maus*

67 **Qu'arrive-t-il à la fin de chaque aventure de Little Nemo de Winsor McCay?**

- ○ **A.** Il revient au début
- ○ **B.** Il change d'apparence
- ○ **C.** Il se retrouve en prison
- ○ **D.** Il se réveille

68 **Qui a reçu le Grand Prix au Festival international de la bande dessinée d'Angoulême en 2021 ?**

- ○ **A.** Emmanuel Guibert
- ○ **B.** Marjane Satrapi
- ○ **C.** Chris Ware
- ○ **D.** Pénélope Bagieu

69 **Lesquelles de ces « Lettres » sont de Montesquieu?**

- ○ **A.** *Lettres persanes*
- ○ **B.** *Lettres de mon moulin*
- ○ **C.** *Lettres à un jeune poète*
- ○ **D.** *Lettres à Lou*

70 **Lequel de ces écrivains n'appartient pas au XVIe siècle?**

- ○ **A.** Rabelais
- ○ **B.** Montaigne
- ○ **C.** Fénelon
- ○ **D.** Du Bellay

71 **Lequel de ces romans n'a pas été écrit par Émile Zola?**

- ○ **A.** *La Terre*
- ○ **B.** *Les Paysans*
- ○ **C.** *L'Œuvre*
- ○ **D.** *La Bête humaine*

72 **Lequel de ces poètes n'a pas vécu au XIXe siècle?**

- ○ **A.** Paul Verlaine
- ○ **B.** Charles Baudelaire
- ○ **C.** Alfred de Vigny
- ○ **D.** François de Malherbe

73 **Lequel de ces auteurs n'est pas latin?**

- ○ **A.** Euripide
- ○ **B.** Virgile
- ○ **C.** Sénèque
- ○ **D.** Pline

74 **Quelle épistolière du XVIIe siècle est notamment célèbre pour sa correspondance avec sa fille?**

- ○ **A.** Mme de Staël
- ○ **B.** Mme Leprince de Beaumont
- ○ **C.** Mme de Sévigné
- ○ **D.** Mme Récamier

75 **Quel est le nom du héros du roman *Le Rouge et le Noir* de Stendhal?**

- ○ **A.** Étienne Lantier
- ○ **B.** Eugène de Rastignac
- ○ **C.** Julien Sorel
- ○ **D.** Georges Duroy

76 **Qui est l'auteure du roman *Autant en emporte le vent*?**

- ○ **A.** Harper Lee
- ○ **B.** Daphne du Maurier
- ○ **C.** Carson McCullers
- ○ **D.** Margaret Mitchell

77 **Lequel de ces romans n'est pas de Franz Kafka?**

- ○ **A.** *Le Château*
- ○ **B.** *Le Labyrinthe*
- ○ **C.** *Le Procès*
- ○ **D.** *La Métamorphose*

78 **Quel ensemble de romans a pour sous-titre « *Histoire naturelle et sociale d'une famille sous le Second Empire* » ?**

- ○ **A.** *Les Rougon-Macquart* d'Émile Zola
- ○ **B.** *La Comédie humaine* d'Honoré de Balzac
- ○ **C.** *À la recherche du temps perdu* de Marcel Proust
- ○ **D.** *Les Thibault* de Roger Martin du Gard

79 **Lequel de ces romans n'est pas de Mme de La Fayette ?**

- ○ **A.** *La Duchesse de Langeais*
- ○ **B.** *La Comtesse de Tende*
- ○ **C.** *La Princesse de Clèves*
- ○ **D.** *La Princesse de Montpensier*

80 **La phrase de Montaigne « Parce que c'était lui, parce que c'était moi » fait référence à son amitié avec :**

- ○ **A.** La Boétie
- ○ **B.** Du Bellay
- ○ **C.** Ronsard
- ○ **D.** Rabelais

81 **Lequel de ces romanciers n'est pas américain ?**

- ○ **A.** John Steinbeck
- ○ **B.** William Faulkner
- ○ **C.** George Orwell
- ○ **D.** Charles Bukowski

82 **Qui a écrit *Manhattan Transfer* publié en 1925 ?**

- ○ **A.** Virginia Woolf
- ○ **B.** Paul Auster
- ○ **C.** John Fante
- ○ **D.** John Dos Passos

83 **Lequel de ces romans n'est pas de Stefan Zweig ?**

- ○ **A.** *La Mort à Venise*
- ○ **B.** *Le Joueur d'échecs*
- ○ **C.** *La Confusion des sentiments*
- ○ **D.** *Vingt-quatre heures de la vie d'une femme*

84 **Quel héros de roman est amoureux de Dulcinée ?**

- ○ **A.** Don Quichotte
- ○ **B.** Don Diègue
- ○ **C.** Don Juan
- ○ **D.** Don Camillo

85 **À quel courant littéraire appartient Gustave Flaubert ?**

- ○ **A.** Le naturalisme
- ○ **B.** Le romantisme
- ○ **C.** Le réalisme
- ○ **D.** Le surréalisme

86 **Quels frères ont théorisé le mouvement naturaliste ?**

- ○ **A.** Les frères Lumière
- ○ **B.** Les frères Goncourt
- ○ **C.** Les frères Karamazov
- ○ **D.** Les frères Grimm

87 **Qui est l'auteur du recueil de poèmes *Les Regrets* ?**

- ○ **A.** Pierre de Ronsard
- ○ **B.** Louise Labé
- ○ **C.** Joachim du Bellay
- ○ **D.** Clément Marot

88 **La Pléiade regroupe sept poètes français du :**

- ○ **A.** XVe siècle
- ○ **B.** XVIe siècle
- ○ **C.** XVIIe siècle
- ○ **D.** XVIIIe siècle

89 **Quel est le métier de Bel-Ami dans le roman éponyme de Maupassant ?**

- ○ **A.** Journaliste
- ○ **B.** Écrivain
- ○ **C.** Avocat
- ○ **D.** Médecin

90 **Quel est le nom de plume d'Aurore Dupin ?**

- ○ **A.** George Sand
- ○ **B.** Colette
- ○ **C.** Françoise Sagan
- ○ **D.** Marguerite Yourcenar

91 **Qui a dirigé la rédaction de *L'Encyclopédie* au XVIIIe siècle?**
- O **A.** Voltaire et Rousseau
- O **B.** Diderot et d'Alembert
- O **C.** Montaigne et La Boétie
- O **D.** Marx et Engels

92 **Qui est l'auteure de *Truismes* en 1996?**
- O **A.** Virginie Despentes
- O **B.** Marie NDiaye
- O **C.** Anna Gavalda
- O **D.** Marie Darrieussecq

93 **De quel couple d'auteurs a-t-on publié la *Correspondance passionnée*?**
- O **A.** Anaïs Nin et Henry Miller
- O **B.** Colette et Willy
- O **C.** Simone de Beauvoir et Jean-Paul Sartre
- O **D.** Paul Verlaine et Arthur Rimbaud

94 **Lequel de ces titres est celui d'un roman d'Amélie Nothomb?**
- O **A.** *Crimes et Châtiments*
- O **B.** *Stupeur et Tremblements*
- O **C.** *Surveiller et Punir*
- O **D.** *L'Être et le Néant*

95 **Classez ces couples d'amoureux mythiques par ordre chronologique.**
- O **A.** *Roméo et Juliette*
- O **B.** *Paul et Virginie*
- O **C.** *Tristan et Iseut*
- O **D.** *La Belle et la Bête*

96 **Quel roman raconte l'histoire d'amour d'Ariane et Solal?**
- O **A.** *Belle du Seigneur* d'Albert Cohen
- O **B.** *L'Écume des jours* de Boris Vian
- O **C.** *Le Rouge et le Noir* de Stendhal
- O **D.** *Gatsby le Magnifique* de Fitzgerald

97 **Parmi ces romans, lequel est d'Annie Ernaux?**
- O **A.** *Enfances*
- O **B.** *L'Adversaire*
- O **C.** *Une jeunesse*
- O **D.** *La Place*

98 **Quel poète est notamment célèbre pour ses *Calligrammes*?**
- O **A.** Paul Éluard
- O **B.** Louis Aragon
- O **C.** Guillaume Apollinaire
- O **D.** Stéphane Mallarmé

99 **Lequel de ces romans n'est pas d'Alexandre Dumas?**
- O **A.** *Les Trois Mousquetaires*
- O **B.** *Le Comte de Monte-Cristo*
- O **C.** *Le Vicomte de Bragelonne*
- O **D.** *Le Chevalier au lion*

100 **De quelle « maison » fait partie Harry Potter dans la saga de J. K. Rowling?**
- O **A.** Poufsouffle
- O **B.** Gryffondor
- O **C.** Serpentard
- O **D.** Serdaigle

101 **Quelle auteure américaine a obtenu le prix Nobel de littérature en 1993?**
- O **A.** Toni Morrison
- O **B.** Joyce Carol Oates
- O **C.** Laura Kasischke
- O **D.** Laurie Colwin

102 **Qui a écrit *La Belle et la Bête*?**
- O **A.** Charles Perrault
- O **B.** Hans Christian Andersen
- O **C.** Jacob et Wilhelm Grimm
- O **D.** Jeanne-Marie Leprince de Beaumont

103 **Qui est l'héroïne d'un roman de Vladimir Nabokov?**

- ○ **A.** Lolita
- ○ **B.** Anna Karénine
- ○ **C.** Shéhérazade
- ○ **D.** Claudine

104 **Parmi ces romans de chevalerie de Chrétien de Troyes, lequel n'existe pas?**

- ○ **A.** *Lancelot ou le Chevalier de la Charrette*
- ○ **B.** *Yvain ou le Chevalier au lion*
- ○ **C.** *Perceval ou le Conte du Graal*
- ○ **D.** *Gauvain ou le Chevalier intrépide*

105 **Quelle carte à jouer donne son nom à une nouvelle fantastique d'Alexandre Pouchkine en 1834?**

- ○ **A.** Le roi de cœur
- ○ **B.** La dame de pique
- ○ **C.** Le valet de trèfle
- ○ **D.** L'as de carreau

106 **Quel est le titre du roman de Leïla Slimani qui a obtenu le prix Goncourt en 2016?**

- ○ **A.** *Berceuse triste*
- ○ **B.** *Ritournelle tendre*
- ○ **C.** *Chanson douce*
- ○ **D.** *Comptine d'enfance*

107 **Qui est le héros de *Sans famille* d'Hector Malot?**

- ○ **A.** Rémi
- ○ **B.** Tristan
- ○ **C.** Olivier
- ○ **D.** Thomas

108 **Qui a écrit *Les Métamorphoses* en l'an I apr. Jésus-Christ?**

- ○ **A.** Sénèque
- ○ **B.** Ovide
- ○ **C.** Homère
- ○ **D.** Virgile

109 **Quel écrivain, membre de l'Académie française, est décédé vingt-quatre heures avant Johnny Hallyday?**

- ○ **A.** Frédéric Dard
- ○ **B.** Léopold Sédar Senghor
- ○ **C.** Jean d'Ormesson
- ○ **D.** Joseph Joffo

110 **Laquelle de ces auteures ne s'est pas illustrée dans le roman policier?**

- ○ **A.** Fred Vargas
- ○ **B.** Agatha Christie
- ○ **C.** Patricia Highsmith
- ○ **D.** Françoise Sagan

111 **Tous ces ouvrages ont été jugés scandaleux à leur parution et ont fait l'objet d'un procès, sauf un. Lequel?**

- ○ **A.** *Manon Lescaut* de l'abbé Prévost
- ○ **B.** *Madame Bovary* de Gustave Flaubert
- ○ **C.** *Les Fleurs du mal* de Charles Baudelaire
- ○ **D.** *Nana* d'Émile Zola

112 **Lequel de ces ouvrages majeurs n'est pas paru au cours des deux années 1856 et 1857?**

- ○ **A.** *Les Contemplations* de Victor Hugo
- ○ **B.** *Madame Bovary* de Gustave Flaubert
- ○ **C.** *Les Fleurs du mal* de Charles Baudelaire
- ○ **D.** *Le Père Goriot* d'Honoré de Balzac

113 **Qui a écrit *Guerre et Paix* et *Anna Karénine*?**

- ○ **A.** Fiodor Dostoïevski
- ○ **B.** Léon Tolstoï
- ○ **C.** Anton Tchekhov
- ○ **D.** Nicolas Gogol

114 Quel auteur ne fait pas partie de la négritude, courant littéraire et politique créé durant l'entre-deux-guerres?

- ○ **A.** Roland Barthes
- ○ **B.** Aimé Césaire
- ○ **C.** Léopold Sédar Senghor
- ○ **D.** Birago Diop

115 Lequel de ces auteurs ne s'est pas illustré dans le roman policier?

- ○ **A.** Didier Daeninckx
- ○ **B.** James Ellroy
- ○ **C.** Ernest Hemingway
- ○ **D.** Georges Simenon

116 Lequel de ces titres ne doit-on pas à Emil Cioran?

- ○ **A.** *De l'inconvénient d'être né*
- ○ **B.** *Syllogismes de l'amertume*
- ○ **C.** *Le Crépuscule des pensées*
- ○ **D.** *Mémoires d'outre-tombe*

117 Lequel de ces auteurs n'appartient pas au mouvement du romantisme?

- ○ **A.** Lord Byron
- ○ **B.** Germaine de Staël
- ○ **C.** Chateaubriand
- ○ **D.** Jean Racine

118 Lequel de ces poèmes n'appartient pas à la poésie romantique?

- ○ **A.** «La Mort du loup» de Vigny
- ○ **B.** «Le Lac» de Lamartine
- ○ **C.** «Sylvie» de Nerval
- ○ **D.** «La Ballade des pendus» de Villon

119 Qui est l'auteur du célèbre vers «Mignonne, allons voir si la rose...»?

- ○ **A.** Alfred de Musset
- ○ **B.** Pierre de Ronsard
- ○ **C.** Alphonse de Lamartine
- ○ **D.** François Villon

120 Qui est l'auteur de *Soumission*, le roman de politique-fiction paru en 2015 qui a créé la polémique?

- ○ **A.** Yann Moix
- ○ **B.** Patrick Modiano
- ○ **C.** Michel Houellebecq
- ○ **D.** Catherine Millet

121 Dans quel conte peut-on trouver la question : «Anne, ma sœur Anne, ne vois-tu rien venir?»

- ○ **A.** *Peau d'âne*
- ○ **B.** *La Petite Sirène*
- ○ **C.** *La Barbe bleue*
- ○ **D.** *Cendrillon*

122 Quel commissaire met en scène Fred Vargas dans plusieurs de ses romans?

- ○ **A.** Jean-Baptiste Adamsberg
- ○ **B.** Kurt Wallander
- ○ **C.** Joona Linna
- ○ **D.** Jules Maigret

123 Quel écrivain a été, en 1959, le premier ministre de la Culture en France?

- ○ **A.** Albert Camus
- ○ **B.** André Gide
- ○ **C.** André Malraux
- ○ **D.** Jean Giraudoux

124 Lequel de ces livres n'a pas été écrit par Milan Kundera?

- ○ **A.** *Risibles Amours*
- ○ **B.** *La Plaisanterie*
- ○ **C.** *Le Livre du rire et de l'oubli*
- ○ **D.** *Le Rire*

125 Qui a écrit *Ensemble, c'est tout* en 2004?

- ○ **A.** Alexandre Jardin
- ○ **B.** Anna Gavalda
- ○ **C.** David Foenkinos
- ○ **D.** Amélie Nothomb

126 À quelle trilogie de James Ellroy appartient le roman *American Tabloïd*?

- ○ **A.** *Underground USA*
- ○ **B.** *Underworld USA*
- ○ **C.** *Underscore USA*
- ○ **D.** *Undercover USA*

127 **Quel célèbre peintre est cité dans le titre du plus gros succès de l'écrivain américain Dan Brown?**

- ○ **A.** Raphaël
- ○ **B.** Michel Ange
- ○ **C.** Titien
- ○ **D.** Léonard de Vinci

128 **Quel roman l'écrivain américain Philip Roth a-t-il écrit?**

- ○ **A.** *Portnoy et son silex*
- ○ **B.** *Portnoy et son cortex*
- ○ **C.** *Portnoy et son complexe*
- ○ **D.** *Portnoy et son réflexe*

129 **De quel auteur Jean-Baptiste Poquelin est-il le vrai nom?**

- ○ **A.** Montesquieu
- ○ **B.** Molière
- ○ **C.** Montaigne
- ○ **D.** Corneille

130 **Dans le célèbre poème de Guillaume Apollinaire, sous quel pont « coule la Seine » ?**

- ○ **A.** Sous le pont des Arts
- ○ **B.** Sous le pont de l'Alma
- ○ **C.** Sous le pont Mirabeau
- ○ **D.** Sous le pont d'Avignon

131 **Sous quel nom est paru l'ensemble de l'œuvre poétique d'Aimé Césaire en 1994?**

- ○ **A.** *La Voix*
- ○ **B.** *La Poësie*
- ○ **C.** *Le Soleil*
- ○ **D.** *Le Mot*

132 **Lequel de ces romans n'est pas de Victor Hugo?**

- ○ **A.** *Le Lys dans la vallée*
- ○ **B.** *Notre-Dame de Paris*
- ○ **C.** *Claude Gueux*
- ○ **D.** *Quatrevingt-treize*

133 **Lequel de ces personnages n'est pas un héros d'Honoré de Balzac?**

- ○ **A.** Vautrin
- ○ **B.** Eugène de Rastignac
- ○ **C.** Étienne Lantier
- ○ **D.** Eugénie Grandet

134 **Lequel de ces prénoms n'est pas un roman de Stephen King?**

- ○ **A.** Carrie
- ○ **B.** Billie
- ○ **C.** Jessie
- ○ **D.** Charlie

Photographie

→ **Retrouvez le corrigé de cette série page 546.**

135 Quel procédé photographique est inventé par Étienne-Jules Marey en 1882?

- ○ **A.** La chronophotographie
- ○ **B.** La chromographie
- ○ **C.** L'autochrome
- ○ **D.** La phototypie

136 Quel procédé photographique attribue-t-on à Man Ray?

- ○ **A.** Le monogramme
- ○ **B.** Le rayogramme
- ○ **C.** Le photogramme
- ○ **D.** Le pictogramme

137 À quel photographe doit-on *Le Baiser de l'Hôtel de ville*?

- ○ **A.** Brassaï
- ○ **B.** Willy Ronis
- ○ **C.** Robert Doisneau
- ○ **D.** Henri Cartier-Bresson

138 Classez ces mouvements photographiques par ordre chronologique :

- ○ **A.** La nouvelle objectivité
- ○ **B.** Le pictorialisme
- ○ **C.** Le constructivisme
- ○ **D.** La photo-sécession

139 À quelle photographe américaine doit-on *Jumelles identiques* en 1967?

- ○ **A.** Lisette Model
- ○ **B.** Lee Miller
- ○ **C.** Vivian Maier
- ○ **D.** Diane Arbus

140 Quel événement historique Robert Capa a-t-il photographié?

- ○ **A.** Le débarquement en Normandie
- ○ **B.** La bombe atomique d'Hiroshima
- ○ **C.** L'assassinat de John Fitzgerald Kennedy
- ○ **D.** La mort de Che Guevara

141 Sous quel pseudonyme Arthur Fellig a-t-il photographié la vie nocturne new-yorkaise?

- ○ **A.** Luigee
- ○ **B.** Weegee
- ○ **C.** Regie
- ○ **D.** Rafee

142 Laquelle de ces photographes fut correspondante de guerre et compagne de Man Ray?

- ○ **A.** Dorothea Lange
- ○ **B.** Germaine Krull
- ○ **C.** Lee Miller
- ○ **D.** Imogen Cunningham

143 Quel est le thème principal des photographies d'Imogen Cunningham?

- ○ **A.** L'architecture
- ○ **B.** Le portrait
- ○ **C.** La nature
- ○ **D.** Le sport

144 Quel photographe a documenté le Paris de la fin du XIXe siècle?

- ○ **A.** Henri Cartier-Bresson
- ○ **B.** Édouard Boubat
- ○ **C.** Louis Daguerre
- ○ **D.** Eugène Atget

145 Pour quelle série de photographies Brassaï est-il connu?

- ○ **A.** Graffitis
- ○ **B.** Affiches
- ○ **C.** Silhouettes
- ○ **D.** Rêves

146 Quelle est la nationalité du photographe surréaliste Manuel Álvarez Bravo?

- ○ **A.** Espagnole
- ○ **B.** Cubaine
- ○ **C.** Américaine
- ○ **D.** Mexicaine

147 En quelle année l'agence photographique Magnum a-t-elle été créée?

- ○ **A.** 1927
- ○ **B.** 1937
- ○ **C.** 1947
- ○ **D.** 1957

148 **Quelle personnalité fut la muse de Man Ray dans les années 1920?**

- ○ **A.** Pâquerette
- ○ **B.** Kiki
- ○ **C.** Nadja
- ○ **D.** Gala

149 **Quel est le titre du livre de Robert Frank qui influença la photographie américaine d'après-guerre?**

- ○ **A.** *Les Américains*
- ○ **B.** *Les Indiens*
- ○ **C.** *Les Guerriers*
- ○ **D.** *Les Modernes*

150 **Quelle photographe se met souvent en scène avec des accessoires et déguisements dans de nombreux autoportraits?**

- ○ **A.** Bettina Rheims
- ○ **B.** Sarah Moon
- ○ **C.** Annie Leibovitz
- ○ **D.** Cindy Sherman

151 **Quel photographe français a également réalisé de nombreux films documentaires, dont *10e chambre, instants d'audience*?**

- ○ **A.** Raymond Depardon
- ○ **B.** Robert Doisneau
- ○ **C.** Willy Ronis
- ○ **D.** Bettina Rheims

152 **Lequel de ces photographes ne fait pas partie de la «photographie humaniste française»?**

- ○ **A.** Willy Ronis
- ○ **B.** Robert Doisneau
- ○ **C.** Sabine Weiss
- ○ **D.** Martin Parr

153 **Lequel de ces photographes s'est surtout illustré dans la photographie de mode?**

- ○ **A.** Helmut Newton
- ○ **B.** Sebastiao Salgado
- ○ **C.** Nan Goldin
- ○ **D.** Robert Mapplethorpe

154 **À quel photographe du XIXe siècle doit-on les portraits de nombreuses personnalités de son temps, comme Guy de Maupassant, Sarah Bernhardt ou Charles Baudelaire?**

- ○ **A.** Babar
- ○ **B.** Nadar
- ○ **C.** Cabar
- ○ **D.** Radar

155 **Quel photographe français a aussi réalisé des clips pour des artistes comme Madonna, les Rita Mitsouko ou Vanessa Paradis?**

- ○ **A.** Jean-Baptiste Mondino
- ○ **B.** Édouard Boubat
- ○ **C.** Bettina Rheims
- ○ **D.** Jacques-Henri Lartigue

156 **Qui a photographié *La Terre vue du ciel*?**

- ○ **A.** Brassaï
- ○ **B.** Irving Penn
- ○ **C.** Yann Arthus-Bertrand
- ○ **D.** Richard Avedon

157 **Laquelle de ces photographes n'a pas réalisé de portrait présidentiel officiel?**

- ○ **A.** Gisèle Freund
- ○ **B.** Soazig de La Moissonnière
- ○ **C.** Bettina Rheims
- ○ **D.** Sarah Moon

158 **Quel duo de photographes est connu pour ses photographies très colorées, retravaillées à la peinture, à l'ambiance kitsch?**

- ○ **A.** Gilbert et George
- ○ **B.** Pierre et Gilles
- ○ **C.** Christo et Jeanne-Claude
- ○ **D.** Plonk et Replonk

159 **Quel photographe réalise des portraits géants en noir et blanc d'anonymes et les colle sur les murs du monde entier?**

- ○ **A.** Sue Ellen
- ○ **B.** JR
- ○ **C.** Bobby
- ○ **D.** Jock

160 **Quel photographe n'a pas pour spécialité les portraits de célébrités?**

- ○ **A.** Annie Leibovitz
- ○ **B.** Richard Avedon
- ○ **C.** Irving Penn
- ○ **D.** William Eggleston

161 **Quel studio de photographie est réputé pour ses portraits en noir et blanc?**

- ○ **A.** Le studio Darcourt
- ○ **B.** Le studio Sur Cour
- ○ **C.** Le studio Harcourt
- ○ **D.** Le studio Bellecour

162 **Quel est le procédé photographique mis au point et commercialisé par Louis Daguerre en 1835?**

- ○ **A.** Le daguerréotype
- ○ **B.** Le daguerréogramme
- ○ **C.** Le daguerréophone
- ○ **D.** Le daguerréostyle

163 **Lequel de ces photographes n'a jamais remporté le Grand Prix national de la photographie, décerné par le ministère de la Culture français entre 1978 et 1997?**

- ○ **A.** Jean-Paul Goude
- ○ **B.** André Kertész
- ○ **C.** William Klein
- ○ **D.** Marc Riboud

164 **Quel photographe allemand du début du XXe siècle est connu pour ses photographies de structures végétales?**

- ○ **A.** Helmut Herzfeld
- ○ **B.** Karl Blossfeldt
- ○ **C.** William Grossfelt
- ○ **D.** Erwin Blumenfeld

165 **De qui est le panorama photographique *The Ballad of Sexual Dependency*?**

- ○ **A.** Wolfgang Tillmans
- ○ **B.** Vanessa Beecroft
- ○ **C.** Tony Oursler
- ○ **D.** Nan Goldin

166 **Dans quelle ville fait-on des «rencontres» photographiques chaque année?**

- ○ **A.** Avignon
- ○ **B.** Nîmes
- ○ **C.** Arles
- ○ **D.** Montpellier

167 **Quelle photographe a eu une reconnaissance posthume suite à la découverte de ses milliers de négatifs dans une vente aux enchères?**

- ○ **A.** Vivian Maier
- ○ **B.** Francesca Woodman
- ○ **C.** Sally Mann
- ○ **D.** Berenice Abbott

168 **Quelle photographe américaine, à qui l'on doit notamment de nombreux autoportraits en noir et blanc, s'est suicidée à l'âge de 22 ans en 1981?**

- ○ **A.** Diane Arbus
- ○ **B.** Francesca Woodman
- ○ **C.** Lee Miller
- ○ **D.** Imogen Cunningham

Architecture

→ **Retrouvez le corrigé de cette série page 547.**

169 Quelle est la hauteur de la tour Eiffel?

- ○ **A.** 224 mètres
- ○ **B.** 324 mètres
- ○ **C.** 424 mètres
- ○ **D.** 524 mètres

170 Laquelle de ces constructions ne fait pas partie des Sept Merveilles du monde antique?

- ○ **A.** La pyramide de Khéops
- ○ **B.** Le Colosse de Rhodes
- ○ **C.** Le phare d'Alexandrie
- ○ **D.** Le Colisée de Rome

171 Quel architecte a conçu la pyramide du Louvre à Paris?

- ○ **A.** Jean Nouvel
- ○ **B.** Ming Pei
- ○ **C.** Frank Gehry
- ○ **D.** Ricardo Bofill

172 En quelle année a été inauguré le Centre Pompidou?

- ○ **A.** 1967
- ○ **B.** 1977
- ○ **C.** 1987
- ○ **D.** 1997

173 Lequel de ces édifices barcelonais n'a pas été créé par Antoni Gaudí?

- ○ **A.** La Sagrada Familia
- ○ **B.** La Casa Batlló
- ○ **C.** Le MACBA
- ○ **D.** La Pedrera

174 Laquelle de ces villes n'abrite pas de musée Guggenheim?

- ○ **A.** New York
- ○ **B.** Londres
- ○ **C.** Venise
- ○ **D.** Bilbao

175 Quelle ville a ouvert un nouveau Centre Pompidou en 2010?

- ○ **A.** Nancy
- ○ **B.** Lille
- ○ **C.** Nantes
- ○ **D.** Metz

176 Quel style architectural a pour principe l'utilisation du béton et l'absence d'ornement?

- ○ **A.** Brutalisme
- ○ **B.** Vandalisme
- ○ **C.** Bétonisme
- ○ **D.** Radicalisme

177 Laquelle de ces propositions n'est pas un style architectural de l'antiquité grecque?

- ○ **A.** Dorique
- ○ **B.** Ionique
- ○ **C.** Corinthien
- ○ **D.** Hellénique

178 Lequel de ces bâtiments n'a pas été conçu par Frank Gehry?

- ○ **A.** La Cinémathèque française de Paris
- ○ **B.** Le musée Guggenheim de Bilbao
- ○ **C.** Le musée Whitney de New York
- ○ **D.** La Maison dansante de Prague

179 Laquelle de ces constructions n'est pas de Gustave Eiffel?

- ○ **A.** Le pont Maria Pia de Porto
- ○ **B.** Le pont de Normandie
- ○ **C.** La structure de la statue de la Liberté
- ○ **D.** Le Paradis Latin à Paris

180 Qu'est-ce que le pont du Gard dans le Sud de la France?

- ○ **A.** Un pont naturel
- ○ **B.** Une structure autoporteuse
- ○ **C.** Un pont marchand
- ○ **D.** Un aqueduc romain

181 Quel est le nom du pont suspendu de la baie de San Francisco?

- ○ **A.** Le Red Gate
- ○ **B.** Le Cisco Gate
- ○ **C.** Le Golden Gate
- ○ **D.** Le Water Gate

182 **À quel architecte doit-on la Bibliothèque nationale de France, inaugurée en 1996?**

- ○ **A.** Jean-Michel Wilmotte
- ○ **B.** Paul Andreu
- ○ **C.** Christian de Portzamparc
- ○ **D.** Dominique Perrault

183 **Comment nomme-t-on les gouttières sculptées des édifices gothiques?**

- ○ **A.** Les gargouilles
- ○ **B.** Les gorgones
- ○ **C.** Les grenouilles
- ○ **D.** Les gribouilles

184 **Quelle ville a été conçue par Oscar Niemeyer?**

- ○ **A.** Addis-Abeba
- ○ **B.** Chandigarh
- ○ **C.** Brasilia
- ○ **D.** Louvain-la-Neuve

185 **Quel nom a donné le facteur Cheval au monument qu'il a mis trente-trois ans à édifier?**

- ○ **A.** Le Palais parfait
- ○ **B.** Le Palais idéal
- ○ **C.** Le Palais rêvé
- ○ **D.** Le Palais ultime

186 **Lequel de ces monuments ne fait pas partie du site funéraire de Khéops?**

- ○ **A.** La pyramide de Khéphren
- ○ **B.** Le sphinx de Gizeh
- ○ **C.** La pyramide de Djéser
- ○ **D.** La pyramide de Mykérinos

187 **En quelle année a été inaugurée la Grande Arche de la Défense?**

- ○ **A.** 1984
- ○ **B.** 1989
- ○ **C.** 1993
- ○ **D.** 1998

188 **Quel Britannique donne son nom aux fontaines qu'il a offertes aux Parisiens à la fin du XIXe siècle?**

- ○ **A.** Sir Richard Wallace
- ○ **B.** Sir Alfred Horace
- ○ **C.** Sir Edgar Woodbrass
- ○ **D.** Sir Quentin Solace

189 **Que représente la sculpture monumentale du mont Rushmore aux États-Unis?**

- ○ **A.** Le drapeau américain
- ○ **B.** Un planisphère
- ○ **C.** Les portraits de quatre Présidents américains
- ○ **D.** La bataille de Little Big Horn

190 **Comment s'appelle la maison modulable de Pierre Chareau?**

- ○ **A.** La Maison de verre
- ○ **B.** La Maison infinie
- ○ **C.** La Maison moderne
- ○ **D.** La Maison invisible

191 **Quelle est la longueur de la Grande Muraille de Chine?**

- ○ **A.** Plus de 2 000 km
- ○ **B.** Plus de 4 000 km
- ○ **C.** Plus de 6 000 km
- ○ **D.** Plus de 8 000 km

192 **Quelle ville française a été reconstruite par Auguste Perret après la Seconde Guerre mondiale?**

- ○ **A.** Caen
- ○ **B.** Le Havre
- ○ **C.** Lorient
- ○ **D.** Saint-Nazaire

193 **En quelle année le viaduc de Millau a-t-il été mis en service?**

- ○ **A.** 1988
- ○ **B.** 1994
- ○ **C.** 1998
- ○ **D.** 2004

194 **De quel siècle date la construction du Taj Mahal?**

- ○ **A.** XVIe siècle
- ○ **B.** XVIIe siècle
- ○ **C.** XVIIIe siècle
- ○ **D.** XIXe siècle

195 **Quand a été inauguré l'Empire State Building à New York?**

- ○ **A.** 1911
- ○ **B.** 1921
- ○ **C.** 1931
- ○ **D.** 1941

196 **En quelle année a été inaugurée la première ligne de métro à Paris?**

- ○ **A.** 1900
- ○ **B.** 1903
- ○ **C.** 1906
- ○ **D.** 1909

197 **Quel est le surnom du métro londonien?**

- ○ **A.** *The Loop*
- ○ **B.** *The Tube*
- ○ **C.** *The Tunnel*
- ○ **D.** *The U*

198 **Quel surnom les Londoniens ont-ils donné au 30 St Mary Axe à cause de sa forme particulière?**

- ○ **A.** Le concombre
- ○ **B.** La carotte
- ○ **C.** L'aubergine
- ○ **D.** Le cornichon

199 **D'où vient l'obélisque de la place de la Concorde à Paris?**

- ○ **A.** Du temple d'Alexandrie
- ○ **B.** Du temple de Gizeh
- ○ **C.** Du temple de Thèbes
- ○ **D.** Du temple de Louxor

200 **Classez ces styles architecturaux de cathédrales par ordre chronologique :**

- ○ **A.** Gothique
- ○ **B.** Baroque
- ○ **C.** Classique
- ○ **D.** Roman

201 **Quel architecte inspiré par l'antiquité gréco-romaine est mort en 2022 ?**

- ○ **A.** Norman Foster
- ○ **B.** Ricardo Bofill
- ○ **C.** Frank Lloyd Wright
- ○ **D.** Renzo Piano

202 **Quelle est la réalisation la plus célèbre de Frank Lloyd Wright?**

- ○ **A.** La Maison sur le pont
- ○ **B.** La Maison sur la mer
- ○ **C.** La Maison sur la pente
- ○ **D.** La Maison sur la cascade

203 **Lequel de ces musées français Renzo Piano a-t-il conçu?**

- ○ **A.** La Piscine à Roubaix
- ○ **B.** Le Centre Pompidou à Paris
- ○ **C.** Le Mucem à Marseille
- ○ **D.** Le MAC VAL à Vitry-sur-Seine

204 **Quel architecte a conçu la station balnéaire de La Grande-Motte dans les années 60?**

- ○ **A.** Jean Mitterrand
- ○ **B.** Jean Chirac
- ○ **C.** Jean Hollande
- ○ **D.** Jean Balladur

205 **Quelle est la fonction du bâtiment emblématique en forme de coquillage à Sydney en Australie?**

- ○ **A.** Un musée
- ○ **B.** Un palais de justice
- ○ **C.** Un opéra
- ○ **D.** Une mairie

206 **Quel nom, dû à sa forme, a-t-on donné au Fuller Building, un des premiers gratte-ciel new-yorkais?**

- ○ **A.** The Flyingsaucer
- ○ **B.** The Fork
- ○ **C.** The Flatiron Building
- ○ **D.** The Flower

207 **Quel nom coloré est donné à la célèbre mosquée Sultanahmet d'Istanbul et ses 20 000 carreaux de céramique?**

- ○ **A.** La Mosquée bleue
- ○ **B.** La Mosquée verte
- ○ **C.** La Mosquée rose
- ○ **D.** La Mosquée blanche

208 **De quel château de Bavière Walt Disney s'est-il inspiré pour *La Belle au bois dormant*?**

- ○ **A.** Le château de Berg
- ○ **B.** Le château de Possenhofen
- ○ **C.** Le château de Schwarzwald
- ○ **D.** Le château de Neuschwanstein

209 **Comment est appelé le palais impérial de Pékin?**

- ○ **A.** La Cité silencieuse
- ○ **B.** La Cité éternelle
- ○ **C.** La Cité interdite
- ○ **D.** La Cité muette

210 **Comment est appelée la Freedom Tower qui a été érigée sur le site du World Trade Center?**

- ○ **A.** Trade Tower Center
- ○ **B.** One & One Center
- ○ **C.** Worldwide Center
- ○ **D.** One World Trade Center

211 **Où se trouve la cité inca de Machu Picchu à 2 438 mètres d'altitude?**

- ○ **A.** En Colombie
- ○ **B.** Au Pérou
- ○ **C.** Au Chili
- ○ **D.** En Colombie

212 **Quel nom donne-t-on à la charpente de la cathédrale Notre-Dame de Paris qui a été dévorée par un incendie en avril 2019?**

- ○ **A.** La jungle
- ○ **B.** Le bois
- ○ **C.** Le ciel
- ○ **D.** La forêt

Théâtre

→ **Retrouvez le corrigé de cette série page 549.**

213 Comment s'appelle la jeune femme que Christian souhaite séduire avec l'aide de Cyrano?

- ○ **A.** Roxane
- ○ **B.** Henriette
- ○ **C.** Juliette
- ○ **D.** Hermine

214 Laquelle de ces pièces n'appartient pas au répertoire d'Eugène Ionesco?

- ○ **A.** *La Leçon*
- ○ **B.** *La Dispute*
- ○ **C.** *La Cantatrice chauve*
- ○ **D.** *Le Rhinocéros*

215 Quel est le titre de la pièce d'Alexis Michalik, couronnée de cinq Molières en 2017, qui raconte la création de *Cyrano de Bergerac* par Edmond Rostand?

- ○ **A.** *Edmond*
- ○ **B.** *Rostand*
- ○ **C.** *Cyrano*
- ○ **D.** *Les Débuts du nez*

216 De qui le Cid est-il le surnom dans la pièce de Corneille?

- ○ **A.** Don Rodrigue
- ○ **B.** Don Sanche
- ○ **C.** Don Gomès
- ○ **D.** Don Diègue

217 Laquelle de ces pièces d'Éric-Emmanuel Schmitt est une réécriture de *Don Juan*?

- ○ **A.** *Le Visiteur*
- ○ **B.** *La Nuit de Valognes*
- ○ **C.** *Hôtel des deux mondes*
- ○ **D.** *Le Chien*

218 Quel titre Antonin Artaud a-t-il donné à son essai sur le théâtre publié en 1938?

- ○ **A.** *Le Théâtre et son miroir*
- ○ **B.** *Le Théâtre et son double*
- ○ **C.** *Le Théâtre et son reflet*
- ○ **D.** *Le Théâtre et son illusion*

219 Comment est la cantatrice d'Eugène Ionesco?

- ○ **A.** Muette
- ○ **B.** Gauche
- ○ **C.** Sourde
- ○ **D.** Chauve

220 Quelles familles s'opposent dans *Roméo et Juliette* de William Shakespeare?

- ○ **A.** Les Mercutio et Capulet
- ○ **B.** Les Montaigu et Escalus
- ○ **C.** Les Escalus et Mercutio
- ○ **D.** Les Montaigu et Capulet

221 Qui est l'auteur de la pièce de théâtre *En attendant Godot*?

- ○ **A.** Jean Tardieu
- ○ **B.** Eugène Ionesco
- ○ **C.** Samuel Beckett
- ○ **D.** Jean Anouilh

222 Laquelle de ces pièces n'est pas de Jean Racine?

- ○ **A.** *Andromaque*
- ○ **B.** *Horace*
- ○ **C.** *Phèdre*
- ○ **D.** *Britannicus*

223 Laquelle de ces pièces n'est pas de Pierre Corneille?

- ○ **A.** *Médée*
- ○ **B.** *Le Cid*
- ○ **C.** *L'Illusion comique*
- ○ **D.** *Iphigénie*

224 Laquelle de ces pièces est de Yasmina Reza?

- ○ **A.** *Un air de famille*
- ○ **B.** *Edmond*
- ○ **C.** *Le Prénom*
- ○ **D.** *«Art»*

225 Qui est l'auteur de la pièce de théâtre *Les Bonnes*?

- ○ **A.** Eugène Labiche
- ○ **B.** Roland Dubillard
- ○ **C.** Jean Tardieu
- ○ **D.** Jean Genet

226 Laquelle de ces pièces n'est pas de William Shakespeare?

- A. *Hamlet*
- B. *Roméo et Juliette*
- C. *La Mégère apprivoisée*
- D. *Le Mariage de Figaro*

227 Lequel de ces dramaturges n'a pas écrit de vaudeville?

- A. Georges Feydeau
- B. Georges Courteline
- C. Eugène Ionesco
- D. Eugène Labiche

228 Laquelle de ces pièces n'est pas de Marivaux?

- A. *La Double Inconstance*
- B. *Le Barbier de Séville*
- C. *Le Jeu de l'amour et du hasard*
- D. *La Colonie*

229 Quel drame romantique a été écrit par Alfred de Musset en 1834?

- A. *Leonardo*
- B. *Lorenzo*
- C. *Lorenzaccio*
- D. *Luciano*

230 Quelle pièce de Jean Anouilh est une réécriture d'une pièce de Sophocle?

- A. *Antigone*
- B. *Phèdre*
- C. *Médée*
- D. *Bérénice*

231 Quelle pièce de Bertolt Brecht est une parabole sur la prise de pouvoir d'Hitler?

- A. *La Résistible Ascension d'Arturo Ui*
- B. *L'Irrésistible Ascension d'Arturo Ui*
- C. *L'Incroyable Ascension d'Arturo Ui*
- D. *La Risible Ascension d'Arturo Ui*

232 Quelle pièce de théâtre a été écrite par Albert Camus?

- A. *Les Justes*
- B. *Les Bonnes*
- C. *Les Mots*
- D. *Les Mouches*

233 Qui a écrit *La guerre de Troie n'aura pas lieu*?

- A. Jean Cocteau
- B. Jean-Paul Sartre
- C. Jean Giraudoux
- D. Jean Genet

234 Quelle pièce n'est pas du dramaturge norvégien Henrik Ibsen?

- A. *Une maison de poupées*
- B. *Un ennemi du peuple*
- C. *Hedda Gabler*
- D. *Oncle Vania*

235 Quelle est la comédie écrite par Anton Tchekhov?

- A. *Le Pigeon*
- B. *La Mouette*
- C. *L'Alouette*
- D. *La Mésange*

236 Quel tueur en série a donné son nom à une pièce de théâtre de Bernard-Marie Koltès?

- A. Guy Georges
- B. Roberto Zucco
- C. Émile Louis
- D. Landru

237 De quelle profession Molière se moque-t-il régulièrement dans ses pièces?

- A. Des avocats
- B. Des médecins
- C. Des coiffeurs
- D. Des notaires

238 Dans *En attendant Godot*, de Samuel Beckett, qui attend Godot?

- A. Vladimir et Estragon
- B. Bouvard et Pécuchet
- C. Paul et Virginie
- D. Jules et Jim

239 **De quel duo d'auteurs sont les pièces *Cuisine et dépendances* et *Un air de famille*?**

- ○ **A.** Dupuy et Berberian
- ○ **B.** Agnès Jaoui et Jean-Pierre Bacri
- ○ **C.** Colette et Willy
- ○ **D.** Boileau et Narcejac

240 **Où se situe l'action d'*Hamlet* de William Shakespeare?**

- ○ **A.** En Angleterre
- ○ **B.** En France
- ○ **C.** Au Danemark
- ○ **D.** En Espagne

241 **Dans quelle ville d'Italie vivent les jeunes amoureux Roméo et Juliette, dans la pièce de William Shakespeare?**

- ○ **A.** Venise
- ○ **B.** Florence
- ○ **C.** Gênes
- ○ **D.** Vérone

242 **Lequel de ces ouvrages de Jean-Paul Sartre n'est pas une pièce de théâtre?**

- ○ **A.** *Huis clos*
- ○ **B.** *La Nausée*
- ○ **C.** *Les Mains sales*
- ○ **D.** *Les Mouches*

243 **Lequel de ces ouvrages d'Albert Camus n'est pas une pièce de théâtre?**

- ○ **A.** *Caligula*
- ○ **B.** *L'État de siège*
- ○ **C.** *La Chute*
- ○ **D.** *Les Justes*

244 **Comment s'appelle la compagnie théâtrale fondée par Ariane Mnouchkine en 1964 et qui existe toujours?**

- ○ **A.** Le Théâtre de la Lune
- ○ **B.** Le Théâtre du Soleil
- ○ **C.** Le Théâtre des Étoiles
- ○ **D.** Le Théâtre du Ciel

245 **Qui a créé le Festival d'Avignon en 1947 et a dirigé le TNP (Théâtre national populaire) de 1951 à 1963?**

- ○ **A.** Jean Vilar
- ○ **B.** Gérard Philipe
- ○ **C.** Antoine Vitez
- ○ **D.** Madeleine Renault

246 **Laquelle de ces pièces n'est pas de Wajdi Mouawad?**

- ○ **A.** *Incendies*
- ○ **B.** *Forêts*
- ○ **C.** *Brasier*
- ○ **D.** *Ciels*

247 **Lequel de ces contes n'a pas été adapté au théâtre par Joël Pommerat?**

- ○ **A.** *Blanche-Neige*
- ○ **B.** *Cendrillon*
- ○ **C.** *Le Petit Chaperon rouge*
- ○ **D.** *Pinocchio*

248 **De quand date la cérémonie des Molières, qui récompense le théâtre français?**

- ○ **A.** 1977
- ○ **B.** 1987
- ○ **C.** 1997
- ○ **D.** 2007

249 **De quel dramaturge français fête-t-on les 400 ans cette année ?**

- ○ **A.** Racine
- ○ **B.** Corneille
- ○ **C.** Molière
- ○ **D.** Marivaux

250 **Pour quelle grande actrice de théâtre du XIXe siècle et début du XXe Jean Cocteau a-t-il inventé l'expression «monstre sacré»?**

- ○ **A.** Mistinguett
- ○ **B.** Rachel
- ○ **C.** Marie Dorval
- ○ **D.** Sarah Bernhardt

Peinture

→ **Retrouvez le corrigé de cette série page 550.**

251 Qui a peint *La Liberté guidant le peuple* en 1830?

- ○ **A.** Eugène Delacroix
- ○ **B.** Jacques-Louis David
- ○ **C.** Théodore Géricault
- ○ **D.** Gustave Courbet

252 Classez ces mouvements artistiques par ordre chronologique :

- ○ **A.** Cubisme
- ○ **B.** Surréalisme
- ○ **C.** Impressionnisme
- ○ **D.** Fauvisme

253 Lequel de ces artistes ne fait pas partie du Nouveau Réalisme?

- ○ **A.** Daniel Buren
- ○ **B.** César
- ○ **C.** Arman
- ○ **D.** Yves Klein

254 Qui prend pour identité alternative Rrose Sélavy en 1920?

- ○ **A.** Gertrude Stein
- ○ **B.** Man Ray
- ○ **C.** Marcel Duchamp
- ○ **D.** Tristan Tzara

255 Quel mouvement réunit Roy Lichtenstein, Jasper Johns et Andy Warhol?

- ○ **A.** Le land art
- ○ **B.** Le pop art
- ○ **C.** CoBrA
- ○ **D.** Le situationnisme

256 Où peut-on visiter la maison de Claude Monet?

- ○ **A.** Giverny
- ○ **B.** Chiverny
- ○ **C.** Givenchy
- ○ **D.** Chantilly

257 Quel tableau a peint Vincent Van Gogh en 1889?

- ○ **A.** *Autoportrait à l'oreille arrachée*
- ○ **B.** *Autoportrait à l'oreille cassée*
- ○ **C.** *Autoportrait à l'oreille coupée*
- ○ **D.** *Autoportrait à l'oreille bandée*

258 Lequel de ces artistes n'est pas issu de l'art de rue?

- ○ **A.** Ernest Pignon-Ernest
- ○ **B.** Jean-Michel Basquiat
- ○ **C.** Keith Haring
- ○ **D.** Cy Twombly

259 Quel mouvement artistique réunit Paul Cézanne, Alfred Sisley et Camille Pissarro?

- ○ **A.** L'expressionnisme
- ○ **B.** L'impressionnisme
- ○ **C.** Le pointillisme
- ○ **D.** Le fauvisme

260 Quelle cathédrale est le sujet d'une série de tableaux de Claude Monet?

- ○ **A.** La cathédrale de Chartres
- ○ **B.** La cathédrale de Reims
- ○ **C.** La cathédrale de Strasbourg
- ○ **D.** La cathédrale de Rouen

261 Qui est l'auteur de la sculpture *L'Homme qui marche* en 1960?

- ○ **A.** Alberto Giacometti
- ○ **B.** Constantin Brancusi
- ○ **C.** Alexander Calder
- ○ **D.** Aristide Maillol

262 Comment s'appelle la sculpture monumentale de Louise Bourgeois représentant une araignée?

- ○ **A.** *Birth*
- ○ **B.** *Fear*
- ○ **C.** *Mother*
- ○ **D.** *Spider*

263 **De quel peintre, dont Émile Zola était l'ami, évoque-t-il la vie dans *L'Œuvre*?**

- ○ **A.** Paul Cézanne
- ○ **B.** Claude Monet
- ○ **C.** Édouard Manet
- ○ **D.** Henri de Toulouse-Lautrec

264 **Quel artiste contemporain a fait scandale avec ses sculptures exposées à Versailles en 2008?**

- ○ **A.** Anish Kapoor
- ○ **B.** Damien Hirst
- ○ **C.** Christian Boltanski
- ○ **D.** Jeff Koons

265 **À quel mouvement artistique Piet Mondrian a-t-il participé?**

- ○ **A.** Futurisme
- ○ **B.** Constructivisme
- ○ **C.** Bauhaus
- ○ **D.** De Stijl

266 **Quel groupe artistique s'est formé autour de Vassily Kandinsky en 1911?**

- ○ **A.** Le Cavalier bleu
- ○ **B.** Le Pont
- ○ **C.** Le Sillon
- ○ **D.** La Porte

267 **Quelle montagne a été le sujet de plusieurs tableaux de Paul Cézanne?**

- ○ **A.** La montagne Sainte-Geneviève
- ○ **B.** La montagne Sainte-Anne
- ○ **C.** La montagne Sainte-Victoire
- ○ **D.** La montagne Sainte-Élisabeth

268 **Lequel de ces tableaux n'est pas de Jean-Auguste-Dominique Ingres?**

- ○ **A.** *Olympia*
- ○ **B.** *La Grande Odalisque*
- ○ **C.** *Le Bain turc*
- ○ **D.** *La Baigneuse Valpinçon*

269 **Comment Marcel Duchamp a-t-il appelé son *ready-made* d'urinoir de 1917?**

- ○ **A.** *Source*
- ○ **B.** *Douche*
- ○ **C.** *Arrosoir*
- ○ **D.** *Fontaine*

270 **Comment s'appelle la cité d'artiste à Montmartre qui a réuni Pablo Picasso, Kees Van Dongen et Amedeo Modigliani?**

- ○ **A.** Le Bateau-Lavoir
- ○ **B.** Le Cabaret Voltaire
- ○ **C.** Le Temps des cerises
- ○ **D.** Le Moulin de la galette

271 **De qui Sandro Botticelli a-t-il peint la naissance en 1485?**

- ○ **A.** De Cupidon
- ○ **B.** D'Apollon
- ○ **C.** De Vénus
- ○ **D.** Du Printemps

272 **Quel mouvement artistique autrichien réunit Gustav Klimt, Egon Schiele et Koloman Moser au début du XXe siècle?**

- ○ **A.** Le Symbolisme autrichien
- ○ **B.** La Sécession viennoise
- ○ **C.** L'Atelier de Vienne
- ○ **D.** L'Activisme viennois

273 **Quel mouvement pictural abstrait réunit les artistes américains Jackson Pollock, Willem de Kooning et Sam Francis dans les années 50?**

- ○ **A.** Le *body painting*
- ○ **B.** L'*after painting*
- ○ **C.** L'*anti painting*
- ○ **D.** L'*action painting*

274 **Qui a peint *Le Radeau de la Méduse* en 1819?**

- ○ **A.** Théodore Géricault
- ○ **B.** Gustave Courbet
- ○ **C.** Jacques-Louis David
- ○ **D.** Eugène Delacroix

275 **Quelle est la particularité des portraits de Giuseppe Arcimboldo, peintre du XVIe siècle?**

- ○ **A.** Ils sont en noir et blanc
- ○ **B.** Ils sont composés de végétaux
- ○ **C.** Ils sont monstrueux
- ○ **D.** Ils sont animaliers

276 **Quel tableau de Diego Velásquez a inspiré cinquante-huit toiles à Pablo Picasso?**

- ○ **A.** *Les Fileuses*
- ○ **B.** *Le Triomphe de Bacchus*
- ○ **C.** *Les Ménines*
- ○ **D.** *Le Bouffon Calabacillas*

277 **Lequel de ces tableaux n'est pas d'Édouard Manet?**

- ○ **A.** *Le Déjeuner sur l'herbe*
- ○ **B.** *Olympia*
- ○ **C.** *Le Joueur de fifre*
- ○ **D.** *Le Bal du moulin de la Galette*

278 **Quel lieu, où s'est installé Paul Gauguin, a influencé son œuvre jusqu'à la fin de sa vie?**

- ○ **A.** À Tahiti
- ○ **B.** Aux Antilles
- ○ **C.** Aux Seychelles
- ○ **D.** À la Réunion

279 **Quelle est la nationalité de Frida Kahlo?**

- ○ **A.** Colombienne
- ○ **B.** Mexicaine
- ○ **C.** Chilienne
- ○ **D.** Péruvienne

280 **Quel est le thème de prédilection d'Edgar Degas?**

- ○ **A.** Les natures mortes
- ○ **B.** Les musiciens
- ○ **C.** Les danseuses
- ○ **D.** Les animaux

281 **Quel est le titre du tableau de René Magritte où figure le texte «Ceci n'est pas une pipe»?**

- ○ **A.** *La Fidélité des images*
- ○ **B.** *Le Miroir des images*
- ○ **C.** *Le Regret des images*
- ○ **D.** *La Trahison des images*

282 **À quel sculpteur doit-on *La Danse*, qui orne la façade de l'opéra Garnier à Paris?**

- ○ **A.** Jean-Baptiste Carpeaux
- ○ **B.** Antoine Bourdelle
- ○ **C.** Gustave Moreau
- ○ **D.** Auguste Rodin

283 **Lequel de ces peintres n'a pas vécu au XIXe siècle?**

- ○ **A.** Vincent Van Gogh
- ○ **B.** Henri de Toulouse-Lautrec
- ○ **C.** Le Greco
- ○ **D.** Eugène Delacroix

284 **Lequel de ces peintres n'est pas impressionniste?**

- ○ **A.** Alfred Sisley
- ○ **B.** Claude Monet
- ○ **C.** Francisco de Goya
- ○ **D.** Camille Pissarro

285 **À quel mouvement le tableau *Les Demoiselles d'Avignon* de Pablo Picasso est-il associé?**

- ○ **A.** Cubisme
- ○ **B.** Impressionnisme
- ○ **C.** Pointillisme
- ○ **D.** Surréalisme

286 **Quel dessinateur, auteur d'ouvrages majeurs pour la jeunesse comme *Les Trois Brigands*, mais aussi de dessins érotiques, est décédé en février 2019?**

- ○ **A.** Morris
- ○ **B.** Hugo Pratt
- ○ **C.** Edward Gorey
- ○ **D.** Tomi Ungerer

287 **Quel artiste est notamment connu pour ses «mobiles»?**

- ○ **A.** Alberto Giacometti
- ○ **B.** Joan Miro
- ○ **C.** Alexander Calder
- ○ **D.** Jean Tinguely

288 **Quelle technique fut beaucoup utilisée par Andy Warhol pour ses tableaux?**

- ○ **A.** La taille-douce
- ○ **B.** La sérigraphie
- ○ **C.** La linogravure
- ○ **D.** La lithographie

289 **Quel mouvement artistique a été créé par Kasimir Malevitch ?**

- ○ **A.** Le suprématisme
- ○ **B.** Le géométrisme
- ○ **C.** Le radicalisme
- ○ **D.** Le soviétisme

290 **Lequel de ces *street artists* utilise la mosaïque comme moyen d'expression ?**

- ○ **A.** Shepard Fairey
- ○ **B.** Banksy
- ○ **C.** Invader
- ○ **D.** Miss Tic

291 **Quel tableau du Caravage disparu a été retrouvé à Toulouse en 2014 ?**

- ○ **A.** *Judith et Holopherne*
- ○ **B.** *La Conversion de saint Paul*
- ○ **C.** *Le Joueur de luth*
- ○ **D.** *David avec la tête de Goliath*

292 **Qu'est-il arrivé à une œuvre de Banksy lors d'une vente aux enchères en 2018 ?**

- ○ **A.** Elle a fondu.
- ○ **B.** Elle a été volée.
- ○ **C.** Elle n'a pas trouvé d'acheteur.
- ○ **D.** Elle s'est autodétruite.

293 **Quel artiste s'est représenté dans de nombreux autoportraits durant quarante ans ?**

- ○ **A.** Rembrandt
- ○ **B.** Jérôme Bosch
- ○ **C.** Jan Van Eyck
- ○ **D.** Pieter Brueghel

294 **À qui doit-on notamment un *Autoportrait avec singe et perroquet* et *Diego dans mes pensées* ?**

- ○ **A.** Diego Rivera
- ○ **B.** Frida Kahlo
- ○ **C.** Joan Miro
- ○ **D.** Juan Gris

295 **Quel tableau a peint Gustave Caillebotte ?**

- ○ **A.** *Les Cireurs de parquet*
- ○ **B.** *Les Poseurs de parquet*
- ○ **C.** *Les Raboteurs de parquet*
- ○ **D.** *Les Laveurs de parquet*

296 **À quelle couleur associe-t-on Pierre Soulages ?**

- ○ **A.** Le rouge
- ○ **B.** Le blanc
- ○ **C.** Le noir
- ○ **D.** Le bleu

297 **À quelle couleur associe-t-on Yves Klein ?**

- ○ **A.** Le rouge
- ○ **B.** Le blanc
- ○ **C.** Le noir
- ○ **D.** Le bleu

298 **Comment s'appelle l'œuvre de l'artiste américain McCarthy, installée sur la place Vendôme à Paris en 2014, et qui a fait scandale ?**

- ○ **A.** *Tree*
- ○ **B.** *Plug*
- ○ **C.** *Christmas Tree*
- ○ **D.** *Green*

299 **À quel peintre néerlandais du XVIIe siècle doit-on le célèbre tableau *La Laitière* ?**

- ○ **A.** Johannes Vermeer
- ○ **B.** Rembrandt
- ○ **C.** Frans Hals
- ○ **D.** Jan Steen

300 **Quelle artiste a notamment sculpté *La Jeune Fille à la gerbe* et un buste de Rodin ?**

- ○ **A.** Louise Bourgeois
- ○ **B.** Camille Claudel
- ○ **C.** Niki de Saint Phalle
- ○ **D.** Germaine Richier

301 **Quel peintre n'a jamais représenté le moulin de la Galette à Montmartre ?**

- ○ **A.** Auguste Renoir
- ○ **B.** Paul Gauguin
- ○ **C.** Pablo Picasso
- ○ **D.** Vincent Van Gogh

302 **Quel artiste travaille ses sculptures avec des matériaux comme la graisse ou la cire ?**

- ○ **A.** Joseph Beuys
- ○ **B.** Frank Stella
- ○ **C.** Fernando Botero
- ○ **D.** Richard Serra

303 **À qui doit-on le tableau *Carré blanc sur fond blanc* en 1918 ?**

- ○ **A.** Pieter Mondrian
- ○ **B.** Amedeo Modigliani
- ○ **C.** Marcel Duchamp
- ○ **D.** Kasimir Malevitch

304 **Dans quel pays est né le constructivisme au début du xxe siècle ?**

- ○ **A.** Russie
- ○ **B.** France
- ○ **C.** États-Unis
- ○ **D.** Chine

305 **Comment sont les montres de Salvador Dali ?**

- ○ **A.** Folles
- ○ **B.** Molles
- ○ **C.** Aveugles
- ○ **D.** Mortes

306 **Quel tableau monumental de Pablo Picasso est devenu le symbole de la dénonciation de la violence franquiste et fasciste en 1937 ?**

- ○ **A.** *Les Demoiselles d'Avignon*
- ○ **B.** *Guernica*
- ○ **C.** *La Femme qui pleure*
- ○ **D.** *La Minotauromachie*

307 **De qui la *Joconde* de Léonard de Vinci est-elle le portrait ?**

- ○ **A.** Sa mère
- ○ **B.** Lisa Alba
- ○ **C.** Mona Lisa
- ○ **D.** Marie-Madeleine

308 **Où peut-on notamment admirer les *Peintures noires* de Goya, *Le Jardin des délices* de Bosch et *David et Goliath* du Caravage ?**

- ○ **A.** Le musée du Louvre à Paris
- ○ **B.** Le Prado à Madrid
- ○ **C.** Le MoMa à New York
- ○ **D.** Le musée des Offices à Florence

309 **Qui a peint le nu féminin *L'Origine du monde* en 1866 ?**

- ○ **A.** Gustave Courbet
- ○ **B.** Gustave Caillebotte
- ○ **C.** Gustav Klimt
- ○ **D.** Gustave Moreau

310 **De quelle nationalité est le peintre Jérôme Bosch ?**

- ○ **A.** Belge
- ○ **B.** Allemande
- ○ **C.** Luxembourgeoise
- ○ **D.** Néerlandaise

311 **Lequel de ces peintres ne fait pas partie de l'École flamande ?**

- ○ **A.** Jan Van Eyck
- ○ **B.** Albrecht Dürer
- ○ **C.** Pieter Brueghel
- ○ **D.** Pierre Paul Rubens

312 **Quel peintre japonais a peint *Trente-six vues du mont Fuji* et *La Grande Vague de Kanagawa* ?**

- ○ **A.** Tsugouharu Foujita
- ○ **B.** Nishikawa Sukenobu
- ○ **C.** Katsushika Hokusai
- ○ **D.** Takashi Murakami

313 **Qui est le fondateur du Bauhaus, école et mouvement qui posa les bases du design et de l'architecture moderne ?**

- ○ **A.** Walter Gropius
- ○ **B.** Paul Klee
- ○ **C.** Wassily Kandinsky
- ○ **D.** László Moholy-Nagy

314 **Comment s'appelle la colonne mystique de Constantin Brancusi ?**

- ○ **A.** *La Colonne céleste*
- ○ **B.** *La Colonne nocturne*
- ○ **C.** *La Colonne de l'esprit*
- ○ **D.** *La Colonne sans fin*

315 **Quel mouvement pictural a été fondé en 1848 par Dante Gabriel Rossetti, William Holman Hunt et John Everett Millais ?**

- ○ **A.** Le préraphaélisme
- ○ **B.** Le caravagisme
- ○ **C.** Le déconstructivisme
- ○ **D.** Le maniérisme

316 **Quelle artiste est connue pour ses « *Nanas* », des sculptures de femmes de taille impressionnante ?**

- ○ **A.** Camille Claudel
- ○ **B.** Niki de Saint Phalle
- ○ **C.** Louise Bourgeois
- ○ **D.** Germaine Richier

317 **Quel est le titre du célèbre tableau du peintre expressionniste norvégien Edvard Munch ?**

- ○ **A.** *Le Rire*
- ○ **B.** *Le Cri*
- ○ **C.** *L'Effroi*
- ○ **D.** *Le Chant*

318 **Quel peintre a été inspiré par la vie au Moulin-Rouge ?**

- ○ **A.** Edgar Degas
- ○ **B.** Henri de Toulouse-Lautrec
- ○ **C.** Paul Cézanne
- ○ **D.** Henri Matisse

319 **À quelle technique Henri Matisse s'est-il consacré à la fin de sa vie ?**

- ○ **A.** L'estampe
- ○ **B.** L'aquarelle
- ○ **C.** Le découpage
- ○ **D.** Le monotype

320 **De qui est le tableau *Impression, soleil levant*, qui a donné son nom au mouvement impressionniste en 1874 ?**

- ○ **A.** Édouard Manet
- ○ **B.** Claude Monet
- ○ **C.** Camille Pissarro
- ○ **D.** Berthe Morisot

321 **À quel mouvement appartiennent Léonard de Vinci, Titien, Raphaël et Michel-Ange ?**

- ○ **A.** Le baroque
- ○ **B.** La Haute Renaissance
- ○ **C.** Le rococo
- ○ **D.** Le maniérisme

322 **Quelle artiste contemporaine française utilise les biotechnologies et pratique les transformations corporelles ?**

- ○ **A.** Annette Messager
- ○ **B.** Louise Bourgeois
- ○ **C.** Orlan
- ○ **D.** Sophie Calle

323 **Quel quartier parisien a vu se croiser Picasso, Modigliani, Apollinaire et Man Ray ?**

- ○ **A.** Les Buttes-Chaumont
- ○ **B.** La Butte-aux-Cailles
- ○ **C.** Montmartre
- ○ **D.** Montparnasse

324 **Quel était le sujet principal des tableaux d'Amedeo Modigliani ?**

- ○ **A.** Les portraits
- ○ **B.** Les natures mortes
- ○ **C.** Les rues de Paris
- ○ **D.** La mer

325 **Quel triptyque de Francis Bacon fait partie des œuvres les plus chères du monde ?**

- ○ **A.** *Trois études de figures au pied d'une crucifixion*
- ○ **B.** *Trois personnages dans une pièce*
- ○ **C.** *Trois études de Lucian Freud*
- ○ **D.** *Triptyque en hommage à George Dyer*

326 **Où sont conservées les principales mosaïques originales de Pompéi ?**

- ○ **A.** Au musée archéologique de Naples
- ○ **B.** Au musée archéologique de Florence
- ○ **C.** Au musée archéologique de Rome
- ○ **D.** Au musée archéologique de Venise

327 **Quelle ville italienne est liée à Canaletto pour les nombreuses représentations qu'il en a faites?**

- A. Pise
- B. Bologne
- C. Palerme
- D. Venise

328 **Quelle peinture monumentale de Paul Véronèse est exposée au Louvre?**

- A. *La Résurrection du Christ*
- B. *Les Noces de Cana*
- C. *Annonciation*
- D. *La Mort de Procris*

329 **Quelle partie du corps manque à la Vénus de Milo?**

- A. La tête
- B. Le bras droit
- C. Le bras gauche
- D. Les deux bras

330 **Lequel de ces artistes porte le nom de la ville où il est né?**

- A. Eugène Delacroix
- B. Léonard de Vinci
- C. Sonia Delaunay
- D. Henri de Toulouse-Lautrec

331 **Sur quel bras s'appuie *Le Penseur* de Rodin?**

- A. Le bras droit
- B. Les deux bras
- C. Aucun
- D. Le bras gauche

332 **Quelle déesse représente la *Victoire de Samothrace*?**

- A. Athéna
- B. Niké
- C. Aphrodite
- D. Némésis

333 **Quelle artiste française, qui a représenté la France à la Biennale de Venise en 2007, apparaît dans un roman de Paul Auster pour ses repas chromatiques?**

- A. Sophie Calle
- B. Laure Prouvost
- C. Annette Messager
- D. Louise Bourgeois

334 **Quelle artiste américaine, qui a beaucoup travaillé sur le corps et la sexualité, est décédée le 6 mars 2019?**

- A. Karen Finley
- B. Marina Abramovic
- C. Gina Pane
- D. Carolee Schneeman

335 **Quelle fleur est emblématique des tableaux de Vincent Van Gogh?**

- A. Les coquelicots
- B. Les tulipes
- C. Les tournesols
- D. Les nymphéas

336 **Quel artiste sénégalais, membre de l'Académie des beaux-arts, a attiré plus de trois millions de visiteurs lors de son exposition sur le pont des Arts à Paris en 1999?**

- A. Cheikhou Bâ
- B. Fodé Camara
- C. Ousmane Sow
- D. Souleymane Keita

337 **Quelle est la spécialité du musée du quai Branly à Paris?**

- A. Les arts et civilisations d'Afrique, d'Asie, d'Océanie et des Amériques
- B. La mode, le costume et le design
- C. La sculpture contemporaine
- D. La danse

338 **Qu'est-ce que l'art brut?**

- A. L'art datant d'avant le XVe siècle
- B. Un art spontané, qui n'est pas issu d'une norme culturelle
- C. Un autre nom pour l'art abstrait
- D. Les peintures monochromes

Cinéma

➜ **Retrouvez le corrigé de cette série page 554.**

339 Quel est le nom du premier film parlant sorti en 1927 ?

- ○ **A.** *Les Temps modernes*
- ○ **B.** *Une Nuit à l'Opéra*
- ○ **C.** *Le Pianiste*
- ○ **D.** *Le Chanteur de jazz*

340 Quel est le lien de parenté entre le peintre Auguste Renoir et le cinéaste Jean Renoir ?

- ○ **A.** Frères
- ○ **B.** Cousins
- ○ **C.** Père et fils
- ○ **D.** Aucun

341 Quelle est la nationalité du cinéaste Jean-Luc Godard ?

- ○ **A.** Franco-allemande
- ○ **B.** Franço- belge
- ○ **C.** Franco-suisse
- ○ **D.** Franço- luxembourgeoise

342 Quel film d'Alfred Hitchcock a la particularité d'être tourné un seul plan séquence ?

- ○ **A.** *La Corde*
- ○ **B.** *Les Oiseaux*
- ○ **C.** *Rebecca*
- ○ **D.** *Le Crime était presque parfait*

343 Qui est le réalisateur de *Taxi Driver* en 1976 ?

- ○ **A.** Martin Scorsese
- ○ **B.** Francis Ford Coppola
- ○ **C.** Brian de Palma
- ○ **D.** Michael Cimino

344 Lequel de ces romans de Stephen King n'a pas été adapté au cinéma ?

- ○ **A.** *Carrie*
- ○ **B.** *Shining, l'enfant lumière*
- ○ **C.** *La Ligne verte*
- ○ **D.** *22/11/63*

345 Quel mot mystérieux guide la trame du film *Citizen Kane* d'Orson Wells en 1941 ?

- ○ **A.** Rosebush
- ○ **B.** Rosemond
- ○ **C.** Rosebud
- ○ **D.** Rosarium

346 Lequel de ces films n'a pas été réalisé par Jacques Tati ?

- ○ **A.** *Alphaville*
- ○ **B.** *Jour de fête*
- ○ **C.** *Mon Oncle*
- ○ **D.** *Playtime*

347 Qui est le réalisateur d'*Elephant Man* en 1980 ?

- ○ **A.** Orson Wells
- ○ **B.** Stanley Kubrick
- ○ **C.** Fritz Lang
- ○ **D.** David Lynch

348 Lequel de ces films n'est pas une comédie musicale ?

- ○ **A.** *West Side Story*
- ○ **B.** *Les Parapluies de Cherbourg*
- ○ **C.** *La Rose pourpre du Caire*
- ○ **D.** *Dancer in the dark*

349 Lequel de ces films ne fait pas partie de la filmographie de Woody Allen ?

- ○ **A.** *Manhattan*
- ○ **B.** *La Couleur pourpre*
- ○ **C.** *Bananas*
- ○ **D.** *Woody et les robots*

350 Dans quelle ville remet-on chaque année l'Ours d'or ?

- ○ **A.** Rome
- ○ **B.** Moscou
- ○ **C.** Berlin
- ○ **D.** Montréal

351 Qu'est-ce que *L'Atalante* dans le film de Jean Vigo en 1934 ?

- ○ **A.** Une péniche
- ○ **B.** Une maison close
- ○ **C.** Un hôtel
- ○ **D.** Un train

352 **Dans *Le Magicien d'Oz*, quelle route doit suivre l'héroïne ?**
- ○ **A.** La route de pavés bleus
- ○ **B.** La route de briques jaunes
- ○ **C.** La route de nuages verts
- ○ **D.** La route de la forêt rouge

353 **Lequel de ces films n'est pas de Pedro Almodovar ?**
- ○ **A.** *Matador*
- ○ **B.** *Kika*
- ○ **C.** *Tesis*
- ○ **D.** *Volver*

354 **Dans *Seul au monde*, comment s'appelle le ballon avec qui parle le héros ?**
- ○ **A.** Allison
- ○ **B.** Martin
- ○ **C.** Johnson
- ○ **D.** Wilson

355 **À quoi fait référence le titre du film *American Beauty* de Sam Mendes ?**
- ○ **A.** Une variété de roses
- ○ **B.** Une variété d'oiseaux
- ○ **C.** Une variété d'arbres
- ○ **D.** Une variété de nuages

356 **Lequel de ces films n'est pas une adaptation d'un roman de Philip K. Dick ?**
- ○ **A.** *Blade Runner*
- ○ **B.** *Minority Report*
- ○ **C.** *eXistenZ*
- ○ **D.** *Total Recall*

357 **En quelle année le Festival de Cannes a-t-il été annulé pour la seule fois de son existence ?**
- ○ **A.** 1939
- ○ **B.** 1945
- ○ **C.** 1968
- ○ **D.** 1977

358 **Quel mouvement cinématographique a été lancé en 1995 par plusieurs réalisateurs danois, à l'instigation de Lars von Trier ?**
- ○ **A.** Dogme95
- ○ **B.** Melancholia95
- ○ **C.** Cinema95
- ○ **D.** Festen95

359 **Quel film de Stanley Kubrick se déroule à l'Overlook Hotel ?**
- ○ **A.** *Lolita*
- ○ **B.** *Orange mécanique*
- ○ **C.** *Full metal jacket*
- ○ **D.** *Shining*

360 **Quel film a reçu la Palme d'or du Festival de Cannes en 2021 ?**
- ○ **A.** *Compartiment n° 6*
- ○ **B.** *Annette*
- ○ **C.** *Drive My Car*
- ○ **D.** *Titane*

361 **Quel film a remporté le César du meilleur film en 2021 ?**
- ○ **A.** *Adieu les cons*
- ○ **B.** *Été 85*
- ○ **C.** *Adolescentes*
- ○ **D.** *ADN*

362 **Quel réalisateur n'a jamais adapté *Les Liaisons dangereuses* au cinéma ?**
- ○ **A.** Stephen Frears
- ○ **B.** Milos Forman
- ○ **C.** Roger Vadim
- ○ **D.** Claude Chabrol

363 **Dans quel film peut-on découvrir Sophie Marceau pour la première fois ?**
- ○ **A.** *L'Effrontée*
- ○ **B.** *Naissance des pieuvres*
- ○ **C.** *Rouge Baiser*
- ○ **D.** *La Boum*

364 **Dans quel film Pierre Richard souffre-t-il de malchance, comme le peintre Delacroix ?**
- ○ **A.** *Le Distrait*
- ○ **B.** *Les Malheurs d'Alfred*
- ○ **C.** *La Chèvre*
- ○ **D.** *Le Jouet*

365 **À quelle date, Marty McFly et Emmett Brown débarquent-ils dans *Retour vers le futur* ?**
- ○ **A.** 21 octobre 2015
- ○ **B.** 14 février 2019
- ○ **C.** 24 février 2000
- ○ **D.** 10 juillet 2015

366 **Quel acteur de la troupe du Splendid ne joue pas dans *Le Père Noël est une ordure*?**

- ○ **A.** Michel Blanc
- ○ **B.** Christian Clavier
- ○ **C.** Gérard Jugnot
- ○ **D.** Thierry Lhermitte

367 **Comment s'appelle le rival de Mozart dans le film *Amadeus* de Milos Forman?**

- ○ **A.** Scarletti
- ○ **B.** Rossini
- ○ **C.** Salieri
- ○ **D.** Verdi

368 **En quelle année a été fondé à Rome le complexe de studios de cinéma Cinecittà?**

- ○ **A.** 1947
- ○ **B.** 1987
- ○ **C.** 1937
- ○ **D.** 1957

369 **À quel réalisateur doit-on les films *Rocco et ses frères* (1960) et *Le Guépard* (1962)?**

- ○ **A.** Luchino Visconti
- ○ **B.** Michelangelo Antonioni
- ○ **C.** Pietro Germi
- ○ **D.** Roberto Rossellini

370 **Dans quel film de Federico Fellini peut-on voir l'actrice Anita Ekberg se baigner dans la fontaine de Trevi?**

- ○ **A.** *La Dolce Vita*
- ○ **B.** *La Strada*
- ○ **C.** *Roma*
- ○ **D.** *La Cité des femmes*

371 **Lequel de ces films n'est pas de Charlie Chaplin?**

- ○ **A.** *Les Lumières de la ville*
- ○ **B.** *Le Kid*
- ○ **C.** *Le Mécano de la Générale*
- ○ **D.** *Les Temps modernes*

372 **Dans quel film futuriste de 1927 Fritz Lang met-il en scène les inégalités sociales d'une cité?**

- ○ **A.** *Megalopolis*
- ○ **B.** *Astropolis*
- ○ **C.** *Metropolis*
- ○ **D.** *Futuropolis*

373 **Que doit pourchasser le héros de *Blade Runner* dans le film de Ridley Scott de 1982?**

- ○ **A.** Des licornes
- ○ **B.** Des androïdes
- ○ **C.** Des amazones
- ○ **D.** Des espions

374 **À quel conte fait référence le film *A.I. : Intelligence artificielle* de Steven Spielberg?**

- ○ **A.** *La Belle et la Bête*
- ○ **B.** *Cendrillon*
- ○ **C.** *Tom Pouce*
- ○ **D.** *Pinocchio*

375 **Dans *Le Livre de la jungle*, comment s'appelle le tigre?**

- ○ **A.** Shere Khan
- ○ **B.** Bagheera
- ○ **C.** Kaa
- ○ **D.** King Louie

376 **Lequel de ces films de François Truffaut ne fait pas partie de la saga Antoine Doinel?**

- ○ **A.** *Les Quatre Cents Coups*
- ○ **B.** *Baisers volés*
- ○ **C.** *La Nuit américaine*
- ○ **D.** *L'Amour en fuite*

377 **Dans quel quartier parisien se situe l'action du *Fabuleux Destin d'Amélie Poulain* de Jean-Pierre Jeunet?**

- ○ **A.** Le Marais
- ○ **B.** Montmartre
- ○ **C.** Montparnasse
- ○ **D.** La Contrescarpe

378 **Lequel de ces films n'est pas de Steven Spielberg?**

- ○ **A.** *Les Dents de la mer*
- ○ **B.** *La Liste de Schindler*
- ○ **C.** *Empire du Soleil*
- ○ **D.** *American Graffiti*

379 Lequel de ces films n'est pas de Terrence Malick ?

- A. *La Balade sauvage*
- B. *La Ligne rouge*
- C. *La Porte du paradis*
- D. *Les Moissons du ciel*

380 Comment s'appelle la planète bleue dans *Avatar* de James Cameron ?

- A. Pandora
- B. Ariana
- C. Orphea
- D. Narnia

381 Classez les quatre films de la saga *Indiana Jones* par ordre chronologique :

- A. *Indiana Jones et la Dernière Croisade*
- B. *Les Aventuriers de l'arche perdue*
- C. *Indiana Jones et le Royaume du crâne de cristal*
- D. *Indiana Jones et le Temple maudit*

382 Qui est l'héroïne de *Loulou* de Georg Wilhelm Pabst en 1929 ?

- A. Jean Harlow
- B. Myrna Loy
- C. Louise Brooks
- D. Joan Bennett

383 Qui donne la réplique à Humphrey Bogart dans *Le Port de l'angoisse* en 1944 ?

- A. Gene Tierney
- B. Ingrid Bergman
- C. Vivien Leigh
- D. Lauren Bacall

384 Classez ces quatre films de Walt Disney par ordre chronologique :

- A. *Peter Pan*
- B. *Blanche-Neige et les 7 nains*
- C. *Dumbo*
- D. *Pinocchio*

385 Lequel de ces acteurs n'a pas endossé l'identité de James Bond ?

- A. Tony Curtis
- B. Daniel Craig
- C. Timothy Dalton
- D. Sean Connery

386 Lequel de ces films n'a pas été réalisé par Quentin Tarantino ?

- A. *Reservoir Dogs*
- B. *Boulevard de la mort*
- C. *True Romance*
- D. *Pulp Fiction*

387 Lequel de ces films n'est pas d'Ingmar Bergman ?

- A. *Fanny et Alexandre*
- B. *Persona*
- C. *Le Septième Sceau*
- D. *La Peau douce*

388 Pour qui sont les *Diamants sur canapé* en 1961 ?

- A. Katharine Hepburn
- B. Rita Hayworth
- C. Audrey Hepburn
- D. Liz Taylor

389 Qui est le « milliardaire » de Marilyn Monroe en 1960 ?

- A. Charlton Heston
- B. Yves Montand
- C. Marcello Mastroianni
- D. Richard Burton

390 Dans lequel de ces films James Dean n'a-t-il pas joué ?

- A. *Géant*
- B. *La Fureur de vivre*
- C. *À l'est d'Éden*
- D. *La Fièvre dans le sang*

391 Quel film a reçu l'Oscar du meilleur film en 2021 ?

- A. *Drunk*
- B. *Nomadland*
- C. *The Father*
- D. *Promising Young Woman*

392 **Sous quel nom Norma Jeane Baker est-elle plus connue?**

- A. Julia Roberts
- B. Isabella Rossellini
- C. Rooney Mara
- D. Marilyn Monroe

393 **Quel prix est décerné à La Mostra de Venise?**

- A. Le Doge d'or
- B. Le Paon d'or
- C. Le Tigre d'or
- D. Le Lion d'or

394 **Quels mots sont écrits sur les mains du révérend Powell interprété par Robert Mitchum dans *La Nuit du chasseur*?**

- A. *LEFT* et *RIGHT*
- B. *LOVE* et *HATE*
- C. *BLACK* et *WHITE*
- D. *DAY* et *NIGHT*

395 **Lequel de ces films n'est pas d'Henri-Georges Clouzot?**

- A. *Le Mystère Picasso*
- B. *Les Diaboliques*
- C. *Plein Soleil*
- D. *Le Salaire de la peur*

396 **Quel film de Jean-Pierre Melville raconte l'histoire d'un réseau de la Résistance pendant l'Occupation?**

- A. *L'Armée des morts*
- B. *L'Armée des ombres*
- C. *L'Armée des revenants*
- D. *L'Armée des souvenirs*

397 **Par quel engin Cary Grant se fait-il poursuivre dans *La Mort aux trousses* d'Alfred Hitchcock?**

- A. *Un train*
- B. *Un bus*
- C. *Une fusée*
- D. *Un avion*

398 **Qui joue la Bête dans *La Belle et la Bête* de Jean Cocteau en 1946?**

- A. Paul Meurisse
- B. Jean Marais
- C. Bourvil
- D. Michel Simon

399 **En quelle année est sorti le tout premier film de la saga *La Guerre des étoiles*?**

- A. 1976
- B. 1977
- C. 1978
- D. 1979

400 **En quelle année est sorti *La Nuit des morts-vivants*, le premier film de zombies?**

- A. 1964
- B. 1966
- C. 1968
- D. 1970

401 **Lequel de ces films n'est pas de John Carpenter?**

- A. *Invasion Los Angeles*
- B. *The Thing*
- C. *Halloween*
- D. *Gremlins*

402 **Lequel de ces films est à la première place du box-office en France?**

- A. *Titanic*
- B. *Bienvenue chez les Ch'tis*
- C. *Intouchables*
- D. *La Grande Vadrouille*

403 **Quel film à sketches de Dino Risi met en scène Ugo Tognazzi et Vittorio Gassman en 1963?**

- A. *Les Maudits*
- B. *Les Monstres*
- C. *Les Sauvages*
- D. *Les Barbares*

404 **Lequel de ces films n'appartient pas à la filmographie de Martin Scorsese?**

- A. *Le Temps de l'innocence*
- B. *Casino*
- C. *La Dernière Tentation du Christ*
- D. *Apocalypse Now*

405 **Lequel de ces films appartient à la filmographie de Francis Coppola?**

- ○ **A.** *Le Parrain*
- ○ **B.** *Scarface*
- ○ **C.** *Raging Bull*
- ○ **D.** *Phantom of the Paradise*

406 **De quel film des années 60 *Blow Out* de Brian de Palma (1981) est-il un lointain remake?**

- ○ **A.** *La Vérité* de Clouzot
- ○ **B.** *Le Lauréat* de Nichols
- ○ **C.** *Harold et Maude* d'Ashby
- ○ **D.** *Blow Up* d'Antonioni

407 **Quel réalisateur anglais est connu pour ses films à portée sociale?**

- ○ **A.** Ken Loach
- ○ **B.** Alfred Hitchcock
- ○ **C.** Stephen Frears
- ○ **D.** Michael Powell

408 **Quelle réalisatrice de *Cléo de 5 à 7* et de *Sans toit ni loi* est décédée en mars 2019?**

- ○ **A.** Catherine Breillat
- ○ **B.** Claire Denis
- ○ **C.** Pascale Ferran
- ○ **D.** Agnès Varda

Corrigés

Littérature

1 Qui a écrit le recueil de poèmes *Une saison en enfer* en 1873? **Arthur Rimbaud**

2 Sous quel nom les nouvelles d'Edgar Poe ont-elles été recueillies en 1856? ***Histoires extraordinaires***

3 Quel est le nom du roman de Raymond Queneau paru en 1959? ***Zazie dans le métro***

4 Classez ces différents tomes de *À la recherche du temps perdu* de Marcel Proust par ordre chronologique : ***Du côté de chez Swann, À l'ombre des jeunes filles en fleurs, Le Côté de Guermantes, Le Temps retrouvé***

5 Quel est le nom du roman épistolaire de Pierre Choderlos de Laclos publié en 1782? ***Les Liaisons dangereuses***

6 Quel roman subversif du marquis de Sade a été publié en 1795? ***La Philosophie dans le boudoir***

7 Dans quel roman Marguerite Duras raconte-t-elle sa jeunesse en Indochine? ***L'Amant***

8 Quelle invention farfelue trouve-t-on dans *L'Écume des jours* de Boris Vian? **Le pianocktail**

9 Lequel de ces romans d'Agatha Christie n'est pas une enquête d'Hercule Poirot? ***Un meurtre sera commis le…***

10 Comment s'appelle l'assistant de Sherlock Holmes? ***Watson***

11 Quelle est la particularité du roman de Georges Perec *La Disparition* paru en 1969? **La lettre e est absente**

12 Quel animal devient l'ami du Petit Prince dans le roman d'Antoine de Saint-Exupéry? ***Un renard***

13 Comment s'appelle le célèbre roman de Jane Austen paru en 1813? ***Orgueil et Préjugés***

14 Quel est le nom du recueil de poèmes de Jacques Prévert paru en 1946? ***Paroles***

15 De qui Goethe raconte-t-il les souffrances dans son premier roman? **Du jeune Werther**

16 Lequel de ces romans n'est pas de John Steinbeck? ***Le Bruit et la Fureur***

17 Quel est le prénom de la muse d'André Breton? **Nadja**

18 Quel auteur ne fait pas partie du recueil naturaliste *Les Soirées de Médan*? **Stendhal**

19 Laquelle ne fait pas partie des sœurs Brontë, auteures anglaises du XIXe siècle? **Emma**

20 Qui est l'auteur du *Livre de la jungle* paru en 1894? **Rudyard Kipling**

21 Quel est le titre du roman culte de J. D. Salinger paru en 1951? ***L'Attrape-cœurs***

22 Quel livre de la Beat generation a été écrit en trois semaines (du 2 au 22 avril 1951) sur un rouleau de papier de 36,50 mètres de long? ***Sur la route* de Jack Kerouac**

23 Lequel de ces romans a été écrit par H. G. Wells? ***L'Île du docteur Moreau***

24 Quelle année donne son titre à un roman de George Orwell en 1949? **1984**

25 Dans laquelle de ces rues Pierre Gripari fait-il vivre une sorcière? **Mouffetard**

26 À quel mouvement appartiennent les auteurs Jack Kerouac, Allen Ginsberg et William Burroughs? **La Beat generation**

27 Quel mouvement poétique a pour devise : « l'art pour l'art » ? **Le Parnasse**

28 De quel mouvement littéraire André Breton a-t-il écrit le manifeste ? **Le surréalisme**

29 Quel mouvement littéraire réunit Nathalie Sarraute, Alain Robbe-Grillet et Michel Butor ? **Le nouveau roman**

30 Quel mouvement littéraire du XVIe siècle réunit Érasme, Rabelais et Montaigne ? **L'humanisme**

31 Lequel de ces personnages n'est pas un héros de Charles Dickens ? **Huckleberry Finn**

32 Lequel de ces romans n'est pas de Fiodor Dostoïevski ? ***L'Enfant***

33 Quels poètes ont eu une liaison amoureuse ? **Rimbaud et Verlaine**

34 Lequel de ces recueils de poèmes n'est pas de Victor Hugo ? ***Les Coryphées***

35 Où débute l'action de *Salammbô* de Gustave Flaubert ? **À Mégara, faubourg de Carthage**

36 Laquelle de ces œuvres n'est pas de Voltaire ? **Mithridate**

37 Lequel de ces écrivains ne peut-on pas rattacher au réalisme ? **Villiers de L'Isle-Adam**

38 Lequel de ces romans de Laurent Gaudé a reçu le prix Goncourt en 2004 ? ***Le Soleil des Scorta***

39 Quel roman de Georges Bataille est paru en 1957 ? ***Le Bleu du ciel***

40 Sous quel pseudonyme Romain Gary a-t-il gagné une seconde fois le prix Goncourt en 1975 ? **Émile Ajar**

41 Quel est le titre du roman de François Mauriac paru en 1932 ? ***Le Nœud de vipères***

42 Quel est le point commun entre Homère et James Joyce ? **Ulysse**

43 Quelle est la particularité du portrait de Dorian Gray dans le livre d'Oscar Wilde paru en 1890 ? **Le portrait vieillit**

44 De qui Marguerite Yourcenar écrit-elle les *Mémoires* en 1951 ? **Hadrien**

45 Lequel de ces titres ne fait pas partie de la trilogie *Nos ancêtres* d'Italo Calvino ? ***Le Duc invisible***

46 Qu'est-ce que l'OuLiPo ? **L'Ouvroir de littérature potentielle**

47 Pour qui « La Terre est bleue comme une orange » ? **Paul Éluard**

48 Laquelle de ces œuvres n'est pas de Lewis Carroll ? ***La Chute de la maison Usher***

49 Quel est le nom du roman policier de James Ellroy paru en 1987 ? ***Le Dahlia noir***

50 Quel livre commence par ces mots : « Je forme une entreprise qui n'eut jamais d'exemple » ? ***Les Confessions* de Rousseau**

51 Sous quel pseudonyme Isidore Ducasse a-t-il écrit *Les Chants de Maldoror* en 1869 ? **Le comte de Lautréamont**

52 De quel animal Marcel Aymé a-t-il fait un roman en 1933 ? **Une jument verte**

53 Qui est l'auteure du roman Rebecca paru en 1938 ? **Daphne du Maurier**

54 Sous quel titre ont été réunies les histoires écrites par Geoffrey Chaucer ? ***Les Contes de Canterbury***

55 Quelles Mémoires François-René de Chateaubriand a-t-il écrites au XIXe siècle ? ***Les Mémoires d'outre-tombe***

56 Quelle œuvre d'Albert Camus commence par ces mots : « Aujourd'hui maman est morte » ? ***L'Étranger***

57. Lequel de ces romans n'est pas de Jules Verne ? ***L'Île au trésor***
58. Où nous mène le « voyage » de Louis-Ferdinand Céline publié en 1932 ? **Au bout de la nuit**
59. Comment s'appelle le recueil de nouvelles de Dino Buzzati publié en 1966 ? ***Le K***
60. Pour qui « une rose est une rose est une rose » ? **Gertrude Stein**
61. Quel est le titre de la bande dessinée autobiographique de Marjane Satrapi adaptée au cinéma en 2007 ? ***Persepolis***
62. Qui est l'auteur de la saga autobiographique *L'Arabe du futur* ? **Riad Sattouf**
63. Qui est l'ennemi de Tintin, le héros d'Hergé ? **Roberto Rastapopoulos**
64. Comment s'appelle le marin aventurier créé par Hugo Pratt en 1967 ? **Corto Maltese**
65. Quel musicien américain a reçu le prix Nobel de littérature en 2016 ? **Bob Dylan**
66. Pour quelle bande dessinée sur la Shoah Art Spiegelman a-t-il reçu le prix Pulitzer en 1992 ? ***Maus***
67. Qu'arrive-t-il à la fin de chaque aventure de Little Nemo de Winsor McCay ? **Il se réveille**
68. Qui a reçu le Grand Prix au Festival international de la bande dessinée d'Angoulême en 2021 ? **Chris Ware**
69. Lesquelles de ces « Lettres » sont de Montesquieu ? ***Lettres persanes***
70. Lequel de ces écrivains n'appartient pas au XVIe siècle ? **Fénelon**
71. Lequel de ces romans n'a pas été écrit par Émile Zola ? ***Les Paysans***
72. Lequel de ces poètes n'a pas vécu au XIXe siècle ? **François de Malherbe**
73. Lequel de ces auteurs n'est pas latin ? **Euripide**
74. Quelle épistolière du XVIIe siècle est notamment célèbre pour sa correspondance avec sa fille ? **Mme de Sévigné**
75. Quel est le nom du héros du roman *Le Rouge et le Noir* de Stendhal ? **Julien Sorel**
76. Qui est l'auteure du roman *Autant en emporte* le vent ? **Margaret Mitchell**
77. Lequel de ces romans n'est pas de Franz Kafka ? ***Le Labyrinthe***
78. Quel ensemble de romans a pour sous-titre « *Histoire naturelle et sociale d'une famille sous le Second Empire* » ? ***Les Rougon-Macquart* d'Émile Zola**
79. Lequel de ces romans n'est pas de Mme de La Fayette ? ***La Duchesse de Langeais***
80. La phrase de Montaigne « Parce que c'était lui, parce que c'était moi » fait référence à son amitié avec : **La Boétie**
81. Lequel de ces romanciers n'est pas américain ? **George Orwell**
82. Qui a écrit *Manhattan Transfer* publié en 1925 ? **John Dos Passos**
83. Lequel de ces romans n'est pas de Stefan Zweig ? ***La Mort à Venise***
84. Quel héros de roman est amoureux de Dulcinée ? **Don Quichotte, dans le roman éponyme de Cervantès**
85. À quel courant littéraire appartient Gustave Flaubert ? **Le réalisme**
86. Quels frères ont théorisé le mouvement naturaliste ? **Les frères Goncourt**
87. Qui est l'auteur du recueil de poèmes *Les Regrets* ? **Joachim du Bellay**
88. La Pléiade regroupe sept poètes français du **XVIe siècle**.

89 Quel est le métier de Bel-Ami dans le roman éponyme de Maupassant? **Journaliste**

90 Quel est le nom de plume d'Aurore Dupin? **George Sand**

91 Qui a dirigé la rédaction de *L'Encyclopédie* au XVIIIe siècle? **Diderot et d'Alembert**

92 Qui est l'auteure de *Truismes* en 1996? **Marie Darrieussecq**

93 De quel couple d'auteurs a-t-on publié la *Correspondance passionnée*? **Anaïs Nin et Henry Miller**

94 Lequel de ces titres est celui d'un roman d'Amélie Nothomb? ***Stupeur et Tremblements***

95 Classez ces couples d'amoureux mythiques par ordre chronologique : **Tristan et Iseut, Roméo et Juliette, La Belle et la Bête, Paul et Virginie**

96 Quel roman raconte l'histoire d'amour d'Ariane et Solal? ***Belle du Seigneur* d'Albert Cohen**

97 Parmi ces romans, lequel est d'Annie Ernaux? ***La Place***

98 Quel poète est notamment célèbre pour ses Calligrammes? **Guillaume Apollinaire**

99 Lequel de ces romans n'est pas d'Alexandre Dumas? ***Le Chevalier au lion***

100 De quelle « maison » fait partie Harry Potter dans la saga de J. K. Rowling? **Gryffondor**

101 Quelle auteure américaine a obtenu le prix Nobel de littérature en 1993? **Toni Morrison**

102 Qui a écrit *La Belle et la Bête*? **Jeanne-Marie Leprince de Beaumont**

103 Qui est l'héroïne d'un roman de Vladimir Nabokov? ***Lolita***

104 Parmi ces romans de chevalerie de Chrétien de Troyes, lequel n'existe pas? ***Gauvain ou le Chevalier intrépide***

105 Quelle carte à jouer donne son nom à une nouvelle fantastique d'Alexandre Pouchkine en 1834? **La dame de pique**

106 Quel est le titre du roman de Leïla Slimani qui a obtenu le prix Goncourt en 2016? ***Chanson douce***

107 Qui est le héros de *Sans famille* d'Hector Malot? **Rémi**

108 Qui a écrit *Les Métamorphoses* en l'an I apr. Jésus-Christ? **Ovide**

109 Quel écrivain, membre de l'Académie française, est décédé vingt-quatre heures avant Johnny Hallyday? **Jean d'Ormesson**

110 Laquelle de ces auteures ne s'est pas illustrée dans le roman policier? **Françoise Sagan**

111 Tous ces ouvrages ont été jugés scandaleux à leur parution et ont fait l'objet d'un procès, sauf un. Lequel? ***Nana* d'Émile Zola**

112 Lequel de ces ouvrages majeurs n'est pas paru au cours des deux années 1856 et 1857? ***Le Père Goriot* d'Honoré de Balzac**

113 Qui a écrit *Guerre et Paix* et *Anna Karénine*? **Léon Tolstoï**

114 Quel auteur ne fait pas partie de la négritude, courant littéraire et politique créé durant l'entre-deux-guerres? **Roland Barthes**

115 Lequel de ces auteurs ne s'est pas illustré dans le roman policier? **Ernest Hemingway**

116 Lequel de ces titres ne doit-on pas à Emil Cioran? ***Mémoires d'outre-tombe***

117 Lequel de ces auteurs n'appartient pas au mouvement du romantisme? **Jean Racine**

118 Lequel de ces poèmes n'appartient pas à la poésie romantique? **« La Ballade des pendus » de Villon**

119 Qui est l'auteur du célèbre vers « Mignonne, allons voir si la rose... »? **Pierre de Ronsard**

120 De qui est *Soumission*, le roman de politique-fiction paru en 2015 qui a créé la polémique? **Michel Houellebecq**

121 Dans quel conte peut-on trouver la question : « Anne, ma sœur Anne, ne vois-tu rien venir? » ***La Barbe bleue***

122 Quel commissaire met en scène Fred Vargas dans plusieurs de ses romans? **Jean-Baptiste Adamsberg**

123 Quel écrivain a été, en 1959, le premier ministre de la Culture en France? **André Malraux**

124 Lequel de ces livres n'a pas été écrit par Milan Kundera? ***Le Rire***

125 Qui a écrit *Ensemble, c'est tout* en 2004? **Anna Gavalda**

126 À quelle trilogie de James Ellroy appartient le roman *American Tabloïd*? ***Underworld USA***

127 Quel célèbre peintre est cité dans le titre du plus gros succès de l'écrivain américain Dan Brown? **Léonard de Vinci**

128 Quel roman l'écrivain américain Philip Roth a-t-il écrit? ***Portnoy et son complexe***

129 De quel auteur Jean-Baptiste Poquelin est-il le vrai nom? **Molière**

130 Dans le célèbre poème de Guillaume Apollinaire, sous quel pont « coule la Seine »? **Sous le pont Mirabeau**

131 Sous quel nom est paru l'ensemble de l'œuvre poétique d'Aimé Césaire en 1994? ***La Poësie***

132 Lequel de ces romans n'est pas de Victor Hugo? ***Le Lys dans la vallée***

133 Lequel de ces personnages n'est pas un héros d'Honoré de Balzac? **Étienne Lantier**

134 Lequel de ces prénoms n'est pas un roman de Stephen King? **Billie**

Photographie

135 Quel procédé photographique est inventé par Étienne-Jules Marey en 1882? **La chronophotographie**

136 Quel procédé photographique attribue-t-on à Man Ray? **Le rayogramme**

137 À quel photographe doit-on *Le Baiser de l'Hôtel de ville*? **Robert Doisneau**

138 Classez ces mouvements photographiques par ordre chronologique **: le pictorialisme, la photo-sécession, le constructivisme, la nouvelle objectivité**

139 À quelle photographe américaine doit-on *Jumelles identiques* en 1967? **Diane Arbus**

140 Quel événement historique Robert Capa a-t-il photographié? **Le débarquement en Normandie**

141 Sous quel pseudonyme Arthur Fellig a-t-il photographié la vie nocturne new-yorkaise? **Weegee**

142 Laquelle de ces photographes fut correspondante de guerre et compagne de Man Ray? **Lee Miller**

143 Quel est le thème principal des photographies d'Imogen Cunningham? **Le portrait**

144 Quel photographe a documenté le Paris de la fin du XIXe siècle? **Eugène Atget**

145 Pour quelle série de photographies Brassaï est-il connu? **Graffitis**

146 Quelle est la nationalité du photographe surréaliste Manuel Álvarez Bravo? **Mexicaine**

147 En quelle année l'agence photographique Magnum a-t-elle été créée? **1947**

148 Quelle personnalité fut la muse de Man Ray dans les années 1920 ? **Kiki**

149 Quel est le titre du livre de Robert Frank qui influença la photographie américaine d'après-guerre ? ***Les Américains***

150 Quelle photographe se met souvent en scène avec des accessoires et déguisements dans de nombreux autoportraits ? **Cindy Sherman**

151 Quel photographe français a également réalisé de nombreux films documentaires, dont *10e chambre, instants d'audience* ? **Raymond Depardon**

152 Lequel de ces photographes ne fait pas partie de la « photographie humaniste française » ? **Martin Parr**

153 Lequel de ces photographes s'est surtout illustré dans la photographie de mode ? **Helmut Newton**

154 À quel photographe du XIXe siècle doit-on les portraits de nombreuses personnalités de son temps, comme Guy de Maupassant, Sarah Bernhardt et Charles Baudelaire ? **Nadar**

155 Quel photographe français a aussi réalisé des clips pour des artistes comme Madonna, les Rita Mitsouko ou Vanessa Paradis ? **Jean-Baptiste Mondino**

156 Qui a photographié *La Terre vue du ciel* ? **Yann Arthus-Bertrand**

157 Laquelle de ces photographes n'a pas réalisé de portrait présidentiel officiel ? **Sarah Moon**

158 Quel duo de photographes est connu pour ses photographies très colorées, retravaillées à la peinture, à l'ambiance kitsch ? **Pierre et Gilles**

159 Quel photographe réalise des portraits géants en noir et blanc d'anonymes et les colle sur les murs du monde entier ? **JR**

160 Quel photographe n'a pas pour spécialité les portraits de célébrités ? **William Eggleston**

161 Quel studio de photographie est réputé pour ses portraits en noir et blanc ? **Le studio Harcourt**

162 Quel est le procédé photographique mis au point et commercialisé par Louis Daguerre en 1835 ? **Le daguerréotype**

163 Lequel de ces photographes n'a jamais remporté le Grand Prix national de la photographie, décerné par le ministère de la Culture français entre 1978 et 1997 ? **Marc Riboud**

164 Quel photographe allemand du début du XXe siècle est connu pour ses photographies de structures végétales ? **Karl Blossfeldt**

165 De qui est le panorama photographique *The Ballad of Sexual Dependency* ? **Nan Goldin**

166 Dans quelle ville fait-on des « rencontres » photographiques chaque année ? **Arles**

167 Quelle photographe a eu une reconnaissance posthume suite à la découverte de ses milliers de négatifs dans une vente aux enchères ? **Vivian Maier**

168 Quelle photographe américaine, à qui l'on doit notamment de nombreux autoportraits en noir et blanc, s'est suicidée à l'âge de 22 ans en 1981 ? **Francesca Woodman**

Architecture

169 Quelle est la hauteur de la tour Eiffel ? **324 mètres**

170 Laquelle de ces constructions ne fait pas partie des Sept Merveilles du monde antique ? **Le Colisée de Rome**

171 Quel architecte a conçu la pyramide du Louvre à Paris ? **Ming Pei**

172 En quelle année a été inauguré le Centre Pompidou ? **1977**

173 Lequel de ces édifices barcelonais n'a pas été créé par Antoni Gaudí ? **Le MACBA**

174 Laquelle de ces villes n'abrite pas de musée Guggenheim ? **Londres**

175 Quelle ville a ouvert un nouveau Centre Pompidou en 2010 ? **Metz**

176 Quel style architectural a pour principe l'utilisation du béton et l'absence d'ornement ? **Brutalisme**

177 Laquelle de ces propositions n'est pas un style architectural de l'antiquité grecque ? **Hellénique**

178 Lequel de ces bâtiments n'a pas été conçu par Frank Gehry ? **Le musée Whitney de New York**

179 Laquelle de ces constructions n'est pas de Gustave Eiffel ? **Le pont de Normandie**

180 Qu'est-ce que le pont du Gard dans le Sud de la France ? **Un aqueduc romain**

181 Quel est le nom du pont suspendu de la baie de San Francisco ? **Le Golden Gate**

182 À quel architecte doit-on la Bibliothèque Nationale de France, inaugurée en 1996 ? **Dominique Perrault**

183 Comment nomme-t-on les gouttières sculptées des édifices gothiques ? **Les gargouilles**

184 Quelle ville a été conçue par Oscar Niemeyer ? **Brasilia**

185 Quel nom a donné le facteur Cheval au monument qu'il a mis trente-trois ans à édifier ? **Le Palais idéal**

186 Lequel de ces monuments ne fait pas partie du site funéraire de Khéops ? **La pyramide de Djéser**

187 En quelle année a été inaugurée la Grande Arche de la Défense ? **1989**

188 Quel Britannique donne son nom aux fontaines qu'il a offertes aux Parisiens à la fin du XIXe siècle ? **Sir Richard Wallace**

189 Que représente la sculpture monumentale du mont Rushmore aux États-Unis ? **Les portraits de quatre Présidents américains**

190 Comment s'appelle la maison modulable de Pierre Chareau ? **La Maison de verre**

191 Quelle est la longueur de la Grande Muraille de Chine ? **Plus de 6 000 km**

192 Quelle ville française a été reconstruite par Auguste Perret après la Seconde Guerre mondiale ? **Le Havre**

193 En quelle année le viaduc de Millau a-t-il été mis en service ? **2004**

194 De quel siècle date la construction du Taj Mahal ? **XVIIe siècle**

195 Quand a été inauguré l'Empire State Building à New York ? **1931**

196 En quelle année a été inaugurée la première ligne de métro à Paris ? **1900**

197 Quel est le surnom du métro londonien ? ***The Tube***

198 Quel surnom les Londoniens ont-ils donné au 30 St Mary Axe à cause de sa forme particulière ? **Le cornichon**

199 D'où vient l'obélisque de la place de la Concorde à Paris ? **Du temple de Louxor**

200 Classez ces styles architecturaux de cathédrales par ordre chronologique : **roman, gothique, classique, baroque**

201 Quel architecte inspiré par l'antiquité gréco-romaine est mort en 2022 ? **Ricardo Bofill**

202 Quelle est la réalisation la plus célèbre de Frank Lloyd Wright? **La Maison sur la cascade**

203 Quel musée français Renzo Piano a-t-il conçu? **Le Centre Pompidou à Paris**

204 Quel architecte a conçu la station balnéaire de La Grande-Motte dans les années 60? **Jean Balladur**

205 Quelle est la fonction du bâtiment emblématique en forme de coquillage à Sydney en Australie? **Un opéra**

206 Quel nom, dû à sa forme, a-t-on donné au Fuller Building, un des premiers gratte-ciel new-yorkais? **The Flatiron Building**

207 Quel nom coloré est donné à la célèbre mosquée Sultanahmet d'Istanbul et ses 20 000 carreaux de céramique? **La Mosquée bleue**

208 De quel château de Bavière Walt Disney s'est-il inspiré pour *La Belle au bois dormant*? **Le château de Neuschwanstein**

209 Comment est appelé le palais impérial de Pékin? **La Cité interdite**

210 Comment est appelée la Freedom Tower qui a été érigée sur le site du World Trade Center? **One World Trade Center**

211 Où se trouve la cité inca de Machu Picchu à 2 438 mètres d'altitude? **Au Pérou**

212 Quel nom donne-t-on à la charpente de la cathédrale Notre-Dame de Paris qui a été dévorée par un incendie en avril 2019? **La forêt**

Théâtre

213 Comment s'appelle la jeune femme que Christian souhaite séduire avec l'aide de Cyrano? **Roxane**

214 Laquelle de ces pièces n'appartient pas au répertoire d'Eugène Ionesco? ***La Dispute***

215 Quel est le titre de la pièce d'Alexis Michalik, couronnée de cinq Molières en 2017, qui raconte la création de Cyrano de Bergerac par Edmond Rostand? ***Edmond***

216 De qui le Cid est-il le surnom dans la pièce de Corneille? **Don Rodrigue**

217 Laquelle de ces pièces d'Éric-Emmanuel Schmitt est une réécriture de *Don Juan*? ***La Nuit de Valognes***

218 Quel titre Antonin Artaud a-t-il donné à son essai sur le théâtre publié en 1938? ***Le Théâtre et son double***

219 Comment est la Cantatrice d'Eugène Ionesco? **Chauve**

220 Quelles familles s'opposent dans Roméo et Juliette de William Shakespeare? ***Les Montaigu et Capulet***

221 Qui est l'auteur de la pièce de théâtre *En attendant Godot*? **Samuel Beckett**

222 Laquelle de ces pièces n'est pas de Jean Racine? ***Horace***

223 Laquelle de ces pièces n'est pas de Pierre Corneille? ***Iphigénie***

224 Laquelle de ces pièces est de Yasmina Reza? ***«Art»***

225 Qui est l'auteur de la pièce de théâtre *Les Bonnes*? **Jean Genet**

226 Laquelle de ces pièces n'est pas de William Shakespeare? ***Le Mariage de Figaro***

227 Lequel de ces dramaturges n'a pas écrit de vaudeville? **Eugène Ionesco**

228 Laquelle de ces pièces n'est pas de Marivaux? ***Le Barbier de Séville***

229 Quel drame romantique a été écrit par Alfred de Musset en 1834? ***Lorenzaccio***

230 Quelle pièce de Jean Anouilh est une réécriture d'une pièce de Sophocle? ***Antigone***

231 Quelle pièce de Bertolt Brecht est une parabole sur la prise de pouvoir d'Hitler? ***La Résistible Ascension d'Arturo Ui***

232 Quelle pièce de théâtre a été écrite par Albert Camus? ***Les Justes***

233 Qui a écrit *La guerre de Troie n'aura pas lieu*? **Jean Giraudoux**

234 Quelle pièce n'est pas du dramaturge norvégien Henrik Ibsen? ***Oncle Vania***

235 Quelle est la comédie écrite par Anton Tchekhov? ***La Mouette***

236 Quel tueur en série a donné son nom à une pièce de théâtre de Bernard-Marie Koltès? **Roberto Zucco**

237 De quelle profession Molière se moque-t-il régulièrement dans ses pièces? **Des médecins**

238 Dans *En attendant Godot*, de Samuel Beckett, qui attend Godot? **Vladimir et Estragon**

239 De quel duo d'auteurs sont les pièces *Cuisine et dépendances* et *Un air de famille*? **Agnès Jaoui et Jean-Pierre Bacri**

240 Où se situe l'action d'*Hamlet* de William Shakespeare? **Au Danemark**

241 Dans quelle ville d'Italie vivent les jeunes amoureux Roméo et Juliette, dans la pièce de William Shakespeare? **Vérone**

242 Lequel de ces ouvrages de Jean-Paul Sartre n'est pas une pièce de théâtre? ***La Nausée***

243 Lequel de ces ouvrages d'Albert Camus n'est pas une pièce de théâtre? ***La Chute***

244 Comment s'appelle la compagnie théâtrale fondée par Ariane Mnouchkine en 1964 et qui existe toujours? **Le Théâtre du Soleil**

245 Qui a créé le Festival d'Avignon en 1947 et a dirigé le TNP (Théâtre national populaire) de 1951 à 1963? **Jean Vilar**

246 Laquelle de ces pièces n'est pas de Wajdi Mouawad? ***Brasier***

247 Lequel de ces contes n'a pas été adapté au théâtre par Joël Pommerat? ***Blanche-Neige***

248 De quand date la cérémonie des Molières, qui récompense le théâtre français? **1987**

249 De quel dramaturge français fête-t-on les 400 ans cette année ? **Molière**

250 Pour quelle grande actrice de théâtre du XIXe siècle et début du XXe Jean Cocteau a-t-il inventé l'expression « monstre sacré »? **Sarah Bernhardt**

Peinture

251 Qui a peint *La Liberté guidant le peuple* en 1830? **Eugène Delacroix**

252 Classez ces mouvements artistiques par ordre chronologique : **impressionnisme, fauvisme, cubisme et surréalisme.**

253 Lequel de ces artistes ne fait pas partie du « nouveau réalisme »? **Daniel Buren**

254 Qui prend pour identité alternative Rrose Sélavy en 1920? **Marcel Duchamp**

255 Quel mouvement réunit Roy Lichtenstein, Jasper Johns et Andy Warhol? **Le pop art**

256 Où peut-on visiter la maison de Claude Monet? **Giverny**

257 Quel tableau a peint Vincent Van Gogh en 1889? ***Autoportrait à l'oreille bandée***

258 Lequel de ces artistes n'est pas issu de l'art de rue? **Cy Twombly**

259 Quel mouvement artistique réunit Paul Cézanne, Alfred Sisley et Camille Pissarro? **L'impressionnisme**

260 Quelle cathédrale est le sujet d'une série de tableaux de Claude Monet? **La cathédrale de Rouen**

261 Qui est l'auteur de la sculpture *L'Homme qui marche* en 1960? **Alberto Giacometti**

262 Comment s'appelle la sculpture monumentale de Louise Bourgeois représentant une araignée? ***Mother***

263 De quel peintre, dont Émile Zola était l'ami, évoque-t-il la vie dans *L'Œuvre*? **Paul Cézanne**

264 Quel artiste contemporain a fait scandale avec ses sculptures exposées à Versailles en 2008? **Jeff Koons**

265 À quel mouvement artistique Piet Mondrian a-t-il participé? **De Stijl**

266 Quel groupe artistique est formé autour de Vassily Kandinsky en 1911? **Le Cavalier bleu**

267 Quelle montagne a été le sujet de plusieurs tableaux de Paul Cézanne? **La montagne Sainte-Victoire**

268 Lequel de ces tableaux n'est pas de Jean-Auguste-Dominique Ingres? ***L'Olympia***

269 Comment Marcel Duchamp a-t-il appelé son *ready-made* d'urinoir de 1917? ***Fontaine***

270 Comment s'appelle la cité d'artiste à Montmartre qui a réuni Pablo Picasso, Kees Van Dongen et Amedeo Modigliani? **Le Bateau-Lavoir**

271 De qui Sandro Botticelli a-t-il peint la Naissance en 1485? **De Vénus**

272 Quel mouvement artistique autrichien réunit Gustav Klimt, Egon Schiele et Koloman Moser au début du XXe siècle? **La Sécession viennoise**

273 Quel mouvement pictural abstrait réunit les artistes américains Jackson Pollock, Willem de Kooning et Sam Francis dans les années 50? ***L'action painting***

274 Qui a peint *Le Radeau de la Méduse* en 1819? **Théodore Géricault**

275 Quelle est la particularité des portraits de Giuseppe Arcimboldo, peintre du XVIe siècle? **Ils sont composés de végétaux**

276 Quel tableau de Diego Velásquez a inspiré cinquante-huit toiles à Pablo Picasso? ***Les Ménines***

277 Lequel de ces tableaux n'est pas d'Édouard Manet? ***Le Bal du moulin de la Galette***

278 Quel lieu, où s'est installé Paul Gauguin, a influencé son œuvre jusqu'à la fin de sa vie? **À Tahiti**

279 Quelle est la nationalité de Frida Kahlo? **Mexicaine**

280 Quel est le thème de prédilection d'Edgar Degas? **Les danseuses**

281 Quel est le titre du tableau de René Magritte où figure le texte « Ceci n'est pas une pipe »? ***La Trahison des images***

282 À quel sculpteur doit-on *La Danse*, qui orne la façade de l'opéra Garnier à Paris? **Jean-Baptiste Carpeaux**

283 Lequel de ces peintres n'a pas vécu au XIXe siècle ? **Le Greco**

284 Lequel de ces peintres n'est pas impressionniste ? **Francisco de Goya**

285 À quel mouvement le tableau *Les Demoiselles d'Avignon* de Pablo Picasso est-il associé ? **Cubisme**

286 Quel dessinateur, auteur d'ouvrages majeurs pour la jeunesse comme *Les Trois Brigands*, mais aussi de dessins érotiques, est décédé en février 2019 ? **Tomi Ungerer**

287 Quel artiste est notamment connu pour ses « mobiles » ? **Alexander Calder**

288 Quelle technique fut beaucoup utilisée par Andy Warhol pour ses tableaux ? **La sérigraphie**

289 Quel mouvement artistique a été créé par Kasimir Malevitch ? **Le suprématisme**

290 Lequel de ces *street artists* utilise la mosaïque comme moyen d'expression ? **Invader**

291 Quel tableau disparu du Caravage a été retrouvé à Toulouse en 2014 ? ***Judith et Holopherne***

292 Qu'est-il volontairement arrivé à une œuvre de Banksy lors d'une vente aux enchères en 2018 ? **Elle s'est autodétruite**

293 Quel artiste s'est représenté dans de nombreux autoportraits durant quarante ans ? **Rembrandt**

294 À qui doit-on notamment un *Autoportrait avec singe et perroquet* et *Diego dans mes pensées* ? **Frida Kahlo**

295 Quel est le titre d'un tableau de Gustave Caillebotte ? ***Les Raboteurs de parquet***

296 À quelle couleur associe-t-on Pierre Soulages ? **Le noir**

297 À quelle couleur associe-t-on Yves Klein ? **Le bleu**

298 Comment s'appelle l'œuvre de l'artiste américain McCarthy, installée sur la place Vendôme à Paris en 2014, et qui a fait scandale ? ***Tree***

299 À quel peintre néerlandais du XVIIe siècle doit-on le célèbre tableau *La Laitière* ? **Johannes Vermeer**

300 Quelle artiste a notamment sculpté *La Jeune fille à la gerbe* et un buste de Rodin ? **Camille Claudel**

301 Quel peintre n'a jamais représenté le moulin de la Galette à Montmartre ? **Paul Gauguin**

302 Quel artiste travaille ses sculptures avec des matériaux comme la graisse ou la cire ? **Joseph Beuys**

303 À qui doit-on le tableau *Carré blanc sur fond blanc* en 1918 ? **Kasimir Malevitch**

304 Dans quel pays est né le constructivisme au début du XXe siècle ? **Russie**

305 Comment sont les montres de Salvador Dali ? **Molles**

306 Quel tableau monumental de Pablo Picasso est devenu le symbole de la dénonciation de la violence franquiste et fasciste en 1937 ? ***Guernica***

307 De qui la *Joconde* de Léonard de Vinci est-elle le portrait ? **Mona Lisa**

308 Où peut-on notamment admirer les *Peintures noires* de Goya, *Le Jardin des délices* de Bosch et *David et Goliath* du Caravage ? **Le Prado à Madrid**

309 Qui a peint le nu féminin *L'Origine du monde* en 1866 ? **Gustave Courbet**

310 De quelle nationalité est le peintre Jérôme Bosch ? **Néerlandaise**

311 Lequel de ces peintres ne fait pas partie de l'École flamande? **Albrecht Dürer**

312 Quel peintre japonais a peint *Trente-six vues du mont Fuji* et *La Grande Vague de Kanagawa*? **Katsushika Hokusai**

313 Qui est le fondateur du Bauhaus, école et mouvement qui posa les bases du design et de l'architecture moderne? **Walter Gropius**

314 Comment s'appelle la colonne mystique de Constantin Brancusi? ***La Colonne sans fin***

315 Quel mouvement pictural a été fondé en 1848 par Dante Gabriel Rossetti, William Holman Hunt et John Everett Millais? **Le préraphaélisme**

316 Quelle artiste est connue pour ses « *nanas* », des sculptures de femmes de taille impressionnante? **Niki de Saint Phalle**

317 Quel est le titre du célèbre tableau du peintre expressionniste norvégien Edvard Munch? ***Le Cri***

318 Quel peintre a été inspiré par la vie au Moulin-Rouge? **Henri de Toulouse-Lautrec**

319 À quelle technique Henri Matisse s'est-il consacré à la fin de sa vie? **Le découpage**

320 De qui est le tableau *Impression, soleil levant*, qui a donné son nom au mouvement impressionniste en 1874? **Claude Monet**

321 À quel mouvement appartiennent Léonard de Vinci, Titien, Raphaël et Michel-Ange? **La Haute Renaissance**

322 Quelle artiste contemporaine française utilise les biotechnologies et pratique les transformations corporelles? **Orlan**

323 Quel quartier parisien a vu se croiser Picasso, Modigliani, Apollinaire et Man Ray? **Montparnasse**

324 Quel était le sujet principal des tableaux d'Amedeo Modigliani? **Les portraits**

325 Quel triptyque de Francis Bacon fait partie des œuvres les plus chères du monde? ***Trois études de Lucian Freud***

326 Où sont conservées les principales mosaïques originales de Pompéi? **Au musée archéologique de Naples**

327 Quelle ville italienne est liée à Canaletto pour les nombreuses représentations qu'il en a faites? **Venise**

328 Quelle peinture monumentale de Paul Véronèse est exposée au Louvre? ***Les Noces de Cana***

329 Quelle partie du corps manque à la Vénus de Milo? **Les deux bras**

330 Lequel de ces peintres porte le nom de la ville où il est né? **Léonard de Vinci**

331 Sur quel bras s'appuie *Le Penseur* de Rodin? **Le bras droit**

332 Quelle déesse représente la *Victoire de Samothrace*? **Niké**

333 Quelle artiste française, qui a représenté la France à la Biennale de Venise en 2007, apparaît dans un roman de Paul Auster pour ses repas chromatiques? **Sophie Calle**

334 Quelle artiste américaine, qui a beaucoup travaillé sur le corps et la sexualité, est décédée le 6 mars 2019? **Carolee Schneeman**

335 Quelle fleur est emblématique des tableaux de Vincent Van Gogh? **Les tournesols**

336 Quel artiste sénégalais, membre de l'Académie des beaux-arts, a attiré plus de trois millions de visiteurs lors de son exposition sur le pont des Arts à Paris en 1999? **Ousmane Sow**

337 Quelle est la spécialité du musée du quai Branly à Paris? **Les arts et civilisations d'Afrique, d'Asie, d'Océanie et des Amériques**

338 Qu'est-ce que l'art brut? **Un art spontané, qui n'est pas issu d'une norme culturelle**

Cinéma

339 Quel est le nom du premier film parlant sorti en 1927? ***Le Chanteur de jazz***

340 Quel est le lien de parenté entre le peintre Auguste Renoir et le cinéaste Jean Renoir? **Père et fils**

341 Quelle est la nationalité du cinéaste Jean-Luc Godard? **Franco-suisse**

342 Quel film d'Alfred Hitchcock a la particularité d'être tourné un seul plan séquence? ***La Corde***

343 Qui est le réalisateur de Taxi Driver en 1976? **Martin Scorsese**

344 Lequel de ces romans de Stephen King n'a pas été adapté au cinéma? ***22/11/63***

345 Quel mot mystérieux guide la trame du film *Citizen Kane* d'Orson Wells en 1941? **Rosebud**

346 Lequel de ces films n'a pas été réalisé par Jacques Tati? ***Alphaville***

347 Qui est le réalisateur d'*Elephant Man* en 1980? **David Lynch**

348 Lequel de ces films n'est pas une comédie musicale? ***La Rose pourpre du Caire***

349 Lequel de ces films ne fait pas partie de la filmographie de Woody Allen? ***La Couleur pourpre***

350 Dans quelle ville remet-on chaque année l'Ours d'or? **Berlin**

351 Qu'est-ce que *L'Atalante* dans le film de Jean Vigo en 1934? **Une péniche**

352 Dans *Le Magicien d'Oz*, quelle route doit suivre l'héroïne? **La route de briques jaunes**

353 Lequel de ces films n'est pas de Pedro Almodovar? ***Tesis***

354 Dans *Seul au monde*, comment s'appelle le ballon avec qui parle le héros? **Wilson**

355 À quoi fait référence le titre du film *American Beauty* de Sam Mendes? **Une variété de roses**

356 Lequel de ces films n'est pas une adaptation d'un roman de Philip K. Dick? ***eXistenZ***

357 En quelle année le Festival de Cannes a-t-il été annulé pour la seule fois de son existence? **1968**

358 Quel mouvement cinématographique a été lancé en 1995 par plusieurs réalisateurs danois, à l'instigation de Lars von Trier? **Dogme95**

359 Quel film de Stanley Kubrick se déroule à l'Overlook Hotel? ***Shining***

360 Quel film a reçu la Palme d'or du Festival de Cannes en 2021 ? ***Titane***

361 Quel film a remporté le César du meilleur film en 2021 ? ***Adieu les cons***

362 Quel réalisateur n'a jamais adapté *Les Liaisons dangereuses* au cinéma? **Claude Chabrol**

363 Dans quel film peut-on découvrir Sophie Marceau pour la première fois? ***La Boum***

364 Dans quel film Pierre Richard souffre-t-il du même problème que le peintre Delacroix? ***La Chèvre***

365 À quelle date Marty McFly et Emmett Brown débarquent -ils dans *Retour vers le futur*? **21 octobre 2015**

366 Quel acteur de la troupe du Splendid ne joue pas dans *Le Père Noël est une ordure*? **Michel Blanc**

367 Comment s'appelle le rival de Mozart dans le film Amadeus de Milos Forman? **Salieri**

368 En quelle année a été fondé à Rome le complexe de studios de cinéma Cinecittà? **1937**

369 À quel réalisateur doit-on les films *Rocco et ses frères* (1960) et *Le Guépard* (1962)? **Luchino Visconti**

370 Dans quel film de Federico Fellini peut-on voir l'actrice Anita Ekberg se baigner dans la fontaine de Trevi? ***La Dolce Vita***

371 Lequel de ces films n'est pas de Charlie Chaplin? ***Le Mécano de la Générale***

372 Dans quel film futuriste de 1927 Fritz Lang met-il en scène les inégalités sociales d'une cité? ***Metropolis***

373 Que doit pourchasser le héros de *Blade Runner* dans le film de Ridley Scott de 1982? **Des androïdes**

374 À quel conte fait référence le film *A.I. : Intelligence artificielle* de Steven Spielberg? ***Pinocchio***

375 Dans *Le Livre de la jungle*, comment s'appelle le tigre? **Shere Khan**

376 Lequel de ces films de François Truffaut ne fait pas partie de la saga Antoine Doinel? ***La Nuit américaine***

377 Dans quel quartier parisien se situe l'action du *Fabuleux Destin d'Amélie Poulain* de Jean-Pierre Jeunet? **Montmartre**

378 Lequel de ces films n'est pas de Steven Spielberg? ***American Graffiti***

379 Lequel de ces films n'est pas de Terrence Malick? ***La Porte du paradis***

380 Comment s'appelle la planète bleue dans *Avatar* de James Cameron? **Pandora**

381 Classez les quatre films de la saga *Indiana Jones* par ordre chronologique : ***Les Aventuriers de l'arche perdue, Indiana Jones et le Temple maudit, Indiana Jones et la Dernière Croisade, Indiana Jones et le Royaume du crâne de cristal.***

382 Qui est l'héroïne de *Loulou* de Georg Wilhelm Pabst en 1929? **Louise Brooks**

383 Qui donne la réplique à Humphrey Bogart dans *Le Port de l'angoisse* en 1944? **Lauren Bacall**

384 Classez ces quatre films de Walt Disney par ordre chronologique : ***Blanche-Neige et les 7 nains, Pinocchio, Dumbo, Peter Pan***

385 Lequel de ces acteurs n'a pas endossé l'identité de James Bond? **Tony Curtis**

386 Lequel de ces films n'a pas été réalisé par Quentin Tarantino? ***True Romance***

387 Lequel de ces films n'est pas d'Ingmar Bergman? ***La Peau douce***

388 Pour qui sont les Diamants sur canapé en 1961? **Audrey Hepburn**

389 Qui est le « milliardaire » de Marilyn Monroe en 1960? **Yves Montand**

390 Dans lequel de ces films James Dean n'a-t-il pas joué? ***La Fièvre dans le sang***

391 Quel film a reçu l'Oscar du meilleur film en 2021 ? ***Nomadland***

392 Sous quel nom Norma Jeane Baker est-elle plus connue ? **Marilyn Monroe**

393 Quel prix est décerné à La Mostra de Venise? **Le Lion d'or**

394 Quels mots sont écrits sur les mains du révérend Powell interprété par Robert Mitchum dans *La Nuit du chasseur*? ***LOVE* et *HATE***

395 Lequel de ces films n'est pas d'Henri-Georges Clouzot? ***Plein Soleil***

396 Quel film de Jean-Pierre Melville raconte l'histoire d'un réseau de la Résistance pendant l'Occupation? ***L'Armée des ombres***

397 Par quel engin Cary Grant se fait-il poursuivre dans *La Mort aux trousses* d'Alfred Hitchcock? **Un avion**

398 Qui joue la Bête dans *La Belle et la Bête* de Jean Cocteau en 1946? **Jean Marais**

399 En quelle année est sorti le tout premier film de la saga *La Guerre des étoiles*? **1977**

400 En quelle année est sorti *La Nuit des morts-vivants*, le premier film de zombies? **1968**

401 Lequel de ces films n'est pas de John Carpenter? ***Gremlins***

402 Lequel de ces films est à la première place du box-office en France? ***Titanic***

403 Quel film à sketches de Dino Risi met en scène Ugo Tognazzi et Vittorio Gassman en 1963? ***Les Monstres***

404 Lequel de ces films n'appartient pas à la filmographie de Martin Scorsese? ***Apocalypse Now***

405 Lequel de ces films appartient à la filmographie de Francis Coppola? ***Le Parrain***

406 De quel film des années 60 *Blow Out* de Brian de Palma (1981) est-il un lointain remake? ***Blow-Up* d'Antonioni**

407 Quel réalisateur anglais est connu pour ses films à portée sociale? **Ken Loach**

408 Quelle réalisatrice de *Cléo de 5 à 7* et de *Sans toit ni loi* est décédée en mars 2019? **Agnès Varda**

THÈME 9

Sports, loisirs et vie pratique

Sports

➜ Retrouvez le corrigé de cette série page 594.

1 **Quel est le sport qui comptabilise le plus de licenciés, en France ?**

- ○ **A.** Le tennis
- ○ **B.** Le tir à la carabine
- ○ **C.** Le football
- ○ **D.** Le handball

2 **Combien y a-t-il de joueurs dans une équipe de football ?**

- ○ **A.** 11
- ○ **B.** 9
- ○ **C.** 13
- ○ **D.** 8

3 **Quel est le sport qui comptabilise le plus de femmes (83 %) parmi ses pratiquants, en France ?**

- ○ **A.** La danse
- ○ **B.** L'équitation
- ○ **C.** La gymnastique
- ○ **D.** La boxe thaïlandaise

4 **Comment s'appelle l'équipement avec lequel les golfeurs tapent dans la balle ?**

- ○ **A.** La batte
- ○ **B.** La crosse
- ○ **C.** Le fleuret
- ○ **D.** Le club

5 **Qu'est-ce que le Chistera ?**

- ○ **A.** Un panier pour porter les clubs de golf
- ○ **B.** Un gant d'osier utilisé en pelote basque
- ○ **C.** Un casque de joueur de hockey sur glace
- ○ **D.** Une balle en cuir

6 **Comment s'appelle le terrain de pratique de la pelote basque ?**

- ○ **A.** La pala
- ○ **B.** Le filet
- ○ **C.** La cour
- ○ **D.** Le fronton

7 **Quel est le tournoi qui ne fait pas partie du Grand Chelem au tennis ?**

- ○ **A.** Flushing Meadows
- ○ **B.** La Coupe Davis
- ○ **C.** Wimbledon
- ○ **D.** Roland Garros

8 **Quel pays accueille la Coupe du monde de football en 2022 ?**

- ○ **A.** Le Qatar
- ○ **B.** Le Brésil
- ○ **C.** Les Émirats arabes unis
- ○ **D.** L'Égypte

9 **À qui appartient le club de football du Paris Saint-Germain ?**

- ○ **A.** La Mairie de Paris
- ○ **B.** L'émir du Qatar
- ○ **C.** L'émir d'Abou Dabi
- ○ **D.** L'homme d'affaires Bernard Tapie

10 **Qui est l'entraîneur du club de football du Real Madrid ?**

- ○ **A.** Laurent Blanc
- ○ **B.** Didier Deschamps
- ○ **C.** Denis Papin
- ○ **D.** Zinédine Zidane

11 **Une équipe de rugby du tournoi des six nations comprend :**

- ○ **A.** 15 joueurs
- ○ **B.** 7 joueurs
- ○ **C.** 10 joueurs
- ○ **D.** 13 joueurs

12 **Avec quoi joue-t-on à l'ultimate ?**

- ○ **A.** Avec un frisbee
- ○ **B.** Avec une batte
- ○ **C.** Avec une raquette
- ○ **D.** Avec une balle en cuir

13 **Le rugby à 7 est devenu un sport olympique en quelle année ?**

- ○ **A.** 2000
- ○ **B.** 2010
- ○ **C.** 2014
- ○ **D.** 2016

14 **Quelle discipline de ski alpin n'est pas pratiquée aux JO d'hiver?**

- ○ **A.** La descente
- ○ **B.** Le super-G
- ○ **C.** Le combiné
- ○ **D.** Le hors-piste

15 **Qu'est-ce que le skicross?**

- ○ **A.** Une discipline de ski combinée avec une épreuve de vélocross
- ○ **B.** Une pratique de ski sur une piste de bosses et de virages relevés
- ○ **C.** Une discipline de hockey sur glace pratiquée à ski
- ○ **D.** Une pratique de ski avec des crosses à la place des bâtons de ski

16 **Quels sont les deux sports du biathlon?**

- ○ **A.** Le ski de piste et la course à pied
- ○ **B.** Le tir à la carabine et le ski de fond
- ○ **C.** Le cyclisme et la natation
- ○ **D.** Le ski de piste et le ski de fond

17 **Quels sont les trois sports du triathlon?**

- ○ **A.** Natation, course de 100 mètres et course de 1 500 mètres
- ○ **B.** Course du 100 mètres, lancer du poids et saut en hauteur
- ○ **C.** Lancer du javelot, saut en longueur et saut en hauteur
- ○ **D.** Cyclisme, natation, course à pied

18 **Durant quel mois de l'année se déroule le Tour de France?**

- ○ **A.** Mai
- ○ **B.** Juillet
- ○ **C.** Septembre
- ○ **D.** Novembre

19 **Le Rallye Dakar est une course de :**

- ○ **A.** Motos, voitures, camions
- ○ **B.** Voitures
- ○ **C.** Trekking
- ○ **D.** Dromadaires

20 **Qu'est-ce que le trekking?**

- ○ **A.** Une randonnée pédestre en zones sauvages
- ○ **B.** Une randonnée en ski de fond
- ○ **C.** Une randonnée pédestre en forêt
- ○ **D.** Une randonnée avec des chiens de traineaux en montagne

21 **Quelle est la longueur d'un marathon?**

- ○ **A.** De 37,50 km
- ○ **B.** De 40,10 km
- ○ **C.** De 42,195 km
- ○ **D.** De 45,25 km

22 **Quel est le temps nécessaire aux meilleurs marathoniens pour terminer leur course?**

- ○ **A.** 1 h 30, environ
- ○ **B.** 1 h 50, environ
- ○ **C.** 2 heures, environ
- ○ **D.** 2 h 15, environ

23 **Combien de coureurs sont inscrits, en moyenne, au marathon de New York, chaque année?**

- ○ **A.** 5 000 coureurs, hommes et femmes
- ○ **B.** 20 000 coureurs, hommes et femmes
- ○ **C.** 50 000 coureurs, hommes et femmes
- ○ **D.** 150 000 coureurs, hommes et femmes

24 **En quelle année a eu lieu le premier marathon de New York?**

- ○ **A.** 1905
- ○ **B.** 1945
- ○ **C.** 1970
- ○ **D.** 1990

25 **Qui est le recordman du monde du 100 mètres, avec un temps de 9 s 58?**

- A. Justin Gatlin
- B. Carl Lewis
- C. Usain Bolt
- D. Christophe Lemaitre

26 **Combien de haies faut-il sauter au 110 mètres haies?**

- A. 20 haies
- B. 5 haies
- C. 8 haies
- D. 10 haies

27 **Quel est le record mondial détenu par Renaud Lavillenie au saut à la perche?**

- A. 14,3 m
- B. 2,57 m
- C. 6,16 m
- D. 9,58 m

28 **Où ont eu lieu les JO controversés de 1936?**

- A. À Paris
- B. À Berlin
- C. À New York
- D. À Londres

29 **Qui a été quadruple médaillé d'or aux JO de 1936?**

- A. Ben Johnson
- B. Jesse Owens
- C. Mike Tyson
- D. Raymond Poulidor

30 **Quel est le sportif qui a été couronné « sportif du siècle » par la BBC en 1999?**

- A. Usain Bolt
- B. Mohamed Ali
- C. Jean-Claude Killy
- D. Zinédine Zidane

31 **Combien y a-t-il de joueurs dans une équipe de basket?**

- A. 12
- B. 8
- C. 7
- D. 5

32 **Qu'est-ce que la NBA?**

- A. Un championnat américain de basket
- B. Un tournoi mondial de basket
- C. Un championnat de football
- D. Un tournoi de tennis

33 **Qu'est-ce qu'un *rookie* en basket?**

- A. Un joueur en première année
- B. Un joueur roux
- C. Un joueur qui a gagné le championnat l'an passé
- D. Un joueur spécialiste des lancers francs

34 **Dans quelle équipe de basket évoluait Kobe Bryant, victime d'un accident d'hélicoptère en janvier 2020 ?**

- A. Les Cavaliers de Cleveland
- B. Les Lakers de Los Angeles
- C. Les Heat de Miami
- D. Les Warriors de Golden State

35 **Qui portait le mythique numéro 23, dans l'équipe des Chicago Bulls dans les années 1980?**

- A. Wilt Chamberlin
- B. Michael Jordan
- C. Mickael Jackson
- D. Magic Johnson

36 **Quel sport pratiquaient les Barjots?**

- A. Le football
- B. Le handball
- C. Le rugby
- D. Le hockey sur glace

37 **Les JO d'été de 2024 auront lieu à :**

- A. Paris
- B. Londres
- C. Pékin
- D. Madrid

38 **À quel niveau de la compétition du Championnat du monde de handball 2021 l'équipe de France féminine a-t-elle perdu ?**

- ○ **A.** En phase de groupe
- ○ **B.** En quart de finale
- ○ **C.** En demi-finale
- ○ **D.** En finale

39 **Combien de joueurs constituent une équipe de handball?**

- ○ **A.** 5
- ○ **B.** 10
- ○ **C.** 7
- ○ **D.** 8

40 **Quel gardien a signé un contrat avec le Paris Saint-Germain Football Club en 2022 ?**

- ○ **A.** Thierry Omeyer
- ○ **B.** Vincent Gérard
- ○ **C.** Andreas Palicka
- ○ **D.** Keylor Navas

41 **Dans quel sport Nadia Comaneci a-t-elle obtenu pour la première fois de l'histoire la note de 10/10 aux JO de 1976?**

- ○ **A.** La natation synchronisée
- ○ **B.** La gymnastique
- ○ **C.** Le patinage artistique
- ○ **D.** L'acrosport

42 **Quelle est la couleur de la ceinture la plus élevée au judo?**

- ○ **A.** Jaune
- ○ **B.** Noire
- ○ **C.** Bleue
- ○ **D.** Orange

43 **Qu'est-ce que le krav-maga?**

- ○ **A.** Une course à pied
- ○ **B.** Une discipline de ski
- ○ **C.** Un art martial
- ○ **D.** Un jeu de ballon

44 **Lequel de ces sports n'est pas un art martial?**

- ○ **A.** Taekwondo
- ○ **B.** Aïkido
- ○ **C.** Zumba
- ○ **D.** Ju-jitsu

45 **Qu'est-ce qui n'appartient pas à l'univers du judo?**

- ○ **A.** Le dojo
- ○ **B.** Le kimono
- ○ **C.** La ceinture
- ○ **D.** Le casque

46 **Quelle épreuve n'existe pas au tennis?**

- ○ **A.** Le jeu en double
- ○ **B.** Le jeu en simple
- ○ **C.** Le jeu en triple
- ○ **D.** Le jeu en double mixte

47 **Qui a été un joueur de tennis français célèbre?**

- ○ **A.** René Lacoste
- ○ **B.** Sergio Tacchini
- ○ **C.** Serge Blanco
- ○ **D.** Yves Saint-Laurent

48 **Quelle discipline n'est pas une danse?**

- ○ **A.** Le hip-hop
- ○ **B.** Le tango
- ○ **C.** La zumba
- ○ **D.** Le viet vo dao

49 **Quelle somme d'argent est versée à un athlète qui remporte une médaille d'or aux JO par le Comité national olympique et sportif français?**

- ○ **A.** 1 000 euros
- ○ **B.** 10 000 euros
- ○ **C.** 65 000 euros
- ○ **D.** 1 million d'euros

50 **Quel est le nom de l'actuelle ministre des Sports, ex-championne du monde de natation ?**

- ○ **A.** Roxana Maracineanu
- ○ **B.** Laura Flessel
- ○ **C.** Laure Manaudou
- ○ **D.** Marie-José Pérec

51 **Quel était le sport pratiqué par le champion Teddy Riner?**

- ○ **A.** Le judo
- ○ **B.** Le rugby
- ○ **C.** Le tennis
- ○ **D.** La natation

52 **Dans quel sport les sœurs Williams (Serena et Venus) se sont-elles distinguées?**

- ○ **A.** La danse
- ○ **B.** La lutte
- ○ **C.** Le lancer de disque
- ○ **D.** Le tennis

53 **Quelle discipline ne se pratique plus sur gazon?**

- ○ **A.** Le tennis
- ○ **B.** Le hockey
- ○ **C.** Le handball
- ○ **D.** La boxe

54 **Le squash est un sport :**

- ○ **A.** De plongeon
- ○ **B.** De lancer de poids dans l'eau
- ○ **C.** De raquette entre quatre murs
- ○ **D.** De smashes de tennis

55 **Les JO d'été ont lieu :**

- ○ **A.** Tous les deux
- ○ **B.** Tous les trois ans
- ○ **C.** Tous les quatre ans
- ○ **D.** Tous les cinq ans

56 **À quoi correspondent les cinq anneaux du symbole des JO?**

- ○ **A.** Les cinq pays créateurs de l'évènement
- ○ **B.** Les cinq doigts de la main
- ○ **C.** Les cinq continents
- ○ **D.** Les cinq sens

57 **Qui a relancé les JO modernes en 1896 à Athènes?**

- ○ **A.** Pierre de Coubertin
- ○ **B.** Claude Monnet
- ○ **C.** Jesse Owens
- ○ **D.** Félix Faure

58 **En football, la Ligue 1 Conforama est une compétition entre :**

- ○ **A.** Tous les clubs de France
- ○ **B.** Les clubs français professionnels de division 1
- ○ **C.** Tous les clubs d'Europe
- ○ **D.** Les salariés de l'entreprise Conforama de toute la France

59 **Le Tour de France a lieu :**

- ○ **A.** En juillet exclusivement en France
- ○ **B.** En mai dans toute l'Europe
- ○ **C.** En août en France
- ○ **D.** En juillet en France et dans les pays limitrophes

60 **Qui était Roland Garros qui a laissé son nom à un célèbre tournoi de tennis?**

- ○ **A.** Un aviateur français durant la Première Guerre mondiale
- ○ **B.** Un navigateur espagnol durant la Première Guerre mondiale
- ○ **C.** Un tennisman français durant la Première Guerre mondiale
- ○ **D.** Un physicien belge durant la Première Guerre mondiale

61 **Quel est le nom de la course à voile autour du monde en solitaire au départ des Sables-d'Olonne?**

- ○ **A.** Le Vent des Globes
- ○ **B.** Levant des globes
- ○ **C.** Le Vendée Globe
- ○ **D.** Le Vender Globe

62 **Quelle est environ la durée record du tour du monde sans escale à la voile?**

- ○ **A.** 10 jours
- ○ **B.** 1 mois
- ○ **C.** 40 jours
- ○ **D.** 4 mois

63 **Un catamaran est un bateau :**

- ○ **A.** Monocoque
- ○ **B.** À deux coques
- ○ **C.** De pêche
- ○ **D.** Zodiac

64 **Quel nageur a obtenu vingt-trois médailles d'or depuis 2000 aux différents JO?**

- ○ **A.** Michael Phelps
- ○ **B.** Amaury Leveaux
- ○ **C.** Mehdy Metella
- ○ **D.** Florent Manaudou

65 **Quelle nageuse française a obtenu à ce jour le plus grand palmarès de médailles?**

- ○ **A.** Malia Metella
- ○ **B.** Camille Muffat
- ○ **C.** Laure Manaudou
- ○ **D.** Roxana Maracineanu

66 **Comment s'appelle la discipline reine de la course automobile?**

- ○ **A.** Le Rallye
- ○ **B.** La Formule 3000
- ○ **C.** Le karting
- ○ **D.** La Formule 1

67 **Quel est le record absolu de vitesse d'une voiture de Formule 1?**

- ○ **A.** 190,5 km/h
- ○ **B.** 256,6 km/h
- ○ **C.** 323,1 km/h
- ○ **D.** 413,2 km/h

68 **Que sont les 24 Heures du Mans?**

- ○ **A.** Une course d'endurance automobile
- ○ **B.** Une course d'endurance VTT
- ○ **C.** Une course d'endurance moto-cross
- ○ **D.** Une course d'endurance de scooter

69 **Dans quelle discipline Martin Fourcade est-il champion?**

- ○ **A.** Le biathlon
- ○ **B.** La descente à ski
- ○ **C.** Le ski acrobatique
- ○ **D.** Le ski de fond

70 **Quel équipement est nécessaire à la marche nordique?**

- ○ **A.** Une corde
- ○ **B.** Des bâtons
- ○ **C.** Des crampons
- ○ **D.** Un piolet

71 **Qu'est-ce qu'une ballerine en danse classique?**

- ○ **A.** Une musique de ballet
- ○ **B.** La danseuse principale dans un ballet
- ○ **C.** Une danseuse
- ○ **D.** Le justaucorps

72 **Lequel n'est pas un agrès de gymnastique?**

- ○ **A.** La poutre
- ○ **B.** Le cheval d'arçons
- ○ **C.** Le trampoline
- ○ **D.** La barre fixe

73 **À quelle discipline correspond la capoeira?**

- ○ **A.** Une boxe thaïlandaise
- ○ **B.** Un art martial afro-brésilien
- ○ **C.** Une nage indienne
- ○ **D.** Une gymnastique portugaise

74 **Comment appelle-t-on un circuit d'escalade aménagé sur une paroi rocheuse?**

- ○ **A.** Un benji
- ○ **B.** Une via ferrata
- ○ **C.** Une slackline
- ○ **D.** Une via escalada

75 **Quelle poudre appliquent certains sportifs (hand-ball, escalade) sur leurs mains pour ne pas glisser?**

○ **A.** La magnésie
○ **B.** La craie
○ **C.** La farine
○ **D.** Du bicarbonate de soude

76 **Dans quelle discipline les sportifs n'utilisent pas de chaussures à crampons?**

○ **A.** Le rugby
○ **B.** La course de vitesse
○ **C.** Le running
○ **D.** L'alpinisme

77 **Quel tennisman n'a pas pu participer à l'Open d'Australie en 2022 car il n'était pas vacciné contre le Covid-19 ?**

○ **A.** Rafael Nadal
○ **B.** Daniil Medvedev
○ **C.** Gaël Monfils
○ **D.** Novak Djokovic

78 **Quel est le nom du cours central de tennis du stade de Roland Garros ?**

○ **A.** Philippe-Chatrier
○ **B.** Suzanne-Lenglen
○ **C.** Simonne-Mathieu
○ **D.** Björn-Borg

79 **En combien de points se joue un set au badminton?**

○ **A.** 11 points ○ **B.** 15 points ○ **C.** 21 points ○ **D.** 25 points

80 **Quelle discipline n'existe pas en compétition officielle de badminton?**

○ **A.** Double mixte
○ **B.** Double femmes
○ **C.** Double hommes
○ **D.** Homme contre femme

81 **Combien de points sont marqués en match de basket quand on tire depuis la zone de la raquette?**

○ **A.** 0 ○ **B.** 1 ○ **C.** 2 ○ **D.** 3

82 **Quel a été le transfert le plus cher de l'histoire du football?**

○ **A.** Cristiano Ronaldo
○ **B.** Lionel Messi
○ **C.** Neymar Jr.
○ **D.** Kylian Mbappé

Gastronomie

→ Retrouvez le corrigé de cette série page 596.

83 **De quelle région provient la choucroute ?**

- ○ **A.** Alsace
- ○ **B.** Lorraine
- ○ **C.** Picardie
- ○ **D.** Normandie

84 **À quoi était reconnaissable le présentateur et critique gastronomique Jean-Pierre Koffe ?**

- ○ **A.** Ses lunettes rondes
- ○ **B.** Sa cape noire
- ○ **C.** Ses bottes de cuir
- ○ **D.** Sa ceinture en or

85 **À base de quoi est faite la poutine, spécialité québécoise ?**

- ○ **A.** De frites et de fromage
- ○ **B.** De pâtes et de fromage
- ○ **C.** De frites et de poulet
- ○ **D.** De pâtes et de porc

86 **De quelle ville d'Italie proviennent les spaghettis à la bolognaise ?**

- ○ **A.** Bologne
- ○ **B.** Bolognie
- ○ **C.** Bolose
- ○ **D.** Bologna

87 **Quel ingrédient n'est pas nécessaire pour une pâte à crêpes traditionnelle ?**

- ○ **A.** De la farine
- ○ **B.** Des œufs
- ○ **C.** De la vanille
- ○ **D.** Du lait

88 **Qu'est-ce qu'un Kouglof ?**

- ○ **A.** Une spécialité briochée alsacienne
- ○ **B.** Une bière allemande
- ○ **C.** Un plat en sauce à base de bœuf
- ○ **D.** Une compotée polonaise

89 **Quelle proposition ne correspond pas à des pâtes ?**

- ○ **A.** Linguinis
- ○ **B.** Macaronis
- ○ **C.** Fusillis
- ○ **D.** Orecchiettes

90 **Qu'est-ce qu'un wok ?**

- ○ **A.** Une grande poêle creuse asiatique
- ○ **B.** Une plante chinoise
- ○ **C.** Un couteau à sushis
- ○ **D.** Une assiette avec des poignées latérales

91 **Lequel de ses poissons n'est pas blanc dans l'assiette ?**

- ○ **A.** Le cabillaud
- ○ **B.** Le thon
- ○ **C.** Le lieu noir
- ○ **D.** Le sabre

92 **Quel verbe emploient les restaurateurs pour « présenter » les plats dans l'assiette ?**

- ○ **A.** Dresser
- ○ **B.** Dompter
- ○ **C.** Ranger
- ○ **D.** Aménager

93 **Lequel de ses fruits ne pousse pas en hiver, en France ?**

- ○ **A.** La pomme
- ○ **B.** La clémentine
- ○ **C.** La poire
- ○ **D.** L'abricot

94 **Quel fromage n'est pas à pâte dure ?**

- ○ **A.** Le comté
- ○ **B.** L'emmental
- ○ **C.** L'appenzeller
- ○ **D.** Le reblochon

95 **Quel fromage n'est pas hollandais?**

- A. L'edam
- B. Le gouda
- C. Le maasdam
- D. L'emmental

96 **Laquelle de ces propositions n'est pas un chou?**

- A. Le chou de Bruxelles
- B. Le chou-rave
- C. Le chou doux
- D. Le chou-fleur

97 **Quel est le pays le plus grand producteur de champignons de Paris?**

- A. La France
- B. La Pologne
- C. La Chine
- D. L'Espagne

98 **Quel est le plus grand producteur mondial de cornichons?**

- A. L'Inde
- B. La Chine
- C. La France
- D. La Grèce

99 **Qui attribue les étoiles aux grands restaurants?**

- A. *Le Guide Michelin*
- B. *Le Guide Géo*
- C. *Le Guide Gastronomie de France*
- D. *Le Guide Marmiton*

100 **Comment s'appelle la purée, spécialité de l'Aveyron?**

- A. L'aligot
- B. L'allegro
- C. La ligot
- D. L'allergo

101 **Qui est l'inventeur du moelleux au chocolat?**

- A. Michel Bras
- B. Cyril Lignac
- C. Yannick Alléno
- D. Alain Passard

102 **Sur quelle place parisienne se situent l'Hôtel de Crillon et son restaurant gastronomique?**

- A. Place Vendôme
- B. Place de la Concorde
- C. Place de la Madeleine
- D. Place de l'Opéra

103 **Quel grand chef, prénommé Thierry, est l'homonyme d'un philosophe?**

- A. Marx
- B. Spinoza
- C. Kant
- D. Hegel

104 **De quel grand chef est inspiré le film *Ratatouille*?**

- A. Paul Bocuse
- B. Alain Ducasse
- C. Stéphane Châtenois
- D. Kevin Lacroix

105 **Qu'est-ce que les gyozas?**

- A. Des raviolis japonais
- B. Des pâtisseries grecques
- C. Des boulettes de viande turques
- D. Des bouchées aux fruits maltaises

106 **Les haricots verts sont majoritairement produits :**

- A. En Chine
- B. Au Sri Lanka
- C. Au Venezuela
- D. Au Brésil

107 **Quelle matière première d'où l'on extrait le sucre n'est pas utilisée dans l'industrie?**

- A. La canne à sucre
- B. La betterave
- C. L'érable
- D. La carotte

108 **Quel est l'apport de calories journalier nécessaire pour un homme et une femme en moyenne?**

- A. 2700 et 2 000 calories
- B. 3700 et 2 000 calories
- C. 2700 et 1 000 calories
- D. 3700 et 1 000 calories

109 **Dans la mesure des apports nutritionnels alimentaires, à quoi correspondent les lipides ?**

- ○ **A.** Le sucre
- ○ **B.** Les graisses
- ○ **C.** Les protéines
- ○ **D.** L'eau

110 **En quelle année, l'Unesco a-t-elle reconnu le « repas gastronomique français » comme patrimoine culturel immatériel de l'humanité ?**

- ○ **A.** 2000
- ○ **B.** 2008
- ○ **C.** 2010
- ○ **D.** 2015

111 **Qu'est-ce que la traçabilité alimentaire ?**

- ○ **A.** Les apports alimentaires visibles grâce à une prise de sang
- ○ **B.** Le suivi d'un produit alimentaire durant ses différentes étapes de production
- ○ **C.** La déclaration administrative des trajets de transports d'animaux d'élevage
- ○ **D.** La marque juridique de chaque produit agro-alimentaire sous différentes enseignes

112 **Quel sociologue allemand s'est intéressé à l'évolution des manières de se tenir à table ?**

- ○ **A.** Herbert Marcuse
- ○ **B.** Max Weber
- ○ **C.** Georg Simmel
- ○ **D.** Norbert Elias

113 **Quel sociologue français a étudié la distinction des comportements, notamment à table, entre classes sociales ?**

- ○ **A.** Pierre Bourdieu
- ○ **B.** Henri Mendras
- ○ **C.** Bernard Lahire
- ○ **D.** Alain Touraine

114 **Quelle fut la première femme à obtenir trois étoiles au Guide Michelin pour sa cuisine en 1933 ?**

- ○ **A.** Marie-Rose Régisser
- ○ **B.** Yole Moris
- ○ **C.** Françoise Cerceau
- ○ **D.** Eugénie Brazier

115 **Comment s'appelle un menu qui permet de découvrir différents plats de la carte d'un restaurant choisis par le chef ?**

- ○ **A.** Le menu gourmand
- ○ **B.** Le menu riche
- ○ **C.** Le menu dégustation
- ○ **D.** Le menu à volonté

116 **Comment appelle-t-on un plat, considéré comme la spécialité du chef du restaurant ?**

- ○ **A.** Le plat suprême
- ○ **B.** Le plat top chef
- ○ **C.** Le plat signature
- ○ **D.** Le plat étoilé

117 **Qu'est-ce que le beurre blanc ?**

- ○ **A.** Du beurre au lait de brebis blanche
- ○ **B.** Une sauce à base de beurre et de vin blanc
- ○ **C.** Le jus d'asperges blanches après une cuisson à la vapeur
- ○ **D.** Une émulsion au beurre et citron pour rendre les poissons blancs

118 **Quel ingrédient n'est pas nécessaire à la mayonnaise ?**

- ○ **A.** Le jaune d'œuf
- ○ **B.** L'huile
- ○ **C.** Le vinaigre
- ○ **D.** La muscade

119 **Quel peintre du XVIe siècle a réalisé des portraits avec des fruits et des légumes, notamment ?**

- ○ **A.** Guiseppe Arcimboldo
- ○ **B.** Léonard de Vinci
- ○ **C.** Sandro Botticelli
- ○ **D.** Fra Angelico

120 **Quel artiste français s'est révélé être un grand peintre des représentations de pommes?**

- A. Édouard Manet
- B. Paul Cézanne
- C. Henri Matisse
- D. August Renoir

121 **Quel ingrédient, présent dans les glaces, sert de substitut à la crème dans les sorbets?**

- A. L'eau
- B. L'alcool
- C. Le jus de pomme
- D. Le lait

122 **Depuis quelle ville le croissant aurait-il été exporté en France par Marie-Antoinette en 1770?**

- A. Berlin
- B. Vienne
- C. Venise
- D. Prague

123 **Qu'est-ce qu'un brunch?**

- A. Un repas pris sur le pouce
- B. Un repas à base de sandwichs
- C. Un repas qui se prend entre la fin de matinée et le début d'après-midi
- D. Un cinquième repas pris la nuit

124 **Qu'est-ce que du lait ribot?**

- A. Du lait caillé
- B. Du lait mélangé à de l'huile
- C. Du lait avec de l'eau
- D. Du lait maigre fermenté

125 **On boit du cidre dans un récipient appelé :**

- A. Une bolée
- B. Une tasse
- C. Une pinte
- D. Une cup

126 **Quelle spécialité n'est pas d'origine bretonne?**

- A. Le far
- B. Le kouign-amann
- C. La galette de blé noir
- D. Le berawecka

127 **Quelle appellation de fromage n'est pas à base de lait de chèvre?**

- A. Le crottin de Chavignol
- B. Le rocamadour
- C. Le saint-marcellin
- D. Le pouligny saint-pierre

128 **Quel fromage n'est pas de la catégorie des «bleus»?**

- A. La fourme d'Ambert
- B. Le bleu du Vercors
- C. Le morbier
- D. Le roquefort

129 **Quel fromage n'est pas originaire d'Auvergne?**

- A. Le cantal
- B. Le reblochon
- C. Le saint-nectaire
- D. La fourme d'Ambert

130 **Quel ingrédient n'est pas utilisé pour garnir le gâteau basque?**

- A. La crème d'amande
- B. L'anis
- C. La confiture de cerise
- D. La crème de marrons

131 **Laquelle de ces préparation ou pâtisserie ne contient pas d'amandes en poudre?**

- A. La frangipane
- B. Le financier
- C. Le macaron
- D. Le pain au chocolat

132 **Quelle femme a obtenu le prix de la Meilleure Cheffe du monde en 2021 ?**

- A. Pía León
- B. Anne-Sophie Pic
- C. Hélène Darroze
- D. Annie Féolde

133 **Le panettone est une brioche d'origine italienne, qui contient :**

- ○ **A.** Des pralines
- ○ **B.** Des pruneaux
- ○ **C.** Des raisins secs
- ○ **D.** Des pépites de chocolat

134 **Quel guide est la référence pour connaître les plus grands restaurants?**

- ○ **A.** Le Guide Michelin
- ○ **B.** Le Guide Vert
- ○ **C.** Le Guide du Routard
- ○ **D.** Le Guide Bleu Gallimard

135 **Comment s'appelle le responsable des vins et autres boissons alcoolisées dans un grand restaurant?**

- ○ **A.** Un sommelier
- ○ **B.** Un responsable de chaix
- ○ **C.** Un viticulteur
- ○ **D.** Un maître de salle

136 **Comment s'appelle la personne responsable de la coordination de l'ensemble du personnel d'un grand restaurant?**

- ○ **A.** Le directeur du restaurant
- ○ **B.** Le chef de salle
- ○ **C.** Le maître d'hôtel
- ○ **D.** Le restaurateur

137 **Quel est le champignon le plus recherché en gastronomie française?**

- ○ **A.** La trompette de la mort
- ○ **B.** Le cèpe
- ○ **C.** La girolle
- ○ **D.** La truffe

138 **Le chapon, servi durant les fêtes de fin d'année, est :**

- ○ **A.** Un coq castré
- ○ **B.** Une oie mâle
- ○ **C.** Un œuf de pintade
- ○ **D.** Un canard qui a été gavé

139 **Quelle partie du canard sert-elle à faire du foie gras?**

- ○ **A.** Le magret
- ○ **B.** Le foie
- ○ **C.** Le gésier
- ○ **D.** L'aiguillette

140 **Quel documentaire produit par James Cameron, diffusé sur Netflix, prône le végétarisme ?**

- ○ **A.** *The Gamers*
- ○ **B.** *The Game Changers*
- ○ **C.** *The Vegan Gamers*
- ○ **D.** *The New Changers*

141 **À partir de quel ingrédient fabrique-t-on du boudin noir?**

- ○ **A.** Le foie
- ○ **B.** Le sang
- ○ **C.** Les boyaux
- ○ **D.** La cervelle

142 **Lequel de ces aliments n'est pas un crustacé?**

- ○ **A.** Le crabe
- ○ **B.** La crevette rose
- ○ **C.** La langoustine
- ○ **D.** L'huître

143 **Lequel de ces poissons n'est pas de la même espèce que les trois autres?**

- ○ **A.** La morue
- ○ **B.** Le haddock
- ○ **C.** Le cabillaud
- ○ **D.** La raie

144 **Comment appelle-t-on la coutume gastronomique qui consiste à boire un petit verre de calvados entre deux plats?**

- ○ **A.** La vidée
- ○ **B.** Le trou normand
- ○ **C.** La pause-café
- ○ **D.** La boulée

Bricolage et jardinage

→ **Retrouvez le corrigé de cette série page 599.**

145 Une chignole est :

- ○ **A.** Une petite remorque
- ○ **B.** Une taraudeuse
- ○ **C.** Une perceuse
- ○ **D.** Un gros tournevis

146 Quelle fonction a une pompe à chaleur?

- ○ **A.** Elle assure un transfert de calories pour optimiser un chauffage
- ○ **B.** En mécanique, c'est un outil pour gonfler les pneus
- ○ **C.** Elle écope les cales de navires inondées
- ○ **D.** Elle est utilisée par les pompiers pour éliminer les fumées

147 Quelle est la caractéristique d'une maison écologique?

- ○ **A.** Elle se « fond » dans le paysage environnant
- ○ **B.** Elle est de couleur verte
- ○ **C.** Elle optimise les dépenses énergétiques
- ○ **D.** Elle a été inventée par Cohn-Bendit

148 Qu'appelle-t-on la « domotique » ?

- ○ **A.** L'art de bien construire sa maison
- ○ **B.** L'automatisation et la programmation de la gestion de l'habitat
- ○ **C.** L'urbanisation rationnelle d'un quartier
- ○ **D.** La planification des transports

149 Une toiture en lauze est constituée de :

- ○ **A.** Chaume
- ○ **B.** Brique cuite
- ○ **C.** Pierre
- ○ **D.** Aluminium

150 Qu'appelle-t-on une marquise dans une maison?

- ○ **A.** Un petit toit au-dessus de la porte d'entrée
- ○ **B.** Une gouttière qui descend le long du mur pour récupérer les eaux de pluie
- ○ **C.** Un paillasson
- ○ **D.** Une petite pièce froide où l'on garde les fruits durant l'hiver pour les conserver

151 Qu'appelle-t-on une cheminée à insert?

- ○ **A.** Un appareil de chauffage inséré dans l'âtre d'une cheminée
- ○ **B.** Une cheminée avec un pare-feu
- ○ **C.** Une cheminée ouverte pour insérer de grosses bûches
- ○ **D.** Un poêle à feu continu

152 À quoi sert une girouette sur le toit d'une maison?

- ○ **A.** À améliorer l'esthétique
- ○ **B.** Perchoir pour les oiseaux
- ○ **C.** Paratonnerre
- ○ **D.** À indiquer le sens du vent

153 À quoi sert un étau?

- ○ **A.** À affûter des lames
- ○ **B.** À percer un trou dans une planche
- ○ **C.** À maintenir fixe un objet
- ○ **D.** À arrondir une extrémité

154 **Laquelle de ces colles n'est pas une colle utilisée en bricolage?**

- ○ **A.** L'amidon
- ○ **B.** Le néoprène
- ○ **C.** L'Araldite
- ○ **D.** La colle blanche

155 **Lequel de ces bois est le plus dur?**

- ○ **A.** Le chêne
- ○ **B.** Le sapin
- ○ **C.** L'acajou
- ○ **D.** Le peuplier

156 **Lequel de ces types de bois, utilisés en parquet, est le plus résistant à l'humidité?**

- ○ **A.** Le bambou
- ○ **B.** Le châtaignier
- ○ **C.** Le chêne
- ○ **D.** Le pin

157 **Quel bois précieux est utilisé en parfumerie et en ébénisterie?**

- ○ **A.** Le palissandre
- ○ **B.** Le bois de rose
- ○ **C.** Le buis
- ○ **D.** Le rubis

158 **Quel est l'intrus parmi les ustensiles utilisés pour un chantier de peinture d'une pièce?**

- ○ **A.** Un rouleau
- ○ **B.** Une bâche
- ○ **C.** Une auge
- ○ **D.** Un pinceau

159 **Avant de peindre un mur on doit préparer la surface à peindre, quel matériau n'est pas utilisé pour cette étape?**

- ○ **A.** De la colle
- ○ **B.** Du papier abrasif
- ○ **C.** Un couteau à enduire
- ○ **D.** Un enduit

160 **Quel produit naturel est utilisé pour obtenir un colorant rouge?**

- ○ **A.** La cochenille
- ○ **B.** Le coquelicot
- ○ **C.** La rose
- ○ **D.** Le sang

161 **Quel produit naturel est utilisé pour obtenir un colorant bleu?**

- ○ **A.** L'huître
- ○ **B.** La lavande
- ○ **C.** La spiruline
- ○ **D.** Le bleuet

162 **Quelle cathédrale est célèbre pour la couleur bleue unique de ces vitraux du XIIe siècle?**

- ○ **A.** La cathédrale de Senlis
- ○ **B.** La cathédrale de Soissons
- ○ **C.** La cathédrale de Paris
- ○ **D.** La cathédrale de Chartres

163 **Une substance permet de faire un colorant vert, laquelle?**

- ○ **A.** Le compost
- ○ **B.** La chlorophylle
- ○ **C.** Le lys
- ○ **D.** La pivoine

164 **À partir de quel mélange de couleurs primaires obtient-on la couleur orange?**

- ○ **A.** Jaune et bleu
- ○ **B.** Jaune et vert
- ○ **C.** Rouge et jaune
- ○ **D.** Rouge et vert

165 **À partir de quel mélange de couleurs primaires obtient-on la couleur violette?**

- ○ **A.** Vert et rouge
- ○ **B.** Vert et bleu
- ○ **C.** Rouge et bleu
- ○ **D.** Jaune et bleu

166 **À partir de quel mélange de couleurs primaires obtient-on la couleur verte?**

- ○ **A.** Bleu et jaune
- ○ **B.** Bleu et rouge
- ○ **C.** Jaune et rouge
- ○ **D.** Bleu et orange

167 **Quel outil de bricolage ne fait pas de trou?**

- ○ **A.** La chignole
- ○ **B.** La brocheuse
- ○ **C.** La perceuse
- ○ **D.** La vrille

168 **Quelle clé n'est pas un outil de bricolage?**

- ○ **A.** La clé à mollette
- ○ **B.** La clé anglaise
- ○ **C.** La clé plate
- ○ **D.** La clé de bras

169 **Une varlope est un outil pour :**

- ○ **A.** Le tonnelier
- ○ **B.** Le savetier
- ○ **C.** Le menuisier
- ○ **D.** L'ébéniste

170 **Le bourrelier utilise :**

- ○ **A.** Une alêne
- ○ **B.** Une assette
- ○ **C.** Une binette
- ○ **D.** Une fraise

171 **L'assolement est :**

- ○ **A.** Un labourage en surface
- ○ **B.** Une répartition adéquate des cultures
- ○ **C.** Un arasement des sols
- ○ **D.** Un ensemencement précoce

172 **Une faneuse :**

- ○ **A.** Récolte les fanes des plantes herbacées
- ○ **B.** Rassemble les éteules après la moisson
- ○ **C.** Assure le séchage des foins coupés
- ○ **D.** Est une personne qui regroupe les « fans » d'une activité

173 **Un araire est :**

- ○ **A.** Un instrument qui mesure une surface
- ○ **B.** Un petit sillon
- ○ **C.** Une petite charrue
- ○ **D.** Une surface devenue cultivable

174 **Un tenon utilisé en menuiserie est :**

- ○ **A.** Une petite tenaille
- ○ **B.** Une petite goupille
- ○ **C.** Un élément d'assemblage
- ○ **D.** Un poinçon

175 **Le blanc d'Espagne est :**

- ○ **A.** Un nom générique qui en globe par exemple le Xérès
- ○ **B.** Un partisan de Franco
- ○ **C.** Un nettoyant domestique
- ○ **D.** Un colorant de la région de Tolède

176 **Le hersage est :**

- ○ **A.** L'entretien annuel des haies
- ○ **B.** La récolte des fruits du houx
- ○ **C.** Un travail superficiel du sol
- ○ **D.** Le désherbage d'un vignoble

177 **Une binette est :**

- ○ **A.** Un petit râteau
- ○ **B.** Une petite serpe
- ○ **C.** Une petite houe
- ○ **D.** Un plantoir

178 **Une gâche est :**

- ○ **A.** Un marteau de couvreur
- ○ **B.** Un outil du jardinier
- ○ **C.** Un outil du sabotier
- ○ **D.** Un outil du maçon

179 **Lequel de ces éléments n'entre pas dans la composition d'engrais?**

- ○ **A.** L'azote
- ○ **B.** Le phosphore
- ○ **C.** Le potassium
- ○ **D.** Le soufre

180 **Quel métier n'a pas de lien avec l'entretien des jardins?**

- ○ **A.** Élagueur
- ○ **B.** Paysagiste
- ○ **C.** Œnologue
- ○ **D.** Horticulteur

181 **Quelle action n'est pas faite sur un arbre par un jardinier?**

- ○ **A.** Élaguer
- ○ **B.** Tailler
- ○ **C.** Tronçonner
- ○ **D.** Élimer

182 **Quel déchet ne doit pas être mis dans un compost?**

- ○ **A.** Les coquilles d'œuf
- ○ **B.** La mouture de café
- ○ **C.** Les épluchures de pommes
- ○ **D.** Les os de poulet

183 **Pour quelle utilisation emploie-t-on du sang séché dans un jardin?**

- ○ **A.** Pesticide
- ○ **B.** Engrais
- ○ **C.** Absorbeur d'humidité pour retenir l'eau dans le sol
- ○ **D.** Contre les chenilles qui mangent les feuilles

184 **Quelle fonction jouent les écorces déposées sur le sol?**

- ○ **A.** Pesticide
- ○ **B.** Engrais
- ○ **C.** Absorbeur d'humidité pour retenir l'eau dans le sol
- ○ **D.** Contre les chenilles qui mangent les feuilles

185 **Lequel de ces produits n'est pas un engrais naturel?**

- ○ **A.** Le savon noir
- ○ **B.** Le sang séché
- ○ **C.** La cendre de bois
- ○ **D.** La corne de bœuf broyée

186 **À quoi sert le compost?**

- ○ **A.** C'est un engrais
- ○ **B.** C'est un anti-pucerons
- ○ **C.** C'est un antifongique.
- ○ **D.** À attirer les abeilles

187 **Quelle est la particularité du lombricompost?**

- ○ **A.** Il contient des vers de terre
- ○ **B.** Il est enterré
- ○ **C.** Il est alimenté par des fientes d'oiseaux
- ○ **D.** Il est liquide du fait de l'eau qui est ajoutée

188 **Quelle période est déconseillée pour la taille des végétaux?**

- ○ **A.** L'été
- ○ **B.** Le printemps
- ○ **C.** L'automne
- ○ **D.** La nuit

189 **Quel instrument n'est pas utilisé pour tailler des végétaux?**

- ○ **A.** Le sécateur à bec de perroquet
- ○ **B.** La cisaille
- ○ **C.** Le sécateur
- ○ **D.** La binette

190 **Qu'est-ce qu'un arbre à feuilles caduques?**

- ○ **A.** Un arbre dont les feuilles sont en forme de caducée
- ○ **B.** Un arbre dont les feuilles tombent en hiver et se renouvellent chaque année
- ○ **C.** Un arbre dont les feuilles sont des épines
- ○ **D.** Un arbre aux feuilles jaunies par l'automne

191 **Lequel de ces arbres n'est pas un arbre à épines ?**

- ○ **A.** Le cèdre
- ○ **B.** L'épicéa
- ○ **C.** Le pin maritime
- ○ **D.** Le cornouiller

192 **Quel arbre a comme fruit le gland ?**

- ○ **A.** Le chêne
- ○ **B.** Le marronnier
- ○ **C.** Le saule
- ○ **D.** Le peuplier

193 **Quel arbre est réputé pour faire de l'ombre sur une place ?**

- ○ **A.** Le saule
- ○ **B.** Le peuplier
- ○ **C.** Le pin maritime
- ○ **D.** Le platane

194 **Quelle est la couleur du bois acajou ?**

- ○ **A.** Presque noir
- ○ **B.** Marron clair
- ○ **C.** Légèrement rouge
- ○ **D.** Beige

195 **Quelle fleur est de couleur jaune ?**

- ○ **A.** L'hortensia
- ○ **B.** Le dahlia
- ○ **C.** La jonquille
- ○ **D.** L'iris

196 **Quelle fleur est utilisée en cuisine et en parfumerie-cosmétique ?**

- ○ **A.** Le jasmin
- ○ **B.** La fleur d'oranger
- ○ **C.** Le mimosa
- ○ **D.** Le bleuet

197 **Quel végétal n'est pas de la famille des rosacées ?**

- ○ **A.** La rose
- ○ **B.** L'aubépine
- ○ **C.** L'églantine
- ○ **D.** Le laurier rose

198 **Quel fruit n'est pas un agrume ?**

- ○ **A.** L'ananas
- ○ **B.** La mandarine
- ○ **C.** Le citron
- ○ **D.** L'orange

199 **Que signifie agriculture biologique ?**

- ○ **A.** Une agriculture qui exclut le recours aux produits chimiques
- ○ **B.** Une agriculture qui est faite en zone périurbaine
- ○ **C.** Une agriculture qui fait travailler exclusivement des travailleurs réunis en coopérative
- ○ **D.** Une agriculture produite exclusivement en France

200 **Quel label certifie que le bien vendu a été produit par les méthodes d'agriculture biologique ?**

- ○ **A.** AB
- ○ **B.** Max Havelaar
- ○ **C.** Bleu Blanc Cœur
- ○ **D.** *Made in France*

201 **Le métayage est :**

- ○ **A.** Une exploitation de terres louées par un métayer
- ○ **B.** Un mélange de céréales sur un même terrain
- ○ **C.** Un essai d'ensemencer une zone difficile
- ○ **D.** Une agriculture fortement intensive

202 **Les forêts domaniales sont gérées par :**

- ○ **A.** La commune
- ○ **B.** Le canton
- ○ **C.** Le département
- ○ **D.** L'État

203 Le froment est une céréale de l'espèce :

- ○ **A.** Du blé
- ○ **B.** De l'avoine
- ○ **C.** Du seigle
- ○ **D.** Du maïs

204 Une éteule est :

- ○ **A.** Un outil pour affûter les faux
- ○ **B.** L'extrémité d'un épi de blé
- ○ **C.** Du chaume
- ○ **D.** Une vieille racine enterrée

205 Le phylloxéra est un insecte qui a détruit les cultures :

- ○ **A.** Céréalières
- ○ **B.** Potagères
- ○ **C.** Viticoles
- ○ **D.** Forestières

206 La myxomatose est une maladie qui tue :

- ○ **A.** Les petits poulets
- ○ **B.** Les bovins
- ○ **C.** Les lapins
- ○ **D.** Les ovins

207 Un percheron est :

- ○ **A.** Un champignon comestible pas très goûteux
- ○ **B.** Une petite perche
- ○ **C.** Un cheval de trait
- ○ **D.** Un promontoire pour la volaille

208 Un joug est :

- ○ **A.** Une arme du moyen âge
- ○ **B.** Un outil du maréchal ferrant
- ○ **C.** Une pièce de bois pour un attelage
- ○ **D.** Un élément de la charrue

209 Un acre est :

- ○ **A.** Un parasite qui attaque les poussins
- ○ **B.** Une ancienne mesure agraire
- ○ **C.** Un outil de sabotier
- ○ **D.** Un tabouret trépied pour traire les vaches

210 Un fermier (au sens juridique) est :

- ○ **A.** Un exploitant propriétaire des terres
- ○ **B.** Un exploitant qui ne peut adhérer à un GAEC
- ○ **C.** Un exploitant qui paie un loyer au propriétaire des terres
- ○ **D.** Un exploitant qui partage des revenus avec le propriétaire des terres

211 La « bouillie bordelaise » est un fongicide à base de :

- ○ **A.** Nitrate de potassium
- ○ **B.** Sulfate de sodium
- ○ **C.** Phosphate de fer
- ○ **D.** Sulfate de cuivre

212 Laquelle de ces définitions du mot « basse-cour » est fausse ?

- ○ **A.** Petit peuple, piétaille
- ○ **B.** Petite juridiction
- ○ **C.** Ensemble des volailles d'une ferme
- ○ **D.** Petit espace à l'intérieur d'un château fort

213 « Labourage et pâturage sont les deux mamelles de la France » est une citation de :

- ○ **A.** Colbert, ministre de Louis XIV
- ○ **B.** La Fontaine, auteur des *Fables*
- ○ **C.** Sully, ministre d'Henri IV
- ○ **D.** Denis Diderot, l'encyclopédiste

214 Les jardins de Versailles ont été conçus par :

- ○ **A.** Mansart
- ○ **B.** Vauban
- ○ **C.** Le Nôtre
- ○ **D.** Le Vau

215 **La protectrice grecque des moissons était :**

- O **A.** Déméter
- O **B.** Cybèle
- O **C.** Artémis
- O **D.** Héra

216 **Les doryphores sont la hantise du jardinier car ils dévorent :**

- O **A.** Les tomates
- O **B.** Les courgettes
- O **C.** Les pommes de terre
- O **D.** Les aubergines

217 **Les jardiniers craignent la période de la « lune rousse », pourquoi ?**

- O **A.** Cette couleur inhabituelle envoie un rayonnement nocif
- O **B.** La lune est toujours blanche mais le rayonnement est trop fort
- O **C.** Un gros écart de température (jour, nuit) fait geler les bourgeons
- O **D.** La lune n'est jamais rousse

218 **Le saint patron des jardiniers est :**

- O **A.** Saint Fiacre
- O **B.** Saint Mamert
- O **C.** Saint Pancrace
- O **D.** Saint Gervais

Médias

→ **Retrouvez le corrigé de cette série page 601.**

219 Combien de temps les Français regardent-ils la télévision, par jour, en moyenne?

○ **A.** 2 heures ○ **B.** 3 heures ○ **C.** 4 heures ○ **D.** 5 heures

220 Quelle est la chaîne télévisée qui a le plus d'audimat en moyenne annuelle, en France?

○ **A.** TF1 ○ **B.** W9 ○ **C.** BFM TV ○ **D.** France 2

221 Que signifie TNT?

○ **A.** Télévision non taxée
○ **B.** Télévision non télécommandée
○ **C.** Télévision numérique terrestre
○ **D.** Télévision numérique totale

222 Qui présente habituellement le journal télévisé de 20 heures sur France 2, du lundi au jeudi?

○ **A.** Anne-Sophie Lapix
○ **B.** Anne-Sophie La pie
○ **C.** Anne-Sophie Larix
○ **D.** Anne-Sophie La Mie

223 Quelle série française se déroule au cœur de la Direction générale de la sécurité extérieure?

○ **A.** *Inspecteur Maigret*
○ **B.** *Julie Lescaut*
○ **C.** *Le bureau des légendes*
○ **D.** *10 %*

224 Quelle série française se passe dans le service de la DGSE (Direction générale de la sécurité extérieure) ?

○ **A.** *Services secrets*
○ **B.** *Engrenages*
○ **C.** *Les Témoins*
○ **D.** *Le Bureau des légendes*

225 Dans quel quartier marseillais se déroule la série *Plus belle la vie*?

○ **A.** La Belle de Mai
○ **B.** Le Joli Printemps
○ **C.** La Joie du Soleil
○ **D.** La Reine d'Été

226 Netflix est une chaîne par abonnement née :

○ **A.** Aux États-Unis
○ **B.** Au Canada
○ **C.** Au Japon
○ **D.** En Australie

227 Quelle chaîne télévisée n'est pas spécifiquement destinée à la jeunesse?

○ **A.** Guilli
○ **B.** Disney Chanel
○ **C.** Cartoon Network
○ **D.** RMC Découverte

228 Laquelle de ses chaînes n'est pas exclusivement dédiée à l'information?

○ **A.** BFM TV ○ **B.** France Info ○ **C.** LCI ○ **D.** TFX

229 Quelle chaîne retransmet les débats de l'Assemblée nationale?

○ **A.** France 4
○ **B.** LCP Public Sénat
○ **C.** Arte
○ **D.** TMC

230 Quelle chaîne n'existe pas au sein du groupe France Télévisions?

○ **A.** France 3 ○ **B.** France 4 ○ **C.** France Ô ○ **D.** France +

231 Qui présente *The Voice*?

○ **A.** Nikos Aliagas
○ **B.** Nagui
○ **C.** Cyril Hanouna
○ **D.** Valérie Damidot

232 **Koh Lanta est une île :**

- ○ **A.** Thaïlandaise
- ○ **B.** Vietnamienne
- ○ **C.** Cambodgienne
- ○ **D.** Indienne

233 **En 2022, quel chef a intégré le jury de « Top Chef », sur M6 ?**

- ○ **A.** Paul Pairet
- ○ **B.** Philippe Etchebest
- ○ **C.** Lionel de la Florentinière
- ○ **D.** Glenn Viel

234 **Quel est le quotidien national payant le plus lu en France?**

- ○ **A.** *Le Monde*
- ○ **B.** *L'Équipe*
- ○ **C.** *Le Figaro*
- ○ **D.** *Libération*

235 **À combien est tiré chaque jour le journal *L'Équipe*, en moyenne?**

- ○ **A.** 50 000 exemplaires
- ○ **B.** 100 000 exemplaires
- ○ **C.** 250 000 exemplaires
- ○ **D.** 1 000 000 exemplaires

236 **Qui dirigent le journal *Le Monde*?**

- ○ **A.** Éric Fottorino et Françoise Grand
- ○ **B.** Hubert Beuve-Méry et Pierre Mancini
- ○ **C.** Jérôme Fenoglio et Louis Dreyfus
- ○ **D.** Florence Guémy et Alain Augé

237 **Lequel de ces magazines d'actualité n'est pas un hebdomadaire?**

- ○ **A.** *Le 1*
- ○ **B.** *L'Express*
- ○ **C.** *Capital*
- ○ **D.** *L'Obs*

238 **Lequel de ces magazines n'est pas un magazine pour la jeunesse?**

- ○ **A.** *Phosphore*
- ○ **B.** *Julie*
- ○ **C.** *Astrapi*
- ○ **D.** *Marianne*

239 **Quel est le magazine jeunesse qui a la plus forte audience en France?**

- ○ **A.** *J'aime lire*
- ○ **B.** *Le Journal de Mickey*
- ○ **C.** *Pomme d'Api*
- ○ **D.** *Géo Ado*

240 **Rue89 est un**

- ○ **A.** Site Internet d'actualité
- ○ **B.** Un sitcom filmé au 89 John's Street
- ○ **C.** Un magazine hebdomadaire
- ○ **D.** Une émission de radio France Culture

241 **À quel groupe appartiennent les magazines jeunesse *Pomme d'Api*, *Astrapi* et *Okapi*?**

- ○ **A.** Lagardère
- ○ **B.** Bayard
- ○ **C.** Fleurus presse
- ○ **D.** Le Monde

242 **En quelle année est apparue la TNT (télévision numérique terrestre) en France?**

- ○ **A.** 1990
- ○ **B.** 2000
- ○ **C.** 2005
- ○ **D.** 2015

243 **Quel est le magazine mensuel le plus vendu en France à plus de 700 000 exemplaires?**

- ○ **A.** *ELLE Décoration*
- ○ **B.** *Notre Temps*
- ○ **C.** *Historia*
- ○ **D.** *Géo*

244 **Quel magazine féminin n'existe pas?**

- ○ **A.** *Causette*
- ○ **B.** *Maxi*
- ○ **C.** *Marie-Claire*
- ○ **D.** *Aprile Mag*

245 **Quel magazine de cuisine n'existe pas?**

- ○ **A.** *ELLE à table*
- ○ **B.** *Cuisine Actuelle*
- ○ **C.** *Marmiton*
- ○ **D.** *Régalade*

246 **Depuis une décennie, le chiffre d'affaires de la presse écrite en France est globalement :**

- ○ **A.** En hausse de 5 %
- ○ **B.** Stable
- ○ **C.** En baisse de 5 %
- ○ **D.** En baisse de 30 %

247 **Que sont les infomédiaires?**

- ○ **A.** Des acteurs du Web qui recensent et analysent les informations pour les internautes
- ○ **B.** Un journaliste précaire
- ○ **C.** Un site d'intérim
- ○ **D.** Un réseau de prestataires informatiques

248 **Qu'est-ce qu'un MOOK?**

- ○ **A.** Une publication hybride entre un magazine et un livre
- ○ **B.** Un livre pour enfant en anglais
- ○ **C.** Un catalogue commercial
- ○ **D.** Un dossier présentant des travaux personnels artistiques

249 **Au sommet de la tour Eiffel, point culminant de l'Île-de-France se trouve :**

- ○ **A.** Une girouette
- ○ **B.** Quatre antennes radio
- ○ **C.** Un restaurant
- ○ **D.** Une cheminée

250 **Laquelle de ces radios ne fait pas partie du groupe public Radio France?**

- ○ **A.** France Musique
- ○ **B.** France Bleu
- ○ **C.** Radio Classique
- ○ **D.** France Inter

251 **Quel média ne fait pas partie du groupe NextRadio TV dirigé par Alain Weil?**

- ○ **A.** Radio BFM Business
- ○ **B.** Chaîne télé BFM TV
- ○ **C.** RMC radio
- ○ **D.** Europe 1

252 **Quand a été créée la chaîne radiophonique publique d'actualité France Info?**

- ○ **A.** 1950
- ○ **B.** 1960
- ○ **C.** 1977
- ○ **D.** 1987

253 **Quel film a remporté la palme d'or du meilleur film au Festival de Cannes en 2021 ?**

- ○ **A.** *Méthane*
- ○ **B.** *Titane*
- ○ **C.** *Ethan*
- ○ **D.** *Propane*

254 **Sur quel sujet portaient généralement les questions et témoignages des auditeurs de Macha Béranger dans l'émission *Allô Macha* diffusée chaque nuit sur France Inter de 1977 à 2006?**

- ○ **A.** De la littérature
- ○ **B.** Du sport
- ○ **C.** Des confidences personnelles
- ○ **D.** De la santé

255 **En France, quelle est l'obligation des chaînes quant à la diffusion de chansons d'expression française sur les ondes radio?**

- ○ **A.** Aucune obligation
- ○ **B.** Quota de 10 %
- ○ **C.** Quota de 40 %
- ○ **D.** Quota de 60 %

256 **Qui a été le fondateur du journal *L'Humanité*?**

- ○ **A.** Jean Jaurès
- ○ **B.** Hubert Beuve-Méry
- ○ **C.** Émile Zola
- ○ **D.** François Mitterrand

257 **Qui est l'inventeur de la radio TSF?**

- ○ **A.** Marconi
- ○ **B.** Volta
- ○ **C.** Pierre Curie
- ○ **D.** Edison

258 **De quand date la première émission officielle de télévision, en noir et blanc?**

- ○ **A.** 1910
- ○ **B.** 1925
- ○ **C.** 1935
- ○ **D.** 1945

259 **Quand est née la première émission de télévision en couleur?**

- ○ **A.** 1950
- ○ **B.** 1967
- ○ **C.** 1973
- ○ **D.** 1981

260 **Qui fut la première speakerine officielle de la télévision française?**

- ○ **A.** Micheline Dax
- ○ **B.** Marie-Laure Augry
- ○ **C.** Évelyne Leclercq
- ○ **D.** Jacqueline Joubert

261 **Quel fut le premier programme de téléréalité, proposé en France, sur M6?**

- ○ **A.** The Voice
- ○ **B.** Top Chef
- ○ **C.** Loft Story
- ○ **D.** Kohlanta

262 **Dans quelle série animée pour enfants des années 1960 à 1970 Zébulon intervenait-il?**

- ○ **A.** Caliméro
- ○ **B.** *Le Manège enchanté*
- ○ **C.** Club Dorothée
- ○ **D.** *Bonne nuit les petits*

263 **Comment s'appelait le présentateur vedette de nombreuses émissions télévisées de 1960 à 1981, des Jeux olympiques, d'Intervilles, du Tour de France sans oublier les décès et enterrements des « grands » de ce monde?**

- ○ **A.** Jean-Pierre Elkabbach
- ○ **B.** Jean-Luc Delarue
- ○ **C.** Jean-Pierre Foucault
- ○ **D.** Léon Zitrone

264 **Quelle était la partenaire d'Yves Mourousi au journal de 13 heures sur TF1 dans les années 70 à 80?**

- ○ **A.** Fabienne Égal
- ○ **B.** Évelyne Leclercq
- ○ **C.** Micheline Dax
- ○ **D.** Marie-Laure Augry

265 **Quelle est la signification des initiales PPDA, présentateur du 20 heures sur TF1 pendant 20 ans?**

- ○ **A.** Patrick Poivre d'Arvor
- ○ **B.** Philippe Poivre d'Avon
- ○ **C.** Pierre Petit d'Avignon
- ○ **D.** Pierre-Patrick Dupont d'Alvion

266 **Qui est le président actuel de France télévision?**

- ○ **A.** Delphine Ernotte
- ○ **B.** Laure Adler
- ○ **C.** David Pujadas
- ○ **D.** Stéphane Richard

267 **Comment s'appelle la diffusion de programme télé ou radiodiffusé disponible plusieurs jours sur leur site Internet?**

- ○ **A.** Le *streaming*
- ○ **B.** Le *podcast*
- ○ **C.** Le *replay*
- ○ **D.** Le téléchargement

268 **Quelle nouvelle chaîne télévisée privée se partage aujourd'hui la diffusion des matchs de football avec Canal+ et beIN Sport?**

- ○ **A.** France Info
- ○ **B.** France 2
- ○ **C.** SFR Sport
- ○ **D.** C8

269 **Qui proposait une grande dictée aux Français devant leur écran de télévision dans les années 80 ?**

- ○ **A.** Jean-Pierre Descombes
- ○ **B.** Bernard Pivot
- ○ **C.** Clément Cormier
- ○ **D.** François Pérusse

270 **Quelle est aujourd'hui l'émission de télévision de référence en matière littéraire ?**

- ○ **A.** *La Grande Littérature*
- ○ **B.** *La Grande Bibliothèque*
- ○ **C.** *La Grande Librairie*
- ○ **D.** *La Grande Écriture*

271 **Quel jeu télévisé de questions de culture générale, d'abord présenté par Julien Lepers, est désormais animé par Samuel Étienne ?**

- ○ **A.** *Des chiffres et des lettres*
- ○ **B.** *Pyramides*
- ○ **C.** *Questions pour un champion*
- ○ **D.** *Motus*

272 **Dans quel jeu télévisé, J.-P. Foucault demandait aux candidats « C'est votre dernier mot ? »**

- ○ **A.** *Qui veut gagner des millions ?*
- ○ **B.** *5 anneaux d'or*
- ○ **C.** *Burger Quiz*
- ○ **D.** *Le Juste Prix*

273 **Qui est le président du CSA ?**

- ○ **A.** Eliott Shanghai
- ○ **B.** Olivier Schrameck
- ○ **C.** Côme Grémaud
- ○ **D.** Roch-Olivier Maistre

274 **Comment s'appelle le principal syndicat des journalistes en France ?**

- ○ **A.** Le Syndicat national des journalistes
- ○ **B.** Le Syndicat principal des journalistes
- ○ **C.** Le Syndicat des journalistes de France
- ○ **D.** Le Syndicat général des journalistes

275 **Quel est le nom du statut particulier des travailleurs précaires des métiers du spectacle ou de l'audiovisuel ?**

- ○ **A.** Les intermittents du spectacle
- ○ **B.** Les pigistes
- ○ **C.** Les auteurs du spectacle
- ○ **D.** Les artistes indépendants

276 **Comment s'appelle, dans une rédaction, la personne responsable de la relecture et validation finale avant publication d'un magazine ou d'un journal ?**

- ○ **A.** Le secrétaire de rédaction
- ○ **B.** Le directeur général
- ○ **C.** Le président général
- ○ **D.** Le relecteur général

277 **Une faute de frappe s'appelle une coquille car :**

- ○ **A.** C'est l'exemple même en cas d'oubli de la lettre Q.
- ○ **B.** Une faute de frappe provenait d'une coquille de papier dans la bobine d'imprimante.
- ○ **C.** Cela obligeait à jeter les exemplaires dans de grands bacs en forme de coquille.
- ○ **D.** Une coquille de fruit de mer est rare dans la nature comme une coquille en imprimerie.

278 **De quand date la première publication du quotidien *Libération* ?**

- ○ **A.** 1961
- ○ **B.** 1973
- ○ **C.** 1981
- ○ **D.** 1992

279 **Quand a démarré la diffusion de la première chaîne hertzienne franco-allemande ARTE ?**

- ○ **A.** 1945
- ○ **B.** 1954
- ○ **C.** 1975
- ○ **D.** 1992

280 **Qui sont les deux créateurs du *PalmaShow* ?**

- ○ **A.** Alexandra Lamy et Jean Dujardin
- ○ **B.** Laurel et Hardy
- ○ **C.** Grégoire Ludig et David Marsais
- ○ **D.** Les frères Bogdanov

281 **Comment s'appelle l'émission d'histoire sur France Culture du lundi au vendredi de 9 à 10 heures?**

- ○ **A.** *La Série Documentaire*
- ○ **B.** *L'Oreille en coin*
- ○ **C.** *La Fabrique de l'Histoire*
- ○ **D.** *Histoire et compagnie*

282 **Quel est le type de connectique standard aujourd'hui pour transmettre l'image et le son entre deux appareils audiovisuels?**

- ○ **A.** Le minitel
- ○ **B.** Le HDMI
- ○ **C.** Le péritel
- ○ **D.** Le VGA

283 **Quelle publication de presse ou e-presse n'est pas spécialisée en économie?**

- ○ **A.** *Les échos*
- ○ **B.** *La Tribune*
- ○ **C.** *Capital*
- ○ **D.** *Flow*

284 **Comment s'appelle la mesure de l'écoute et de la vision d'une émission de radio ou de télévision?**

- ○ **A.** L'audiomat
- ○ **B.** L'audimat
- ○ **C.** L'automat
- ○ **D.** L'audiostat

285 **Quelle radio a la plus forte audience le matin autour de 8 heures?**

- ○ **A.** France Info
- ○ **B.** Europe 1
- ○ **C.** RTL
- ○ **D.** France Inter

286 **Quelle radio a la plus forte audience globale?**

- ○ **A.** France Info
- ○ **B.** Europe 1
- ○ **C.** RTL
- ○ **D.** France Inter

Numérique

→ **Retrouvez le corrigé de cette série page 604.**

287 **Qu'est-ce qu'un influenceur?**

- ○ **A.** Une personne active sur les réseaux dont les avis sont fortement relayés sur le Net
- ○ **B.** Un logiciel d'optimisation des données numériques
- ○ **C.** Un diffuseur d'informations sous forme de *cookies*
- ○ **D.** Un algorithme de calcul des préférences de l'internaute

288 **Quelle entreprise de production audiovisuelle jeunesse a lancé sa nouvelle chaîne de streaming en janvier 2020 ?**

- ○ **A.** Gulli
- ○ **B.** Disney
- ○ **C.** Netflix
- ○ **D.** Illumination

289 **Quel est le site Web d'hébergement de vidéos le plus visité dans le monde?**

- ○ **A.** YouTube
- ○ **B.** Vimeo
- ○ **C.** Netflix
- ○ **D.** Dailymotion

290 **Quelle est la date de création de YouTube?**

- ○ **A.** 1995
- ○ **B.** 2000
- ○ **C.** 2005
- ○ **D.** 2010

291 **Combien d'heures de vidéos sont mises en ligne chaque jour sur YouTube?**

- ○ **A.** 6 000 heures
- ○ **B.** 60 000 heures
- ○ **C.** 600 000 heures
- ○ **D.** 6 millions d'heures

292 **Qui est le PDG de Free?**

- ○ **A.** Xavier Niel
- ○ **B.** Bernard Arnault
- ○ **C.** Martin Bouygues
- ○ **D.** Alain Weill

293 **Qu'est-ce qu'un *hardware*?**

- ○ **A.** De la programmation informatique à un niveau professionnel
- ○ **B.** Un film pornographique en ligne
- ○ **C.** Un système de sécurisation des mails en ligne
- ○ **D.** Du matériel informatique

294 **Comment appelle-t-on les monnaies numériques sans cours légal reconnu par les États?**

- ○ **A.** Les numéromonnaies
- ○ **B.** Les Nettomonnaies
- ○ **C.** Les cryptomonnaies
- ○ **D.** Les Webomonnaies

295 **Quelle monnaie n'est pas une monnaie numérique en *peer-to-peer*?**

- ○ **A.** Le bitcoin
- ○ **B.** Le litecoin
- ○ **C.** Le toycoin
- ○ **D.** L'Ethereum

296 **La consommation électrique du minage des cryptomonnaies représente aujourd'hui :**

- ○ **A.** Près de 0,06 % de la consommation électrique annuelle du monde, soit la moitié de celle du Luxembourg
- ○ **B.** Près de 0,6 % de la consommation électrique annuelle du monde, soit l'équivalent de celle de la Norvège
- ○ **C.** Près de 6 % de la consommation électrique annuelle du monde, soit la moitié de celle des États-Unis
- ○ **D.** Près de 6 % de la consommation électrique annuelle du monde, soit la moitié de celle de toute l'Europe

297 **La consommation de CO_2 consécutive aux courriels envoyés par une entreprise de cent personnes représente en moyenne l'équivalent de :**

- ○ **A.** Deux vols allers-retours entre Paris et New York
- ○ **B.** Six vols allers-retours entre Paris et New York
- ○ **C.** Neuf vols allers-retours entre Paris et New York
- ○ **D.** Quatorze vols aller-retour entre Paris et New York

298 **Quelle part des internautes français a consulté un site de cuisine durant les fêtes ?**

○ **A.** 10 % ○ **B.** 40 % ○ **C.** 70 % ○ **D.** 90 %

299 **Quel est le site culinaire le plus consulté en France ?**

- ○ **A.** Marmiton
- ○ **B.** Régal
- ○ **C.** L'atelier des Chefs
- ○ **D.** cuisineAZ

300 **Quel est le site de e-commerce leader en France ?**

- ○ **A.** La Fnac
- ○ **B.** Oui. sncf
- ○ **C.** Cdiscount
- ○ **D.** Amazon

301 **Qu'est-ce qu'un *ebook* ?**

- ○ **A.** Un livre numérique
- ○ **B.** Un livre audio
- ○ **C.** Un livre à gros caractères
- ○ **D.** Un livre bilingue

302 **Un MOOC (*massive open online course*) est une :**

- ○ **A.** Formation en ligne ouverte à tous
- ○ **B.** Une publication hybride, entre un livre et un magazine
- ○ **C.** Un logiciel pédagogique
- ○ **D.** Un site Internet à grande audience

303 **Qu'est-ce qu'un *hacker* ?**

- ○ **A.** Un spécialiste de jeux vidéo sportifs ou de guerre
- ○ **B.** Un spécialiste de la répartition des *softwares* et *hardwares*
- ○ **C.** Un financier sur les marchés des cryptomonnaies
- ○ **D.** Une personne qui contourne les systèmes de sécurité des logiciels ou systèmes d'exploitation

304 **Quel est le taux d'équipement en téléphone mobile des plus de 12 ans en France aujourd'hui ?**

○ **A.** 55 % ○ **B.** 65 % ○ **C.** 75 % ○ **D.** 95 %

305 **Quelle est la part des ménages français équipés en ordinateur ?**

○ **A.** 30 % ○ **B.** 55 % ○ **C.** 80 % ○ **D.** 95 %

306 **Que signifie 5 G ?**

- ○ **A.** La cinquième génération de technologie haut débit depuis un Smartphone
- ○ **B.** Une connexion Internet mondiale nommée en hommage à Galilée
- ○ **C.** La vitesse d'accélération des données Internet en cinq secondes
- ○ **D.** La cinquième innovation de Google en matière de connexion Internet

307 **Quelles entreprises regroupe l'acronyme GAFAM ?**

- ○ **A.** Google, Apple, Facebook, Amazon, Microsoft
- ○ **B.** Google, Apple, Free, Amazon, Microsoft
- ○ **C.** Giant, Apple, Facebook, Amazon, Microsoft
- ○ **D.** Google, Apple, Facebook, Amazon, Monde

308 **Quelles entreprises regroupe l'acronyme NATU?**

- ○ **A.** Netflix, Amazon, Tesla, Uber
- ○ **B.** Netflix, Airbnb, Tesla, Uniqlo
- ○ **C.** Nike, Airbnb, Tesla, Uber
- ○ **D.** Netflix, Airbnb, Tesla, Uber

309 **Comment s'appelle le géant du e-commerce chinois?**

- ○ **A.** Alibaba
- ○ **B.** Xiaomi
- ○ **C.** Blabla
- ○ **D.** Huawei

310 **Quelle est l'activité de BlaBlaCar, entreprise leader mondial dans le secteur?**

- ○ **A.** Le covoiturage
- ○ **B.** La VTC (voiture de transport avec chauffeur)
- ○ **C.** La vente de voitures d'occasion
- ○ **D.** Un forum de discussion en mécanique automobile

311 **Quelle entreprise n'est pas une entreprise de VTC (voiture de transport avec chauffeur) accessible par une application smartphone?**

- ○ **A.** Hitch
- ○ **B.** Chauffeur privé
- ○ **C.** Uber
- ○ **D.** FlixBus

312 **Pourquoi des entreprises telles qu'Amazon ou Airbnb sont-elles souvent critiquées?**

- ○ **A.** À cause de leur stratégie d'évasion fiscale malgré les bénéfices gigantesques réalisés
- ○ **B.** À cause d'un manque d'information sur les produits exposés
- ○ **C.** À cause des prix trop élevés
- ○ **D.** À cause de moteur de recherche facile de leur site

313 **Que suppose le terme «ubérisation»?**

- ○ **A.** La précarisation des conditions de travail
- ○ **B.** Le développement des applications Internet
- ○ **C.** Le développement des transports privés
- ○ **D.** La sécurisation des données digitales

314 **Quelle entreprise d'écoute de musique en *streaming* est française?**

- ○ **A.** YouTube premium
- ○ **B.** Spotify
- ○ **C.** Deezer
- ○ **D.** iTunes

315 **Quand Steve Jobs, patron d'Apple, annonce-t-il le lancement du premier iPhone?**

- ○ **A.** 2000
- ○ **B.** 2007
- ○ **C.** 2010
- ○ **D.** 2012

316 **Quel est le leader mondial des ventes de téléphones mobiles?**

- ○ **A.** Apple
- ○ **B.** Samsung
- ○ **C.** Huawei
- ○ **D.** Wiko

317 **Quel est le troisième plus gros vendeur de téléphones mobiles en France (hors ventes par les opérateurs)?**

- ○ **A.** Wiko
- ○ **B.** Apple
- ○ **C.** Huawei
- ○ **D.** Nokia

318 **Quel est le modèle de téléphone emblématique de Nokia réactualisé après dix ans d'existence?**

- ○ **A.** Le 3310
- ○ **B.** Le 118
- ○ **C.** Le 270
- ○ **D.** Le 666

319 **Qu'est-ce que Snapchat?**

- ○ **A.** Un site de partage de vidéos exclusivement sur les chats
- ○ **B.** Une application de rencontre *via* le mobile
- ○ **C.** Un site spécialisé dans les *snaps* de football américain
- ○ **D.** Une application de partage de photos et de vidéos

320 **Qui est l'inventeur de Facebook?**

- ○ **A.** Bill Gates
- ○ **B.** Mark Zuckerberg
- ○ **C.** Xavier Niel
- ○ **D.** Elon Musk

321 **Comment s'appelle l'école du numérique et du codage ouverte à Paris par Xavier Niel?**

- ○ **A.** École 42
- ○ **B.** École 101
- ○ **C.** Atelier Fablab
- ○ **D.** Sup Digital

322 **Comment s'appelle l'indice boursier américain des entreprises du secteur des nouvelles technologies?**

- ○ **A.** Nikkei
- ○ **B.** Footsie
- ○ **C.** Nasdaq
- ○ **D.** Dow Jones

323 **Quel est le nombre moyen d'utilisateurs mensuels de l'application WhatsApp dans le monde?**

- ○ **A.** 10 millions
- ○ **B.** 100 millions
- ○ **C.** 500 millions
- ○ **D.** 1,5 milliard

324 **Où se situe la Silicon Valley?**

- ○ **A.** Dans le Massachusetts
- ○ **B.** Dans l'État de New York
- ○ **C.** En Californie
- ○ **D.** Au Texas

325 **Qu'est-ce que la Silicon Valley?**

- ○ **A.** Le centre mondial de la chirurgie plastique
- ○ **B.** Le plus gros centre de *call center* mondial
- ○ **C.** Un pôle d'entreprises du secteur de la plasturgie
- ○ **D.** Une technopole, soit un regroupement d'entreprises de haute technologie

326 **Quel président ou chef de gouvernement est connu pour ses *tweets* souvent controversés?**

- ○ **A.** Barack Obama
- ○ **B.** Theresa May
- ○ **C.** Donald Trump
- ○ **D.** Xi Jinping

327 **Combien de signes au maximum pour un *tweet* depuis 2017?**

- ○ **A.** 100
- ○ **B.** 180
- ○ **C.** 280
- ○ **D.** 500

328 **Quel est l'animal représenté par le logo de Twitter?**

- ○ **A.** Un éléphant
- ○ **B.** Un serpent
- ○ **C.** Un oiseau
- ○ **D.** Une chouette

329 **Classez ces applications par ordre croissant d'arrivée :**

- ○ **A.** Twitter
- ○ **B.** Snapchat
- ○ **C.** Instagram
- ○ **D.** Facebook

330 **L'application Instagram a été rachetée par le géant suivant :**

- ○ **A.** Facebook
- ○ **B.** Google
- ○ **C.** Apple
- ○ **D.** Microsoft

331 **Qui est le patron fondateur d'Amazon?**

- ○ **A.** Elon Musk
- ○ **B.** Jeff Bezos
- ○ **C.** Carlos Ghosn
- ○ **D.** Bill Gates

332 **Qu'est-ce qu'une « *marketplace* » ?**

- ○ **A.** Un marché boursier
- ○ **B.** Une plateforme qui met en relation acheteur et vendeur sur Internet
- ○ **C.** Un forum de discussion entre internautes
- ○ **D.** Un site comparateur de prix

333 **Qu'est-ce qu'un *cloud* ?**

- ○ **A.** Une technologie de stockage sur un serveur à distance
- ○ **B.** Un réseau de sites affiliés à Amazon
- ○ **C.** Un disque dur très puissant pour sauvegarder ses données digitales chez soi
- ○ **D.** Une caméra numérique implantée dans un ordinateur pour stocker ses données

334 **Laquelle de ces propositions n'est pas un *cloud* ?**

- ○ **A.** Dropbox
- ○ **B.** Amazon Drive
- ○ **C.** Tresorit
- ○ **D.** PowerPoint

335 **Quel logiciel n'est pas inclus dans le pack Office de Microsoft ?**

- ○ **A.** PowerPoint
- ○ **B.** Pages
- ○ **C.** Excel
- ○ **D.** Word

336 **Comment définir un « fab lab » (contraction de *fabrication laboratory*) ?**

- ○ **A.** Un lieu réel ou virtuel d'échange d'idées et de projets
- ○ **B.** Un laboratoire high-tech pour le transhumanisme
- ○ **C.** Un *open space* pour du *coworking*
- ○ **D.** Un laboratoire de fabrication de prototypes informatiques

337 **Un *cookie*, en informatique, correspond à :**

- ○ **A.** Une recette en ligne de biscuits américains
- ○ **B.** Un fichier texte qui apparaît sur l'ordinateur après utilisation d'Internet
- ○ **C.** Une aide pour pouvoir utiliser son ordinateur *via* un forum de discussion
- ○ **D.** Un stimulus cérébral apparaissant lors de visionnage agréable sur le Net

338 **L'entreprise américaine Netflix a été créée en :**

- ○ **A.** 1997
- ○ **B.** 2007
- ○ **C.** 2010
- ○ **D.** 2017

339 **Le e-sport désigne :**

- ○ **A.** Le sport équestre
- ○ **B.** La pratique sportive visant spécifiquement les enfants
- ○ **C.** La pratique de jeux vidéo en compétition
- ○ **D.** Le sport pratiqué chez soi grâce à une vidéo de démonstration sur Internet

340 **Qui sont les joueurs de e-sport ?**

- ○ **A.** À 99 % des hommes
- ○ **B.** À 80 % des hommes
- ○ **C.** À 60 % des hommes
- ○ **D.** À 50 % des hommes

341 **Qu'est-ce que la fracture numérique ?**

- ○ **A.** Une rupture de connexion Internet
- ○ **B.** Une facture liée à l'utilisation de son smartphone en traversant
- ○ **C.** Une inégalité d'accès aux nouvelles technologies et à Internet
- ○ **D.** Une fracture visible grâce aux images numériques

342 **Comment s'appelle l'incapacité à maîtriser l'usage des outils numériques?**

- ○ **A.** Illectronisme
- ○ **B.** Illetrisme
- ○ **C.** Analphabétisme
- ○ **D.** Incapanumérisme

343 **Quel est le rôle d'un *data scientist*?**

- ○ **A.** Exploiter des données digitales
- ○ **B.** Inventer des nouveaux logiciels informatiques
- ○ **C.** Déposer des brevets de nouvelles applications pour smartphones
- ○ **D.** Travailler pour la recherche médicale

344 **Qu'est-ce qu'un *webmaster*?**

- ○ **A.** Un professionnel des recherches Internet
- ○ **B.** Un diplôme universitaire dans le digital de niveau bac + 5
- ○ **C.** Un responsable de la conception, du développement et de l'entretien d'un site Internet
- ○ **D.** Un diplômé en master ayant suivi ses cours par correspondance sur le Web

345 **Comment définir un «*geek*»?**

- ○ **A.** Un fan de musique néogothique électronique
- ○ **B.** Un passionné d'informatique, de nouvelles technologies et souvent de jeux vidéo
- ○ **C.** Une personne socialement exclue par son addiction aux jeux vidéo
- ○ **D.** Un passionné d'e-sport

346 **Comment s'appelle le virus informatique qui nécessite le versement d'une rançon pour débloquer un ordinateur touché par le virus?**

- ○ **A.** Un cloud
- ○ **B.** Un rançongiciel
- ○ **C.** Un piratage
- ○ **D.** Un haker

Vie quotidienne

→ **Retrouvez le corrigé de cette série page 606.**

347 Combien coûte en moyenne une baguette de pain en France ?

○ **A.** 0,50 euro ○ **B.** 0,70 euro ○ **C.** 0,90 euro ○ **D.** 1,20 euro

348 Combien les Français consomment-ils de viande de bœuf en moyenne par personne et par an ?

○ **A.** 8 kilogrammes
○ **B.** 12 kilogrammes
○ **C.** 25 kilogrammes
○ **D.** 43 kilogrammes

349 Combien coûte à l'unité un ticket de métro de la RATP ?

○ **A.** 1 euro ○ **B.** 1,5 euro ○ **C.** 1,9 euro ○ **D.** 2 euros

350 Que signifie RATP ?

○ **A.** Registre aux transports parisiens
○ **B.** Rentre avec tes pieds
○ **C.** Régie autonome des transports parisiens
○ **D.** Retour aux transports publics

351 Que signifie SNCF ?

○ **A.** Société nationale des chemins de fer français
○ **B.** Société nationale des choix ferrés
○ **C.** Société nationale des chemins français
○ **D.** Société nationale des courses françaises

352 Combien de temps les Français passent-ils, en moyenne, dans les transports, par semaine ?

○ **A.** 1 h 30 ○ **B.** 2 h 30 ○ **C.** 3 h 30 ○ **D.** 5 h 30

353 Combien compte-t-on de pays dans l'Union européenne à fin décembre 2020 ?

○ **A.** 17 pays ○ **B.** 22 pays ○ **C.** 25 pays ○ **D.** 27 pays

354 Combien de pays européens sont-ils membres de la zone euro ?

○ **A.** 15 pays ○ **B.** 19 pays ○ **C.** 22 pays ○ **D.** 28 pays

355 De combien de fois la population de l'Allemagne est-elle plus importante que la population française ?

○ **A.** 1,2 fois ○ **B.** 2 fois ○ **C.** 3 fois ○ **D.** 3,2 fois

356 Quel est le top 3 des touristes les plus nombreux à venir en France ?

○ **A.** Anglais, Allemands, Belges
○ **B.** Chinois, Japonais, Anglais
○ **C.** Italiens, Allemands, Belges
○ **D.** Américains, Suisses, Anglais

357 Quel est le pays préféré des touristes français ?

○ **A.** L'Espagne
○ **B.** L'Italie
○ **C.** Le Royaume-Uni
○ **D.** La Grèce

358 Quelle est la personnalité masculine préférée des Français en 2021 ?

○ **A.** Jean-Jacques Goldman
○ **B.** Kylian Mbappé
○ **C.** Thomas Pesquet
○ **D.** Omar Sy

359 **Quel est l'âge moyen de la mère au premier enfant en France, en 2015?**

- ○ **A.** 26 ans
- ○ **B.** 28,8 ans
- ○ **C.** 28,5 ans
- ○ **D.** 30 ans

360 **Combien les femmes ont-elles d'enfants, en moyenne, en France aujourd'hui?**

- ○ **A.** 1,6
- ○ **B.** 1,87
- ○ **C.** 2,01
- ○ **D.** 2,2

361 **Qu'est-ce que le *slow life*?**

- ○ **A.** Un mode de vie valorisant une approche moins rapide du quotidien (alimentation, transports, rapport à l'argent)
- ○ **B.** Une vie remplie de *slows* tels que *La Boum* ou *When a man loves a woman*
- ○ **C.** Une vie dépressive
- ○ **D.** Une technique cinématographie de prise de vues au ralenti

362 **Quelle est l'espérance de vie des hommes et des femmes en France, en 2021?**

- ○ **A.** 82,3 ans et 85,4 ans
- ○ **B.** 79,3 ans et 85,4 ans
- ○ **C.** 84,3 ans et 85,4 ans
- ○ **D.** 85,3 ans et 90,4 ans

363 **Quelles sont respectivement les empreintes carbone d'un trajet Paris-Lyon en train, en voiture et en avion par passager?**

- ○ **A.** 1,5 kg, 80 kg et 95 kg de CO_2
- ○ **B.** 15 kg, 60 kg et 95 kg de CO_2
- ○ **C.** 15 kg, 80 kg et 95 kg de CO_2
- ○ **D.** 15 kg, 80 kg et 125 kg de CO_2

364 **Qu'est-ce que le covoiturage?**

- ○ **A.** Le partage d'une voiture entre particuliers pour effectuer un trajet commun
- ○ **B.** Le partage d'une voiture entre plusieurs propriétaires
- ○ **C.** Le partage d'une place de parking entre différents propriétaires de voitures
- ○ **D.** Le partage d'un permis de conduire

365 **Quelle est la part du véhicule électrique sur le parc automobile français?**

- ○ **A.** Moins de 10 %
- ○ **B.** Moins de 7 %
- ○ **C.** Moins de 5 %
- ○ **D.** Moins de 3 %

366 **Quel est le pourcentage de Français allant au moins une fois au cinéma par an?**

- ○ **A.** 23 %
- ○ **B.** 33 %
- ○ **C.** 66 %
- ○ **D.** 99 %

367 **Comment s'appelle la semaine de promotions commerciales de novembre, importée des États-Unis?**

- ○ **A.** Le *black-out*
- ○ **B.** Le *black friday*
- ○ **C.** Le *black free*
- ○ **D.** Le *black and white*

368 **Quelle est la part des Français ayant lu au moins un livre dans l'année?**

- ○ **A.** 35 %
- ○ **B.** 45 %
- ○ **C.** 55 %
- ○ **D.** 75 %

369 **Combien de candidats environ passent le baccalauréat par an en France?**

- ○ **A.** 200 000
- ○ **B.** 400 000
- ○ **C.** 550 000
- ○ **D.** 750 000

370 **La durée moyenne de scolarisation (à partir de 6 ans, âge légal obligatoire) en France est de :**

- ○ **A.** 8,6 ans
- ○ **B.** 10,6 ans
- ○ **C.** 12,6 ans
- ○ **D.** 14,6 ans

371 **Combien de baccalauréats différents existe-t-il environ en France ?**

- ○ **A.** 8
- ○ **B.** 18
- ○ **C.** 45
- ○ **D.** 75

372 **Quelle est la part des Français ayant un diplôme de l'enseignement supérieur de niveau bac + 3 ou plus?**

○ **A.** 5% ○ **B.** 15% ○ **C.** 25% ○ **D.** 35%

373 **Le temps physiologique (dormir, manger, se doucher...) représente en moyenne :**

○ **A.** Un quart du temps au cours d'une vie
○ **B.** Un tiers du temps au cours d'une vie
○ **C.** La moitié du temps au cours d'une vie
○ **D.** Les deux tiers du temps au cours d'une vie

374 **En moyenne, quelle est la proportion de divorces de couples mariés, en France?**

○ **A.** 20% ○ **B.** 30% ○ **C.** 40% ○ **D.** 50%

375 **Combien existe-t-il de communes, environ, aujourd'hui en France?**

○ **A.** 15 000 ○ **B.** 25 000 ○ **C.** 35 000 ○ **D.** 55 000

376 **Quel est le taux de participation, en moyenne en France au deuxième tour des dernières élections municipales?**

○ **A.** 25% ○ **B.** 55% ○ **C.** 65% ○ **D.** 75%

377 **Quel est le taux d'abstention, en moyenne en France aux dernières élections présidentielles?**

○ **A.** 5% ○ **B.** 10% ○ **C.** 15% ○ **D.** 25%

378 **Quelle est la part des citoyens français mal inscrits ou non inscrits sur les listes électorales?**

○ **A.** 2% ○ **B.** 5% ○ **C.** 12% ○ **D.** 20%

379 **Comment s'appelle le service public français responsable des demandeurs d'asile ?**

○ **A.** Le SRAS
○ **B.** L'OFPRA
○ **C.** Le Conseil d'État
○ **D.** Le CAPA

380 **Comment s'appelle l'association de défense des citoyens face aux discriminations?**

○ **A.** La HALTE ○ **B.** La GARDE ○ **C.** La HALDE ○ **D.** La MALTE

381 **Quelle est la nouvelle appellation du médiateur de la République?**

○ **A.** Le Promoteur des droits
○ **B.** Le Médiateur des droits
○ **C.** Le Défenseur des droits
○ **D.** Le Pourfendeur des droits

382 **Depuis quand les Français salariés à temps plein bénéficient-ils de cinq semaines de congés payés par an?**

○ **A.** 1901 ○ **B.** 1936 ○ **C.** 1981 ○ **D.** 1992

383 **Pour le premier semestre 2022, la France est présidente :**

○ **A.** du conseil de l'Union européenne
○ **B.** du Parlement européen
○ **C.** de l'ONU
○ **D.** de l'OTAN

384 **Que signifie « bobo » ?**

○ **A.** Bourgeois bohème
○ **B.** Bohème breton
○ **C.** Bourgeois bougon
○ **D.** Bohèmes bruxellois

385 **Comment s'appelle le processus d'embourgeoisement des quartiers qui pousse à la périphérie une partie des anciens habitants?**

- ○ **A.** La gentrification
- ○ **B.** La massification
- ○ **C.** La déconcentration
- ○ **D.** La ruralisation

386 **Quelle est la part des énergies renouvelables dans la consommation d'électricité en France?**

- ○ **A.** 6%
- ○ **B.** 16%
- ○ **C.** 26%
- ○ **D.** 36%

387 **Combien coûte un litre d'eau courante, en France?**

- ○ **A.** 1 euro
- ○ **B.** 1 centime
- ○ **C.** 3 centimes
- ○ **D.** 0,3 centime

388 **Combien faut-il de litres d'eau potable en moyenne pour prendre un bain?**

- ○ **A.** 20 à 50
- ○ **B.** 70 à 100
- ○ **C.** 100 à 150
- ○ **D.** 150 à 200

389 **Combien de litres d'eau consomme en moyenne un ménage français par an?**

- ○ **A.** 10 m^3, soit 10 000 litres
- ○ **B.** 100 m^3, soit 100 000 litres
- ○ **C.** 200 m^3, soit 200 000 litres
- ○ **D.** 500 m^3, soit 500 000 litres

390 **Le tri sélectif est-il obligatoire en France?**

- ○ **A.** Oui
- ○ **B.** Non
- ○ **C.** Seulement dans les communes du littoral
- ○ **D.** Seulement dans les villes de plus de 100 000 habitants

391 **Combien de kilogrammes de déchets produit en moyenne un Français par an?**

- ○ **A.** 90 kg
- ○ **B.** 150 kg
- ○ **C.** 350 kg
- ○ **D.** 720 kg

392 **Combien de kilogrammes de bœuf mange en moyenne par an chaque Français?**

- ○ **A.** 5 kg
- ○ **B.** 15 kg
- ○ **C.** 25 kg
- ○ **D.** 35 kg

393 **Combien faut-il de litres d'eau pour produire un kilo de bœuf et un kilo de pain?**

- ○ **A.** 13,5 litres et 1,3 litre
- ○ **B.** 135 litres et 13 litres
- ○ **C.** 1 350 litres et 130 litres
- ○ **D.** 13 500 litres et 1 300 litres

394 **Quel est le pourcentage de végétariens et véganes en France?**

- ○ **A.** 2%
- ○ **B.** 8%
- ○ **C.** 14%
- ○ **D.** 18%

395 **Quelle personne célèbre n'était pas végétarienne?**

- ○ **A.** Albert Einstein
- ○ **B.** Emmanuel Kant
- ○ **C.** Mahatma Gandhi
- ○ **D.** Léonard de Vinci

396 **Qu'est-ce qu'un végane?**

- ○ **A.** Un végétarien, les termes sont synonymes
- ○ **B.** Un producteur de végétaux
- ○ **C.** Un consommateur qui exclut les produits issus de l'animal
- ○ **D.** Un agriculteur de production agricole raisonnée

397 **Combien de bouteilles de plastique recyclées de 1,5 litre sont nécessaires pour fabriquer un pull en laine polaire pour adulte?**

- ○ **A.** 2,7
- ○ **B.** 27
- ○ **C.** 270
- ○ **D.** 2 700

398 **Quelle est la taille moyenne du logement des Français?**

- ○ **A.** 50 mètres carrés
- ○ **B.** 70 mètres carrés
- ○ **C.** 90 mètres carrés
- ○ **D.** 110 mètres carrés

399 **Quel est le patrimoine médian des ménages français?**

- ○ **A.** 1 150 euros
- ○ **B.** 11 500 euros
- ○ **C.** 115 000 euros
- ○ **D.** 1 150 000 euros

400 **Combien de personnes souffrent de mal-logement en France?**

- ○ **A.** 200 000
- ○ **B.** 400 000
- ○ **C.** 2 000 000
- ○ **D.** 4 000 000

401 **De quels pays sont originaires les populations immigrées les plus nombreuses en France?**

- ○ **A.** L'Algérie, le Maroc et le Portugal
- ○ **B.** La Tunisie, l'Italie et l'Espagne
- ○ **C.** Le Maroc, la Belgique et la Roumanie
- ○ **D.** Le Portugal, l'Algérie et la Chine

402 **Parmi les indépendants et cadres dirigeants d'entreprises, combien comptabilise-t-on de femmes en moyenne en France?**

- ○ **A.** Un cinquième
- ○ **B.** Un quart
- ○ **C.** Un tiers
- ○ **D.** La moitié

403 **Quel est l'âge moyen des députés en France?**

- ○ **A.** 49 ans
- ○ **B.** 59 ans
- ○ **C.** 69 ans
- ○ **D.** 79 ans

404 **Quel est l'âge moyen de la mère à l'accouchement en France?**

- ○ **A.** 25 ans
- ○ **B.** 27,5 ans
- ○ **C.** 29 ans
- ○ **D.** 30,6 ans

405 **Quel est le taux de fécondité en France en 2021 ?**

- ○ **A.** 2,7 enfants
- ○ **B.** 1,6 enfant
- ○ **C.** 1,8 enfant
- ○ **D.** 2,2 enfants

406 **Quel est environ le nombre de mariages civils célébrés en France par an?**

- ○ **A.** 120 000
- ○ **B.** 230 000
- ○ **C.** 320 000
- ○ **D.** 520 000

Corrigés

Sports

1 Quel est le sport qui comptabilise le plus de licenciés, en France ? **Le football, avec plus de 2 millions de licenciés.**

2 Combien y a-t-il de joueurs dans une équipe de football ? **11**

3 Quel est le sport qui comptabilise le plus de femmes (83 %) parmi ses pratiquants, en France ? **L'équitation**

4 Comment s'appelle l'équipement avec lequel les golfeurs tapent dans la balle ? **Le club**

5 Qu'est-ce que le Chistera ? **Un gant d'osier utilisé en pelote basque**

6 Comment s'appelle le terrain de pratique de la pelote basque ? **Le fronton**

7 Quel est le tournoi qui ne fait pas partie du Grand Chelem au tennis ? La **Coupe Davis**

8 Quel pays accueille la Coupe du monde de football en 2022 ? **Le Qatar**

9 À qui appartient le club de football du Paris Saint Germain ? **L'émir du Qatar**

10 Qui est l'entraîneur du club de football du Real Madrid ? **Zinédine Zidane**

11 Une équipe de rugby du tournoi des cinq nations comprend **15 joueurs**

12 Avec quoi joue-t-on à l'ultimate ? **Avec un frisbee**

13 Le rugby à 7 est devenu un sport olympique en quelle année ? **2016**

14 Quelle discipline de ski alpin n'est pas pratiquée aux JO d'hiver ? **Le hors-piste**

15 Qu'est-ce que le skicross ? **Une pratique de ski sur une piste de bosses et de virages relevés**

16 Quels sont les deux sports du biathlon ? **Le tir à la carabine et le ski de fond**

17 Quels sont les trois sports du triathlon ? **Cyclisme, natation, course à pied**

18 Durant quel mois de l'année se déroule le Tour de France ? **Juillet**

19 Le Rallye Dakar est une course de **motos, voitures, camions**

20 Qu'est-ce que le trekking ? **Une randonnée pédestre en zones sauvages**

21 Quelle est la longueur d'un marathon ? **42,195 km**

22 Quel est le temps nécessaire aux meilleurs marathoniens pour terminer leur course ? **2 heures environ**

23 Combien de coureurs sont inscrits, en moyenne, au marathon de New York, chaque année ? **50 000 coureurs, hommes et femmes**

24 En quelle année a eu lieu le premier marathon de New York ? **1970**

25 Qui est le recordman du monde du 100 mètres, avec un temps de 9 s 58 ? **Usain Bolt**

26 Combien de haies faut-il sauter au 110 mètres haies ? **10 haies**

27 Quel est le record mondial détenu par Renaud Lavillenie au saut à la perche ? **6,16 m**

28 Où ont eu lieu les JO controversés de 1936 ? **À Berlin**

29 Qui a été quadruple médaillé d'or aux JO de 1936 ? **Jesse Owens**

30 Quel est le sportif qui a été couronné « sportif du siècle » par la BBC en 1999 ? **Mohamed Ali**

31 Combien y a-t-il de joueurs dans une équipe de basket ? **5**

32 Qu'est-ce que la NBA ? **Un championnat américain de basket**

33 Qu'est-ce qu'un *rookie* en basket ? **Un joueur en première année**

34 Dans quelle équipe de basket évoluait Kobe Bryant, victime d'un accident d'hélicoptère en janvier 2020 ? **Les Lakers de Los Angeles**

35 Qui portait le mythique numéro 23, dans l'équipe des Chicago Bulls dans les années 1980 ? **Michael Jordan**

36 Quel sport pratiquaient les Barjots ? **Le handball**

37 Les JO d'été de 2024 auront lieu à **Paris**

38 À quel niveau de la compétition du Championnat du monde de handball 2021 l'équipe de France féminine a-t-elle perdu ? **En finale**

39 Combien de joueurs constituent une équipe de handball ? **7**

40 Quel gardien a signé un contrat avec le Paris Saint-Germain Football Club en 2022 ? **Andreas Palicka**

41 Dans quel sport Nadia Comaneci a-t-elle obtenu pour la première fois de l'histoire la note de 10/10 aux JO de 1976 ? **La gymnastique**

42 Quelle est la couleur de la ceinture la plus élevée au judo ? Noire

43 Qu'est-ce que le krav-maga ? **Un art martial**

44 Lequel de ces sports n'est pas un art martial ? **La Zumba**

45 Qu'est-ce qui n'appartient pas à l'univers du judo ? **Le casque**

46 Quelle épreuve n'existe pas au tennis ? **Le jeu en triple**

47 Qui a été un joueur de tennis français célèbre ? **René Lacoste**

48 Quelle discipline n'est pas une danse ? **Le viet vo dao**

49 Quelle somme d'argent est versée à un athlète qui remporte une médaille d'or aux JO par le Comité national olympique et sportif français ? **65 000 €**

50 Quel est le nom de l'actuelle ministre des Sports, ex-championne du monde de natation ? **Roxana Maracineanu**

51 Quel était le sport pratiqué par le champion Teddy Riner ? **Le judo**

52 Dans quel sport les sœurs Williams (Serena et Venus) se sont-elles distinguées ? **Le tennis**

53 Quelle discipline ne se pratique plus sur gazon ? **Le handball**

54 Le squash est un sport d**e raquette entre quatre murs.**

55 Les JO d'été ont lieu **tous les quatre ans.**

56 À quoi correspondent les cinq anneaux du symbole des JO ? **Les cinq continents**

57 Qui a relancé les JO modernes en 1896 à Athènes ? **Pierre de Coubertin**

58 En football, la Ligue 1 Conforama est une compétition entre **les clubs français professionnels de division 1.**

59 Le Tour de France a lieu **en juillet en France et dans les pays limitrophes**

60 Qui était Roland Garros qui a laissé son nom à un célèbre tournoi de tennis ? **Un aviateur français durant la Première Guerre mondiale**

61 Quel est le nom de la course à voile autour du monde en solitaire au départ des Sables-d'Olonne ? **Le Vendée Globe**

62 Quelle est environ la durée record du tour du monde sans escale à la voile? **40 jours**

63 Un catamaran est un bateau **à deux coques.**

64 Quel nageur a obtenu vingt-trois médailles d'or depuis 2000 aux différents JO? **Michael Phelps**

65 Quelle nageuse française a obtenu à ce jour le plus grand palmarès de médailles? **Laure Manaudou**

66 Comment s'appelle la discipline reine de la course automobile? **La Formule 1**

67 Quel est le record absolu de vitesse d'une voiture de Formule 1? **413,2 km/h**

68 Qu'est-ce que les 24 Heures du Mans? **Une course d'endurance automobile de 24 heures sur un circuit routier au sud de Mans**

69 Dans quelle discipline Martin Fourcade est-il champion? **Le biathlon**

70 Quel équipement est nécessaire à la marche nordique? **Des bâtons**

71 Qu'est-ce qu'une ballerine en danse classique? **Une danseuse**

72 Lequel n'est pas un agrès de gymnastique? **Le trampoline**

73 À quelle discipline correspond la capoeira? **Un art martial afro-brésilien**

74 Comment appelle-t-on un circuit d'escalade aménagé sur une paroi rocheuse? **Une via ferrata**

75 Quelle poudre appliquent certains sportifs (hand-ball, escalade) sur leurs mains pour ne pas glisser? **La magnésie**

76 Dans quelle discipline les sportifs n'utilisent pas de chaussures à crampons? **Le running**

77 Quel tennisman n'a pas pu participer à l'Open d'Australie en 2022 car il n'était pas vacciné contre le Covid-19 ? **Novak Djokovic**

78 Quel est le nom du cours central de tennis du stade de Roland Garros ? **Philippe-Chatrier**

79 En combien de points se joue un set au badminton? **21 points**

80 Quelle discipline n'existe pas en compétition officielle de badminton? **Homme contre femme**

81 Combien de points sont marqués en match de basket quand on tire depuis la zone de la raquette? **2**

82 Quel a été le transfert le plus cher de l'histoire du football? **Neymar Jr**

Gastronomie

83 De quelle région provient la choucroute? **Alsace**

84 À quoi était reconnaissable le présentateur et critique gastronomique Jean-Pierre Koffe? **Ses lunettes rondes**

85 À base de quoi est faite la poutine, spécialité québécoise? **De frites et de fromage**

86 De quelle ville d'Italie proviennent les spaghettis à la bolognaise? **Bologne**

87 Quel ingrédient n'est pas nécessaire pour une pâte à crêpes traditionnelle? **La vanille**

88 Qu'est-ce qu'un Kouglof? **Une spécialité briochée alsacienne**

89 Quelle proposition ne correspond pas à des pâtes? **Les linguinis**

90 Qu'est-ce qu'un wok? **Une grande poêle creuse asiatique**

91 Lequel de ses poissons n'est pas blanc dans l'assiette? **Le thon**

92 Quel verbe emploient les restaurateurs pour «présenter» les plats dans l'assiette? **Dresser**

93 Lequel de ses fruits ne pousse pas en hiver, en France? **L'abricot**

94 Quel fromage n'est pas à pâte dure? **Le reblochon**

95 Quel fromage n'est pas hollandais? **L'emmental**

96 Laquelle de ces propositions n'est pas un chou? **Le chou doux**

97 Quel est le pays le plus grand producteur de champignons de Paris? **La Chine**

98 Quel est le plus grand producteur mondial de cornichons? **La Chine**

99 Qui attribue les étoiles aux grands restaurants? ***Le Guide Michelin***

100 Comment s'appelle la purée, spécialité de l'Aveyron? **L'aligot**

101 Qui est l'inventeur du moelleux au chocolat? **Michel Bras**

102 Sur quelle place parisienne se situent l'Hôtel de Crillon et son restaurant gastronomique? **Place de la Concorde**

103 Quel grand chef, prénommé Thierry, est l'homonyme d'un philosophe? **Marx**

104 De quel grand chef est inspiré le film *Ratatouille*? **Paul Bocuse**

105 Qu'est-ce que les gyozas? **Des raviolis japonais**

106 Les haricots verts sont majoritairement produits **en Chine**

107 Quelle matière première d'où l'on extrait le sucre n'est pas utilisée dans l'industrie? **La carotte**

108 Quel est l'apport de calories journalier nécessaire pour un homme et une femme en moyenne? **2700 et 2 000 calories**

109 Dans la mesure des apports nutritionnels alimentaires, à quoi correspondent les lipides? **Les lipides**

110 En quelle année l'Unesco a-t-elle reconnu le «repas gastronomique français» comme patrimoine culturel immatériel de l'humanité? **2010**

111 Qu'est-ce que la traçabilité alimentaire? **Le suivi d'un produit alimentaire durant ses différentes étapes de production**

112 Quel sociologue allemand s'est intéressé à l'évolution des manières de se tenir à table? **Norbert Elias**

113 Quel sociologue français a étudié la distinction des comportements, notamment à table, entre classes sociales? **Pierre Bourdieu**

114 Quelle fut la première femme à obtenir trois étoiles au Guide Michelin pour sa cuisine en 1933? **Eugénie Brazier**

115 Comment s'appelle un menu qui permet de découvrir différents plats de la carte d'un restaurant choisis par le chef? **Le menu dégustation**

116 Comment appelle-t-on un plat, considéré comme la spécialité du chef du restaurant? **Le plat signature**

117 Qu'est-ce que le beurre blanc? **Une sauce à base de beurre et de vin blanc**

118 Quel ingrédient n'est pas nécessaire à la mayonnaise? **La muscade**

119 Quel peintre du XVIe siècle a réalisé des portraits avec des fruits et des légumes, notamment? **Guiseppe Arcimboldo**

120 Quel artiste français s'est révélé être un grand peintre des représentations de pommes? **Paul Cézanne**

121 Quel ingrédient, présent dans les glaces, sert de substitut à la crème dans les sorbets? **L'eau**

122 Depuis quelle ville le croissant aurait-il été exporté en France par Marie-Antoinette en 1770? **Vienne (d'où le nom de «viennoiserie» dont fait partie le croissant)**

123 Qu'est-ce qu'un brunch? **Un repas qui se prend entre la fin de matinée et le début d'après-midi, avec du sucré et du salé**

124 Qu'est-ce que du lait ribot? **Du lait maigre fermenté**

125 On boit du cidre dans un récipient appelé **une bolée**.

126 Quelle spécialité n'est pas d'origine bretonne? **Le berawecka (spécialité alsacienne, sorte de brioche aux fruits secs)**

127 Quelle appellation de fromage n'est pas à base de lait de chèvre? **Le saint-marcellin est un fromage à base de lait de vache.**

128 Quel fromage n'est pas de la catégorie des «bleus»? **Le morbier**

129 Quel fromage n'est pas originaire d'Auvergne? **Le reblochon est un fromage de Savoie**

130 Quel ingrédient n'est pas utilisé pour garnir le gâteau basque? **La crème de marrons**

131 Laquelle de ces préparation ou pâtisserie ne contient pas d'amandes en poudre? **Le pain au chocolat**

132 Quelle femme a obtenu le prix de la Meilleure Cheffe du monde en 2021 ? **Pía León**

133 Le panettone est une brioche d'origine italienne, qui contient **des raisins secs**

134 Quel guide est la référence pour connaître les plus grands restaurants? **Le Guide Michelin**

135 Comment s'appelle le responsable des vins et autres boissons alcoolisées dans un grand restaurant? **Un sommelier**

136 Comment s'appelle la personne responsable de la coordination de l'ensemble du personnel d'un grand restaurant? **Le maître d'hôtel**

137 Quel est le champignon le plus recherché en gastronomie française? **La truffe (c'est aussi le plus cher)**

138 Le chapon, servi durant les fêtes de fin d'année, est **: un cop qui a été castré afin d'atteindre une chair plus tendre et une plus grande masse de viande**

139 Quelle partie du canard sert-elle à faire du foie gras? **Le foie gavé du canard ou de l'oie**

140 Quel documentaire produit par James Cameron, diffusé sur Netflix, prône le végétarisme ? ***The Game Changers***

141 À partir de quel ingrédient fabrique-t-on du boudin noir? **Le sang de porc en général**

142 Lequel de ces aliments n'est pas un crustacé? **L'huître**

143 Lequel de ces poissons n'est pas de la même espèce que les trois autres? **La raie (la morue et le haddock sont du cabillaud fumé)**

144 Comment appelle-t-on la coutume gastronomique qui consiste à boire un petit verre de calvados entre deux plats? **Le trou normand facilite la digestion**

Bricolage et jardinage

145 Une chignole est **une perceuse.**

146 Quelle fonction a une pompe à chaleur? **Elle assure un transfert de calories pour optimiser un chauffage**

147 Quelle est la caractéristique d'une maison écologique? **Elle optimise les dépenses énergétiques.**

148 Qu'appelle-t-on la « domotique »? **L'automatisation et la programmation de la gestion de l'habitat**

149 Une toiture en lauze est constituée de **pierre**

150 Qu'appelle-t-on une marquise dans une maison? **Un petit toit au-dessus de la porte d'entrée**

151 Qu'appelle-t-on une cheminée à insert? **Un appareil de chauffage inséré dans l'âtre d'une cheminée**

152 À quoi sert une girouette sur le toit d'une maison? **À indiquer le sens du vent**

153 À quoi sert un étau? **À maintenir fixe un objet**

154 Laquelle de ces colles n'est pas une colle utilisée en bricolage? **L'amidon**

155 Lequel de ces bois est le plus dur? **Le chêne**

156 Lequel de ces types de bois, utilisé en parquet, est le plus résistant à l'humidité? **Le bambou**

157 Quel bois précieux est utilisé en parfumerie et en ébénisterie? **Le bois de rose**

158 Quel est l'intrus parmi les ustensiles utilisés pour un chantier de peinture d'une pièce? **Auge**

159 Avant de peindre un mur on doit préparer la surface à peindre, quel matériau n'est pas utilisé pour cette étape? **De la colle**

160 Quel produit naturel est utilisé pour obtenir un colorant rouge? **La cochenille (insecte qui permet d'obtenir un colorant rouge en l'écrasant)**

161 Quel produit naturel est utilisé pour obtenir un colorant bleu? **La spiruline**

162 Quelle cathédrale est célèbre pour la couleur bleue unique de ces vitraux du XIIe siècle? **La cathédrale de Chartres (bleu spécifique, appelé le bleu de Chartres)**

163 Une substance permet de faire un colorant vert, laquelle? **La chlorophylle extraite des végétaux**

164 À partir de quel mélange de couleurs primaires obtient-on la couleur orange? **Rouge et jaune**

165 À partir de quel mélange de couleurs primaires obtient-on la couleur violette? **Rouge et bleu**

166 À partir de quel mélange de couleurs primaires obtient-on la couleur verte? **Bleu et jaune**

167 Quel outil de bricolage ne fait pas de trou? **La brocheuse**

168 Quelle clé n'est pas un outil de bricolage? **La clé de bras (torsion du bras)**

169 Une varlope est un outil pour **le menuisier. C'est un grand rabot à poignée, qui se manie à deux mains.**

170 Le bourrelier utilise **une alêne qui est un outil pour travailler le cuir.**

171 L'assolement est **une répartition adéquate des cultures.**

172 Une faneuse **assure le séchage des foins coupés.**

173 Un araire est **une petite charrue.**

174 Un tenon utilisé en menuiserie est **un élément d'assemblage (tenon et mortaise).**

175 Le blanc d'Espagne est **un nettoyant domestique.**

176 Le hersage est **un travail superficiel du sol.**

177 Une binette est **une petite houe pour ameublir la terre.**

178 La gâche est **un outil du maçon.**

179 Lequel de ces éléments n'entre pas dans la composition d'engrais? **Le soufre qui est parfois vaporisé pour détruire des maladies sur des végétaux.**

180 Quel métier n'a pas de lien avec l'entretien des jardins? **Œnologue qui est un expert en vins.**

181 Quelle action n'est pas faite sur un arbre par un jardinier? **Élimer qui consiste à raboter un meuble ou un objet.**

182 Quel déchet ne doit pas être mis dans un compost? **Les os de poulet car on met seulement des matières végétales.**

183 Pour quelle utilisation emploie-t-on du sang séché dans un jardin? **Engrais biologique**

184 Quelle fonction jouent les écorces déposées sur le sol? **Absorbeur d'humidité pour retenir l'eau dans le sol**

185 Lequel de ces produits n'est pas un engrais naturel? **Le savon noir**

186 À quoi sert un compost? **C'est un engrais naturel**

187 Quelle est la particularité du lombricompost? **Il contient des vers de terre.**

188 Quelle période est déconseillée pour la taille des végétaux? **L'été, période active des végétaux.**

189 Quel instrument n'est pas utilisé pour tailler des végétaux? **La binette sert à retourner la terre.**

190 Qu'est-ce qu'un arbre à feuilles caduques? **Un arbre dont les feuilles tombent en hiver et se renouvellent chaque année**

191 Lequel de ces arbres n'est pas un arbre à épines? **Le cornouiller**

192 Quel arbre a comme fruit le gland? **Le chêne**

193 Quel arbre est réputé pour faire de l'ombre sur une place? **Le platane**

194 Quelle est la couleur du bois acajou? **Légèrement rouge**

195 Quelle fleur est de couleur jaune? **La jonquille**

196 Quelle fleur est utilisée en cuisine et en parfumerie-cosmétique? **La fleur d'oranger**

197 Quel végétal n'est pas de la famille des rosacées? **Le laurier rose**

198 Quel fruit n'est pas un agrume? **L'ananas**

199 Que signifie agriculture biologique? **Une agriculture qui exclut le recours aux produits chimiques**

200 Quel label certifie que le bien vendu a été produit par les méthodes d'agriculture biologique? **AB**

201 Le métayage est : **une exploitation de terres louées par un métayer**

202 Les forêts « domaniales » sont gérées par **l'État**

203 Le froment est une céréale de l'espèce **du blé.**

204 Une éteule est **du chaume.**

205 Le phylloxéra est un insecte qui a détruit les cultures **viticoles.**

206 La myxomatose est une maladie qui tue **les lapins.**

207 Un percheron est **un cheval de trait, originaire du Perche.**

208 Un joug est **une pièce de bois pour un attelage.**

209 Un acre est **une ancienne mesure agraire.**

210 Un fermier (au sens juridique) est **un exploitant qui paie un loyer au propriétaire des terres.**

211 La « bouillie bordelaise » est un fongicide à base de **sulfate de cuivre.**

212 Laquelle de ces définitions du mot « basse-cour » est fausse ? **Petite juridiction**

213 Labourage et pâturage sont les deux mamelles de la France » est une citation de **Sully ministre d'Henri IV.**

214 Les jardins de Versailles ont été conçus par **Le Nôtre.**

215 La protectrice grecque des moissons était : **Déméter**

216 Les doryphores sont la hantise du jardinier car ils dévorent **les pommes de terre.**

217 Les jardiniers craignent la période de la « lune rousse », pourquoi ? **Un gros écart de température (jour, nuit) fait geler les bourgeons**

218 Le saint patron des jardiniers est **saint Fiacre.**

SPORTS, LOISIRS ET VIE PRATIQUE

Médias

219 Combien de temps les Français regardent-ils la télévision, par jour, en moyenne ? **4 heures**

220 Quelle est la chaîne télévisée qui a le plus d'audimat en moyenne annuelle, en France ? **TF1**

221 Que signifie TNT ? **Télévision numérique terrestre**

222 Qui présente habituellement le journal télévisé de 20 heures sur France 2, du lundi au jeudi ? **Anne-Sophie Lapix**

223 Quelle série française se déroule au cœur de la Direction générale de la sécurité extérieure ? ***Le bureau des légendes***

224 Quelle série française se passe dans le service de la DGSE (Direction générale de la sécurité extérieure) ? ***Le Bureau des légendes***

225 Dans quel quartier marseillais se déroule la série *Plus belle la vie* ? **La Belle de Mai**.

226 Netflix est une chaîne par abonnement née **aux États-Unis**.

227 Quelle chaîne télévisée n'est pas spécifiquement destinée à la jeunesse ? **RMC Découverte**

228 Laquelle de ses chaînes n'est pas exclusivement dédiée à l'information ? TFX

229 Quelle chaîne retransmet les débats de l'Assemblée nationale? **LCP, Public Sénat**

230 Quelle chaîne n'existe pas au sein du groupe France Télévisions? **France +**

231 Qui présente *The Voice*? **Nikos Aliagas**

232 Koh-Lanta est une île **thaïlandaise.**

233 En 2022, quel chef a intégré le jury de « Top Chef », sur M6 ? **Glenn Viel**

234 Quel est le quotidien national payant le plus lu en France? ***Le Figaro***

235 À combien est tiré chaque jour le journal *L'Équipe*, en moyenne? **250 000 exemplaires**

236 Qui dirigent le journal *Le Monde*? **Jérôme Fenoglio et Louis Dreyfus**

237 Lequel de ces magazines d'actualité n'est pas un hebdomadaire? ***Capital***

238 Lequel de ces magazines n'est pas un magazine pour la jeunesse? ***Marianne***

239 Quel est le magazine jeunesse qui a la plus forte audience en France? ***J'aime lire***

240 Rue89 est **un site Internet d'actualité.**

241 À quel groupe appartiennent les magazines jeunesse *Pomme d'Api*, *Astrapi* et *Okapi*? **Bayard**

242 En quelle année est apparue la TNT (télévision numérique terrestre) en France? **2005**

243 Quel est le magazine mensuel le plus vendu en France à plus de 700 000 exemplaires? ***Notre Temps***

244 Quel magazine féminin n'existe pas? ***Aprile Mag***

245 Quel magazine de cuisine n'existe pas? ***Régalade***

246 Depuis une décennie, le chiffre d'affaires de la presse écrite en France est globalement **en baisse de 30 %**

247 Que sont les infomédiaires? **Des acteurs du Web qui recensent et analysent les informations pour les internautes**

248 Qu'est-ce qu'un MOOK? **Une publication hybride entre un magazine et un livre**

249 Au sommet de la tour Eiffel, point culminant de l'Île-de-France se trouve **quatre antennes radio**

250 Laquelle de ces radios ne fait pas partie du groupe public Radio France? **Radio Classique**

251 Quel média ne fait pas partie du groupe NextRadio TV dirigé par Alain Weil? **Europe 1**

252 Quand a été créée la chaîne radiophonique publique d'actualité France Info? **Le 1er juin 1987**

253 Quel film a remporté la palme d'or du meilleur film au Festival de Cannes en 2021 ? ***Titane***

254 Sur quel sujet portaient généralement les questions et témoignages des auditeurs de Macha Béranger dans l'émission *Allô Macha* diffusée chaque nuit sur France Inter de 1977 à 2006? **Des confidences personnelles**

255 En France, quelle est l'obligation des chaînes quant à la diffusion de chansons d'expression française sur les ondes radio? **Quota de 40 %**

256 Qui a été le fondateur du journal *L'Humanité*? **Jean Jaurès**

257 Qui est l'inventeur de la radio TSF? **Marconi**

258 De quand date la première émission officielle de télévision, en noir et blanc? **26 avril 1935**

259 Quand est née la première émission de télévision en couleur? **Le 1er octobre 1967**

260 Qui fut la première speakerine officielle de la télévision française? **Jacqueline Joubert**

261 Quel fut le premier programme de téléréalité, proposé en France, sur M6? **Loft Story**

262 Dans quelle série animée pour enfants des années 1960 à 1970 Zébulon intervenait-il? ***Le Manège enchanté***

263 Comment s'appelait le présentateur vedette de nombreuses émissions télévisées de 1960 à 1981, des Jeux olympiques, d'Intervilles, du Tour de France sans oublier les décès et enterrements des «grands» de ce monde? **Léon Zitrone**

264 Quelle était la partenaire d'Yves Mourousi au journal de 13 heures sur TF1 dans les années 70 à 80? **Marie-Laure Augry**

265 Quelle est la signification des initiales PPDA, présentateur du 20 heures sur TF1 pendant 20 ans? **Patrick Poivre d'Arvor**

266 Qui est le président actuel de France télévision? **Delphine Ernotte**

267 Comment s'appelle la diffusion de programme télé ou radiodiffusé disponible plusieurs jours sur leur site Internet? **Le podcast**

268 Quelle nouvelle chaîne télévisée privée se partage aujourd'hui la diffusion des matchs de football avec Canal+ et beIN Sport? **SFR Sport**

269 Qui proposait une grande dictée aux Français devant leur écran de télévision dans les années 80? **Bernard Pivot**

270 Quelle est aujourd'hui l'émission de télévision de référence en matière littéraire? ***La Grande Librairie***

271 Quel jeu télévisé de questions de culture générale, d'abord présenté par Julien Lepers, est désormais animé par Samuel Étienne? ***Questions pour un champion***

272 Dans quel jeu télévisé, J.-P. Foucault demandait aux candidats «C'est votre dernier mot?» ***Qui veut gagner des millions?***

273 Qui est le président du CSA? **Roch-Olivier Maistre**

274 Comment s'appelle le principal syndicat des journalistes en France? **Le Syndicat national des journalistes**

275 Quel est le nom du statut particulier des travailleurs précaires des métiers du spectacle ou de l'audiovisuel? **Les intermittents du spectacle**

276 Comment s'appelle, dans une rédaction, la personne responsable de la relecture et validation finale avant publication d'un magazine ou d'un journal? **Le secrétaire de rédaction**

277 Une faute de frappe s'appelle une coquille car **c'est l'exemple même en cas d'oubli de la lettre Q.**

278 De quand date la première publication du quotidien *Libération*? **1973**

279 Quand a démarré la diffusion de la première chaîne hertzienne franco-allemande ARTE? **1992**

280 Qui sont les deux créateurs du *PalmaShow*? **Grégoire Ludig et David Marsais**

281 Comment s'appelle l'émission d'histoire sur France Culture du lundi au vendredi de 9 à 10 heures? **La Fabrique de l'Histoire**

282 Quel est le type de connectique standard aujourd'hui pour transmettre l'image et le son entre deux appareils audiovisuels? **Le HDMI**

283 Quelle publication de presse ou e-presse n'est pas spécialisée en économie? ***Flow* qui est un magazine de développement personnel**

284 Comment s'appelle la mesure de l'écoute et de la vision d'une émission de radio ou de télévision? **Audimat**

285 Quelle radio a la plus forte audience le matin autour de 8 heures? **France Inter avec le 7-9 émission matinale animée par Léa Salamé et Nicolas Demorand**

286 Quelle radio a la plus forte audience globale? **RTL**

Numérique

287 Qu'est-ce qu'un influenceur? **Une personne active sur les réseaux dont les avis sont fortement relayés sur le Net**

288 Quelle entreprise de production audiovisuelle jeunesse a lancé sa nouvelle chaîne de streaming en janvier 2020 ? **Disney**

289 Quel est le site Web d'hébergement de vidéos le plus visité dans le monde? **YouTube**

290 Quelle est la date de création de YouTube? **2005**

291 Combien d'heures de vidéo sont mises en ligne chaque jour sur YouTube? **environ 600 000 heures**

292 Qui est le PDG de Free? **Xavier Niel**

293 Qu'est-ce qu'un hardware? **Du matériel informatique**

294 Comment appelle-t-on les monnaies numériques sans cours légal reconnu par les États? **Les cryptomonnaies**

295 Quelle monnaie n'est pas une monnaie numérique en *peer-to-peer*? **Le toycoin**

296 La consommation électrique du minage des cryptomonnaies représente aujourd'hui **près de 0,6 % de la consommation électrique annuelle du monde, soit l'équivalent de celle de la Norvège.**

297 La consommation de $CO_{2,}$ consécutive aux courriels envoyés par une entreprise de cent personnes, représente en moyenne l'équivalent de **quatorze vols aller-retour entre Paris et New York (13,6 tonnes de CO2 par an).**

298 Quelle part des internautes français qui a consulté un site de cuisine durant les fêtes? **40%**

299 Quel est le site culinaire le plus consulté en France? **Marmiton**

300 Quel est le site e-commerce leader en France? **Amazon**

301 Qu'est-ce qu'un *ebook*? **Un livre numérique**

302 Un MOOC (*massive open online course*) est une **formation en ligne ouverte à tous.**

303 Qu'est-ce qu'un ***hacker***? **Une personne qui contourne les systèmes de sécurité des logiciels ou systèmes d'exploitation.**

304 Quel est le taux d'équipement en téléphone mobile des plus de 12 ans en France aujourd'hui? **95%**

305 Quelle est la part des ménages français équipés en ordinateur? **80%**

306 Que signifie 5 G ? **La cinquième génération de technologie haut débit depuis un Smartphone**

307 Quelles entreprises regroupe l'acronyme GAFAM? **Google, Apple, Facebook, Amazon, Microsoft**

308 Quelles entreprises regroupe l'acronyme NATU? **Netflix, Airbnb, Tesla, Uber**

309 Comment s'appelle le géant du e-commerce chinois? **Alibaba**

310 Quelle est l'activité de BlaBlaCar, entreprise leader mondial dans le secteur? **Le covoiturage**

311 Quelle entreprise n'est pas une entreprise de VTC (voiture de transport avec chauffeur) accessible par une application smartphone? **FlixBus (société de ligne de cars)**

312 Pourquoi les entreprises telles que Amazon ou Airbnb sont-elles souvent critiquées? **À cause de leur stratégie d'évasion fiscale malgré les bénéfices gigantesques réalisés**

313 **Que suppose le terme «ubérisation»? La précarisation des conditions de travail**

314 Quelle entreprise d'écoute de musique en streaming est française? **Deezer**

315 Quand Steve Jobs patron d'Apple annonce-t-il le lancement du premier iPhone? **2007**

316 Quel est le leader mondial des ventes de téléphones mobiles? **Samsung**

317 Quel est le deuxième plus gros vendeur de téléphones mobiles en France (hors ventes par les opérateurs)? **Wiko**

318 Quel est le modèle de téléphone emblématique de Nokia réactualisé après dix ans d'existence? **Le 3310**

319 Qu'est-ce que Snapchat? **Une application de partage de photos et de vidéos**

320 Qui est l'inventeur de Facebook? **Mark Zuckerberg**

321 Comment s'appelle l'école du numérique et du codage ouverte à Paris par Xavier Niel? **École 42**

322 Comment s'appelle l'indice boursier américain des entreprises du secteur des nouvelles technologies? **Nasdaq**

323 Quel est le nombre moyen d'utilisateurs quotidiens de l'application WhatSapp dans le monde? **1,5 milliard**

324 Où se situe la Silicon Valley? **En Californie**

325 Qu'est-ce que la Silicon Valley? **Une technopole, soit un regroupement d'entreprises de haute technologie**

326 Quel président est connu pour ses *tweets* souvent controversés? **Donald Trump**

327 Combien de signes au maximum pour un *tweet* depuis 2017? **280**

328 Quel est l'animal représenté par le logo de Twitter? **Un oiseau**

329 Classez ces applications par ordre croissant d'arrivée : **Facebook en 2004, Twitter en 2006, Instagram en 2010 et Snapchat en 2011**

330 L'application Instagram a été rachetée par le géant suivant : **Facebook**

331 Qui est le patron fondateur d'Amazon? **Jeff Bezos**

332 Qu'est-ce qu'une «*marketplace*»? **Une plateforme qui met en relation acheteur et vendeur sur Internet**

333 Qu'est-ce qu'un *cloud*? **Une technologie de stockage sur un serveur à distance**

334 Laquelle de ces propositions n'est pas un *cloud*? **PowerPoint**

335 Quel logiciel n'est pas inclus dans le pack Office de Microsoft? **Pages**

SPORTS, LOISIRS ET VIE PRATIQUE

336 Comment définir un « fab lab » (contraction de *fabrication laboratory*) ? **Un lieu réel ou virtuel d'échange d'idées et de projets**

337 Un cookie, en informatique, correspond à **un fichier texte qui apparaît sur l'ordinateur après utilisation d'Internet**

338 L'entreprise américaine Netflix a été créée en : **1997**

339 Le e-sport désigne : **La pratique de jeux vidéo en compétition**

340 Qui sont les joueurs de e-sport ? **À 80 % des hommes**

341 Qu'est-ce que la fracture numérique ? **Une inégalité d'accès aux nouvelles technologies et à Internet**

342 Comment s'appelle l'incapacité à maîtriser l'usage des outils numériques ? **Illectronisme**

343 Quel est le rôle d'un datascientist ? **Exploiter des données digitales.**

344 Qu'est-ce qu'un *webmaster* ? **Un responsable de la conception, du développement et de l'entretien d'un site Internet**

345 Comment définir un « *geek* » ? **Un passionné d'informatique, de nouvelles technologies et souvent de jeux vidéo**

346 Comment s'appelle le virus informatique qui nécessite le versement d'une rançon pour débloquer un ordinateur touché par le virus ? **Un rançongiciel (ou *ransomware*)**

Vie quotidienne

347 Combien coûte en moyenne une baguette de pain en France ? **0,90 euro**

348 Combien les Français consomment-ils de viande de bœuf en moyenne par personne et par an ? **25 kilogrammes**

349 Combien coûte à l'unité un ticket de métro de la RATP ? **1,90 euro**

350 Que signifie RATP ? **Régie autonome des transports parisiens**

351 Que signifie SNCF ? **Société nationale des chemins de fer français**

352 Combien de temps les Français passent-ils, en moyenne, dans les transports, par semaine ? **3 h 30**

353 Combien compte-t-on de pays dans l'Union européenne à fin décembre 2020 ? **27 pays**

354 Combien de pays européens sont-ils membres de la zone euro ? **19 pays**

355 De combien de fois la population de l'Allemagne est-elle plus importante que la population française ? **1,2 fois**

356 Quel est le top 3 des touristes les plus nombreux à venir en France ? **Anglais, Allemands, Belges**

357 Quel est le pays préféré des touristes français ? **L'Espagne**

358 Quelle est la personnalité masculine préférée des Français en 2021 ? **Jean-Jacques Goldman**

359 Quel est l'âge moyen de la mère au premier enfant en France, en 2015 ? **28,5 ans**

360 Combien les femmes ont-elles d'enfants, en moyenne, en France aujourd'hui ? **1,87**

361 Qu'est-ce que le *slow life*? **Un mode de vie valorisant une approche moins rapide du quotidien (alimentation, transports, rapport à l'argent)**

362 Quelle est l'espérance de vie respective des hommes et des femmes en France, en 2021 ? **79,3 ans et 85,4 ans**

363 Quelles sont respectivement les empreintes-carbone d'un trajet Paris-Lyon en train, en voiture et en avion par passager? **1,5 kg, 80 kg et 95 kg de CO_2**

364 Qu'est-ce que le covoiturage? **Le partage d'une voiture entre particuliers pour effectuer un trajet commun**

365 Quelle est la part du véhicule électrique sur le parc automobile français? **Moins de 3 %**

366 Quel est le pourcentage de Français allant au moins une fois au cinéma par an? **66 %**

367 Comment s'appelle la semaine de promotions commerciales de novembre, importée des États-Unis? **Le *black friday***

368 Quelle est la part des Français ayant lu au moins un livre dans l'année? **55 %**

369 Combien de candidats environ passent le baccalauréat par an en France? **750 000**

370 La durée moyenne de scolarisation (à partir de 6 ans, âge légal obligatoire) en France est de **12,6 ans**

371 Combien de baccalauréats différents existe-t-il environ en France ? **75**

372 Quelle est la part des Français ayant un diplôme de l'enseignement supérieur de niveau bac + 3 ou plus? **15 %**

373 Le temps physiologique (dormir, manger, se doucher...) représente en moyenne **deux tiers du temps au cours d'une vie.**

374 En moyenne, quelle est la proportion de divorces de couples mariés, en France? **50 %**

375 Combien existe-t-il de communes aujourd'hui en France? **35 000**

376 Quel est le taux de participation, en moyenne en France au deuxième tour des dernières élections municipales? **65 %**

377 Quel est le taux d'abstention, en moyenne en France aux dernières élections présidentielles? **25 %**

378 Quelle est la part des citoyens français mal inscrits ou non inscrits sur les listes électorales? **12 %**

379 Comment s'appelle le service public français responsable des demandeurs d'asile ? **L'OFPRA**

380 Comment s'appelle l'association de défense des citoyens face aux discriminations? **La HALDE (Haute Autorité de lutte contre les discriminations et pour l'égalité)**

381 Quelle est la nouvelle appellation du médiateur de la république? **Le Défenseur des droits**

382 Depuis quand les Français salariés à temps plein bénéficient-ils de cinq semaines de congés payés par an? **1981 (par ordonnance du 16 janvier 1982)**

383 Pour le premier semestre 2022, la France est présidente **du conseil de l'Union européenne**.

384 Que signifie « bobo »? **Bourgeois bohème**

385 Comment s'appelle le processus d'embourgeoisement des quartiers qui pousse à la périphérie une partie des anciens habitants? **La gentrification**

386 Quelle est la part des énergies renouvelables dans la consommation d'électricité en France ? **16 %**

387 Combien coûte un litre d'eau courante, en France ? 0**,3 centime**

388 Combien faut-il de litres d'eau potable en moyenne pour prendre un bain ? **150 à 200**

389 Combien de litres d'eau consomme en moyenne un ménage français par an ? **100 m³, soit 100 000 litres**

390 Le tri sélectif est-il obligatoire en France ? **Non, mais il est indispensable**

391 Combien de kilogrammes de déchets produit en moyenne un Français par an ? **350 kg, soit le double des années 1980**

392 Combien de kilogrammes de bœuf mange en moyenne par an chaque Français ? **25 kg**

393 Combien faut-il de litres d'eau pour produire un kilo de bœuf et **un kilo** de pain ? **13 500 litres et 1300 litres d'eau**

394 Quel est le pourcentage de végétariens et véganes en France ? **2 % et un tiers sont flexitariens (peu consommateurs de viande)**

395 Quelle personne célèbre n'était pas végétarienne ? **Emmanuel Kant**

396 Qu'est-ce qu'un végétalien ? **Un consommateur qui exclut les produits issus de l'animal**

397 Combien de bouteilles de plastique recyclées de 1,5 litre sont nécessaires pour fabriquer un pull en laine polaire pour adulte ? **27**

398 Quelle est la taille moyenne du logement des Français ? **90 mètres carrés**

399 Quel est le patrimoine médian des ménages français ? **115 000 euros**

400 Combien de personnes souffrent-elles de mal-logement en France ? **4 000 000**

401 De quels pays sont originaires les populations immigrées les plus nombreuses en France ? **L'Algérie, du Maroc et du Portugal**

402 Parmi les indépendants et cadres dirigeants d'entreprises, combien comptabilise-t-on de femmes en moyenne en France ? **Un tiers**

403 Quel est l'âge moyen des députés en France ? **49 ans**

404 Quel est l'âge moyen de la mère à l'accouchement en France ? **30,6 ans**

405 Quel est le taux de fécondité en France en 2021 ? **1,8 enfant**

406 Quel est environ le nombre de mariages civils célébrés en France par an ? **230 000**

THÈME 10

Connaissance de la langue française

Orthographe

➜ **Retrouvez le corrigé de cette série page 633.**

1 Lequel de ces mots est mal écrit?

- ○ **A.** Atrapper
- ○ **B.** Désintérêt
- ○ **C.** Cageot
- ○ **D.** Acquiescer

2 Indiquez la phrase qui contient un mot incorrect.

- ○ **A.** Sa mère a aujourd'hui quatre-vingts-quatorze ans.
- ○ **B.** Elle est née en mil neuf cent soixante-sept.
- ○ **C.** Ils en ont déjà acheté des mille et des cents!
- ○ **D.** Elles ont réservé la chambre trois cent.

3 Cherchez la faute.

- ○ **A.** Un comptoir
- ○ **B.** Un séchoir
- ○ **C.** Un réservoir
- ○ **D.** Un répertoir

4 Laquelle de ces phrases présente un pluriel incorrect?

- ○ **A.** Son corps présentait de nombreux bleus lorsqu'elle a été conduite à l'hôpital.
- ○ **B.** Ils ont peint des choux pour les transformer en énormes bougeoirs.
- ○ **C.** Il leur faut maintenant acheter deux landaux ou un landau à deux places.
- ○ **D.** Les carnavals donnent l'occasion d'oublier un quotidien souvent difficile.

5 Quel est le mot incorrect?

- ○ **A.** Misogyne
- ○ **B.** Labyrinthe
- ○ **C.** Cynique
- ○ **D.** Éthymologie

6 Quelle est la phrase qui contient une faute?

- ○ **A.** Elle fait régulièrement teindre ses cheveux châtains.
- ○ **B.** Ils vendent, dans cette petite boutique, des plaids bleu-gris.
- ○ **C.** Ses chaussures sont presque oranges.
- ○ **D.** Ces verts amande se marient parfaitement à de vieux roses.

7 Laquelle de ces phrases comporte une faute d'orthographe?

- ○ **A.** Rassurez-vous : vous n'aurez aucuns frais à faire.
- ○ **B.** Êtes-vous certaine que vous n'aurez aucuns remords?
- ○ **C.** Vous n'aurez aucunes arrhes à verser.
- ○ **D.** D'aucuns n'hésiteraient pas à trouver que vous avez une dent contre elle.

8 Quelle est la phrase incorrecte?

- ○ **A.** Essaie de repérer toutes les fautes possibles.
- ○ **B.** Nous allons déplacer le plus de meubles possibles.
- ○ **C.** Ce sont les meilleurs des enfants possibles.
- ○ **D.** Faites en sorte de laisser le moins de défauts possible.

9 Quelle est la phrase incorrecte?

- ○ **A.** Tous ces écoliers ont l'air fatigués, sitôt la rentrée passée.
- ○ **B.** En dépit de leur âge, ces tables n'ont pas l'air abîmé.
- ○ **C.** Elle n'a pas l'air étonné d'avoir réussi ce concours.
- ○ **D.** Tous ces vieux tapis ont l'air sales.

10 Quel est l'adverbe mal écrit?

- ○ **A.** Constamment
- ○ **B.** Obligeamment
- ○ **C.** Prudamment
- ○ **D.** Minutieusement

11 **Quelle est la phrase incorrecte ?**

- ○ **A.** Nous nous sommes donné rendez-vous à trois heures et demies.
- ○ **B.** On leur interdisait alors de sortir nu-tête.
- ○ **C.** La SNCF annonce un retard d'une demi-heure.
- ○ **D.** Ce médecin nous a conseillé de les faire marcher pieds nus le plus possible.

12 **Indiquez le mot mal orthographié.**

- ○ **A.** Une dictée
- ○ **B.** Une jetée
- ○ **C.** Une activitée
- ○ **D.** Une portée

13 **Quelle est la phrase bien écrite ?**

- ○ **A.** Il nous faudrait davantage de personnes telles que vous.
- ○ **B.** Veillez à ne pas laisser vos vêtements tel quel.
- ○ **C.** Il faudrait ajouter quelques objets colorés tels ces lampes.
- ○ **D.** Tel sont aujourd'hui ses aspirations.

14 **Repérez la phrase correcte.**

- ○ **A.** Travailler avec eux lui est devenu des plus insupportables.
- ○ **B.** Cela est malheureusement des plus habituels.
- ○ **C.** Cette peinture est des plus jolies.
- ○ **D.** Il est des plus courants de ne pas respecter ses engagements.

15 **Cherchez l'erreur...**

- ○ **A.** Un fabriquant
- ○ **B.** Un trafiquant
- ○ **C.** Un pratiquant
- ○ **D.** Un piquant

16 **Quelle est la phrase incorrecte ?**

- ○ **A.** N'hésitez pas à faire appel à moi, pour quoi que ce soit.
- ○ **B.** Ils souhaitent aujourd'hui l'accueillir quoiqu'ils le connaissent mal.
- ○ **C.** Quoi qu'il en soit, elle a décidé de ne plus vivre dans un tel désordre.
- ○ **D.** Quoiqu'intelligent, il n'a pas de bons résultats scolaires.

17 **Repérez le nom mal orthographié.**

- ○ **A.** Un accompte
- ○ **B.** Une accoutumance
- ○ **C.** Un accroissement
- ○ **D.** une accalmie

18 **Laquelle de ces phrases est incorrecte ?**

- ○ **A.** Elle collectionne les paires de chaussures : elle en a aujourd'hui quelque trois cents.
- ○ **B.** Quelques futiles qu'ils soient, ses propos nous ont rassérénés.
- ○ **C.** Il ne sera jamais licencié, quelques fautes qu'il commette.
- ○ **D.** Ils me doivent aujourd'hui huit cents euros et quelques.

19 **Quelle est la phrase qui contient un mot souligné bien écrit ?**

- ○ **A.** Elle a été tout étonnée d'apprendre que nous payions autant nos employés.
- ○ **B.** Elle est aujourd'hui tout honteuse de ne pas avoir noté au jour le jour ce qu'elle a fait.
- ○ **C.** Elle sera bientôt toute heureuse d'apprendre qu'elle est invitée à poursuivre cette aventure.
- ○ **D.** Elle est devenue tout rouge en voyant ce chef qu'elle admire s'approcher d'elle.

20 **Laquelle de ces phrases contient une faute d'orthographe ?**

- ○ **A.** Au temps pour moi, j'aurais dû préparer davantage cette intervention.
- ○ **B.** Elle a eu affaire à lui quelques jours après que son entreprise a été rachetée.
- ○ **C.** Vôtre travail n'est pas apprécié à sa juste valeur.
- ○ **D.** Je compte attendre deux semaines, voire trois, mais pas davantage.

21 **Repérez la phrase mal écrite.**

- ○ **A.** Même ses collègues ont reconnu qu'elle avait eu tort.
- ○ **B.** On dit souvent que les même causes produisent les même effets.
- ○ **C.** Nous aimons aujourd'hui ses défauts mêmes.
- ○ **D.** Vous ont-ils raconté eux-mêmes ce qu'il s'est passé?

22 **Quelle est la série correcte?**

- ○ **A.** Agglomérer - Agglutiner - Aggraver
- ○ **B.** Brue - Cohue - Bévue
- ○ **C.** Appaiser - Appeurer - Appitoyer
- ○ **D.** Téléphoner - Assaisoner - Cloner

23 **Repérez l'adjectif mal écrit.**

- ○ **A.** Ces enfants ont de jolis yeux noisette.
- ○ **B.** Ils ne pourront pas lutter contre ces sociétés toutes-puissantes.
- ○ **C.** Leur divan disparaît sous un grand nombre de coussins rose.
- ○ **D.** Il appartiendrait à cette organisation franc-maçonne.

24 **Quelle est la phrase incorrecte?**

- ○ **A.** Elle est arrivée si tôt que les portes étaient encore fermées.
- ○ **B.** Nous pensons ouvrir bientôt notre second restaurant.
- ○ **C.** Pourquoi devons-nous finir ce travail plutôt qu'à l'accoutumée?
- ○ **D.** Je pense que nous ne le reverrons pas de sitôt.

25 **Lequel de ces noms ne prend pas de « s » au pluriel?**

- ○ **A.** Un verrou
- ○ **B.** Un pneu
- ○ **C.** Un festival
- ○ **D.** Un bandeau

26 **Quelle est la phrase incorrecte?**

- ○ **A.** Cette patiente âgée s'est laissé insulter sans mot dire.
- ○ **B.** Ce sont des défauts qui nous obligent à jeter les objets fabriqués.
- ○ **C.** Notre journaliste s'est rendu dans ce quartier où il y a eu de nombreux vols.
- ○ **D.** C'étaient vous qui deviez vous charger du suivi de ces élèves?

27 **Quelle est la phrase correcte?**

- ○ **A.** Elle connaît les Bertin depuis une trentaine d'années.
- ○ **B.** Ces hommes d'affaire n'ont pas vu leurs enfants grandir.
- ○ **C.** Ce soit-disant expert-comptable est un bien piètre conseiller.
- ○ **D.** Les fautes d'orthographe sont légions dans cet ouvrage.

28 **Indiquez la phrase qui contient un mot souligné mal orthographié.**

- ○ **A.** Ses enfants ne mangent aujourd'hui que des yaourts nature.
- ○ **B.** Les places avants ont été prises d'assaut.
- ○ **C.** Les avants-centres ne sont pas les mieux payés.
- ○ **D.** Leurs si bémol écorchent mes oreilles.

29 **Quelle est la phrase incorrecte?**

- ○ **A.** Des pétales de roses ont été jetés çà et là.
- ○ **B.** Se faisant, elle parvint à répondre à toutes mes questions.
- ○ **C.** Ça ne résoudra malheureusement pas vos problèmes.
- ○ **D.** Ils se sont fait passer pour des parents d'élèves.

30 **Repérez le mot souligné mal orthographié.**

- ○ **A.** Ces meubles coûtent vraiment très chers.
- ○ **B.** Je crois qu'elles sont maintenant fin prêtes.
- ○ **C.** Les articles qu'il vend sont très chers.
- ○ **D.** Elle coupe court à toute discussion.

31 **Dans quelle phrase un des adjectifs est-il mal accordé?**

- ○ **A.** Ne pas savoir ce qui va se passer est des plus inquiétant.
- ○ **B.** Trois milles candidats se sont présentés à ce concours.
- ○ **C.** Tous ces mannequins ont de magnifiques cheveux noir de jais.
- ○ **D.** Les sièges arrière peuvent se rabattre.

32 **Quelle est la locution bien écrite?**

- ○ **A.** À rebrousse-poils
- ○ **B.** D'ores et déjà
- ○ **C.** À tu-tête
- ○ **D.** En bonne et dûe forme

33 **Quelle est la phrase incorrecte?**

- ○ **A.** Il fait si beau qu'on se croirait en plein été.
- ○ **B.** Ci-joint les trois fichiers qui vous concernent.
- ○ **C.** Ils si sont retrouvés à trois heures.
- ○ **D.** Ceux-ci ont remporté nettement moins de succès.

34 **Laquelle de ces phrases est incorrecte?**

- ○ **A.** Ils font pétarader leurs scooters flambants neufs.
- ○ **B.** Les fenêtres sont demeurées grandes ouvertes durant toute la nuit.
- ○ **C.** Elle est frais émoulue de l'ESSEC.
- ○ **D.** Ils arriveront bons derniers, comme ils en ont habitude.

35 **Repérez la phrase mal écrite.**

- ○ **A.** Elles ont encore a étudier le coût de cette formation.
- ○ **B.** Sont-ce des personnes comme elle qui vont déterminer notre avenir?
- ○ **C.** Il y a un an cet attentat faisait quatre morts.
- ○ **D.** Ils se sont engouffrés dans l'avion sans jeter un regard alentour.

36 **Quel est le nombre de fautes d'orthographe présentes dans la phrase suivante : « Ce courreur de vingt six ans à aujourd'hui franchi un cap dans sa carière »?**

- ○ **A.** 4
- ○ **B.** 5
- ○ **C.** 6
- ○ **D.** 7

37 **Quelle est la phrase incorrecte?**

- ○ **A.** Pour le moment, ils refusent d'en dire plus.
- ○ **B.** Il faudrait qu'il travaille encore davantage pour atteindre son but.
- ○ **C.** Ils ne sont pas encore venus réclamer leur du.
- ○ **D.** Ce poste me semble présenter plus d'avantages.

38 **Laquelle de ces phrases contient un mot mal écrit?**

- ○ **A.** Elle a sali son pantalon en s'asseyant sur cette espèce de banc.
- ○ **B.** La mariée devra porter quelque chose de bleu.
- ○ **C.** Son Éminence est-elle satisfaite?
- ○ **D.** Le notaire a réuni tous les ayant droit.

39 **Quelle est la phrase correcte?**

- ○ **A.** Nous leurs avons exprimé notre mécontentement, mais ils n'ont eu aucune réaction.
- ○ **B.** Les leur nous semblent de meilleure qualité.
- ○ **C.** Ils doivent apprendre à régler eux-mêmes leurs problèmes.
- ○ **D.** Nous pourrons les livrer rapidement mêmes si leurs commandes sont tardives.

40 **Indiquez la phrase contenant un mot souligné mal orthographié.**

- ○ **A.** Le <u>développement</u> de son activité est très irrégulier.
- ○ **B.** Il est <u>vraisemblable</u> qu'ils sont partis peu de temps après nous avoir salués.
- ○ **C.** Elle a été <u>boulversée</u> d'apprendre que ses boutiques ont été vandalisées.
- ○ **D.** Tous les <u>concurrents</u> sont plus âgés que lui.

41 **Quelle est la phrase incorrecte?**

- ○ **A.** Et bien, que pensez-vous de ce qu'il a fait durant ces cinq années?
- ○ **B.** Il pense que nous allons lui faire un cadeau, or il ne nous a pas dit qu'il quittait cette entreprise.
- ○ **C.** Pensez à leur offrir vos appareils hors service : ils seront réparés et feront des heureux.
- ○ **D.** Lui as-tu donné ta démission? L'a-t-elle acceptée?

42 **Indiquez la série dans laquelle les trois mots n'ont pas la même formation du féminin.**

- ○ **A.** Acheteur - Baigneur - Plongeur
- ○ **B.** Laborantin - Paysan - Riverain
- ○ **C.** Douillet - Blondinet - Net
- ○ **D.** Sauvageon - Paroissien - Champion

43 **Quelle est la phrase correcte?**

- ○ **A.** Nôtre sort n'est pas très enviable.
- ○ **B.** Qu'elle soit incompétente? Il n'y a jamais pensé.
- ○ **C.** Les votres ont-ils su vous entourer d'attention?
- ○ **D.** Ou avez-vous laissé vos bagages?

44 **Quel est le nombre de fautes d'orthographe présentes dans la phrase suivante : « Malgrès la pluie, des centaines de miliers de manifestants ont arpanté le bittume détrempé »?**

○ **A.** 2 ○ **B.** 3 ○ **C.** 4 ○ **D.** 5

45 **Une des phrases contient un mot souligné incorrect. Laquelle?**

- ○ **A.** Y a-t-il <u>quelquechose</u> qui vous manque?
- ○ **B.** Il n'est pas en état de participer aux commémorations, <u>quoiqu'</u>il ne s'en rende pas compte.
- ○ **C.** Il semble <u>quelquefois</u> hésitant.
- ○ **D.** <u>Quoi que</u> vous leur disiez, ils continueront à descendre dans la rue.

46 **Quelle est la phrase correcte?**

- ○ **A.** Quand à eux, ils n'ont jamais pris la peine d'étudier la concurrence.
- ○ **B.** Elles sont près à faire beaucoup de concessions.
- ○ **C.** Il ne peut préparer leur nouveau logement quand déménageant dès aujourd'hui.
- ○ **D.** Elle va peut-être réussir à ouvrir le salon de thé dont elle rêve.

47 **Quelle est la phrase qui ne comporte aucune faute d'orthographe?**

- ○ **A.** Qu'elle est cette information que tu souhaites nous donner?
- ○ **B.** Ils ne sont pas parvenus à donner un second souffle à cette entreprise, quelques enthousiastes qu'ils fussent.
- ○ **C.** Il a promis de vous aider, quelque soient les circonstances.
- ○ **D.** Auriez-vous quelque suggestion à nous faire?

48 **Quelle est la phrase mal écrite?**

- ○ **A.** Prend-t-il toujours le train à la même heure?
- ○ **B.** Y en a-t-il un qui soit meilleur que les autres?
- ○ **C.** Va-t'en et, surtout, ne reviens pas!
- ○ **D.** Pense-t-il pouvoir livrer tous ces articles en temps et en heure?

49 **Indiquez le pluriel incorrect.**

- ○ **A.** Chaque directeur est arrivé accompagné de deux employés.
- ○ **B.** Comment faire pour échapper à tous ces gazs d'échappement?
- ○ **C.** Cet artisan rochelais s'est spécialisé dans la création de vitraux.
- ○ **D.** À quoi riment tous ces cérémonials?

50 **Quelle est la série bien écrite?**

- ○ **A.** National - Oval - Inégal
- ○ **B.** Remarquable - Appliquable - Critiquable
- ○ **C.** Atermoyer - Atomiser - Atrophier
- ○ **D.** Moustiquaire - Banquaire - Antiquaire

51 **Indiquez la phrase contenant un mot souligné incorrect.**

- ○ **A.** Il nous a tenu des propos <u>choquants</u>.
- ○ **B.** Pourquoi sont-ils censés avoir des gestes <u>virils</u>?
- ○ **C.** Ils n'ont pas su être <u>convaincants</u>.
- ○ **D.** Les personnes qui les aident agissent comme s'ils étaient <u>sénils</u>!

52 **Laquelle de ces phrases est correcte, quant à l'emploi ou au non-emploi de la majuscule?**

- ○ **A.** Ils sont de plus en plus nombreux à passer cet examen portant sur la langue Française.
- ○ **B.** Elles viennent chaque été en Touraine pour apprendre à parler le Français.
- ○ **C.** Elle trouve que les Français offrent généralement ce qu'ils ne veulent plus.
- ○ **D.** Le Premier ministre vient d'épouser une anglaise.

53 **Repérez la phrase qui est correcte.**

- ○ **A.** Elle consulte ce médecin les lundis et jeudis de chaque semaine.
- ○ **B.** Il part à Lyon tous les lundis.
- ○ **C.** Nous avons l'habitude de dîner ensemble tous les vendredis soirs.
- ○ **D.** Ils ont choisi de fermer leur boutique tous les Mercredis.

54 **Indiquez la série qui contient un mot mal orthographié.**

- ○ **A.** Infectieux - Ambitieux - Prétentieux
- ○ **B.** Officiel - Circonstanciel - Artificiel
- ○ **C.** Navigable - Infatigable - Distingable
- ○ **D.** Championnat - Pensionnat - Quinquennat

55 **Quelle est la phrase incorrecte?**

- ○ **A.** Elle ne s'en est réellement jamais souciée.
- ○ **B.** Ils nous ont laissé parler sans réellement nous écouter.
- ○ **C.** S'en est fini de ces concours d'entrée dans des écoles paramédicales!
- ○ **D.** Ils n'ont pas apprécié qu'elle porte une robe sans manches.

56 **Indiquez la phrase contenant un mot souligné mal orthographié.**

- ○ **A.** Il doit me recevoir pour que nous parlions de ma <u>rémunération</u>.
- ○ **B.** En <u>définitif</u>, il n'aurait pas dû agir comme il l'a fait.
- ○ **C.** La fin de cette histoire l'<u>obnubile</u>.
- ○ **D.** Elle refuse de nous faire part de ses soucis <u>pécuniaires</u>.

57 **Quelle est la phrase mal écrite?**

- ○ **A.** Ils travaillent d'arrache-pieds pour que cette entreprise ne s'en aille pas à vau-l'eau.
- ○ **B.** En l'occurrence, ils ont bel et bien livré les articles achetés.
- ○ **C.** D'emblée, nous nous sommes compris à demi-mot.
- ○ **D.** À son insu, nous avons laissé nos chambres sens dessus dessous.

58 **Indiquez la phrase qui contient un pluriel incorrect.**

- ○ **A.** De larges portes-fenêtres donnent sur le jardin.
- ○ **B.** Ces chefs-d'œuvres vont être exposés jusqu'à la fin du mois.
- ○ **C.** Des garde-fous assurent votre sécurité.
- ○ **D.** Il a ainsi pu survoler d'innombrables gratte-ciel.

59 **Quelle est la phrase incorrecte ?**

- ○ **A.** Tous ces gens regrettent aujourd'hui de nous avoir fait confiance.
- ○ **B.** Ces charmantes gens ont été bien crédules !
- ○ **C.** Tous ces vieux gens d'Église ne reconnaissent plus le monde dans lequel ils vivent.
- ○ **D.** Ces vieilles gens ne sont malheureusement plus respectées.

60 **Indiquez l'adverbe mal écrit.**

- ○ **A.** Expressément
- ○ **B.** Poliement
- ○ **C.** Uniformément
- ○ **D.** Fraîchement

Grammaire et conjugaison

➜ Retrouvez le corrigé de cette série page 635.

61 Laquelle des formes verbales soulignées est incorrecte?

- ○ **A.** Elle paie comptant tout ce qu'elle achète.
- ○ **B.** C'est une bonne chose que ces enfants s'ennuyent de temps en temps.
- ○ **C.** Ils essaient de se préparer le mieux possible à combattre l'adversité.
- ○ **D.** Elle essuie des affronts trop souvent à son goût.

62 Quelle est la phrase syntaxiquement incorrecte?

- ○ **A.** Elle ne se rappelle plus de ce qu'elle a fait il y a deux ans.
- ○ **B.** Il incite ses employés à venir travailler à vélo.
- ○ **C.** Comment feront-ils pour pallier mon absence?
- ○ **D.** Ils ont préféré négocier leur départ plutôt que d'attendre d'être licenciés.

63 Laquelle des propositions soulignées n'est pas une proposition subordonnée complétive ?

- ○ **A.** L'agoraphobie est une phobie qu'elle combat quotidiennement.
- ○ **B.** Elle ne souhaite pas que son nouvel employeur lui confie cette tâche.
- ○ **C.** L'important est qu'elle comprenne que cela n'est qu'une mauvaise interprétation de l'esprit.
- ○ **D.** Le fait qu'elle ne sorte plus ne fait qu'aggraver la situation.

64 Quelle est la phrase correcte?

- ○ **A.** Nous l'aperçûmes à travers les volets mi-clos.
- ○ **B.** Elles commençèrent la réunion avant que tous les participants n'arrivent.
- ○ **C.** Il menacait son interlocuteur lorsque les policiers l'ont appréhendé.
- ○ **D.** Nous ne prononçions jamais des paroles susceptibles de les blesser.

65 Quel élément souligné n'est pas un COD?

- ○ **A.** Il va rencontrer ses nouveaux collègues dans une dizaine de jours.
- ○ **B.** Elle n'a pas de parapluie : il faut donc qu'elle en achète un.
- ○ **C.** Il est important que vous entendiez ce qu'elle a à vous dire.
- ○ **D.** Comment avez-vous vécu cela?

66 Quelle est la phrase dans laquelle n'apparaît pas un article défini contracté?

- ○ **A.** Il se souvient parfaitement du pêcheur qui l'avait emmené avec lui.
- ○ **B.** Elle n'a jamais tenu compte des suggestions que nous lui avons faites.
- ○ **C.** Il paraît aujourd'hui dégoûté du poisson.
- ○ **D.** Des boulettes de pétrole risquent de se rencontrer sur les côtes rochelaises.

67 Quelle est la phrase qui présente une faute de conjugaison?

- ○ **A.** Elle crée des meubles pour des enfants en bas âge.
- ○ **B.** Qui suppléra cette enseignante lorsqu'elle sera en congé de maternité?
- ○ **C.** Il faut que ces costumières recréent les vêtements de l'époque.
- ○ **D.** Elles se croyaient inaptes à procréer.

68 Quel mot souligné n'est pas un déterminant?

- ○ **A.** Cette émission lui a permis de mieux se comprendre.
- ○ **B.** Je vous montrerai qu'aucune de ces barrières n'est infranchissable.
- ○ **C.** Elle passe son temps à rendre service à ses proches.
- ○ **D.** Les manifestants ont quelque peu retardé leur arrivée.

69 **Laquelle de ces phrases contient un verbe mal écrit?**

○ **A.** Elle appelle souvent cet homme avec qui elle a vécu pendant trente-quatre ans.
○ **B.** Que décelez-vous chez elle?
○ **C.** Il harcelle ses employées de façon à les faire travailler plus vite.
○ **D.** Cette cliente achète beaucoup de viande d'un coup, puis la congèle.

70 **Quelle phrase ne contient pas de proposition subordonnée?**

○ **A.** Il y a beaucoup de choses qui entrent en jeu.
○ **B.** Il est fatigué car il a trop travaillé ces derniers temps.
○ **C.** Nous nous demandons s'il saura trouver seul sa voie professionnelle.
○ **D.** Il lui faut une personne avec qui parler.

71 **Laquelle de ces phrases contient un verbe mal écrit?**

○ **A.** Il nous prodigua moult conseils à cette occasion.
○ **B.** Nous leur légons aujourd'hui ce que nous ont légué nos parents.
○ **C.** Elle se découragea finalement très rapidement.
○ **D.** Nous confisquons les contrefaçons pour éviter qu'elles ne soient vendues.

72 **Dans quelle phrase le participe passé est-il mal accordé?**

○ **A.** Ces femmes battues disposent aujourd'hui d'un téléphone leur permettant de joindre très rapidement un commissariat.
○ **B.** Elle a souhaitée passer ce concours, même si elle ne s'y est pas préparée.
○ **C.** Est-ce que ce sont les pages que vous avez déjà relues?
○ **D.** Elles sont parties sans nous remercier pour notre aide.

73 **Dans laquelle des ces phrases *tel* est-il adjectif indéfini?**

○ **A.** Elle ne peut travailler avec une personne d'une telle mauvaise foi.
○ **B.** Tel est pris qui croyait prendre.
○ **C.** Des touristes tels que ces Chinois seront toujours bien accueillis.
○ **D.** Tel jour, elle vous raconte une chose; le lendemain, elle vous en raconte une autre.

74 **Quelle est la phrase correcte?**

○ **A.** Il faudrait que vous l'appréciez à sa juste valeur.
○ **B.** Elle souhaite que vous vous frayiez un chemin dans la foule pour la rejoindre.
○ **C.** Nous étudions alors les couvertures de livre et leur influence sur l'acheteur.
○ **D.** Il est impératif que nous nous relayons pour finir ce travail dans les temps.

75 **Laquelle de ces phrases contient un verbe mal écrit?**

○ **A.** Il est nécessaire qu'ils étiquettent tous ces articles en deux jours.
○ **B.** Elles achètent tout ce dont elles ont envie, pensant que cela fera leur bonheur.
○ **C.** Elle époussette tous ses meubles avant que sa femme de ménage ne le fasse.
○ **D.** Ces oisillons volètent depuis quelques heures.

76 **Parmi ces phrases avec des pronoms relatifs, indiquez celle qui est correcte.**

○ **A.** Ce n'est pas de ces mesures dont il va être question durant cette réunion.
○ **B.** Est-ce de cet athlète aux trente-quatre victoires dont il s'agit?
○ **C.** C'est surtout de cette autre cliente qu'elle se rappelle.
○ **D.** Il est question d'un écrivain dont elle connaît très mal l'œuvre.

77 **Quelle est la phrase correcte?**

○ **A.** Son affaire ressort au tribunal de Blois.
○ **B.** Il croit aujourd'hui à tort que ses enfants le haient.
○ **C.** S'il était soutenu, il ne subirrait pas cette situation sans rien dire.
○ **D.** Ils finissaient leurs jours entourés de leurs enfants.

78 **Lequel des termes soulignés est un adjectif indéfini ?**

- ○ **A.** Il s'est engagé à ce qu'<u>aucune</u> affaire ne tourne à l'empoignade.
- ○ **B.** Ces uniformes sont certes <u>quelconques</u>, mais ils mettent tous les enfants sur un même pied.
- ○ **C.** <u>Certaines</u> de ces personnes ont été interpellées.
- ○ **D.** <u>D'aucuns</u> pensent qu'il faudrait équiper ce tunnel de caméras.

79 **Laquelle de ces phrases est syntaxiquement correcte ?**

- ○ **A.** Elle souhaite dorénavant travailler sur Bordeaux.
- ○ **B.** Nous attendons douze à treize personnes.
- ○ **C.** Êtes-vous en mesure de pallier à ces défauts ?
- ○ **D.** Je me rappelle notre belle complicité avec nostalgie.

80 **Quelle est la phrase correcte ?**

- ○ **A.** Il ne faut pas que vous soyiez trop susceptible pour parvenir à travailler avec elle.
- ○ **B.** Elle paraîssait très fatiguée lorsque nous l'avons quittée.
- ○ **C.** Il rompt ses engagements sitôt qu'il les a pris.
- ○ **D.** Je crainds que vous n'ayez pas compris ce que nous attendons de vous.

81 **Quelle est la phrase incorrecte ?**

- ○ **A.** Elle vainc ses peurs peu à peu et parvient à mieux lutter contre ce désordre pathologique.
- ○ **B.** Il résoud les problèmes qui se présentent à lui au fur et à mesure.
- ○ **C.** Elle n'éteint jamais la lumière lorsqu'elle quitte une pièce.
- ○ **D.** Il coud en général trois robes par jour.

82 **Dans quelle phrase le participe passé est-il mal écrit ?**

- ○ **A.** Les robes créées dans ces années-là ne nous semblent absolument pas démodées.
- ○ **B.** Veuillez lire très attentivement les feuilles ci-inclues.
- ○ **C.** Est-ce lui qui a dissous l'Assemblée nationale ?
- ○ **D.** Cette affaire conclue avec lui nous lie à tout jamais.

83 **Quelle est la phrase incorrecte ?**

- ○ **A.** Elle courrait plus vite si elle pensait qu'elle peut gagner la course.
- ○ **B.** Il prévoira toutes les questions possibles pour se sentir plus à son aise.
- ○ **C.** Nous verrons bien si la parole des jeunes est recueillie.
- ○ **D.** Il moura certainement très tard, comme tous les hommes de sa famille.

84 **Dans quelle phrase n'apparaît pas de complément du nom ?**

- ○ **A.** Leurs profits ont été très importants au mois d'avril.
- ○ **B.** Ils ont décidé de faire le tour du monde sur un bateau à voiles.
- ○ **C.** Elle nous a conseillé de peindre en noir les pieds de la table.
- ○ **D.** Il faut ensuite ajouter une cuillérée de cumin.

85 **Laquelle de ces phrases est correcte ?**

- ○ **A.** Ce psychiatre peut les aiders à traverser cette épreuve.
- ○ **B.** Il s'en est allé en maugréant.
- ○ **C.** Ils ont chiner de jolis objets pour meubler cette maison.
- ○ **D.** Nous souhaiterions vraiment vous guidez.

86 **Laquelle de ces phrases contient un verbe à un mode qui ne convient pas?**

- ○ **A.** Elle a fait fortune après que son associée et elle aient créé un cabas à paillettes que les jeunes filles se sont arraché.
- ○ **B.** Si cet article se vend bien, je le présenterai en différentes couleurs.
- ○ **C.** Malgré qu'il en ait, il a décidé d'ouvrir cette petite boutique.
- ○ **D.** Nous sommes arrivés quelques minutes seulement avant qu'il ne vienne nous rejoindre.

87 **Quelle est la phrase incorrecte?**

- ○ **A.** Finis de remplir ce constat le plus rapidement possible.
- ○ **B.** Aide ces enfants à s'habiller.
- ○ **C.** Ne vas pas trop vite, tu risquerais de commettre des erreurs.
- ○ **D.** Manges-en un tout petit peu pour déterminer si tu aimes ou pas cela.

88 **Lequel des mots soulignés n'est pas un sujet?**

- ○ **A.** À la fin de la conférence se sont présentées trois <u>personnes</u> qui ont vécu des expériences similaires.
- ○ **B.** <u>Il</u> est important qu'il continue d'être suivi par un médecin compétent.
- ○ **C.** Leurs <u>conjointes</u> sont toutes enseignantes ou infirmières.
- ○ **D.** Le plus gênant est <u>qu'il soit continuellement en retard</u>.

89 **Quelle est la phrase incorrecte?**

- ○ **A.** Ils travaillent énormément afin que leurs enfants aient une vie meilleure.
- ○ **B.** Elle lisait encore quoiqu'il fut tard.
- ○ **C.** Il la surveillait de près de crainte qu'elle ne s'échappât.
- ○ **D.** Elle fut tranquillisée dès qu'elle aperçut son fils.

90 **Dans laquelle de ces phrases le verbe est-il mal accordé?**

- ○ **A.** Peu importent ses erreurs pourvu qu'il parvienne à se corriger!
- ○ **B.** Vivent les mariés!
- ○ **C.** La majorité des personnes présentes ont plus de cinquante ans.
- ○ **D.** Aucun mot, aucun geste ne sauraient l'apaiser.

91 **Laquelle de ces phrases est incorrecte?**

- ○ **A.** Tout intelligent qu'il est, il essuie aujourd'hui un échec.
- ○ **B.** Qu'il eut peur lui semblait naturel.
- ○ **C.** Quand bien même il serait incarcéré, ses parents ne l'abandonneraient pas.
- ○ **D.** Il eût été plus judicieux de ne pas se joindre à leur discussion.

92 **Dans quelle phrase le participe passé est-il mal accordé?**

- ○ **A.** Il a subit bien des déboires avant de réussir.
- ○ **B.** C'est une pièce de théâtre que nous avons déjà vu jouer.
- ○ **C.** Tous ces murs décrépis devraient être bientôt refaits.
- ○ **D.** Ces danseurs, nous les avons souvent vus évoluer sur la glace.

93 **Dans laquelle de ces phrases n'y a-t-il pas de verbe transitif?**

- ○ **A.** Ils viennent d'acheter un appartement qu'ils comptent habiter.
- ○ **B.** Elle se souvient mal de ce qui s'est passé avant son accident.
- ○ **C.** Il n'a pas pris la peine d'informer ses employés de son départ.
- ○ **D.** Ils aimeraient pouvoir consacrer un peu plus de temps à leurs enfants.

94 **Quelle est la phrase correcte?**

- ○ **A.** Vas-y le plus rapidement possible.
- ○ **B.** Ne l'assailles pas de questions avant même qu'il n'ait commencé à parler.
- ○ **C.** Goûte-y uniquement si tu en as envie.
- ○ **D.** Acquières des connaissances avant de donner des leçons aux autres!

95 **Laquelle de ces phrases est incorrecte?**

- ○ **A.** Pourquoi ces postes vaquant ne lui ont-ils pas été proposés?
- ○ **B.** Ce traitement fatiguant son fils, elle décida de ne pas envoyer ce dernier à l'école.
- ○ **C.** Leurs visages vacants témoignent de leur incompréhension.
- ○ **D.** Les enfants des autres nous paraissent toujours plus fatigants que les nôtres.

96 **Quelle est la phrase incorrecte?**

- ○ **A.** N'aie pas peur de ce que l'on va te dire.
- ○ **B.** Il est souhaitable que vous ayez une formation d'intérêt général.
- ○ **C.** Il faut qu'il aie beaucoup de courage pour suivre les traces de son père.
- ○ **D.** Nous eûmes bien des difficultés à lui faire entendre raison.

97 **Dans laquelle de ces phrases le *ne* est-il facultatif?**

- ○ **A.** Elle n'ose lui avouer qu'elle est à l'origine de tout cela.
- ○ **B.** Il est plus amusant que je ne l'étais à son âge.
- ○ **C.** Ils ne veulent que jouer à des jeux vidéo.
- ○ **D.** Aucune de ces candidates ne lui convient.

98 **Dans laquelle de ces phrases le verbe est-il bien accordé?**

- ○ **A.** Quantité de badauds l'empêche d'approcher.
- ○ **B.** Sa bonté, son humanité font de lui un médecin hors pair.
- ○ **C.** Votre père et patron est intransigeant en affaires.
- ○ **D.** Rien, ni son expérience, ni son diplôme ne me satisfont.

99 **Laquelle de ces phrases est correcte?**

- ○ **A.** Elles se sont fait fort de réussir cet examen haut la main.
- ○ **B.** Il pût leur dire ce qu'il souhaitait avant qu'elle n'arriva.
- ○ **C.** Elle ne s'est pas senti défaillir.
- ○ **D.** S'il m'y accompagnait, je le remercierai d'une façon ou d'une autre.

100 **Dans quelle phrase le participe passé est-il mal écrit?**

- ○ **A.** Les cinq heures qu'elle a dormi ne l'ont pas reposée.
- ○ **B.** Nous pensons qu'il a vraiment fait tous les efforts qu'il a pu.
- ○ **C.** Ci-jointe notre offre d'achat.
- ○ **D.** Étant donné sa situation, vous devriez être plus aimable avec lui.

101 **Dans laquelle de ces phrases le mot souligné n'est-il pas un complément d'objet indirect?**

- ○ **A.** Il attend encore après son <u>argent</u>.
- ○ **B.** Cela fait longtemps que ces élèves n'ont pas mangé de <u>salade</u>.
- ○ **C.** Nous ne nous souvenons plus de la <u>façon</u> dont il faut procéder.
- ○ **D.** Je pense que nous pourrons désormais compter sur <u>vous</u>.

102 **Dans quelle phrase le participe passé est-il mal accordé?**

- ○ **A.** Voici les bagages qu'il a pensé être utiles à une personne de sa condition.
- ○ **B.** Elle s'est faite photographier avant d'aller faire renouveler sa carte d'identité.
- ○ **C.** Est-ce que ce sont tous les appareils qu'on vous a donnés à réparer?
- ○ **D.** Les orages qu'il y a eu étaient d'une force inouïe.

103 **Dans laquelle de ces phrases le verbe est-il mal accordé?**

- ○ **A.** La plupart de ces forains arrivent à l'aube.
- ○ **B.** Est-ce toi qui a choisi d'agir ainsi?
- ○ **C.** Toi et moi avons encore beaucoup de choses à nous dire.
- ○ **D.** Tout lycéen, tout étudiant rêverait de voyager comme ses enfants le font.

104 **Dans quelle phrase le participe passé est-il bien accordé?**

- ○ **A.** Les malfaiteurs se sont évanouis dans la nature.
- ○ **B.** Ils s'en sont voulus pendant très longtemps.
- ○ **C.** On ne peut pas dire qu'ils se soient complus dans cette situation!
- ○ **D.** Les enfants se sont tu pendant un bon quart d'heure.

105 **Quelle est la phrase dans laquelle n'apparaît pas un attribut du sujet?**

- ○ **A.** Elle semble exténuée depuis qu'elle a accouché.
- ○ **B.** Vues du ciel, toutes ces maisons font petites.
- ○ **C.** Ils sont en colère d'avoir dû retarder leur voyage.
- ○ **D.** Toutes ces infirmières ont l'air fatigué.

106 **Quelle est la phrase syntaxiquement correcte?**

- ○ **A.** Vous pourrez facilement entrer : nous laissons habituellement la clef après la serrure.
- ○ **B.** Il joue au violon depuis bientôt dix ans.
- ○ **C.** Je ne le vois plus se promener à bicyclette.
- ○ **D.** Il est conseillé d'aller au dentiste deux fois par an.

107 **Dans laquelle de ces phrases le verbe est-il bien accordé?**

- ○ **A.** Nombre d'étudiants tire le diable par la queue.
- ○ **B.** Moins de deux mois lui a suffi pour trouver un nouveau logement.
- ○ **C.** Une foule de questions lui ont été posées.
- ○ **D.** Plus d'un attendront religieusement son arrivée.

108 **Dans quelle phrase le participe passé est-il bien écrit?**

- ○ **A.** On peut vraiment dire qu'elle l'a échappé belle.
- ○ **B.** Elles se sont parlées très régulièrement au téléphone.
- ○ **C.** Ils ne se sont jamais rendus compte de leur erreur.
- ○ **D.** Elle s'est adjointe un expert en graphologie.

109 **Dans laquelle de ces phrases l'emploi du pronom relatif est-il correct?**

- ○ **A.** Voici les personnes sur le témoignage duquel tu comptes.
- ○ **B.** Il s'agit des patients dont vous êtes responsable.
- ○ **C.** C'est là où votre père a grandi.
- ○ **D.** C'est de cette énigme dont il a la clef.

110 **Quelle est la phrase syntaxiquement correcte?**

- ○ **A.** Elle a certainement lu cela sur le journal.
- ○ **B.** Ils paraissent indifférents pour tout ce qu'on leur propose.
- ○ **C.** Ils préfèrent taper dans un ballon plutôt que de lire.
- ○ **D.** Elles sont aujourd'hui prêtes d'être enfin heureuses.

111 **Quelle est la phrase correcte?**

- ○ **A.** Nous vous envoyons notre programme, suite à votre appel téléphonique.
- ○ **B.** Le marronnier dont tu vois sa cime a été planté par ton arrière-grand-père.
- ○ **C.** Juste avant de partir, l'alarme s'est déclenchée.
- ○ **D.** Elle te réclame uniquement ce à quoi elle a droit.

112 **Dans quelle phrase le participe passé est-il mal accordé ?**

- ○ **A.** Des erreurs, elle en a certainement commises à plusieurs reprises.
- ○ **B.** Cette maison est beaucoup plus ancienne qu'on ne l'avait cru.
- ○ **C.** Combien de ces livres a-t-il déjà lus ?
- ○ **D.** Passé la cinquantaine, le temps paraît plus précieux.

113 **Dans quelle phrase le mot souligné est-il un adjectif épithète ?**

- ○ **A.** Je les trouve toujours très <u>drôles</u>.
- ○ **B.** Ce brocanteur nous a paru tout <u>content</u> de se débarrasser de ce vieux banc.
- ○ **C.** Elles se sont acheté toutes les deux des boucles d'oreilles <u>vertes</u>.
- ○ **D.** <u>Seule</u>, elle errait dans la ville.

114 **Quelle est la phrase syntaxiquement correcte ?**

- ○ **A.** Petit, il avait peur de descendre, seul, dans la cave.
- ○ **B.** Je suis intéressé de connaître les dates du prochain stage que vous organisez.
- ○ **C.** Nous habitons face la gare.
- ○ **D.** S'il a cette fâcheuse habitude, c'est ma faute !

115 **Dans laquelle de ces phrases le verbe est-il mal accordé ?**

- ○ **A.** Chaque patient, chaque médecin attendent impatiemment la commercialisation de cet appareil.
- ○ **B.** Bien des personnes se satisferaient de votre situation.
- ○ **C.** Trop d'erreurs ont été commises.
- ○ **D.** Beaucoup sont partis avant la fin de la cérémonie.

116 **Dans quelle phrase le participe passé est-il bien accordé ?**

- ○ **A.** Elles ne s'étaient jamais rencontrées.
- ○ **B.** Les pommes de cet arboriculteur se sont très bien vendu durant toute la foire.
- ○ **C.** Après ce jour-là, ils ne se sont plus jamais téléphonés.
- ○ **D.** Ils se sont aimé pendant soixante-quatre ans.

117 **Quelle est la phrase qui ne contient pas de complément d'agent ?**

- ○ **A.** Jeune, il n'a jamais cru qu'il était aimé de ses parents.
- ○ **B.** Les patients les plus fatigués sont montés par l'ascenseur.
- ○ **C.** En ces temps de commémoration, tous les bâtiments sont ornés de drapeaux.
- ○ **D.** Ses parents ont été escroqués par un homme qui s'est fait passer pour un cultivateur italien.

118 **Quelle est la phrase incorrecte ?**

- ○ **A.** Pourquoi ne le laissez-vous pas parler ? Pourquoi le contredisez-vous constamment ?
- ○ **B.** Vous nous dîtes jadis des horreurs.
- ○ **C.** Leur interdisez-vous de faire tout ce qui est susceptible de les mettre en danger ?
- ○ **D.** Nous avons remarqué que vous faîtes et refaîtes toujours les mêmes gestes.

119 **Laquelle de ces phrases est correcte ?**

- ○ **A.** Ce chirurgien ne se dépare jamais de son calme.
- ○ **B.** Dévêtissez-vous et attendez la venue de l'infirmière.
- ○ **C.** On ne peut travailler avec des personnes que l'on haït.
- ○ **D.** Vous travestissez souvent la réalité.

120 **Quelle est la phrase incorrecte?**

- ○ **A.** Il faut qu'elle s'assoie et qu'elle prenne le temps de réfléchir.
- ○ **B.** Cette enfant s'assiérait mieux si on lui donnait l'exemple.
- ○ **C.** Elle s'assied sur les marches du perron et y attend ses parents.
- ○ **D.** Ils s'asseoiront tous quand vous les inviterez à le faire.

121 **Quelle phrase ne contient pas de proposition relative?**

- ○ **A.** Qui va à la chasse perd sa place.
- ○ **B.** Ce sont des meubles que lui ont légués ses grands-parents.
- ○ **C.** Elle cherche un appartement qui soit proche du lycée de ses enfants.
- ○ **D.** Je ne souhaite pas qu'il ait accès à mon dossier.

122 **Dans quelle phrase le participe passé est-il mal accordé?**

- ○ **A.** Une foule de touristes a envahi ce célèbre café parisien.
- ○ **B.** Exceptées ces trois clientes, toutes ont répondu à notre appel.
- ○ **C.** Le quart de la récolte fut mangé par ces rongeurs.
- ○ **D.** On n'aurait pas mieux fait, vu les circonstances.

123 **Dans laquelle de ces phrases *tout* est-il un adverbe?**

- ○ **A.** Je vous achète le tout si vous me proposez un prix intéressant.
- ○ **B.** Tout arrive à point à qui sait attendre.
- ○ **C.** Ils se sont enfuis à toutes jambes dès qu'ils ont entendu les sirènes.
- ○ **D.** Elles sont demeurées tout yeux tout oreilles pendant la conférence.

124 **Quelle est la phrase incorrecte?**

- ○ **A.** Il conclura rapidement son discours si nous lui en laissons la possibilité.
- ○ **B.** Nous apprécierions plus son travail s'il était modeste.
- ○ **C.** Ce directeur de lycée excluerait davantage d'élèves si on le lui permettait.
- ○ **D.** Voudriez-vous que les députés interdisent tous les objets en plastique?

125 **Dans quelle phrase le mot souligné est-il un pronom?**

- ○ **A.** <u>Quelle</u> est cette personne? La connaissez-vous?
- ○ **B.** <u>Aucun</u> parent ne fait de telles remontrances à son enfant.
- ○ **C.** <u>Certains</u> ne vous tiendraient pas de tels propos.
- ○ **D.** Donnez-moi une <u>quelconque</u> raison de vous absenter.

Vocabulaire

→ **Retrouvez le corrigé de cette série page 638.**

126 Quelle est la phrase correcte ?

- ○ **A.** Il mène une vie ascétique depuis qu'il a divorcé.
- ○ **B.** C'est par acquis de conscience qu'il lui a dévoilé sa vie passée.
- ○ **C.** Rien ne vaut une bonne ballade en forêt.
- ○ **D.** Il était sensé nous remettre ce travail à la mi-mars.

127 Lequel de ces noms est masculin ?

○ **A.** Haltère ○ **B.** Argile ○ **C.** Squame ○ **D.** Ecchymose

128 Quelle est la phrase incorrecte ?

- ○ **A.** Je l'ai adjuré de me donner une explication.
- ○ **B.** Pourquoi vous demande-t-on de connaître les acceptions de tous ces termes ?
- ○ **C.** On leur reproche souvent de profiter de ces allocations.
- ○ **D.** La conjecture ne semble pas propice au développement de son activité.

129 Quel est le synonyme de *incurie* ?

- ○ **A.** Satisfaction
- ○ **B.** Trouble
- ○ **C.** Négligence
- ○ **D.** Soin

130 La phrase suivante contient une figure de style. Laquelle ?
« Vous êtes aujourd'hui ce qu'autrefois je fus. » (Corneille)

- ○ **A.** Une comparaison
- ○ **B.** Un chiasme
- ○ **C.** Une hyperbole
- ○ **D.** Un oxymore

131 Lequel des mots soulignés est correctement employé ?

- ○ **A.** Il aurait perpétué, en fait, une vingtaine de crimes semblables à celui-là.
- ○ **B.** Cette émission permet à de petits prodigues de montrer leurs talents.
- ○ **C.** Avez-vous d'autres sujétions à nous faire pour que nous puissions enrichir nos offres ?
- ○ **D.** Il souhaite être naturalisé avant de se marier.

132 Lequel des mots soulignés est correct ?

- ○ **A.** Elle vit en collocation depuis qu'elle a une vingtaine d'années.
- ○ **B.** Son appartement est petit, mais il donne sur une très jolie cours.
- ○ **C.** Ils ne nous ont jamais demandé de verser des arrhes.
- ○ **D.** Faire des micro-siestes lui éviterait de bayer à longueur de journée.

133 Lequel de ces noms est féminin ?

○ **A.** Esclandre ○ **B.** Apogée ○ **C.** Cerne ○ **D.** Gemme

134 Lequel de ces mots est un antonyme de *lénifiant* ?

○ **A.** Répétitif ○ **B.** Calmant ○ **C.** Uniforme ○ **D.** Irritant

135 Lequel de ces mots n'est pas d'origine arabe ?

○ **A.** Cramoisi ○ **B.** Algèbre ○ **C.** Baobab ○ **D.** Tandem

136 Des mots qui se prononcent presque de la même façon sont :

- ○ **A.** Des homonymes
- ○ **B.** Des paronymes
- ○ **C.** Des hyperonymes
- ○ **D.** Des hyponymes

137 **Laquelle de ces phrases est incorrecte?**

- ○ **A.** Elle devrait quelquefois prendre le temps de se délasser.
- ○ **B.** Comment pouvons-nous vous aider à régler ce différend?
- ○ **C.** Sa robe bleu électrique risque de détoner dans cette assemblée.
- ○ **D.** Nous aimerions pouvoir exaucer tous ses vœux.

138 **Quel est le sens de *galvauder*?**

- ○ **A.** Réprimander
- ○ **B.** Avilir
- ○ **C.** Tourner
- ○ **D.** Grossir

139 **Quel est le synonyme de l'adjectif *cocardier*?**

- ○ **A.** Rond
- ○ **B.** Décoré
- ○ **C.** Chauvin
- ○ **D.** Tricolore

140 **Parmi les propositions suivantes, quel est le nom qui s'emploie indifféremment au masculin ou au féminin?**

- ○ **A.** Échappatoire
- ○ **B.** Oasis
- ○ **C.** Agrume
- ○ **D.** Isthme

141 **Quel est le synonyme de *parangon*?**

- ○ **A.** Ensemble
- ○ **B.** Modèle
- ○ **C.** Contremaître
- ○ **D.** Protecteur

142 **Laquelle de ces phrases est correcte?**

- ○ **A.** Je n'ai pas eu l'heure de la rencontrer fréquemment.
- ○ **B.** Elle a malheureusement vu son mari souffrir le martyr.
- ○ **C.** Il n'est pas certain que ses pairs tolèrent sa façon de faire.
- ○ **D.** Ont-ils déjà prévu de palier mon absence?

143 **La phrase suivante contient une figure de style. Laquelle?**
«Je suis un vieux boudoir plein de roses fanées» (Baudelaire)

- ○ **A.** Une comparaison
- ○ **B.** Une métaphore
- ○ **C.** Une métonymie
- ○ **D.** Une hyperbole

144 **Quel est le sens de l'élément grec *mis(o)*-?**

- ○ **A.** Champignon
- ○ **B.** Muscle
- ○ **C.** Haine
- ○ **D.** Nombreux

145 **Quel est le synonyme de l'adjectif *comminatoire*?**

- ○ **A.** Simultané
- ○ **B.** Éminent
- ○ **C.** Arriviste
- ○ **D.** Menaçant

146 **Quel sens n'a pas le verbe *morigéner*?**

- ○ **A.** Élever
- ○ **B.** Réprimander
- ○ **C.** Tuer
- ○ **D.** Corriger

147 **Parmi les phrases suivantes, laquelle ne contient pas de pléonasme?**

- ○ **A.** Elle sait se contenter seulement de ce qu'elle a.
- ○ **B.** Cela n'est pas la panacée universelle!
- ○ **C.** Faites-le réchauffer quelques secondes, voire même quelques minutes.
- ○ **D.** Ils sont unanimes à penser qu'ils auraient dû agir autrement.

148 **Quel mot n'est pas accompagné de son synonyme?**

- ○ **A.** Néophyte - Débutant
- ○ **B.** Marasme - Léthargie
- ○ **C.** Ingambe - Impotent
- ○ **D.** Indigence - Besoin

149 **Laquelle de ces phrases est incorrecte?**

- ○ **A.** Vieillissant, ils souhaitent aujourd'hui acheter une maison de plain-pied.
- ○ **B.** Pendant combien de temps encore faudra-t-il roder le moteur de cette voiture?
- ○ **C.** Nous n'avons rien pu faire pour le raisonner.
- ○ **D.** Cet enfant ne sait pas manger sans se faire de tâches.

150 **Qu'est-ce que l'*obsolescence*?**

- ○ **A.** Le fait d'être dénué d'intérêt
- ○ **B.** Le fait d'oublier
- ○ **C.** Le fait de devenir périmé
- ○ **D.** Le fait d'être pauvre

151 **Lequel des mots soulignés est correct?**

- ○ **A.** Cette patiente a été prise en charge par un médecin <u>imminent</u>.
- ○ **B.** Confronte-toi à la réalité, arrête de te perdre en <u>conjectures</u>.
- ○ **C.** Il <u>faut</u> mieux ne pas lui poser cette question en ce moment.
- ○ **D.** Aidons tous ces rescapés qui souffrent d'<u>inanité</u>.

152 **Qu'est-ce que la *procrastination*?**

- ○ **A.** Une tendance à dépenser sans compter
- ○ **B.** Une tendance à reporter au jour suivant
- ○ **C.** Une tendance à perdre de vue l'important
- ○ **D.** Une tendance à prendre la place d'autrui

153 **Quelle est la figure de style qui apparaît dans la phrase suivante? «Le nombre de demandeurs d'emploi est en constante augmentation.»**

- ○ **A.** Un pléonasme
- ○ **B.** Un oxymore
- ○ **C.** Un euphémisme
- ○ **D.** Une métaphore

154 **Laquelle de ces phrases est incorrecte?**

- ○ **A.** Elle m'a dit très clairement qu'elle n'accepterait pas d'en venter les mérites.
- ○ **B.** Nous avons appris la mort de cet homme politique par voie de presse.
- ○ **C.** Sa belle-fille a l'habitude de vivre en tribu.
- ○ **D.** Je suis sceptique quant aux résultats qu'ils obtiendront.

155 **Lequel de ces mots n'est pas accompagné de son contraire?**

- ○ **A.** Pérenne - Précaire
- ○ **B.** Omnipotent - Impuissant
- ○ **C.** Draconien - Indulgent
- ○ **D.** Concomitant - Simultané

156 **Quel est le sens du nom *truchement*?**

- ○ **A.** Moyen de se tirer d'embarras
- ○ **B.** Personne servant d'intermédiaire
- ○ **C.** Façon de faire critiquée
- ○ **D.** Adversaire redoutable

157 **Parmi les formules suivantes, quelle est celle que l'on peut classer comme un oxymore?**

- ○ **A.** Une fausse perruque
- ○ **B.** Une pléiade d'étoiles
- ○ **C.** Un illustre inconnu
- ○ **D.** Une faute impardonnable

158 **Que signifie l'adjectif *idoine*?**

- ○ **A.** Qui est dépassé, désuet
- ○ **B.** Qui est stupide, niais
- ○ **C.** Qui agrémente, met en valeur
- ○ **D.** Qui convient parfaitement, exactement

159 **Laquelle de ces séries ne rassemble pas uniquement des synonymes?**

- ○ **A.** Pamphlet - Diatribe - Panégyrique
- ○ **B.** Laconique - Succinct - Lapidaire
- ○ **C.** Sédition - Insurrection - Rébellion
- ○ **D.** Épisodique - Intermittent - Sporadique

160 **Laquelle de ces phrases est incorrecte?**

- ○ **A.** Ce conférencier a été pris à partie à la fin de son intervention.
- ○ **B.** Il n'aurait jamais dû accepter d'être juge et partie.
- ○ **C.** Cela fait deux ans qu'elle fait partie de cette chorale.
- ○ **D.** Comment avez-vous pu prendre partie contre lui?

161 **Quel adjectif est synonyme de *sibyllin*?**

○ **A.** Mystérieux ○ **B.** Ancien ○ **C.** Éloigné ○ **D.** Succinct

162 **Le mot que l'on obtient en changeant l'ordre des lettres d'un premier terme est :**

- ○ **A.** Un acrostiche
- ○ **B.** Une anagramme
- ○ **C.** Un palindrome
- ○ **D.** Un calligramme

163 **Parmi les termes suivants, quel est celui que l'on ne peut pas considérer comme un mot-valise?**

○ **A.** Alicament ○ **B.** Velcro ○ **C.** Motel ○ **D.** Caméléon

164 **Laquelle de ces phrases est incorrecte?**

- ○ **A.** Chacun paiera son écot à la fin du repas.
- ○ **B.** À la vue des policiers, les manifestants se sont très vite égaillés.
- ○ **C.** Il n'a pas respecté scrupuleusement l'étique de sa profession.
- ○ **D.** En son for intérieur, elle sait que cette situation l'angoisse.

165 **Quel mot n'est pas accompagné de son homonyme?**

- ○ **A.** Saint - Seing
- ○ **B.** Sceller - Seller
- ○ **C.** Poignée - Poignet
- ○ **D.** Fonds - Fonts

166 **Quel est le sens de l'élément latin *sylv(i)-*?**

○ **A.** Liane ○ **B.** Forêt ○ **C.** Pierre ○ **D.** Soie

167 **Laquelle de ces phrases est correcte?**

- ○ **A.** Il éprouve beaucoup de difficultés à quitter le girond familial.
- ○ **B.** Comment faire pour enlever ces supports de tringles qui semblent avoir été sellés dans le mur?
- ○ **C.** Je suis septique quant à une mise en place rapide de cette nouvelle formation.
- ○ **D.** Ce quartier n'est, paraît-il, qu'un repaire de drogués.

168 **Quel mot a le même sens que *abscons*?**

○ **A.** Niais ○ **B.** Obscur ○ **C.** Introverti ○ **D.** Puissant

169 **Laquelle de ces séries rassemble uniquement des synonymes?**

- ○ **A.** Renégat - Refus - Déserteur
- ○ **B.** Versatile - Sommaire - Capricieux
- ○ **C.** Hétéroclite - Disparate - Varié
- ○ **D.** Retors - Rusé - Tourmenté

170 **Qu'est-ce qu'un *succédané*?**

- ○ **A.** Une série
- ○ **B.** Un sucre
- ○ **C.** Un substitut
- ○ **D.** Un partisan

171 **Quelle est la figure de style qui apparaît dans la phrase suivante?**
« Ils parcourent chaque jour des kilomètres pour gagner leur pain. »

- ○ **A.** Une comparaison
- ○ **B.** Une litote
- ○ **C.** Une allégorie
- ○ **D.** Une métonymie

172 **Laquelle de ces phrases est incorrecte ?**

- ○ **A.** Les magazines féminins sont consacrés aux régimes dès les prémisses du printemps.
- ○ **B.** Ces combattants ont utilisé des bombes au plastic.
- ○ **C.** Il n'est jamais très sûr de lui.
- ○ **D.** Nous avons foi en lui depuis très longtemps.

173 **Quelle est la phrase correcte ?**

- ○ **A.** Les consignes que nous leur avons données sont parfaitement compréhensives.
- ○ **B.** L'irruption de ce volcan a provoqué quelque trois mille morts.
- ○ **C.** Ce jeune assassin a des parents qui ont essayé de lui inculper de bons principes.
- ○ **D.** Nous n'avons jamais remis en cause votre intégrité.

174 **Quel est le synonyme du verbe *abhorrer* ?**

○ **A.** Montrer ○ **B.** Haïr ○ **C.** Planter ○ **D.** Étaler

175 **Laquelle de ces phrases est correcte ?**

- ○ **A.** Elle est en but à bien des moqueries depuis qu'elle est inscrite dans ce lycée.
- ○ **B.** Ces plantes me semblent croître à vue d'œil.
- ○ **C.** Ils nous ont annoncé de butte en blanc que nous serions bientôt licenciés.
- ○ **D.** Elles ont choisi de faire cela au vue et au su de tous.

Expressions et proverbes

→ **Retrouvez le corrigé de cette série page 640.**

176 **Que signifie *aux frais de la princesse*?**

- ○ **A.** Sournoisement
- ○ **B.** Chèrement
- ○ **C.** Aisément
- ○ **D.** Gratuitement

177 **Quel est le sens du proverbe suivant : « Les chiens aboient, la caravane passe » ?**

- ○ **A.** Il faut toujours avertir autrui de son arrivée.
- ○ **B.** Il faut laisser dire les personnes malveillantes.
- ○ **C.** Rien n'est immuable.
- ○ **D.** On peut toujours agir selon sa volonté.

178 **Que veut dire *avaler des couleuvres*?**

- ○ **A.** S'exposer à des dangers
- ○ **B.** Se mettre en colère
- ○ **C.** Résoudre de façon violente une difficulté
- ○ **D.** Supporter des avanies sans protester

179 **Que signifie : « Il y a péril en la demeure » ?**

- ○ **A.** Rien ne sert de se précipiter.
- ○ **B.** Il convient d'être toujours aux aguets.
- ○ **C.** On ne peut se fier à autrui.
- ○ **D.** Il faut agir rapidement.

180 **Que signifie *payer en monnaie de singe*?**

- ○ **A.** Combler quelqu'un d'éloges
- ○ **B.** Achever quelqu'un, l'anéantir
- ○ **C.** Récompenser par de vaines promesses
- ○ **D.** Commettre une grossière erreur

181 **Que veut dire *tailler des croupières à quelqu'un*?**

- ○ **A.** Susciter des embarras à quelqu'un
- ○ **B.** Priver quelqu'un de ses ressources
- ○ **C.** Annoncer la fin de quelque chose
- ○ **D.** Faire payer cher à une personne ce qu'elle désire

182 **Quel est le sens du proverbe suivant : « La caque sent toujours le hareng » ?**

- ○ **A.** On devrait se fier davantage à son instinct.
- ○ **B.** On recherche le bonheur à l'extérieur de soi alors qu'il est en soi.
- ○ **C.** On est toujours marqué par ses origines.
- ○ **D.** On peut toujours compter sur ses proches.

183 **Que signifie *vivre de l'air du temps*?**

- ○ **A.** Avoir des relations
- ○ **B.** Être impitoyable
- ○ **C.** Se convertir
- ○ **D.** Ne disposer d'aucune ressource matérielle

184 **Que signifie : « Le riche ne danse jamais mal » ?**

- ○ **A.** On dit à une personne riche ce qu'elle veut entendre.
- ○ **B.** Un homme riche est un homme instruit.
- ○ **C.** Un homme instruit n'est pas forcément un homme riche.
- ○ **D.** Seule la connaissance nous enrichit.

185 **Que veut dire *y perdre son latin*?**

- ○ **A.** Manifester son repentir
- ○ **B.** N'y plus rien comprendre
- ○ **C.** Rabâcher, ressasser
- ○ **D.** Être inquiet

186 **Que veut dire : « Un tiens vaut mieux que deux tu l'auras » ?**

- ○ **A.** La parole a plus de valeur que l'action.
- ○ **B.** Rien ne sert de posséder : le bonheur est dans la quête.
- ○ **C.** La possession d'une chose, même modique, est préférable à la promesse d'une chose d'une valeur plus importante.
- ○ **D.** L'action est préférable à la parole.

187 **Que signifie *tomber de Charybde en Scylla*?**

- ○ **A.** Aller du plus grand au plus petit
- ○ **B.** Aller de mal en pis
- ○ **C.** Échapper de peu à un danger
- ○ **D.** Manquer son but

188 **Que veut dire : « Une hirondelle ne fait pas le printemps » ?**

- ○ **A.** On ne saurait croire en un dieu unique.
- ○ **B.** On ne peut tirer une conclusion générale d'un seul exemple.
- ○ **C.** On ne peut accorder pleinement sa confiance à autrui.
- ○ **D.** Il convient de réfléchir avant d'agir.

189 **Que signifie *renvoyer quelque chose aux calendes grecques*?**

- ○ **A.** Faire des prophéties dramatiques
- ○ **B.** Garder une chose secrète
- ○ **C.** Éviter soigneusement de faire une chose
- ○ **D.** Renvoyer quelque chose à un moment qui n'arrivera jamais

190 **Que veut dire : « Tant va la cruche à l'eau qu'à la fin elle se casse » ?**

- ○ **A.** Si on s'expose trop au danger, on finit par en être victime.
- ○ **B.** Nul n'est immortel.
- ○ **C.** On devrait toujours suivre son inclination.
- ○ **D.** Il faut dire aux gens qu'on aime qu'on les aime.

191 **Que signifie *ne pas être en odeur de sainteté*?**

- ○ **A.** Provoquer quelqu'un, le défier
- ○ **B.** Ne pas être aux ordres de quelqu'un
- ○ **C.** N'être pas estimé par quelqu'un
- ○ **D.** Ne pas agir de façon loyale

192 **Que veut dire : « Tous les chemins mènent à Rome » ?**

- ○ **A.** Tout homme est mortel.
- ○ **B.** Le bonheur est à la portée de chacun d'entre nous.
- ○ **C.** Il existe différents moyens pour obtenir un même résultat.
- ○ **D.** Tous les hommes se ressemblent.

193 **Quelle expression a le même sens que *mettre quelqu'un au pilori*?**

- ○ **A.** Séparer le bon grain de l'ivraie
- ○ **B.** Porter quelqu'un au pinacle
- ○ **C.** Vouer quelqu'un aux gémonies
- ○ **D.** Tenir la dragée haute à quelqu'un

194 **Que signifie : « Quand le vin est tiré, il faut le boire » ?**

- ○ **A.** La franchise est une qualité rare.
- ○ **B.** Il convient de reconnaître ses erreurs.
- ○ **C.** Il faut finir ce qui a été commencé.
- ○ **D.** Bien souvent, se précipiter ne sert à rien.

195 **Que signifie *dire pis que pendre de quelqu'un*?**

- O **A.** Faire concurrence à quelqu'un
- O **B.** Avoir le droit d'exprimer son avis
- O **C.** Médire grandement de quelqu'un
- O **D.** Se fâcher, s'irriter

196 **Quel est le sens du proverbe suivant : « L'enfer est pavé de bonnes intentions » ?**

- O **A.** Il faut avoir bien agi pour ne pas aller en enfer.
- O **B.** Même les meilleurs d'entre nous doivent se corriger.
- O **C.** Il convient de savoir reconnaître ses torts.
- O **D.** Les bonnes intentions peuvent conduire à un résultat déplorable.

197 **Que veut dire *avoir maille à partir avec quelqu'un*?**

- O **A.** Avoir un différend avec quelqu'un
- O **B.** Se porter garant de quelqu'un
- O **C.** Éviter soigneusement de faire une chose
- O **D.** Avoir de la reconnaissance envers quelqu'un

198 **Quel sens a le proverbe suivant : « Il vaut mieux tenir que courir » ?**

- O **A.** Il est préférable de posséder une chose plutôt que d'espérer l'obtenir.
- O **B.** Il faut savoir prendre son temps en toutes circonstances.
- O **C.** La réalité est meilleure conseillère que le désir.
- O **D.** Il faut vivre ses rêves et non rêver sa vie.

199 **Que signifie *avoir le don d'ubiquité*?**

- O **A.** Jouir d'une grande estime
- O **B.** Pouvoir être partout en même temps
- O **C.** Avoir du flair
- O **D.** Avoir le droit d'exprimer son avis

200 **Que veut dire : « L'occasion fait le larron » ?**

- O **A.** Il faut savoir saisir la chance.
- O **B.** On n'est pas condamné à demeurer ce que l'on est devenu.
- O **C.** Les circonstances peuvent nous faire commettre des actes répréhensibles.
- O **D.** Une occasion favorable peut ne se présenter qu'une fois dans une vie.

Corrigés

Orthographe

1 Lequel de ces mots est mal écrit? **Atrapper**

2 Indiquez la phrase qui contient un mot incorrect. **Sa mère a aujourd'hui quatre-vingts-quatorze ans.**

3 Cherchez la faute. **Un répertoir**

4 Laquelle de ces phrases présente un pluriel incorrect? **Il leur faut maintenant acheter deux landaux ou un landau à deux places.**

5 Quel est le mot incorrect? **Éthymologie**

6 Quelle est la phrase qui contient une faute? **Ses chaussures sont presque oranges.**

7 Laquelle de ces phrases comporte une faute d'orthographe? **Êtes-vous certaine que vous n'aurez aucuns remords?**

8 Quelle est la phrase incorrecte? **Nous allons déplacer le plus de meubles possibles.**

9 Quelle est la phrase incorrecte? **En dépit de leur âge, ces tables n'ont pas l'air abîmé.**

10 Quel est l'adverbe mal écrit? **Prudamment**

11 Quelle est la phrase incorrecte? **Nous nous sommes donné rendez-vous à trois heures et demies.**

12 Indiquez le mot mal orthographié. **Une activitée**

13 Quelle est la phrase bien écrite? **Il nous faudrait davantage de personnes telles que vous.**

14 Repérez la phrase correcte. **Cette peinture est des plus jolies.**

15 Cherchez l'erreur... **Un fabriquant**

16 Quelle est la phrase incorrecte? **Quoiqu'intelligent, il n'a pas de bons résultats scolaires.**

17 Repérez le nom mal orthographié. **Un accompte**

18 Laquelle de ces phrases est incorrecte? **Quelques futiles qu'ils soient, ses propos nous ont rassérénés.**

19 Quelle est la phrase qui contient un mot souligné bien écrit? **Elle a été tout étonnée d'apprendre que nous payions autant nos employés.**

20 Laquelle de ces phrases contient une faute d'orthographe? **Vôtre travail n'est pas apprécié à sa juste valeur.**

21 Repérez la phrase mal écrite. **On dit souvent que les même causes produisent les même effets.**

22 Quelle est la série correcte? **Agglomérer - Agglutiner - Aggraver**

23 Repérez l'adjectif mal écrit. **Leur divan disparaît sous un grand nombre de coussins rose.**

24 Quelle est la phrase incorrecte? **Pourquoi devons-nous finir ce travail plutôt qu'à l'accoutumée?**

25 Lequel de ces noms ne prend pas de « s » au pluriel? **Un bandeau**

26 Quelle est la phrase incorrecte? **C'étaient vous qui deviez vous charger du suivi de ces élèves?**

27 Quelle est la phrase correcte? **Elle connaît les Bertin depuis une trentaine d'années.**

28 Indiquez la phrase qui contient un mot souligné mal orthographié. **Les places <u>avants</u> ont été prises d'assaut.**

29 Quelle est la phrase incorrecte? **Se faisant, elle parvint à répondre à toutes mes questions.**

30 Repérez le mot souligné mal orthographié. **Ces meubles coûtent vraiment très <u>chers</u>.**

31 Dans quelle phrase un des adjectifs est-il mal accordé? **Trois milles candidats se sont présentés à ce concours.**

32 Quelle est la locution bien écrite? **D'ores et déjà**

33 Quelle est la phrase incorrecte? **Ils si sont retrouvés à trois heures.**

34 Laquelle de ces phrases est incorrecte? **Ils font pétarader leurs scooters flambants neufs.**

35 Repérez la phrase mal écrite. **Elles ont encore a étudier le coût de cette formation.**

36 Quel est le nombre de fautes d'orthographe présentes dans la phrase suivante : « Ce courreur de vingt six ans à aujourd'hui franchi un cap dans sa carière »? **4**

37 Quelle est la phrase incorrecte? **Ils ne sont pas encore venus réclamer leur du.**

38 Laquelle de ces phrases contient un mot mal écrit? **Le notaire a réuni tous les ayant droit.**

39 Quelle est la phrase correcte? **Ils doivent apprendre à régler eux-mêmes leurs problèmes.**

40 Indiquez la phrase contenant un mot souligné mal orthographié. **Elle a été <u>boulversée</u> d'apprendre que ses boutiques ont été vandalisées.**

41 Quelle est la phrase incorrecte? **Et bien, que pensez-vous de ce qu'il a fait durant ces cinq années?**

42 Indiquez la série dans laquelle les trois mots n'ont pas la même formation du féminin. **Laborantin - Paysan - Riverain**

43 Quelle est la phrase correcte? **Qu'elle soit incompétente? Il n'y a jamais pensé.**

44 Quel est le nombre de fautes d'orthographe présentes dans la phrase suivante : « Malgrès la pluie, des centaines de miliers de manifestants ont arpanté le bittume détrempé »? **4**

45 Une des phrases contient un mot souligné incorrect. Laquelle? **Y a-t-il <u>quelquechose</u> qui vous manque?**

46 Quelle est la phrase correcte? **Elle va peut-être réussir à ouvrir le salon de thé dont elle rêve.**

47 Quelle est la phrase qui ne comporte aucune faute d'orthographe? **Auriez-vous quelque suggestion à nous faire?**

48 Quelle est la phrase mal écrite? **Prend-t-il toujours le train à la même heure?**

49 Indiquez le pluriel incorrect. **Comment faire pour échapper à tous ces gazs d'échappement?**

50 Quelle est la série bien écrite? **Atermoyer - Atomiser - Atrophier**

51 Indiquez la phrase contenant un mot souligné incorrect. **Les personnes qui les aident agissent comme s'ils étaient <u>sénils</u>!**

52 Laquelle de ces phrases est correcte, quant à l'emploi ou au non-emploi de la majuscule? **Elle trouve que les Français offrent généralement ce qu'ils ne veulent plus.**

53 Repérez la phrase qui est correcte. **Il part à Lyon tous les lundis.**

54 Indiquez la série qui contient un mot mal orthographié. **Navigable - Infatigable - Distingable**

55 Quelle est la phrase incorrecte? **S'en est fini de ces concours d'entrée dans des écoles paramédicales!**

56 Indiquez la phrase contenant un mot souligné mal orthographié. **En <u>définitif</u>, il n'aurait pas dû agir comme il l'a fait.**

57 Quelle est la phrase mal écrite? **Ils travaillent d'arrache-pieds pour que cette entreprise ne s'en aille pas à vau-l'eau.**

58 Indiquez la phrase qui contient un pluriel incorrect. **Ces chefs-d'œuvres vont être exposés jusqu'à la fin du mois.**

59 Quelle est la phrase incorrecte? **Ces vieilles gens ne sont malheureusement plus respectées.**

60 Indiquez l'adverbe mal écrit. **Poliement**

Grammaire et conjugaison

61 Laquelle des formes verbales soulignées est incorrecte? **C'est une bonne chose que ces enfants s'ennuyent de temps en temps.**

62 Quelle est la phrase syntaxiquement incorrecte? **Elle ne se rappelle plus de ce qu'elle a fait il y a deux ans.**

63 Laquelle des propositions soulignées n'est pas une proposition subordonnée complétive? **L'agoraphobie est une phobie <u>qu'elle combat quotidiennement</u>.**

64 Quelle est la phrase correcte? **Nous l'aperçûmes à travers les volets mi-clos.**

65 Quel élément souligné n'est pas un COD? **Il est important <u>que vous entendiez</u> ce qu'elle a à vous dire.**

66 Quelle est la phrase dans laquelle n'apparaît pas un article défini contracté? **Des boulettes de pétrole risquent de se rencontrer sur les côtes rochelaises.**

67 Quelle est la phrase qui présente une faute de conjugaison? **Qui suppléra cette enseignante lorsqu'elle sera en congé de maternité?**

68 Quel est le mot souligné qui n'est pas un déterminant? **Je vous montrerai qu'<u>aucune</u> de ces barrières n'est infranchissable.**

69 Laquelle de ces phrases contient un verbe mal écrit? **Il harcelle ses employées de façon à les faire travailler plus vite.**

70 Quelle phrase ne contient pas de proposition subordonnée? **Il est fatigué car il a trop travaillé ces derniers temps.**

71 Laquelle de ces phrases contient un verbe mal écrit? **Nous leur légons aujourd'hui ce que nous ont légué nos parents.**

72 Dans quelle phrase le participe passé est-il mal accordé? **Elle a souhaitée passer ce concours, même si elle ne s'y est pas préparée.**

73 Dans laquelle des ces phrases *tel* est-il adjectif indéfini? **Tel jour, elle vous raconte une chose; le lendemain, elle vous en raconte une autre.**

74 Quelle est la phrase correcte? **Elle souhaite que vous vous frayiez un chemin dans la foule pour la rejoindre.**

75 Laquelle de ces phrases contient un verbe mal écrit? **Ces oisillons volètent depuis quelques heures.**

76 Parmi ces phrases avec des pronoms relatifs, indiquez celle qui est correcte. **Il est question d'un écrivain dont elle connaît très mal l'œuvre.**

77 Quelle est la phrase correcte? **Ils finissaient leurs jours entourés de leurs enfants.**

78 Lequel des termes soulignés est un adjectif indéfini? **Il s'est engagé à ce qu'<u>aucune</u> affaire ne tourne à l'empoignade.**

79 Laquelle de ces phrases est syntaxiquement correcte? **Je me rappelle notre belle complicité avec nostalgie.**

80 Quelle est la phrase correcte? **Il rompt ses engagements sitôt qu'il les a pris.**

81 Quelle est la phrase incorrecte? **Il résoud les problèmes qui se présentent à lui au fur et à mesure.**

82 Dans quelle phrase le participe passé est-il mal écrit? **Veuillez lire très attentivement les feuilles ci-inclues.**

83 Quelle est la phrase incorrecte? **Il moura certainement très tard, comme tous les hommes de sa famille.**

84 Dans quelle phrase n'apparaît pas de complément du nom? **Leurs profits ont été très importants au mois d'avril.**

85 Laquelle de ces phrases est correcte? **Il s'en est allé en maugréant.**

86 Laquelle de ces phrases contient un verbe à un mode qui ne convient pas? **Elle a fait fortune après que son associée et elle aient créé un cabas à paillettes que les jeunes filles se sont arraché.**

87 Quelle est la phrase incorrecte? **Ne vas pas trop vite, tu risquerais de commettre des erreurs.**

88 Lequel des mots soulignés n'est pas un sujet? **Le plus gênant est <u>qu'il soit continuellement en retard</u>.**

89 Quelle est la phrase incorrecte? **Elle lisait encore quoiqu'il fut tard.**

90 Dans laquelle de ces phrases le verbe est-il mal accordé? **Aucun mot, aucun geste ne sauraient l'apaiser.**

91 Laquelle de ces phrases est incorrecte? **Qu'il eut peur lui semblait naturel.**

92 Dans quelle phrase le participe passé est-il mal accordé? **Il a subit bien des déboires avant de réussir.**

93 Dans laquelle de ces phrases n'y a-t-il pas de verbe transitif? **Elle se souvient mal de ce qui s'est passé avant son accident.**

94 Quelle est la phrase correcte? **Vas-y le plus rapidement possible.**

95 Laquelle de ces phrases est incorrecte? **Pourquoi ces postes vaquant ne lui ont-ils pas été proposés?**

96 Quelle est la phrase incorrecte? **Il faut qu'il aie beaucoup de courage pour suivre les traces de son père.**

97 Dans laquelle de ces phrases le *ne* est-il facultatif? **Il est plus amusant que je ne l'étais à son âge.**

98 Dans laquelle de ces phrases le verbe est-il bien accordé ? **Votre père et patron est intransigeant en affaires.**

99 Laquelle de ces phrases est correcte ? **Elles se sont fait fort de réussir cet examen haut la main.**

100 Dans quelle phrase le participe passé est-il mal écrit ? **Ci-jointe notre offre d'achat.**

101 Dans laquelle de ces phrases le mot souligné n'est-il pas un complément d'objet indirect ? **Cela fait longtemps que ces élèves n'ont pas mangé de salade.**

102 Dans quelle phrase le participe passé est-il mal accordé ? **Elle s'est faite photographier avant d'aller faire renouveler sa carte d'identité.**

103 Dans laquelle de ces phrases le verbe est-il mal accordé ? **Est-ce toi qui a choisi d'agir ainsi ?**

104 Dans quelle phrase le participe passé est-il bien accordé ? **Les malfaiteurs se sont évanouis dans la nature.**

105 Quelle est la phrase dans laquelle n'apparaît pas un attribut du sujet ? **Toutes ces infirmières ont l'air fatigué.**

106 Quelle est la phrase syntaxiquement correcte ? **Je ne le vois plus se promener à bicyclette.**

107 Dans laquelle de ces phrases le verbe est-il bien accordé ? **Une foule de questions lui ont été posées.**

108 Dans quelle phrase le participe passé est-il bien écrit ? **On peut vraiment dire qu'elle l'a échappé belle.**

109 Dans laquelle de ces phrases l'emploi du pronom relatif est-il correct ? **Il s'agit des patients dont vous êtes responsable.**

110 Quelle est la phrase syntaxiquement correcte ? **Ils préfèrent taper dans un ballon plutôt que de lire.**

111 Quelle est la phrase correcte ? **Elle te réclame uniquement ce à quoi elle a droit.**

112 Dans quelle phrase le participe passé est-il mal accordé ? **Des erreurs, elle en a certainement commises à plusieurs reprises.**

113 Dans quelle phrase le mot souligné est-il un adjectif épithète ? **Elles se sont acheté toutes les deux des boucles d'oreilles vertes.**

114 Quelle est la phrase syntaxiquement correcte ? **S'il a cette fâcheuse habitude, c'est ma faute !**

115 Dans laquelle de ces phrases le verbe est-il mal accordé ? **Chaque patient, chaque médecin attendent impatiemment la commercialisation de cet appareil.**

116 Dans quelle phrase le participe passé est-il bien accordé ? **Elles ne s'étaient jamais rencontrées.**

117 Quelle est la phrase qui ne contient pas de complément d'agent ? **Les patients les plus fatigués sont montés par l'ascenseur.**

118 Quelle est la phrase incorrecte ? **Nous avons remarqué que vous faîtes et refaîtes toujours les mêmes gestes.**

119 Laquelle de ces phrases est correcte ? **Vous travestissez souvent la réalité.**

120 Quelle est la phrase incorrecte ? **Ils s'asseoiront tous quand vous les inviterez à le faire.**

121 Quelle phrase ne contient pas de proposition relative ? **Je ne souhaite pas qu'il ait accès à mon dossier.**

122 Dans quelle phrase le participe passé est-il mal accordé? **Exceptées ces trois clientes, toutes ont répondu à notre appel.**

123 Dans laquelle de ces phrases *tout* est-il un adverbe? **Elles sont demeurées tout yeux tout oreilles pendant la conférence.**

124 Quelle est la phrase incorrecte? **Ce directeur de lycée excluerait davantage d'élèves si on le lui permettait.**

125 Dans quelle phrase le mot souligné est-il un pronom? **<u>Certains</u> ne vous tiendraient pas de tels propos.**

Vocabulaire

126 Quelle est la phrase correcte? **Il mène une vie ascétique depuis qu'il a divorcé.**

127 Lequel de ces noms est masculin? **Haltère**

128 Quelle est la phrase incorrecte? **La conjecture ne semble pas propice au développement de son activité.**

129 Quel est le synonyme de *incurie*? **Négligence**

130 La phrase suivante contient une figure de style. Laquelle? « Vous êtes aujourd'hui ce qu'autrefois je fus. » (Corneille) **Un chiasme**

131 Lequel des mots soulignés est correctement employé? **Il souhaite être <u>naturalisé</u> avant de se marier.**

132 Lequel des mots soulignés est correct? **Ils ne nous ont jamais demandé de verser des <u>arrhes</u>.**

133 Lequel de ces noms est féminin? **Gemme**

134 Lequel de ces mots est un antonyme de *lénifiant*? **Irritant**

135 Lequel de ces mots n'est pas d'origine arabe? **Tandem**

136 Des mots qui se prononcent presque de la même façon sont : **Des paronymes**

137 Laquelle de ces phrases est incorrecte? **Sa robe bleu électrique risque de détoner dans cette assemblée.**

138 Quel est le sens de *galvauder*? **Avilir**

139 Quel est le synonyme de l'adjectif *cocardier*? **Chauvin**

140 Parmi les propositions suivantes, quel est le nom qui s'emploie indifféremment au masculin ou au féminin? **Oasis**

141 Quel est le synonyme de *parangon*? **Modèle**

142 Laquelle de ces phrases est correcte? **Il n'est pas certain que ses pairs tolèrent sa façon de faire.**

143 La phrase suivante contient une figure de style. Laquelle? « Je suis un vieux boudoir plein de roses fanées » (Baudelaire) **Une métaphore**

144 Quel est le sens de l'élément grec *mis(o)-*? **Haine**

145 Quel est le synonyme de l'adjectif *comminatoire*? **Menaçant**

146 Quel sens n'a pas le verbe *morigéner*? **Tuer**

147 Parmi les phrases suivantes, laquelle ne contient pas de pléonasme? **Ils sont unanimes à penser qu'ils auraient dû agir autrement.**

148 Quel mot n'est pas accompagné de son synonyme? **Ingambe - Impotent**

149 Laquelle de ces phrases est incorrecte? **Cet enfant ne sait pas manger sans se faire de tâches.**

150 Qu'est-ce que l'*obsolescence*? **Le fait de devenir périmé**

151 Lequel des mots soulignés est correct? **Confronte-toi à la réalité, arrête de te perdre en <u>conjectures</u>.**

152 Qu'est-ce que la *procrastination*? **Une tendance à reporter au jour suivant**

153 Quelle est la figure de style qui apparaît dans la phrase suivante? « Le nombre de demandeurs d'emploi est en constante augmentation. » **Un euphémisme**

154 Laquelle de ces phrases est incorrecte? **Elle m'a dit très clairement qu'elle n'accepterait pas d'en venter les mérites.**

155 Lequel de ces mots n'est pas accompagné de son contraire? **Concomitant - Simultané**

156 Quel est le sens du nom *truchement*? **Personne servant d'intermédiaire**

157 Parmi les formules suivantes, quelle est celle que l'on peut classer comme un oxymore? **Un illustre inconnu**

158 Que signifie l'adjectif *idoine*? **Qui convient parfaitement, exactement**

159 Laquelle de ces séries ne rassemble pas uniquement des synonymes? **Pamphlet - Diatribe - Panégyrique**

160 Laquelle de ces phrases est incorrecte? **Comment avez-vous pu prendre partie contre lui?**

161 Quel adjectif est synonyme de *sibyllin*? **Mystérieux**

162 Le mot que l'on obtient en changeant l'ordre des lettres d'un premier terme est : **Une anagramme**

163 Parmi les termes suivants, quel est celui que l'on ne peut pas considérer comme un mot-valise? **Caméléon**

164 Laquelle de ces phrases est incorrecte? **Il n'a pas respecté scrupuleusement l'étique de sa profession.**

165 Quel mot n'est pas accompagné de son homonyme? **Poignée - Poignet**

166 Quel est le sens de l'élément latin *sylv(i)-*? **Forêt**

167 Laquelle de ces phrases est correcte? **Ce quartier n'est, paraît-il, qu'un repaire de drogués.**

168 Quel mot a le même sens que *abscons*? **Obscur**

169 Laquelle de ces séries rassemble uniquement des synonymes? **Hétéroclite - Disparate - Varié**

170 Qu'est-ce qu'un *succédané*? **Un substitut**

171 Quelle est la figure de style qui apparaît dans la phrase suivante? « Ils parcourent chaque jour des kilomètres pour gagner leur pain. » **Une métonymie**

172 Laquelle de ces phrases est incorrecte? **Les magazines féminins sont consacrés aux régimes dès les prémisses du printemps.**

173 Quelle est la phrase correcte? **Nous n'avons jamais remis en cause votre intégrité.**

174 Quel est le synonyme du verbe *abhorrer*? **Haïr**

175 Laquelle de ces phrases est correcte? **Ces plantes me semblent croître à vue d'œil.**

Expressions et proverbes

176 Que signifie *aux frais de la princesse*? **Gratuitement**

177 Quel est le sens du proverbe suivant : « Les chiens aboient, la caravane passe » ? **Il faut laisser dire les personnes malveillantes.**

178 Que veut dire *avaler des couleuvres*? **Supporter des avanies sans protester**

179 Que signifie : « Il y a péril en la demeure » ? **Il faut agir rapidement.**

180 Que signifie *payer en monnaie de singe*? **Récompenser par de vaines promesses**

181 Que veut dire *tailler des croupières à quelqu'un*? **Susciter des embarras à quelqu'un**

182 Quel est le sens du proverbe suivant : « La caque sent toujours le hareng » ? **On est toujours marqué par ses origines.**

183 Que signifie *vivre de l'air du temps*? **Ne disposer d'aucune ressource matérielle**

184 Que signifie : « Le riche ne danse jamais mal » ? **On dit à une personne riche ce qu'elle veut entendre.**

185 Que veut dire *y perdre son latin*? **N'y plus rien comprendre**

186 Que veut dire : « Un tiens vaut mieux que deux tu l'auras » ? **La possession d'une chose, même modique, est préférable à la promesse d'une chose d'une valeur plus importante.**

187 Que signifie *tomber de Charybde en Scylla*? **Aller de mal en pis**

188 Que veut dire : « Une hirondelle ne fait pas le printemps » ? **On ne peut tirer une conclusion générale d'un seul exemple.**

189 Que signifie *renvoyer quelque chose aux calendes grecques*? **Renvoyer quelque chose à un moment qui n'arrivera jamais**

190 Que veut dire : « Tant va la cruche à l'eau qu'à la fin elle se casse » ? **Si on s'expose trop au danger, on finit par en être victime.**

191 Que signifie *ne pas être en odeur de sainteté*? **N'être pas estimé par quelqu'un**

192 Que veut dire : « Tous les chemins mènent à Rome » ? **Il existe différents moyens pour obtenir un même résultat.**

193 Quelle expression a le même sens que *mettre quelqu'un au pilori*? **Vouer quelqu'un aux gémonies**

194 Que signifie : « Quand le vin est tiré, il faut le boire » ? **Il faut finir ce qui a été commencé.**

195 Que signifie *dire pis que pendre de quelqu'un*? **Médire grandement de quelqu'un**

196 Quel est le sens du proverbe suivant : « L'enfer est pavé de bonnes intentions » ? **Les bonnes intentions peuvent conduire à un résultat déplorable.**

197 Que veut dire *avoir maille à partir avec quelqu'un*? **Avoir un différend avec quelqu'un**

198 Quel sens a le proverbe suivant : « Il vaut mieux tenir que courir » ? **Il est préférable de posséder une chose plutôt que d'espérer l'obtenir.**

199 Que signifie *avoir le don d'ubiquité*? **Pouvoir être partout en même temps**

200 Que veut dire : « L'occasion fait le larron » ? **Les circonstances peuvent nous faire commettre des actes répréhensibles.**

THÈME 11

Actualité

Actualité politique, économique et sociale

→ **Retrouvez le corrigé de cette série page 689.**

1 En septembre 2021, Emmanuel Macron demande pardon à une communauté particulière. Laquelle ?

- ○ **A.** Les Algériens
- ○ **B.** Les Arméniens
- ○ **C.** Les harkis
- ○ **D.** Les populations africaines enrôlées dans l'armée française lors de la Première Guerre mondiale

2 La clause dite « du grand-père » :

- ○ **A** Exclut, par principe, tous les retraités au moment de l'adoption de cette clause
- ○ **B.** N'est réservée qu'aux seuls retraités au moment de l'adoption de cette clause
- ○ **C.** Exclut tous les bénéficiaires d'une ancienne loi ou d'un ancien dispositif
- ○ **D.** N'est réservée qu'aux personnes de plus de 60 ans au moment de l'adoption de cette clause

3 Qu'est-ce que le principe de « neutralité du Net » ?

- ○ **A.** Circulation publique des flux de données sur Internet
- ○ **B.** Droit à l'oubli
- ○ **C.** Gratuité totale des données disponibles sur Internet
- ○ **D.** Traitement égal des flux de données sur Internet

4 Quelle est, en termes de chiffre d'affaires, la plus grande entreprise au monde dans l'industrie agroalimentaire ?

- ○ **A.** Nestlé
- ○ **B.** PepsiCo
- ○ **C.** Mars
- ○ **D.** The Coca-Cola Company

5 Qu'est-ce que la périurbanisation ?

- ○ **A.** Les déplacements quotidiens entre domicile et lieu de travail
- ○ **B.** Le phénomène d'étalement de la ville sur l'espace rural
- ○ **C.** Le déplacement de la population vers les banlieues
- ○ **D.** Le phénomène d'étalement de la campagne sur la ville

6 Les emplois « à 1 euro » :

- ○ **A.** Sont nés au Royaume-Uni
- ○ **B.** Sont nés en Allemagne au moment des lois Hartz
- ○ **C.** Existent en France
- ○ **D.** Sont nés en Allemagne et proposés aux migrants

7 Qu'appelle-t-on l'opération « Sentinelle » ?

- ○ **A.** La surveillance des palais de la République à Paris et des préfectures en province
- ○ **B.** La surveillance du trafic maritime au large des côtes françaises
- ○ **C.** L'intervention militaire française au Mali
- ○ **D.** La défense et la protection de la population française

8 Quel était le surnom des bidonvilles des migrants à Calais ?

- ○ **A.** Le bois
- ○ **B.** La jungle
- ○ **C.** La savane
- ○ **D.** Le départ

9 **Quelle est, en termes de chiffre d'affaires, la plus grande entreprise mondiale dans le secteur de l'industrie pharmaceutique ?**

- ○ **A.** Pfizer
- ○ **B.** Novartis
- ○ **C.** Sanofi
- ○ **D.** McKesson

10 **Qu'est-ce que BlackRock ?**

- ○ **A.** Un groupe d'ultra gauche, activiste, et connu pour ses violences lors de manifestations
- ○ **B.** Un groupe de rap américain ayant obtenu de multiples récompenses musicales en 2019
- ○ **C.** Une entreprise américaine spécialisée dans la gestion d'actifs
- ○ **D.** Le nom donné à des fractions de météorites découverts dans l'Arizona en 2019

11 **En janvier 2020, la Commission européenne lance un plan d'investissement pour une Europe durable et un plan d'investissement du Pacte vert sur dix ans. Quel est le montant de ce Pacte vert ?**

- ○ **A.** 10 milliards d'euros
- ○ **B.** 50 milliards d'euros
- ○ **C.** 500 milliards d'euros
- ○ **D.** 1 000 milliards d'euros

12 **Quelle est la population française lors du dernier recensement réalisé ?**

- ○ **A.** 55,3 millions d'habitants
- ○ **B.** 60,6 millions d'habitants
- ○ **C.** 66,9 millions d'habitants
- ○ **D.** 74,6 millions d'habitants

13 **Qu'est-ce que la TICPE?**

- ○ **A.** Taxe intérieure sur les produits énergétiques
- ○ **B.** Taxe intérieure de consommation sur les produits énergétiques
- ○ **C.** Taxe intérieure de parité sur le pétrole
- ○ **D.** Taxe importée sur les produits de la pharmacie

14 **Quelle est, en termes de chiffre d'affaires, la plus grande entreprise mondiale dans le secteur pétrolier et gazier ?**

- ○ **A.** Saudi Aramco
- ○ **B.** Sinopec
- ○ **C.** British Petroleum
- ○ **D.** Royal Dutch Shell

15 **En 2021, la France est le pays qui dépend le plus de l'énergie nucléaire au sein de l'Union européenne. Quel est le second ?**

- ○ **A.** La Suède
- ○ **B.** L'Allemagne
- ○ **C.** La Slovaquie
- ○ **D.** La Belgique

16 **En 2021, dans quel pays les frais d'inscription dans les universités publiques sont-ils les plus élevés au niveau licence ?**

- ○ **A.** Au Japon
- ○ **B.** Aux États-Unis
- ○ **C.** En Angleterre
- ○ **D.** Au Canada

17 **Quel économiste français a obtenu le prix Nobel d'économie en 2019 ?**

- ○ **A.** Thomas Piketty
- ○ **B.** Esther Duflo
- ○ **C.** Jean Tirole
- ○ **D.** Emmanuel Saez

18 **Qui est l'actuel PDG de Renault ?**

- ○ **A.** Guillaume Pépy
- ○ **B.** Jean-Pascal Tricoire
- ○ **C.** Carlos Tavares
- ○ **D.** Luca de Meo

19 **Le 29 mars 2017, Airbus a annoncé l'abandon de l'un de ses projets, lancé en 2011. Lequel?**

- ○ **A.** Un avion tout électrique
- ○ **B.** Un Airbus de 700 places
- ○ **C.** Un avion sans pilote
- ○ **D.** Un avion supersonique

20 **Le record historique de consommation d'électricité en France a été réalisé :**

- ○ **A.** Le 6 février 2012
- ○ **B.** Le 25 décembre 2014
- ○ **C.** Le 15 janvier 2016
- ○ **D.** Le 26 février 2019

21 **Quand a débuté le mouvement des « Gilets jaunes » ?**

- ○ **A.** Le 8 septembre 2018
- ○ **B.** Le 18 octobre 2018
- ○ **C.** Le 17 novembre 2018
- ○ **D.** Le 16 décembre 2018

22 **Le terme de ZAD désigne :**

- ○ **A.** Une zone d'activités à défendre
- ○ **B.** Une zone à aménagement défaillant
- ○ **C.** Une zone à défendre
- ○ **D.** Une zone aéroportuaire délocalisée

23 **L'écriture inclusive désigne :**

- ○ **A.** Une simplification de l'orthographe
- ○ **B.** Une représentation visuelle des lettres et des mots
- ○ **C.** Une méthode permettant une acquisition rapide de l'écriture par les jeunes
- ○ **D.** L'ensemble des formes graphiques et grammaticales qui permettent d'assurer une égalité des représentations entre les hommes et les femmes

24 **Les opérations sur les cryptomonnaies :**

- ○ **A.** Sont interdites en France
- ○ **B.** Sont exonérées d'impôt en France
- ○ **C.** Doivent être enregistrées auprès de l'Autorité des marchés financiers
- ○ **D.** Sont limitées à des montants faibles

25 **L'acronyme RGPD désigne :**

- ○ **A.** Le règlement général sur la protection des données
- ○ **B.** Le règlement général sur les prélèvements et la dette
- ○ **C.** La régulation générale de la production délocalisée
- ○ **D.** Le règlement du gouvernement pour les parentalités différenciées

26 **Quelle est, en termes de capitalisation boursière, la plus grande banque dans le monde en 2019 ?**

- ○ **A.** Bank of America
- ○ **B.** JPMorgan Chase
- ○ **C.** HSBC
- ○ **D.** ICBC

27 **En économie, le concept de « licorne » désigne :**

- ○ **A.** Des *start-up* de très petite taille
- ○ **B.** Des *start-up* valorisées à plus de 1 milliard de dollars
- ○ **C.** Les entreprises qui ont des filiales implantées loin de leur siège social
- ○ **D.** Les entreprises de taille moyenne qui se transmettent au sein de la famille

28 **La Station F est :**

- ○ **A.** Le nom donné à la nouvelle station de métro qui sera située au centre du parc olympique à Saint-Denis
- ○ **B.** Le nom donné à un campus de *start-up* situé à Paris
- ○ **C.** Le nom donné à la première station de RER de la future ligne F faisant le tour de Paris
- ○ **D.** Le nom donné à la station spatiale française
- ○ **E.** Le nom proposé pour remplacer la SNCF

29 **La majorité sexuelle est fixée en France à :**

- ○ **A.** 12 ans
- ○ **B.** 13 ans
- ○ **C.** 15 ans
- ○ **D.** 16 ans

30 **Le SNU est l'acronyme de :**

- ○ **A.** Syndicat national unifié
- ○ **B.** Service national universel
- ○ **C.** Services des Nations unies
- ○ **D.** Service national d'urgence

31 **Le 101e département de France, et le dernier créé à ce jour, est :**

- ○ **A.** La Réunion
- ○ **B.** Mayotte
- ○ **C.** La Guyane
- ○ **D.** Saint-Pierre-et-Miquelon

32 **En 2021, est « commémorée » la première ZAD en France. Quelle est-elle ?**

- ○ **A.** Projet de centrale nucléaire à Creys-Malville
- ○ **B.** Plogoff
- ○ **C.** Notre-Dame-des-Landes
- ○ **D.** Le plateau du Larzac

33 **En termes de chiffre d'affaires, quel est le plus grand équipementier automobile ?**

- ○ **A.** Aisin Seiki
- ○ **B.** Hyundai Mobis
- ○ **C.** Bosch
- ○ **D.** Michelin

34 **En 2019, quel type d'avion de la compagnie Boeing est cloué au sol suite à deux accidents en vol ?**

- ○ **A.** Le Boeing 737 Max
- ○ **B.** Le Boeing 747 Neo
- ○ **C.** Le Boeing 777 New
- ○ **D.** Le Boeing 787 Sup

35 **Le parquet national financier est en charge :**

- ○ **A.** De veiller à la transparence des investissements étrangers en France
- ○ **B.** De contrôler la légalité des flux internationaux de capitaux en relation avec la France
- ○ **C.** De traquer la grande délinquance économique et financière
- ○ **D.** De surveiller les opérations financières à la Bourse de Paris

36 **La PMA consiste :**

- ○ **A.** À inséminer une femme dont l'enfant sera à la naissance remis à un couple de commanditaires
- ○ **B.** À créer un être humain à partir de la totalité du matériel génétique d'un humain déjà conçu
- ○ **C.** À manipuler un ovule et/ou un spermatozoïde pour procéder à une fécondation
- ○ **D.** À donner son sperme

37 **Quel est le nom de l'usine dans laquelle, à Rouen, s'est déclaré un important incendie ?**

- ○ **A.** Lactalis
- ○ **B.** Lubrizol
- ○ **C.** Continental
- ○ **D.** Total

38 **Comment s'appelle désormais le service de trains à grande vitesse de la SNCF ?**

- ○ **A.** RFF
- ○ **B.** inOui
- ○ **C.** iDTGV
- ○ **D.** Ouigo

39 **Plusieurs mesures ont été prises pour limiter l'emprise d'Airbnb à Paris. Parmi les mesures suivantes, laquelle ne s'impose pas aux particuliers ?**

- ○ **A.** S'enregistrer sur une plate-forme de la mairie
- ○ **B.** Louer moins de 120 jours par an
- ○ **C.** Respecter des normes sanitaires
- ○ **D.** Déclarer l'identité et la nationalité des locataires à la préfecture

40 **Qui préside actuellement le FMI ?**

- ○ **A.** Pascal Lamy
- ○ **B.** Antonio Guterres
- ○ **C.** Christine Lagarde
- ○ **D.** Kristalina Georgieva

41 **Quelle est la part des exportations de biens et de services du Royaume-Uni vers les pays de l'Union européenne en 2021 ?**

○ **A.** 28 % ○ **B.** 34 % ○ **C.** 41 % ○ **D.** 52 %

42 **Qu'entend-on par « démocrature » ?**

○ **A.** Un stade de transition vers la démocratie
○ **B.** Une démocratie forte
○ **C.** Une démocratie contestée par des partis extrêmes
○ **D.** Une dictature camouflée sur l'apparence de la démocratie

43 **Quel géant mondial de l'automobile est né en décembre 2019 ?**

○ **A.** Volkswagen-Nissan
○ **B.** Ford-General Motors
○ **C.** Fiat-Renault
○ **D.** Fiat-PSA

44 **Quelle journaliste française a été à l'origine du hashtag #BalanceTonPorc ?**

○ **A.** Sandra Muller
○ **B.** Élisabeth Lévy
○ **C.** Ruth Elkrief
○ **D.** Claire Chazal

45 **Parcoursup, le dispositif d'orientation des élèves à l'issue de la clase de terminale, succède à... :**

○ **A.** RAVEL (Recensement Automatisé des Vœux des ÉLèves)
○ **B.** APB (Admission Post-Bac)
○ **C.** APB (Affectation Post-Bac)
○ **D.** RISE (Recensement Informatisé des Souhaits des Élèves)

46 **Le taux d'activité moyen en France en 2020 est de :**

○ **A.** 65% ○ **B.** 72% ○ **C.** 78% ○ **D.** 84%

47 **Chaque année, la dépense moyenne approximative du reste à charge d'un Français pour sa santé s'élève à environ :**

○ **A.** 500 € ○ **B.** 1 000 € ○ **C.** 2 000 € ○ **D.** 2 500 €

48 **Le sigle T2A signifie :**

○ **A.** Tarification à l'activité
○ **B.** Tarification à l'acte
○ **C.** Travail alterné en ambulatoire
○ **D.** Tout travail en ambulatoire

49 **Dans le domaine des soins, le ticket modérateur désigne :**

○ **A.** Une forme de soins visant à modérer la douleur
○ **B.** La part de dépenses à la charge du malade
○ **C.** La politique de modération de dépenses de santé mise en place par Mme Touraine en 2014
○ **D.** Le ticket qui permet de déterminer l'ordre de l'attente aux urgences dans l'hôpital

50 **En France, les enfants en situation de surpoids sont :**

○ **A.** 28% ○ **B.** 21% ○ **C.** 16% ○ **D.** 7%

51 **En France, chaque année, le nombre de personnes qui décèdent des conséquences de la consommation de tabac s'élève à :**

○ **A.** 20 000 ○ **B.** 40 000 ○ **C.** 60 000 ○ **D.** 80 000

52 **En France, le nombre de personnes en âge de travailler qui sont handicapées s'élève à :**

○ **A.** 500 000 ○ **B.** 1 000 000 ○ **C.** 1 500 000 ○ **D.** 2 000 000

53 **Les lois de la bioéthique sont définies par :**

- ○ **A.** L'OMS
- ○ **B.** Le Comité consultatif national d'éthique
- ○ **C.** Le ministre de la Santé
- ○ **D.** Le chef de l'État

54 **Le taux de natalité en France est de :**

○ **A.** 8 ‰ ○ **B.** 12 ‰ ○ **C.** 0,9 ‰ ○ **D.** 3 ‰

55 **Qui est le nouveau président du Conseil français du culte musulman (CFCM) ?**

- ○ **A.** Hassan Fardi
- ○ **B.** Dalil Boubakeur
- ○ **C.** Mohammed Moussaoui
- ○ **D.** Hassen Chalghoumi

56 **La pollution de l'air est, en France, à l'origine d'environ :**

- ○ **A.** 5 000 décès par an
- ○ **B.** 30 000 décès par an
- ○ **C.** 50 000 décès par an
- ○ **D.** 80 000 décès par an

57 **Chaque année, un Français produit :**

- ○ **A.** 100 kg de déchets
- ○ **B.** 200 kg de déchets
- ○ **C.** 400 kg de déchets
- ○ **D.** 800 kg de déchets

58 **Le nombre de personnes vivant en France dans des zones urbaines sensibles est de :**

○ **A.** 1 million ○ **B.** 2 millions ○ **C.** 4 millions ○ **D.** 5 millions

59 **En France, la part des ménages de plus de 60 ans propriétaires de leur résidence principale est :**

- ○ **A.** Le tiers
- ○ **B.** La moitié
- ○ **C.** Les deux tiers
- ○ **D.** Les trois quarts

60 **D'ici à 2030, la région Île-de-France est celle qui :**

- ○ **A.** Vieillira le plus
- ○ **B.** Vieillira le moins
- ○ **C.** Rajeunira le plus
- ○ **D.** Rajeunira le moins

61 **Le nombre d'enfants en danger s'élève en France à :**

○ **A.** 50 000 ○ **B.** 85 000 ○ **C.** 100 000 ○ **D.** 125 000

62 **En France, le nombre de jeunes qui, chaque année, sortent du système scolaire sans diplôme est de :**

○ **A.** 50 000 ○ **B.** 100 000 ○ **C.** 150 000 ○ **D.** 250 000

63 **Entre hommes et femmes, les inégalités de salaires sont, en France, de :**

○ **A.** 5% ○ **B.** 15% ○ **C.** 25% ○ **D.** 35%

64 **En France, la part des femmes victimes de violences conjugales est de :**

○ **A.** 2% ○ **B.** 5% ○ **C.** 10% ○ **D.** 20%

65 **Parmi les salariés ayant un salaire inférieur au SMIC, la part des femmes est de :**

○ **A.** 50% ○ **B.** 60% ○ **C.** 70% ○ **D.** 80%

66 **Actuellement, l'espérance de vie à la naissance est, pour les hommes, de :**

○ **A.** 75 ans ○ **B.** 79 ans ○ **C.** 82 ans ○ **D.** 85 ans

67 **EPHAD signifie :**

- ○ **A.** Établissement pour handicapés et dépendants
- ○ **B.** Établissement public hospitalier départemental
- ○ **C.** Établissement d'hébergement pour personnes âgées dépendantes
- ○ **D.** Établissement personnalité en hôpital pour handicapés et dépendants

68 **En France, le taux d'activité des personnes ayant entre 60 et 65 ans est de :**

○ **A.** 10 % ○ **B.** 16 % ○ **C.** 25 % ○ **D.** 41 %

69 **En France, le rapport du nombre de personnes d'âge actif (15 à 64 ans) à une personne d'âge inactif (moins de 15 ans et 65 ans et plus) est de :**

○ **A.** 1 ○ **B.** 2 ○ **C.** 4 ○ **D.** 6

70 **La majorité des immigrés présents sur le territoire français habite :**

- ○ **A.** En Île-de-France
- ○ **B.** Dans la région Provence-Alpes-Côte d'Azur
- ○ **C.** En Corse
- ○ **D.** En région Grande Aquitaine

71 **L'OFII désigne :**

- ○ **A.** L'Office français face à l'immigration illégale
- ○ **B.** L'Office de formation des immigrés et immigrées
- ○ **C.** L'Office français de l'immigration et de l'intégration
- ○ **D.** L'Obligation faite aux immigrés de s'intégrer

72 **Le taux de chômage de la population française dans son ensemble est, par rapport à celui des non-immigrés :**

○ **A.** Égal ○ **C.** Le triple
○ **B.** Le double ○ **D.** Le quadruple

73 **Le nombre d'affaires de délinquance des mineurs ayant une suite judiciaire est d'environ :**

○ **A.** 10 % ○ **B.** 20 % ○ **C.** 30 % ○ **D.** 40 %C

74 **Le rapport du Conseil des prélèvements obligatoires sur la fiscalité environnementale recommande « la reprise d'une trajectoire de fiscalité carbone », si la France veut atteindre ses objectifs de réduction des émissions de gaz à effet de serre. Quelles sont les énergies soumises à la taxe carbone ?**

- ○ **A.** Le charbon et le fioul domestique
- ○ **B.** L'énergie nucléaire, la biomasse, le charbon, le fioul domestique
- ○ **C.** Le charbon, l'énergie nucléaire, le fioul domestique, le gaz naturel
- ○ **D.** Le charbon, le fioul domestique, le gaz naturel, le gazole essence

75 **Le mal-logement concerne en France environ :**

○ **A.** 4 millions de personnes ○ **C.** 10 millions de personnes
○ **B.** 8 millions de personnes ○ **D.** 12 millions de personnes

76 **Il y a, en France, environ :**

○ **A.** 1 million d'illettrés ○ **C.** 5 millions d'illettrés
○ **B.** 3 millions d'illettrés ○ **D.** 8 millions d'illettrés

77 **Le seuil de pauvreté mensuel en France est fixé autour de :**

○ **A.** 400 € ○ **B.** 600 € ○ **C.** 1 000 € ○ **D.** 1 200 €

78 **La proportion des Français qui, en moyenne, partent en vacances durant l'année est de :**

- ○ **A.** 50 %
- ○ **B.** 60 %
- ○ **C.** 70 %
- ○ **D.** 80 %

79 **Le MEDEF est une organisation :**

- ○ **A.** Politique
- ○ **B.** Syndicale ouvrière
- ○ **C.** Syndicale patronale
- ○ **D.** Culturelle

80 **Début 2021, combien d'années de PIB représente le patrimoine national français ?**

- ○ **A.** 2,6
- ○ **B.** 5,4
- ○ **C.** 7,7
- ○ **D.** 11,2

81 **Début 2016, une réforme institutionnelle a été engagée en France ; une nouvelle carte des régions a été bâtie. Désormais, il y a :**

- ○ **A.** 13 régions
- ○ **B.** 17 régions
- ○ **C.** 19 régions
- ○ **D.** 22 régions

82 **En 2019, la dette des ménages français s'élève à environ :**

- ○ **A.** 45 % du PIB
- ○ **B.** 57 % du PIB
- ○ **C.** 63 % du PIB
- ○ **D.** 74 % du PIB

83 **Le seul terroriste en prison directement impliqué dans les attentats du 13 novembre 2015 est :**

- ○ **A.** Abdelhamid Abaaoud
- ○ **B.** Salam Abdeslam
- ○ **C.** Mohamed Abrini
- ○ **D.** Sofiane Ayari

84 **La loi Travail, proposée par le gouvernement Valls, s'appelait également :**

- ○ **A.** Loi Touraine
- ○ **B.** Loi Ayrault
- ○ **C.** Lois El Khomri
- ○ **D.** Loi Cazeneuve

85 **En 2021, quelle est la part de l'économie sociale et solidaire en France en termes de PIB ?**

- ○ **A.** 5 %
- ○ **B.** 10 %
- ○ **C.** 15 %
- ○ **D.** 20 %

86 **Quelle est, en termes de chiffre d'affaires, la plus grande entreprise au monde dans la grande distribution ?**

- ○ **A.** Woolworth
- ○ **B.** Carrefour
- ○ **C.** Tesco
- ○ **D.** Kroger

87 **En France, en 2021, quel agent économique détient la plus grande part du patrimoine national ?**

- ○ **A.** Les institutions financières
- ○ **B.** Les entreprises
- ○ **C.** L'État
- ○ **D.** Les ménages

88 **Début 2022, quelle est la part de la taxe intérieure de consommation sur les produits énergétiques (TICPE) dans le prix de l'essence à la pompe en France ?**

- ○ **A.** 36 %
- ○ **B.** 42 %
- ○ **C.** 52 %
- ○ **D.** 62 %

89 **Quel est le minimum social qui, en 2022, a le plus grand nombre de bénéficiaires ?**

- ○ **A.** L'allocation aux adultes handicapés
- ○ **B.** L'allocation de solidarité spécifique
- ○ **C.** L'allocation veuvage
- ○ **D.** Le revenu de solidarité active

90 **Le 8 avril 2017, l'organisation basque ETA engage :**

- ○ **A.** Un rapprochement avec les séparatistes corses
- ○ **B.** Un désarmement total
- ○ **C.** Un retour à la violence ciblée dans le Pays basque espagnol
- ○ **D.** Un rapprochement avec l'IRA

91 **Liliane Bettencourt a été l'héritière du groupe :**

- ○ **A.** LVMH
- ○ **B.** L'Oréal
- ○ **C.** Dassault
- ○ **D.** Peugeot

92 **Quelle est, en termes de chiffre d'affaires, la plus grande entreprise mondiale dans le secteur de la construction automobile ?**

- ○ **A.** Alliance Renault-Nissan-Mitsubishi
- ○ **B.** Daimler
- ○ **C.** Ford
- ○ **D.** Volkswagen

93 **L'entreprise IKEA :**

- ○ **A.** A été créée par le suédois Ingvar Kamprad
- ○ **B.** Est une entreprise d'origine danoise, passée sous le contrôle d'une société américaine depuis 2012
- ○ **C.** Est une coopérative de production d'origine norvégienne
- ○ **D.** N'a jamais eu le droit de s'installer en Chine

94 **Quelle est, en termes de chiffre d'affaires, la plus grande compagnie aérienne mondiale ?**

- ○ **A.** American Airlines
- ○ **B.** Air France-KLM
- ○ **C.** Lufthansa
- ○ **D.** Delta Air Lines

95 **L'entreprise française, mise en examen pour « complicité de crimes contre l'humanité » pour avoir financé Daech, est :**

- ○ **A.** Peugeot
- ○ **B.** Lafarge
- ○ **C.** Total
- ○ **D.** Renault

96 **L'actuel président du MEDEF est :**

- ○ **A.** Ernest Antoine Seillière
- ○ **B.** Pierre Gattaz
- ○ **C.** Geoffroy Roux de Bézieux
- ○ **D.** Laurent Berger

97 **En 2019, quelle part du PIB mondial atteint la capitalisation boursière mondiale ?**

- ○ **A.** 25 %
- ○ **B.** 50 %
- ○ **C.** 75 %
- ○ **D.** 100 %

98 **Au début de l'année 2020, comment se nomme le directeur général d'Air France-KLM ?**

- ○ **A.** Jean-Marc Janaillac
- ○ **B.** Anne Rigail
- ○ **C.** Benjamin Smith
- ○ **D.** Anne-Marie Couderc

99 **Ces dernières années, l'État emploie environ :**

- ○ **A.** 1 million de fonctionnaires
- ○ **B.** 1,5 million de fonctionnaires
- ○ **C.** 2 millions de fonctionnaires
- ○ **D.** 2,5 millions de fonctionnaires

100 **Actuellement, les deux branches de la Sécurité sociale qui génèrent le plus de dépenses sont :**

- ○ **A.** La branche famille est la branche maladie
- ○ **B.** La branche famille est la branche vieillesse
- ○ **C.** La branche vieillesse et la branche maladie
- ○ **D.** La branche maladie et la branche accidents du travail

101 **Le « tiers payant » généralisé par Marisol Touraine permet à l'assuré :**

- ○ **A.** De ne payer qu'un tiers du coût du soin, laissé à sa charge par l'assurance-maladie
- ○ **B.** De ne pas faire l'avance des frais médicaux, le professionnel de santé se faisant rembourser directement par la caisse d'assurance-maladie
- ○ **C.** De payer ses frais médicaux à des tiers, les professionnels de santé, grâce à la carte Vitale
- ○ **D.** De ne pas payer les dépenses de santé, mais d'en faire assumer le paiement par les employeurs

102 **En France, le nombre de chômeurs de longue durée est d'environ :**

○ **A.** 500 000 ○ **B.** 1 million ○ **C.** 1,5 million ○ **D.** 2,7 millions

103 **Un type particulier d'usines fait l'objet d'une surveillance et d'une normalisation sévères en raison de risques chimiques potentiels. Il s'agit des usines classées :**

○ **A.** Fukushima ○ **B.** Bhopal ○ **C.** Minamata ○ **D.** Seveso

104 **La population française est citadine :**

○ **A.** À 50 % ○ **B.** À 60 % ○ **C.** À 70 % ○ **D.** À 80 %

105 **Quel est le nombre de signatures minimum requis lors d'un référendum d'initiative partagée (RIP) pour qu'un référendum puisse être organisé sur une question particulière, telle qu'une privatisation ?**

○ **A.** 1,5 million
○ **B.** 2,8 millions
○ **C.** 3,9 millions
○ **D.** 4,7 millions

106 **Selon la réglementation actuelle, quelle part de logements sociaux les communes doivent-elles prévoir sur le parc total de logements ?**

○ **A.** Rien n'est prévu
○ **B.** 5 %
○ **C.** 10 %
○ **D.** 25 %

107 **En 2020, quelle est la part des dépenses sociales dans le PIB français ?**

○ **A.** 31 % ○ **B.** 41 % ○ **C.** 51 % ○ **D.** 61 %

108 **Actuellement, quelle est la part des prestations sociales dans le revenu disponible des ménages français ?**

○ **A.** 15 % ○ **B.** 25 % ○ **C.** 35 % ○ **D.** 45 %

109 **Début 2020, la dette publique française s'élève à environ :**

○ **A.** 50 milliards d'euros
○ **B.** 500 milliards d'euros
○ **C.** 1 200 milliards d'euros
○ **D.** 2 200 milliards d'euros

110 **L'*Aquarius* est :**

○ **A.** Le nom donné à un petit sous-marin d'exploration des fonds marins très profonds
○ **B.** Le nom du nouveau sous-marin nucléaire français lancé début 2018 à Brest
○ **C.** Un bateau affrété par l'association SOS Méditerranée pour sauver les migrants en mer Méditerranée
○ **D.** Est le nom donné à l'opération de protection des marins pêcheurs français contre l'entrée des pêcheurs britanniques dans les eaux territoriales de l'Union européenne

111 **L'ouvrage dont le titre est « *La France périphérique : comment on a sacrifié les classes populaires* » a été écrit par :**

○ **A.** Alfred Sauvy
○ **B.** Christophe Guilluy
○ **C.** Christoph Ruffin
○ **D.** Alain Lipietz

112 **Quelle est, en termes de chiffre d'affaires, la plus grande entreprise mondiale dans le secteur du luxe ?**

○ **A.** LVMH
○ **B.** Estée Lauder
○ **C.** Kering
○ **D.** L'Oréal Luxe

113 **La loi relative à la bioéthique du 2 août 2021 concerne, entre autres, la procréation médicalement assistée (PMA). Qui peut bénéficier désormais de la PMA ?**

- ○ **A.** Les femmes célibataires
- ○ **B.** Les couples de femmes
- ○ **C.** Les couples hétérosexuels sans indication médicale
- ○ **D.** Les femmes célibataires et les couples de femmes

114 **En 2020, les trois quarts de la production d'électricité française sont d'origine :**

- ○ **A.** Nucléaire
- ○ **B.** Hydraulique
- ○ **C.** Thermique
- ○ **D.** Éolienne

115 **En 2020, quelle est la recette fiscale la plus importante dans le budget de l'État français ?**

- ○ **A.** La CSG
- ○ **B.** La TVA
- ○ **C.** L'impôt sur le revenu
- ○ **D.** L'impôt sur les sociétés

116 **La loi PACTE, lancée en 2018, est l'acronyme de :**

- ○ **A.** Projet d'augmentation de la compétitivité de toutes les entreprises
- ○ **B.** Programme d'aide à la compétitivité et à la transformation des entreprises
- ○ **C.** Plan d'action pour la croissance et la transformation des entreprises
- ○ **D.** Planification accélérée pour la croissance des territoires et des entreprises

117 **Durant l'été 2021, un important groupe immobilier a menacé de faire craquer le système financier chinois. Quel est son nom ?**

- ○ **A.** Evergreen
- ○ **B.** Alwaysgreen
- ○ **C.** Evergrande
- ○ **D.** Alwaysgrande

118 **Quel est le classement, par ordre décroissant, des recettes fiscales brutes du budget général en France en 2019 ?**

- ○ **A.** TVA, impôt sur le revenu, impôt sur les sociétés, diverses recettes fiscales
- ○ **B.** Impôt sur le revenu, TVA, impôt sur les sociétés, autres recettes fiscales
- ○ **C.** TVA, impôt sur le revenu, diverses recettes fiscales, impôt sur les sociétés
- ○ **D.** Impôt sur les sociétés, impôt sur le revenu, TVA, autres recettes fiscales

119 **Quel pays a le plus haut taux de prélèvements obligatoires en pourcentage du PIB en 2019 ?**

- ○ **A.** La France
- ○ **B.** Le Danemark
- ○ **C.** L'Allemagne
- ○ **D.** La Norvège

120 **Début 2020, le secrétaire général de la CFDT est :**

- ○ **A.** François Chérèque
- ○ **B.** Philippe Martinez
- ○ **C.** Laurent Berger
- ○ **D.** Yves Veyrier

121 **En 2019, les dépenses intérieures brutes françaises de recherche et développement représentent, en pourcentage du PIB :**

- ○ **A.** 2,27 %
- ○ **B.** 4,75 %
- ○ **C.** 6,15 %
- ○ **D.** 7,95 %

122 **Le glyphosate est :**

- ○ **A.** Un antibiotique à spectre large
- ○ **B.** Un herbicide
- ○ **C.** Un médicament contre l'hypertension artérielle
- ○ **D.** Un engrais

123 **Quel est le nom du haut-commissaire aux retraites qui a succédé à Jean-Paul Delevoye ?**

- ○ **A.** Marc Blondel
- ○ **B.** Laurent Berger
- ○ **C.** Laurent Pietraszewski
- ○ **D.** Il n'y a pas de haut-commissaire aux retraites

124 **Qui préside actuellement la Banque centrale européenne ?**

- ○ **A.** Mario Draghi
- ○ **B.** Christine Lagarde
- ○ **C.** Ursula von der Leyen
- ○ **D.** Pierre Moscovici

125 **En France, la part de l'emploi partiel sur l'emploi total en 2019 est de :**

○ **A.** 14,2 % ○ **B.** 18,2 % ○ **C.** 23,2 % ○ **D.** 26,9 %

126 **Quel est le pays qui recourt le plus à l'emploi à temps partiel en pourcentage de l'emploi total en 2019 ?**

- ○ **A.** La France
- ○ **B.** L'Allemagne
- ○ **C.** Le Royaume-Uni
- ○ **D.** L'Espagne

127 **La durée moyenne de chômage en France est, en 2019, de :**

○ **A.** 9 mois ○ **B.** 11 mois ○ **C.** 13 mois ○ **D.** 15 mois

128 **En octobre 2021, le législateur a proposé l'interdiction des thérapies de conversion. Quelles sont-elles ?**

- ○ **A.** Thérapies et pratiques cherchant à modifier les orientations religieuses des personnes
- ○ **B.** Thérapies et pratiques cherchant à modifier les comportements d'addiction des personnes
- ○ **C.** Thérapies et pratiques cherchant à modifier l'identité de genre ou l'orientation sexuelle des personnes
- ○ **D.** Thérapies et pratiques cherchant à modifier les comportements violents des personnes

129 **En France, en 2019, la part des exportations dans le PIB s'élève à :**

○ **A.** 14 % ○ **B.** 20 % ○ **C.** 26 % ○ **D.** 31 %

130 **En 2018, de nombreuses discussions ont concerné la loi ELAN. Quelle est la signification de ce sigle ?**

- ○ **A.** Évolution des libertés et de l'autonomie numérique
- ○ **B.** Emplois localisés et adaptation au numérique
- ○ **C.** Évolution du logement, de l'aménagement et du numérique
- ○ **D.** Efforts de libéralisation des secteurs de l'automation et du numérique

131 **L'organisation syndicale qui, en 2018, recueille le plus de suffrages au niveau national et interprofessionnel dans le secteur privé est :**

- ○ **A.** La CGT
- ○ **B.** La CFDT
- ○ **C.** SUD
- ○ **D.** Force ouvrière

132 **En septembre 2018, le gouvernement a annoncé une nouvelle stratégie nationale en matière de santé, il s'agit de :**

- ○ **A.** Vital santé
- ○ **B.** Ma santé 2022
- ○ **C.** Objectif santé 2023
- ○ **D.** Santé pour tous

133 **Pour lutter contre les déserts médicaux, le plan santé de 2019 prévoit :**

- ○ **A.** L'accroissement du nombre de médecins au niveau national
- ○ **B.** La création de 1 000 communautés professionnelles territoriales de santé
- ○ **C.** L'envoi obligatoire de tous les jeunes médecins issus de formation dans les déserts médicaux pendant une durée minimale de deux ans
- ○ **D.** La réouverture d'hôpitaux dans les villes de moins de 5 000 habitants

134 **Le *numerus clausus* à l'entrée aux études de médecine va être :**

- ○ **A.** Renforcé dès la rentrée universitaire 2020
- ○ **B.** Rendu variable selon les besoins constatés année après année
- ○ **C.** Adapté en fonction des places offertes dans les pays voisins
- ○ **D.** Supprimé à la rentrée universitaire 2020

135 **Les « lois d'Asimov » sont :**

- ○ **A.** Des lois d'exception mises en place en Russie depuis 2017
- ○ **B.** Des règles formulées par l'écrivain Asimov auxquelles tous les robots doivent obéir, et qui constituent une base de réflexion pour la constitution de règles éthiques pour l'intelligence artificielle
- ○ **C.** Des lois relatives à l'immigration au sein de la zone Schengen
- ○ **D.** Des lois françaises, transcrites dans une directive européenne, en matière de travailleurs détachés

136 **La Métropole du Grand Paris :**

- ○ **A.** A été créée le 1er janvier 2018 et à vocation à créer des villes durables
- ○ **B.** Regroupe la ville de Paris et 130 communes, et compte 7 millions d'habitants
- ○ **C.** Doit se substituer, en 2025, aux 6 départements actuels de l'Île-de-France
- ○ **D.** Est actuellement dirigée par Anne Hidalgo

137 **En 2018, une nouvelle loi sur l'immigration a été adoptée; désormais, l'objectif est que le délai pour le dépôt et le traitement des demandes d'asile soit de :**

- ○ **A.** Douze mois
- ○ **B.** Neuf mois
- ○ **C.** Six mois
- ○ **D.** Trois mois

138 **À propos du territoire français, la « diagonale du vide » désigne :**

- ○ **A.** Les régions peu traversées par des voies de communication
- ○ **B.** Les régions peu peuplées du sud-ouest au nord-est
- ○ **C.** Les régions peu peuplées du sud-est au nord-ouest
- ○ **D.** Les régions peu industrielles du sud de la France

139 **Début 2022, quel est le poids de la dette des États-Unis comparée à celle de l'Union européenne ?**

○ **A.** 50 % ○ **B.** 100 % ○ **C.** 150 % ○ **D.** 200 %

140 **Qu'est-ce que le système Alicem ?**

- ○ **A.** Un système de reconnaissance faciale que l'État français souhaite déployer
- ○ **B.** Un système biométrique permettant de passer rapidement et de manière sûre la frontière dans les aéroports
- ○ **C.** Un système centralisé d'enregistrement des actes médicaux d'un individu
- ○ **D.** Un système de cryptage sécurisé des informations sensibles

141 **Qu'est-ce que la « *blockchain* » ?**

- ○ **A.** Une séquence d'ADN
- ○ **B.** Une molécule chimique
- ○ **C.** Une technologie de stockage et de transmission d'informations
- ○ **D.** Un groupe de manifestants

142 **Une « cryptomonnaie » est :**

- ○ **A.** Un nom utilisé pour décrire la monnaie scripturale
- ○ **B.** Une fausse monnaie
- ○ **C.** Une monnaie utilisable sur un réseau informatique décentralisé
- ○ **D.** Une monnaie échangée entre banques centrales

143 **Le mouvement des « Gilets jaunes » a pour origine :**

- ○ **A.** Une contestation de la pression fiscale sur le carburant
- ○ **B.** Une revendication pour abandonner la ve République
- ○ **C.** Une contestation relative à la faiblesse du pouvoir d'achat
- ○ **D.** Une revendication d'égalité entre citoyens vivant en zone urbaine et citoyens vivant en zone périurbaine

144 **Le principe de neutralité du Net :**

- ○ **A.** Exclut toute discrimination d'accès fondée sur l'âge ou le sexe
- ○ **B.** Exclut toute possibilité de payer pour accéder à de l'information sur Internet
- ○ **C.** Exclut qu'une zone géographique ne puisse pas bénéficier d'une connexion sur Internet
- ○ **D.** Exclut toute discrimination à l'égard de la source, de la destination ou du contenu de l'information transmise sur le réseau

145 **En France, quelle position à l'Église catholique vis-à-vis de la PMA ?**

- ○ **A.** Elle y est opposée
- ○ **B.** Elle l'accepte uniquement dans le cas d'un couple marié
- ○ **C.** Elle ne l'accepte que lorsque la technique utilisée d'un recours qu'aux gamètes de conjoints
- ○ **D.** Elle l'accepte sans condition

146 **Quel syndicat a célébré en novembre 2019 le centième anniversaire de sa création ?**

- ○ **A.** La CFTC
- ○ **B.** La CFDT
- ○ **C.** La CGT
- ○ **D.** Force ouvrière

147 **En France, les études montrent que le coût d'un chômeur est annuellement d'environ :**

- ○ **A.** 5 000 €
- ○ **B.** 10 000 €
- ○ **C.** 15 000 €
- ○ **D.** 20 000 €

148 **Qu'appelle-t-on la « FinTech » ?**

- ○ **A.** Des entreprises spécialisées dans les technologies de pointe
- ○ **B.** Des *start-up* qui réinventent la finance à l'aide des technologies
- ○ **C.** Des banques en ligne
- ○ **D.** Des *start-up* du secteur des énergies renouvelables

149 **Le Flash Ball est la marque d'une arme de défense sublétale utilisée par la police française. Le terme technique pour la désigner est LBD. Quelle est la signification de cet acronyme ?**

- ○ **A.** Lanced Ball Defense
- ○ **B.** Limited Ball Disease
- ○ **C.** Lanceur de balle de défense
- ○ **D.** Lanceur de balle de désencerclement

150 **Dans quel pays le taux de pauvreté est le plus élevé (en 2019) ?**

- ○ **A.** Le Royaume-Uni
- ○ **B.** La France
- ○ **C.** L'Italie
- ○ **D.** L'Espagne

151 **Quelle est la part du solde migratoire dans l'augmentation de la population totale en France en 2019 ?**

- ○ **A.** 10 %
- ○ **B.** 20 %
- ○ **C.** 30 %
- ○ **D.** 50 %

152 **Depuis 1996, un plan de renforcement de la présence des ours dans les Pyrénées a été lancé. Début 2020, il y a dans l'ensemble des Pyrénées environ :**

- ○ **A.** 12 ours
- ○ **B.** 25 ours
- ○ **C.** 45 ours
- ○ **D.** 86 ours

153 **Le service national universel dont le principe a été adopté en 2018 prendra la forme :**

- ○ **A.** D'un mois obligatoire vers 16 ans
- ○ **B.** De deux mois obligatoires, l'un vers 16 ans l'autre vers 18 ans
- ○ **C.** De six mois obligatoires, sur six années consécutives à partir de 16 ans
- ○ **D.** D'un service volontaire

154 **Le « contrat zéro heure » :**

- ○ **A.** S'est développé au Royaume-Uni dès 1974
- ○ **B.** Reste interdit en France
- ○ **C.** Existe en France, par exemple à l'université
- ○ **D.** N'existe qu'aux États-Unis

155 **Le premier constructeur mondial de smartphones est :**

- ○ **A.** Apple
- ○ **B.** Samsung
- ○ **C.** Huawei
- ○ **D.** Nokia

156 **Combien y a-t-il de banques chinoises parmi les 10 plus grosses banques mondiales (en volume d'actifs) en 2019 ?**

- ○ **A.** 1
- ○ **B.** 2
- ○ **C.** 3
- ○ **D.** 4

157 **La plus grosse banque mondiale (en volume d'actifs) en 2019 est :**

- ○ **A.** HSBC Holdings PLC
- ○ **B.** Agricultural Bank of China
- ○ **C.** Bank of China
- ○ **D.** Industrial & Commercial Bank of China

158 **Parmi les plus grosses banques mondiales, quelle est la première banque française en 2019 ?**

- ○ **A.** Société Générale
- ○ **B.** BNP Paribas
- ○ **C.** Crédit Agricole Group
- ○ **D.** Crédit Lyonnais

159 **Le prix de la tonne de carbone est, début 2020, d'environ :**

- ○ **A.** 8 €
- ○ **B.** 15 €
- ○ **C.** 25 €
- ○ **D.** 45 €

160 **La Commission de haut niveau sur le prix de carbone décidé à la COP 22 de Marrakech estime que pour atteindre l'objectif de 2° maximum de réchauffement, le prix de la tonne de carbone devrait être d'environ :**

- ○ **A.** 50 €
- ○ **B.** 80 €
- ○ **C.** 100 €
- ○ **D.** 150 €

161 **Pour la nation, le coût d'un étudiant est, en 2020, de :**

- ○ **A.** 6 200 €
- ○ **B.** 7 900 €
- ○ **C.** 9 300 €
- ○ **D.** 11 700 €

162 **Qu'appelle-t-on le « *shadow banking* », phénomène qui se développe fortement depuis 2008 ?**

- ○ **A.** Les activités réalisées par des banques installées dans des paradis fiscaux
- ○ **B.** L'ensemble des activités et des acteurs contribuant au financement non bancaire de l'économie
- ○ **C.** Le prêt d'argent entre particuliers
- ○ **D.** Les transferts financiers réalisés entre une société mère et ses filiales

163 **En 2020, la part des personnes âgées de plus de 75 ans est de 9,3 %. Quelle sera cette part en 2050 ?**

○ **A.** 10,2 % ○ **B.** 12,3 % ○ **C.** 16,3 % ○ **D.** 18,1 %

164 **Début 2022, quel pays européen compte le plus de licornes (entreprises non cotées en bourse et valorisées à plus d'un milliard de dollars) ?**

- ○ **A.** L'Allemagne
- ○ **B.** La Suède
- ○ **C.** La France
- ○ **D.** Le Royaume-Uni

165 **Quelle est, en 2020, la taille moyenne des ménages français en nombre de personnes ?**

○ **A.** 2,2 ○ **B.** 2,9 ○ **C.** 3,4 ○ **D.** 3,8

166 **Début 2020, le secrétaire général de la CGT est :**

- ○ **A.** Thierry Lepaon
- ○ **B.** Laurent Berger
- ○ **C.** Philippe Martinez
- ○ **D.** Yves Veyrier

167 **Début 2020, le secrétaire général du syndicat Force ouvrière est :**

- ○ **A.** Jean-Claude Mailly
- ○ **B.** Yves Veyrier
- ○ **C.** Pascal Pavageau
- ○ **D.** Laurent Berger

168 **Quel pays de l'Union européenne a le taux de natalité le plus élevé ?**

- ○ **A.** La Suède
- ○ **B.** La France
- ○ **C.** L'Irlande
- ○ **D.** La Lettonie

169 **Quelle est la part de la population étrangère dans la population française début 2020 ?**

○ **A.** 5,5 % ○ **B.** 6,9 % ○ **C.** 8,6 % ○ **D.** 10,9 %

170 **Quelle est la part des emplois salariés dans l'emploi total en France en 2020 ?**

○ **A.** 89 % ○ **B.** 82 % ○ **C.** 76 % ○ **D.** 71 %

171 **L'entreprise Uber est :**

- ○ **A.** À l'origine une entreprise allemande de taxis
- ○ **B.** Une entreprise américaine à l'origine spécialisée dans les composants électroniques
- ○ **C.** Une entreprise américaine dans la société mère est la holding japonaise SoftBank
- ○ **D.** Est uniquement spécialisée dans les voitures de tourisme avec chauffeur

172 **Quelle est la région de France qui a la plus importante production éolienne en 2021 ?**

- ○ **A.** Les Hauts-de-France
- ○ **B.** La Bretagne
- ○ **C.** L'Occitanie
- ○ **D.** La Provence-Alpes-Côte d'Azur

173 **Le niveau d'inégalité de vie est souvent mesuré par le rapport interdécile D9/D1 relatif aux revenus disponibles. En 2019, quel est le niveau de ce rapport en France ?**

○ **A.** 3,4 ○ **B.** 4,5 ○ **C.** 6,2 ○ **D.** 8,1

174 **Euronext gère cinq Bourses en Europe :**

- ○ **A.** Paris, Francfort, Amsterdam, Madrid, Rome
- ○ **B.** Paris, Amsterdam, Londres, Bruxelles, Lisbonne
- ○ **C.** Paris, Amsterdam, Bruxelles, Lisbonne, dérivés à Londres
- ○ **D.** Paris, Francfort, Londres, Bruxelles, Madrid

175 **Le rapport démographique est le nombre de cotisants divisé par le nombre de retraités. Quel est, en 2019, le niveau de ce rapport ?**

○ **A.** 1 ○ **B.** 1,3 ○ **C.** 2 ○ **D.** 2,7

176 **Selon une étude publiée par l'OCDE en octobre 2021, quel est l'impact de l'immigration sur les comptes publics français ?**

- ○ **A.** -3,5 % du PIB
- ○ **B.** -2 % du PIB
- ○ **C.** Globalement nul en % du PIB
- ○ **D.** + 2 % du PIB

177 **En France, en 2019, le premier poste de dépenses de protection sociale est :**

- ○ **A.** La santé
- ○ **B.** La famille
- ○ **C.** La vieillesse et survie
- ○ **D.** L'emploi

178 **Quel est le principal pays d'importation du charbon en France en 2019?**

- ○ **A.** L'Afrique du Sud
- ○ **B.** La Colombie
- ○ **C.** L'Australie
- ○ **D.** La Russie

179 **En 2019, quelle est l'entreprise française qui a déposé le plus de brevets?**

○ **A.** PSA ○ **B.** Safran ○ **C.** Valeo ○ **D.** Thalès

180 **Le poids du secteur public industriel est, en France en 2019, de :**

- ○ **A.** 3 % du PIB
- ○ **B.** 7 % du PIB
- ○ **C.** 11 % du PIB
- ○ **D.** 18 % du PIB

181 **Quel pays membre de l'Union européenne a le PIB par tête le plus élevé en 2019?**

- ○ **A.** L'Allemagne
- ○ **B.** La Suède
- ○ **C.** Le Luxembourg
- ○ **D.** L'Irlande

182 **Le solde naturel de la population française est, en 2019 :**

- ○ **A.** Négatif, de - 1,6 ‰
- ○ **B.** Nul
- ○ **C.** Positif, de 1,4 ‰
- ○ **D.** Positif, de 2 ‰

183 **Le taux de fécondité en France en 2019 est de :**

- ○ **A.** 2,03 enfants par femme
- ○ **B.** 1,8 enfant par femme
- ○ **C.** 1,65 enfant par femme
- ○ **D.** 1,46 enfant par femme

184 **Selon une étude menée en marge de la COP26 à Glasgow en octobre 2021, de combien de millimètres le niveau de la mer s'est élevé en 2020 ?**

○ **A.** 3,7 ○ **B.** 5,3 ○ **C.** 8,1 ○ **D.** 10,6

185 **En France, le nombre de personnes âgées dépendantes est de :**

○ **A.** 750 000 ○ **B.** 1 million ○ **C.** 1,3 million ○ **D.** 2 millions

186 **L'âge moyen de la maternité en France est, en 2019, de :**

○ **A.** 25,3 ans ○ **B.** 28,2 ans ○ **C.** 30,6 ans ○ **D.** 33,4 ans

187 **L'espérance de vie à la naissance est, en 2020, d'environ :**

- ○ **A.** 88 ans pour les femmes et 84 ans pour les hommes
- ○ **B.** 85 ans pour les femmes et 79 ans pour les hommes
- ○ **C.** 82 ans pour les femmes et 76 ans pour les hommes
- ○ **D.** 80 ans pour les femmes et 74 ans pour les hommes

188 **En 2019, à combien d'années du PIB annuel s'élève le patrimoine économique national français ?**

- ○ **A.** Deux années
- ○ **B.** Quatre années
- ○ **C.** Six années
- ○ **D.** Huit années

189 **Le taux d'activité moyen des personnes de 55 à 64 ans est, en 2019, de :**

○ **A.** 46 % ○ **B.** 54 % ○ **C.** 59 % ○ **D.** 68 %

190 **La durée de travail hebdomadaire en France en 2019 et de :**

- ○ **A.** 35,6 heures
- ○ **B.** 39 heures
- ○ **C.** 41,3 heures
- ○ **D.** 43,9 heures

191 **Quelle part le secteur tertiaire occupe-t-il en France en 2019 ?**

○ **A.** 62 % ○ **B.** 70 % ○ **C.** 76 % ○ **D.** 82 %

192 **Le coût horaire de la main-d'œuvre en France en 2019 est d'environ :**

○ **A.** 25 € ○ **B.** 30 € ○ **C.** 37 € ○ **D.** 45 €

193 **Le taux de pauvreté est en 2019 d'environ :**

- ○ **A.** 8 % de la population
- ○ **B.** 11 % de la population
- ○ **C.** 14 % de la population
- ○ **D.** 18 % de la population

194 **Quel est le poids des prélèvements obligatoires en France en pourcentage du PIB ?**

○ **A.** 33 % ○ **B.** 38 % ○ **C.** 45 % ○ **D.** 49 %

195 **Quel est le nombre d'allocataires des minima sociaux en France en 2019 ?**

- ○ **A.** 2,5 millions
- ○ **B.** 3,3 millions
- ○ **C.** 4,2 millions
- ○ **D.** 5,8 millions

196 **Quel est le premier poste de dépenses de consommation des ménages français en 2019 ?**

- ○ **A.** Transports
- ○ **B.** Alimentation
- ○ **C.** Logement, chauffage, éclairage
- ○ **D.** Santé

197 **Quel est le poids des dépenses publiques en France en pourcentage du PIB ?**

○ **A.** 41 % ○ **B.** 47 % ○ **C.** 51 % ○ **D.** 57 %

198 **Quelle part du PIB la France consacre-t-elle aux dépenses de santé en 2019 ?**

○ **A.** 6 % ○ **B.** 8 % ○ **C.** 12 % ○ **D.** 17 %

199 **Le nombre de places en EHPAD est en France, en 2020, d'environ :**

- ○ **A.** 300 000
- ○ **B.** 600 000
- ○ **C.** 1,2 million
- ○ **D.** 2,3 millions

200 **L'espérance de vie en bonne santé est, en France en 2019, de :**

○ **A.** 63,5 ans ○ **B.** 68,9 ans ○ **C.** 72,6 ans ○ **D.** 77,9 ans

201 **Quel est le premier pays exportateur de la France en valeur ?**

- ○ **A.** L'Allemagne
- ○ **B.** La Chine
- ○ **C.** Les États-Unis
- ○ **D.** Le Royaume-Uni

202 **Quel est le premier pays importateur de la France en valeur ?**

- ○ **A.** L'Allemagne
- ○ **B.** La Chine
- ○ **C.** Les États-Unis
- ○ **D.** Le Royaume-Uni

203 **Un secrétaire général de la CGT a obtenu un prix Nobel de la paix; il s'agit de :**

- ○ **A.** Victor Renaudin en 1917
- ○ **B.** Benoit Frachon en 1959
- ○ **C.** Léon Jouhaux en 1951
- ○ **D.** Alain Le Léap en 1961

204 **Le déficit extérieur français en 2019 est principalement dû :**

- ○ **A.** Aux biens alimentaires
- ○ **B.** À l'énergie
- ○ **C.** Aux biens industriels
- ○ **D.** Aux services

205 **Avec quel pays la France a-t-elle, en 2019, le plus important déficit commercial ?**

- ○ **A.** L'Allemagne
- ○ **B.** La Chine
- ○ **C.** Le Japon
- ○ **D.** Les Pays-Bas

206 **Avec quel pays la France a-t-elle le plus important excédent commercial en 2019 ?**

- ○ **A.** Hong Kong
- ○ **B.** L'Italie
- ○ **C.** Le Royaume-Uni
- ○ **D.** L'Espagne

207 **En octobre 2021, la région PACA a finalisé son appel à concurrence pour l'exploitation de la ligne Marseille-Nice. À quel opérateur privé l'exploitation de la ligne a-t-elle été confiée ?**

- ○ **A.** La société française Transdev
- ○ **B.** La société espagnole Renfe
- ○ **C.** La société italienne Trenitalia
- ○ **D.** La société autrichienne ÖBB

208 **Quelle est la part de marché français à l'exportation en pourcentage du total des exportations mondiales ?**

- ○ **A.** 3 %
- ○ **B.** 6 %
- ○ **C.** 9 %
- ○ **D.** 12 %

209 **En 2019, la part du dollar dans les réserves officielles de change s'élève à :**

- ○ **A.** 35 %
- ○ **B.** 47 %
- ○ **C.** 56 %
- ○ **D.** 64 %

210 **Le premier pays importateur de produits primaires est :**

- ○ **A.** Les États-Unis
- ○ **B.** La Chine
- ○ **C.** L'Allemagne
- ○ **D.** Le Japon

211 **Le principal pays exportateur de produits industriels manufacturés est :**

- ○ **A.** Les États-Unis
- ○ **B.** La Chine
- ○ **C.** L'Allemagne
- ○ **D.** Le Japon

212 **En 2019, les investissements directs étrangers en Chine sont :**

- ○ **A.** Inférieurs aux investissements directs étrangers hors de Chine
- ○ **B.** Égaux aux investissements directs étrangers hors de Chine
- ○ **C.** Supérieurs aux investissements directs étrangers hors de Chine
- ○ **D.** Sont interdits en raison de la politique commerciale du gouvernement chinois

213 **En 2019, les transactions sur les marchés des changes dans le monde représentent :**

- ○ **A.** 5 fois la valeur du commerce mondial de biens et services
- ○ **B.** 10 fois la valeur du commerce mondial de biens et services
- ○ **C.** 20 fois la valeur du commerce mondial de biens et services
- ○ **D.** 40 fois la valeur du commerce mondial de biens et services

214 **Qu'appelle-t-on le « *fact checking* » ?**

- ○ **A.** Un processus d'intervention dans les forums de discussion pouvant perturber le fonctionnement
- ○ **B.** Une fausse information
- ○ **C.** Une stratégie de certaines firmes de presse consistant à réserver certaines informations à ceux qui peuvent les payer
- ○ **D.** Une technologie journalistique consistant à vérifier l'exactitude des affirmations alléguées par des personnalités ou des sites en ligne

215 **Quelle centrale nucléaire sera fermée en 2020, inaugurant de ce fait le processus de démantèlement de multiples centrales en France ?**

- ○ **A.** Chinon
- ○ **B.** Fessenheim
- ○ **C.** Tricastin
- ○ **D.** Saint-Laurent-des-Eaux

216 **En France, toutes choses égales par ailleurs, le rapport du nombre de personnes d'âge actif (15 à 64 ans) à une personne d'âge inactif (moins de 15 ans et 65 ans et plus) sera, en 2050, de :**

○ **A.** 1 ○ **B.** 2 ○ **C.** 4 ○ **D.** 6

217 **En 2020, le taux normal de TVA en France est de :**

○ **A.** 33 % ○ **B.** 20 % ○ **C.** 10 % ○ **D.** 5,5 %

218 **Au 1er janvier 2019, la France adopte le principe du prélèvement de l'impôt sur le revenu des ménages à la source. Quand l'Allemagne l'a-t-elle mis en place ?**

○ **A.** En 1920 ○ **B.** En 1947 ○ **C.** En 1969 ○ **D.** Pas encore

219 **Le taux de mortalité est, en France, de :**

○ **A.** 4 ‰ ○ **B.** 6 ‰ ○ **C.** 9 ‰ ○ **D.** 19 ‰

220 **En 2019, la première source d'énergie utilisée pour la production d'électricité aux États-Unis est :**

- ○ **A.** L'hydraulique
- ○ **B.** Le nucléaire
- ○ **C.** Le charbon
- ○ **D.** Le gaz naturel

221 **Les « terres rares » sont des matières minérales :**

- ○ **A.** Présentes dans les sous-sols marins profonds
- ○ **B.** Situées dans des roches de la couche terrestre profonde
- ○ **C.** Utilisées dans la fabrication de produits à haute technologie
- ○ **D.** Présentes dans les pôles

222 **Quel pays détient l'essentiel des terres rares au monde ?**

- ○ **A.** La Russie
- ○ **B.** La Chine
- ○ **C.** L'Afrique du Sud
- ○ **D.** La République populaire du Congo

223 **Selon les rapports successifs de la fondation Abbé Pierre, quel est le nombre de personnes mal logées en France ?**

○ **A.** 200 000 ○ **B.** 500 000 ○ **C.** 2 millions ○ **D.** 4 millions

224 **En 2019, le premier pays producteur de cocaïne au monde est :**

- ○ **A.** Le Pérou
- ○ **B.** La Colombie
- ○ **C.** La Bolivie
- ○ **D.** L'Afghanistan

225 **En 2019, les trois premiers pays exportateurs d'armement sont, dans l'ordre décroissant :**

- ○ **A.** Les États-Unis, la Chine et la Russie
- ○ **B.** Les États-Unis, la Russie et la France
- ○ **C.** Les États-Unis, la Grande-Bretagne et la Russie
- ○ **D.** Les États-Unis, la France et la Russie

226 **En 2018, la première entreprise mondiale sur le marché des ventes d'armes est :**

- ○ **A.** Boeing
- ○ **B.** Lockheed Martin
- ○ **C.** Thalès
- ○ **D.** General Dynamics

227 **En 2018, le premier pays importateur d'armes est :**

- ○ **A.** La Chine
- ○ **B.** L'Arabie saoudite
- ○ **C.** L'Inde
- ○ **D.** Les Émirats arabes unis

228 **Le montant mensuel net du SMIC est, début 2022, d'environ :**

- ○ **A.** 1 050 €
- ○ **B.** 1 140 €
- ○ **C.** 1 302,64 €
- ○ **D.** 1 460 €

229 **La loi sur l'immigration de 2018 stipule qu'un étranger dispose, pour déposer sa demande d'asile une fois arrivée en France, de :**

- ○ **A.** Six mois
- ○ **B.** Trois mois
- ○ **C.** Deux mois
- ○ **D.** Un mois

230 **Début 2020, la part des femmes parmi l'ensemble des salariés rémunérés au SMIC est de :**

- ○ **A.** 44 %
- ○ **B.** 48 %
- ○ **C.** 58 %
- ○ **D.** 63 %

231 **En 2021, le Code de la justice pénale des mineurs est entré en vigueur. Le texte instaure une présomption de non-discernement. Quels mineurs sont concernés ?**

- ○ **A.** Les mineurs âgés de moins de 13 ans
- ○ **B.** Les mineurs âgés de moins de 15 ans
- ○ **C.** Les mineurs âgés de moins de 18 ans
- ○ **D.** Les mineurs âgés de moins de 18 ans sous consommation de stupéfiants

232 **L'équivalent chinois des GAFA se nomme les BATX pour :**

- ○ **A.** Baobao, Alibaba, Tianjin et Xiaomi
- ○ **B.** Baidu, Adidas, Tienanmen et Xi
- ○ **C.** Baidu, Alibaba, Tencent et Xiaomi
- ○ **D.** Baolian, Aliou, Triumph et Xian

233 **Qui est, au 1er janvier 2020, le président du Sénat français ?**

- ○ **A.** Laurent Fabius
- ○ **B.** Gérard Larcher
- ○ **C.** Christian Poncelet
- ○ **D.** Jean-Pierre Bel

234 **Qui est, au 1er janvier 2020, le ministre de l'Europe et des Affaires étrangères en France ?**

- ○ **A.** Bruno Le Maire
- ○ **B.** Jean-Marc Ayrault
- ○ **C.** Jean-Yves Le Drian
- ○ **D.** Laurent Fabius

235 **Qui est, au 1er janvier 2020, le ministre de l'Éducation nationale et de la Jeunesse en France ?**

- ○ **A.** Jean-Michel Blanquer
- ○ **B.** Geneviève Fioraso
- ○ **C.** François Goulard
- ○ **D.** Thierry Mandon

236 **Selon le magazine *Forbes*, quelle est la première fortune française en 2020?**

- ○ **A.** Bernard Arnault
- ○ **B.** François Pinault
- ○ **C.** Gérard Mulliez
- ○ **D.** Françoise Bettencourt-Meyers et sa famille

237 **Lorsqu'un accident important survient sur le territoire français, mobilisant beaucoup d'équipes de soins, il est le plus souvent actionné :**

- ○ **A.** Le plan rouge
- ○ **B.** Le plan blanc
- ○ **C.** Le plan noir
- ○ **D.** Le plan ORSEC

238 **La taxe sur les produits pétroliers représente en 2020 en France, en pourcentage des recettes du budget :**

○ **A.** 5% ○ **B.** 9% ○ **C.** 13% ○ **D.** 16%

239 **En 2018, le premier pays producteur d'opium au monde est :**

- ○ **A.** L'Inde
- ○ **B.** La Chine
- ○ **C.** L'Afghanistan
- ○ **D.** La Birmanie

240 **Quand la vitesse maximale à 80 km/h sur routes bidirectionnelles sans séparateur central a-t-elle été mise en vigueur?**

- ○ **A.** Été 2017
- ○ **B.** Janvier 2018
- ○ **C.** Été 2018
- ○ **D.** Janvier 2019

241 **En 2019, la part du commerce extérieur français réalisée avec les pays de l'Union européenne est de :**

○ **A.** 39% ○ **B.** 45% ○ **C.** 59% ○ **D.** 66%

242 **En quel rang est, en 2019, la France dans le commerce mondial de biens?**

○ **A.** 5e ○ **B.** 8e ○ **C.** 11e ○ **D.** 15e

243 **Le Bitcoin est une cryptomonnaie lancée en :**

○ **A.** 2005 ○ **B.** 2009 ○ **C.** 2012 ○ **D.** 2017

244 **La détention provisoire des mineurs est réglementée par le Code de la justice pénale des mineurs de 2021. Dans quel cas n'est-elle pas possible ?**

- ○ **A.** Si le mineur a agi sous usage de stupéfiants
- ○ **B.** Si le mineur encourt une peine d'emprisonnement d'une durée égale ou supérieure à trois ans
- ○ **C.** Si le mineur s'est volontairement soustrait aux obligations d'un contrôle judiciaire ou d'une assignation à résidence avec surveillance électronique
- ○ **D.** Si le mineur encourt une peine criminelle

245 **Le « S » de la « fiche S », qui est la fiche d'une personne recherchée, signifie :**

- ○ **A.** Sécurité intérieure
- ○ **B.** Suivi
- ○ **C.** Sûreté de l'État
- ○ **D.** Salafiste

246 **Suite au mouvement des « Gilets jaunes », une revendication s'est affirmée concernant le RIC. Le RIC est l'acronyme de :**

- ○ **A.** Réforme pour l'initiative des citoyens
- ○ **B.** Référendum d'initiative citoyenne
- ○ **C.** Réforme pour l'indépendance citoyenne
- ○ **D.** Référendum d'intérêt collectif

247 **À quel rang est la première fortune française dans le monde en 2019?**

○ **A.** 1er ○ **B.** 6e ○ **C.** 12e ○ **D.** 21e

248 **En marge de la commémoration du centenaire de l'armistice de 1918, s'est tenue une conférence internationale à Paris. Quelle était-elle?**

○ **A.** La conférence des réconciliations
○ **B.** La Convention sur la paix dans le monde
○ **C.** L'Assemblée générale pour un monde en paix
○ **D.** Le Forum de Paris sur la paix

249 **Quel est l'âge d'ouverture des droits à la retraite en France, début 2022 ?**

○ **A.** 60 ans ○ **B.** 62 ans ○ **C.** 64 ans ○ **D.** 67 ans

250 **Quelle est la durée moyenne espérée de retraite pour les hommes et pour les femmes en France, début 2022 ?**

○ **A.** 19 ans et 24 ans
○ **B.** 23 ans et 27 ans
○ **C.** 25 ans et 29 ans
○ **D.** 34 ans et 37 ans

251 **Quel grand groupe français a été mis en examen pour corruption dans l'affaire des ports africains?**

○ **A.** Bolloré ○ **B.** Altice ○ **C.** LVMH ○ **D.** Danone

252 **En janvier 2019 débute le procès du primat des Gaules et de son entourage pour « non-dénonciation d'abus sexuels ». Qui est le primat des Gaules?**

○ **A.** Le cardinal archevêque de Lyon
○ **B.** L'archevêque de Paris
○ **C.** L'archevêque de Reims
○ **D.** Le cardinal archevêque de Marseille

253 **Le 1er janvier 2022, le CSA (Conseil supérieur de l'audiovisuel) et Hadopi disparaissent. Quelle entité les remplace ?**

○ **A.** L'Autorité de régulation de la communication audiovisuelle et numérique
○ **B.** L'Agence pour l'audiovisuel
○ **C.** L'Autorité supérieure de l'audiovisuel
○ **D.** L'Agence de régulation de l'audiovisuel

254 **Le 1er janvier 2022, une disposition particulière concernant la contraception est mise en place en France. Laquelle ?**

○ **A.** La gratuité de la contraception aux jeunes femmes de moins de 20 ans
○ **B.** La gratuité de la consultation d'un prescripteur de moyens contraceptifs pour les jeunes femmes de moins de 20 ans
○ **C.** La gratuité de la contraception aux jeunes femmes de moins de 25 ans
○ **D.** La gratuité totale de la « pilule du lendemain » pour les jeunes femmes de moins de 25 ans

Actualité internationale

→ **Retrouvez le corrigé de cette série page 699.**

255 Pourquoi le gouvernement espagnol a-t-il fait usage pour la première fois, en 2017, de l'article 155 de la Constitution?

- ○ **A.** Pour approuver le Brexit
- ○ **B.** Pour dissoudre le Parlement espagnol et convoquer de nouvelles élections
- ○ **C.** Pour reprendre le contrôle sur la Catalogne après sa déclaration d'indépendance
- ○ **D.** Pour se désolidariser de la monarchie espagnole dont certains membres de la famille royale ont été condamnés par la justice

256 Le président des États-Unis, Donald Trump, a déplacé l'ambassade américaine en Israël. De quelle ville à quelle ville?

- ○ **A.** De Jérusalem à Tel-Aviv
- ○ **B.** De Beyrouth à Jérusalem
- ○ **C.** De Beyrouth à Tel-Aviv
- ○ **D.** De Tel-Aviv à Jérusalem

257 Amazon a décidé de déplacer son siège social de Seattle à :

- ○ **A.** New York
- ○ **B.** Washington
- ○ **C.** Los Angeles
- ○ **D.** New York et Washington

258 Qui a été élu, pour *Time Magazine*, personnage de l'année 2019 ?

- ○ **A.** Donald Trump
- ○ **B.** Xi Jinping
- ○ **C.** Greta Thunberg
- ○ **D.** Le pape François

259 En 2021, l'Allemagne a célébré le 150e anniversaire d'une date importante de son histoire. Laquelle ?

- ○ **A.** La première unification allemande
- ○ **B.** La seconde unification allemande
- ○ **C.** La mort de Karl Marx
- ○ **D.** La naissance d'Albert Einstein

260 Quel pays européen a récemment supprimé de sa Constitution le délit de blasphème?

- ○ **A.** L'Irlande
- ○ **B.** Le Royaume-Uni
- ○ **C.** Le Danemark
- ○ **D.** L'Espagne

261 Quelle ONG a retiré son prix à Aung San Suu Kyi?

- ○ **A.** Oxfam
- ○ **B.** Amnesty International
- ○ **C.** Human Right Watch
- ○ **D.** Reporters sans frontières

262 En juillet 2020, un important barrage, le grand barrage de la Renaissance, a été mis en eau. Où se situe-t-il ?

- ○ **A.** En Égypte
- ○ **B.** En Somalie
- ○ **C.** En Éthiopie
- ○ **D.** Au Soudan

263 Quel pays a décidé, en octobre 2021, de faire perdre six zéros à sa monnaie ?

- ○ **A.** Le Zimbabwe
- ○ **B.** Le Pérou
- ○ **C.** L'Indonésie
- ○ **D.** Le Venezuela

264 Quel est le nouveau nom de la Macédoine après le référendum de 2018?

- ○ **A.** Macédoine du Nord
- ○ **B.** Macédonie
- ○ **C.** Nouvelle Macédoine
- ○ **D.** Macédonia

265 **Qui est la ou le nouveau secrétaire général de l'Organisation internationale de la francophonie (OIF) ?**

- ○ **A.** Louise Mushikiwabo
- ○ **B.** Michaëlle Jean
- ○ **C.** Sidiki Kaba
- ○ **D.** Michaëlle Jean

266 **Combien de kilomètres mesure le plus long pont maritime au monde, inauguré en Chine le mardi 23 octobre 2018 ?**

- ○ **A.** 35 kilomètres
- ○ **B.** 45 kilomètres
- ○ **C.** 55 kilomètres
- ○ **D.** 63 km

267 **En 2021, l'Irlande commémore sa partition. Quand a-t-elle eu lieu ?**

- ○ **A.** 1721
- ○ **B.** 1821
- ○ **C.** 1921
- ○ **D.** 1971

268 **En août 2021, la Chine a expérimenté un nouveau type de missile. Lequel ?**

- ○ **A.** Un missile à capacité nucléaire lancé depuis un satellite
- ○ **B.** Un missile à capacité nucléaire hypersonique qui a fait le tour de la Terre en orbite basse
- ○ **C.** Un missile indétectable par la technologie actuellement disponible
- ○ **D.** Un missile qui pénètre dans le sol et explose en profondeur

269 **Le hashtag BalanceTonPorc :**

- ○ **A.** A été créé en France par la journaliste Sandra Muller
- ○ **B.** A été créé au Canada par Tarana Burke
- ○ **C.** Est né avant le lancement de la campagne MeToo aux États-Unis
- ○ **D.** A poursuivi en justice le producteur américain Harvey Weinstein

270 **Les Britanniques ont voté pour le Brexit :**

- ○ **A.** Le 15 février 2016
- ○ **B.** Le 23 juin 2016
- ○ **C.** Le 5 février 2017
- ○ **D.** Le 20 novembre 2017

271 **Le vice-président de Barack Obama était :**

- ○ **A.** Joe Biden
- ○ **B.** Hillary Clinton
- ○ **C.** Al Gore
- ○ **D.** Walter Mondale

272 **Le « Pacte mondial pour des migrations sûres, ordonnées et régulières » se nomme également :**

- ○ **A.** Le pacte de Lisbonne
- ○ **B.** Le pacte de Lampedusa
- ○ **C.** Le pacte de Gibraltar
- ○ **D.** Le pacte de Marrakech

273 **Le prix Sakharov a été décerné en 2019 :**

- ○ **A.** Au chef indien Raoni, défenseur des peuples indigènes
- ○ **B.** Aux jeunes filles kenyanes qui ont créé une application pour combattre l'excision en Afrique
- ○ **C.** À trois personnalités brésiliennes engagées pour la défense des minorités et de l'environnement
- ○ **D.** À l'économiste et militant des droits de l'homme ouïgour Ilham Tohti

274 **En décembre 2016, le réseau de satellites européen fut jugé opérationnel. Quel est le nom de ce réseau ?**

- ○ **A.** Galileo
- ○ **B.** Europe by Satellite
- ○ **C.** Sentinel
- ○ **D.** EuroPS

275 **Le principal parti kurde présent en Turquie est le :**

○ **A.** HPK ○ **B.** KKK ○ **C.** KPK ○ **D.** PKK

276 **Qu'appelle-t-on le « groupe Wagner » ?**

○ **A.** Un groupe d'opposants à Vladimir Poutine
○ **B.** Le groupe formé par les pays désirant intégrer l'Union européenne
○ **C.** Le groupe des pays germanophones au sein de l'Union européenne
○ **D.** Un groupe paramilitaire russe

277 **Quel est le nom du parti de Vladimir Poutine qui a triomphé aux élections législatives en Russie?**

○ **A.** Russie Unie
○ **B.** Russie Juste
○ **C.** KPRF (Parti communiste de la Fédération de Russie)
○ **D.** Russie à nous

278 **En 2022, plusieurs pays sont officiellement candidats pour entrer dans l'Union européenne. Lesquels ?**

○ **A.** La Bosnie-Herzégovine, le Kosovo, l'Albanie, la Macédoine du Nord, le Monténégro et la Serbie
○ **B.** L'Albanie, la Macédoine du Nord, le Monténégro, la Serbie et la Turquie
○ **C.** La Serbie et la Turquie
○ **D.** L'Albanie, la Macédoine du Nord, le Monténégro et la Serbie

279 **En octobre 2021, le Premier ministre japonais annonce qu'une solution sera adoptée, en 2023, pour faire disparaître les eaux contaminées de la centrale nucléaire de Fukushima. Quelle est cette solution ?**

○ **A.** La vaporisation
○ **B.** L'enfouissement dans une nappe phréatique
○ **C.** Le retraitement et l'utilisation à des fins industrielles
○ **D.** Le rejet dans la mer

280 **Le nouveau secrétaire général des Nations unies est :**

○ **A.** Mario Soares
○ **B.** Antonio Costa
○ **C.** Antonio Guterres
○ **D.** José Socrates

281 **Quel est le nom du (ou de la) président(e) de la Commission européenne ?**

○ **A.** Le Français Thierry Breton
○ **B.** L'Allemande Ursula von der Leyen
○ **C.** L'Italien Matteo Salvini
○ **D.** L'Espagnol Mariano Rajoy

282 **En octobre 2021 est célébré en France le 100e anniversaire de l'ouverture des relations diplomatiques avec un État. Lequel ?**

○ **A.** La Turquie ○ **B.** Le Vatican ○ **C.** La Suisse ○ **D.** La Grèce

283 **La Chine a lancé, en avril 2017 :**

○ **A.** La première fusée avec un astronaute à bord
○ **B.** Le premier robot chinois sur la lune
○ **C.** Le premier sous-marin nucléaire construit sur son sol
○ **D.** Le premier porte-avions construit sur son sol

284 **En 2022, quel est le rang de la France dans le monde en termes de superficie totale de ses zones économiques exclusives (ZEE) ?**

○ **A.** 1 ○ **B.** 2 ○ **C.** 5 ○ **D.** 7

285 **Boko Haram est :**

- ○ **A.** Un mouvement insurrectionnel et terroriste d'origine salafiste djihadiste originaire du Nigéria
- ○ **B.** Le nom de l'actuel président du Mali
- ○ **C.** Le nom donné à un groupe de musique originaire de la Côte d'Ivoire
- ○ **D.** Une population nomade du Sahara

286 **Le président américain Donald Trump est le leader nord-coréen Kim Jong-un se sont rencontrés en juin 2018 :**

- ○ **A.** À Hong Kong
- ○ **B.** À Singapour
- ○ **C.** À Taïwan
- ○ **D.** Aux îles Hawaï

287 **En mai 2018, a été dissous l'ETA ; l'ETA désigne :**

- ○ **A.** Un mouvement terroriste asiatique
- ○ **B.** Un mouvement indépendantiste basque espagnol
- ○ **C.** Un parti d'opposition radicale au gouvernement en place en Éthiopie
- ○ **D.** Un groupe anarchiste sud-américain

288 **Quelle femme a été réélue, en novembre 2021, à la direction générale de l'Unesco ?**

- ○ **A.** Audrey Azoulay
- ○ **B.** Irina Bokova
- ○ **C.** Gina Casar
- ○ **D.** Barrie Lynne Freeman

289 **Le conflit commercial entre les États-Unis et la Chine, exacerbé en 2018, porte essentiellement sur :**

- ○ **A.** Les matières premières stratégiques
- ○ **B.** Le gaz et le pétrole
- ○ **C.** L'acier et l'aluminium
- ○ **D.** Le spatial et l'aéronautique

290 **L'extraterritorialité de la justice américaine signifie que :**

- ○ **A.** La justice américaine peut être saisie par des entreprises étrangères pour des faits commis sur le sol américain
- ○ **B.** La justice américaine s'applique pour les filiales des entreprises américaines implantées à l'étranger
- ○ **C.** La justice américaine peut poursuivre des entreprises étrangères pour des faits commis hors du territoire des États-Unis, à condition que ces entreprises aient un lien avec les États-Unis
- ○ **D.** La justice américaine peut poursuivre des entreprises étrangères pour des faits commis hors du territoire des États-Unis, même si ces entreprises n'ont pas de lien avec les États-Unis

291 **Dans la gestion des questions migratoires, un « *hotspot* » désigne :**

- ○ **A.** Un lieu d'identification et d'enregistrement des migrants
- ○ **B.** Un lieu de rétention des migrants avant recours à une procédure judiciaire
- ○ **C.** Un lieu de secours humanitaires des migrants
- ○ **D.** Un lieu d'enfermement des migrants avant le renvoi dans leur pays d'origine

292 **Le groupe de Visegrád est :**

- ○ **A.** Un groupe de pays adoptant une politique très large d'intégration des migrants
- ○ **B.** Un groupe de pays désirant se séparer de l'Union européenne
- ○ **C.** Un groupe de pays désireux de recréer un espace communiste en Europe
- ○ **D.** Un groupe informel réunissant la Hongrie, la Pologne, la République tchèque et la Slovaquie

293 **Quel est le nom du dernier président de l'Afrique du Sud du temps de l'apartheid, décédé en novembre 2021 ?**

- ○ **A.** Pieter W. Botha
- ○ **B.** Nelson Mandela
- ○ **C.** Jacob Zuma
- ○ **D.** Frederik de Klerk

294 **Qui est, début 2022, président de l'Afrique du Sud ?**

- ○ **A.** Cyril Ramaphosa
- ○ **B.** Jacob Zuma
- ○ **C.** Kgalema Motlanthe
- ○ **D.** Zanele Mbeki

295 **En 2021, quel pays africain a le PIB global le plus élevé ?**

- ○ **A.** L'Afrique du Sud
- ○ **B.** L'Algérie
- ○ **C.** L'Égypte
- ○ **D.** Le Nigeria

296 **En novembre 2021 a débuté la mission américaine spatiale DART. Quel est son objectif ?**

- ○ **A.** Participer à la construction d'une station internationale avec les Européens et les Japonais
- ○ **B.** Tenter de modifier la trajectoire d'un astéroïde en s'y écrasant
- ○ **C.** Positionner en orbite haute un satellite militaire de détection des sous-marins ennemis
- ○ **D.** Construire une plateforme en orbite haute servant de relais pour de futures navettes se dirigeant vers la Lune

297 **À ce jour, quelle transformation sociale n'a pas encore été engagée en Arabie saoudite ?**

- ○ **A.** Le port de la minijupe
- ○ **B.** Le droit de conduire pour les femmes
- ○ **C.** Le droit d'entrer dans un café
- ○ **D.** La réouverture des salles de cinéma

298 **Au début de l'épidémie du coronavirus apparu à Wuhan en Chine, un médecin, mort de la maladie, a lancé l'alerte. De qui s'agit-il ?**

- ○ **A.** Li Wenliang
- ○ **B.** Zhang Pei
- ○ **C.** Rong Xiaoli
- ○ **D.** Wang Li

299 **Quelle œuvre le président chinois Xi Jinping souhaite-t-il adapter à la ligne du Parti communiste ?**

- ○ **A.** La Convention des droits de l'enfant
- ○ **B.** La Charte de l'ONU
- ○ **C.** La Déclaration universelle des droits de l'homme
- ○ **D.** La Bible

300 **Qu'appelle-t-on, aux États-Unis, les « Dreamers » ?**

- ○ **A.** Les salariés des très grandes entreprises du numérique et travaillant notamment sur l'intelligence artificielle
- ○ **B.** Des jeunes arrivés illégalement aux États-Unis avant l'âge de 16 ans, mais qui bénéficient d'un statut particulier depuis 2012
- ○ **C.** Des jeunes issus du mouvement hippie des années 1970
- ○ **D.** Un mouvement de Noir américain qui s'inscrit dans la lignée de la démarche du pasteur Martin Luther King

301 **Le nombre des « Dreamers », c'est-à-dire des Américains arrivés avant l'âge de 16 ans, mais disposant d'un statut qui les protège, s'élève en 2018 à environ :**

- ○ **A.** 200 000
- ○ **B.** 400 000
- ○ **C.** 800 000
- ○ **D.** 1 400 00

302 **Qu'est-ce que le programme américain dénommé DACA?**

- ○ **A.** Il s'agit d'un programme de régularisation temporaire des enfants et des jeunes adultes en situation irrégulière, sous certaines conditions, mis en place en 2012
- ○ **B.** Il s'agit d'un programme de protection sociale des personnes âgées
- ○ **C.** Il s'agit du programme de don de bons alimentaires pour les personnes nécessiteuses
- ○ **D.** Il s'agit d'un programme de défense atomique du sol américain implanté dans l'océan Pacifique pour se protéger d'éventuelles attaques de la Corée du Nord

303 **Le principal pollueur de l'atmosphère au monde est :**

- ○ **A.** La Chine
- ○ **B.** L'Inde
- ○ **C.** Les États-Unis
- ○ **D.** L'Union européenne

304 **Le dalaï-lama Tenzin Gyatso, intronisé en 1950 :**

- ○ **A.** A été reconnu comme le chef spirituel du bouddhisme tibétain par le gouvernement de Pékin dès 1950
- ○ **B.** Vit en exil au Népal
- ○ **C.** A obtenu le prix Nobel de la paix en 1989
- ○ **D.** A fait plusieurs années de prison en Chine dans les années 1950

305 **En 1996, les Taïwanais ont élu une femme à la présidence. Il s'agit de :**

- ○ **A.** Madame Park
- ○ **B.** Madame Tchang Kai-chek
- ○ **C.** Madame Tsai
- ○ **D.** Madame Xi

306 **Lors d'élections tenues en Turquie en 2018, un recensement a été effectué des communautés turques présentes dans l'Union européenne. Où se trouve la première communauté?**

- ○ **A.** En Allemagne
- ○ **B.** En France
- ○ **C.** Aux Pays-Bas
- ○ **D.** En Belgique

307 **Zika est :**

- ○ **A.** Un virus dangereux
- ○ **B.** Une région du Nigéria
- ○ **C.** Une danse brésilienne
- ○ **D.** Une marque de cosmétiques

308 **Les Panama papers sont :**

- ○ **A.** Les documents révélant des fortunes cachées de nombreuses personnalités
- ○ **B.** Les documents relatifs aux techniques d'évasion fiscale
- ○ **C.** Les documents relatifs au statut du canal de Panama
- ○ **D.** Des documents compromettants révélés par les États-Unis afin de faire tomber le président du Panama

309 **Le premier Président américain à être allé à Hiroshima a été :**

- ○ **A.** Bush (père)
- ○ **B.** Bush (fils)
- ○ **C.** Obama
- ○ **D.** Trump

310 **FARC est l'acronyme de :**

- ○ **A.** Force alternative révolutionnaire commune
- ○ **B.** Forces armées révolutionnaires de Colombie
- ○ **C.** Fédération des armées révolutionnaires de Colombie
- ○ **D.** Front armé pour une République colombienne

311 **La nouvelle présidente de l'Organisation internationale de la Francophonie est :**

- ○ **A.** Rwandaise et anglophone
- ○ **B.** Une ancienne Premier ministre du Nigéria
- ○ **C.** Diplômée de l'université de Paris I en lettres classiques
- ○ **D.** Une ancienne sportive de haut niveau

312 **À La Havane, en août 2016, les FARC et les autorités colombiennes :**

- ○ **A.** Constatent un désaccord profond, ce qui relance la guérilla dans le pays
- ○ **B.** Décident d'engager un processus de scission du territoire de la Colombie entre deux provinces indépendantes
- ○ **C.** Signent un cessez-le-feu définitif
- ○ **D.** S'engagent à lutter efficacement contre la plantation de coca et le trafic de drogue

313 **En août 2016, est destitué au Brésil :**

- ○ **A.** Le Président Lula
- ○ **B.** Le Président Duterte
- ○ **C.** La Présidente Perón
- ○ **D.** La Présidente Roussef

314 **En novembre 2021, Joe Biden a nommé le président de la banque centrale américaine pour un second mandat.. Quel est son nom ?**

- ○ **A.** Janet Yellen
- ○ **B.** Lael Brainard
- ○ **C.** Jerome Powell
- ○ **D.** Larry Summers

315 **Fidel Castro a gouverné Cuba de :**

- ○ **A.** 1948 à 2000
- ○ **B.** 1959 à 2008
- ○ **C.** 1963 à 2016
- ○ **D.** 1972 à 2014

316 **Le mandat du secrétaire général de l'ONU est de :**

- ○ **A.** 3 ans
- ○ **B.** 4 ans
- ○ **C.** 5 ans
- ○ **D.** 6 ans

317 **Il y a 100 ans, en 1918, quel virus meurtrier a frappé le monde et particulièrement l'Europe à peine sortie de la guerre?**

- ○ **A.** La peste noire
- ○ **B.** La grippe espagnole
- ○ **C.** La variole
- ○ **D.** La tuberculose

318 **Le JEFTA désigne :**

- ○ **A.** Un traité de défense de l'archipel japonais par l'armée américaine
- ○ **B.** Un accord de coopération économique entre le Japon et l'Australie
- ○ **C.** Un accord relatif à l'utilisation des satellites lancés par le Japon et l'Union européenne par les deux entités
- ○ **D.** Un accord de libre-échange entre le Japon et l'Union européenne adopté en 2017

319 **Liu Xiaobo est :**

- ○ **A.** Le nom du Premier ministre du Président chinois Xi Jinping
- ○ **B.** Un dissident chinois, prix Nobel de la paix, libéré de prison par le gouvernement chinois quelques jours avant de mourir
- ○ **C.** Le propriétaire de l'entreprise chinoise Alibaba
- ○ **D.** La plus grande fortune chinoise installée à l'étranger

320 **Mohamed ben Salman Al Saoud est :**

- ○ **A.** Le roi d'Arabie saoudite depuis juin 2016
- ○ **B.** Le prince héritier et le vice-Premier ministre d'Arabie saoudite depuis juin 2017
- ○ **C.** Une branche contestataire du roi d'Arabie saoudite
- ○ **D.** Le président du PSG

321 **Le 31 décembre 2018, les États-Unis et Israël quittent :**

- ○ **A.** L'OMC
- ○ **B.** L'Unesco
- ○ **C.** L'Unicef
- ○ **D.** L'OMS

322 **Suite au Brexit, Amsterdam accueille :**

- ○ **A.** L'Agence bancaire européenne
- ○ **B.** L'Autorité des assurances
- ○ **C.** L'Agence européenne des médicaments
- ○ **D.** L'Organisation européenne des syndicats

323 **Julian Assange :**

- ○ **A.** Est un cyber militant australien naturalisé colombien, en décembre 2007.
- ○ **B.** Est connu comme porte-parole de WikiLeaks
- ○ **C.** A vécu pendant plusieurs années réfugié à l'ambassade du Venezuela à Londres
- ○ **D.** À pirater pendant de nombreuses années les serveurs de la CIA, du FBI de la Maison-Blanche à Washington

324 **Le président actuel de Cuba est :**

- ○ **A.** Raul Castro
- ○ **B.** Miguel Diaz-Canel
- ○ **C.** Eduardo Chibas
- ○ **D.** Jose Miro Cardona

325 **En 2021, quel a été le taux de natalité en Chine ?**

○ **A.** 8,2 ‰ ○ **B.** 12,4 ‰ ○ **C.** 16,6 ‰ ○ **D.** 24,2 ‰

326 **En 2019, quel est le pourcentage de la nourriture produite dans le monde qui est jetée?**

○ **A.** 5% ○ **B.** 15% ○ **C.** 25% ○ **D.** 40%

327 **Début 2019, combien d'États sont membres de la zone euro?**

○ **A.** 15 ○ **B.** 19 ○ **C.** 21 ○ **D.** 25

328 **Le «*name and shame*» est :**

- ○ **A.** Un procédé de dénonciation des entreprises qui ne respectent pas des recommandations ou des dispositions légales
- ○ **B.** Une réglementation visant à traduire en français les noms des entreprises
- ○ **C.** Une pratique discriminatoire à l'embauche, car elle utilise le nom de la personne comme mode de sélection
- ○ **D.** La possibilité pour une femme mariée de conserver comme nom d'usage son nom de jeune fille

329 **La grippe espagnole qui a frappé le monde en 1918 a tué :**

- ○ **A.** 20 millions de personnes
- ○ **B.** 30 millions de personnes
- ○ **C.** 40 millions de personnes
- ○ **D.** 50 millions de personnes

330 **Quel pays a retiré la citoyenneté d'honneur à la dirigeante birmane Aung San Suu Kyi?**

○ **A.** États-Unis ○ **B.** Canada ○ **C.** Laos ○ **D.** Israël

331 **Qui a été nommé à la tête de l'organisation Interpol en novembre 2021 ?**

- ○ **A.** Hu Binchen, ancien haut gradé de la sécurité publique chinoise
- ○ **B.** Sarka Havrankova, d'origine tchèque
- ○ **C.** Ahmed Naser Al-Raisi, général des Émirats arabes unis
- ○ **D.** Marie Arena, ex-présidente belge de la sous-commission des droits de l'homme du Parlement européen

332 **En octobre 2018, un nouveau président a été élu au Brésil; il s'agit de :**

- ○ **A.** Sergio Moro
- ○ **B.** Jair Bolsonaro
- ○ **C.** Delmas Rousseff
- ○ **D.** Michelle Bachelet

333 **Quel est, dans l'Union européenne, le pays qui a le plus haut niveau de dette publique en 2020?**

- ○ **A.** La Grèce
- ○ **B.** La France
- ○ **C.** Le Portugal
- ○ **D.** L'Italie

334 **Le classement « PISA » est relatif :**

- ○ **A.** À la réputation et à l'évaluation des sites touristiques
- ○ **B.** Aux performances des systèmes éducatifs
- ○ **C.** Aux restaurants italiens en France
- ○ **D.** À la place de la recherche et développement dans les pays de l'Union européenne

335 **Le Premier ministre du Royaume-Uni qui a conduit la procédure du Brexit est :**

- ○ **A.** David Cameron
- ○ **B.** Mathilda May
- ○ **C.** Theresa May
- ○ **D.** Jeremy Corbyn

336 **En Grande-Bretagne, deux partis dominent la vie politique :**

- ○ **A.** Le Parti démocrate et le Parti républicain
- ○ **B.** Le Parti travailliste et le Parti conservateur
- ○ **C.** Le Parti unioniste et le Parti conservateur
- ○ **D.** Le Parti travailliste et le Parti libéral

337 **Quelle affirmation est fausse?**

- ○ **A.** Les migrants des pays du Sud vont essentiellement dans les pays du Nord
- ○ **B.** Les États-Unis sont la première destination des migrants
- ○ **C.** Les migrants vont en majorité dans des pays voisins
- ○ **D.** Le Mexique et le premier pays de départ des migrants

338 **Le pacte de Marrakech, signé en décembre 2018, est :**

- ○ **A.** Un accord international prônant le libre-échange au niveau mondial
- ○ **B.** Un texte de l'ONU recensant des principes et des propositions pour aider les pays à faire face aux flux migratoires
- ○ **C.** Un texte adopté par le Maroc et les pays voisins afin de stabiliser la zone d'un point de vue politique
- ○ **D.** Un accord entre le Maroc et l'Union européenne afin de mettre en place une coopération entre leurs services secrets

339 **En Europe, et il y a des « *hotspots* » :**

- ○ **A.** En Italie
- ○ **B.** En Grèce
- ○ **C.** En Italie et en Grèce
- ○ **D.** En Espagne

340 **La France a installé un « *hotspot* » :**

- ○ **A.** En Libye
- ○ **B.** Au Niger
- ○ **C.** Au Tchad
- ○ **D.** En Algérie

341 **Les plus importantes réserves prouvées de pétrole dans le monde sont, en 2019 :**

- ○ **A.** En Iran
- ○ **B.** Au Venezuela
- ○ **C.** En Arabie saoudite
- ○ **D.** En Irak

342 **Les plus importantes réserves prouvées de gaz dans le monde sont, en 2019 :**

- ○ **A.** En Iran
- ○ **B.** En Russie
- ○ **C.** En Arabie saoudite
- ○ **D.** Aux États-Unis

343 **Les plus importantes réserves prouvées de gaz de schiste dans le monde seraient, en 2019 :**

- ○ **A.** En Chine
- ○ **B.** En Russie
- ○ **C.** En Arabie saoudite
- ○ **D.** Aux États-Unis

344 **La présidence de l'Union européenne est tournante ; elle reviendra à la France en :**

- ○ **A.** Juillet 2019
- ○ **B.** Juillet 2020
- ○ **C.** Janvier 2021
- ○ **D.** Janvier 2022

345 **Quel pays a présidé l'Union européenne au premier semestre 2020 ?**

- ○ **A.** La Bulgarie
- ○ **B.** L'Estonie
- ○ **C.** La Finlande
- ○ **D.** La Croatie

346 **Quel pays préside l'Union européenne au second semestre 2020 ?**

- ○ **A.** La Slovénie
- ○ **B.** La Finlande
- ○ **C.** L'Allemagne
- ○ **D.** La Croatie

347 **Aux États-Unis, le mariage homosexuel :**

- ○ **A.** Est interdit dans certains États
- ○ **B.** Est autorisé dans tous les États
- ○ **C.** Est interdit partout
- ○ **D.** Est interdit pour les migrants

348 **Chaque année se tient à Las Vegas un Salon important auquel participent beaucoup d'entreprises françaises ; il s'agit du :**

- ○ **A.** Consumer Electronics Show
- ○ **B.** Las Vegas Event International Tradeshow
- ○ **C.** Car Smart Energy Show
- ○ **D.** Vision Expo West

349 **En 2021, une île des Caraïbes devient une république et se détache de la couronne britannique. Quelle est cette île ?**

- ○ **A.** Sainte-Lucie
- ○ **B.** Montserrat
- ○ **C.** La Dominique
- ○ **D.** La Barbade

350 **Aung San Suu Kyi a été fortement critiquée en 2017 pour :**

- ○ **A.** Ses relations avec la Chine
- ○ **B.** Ses relations avec l'armée birmane
- ○ **C.** Ses relations avec les bouddhistes birmans
- ○ **D.** Ses prises de position à l'égard de la crise des Rohingyas

351 **Le déficit commercial américain vis-à-vis de la Chine était, en 2019, d'environ :**

- ○ **A.** 50 milliards de dollars
- ○ **B.** 150 milliards de dollars
- ○ **C.** 300 milliards de dollars
- ○ **D.** 375 milliards de dollars

352 **En 2019, la dette de l'État fédéral américain s'élève à :**

- ○ **A.** 63 % du PIB américain
- ○ **B.** 78 % du PIB américain
- ○ **C.** 105 % du PIB américain
- ○ **D.** 120 % du PIB américain

353 **Selon *The Economist*, quelle a été la ville la plus chère du monde en 2021 ?**

- ○ **A.** Paris
- ○ **B.** Singapour
- ○ **C.** Tel-Aviv
- ○ **D.** New York

354 **Le vice-président de Donald Trump est :**

- ○ **A.** Joe Biden
- ○ **B.** Mike Pence
- ○ **C.** Dick Cheney
- ○ **D.** Andrew Johnson

355 **Le plus puissant câble Internet sous-marin au monde, mis en place en 2018, relie :**

- ○ **A.** San Francisco, aux États-Unis, à Pékin, en Chine
- ○ **B.** Londres, en Grande-Bretagne, à New York, aux États-Unis
- ○ **C.** La Virginie, aux États-Unis, à Bilbao, en Espagne
- ○ **D.** Hong Kong, en Chine, à Singapour

356 **En décembre 2021, la Commission européenne a décidé le lancement d'un programme doté de 300 milliards d'euros nommé le « portail mondial ». De quoi s'agit-il ?**

- ○ **A.** D'un programme visant à contrer les « nouvelles routes de la soie » lancées par Xi Jinping en 2013
- ○ **B.** D'un programme visant à mettre en commun les recherches en matière de virologie et de bactériologie à travers le monde
- ○ **C.** D'un programme visant à protéger l'Union européenne d'attaques informatiques venant de pays extérieurs à l'UE
- ○ **D.** D'un programme visant à mettre en commun des dispositifs militaires au sein des pays membres de l'UE

357 **Selon l'ambassade de France à Londres, quel est le nombre de citoyens français vivant au Royaume-Uni au début de l'année 2020?**

○ **A.** 150 000 ○ **B.** 223 000 ○ **C.** 300 000 ○ **D.** 420 000

358 **Selon le magazine *Forbes*, quelle est la première fortune chinoise en 2019?**

- ○ **A.** Jack Ma, patron d'Alibaba
- ○ **B.** Ma Huateng, patron de Tencent
- ○ **C.** Lei Jun, patron de Xiaomi
- ○ **D.** Su Shulin, patron de Sinopec

359 **En 2021, les Nations unies ont publié une étude sur les transitions démographiques en Asie. En quelle année est prévu le pic de population en Inde ?**

○ **A.** 2030 ○ **B.** 2040 ○ **C.** 2050 ○ **D.** 2060

360 **Qu'est-ce que l'AKP?**

- ○ **A.** Le principal parti kurde présent en Turquie
- ○ **B.** Le nom du parti du président turc Erdoğan
- ○ **C.** Le parti turc d'opposition démocratique au président Erdoğan
- ○ **D.** L'acronyme des services secrets turcs

361 **Une tentative de coup d'État a eu lieu contre le régime d'Erdoğan en Turquie; elle s'est déroulée :**

- ○ **A.** Le 8 août 2015
- ○ **B.** Les 15 et 16 juillet 2016
- ○ **C.** Les 23 et 24 août 2017
- ○ **D.** Le 12 janvier 2018

362 **Erdoğan est devenu président de la Turquie après un référendum constitutionnel qui s'est tenu :**

- ○ **A.** Le 28 décembre 2016
- ○ **B.** Le 16 avril 2017
- ○ **C.** Le 29 septembre 2017
- ○ **D.** Le 10 janvier 2018

363 **Le classement PISA est publié régulièrement; «PISA» est l'acronyme de :**

- ○ **A.** Planification internationale des solutions alternatives
- ○ **B.** Program for International Student Assessment
- ○ **C.** Programme intérieur de sécurité active
- ○ **D.** Program for International Studies Abroad

364 **Le premier EPR (réacteur pressurisé européen) de la planète a été mis en fonctionnement en 2018 en :**

○ **A.** Finlande ○ **B.** Inde ○ **C.** Chine ○ **D.** France

365 **Qui est le président du Pérou élu en décembre 2021 ?**

- ○ **A.** José Antonio Kast
- ○ **B.** Sebastián Piñera
- ○ **C.** Gabriel Boric
- ○ **D.** Augusto Pinochet

366 **En juillet 2018, Andres Manuel Lopez Obrador a été élu :**

- ○ **A.** Président du Mexique, à la tête d'une coalition de droite
- ○ **B.** Président du Brésil, à la tête d'une coalition de gauche
- ○ **C.** Président du Mexique, à la tête d'une coalition de gauche
- ○ **D.** Président du Brésil, à la tête d'une coalition de droite

367 **Selon une étude publiée en décembre 2021 par les Nations unies, quel sera le trio de tête des pays les plus peuplés en 2100 ?**

- ○ **A.** Inde, Chine, États-Unis
- ○ **B.** Inde, Nigeria, Chine
- ○ **C.** Inde, Pakistan, Nigeria
- ○ **D.** Chine, Inde, Nigeria

368 **Qui a été élue, en janvier 2019, à la tête de la Chambre des représentants des États-Unis ?**

- ○ **A.** Kevin McCarthy
- ○ **B.** Nancy Pelosi
- ○ **C.** Robert Mueller
- ○ **D.** Paul Ryan

369 **Au XXe siècle, la température moyenne terrestre a augmenté de 0,6 °C. Elle est actuellement d'environ...**

- ○ **A.** 11 °C
- ○ **B.** 15 °C
- ○ **C.** 18,5 °C
- ○ **D.** 21,5 °C

370 **L'empreinte écologique calcule la surface terrestre utilisée par chacun pour satisfaire ses besoins. Si tous les terriens vivaient comme les Français, combien de planètes seraient nécessaires ?**

- ○ **A.** 6
- ○ **B.** 4
- ○ **C.** 3
- ○ **D.** 1,5

Actualité culturelle et sportive

→ **Retrouvez le corrigé de cette série page 704.**

371 Au 1er janvier 2019, quel est le dernier joueur de tennis français à avoir gagné un tournoi du Grand Chelem ?

- ○ **A.** Henri Leconte en 1986
- ○ **B.** Yannick Noah en 1983
- ○ **C.** Guy Forget en 1991
- ○ **D.** Yannick Noire en 1992

372 Fin 2019, une importante décision sportive a été prise concernant la Russie :

- ○ **A.** Les JO d'hiver 2026 se dérouleront en Russie
- ○ **B.** La Russie est exclue des Jeux olympiques 2020 et 2022 pour avoir falsifié des données de contrôle antidopage
- ○ **C.** La Coupe du monde de football se déroulera en Russie s'il n'est pas possible de la tenir au Qatar
- ○ **D.** Le Rallye Paris-Dakar se déroulera en Russie

373 Dans le classement de Shanghai 2021 des meilleures universités mondiales, quelle est la première institution française ?

- ○ **A.** HEC
- ○ **B.** INSEAD
- ○ **C.** Université Paris-1 Panthéon-Sorbonne
- ○ **D.** Université Paris-Saclay

374 Le titre de Miss Univers 2019 a été décerné à :

- ○ **A.** La représentante sud-africaine
- ○ **B.** La représentante brésilienne
- ○ **C.** La représentante chinoise
- ○ **D.** La représentante syrienne

375 2020 est une année importante dans le domaine de la musique ; il s'agit :

- ○ **A.** Du 250e anniversaire de la naissance de Beethoven
- ○ **B.** Du 200e anniversaire de la mort de Bach
- ○ **C.** Du 250e anniversaire de la mort de Beethoven
- ○ **D.** Du 200e anniversaire de la naissance de Bach

376 La Ryder Cup est :

- ○ **A.** Un tournoi de golf
- ○ **B.** Une course transatlantique en solitaire
- ○ **C.** Un rallye automobile africain
- ○ **D.** Un trophée au tennis

377 Quelle a été l'exposition la plus visitée de l'histoire en France ?

- ○ **A.** L'exposition « Toutankhamon, le trésor du Pharaon » qui s'est tenue en 2019
- ○ **B.** L'exposition des Icônes de l'art moderne, collection Chtchoukine de 2016
- ○ **C.** L'exposition « Toutankhamon et son temps » qui s'est tenue en 1967
- ○ **D.** L'exposition Claude Monet de 2010

378 Qui a remporté la Route du Rhum le 11 novembre 2018 ?

- ○ **A.** François Gabart
- ○ **B.** Francis Joyon
- ○ **C.** Alex Thompson
- ○ **D.** Florence Arthaud

379 **Pour rendre hommage aux victimes des attentats de novembre 2015, des œuvres d'art sont exposées dans le jardin des Champs-Élysées. Quelles sont-elles ?**

- ○ **A.** Les sculptures de la Dhuys
- ○ **B.** Les colonnes de Buren
- ○ **C.** Des œuvres de Rodin, dont Le Penseur
- ○ **D.** *Les Tulipes* de Jeff Koons

380 **Quel pays a remporté la coupe Davis face aux Français le 25 novembre 2018?**

- ○ **A.** Les États-Unis
- ○ **B.** La Croatie
- ○ **C.** L'Espagne
- ○ **D.** La Serbie

381 **Au terme de la saison de Formule 1, qui est consacré champion du monde 2019?**

- ○ **A.** Lewis Hamilton
- ○ **B.** Sebastian Vettel
- ○ **C.** Max Verstappen
- ○ **D.** Fernando Alonso

382 **Qui a gagné le prix Goncourt 2019 avec son roman *Tous les hommes n'habitent pas le monde de la même façon*?**

- ○ **A.** Nicolas Mathieu
- ○ **B.** Éric Vuillard
- ○ **C.** Jean-Paul Dubois
- ○ **D.** Jean D'Ormesson

383 **Quel est le nom de l'œuvre de Banksy partiellement détruite lors d'une vente aux enchères à Londres?**

- ○ **A.** *Girl with Balloon*
- ○ **B.** *Keep it Spotless*
- ○ **C.** *The Rude Lord*
- ○ **D.** *Fairy Tale*

384 **Comment s'appelle l'album posthume de Johnny Hallyday?**

- ○ **A.** *J'en parlerai au diable*
- ○ **B.** *Un enfant du siècle*
- ○ **C.** *Mon pays c'est l'amour*
- ○ **D.** *Une éternelle présence*

385 **Quelle est la seule ville qui a accueilli dans l'ère moderne les jeux Olympiques d'hiver et d'été ?**

- ○ **A.** Pékin
- ○ **B.** Milan
- ○ **C.** Montréal
- ○ **D.** Tokyo

386 **Quelle célèbre cathédrale espagnole a obtenu son permis de construire 136 ans après le début de sa construction?**

- ○ **A.** La Sagrada Familia à Barcelone
- ○ **B.** Saint-Jacques-de-Compostelle
- ○ **C.** La cathédrale de Plasencia
- ○ **D.** L'église Sainte-Anne à Séville

387 **Quelle est la particularité du tableau *Edmond de Belamy* vendu 432 500 $ aux enchères chez Christie's New York?**

- ○ **A.** C'est une œuvre réalisée par Donald Trump dans sa jeunesse
- ○ **B.** C'est le plus vieux tableau du monde
- ○ **C.** Il a été conçu par un programme d'intelligence artificielle
- ○ **D.** C'est une œuvre en format numérique

388 **Dans quel pays auront lieu les Jeux olympiques de la jeunesse en 2022?**

- ○ **A.** En Argentine
- ○ **B.** En Chine
- ○ **C.** Au Sénégal
- ○ **D.** En Indonésie

389 **Bernard Tapie est décédé en octobre 2021. Lorsqu'il était président de l'Olympique de Marseille, l'équipe a remporté une Coupe d'Europe des champions. Contre quelle équipe a-t-elle joué ?**

- ○ **A.** Juventus Turin
- ○ **B.** Real Madrid
- ○ **C.** Ajax Amsterdam
- ○ **D.** Milan AC

390 **Dans quel pays se déroulera l'Euro de football en 2024?**

- ○ **A.** En Turquie
- ○ **B.** Aux Pays-Bas
- ○ **C.** En Allemagne
- ○ **D.** En Suisse

391 **Quelle a été la particularité de la cérémonie d'ouverture des JO d'hiver à Pyeongchang?**

- ○ **A.** Les deux Corées ont allumé la vasque olympique ensemble
- ○ **B.** La flamme s'est éteinte à cause du vent
- ○ **C.** Elle a été annulée à cause du froid
- ○ **D.** Elle a été boycottée par les États-Unis

392 **À qui a été attribué le prix Nobel de la paix en 2021 ?**

- ○ **A.** Abdulrazak Gurnah
- ○ **B.** Syukuro Manabe, Klaus Hasselmann et Giorgio Parisi
- ○ **C.** Maria Ressa et Dmitri Mouratov
- ○ **D.** David Julius et Ardem Patapoutian

393 **À qui a été attribué le prix Nobel de littérature en 2021 ?**

- ○ **A.** Abdulrazak Gurnah
- ○ **B.** Syukuro Manabe, Klaus Hasselmann et Giorgio Parisi
- ○ **C.** Maria Ressa et Dmitri Mouratov
- ○ **D.** David Julius et Ardem Patapoutian

394 **Pour quel prix était connu Raymond Kopa, décédé le 3 mars 2017 à l'âge de 85 ans?**

- ○ **A.** Premier Ballon d'or français
- ○ **B.** Champion du monde de cyclisme sur route
- ○ **C.** Triple vainqueur du Tournoi des Six Nations
- ○ **D.** Six fois vainqueur du Tour de France cycliste

395 **Dans quel restaurant parisien sont attribués chaque année les Prix Goncourt et Renaudot?**

- ○ **A.** La Tour d'Argent
- ○ **B.** Chez Drouant
- ○ **C.** Le Procope
- ○ **D.** Le Jules Verne

396 **En septembre 2021, la plateforme Netflix diffuse dans le monde entier une série télévisée dramatique de survie sud-coréenne. Comment s'appelle-t-elle ?**

- ○ **A.** Squid Game
- ○ **B.** Square Game
- ○ **C.** Sweat Game
- ○ **D.** Soft Game

397 **Des chercheurs estiment avoir découvert une nouvelle espèce humaine qui vivait il y a plus de 50 000 ans. Comment est-elle dénommée ?**

- ○ **A.** L'homme de Luçon
- ○ **B.** La femme de Callao
- ○ **C.** *Philippinum Specie*
- ○ **D.** *Homo Islandus*

398 **Le prix Nobel d'économie se nomme en réalité :**

- ○ **A.** Le prix de la Banque de Suède en sciences économiques en mémoire d'Alfred Nobel
- ○ **B.** Le prix de la Banque de Finlande en sciences économiques en mémoire d'Alfred Nobel
- ○ **C.** Le prix de la Banque du Danemark en sciences économiques en mémoire d'Alfred Nobel
- ○ **D.** Le prix de la Banque de Norvège en sciences économiques en mémoire d'Alfred Nobel

399 **Les capitales européennes de la culture 2020 sont :**

- ○ **A.** Novi Sad et Elefsina
- ○ **B.** Wroclaw et Donostia
- ○ **C.** Plzen et Tallin
- ○ **D.** Rijeka et Galway

400 **Les capitales européennes de la culture 2021 sont :**

- ○ **A.** Plovdiv et Matera
- ○ **B.** Kaunas et Esch
- ○ **C.** Lyon et Berne
- ○ **D.** Strasbourg et Puig Cerda

401 **L'œuvre de Bansky « autodétruite » chez Sotheby's à Londres venait de se vendre à :**

- ○ **A.** 512 000 livres
- ○ **B.** 708 600 livres
- ○ **C.** 925 000 livres
- ○ **D.** 1,042 million de livres

402 **Quel élément a été inscrit à la liste du patrimoine culturel immatériel de l'humanité en 2018 ?**

- ○ **A.** Le jazz de La Nouvelle-Orléans
- ○ **B.** La fabrication des orgues en Allemagne
- ○ **C.** Le reggae de la Jamaïque
- ○ **D.** La musique du peuple lao

403 **Dans quelle ville est prévue de se dérouler l'Exposition universelle de 2020 ?**

- ○ **A.** Doha
- ○ **B.** Dubai
- ○ **C.** Médine
- ○ **D.** Téhéran

404 **Dans quelle ville est prévue de se dérouler l'Exposition universelle de 2025 ?**

- ○ **A.** Tokyo
- ○ **B.** Kyoto
- ○ **C.** Osaka
- ○ **D.** Kobé

405 **Quelle entreprise assurera la restauration collective des athlètes aux JO de Paris 2024 ?**

- ○ **A.** Sodexo
- ○ **B.** Compass Group
- ○ **C.** Newrest Wagons-Lits
- ○ **D.** Sogeres

406 **Elena Ferrante est une auteure italienne qui a écrit une saga familiale très populaire qui s'appelle :**

- ○ **A.** *L'amour perdu*
- ○ **B.** *L'amour harcelant*
- ○ **C.** *L'énigme*
- ○ **D.** *L'amie prodigieuse*

407 **Quelle est la part projetée du financement privé des JO de Paris 2024 ?**

- ○ **A.** 66 %
- ○ **B.** 74 %
- ○ **C.** 85 %
- ○ **D.** 97 %

408 **À quel film la Palme d'or du Festival de Cannes 2019 a-t-elle été décernée ?**

- ○ **A.** *Les Misérables*, de Ladj Ly
- ○ **B.** *Atlantique*, de Mati Diop
- ○ **C.** *Parasite*, de Bong Joon-ho
- ○ **D.** *Douleur et Gloire*, de Pablo Almodovar

409 **En octobre 2021 est célébré le 100e anniversaire de la naissance de Georges Brassens. Quelle chanson n'a-t-il pas composée ?**

- ○ **A.** *Les copains d'abord*
- ○ **B.** *La mauvaise réputation*
- ○ **C.** *Les amoureux des bancs publics*
- ○ **D.** *Douce France*

410 **En 2021 est sorti le 39e album d'Astérix. Quel est son titre ?**

- ○ **A.** *Astérix et le Griffon*
- ○ **B.** *Astérix et les Irréductibles*
- ○ **C.** *Astérix dans l'empire du Milieu*
- ○ **D.** *Astérix et Obélix : mission Cléopâtre*

411 **Qui a été le porte-drapeau de la délégation française aux Jeux olympiques de Pyeongchang ?**

- ○ **A.** Alexis Pinturault
- ○ **B.** Martin Fourcade
- ○ **C.** Simon Fourcade
- ○ **D.** Jason Lamy-Chappuis

412 **André Courrèges, décédé en 2016, était :**

- ○ **A.** Un romancier
- ○ **B.** Un créateur de mode
- ○ **C.** Un acteur de cinéma
- ○ **D.** Un homme politique

413 **Qu'est-ce que le Festival d'Angoulême ?**

- ○ **A.** Un festival de la bande dessinée
- ○ **B.** Un festival de courts métrages cinématographiques
- ○ **C.** Un festival de musiques traditionnelles des régions françaises
- ○ **D.** Un festival gastronomique spécialisé dans les pâtés

414 **La « trilogie berlinoise », considérée comme un des sommets de sa musique, a été produite et chantée par :**

- ○ **A.** Prince
- ○ **B.** Michael Jackson
- ○ **C.** Barry White
- ○ **D.** David Bowie

415 **Le président de la FIFA en 2018 est :**

- ○ **A.** Michel Platini
- ○ **B.** Noël Le Graët
- ○ **C.** Sepp Blatter
- ○ **D.** Gianni Infantino

416 **Le jeu Pokémon Go a été lancé :**

- ○ **A.** En juillet 2015
- ○ **B.** En juillet 2016
- ○ **C.** En janvier 2017
- ○ **D.** En juillet 2017

417 **Quel est le nom du premier Français à être devenu champion du monde de MotoGP en 2021 ?**

- ○ **A.** Francesco Bagnaia
- ○ **B.** Marc Marquez
- ○ **C.** Éric Mahé
- ○ **D.** Fabio Quartararo

418 **Quel pays a remporté en 2019 la Coupe du monde de football féminin ?**

- ○ **A.** L'Allemagne
- ○ **B.** Les Pays-Bas
- ○ **C.** Les États-Unis
- ○ **D.** L'Angleterre

419 **Pour faire venir le footballeur brésilien Neymar, le PSG a dû verser au FC Barcelone une prime de transfert de :**

- ○ **A.** 110 millions d'euros
- ○ **B.** 174 millions d'euros
- ○ **C.** 222 millions d'euros
- ○ **D.** 278 millions d'euros

420 **La France obtient l'organisation de la Coupe du monde de rugby en 2023, face à :**

- ○ **A.** L'Angleterre
- ○ **B.** L'Afrique du Sud
- ○ **C.** L'Argentine
- ○ **D.** La Nouvelle-Zélande

421 **En octobre 2021, l'OMS a recommandé l'utilisation à grande échelle du premier vaccin contre une maladie largement répandue dans le monde. Quelle est cette maladie ?**

- ○ **A.** Le paludisme
- ○ **B.** Le zika
- ○ **C.** La dengue
- ○ **D.** Le chikungunya

422 **Dans quelle ville est prévue de se dérouler l'Exposition spécialisée de 2023 ?**

- ○ **A.** Mar del Plata
- ○ **B.** Mexico
- ○ **C.** Asuncion
- ○ **D.** Buenos Aires

423 **Le dernier livre publié par Jean d'Ormesson se nomme :**

- ○ **A.** *Et moi, je vis toujours*
- ○ **B.** *Un hosanna sans fin*
- ○ **C.** *Je dirai malgré tout que cette vie fut belle*
- ○ **D.** *Un jour je m'en irai sans avoir tout dit*

424 **En finale de la Coupe du monde de football 2018, la France bat :**

- ○ **A.** La Belgique par 3-0
- ○ **B.** La Croatie par 4-2
- ○ **C.** La Belgique par 2-0
- ○ **D.** La Croatie par 4-1

425 **En octobre 2021, Mark Zuckerberg a annoncé le changement de nom du groupe Facebook (Facebook, Instagram, WhatsApp et Messenger). Quel est ce nouveau nom ?**

- ○ **A.** Portal
- ○ **B.** Universe
- ○ **C.** Meta

426 **Qui a obtenu le prix Goncourt 2019 ?**

- ○ **A.** Jean-Paul Dubois pour son livre *Tous les hommes n'habitent pas le monde de la même façon*
- ○ **B.** Laurent Binet pour *Civilizations*
- ○ **C.** Sylvain Tesson pour *La Panthère des neiges*
- ○ **D.** Luc Lang pour *La Tentation*

427 **Qu'est-ce que le « GHB » ?**

- ○ **A.** Le nom d'un variant de la Covid-19 qui a frappé l'Afrique tout au long de l'année 2021
- ○ **B.** Le nom de la nouvelle station spatiale chinoise en construction depuis 2021 dans l'espace
- ○ **C.** L'acronyme de la plus importante exoplanète découverte à ce jour
- ○ **D.** L'acronyme d'un psychotrope et puissant dépresseur du système nerveux central

428 **Quel footballeur reçoit le Ballon d'or 2019 ?**

- ○ **A.** Lionel Messi
- ○ **B.** Cristiano Ronaldo
- ○ **C.** Luka Modric
- ○ **D.** Neymar

429 **Le prix Sakharov est attribué par :**

- ○ **A.** Le Parlement européen
- ○ **B.** L'ONU
- ○ **C.** La fondation Nobel
- ○ **D.** Le Congrès américain

430 **Quel film français a réalisé le plus d'entrées en 2019 ?**

- ○ **A.** *Qu'est-ce qu'on a encore fait au Bon Dieu ?*
- ○ **B.** *Le Roi Lion*
- ○ **C.** *La Reine des neiges 2*
- ○ **D.** *Parasite*

431 **Aux Golden Globes 2019, le prix du meilleur film a été décerné à :**

- ○ **A.** *Green Book : sur les routes du Sud*, de Peter Farrelly
- ○ **B.** *Bohemian Rhapsody*, de Bryan Singer
- ○ **C.** *Roma*, d'Alfonso Cuaron
- ○ **D.** *The Americans*, une série américaine

432 **En octobre 2021, une enquête du Consortium international des journalistes d'investigation (ICIJ) révèle des informations sur les secrets de la finance offshore et met en cause des centaines de personnalités dans de nombreux pays. Comment se nomme cette enquête ?**

- ○ **A.** Panama Papers
- ○ **B.** Pandora Papers
- ○ **C.** Swiss Leaks
- ○ **D.** Ocean Leaks

433 **En 2021, le prix Nobel de médecine est décerné aux Américains David Julius et Ardem Patapoutian. Pour quels travaux ont-ils été récompensés ?**

- ○ **A.** Le vaccin contre la Covid-19
- ○ **B.** L'identification du virus responsable de la sclérose en plaques
- ○ **C.** Leurs découvertes sur les récepteurs de température et le toucher
- ○ **D.** Leurs découvertes sur les conséquences de l'apesanteur sur le métabolisme humain

434 **En avril 2019, la première photographie d'un trou noir a été rendue publique. À quelle distance de la Terre se situe-t-il ?**

- ○ **A.** Une année-lumière
- ○ **B.** Une trentaine d'années-lumière
- ○ **C.** Une cinquantaine d'années-lumière
- ○ **D.** Une centaine d'années-lumière

435 **En octobre 2021, un acteur de cinéma a tué la directrice de la photographie sur le tournage d'un film en utilisant une arme à feu censée être chargée à blanc. Qui est cet acteur ?**

- ○ **A.** Clint Eastwood
- ○ **B.** Robert De Niro
- ○ **C.** Alec Baldwin
- ○ **D.** Kevin Spacey

436 **Quel pays a gagné la première Coupe du monde de rugby à XV ?**

- ○ **A.** La Nouvelle-Zélande
- ○ **B.** L'Australie
- ○ **C.** L'Afrique du Sud
- ○ **D.** La France

437 **Le rallye Paris-Dakar 2020 s'est déroulé :**

- ○ **A.** Au Qatar
- ○ **B.** En Arabie Saoudite
- ○ **C.** au Koweït
- ○ **D.** En Égypte

438 **Qui remporte l'édition 2022 du rallye-raid Dakar en automobile ?**

- ○ **A.** Le Qatari Nasser Al-Attiyah
- ○ **B.** Le Français Sébastien Loeb
- ○ **C.** Le Britannique Sam Sunderland
- ○ **D.** Le Chilien Pablo Quintanilla

439 **Quelle est la nationalité de la militante écologiste Greta Thunberg ?**

- ○ **A.** Norvégienne
- ○ **B.** Suédoise
- ○ **C.** Danoise
- ○ **D.** Finlandaise

440 **Le 1er juillet 2018, est entré au Panthéon :**

- ○ **A.** Simone Veil
- ○ **B.** Simone Weil
- ○ **C.** Le couple Simone et Antoine Veil
- ○ **D.** Le couple Simone et Antoine Weil

441 **Quelle planète a été déclassée en 2006 ?**

- ○ **A.** Mars
- ○ **B.** Pluton
- ○ **C.** Saturne
- ○ **D.** Vénus

442 **En 2016 est mort le premier Américain à avoir effectué un vol en orbite autour de la Terre ; il s'agit de :**

- ○ **A.** Alan Shepard
- ○ **B.** John Glenn
- ○ **C.** Neil Armstrong
- ○ **D.** John Hewitt

443 **Qui a obtenu le prix Renaudot 2021 ?**

- ○ **A.** Abel Quentin
- ○ **B.** Amélie Nothomb
- ○ **C.** Mohamed Mbougar Sarr
- ○ **D.** Gwenaëlle Aubry

444 **Qui est le meilleur buteur de l'année civile 2019 ?**

- ○ **A.** Lionel Messi
- ○ **B.** Robert Lewandowski
- ○ **C.** Kylian Mbappé
- ○ **D.** Cristiano Ronaldo

445 **Le prince William est marié avec :**

- ○ **A.** Catherine Middleton
- ○ **B.** Pippa Middleton
- ○ **C.** Camilla Bowles
- ○ **D.** Eugenie Bowles

446 **Sputnik est :**

- ○ **A.** Une chaîne de télévision russe
- ○ **B.** Une agence de presse multimédia internationale russe
- ○ **C.** Le nom des services secrets russes en Europe de l'Ouest
- ○ **D.** Le nom du contre-espionnage russe

447 **Le tournoi masculin de tennis de Roland-Garros a été remporté en 2019 par :**

- ○ **A.** Andy Murray
- ○ **B.** Roger Federer
- ○ **C.** Novak Djokovic
- ○ **D.** Rafael Nadal

448 **Le tournoi féminin de tennis de Roland-Garros a été remporté en 2019 par :**

- ○ **A.** Serena Williams
- ○ **B.** Simona Halep
- ○ **C.** Maria Sharapova
- ○ **D.** Ashleigh Barty

449 **Le Ballon d'or est une récompense attribuée par :**

- ○ **A.** La FIFA
- ○ **B.** Le magazine *France Football*
- ○ **C.** L'UEFA
- ○ **D.** Le magazine *L'Équipe*

450 **En 2021, après une pause de quarante ans, un groupe de musique annonce la sortie de leur nouvel album. Quel est ce groupe ?**

- ○ **A.** ABBA
- ○ **B.** Pink Floyd
- ○ **C.** AC/DC
- ○ **D.** Genesis

451 **Le 15 avril 2019, la flèche de Notre-Dame-de-Paris s'effondre lors d'un gigantesque incendie. De quelle époque datait-elle ?**

- ○ **A.** Du XIIIe siècle
- ○ **B.** Du XIXe siècle
- ○ **C.** De la Révolution française
- ○ **D.** Du premier septennat de François Mitterrand

452 **La rétrospective des œuvres de Léonard de Vinci qui a lieu à Paris en octobre 2019 se tient pour :**

- ○ **A.** Les 400 ans de la naissance du peintre
- ○ **B.** Les 500 ans de la mort du peintre en France
- ○ **C.** Le 450e anniversaire de la réalisation de la *Joconde*
- ○ **D.** Le 550e anniversaire de l'acquisition par la France de la *Joconde*

453 **Quel est le film étranger qui, en 2019, a fait le plus grand nombre d'entrées en France ?**

- ○ **A.** *Le Roi Lion*
- ○ **B.** *La Reine des neiges 2*
- ○ **C.** *Toy Story 4*
- ○ **D.** *Captain Marvel*

454 **Quelle équipe a gagné le Bouclier de Brennus en 2019?**

- ○ **A.** Le Castre Olympique
- ○ **B.** L'ASM Clermont Auvergne
- ○ **C.** Le Racing 92
- ○ **D.** Le Stade toulousain

455 **Le dernier Ballon d'or décerné à un footballeur français l'a été en :**

- ○ **A.** 1991 à Jean-Pierre Papin
- ○ **B.** 1998 à Zinedine Zidane
- ○ **C.** 2000 à Zinedine Zidane
- ○ **D.** 2003 à Thierry Henry

456 **Quel pays a gagné le plus grand nombre de Coupes du monde de rugby à XV jusqu'en 2018 compris?**

- ○ **A.** La Nouvelle-Zélande
- ○ **B.** L'Angleterre
- ○ **C.** L'Australie
- ○ **D.** L'Afrique du Sud

457 **Combien de fois, jusqu'en 2018, le Ballon d'or a-t-il été décerné à Cristiano Ronaldo?**

- ○ **A.** Quatre fois
- ○ **B.** Cinq fois
- ○ **C.** Six fois
- ○ **D.** Sept fois

458 **En Asie, quel coronavirus avait été responsable de près de 800 morts en 2002-2003 ?**

- ○ **A** H1N1
- ○ **B.** Le MERS
- ○ **C.** H5N7
- ○ **D.** Le SRAS

459 **Le premier Ballon d'or féminin a été attribué en :**

- ○ **A.** 2012
- ○ **B.** 2014
- ○ **C.** 2016
- ○ **D.** 2018

460 **En quelle année le Tournoi des Cinq Nations du rugby est-il devenu le Tournoi des Six Nations?**

- ○ **A.** 1984
- ○ **B.** 1992
- ○ **C.** 2000
- ○ **D.** 2004

461 **En 2019, quel pays a été le plus grand nombre de fois vainqueur du Grand Chelem au Tournoi des Cinq Nations (devenu Tournoi des Six Nations)?**

- ○ **A.** Le Pays de Galles
- ○ **B.** L'Angleterre
- ○ **C.** La France
- ○ **D.** L'Écosse

462 **Le Bouclier de Brennus récompense :**

- ○ **A.** L'équipe victorieuse du championnat de France du rugby à XV
- ○ **B.** L'équipe victorieuse du championnat de France de handball
- ○ **C.** L'équipe victorieuse du championnat de France du rugby à XIII
- ○ **D.** L'équipe victorieuse du championnat de France de basket

463 **Jusqu'en 2019, quelle équipe a obtenu le plus grand nombre de victoires au championnat de France du rugby à XV depuis la création de ce palmarès en 1892?**

- ○ **A.** Le Biarritz Olympique
- ○ **B.** Le Stade Toulousain
- ○ **C.** Le Castre Olympique
- ○ **D.** Le Stade Français

464 **La Coupe du monde du rugby à XV se déroule depuis :**

- ○ **A.** 1912
- ○ **B.** 1936
- ○ **C.** 1953
- ○ **D.** 1987

465 **Quel joueur de tennis a remporté le plus grand nombre de titres de tournois du Grand Chelem en simple en début 2020?**

- ○ **A.** Rafael Nadal
- ○ **B.** Pete Sampras
- ○ **C.** Novak Djokovic
- ○ **D.** Roger Federer

466 **En mars 2019 a été célébré le 30e anniversaire de l'inauguration de la pyramide du Louvre à Paris. Qui en a été l'architecte ?**

- ○ **A.** L'Indien Singh
- ○ **B.** L'Anglais Foster
- ○ **C.** Le Français Jean Nouvel
- ○ **D.** L'Américain d'origine chinoise Pei

467 **Où se déroulera la Coupe du monde de football en 2026 ?**

- A. Aux États-Unis
- B. En Amérique du Nord
- C. Au Canada
- D. Au Mexique

468 **En quelle année la France a-t-elle gagné la Coupe du monde de rugby à XV ?**

- A. En 1987
- B. En 1999
- C. En 2011
- D. Jamais (jusqu'en 2018)

469 **Quand la Coupe Davis de tennis a-t-elle été créée ?**

- A. En 1900
- B. En 1912
- C. En 1923
- D. En 1934

470 **Le 16 janvier 2022 est commémorée la naissance de Molière. Quand est-il né ?**

- A. 1572
- B. 1622
- C. 1672
- D. 1722

471 **Quel pays a gagné le plus grand nombre de fois la Coupe Davis de tennis en début 2019 ?**

- A. Les États-Unis
- B. L'Australie
- C. La France
- D. Le Royaume-Uni

472 **En 2019, quelle grave et importante épidémie frappe la République démocratique du Congo ?**

- A. Zika
- B. Ebola
- C. MERS
- D. Dengue

473 **Quel joueur de tennis français a remporté le plus grand nombre de titres de tournois du Grand Chelem en simple en début 2019 ?**

- A. Max Decugis
- B. René Lacoste
- C. Jean Borotra
- D. Henri Cochet

474 **Où s'est déroulée l'édition 2018 de la Ryder Cup ?**

- A. Évian
- B. Saint-Germain-en-Laye
- C. Saint-Quentin-en-Yvelines
- D. Saint-Jean-de-Luz

475 **Quelle joueuse de tennis a remporté le plus grand nombre de titres de tournois du Grand Chelem en simple en début 2020 ?**

- A. Serena Williams
- B. Billie Jean King
- C. Margaret Smith Court
- D. Martina Navratilova

476 **Combien de fois, jusqu'en 2019, le Ballon d'or a-t-il été décerné à Lionel Messi ?**

- A. Quatre fois
- B. Cinq fois
- C. Six fois
- D. Sept fois

477 **Le 11 novembre 2021, le corps du dernier des compagnons de la Libération a été transporté au Mont-Valérien, à Suresnes, pour y être inciné. Comment s'appelait-il ?**

- A. Hubert Germain
- B. Henri Germain
- C. Daniel Cordier
- D. Pierre Simonet

478 **En 2021 est rappelée la tenue d'un procès célèbre d'un tueur en série qui s'est déroulé il y a 100 ans. De quel tueur s'agit-il ?**

- A. Eugène Weidmann
- B. Joseph Vacher
- C. Henri Désiré Landru
- D. Marcel Petiot

479 **Quel Français a obtenu, en 2018, le prix Nobel de physique pour ses travaux sur les lasers avec deux autres chercheurs ?**

- A. Jean-Pierre Sauvage
- B. Luc Montagnier
- C. Gérard Mourou
- D. Serge Haroche

480 **En janvier 2019, Michel Houellebecq publie un nouvel ouvrage. Quel est son titre ?**

- ○ **A.** *Léviathan*
- ○ **B.** *Sérotonine*
- ○ **C.** *Soumission*
- ○ **D.** *Stimulant*

481 **Qui a été désigné meilleur joueur de rugby du monde en 2021 ?**

- ○ **A.** L'Anglais Maro Itoje
- ○ **B.** L'Australien Michael Hooper
- ○ **C.** Le Néo-Zélandais Jonah Lomu
- ○ **D.** Le Français Antoine Dupont

482 **Quelle ville française décroche, en 2019, le prix de la Capitale européenne de l'innovation ?**

- ○ **A.** Bordeaux
- ○ **B.** Orsay
- ○ **C.** Toulouse
- ○ **D.** Nantes

483 **Quelle grande entreprise française a été disqualifiée pour être sponsor des Jeux olympiques 2024 à Paris ?**

- ○ **A.** Total
- ○ **B.** EDF
- ○ **C.** Air France
- ○ **D.** Renault

484 **Qui a obtenu le prix Nobel de littérature 2019 ?**

- ○ **A.** Haruki Murakami
- ○ **B.** Joyce Carol Oates
- ○ **C.** Olga Tokarczuk et Peter Handke
- ○ **D.** Ian McEwan

485 **Quel important basketteur américain est décédé dans un accident d'hélicoptère en Californie en janvier 2020 ?**

- ○ **A.** Michael Jordan
- ○ **B.** Shaquille O'Neal
- ○ **C.** Kobe Bryant
- ○ **D.** LeBron James

486 **Quel est le moteur de recherche le plus utilisé au monde ?**

- ○ **A.** Google
- ○ **B.** Baidu
- ○ **C.** Alibaba
- ○ **D.** Quant

487 **Qui a obtenu le Prix Nobel de la paix 2019 ?**

- ○ **A.** Greta Thunberg
- ○ **B.** Le Premier ministre éthiopien Abiy Ahmed
- ○ **C.** L'International Rescue Commitee
- ○ **D.** La Première ministre néo-zélandaise Jacinda Ardern

488 **Au début de l'année 2020, combien de fois Teddy Riner a-t-il été champion du monde de judo ?**

- ○ **A.** Quatre fois
- ○ **B.** Six fois
- ○ **C.** Huit fois
- ○ **D.** Dix fois

489 **Quelle est la spécialité du sportif Martin Fourcade ?**

- ○ **A.** 110 m haies
- ○ **B.** Décathlon
- ○ **C.** Biathlon
- ○ **D.** Ski de fond

490 **Début 2022, combien de personnes vivent avec le VIH ?**

- ○ **A.** 22 millions
- ○ **B.** 34 millions
- ○ **C.** 41 millions
- ○ **D.** 58 millions

491 **Quel chef a été élu Meilleur chef du monde 2020 par le Chefs World Summit ?**

- ○ **A.** Michel Troisgros
- ○ **B.** Marc Veyrat
- ○ **C.** Alain Passard
- ○ **D.** Mauro Colagreco

492 **Quel acteur masculin a obtenu l'Oscar 2020 ?**

- ○ **A.** Leonardo DiCaprio
- ○ **B.** Jonathan Pryce
- ○ **C.** Antonio Banderas
- ○ **D.** Joaquin Phoenix

493 **Quelle actrice féminine a obtenu l'Oscar 2020 ?**

- ○ **A.** Saoirse Ronan
- ○ **B.** Renée Zellweger
- ○ **C.** Scarlett Johansson
- ○ **D.** Charlize Theron

494 **Quelle langue a le plus grand nombre de locuteurs natifs sur les réseaux sociaux dans le monde en 2022 ?**

- ○ **A.** L'espagnol
- ○ **B.** L'anglais
- ○ **C.** Le mandarin
- ○ **D.** L'hindi

495 **En décembre 2021 a débuté côté allemand le percement du plus long tunnel immergé du monde. Quels pays relie-t-il ?**

- ○ **A.** La Pologne à l'Allemagne
- ○ **B.** La Suède à l'Allemagne
- ○ **C.** La Norvège à l'Allemagne
- ○ **D.** Le Danemark à l'Allemagne

496 **Quel basketteur français a remporté le plus grand nombre de titres de NBA ?**

- ○ **A.** Rudy Gobert
- ○ **B.** Nicolas Batum
- ○ **C.** Joakim Noah
- ○ **D.** Tony Parker

497 **Début 2020, combien de fois l'équipe de France de handball a-t-elle remporté le titre de championne du monde ?**

- ○ **A.** Trois fois
- ○ **B.** Quatre fois
- ○ **C.** Cinq fois
- ○ **D.** Six fois

Corrigés

Actualité politique, économique et sociale

1 En septembre 2021, Emmanuel Macron demande pardon à une communauté particulière. Laquelle ? **Les harkis**

2 La clause dite « du grand-père »... **Exclut tous les bénéficiaires d'une ancienne loi ou d'un ancien dispositif**

3 Qu'est-ce que le principe de « neutralité du Net » ? **Traitement égal des flux de données sur Internet**

4 Quelle est, en termes de chiffre d'affaires, la plus grande entreprise au monde dans l'industrie agroalimentaire ? **Nestlé**

5 Qu'est-ce que la périurbanisation ? **Le phénomène d'étalement de la ville sur l'espace rural**

6 Les emplois « à 1 euro »... **Sont nés en Allemagne au début au moment des lois Hartz**

7 Qu'appelle-t-on l'opération « Sentinelle » ? **La défense et la protection de la population française**

8 Quel était le surnom des bidonvilles des migrants à Calais ? **La jungle**

9 Quelle est, en termes de chiffre d'affaires, la plus grande entreprise mondiale dans le secteur de l'industrie pharmaceutique ? **McKesson**

10 Qu'est-ce que BlackRock ? **Une entreprise américaine spécialisée dans la gestion d'actifs**

11 En janvier 2020, la Commission européenne lance un plan d'investissement pour une Europe durable et un plan d'investissement du Pacte vert sur dix ans. Quel est le montant de ce Pacte vert ? **1 000 milliards d'euros**

12 Quelle est la population française lors du dernier recensement réalisé ? **66,9 millions**

13 Qu'est-ce que la TICPE flottante ? **Taxe intérieure de consommation sur les produits énergétiques**

14 Quelle est, en termes de chiffre d'affaires, la plus grande entreprise mondiale dans le secteur pétrolier et gazier ? **Sinopec**

15 En 2021, la France est le pays qui dépend le plus de l'énergie nucléaire au sein de l'Union européenne. Quel est le second ? **La Slovaquie**

16 En 2021, dans quel pays les frais d'inscription dans les universités publiques sont-ils les plus élevés au niveau licence ? **En Angleterre**

17 Quel économiste français a obtenu le prix Nobel d'économie en 2019 ? **Esther Duflo**

18 Qui est l'actuel PDG de Renault ? **Luca de Meo**

19 Le 29 mars 2017, Airbus a annoncé l'abandon de l'un de ses projets, lancé en 2011. Lequel ? **Un avion tout électrique**

20 Le record historique de consommation d'électricité en France a été réalisé... **Le 6 février 2012**

21 Quand a débuté le mouvement des « Gilets jaunes » ? **Le 17 novembre 2018**

22 Le terme de ZAD désigne... **Une zone à défendre**

23 L'écriture inclusive désigne... **L'ensemble des formes graphiques et grammaticales qui permettent d'assurer une égalité des représentations entre les hommes et les femmes**

24 Les opérations sur les cryptomonnaies... **Sont exonérées d'impôt en France**

25 L'acronyme RGPD désigne... **Le règlement général sur la protection des données**

26 Quelle est, en termes de capitalisation boursière, la plus grande banque dans le monde en 2019 ? **JPMorgan Chase**

27 En économie, le concept de « licorne » désigne... **Des *start-up* valorisées à plus de 1 milliard de dollars**

28 La Station F est... **Le nom donné à un campus de *start-up* situé à Paris**

29 La majorité sexuelle est fixée en France à... **15 ans**

30 Le SNU est l'acronyme de... **Service national universel**

31 Le 101e département de France, et le dernier créé à ce jour, est ... **Mayotte**

32 En 2021, est « commémorée » la première ZAD en France. Quelle est-elle ? **Le plateau du Larzac**

33 En termes de chiffre d'affaires, quel est le plus grand équipementier automobile ? **Aisin Seiki**

34 En 2019, quel type d'avion de la compagnie Boeing est cloué au sol suite à deux accidents en vol ? **Le Boeing 737 Max**

35 Le parquet national financier est en charge... **De traquer la grande délinquance économique et financière**

36 La PMA consiste... **À manipuler un ovule et/ou un spermatozoïde pour procéder à une fécondation**

37 Quel est le nom de l'usine dans laquelle, à Rouen, s'est déclaré un important incendie ? **Lubrizol**

38 Comment s'appelle désormais le service de trains à grande vitesse de la SNCF ? **inOui**

39 Plusieurs mesures ont été prises pour limiter l'emprise d'Airbnb à Paris. Parmi les mesures suivantes, laquelle ne s'impose pas aux particuliers ? **Déclarer l'identité et la nationalité des locataires à la préfecture**

40 Qui préside actuellement le FMI ? **Kristalina Georgieva**

41 Quelle est la part des exportations de biens et de services du Royaume-Uni vers les pays de l'Union européenne en 2021 ? **41 %**

42 Qu'entend-on par « démocrature » ? **Une dictature camouflée sur l'apparence de la démocratie**

43 Quel géant mondial de l'automobile est né en décembre 2019 ? **Fiat-PSA**

44 Quelle journaliste française a été à l'origine du hashtag #BalancTonPorc ? **Sandra Muller**

45 Parcoursup, le dispositif d'orientation des élèves à l'issue de la classe de terminale, succède à... **APB (Admission Post-Bac)**

46 Le taux d'activité moyen en France en 2020 est de... **72 %**

47 Chaque année, la dépense moyenne approximative d'un Français pour sa santé s'élève à environ... **500 €**

48 Le sigle T2A signifie... **Tarification à l'activité**

49 Dans le domaine des soins, le ticket modérateur désigne... **La part de dépenses à la charge du malade**

50 En France, les enfants en situation de surpoids sont... **16 %**

51 En France, chaque année, le nombre de personnes qui décèdent des conséquences de la consommation de tabac s'élève à... **60 000**

52 En France, le nombre de personnes en âge de travailler qui sont handicapées s'élève à...**1 500 000**

53 Les lois de la bioéthique sont définies par... **Le Comité consultatif national d'éthique**

54 Le taux de natalité en France est de... **12 ‰**

55 Qui est le nouveau président du Conseil français du culte musulman (CFCM) ? **Mohammed Moussaoui**

56 La pollution de l'air est, en France, à l'origine d'environ... **50 000 décès par an**

57 Chaque année, un Français produit... **400 kg de déchets**

58 Le nombre de personnes vivant en France dans des zones urbaines sensibles est de... **5 millions**

59 En France, la part des ménages de plus de 60 ans propriétaires de leur résidence principale est... **Les deux tiers**

60 D'ici à 2030, la région Île-de-France est celle qui... **Vieillira le moins**

61 Le nombre d'enfants en danger s'élève en France à... **100 000**

62 Le nombre de jeunes qui, chaque année, sortent du système scolaire sans diplôme est de... **150 000**

63 Entre hommes et femmes, les inégalités de salaires sont, en France, de... **15 %**

64 En France, la part des femmes victimes de violences conjugales est de... **10 %**

65 Parmi les salariés ayant un salaire inférieur au SMIC, la part des femmes est de... **80 %**

66 Actuellement, l'espérance de vie à la naissance est, pour les hommes, de... **79 ans**

67 EPHAD signifie... **Établissement d'hébergement pour personnes âgées dépendantes**

68 En France, le taux d'activité des personnes ayant entre 60 et 65 ans est de... **16 %**

69 En France, le rapport du nombre de personnes d'âge actif (15 à 64 ans) à une personne d'âge inactif (moins de 15 ans et 65 ans et plus) est de... **4**

70 La majorité des immigrés présents sur le territoire français habite... **Dans la région Provence-Alpes-Côte d'Azur**

71 L'OFII désigne... **L'Office français de l'immigration et de l'intégration**

72 Le taux de chômage de la population française dans son ensemble est, par rapport à celui des non-immigrés... **Le double**

73 Le nombre d'affaires de délinquance des mineurs ayant une suite judiciaire est d'environ... **30 %**

74 Le rapport du Conseil des prélèvements obligatoires sur la fiscalité environnementale recommande « la reprise d'une trajectoire de fiscalité carbone », si la France veut atteindre ses objectifs de réduction des émissions de gaz à effet de serre. Le gouvernement a déclaré qu'il n'envisageait pas de hausse de la taxe carbone en 2020. Quelles sont les énergies soumises à la taxe carbone ? **Le charbon, le fioul domestique, le gaz naturel, le gazole essence**

75 Le mal-logement concerne en France environ... **4 millions de personnes**

76 Il y a, en France, environ... **3 millions d'illettrés**

77 Le seuil de pauvreté mensuel en France est fixé autour de... **1 000 €**

78 La proportion des Français qui, en moyenne, partent en vacances durant l'année est de... **70 %**

79 Le MEDEF est une organisation... **Syndicale patronale**

80 Début 2021, combien d'années de PIB représente le patrimoine national français ? **7,7**

81 Début 2016, une réforme institutionnelle a été engagée en France ; une nouvelle carte des régions a été bâtie. Désormais, il y a... **13 régions**

82 En 2019, la dette des ménages français s'élève à environ... **57 % du PIB**

83 Le seul terroriste en prison directement impliqué dans les attentats du 13 novembre 2015 est... **Salam Abdeslam**

84 La loi Travail, proposée par le gouvernement Valls, s'appelait également... **Lois El Khomri**

85 En 2021, quelle est la part de l'économie sociale et solidaire en France en termes de PIB ? **10 %**

86 Quelle est, en termes de chiffre d'affaires, la plus grande entreprise au monde dans la grande distribution ? **Kroger**

87 En France, en 2021, quel agent économique détient la plus grande part du patrimoine national ? **Les ménages**

88 Début 2022, quelle est la part de la taxe intérieure de consommation sur les produits énergétiques (TICPE) dans le prix de l'essence à la pompe en France ? **42 %**

89 Quel est le minimum social qui, en 2022, a le plus grand nombre de bénéficiaires ? **Le revenu de solidarité active**

90 Le 8 avril 2017, l'organisation basque ETA engage... **Un désarmement total**

91 Liliane Bettencourt a été l'héritière du groupe... **L'Oréal**

92 Quelle est, en termes de chiffre d'affaires, la plus grande entreprise mondiale dans le secteur de la construction automobile ? **Volkswagen**

93 L'entreprise IKEA... **A été créée par le Suédois Ingvar Kamprad**

94 Quelle est, en termes de chiffre d'affaires, la plus grande compagnie aérienne mondiale ? **Delta Air Lines**

95 L'entreprise française, mise en examen pour « complicité de crimes contre l'humanité » pour avoir financé Daech, est... **Lafarge**

96 L'actuel président du MEDEF est... **Geoffroy Roux de Bézieux**

97 En 2019, quelle part du PIB mondial atteint la capitalisation boursière mondiale ? **100 %**

98 Au début de l'année 2020, comment se nomme le directeur général d'Air France-KLM ? **Anne Rigail**

99 Ces dernières années, l'État emploie environ... **2,5 millions de fonctionnaires**

100 Actuellement, les deux branches de la Sécurité sociale qui génèrent le plus de dépenses sont... **La branche vieillesse et la branche maladie**

101 Le « tiers payant » généralisé par Marisol Touraine permet à l'assuré... **De ne pas faire l'avance des frais médicaux, le professionnel de santé se faisant rembourser directement par la caisse d'assurance-maladie**

102 En France, le nombre de chômeurs de longue durée est d'environ... **2,7 millions**

103 Un type particulier d'usines fait l'objet d'une surveillance et d'une normalisation sévères en raison de risques chimiques potentiels. Il s'agit des usines classées... **Seveso**

104 La population française est citadine... **À 80 %**

105 Quel est le nombre de signatures minimum requis lors d'un référendum d'initiative partagée (RIP) pour qu'un référendum puisse être organisé sur une question particulière, telle qu'une privatisation ? **4,7 millions**

106 Selon la réglementation actuelle, quelle part de logements sociaux les communes doivent-elles prévoir sur le parc total de logements ? **25 %**

107 En 2020, quelle est la part des dépenses sociales dans le PIB français ? **31 %**

108 Actuellement, quelle est la part des prestations sociales dans le revenu disponible des ménages français ? **35 %**

109 En 2020, la dette publique française s'élève à environ... **2 200 milliards d'euros**

110 L'*Aquarius* est... **Un bateau affrété par l'association SOS Méditerranée pour sauver les migrants en mer Méditerranée**

111 L'ouvrage dont le titre est « *La France périphérique : comment on a sacrifié les classes populaires* » a été écrit par... **Christophe Guilluy**

112 Quelle est, en termes de chiffre d'affaires, la plus grande entreprise mondiale dans le secteur du luxe ? **LVMH**

113 La loi relative à la bioéthique du 2 août 2021 concerne, entre autres, la procréation médicalement assistée (PMA). Qui peut bénéficier désormais de la PMA ? **Les femmes célibataires et les couples de femmes**

114 En 2019, les trois quarts de la production d'électricité française sont d'origine... **Nucléaire**

115 En 2020, quelle est la recette fiscale la plus importante dans le budget de l'État français ? **La TVA**

116 La loi PACTE lancée en 2018 est l'acronyme de... **Plan d'action pour la croissance et la transformation des entreprises**

117 Durant l'été 2021, un important groupe immobilier a menacé de faire craquer le système financier chinois. Quel est son nom ? **Evergrande**

118 Quel est le classement, par ordre décroissant, des recettes fiscales brutes du budget général en France en 2019 ? **TVA, impôt sur le revenu, diverses recettes fiscales, impôt sur les sociétés**

119 Quel pays a le plus haut taux de prélèvements obligatoires en pourcentage du PIB en 2019 ? **La France**

120 Début 2020, le secrétaire général de la CFDT est... **Laurent Berger**

121 En 2019, les dépenses intérieures brutes françaises de recherche et développement représentent, en pourcentage du PIB... **2,27 %**

122 Le glyphosate est... **Un herbicide**

123 Quel est le nom du haut-commissaire aux retraites qui a succédé à Jean-Paul Delevoye ? **Il n'y a pas de haut-commissaire aux retraites.**

124 Qui préside actuellement la Banque centrale européenne ? **Christine Lagarde**

125 En France, la part de l'emploi partiel sur l'emploi total en 2019 est de... **18,2 %**

126 Quel est le pays qui recourt le plus à l'emploi à temps partiel en pourcentage de l'emploi total en 2019? **L'Allemagne**

127 La durée moyenne de chômage en France est, en 2019, de... **13 mois**

128 En octobre 2021, le législateur a proposé l'interdiction des thérapies de conversion. Quelles sont-elles ? **Thérapies et pratiques cherchant à modifier l'identité de genre ou l'orientation sexuelle des personnes**

129 En France, en 2019, la part des exportations dans le PIB s'élève à... **31 %**

130 En 2018, de nombreuses discussions ont concerné la loi ELAN. Quelle est la signification de ce sigle? **Évolution du logement, de l'aménagement et du numérique**

131 L'organisation syndicale qui, en 2018, recueille le plus de suffrages au niveau national et interprofessionnel dans le secteur privé est... **La CFDT**

132 En septembre 2018, le gouvernement a annoncé une nouvelle stratégie nationale en matière de santé, il s'agit de... **Ma santé 2022**

133 Pour lutter contre les déserts médicaux, le plan santé dévoilé de 2019 prévoit... **La création de 1 000 communautés professionnelles territoriales de santé**

134 Le *numerus clausus* à l'entrée aux études de médecine va être... **Supprimé à la rentrée universitaire 2020**

135 Les « lois d'Asimov » sont... **Des règles formulées par l'écrivain Asimov auxquelles tous les robots doivent obéir, et qui constituent une base de réflexion pour la constitution de règles éthiques pour l'intelligence artificielle**

136 La Métropole du Grand Paris... **Regroupe la ville de Paris et 130 communes, et compte 7 millions d'habitants**

137 En 2018, une nouvelle loi sur l'immigration a été adoptée; désormais, l'objectif est que le délai pour le dépôt et le traitement des demandes d'asile soit de... **Six mois**

138 À propos du territoire français, la « diagonale du vide » désigne... **Les régions peu peuplées du sud-ouest au nord-est**

139 Début 2022, quel est le poids de la dette des États-Unis comparée à celle de l'Union européenne ? **200 %**

140 Qu'est-ce que le système Alicem ? **Un système de reconnaissance faciale que l'État français souhaite déployer.**

141 Qu'est-ce que la « *blockchain* »? **Une technologie de stockage et de transmission d'informations**

142 Une « cryptomonnaie » est... **Une monnaie utilisable sur un réseau informatique décentralisé**

143 Le mouvement des « Gilets jaunes » a pour origine... **Une contestation de la pression fiscale sur le carburant**

144 Le principe de neutralité du Net... **Exclut toute discrimination à l'égard de la source, de la destination ou du contenu de l'information transmise sur le réseau**

145 En France, quelle position à l'Église catholique vis-à-vis de la PMA? **Elle y est opposée**

146 Quel syndicat a célébré en novembre 2019 le centième anniversaire de sa création ? **La CFTC**

147 En France, les études montrent que le coût d'un chômeur est annuellement d'environ... **20 000 €**

148 Qu'appelle-t-on la « FinTech » ? **Des *start-up* qui réinventent la finance à l'aide des technologies**

149 Le Flash Ball est la marque d'une arme de défense sublétale utilisée par la police française. Le terme technique pour la désigner est LBD. Quelle est la signification de cet acronyme ? **Lanceur de balle de défense**

150 Dans quel pays le taux de pauvreté est le plus élevé (en 2019) ? **L'Espagne**

151 Quelle est la part du solde migratoire dans l'augmentation de la population totale en France en 2019 ? **30 %**

152 Depuis 1996, un plan de renforcement de la présence des ours dans les Pyrénées a été lancé. Début 2020, il y a dans l'ensemble des Pyrénées environ... **45 ours**

153 Le service national universel dans le principe a été adopté en 2018 prendra la forme... **D'un mois obligatoire vers 16 ans**

154 Le « contrat zéro heure »... **Existe en France, par exemple à l'université**

155 Le premier constructeur mondial de smartphones est... **Samsung**

156 Combien y a-t-il de banques chinoises parmi les 10 plus grosses banques mondiales (en volume d'actifs) en 2019 ? **4**

157 La plus grosse banque mondiale (en volume d'actifs) en 2019 est... **Industrial & Commercial Bank of China**

158 Parmi les plus grosses banques mondiales, quelle est la première française en 2019 ? **BNP Paribas**

159 Le prix de la tonne de carbone est, début 2020, d'environ... **25 €**

160 La Commission de haut niveau sur le prix de carbone décidé à la COP 22 de Marrakech estime que pour atteindre l'objectif de 2° maximum de réchauffement, le prix de la tonne de carbone devrait être d'environ... **150 €**

161 Pour la nation, le coût d'un étudiant est, en 2020, de... **11 700 €**

162 Qu'appelle-t-on le « *shadow banking* », phénomène qui se développe fortement depuis 2008 ? **L'ensemble des activités et des acteurs contribuant au financement non bancaire de l'économie**

163 En 2020, la part des personnes âgées de plus de 75 ans est de 9,3 %. Quelle sera cette part en 2050 ? **16,3 %**

164 Début 2022, quel pays européen compte le plus de licornes (entreprises non cotées en bourse et valorisées à plus d'un milliard de dollars) ? **Le Royaume-Uni**

165 Quelle est, en 2020, la taille moyenne des ménages français en nombre de personnes ? **2,2**

166 Début 2020, le secrétaire général de la CGT... **Philippe Martinez**

167 Début 2020, le Secrétaire général du syndicat Force ouvrière est... **Yves Veyrier**

168 Quel pays de l'Union européenne a le taux de natalité le plus élevé ? **L'Irlande**

169 Quelle est la part de la population étrangère dans la population française début 2020 ? **6,9 %**

170 Quelle est la part des emplois salariés dans l'emploi total en France en 2020 ? **89 %**

171 L'entreprise Uber est... **Une entreprise américaine dans la société mère est la holding japonaise SoftBank**

172 Quelle est la région de France qui a la plus importante production éolienne en 2021 ? **Les Hauts-de-France**

173 Le niveau d'inégalité de vie est souvent mesuré par le rapport interdécile D9/D1 relatif aux revenus disponibles. En 2019, quel est le niveau de ce rapport en France ? **3,4**

174 Euronext gère cinq Bourses en Europe… **Paris, Amsterdam, Bruxelles, Lisbonne, dérivés à Londres**

175 Le rapport démographique est le nombre de cotisants divisé par le nombre de retraités. Quel est, en 2019, le niveau de ce rapport ? **1,3**

176 Selon une étude publiée par l'OCDE en octobre 2021, quel est l'impact de l'immigration sur les comptes publics français ? **Globalement nul en % du PIB**

177 En France, en 2019, le premier poste de dépenses de protection sociale est… **La vieillesse et survie**

178 Quel est le principal pays d'importation du charbon en France en 2019 ? **L'Australie**

179 En 2019, quelle est l'entreprise française qui a déposé le plus de brevets ? **Valeo**

180 Le poids du secteur public industriel est, en France en 2019, de… **7 % du PIB**

181 Quel pays membre de l'Union européenne a le PIB par tête le plus élevé en 2019 ? **Le Luxembourg**

182 Le solde naturel de la population française est, en 2019… **Positif, de 2 ‰**

183 Le taux de fécondité en France en 2019 est de… **1,8 enfant par femme**

184 Selon une étude menée en marge de la COP26 à Glasgow en octobre 2021, de combien de millimètres le niveau de la mer s'est élevé en 2020 ? **3,7**

185 En France, le nombre de personnes âgées dépendantes est de… **1,3 million**

186 L'âge moyen de la maternité en France est, en 2019, de… **30,6 ans**

187 L'espérance de vie à la naissance est, en 2020, d'environ… **85 ans pour les femmes et 79 ans pour les hommes**

188 En 2019, à combien d'années du PIB annuel s'élève le patrimoine économique national français ? **Huit années**

189 Le taux d'activité moyen des personnes de 55 à 64 ans est, en 2019, de… **54 %**

190 La durée de travail hebdomadaire en France en 2019 et de… **39 heures**

191 Quelle part le secteur tertiaire occupe-t-il en France en 2019 ? **76 %**

192 Le coût horaire de la main-d'œuvre en France en 2019 est d'environ… **37 €**

193 Le taux de pauvreté est en 2019 d'environ… **14 % de la population**

194 Quel est le poids des prélèvements obligatoires en France en pourcentage du PIB ? **45 %**

195 Quel est le nombre d'allocataires des minima sociaux en France en 2019 ? **4,2 millions**

196 Quel est le premier poste de dépenses de consommation des ménages français en 2019 ? **Logement, chauffage, éclairage**

197 Quel est le poids des dépenses publiques en France en pourcentage du PIB ? **57 %**

198 Quelle part du PIB la France consacre-t-elle aux dépenses de santé en 2019 ? **12 %**

199 Le nombre de places en EHPAD est en France, en 2020, d'environ… **600 000**

200 L'espérance de vie en bonne santé est, en France en 2019, de… **63,5 ans**

201 Quel est le premier pays exportateur de la France en valeur ? **L'Allemagne**

202 Quel est le premier pays importateur de la France en valeur ? **La Chine**

203 Un secrétaire général de la CGT a obtenu un prix Nobel de la paix ; il s'agit de... **Léon Jouhaux en 1951**

204 Le déficit extérieur français en 2019 est principalement dû... **Aux biens industriels**

205 Avec quel pays la France a-t-elle, en 2019, le plus important déficit commercial ? **La Chine**

206 Avec quel pays la France a-t-elle le plus important excédent commercial en 2019 ? **Le Royaume-Uni**

207 En octobre 2021, la région PACA a finalisé son appel à concurrence pour l'exploitation de la ligne Marseille-Nice. À quel opérateur privé l'exploitation de la ligne a-t-elle été confiée ? **La société française Transdev**

208 Quelle est la part de marché français à l'exportation en pourcentage du total des exportations mondiales ? **3 %**

209 En 2018, la part du dollar dans les réserves officielles de change s'élève à... **64 %**

210 Le premier pays importateur de produits primaires est... **La Chine**

211 Le principal pays exportateur de produits industriels manufacturés est... **La Chine**

212 En 2019, les investissements directs étrangers en Chine sont... **Inférieurs aux investissements directs étrangers hors de Chine**

213 En 2019, les transactions sur les marchés des changes dans le monde représentent... **40 fois la valeur du commerce mondial de biens et services**

214 Qu'appelle-t-on le « *fact checking* » ? **Une technologie journalistique consistant à vérifier l'exactitude des affirmations alléguées par des personnalités ou des sites en ligne**

215 Quelle centrale nucléaire sera fermée en 2020, inaugurant de ce fait le processus de démantèlement de multiples centrales en France ? **Fessenheim**

216 En France, toutes choses égales par ailleurs, le rapport du nombre de personnes d'âge actif (15 à 64 ans) à une personne d'âge inactif (moins de 15 ans et 65 ans et plus) sera, en 2050, de... **2**

217 En 2020, le taux normal de TVA en France est de... **20 %**

218 Au 1er janvier 2019, la France adopte le principe du prélèvement de l'impôt sur le revenu des ménages à la source. Quand l'Allemagne l'a-t-elle mis en place ? **En 1920**

219 Le taux de mortalité est, en France, de... **9 ‰**

220 En 2019, la première source d'énergie utilisée pour la production d'électricité aux États-Unis est... **Le gaz naturel**

221 Les « terres rares » sont des matières minérales... **Utilisées dans la fabrication de produits à haute technologie**

222 Quel pays détient l'essentiel des terres rares au monde ? **La Chine**

223 Selon les rapports successifs de la fondation Abbé Pierre, quel est le nombre de personnes mal logées en France ? **4 millions**

224 En 2019, le premier pays producteur de cocaïne au monde est... **La Colombie**

225 En 2019, les trois premiers pays exportateurs d'armement sont, dans l'ordre décroissant... **Les États-Unis, la Russie et la France**

226 En 2018, la première entreprise mondiale sur le marché des ventes d'armes est... **Lockheed Martin**

227 En 2018, le premier pays importateur d'armes est... **L'Inde**

228 Le montant mensuel net du SMIC est, début 2022, d'environ... **1 302,64 €**

229 La loi sur l'immigration de 2018 stipule qu'un étranger dispose, pour déposer sa demande d'asile une fois arrivée en France, de... **Trois mois**

230 Début 2020, la part des femmes parmi l'ensemble des salariés rémunérés au SMIC est de... **58 %**

231 En 2021, le Code de la justice pénale des mineurs est entré en vigueur. Le texte instaure une présomption de non-discernement. Quels mineurs sont concernés ? **Les mineurs âgés de moins de 13 ans**

232 L'équivalent chinois des GAFA se nomme les BATX pour... **Baidu, Alibaba, Tencent et Xiaomi**

233 Qui est, au 1er janvier 2020, le président du Sénat français? **Gérard Larcher**

234 Qui est, au 1er janvier 2020, le ministre de l'Europe et des Affaires étrangères en France? **Jean-Yves Le Drian**

235 Qui est, au 1er janvier 2020, le ministre de l'Éducation nationale et de la Jeunesse en France? **Jean-Michel Blanquer**

236 Selon le magazine *Forbes*, quelle est la première fortune française en 2020? **Bernard Arnault**

237 Lorsqu'un accident important survient sur le territoire français, mobilisant beaucoup d'équipes de soins, il est le plus souvent actionné... **Le plan blanc**

238 La taxe sur les produits pétroliers représente en 2020 en France, en pourcentage des recettes du budget... **5 %**

239 En 2018, le premier pays producteur d'opium au monde est... **L'Afghanistan**

240 Quand la vitesse maximale à 80 km/h sur routes bidirectionnelles sans séparateur central a-t-elle été mise en vigueur? **Été 2018**

241 En 2019, la part du commerce extérieur français réalisée avec les pays de l'Union européenne est de... **59 %**

242 En quel rang est, en 2019, la France dans le commerce mondial de biens? **8e**

243 Le Bitcoin est une cryptomonnaie lancée en... **2009**

244 La détention provisoire des mineurs est réglementée par le Code de la justice pénale des mineurs de 2021. Dans quel cas n'est-elle pas possible ? **Si le mineur a agi sous usage de stupéfiants**

245 Le « S » de la « Fiche S », qui est la fiche d'une personne recherchée, signifie... **Sûreté de l'État**

246 Suite au mouvement des « Gilets jaunes », une revendication s'est affirmée concernant le RIC. Le RIC est l'acronyme de... **Référendum d'initiative citoyenne**

247 À quel rang est la première fortune française dans le monde en 2019? **1er**

248 En marge de la commémoration du centenaire de l'armistice de 1918, s'est tenue une conférence internationale à Paris. Quelle était-elle? **Le Forum de Paris sur la paix**

249 Quel est l'âge d'ouverture des droits à la retraite en France, début 2022 ? **62 ans**

250 Quelle est la durée moyenne espérée de retraite pour les hommes et pour les femmes en France, début 2022 ? **23 ans et 27 ans**

251 Quel grand groupe français a été mis en examen pour corruption dans l'affaire des ports africains? **Bolloré**

252 En janvier 2019 débute le procès du primat des Gaules et de son entourage pour « non-dénonciation d'abus sexuels ». Qui est le primat des Gaules? **Le cardinal archevêque de Lyon**

253 Le 1er janvier 2022, le CSA (Conseil supérieur de l'audiovisuel) et Hadopi disparaissent. Quelle entité les remplace ? **L'Autorité de régulation de la communication audiovisuelle et numérique**

254 Le 1er janvier 2022, une disposition particulière concernant la contraception est mise en place en France. Laquelle ? **La gratuité de la contraception aux jeunes femmes de moins de 25 ans**

Actualité internationale

255 Pourquoi le gouvernement espagnol a-t-il fait usage pour la première fois, en 2017, de l'article 155 de la Constitution? **Pour reprendre le contrôle sur la Catalogne après sa déclaration d'indépendance**

256 Le président des États-Unis, Donald Trump, a déplacé l'ambassade américaine en Israël. De quelle ville à quelle ville? **De Tel-Aviv à Jérusalem**

257 Amazon a décidé de déplacer son siège social de Seattle à... **New York et Washington**

258 Qui a été élu, pour *Time Magazine*, personnage de l'année 2019 ? **Greta Thunberg**

259 En 2021, l'Allemagne a célébré le 150e anniversaire d'une date importante de son histoire. Laquelle ? **La première unification allemande**

260 Quel pays européen a récemment supprimé de sa Constitution le délit de blasphème? **L'Irlande**

261 Quelle ONG a retiré son prix à Aung San Suu Kyi? **Amnesty International**

262 En juillet 2020, un important barrage, le grand barrage de la Renaissance, a été mis en eau. Où se situe-t-il ? **En Éthiopie**

263 Quel pays a décidé, en octobre 2021, de faire perdre six zéros à sa monnaie ? **Le Venezuela**

264 Quel est le nouveau nom de la Macédoine après le référendum de 2018? **Macédoine du Nord**

265 Qui est la ou le nouveau secrétaire général de l'Organisation internationale de la francophonie (OIF)? **Louise Mushikiwabo**

266 Combien de kilomètres mesure le plus long pont maritime au monde, inauguré en Chine le mardi 23 octobre 2018? **55 kilomètres**

267 En 2021, l'Irlande commémore sa partition. Quand a-t-elle eu lieu ? **1921**

268 En août 2021, la Chine a expérimenté un nouveau type de missile. Lequel ? **Un missile à capacité nucléaire hypersonique qui a fait le tour de la Terre en orbite basse**

269 Le hashtag BalanceTonPorc... **A été créé en France par la journaliste Sandra Muller**

270 Les Britanniques ont voté pour le Brexit... **Le 23 juin 2016**

271 Le vice-président de Barack Obama était... **Joe Biden**

272 Le « Pacte mondial pour des migrations sûres, ordonnées et régulières » se nomme également... **Le pacte de Marrakech**

273 Le prix Sakharov a été décerné en 2019... **À l'économiste et militant des droits de l'homme ouïgour Ilham Tohti**

274 En décembre 2016, le réseau de satellites européen fut jugé opérationnel. Quel est le nom de ce réseau ? **Galileo**

275 Le principal parti kurde présent en Turquie est le... **PKK**

276 Qu'appelle-t-on le « groupe Wagner » ? **Un groupe paramilitaire russe**

277 Quel est le nom du parti de Vladimir Poutine qui a triomphé aux élections législatives en Russie ? **Russie Unie**

278 En 2022, plusieurs pays sont officiellement candidats pour entrer dans l'Union européenne. Lesquels ? **L'Albanie, la Macédoine du Nord, le Monténégro, la Serbie et la Turquie**

279 En octobre 2021, le Premier ministre japonais annonce qu'une solution sera adoptée, en 2023, pour faire disparaître les eaux contaminées de la centrale nucléaire de Fukushima. Quelle est cette solution ? **Le rejet dans la mer**

280 Le nouveau secrétaire général des Nations unies est... **Antonio Guterres**

281 Quel est le nom du (ou de la) président(e) de la Commission européenne ? **L'Allemande Ursula von der Leyen**

282 En octobre 2021 est célébré en France le 100e anniversaire de l'ouverture des relations diplomatiques avec un État. Lequel ? **Le Vatican**

283 La Chine a lancé, en avril 2017... **Le premier porte-avions construit sur son sol**

284 En 2022, quel est le rang de la France dans le monde en termes de superficie totale de ses zones économiques exclusives (ZEE) ? **2**

285 Boko Haram est... **Un mouvement insurrectionnel et terroriste d'origine salafiste djihadiste originaire du Nigéria**

286 Le président américain Donald Trump est le leader nord-coréen Kim Jong-un se sont rencontrés en juin 2018... **À Singapour**

287 En mai 2018, a été dissous l'ETA ; l'ETA désigne... **Un mouvement indépendantiste basque espagnol**

288 Quelle femme a été réélue, en novembre 2021, à la direction générale de l'Unesco ? **Audrey Azoulay**

289 Le conflit commercial entre les États-Unis et la Chine, exacerbé en 2018, porte essentiellement sur... **L'acier et l'aluminium**

290 L'extraterritorialité de la justice américaine signifie que... **La justice américaine peut poursuivre des entreprises étrangères pour des faits commis hors du territoire des États-Unis, à condition que ces entreprises aient un lien avec les États-Unis**

291 Dans la gestion des questions migratoires, un « *hotspot* » désigne... **Un lieu d'identification et d'enregistrement des migrants**

292 Le groupe de Visegrád est... **Un groupe informel réunissant la Hongrie, la Pologne, la République tchèque et la Slovaquie**

293 Quel est le nom du dernier président de l'Afrique du Sud du temps de l'apartheid, décédé en novembre 2021 ? **Frederik de Klerk**

294 Qui est, début 2022, président de l'Afrique du Sud ? **Cyril Ramaphosa**

295 En 2021, quel pays africain a le PIB global le plus élevé ? **Le Nigeria**

296 En novembre 2021 a débuté la mission américaine spatiale DART. Quel est son objectif ? **Tenter de modifier la trajectoire d'un astéroïde en s'y écrasant**

297 À ce jour, quelle transformation sociale n'a pas encore été engagée en Arabie saoudite? **Le port de la minijupe**

298 Au début de l'épidémie du coronavirus apparu à Wuhan en Chine, un médecin, mort de la maladie, a lancé l'alerte. De qui s'agit-il ? **Li Wenliang**

299 Quelle œuvre le président chinois Xi Jinping souhaite-t-il adapter à la ligne du Parti communiste ? **La Bible**

300 Qu'appelle-t-on, aux États-Unis, les « Dreamers »? **Des jeunes arrivés illégalement aux États-Unis avant l'âge de 16 ans, mais qui bénéficient d'un statut particulier depuis 2012**

301 Le nombre des « Dreamers », c'est-à-dire des Américains arrivés avant l'âge de 16 ans, mais disposant d'un statut qui les protège, s'élève en 2018 à environ... **800 000**

302 Qu'est-ce que le programme américain dénommé DACA? **Il s'agit d'un programme de régularisation temporaire des enfants et des jeunes adultes en situation irrégulière, sous certaines conditions, mis en place en 2012**

303 Le principal pollueur de l'atmosphère au monde est... **La Chine**

304 Le dalaï-lama Tenzin Gyatso, intronisé en 1950... **A obtenu le prix Nobel de la paix en 1989**

305 En 1996, les Taïwanais ont élu une femme à la présidence. Il s'agit de... **Madame Tsai**

306 Lors d'élections tenues en Turquie en 2018, un recensement a été effectué des communautés turques présentes dans l'Union européenne. Où se trouve la première communauté? **En Allemagne**

307 Zika est... **Un virus dangereux**

308 Les Panama Papers sont... **Les documents révélant des fortunes cachées de nombreuses personnalités**

309 Le premier Président américain à être allé à Hiroshima a été... **Obama**

310 FARC est l'acronyme de... **Forces armées révolutionnaires de Colombie**

311 La nouvelle présidente de l'Organisation internationale de la Francophonie est... **Rwandaise et anglophone**

312 À La Havane, en août 2016, les FARC et les autorités colombiennes ... **Signent un cessez-le-feu définitif**

313 En août 2016, est destitué au Brésil... **La Présidente Roussef**

314 En novembre 2021, Joe Biden a nommé le président de la banque centrale américaine pour un second mandat.. Quel est son nom ? **Jerome Powell**

315 Fidel Castro a gouverné Cuba de... **1959 à 2008**

316 Le mandat du secrétaire général de l'ONU est de... **5 ans**

317 Il y a 100 ans, en 1918, quel virus meurtrier a frappé le monde et particulièrement l'Europe à peine sortie de la guerre? **La grippe espagnole**

318 Le JEFTA désigne... **Un accord de libre-échange entre le Japon et l'Union européenne adoptée en 2017**

319 Liu Xiaobo est... **Un dissident chinois, prix Nobel de la paix, libéré de prison par le gouvernement chinois quelques jours avant de mourir**

320 Mohamed ben Salman Al Saoud est... **Le prince héritier et le vice-Premier ministre d'Arabie saoudite depuis juin 2017**

321 Le 31 décembre 2018, les États-Unis et Israël quittent... **L'Unesco**

322 Suite au Brexit, Amsterdam accueille... **L'Agence européenne des médicaments**

323 Julian Assange... **Est connu comme porte-parole de WikiLeaks**

324 Le président actuel de Cuba est... **Miguel Diaz-Canel**

325 En 2021, quel a été le taux de natalité en Chine ? **8,2 ‰**

326 En 2019, quel est le pourcentage de la nourriture produite dans le monde qui est jetée? **40 %**

327 Début 2019, combien d'États sont membres de la zone euro? **19**

328 Le « *name and shame* » est... **Un procédé de dénonciation des entreprises qui ne respectent pas des recommandations ou des dispositions légales**

329 La grippe espagnole qui a frappé le monde en 1918 a tué... **50 millions de personnes**

330 Quel pays a retiré la citoyenneté d'honneur à la dirigeante birmane Aung San Sur Kyi? **Canada**

331 Qui a été nommé à la tête de l'organisation Interpol en novembre 2021 ? **Ahmed Naser Al-Raisi, général des Émirats arabes unis**

332 En octobre 2018, un nouveau président a été élu au Brésil; il s'agit de... **Jair Bolsonaro**

333 Quel est, dans l'Union européenne, le pays qui a le plus haut niveau de dette publique en 2019? **La Grèce**

334 Le classement « PISA » est relatif... **Aux performances des systèmes éducatifs**

335 Le Premier ministre du Royaume-Uni qui a conduit la procédure du Brexit est... **Theresa May**

336 En Grande-Bretagne, deux partis dominent la vie politique... **Le Parti travailliste et le Parti conservateur**

337 Quelle affirmation est fausse? **Les migrants des pays du Sud vont essentiellement dans les pays du Nord**

338 Le pacte de Marrakech, signé en décembre 2018, est... **Un texte de l'ONU recensant des principes et des propositions pour aider les pays à faire face aux flux migratoires**

339 En Europe, et il y a des « *hotspots* »... **En Italie et en Grèce**

340 La France a installé un « *hotspot* »... **Au Niger**

341 Les plus importantes réserves prouvées de pétrole dans le monde sont, en 2019... **Au Venezuela**

342 Les plus importantes réserves prouvées de gaz dans le monde sont, en 2019... **En Iran**

343 Les plus importantes réserves prouvées de gaz de schiste dans le monde seraient, en 2019... **En Chine**

344 La présidence de l'Union européenne est tournante; elle reviendra à la France en... **Janvier 2022**

345 Quel pays a présidé l'Union européenne au premier semestre 2020? **La Croatie**

346 Quel pays préside l'Union européenne au second semestre 2020? **L'Allemagne**

347 Aux États-Unis, le mariage homosexuel... **Est autorisé dans tous les États**

348 Chaque année se tient à Las Vegas un Salon important auquel participent beaucoup d'entreprises françaises; il s'agit du... **Consumer Electronics Show**

349 En 2021, une île des Caraïbes devient une république et se détache de la couronne britannique. Quelle est cette île ? **La Barbade**

350 Aung San Suu Kyi a été fortement critiquée en 2017 pour... **Ses prises de position à l'égard de la crise des Rohingyas**

351 Le déficit commercial américain vis-à-vis de la Chine était, en 2019, d'environ... **300 milliards de dollars**

352 En 2019, la dette de l'État fédéral américain s'élève à... **105 % du PIB américain**

353 Selon *The Economist*, quelle a été la ville la plus chère du monde en 2021 ? **Tel-Aviv**

354 Le vice-président de Donald Trump est... **Mike Pence**

355 Le plus puissant câble Internet sous-marin au monde, mis en place en 2018, relie... **La Virginie aux États-Unis à Bilbao en Espagne**

356 En décembre 2021, la Commission européenne a décidé le lancement d'un programme doté de 300 milliards d'euros nommé le « portail mondial ». De quoi s'agit-il ? **D'un programme visant à contrer les « nouvelles routes de la soie » lancées par Xi Jinping en 2013**

357 Selon l'ambassade de France à Londres, quel est le nombre de citoyens français vivant au Royaume-Uni au début de l'année 2020? **300 000**

358 Selon le magazine *Forbes*, quelle est la première fortune chinoise en 2019? **Jack Ma, patron d'Alibaba**

359 En 2021, les Nations unies ont publié une étude sur les transitions démographiques en Asie. En quelle année est prévu le pic de population en Inde ? **2060**

360 Qu'est-ce que l'AKP? **Le nom du parti du président turc Erdoğan**

361 Une tentative de coup d'État a eu lieu contre le régime d'Erdoğan en Turquie; elle s'est déroulée... **Les 15 et 16 juillet 2016**

362 Erdoğan est devenu président de la Turquie après un référendum constitutionnel qui s'est tenu... **Le 16 avril 2017**

363 Régulièrement, est publié le classement PISA; « PISA » est l'acronyme de... **Program for International Student Assessment**

364 Le premier EPR (réacteur pressurisé européen) de la planète a été mis en fonctionnement en 2018 en... **Chine**

365 Qui est le président du Pérou élu en décembre 2021 ? **Gabriel Boric**

366 En juillet 2018, Andres Manuel Lopez Obrador a été élu... **Président du Mexique, à la tête d'une coalition de gauche**

367 Selon une étude publiée en décembre 2021 par les Nations unies, quel sera le trio de tête des pays les plus peuplés en 2100 ? **Inde, Nigéria, Chine**

368 Qui a été élue, en janvier 2019, à la tête de la Chambre des représentants des États-Unis? **Nancy Pelosi**

369 Au XXᵉ siècle, la température moyenne terrestre a augmenté de 0,6 °C. Elle est actuellement d'environ... **15 °C**

370 L'empreinte écologique calcule la surface terrestre utilisée par chacun pour satisfaire ses besoins. Si tous les terriens vivaient comme les Français, combien de planètes seraient nécessaires ? **3**

Actualité culturelle et sportive

371 Au 1er janvier 2019, quel est le dernier joueur de tennis français à avoir gagné un tournoi du Grand Chelem ? **Yannick Noah en 1983**

372 Fin 2019, une importante décision sportive a été prise concernant la Russie... **La Russie est exclue des Jeux olympiques 2020 et 2022 pour avoir falsifié des données de contrôle antidopage.**

373 Dans le classement de Shanghai 2021 des meilleures universités mondiales, quelle est la première institution française ? **Université Paris-Saclay**

374 Le titre de Miss Univers 2019 a été décerné à... **La représentante sud-africaine**

375 2020 est une année importante dans le domaine de la musique ; il s'agit... **Du 250e anniversaire de la naissance de Beethoven**

376 La Ryder Cup est... **Un tournoi de golf**

377 Quelle a été l'exposition la plus visitée de l'histoire en France ? **L'exposition « Toutankhamon, le trésor du Pharaon » qui s'est tenue en 2019.**

378 Qui a remporté la Route du Rhum le 11 novembre 2018 ? **Francis Joyon**

379 Pour rendre hommage aux victimes des attentats de novembre 2015, des œuvres d'art sont exposées dans le jardin des Champs-Élysées. Quelles sont-elles ? ***Les Tulipes* de Jeff Koons**

380 Quel pays a remporté la coupe Davis face aux Français le 25 novembre 2018 ? **La Croatie**

381 Au terme de la saison de Formule 1, qui est consacré champion du monde 2019 ? **Lewis Hamilton**

382 Qui a gagné le prix Goncourt 2019 avec son roman *Tous les hommes n'habitent pas le monde de la même façon* ? **Jean-Paul Dubois**

383 Quel est le nom de l'œuvre de Banksy partiellement détruite lors d'une vente aux enchères à Londres ? ***Girl with Balloon***

384 Comment s'appelle l'album posthume de Johnny Hallyday ? ***Mon pays c'est l'amour***

385 Quelle est la seule ville qui a accueilli dans l'ère moderne les jeux Olympiques d'hiver et d'été ? **Pékin**

386 Quelle célèbre cathédrale espagnole a obtenu son permis de construire 136 ans après le début de sa construction ? **La Sagrada Familia à Barcelone**

387 Quelle est la particularité du tableau *Edmond de Belamy* vendu 432 500 $ aux enchères chez Christie's New York ? **Il a été conçu par un programme d'intelligence artificielle**

388 Dans quel pays auront lieu les Jeux olympiques de la jeunesse en 2022 ? **Au Sénégal**

389 Bernard Tapie est décédé en octobre 2021. Lorsqu'il était président de l'Olympique de Marseille, l'équipe a remporté une Coupe d'Europe des champions. Contre quelle équipe a-t-elle joué ? **Milan AC**

390 Dans quel pays se déroulera l'Euro de football en 2024? **En Allemagne**

391 Quelle a été la particularité de la cérémonie d'ouverture des JO d'hiver à Pyeongchang? **Les deux Corées ont allumé la vasque olympique ensemble**

392 À qui a été attribué le prix Nobel de la paix en 2021 ? **Maria Ressa et Dmitri Mouratov**

393 À qui a été attribué le prix Nobel de littérature en 2021 ? **Abdulrazak Gurnah**

394 Pour quel prix était connu Raymond Kopa, décédé le 3 mars 2017 à l'âge de 85 ans? **Premier Ballon d'or français**

395 Dans quel restaurant parisien sont attribués chaque année les prix Goncourt et Renaudot? **Chez Drouant**

396 En septembre 2021, la plateforme Netflix diffuse dans le monde entier une série télévisée dramatique de survie sud-coréenne. Comment s'appelle-t-elle ? ***Squid Game***

397 Des chercheurs estiment avoir découvert une nouvelle espèce humaine qui vivait il y a plus de 50 000 ans. Comment est-elle dénommée ? **L'homme de Luçon**

398 Le prix Nobel d'économie se nomme en réalité... **Le prix de la Banque de Suède en sciences économiques en mémoire d'Alfred Nobel**

399 Les capitales européennes de la culture 2020 sont... **Rijeka et Galway**

400 Les capitales européennes de la culture 2021 sont... **Kaunas et Esch**

401 L'œuvre de Bansky « auto-détruite » chez Sotheby's à Londres s'est vendue... **1,042 million de livres**

402 Quel élément a été inscrit à la liste du patrimoine culturel immatériel de l'humanité en 2018? **Le reggae de la Jamaïque**

403 Dans quelle ville se déroule l'Exposition universelle de 2020? **Dubai**

404 Dans quelle ville est prévue de se dérouler l'Exposition universelle de 2025? **Osaka**

405 Quelle entreprise assurera la restauration collective des athlètes aux JO de Paris 2024 ? **Sodexo**

406 Elena Ferrante est une auteure italienne qui a écrit une saga familiale très populaire qui s'appelle... ***L'amie prodigieuse***

407 Quelle est la part projetée du financement privé des JO de Paris 2024 ? **97 %**

408 À quel film la Palme d'or du Festival de Cannes 2019 a-t-elle été décernée ? ***Parasite*, de Bong Joon-ho**

409 En octobre 2021 est célébré le 100e anniversaire de la naissance de Georges Brassens. Quelle chanson n'a-t-il pas composée ? ***Douce France***

410 En 2021 est sorti le 39e album d'Astérix. Quel est son titre ? ***Astérix et le Griffon***

411 Qui a été le porte-drapeau de la délégation française au Jeux olympiques de Pyeongchang? **Martin Fourcade**

412 André Courrèges, décédé en 2016, était... **Un créateur de mode**

413 Qu'est-ce que le Festival d'Angoulême? **Un festival de la bande dessinée**

414 La « trilogie berlinoise », considérée comme un des sommets de sa musique, a été produite et chantée par... **David Bowie**

415 Le président de la FIFA en 2018 est... **Gianni Infantino**

416 Le jeu Pokémon Go a été lancé... **En juillet 2016**

417 Quel est le nom du premier Français à être devenu champion du monde de MotoGP en 2021 ? **Fabio Quartararo**

418 Quel pays a remporté en 2019 la Coupe du monde de football féminin ? **Les États-Unis**

419 Pour faire venir le footballeur brésilien Neymar, le PSG a dû verser au FC Barcelone une prime de transfert de... **222 millions d'euros**

420 La France obtient l'organisation de la Coupe du monde de rugby en 2023, face à... **L'Afrique du Sud**

421 En octobre 2021, l'OMS a recommandé l'utilisation à grande échelle du premier vaccin contre une maladie largement répandue dans le monde. Quelle est cette maladie ? **Le paludisme**

422 Dans quelle ville est prévue de se dérouler l'Exposition spécialisée de 2023 ? **Buenos Aires**

423 Le dernier livre publié par Jean d'Ormesson se nomme... ***Un hosanna sans fin***

424 En finale de la Coupe du monde de football 2018, la France bat... **La Croatie par 4-2**

425 En octobre 2021, Mark Zuckerberg a annoncé le changement de nom du groupe Facebook (Facebook, Instagram, WhatsApp et Messenger). Quel est ce nouveau nom ? **Meta**

426 Qui a obtenu le prix Goncourt 2019 ? **Jean-Paul Dubois pour son livre *Tous les hommes n'habitent pas le monde de la même façon***

427 Qu'est-ce que le « GHB » ? **L'acronyme d'un psychotrope et puissant dépresseur du système nerveux central**

428 Quel footballeur reçoit le Ballon d'or 2019 ? **Lionel Messi**

429 Le prix Sakharov est attribué par... **Le Parlement européen**

430 Quel film français a réalisé le plus d'entrées en 2019 ? ***Le Roi Lion***

431 Aux Golden Globes 2019, le prix du meilleur film a été décerné à : ***Green Book : sur les routes du Sud*, de Peter Farrelly**

432 En octobre 2021, une enquête du Consortium international des journalistes d'investigation (ICIJ) révèle des informations sur les secrets de la finance offshore et met en cause des centaines de personnalités dans de nombreux pays. Comment se nomme cette enquête ? **Pandora Papers**

433 En 2021, le prix Nobel de médecine est décerné aux Américains David Julius et Ardem Patapoutian. Pour quels travaux ont-ils été récompensés ? **Leurs découvertes sur les récepteurs de température et le toucher**

434 En avril 2019, la première photographie d'un trou noir a été rendue publique. À quelle distance de la Terre se situe-t-il ? **Une cinquantaine d'années-lumière**

435 En octobre 2021, un acteur de cinéma a tué la directrice de la photographie sur le tournage d'un film en utilisant une arme à feu censée être chargée à blanc. Qui est cet acteur ? **Alec Baldwin**

436 Quel pays a gagné la première Coupe du monde de rugby à XV ? **La Nouvelle-Zélande**

437 Le rallye Paris-Dakar 2020 s'est déroulé **en Arabie Saoudite**.

438 Qui remporte l'édition 2022 du rallye-raid Dakar en automobile ? **Le Qatari Nasser Al-Attiyah**

439 Quelle est la nationalité de la militante écologiste Greta Thunberg ? **Suédoise**

440 Le 1er juillet 2018, est entré au Panthéon... **Le couple Simone et Antoine Veil**

441 Quelle planète a été déclassée en 2006? **Pluton**

442 En 2016 est mort le premier Américain à avoir effectué un vol en orbite autour de la Terre; il s'agit de... **John Glenn**

443 Qui a obtenu le prix Renaudot 2021 ? **Amélie Nothomb**

444 Qui est le meilleur buteur de l'année civile 2019 ? **Robert Lewandowski**

445 Le prince William est marié avec... **Catherine Middleton**

446 Sputnik est... **Une agence de presse multimédia internationale russe**

447 Le tournoi masculin de tennis de Roland-Garros a été remporté en 2019 par... **Rafael Nadal**

448 Le tournoi féminin de tennis de Roland-Garros a été remporté en 2019 par... **Ashleigh Barty**

449 Le Ballon d'or est une récompense attribuée par... **Le magazine *France Football***

450 En 2021, après une pause de quarante ans, un groupe de musique annonce la sortie de leur nouvel album. Quel est ce groupe ? **ABBA**

451 Le 15 avril 2019, la flèche de Notre-Dame-de-Paris s'effondre lors d'un gigantesque incendie. De quelle époque datait-elle ? **Du XIXe siècle**

452 La rétrospective des œuvres de Léonard de Vinci qui a lieu à Paris en octobre 2019 se tient pour... **Les 500 ans de la mort du peintre en France**

453 Quel est le film étranger qui, en 2019, a fait le plus grand nombre d'entrées en France? ***Le Roi Lion***

454 Quelle équipe a gagné le Bouclier de Brennus en 2019? **Le Stade toulousain**

455 Le dernier Ballon d'or décerné à un footballeur français l'a été en... **1998 à Zinedine Zidane**

456 Quel pays a gagné le plus grand nombre de Coupes du monde de rugby à XV jusqu'en 2018 compris? **La Nouvelle-Zélande**

457 Combien de fois, jusqu'en 2018, le Ballon d'or a-t-il été décerné à Cristiano Ronaldo? **Cinq fois**

458 En Asie, quel coronavirus avait été responsable de près de 800 morts en 2002-2003 ? **Le SRAS**

459 Le premier Ballon d'or féminin a été attribué en... **2018**

460 En quelle année, le Tournoi des Cinq Nations du rugby est-il devenu le Tournoi des Six Nations? **2000**

461 En 2019, quel pays a été le plus grand nombre de fois vainqueur du Grand Chelem au Tournoi des Cinq Nations (devenu Tournoi des Six Nations)? **Le Pays de Galles**

462 Le Bouclier de Brennus récompense... **L'équipe victorieuse du championnat de France du rugby à XV**

463 Jusqu'en 2019, quelle équipe a obtenu le plus grand nombre de victoires au championnat de France du rugby à XV depuis la création ce palmarès en 1892? **Le Stade Toulousain**

464 La Coupe du monde du rugby à XV se déroule depuis... **1987**

465 Quel joueur de tennis a remporté le plus grand nombre de titres de tournois du Grand Chelem en simple en début 2020? **Roger Federer**

466 En mars 2019 a été célébré le 30e anniversaire de l'inauguration de la pyramide du Louvre à Paris. Qui en a été l'architecte ? **L'Américain d'origine chinoise Pei**

467 Où se déroule la Coupe du monde de football en 2026? **En Amérique du Nord**

468 En quelle année la France a-t-elle gagné la Coupe du monde de rugby à XV? **Jamais (jusqu'en 2018)**

469 Quand la Coupe Davis de tennis a-t-elle été créée? **En 1900**

470 Le 16 janvier 2022 est commémorée la naissance de Molière. Quand est-il né ? **1622**

471 Quel pays a gagné le plus grand nombre de fois la Coupe Davis de tennis en début 2019? **Les États-Unis**

472 En 2019, quelle grave et importante épidémie frappe la République démocratique du Congo ? **Ebola**

473 Quel joueur de tennis français a remporté le plus grand nombre de titres de tournois du Grand Chelem en simple en début 2019? **Henri Cochet**

474 Où s'est déroulée l'édition 2018 de la Ryder Cup? **Saint-Quentin-en-Yvelines**

475 Quelle joueuse de tennis a remporté le plus grand nombre de titres de tournois du Grand Chelem en simple en début 2020? **Margaret Smith Court**

476 Combien de fois, jusqu'en 2019, le Ballon d'or a-t-il été décerné à Lionel Messi? **Cinq fois**

477 Le 11 novembre 2021, le corps du dernier des compagnons de la Libération a été transporté au Mont-Valérien, à Suresnes, pour y être incinéré. Comment s'appelait-il ? **Hubert Germain**

478 En 2021 est rappelée la tenue d'un procès célèbre d'un tueur en série qui s'est déroulé il y a 100 ans. De quel tueur s'agit-il ? **Henri Désiré Landru**

479 Quel Français a obtenu, en 2018, le prix Nobel de physique pour ses travaux sur les lasers avec deux autres chercheurs? **Gérard Mourou**

480 En janvier 2019, Michel Houellebecq publie un nouvel ouvrage. Quel est son titre? ***Sérotonine***

481 Qui a été désigné meilleur joueur de rugby du monde en 2021 ? **Le Français Antoine Dupont**

482 Quelle ville française décroche, en 2019, le prix de Capitale européenne de l'innovation ? **Nantes**

483 Quelle grande entreprise française a été disqualifiée pour être sponsor des Jeux olympiques 2024 à Paris ? **Total**

484 Qui a obtenu le Prix Nobel de littérature 2019 ? **Olga Tokarczuk et Peter Handke**

485 Quel important basketteur américain est décédé dans un accident d'hélicoptère en Californie en janvier 2020 ? **Kobe Bryant**

486 Quel est le moteur de recherche le plus utilisé au monde ? **Google**

487 Qui a obtenu le Prix Nobel de la paix 2019 ? **Le Premier ministre éthiopien Abiy Ahmed**

488 Au début de l'année 2020, combien de fois Teddy Riner a-t-il été champion du monde du judo ? **10 fois**

489 Quelle est la spécialité du sportif Martin Fourcade ? **Biathlon**

490 Début 2022, combien de personnes vivent avec le VIH ? **41 millions**

491 Quel chef a été élu Meilleur chef du monde 2020 par le Chefs World Summit ? **Mauro Colagreco**

492 Quel acteur masculin a obtenu l'Oscar 2020 ? **Joaquin Phoenix**

493 Quelle actrice féminine a obtenu l'Oscar 2020 ? **Renée Zellweger**

494 Quelle langue a le plus grand nombre de locuteurs natifs sur les réseaux sociaux dans le monde en 2022 ? **Le mandarin**

495 En décembre 2021 a débuté côté allemand le percement du plus long tunnel immergé du monde. Quels pays relie-t-il ? **Le Danemark à l'Allemagne**

496 Quel basketteur français a remporté le plus grand nombre de titres de NBA ? **Tony Parker**

497 Début 2020, combien de fois l'équipe de France de handball a-t-elle remporté le titre de championne du monde ? **Six fois**

5 concours blancs corrigés

Concours blanc 1

Durée
10 min

→ **Retrouvez le corrigé de ce concours blanc page 742.**

1 Quel spécialiste des relations internationales a théorisé les concepts de *hard power* et *soft power* en 1990 pour décrire la puissance internationale d'un État ?

- ○ **A.** Joseph Nye
- ○ **B.** Anthony Giddens
- ○ **C.** Samuel Huntington
- ○ **D.** Bertrand Badie

2 À quelle date est célébré le *Columbus Day*, jour férié aux États-Unis, en Amérique latine et en Espagne en commémoration de l'arrivée de Christophe Colomb au « Nouveau Monde » en 1492 ?

- ○ **A.** Le 18 septembre
- ○ **B.** Le 12 novembre
- ○ **C.** Le 18 octobre
- ○ **D.** Le 12 octobre

3 Quel est le nom de l'épidémie de grippe responsable de la mort d'un million de personnes dans le monde en 1968-1969 ?

- ○ **A.** La grippe aviaire
- ○ **B.** La grippe espagnole
- ○ **C.** La grippe de Hong Kong
- ○ **D.** La grippe H5N1

4 Quel est le nom du commanditaire de l'assassinat de Sharon Tate (épouse de Roman Polanski) à Los Angeles en 1969 qui a ébranlé les États-Unis et le monde du cinéma ?

- ○ **A.** Charles Ingels
- ○ **B.** Charles Panson
- ○ **C.** Charles Manson
- ○ **D.** Charles Preston

5 En quelle année a lieu le coup d'État qui renverse la République et entraîne l'instauration d'une dictature militaire au Brésil dirigée par le maréchal Castelo Branco et qui dure jusque 1985 ?

- ○ **A.** 1964
- ○ **B.** 1966
- ○ **C.** 1967
- ○ **D.** 1971

6 Bernard Tapie est décédé en octobre 2021. Dans sa vie politique, quelle fonction a-t-il exercée ?

- ○ **A.** Maire de Marseille
- ○ **B.** Ministre de la Ville
- ○ **C.** Sénateur de Marseille
- ○ **D.** Président du conseil régional de Provence-Alpes-Côte d'Azur

7 Quel est le nom de l'actuel empereur du Japon, au pouvoir depuis 2019 ?

- ○ **A.** Naruhito
- ○ **B.** Akihito
- ○ **C.** Keiko
- ○ **D.** Asarigawa

8 En août 2021, le gouvernement chinois a annoncé qu'il comptait réduire la pratique des jeux vidéo aux moins de 18 ans. Quel est le temps maximum autorisé ?

- ○ **A.** 3 heures par jour
- ○ **B.** 5 heures par jour
- ○ **C.** 3 heures par semaine
- ○ **D.** 10 heures par semaine

9 Quelle proposition Donald Trump a-t-il faite en 2019 au Danemark au sujet du Groenland ?

- ○ **A.** Acheter l'île au Danemark
- ○ **B.** Y construire le plus grand hôtel au monde
- ○ **C.** Y bâtir le plus grand pont du monde
- ○ **D.** Y installer une base militaire permanente

10 **Qu'appelle-t-on le mouvement des « Sardines » ?**

- ○ **A.** Un mouvement citoyen opposé au populisme et au souverainisme des partis de l'extrême droite italienne
- ○ **B.** Un mouvement des pêcheurs français contre les conséquences du Brexit
- ○ **C.** Un mouvement de révolte des Algériens contre le pouvoir
- ○ **D.** Un mouvement d'opposition de la jeunesse iranienne contre le pouvoir

11 **Le Mercosur est une zone de libre-échange qui regroupe, en 2020 :**

- ○ **A.** L'Argentine, le Brésil, le Paraguay et l'Uruguay
- ○ **B.** L'Argentine, le Brésil, le Paraguay, l'Uruguay et le Venezuela
- ○ **C.** L'Argentine, la Bolivie, le Brésil, le Chili et le Pérou
- ○ **D.** L'Argentine, le Brésil et le Venezuela

12 **La COP 26 se tient en 2020 :**

- ○ **A.** À Lima
- ○ **B.** À Abu Dhabi
- ○ **C.** À Sapporo
- ○ **D.** À Glasgow

13 **Quel est le nom du président de la République algérienne élu en décembre 2019 ?**

- ○ **A.** Abdelkader Bensalah
- ○ **B.** Abdelmadjid Tebboune
- ○ **C.** Abdelaziz Bouteflika
- ○ **D.** Liamine Zéroual

14 **Quelle est la part, en % du PIB mondial, du volume des échanges commerciaux internationaux en 2020 ?**

- ○ **A.** 28 %
- ○ **B.** 38 %
- ○ **C.** 48 %
- ○ **D.** 58 %

15 **L'Inde connaît, depuis 2019, un regain de tensions internes entre hindous et musulmans. Quelle en est l'origine ?**

- ○ **A.** Un différend territorial ancien avec le Pakistan
- ○ **B.** L'adoption d'une loi qui refuse la citoyenneté indienne aux réfugiés musulmans
- ○ **C.** La fermeture de plusieurs mosquées dans le nord du pays
- ○ **D.** Le refus du président de nommer des ministres musulmans

16 **Quand le Royaume-Uni a-t-il quitté l'Union européenne ?**

- ○ **A.** Le 1er décembre 2019
- ○ **B.** Le 1er janvier 2020
- ○ **C.** Le 31 janvier 2020
- ○ **D.** Le 1er mars 2020

17 **En mai 2021 est commémoré le rétablissement des relations diplomatiques entre la France et le Saint-Siège. Quand a-t-il eu lieu ?**

- ○ **A.** Mai 1621
- ○ **B.** Mai 1721
- ○ **C.** Mai 1821
- ○ **D.** Mai 1921

18 **En octobre 2021, 136 pays se sont mis d'accord pour instaurer un impôt minimum mondial sur les sociétés. Quel est ce taux ?**

- ○ **A.** 5 %
- ○ **B.** 10 %
- ○ **C.** 15 %
- ○ **D.** 20 %

19 **Quelle est, pour le magazine *GQ*, la personnalité politique française de la décennie 2010 ?**

- ○ **A.** Jacques Chirac
- ○ **B.** Nicolas Hulot
- ○ **C.** Christiane Taubira
- ○ **D.** Jean-Luc Mélenchon

20 **Quel est le nom du télescope spatial lancé le 24 décembre 2021 par l'Agence spatiale européenne ?**

- ○ **A.** Hubble 2
- ○ **B.** Cheops
- ○ **C.** Ariel
- ○ **D.** James Webb

21 **En 2022, quel est le rang de la France dans le monde en termes de superficie totale de ses zones économiques exclusives (ZEE) ?**

- ○ **A.** 1
- ○ **B.** 2
- ○ **C.** 5
- ○ **D.** 7

22 **En France, le déremboursement de l'homéopathie est total et applicable :**

- ○ **A.** Depuis le 1er janvier 2021
- ○ **B.** À compter du 1er janvier 2022
- ○ **C.** À compter du 1er janvier 2023
- ○ **D.** À compter du 1er janvier 2024

23 **Qui dirige la Réserve fédérale américaine, la banque centrale des États-Unis ?**

- ○ **A.** Jerome Powell
- ○ **B.** Ben Bernanke
- ○ **C.** Janet Yellen
- ○ **D.** Alan Greenspan

24 **En octobre 2021 est rendu le rapport Sauvé sur les abus sexuels dans l'Église. Selon ce rapport, quel est le nombre de victimes de tels abus depuis 1950 ?**

- ○ **A.** 58 000
- ○ **B.** 125 000
- ○ **C.** 247 000
- ○ **D.** 330 000

25 **En France, la part des dépenses de retraite représente environ :**

- ○ **A.** 14 % du PIB
- ○ **B.** 24 % du PIB
- ○ **C.** 34 % du PIB
- ○ **D.** 44 % du PIB

26 **Qui préside la Commission européenne au 1er janvier 2022 ?**

- ○ **A.** Jean-Claude Juncker
- ○ **B.** Ursula von der Leyen
- ○ **C.** Mario Draghi
- ○ **D.** José Manuel Barroso

27 **La loi du Talion est souvent symbolisée par l'expression :**

- ○ **A.** Œil pour œil, dent pour dent
- ○ **B.** Justice extrême est extrême injustice
- ○ **C.** La vengeance est une justice sauvage
- ○ **D.** La justice sans la force est impuissante, la force sans la justice est tyrannique

28 **En quelle année le référendum sur l'appartenance ou non du Royaume-Uni a-t-il été voté ?**

- ○ **A.** 2016
- ○ **B.** 2017
- ○ **C.** 2018
- ○ **D.** 2019

29 **À partir de quel âge un salarié peut-il être mis à la retraite d'office ?**

- ○ **A.** 62 ans
- ○ **B.** 65 ans
- ○ **C.** 70 ans
- ○ **D.** 75 ans

30 **Que prévoit le « RGPD » issu du règlement (UE) 2016/679 du Parlement européen et du Conseil du 27 avril 2016 ?**

- ○ **A.** Le développement du réseau général des polices du département
- ○ **B.** L'obligation d'entreprendre une révision générale des politiques départementales
- ○ **C.** L'encadrement des récepteurs globaux couplés aux protéines G
- ○ **D.** La protection des personnes physiques à l'égard du traitement des données à caractère personnel

31 **Quel phénomène géophysique exceptionnel est observable à Mayotte depuis 2018 ?**

- ○ **A.** L'île de Mayotte s'enfonce dans l'océan Indien à une vitesse de plus en plus rapide (1,5 cm/an).
- ○ **B.** L'île de Mayotte bascule doucement à cause de l'apparition d'un volcan sous-marin à 50 km plus à l'est.
- ○ **C.** L'île de Mayotte voit sa superficie diminuer de 9 % sous l'effet de l'érosion marine qui augmente avec le réchauffement climatique (et la montée des eaux subséquentes).
- ○ **D.** L'île de Mayotte est soumise à de nombreux tremblements de terre, des nuages sulfureux et des coulées de lave depuis le réveil du principal volcan de Grande-Terre.

32 Que sont les estives ?

- ○ **A.** Les estives sont les zones attirant le plus grand nombre de touristes en été.
- ○ **B.** Les estives désignent la période de soldes estivales, à partir de fin juin.
- ○ **C.** Les estives sont les pâturages d'altitude dans lesquels les troupeaux de montagne sont menés l'été.
- ○ **D.** Les estives désignent un plat à base de fromage fermier à pâte non cuite type reblochon, reposant sur un lit de feuilles type pissenlit et de fleurs des alpages type gentiane ou violette.

33 Pourquoi fait-il plus froid en altitude ?

- ○ **A.** Le ressenti de froid est trompeur, car il ne fait pas plus froid en altitude. En effet, les rayons solaires sont plus intenses et chauffent davantage l'air.
- ○ **B.** Le ressenti de froid est trompeur, car il ne fait pas plus froid en altitude. En effet, l'air chaud monte, donc il se retrouve dans les hauteurs.
- ○ **C.** Il fait plus froid en altitude, car les dernières couches de l'atmosphère sont en contact avec l'espace qui lui est glacial.
- ○ **D.** Il fait plus froid en altitude, car la pression atmosphérique diminue avec l'altitude, donc l'air se dilate. Autrement dit, il y a moins de molécules pour un même volume, celles-ci entrent moins en contact, l'air est moins chaud.

34 Qu'est-ce que le vent catabatique ?

- ○ **A.** Le vent catabatique est un vent circulaire, propre aux régions polaires, qui tourbillonne dans le sens des aiguilles d'une montre au Nord, et dans le sens contraire au Sud.
- ○ **B.** Le vent catabatique est un vent produit par le poids d'une masse d'air froid descendant par gravité un relief géographique à cause d'une inversion de température en altitude.
- ○ **C.** Le vent catabatique est un vent propre aux zones urbaines, car il est créé par les goulets d'étranglement entre les bâtiments. Plus les bâtiments sont hauts et proches, plus le vent catabatique est fort.
- ○ **D.** Le vent catabatique est un vent très rare, extrêmement violent et froid, qui vient de l'espace et qui parvient à percer les couches de l'atmosphère là où elles sont les plus fines. Il présente la particularité d'être quasi vertical.

35 Quel est le principal effet de la taxe carbone imposée aux entreprises manufacturières en France depuis 2014 (45 €/tonne de CO_2 émis) ?

- ○ **A.** Augmentation du chômage. La taxe augmente les coûts pour les entreprises, donc ces dernières recrutent moins.
- ○ **B.** Augmentation de l'inflation. Les entreprises continuent leur modèle de production avec la taxe carbone, avec les mêmes émissions de CO_2, mais en augmentant leur prix de vente pour compenser le surcoût.
- ○ **C.** Baisse des émissions de CO_2. Si le coût de l'énergie augmente de 10 %, la consommation d'énergie de l'entreprise baisse de 6 %.
- ○ **D.** Augmentation de la délocalisation. Le nombre d'entreprises ayant délocalisé son activité dans un pays asiatique a quintuplé suite à l'instauration de la taxe carbone.

36 Qu'a-t-on pu visualiser avec un microscope électronique en transmission ?

- ○ **A.** Un quark
- ○ **B.** Un électron
- ○ **C.** Une liaison chimique entre deux atomes
- ○ **D.** Un photon

37 **Qu'ont réussi à piéger les scientifiques sous l'Antarctique ?**

- ○ **A.** Un neutrino
- ○ **B.** Un copépode
- ○ **C.** Un électron
- ○ **D.** Un narval

38 **Une biopsie est :**

- ○ **A.** Un prélèvement de tissu humain
- ○ **B.** Une exploration filmée du tube digestif
- ○ **C.** Un examen radiologique
- ○ **D.** Un examen réalisé uniquement par l'Anapath

39 **À propos de la syphilis, laquelle de ces propositions est fausse ?**

- ○ **A.** Maupassant était atteint de cette maladie
- ○ **B.** C'est une IST (infection sexuellement transmissible)
- ○ **C.** Elle se manifeste par l'apparition d'un chancre
- ○ **D.** Un vaccin existe contre cette pathologie

40 **À propos de Sigmund Freud, laquelle de ces propositions est fausse ?**

- ○ **A.** C'est un neurologiste du XXe siècle
- ○ **B.** C'est le fondateur de la psychanalyse
- ○ **C.** Il a créé le concept du « complexe d'Œdipe »
- ○ **D.** Il est français

41 **Dans lequel de ces pays l'euthanasie est-elle autorisée ?**

- ○ **A.** Belgique
- ○ **B.** France
- ○ **C.** Angleterre
- ○ **D.** Allemagne

42 **À propos de l'affaire Vincent Lambert, laquelle de ces propositions est juste ?**

- ○ **A.** Elle concerne le burn-out des soignants
- ○ **B.** Elle concerne l'acharnement thérapeutique des patients en état végétatif chronique
- ○ **C.** Elle concerne la mort assistée
- ○ **D.** Elle concerne la place de l'homéopathie dans la médecine

43 **De quelle personnalité Marjane Satrapi raconte-t-elle le parcours dans *Radioactive* ?**

- ○ **A.** Simone de Beauvoir
- ○ **B.** Irène Joliot-Curie
- ○ **C.** Ada Lovelace
- ○ **D.** Marie Curie

44 **Le 21 décembre 2021 est vendu aux enchères le tout premier SMS au monde envoyé en 1992. Quel était le texte ?**

- ○ **A.** Happy birthday
- ○ **B.** Merry Christmas
- ○ **C.** Happy new year
- ○ **D.** Revolution !

45 **En 2021, un éditeur a décidé la réédition en France de *Mein Kampf*, l'ouvrage dont Hitler est l'auteur. Qui est cet éditeur ?**

- ○ **A.** Fayard
- ○ **B.** Albin Michel
- ○ **C.** Flammarion
- ○ **D.** PUF

46 **Lequel de ces artistes n'a pas participé à la Monumenta de la nef du Grand Palais ?**

- ○ **A.** Christian Boltanski
- ○ **B.** Anish Kapoor
- ○ **C.** Louise Bourgeois
- ○ **D.** Anselm Kiefer

47 **Quelle actrice a quitté scandalisée la cérémonie des Césars en 2020 ?**

- ○ **A.** Adèle Haenel
- ○ **B.** Adèle Exarchopoulos
- ○ **C.** Aïssa Maïga
- ○ **D.** Anaïs Demoustier

48 **Le Tournoi international de rugby des Six Nations regroupe :**

- ○ **A.** Allemagne/Angleterre/France/Italie/Irlande/Pays de Galles
- ○ **B.** Angleterre/Écosse/Espagne/France/Italie/Irlande
- ○ **C.** Angleterre/Écosse/France/Italie/Irlande/Pays de Galles
- ○ **D.** Allemagne/Angleterre/Espagne/France/Italie/Irlande

49 **En cas de pollution, certaines grandes métropoles instaurent la circulation alternée :**

- ○ **A.** Toutes les voitures n'ont le droit de rouler que les jours pairs sauf les voitures électriques
- ○ **B.** Les véhicules immatriculés avec une plaque d'immatriculation à chiffre pair roulent les jours pairs, ceux à chiffre impair roulent les jours impairs
- ○ **C.** Seuls les bus ont le droit de rouler en dehors des week-ends
- ○ **D.** Seuls les véhicules avec une vignette Crit'Air de 0 à 2 peuvent rouler

50 **Quelle fleur rouge ou rose est célèbre pour avoir figuré dans le titre d'un roman d'Alexandre Dumas ?**

- ○ **A.** Le camélia
- ○ **B.** L'hortensia
- ○ **C.** Le dahlia
- ○ **D.** L'akebia

51 **Lequel de ces gâteaux n'est pas une spécialité bretonne ?**

- ○ **A.** Le kouign-amann
- ○ **B.** Le far aux pruneaux
- ○ **C.** Le bretzel
- ○ **D.** Le sablé au caramel

52 **Selon l'Unesco, quel est le nombre d'espèces menacées d'extinction dans le monde en 2022 ?**

- ○ **A.** 300 000
- ○ **B.** 500 000
- ○ **C.** 750 000
- ○ **D.** 1 000 000

53 **Quelle est la phrase correcte ?**

- ○ **A.** Il vous a attendus pendant trois heures et demie.
- ○ **B.** Qu'est-il écrit page trois cents ?
- ○ **C.** Elle s'est arrêtée nette devant la porte.
- ○ **D.** Ce journaliste aura bientôt quatre-vingt ans.

54 **Quel est le synonyme de l'adjectif *présomptueux* ?**

- ○ **A.** Aléatoire
- ○ **B.** Réfléchi
- ○ **C.** Fat
- ○ **D.** Hypothétique

55 **Que signifie l'expression *à qui mieux mieux* ?**

- ○ **A.** En contredisant
- ○ **B.** En reculant
- ○ **C.** En se dépêchant
- ○ **D.** En rivalisant

56 **Quelle est la phrase incorrecte ?**

- ○ **A.** Ils se nourrissent essentiellement de semi-conserves.
- ○ **B.** Nous en avons planté quelques trois cents.
- ○ **C.** Elles se sont présentées nu-tête.
- ○ **D.** Ils seront en retard, quelque rapides qu'ils soient.

57 **Dans laquelle de ces phrases le mot souligné n'est pas un adjectif ?**

- ○ **A.** <u>Quelle</u> est cette personne qui t'a accompagné ?
- ○ **B.** <u>Quel</u> est de nous trois le plus rapide ?
- ○ **C.** Viens nous voir, <u>quelle</u> que soit l'heure.
- ○ **D.** <u>Quelle</u> surprise de vous rencontrer ici !

Concours blanc 2

Durée 10 min

→ Retrouvez le corrigé de ce concours blanc page 744.

1 À quel âge Toutankhamon est-il mort?

- ○ **A.** Vers 19 ans
- ○ **B.** Vers 27 ans
- ○ **C.** Vers 33 ans
- ○ **D.** 79 ans

2 La première guerre de l'opium :

- ○ **A.** Oppose la Chine et la Grande-Bretagne en 1840
- ○ **B.** A pour effet de creuser le déficit commercial des Occidentaux envers la Chine
- ○ **C.** Est une victoire de la Chine sur la Grande-Bretagne
- ○ **D.** A conduit à la fermeture de ports occidentaux sur le littoral chinois

3 La formule célèbre « Enrichissez-vous... » est attribuée à :

- ○ **A.** François Guizot
- ○ **B.** Casimir Perier
- ○ **C.** Jacques Laffitte
- ○ **D.** Antoine d'Argout

4 Qu'est-ce que l'État de droit?

- ○ **A.** La soumission d'une société à l'anarchie
- ○ **B.** La soumission des individus à une surveillance policière constante
- ○ **C.** La soumission d'une société à la justice privée
- ○ **D.** La soumission d'une société à un ordre juridique

5 Qu'est-ce qu'un portulan?

- ○ **A.** C'est le nom donné au Moyen Âge à un petit port de commerce.
- ○ **B.** C'est une carte marine du XIIIe siècle, représentant les ports de commerce, les abris côtiers, et les points d'amer (repères terrestres).
- ○ **C.** C'est, au Moyen Âge, un objet cylindrique creux, fait à partir de corne de bœuf et permettant de rouler les cartes dedans pour les transporter.
- ○ **D.** C'est l'outil utilisé, au Moyen Âge, pour établir des cartes, par la mesure des distances à partir des angles entre les étoiles.

6 La tuberculose est une maladie infectieuse :

- ○ **A.** Qui a totalement disparu en France
- ○ **B.** Dont la vaccination n'est pas obligatoire
- ○ **C.** Qui touche uniquement les voies respiratoires
- ○ **D.** Dont la vaccination permet d'éviter toujours la transmission

7 Selon le philosophe Pascal, « Tout le malheur vient d'une seule chose, qui est de ne savoir pas... »

- ○ **A.** Demeurer en repos dans une chambre
- ○ **B.** Prouver l'existence de Dieu
- ○ **C.** Si le suicide est préférable à la vie terrestre
- ○ **D.** Vivre sans angoisse du lendemain

8 Qui a écrit la nouvelle fantastique *Le Horla* en 1887?

- ○ **A.** Guy de Maupassant
- ○ **B.** Edgar Poe
- ○ **C.** Honoré de Balzac
- ○ **D.** Prosper Mérimée

9 **Le minimalisme est un courant artistique mais aussi :**

- ○ **A.** Un mouvement prônant l'idée de vivre avec peu pour vivre mieux
- ○ **B.** Un courant littéraire limitant les phrases à cinq mots
- ○ **C.** Un type de coiffure n'utilisant ni brosse ni ciseaux
- ○ **D.** Le nouveau monde imaginaire de J. K. Rowling

10 **Quelle est la phrase bien écrite ?**

- ○ **A.** L'entretient de ces locaux va nous être confié.
- ○ **B.** Ses pronostiques hippiques sont extrêmement étonnants.
- ○ **C.** Veuillez remplir attentivement ce bordereau d'envoie.
- ○ **D.** C'était en réalité un appel à l'aide.

11 **Quelle est la joueuse de tennis qui a remporté le plus grand nombre de titres de tournois du Grand Chelem en simple début 2022 ?**

- ○ **A.** Serena Williams
- ○ **B.** Margareth Smith Court
- ○ **C.** Simonne Mathieu
- ○ **D.** Suzanne Lenglen

12 **En quelle année, l'université de Paris est-elle reconnue par le roi ?**

- ○ **A.** En 1100
- ○ **B.** En 1200
- ○ **C.** En 1300
- ○ **D.** En 1400

13 **Galileo désigne un système global de navigation par satellite :**

- ○ **A.** Européen
- ○ **B.** Chinois
- ○ **C.** Américain
- ○ **D.** Saoudien

14 **La Banque de France a été créée sous :**

- ○ **A.** Le Directoire
- ○ **B.** Le Consulat
- ○ **C.** Le Premier Empire
- ○ **D.** La Restauration

15 **Qu'est-ce que la boulê des 500 à Athènes sous l'Antiquité ?**

- ○ **A.** Un sport aux Jeux olympiques
- ○ **B.** Une assemblée restreinte de 500 citoyens chargée de préparer les lois qui seront ensuite discutées et votées par l'Ecclésia
- ○ **C.** Une juridiction populaire
- ○ **D.** L'armée

16 **Qu'est-ce que la résolution d'une image satellitaire ?**

- ○ **A.** La résolution d'une image satellitaire est la superficie de la zone couverte par l'image.
- ○ **B.** La résolution d'une image satellitaire correspond au spectre lumineux, des longueurs d'onde du visible à l'infrarouge, dans laquelle l'image est acquise.
- ○ **C.** La résolution d'une image satellitaire correspond à l'angle de prise de vue de l'image (angle formé entre la position du satellite dans le ciel et le sol).
- ○ **D.** La résolution d'une image satellitaire est la distance sur le terrain correspondant à un côté d'un pixel de l'image.

17 **Le syndrome d'immunodéficience acquise :**

- ○ **A.** Entraîne l'apparition de maladies opportunistes
- ○ **B.** Est une maladie génétique transmise par le chromosome X
- ○ **C.** Nécessite de protéger l'enfant en permanence dans une chambre stérile
- ○ **D.** Est dû à un virus transmis par la salive

18 **Quand Œdipe apprend qu'il a tué son père et épousé sa mère, il ...**

- ○ **A.** se pend
- ○ **B.** brûle la ville
- ○ **C.** tue sa fille
- ○ **D.** se crève les yeux

19 **Qui a écrit la fresque romanesque *Les Rougon-Macquart* au XIXe siècle?**

- ○ **A.** Marcel Proust
- ○ **B.** Victor Hugo
- ○ **C.** Gustave Flaubert
- ○ **D.** Émile Zola

20 **Quand le CSA et l'Hadopi ont-ils fusionné pour devenir l'Arcom?**

- ○ **A.** Le 1er janvier 2022
- ○ **B.** Le 1er janvier 2019
- ○ **C.** Le 1er janvier 2021
- ○ **D.** Le 1er janvier 2020

21 **Que signifie *envoyer quelqu'un ad patres*?**

- ○ **A.** Provoquer quelqu'un
- ○ **B.** Faire mourir quelqu'un
- ○ **C.** Tromper quelqu'un
- ○ **D.** Faire concurrence à quelqu'un

22 **En 2017, est entré en vigueur l'Accord sur la facilitation des échanges (AFE). De quoi s'agit-il?**

- ○ **A.** C'est un accord, au sein de l'Union européenne, permettant de ne pas contrôler les marchandises aux frontières des États
- ○ **B.** C'est un accord, conclu dans le cadre de l'OMC, visant à accélérer le mouvement des marchandises, en transit et en douane
- ○ **C.** C'est un accord bilatéral entre la France et le Royaume-Uni pour la circulation des marchandises dans le tunnel sous la Manche
- ○ **D.** C'est un accord bilatéral entre l'Espagne et le Maroc visant à faciliter le dédouanement à l'occasion de la traversée de la Méditerranée

23 **Quel ministre des Finances est rappelé en 1788 pour faire face à la crise économique et financière?**

- ○ **A.** Turgot
- ○ **B.** Necker
- ○ **C.** Loménie de Brienne
- ○ **D.** La Fayette

24 **La chaîne américaine Fox News :**

- ○ **A.** A été créée par Rupert Murdoch
- ○ **B.** Est engagée politiquement auprès des présidents démocrates
- ○ **C.** Appartient aux actionnaires du Washington Post
- ○ **D.** A eu, un temps, comme chroniqueuse, Michelle Obama

25 **Les assignats ont été mis en place :**

- ○ **A.** Sous la régence de Philippe d'Orléans
- ○ **B.** Sous la Révolution française
- ○ **C.** Sous le Second Empire
- ○ **D.** Sous la IIe République

26 **Comment se nommait le tribunal mérovingien?**

- ○ **A.** Le mallus
- ○ **B.** Le bonus
- ○ **C.** Le rachimbourg
- ○ **D.** Le pagus

27 **Quel est le lien entre la résolution d'une image satellitaire et la zone couverte?**

- ○ **A.** Plus la résolution est haute, plus la zone couverte est petite.
- ○ **B.** Plus la résolution est basse, plus la zone couverte est petite.
- ○ **C.** La résolution est fonction de la zone couverte et de l'angle d'incidence (angle de prise de vue).
- ○ **D.** La résolution est fonction de la zone couverte combinée aux paramètres de roulis, tangage et lacets du capteur satellitaire (paramètres d'attitude du satellite).

28 La transfusion sanguine :

- ○ **A.** Est ordonnée dès qu'un patient a une hémorragie de plus 900 cc de sang
- ○ **B.** Fait l'objet d'un double contrôle systématique afin d'éviter les accidents transfusionnels
- ○ **C.** Ne peut être réalisée si le patient ne possède pas de carte de groupe sanguin
- ○ **D.** Consiste à injecter du sang artériel oxygéné du donneur au patient receveur.

29 Lequel de ces philosophes n'a pas écrit d'autobiographie ?

- ○ **A.** Saint Augustin
- ○ **B.** Rousseau
- ○ **C.** Simone de Beauvoir
- ○ **D.** Thomas d'Aquin

30 Selon le rapport Sauvé, combien y aurait-il eu de prêtres et religieux pédocriminels durant cette période ?

- ○ **A.** Entre 500 et 700
- ○ **B.** Entre 2 900 et 3 200
- ○ **C.** Entre 4 200 et 5 200
- ○ **D.** Entre 7 900 et 6 600

31 Le trail est un sport qui se définit ainsi :

- ○ **A.** Course à pied en pleine nature
- ○ **B.** Course à pied avec sauts de haies
- ○ **C.** Course en vélo tout-terrain (VTT)
- ○ **D.** Marche rapide

32 Quelle est la phrase dans laquelle apparaît un complément circonstanciel ?

- ○ **A.** Les efforts que ce travail lui a coûtés ont été récompensés.
- ○ **B.** Cet homme en était l'incarnation parfaite.
- ○ **C.** Il regrette les trois mille euros que ce tableau lui a coûté.
- ○ **D.** Rappelez-vous qu'ils sont à votre service.

33 Quel pays vient de développer un système de notation de ses citoyens appelés « crédit social » ?

- ○ **A.** Les États-Unis
- ○ **B.** La Chine
- ○ **C.** Le Japon
- ○ **D.** La Turquie

34 Quel est le nom de la dernière monarchie que connaît la France au XIXe siècle ?

- ○ **A.** Le Second Empire
- ○ **B.** La Restauration
- ○ **C.** La monarchie de 1830
- ○ **D.** La monarchie de Juillet

35 Le Commonwealth est officiellement né en :

- ○ **A.** 1884
- ○ **B.** 1918
- ○ **C.** 1945
- ○ **D.** 1949

36 Lequel de ces économistes n'est pas né au XIXe siècle ?

- ○ **A.** Léon Walras
- ○ **B.** John Maynard Keynes
- ○ **C.** David Ricardo
- ○ **D.** Joseph Schumpeter

37 De quand date le Code d'Hammurabi ?

- ○ **A.** D'environ 2050 av. J.-C.
- ○ **B.** D'environ 1950 av. J.-C.
- ○ **C.** D'environ 1750 av. J.-C.
- ○ **D.** D'environ 1050 av. J.-C.

38 **Qu'est-ce que le GEOINT (*Geospatial Intelligence*) ?**

- ○ **A.** Le GEOINT est une branche du renseignement apportant une aide à la décision aux autorités militaires ou politiques, à partir de la contextualisation (localisation) d'informations d'origines variées (images satellitaires, cartes, photos terrain...) en les fusionnant sur un référentiel géographique commun.
- ○ **B.** Le GEOINT est la branche de la géographie qui utilise l'intelligence artificielle pour établir des modélisations spatiales de phénomènes futurs.
- ○ **C.** Le GEOINT désigne la géographie en tant que technologie numérique *via* les systèmes d'information géographique (SIG), les globes virtuels (Google Earth) et les plates-formes en ligne de cartographie collaborative (OpenStreetMap).
- ○ **D.** La géographie s'occupe traditionnellement de l'espace terrestre tandis que le GEOINT est l'évolution moderne de la géographie qui comprend l'analyse des espaces terrestres et extraterrestres, c'est-à-dire qui commence à prendre en compte les phénomènes en dehors de la Terre.

39 **La prise d'un médicament anticoagulant :**

- ○ **A.** Permet d'éviter les saignements répétés et abondants
- ○ **B.** Évite que des caillots se forment dans le système circulatoire
- ○ **C.** Est délivré uniquement à l'hôpital
- ○ **D.** Permet d'éviter que les secrétions muqueuses pulmonaires coagulent et obstruent les poumons dans la bronchite chronique

40 **Comment appelle-t-on les évangiles de Matthieu, Marc et Luc ?**

- ○ **A.** Des évangiles concordants
- ○ **B.** Des évangiles authentiques
- ○ **C.** Des évangiles synoptiques
- ○ **D.** Des évangiles apocryphes

41 **Quel est le nom du personnage créé par Colette ?**

- ○ **A.** Sabine
- ○ **B.** Martine
- ○ **C.** Claudine
- ○ **D.** Catherine

42 **Qu'était un potager dans une cuisine ancienne ? (pas dans un jardin)**

- ○ **A.** Un évier en pierre
- ○ **B.** Une réserve pour garder les légumes
- ○ **C.** Un dispositif de cuisson chauffé au bois
- ○ **D.** Un meuble haut pour ranger la vaisselle

43 **Que signifie le verbe *thésauriser* ?**

- ○ **A.** Améliorer
- ○ **B.** Discuter
- ○ **C.** Épargner
- ○ **D.** Protéger

44 **Qui est, début 2022, à la tête du groupe PSA ?**

- ○ **A.** Luca de Meo
- ○ **B.** Carlos Tavares
- ○ **C.** Jean-Pierre Farandou
- ○ **D.** Anne Rigail

45 **Quel est le nom de l'idéologie officielle du régime de Vichy ?**

- ○ **A.** La Révolution maréchaliste
- ○ **B.** La Réforme nationale
- ○ **C.** Le Rassemblement nationaliste
- ○ **D.** La Révolution nationale

46 **Le groupe des BRIC s'est réuni pour la première fois en sommet :**

- ○ **A.** À Ekaterinbourg en juin 2009
- ○ **B.** À Brasilia en juin 2010
- ○ **C.** À Shanghai en juin 2011
- ○ **D.** À Calcutta en juin 2012

47 **L'un des ouvrages majeurs de Joan Robinson porte sur :**

- ○ **A.** La concurrence des monnaies
- ○ **B.** La protection de l'agriculture
- ○ **C.** La propriété intellectuelle
- ○ **D.** La concurrence imparfaite

48 **Qui étaient les prêteurs sous la République romaine ?**

- ○ **A.** Des avocats
- ○ **B.** Des magistrats
- ○ **C.** Des législateurs
- ○ **D.** Des penseurs

49 **Quels sont les deux grands types de données en géographie numérique (ou géomatique) ?**

- ○ **A.** Les données issues d'acquisitions spatiales et les données issues d'acquisitions aéroportées (avions, drones...).
- ○ **B.** Les données issues d'acquisitions en vol et les données issues d'acquisitions au sol.
- ○ **C.** Les données localisées et les données non localisables.
- ○ **D.** Les données vectorielles (points, lignes, polygones) et les données raster (images).

50 **La mucoviscidose :**

- ○ **A.** Est une affection qui touche exclusivement les poumons
- ○ **B.** Est une maladie génétique de transmission autosomique récessive
- ○ **C.** Entraîne le décès du patient systématiquement à plus ou moins long terme
- ○ **D.** Bénéficie aujourd'hui d'un traitement curatif

51 **Comment appelle-t-on la traduction de la Bible en latin par saint Jérôme, faite à partir des textes originaux en hébreu et en grec ?**

- ○ **A.** La torah
- ○ **B.** La septante
- ○ **C.** Le testament
- ○ **D.** La vulgate

52 **Quel est le nom de l'héroïne créée par Gustave Flaubert en 1857 ?**

- ○ **A.** Madame Bovary
- ○ **B.** Madame Savary
- ○ **C.** Madame Canary
- ○ **D.** Madame Rotary

53 **Comment s'appelle l'Internet caché, accessible depuis Internet ?**

- ○ **A.** Shadownet
- ○ **B.** Darknet
- ○ **C.** Badnet
- ○ **D.** Opennet

54 **Quelle est la phrase mal écrite ?**

- ○ **A.** Elle craind visiblement qu'il n'ait oublié leur rendez-vous.
- ○ **B.** Il résout toutes ces équations avec une facilité confondante.
- ○ **C.** Elle attend impatiemment de commencer ce nouveau travail.
- ○ **D.** Il atteint généralement les objectifs qu'il se fixe.

55 **En 2018, quelle est la première plate-forme de *crowdfunding* en France ?**

- ○ **A.** Wiseed
- ○ **B.** October
- ○ **C.** My Major Company
- ○ **D.** KissKissBankBank

Concours blanc 3

Durée 10 min

→ **Retrouvez le corrigé de ce concours blanc page 746.**

1 Quel philosophe grec a été le maître d'Alexandre le Grand?

- ○ **A.** Aristote
- ○ **B.** Socrate
- ○ **C.** Platon
- ○ **D.** Épicure

2 La colonisation française en Algérie débute en :

- ○ **A.** 1830
- ○ **B.** 1870
- ○ **C.** 1903
- ○ **D.** 1914

3 Qui est à l'origine de l'expression « tiers-monde » ?

- ○ **A.** Mère Teresa
- ○ **B.** Alfred Sauvy
- ○ **C.** Amartya Sen
- ○ **D.** Bernard Kouchner

4 Quelle est la devise de la République française?

- ○ **A.** La Nation, la Loi, le Roi
- ○ **B.** Par le peuple et pour le Peuple
- ○ **C.** Liberté, Égalité, Fraternité
- ○ **D.** Unité, indivisibilité de la République, Liberté, Égalité, Fraternité ou la mort

5 À quoi sert un graphe planaire?

- ○ **A.** Un graphe planaire sert à représenter des éléments du paysage dans le plan : il nécessite au préalable la définition d'une projection pour passer de la sphère terrestre à la carte plane.
- ○ **B.** Un graphe planaire représente les réseaux dans le plan, par exemple un réseau routier dont chaque intersection d'arcs correspond à un carrefour : il permet de faire des calculs d'itinéraires (le plus court en temps, en distance, le moins cher, le plus beau...).
- ○ **C.** Un graphe planaire sert à modéliser des phénomènes en géographie comme les temps de déplacement entre différents lieux, en fonction des modes de transport.
- ○ **D.** Un graphe planaire est issu d'un relevé topographique et sert à établir les plans cadastraux.

6 Laquelle de ces propositions est juste? Les ribosomes :

- ○ **A.** Sont situés dans le noyau de la cellule
- ○ **B.** Synthétisent les protéines à partir de l'information des ARN
- ○ **C.** Sont propres aux cellules humaines
- ○ **D.** Synthétisent l'ADN

7 Le philosophe et physicien René Descartes était proche de la reine...

- ○ **A.** Elisabeth I d'Angleterre
- ○ **B.** Catherine de Médicis
- ○ **C.** Christine de Suède
- ○ **D.** Jeanne III de Navarre

8 De qui s'est inspiré Jean de La Fontaine pour ses fables?

- ○ **A.** Platon
- ○ **B.** Eschyle
- ○ **C.** Ésope
- ○ **D.** Aristide

9 Quelle est la part des ménages français ayant une voiture en 2015?

- ○ **A.** 65 %
- ○ **B.** 75 %
- ○ **C.** 80 %
- ○ **D.** 85 %

10 Que signifie le verbe *ergoter*?

- ○ **A.** Fatiguer, épuiser
- ○ **B.** Pinailler, chicaner
- ○ **C.** Rembourser, rendre
- ○ **D.** Envoyer, circuler

11 **Combien de fois la France a-t-elle gagné la Coupe Davis de tennis à la fin 2018?**

- ○ **A.** 6 fois
- ○ **B.** 8 fois
- ○ **C.** 10 fois
- ○ **D.** 12 fois

12 **Au Moyen Âge, dans le système féodal, comment appelle-t-on la personne placée tout en haut de la hiérarchie?**

- ○ **A.** Le seigneur
- ○ **B.** Le vassal
- ○ **C.** L'aristocrate
- ○ **D.** Le suzerain

13 **L'IRA est un mouvement :**

- ○ **A.** Irlandais catholique
- ○ **B.** Irlandais protestant
- ○ **C.** Basque espagnol
- ○ **D.** Basque français

14 **Les accords du GATT ont permis au départ :**

- ○ **A.** De relever les droits de douane
- ○ **B.** D'abaisser les droits de douane
- ○ **C.** De stabiliser les droits de douane
- ○ **D.** D'augmenter les subventions agricoles

15 **Par qui sont nommés les membres du Conseil constitutionnel?**

- ○ **A.** Le président de la République, le président du Sénat et le président de l'Assemblée nationale
- ○ **B.** Le président de l'Assemblée nationale uniquement
- ○ **C.** Le président de la République uniquement
- ○ **D.** Le président du Sénat uniquement

16 **Qu'est-ce que l'albédo?**

- ○ **A.** L'albédo est la plante qui pousse de façon prépondérante dans les marais maritimes : elle présente une forte capacité d'absorption d'eau comme les éponges de mer.
- ○ **B.** L'albédo est une forme culturale spécifique aux paysages de lande : il s'agit d'amender (enrichir) la terre avec les cendres issues du brûlis de mottes d'herbe, paille, branchages.
- ○ **C.** L'albédo est le pourcentage du rayonnement solaire réfléchi par une surface donnée (neige, eau, forêt, parking goudronné...).
- ○ **D.** L'albédo est une technique agricole écologique dont le but est de conserver l'humidité des sols : il s'agit de pailler le pied des plantes avec des copeaux de bois, de coque de cacao, etc. pour éviter les arrosages.

17 **Le paludisme :**

- ○ **A.** Est dû à un virus tropical
- ○ **B.** Peut être prévenu par la vaccination
- ○ **C.** Est une maladie transmise par la piqûre d'un insecte
- ○ **D.** Touche uniquement l'Afrique et l'Asie du Sud-Est

18 **Lequel de ces philosophes n'est pas matérialiste?**

- ○ **A.** Lucrèce
- ○ **B.** Marx
- ○ **C.** Épicure
- ○ **D.** Pyrrhon

19 **Quel est le nom du héros bagnard créé par Victor Hugo dans *Les Misérables*?**

- ○ **A.** Pierre Valpierre
- ○ **B.** Louis Valouis
- ○ **C.** Jules Valjules
- ○ **D.** Jean Valjean

20 **Netflix est disponible en France depuis septembre :**

- ○ **A.** 2011
- ○ **B.** 2013
- ○ **C.** 2014
- ○ **D.** 2017

21 **Que signifie *faire ses choux gras de quelque chose*?**

- O **A.** Faire les choses à contrecœur
- O **B.** Se reposer pendant un long moment
- O **C.** Ne voir que les inconvénients d'une chose
- O **D.** Tirer profit de quelque chose

22 **Une taxe numérique européenne, également appelée « taxe sur les GAFA », pourrait porter sur :**

- O **A.** La vente des espaces publicitaires
- O **B.** Le chiffre d'affaires de grandes entreprises
- O **C.** Les bénéfices réalisés dans l'Union européenne
- O **D.** La valeur ajoutée

23 **Quel navigateur anglais du XVIIIe siècle a notamment exploré l'Australie et la Nouvelle-Zélande?**

- O **A.** Walter Raleigh
- O **B.** Francis Drake
- O **C.** William Bligh
- O **D.** James Cook

24 **Clausewitz est un théoricien des relations internationales :**

- O **A.** Russe
- O **B.** Prussien
- O **C.** Anglais
- O **D.** Autrichien

25 **Lors de la réunification de l'Allemagne, le Deutsche Mark a remplacé le mark est-allemand :**

- O **A.** À raison d'un deutsche mark pour quatre marks est-allemands
- O **B.** À raison d'un deutsche mark pour trois marks est-allemands
- O **C.** À raison d'un deutsche mark pour deux marks est-allemands
- O **D.** À parité équivalente

26 **Que regroupe le Parlement en France?**

- O **A.** Le Sénat et le Conseil constitutionnel
- O **B.** L'Assemblée nationale et le Conseil d'État
- O **C.** Le Sénat et l'Assemblée nationale
- O **D.** Le Conseil d'État et le Conseil constitutionnel

27 **Combien y a-t-il d'habitants sur la planète début 2022 ?**

- O **A.** 5 milliards
- O **B.** 6,1 milliards
- O **C.** 7,9 milliards
- O **D.** 10 milliards

28 **Lequel de ces éléments ne fait pas partie du système digestif?**

- O **A.** L'œsophage
- O **B.** L'anus
- O **C.** Les glandes surrénales
- O **D.** Le caecum

29 **Où vivent les Muses dans la mythologie grecque?**

- O **A.** Au mont Parnasse
- O **B.** Au mont Olympe
- O **C.** Dans le Palatin
- O **D.** Sur l'île de Délos

30 **À quel oiseau de mer Charles Baudelaire fait-il référence dans un poème de 1861?**

- O **A.** Un albatros
- O **B.** Un goéland
- O **C.** Une mouette
- O **D.** Un cormoran

31 **Quand le Tour de France est-il né?**

- O **A.** 1800
- O **B.** 1903
- O **C.** 1945
- O **D.** 1970

32 **Lequel des mots soulignés n'est pas un article?**

- A. <u>La</u> peur qu'il éprouve est communicative.
- B. Cela fait longtemps qu'il n'est pas allé <u>au</u> cinéma.
- C. <u>Leur</u> envoyé spécial est toujours en Italie.
- D. L'armée est aujourd'hui aux côtés <u>du</u> peuple.

33 **Selon le magazine *Forbes*, quelle est la première fortune au monde en 2021?**

- A. Bill Gates
- B. Warren Buffett
- C. Jeff Bezos
- D. Marc Zuckerberg

34 **Aux États-Unis, la guerre de Sécession se conclut par :**

- A. La victoire de l'Union (nord) et l'abolition de l'esclavage
- B. La victoire de la Confédération (sud)
- C. La victoire militaire de l'Union (nord)
- D. Un *statu quo*

35 **Les Khmers rouges ont dirigé de 1975 à 1979 :**

- A. Le Vietnam
- B. La Birmanie
- C. Le Laos
- D. Le Cambodge

36 **Qui a dit : « Le dollar est notre monnaie, mais c'est votre problème »?**

- A. John Bowden Connally
- B. Richard Nixon
- C. Ronald Reagan
- D. John F. Kennedy

37 **Qui compose la Haute Cour de justice?**

- A. Des membres de l'Assemblée nationale, du Sénat et du Conseil constitutionnel
- B. Des membres de l'Assemblée nationale, du Sénat et de la Cour de cassation
- C. Des membres de l'Assemblée nationale, du Sénat et du Conseil d'État
- D. Des membres de l'Assemblée nationale et du Sénat

38 **Quelle est la capitale du Nigeria?**

- A. Lagos
- B. Monrovia
- C. Abuja
- D. Accra

39 **Il donne son nom au procédé permettant d'augmenter par sucrage la teneur en alcool des vins :**

- A. Jean-Antoine Chaptal
- B. Nicolas Appert
- C. Louis Pasteur
- D. Nicolas Leblanc

40 **Quelle fête est la plus sainte de l'année juive?**

- A. Pessah, la Pâque juive
- B. Hanoukka, la fête des lumières
- C. Roch Hachana, le nouvel an
- D. Yom Kippour, fête du grand pardon

41 **Sous quel nom Honoré de Balzac regroupe-t-il l'ensemble de ses romans?**

- A. *La Divine Comédie*
- B. *Les Rougon-Macquart*
- C. *La Comédie humaine*
- D. *La Société du spectacle*

42 **Lequel de ces bois est de couleur marron très foncé, presque noir?**

- A. Le teck
- B. L'orme
- C. L'acajou
- D. L'ébène

43 **Quel est le mot bien écrit?**

- A. Vraissemblance
- B. Innoffensif
- C. Assassinat
- D. Gériâtre

44 Qui est, au 1er janvier 2022, le ministre de l'Économie et des Finances en France?

- ○ **A.** Pierre Moscovici
- ○ **B.** Bruno Le Maire
- ○ **C.** Gérard Darmanin
- ○ **D.** Michel Sapin

45 Quel nom est donné aux États-Unis au projet d'élaboration de la bombe atomique durant la Seconde Guerre mondiale?

- ○ **A.** Le projet Manhattan
- ○ **B.** Le projet Washington
- ○ **C.** Le projet Great America
- ○ **D.** Le projet Elektro

46 Ceuta et Melilla sont :

- ○ **A.** Des enclaves espagnoles au Maroc
- ○ **B.** Des enclaves italiennes en Libye
- ○ **C.** Des enclaves algériennes au Maroc
- ○ **D.** Des enclaves espagnoles en Tunisie

47 La monnaie officielle de l'Inde est :

- ○ **A.** La livre indienne
- ○ **B.** Le ringgit indien
- ○ **C.** La roupie indienne
- ○ **D.** La couronne indienne

48 Par qui l'État est-il représenté en justice?

- ○ **A.** L'Agent judiciaire de l'État
- ○ **B.** Un ministre
- ○ **C.** Le ministre de la Justice
- ○ **D.** Le président de l'Assemblée nationale

49 Que défendent les « platistes » ?

- ○ **A.** Les « platistes » pensent que les plantes sont les seules espèces à pouvoir sauver la Terre de la pollution générée par l'homme.
- ○ **B.** Les « platistes » pensent que les terres planes seront bientôt totalement submergées et que seules les terres accidentées seront disponibles.
- ○ **C.** Les « platistes » défendent les droits des peuples vivant sur les hauts plateaux andins.
- ○ **D.** Les « platistes » défendent la théorie selon laquelle la Terre serait plate.

50 Il a donné son nom à une balance qui mesure la force qui s'exerce entre deux charges électriques :

- ○ **A.** Gilles Personne de Roberval
- ○ **B.** Charles-Augustin Coulomb
- ○ **C.** Michel-Eugène Chevreul
- ○ **D.** Charles Adolphe Wurtz

51 Dans la religion musulmane, comment appelle-t-on la personne chargée de lancer l'appel à la prière 5 fois par jour depuis le sommet du minaret de la mosquée?

- ○ **A.** Un imam
- ○ **B.** Un muezzin
- ○ **C.** Un salat
- ○ **D.** Un marabout

52 Comment s'appelle le roi délirant d'Alfred Jarry?

- ○ **A.** Obi
- ○ **B.** Bibi
- ○ **C.** Ubu
- ○ **D.** Labu

53 Par quelle reconnaissance mesure-t-on dans *Le Guide Michelin* les meilleurs restaurants?

- ○ **A.** Des étoiles
- ○ **B.** Des clous
- ○ **C.** Des trophées
- ○ **D.** Des ballons d'or

54 **Quelle est la phrase incorrecte?**

- ○ **A.** Ce maire invite souvent ses administrés à le rencontrer.
- ○ **B.** Sa voix aiguë nous vrille les tympans.
- ○ **C.** Le chef de l'État lui souhaite cependant un prompte rétablissement.
- ○ **D.** Les manifestants ont reçu de multiples sommations.

55 **Quelle est, en France, en 2020, la part des personnes en couple de même sexe parmi celles en couple cohabitant ?:**

○ **A.** 0,9 % ○ **B.** 2,1 % ○ **C.** 3,9 % ○ **D.** 5,1 %

Concours blanc 4

Durée 10 min

→ **Retrouvez le corrigé de ce concours blanc page 748.**

1 Où se situe le mur d'Hadrien, construit entre 122 et 127 ?

- ○ **A.** En Allemagne
- ○ **B.** En Angleterre
- ○ **C.** En Espagne
- ○ **D.** En Italie

2 La crise de Fachoda :

- ○ **A.** Est une rivalité coloniale opposant la France et la Grande-Bretagne au Soudan en septembre 1898
- ○ **B.** Débouche sur une victoire diplomatique française
- ○ **C.** Est une rivalité entre la France et l'Espagne, en août 1831, sur le partage des mers en Afrique de l'Ouest
- ○ **D.** Conduit à cantonner la Belgique au seul Congo

3 La réserve d'or des États-Unis est entreposée à :

- ○ **A.** Fort Lauderdale
- ○ **B.** Fort Benning
- ○ **C.** Fort Alamo
- ○ **D.** Fort Knox

4 Quelle juridiction traite des affaires liées à l'administration ?

- ○ **A.** Le tribunal administratif
- ○ **B.** Le pôle social du tribunal de grande instance
- ○ **C.** La Cour de cassation
- ○ **D.** Le tribunal d'instance

5 À quoi sert la culture sur brûlis ?

- ○ **A.** La culture sur brûlis sert à gagner de l'espace en défrichant pour pouvoir implanter de nouveaux champs.
- ○ **B.** La culture sur brûlis sert à fertiliser le sol grâce aux cendres issues de la consumation des mauvaises herbes et/ou des restes des cultures précédentes (paille, etc.).
- ○ **C.** La culture sur brûlis permet d'assainir une terre arable en la débarrassant des petits ravageurs (rats, mulots...).
- ○ **D.** La culture sur brûlis est essentiellement utilisée dans les pays froids car elle sert à réchauffer le sol avant de planter les graines, contribuant de la sorte à une meilleure germination des futures cultures.

6 J'ai découvert Neptune. Qui suis-je ?

- ○ **A.** Urbain Le Verrier
- ○ **B.** Tycho Brahe
- ○ **C.** Camille Flammarion
- ○ **D.** Charles Messier

7 Albert Camus comparait l'absurdité de la condition humaine au mythe...

- ○ **A.** Du tonneau des Danaïdes
- ○ **B.** De Narcisse
- ○ **C.** Des douze travaux d'Hercule
- ○ **D.** De Sisyphe

8 Qui est l'inventeur de la photographie ?

- ○ **A.** William Talbot
- ○ **B.** Louis Daguerre
- ○ **C.** Nicéphore Niépce
- ○ **D.** Thomas Edison

9 Quel est le grammage légal d'une baguette de pain en France ?

- ○ **A.** 150 grammes
- ○ **B.** 200 grammes
- ○ **C.** 250 grammes
- ○ **D.** 300 grammes

10 **Lequel des termes soulignés n'est pas un pronom?**

- ○ **A.** Cela dit, il fera comme bon lui semble.
- ○ **B.** Fais ce que tu as décidé de faire.
- ○ **C.** Faites en sorte de ne pas toucher à ceux-là.
- ○ **D.** Veut-on condamner ce mouvement populaire?

11 **Où se déroulera la Coupe du monde du rugby à XV en 2023?**

- ○ **A.** En France
- ○ **B.** En Angleterre
- ○ **C.** En Italie
- ○ **D.** Aux îles Fidji

12 **Qu'est-ce qu'un serf dans la société paysanne du Moyen Âge?**

- ○ **A.** Une personne qui dépend étroitement de son seigneur. Elle peut être vendue ou échangée
- ○ **B.** Un propriétaire d'une terre, libre de tout service
- ○ **C.** Une personne qui travaille sur une exploitation agricole et soumise à des corvées
- ○ **D.** Un homme du seigneur qui s'engage à le servir en échange d'une protection

13 **L'Irak :**

- ○ **A.** Occupe géographiquement une partie de l'ancien empire mésopotamien
- ○ **B.** A été créé à partir de l'Empire ottoman en 1945
- ○ **C.** A été occupé par les Français durant l'entre-deux-guerres
- ○ **D.** A pour capitale actuelle Téhéran

14 **En 2008, laquelle de ces banques américaines a fait une faillite retentissante?**

- ○ **A.** Lehman Brothers
- ○ **B.** Goldman Sachs
- ○ **C.** Wells Fargo
- ○ **D.** Bank of America

15 **Par principe, combien de temps l'administration doit-elle garder le silence sur une décision pour valoir acceptation?**

- ○ **A.** 1 mois
- ○ **B.** 2 mois
- ○ **C.** 3 mois
- ○ **D.** 4 mois

16 **Les coordonnées GPS sont deux nombres, exprimés soit en degrés décimaux, soit en degré minute seconde. Un des deux nombres est la latitude, mais qu'est-ce qu'une latitude?**

- ○ **A.** La latitude d'un point est la partie des coordonnées géographiques permettant de localiser un point dans un plan (nord ou sud) en fonction de l'angle que ce point forme avec l'équateur.
- ○ **B.** La latitude d'un point est la marge d'erreur d'une coordonnée GPS.
- ○ **C.** La latitude d'un point est la partie des coordonnées géographiques permettant de localiser un point dans un plan (est ou ouest) en fonction de l'angle que ce point forme avec le méridien de Greenwich.
- ○ **D.** La latitude d'un point est le nombre de satellites avec lequel le système GPS communique simultanément pour localiser ce point. Plus ce nombre est grand, plus la fiabilité de la localisation du point est grande.

17 **Je suis connu pour avoir déterminé la périodicité d'une comète. Qui suis-je?**

- ○ **A.** Jérôme de Lalande
- ○ **B.** François Arago
- ○ **C.** Edmond Halley
- ○ **D.** Georges Gamow

18 **Le héros Thésée abandonne Ariane à :**

- ○ **A.** Délos
- ○ **B.** Ithaque
- ○ **C.** Naxos
- ○ **D.** Amorgos

19 **Quel procédé photographique est inventé par Étienne Jules Marey en 1882?**

- ○ **A.** La chronophotographie
- ○ **B.** La chromographie
- ○ **C.** L'autochrome
- ○ **D.** La phototypie

20 **Quel est le quotidien régional le plus lu en France ?**

- ○ **A.** *Ouest-France*
- ○ **B.** *Midi-Libre*
- ○ **C.** *La Voix du Nord*
- ○ **D.** *Le Dauphiné libéré*

21 **Que signifie *nettoyer les écuries d'Augias*?**

- ○ **A.** Nettoyer de fond en comble
- ○ **B.** Mettre un terme à la corruption
- ○ **C.** Riposter avec force
- ○ **D.** Engager une personne à faire entendre son avis

22 **En 2021, les Nations unies ont publié une étude sur les transitions démographiques en Asie. À quelle date est prévu le pic de population en Chine ?**

- ○ **A.** 2030
- ○ **B.** 2040
- ○ **C.** 2050
- ○ **D.** 2060

23 **Le « *containment* » désigne :**

- ○ **A.** L'encerclement des troupes allemandes par l'armée soviétique à Stalingrad
- ○ **B.** La politique de l'Allemagne de l'Est à l'égard de la ville de Berlin-Ouest
- ○ **C.** La politique étrangère américaine qui visait, durant la guerre froide, à endiguer l'influence de l'Urss
- ○ **D.** La politique américaine visant à contenir l'expansionnisme chinois depuis le début du XXIe siècle

24 **Le ministère de l'Économie, du Commerce et de l'Industrie du Japon est plus connu sous son acronyme anglais. Lequel ?**

- ○ **A.** METI
- ○ **B.** MITI
- ○ **C.** MOTI
- ○ **D.** MUTI

25 **Qu'est-ce qu'un service public ?**

- ○ **A.** Un transfert d'une entreprise publique au secteur privé à la suite d'une cession de tout ou partie de son capital par l'État
- ○ **B.** Le fait de transférer la propriété d'une entreprise à la collectivité contre une indemnisation des actionnaires
- ○ **C.** Une activité d'intérêt général prise en charge par une personne publique ou par une personne privée, mais sous le contrôle d'une personne publique
- ○ **D.** Un contrat administratif par lequel une personne morale de droit public confie la gestion d'un service public pour une durée limitée

26 **Qu'est-ce qu'un tsunami ?**

- ○ **A.** Un tsunami est le terme japonais pour désigner un ouragan.
- ○ **B.** Un tsunami est une réplique violente lors d'un épisode sismique.
- ○ **C.** Un tsunami, en japonais, qualifie les destructions massives après un accident nucléaire.
- ○ **D.** Un tsunami est une grande vague soudaine créée par une action sismique.

27 **Je fus le premier à mesurer la circonférence de la Terre. Qui suis-je ?**

- ○ **A.** Platon
- ○ **B.** Ératosthène
- ○ **C.** Aristote
- ○ **D.** Aristophane

28 **Dans une religion, comment appelle-t-on l'ensemble des rites, cérémonies et prières ?**

- ○ **A.** La liturgie
- ○ **B.** Le sacrement
- ○ **C.** Le mystère
- ○ **D.** Le service

29 **Comment s'appelle le célèbre bâtiment construit à Marseille par Le Corbusier ?**

- ○ **A.** La Cité fabuleuse
- ○ **B.** La Cité joyeuse
- ○ **C.** La Cité radieuse
- ○ **D.** La Cité bienheureuse

30 **Quelle épreuve de lancer n'est pas une discipline officielle d'athlétisme?**

- ○ **A.** Lancer de marteau
- ○ **B.** Lancer de massue
- ○ **C.** Lancer de javelot
- ○ **D.** Lancer de poids

31 **Quelle est la phrase incorrecte?**

- ○ **A.** Veillez à ne pas boire votre thé trop chaud.
- ○ **B.** On va vous incitez à travailler davantage.
- ○ **C.** Il se peut que vous ayez l'impression de ne pas servir à grand-chose.
- ○ **D.** Il ne faut pas que vous vous dépréciiez sans cesse.

32 **En 2018, les «déracinés» dans le monde :**

- ○ **A.** Sont principalement des réfugiés
- ○ **B.** Sont principalement des demandeurs d'asile
- ○ **C.** Sont principalement des déplacés internes
- ○ **D.** Sont environ 20 millions de personnes

33 **Quelle est la plus célèbre invention de l'Américain Thomas Edison en 1878?**

- ○ **A.** L'automobile
- ○ **B.** L'avion
- ○ **C.** L'ampoule électrique
- ○ **D.** Le réfrigérateur

34 **Berlin :**

- ○ **A.** A subi un blocus soviétique en 1948-49
- ○ **B.** Est la capitale de l'Allemagne depuis le 9 novembre 1989
- ○ **C.** A été coupé en deux par le rideau de fer de 1945 à 1989
- ○ **D.** Est la première ville économique de l'Allemagne

35 **En France, le marché du lait est :**

- ○ **A.** Un monopole
- ○ **B.** Un oligopole
- ○ **C.** Un monopsone
- ○ **D.** Un oligopsone

36 **Qu'est-ce qu'une privatisation?**

- ○ **A.** Le transfert d'une entreprise publique au secteur privé à la suite d'une cession de tout ou partie de son capital par l'État
- ○ **B.** Le transfert de la propriété d'une entreprise à la collectivité contre une indemnisation des actionnaires
- ○ **C.** Une activité d'intérêt général prise en charge par une personne publique ou par une personne privée, mais sous le contrôle d'une personne publique
- ○ **D.** Un contrat administratif par lequel une personne morale de droit public confie la gestion d'un service public pour une durée limitée

37 **Quel volcan a détruit Pompéi?**

- ○ **A.** Le volcan qui a détruit Pompéi est l'Etna.
- ○ **B.** Le volcan qui a détruit Pompéi est le Vésuve.
- ○ **C.** Le volcan qui a détruit Pompéi est le Stromboli.
- ○ **D.** Le volcan qui a détruit Pompéi est le piton de la Fournaise.

38 **Il est l'un des fondateurs de la volcanologie moderne :**

- ○ **A.** Claude Allègre
- ○ **B.** Haroun Tazieff
- ○ **C.** Maurice Krafft
- ○ **D.** Pierre Boivin

39 **Dans quel pays se trouve le palais du Potala?**

- ○ **A.** Au Cambodge
- ○ **B.** Au Sri Lanka
- ○ **C.** Au Tibet
- ○ **D.** En Mongolie

40 **Quelle est la hauteur de la tour Eiffel?**

- ○ **A.** 224 mètres
- ○ **B.** 324 mètres
- ○ **C.** 424 mètres
- ○ **D.** 524 mètres

41 **Quel produit naturel est utilisé pour fabriquer un colorant orange?**

- ○ **A.** Le paprika
- ○ **B.** Le curcuma
- ○ **C.** Le cumin
- ○ **D.** La cannelle

42 **Que signifie l'adjectif *invétéré*?**

- ○ **A.** Rectiligne
- ○ **B.** Incorrigible
- ○ **C.** Vertébré
- ○ **D.** Chamboulé

43 **Quel impôt sur le patrimoine se substitue en 2018 à l'impôt de solidarité sur la fortune (ISF)?**

- ○ **A.** L'impôt sur la fortune immobilière (IFI)
- ○ **B.** L'impôt sur les grandes fortunes (IGF)
- ○ **C.** L'impôt sur la fortune accumulée (IFA)
- ○ **D.** L'impôt sur le mobilier et l'immobilier (IMI)

44 **En quelle année l'empire aztèque s'effondre-t-il, suite à la conquête de Cortés?**

- ○ **A.** 1501
- ○ **B.** 1511
- ○ **C.** 1521
- ○ **D.** 1531

45 **Le Cachemire était sous administration :**

- ○ **A.** Exclusive de l'Inde
- ○ **B.** Exclusive du Pakistan
- ○ **C.** Exclusive de la Chine
- ○ **D.** De l'Inde, du Pakistan et de la Chine

46 **Lequel de ces pays ne fait pas partie du Mercosur?**

- ○ **A.** L'Argentine
- ○ **B.** Le Brésil
- ○ **C.** Le Portugal
- ○ **D.** L'Uruguay

47 **Qu'est-ce qu'une nationalisation?**

- ○ **A.** Le transfert d'une entreprise publique au secteur privé à la suite d'une cession de tout ou partie de son capital par l'État
- ○ **B.** Le transfert de la propriété d'une entreprise à la collectivité contre une indemnisation des actionnaires
- ○ **C.** Une activité d'intérêt général prise en charge par une personne publique ou par une personne privée mais sous le contrôle d'une personne publique
- ○ **D.** Un contrat administratif par lequel une personne morale de droit public confie la gestion d'un service public pour une durée limitée

48 **Qu'est-ce qu'un *jet-stream* (ou courant-jet)?**

- ○ **A.** Un *jet-stream* est un courant abyssal extrêmement rapide, causé par une éruption volcanique sous-marine.
- ○ **B.** Un *jet-stream* est un courant d'air très rapide, situé à environ 10 000 m d'altitude, et soufflant d'ouest en est selon la rotation de la Terre.
- ○ **C.** Un *jet-stream* est un courant d'air très rapide, se dispersant verticalement vers la tropopause, créé par le réchauffement soudain d'un versant montagneux.
- ○ **D.** Un *jet-stream* est un courant marin d'eaux chaudes, traversant un océan, et ayant pour effet de modifier le climat le long des côtes qu'il avoisine.

49 **Un coefficient, élément fondamental de la théorie de l'élasticité porte son nom :**

- ○ **A.** Siméon Poisson
- ○ **B.** Bernhard Riemann
- ○ **C.** Henri Navier
- ○ **D.** Charles Jacobi

50 **Qu'est-ce qu'un awalé?**

- ○ **A.** Un jeu de société africain.
- ○ **B.** Un plat traditionnel africain.
- ○ **C.** Un arbre qui pousse en Afrique.
- ○ **D.** Un alcool africain.

51 **À la suite de laquelle de ses pièces Molière trouva-t-il la mort?**

- ○ **A.** *L'Avare*
- ○ **B.** *Le Médecin malgré lui*
- ○ **C.** *Le Tartuffe*
- ○ **D.** *Le Malade imaginaire*

52 **Combien valait environ le Bitcoin au plus haut de sa valeur?**

- ○ **A.** 38 000 dollars
- ○ **B.** 48 000 dollars
- ○ **C.** 58 000 dollars
- ○ **D.** 68 000 dollars

53 **Quelle est la phrase incorrecte?**

- ○ **A.** Le président Chinois sera bientôt en France.
- ○ **B.** Ce restaurant chinois livre des repas à domicile.
- ○ **C.** Tout le monde n'a pas envie d'apprendre le chinois.
- ○ **D.** Arrête de chinoiser!

54 **Qui est, au 1er janvier 2019, le président du Conseil constitutionnel?**

- ○ **A.** Lionel Jospin
- ○ **B.** Michel Charasse
- ○ **C.** Jean-Louis Debré
- ○ **D.** Laurent Fabius

Concours blanc 5

Durée 10 min

→ Retrouvez le corrigé de ce concours blanc page 750.

1 **Comment s'appelle le général romain allié puis adversaire de César ?**

- ○ **A.** Pompée
- ○ **B.** Crassus
- ○ **C.** Marc Antoine
- ○ **D.** Octave

2 **La guerre des Boers :**

- ○ **A.** Oppose la Grande-Bretagne et la Chine entre 1880 et 1914
- ○ **B.** Oppose la Grande-Bretagne et des républiques situées en Afrique du Sud entre 1880 et 1902
- ○ **C.** Oppose la Grande-Bretagne et l'Inde à la suite de la Seconde Guerre mondiale
- ○ **D.** Oppose la Grande-Bretagne et les Amérindiens entre 1810 et 1830

3 **Quel texte a permis la création des syndicats professionnels en France ?**

- ○ **A.** La loi Le Chapelier
- ○ **B.** La loi Waldeck-Rousseau
- ○ **C.** Les lois Auroux
- ○ **D.** Les accords Matignon

4 **De quand date la première loi sur les congés payés ?**

- ○ **A.** 1955
- ○ **B.** 1920
- ○ **C.** 1936
- ○ **D.** 1940

5 **Qu'est-ce que le Gulf Stream ?**

- ○ **A.** Aussi appelé courant du Labrador, le Gulf Stream est un courant marin rapide qui descend du pôle Nord.
- ○ **B.** Aussi appelé El Niño dans le Pacifique, c'est un courant marin de surface qui longe les côtes du Chili.
- ○ **C.** Le Gulf Stream est un courant marin de surface, ayant un mouvement circulaire autour des îles des Caraïbes.
- ○ **D.** Le Gulf Stream est un très grand courant océanique permanent et chaud, traversant l'Atlantique nord.

6 **Il est célèbre pour ses travaux sur la mesure de la constante de gravitation :**

- ○ **A.** Bernard Lovell.
- ○ **B.** George Stephenson.
- ○ **C.** James Clerk Maxwell
- ○ **D.** Henry Cavendish

7 **La « moraline » est un terme inventé par Nietzsche pour désigner :**

- ○ **A.** La substance chimique utilisée pour anesthésier
- ○ **B.** Les valeurs prônées par les socialistes utopistes
- ○ **C.** La bonne conscience moralisatrice
- ○ **D.** L'opium, réputé pour « remonter le moral »

8 **De quelle pièce de Racine le vers « Pour qui sont ces serpents qui sifflent sur vos têtes » est-il tiré ?**

- ○ **A.** *Andromaque*
- ○ **B.** *Phèdre*
- ○ **C.** *Bérénice*
- ○ **D.** *Britannicus*

9 **Comment s'appellent les monoroues électriques qui permettent aux piétons de se déplacer plus rapidement ?**

- ○ **A.** Les roulec'
- ○ **B.** Les monélec'
- ○ **C.** Les gyroroues
- ○ **D.** Les supraroues

10 **Quelle est la phrase correcte ?**

- ○ **A.** Elles se sont données rendez-vous à quinze heures.
- ○ **B.** Les voleurs se sont enfuies à toutes jambes.
- ○ **C.** Elles ne se sont jamais appréciées.
- ○ **D.** Ces enfants ne se sont jamais ressemblés.

11 **En début 2019, quel joueur de football français a obtenu trois fois le Ballon d'or ?**

- ○ **A.** Raymond Kopa
- ○ **B.** Zinedine Zidane
- ○ **C.** Michel Platini
- ○ **D.** Jean-Pierre Papin

12 **Le Krach boursier de 1929 démarre à la Bourse de :**

- ○ **A.** Wall Street
- ○ **B.** La City
- ○ **C.** Vienne
- ○ **D.** Francfort

13 **La langue qui a le plus grand nombre de locuteurs dans le monde est :**

- ○ **A.** L'hindi
- ○ **B.** L'anglais
- ○ **C.** L'espagnol
- ○ **D.** Le mandarin

14 **L'Organisation mondiale du commerce est née le 1er janvier :**

- ○ **A.** 1945
- ○ **B.** 1947
- ○ **C.** 1986
- ○ **D.** 1995

15 **Qu'est-ce qu'un salarié protégé ?**

- ○ **A.** Un salarié apprécié de son patron
- ○ **B.** Un salarié qui bénéficie de congés payés supplémentaires
- ○ **C.** Un salarié qui bénéficie d'une protection particulière contre le licenciement
- ○ **D.** Un salarié qui bénéficie de tous les équipements de protection individuelle

16 **Que désigne la déclinaison magnétique lorsque l'on mentionne des coordonnées géographiques ?**

- ○ **A.** La déclinaison magnétique désigne l'angle formé entre le nord géographique des cartes et le nord magnétique de la boussole, en un lieu et un temps donnés.
- ○ **B.** La déclinaison magnétique désigne l'estimation du champ magnétique des corps célestes, en fonction de l'épaisseur de la couche atmosphérique, en un lieu donné.
- ○ **C.** La déclinaison magnétique désigne la marge d'erreur dans le calcul des coordonnées géographiques.
- ○ **D.** La déclinaison magnétique désigne la différence de force du champ magnétique de la Terre et du champ magnétique de la boussole.

17 **En 1871, il fournit une explication sur la couleur du ciel en la reliant à la diffusion de la lumière par les molécules d'air. Qui est-ce ?**

- ○ **A** Lord Rayleigh
- ○ **B.** Satyendranath Bose
- ○ **C.** Arthur Compton
- ○ **D.** Pavel Tcherenkov

18 **Durant la guerre de Troie, qui tue Hector ?**

- ○ **A.** Priam
- ○ **B.** Achille
- ○ **C.** Ménélas
- ○ **D.** Agamemnon

19 **Qui a peint le plafond de la chapelle Sixtine ?**

- ○ **A.** Michel-Ange
- ○ **B.** Léonard de Vinci
- ○ **C.** Raphaël
- ○ **D.** Donatello

20 **Qui est l'animateur de la matinale du 7-9 de France Inter en duo avec Léa Salamé ?**

- ○ **A.** Nagui
- ○ **B.** Jean-Luc Delarue
- ○ **C.** Yves Cohen
- ○ **D.** Nicolas Demorand

21 **Lequel des termes soulignés n'est pas un adverbe?**

- ○ **A.** Que d'erreurs il a faites!
- ○ **B.** Il est trop tard pour imposer notre politique.
- ○ **C.** Elle ne veut pas s'éloigner d'eux.
- ○ **D.** Ils sont arrivés pendant la nuit.

22 **Le président de l'organisation Interpol élu en 2021, Ahmed Naser Al-Raisi, fait l'objet de vives critiques. Pour quelle raison ?**

- ○ **A.** Il est visé par une plainte pour corruption.
- ○ **B.** Il ne respecte pas toutes les conditions requises pour occuper ce poste.
- ○ **C.** Il conserve ses fonctions d'inspecteur général du ministère de l'Intérieur aux Émirats arabes unis.
- ○ **D.** Il est visé par plusieurs plaintes pour torture et actes de barbarie.

23 **Quelle est la date de la chute de l'URSS?**

○ **A.** 1991 ○ **B.** 1995 ○ **C.** 1989 ○ **D.** 2000

24 **La théorie des dominos désigne une politique extérieure américaine :**

- ○ **A.** Qui est formulée par le président Eisenhower en 1954
- ○ **B.** Qui est formulée par le président Kennedy en 1961
- ○ **C.** Qui cherche à avoir des alliances en chaîne dans les pays jugés stratégiques
- ○ **D.** Qui cherche à isoler les États-Unis par des « murs » successifs

25 **Quel pays a quitté l'OPEP le 1er janvier 2019?**

○ **A.** L'Équateur ○ **B.** L'Indonésie ○ **C.** Le Gabon ○ **D.** Le Qatar

26 **Quelle est la durée légale hebdomadaire du travail?**

○ **A.** 40 heures ○ **B.** 35 heures ○ **C.** 45 heures ○ **D.** 30 heures

27 **Qu'est-ce que le marnage?**

- ○ **A.** Le marnage est un dépôt fait de marnes et d'argile fine dans le lit d'un cours d'eau.
- ○ **B.** Le marnage est la différence de hauteur entre la pleine mer et la basse mer suivante.
- ○ **C.** Le marnage s'emploie pour qualifier les mers sans marée telles que la mer Méditerranée.
- ○ **D.** Le marnage est une petite mare sur la plage laissée par la marée lorsque la mer descend.

28 **Une TEP ne signifie pas :**

- ○ **A.** Une technique écologique de production
- ○ **B.** Une tonne équivalent pétrole
- ○ **C.** L'énergie libérée par la combustion d'une tonne de pétrole
- ○ **D.** Une unité d'énergie utilisée comme référence afin de comparer les énergies produites suivant les différents modes de production (nucléaire, éolien, solaire, fossile...)

29 **Le soir du nouvel an, qu'avale-t-on en Espagne au rythme des douze coups de minuit?**

- ○ **A.** Des olives
- ○ **B.** Des lentilles
- ○ **C.** Des grains de raisin
- ○ **D.** Des amandes

30 **Quelle figure mythologique a peinte le Caravage sur un bouclier?**

○ **A.** Le Cerbère ○ **B.** L'Hydre ○ **C.** Le Cyclope ○ **D.** La Méduse

31 **Quelle est, en France, en 2020, la part des naissances hors mariage ?**

○ **A.** 32 % ○ **B.** 43 % ○ **C.** 51 % ○ **D.** 62 %

32 **Que signifie *sous l'égide de*?**

- ○ **A.** Sous l'influence de
- ○ **B.** Sous l'écorce
- ○ **C.** Sous la protection de
- ○ **D.** Sous la cendre

33 **Les « pays associés » à l'Union européenne sont susceptibles un jour de rentrer dans l'Union ; quel pays ne fait pas partie de la liste des quatorze pays associés ?**

- ○ **A.** L'Israël
- ○ **B.** L'Ukraine
- ○ **C.** La Russie
- ○ **D.** La Turquie

34 **Quelle est l'énergie motrice de la première industrialisation ?**

- ○ **A.** Le pétrole
- ○ **B.** L'électricité
- ○ **C.** La vapeur
- ○ **D.** L'énergie humaine et animale

35 **Le génocide arménien en 1915 a été perpétré par :**

- ○ **A.** Les Russes
- ○ **B.** Les Anglais
- ○ **C.** Les Turcs ottomans
- ○ **D.** Les Français

36 **Le livret A a été créé à l'initiative de :**

- ○ **A.** Jacques Laffitte
- ○ **B.** Benjamin Delessert
- ○ **C.** Napoléon
- ○ **D.** Louis-Philippe

37 **Comment s'appelle le ministre du Travail au 1er janvier 2019 ?**

- ○ **A.** Martine Aubry
- ○ **B.** Jean Auroux
- ○ **C.** Muriel Pénicaud
- ○ **D.** Philippe Seguin

38 **Qu'est-ce que le lit majeur d'un cours d'eau (en opposition au lit mineur) ?**

- ○ **A.** Le lit mineur d'un cours d'eau désigne le trajet du cours d'eau lorsqu'il est encore étroit, en amont près de la source, tandis que le lit majeur désigne le trajet du cours d'eau lorsqu'il est large, près de son embouchure.
- ○ **B.** Le lit majeur d'un cours d'eau désigne l'endroit où coule une rivière de façon tumultueuse, sur forte pente, avec présence de rochers, tandis que le lit mineur d'un cours d'eau désigne l'endroit où l'eau s'écoule de façon paisible, sans obstacle et quasiment sans pente.
- ○ **C.** Le lit majeur d'un cours d'eau est la zone des berges recouverte lors des hautes eaux, tandis que le lit mineur est le tracé d'écoulement des eaux qui est en permanence occupé par l'eau.
- ○ **D.** Le lit majeur d'un cours d'eau désigne la trajectoire rectiligne d'une rivière, tandis que le lit mineur renvoie à une trajectoire sinueuse, faite de méandres.

39 **L'énergie reçue par 1 m^2 en une seconde à la surface de la Terre est en moyenne d'environ :**

- ○ **A.** 1 000 W (watt)
- ○ **B.** 1 kJ (kilojoule)
- ○ **C.** 4,18 cal (calorie)
- ○ **D.** 1 kWh (kilowattheure)

40 **Quelle ville est surnommée la « ville rose » à cause de ses briques ?**

- ○ **A.** Toulouse
- ○ **B.** Bayonne
- ○ **C.** Dax
- ○ **D.** Bordeaux

41 **Quel mouvement artistique iconoclaste du début du XXe siècle préfigure le surréalisme ?**

- ○ **A.** Le dadaïsme
- ○ **B.** Le dédéïsme
- ○ **C.** Le didiïsme
- ○ **D.** Le dodoïsme

42 **Une houe est un outil pour :**

- ○ **A.** Le maçon
- ○ **B.** Le menuisier
- ○ **C.** Le jardinier
- ○ **D.** Le maréchal-ferrant

43 **Quelle est la phrase incorrecte ?**

- ○ **A.** Ils en ont vendu des mille et des cents !
- ○ **B.** Nous en avons acheté exactement trois cent trois.
- ○ **C.** Il est dans la cour, en train de faire les cents pas.
- ○ **D.** Cet enseignant ne lui met que des zéros.

44 **L'entreprise chinoise Baidu est l'équivalente de l'entreprise américaine :**

○ **A.** Google ○ **B.** Amazon ○ **C.** Facebook ○ **D.** Apple

45 **À quelle date de Gaulle décide-t-il de retirer la France du dispositif militaire de l'OTAN ?**

○ **A.** 1956 ○ **B.** 1960 ○ **C.** 1966 ○ **D.** 1967

46 **L'ALENA :**

- ○ **A.** Est un accord de libre-échange entre les États-Unis, le Mexique et le Canada
- ○ **B.** Est un accord d'intégration monétaire entre les États-Unis, le Mexique et le Canada
- ○ **C.** Disparaîtra totalement à partir de 2019 et ne sera pas remplacé
- ○ **D.** Est un accord de libre circulation des personnes entre les États-Unis, le Mexique et le Canada

47 **Une femme mariée peut ouvrir un compte bancaire à son nom et en disposer librement depuis :**

○ **A.** 1945 ○ **B.** 1955 ○ **C.** 1965 ○ **D.** 1975

48 **Le licenciement pour faute grave prive le salarié :**

- ○ **A.** De l'indemnité de licenciement
- ○ **B.** De l'indemnité compensatrice de congés payés
- ○ **C.** Des allocations chômage
- ○ **D.** De la prime de treizième mois

49 **Qu'est-ce que la gélifraction ?**

- ○ **A.** La gélifraction est la fissuration d'une roche sous l'effet de la transformation de l'eau liquide, présente dans la roche, en glace.
- ○ **B.** La gélifraction est le phénomène d'érosion de la roche présente sous un glacier, par l'effet de frottement induit par le déplacement du glacier.
- ○ **C.** La gélifraction correspond aux périodes de gel intense suivies de brusques dégels rapides.
- ○ **D.** La gélifraction est la fissuration des roches sommitales des montagnes sous l'effet des vents froids et puissants circulant au sein des massifs montagneux.

50 **Pour obtenir l'énergie totale rayonnée par le Soleil, il faut multiplier l'énergie reçue par 1 m² au niveau de la Terre par :**

- ○ **A.** La distance Terre-Soleil
- ○ **B.** Une année-lumière
- ○ **C.** $4\pi \times$ (distance Terre-Soleil en mètres)^2
- ○ **D.** La surface du Soleil en m^2

51 **Comment s'appelle la haute coiffe, symbole de la Bretagne ?**

- ○ **A.** La coiffe bigoudène
- ○ **B.** La coiffe armorique
- ○ **C.** La coiffe cornouaille
- ○ **D.** La coiffe brocéliande

52 **Quel couple Jan Van Eyck a-t-il peint en 1434 ?**

- ○ **A.** *Les Époux Fratelini*
- ○ **B.** *Les Époux Gordini*
- ○ **C.** *Les Époux Arnolfini*
- ○ **D.** *Les Époux Mancini*

53 **La crème de marrons est faite à partir de :**

- ○ **A.** Noix
- ○ **B.** Chocolat
- ○ **C.** Châtaignes
- ○ **D.** Noisettes

54 **Quel est le mot qui n'est pas associé à son synonyme?**

- ○ **A.** Cacochyme - Maladif
- ○ **B.** Rédhibitoire - Rebelle
- ○ **C.** Suborner - Corrompre
- ○ **D.** Superfétatoire - Superflu

55 **En mai 2018, est entré en application le règlement général sur la protection des données; le RGPD vise à permettre :**

- ○ **A.** Aux personnes d'exiger auprès des serveurs du numérique un droit à l'oubli
- ○ **B.** Aux entreprises de se protéger contre des cyberattaques
- ○ **C.** De se substituer à la CNIL
- ○ **D.** Aux entreprises européennes de développer leurs activités numériques dans un contexte juridique égalitaire

Corrigés

Concours blanc 1

1 Quel spécialiste des relations internationales a théorisé les concepts de *hard power* et *soft power* en 1990 pour décrire la puissance internationale d'un État ? **Joseph Nye**

2 À quelle date est célébré le *Columbus Day*, jour férié aux États-Unis, en Amérique latine et en Espagne en commémoration de l'arrivée de Christophe Colomb au « Nouveau Monde » en 1492 ? **Le 12 octobre**

3 Quel est le nom de l'épidémie de grippe responsable de la mort d'un million de personnes en 1968-1969 ? **La grippe de Hong Kong**

4 Quel est le nom du commanditaire de l'assassinat de Sharon Tate (épouse de Roman Polanski) à Los Angeles en 1969 qui a ébranlé les États-Unis et le monde du cinéma ? **Charles Manson**

5 En quelle année a lieu le coup d'État qui renverse la République et entraîne l'instauration d'une dictature militaire au Brésil dirigée par le maréchal Castelo Branco et qui dure jusque 1985 ? **1964**

6 Bernard Tapie est décédé en octobre 2021. Dans sa vie politique, quelle fonction a-t-il exercée ? **Ministre de la Ville**

7 Quel est le nom de l'actuel empereur du Japon ? **Naruhito**

8 En août 2021, le gouvernement chinois a annoncé qu'il comptait réduire la pratique des jeux vidéo aux moins de 18 ans. Quel est le temps maximum autorisé ? **3 heures par semaine**

9 Quelle proposition Donald Trump a-t-il faite au Danemark au sujet du Groenland ? **Acheter l'île au Danemark**

10 Qu'appelle-t-on le mouvement des « Sardines » ? **Un mouvement citoyen opposé au populisme et au souverainisme des partis de l'extrême droite italienne**

11 Le Mercosur est une zone de libre-échange qui regroupe, en 2020... **L'Argentine, le Brésil, le Paraguay et l'Uruguay**

12 La COP 26 se tient en 2020... **À Glasgow**

13 Quel est le nom du président de la République algérienne élu en décembre 2019 ? **Abdelmadjid Tebboune**

14 Quelle est la part, en % du PIB mondial, du volume des échanges commerciaux internationaux en 2020 ? **58 %**

15 L'Inde connaît, depuis 2019, un regain de tensions internes entre hindous et musulmans. Quelle en est l'origine ? **L'adoption d'une loi qui refuse la citoyenneté indienne aux réfugiés musulmans**

16 Quand le Royaume-Uni a-t-il quitté l'Union européenne ? **Le 31 janvier 2020**

17 En mai 2021 est commémoré le rétablissement des relations diplomatiques entre la France et le Saint-Siège. Quand a-t-il eu lieu ? **Mai 1921**

18 En octobre 2021, 136 pays se sont mis d'accord pour instaurer un impôt minimum mondial sur les sociétés. Quel est ce taux ? **15 %**

19 Quelle est, pour le magazine *GQ*, la personnalité politique française de la décennie 2010 ? **Christiane Taubira**

20 Quel est le nom du télescope spatial lancé le 24 décembre 2021 par l'Agence spatiale européenne ? **James Webb**

21 En 2022, quel est le rang de la France dans le monde en termes de superficie totale de ses zones économiques exclusives (ZEE) ? **2**

22 En France, le déremboursement de l'homéopathie sera total et applicable **à compter du 1er janvier 2021**.

23 Qui dirige la Réserve fédérale américaine, la banque centrale des États-Unis ? **Jerome Powell**.

24 En octobre 2021 est rendu le rapport Sauvé sur les abus sexuels dans l'Église. Selon ce rapport, quel est le nombre de victimes de tels abus depuis 1950 ? **330 000**

25 En France, la part des dépenses de retraite représente environ **14 % du PIB**.

26 Qui préside la Commission européenne au 1er janvier 2020 ? **Ursula von der Leyen**

27 La loi du Talion est souvent symbolisée par l'expression : **Œil pour œil, dent pour dent**

28 En quelle année le référendum sur l'appartenance ou non du Royaume-Uni a-t-il été voté ? **2016**

29 À partir de quel âge un salarié peut-il être mis à la retraite d'office ? **70 ans**

30 Que prévoit le « RGPD » issu du règlement (UE) 2016/679 du Parlement européen et du Conseil du 27 avril 2016 ? **La protection des personnes physiques à l'égard du traitement des données à caractère personnel**

31 Quel phénomène géophysique exceptionnel est observable à Mayotte depuis 2018 ? **L'île de Mayotte bascule doucement à cause de l'apparition d'un volcan sous-marin à 50 km plus à l'est.**

32 Que sont les estives ? **Les estives sont les pâturages d'altitude dans lesquels les troupeaux de montagne sont menés l'été.**

33 Pourquoi fait-il plus froid en altitude ? **Il fait plus froid en altitude, car la pression atmosphérique diminue avec l'altitude, donc l'air se dilate. Autrement dit, il y a moins de molécules pour un même volume, celles-ci entrent moins en contact, l'air est moins chaud.**

34 Qu'est-ce que le vent catabatique ? **Le vent catabatique est un vent produit par le poids d'une masse d'air froid descendant par gravité un relief géographique à cause d'une inversion de température en altitude.**

35 Quel est le principal effet de la taxe carbone imposée aux entreprises manufacturières en France depuis 2014 (45 €/tonne de CO_2 émis) ? **Baisse des émissions de CO_2. Si le coût de l'énergie augmente de 10 %, la consommation d'énergie de l'entreprise baisse de 6 %.**

36 Qu'a-t-on pu visualiser avec un microscope électronique en transmission ? **Les images d'une liaison chimique entre deux atomes ont pu être capturées grâce à un microscope électronique en transmission.**

37 Qu'ont réussi à piéger les scientifiques sous l'Antarctique ? **Des physiciens ont réussi à piéger, dans un énorme capteur placé sous l'Antarctique, des particules cosmiques à très haute énergie : des neutrinos.**

38 Une biopsie est **un prélèvement de tissu humain**.

39 À propos de la syphilis, laquelle de ces propositions est fausse ? **Aucun vaccin n'existe contre la syphilis.**

40 À propos de Sigmund Freud, laquelle de ces propositions est fausse ? **Sigmund Freud est autrichien et non français.**

41 Dans lequel de ces pays l'euthanasie est-elle autorisée ? **L'euthanasie est autorisée en Belgique.**

42 À propos de l'affaire Vincent Lambert, laquelle de ces propositions est juste ? **L'affaire Vincent Lambert concerne l'acharnement thérapeutique des patients en état végétatif chronique.**

43 De quelle personnalité Marjane Satrapi raconte-t-elle le parcours dans *Radioactive* ? **Marie Curie**

44 Le 21 décembre 2021 est vendu aux enchères le tout premier SMS au monde envoyé en 1992. Quel était le texte ? **Merry Christmas**

45 En 2021, un éditeur a décidé la réédition en France de *Mein Kampf*, l'ouvrage dont Hitler est l'auteur. Qui est cet éditeur ? **Fayard**

46 Lequel de ces artistes n'a pas participé à la Monumenta de la nef du Grand Palais ? **Louise Bourgeois**

47 Quelle actrice a quitté scandalisée la dernière cérémonie des Césars ? **Adèle Haenel**

48 Le Tournoi international de rugby des Six Nations regroupe : **Angleterre/Écosse/France/Italie/Irlande/Pays de Galles**

49 En cas de pollution, certaines grandes métropoles instaurent la circulation alternée : **Les véhicules immatriculés avec une plaque d'immatriculation à chiffre pair roulent les jours pairs, ceux à chiffre impair roulent les jours impairs.**

50 Quelle fleur rouge ou rose est célèbre pour avoir figuré dans le titre d'un roman d'Alexandre Dumas ? **Le camélia**

51 Lequel de ces gâteaux n'est pas une spécialité bretonne ? **Le bretzel**

52 Selon l'Unesco, quel est le nombre d'espèces menacées d'extinction dans le monde en 2022 ? **1 000 000**

53 Quelle est la phrase correcte ? **Il vous a attendus pendant trois heures et demie.**

54 Quel est le synonyme de l'adjectif *présomptueux* ? **Fat**

55 Que signifie l'expression *à qui mieux mieux* ? **En rivalisant**

56 Quelle est la phrase incorrecte ? **Nous en avons planté quelques trois cents.**

57 Dans laquelle de ces phrases le mot souligné n'est pas un adjectif ? **Quel est de nous trois le plus rapide ?**

Concours blanc 2

1 À quel âge Toutankhamon est-il mort? **Vers 19 ans**

2 La première guerre de l'opium... **Oppose la Chine et la Grande-Bretagne en 1840**

3 La formule célèbre « Enrichissez-vous... » est attribuée à **François Guizot.**

4 Qu'est-ce que l'État de droit? **La soumission d'une société à un ordre juridique**

5 Qu'est-ce qu'un portulan? **C'est une carte marine du XIIIe siècle, représentant les ports de commerce, les abris côtiers, et les points d'amer (repères terrestres).**

6 La tuberculose est une maladie infectieuse **dont la vaccination n'est pas obligatoire**.

7 Selon Pascal, « Tout le malheur des hommes vient d'une seule chose, qui est de ne pas savoir **demeurer en repos dans une chambre** ».

8 Qui a écrit la nouvelle fantastique *Le Horla* en 1887 ? **Guy de Maupassant**

9 Le minimalisme est un courant artistique mais aussi : **un mouvement prônant l'idée de vivre avec peu pour vivre mieux**

10 Quelle est la phrase bien écrite ? **C'était en réalité un appel à l'aide.**

11 Quelle est la joueuse de tennis qui a remporté le plus grand nombre de titres de tournois du Grand Chelem en simple début 2022 ? **Margareth Smith Court, 24 contre 23 pour Serena Williams qui espère la battre bientôt.**

12 En quelle année, l'université de Paris est-elle reconnue par le roi ? **En 1200**

13 Galileo désigne un système global de navigation par satellite... **Européen**

14 La Banque de France a été créée sous **le Consulat.**

15 Qu'est-ce que la boulê des 500 à Athènes sous l'Antiquité ? **Une assemblée restreinte de 500 citoyens chargée de préparer les lois qui seront ensuite discutées et votées par l'Ecclésia**

16 Qu'est-ce que la résolution d'une image satellitaire ? **La résolution d'une image satellitaire est la distance sur le terrain correspondant à un côté d'un pixel de l'image.**

17 Le syndrome d'immunodéficience acquise **entraîne l'apparition de maladies opportunistes**

18 Quand Œdipe apprend qu'il a tué son père et épousé sa mère, **il se crève les yeux**.

19 Qui a écrit la fresque romanesque *Les Rougon-Macquart* au XIXe siècle ? **Émile Zola**

20 Quand le CSA et l'Hadopi ont-ils fusionné pour devenir l'Arcom ? **Le 1er janvier 2022**

21 Que signifie *envoyer quelqu'un ad patres* ? **Faire mourir quelqu'un**

22 En 2017, est entré en vigueur l'Accord sur la facilitation des échanges (AFE). De quoi s'agit-il ? **C'est un accord, conclu dans le cadre de l'OMC, visant à accélérer le mouvement des marchandises, en transit et en douane.**

23 Quel ministre des Finances est rappelé en 1788 pour faire face à la crise économique et financière ? **Necker**

24 La chaîne américaine Fox News... **A été créée par Rupert Murdoch**

25 Les assignats ont été mis en place **sous la Révolution française.**

26 Comment se nommait le tribunal mérovingien ? **Le mallus**

27 Quel est le lien entre la résolution d'une image satellitaire et la zone couverte ? **Plus la résolution est haute, plus la zone couverte est petite.**

28 La transfusion sanguine **fait l'objet d'un double contrôle systématique afin d'éviter les accidents transfusionnels.**

29 Lequel de ces philosophes n'a pas écrit d'autobiographie ? **Thomas d'Aquin**

30 Selon le rapport Sauvé, combien y aurait-il eu de prêtres et religieux pédocriminels durant cette période ? **Entre 2 900 et 3 200**

31 Le trail est un sport qui se définit ainsi : **course à pied en pleine nature**

32 Quelle est la phrase dans laquelle apparaît un complément circonstanciel ? **Il regrette les trois mille euros que ce tableau lui a coûté.**

33 Quel pays vient de développer un système de notation de ses citoyens appelés « crédit social » ? **La Chine**

34 Quel est le nom de la dernière monarchie que connaît la France au XIXe siècle ? **La monarchie de Juillet**

35 Le Commonwealth est officiellement né en... **1949**

36 Lequel de ces économistes n'est pas né au XIXe siècle ? **David Ricardo (1772-1823).**

37 De quand date le Code d'Hammurabi ? **Environ 1750 av. J.-C.**

38 Qu'est-ce que le GEOINT (Geospatial Intelligence) ? **Le GEOINT est une branche du renseignement apportant une aide à la décision aux autorités militaires ou politiques, à partir de la contextualisation (localisation) d'informations d'origines variées (images satellitaires, cartes, photos terrain...) en les fusionnant sur un référentiel géographique commun.**

39 La prise d'un médicament anticoagulant **évite que des caillots se forment dans le système circulatoire.**

40 Comment appelle-t-on les évangiles de Matthieu, Marc et Luc ? **Des évangiles synoptiques**

41 Quel est le nom du personnage créé par Colette ? **Claudine**

42 Qu'était un potager dans une cuisine ancienne ? **Un dispositif de cuisson chauffé au bois**

43 Que signifie le verbe *thésauriser* ? **Épargner**

44 Qui est, début 2022, à la tête du groupe PSA ? **Carlos Tavares**

45 Quel est le nom de l'idéologie officielle du régime de Vichy ? **La Révolution nationale**

46 Le groupe des BRIC s'est réuni pour la première fois en sommet... **À Ekaterinbourg en juin 2009**

47 L'un des ouvrages majeurs de Joan Robinson porte sur **la concurrence imparfaite (*L'Économie de la concurrence imparfaite*, 1933).**

48 Qui étaient les prêteurs sous la République romaine ? **Des magistrats**

49 Quels sont les deux grands types de données en géographie numérique (ou géomatique) ? **Les données vectorielles (points, lignes, polygones) et les données raster (images).**

50 B. La mucoviscidose **est une maladie génétique de transmission autosomique récessive**.

51 Comment appelle-t-on la traduction de la Bible en latin par saint Jérôme, faite à partir des textes originaux en hébreu et en grec ? **La vulgate**

52 Quel est le nom de l'héroïne créée par Flaubert en 1857 ? **Madame Bovary**

53 Comment s'appelle l'Internet caché, accessible depuis Internet ? **Le Darknet**

54 Quelle est la phrase mal écrite ? **Elle craind visiblement qu'il n'ait oublié leur rendez-vous.**

55 En 2018, quelle est la première plate-forme de *crowdfunding* en France ? **October**

Concours blanc 3

1 Quel philosophe grec a été le maître d'Alexandre le Grand ? **Aristote**

2 La colonisation française en Algérie débute en... **1830**

3 Qui est à l'origine de l'expression « tiers-monde » ? **Alfred Sauvy (1898 - 1990)**

4 Quelle est la devise de la République française? **Liberté, Égalité, Fraternité**

5 À quoi sert un graphe planaire? **Un graphe planaire représente les réseaux dans le plan, par exemple un réseau routier dont chaque intersection d'arcs correspond à un carrefour : il permet de faire des calculs d'itinéraires (le plus court en temps, en distance, le moins cher, le plus beau...).**

6 Laquelle de ces propositions est juste? Les ribosomes **synthétisent les protéines à partir de l'information des ARN.**

7 Le philosophe et physicien René Descartes était proche de la reine **Christine de Suède**.

8 De qui s'est inspiré Jean de La Fontaine pour ses fables? **Ésope**

9 Quelle est la part des ménages français ayant une voiture en 2015? **85 %**

10 Que signifie le verbe *ergoter*? **Pinailler, chicaner**

11 Combien de fois la France a-t-elle gagné la Coupe Davis de tennis à la fin 2018? **10 fois**

12 Quel navigateur anglais du XVIIIe siècle a notamment exploré l'Australie et la Nouvelle-Zélande? **James Cook**

13 L'IRA est un mouvement... **Irlandais catholique**

14 Les accords du GATT ont permis au départ **d'abaisser les droits de douane.**

15 Par qui sont nommés les membres du Conseil constitutionnel? **Le président de la République, le président du Sénat et le président de l'Assemblée nationale**

16 Qu'est-ce que l'albédo? **L'albédo est le pourcentage du rayonnement solaire réfléchi par une surface donnée (neige, eau, forêt, parking goudronné...).**

17 Le paludisme **est une maladie transmise par la piqûre d'un insecte.**

18 Lequel de ces philosophes n'est pas matérialiste? **Pyrrhon**

19 Quel est le nom du héros bagnard créé par Victor Hugo dans *Les Misérables*? **Jean Valjean**

20 Netflix est disponible en France depuis septembre **2014.**

21 Que signifie *faire ses choux gras de quelque chose*? **Tirer profit de quelque chose**

22 Une taxe numérique européenne, également appelée « taxe sur les GAFA », pourrait porter sur **le chiffre d'affaires de grandes entreprises.**

23 Aux États-Unis la Guerre de Sécession se conclut par : **La victoire de l'Union (nord) et l'abolition de l'esclavage**

24 Clausewitz est un théoricien des relations internationales... **Prussien**

25 Lors de la réunification de l'Allemagne, le Deutsche Mark a remplacé le mark est-allemand **à parité équivalente.**

26 Que regroupe le Parlement en France? **Le Sénat et l'Assemblée nationale**

27 Combien y a-t-il d'habitants sur la planète début 2022? **7,9 milliards**

28 Lequel de ces éléments ne fait pas partie du système digestif? **Les glandes surrénales.**

29 Où vivent les muses dans la mythologie grecque? **Au mont Parnasse**

30 À quel oiseau de mer Charles Baudelaire fait-il référence dans son poème de 1861? **Un albatros**

31 Quand le Tour de France est-il né? **1903**

32 Lequel des mots soulignés n'est pas un article? **<u>Leur</u> envoyé spécial est toujours en Italie.**

33 Selon le magazine *Forbes*, quelle est la première fortune au monde en 2021 ? **Jeff Bezos**

34 Quel nom est donné aux États-Unis au projet d'élaboration de la bombe atomique durant la Seconde Guerre mondiale ? **Le projet Manhattan**

35 Les Khmers rouges ont dirigé de 1975 à 1979... **Le Cambodge**

36 Qui a dit : « Le dollar est notre monnaie, mais c'est votre problème » ? **John Bowden Connally.**

37 Qui compose la Haute Cour de justice ? **Des membres de l'Assemblée nationale et du Sénat**

38 Quelle est la capitale du Nigeria ? **Abuja**

39 Il donne son nom au procédé permettant d'augmenter par sucrage la teneur en alcool des vins : **Jean-Antoine Chaptal**

40 Quelle fête est la plus sainte de l'année juive ? **Yom Kippour**

41 Sous quel nom Honoré de Balzac regroupe-t-il l'ensemble de ses romans ? ***La Comédie humaine***

42 Lequel de ces bois est de couleur marron très foncé, presque noir ? **L'ébène**

43 Quel est le mot bien écrit ? **Assassinat**

44 Qui est, au 1er janvier 2022, le ministre de l'Économie et des Finances en France ? **Bruno Le Maire**

45 Au Moyen Âge, dans le système féodal, comment appelle-t-on la personne placée tout en haut de la hiérarchie ? **Le suzerain**

46 Ceuta et Melilla sont... **Des enclaves espagnoles au Maroc**

47 La monnaie officielle de l'Inde est **la roupie indienne.**

48 Par qui l'État est-il représenté en justice ? **L'Agent judiciaire de l'État**

49 Que défendent les « platistes » ? **Les « platistes » défendent la théorie selon laquelle la Terre serait plate.**

50 Il a donné son nom à une balance qui mesure la force qui s'exerce entre deux charges électriques : **Charles-Augustin Coulomb**

51 Dans la religion musulmane, comment appelle-t-on la personne chargée de lancer l'appel à la prière 5 fois par jour depuis le sommet du minaret de la mosquée ? **Un muezzin**

52 Comment s'appelle le roi délirant d'Alfred Jarry ? **Ubu**

53 Par quelle reconnaissance mesure-t-on dans *Le Guide Michelin* les meilleurs restaurants ? **Des étoiles, au maximum trois pour les meilleurs**

54 Quelle est la phrase incorrecte ? **Le chef de l'État lui souhaite cependant un prompte rétablissement.**

55 Quelle est, en France, en 2020, la part des personnes en couple de même sexe parmi celles en couple cohabitant ? **0,9 %**

Concours blanc 4

1 Où se situe le mur d'Hadrien, construit entre 122 et 127 ? **En Angleterre**

2 La crise de Fachoda... **Est une rivalité coloniale opposant la France et la Grande-Bretagne au Soudan en septembre 1898**

3 La réserve d'or des États-Unis est entreposée à **Fort Knox.**

4 Quelle juridiction traite des affaires liées à l'administration? **Le tribunal administratif**

5 À quoi sert la culture sur brûlis? **La culture sur brûlis sert à fertiliser le sol grâce aux cendres issues de la consumation des mauvaises herbes et/ou des restes des cultures précédentes (paille, etc.).**

6 J'ai découvert Neptune. Qui suis-je? **Urbain Le Verrier**

7 Albert Camus comparait l'absurdité de la condition humaine au mythe **de Sisyphe.**

8 Qui est l'inventeur de la photographie? **Nicéphore Niépce**

9 Quel est le grammage légal d'une baguette de pain en France? **250 grammes**

10 Lequel des termes soulignés n'est pas un pronom? **Veut-on condamner <u>ce</u> mouvement populaire?**

11 Où se déroulera la Coupe du monde du rugby à XY en 2023? **En France**

12 Qu'est-ce qu'un serf dans la société paysanne du Moyen Âge? **Une personne qui dépend étroitement de son seigneur. Elle peut être vendue ou échangée**

13 L'Irak... **Occupe géographiquement une partie de l'ancien empire mésopotamien**

14 En 2008, laquelle de ces banques américaines a fait une faillite retentissante? **Lehman Brothers**

15 Par principe, combien de temps l'administration doit-elle garder le silence sur une décision pour valoir acceptation? **2 mois**

16 En utilisant un GPS, on se localise grâce à des coordonnées exprimées en degrés décimaux ou en degré minute ou seconde. Qu'est-ce que la latitude d'un point? **La latitude d'un point est la partie de ses coordonnées géographiques permettant de localiser ce point dans un plan (nord ou sud) en fonction de l'angle que ce point forme avec l'équateur.**

17 Je suis connu pour avoir déterminé la périodicité d'une comète. Qui suis-je? **Edmond Halley**

18 Le héros Thésée abandonne Ariane à **Naxos**.

19 Quel procédé photographique est inventé par Étienne Jules Marey en 1882**? La chronophotographie**

20 Quel est le quotidien régional le plus lu en France? *Ouest-France*

21 Que signifie *nettoyer les écuries d'Augias*? **Mettre un terme à la corruption**

22 En 2021, les Nations unies ont publié une étude sur les transitions démographiques en Asie. À quelle date est prévu le pic de population en Chine ? **2030**

23 Le « *containment* » désigne... **La politique étrangère américaine qui visait, durant la guerre froide, à endiguer l'influence de l'urss**

24 Le ministère de l'Économie, du Commerce et de l'Industrie du Japon est plus connu sous son acronyme anglais. Lequel? **METI (il a succédé au MITI).**

25 Qu'est-ce qu'un service public? **Une activité d'intérêt général prise en charge par une personne publique ou par une personne privée mais sous le contrôle d'une personne publique**

26 Qu'est-ce qu'un tsunami? **Un tsunami est une grande vague soudaine créée par une action sismique.**

27 Je fus le premier à mesurer la circonférence de la Terre. Qui suis-je? **Ératosthène**

28 Dans une religion, comment appelle-t-on l'ensemble des rites, cérémonies et prières? **La liturgie**

29 Comment s'appelle le célèbre bâtiment construit à Marseille par Le Corbusier**? La Cité radieuse**

30 Quelle épreuve de lancer n'est pas une discipline officielle d'athlétisme? **Le lancer de massue**

31 Quelle est la phrase incorrecte? **On va vous incitez à travailler davantage.**

32 En 2018, les « déracinés » dans le monde **sont principalement des déplacés internes.**

33 Quelle est la plus célèbre invention de l'Américain Thomas Edison en 1878? **L'ampoule électrique**

34 Berlin... **A subi un blocus soviétique en 1948-49**

35 En France, le marché du lait est **un oligopsone.**

36 Qu'est-ce qu'une privatisation? **Le transfert d'une entreprise publique au secteur privé à la suite d'une cession de tout ou partie de son capital par l'État**

37 Quel volcan a détruit Pompéi? **Le volcan qui a détruit Pompéi est le Vésuve.**

38 Il est l'un des fondateurs de la volcanologie moderne : **Haroun Tazieff**

39 Dans quel pays se trouve le palais du Potala? **Au Tibet**

40 Quelle est la hauteur de la tour Eiffel? **324 mètres**

41 Quel produit naturel est utilisé pour fabriquer un colorant orange? **Le paprika**

42 Que signifie l'adjectif *invétéré*? **Incorrigible**

43 Quel impôt sur le patrimoine se substitue en 2018 à l'impôt de solidarité sur la fortune (ISF)? **L'impôt sur la fortune immobilière (IFI)**

44 En quelle année l'empire aztèque s'effondre-t-il, suite à la conquête de Cortés? **En 1521**

45 Le Cachemire était sous administration... **De l'Inde, du Pakistan et de la Chine**

46 Lequel de ces pays ne fait pas partie du Mercosur? **Le Portugal.**

47 Qu'est-ce qu'une nationalisation? **Le transfert de la propriété d'une entreprise à la collectivité contre une indemnisation des actionnaires**

48 Qu'est-ce qu'un *jet-stream* (ou courant-jet)? **Un *jet-stream* est un courant d'air très rapide, situé à environ 10 000 m d'altitude, et soufflant d'ouest en est selon la rotation de la Terre.**

49 Un coefficient, élément fondamental de la théorie de l'élasticité porte son nom **: Siméon Poisson**

50 Qu'est-ce qu'un awalé? **Un jeu de société africain**

51 À la suite de laquelle de ses pièces Molière trouva-t-il la mort ***? Le Malade imaginaire***

52 Combien valait environ le Bitcoin au plus haut de sa valeur? **68 000 dollars**

53 Quelle est la phrase incorrecte? **Le président Chinois sera bientôt en France.**

54 Qui est, au 1er janvier 2019, le président du Conseil constitutionnel? **Laurent Fabius**

Concours blanc 5

1 Comment s'appelle le général romain allié puis adversaire de César? **Pompée**

2 La guerre des Boers... **Oppose la Grande-Bretagne et des républiques situées en Afrique du Sud entre 1880 et 1902**

3 Quel texte a permis la création des syndicats professionnels en France ? **La loi Waldeck-Rousseau (21 mars 1884)**

4 De quand date la première loi sur les congés payés? **1936**

5 Qu'est-ce que le Gulf Stream? **Le Gulf Stream est un très grand courant océanique permanent et chaud, traversant l'Atlantique nord.**

6 Il est célèbre pour ses travaux sur la mesure de la constante de gravitation : **Henry Cavendish**

7 La « moraline » est un terme inventé par Nietzsche pour désigner... **La bonne conscience moralisatrice**

8 De quelle pièce de Racine le vers « Pour qui sont ces serpents qui sifflent sur vos têtes » est-il tiré? ***Andromaque***

9 Comment s'appellent les monoroues électriques qui permettent aux piétons de se déplacer plus rapidement? **Les gyroroues**

10 Quelle est la phrase correcte? **Elles ne se sont jamais appréciées.**

11 En début 2019, quel joueur de football français a obtenu trois fois le Ballon d'or? **Michel Platini**

12 Le Krach boursier de 1929 démarre à la bourse de : **Wall Street**

13 La langue qui a le plus grand nombre de locuteurs dans le monde est... **Le mandarin**

14 L'Organisation mondiale du commerce est née le **1er janvier 1995.**

15 Qu'est-ce qu'un salarié protégé? **Un salarié qui bénéficie d'une protection particulière contre le licenciement**

16 Que désigne la déclinaison magnétique lorsque l'on mentionne des coordonnées géographiques? **La déclinaison magnétique désigne l'angle formé entre le nord géographique des cartes et le nord magnétique de la boussole, en un lieu et un temps donnés.**

17 En 1871, il fournit une explication sur la couleur du ciel en la reliant à la diffusion de la lumière par les molécules d'air. Qui est-ce? **Lord Rayleigh**

18 Durant la guerre de Troie, qui tue Hector? **Achille**

19 Qui a peint le plafond de la chapelle Sixtine? **Michel-Ange**

20 Qui est l'animateur de la matinale du 7-9 de France Inter en duo avec Léa Salamé? **Nicolas Demorand**

21 Lequel des termes soulignés n'est pas un adverbe? **Ils sont arrivés <u>pendant</u> la nuit.**

22 Le président de l'organisation Interpol élu en 2021, Ahmed Naser Al-Raisi, fait l'objet de vives critiques. Pour quelle raison ? **Il est visé par plusieurs plaintes pour torture et actes de barbarie.**

23 Quelle est la date de la chute de l'URSS? **1991**

24 La théorie des dominos désigne une politique extérieure américaine... **Qui est formulée par le président Eisenhower en 1954**

25 Quel pays a quitté l'OPEP le 1er janvier 2019? **Le Qatar.**

26 Quelle est la durée légale hebdomadaire du travail? **35 heures**

27 Qu'est-ce que le marnage? **Le marnage est la différence de hauteur entre la pleine mer et la basse mer suivante.**

28 Une tep ne signifie pas **une technique écologique de production.**

29 Le soir du nouvel an, qu'avale-t-on en Espagne au rythme des douze coups de minuit? **Des grains de raisin**

30 Quelle figure mythologique a peinte le Caravage sur un bouclier? **La Méduse**

31 Quelle est, en France, en 2020, la part des naissances hors mariage ? **62 %**

32 Que signifie *sous l'égide de*? **Sous la protection de**

33 Les « pays associés » à l'Union européenne sont susceptibles un jour de rentrer dans l'Union; quel pays ne fait pas partie de la liste des quatorze pays associés? **La Russie**

34 Quelle est l'énergie motrice de la première industrialisation? **La vapeur**

35 Le génocide arménien en 1915 a été perpétré par... **Les Turcs ottomans**

36 Le livret A a été créé à l'initiative de **Benjamin Delessert.**

37 Comment s'appelle le ministre du Travail au 1er janvier 2019? **Muriel Pénicaud**

38 Qu'est-ce que le lit majeur d'un cours d'eau (en opposition au lit mineur)? **Le lit majeur d'un cours d'eau est la zone des berges recouverte lors des hautes eaux, tandis que le lit mineur est le tracé d'écoulement des eaux qui est en permanence occupé par l'eau.**

39 L'énergie reçue par 1 m² en une seconde à la surface de la Terre est en moyenne d'environ **1 kJ.**

40 Quelle ville est surnommée la « ville rose » à cause de ses briques? **Toulouse**

41 Quel mouvement artistique iconoclaste du début du XXe siècle préfigure le surréalisme? **Le dadaïsme**

42 Une houe est un outil pour : **le jardinier**

43 Quelle est la phrase incorrecte? **Il est dans la cour, en train de faire les cents pas.**

44 L'entreprise chinoise Baidu est l'équivalente de l'entreprise américaine... **Google**

45 À quelle date de Gaulle décide-t-il de retirer la France du dispositif militaire de l'OTAN? **1966**

46 L'ALENA... **Est un accord de libre-échange entre les États-Unis, le Mexique et le Canada**

47 Une femme mariée peut ouvrir un compte bancaire à son nom et en disposer librement depuis **1965.**

48 Le licenciement pour faute grave prive le salarié : **De l'indemnité de licenciement**

49 Qu'est-ce que la gélifraction? **La gélifraction est la fissuration d'une roche sous l'effet de la transformation de l'eau liquide, présente dans la roche, en glace.**

50 Pour obtenir l'énergie totale rayonnée par le Soleil il faut multiplier l'énergie reçue par 1 m² au niveau de la Terre par **4π × (distance Terre-Soleil en mètres)².**

51 Comment s'appelle la haute coiffe, symbole de la Bretagne? **La coiffe bigoudène**

52 Quel couple Jan Van Eyck a-t-il peint en 1434? ***Les Époux Arnolfini***

53 La crème de marrons est faite à partir de **châtaignes.**

54 Quel est le mot qui n'est pas associé à son synonyme? **Rédhibitoire - Rebelle**

55 En mai 2018, est entré en application le règlement général sur la protection des données; le RGPD vise à permettre **aux entreprises européennes de développer leurs activités numériques dans un contexte juridique égalitaire.**

PEFC PEFC/30-32-821

Achevé d'imprimer en mai 2022 par Wilco aux Pays-Bas
Dépôt légal : juin 2022
N° éditeur : MAGSI20200139